BOUQUINS

Collection fondée par Guy Schoeller
et dirigée par Jean-Luc Barré

À DÉCOUVRIR AUSSI
DANS LA MÊME COLLECTION

Raymond Aron, *Mémoires*
Georges Clemenceau, *Correspondance (1858 - 1929)*, édition établie et annotée par Sylvie Brodziak et Jean-Noël Jeanneney
Jacques Julliard, *L'Esprit du peuple*
Élisabeth Badinter, *Les Passions intellectuelles*
Jean-François Revel, *Mémoires*, édition établie et annotée par Laurent Theis
Pascal Ory, *Ce Côté obscur du peuple*
Hubert Védrine, *Une vision du monde*
Jack Lang, *Une révolution culturelle*, édition établie et présentée par Frédéric Martel
Jean-Pierre Chevènement, *Passion de la France*
Philippe de Gaulle, *Mémoires*
Charles de Gaulle, *Lettres, notes et carnets* – Tome 1 (1905 – 1941), édition présentée par Philippe de Gaulle
Charles de Gaulle, *Lettres, notes et carnets* – Tome 2 (1942 – mai 1958), édition présentée par Philippe de Gaulle
Charles de Gaulle, *Lettres, notes et carnets* – Tome 3 (juin 1958 – novembre 1970), édition présentée par Philippe de Gaulle
François Mauriac, *Journal et Mémoires politiques*, édition établie et présentée par Jean-Luc Barré
François Mauriac, *Le Bloc-notes – Tome 1 (1952-1962)*, édition préfacée par Jean-Luc Barré, établie et annotée par Jean Touzot
François Mauriac, *Le Bloc-notes – Tome 2 (1963-1970)*, édition préfacée par Jean-Luc Barré, établie et annotée par Jean Touzot
Jean-Marie Rouart, *Les aventuriers du pouvoir. De Morny à Macron.*
Le Livre noir du communisme. Crimes, terreur, répression, sous la direction de Karel Bartosek, Stéphane Courtois, Jean-Louis Margolin, Andrzej Paczkowsk, Jean-Louis Panne et Nicolas Werth
Dictionnaire de Gaulle, sous la direction de Claire Andrieu, Guillaume Piketty et Philippe Braud

CATHERINE NAY

LE GRAND THÉÂTRE DU POUVOIR

Quarante ans de vie politique française

BOUQUINS
la collection

ISBN : 978-2-38292-265-1
Dépôt légal : novembre 2022
Bouquins éditions, 92, avenue de France, 75013 Paris

Ce volume contient :

PRÉFACE
Le grand théâtre du pouvoir

Valéry Giscard d'Estaing, François Mitterrand, Jacques Chirac, Nicolas Sarkozy : qu'ont-ils donc en commun ces quatre présidents de la République cités par ordre de leur accession à l'Élysée ?

À l'évidence, pour trois d'entre eux, ce désir, ancré tôt, d'avoir un destin politique, chacun étant convaincu d'en avoir la capacité, le talent, l'énergie… Chacun étant doté d'un sentiment de supériorité allié à ce petit zeste de folie indispensable pour qui veut tutoyer les sommets. Et pour l'un d'entre eux, la conviction d'être prédestiné. Ainsi Valéry Giscard d'Estaing : « Oh le beau petit Napoléon ! », s'écrie sa mère à la naissance du petit Valy. Des photos de famille le représentent enfant, avec une couronne sur la tête, ses frères et sœurs tenant la traine. Déjà roi et bientôt héritier politique. Le grand-père maternel, Jacques Bardoux, est député du Puy-de-Dôme lequel tenait son mandat de son père, Agénor Bardoux, ministre de l'Instruction publique de Mac Mahon. En 1956, un conseil de famille demande à l'aïeul (quatre-vingt-deux ans), qui renâcle, de céder sa place à Valéry. Chantage à l'affection ? En Afrique, on dit « secouer le cocotier ». Valéry entre à l'Assemblée nationale à vingt-neuf ans. Il en est le benjamin.

François Mitterrand ? Son caractère a forgé son destin. Numéro 5 d'une fratrie de huit enfants, d'emblée il s'est distingué par son emprise naturelle sur son entourage, son goût de l'autorité, sa volonté ardente de s'affirmer et d'être toujours le premier, sa certitude d'être à part, sa propension à toujours vouloir se poser en s'opposant. « Ses idées lui tenaient lieu de loi », selon une cousine. « Quand j'arrive dans une ville à l'étranger, je me sens aussitôt empereur ou architecte », avouait, en toute modestie, le premier secrétaire du Parti socialiste dans l'une de ses chroniques du journal *L'Unité*. À en croire son entourage, François Mitterrand est né monarque.

Pour Nicolas Sarkozy, fils et petit-fils d'immigrés, « enfant de sang mêlé » comme il se définissait, la politique a toujours eu un goût de revanche. Un grand-père maternel médecin, juif venu de Salonique, un père aristocrate hongrois qui a fui la terreur communiste, et choisi l'exil et la France, où il fera fortune comme publicitaire dans le groupe L'Oréal. Las, le géniteur n'aura jamais été un père. Pour ses trois fils, une douleur. « Rien ne leur a été donné, personne n'est venu les chercher », aime à dire Nicolas Sarkozy. De leur exemple, il retiendra cette leçon : « Qui veut arriver ne peut compter que sur soi. J'ai fait du travail la valeur cardinale de ma vie ». Élevé par son grand-père dans le culte du drapeau et l'admiration du général de Gaulle, Nicolas Sarkozy veut être le symbole d'une assimilation réussie. Il est le seul aspirant à la magistrature suprême à avoir entamé sa carrière au plus bas de l'échelle. Il a dix-neuf ans lorsqu'il s'inscrit à la permanence UDR de Neuilly qui comptait cent-vingt membres. Un minuscule strapontin : qu'importe ! Il se sentait taillé pour balayer tous les obstacles et il les a franchis parce qu'il ne doutait de rien.

Jacques Chirac est un cas à part. « Tout, dans ma vie, s'est fait par hasard », dit-il. L'ambition politique ne l'a jamais taraudé enfant. Il rêvait de grands espaces. À la sortie de l'ENA, où il s'est inscrit sur les conseils d'un ami, il entre comme chargé de mission au cabinet de Georges Pompidou sur les recommandations d'un autre camarade, sans avoir postulé. Le hasard. On lui confie le secteur de l'équipement, des transports et de la construction. Il s'y fait vite remarquer par son culot monstre, son énergie, houspillant les fonctionnaires, convoquant les ministres. Il fallait toujours que l'on se range à son avis. Georges Pompidou est autant exaspéré que fasciné par sa vitalité sans limites. « Si je dis à Jacques Chirac, cet arbre me fait de l'ombre, cinq minutes plus tard, l'arbre a disparu », plaisantait le Premier ministre. À l'époque, Jacques Chirac nourrit un rêve : devenir directeur des transports aériens.

1966, Georges Pompidou se soucie des législatives qui auront lieu dans un an, et demande à Jacques Chirac de se porter candidat. « Les jeunes, il faut y aller ! » Il lui suggère de se présenter à Paris. Jacques Chirac opte pour la Corrèze, berceau de sa famille. Les désirs de Pompidou étant des ordres : pendant plus d'un an, chaque week-end, le collaborateur rejoint sa circonscription, par le train ou en voiture, travaille comme quinze, tient ses permanences dès l'aube, multiplie les aides, les subventions, distribue les décorations, flatte, embrasse, séduit cette terre de gauche, un phénomène. Le jeune loup modèle est élu. Pour le récompenser Georges Pompidou lui offre un « strapontin » : secrétaire d'État à l'emploi. Une époque où – temps bénit – il y avait 300 000 chômeurs en France. On lui doit la création de l'ANPE. Voilà pour les débuts.

Pour devenir Président, tous le savaient : ils devraient faire leurs classes. Le pouvoir est une longue patience, un chemin bordé de plus de ronces que de fleurs, un chemin de croix même. Tous ont été plusieurs fois ministres, et même Premier ministre pour Jacques Chirac. Ils ont été maires, conseillers généraux, présidents de Conseil général. Ils ont labouré les « territoires », comme on dit aujourd'hui, tenu des réunions dans toutes les villes de France pour se faire connaître. Mais aussi saisir, comprendre les aspirations du peuple français. Autre point commun : pour arriver au sommet, tous savaient qu'ils devaient s'appuyer sur un parti. Impossible d'accéder à l'Élysée sans le concours d'une base militante forte et d'un projet politique dûment validé et présenté aux électeurs. Valéry Giscard d'Estaing créera le sien, Les Républicains indépendants, avec, bientôt, quarante députés. Ils pèseront lourd dans une majorité étroite après 1967. Pour les gaullistes, ils ont toujours été des alliés turbulents, irritants. Georges Pompidou traitait Valéry Giscard d'Estaing de « cactus ».

La prise du Parti socialiste par François Mitterrand à Épinay en 1972 restera dans les annales de la gauche comme le *hold-up* politique le plus hardi. À peine élu, le nouveau Premier secrétaire qui n'avait jusque-là pas sa carte de militant en poche dicte la loi de ce socialisme qu'il incarne. Et quelle loi ! « Celui qui n'accepte pas la rupture avec l'ordre établi et la société capitaliste ne peut être adhérent au Parti socialiste. » Quel culot, mais quel orateur ! La salle lui fait une ovation. Le voilà même qui chante, poing levé, *L'Internationale*, pour la première fois de sa vie, mais il n'est pas au bout de ses peines. « Il aura mené une vie de chien », disait Chaban. Son emploi du temps est inhumain. Chaque semaine, visites des fédérations, réunions publiques ; le week-end, il est dans la Nièvre ; six fois par an, il préside les réunions du Conseil général ; les mercredis et jeudis le voient absorbé par les délibérations au Secrétariat national et au bureau exécutif du Parti, sans compter les interviews, les articles. Dans ses chroniques de *L'Unité*, plusieurs fois, il confesse une fatigue qu'il peine à surmonter. Malgré cela, François Mitterrand n'a jamais sacrifié ses plaisirs à la politique. Comment faisait-il ? « Il faut donner du temps au temps », disait-il. Il en avait assez, selon lui, pour courtiser, séduire et multiplier les conquêtes.

La course à la présidence est un marathon. Il faudra dix-huit ans à Valéry Giscard d'Estaing pour atteindre le graal. Il est élu avec seulement 400 000 voix d'avance sur François Mitterrand. Sept ans plus tard, le leader socialiste prend sa revanche. Voilà plus de quarante ans qu'il est en politique. Onze fois ministre sous la IVᵉ République où il a conspiré en vain pour être président du Conseil. En disant non au général de Gaulle en 1958, non à sa réforme de la Constitution, l'élection du président au suffrage universel. Il pressentait néanmoins que ces institutions étaient faites pour lui et que sa route serait longue. En 1965, il met le général de Gaulle en ballotage, en 1974, il est battu par Valéry Giscard d'Estaing. Mais il est élu en 1981, enfin ! Et même réélu en 1988 après une cohabitation de deux ans avec Jacques Chirac. François Mitterrand est le seul à avoir accompli deux septennats.

Jacques Chirac n'a jamais eu l'ambition d'être président de la République, mais on l'a eue pour lui. Ses mentors s'appellent Charles Pasqua, Pierre Juillet et Marie-France Garaud (les conseillers politiques de Georges Pompidou), qui ont vu en lui un dauphin possible au président malade. Sans Charles Pasqua, il ne se serait jamais emparé de l'UDR, au nez et à la barbe des barons gaullistes. Sans Pierre Juillet et Marie-France Garaud, il n'aurait jamais connu une ascension ministérielle aussi fulgurante. Ce sont eux encore qui l'ont poussé à accepter d'être le Premier ministre de Valéry Giscard d'Estaing, alors qu'il aurait préféré être ministre des Finances. Ce sont eux aussi qui l'ont fait démissionner en 1976. Sans Marie-France Garaud, il ne se serait jamais porté candidat à la mairie de Paris. Battu deux fois à la présidentielle, en 1981 puis en 1988, après deux ans de cohabitation avec François Mitterrand, il accède à l'Élysée dans des circonstances exceptionnelles. Élu avec 82 % des suffrages au deuxième tour, face à Jean-Marie Le Pen. Il aura attendu vingt-huit ans ! Jacques Chirac a plus excellé dans la conquête du pouvoir que dans la gouvernance, mais on doit saluer sa lucidité, son opposition à la guerre en Irak. Il avait averti George W. Bush : « Bien-sûr vous gagnerez la guerre (elle a duré 40 jours) mais la situation sera encore plus grave que celle d'aujourd'hui. Vous allez créer des batailles de petits Ben Laden, des milices terroristes. » Prophétique !

« Moi, on ne m'a rien donné. J'ai tout pris », aime à dire Nicolas Sarkozy. Il a gravi une à une les marches politiques avant de se hisser au poste suprême : maire, conseiller général, président du Conseil général, plusieurs fois ministre. Entre temps, il a regardé, écouté, appris, réfléchi et mis au point sa méthode : se faire le disciple de plusieurs aînés – Achille Peretti, Charles Pasqua, Jacques Chirac, Édouard Balladur –, se nourrir de leur expérience et les abreuver de sa jeunesse, de son inventivité, les éblouir par sa disponibilité, créer lui-même, ou saisir, l'occasion propice de dépasser ses maîtres. Il a été élu président de la République en 2007 au premier essai. Il était entré en politique vingt-trois ans plus tôt.

Ces quatre présidents ont été élus à la magistrature suprême parce qu'ils l'ont voulu plus que tout. Ce fut pour chacun un long chemin. Ainsi les Français auront eu le temps de les jauger, de se laisser séduire. Au moment de voter, souvent, ils ont estimé que l'heure était venue de leur confier les rênes de l'État, parce que c'était leur tour.

Les quatre livres qui composent ce volume illustrent mon propos. Ces itinéraires longue durée témoignent que la politique est un métier. Ce monde-là a basculé en 2012 avec l'élection de François Hollande. Contrairement à ces prédécesseurs, il ne s'est jamais annoncé comme candidat. Les Français ne l'attendaient pas. À la fin du septennat de

Nicolas Sarkozy, la gauche avait le vent en poupe. Les socialistes attendaient leur sauveur, Dominique Strauss-Kahn, patron du FMI. Las, il allait rater son rendez-vous avec l'Histoire. À New York, une femme de chambre de l'hôtel Sofitel l'accuse de viol. Le soir même, il dormait en prison. *Exit* Désiré Strauss-Kahn. Christine Lagarde le remplace au FMI. Seulement 3 % des Français voyaient alors un avenir à François Hollande, ex-Premier secrétaire du PS. Les journalistes appréciaient les analyses politiques de cet homme volubile, rieur, ses bons mots féroces pimentaient leurs papiers. Surprise, il remportait la primaire devant Martine Aubry. Au meeting du Bourget, qui lançait sa campagne, il a prononcé la phrase qui allait le faire président : « Mon véritable adversaire n'a pas de nom, pas de visage, pas de parti, et pourtant il gouverne. Cet adversaire, c'est le monde de la finance. » Le peuple de gauche se pâmait ! Et il battait Nicolas Sarkozy avec un peu plus de 51 %.

Le nouveau Président installait un style inédit : la normalitude. Croyant que, pour séduire les Français, il devait ressembler à Monsieur Tout-le-monde. Il n'habitait pas l'Élysée, continuait à vivre avec sa compagne, Valérie Trierweiler, dans leur appartement du XVe arrondissement, se laissait photographier le samedi faisant ses courses dans son quartier, attendant chez le boucher comme n'importe quel *quidam*, sortant avec un sac plastique à la main, tirant de l'argent au distributeur du coin. Quel contresens ! François Hollande a eu beaucoup de mal à endosser le costume présidentiel. Son projet politique étant d'abord de démolir tous les symboles du sarkozysme : la hausse de la TVA, qu'il regrettera, les heures sup. défiscalisées, la suppression du jour de carence dans la fonction publique. Il voulait aussi taxer les riches à 75 %. Il était recalé par le Conseil constitutionnel. « C'est Cuba sans le soleil », avait moqué son Secrétaire général adjoint, le jeune Emmanuel Macron qui fera parler de lui.

Le propos n'est pas de narrer tous les épisodes du quinquennat Hollande. Il a été le seul Président à ne pas se représenter. Le 1er décembre 2016, la mine déconfite et butant sur les mots, il annonçait au 20 heures : « J'ai décidé de ne pas être candidat à l'élection présidentielle. » Il faisait peine à voir. Mais il échappait à l'humiliation suprême. 82 % des Français ne voulaient pas qu'il se représente. Manuel Valls, son Premier ministre, l'avait lâché et parlait de suicide : ses confidences aux deux journalistes du *Monde*, Gérard Davet et Fabrice Lhomme, ont ulcéré les socialistes. Pendant cinq ans, il s'était livré à eux. Des centaines d'heures d'entretiens, de dîners privés, sa parole sans filtre. C'est devenu un livre : *Un Président ne devrait pas dire ça*... Il s'était laissé piéger. Les deux journalistes lui ont porté un coup fatal. Pendant ce temps, Emmanuel Macron, son ministre préféré, roulait déjà pour lui.

Récapitulons : hormis ses interventions sur le Mali, son comportement après les tueries de janvier 2015 à *Charlie Hebdo*, où il avait convié le monde entier à « partager notre peine », et où on l'avait trouvé bien dans son rôle, la répudiation de sa compagne, Valérie Trierweiler, ses sorties nocturnes en scooter derrière le policier de service casqué en Daft Punk pour rejoindre Julie Gayet avaient des airs de vaudeville. L'affaire Leonarda le transformaient en acteur de comédie. François Hollande n'a jamais su donner un sens à son action, ni en faire un grand récit national. Il n'empêche, trois de ses décisions marquent une rupture dans notre histoire politique. Le non-cumul des mandats, l'interdiction d'être à la fois maire et député – une tradition française –, a privé le législateur de cette manne de connaissances du terrain indispensable pour faire la loi. Ces maires étaient des barons locaux. Certains pesaient lourd, jouaient les arbitres auprès de leurs collègues, un rôle aujourd'hui légué aux seuls préfets. C'est tout un écosystème qui a été détruit. Ces barons locaux représentaient aussi pour l'exécutif un vivier pour composer les gouvernements. Entre 2012 et 2022, 92 % des députés ont été renouvelés. Les Français ne les connaissent pas, les électeurs non plus, ce qui crée un vide, un manque, un éloignement du pouvoir. Après l'affaire Cahuzac et le scandale des mensonges en direct du ministre, il fallait bien calmer l'opinion. François Hollande a créé la Haute Autorité pour la transparence de la vie publique. Un cauchemar pour les élus en raison de ses exigences ubuesques et tatillonnes : l'obligation de chercher des factures jusqu'à dix ans d'âge ! « Une fabrique de coupables », se plaignent les élus. Ajoutons le Parquet national financier qui a fait ses preuves dans la destruction de carrières politiques (François Fillon). Autant d'armes de destruction massive de la classe politique. Un poison lent, mais sûr.

L'élection d'Emmanuel Macron a amplifié la rupture. Il est le premier Président qui accède à l'Élysée sans jamais avoir été élu ni tenu de permanence, sans avoir de connexion avec le pays, sans connaître les Français. « J'ai appris à les aimer », avoue-t-il. Sans parti derrière lui. Son quinquennat fut une succession de crises : les Gilets Jaunes, le Covid, mais il a été réélu, dans des circonstances, elles aussi, inédites. Trop occupé par la présidence de l'Union européenne, alors que la guerre en Ukraine commençait, il n'a pas pris le temps de faire campagne, d'expliquer aux Français son projet (mais en avait-il un ?). Le soir de sa réélection, son discours, pour une fois très court, prononcé devant la Tour Eiffel, montrait qu'il avait peu réfléchi à la suite. Il n'a pas fait campagne non plus pour les législatives, attendant la veille du premier tour pour demander aux Français de lui donner une majorité. Trop tard ! Il doit composer avec une majorité relative. Il est là pour cinq ans. Ces dix dernières années auront signé la fin de l'Ancien monde.

Catherine Nay

LA DOUBLE MÉPRISE

AVANT-PROPOS

Il y a cent façons de dire l'histoire de la Ve République… Les politologues distingués glosent sur les institutions, la stabilité politique et l'alternance introuvable ; les ambassadeurs à la retraite, les académiciens, les experts internationaux se complimentent sur la politique d'indépendance nationale et de reconquête du rang. Les économistes avisés, les grands patrons, les demi-patrons commentent à longueur de déjeuners la modernisation rapide d'un pays qui a bénéficié de belles années d'expansion (au moins jusqu'en 1973) et sa faculté assez inattendue d'adaptation depuis la crise.

Mais il y a une autre manière de regarder la Ve République et d'y voir une suite d'histoires à la Tchekhov, Flaubert, Pinter ou Albee : celles des couples président-Premier ministre.

Est-ce une approche subalterne, épidermique, superficielle, bref… féminine ? Voire ! S'agissant de couples, qui mieux qu'une femme peut parler de ces alcôves secrètes, fleurant plus le tabac et la selle de veau Orlov (le plat vedette de Matignon) que la poudre de riz et le Numéro 5 de Chanel ? Elle sait comprendre ces hommes politiques qui maigrissent, pâlissent, enflent ou se déplument, usés par le pouvoir et l'insatisfaction de son exercice à deux.

Et, de fait, pendant vingt-deux ans – n'en déplaise aux pères fondateurs de la Constitution –, selon que ces duos au pouvoir se sont regardés avec confiance, entendus, devinés, complétés, ou bien alors défiés et trompés, la lecture des annales du moment fait penser à *Paul et Virginie*… ou aux *Liaisons dangereuses*.

Dans le premier cas de figure, l'exécutif agit en harmonie, entreprend les réformes, juge, tranche et la majorité parlementaire le soutient sans trop d'à-coups ni d'accrocs.

À l'inverse, le climat intérieur se pollue, les ministres – tiraillés comme des enfants de divorcés – ne savent plus sous quelle aile s'abriter, les projets s'enlisent, la majorité regimbe et se disperse. La mécanique institutionnelle grince et proteste.

Acte I *(8 janvier 1959-14 avril 1962)*

Le couple de Gaulle-Debré inaugure ce feuilleton, dans un registre qui va de la communion exaltée au sadomasochisme discret. C'est *Violence et Passion.*

Si de Gaulle met en place la Constitution avec l'ardent concours de son Premier ministre, il impose, en revanche, la décolonisation, contre le gré de celui-ci et d'un fort contingent de l'UNR, faisant fi de leurs colères et de leurs emportements. Mais l'ire perpétuelle de Michel Debré, ses cas de conscience à répétition, son mitraillage incontinent de notes alarmistes et comminatoires vont exaspérer le Général. D'autant plus que, éperdu de gaullisme, le Premier ministre tend un peu trop à se poser en grand prêtre du temple et à donner des leçons d'orthodoxie au Général lui-même.

Après trois ans, trois mois, trois jours de loyaux et douloureux services, le général de Gaulle met fin à cette « liaison » édifiante, qui tourne à l'aigre, avec autant de reconnaissance que de soulagement.

Acte II (*14 avril 1962-6 juillet 1968*)

Le Général tire de l'ombre un banquier normalien, qu'il apprécie depuis longtemps pour la clarté de son écriture et la vigueur de sa pensée : Georges Pompidou. Pour le Landerneau parlementaire – comme pour le grand public –, il est l'inconnu dans la maison. Jusqu'aux élections présidentielles de 1965, l'association fonctionne harmonieusement, tel un mariage tranquille dans la bonne société provinciale. Chacun tient son rôle. Il y a l'accélérateur. Il y a le frein.

Seulement, tirant les leçons du scrutin, (de Gaulle : 54,5 %, Mitterrand : 45,5 %), le Général se détermine à mettre en chantier des réformes qui engageraient le pays vers ce nouveau Graal : la fameuse troisième voie. Une idée qu'il remâche depuis au moins le temps du RPF. Alors naissent les premiers vrais conflits avec Georges Pompidou.

Par tempérament, le Premier ministre, fils d'instituteur du Cantal, croit à « l'ordre éternel des champs », à la civilisation rurale d'où sort l'homme fondamental, à cette société où de brillants boursiers comme lui peuvent si bien réussir. Bref, par instinct, Georges Pompidou considère qu'il est urgent d'attendre pour entreprendre des réformes et qu'il ne faut bousculer ni la France, ni les électeurs de la majorité.

En privé, le Général se plaint du conservatisme de son Premier ministre. Il lui reproche aussi d'avoir un peu trop l'oreille des députés UNR. Le malaise, insidieux puis insistant, s'installe entre les deux hommes. La crise de Mai 68, la déroute rétablie en victoire renforcent les convictions du Général : il faut aider la France à changer.

Après des élections triomphales et ambiguës, remportées à la fois sur le nom du Général et sur celui du Premier ministre, c'est la rupture et le renvoi. Georges Pompidou fait connaissance avec la traversée du désert. Il s'agira, en réalité, d'un court apprentissage du delphinat, où l'horizon n'a rien d'un mirage. En six ans et trois mois, l'exécutant est devenu le rival qui rêve tout haut d'être le successeur.

Acte III (*11 juillet 1968-16 juin 1969*)

Entre en lice, le 11 juillet 1968, Maurice Couve de Murville, pour un mariage d'estime un peu pudique, très haute société protestante. Il a, une longue habitude du travail en commun avec le chef de l'État. Depuis dix ans, il est son ministre des Affaires étrangères. Le Général goûte fort la sobriété et la distinction de ce grand commis de l'État, incomparable virtuose de la litote, qui sait si bien proférer des évidences sur un ton de professeur au Collège de France.

Pendant les quelque onze mois que va durer leur collaboration, point de heurt, pas le moindre accrochage. Couve tempère les visions jupitériennes du maître par l'impassibilité apollinienne de l'exécutant.

Seule ombre au tableau : ce Premier ministre trop sceptique ne s'impose pas à la troupe gaulliste. Sa façon bien à lui de répéter à chaque rhume des foins de l'UNR : « Tout cela va tourner en eau de boudin », n'est pas exactement le meilleur moyen de mobiliser cette armée qui n'a d'inclination véritable que pour les chefs musclés et tonitruants.

La réforme régionale et quelques autres ayant échoué avec le référendum d'avril 1969, le Général revenu pour toujours à Colombey, Maurice Couve de Murville se nimbe d'une élégante tristesse sans esprit de retour. S'il a sûrement un jour songé en secret au fauteuil présidentiel, son destin véritable aura toujours été de servir le souverain.

Acte IV (*20 juin 1969-5 juillet 1972*)

Ouverture de l'ère pompidolienne. Elle débute, mauvais présage, par un formidable malentendu. Faute de parler le même langage, le tête-à-tête Pompidou-Chaban ne sera jamais qu'un dos-à-dos. Pendant sa campagne présidentielle, il l'a assez proclamé, Georges Pompidou entend, veut, choisit d'incarner le « changement dans la continuité ». Avec un bémol sur la continuité et la pédale douce sur le changement.

Dans l'esprit de cet homme autoritaire, le Premier ministre ne peut être que le violon solo, en aucun cas le chef d'orchestre, encore moins le compositeur d'une politique autonome.

Or, le 16 septembre 1969, trois mois après son entrée en fonction, Chaban, cet ex-radical qui entretient des amitiés de « gôche » et s'entoure de syndicalistes comme Jacques Delors, prononce à la tribune de l'Assemblée nationale un discours resté célèbre sur la « Nouvelle Société ».

Horreur et abomination : tous les observateurs jugent l'inspiration du propos plutôt mendésiste que pompidolienne orthodoxe.

D'ailleurs, l'Élysée, découvrant le contresens, manifeste au Premier ministre une stupeur courroucée. Cette surprise n'a d'égal que l'étonnement de Chaban, qui n'a pas compris (ou voulu comprendre) la vraie nature du président Pompidou.

Dès lors, entre les deux hommes, la méfiance s'installe. Elle est savamment entretenue par les entourages. Le secrétaire général de l'UDR, René Tomasini, reçoit quotidiennement de Pierre Juillet, conseiller politique et privé de Georges Pompidou, des recommandations : « Ce que vous devez faire aujourd'hui pour embêter Chaban. »

En juillet 1972, ayant forcé la main du président en posant une question de confiance à l'Assemblée nationale, Chaban est remercié, quelques jours après avoir obtenu un vote massif des députés. Comme si, une fois pour toutes, Georges Pompidou tentait de faire comprendre à Chaban et à ses successeurs où se trouve l'autorité. Après trois ans de heurts et de malentendus, ce curieux attelage se brise dans le ressentiment.

Entre ces deux hommes, il y avait – décidément – un président de trop.

Acte V (*6 juillet 1972-27 mai 1974*)

Entre en scène, le 6 juillet 1972, sans tambour ni trompette, Pierre Messmer, légionnaire à la prunelle d'azur et au profil de médaille. Son mérite suprême est d'être l'anti-Chaban par excellence. Ce gaulliste dévot craint comme le diable les *combinazione* de parti. Son passé de héros de Bir Hakeim lui a inoculé une horreur sans bornes des incartades intempestives. Et comme Pierre Messmer n'a rien de l'idéologue retors, il assène à l'auditoire des vérités premières irréfragables. L'Élysée peut dormir sur ses deux oreilles.

Mais avec Georges Pompidou déjà malade, Pierre Messmer ne forme pas un vrai couple. Il n'y a ni liaison, ni même une véritable attirance. Il tient la place d'un monsieur de compagnie qui expédie avec la plus grande probité les affaires courantes. Au passage, il gagne tout de même les élections législatives de 1973 et lance courageusement le programme nucléaire.

Il ne séduit pas la majorité. Il ne fait pas rêver Marianne. Il ne manque pas de dignité quand la mort emporte cruellement Georges Pompidou. Mais, sans Pierre Juillet, Pierre Messmer n'aurait sans doute jamais songé à un destin personnel. Et avec Pierre Juillet, y a-t-il cru plus d'un instant ?

Acte VI (*27 mai 1974-26 août 1976*)

Nouveau décor, nouveau style… En ce 27 mai de l'an de grâce 1974, un homme, longue silhouette aristocratique, choisit d'entrer à pied à l'Élysée. Seul. Veut-il illustrer ainsi sa courte victoire, remportée d'une enjambée sur le leader socialiste (Valéry Giscard d'Estaing : 50,6 %, François Mitterrand : 49,4 %) ? Ou bien signifier aux Français : ce n'est pas la majorité, mais moi qui ai gagné, et seul je gouvernerai ?

Et comment en serait-il autrement, avec ce jeune président de quarante-huit ans ? Il n'a jamais été un gaulliste breveté. Le choix qu'il fait de Jacques Chirac comme Premier ministre le souligne plus encore : une page est tournée.

Qui est-il, ce jeune homme de quarante et un ans, dont le nom claque comme un coup de martinet ? Pendant dix ans, il a été le protégé de Georges Pompidou, l'homme des missions. Il s'intronise lui-même fils spirituel du président défunt. Il a également été le ministre adulé des agriculteurs. Mais sait-on vers quoi il court si vite, cet homme toujours pressé, et pour quelles raisons il a escamoté prestement, pour le compte de Valéry Giscard d'Estaing, le fauteuil présidentiel, lorsque Chaban tentait de s'y hisser ?

Ce nouveau couple au pouvoir surprend plutôt. Un peu trop jeune, un peu trop lisse, un peu trop gâté par l'existence. Pas assez de bobos au cœur et à l'âme, ces deux-là… Certaines pythies l'annoncent : bien trop joli pour durer, ce jeune ménage bon chic.

Et, de fait, après une courte lune de miel, faute d'avoir appris à s'aimer ou à se trouver, faute de se comprendre (la nature a mis entre eux tant de différences), faute de regarder dans la même direction pour conduire le pays, aiguillonnés par leurs entourages, chacun trompant l'autre et se trompant sur l'autre (Valéry Giscard d'Estaing croit Jacques Chirac assez souple et maniable pour lui être soumis ; Jacques Chirac croit le président assez malléable et fragile pour lui imposer ses volontés), c'est la double méprise. Le 26 août 1976, le Premier ministre claque la porte du foyer. Séparation de corps.

Le désamour commence. La passion qu'ils n'ont su faire naître durant leur association, voilà qu'elle les submerge dès qu'ils amorcent leur lutte. D'août 1976 à mars 1978, chacun à tour de rôle envoie l'autre dans les cordes.

Ensuite, malgré une guérilla acharnée, semée d'embûches et de chausse-trappes, résonnant de coups de pistolet ou de pétards, Jacques Chirac mord la poussière plus souvent qu'à son tour.

Mais l'histoire, avec toutes ses péripéties, de ce tandem qui n'a jamais formé un vrai couple, c'est tout le propos de ce livre.

CHAPITRE I
Première rencontre

En fin de matinée, ce 23 juin 1969, dans un bureau aux murs lambrissés gris et or de l'austère bâtisse du ministère des Finances, deux hommes jeunes (quarante-trois et trente-sept ans), de taille égale (un mètre quatre-vingt-neuf), pareillement sveltes, enivrés par un identique bonheur de vivre, ont rendez-vous pour la première fois.

Ils ont peut-être ainsi débuté dans le passé, ces grands coups de foudre qui enchaînèrent deux mâles destinées : Louis VI le Gros et Suger, Louis XIII et Richelieu, Napoléon et Berthier. Parfois de grandes histoires commencent de cette façon dans les hebdomadaires politiques.

Et ce jour, en apparence, les deux hommes en présence sont faits pour s'entendre : dame la Chance leur a également été bonne marraine – tous deux ont eu l'enfance heureuse et préservée des univers clos de la grande et de la moyenne bourgeoisie, tous deux ont fait d'abondantes études, tous deux, pour ne pas faire mentir ce cher Sigmund se sont rebellés contre leur papa à l'âge de dix-huit ans : l'un en s'engageant six mois dans la guerre (1944-45) avec le général de Lattre (il est légèrement brûlé au visage) ; l'autre en s'embarquant pendant trois mois comme pilotin pour faire le tour du monde sur un charbonnier (été 1950) (plus tard, lui aussi partira à la guerre en Algérie et sera pareillement blessé à la face). Tous deux ont fait de beaux mariages : le premier avec Anne-Aymone Sauvage de Brantes, descendante de Louis XV et des maîtres de forges Schneider. Le second avec Bernadette Chodron de Courcel, arrière-petite-nièce de Charles de Lasteyrie du Saillant, ministre des Finances de Poincaré en 1922. Tous deux préfèrent les châteaux aux fermettes aménagées des cadres dynamiques. Enfin, tous deux plaisent aux dames.

Mais en ce 23 juin 1969, personne – ni les proches, ni les entourages, encore moins les intéressés eux-mêmes : Valéry Giscard d'Estaing, le ministre des Finances, et Jacques Chirac, son secrétaire d'État au Budget – n'ose pronostiquer ce qui va naître de ce protocolaire tête-à-tête.

Ceux qui les connaissent le savent : tout les sépare. Et d'abord leurs tempéraments.

Observons-les face à face.

Ce qui retient l'attention n'est pas dans le visage longiligne du premier, le front haut tôt dégarni, que l'œil noir, mobile, moqueur, scrutateur, voyageur. Quelqu'un l'importune, il s'ennuie : la paupière se rétracte en un éclair, le regard se fige, s'absente et lui donne cet air particulier de mandarin en exil « auvergnat-asiatique ».

Chez le second, dans le visage anguleux comme dessiné à la règle, ce qui frappe, c'est, encadrée de fossettes d'enfant gâté, la bouche aux lèvres pleines. Elle s'ouvre en un rectangle presque parfait pour éclater d'un grand rire débonnaire ou paillard, comme pour mordre durement l'adversaire.

L'un est toujours vêtu avec la discrète recherche des jeunes gens à l'air un peu emprunté des beaux quartiers.

L'autre peut porter sans plus de façons le même costume-gilet plusieurs semaines d'affilée (on croit apercevoir le maillot de corps sous la chemise). Il a l'air d'un lieutenant en civil qui cherche une chambre en ville.

L'un est gourmet, mange lentement, peu, diététique et de préférence dans de l'argenterie poinçonnée.

L'autre est gourmand, dévore avec une volupté enjouée les plats les plus mijotés (il a une prédilection pour la tête de veau ravigote) comme le casse-croûte le plus rustique. Peu lui chaut de couper le pain à même la toile cirée.

L'un sait aménager son temps de loisir avec prodigalité : il s'en va chasser le grand fauve en Afrique, dévale les pentes à skis (en pull-over et cravate), est hâlé presque toute l'année. Il dit conforter sa réflexion plus dans l'évasion que dans l'atmosphère confinée des bureaux.

L'autre, tel un moteur lancé en surrégime, ne prend guère le temps de vivre. Il est toujours débordé et craint le farniente plus que la maladie. Il ne pratique aucun sport, mais n'est jamais en repos. En pleine lune de miel, quinze jours après son mariage, il partait volontaire en Algérie.

L'un prend plaisir à refaire le monde devant un parterre béat et muet de ducs et de duchesses, de comtes et de comtesses, vrais ou faux, anciens ou récents, royaux ou papaux. Mais toujours couverts de particules.

L'autre a une horreur quasi physique du monde et des dîners en ville. Il n'a pas le « pied parisien », mais goûte fort la poignée de main franche, admirative et rugueuse de ses agriculteurs de Corrèze.

L'un aurait bien aimé savoir écrire comme Flaubert ou Maupassant et rêve d'habit vert (sa couleur préférée). Il lit Apollinaire et Éluard, prise Mozart, Verseau comme lui, jusqu'à l'« idolâtrie » et a, selon sa mère, la « folie du classicisme ».

L'autre ne sombrera jamais dans le désespoir pour n'être pas l'auteur de *Madame Bovary*. Il aime bricoler, plonger le nez dans des romans policiers et a horreur de la musique. Exception faite des fanfares militaires. « *Sambre et Meuse* lui donne les larmes aux yeux », prétend l'un de ses proches.

L'un n'apprécie que les meubles Louis XV et Louis XVI estampillés.

L'autre préfère le style Haute Époque.

L'un éprouve une certaine nostalgie pour ce XVIIIe siècle des Lumières, de la tolérance et des élites.

L'autre a trouvé dans le Moyen Age l'époque idéale : « La valeur personnelle y était exaltée, dit-il, et n'importe quel individu pouvait, grâce à son mérite et sa force, être anobli par le seigneur. »

L'un a peu d'amis, est secret, réservé, tout en nuances, sujet aux foucades (il a l'indifférence courtoise mais, en politique, le désamour cruel). Il manifeste très rarement ses humeurs, redoute la violence autant que la familiarité, qu'il juge vulgaires, esquive toujours les heurts en tête-à-tête. Les uns le voient hésitant, les autres le jurent déterminé. Il a le goût du bon compromis (celui qui va dans son sens), de la bienséance, des convenances et abuse des règles du protocole qui le protège des agressions de l'extérieur. L'un de ses collaborateurs le décrit ainsi : « Valéry Giscard d'Estaing est à la fois un homme sensible, qui voudrait que tout le monde l'aime, et un réaliste sans états d'âme excessifs quand la fin justifie les moyens. »

L'autre, quoique peu prodigue de confidences sincères, a des copains. Il semble fabriqué d'une seule pièce, fait tout avec excès, a le tutoiement facile, mais voussoie sa femme. Il interpelle ses supérieurs, ses pairs ou ses électeurs par leurs prénoms, embrasse ses secrétaires. Il explose aussi vite qu'il s'apaise, aime les explications expéditives qui se soldent par de rudes bourrades de conscrit et commande ses hommes, mi-hussard, mi-boy-scout, souvent avec gaieté, parfois avec fureur. Il est tout autant indifférent et cordial que candide et cynique. Un ancien ministre RPR qui l'a toujours soutenu affirme : « Jacques n'est sûrement pas un sentimental, mais il est capable de générosité et de beaucoup de dévouement. [...] C'est un obstiné, qui va toujours jusqu'au bout. Face à une difficulté, il l'attaque toujours de front au lieu de la contourner. » Ce qu'Alexandre Sanguinetti (qui l'a aimé puis a changé d'avis) traduit sans aménité, pour le plaisir de faire un bon mot : « Chirac est un officier de cavalerie. On lui donne un ordre. Il sourit finement. Il sort. Il revient. Il a oublié l'ordre et le cheval. »

L'un est réfléchi, introverti, assuré de sa supériorité intellectuelle. Les idées nouvelles l'attirent autant que la lumière les papillons. Pour son plaisir, il jongle avec les concepts comme avec les chiffres. C'est un joueur d'échecs qui pense toujours dix coups ou dix années à l'avance.

L'autre est spontané, instinctif, tacticien. Il a des enthousiasmes successifs, l'esprit éminemment pratique, agit pour agir, au jour le jour, et pare au plus pressé. Il qualifie ironiquement d'« idéologues » les penseurs et les gens à thèses dont il se méfie. (Il simplifie d'autant plus volontiers qu'il croit que le pouvoir oblige à simplifier.)

Autant que leurs caractères, leurs itinéraires politiques les distinguent, même si tous deux ont été partisans de l'Algérie française. (Une fois élu en Corrèze, Jacques Chirac fera porter régulièrement des colis de vivres aux généraux Salan, Jouhaud, Zeller et Challe, le temps de leur incarcération à Tulle. À Matignon, il s'est employé de son mieux à trouver des emplois aux officiers déchus.)

Si Valéry Giscard d'Estaing débute la tête couronnée (il hérite du siège de son grand-père), sitôt le pied à l'étrier, il ne sera jamais le disciple de quiconque, mais très vite un leader qui s'entoure et conduit seul sa propre carrière avec le plus personnel des objectifs : l'Élysée. De l'adolescence à l'âge mûr, ses idées politiques ne varieront pas. Il est viscéralement un modéré, ou plutôt un libéral conservateur centriste, allergique aux extrêmes.

Jacques Chirac, lui, fait irruption dans le monde politique par hasard plus que par véritable inclination. S'il choisit seul sa circonscription de Corrèze et s'y bat avec acharnement pour la conquérir, une fois saisi par le virus politique, il sera toujours le disciple inconditionnel, le protégé très entouré hissé par Georges Pompidou et son conseiller Pierre Juillet, marche après marche, vers le pouvoir.

Politiquement, il a tardé à se faire une idée précise de son bon choix : à seize ans, il distribuait *L'Humanité* devant l'église Saint-Sulpice à Paris, mais, dit-il, « je n'ai jamais eu de carte de militant du PC ». On l'a connu « mendésiste fanatique ». À Sciences Po, il jugeait « trop à droite » son camarade Michel Rocard. Il a été très anti-gaulliste au moment de la guerre d'Algérie. « C'est une erreur », dira-t-il plus tard. Un temps, il fréquente les gaullistes de gauche. Vers l'année 1969, on l'entendra dire : « Je ne suis pas gaulliste, je suis pompidolien. » Jacques Chirac est peut-être d'un juste milieu.

Si l'un s'entoure, l'autre est entouré ; si l'un s'est trouvé d'emblée, l'autre s'est longtemps cherché. Valéry Giscard d'Estaing a toujours cru en son destin, qu'il savait politique. Jacques Chirac n'a jamais douté de parvenir à un sommet. Deux races d'hommes dont nul ne sait alors s'ils seront irrésistiblement rivaux ou idéalement complémentaires.

Valéry Giscard d'Estaing

Dans la famille, la politique fait partie du patrimoine. Le grand-père maternel, Jacques Bardoux, « un modéré dans l'âme et dans les fibres », est un anglomane distingué (sa fille se prénomme May), auteur d'une série d'ouvrages dont un essai sur le libéralisme britannique. Il a traduit la correspondance de la reine Victoria. Tour à tour sénateur puis député du Puy-de-Dôme, il tient, lui-même, son mandat parlementaire de son père, le fameux Agénor Bardoux (propriétaire de la pendule qui scande de son tic-tac précieux toutes les interviews télévisées présidentielles depuis 1974), membre de l'Institut, ministre de Mac-Mahon, qui prépara la loi sur l'instruction publique gratuite. À la demande pressante de Gustave Flaubert, Bardoux intervint auprès de la justice pour qu'un rédacteur appartenant à ses services ne soit pas incarcéré pour avoir publié un poème licencieux : *Le Baiser*. Ce rédacteur s'appelait Guy de Maupassant (l'intérêt pour l'auteur de *Bel-Ami* ferait-il aussi partie du patrimoine familial ?).

Aussi peut-on imaginer que, dès le berceau, le bébé Valéry serait destiné par ses géniteurs au gouvernement de la France. D'autant qu'à sa naissance (le 2 février 1926) sa mère, en le voyant, s'écrie, émerveillée : « Oh, le beau petit Napoléon ! » À l'une de ses amies (Mme de Chevigné), elle confie : « Cet enfant n'est pas comme les autres, il ne tète pas comme les autres » (Jean Foyer, ancien garde des Sceaux, rapporte l'anecdote). Dans leurs albums, Edmond et May

Giscard d'Estaing conservent des photographies représentant le petit Valy, une couronne sur la tête, son frère et ses sœurs tenant la traîne.

Et pourtant, la famille Giscard d'Estaing n'est pas la famille Kennedy, même si l'on dit « VGE » à la manière de « JFK ». Ses parents voulaient, dit-on, faire de ce fils « tant aimé » un honnête homme (au sens du XVIIIe siècle), aux dons variés, ayant des clartés de tout et, bien sûr, un talent et un avenir. Il aura les meilleures manières et, si Dieu le veut, les diplômes les plus prestigieux.

Il n'est pas le Petit Prince ni l'héritier d'un royaume. Il n'est pas élevé pour le pouvoir et la puissance, mais pour devenir un homme de qualité qui réussira ce qu'il entreprendra.

Le futur président est un enfant timide et affectueux, qui a, selon ses propres aveux, « peur du noir ». Il est un lycéen doué, sans vocation précise, qui sait improviser un discours en trois minutes pour l'anniversaire d'un cousin. Il prend déjà grand soin de maintenir son budget d'argent de poche en équilibre.

Avec aisance il passe ses baccalauréats. Et comme le faisaient alors les bons élèves, il présente à la fois math élém. et philo. Il est reçu aux deux avec mention « bien ».

L'une de ses cousines l'affirme : « Valy ne voulait pas suivre les traces de son père, le monde des affaires ne l'attirait pas, la tradition Bardoux poussait au service de l'État. » Madame Edmond Giscard d'Estaing imaginait volontiers son fils y faisant carrière. Un jeune homme se fait souvent de la réussite une idée qui ressemble aux espoirs de sa mère.

À dix-huit ans, Valéry se rebelle contre son père : « Vous avez eu votre guerre, laissez-nous avoir la nôtre », dit-il avant de s'engager (en décembre 1944), en compagnie de son cousin François, dans l'armée du général de Lattre, la première armée française. Il est brigadier, blessé et décoré.

Démobilisé, il prépare et réussit l'entrée à Polytechnique. Il y est un camarade courtois mais un peu distant, qui se fait remarquer pour son don inouï de la synthèse des dossiers les plus complexes. Il peut tout expliquer, tout démontrer, une chose et son contraire, et habiller les idées les plus abstraites en prêt-à-penser pour Monsieur Tout-le-Monde. Il en sort troisième et fait preuve d'originalité en choisissant alors non point le prestigieux corps des Mines mais une école toute nouvelle fondée par Michel Debré. Elle s'appelle l'ENA.

Il n'est pas le meilleur de la section économique et il n'est pas aussi populaire que son cousin François. Il ne se mêle guère aux joyeuses sorties entre camarades (il est le seul à ne pas figurer sur la photographie de la promotion). Mais il surpasse tout le monde, ce virtuose de la dialectique à l'abondante chevelure couleur de jais.

Sa promotion n'en doute pas : « Il fera carrière en politique, et pas comme simple député. » Valéry en est le premier convaincu. À l'époque, il confie à son ami Philippe de Vandeuvre : « Un jour, je serai ministre des Finances. » Son bon choix semble même déjà fait : « La France veut être gouvernée au centre », répète-t-il autour de lui. Prudent, il s'abstient de préciser davantage ce qu'il entend par « centre ». D'instinct, il est habile.

Sur sa route, ce jeune homme qui voit haut et loin rencontre Edgar Faure – ministre des Finances, puis président du Conseil – au zénith de son brio et de sa notoriété. Confrontations, discussions, séduction réciproque. Valéry entre à son cabinet. Il y est un directeur adjoint compétent, déférent, admiratif, amusé, qui assimile les subtiles leçons de ce patron pour lequel le chemin le plus court en politique prend souvent des allures de ligne brisée. Il n'en sera jamais le disciple (pas plus qu'il ne sera, plus tard, celui du général de Gaulle). Déçu sans doute, Edgar Faure refuse d'aller soutenir ce collaborateur qui se déclare libéral et moderne, mais qu'il juge tout haut trop à droite et trop hostile à la décolonisation et, tout bas, « pas assez fauriste ».

Valéry a vingt-neuf ans et il est candidat dans le Puy-de-Dôme. Il lui a fallu convaincre son grand-père Bardoux, quatre-vingt-deux ans, de céder la place. L'aïeul renâclant, les parents du candidat à la candidature viennent à son secours. Conseil de famille, chantage à l'affection : dans la bourgeoisie cela s'appelle de « tendres pressions » ; en Afrique on dit : « secouer le cocotier ». En maugréant, le grand-père s'efface et se venge : lui non plus n'apportera pas son appui à ce rejeton effronté. Il est tout de même élu…

Les portes du pouvoir s'entrouvrent sur l'Assemblée nationale. Valéry s'y glisse en douceur, assez avisé pour être discret. Il s'inscrit au groupe des indépendants paysans, dont le leader est le président Antoine Pinay. Avec quatre-vingt-deux membres, c'est le troisième groupe à l'Assemblée nationale.

Le jeune Valéry est reçu comme un prince à la commission des Finances par son président, Paul Reynaud, lequel, par amitié pour sa famille, lui porte mille attentions. Raymond Marcellin se le rappelle : « C'était un traitement de faveur dont tout le monde ne bénéficiait pas. »

On le remarque. Il est si grand, et si courtois et si distant ! Tellement souverain ! Il n'est pourtant pas le plus assidu des parlementaires :

il parle bien, mais on l'entend peu avant le 17 janvier 1957, date de sa véritable entrée sur scène.

Lors d'un débat sur le traité de Rome, il répond à Pierre Mendès France lui-même (qui fut son professeur à l'ENA). Pendant quarante minutes, sans notes, il dit un *oui* franc et massif à cet embryon de construction européenne sur un ton si rigoureux d'intellectuel fier de l'être que Mendès France en paraît théâtral.

« L'Assemblée était baba d'admiration », se souvient aujourd'hui Christian Bonnet. « Les députés étaient d'autant plus impressionnés, rectifie un ancien ministre indépendant, que le style de Valéry contrastait avec les redondances du grand-père Bardoux, qui vidait invariablement l'hémicycle tant il était ennuyeux et sa voix de crécelle irritante. »

Valéry fait partie de l'intergroupe des jeunes élus, les jeunes loups de l'époque, rassemblés par un « commun dégoût de la IVe République ». En tout une bonne douzaine de députés de toutes tendances (sauf le PC, naturellement) mendésistes, indépendants, MRP, etc. Parmi lesquels, maître Roland Dumas, l'ami de François Mitterrand, Pascal Arrighi, Joseph Fontanet, Christian Bonnet, Jean-Noël de Lipkowski et le Docteur Juskiwiensky.

En quelques mois, sans déclarations intempestives, il en devient le chef naturel. « Ses exposés étaient si précis et ses visions si prospectives », note Lipkowski. Un temps, Valéry suggère même à ses jeunes collègues de démissionner de leurs différents groupes pour en former un nouveau à eux tout seuls. Un groupe-charnière dont, bien entendu, il aurait pris la tête. L'entreprise n'aboutit pas.

Ces élus tout neufs tiennent congrès par deux fois, à Biarritz puis à Figeac, chez le Docteur Juskiwiensky. « C'était fort gai, nous rédigions des communiqués comminatoires au gouvernement, nous donnions des leçons à la terre entière, nous refaisions le monde[1]. [...] Nous chahutions aussi comme des collégiens. Un soir, avec Valéry, se souvient Lipkowski, nous avons vidé Christian Bonnet de son lit, il s'est retrouvé en pyjama sur la place de Figeac. Et nous criions derrière les volets : "Hou ! que c'est vilain, pour un MRP, de se conduire si mal." »

Au Parlement, Valéry Giscard d'Estaing critique la « gabegie parlementaire » et rêve tout haut d'« institutions stables ». C'est ce désordre

1. Au moment de l'opération de Suez, Valéry rédige de sa main un communiqué plutôt insolent à l'adresse du ministre des Armées, Bourgès-Maunoury, sur le thème : « Alors, c'est pour quand, votre débarquement, pour le printemps ou pour l'été ? »

intérieur chronique qui l'amène, avec quelques collègues, à rendre visite au président Coty, en novembre 1956, pour lui suggérer de faire appel au général de Gaulle. « Mais si le Général veut revenir dans la légalité, je lui cède la place, moi », répond le bon Monsieur Coty, en tournant trois fois autour de son fauteuil.

En secret, Valéry Giscard d'Estaing, dont la mère a eu le culte de De Gaulle pendant l'occupation (le grand-père, lui, siégeait au Conseil national du maréchal Pétain), croit que le Général serait le seul à pouvoir conserver l'Algérie à la France.

Peu de temps après, Antoine Pinay, pressenti pour entrer à Matignon, lui propose le secrétariat d'État à l'Aviation civile. Au dernier moment, Félix Gaillard devient président du Conseil. Une chance pour Valéry. À trente et un ans, il aurait peut-être été le plus jeune des derniers ministres de la IVe République. Mais, aux présidentielles de 1974, cela lui aurait donné un air vaguement archaïque.

Mai 1958 : lorsque le retour du Général se profile à l'horizon – l'un de ses jeunes collègues d'alors le prétend aujourd'hui –, « Valéry s'interrogeait : le Général, une fois à l'Élysée, ne va-t-il pas installer un pouvoir autoritaire ? » (Dans les milieux giscardiens, on raconte volontiers maintenant : « Anne-Aymone n'a pas dû souvent voter *oui* aux référendums du Général. »)

L'hésitation est de bien courte durée. Valéry vote l'investiture le 1er juin, puis les pleins pouvoirs, appuie le référendum constitutionnel de septembre et, réélu député en novembre, apporte son suffrage à de Gaulle candidat à la présidence de la République en décembre. Ainsi devient-il, dans sa trente-troisième année, secrétaire d'État au Budget, nommé par Michel Debré, Premier ministre, pas mécontent de promouvoir le jeune député le plus brillant du Parlement, qui sort tout droit de son ENA. N'était-ce pas une façon de dire au Général : « Voici le plus beau produit de l'école que j'ai fondée » ?

Quelques amis le raillent affectueusement – tout se passe si vite et si bien : « Mais comment ! Valéry n'est pas encore ministre des Finances ? »

Les relations personnelles entre le Premier ministre et le benjamin du gouvernement sont assez amicales : Michel Debré se rend plusieurs fois en week-end dans la propriété du Loir-et-Cher du jeune secrétaire d'État.

Monsieur Pinay est installé rue de Rivoli. Il a sauvé le franc en 1952. Il vit, depuis, sur son mythe. Le général de Gaulle, sensible aux symboles, l'a recruté pour cette raison. Une année plus tard, l'homme au petit chapeau rond quitte le gouvernement pour incompatibilité d'humeur avec le Général, mais plus encore avec Michel Debré. Lui succède Wilfrid Baumgartner, gouverneur de la Banque de France.

De ce grand argentier, qui l'a connu enfant, le secrétaire d'État au Budget ne retient qu'une leçon : « Il faut gouverner au centre, parce qu'il faut toujours avoir une opposition de droite. » C'était prêcher un convaincu.

À ses côtés « VGE » ne perd pas son temps. Il hante les couloirs du Parlement, s'entraîne à séduire les députés, les impressionne, emporte avec aisance une adhésion bien utile pour le vote de la loi de finances ou de la réforme de l'impôt sur le revenu. Il leur ferait presque aimer les taxes ! Son ministre en prend ombrage. À de Gaulle qui l'interrogeait sur son brillant secrétaire d'État, ce protestant sévère répond sèchement : « C'est un homme grand, au front large, aux épaules étroites et aux dents longues. » Antipathie sans conséquences : le distingué Monsieur Baumgartner s'en va à son tour.

Le jeune secrétaire d'État si doué trébuche quand même une fois en chemin. Lors des élections municipales de mars 1959, sa liste est balayée à Clermont-Ferrand où il s'est aventuré. Il n'a peut-être pas le bon profil pour une cité ouvrière. Il est vexé. Malheur vite oublié…

2 janvier 1962 : Valéry Giscard d'Estaing est promu « enfin » ministre des Finances. Il a trente-six ans et réalise son rêve d'adolescent. Le voilà titulaire d'un portefeuille à part entière. Et pas n'importe lequel : la rue de Rivoli, cet État dans l'État qui a un droit de regard sur chacun et sur tout !

Il y découvre l'enivrement des signes extérieurs du pouvoir : une enfilade de salons somptueux et solennels qui marient les style Louis XVI et Napoléon III, un service quatre étoiles, la plus belle argenterie des hôtels ministériels, des appartements privés sur les jardins du Carrousel. Ce presque jeune homme peut enfin jouir de l'ineffable liberté d'une réussite éclair.

Apparemment, le Général ne lui en veut pas de cette hésitation fugitive avant le référendum instituant l'élection du président de la République au suffrage universel. Pendant quelques heures, Valéry Giscard d'Estaing s'interroge et conseille même vaguement l'abstention, comme le rapporte un ancien ministre indépendant, puis il se reprend et milite ardemment pour le *oui*. C'était faire preuve d'instinct politique. Ses collègues choisissent de devenir le fer de lance du cartel des *non*. Ils seront décimés par les électeurs.

Avec ceux qui reviennent, le ministre des Finances construit un nouveau groupe : les républicains indépendants. Sur le moment, personne n'y prête une attention extrême. À tort : tout futur candidat à la présidence de la République a besoin d'une base de départ. Valéry Giscard d'Estaing vient d'en jeter les fondements.

Le Général ne lui en veut toujours pas de cette drôle d'affaire qui éclate lors du procès de Jacques Prévost, l'un des conjurés du Petit-Clamart. L'avocat de celui-ci, Maître Isorni (l'ancien défenseur du maréchal Pétain), met en cause un jeune secrétaire d'État qui aurait transmis au général Salan les comptes rendus secrets du Conseil des ministres. Des déclarations qui ne reçoivent aucun démenti, mais ne suscitent aucune enquête. Explication, en 1980, d'un ministre gaulliste : « Isorni était si violent, ses insultes si énormes, que le Général ne faisait pas attention à ce qu'il disait. »

Estimant que ces insinuations attentent à son honneur, le 11 février 1963, Valéry Giscard d'Estaing porte tout de même plainte. « [Il] entend faire condamner des procédés dont l'usage blesse la conscience et avilit la vie politique française. » L'affaire ne sera jamais jugée sur le fond.

Des hommes de l'OAS affirment aussi que Michel Poniatowski, alors directeur de cabinet du secrétaire d'État au Budget, était leur contact au gouvernement et portait pour nom de code « B 12 ». Selon certains gaullistes, Michel Debré aurait exigé pour cette raison de Valéry Giscard d'Estaing qu'il se sépare de Ponia. Le futur président, contraint de s'incliner, fait de son directeur de cabinet le directeur des assurances, rue de Rivoli. Ainsi le garde-t-il auprès de lui. Demi-obéissance ou demi-refus de s'incliner ?

Malgré ces controverses discrètes, la carrière du ministre des Finances n'en est pas ralentie. Le Général, aimant l'intelligence, les grands diplômes et les hommes de haute taille, apprécie la classe et la jeunesse de cet homme de bonne famille qui a aussi fait la guerre à dix-huit ans. En retour, Valéry Giscard d'Estaing est fasciné par le style de ce monarque républicain dont il apprend avec une avidité silencieuse la technique de l'autorité, du secret, bref… du pouvoir.

Pendant leur vie commune, les deux hommes s'observent, s'intéressent l'un à l'autre, se respectent sûrement. Mais ils ne se séduisent pas totalement. « Le Général trouvait que Giscard avait un peu trop d'assurance et de bagou », rapporte un baron gaulliste.

En privé, Valéry Giscard d'Estaing juge le Général trop raide dans son comportement international. C'est l'époque où il confie à son ami Ponia : « Un jour je serai candidat aux élections présidentielles. »

En janvier 1963, il rend visite à Jean Foyer, le garde des Sceaux, et lui dit, comme pour prendre date : « Entre nous deux et de Gaulle, il n'y a rien. » Jean Foyer remercie vivement son collègue pour ce « nous » de politesse.

À Robert Boulin, son secrétaire d'État, il déclare encore : « L'Assemblée nationale idéale est celle de 1952. » Les apparentements y avaient permis l'alliance des modérés et des socialistes dans plus de la moitié des circonscriptions, les communistes et les gaullistes ayant dû se partager les miettes. Est-ce là, selon lui, la traduction parlementaire d'une France gouvernée au centre ? Le ministre des Finances a toujours cru que les familles politiques de la troisième force se retrouveraient un jour, une fois le Général disparu, l'UDR ne tenant sa puissance que de lui.

Au gouvernement, à la manière de Poincaré, l'une de ses idoles (il connaît également par cœur les discours de Joseph Caillaux), Valéry Giscard d'Estaing se veut le champion de l'équilibre du budget, le chantre de l'expansion dans la stabilité. Face au dérapage des prix, il met en place, selon les vœux et les instructions du Général, le plan de stabilisation (blocage des prix, encadrement du crédit, taux de l'escompte à 4 %) qui lui vaut, dans *Le Canard enchaîné*, le surnom de « Fiscard d'Estaing ». Il propose aussi l'avoir fiscal, qui encourage l'acquisition d'actions en Bourse par les particuliers, mais facilite en même temps l'adoption de l'amendement Vallon, qui organise la participation des travailleurs aux bénéfices de l'entreprise. Une synthèse qui pourrait ressembler à du libéralisme humanisé.

L'élection présidentielle de décembre 1965 s'approchant, dès le mois d'août, en pleine préparation du budget, Georges Pompidou demande un plan de relance pour apaiser les syndicats et les industriels en colère, dont il reçoit les plaintes à Matignon. Il vaut mieux, dit-il, « un peu d'inflation ». C'est un temps où nul ne sait – ni les gaullistes, ni les barons les mieux renseignés – si le Général sollicitera un deuxième mandat. Rien n'est moins sûr. S'il ne se représente pas, Georges Pompidou confie à quelques amis : « Je serai candidat. »

Valéry Giscard d'Estaing oppose une fin de non-recevoir au Premier ministre : « Tout cela, c'est de l'électoralisme », répond-il avec hauteur. Il doit sûrement se sentir bien soutenu par le Général pour se risquer à défier ainsi la volonté du chef du gouvernement…

Lors de ce budget-là, il chante dans un solo éblouissant son credo de l'équilibre. Pendant trois heures trente, il demeure à la tribune de l'Assemblée, sans notes (il a fait distribuer aux députés un schéma de ses propos) ! Cette performance l'autorise à devenir membre de droit du « grand opéra parlementaire », au même titre que Poincaré, qui avait, en 1920, prononcé un discours de sept heures.

Mais si, jusqu'alors, Georges Pompidou donnait le plus souvent raison à Valéry Giscard d'Estaing contre les ministres les plus gaullistes, cette épreuve de force affecte gravement leurs relations. La suspicion s'installe entre eux. Sans doute éprouveront-ils l'un pour l'autre de l'estime politique et intellectuelle. « Il a du coffre », dit de Pompidou Valéry Giscard d'Estaing. « On peut lui pardonner beaucoup de choses, il parle un si beau français », répond en écho le Premier ministre normalien. Mais de l'amitié, ils n'en auront jamais l'un pour l'autre. Ils sont déjà concurrents et rivaux.

12 décembre 1965 : après un ballottage, le Général l'emporte devant François Mitterrand (54,5 % contre 45,4 % des suffrages exprimés). Ce n'est pas l'« adhésion franche et massive » qu'il sollicitait. Déception, mauvaise humeur. Il faut un coupable : le plan de stabilisation.

8 janvier 1966, Valéry Giscard d'Estaing, ulcéré, « congédié comme un domestique », selon son expression, doit quitter la rue de Rivoli. Pour ses familiers, il reprend à son compte ce mot de Lincoln : « Cela me fait trop mal pour en rire et je suis trop grand pour en pleurer. » Il refuse le grand ministère de l'Équipement que lui offre le Général. Il rend le chef du gouvernement responsable de son éviction. Il n'a pas tort. Sa rancune est vive et s'exprime avec aigreur. Il demande aux députés de son groupe de ne pas participer à ce gouvernement par solidarité avec lui. Seul Raymond Mondon, le maire de Metz, sollicité, se récuse. Messieurs Marcellin, Chamant et Bettencourt passent outre, estimant n'avoir pas à ralentir leurs carrières pour lui faire plaisir. Il leur en voudra toujours un peu. Il va avoir quarante ans.

Ses amis politiques jugent aujourd'hui que ce provisoire éloignement des affaires fut sa chance. Aux Finances, il s'était sculpté un buste de technicien brillant. Désormais, il peut songer à polir son profil politique. En effet, sitôt hors du gouvernement, il construit sa force de frappe de leader à partir de son petit parti – la Fédération nationale des républicains indépendants –, qu'il installe dans un appartement bourgeois du boulevard Saint-Germain. Il implante dans tout l'Hexagone les clubs Perspectives et Réalités grâce à ce qu'il appelle son « Tour de France de la réflexion et de l'action ». Il en retire une connaissance de la géographie électorale qui lui permet de contrer encore aujourd'hui le ministre de l'Intérieur commentant les résultats d'élections les plus locales. Il peaufine son image lors d'un *Face à la presse* à la télévision, une des premières émissions du genre. 74 % des téléspectateurs se diront satisfaits de lui. Le Général lui fait transmettre son compliment.

VGE, réélu sans mal en 1967, a trouvé le moyen de placer entre les deux tours : « Il faut regrouper les centres », idée fixe, décidément ! À l'époque, le centre siège dans l'opposition. Ses dirigeants s'y distinguent surtout par leurs convictions atlantistes et européennes (Jean Lecanuet, René Pleven, Jacques Duhamel).

Valéry Giscard d'Estaing est le leader de quarante-quatre députés qui pèsent lourd dans une majorité étroite. Comme on ne se pose qu'en s'opposant, il forge sa stratégie de soutien critique, le fameux « OUI MAIS ».

En président tout frais et tout fringant de la commission des Finances, il harcèle à plaisir Michel Debré, son très susceptible successeur rue de Rivoli : « Des résultats différents auraient pu être obtenus. [...] Ils pourront l'être, assurément, demain, si une politique conjoncturelle moderne, s'appuyant sur une analyse objective et scientifique des données du problème, met en œuvre les immenses moyens dont disposent aujourd'hui les responsables de l'économie », écrit Valéry Giscard d'Estaing dans *Le Monde* daté du 2 février 1968, jour de son anniversaire.

En juillet 1967, après la guerre des Six Jours, alors que de Gaulle tance Israël, « ce peuple sûr de lui et dominateur », Valéry Giscard d'Estaing signe, avec Mendès France, Lecanuet et Mitterrand, l'appel du Comité français de solidarité avec Israël.

De tout cela, de Gaulle est agacé : « On ne gouverne pas avec des *mais* », grogne-t-il en Conseil des ministres. Pompidou, très irrité, explique à la télévision : « Gouverner, c'est l'art d'éliminer les *mais.* » Michel Poniatowski pose ses premières banderilles dans l'échine de l'UDR, qui rue d'indignation. Le giscardisme est né.

Les grandes rébellions ont lieu par trois fois.

Contre le Général, en août 1967. Après le : « Vive le Québec libre », Valéry Giscard d'Estaing dénonce d'une plume acerbe l'« exercice solitaire du pouvoir ».

Contre Georges Pompidou, en mai 1968 : pour commencer, il disparaît du Parlement ; on ne le voit plus. Lui qui capte si bien les vents nouveaux a du mal à prendre la mesure d'un événement insolite qui l'a surpris comme toute la France officielle. Il a raconté à Olivier Todd avoir été dans la banlieue parisienne pour parler avec les grévistes et chercher à comprendre. Il a préféré se taire un temps, faute de « sentir » cette tourmente romantique qui s'abat inopinément sur la France.

Il réapparaît le 22 mai, pour mettre en accusation le gouvernement. Il faut, dit-il, « que le président de la République continue à assumer ses fonctions et à représenter la légalité du pays. Il lui appartient de changer les méthodes gouvernementales ». En clair, alors que quelques gaullistes songeaient à préconiser le départ du Général et l'intronisation de Georges Pompidou, lui choisit la méthode inverse et veut consolider le pouvoir du Général en écartant le Premier ministre.

Avril 1969, dernière rébellion : cette fois, contre le général de Gaulle. Le chef de l'État, ayant fait savoir qu'il partirait de l'Élysée en cas d'échec du référendum sur la régionalisation, de sa mairie de Chamalières Valéry Giscard d'Estaing conseille aux Français : « Ne votez pas *oui.* » Une façon polie de dire : « Votez *non.* » Les deux tiers de sa troupe ne le suivent pas. Mais le troisième tiers, qui l'écoute, pèse un poids décisif dans la balance. Le leader républicain indépendant a pris consciemment la responsabilité de contribuer à la défaite, donc au départ du Général. Pour nombre de gaullistes, il commet ce jour-là péché mortel.

On connaît la suite : battu au référendum, le Général s'en retourne à Colombey. Georges Pompidou est candidat. Valéry Giscard d'Estaing songe un instant à se présenter et rédige même un schéma de projet de candidature. Mais hormis une poignée d'inconditionnels (Ponia, d'Ornano, Soisson, Chinaud), le groupe des républicains indépendants préfère la candidature de Georges Pompidou. Les sondages qu'il a fait effectuer ne l'encouragent pas.

Il renonce donc. « La France vient de vivre un événement historique considérable avec le départ du Général. Elle ne va pas confier sa destinée à un homme de quarante-trois ans ! Et puis je ne suis pas prêt », explique-t-il à ses amis au cours d'un petit déjeuner auquel il les a conviés en son hôtel particulier de la rue de Bénouville.

Mais il ne se résigne pas encore à la victoire de Georges Pompidou. N'étant pas candidat, il court en personne solliciter, dans le plus grand secret, la candidature d'Antoine Pinay d'abord, puis celle d'Alain

Poher ensuite, auquel il rend visite en compagnie de Jean Lecanuet et Pierre Abelin. Il lui suggère en substance : « Présentez-vous et cédez-moi la place au bout de trois ans. » Double refus.

Faute d'alternative, l'ex-ministre des Finances veut bien appuyer Georges Pompidou, après avoir négocié son retour au gouvernement dans un grand ministère et obtenu que la construction européenne soit poursuivie, l'Alliance atlantique maintenue, l'ORTF libéralisée et la majorité élargie dans le septennat à venir.

Valéry Giscard d'Estaing ne plaide pas pour l'accès aux affaires de son grand ami Ponia. Il lui faudra, juge-t-il, un lieutenant au Parlement qui dira tout haut ce que lui, le ministre, devra taire.

Georges Pompidou aurait souhaité faire revenir Antoine Pinay rue de Rivoli (toujours le mythe). Si le maire de Saint-Chamond avait accepté, Jacques Chaban-Delmas le nouveau Premier ministre entendait confier à Valéry Giscard d'Estaing le ministère de l'Éducation nationale. L'idée le tente, quelques heures, mais il demande avec fermeté son bastion des Finances. « Si vous m'y nommez, je ferai une dévaluation tout de suite », aurait-il même dit au nouveau président de la République.

Jacques Chirac

À la minute même où Georges Pompidou décide d'être candidat, Jacques Chirac a déjà en charge la responsabilité financière de la campagne et court tendre sa sébile. Un an plus tôt, dans l'heure où le futur président quittait Matignon et prenait ses quartiers boulevard de Latour-Maubourg, il accourait lui faire allégeance dans sa retraite forcée mais, suivant ses conseils, allait conserver au gouvernement son demi-portefeuille de secrétaire d'État au Budget. Et pendant les quelque onze mois que dure son éloignement du pouvoir, Georges Pompidou reçoit chaque jour, qu'il pleuve ou qu'il vente, la visite de Jacques Chirac.

À l'époque, on s'interroge : pourquoi donc tant de zèle et tant d'empressement ? Flagornerie ! Intérêt bien compris ! C'est glandulaire ! moque la classe politique interloquée. Et sans doute y a-t-il toujours un zeste de vérité dans le jugement le plus caricatural. La raison majeure de ce comportement si ardent a tout de l'image d'Epinal : tel saint Paul sur le chemin de Damas, Jacques Chirac, entré par hasard à Matignon un certain jour de novembre 1962 (grâce à un ami fonctionnaire), rencontre la vérité révélée en la personne de

Georges Pompidou. « Intuitivement, j'ai le sentiment qu'il a toujours raison », dit-il alors.

D'emblée, dans ce Premier ministre, fils d'instituteur du Cantal, solide, carré, bourreau de travail, charmeur, autoritaire, esthète, épicurien, qui comprend si bien la France profonde et lui parle si juste (fatigué, il se fait porter un bol de soupe ; en voyage officiel à l'étranger, il fait suivre un panier avec du pain et du fromage de Cantal), Jacques Chirac, lui-même petit-fils d'instituteur de Corrèze, vient de trouver son modèle, son maître, son alpha et son oméga. Instinctivement, il se sent fait du même terreau que ce leader madré qui croit au « progrès indéfini et lent » et vit son âge d'or dans ce siècle de la « bagnole » et de l'industrialisation galopante. Il est aussi fasciné par ce Georges Pompidou aux mille facettes, qui raffole des bistrots à la mode et des gens dans le vent.

Par osmose ou mimétisme, Jacques Chirac, qui se flatte publiquement de n'aimer que le cirque, les westerns et la musique militaire, va adopter ses goûts et se prendre d'une passion subite pour l'art moderne, la poésie et la peinture abstraite. (Il a pourtant déjà quelques centres d'intérêts culturels, en particulier, dit-on, l'archéologie et, en 1980, il révélera même avoir écrit, à l'âge de dix-sept ans, un article sur le peintre Kandinsky, dans une revue, hélas, défunte.)

Comme de bien entendu, ce jeune fonctionnaire si zélé ne va plus avoir qu'une idée en tête : la politique, à laquelle il fait désormais don de sa personne et pour laquelle il se damnerait.

Pourtant rien ne l'y prédestinait. « Dans ma vie tout s'est toujours fait par hasard », affirme-t-il souvent. Dans la famille, de souche corrézienne, on vote radical de père en fils, sans jamais être tenté par les préaux d'école, autrement que pour y enseigner. Les grands-pères, tous deux instituteurs laïques et républicains, sont des « rouges », comme on dit entre Meymac et Egletons. L'aïeul paternel est correspondant de *La Dépêche du Midi* et vénérable de la Grande Loge. Le père, directeur de banque puis directeur à Paris d'une filiale de Potez (le constructeur d'avions), est un ami de Marcel Dassault. Il n'a pas d'idées très arrêtées sur la carrière de son rejeton : « Il voulait que je fasse quelque chose de bien. J'ai eu de bons parents », dit, en 1980, le maire de Paris.

Né le 29 novembre 1932, ce fils unique, qui pousse comme un épi, travaille bien en classe. « J'ai été élevé un peu comme un sauvage. Pendant la guerre je vivais au Rayol (Var) avec ma mère, je courais pieds nus dans les broussailles, j'étais très fugueur. »

De retour à Paris, jeune homme sans tourments métaphysiques, il est reçu avec mention bien au baccalauréat math élem. Pendant un an il rêve d'être capitaine au long cours, mais y renonce parce que, dit-il : « J'avais le mal de mer. » Comme il ne sait pas très bien ce qu'il veut faire, il entre à Sciences Po durant l'automne 1951 et s'y distingue comme le fort en thème, bosseur infatigable qui souligne ses devoirs au crayon rouge et intervient plus souvent qu'à son tour. Il est si activiste que ses camarades le surnomment l'« hélicoptère ». Il se situe au-dessus du lot et suscite les sentiments les plus contradictoires et les plus tranchés. Il sort troisième sur cent trente-neuf, avec mention bien.

Quelqu'un lui dit alors : « Tu devrais présenter l'ENA. » Sitôt dit, sitôt fait, il passe le concours et il est reçu.

Avant sa scolarité, il doit accomplir – comme tout le monde – son service militaire (l'état d'urgence est déclaré en Algérie). Jacques Chirac refuse « la planque » qui lui était proposée au ministère de l'Air : « Je ne voulais pas être un planton », se fait affecter à Saumur dans la cavalerie, en se fixant cette ardente obligation : en sortir major et sous-lieutenant.

La légende veut qu'un « cher camarade » lui ait alors suggéré : « Pour sortir le premier, il faut se faire bien voir des officiers. Va donc à la messe de temps en temps. » Et Jacques Chirac, dit-on, se serait agenouillé tous les matins, à 6 heures, devant le maître-autel…

Il sort major de Saumur. Après quelques péripéties, toutefois : un instant, ses chefs le soupçonnent d'être communiste. Il a signé à dix-huit ans l'appel de Stockholm[1].

On veut lui refuser le rang auquel il peut prétendre. Jacques Chirac se débat. La lumière est faite : il n'est pas communiste. Il sort major.

Le 1er avril 1956, le sous-lieutenant et tout jeune marié Chirac est affecté sur sa demande au 6e régiment des chasseurs d'Afrique. Le voilà dans les djebels, en pleine zone de combats. Une période « exaltante de sa vie ». Il est blessé à l'œil.

La vie militaire lui plaît tant (il en aime la hiérarchie, les ordres tranchés, la camaraderie de combat, l'uniforme) qu'au moment de sa libération, il envisage sérieusement de faire une carrière d'officier. Il engage même les démarches pour se faire activer.

---

1. Lancé en 1950 par le Congrès mondial des partisans de la paix au moment où les États-Unis décidaient de fabriquer la bombe H, cet appel, suscité par les Partis communistes, faisait campagne pour l'interdiction de la bombe atomique.

À Paris, le directeur de l'ENA, le très honorable Bourdeau de Fontenaye, ne l'entend pas de cette oreille et l'envoie quérir par deux gendarmes. On n'est pas reçu rue des Saints-Pères pour finir en képi ! La mort dans l'âme, Jacques Chirac revient à Paris se morfondre sur les bancs de l'école. La nuit, il se rêve général sauvant l'Algérie. Le jour, il potasse ses cours. Ses camarades, éblouis par sa vitalité, ne doutent pas de son avenir, mais ne le prévoient pas politique.

L'un d'entre eux, Bernard Stasi, l'atteste : « Lorsqu'il courait à grandes enjambées dans les couloirs, dévorait tous les cours avec voracité, décortiquait les manuels et réduisait les plus volumineux ouvrages à l'état de fiches, on se doutait bien que ce camarade ne se laisserait guère ralentir par les fleurs du chemin. [...] Je n'avais pas deviné quel serait son destin. »

Il sort dixième de l'ENA. Sa promotion est envoyée en renfort administratif en Algérie. Fou de bonheur, Jacques Chirac se retrouve chef de cabinet du directeur général de l'Agriculture, Jacques Pélissier. Pendant la semaine des barricades, en janvier 1960, ses camarades – toutes opinions confondues – décident d'adresser une motion de soutien au chef de l'État. « Nous ne fûmes pas surpris, dit encore Bernard Stasi, des réticences de Jacques Chirac. Pendant quarante-huit heures ses convictions en faveur de l'Algérie française tinrent en échec son sens de la discipline. Le serviteur de l'État finit en lui par l'emporter, mais comme pour beaucoup de garçons de sa génération, l'Algérie n'en demeura pas moins longtemps pour lui – et peut-être l'est-elle encore ? – l'exaltante aventure de sa jeunesse en même temps qu'une douloureuse blessure ».

Douze mois plus tard, de retour dans la capitale, il débute comme auditeur à la Cour des comptes. Il aurait pu y mener comme tout le monde un train assoupi de sénateur, au contraire, il est le seul à être débordé, son bureau croule sous les dossiers, il circule dans les couloirs le nez au vent, encore plus vrai qu'un dessin de Faizant. Il partage son bureau avec Alain Chevalier, aujourd'hui vice-président du CNPF, avec lequel il trouve tout de même le temps de se lancer dans d'interminables parties de bataille navale.

À l'époque, il anime une « écurie » d'une demi-douzaine d'élèves de Sciences Po. À ses protégés, il donne ce conseil : « À l'oral, ce qui est important, c'est d'avoir l'air de savoir plus que de savoir. Apprenez donc par cœur la table des matières et un chapitre entier de vos cours. Vous vous débrouillerez toujours. »

De l'avis de ses étudiants, il était un professeur très clair, ayant un grand sens de la vulgarisation, mais complètement obsédé par l'Algérie. L'un d'eux raconte : « Le jour du putsch, il nous a dit : "Je voudrais voir les parachutistes fesser Michel Debré cul nu." » Et commente : « Depuis, je ris toujours quand je vois Jacques Chirac et Michel Debré à la même tribune. »

Avril 1962 : le destin (toujours le hasard) fait un premier clin d'œil à ce grand gaillard remuant. Il entre au secrétariat général du gouvernement (grâce à son ami Gérard Bélorgey). Il se rapproche du pouvoir.

Novembre 1962 (encore le hasard) : deuxième clin d'œil. Toujours par l'intermédiaire d'un ami (cette fois Pierre Lelong), qui sera plus tard son secrétaire d'État aux P et T, il entre comme chargé de mission au cabinet de Georges Pompidou. On lui confie le secteur de l'Équipement, des Transports et de la Construction.

En quelques mois, sa réputation est faite : « Il avait un culot monstre, convoquait les ministres, leur coupait la parole, donnait des signes manifestes d'autoritarisme, il houspillait les fonctionnaires des Finances alors que tous les autres collaborateurs de Matignon étaient toujours très respectueux, mais Dieu qu'il était efficace ! » se rappelle Jean-Pierre Fourcade. Encore étourdi, Michel Jobert raconte : « Il fallait toujours que l'on se range à son avis. Il n'hésitait pas à plaider un dossier déjà tranché. S'il n'obtenait pas gain de cause, le lendemain matin il revenait à la charge. Quand il avait une idée en tête, impossible de lui faire lâcher prise. Il nous pompait l'air. » « Il nous donnait mal à la tête, raconte un autre collaborateur, au point qu'Olivier Guichard voulait le renvoyer de Matignon. C'est Jobert qui l'a retenu par la manche. »

Georges Pompidou est d'ailleurs autant exaspéré que fasciné par la vitalité sans limites de ce jeune collaborateur. « Si je dis à Chirac : "Cet arbre me fait de l'ombre", cinq minutes plus tard, l'arbre a disparu », plaisantait le Premier ministre. L'amitié entre eux deux ne viendra que beaucoup plus tard.

Quand certains membres du cabinet se réunissent le soir autour d'un verre chez l'un des deux plus proches collaborateurs de Georges Pompidou – Madame Dupuy ou Pierre Juillet (alors en charge des partis, des investitures et des fonds secrets) –, chacun raconte sa journée. À l'époque, l'ambition déclarée de Jacques Chirac est de devenir directeur des Transports aériens (son bureau est encombré de maquettes d'avions). « Georges Pompidou m'avait promis ce poste si j'étais battu aux élections », dit, en 1980, le maire de Paris.

1966 : le Premier ministre pense aux élections législatives qui auront lieu un an plus tard, et particulièrement à ce Sud-Ouest rebelle à la majorité qu'il faudrait bien conquérir. Le maire de Paris raconte : « Monsieur Pompidou voulait que je me présente dans la région parisienne :

— Paris, cela me terrorise, lui ai-je répondu, j'irai en Corrèze.

— Mais vous serez battu, me dit le Premier ministre.

— Il n'y a que les combats que l'on ne mène pas qui ne sont pas gagnés, lui ai-je rétorqué. »

Et Jacques Chirac est candidat en Corrèze, le berceau de sa famille, ce pays où l'on naît et meurt de gauche. La droite y subit depuis toujours de cuisantes défaites. Qu'importe, sa décision est prise !

Pendant plus d'un an, chaque week-end, il rejoint la circonscription d'Ussel à quatre cent quatre-vingt-dix kilomètres de Paris, en deux-chevaux d'abord, puis dans une vieille 403 dont il a lui-même gonflé le moteur. Deux jours par semaine, il parcourt les chemins creux, visite toutes les fermes, se rend dans les cent dix-sept communes. Il prend des notes, tient des permanences dès l'aube, travaille comme quinze. Pas une lettre, pas un coup de téléphone ne restent sans réponse.

Il crée un journal (*L'Essor du Limousin*). Pour le lancer, il bénéficie du parrainage sonnant et trébuchant de Marcel Dassault. Il fait une cour assidue aux maires socialistes et communistes, pratique la décrispation avant la lettre. Il n'a pas d'ennemis, il aide tout le monde, distribue les décorations, les bourses d'études. « Il n'y aura pas une seule commune qui ne me doive pas quelque chose », dit-il à l'époque.

« On le voyait revenir le lundi matin, vers midi, complètement foldingue, klaxonnant bruyamment, relate Michel Jobert. Une fois il était si pressé qu'il en a arraché la chaîne du portail de Matignon. »

Mais il devient le phénomène que l'on cite en exemple. À Jean-Pierre Fourcade, alors fonctionnaire des Finances et peu décidé à tenter sa chance à Marmande, sa ville natale, Valéry Giscard d'Estaing conseille : « Vous devriez faire comme Chirac, il est courageux, lui. »

« Il nous faudrait un Chirac dans chaque circonscription ! » s'exclame Georges Pompidou, qui, le 11 février 1967, vient en personne soutenir sur place ce poulain qu'il présente ainsi aux électeurs d'Ussel : « À mon cabinet, on n'a jamais réussi à trouver quelqu'un qui lui résiste. Et la preuve en est que, malgré un emploi du temps extrêmement chargé, je me trouve ici, n'ayant pu résister moi non plus. J'espère quand même qu'il ne me poussera pas trop vite hors du gouvernement. Mais avec une telle activité, une telle puissance de travail, une telle capacité de réalisation, je peux tout craindre et vous, vous pouvez tout espérer. »

En entendant le Premier ministre, les paysans de Corrèze hochent la tête. Avec Chirac, ils l'ont compris, ils le tiennent, leur nouveau Queuille, ce président du Conseil qui veilla pendant plusieurs décennies sur le département.

12 mars 1967 : le jeune loup modèle est élu. Il l'emporte avec cinq cent trente-sept voix d'avance sur son adversaire communiste. Vingt-sept jours plus tard, il est récompensé et devient, à trente-quatre ans, le benjamin de gouvernement.

Il est secrétaire d'État à l'Emploi auprès du ministre des Affaires sociales, Jean-Marcel Jeanneney. Il fait connaissance avec le cérémonial grisant du pouvoir – des préfets en uniforme aux ordres (Jacques Chirac adore les uniformes), des voitures à cocardes, des chauffeurs obséquieux, des motards qui ouvrent la route.

En 1967, les problèmes de l'emploi n'ont rien de crucial – époque bénie où l'on ne compte que trois cent cinquante mille chômeurs en France.

Néanmoins, il a un rôle précieux : il est l'antenne du Premier ministre auprès des organisations syndicales. Il noue des contacts avec André Bergeron (FO), Eugène Descamps (CFDT) et Henri Krasucki (CGT). Aussi bien, en Mai 68, quand la France sera en grève, il devient l'un des hommes clefs du gouvernement. Il maintient le dialogue, sonde les reins et les cœurs des syndicats. Parfois dans des conditions rocambolesques.

Jacques Chirac a raconté qu'il était allé, revolver à la ceinture, négocier avec la CGT, dans des chambres de bonnes, sous la surveillance ambiguë de deux costauds du service d'ordre syndical. Michel Jobert relate : « Le jour de la fameuse manifestation du 13 mai, pendant quelques instants nous avons cru que la fin du cortège, qui s'étirait de la Bastille à Denfert-Rochereau, allait marcher sur l'Élysée. Nous étions inquiets. Devant moi, Chirac a téléphoné à Krasucki pour lui demander d'y veiller et d'y mettre bon ordre. »

Les liens d'affection entre Georges Pompidou et Jacques Chirac se nouent ce mois-là. « À cette époque, où le pays était sens dessus dessous, il n'y avait pas grand monde pour soutenir le Premier ministre, raconte le maire de Paris. Un soir, c'était le 27 mai, à minuit, je venais de me coucher, quand Georges Pompidou m'a téléphoné. Il m'a dit : "Jacques, ça ne va pas, venez me voir." Je me suis rhabillé, j'ai foncé à Matignon ; quand je suis arrivé, le Premier ministre allait très bien, mais il avait besoin de parler à quelqu'un. Nous nous sommes vraiment compris ce soir-là ! »

Pendant toutes les négociations de Grenelle, nuit et jour, il est auprès de Georges Pompidou et d'Édouard Balladur (conseiller technique à Matignon). Aussi bien, le 31 mai, lors de la constitution du nouveau gouvernement, Jacques Chirac est promu secrétaire d'État au Budget de Maurice Couve de Murville, le nouveau ministre des Finances. Il le mérite bien !

Quarante jours plus tard, Georges Pompidou est remercié par le Général et entame sa courte traversée du désert. Cela ne l'empêche pas de se battre pour le référendum sur la régionalisation. Jacques Chirac lui emboîte le pas et déclare même, à Clermont-Ferrand : « La victoire du *non* plongerait notre pays dans des troubles graves et mettrait en cause l'équilibre de notre économie et de notre monnaie. » Dans son journal, *L'Essor du Limousin*, le secrétaire d'État au Budget stigmatise même Valéry Giscard d'Estaing en ces termes : « Il n'a été exceptionnel que dans la trahison. »

Presque un an, jour pour jour, après son départ de Matignon, le député du Cantal est élu à l'Élysée et Jacques Chirac devient le secrétaire d'État de Valéry Giscard d'Estaing devenu ministre de l'Economie et des Finances.

On le devine, point n'est besoin de confidences, en ce 23 juin 1969, le bonheur de ces deux hommes assis face à face, dans un bureau du ministère des Finances, n'est pas celui d'être ensemble.

Si Valéry Giscard d'Estaing est fort aise de retrouver le décor Napoléon III de la rue de Rivoli et de revenir au pouvoir après trois ans d'absence, sa joie n'est pas complète : son avenir est, il le sait, incertain, tant est lointain l'horizon présidentiel : au plus tôt, 1976. Et, avec un Georges Pompidou apparemment si solide, un deuxième septennat n'est pas à exclure.

S'il en avait eu le choix, Valéry Giscard d'Estaing aurait sûrement préféré avoir auprès de lui un secrétaire d'État au Budget moins ouvertement et inconditionnellement lié au nouveau président de la République. Ce Jacques Chirac risque fort d'être un espion dont il faudra sans cesse se méfier. Bref, tout n'est pas rose. Ainsi va la vie politique.

Jacques Chirac, lui, exulte. Son seul maître après Dieu est à l'Élysée. Il le sent, il le veut, il n'en doute pas : Georges Pompidou y est installé pour quatorze ans. Tout peut donc arriver, croit-il, et rien que du meilleur. Ses pieds ne touchent plus terre.

Le secrétaire d'État au Budget n'aurait sans doute pas décidé d'être sous les ordres de Monsieur Giscard d'Estaing. Combien de fois, ces dernières années, n'a-t-il pas entendu l'ex-Premier ministre se plaindre de cet allié si personnel qui sème des cactus à tout vent ! Combien de fois, depuis les douze mois qu'il est installé rue de Rivoli, les fonctionnaires du ministère ne lui ont-ils pas dit : « Giscard est un patron difficile qui délègue peu, il est exigeant et distant. »

Robert Boulin le lui a maintes fois raconté : lorsqu'il a fait, comme lui, tandem avec le ministre des Finances, sa tâche n'a pas toujours été aisée : « Si je ne m'étais pas battu, je n'aurais eu que le droit d'inaugurer des foires-expositions. » En somme, Jacques Chirac n'a qu'une crainte : que ses vastes attributions lui soient retirées par ce ministre à la réputation sévère.

Et pourtant, ceux qui écoutent aux portes, ce 23 juin, peuvent le rapporter : ce premier tête-à-tête se passe pour le mieux, même si personne n'est sous le charme. Jacques Chirac entend démontrer à Georges Pompidou qu'il est le meilleur secrétaire d'État au Budget de toute la Ve République, aussi est-il bien décidé à servir de son mieux ce ministre dont l'intelligence l'impressionne. Il pourra, juge-t-il, beaucoup apprendre à ses côtés. Et il ne veut pas d'histoires ! « Vous êtes celui que j'aurais choisi », affirme gracieusement Valéry Giscard d'Estaing, qui sait combien il serait dangereux et inutile de mécontenter le poulain de l'Élysée.

Comme ce jeune secrétaire d'État hyperactif peut rendre de grands services, il n'y a pas lieu de rogner ses attributions. « Sous l'autorité du ministre, le secrétaire d'État au Budget est chargé des questions relevant de la direction du Budget (préparation et discussion), de la direction générale des Impôts, de la direction de la Comptabilité publique, du Service des pensions, du Service juridique et de l'agence judiciaire du Trésor, du Service d'exploitation industrielle des tabacs et des allumettes, du secrétariat général de la Loterie nationale. » Voilà ce que l'on peut lire, le 27 juin, dans le *Journal officiel*.

Bref, ce 23 juin, dans ce bureau gris et or, tout va plutôt pour le mieux dans le meilleur des mondes. Un nouveau couple vient de se former. Il va diriger les Finances.

CHAPITRE II
Le mariage à l'essai

Il en va des liaisons politiques comme des liaisons privées : il faut toujours un temps d'adaptation.

Pendant de longues semaines, Valéry Giscard d'Estaing s'avoue très étonné par les manières de son secrétaire d'État. Il est en mouvement perpétuel : assis, il remue les pieds et fait trembler ses longues jambes comme si une colonie de punaises avait élu résidence dans le fil-à-fil de son pantalon gris. Debout, il accompagne ses moindres propos d'amples gestes à en donner le tournis. Il a tout un jeu de mains et de lunettes à rendre jaloux un illusionniste. Il fume cigarette sur cigarette.

N'est-il pas entré une fois sans prévenir dans le bureau ministériel, déboulant ventre à terre, tel un labrador mal dressé ? Il a fallu très vite y mettre le holà. Non, vraiment trop chien fou, ce Jacques Chirac, pour vous donner l'idée de le convier un soir, comme cela, pour l'agrément.

Ces détails ne seraient que balivernes si ce bouillant secrétaire d'État n'avait en outre la fâcheuse habitude de se rendre chaque soir à l'Élysée. Un indiscrct bien intentionné a prévenu le ministre des Finances, qui s'interroge : qui va-t-il donc y voir ? Georges Pompidou ? Ses conseillers privés, Pierre Juillet et Marie-France Garaud ? Que va-t-il y faire ? Sa cour de disciple favori ou bien jouer les petits rapporteurs de la rue de Rivoli ? Bizarre.

Le secrétaire d'État au Budget, lui, met plusieurs lunes à s'acclimater à son nouveau ministre. Il est si compliqué, ce VGE ! Il ne dit jamais ni oui ni non, mais plutôt : « Croyez-vous que tout cela soit bien nécessaire ? » ou bien encore : « Il faut voir. » Pis : un brin sadique. Il se contente trop souvent d'un « vu » hermétique, griffonné à l'encre verte en marge des notes qui lui sont adressées. Heureusement, ses collaborateurs les plus proches – Jean Serisé, directeur de cabinet, et Jacques Calvet, directeur adjoint – ont l'habitude de la traduction simultanée, au grand soulagement du secrétaire d'État.

À Matignon, avec Georges Pompidou, il suffisait de faire passer une note à Madame Dupuy, son chef de cabinet. Le soir même, on avait la réponse. C'était oui, c'était non. Quelle simplicité !

Et puis, avec ce ministre, il faut toute une stratégie pour l'approcher, il y a tout un cérémonial à respecter. Il faut prendre rendez-vous, accéder à son bureau par celui de son directeur de cabinet, transformé en véritable salle d'attente.

Certains jours, on ne l'aperçoit même pas. Quand une lumière rouge est allumée au-dessus de la porte (comme dans les blocs opératoires), personne n'est autorisé à le déranger, ni même à lui téléphoner. Que fait-il ? Où est-il ? Travaille-t-il sur un dossier ? Médite-t-il ? Est-il même là ? Mystère…

Un week-end, tous les membres de son cabinet doivent se mobiliser pour le retrouver, en téléphonant à travers le monde. On a perdu sa trace. Et Georges Pompidou qui le demande avant de prendre quelque décision monétaire d'importance !

Parfois, fou d'impatience, Jacques Chirac s'emporte et lâche : « Giscard ne fout rien. »

Non, vraiment trop chat étrange, ce Valéry Giscard d'Estaing, pour vous mettre tout à fait à l'aise. Il est impénétrable, toujours sur ses gardes. Il griffe aussi, à sa manière : quand il demande, par exemple, une tasse de thé sous le nez de son visiteur, sans songer à lui en proposer… Comme Jacques Chirac (franchement piqué) n'ose penser qu'il s'agit là d'un manque de tact – ce serait inimaginable pour un fils de si bonne famille –, il est perplexe. Le ministre veut-il ainsi le défier pour éprouver son caractère ? Est-ce un sens trop marqué de la hiérarchie ? Ou déjà le sentiment d'un destin qui le situe au-dessus des simples mortels ? Allez savoir…

Déjà, dans les années 1963-1964, il se faisait porter pareillement, par un huissier du ministère, du thé et des petits gâteaux secs en pleine séance de travail, sous le nez de René Blot, directeur général des Impôts, Max Laxan, directeur adjoint des Finances, et Jean-Pierre Fourcade, conseiller technique, sans se soucier davantage de leur en offrir. On en parle encore dans les couloirs du ministère.

Il doit donc être ainsi fait, ce ministre des Finances, à l'humour caustique, qui terrorise un tantinet ses collaborateurs. L'un d'entre eux raconte : « Chaque année, il offrait un verre aux membres du cabinet. Une fois, la fête tombe le jour de l'Epiphanie. On tire les rois. Valéry Giscard d'Estaing lance à la cantonade : "Celui qui aura la fève fera un discours." Il n'y a jamais eu de discours, parce que celui qui a eu la fève a préféré l'avaler plutôt que de plancher sous le regard trop ironique du patron. »

Mais après quelque cinq mois de vie commune, ces (petites) agaceries qui acidulaient l'atmosphère ne semblent plus que broutilles. Un sentiment de considération réciproque, fait d'une pincée de vraie fascination, pimentée d'une bonne dose d'incompréhension et relevée d'un zeste de réserve mutuelle, se forge jour après jour, petite touche par petite touche.

Monsieur Giscard d'Estaing loue publiquement l'activité débordante et la loyauté de son secrétaire d'État. Il en est presque ébloui et en reste quelque peu songeur. Le vote du budget 1970 (un budget en équilibre, le premier depuis Poincaré), discuté en novembre 1969 à l'Assemblée nationale, est la preuve tangible de sa droiture et de son efficacité.

Autant, comme collaborateur du Premier ministre lorsqu'il avait charge du secteur coûteux de l'Aéronautique et de la Marine marchande, il lui arrivait de déclencher des crises d'urticaire chez les fonctionnaires des Finances en leur réclamant sans cesse des subsides pour débloquer les dossiers (au besoin, il passait par-dessus leurs têtes et téléphonait directement au ministre), autant, comme secrétaire d'État au Budget, il désespère les parlementaires UDR, qui pleurent en vain pour arracher quelques crédits. Pendant le vote du budget, nuit et jour, il monte la garde et tient les cordons de la bourse d'une main inflexible.

Il n'a pas son pareil pour faire voter les textes fiscaux (entre autres, simplification et allégement de la TVA). Il devient le grand héros de la rue de Rivoli, où l'on ne jure plus que par lui. « Je suis payé pour contrôler, je contrôle. » Ainsi prévient-il ceux qui viennent solliciter quelque largesse.

Lors des conférences de presse du ministre des Finances, Jacques Chirac est à ses côtés, opinant du chef, muet, si consentant !

En Conseil, le mercredi, quand certains ministres dépensiers harcèlent Valéry Giscard d'Estaing pour obtenir une rallonge budgétaire, après que celui-ci leur a rétorqué avec philosophie : « Dans un monde où le total des désirs est supérieur au total des ressources, la satisfaction n'existe pas », il n'est pas rare d'entendre Jacques Chirac voler à son secours : « Je dirai même plus, pour une gestion saine il faut respecter l'équilibre du budget », surenchérit-il, tel Dupont après Dupond, sous l'œil entendu de Georges Pompidou (le président est d'autant plus compréhensif que, songeant avant tout à l'industrialisation de la France, chaque grande dépense qui n'est pas d'équipement lui paraît sans urgence).

Certains ministres renâclent et tempêtent (dont Jacques Chaban-Delmas, le premier d'entre eux qui n'obtient pas tous les crédits qu'il souhaiterait). En 1970, un seul accepte de bon gré de sacrifier ses ambitions dépensières sur l'autel de la raison budgétaire : Michel Debré lui-même, ministre de la Défense et chantre de l'indépendance nationale. Dressé aux sacrifices héroïques, il laisse les crédits militaires n'augmenter que de 6 %, alors que l'accroissement budgétaire moyen est de 10 %.

Parlant de Jacques Chirac : « Il était si empressé que nous nous demandions parfois s'il était encore pompidolien », moque Jean-Pierre Fourcade. « Jacques Chirac a fait tant de zèle que Giscard a cru qu'il n'était qu'un cireur de parquets », commente, en 1980, un proche du maire de Paris.

« Erreur d'appréciation, réplique aujourd'hui un conseiller du président. Très tôt, VGE a vu ce tempérament se profiler et grandir dans l'ombre de Pompidou. Il se disait que si cette ombre disparaissait un jour, il faudrait utiliser ce talent. Et rien d'autre. »

En prenant son rôle tellement au pied de la lettre, le secrétaire d'État au Budget ne fait que son devoir. Il n'en est pas moins vrai que, cette superbe orthodoxie, clamée la main sur le portefeuille et l'œil fixé sur la ligne argentée des Finances, provoque quelques quolibets dans les cabinets ministériels.

On y souligne à l'envi combien, chez le jeune secrétaire d'État, l'habit fait vite le moine : ce Jacques Chirac, si avare des deniers de l'État est, en Corrèze, un député prodigue, qui autorise les dépenses les plus abracadabrantes. « Il promettait quinze CEG [collèges d'enseignement général], alors que le budget était bouclé depuis longtemps », se rappellent certains collaborateurs d'Olivier Guichard, ministre de l'Éducation nationale.

Encore médusé, Albin Chalandon, alors ministre de l'Équipement, relate : « Je recevais sa visite quatre fois par mois. Il venait quémander de petites sommes : pour la réfection d'un chemin, le prolongement d'une route. Je ne pouvais les lui refuser et, au bout de l'année, je m'apercevais que sa circonscription était de toutes les circonscriptions rurales celle qui avait le plus reçu. »

Et, de fait, le touriste anonyme qui parcourt la Corrèze a l'impression de changer de contrée en pénétrant dans la circonscription de Jacques Chirac. On entre sur les terres du marquis de Carabas ! Des nationales, larges comme des autoroutes, succèdent aux chemins criblés de nids-de-poule ; les adductions d'eau traversant la campagne narguent les humbles ruisseaux ; les centres sportifs font des pieds-de-nez à ces champs pelés qui, ailleurs, tiennent lieu de terrains de jeu.

Les week-ends en Corrèze du secrétaire d'État au Budget sont devenus légendaires. C'est à table qu'il faut le voir, au milieu de ses paysans, avalant, ici, trois assiettées pointues de tête de veau (son plat favori), avant de décamper pour engloutir, là, une écuelle entière de petit salé aux lentilles. Ce svelte Pantagruel semble habité par quelque insatiable ténia…

Jacques Chirac aime la Corrèze, et la Corrèze le lui rend bien. Il est le fils, le frère, l'ami de tous. L'un de ses anciens collaborateurs se souvient de cette anecdote plutôt comique : « Quand Jacques arrivait en Corrèze, il était suivi, pas à pas, par un journaliste de *La Montagne*, lequel s'obstinait à lui faire des cadeaux : invariablement, des chaussures… Mais, hélas, toujours trop petites. Pour ne pas le contrarier, Jacques les portait continuellement en Corrèze et souffrait le martyre. »

Evidemment, cette technique d'enracinement politique et cette vitalité sans limites impressionnent aussi le ministre des Finances…

De son côté, Jacques Chirac regarde Valéry Giscard d'Estaing avec une fascination croissante, au point de l'imiter dans sa façon de s'exprimer, d'emprunter ses intonations, ses tournures de phrases, ses tics. En fermant les yeux, on s'y tromperait.

Qu'importent les petits travers du ministre ! Les préventions fondent comme sorbets au soleil devant une telle virtuosité intellectuelle. « Il est fortiche », dit Jacques Chirac d'un homme qui incite peu à ces privautés de langage.

Certains collaborateurs le rapportent : « Le secrétaire d'État était très petit garçon, très bluffé, complètement soumis devant VGE. » D'ailleurs, comment résister aux prouesses de cet ordinateur monté sur longues jambes distinguées ?

À cette époque, tout spécialement, il jongle avec les prévisions, manipule les dérivées, les ratios, les corrélations avec l'agilité du prestidigitateur, glisse sur les indices tel le danseur de corde, déclame d'interminables suites de chiffres, inspiré comme un poète parnassien. Tous ses exposés en trois points et quatre propositions sont si incroyablement précis – « l'inflation, dit-il, sera de 5,384 et la croissance de 4,328 » –, si invariablement clairs, qu'avec lui, l'auditoire a l'impression subite de s'envoler vers cet empyrée de l'intellect où tout est merveilleusement dominé et assimilé.

Monsieur Giscard d'Estaing sait tout, comprend tout, regarde l'avenir avec l'acuité du rayon laser. Jamais le doute ne semble assaillir ce dieu horloger de l'économie française.

En Conseil des ministres, pendant ces exercices de virtuosité, Georges Pompidou, comme envoûté, ne le quitte pas de ses yeux pers, même si, deux jours plus tard, il le raille en privé : « En Conseil, Giscard aligne sur son buvard des équations compliquées. Je suis sûr qu'il essaie de m'épater et qu'il gribouille n'importe quoi. »

Certains jours, il dit aussi : « Giscard est un esprit faux. » Commentaire, en 1980, d'Olivier Guichard : « Georges disait cela quand il s'en voulait d'avoir été trop séduit par Giscard. C'était de l'autodéfense. »

Les ministres, comme hypnotisés, demeurent le plus souvent bouche bée. Parfois l'un d'eux, sortant de sa réserve circonspecte, lève la main pour avancer que l'éminent argentier fait erreur ou souligner que les faits se sont tout de même grossièrement permis de donner tort à ses belles prédictions. Ainsi interpellé, le giscardordinateur se crispe, la machine se cabre, une seconde, deux peut-être, juste le temps de réviser sa programmation intérieure, puis la riposte s'abat, prompte comme la foudre. Le fâcheux est submergé sous une avalanche de calculs et de taux qui le laissent coi. Quand il ne s'est pas trompé, il a le rouge au front d'avoir osé être dans le vrai, même s'il rage en sortant du Conseil des ministres : « Giscard est infaillible dans l'erreur. »

À l'Assemblée nationale, le scénario est classique. Avant le discours du ministre, ils sont légions, les députés UDR embusqués derrière leurs pupitres, prêts à armer leurs fusils à tirer dans les coins. « Giscard, disent-ils en relevant le menton, n'a qu'à bien se tenir. »

Comme Zorro, VGE arrive. Sans chapeau, ni lunettes, ni notes, ni trac. Pendant deux heures, souriant, à l'aise sous les caméras de la télévision, il va réciter de mémoire plus de trois cents chiffres et dresser un tableau de l'économie française d'une rationalité idyllique. Pour un peu, les députés crieraient : « Bis ! » Évidemment, ces admirables démonstrations ne sont pas destinées à l'usage exclusif des quatre cent quatre-vingt-sept députés en séance, mais à celui du pays tout entier, que le ministre des Finances voudrait bien, en toute modestie, convaincre de son mérite exceptionnel.

Le surlendemain de ce superbe *one man show*, des députés UDR auxquels le ministre n'a rien cédé ni promis se précipitent à l'Élysée pour se lamenter. Immanquablement, Georges Pompidou grogne : « Ne venez surtout pas vous plaindre du ministre des Finances, alors que vous êtes béats lorsqu'il est devant vous. »

Et, de fait, il fascine beaucoup de monde, ce VGE, qui participe avec tant d'adresse à l'élaboration de sa propre mythologie. Il n'est pas, il ne veut pas seulement être, le ministre le plus doué du gouvernement. Il a bien d'autres cordes à son arc. Il veut que cela se sache, il veut que cela se dise.

Ainsi laisse-t-il négligemment traîner un manuel de chinois sur la banquette arrière de sa DS noire. Il reçoit certains visiteurs avec, pour tout dossier, quelque bonne édition de Claudel posée sur son bureau. On le voit aux commandes d'un avion, puis d'un hélicoptère. Il joue les routiers bien sympa en acheminant un poids lourd bourré de vivres vers ce Niger qui se meurt, faute d'eau.

En toute simplicité, il joue du piano à bretelle et se rend à Montmorency, au deuxième festival de l'accordéon, aux côtés d'Yvette Horner. Il y prononce cette phrase historique : « Si tous les hommes politiques jouaient de l'accordéon, ils s'entendraient mieux. » Sidérée, la foule regardera repartir le ministre, seul au volant de sa DS noire, au moment même où André Verchuren (un autre grand de l'accordéon) fera son entrée dans une Mercedes 600 noire, conduite par un chauffeur à casquette, escorté de deux motards.

S'il n'offre pas le thé, pour séduire, VGE peut se montrer très attentionné. Il sait envoyer, quand il le faut, une carte de sa main pour féliciter un élu de son élection ou du mariage de ses enfants. En Conseil des ministres, il fait passer des petits mots presque affectueux à ses collègues. C'est ainsi qu'Olivier Guichard est chaudement félicité, après les élections municipales de 1971 (il est devenu maire de La Baule). Ses collaborateurs reçoivent des petits cadeaux, ici un disque, là une cravate choisie par Anne-Aymone. Le ministre des Finances précise toujours ce détail avec gourmandise.

L'opposition elle-même se laisse parfois impressionner par ce ministre qui semble touché par la grâce. Dans un débat à Europe 1, François Mitterrand veut bien lancer à VGE : « Je ne me serais sûrement pas déplacé si ce n'était vous. »

En manifestant tant d'empressement, Jacques Chirac ne fait donc que participer, comme beaucoup d'autres, au culte de VGE. Sans trop d'arrière-pensées. En effet, entre Georges Pompidou, depuis son installation à l'Élysée, et VGE, s'est instauré un *modus vivendi* d'une grande cordialité apparente. Il est le fruit d'une longue réflexion menée par le ministre des Finances pendant son éloignement du pouvoir. Il en a tiré deux sages conclusions : premièrement, ne jamais défier le président en exercice ; deuxièmement, ne jamais défier le Premier ministre en place (une réflexion dont Jacques Chirac ne s'inspirera pas, quelques années plus tard).

Et la classe politique de remarquer sa déférence appuyée à l'égard du chef de l'État et ses efforts pour faire de chacune de ses audiences hebdomadaires dans le bureau de l'Élysée un examen de passage d'où il doit sortir avec mention très bien.

Même s'il est parfois agacé par ce qu'il a appelé une fois « tout ce tintouin de Giscard », le président de la République ne peut se retenir d'admirer, en son ministre des Finances, une belle mécanique qui tourne rond et vite. Une collaboratrice du président défunt précise : « Giscard n'était pas toujours à l'heure à ses rendez-vous de l'Élysée, c'était la seule chose qui agaçait le président. »

Toutefois, personne n'est dupe. Les initiés le savent : derrière ce *gentlemen's agreement*, se cache le plus courtois des chacun-pour-soi et le moins catholique des Dieu-pour-soi-aussi. Mais si loin des grandes échéances électorales, Jacques Chirac peut tout à fait s'autoriser de touchantes attentions pour son patron. D'ailleurs, aucun différend théorique ne les oppose.

En août 1969, le secrétaire d'État au Budget se dit quand même très vexé de ne pas avoir été mis dans la confidence de la dévaluation de 11,1 % du franc décidée alors. « Me faire ça à moi ! » ronchonne-t-il devant quelques journalistes.

L'une des conditions de réussite d'une telle opération est, on le sait, l'effet de surprise. Il faut donc qu'un minimum de personnes soient dans le secret. Elles sont huit – Georges Pompidou le président, Jacques Chaban-Delmas le Premier ministre, Valéry Giscard d'Estaing et cinq hauts fonctionnaires : Olivier Wormser, gouverneur de la Banque de France, Bernard Clappier, premier sous-gouverneur de l'Institut d'émission, responsable des questions internationales, Michel Jobert, secrétaire général de l'Élysée, Jean Serisé, directeur de cabinet du ministre des Finances, et René Larre, directeur du Trésor. Georges Pompidou lui-même avait donné son accord pour qu'il n'y en ait pas neuf !

Quant à la cause de la dévaluation, Jacques Chirac ne s'interroge pas sur son opportunité. Déjà, en 1968, lorsque le général de Gaulle a songé à effectuer une telle opération, il a été l'un des rares ministres à plaider en sa faveur. Au dernier moment, le Général y a renoncé. Le secrétaire d'État au Budget sait trop bien (on le lui a assez enseigné sur les bancs de l'ENA) que lorsque les salaires augmentent trop fort – comme après Mai 68 –, les patrons, manquant de trésorerie, sont obligés de répercuter cette hausse des salaires sur les prix de vente. Du coup, les produits français ne sont plus compétitifs. Il faut dévaluer. C'est une recette éprouvée.

Jacques Chirac fait volontiers siens les grands principes économiques de VGE : l'équilibre du budget (un temps, le ministre des Finances songe à faire inscrire ce principe de l'équilibre dans une loi organique, ce qui poserait quelques problèmes aujourd'hui), l'équilibre du commerce extérieur, la non-augmentation de la pression fiscale.

Le jeune secrétaire d'État s'accommode d'autant mieux de ce ministre si libéral par principe et si dirigiste par tempérament – qui a des théories sur tout, mais laisse venir l'événement et s'y adapte – que lui-même ne passe aux yeux de personne pour un doctrinaire enragé. En effet, on n'imaginerait vraiment pas Jacques Chirac se dressant la nuit sur son lit pour se demander, l'angoisse au ventre, si telle mesure discutée la veille donne, tout compte fait, plutôt raison aux visions de Keynes qu'aux raisonnements de Samuelson ou de Milton Fricdman.

Avec le recul, comme il semble doux, le temps du début des années soixante-dix ! L'inflation est tout juste rampante (5 % par an), l'expansion l'une des plus fortes du monde, il y a peu de chômeurs (trois cent cinquante mille), l'énergie est bon marché, les carnets de commandes sont pleins, les industriels euphoriques et actifs.

Un très sérieux rapport de l'Hudson Institute prédit : « En 1980, la France sera la quatrième puissance économique, après les États-Unis, l'URSS et le Japon et avant l'Allemagne. » On parle de miracle, de renaissance française. Heureux Français, qui ne savent pas leur bonheur !

Dans tous ses discours, Monsieur Giscard d'Estaing déploie un talent inné pour persuader ceux qui l'écoutent que cet air du temps si grisant est pour partie un chef-d'œuvre personnel.

Devant ses visiteurs, Georges Pompidou se félicite de celui qui a mené à bien la dévaluation : « C'est, dit-il, Giscard qui en a choisi et le taux et la date. Il l'a réussie dans une période de haute conjoncture économique. Chapeau ! »

Politiquement, le ministre et son secrétaire d'État, qui appartiennent à deux clans rivaux, ont la particularité commune d'être l'un et l'autre peu aimés de la troupe gaulliste, forte du poids de deux cent quatre-vingt-treize députés (la majorité de l'Assemblée à elle toute seule).

Mais, paradoxalement, des deux hommes, c'est encore le pompidolien inconditionnel, le protégé de l'Élysée dont la cote d'amour est la plus maigre. Les barons gaullistes ne perçoivent en lui qu'un gamin arriviste qui ferait mieux de faire ses classes au Parlement que de se pavaner en Conseil. Il a un peu trop tendance, jugent-ils, à voler la place qui leur revient de droit dans l'attention du président de la République. En novembre 1970, le jour de la mort du général de Gaulle, Georges Pompidou ne l'a-t-il pas retenu à déjeuner avec les barons à l'Élysée, lui qui n'a ni galon ni chevron dans le gaullisme historique ? Ils n'ont pas apprécié.

Les députés, un peu envieux, éprouvent, eux, une pointe d'irritation envers ce pair qui monte trop vite, sans avoir jamais siégé au Parlement, et qui n'a même pas la correction de paraître s'intéresser à leurs soucis.

En regard, VGE est beaucoup mieux loti. Il n'entraîne sûrement pas l'adhésion du cœur et des tripes du bataillon gaulliste. Mais quand le député de base UDR parle du ministre des Finances, il emprunte tout naturellement les accents de l'office pour parler du château.

Le paradoxe éclate à propos de la « Nouvelle Société » de Jacques Chaban-Delmas. Ce n'est sûrement pas la personnalité du Premier ministre qui captive le plus le ministre des Finances. Il lui semble même un tantinet désinvolte, ce Chaban qui dégouline de bonheur, ruisselle de gentillesse et déborde d'affection.

Il affuble ses interlocuteurs de petits noms familiers : « Je vous aime, mes petits chats », lance-t-il d'une tribune aux députés UDR réunis le 10 septembre 1969 à Amboise. Ils n'en reviennent pas. « Tiens, voilà l'oisillon. » C'est ainsi qu'il accueille Jacques Chirac à Matignon.

Et puis il est agaçant, avec sa façon de courir plus que de marcher, de grimper les escaliers quatre à quatre comme un cabri quand on le regarde, « alors qu'il prend l'ascenseur comme tout le monde quand il est seul », soutiennent les méchantes langues.

Et puis il émaille ses commentaires politiques d'expressions qui relèvent plus des vestiaires et des chambrées (pourtant il sait user d'un beau français bien classique).

Pour VGE, tout cela manque un peu de classe…

En fait, peu de personnes le savent : Chaban, ce faux extraverti, inonde ceux qui l'approchent sous des flots de compliments pour mieux s'en protéger. À chacun ses défenses.

Les thèmes du grand discours lancé par le Premier ministre de la tribune de l'Assemblée, le 16 septembre 1969, sont allés, en revanche, droit à l'intelligence du ministre des Finances.

Alors que la France fume encore de l'explosion de Mai 68, Jacques Chaban-Delmas nourrit la conviction intime qu'il faut débloquer la société, rajeunir le paysage français. Et passer « de la pompe espagnole dans un décor à la Sadi Carnot », comme le dit Alexandre Sanguinetti, à une mise en scène plus naturelle : celle d'un happening savant qui offrirait aux Français l'ivresse sage de la liberté, la griserie retenue de l'égalité et l'illusion polie de la fraternité.

Face à une grosse majorité bien placide qui n'en croit pas ses oreilles, il propose une modernisation des rapports entre l'État et les entreprises publiques, avec ces fameux contrats de programme qui donnent plus d'autonomie à leurs dirigeants. Il veut changer les relations industrielles entre les patrons et les syndicats, grâce à la concertation permanente et ces célèbres contrats de progrès où les deux parties décident ensemble une élévation raisonnable du pouvoir d'achat. Il réfléchit aussi à la formation permanente, qui devrait permettre aux travailleurs de s'épanouir à la tâche. Il croit à l'autogouvernement des universités. Il lance l'idée de libéralisation à la télévision, en créant la compétition entre les deux chaînes et, innovation inouïe, deux journaux d'information concurrents chaque soir. (Qui se rappelle qu'avant 1969, la France entière était condamnée à un journal de 20 heures, unique et indivisible ?)

Beaucoup de commentateurs – même avancés – jugent le propos authentiquement novateur et d'inspiration presque mendésiste.

Dans ce grand discours, le Premier ministre accommode à la sauce Chaban une série de réflexions menées depuis cinq ans par le club Jean Moulin, cette association de gauche moderniste.

Pour mettre en forme sa Nouvelle Société, il reçoit l'aide d'un ancien syndicaliste CFDT, imaginatif, au tempérament d'écorché vif : Jacques Delors. D'un brillant et séduisant inspecteur des finances, venu de la Résistance et de la gauche, ex-conseiller technique de Pierre Mendès France : Simon Nora. Un jeune normalien, semblant sortir tout droit d'une des *Nuits* de Musset, y est allé de sa plume. Il s'appelle Yves Cannac. (Quelques années plus tard, VGE lui demandera de venir dans son cabinet.)

Or, dans cette Nouvelle Société, Valéry Giscard d'Estaing, qui n'aime rien tant que les idées nouvelles, hume l'exquise senteur d'un libéralisme avancé encore dans les limbes. Il perçoit l'ébauche d'un lifting des rapports sociaux. Il s'émerveille d'y voir la promesse d'enfantement d'une majorité nouvelle plus ouverte. Il s'agit là, croit-il, de l'évolution indispensable du gaullisme vers cette France du centre dont le destin, il l'espère, lui promet d'être un jour le bénéficiaire.

Et lui seul. En un mot, en applaudissant si fort cette Nouvelle Société, VGE fait du chabanisme en le sachant, alors que Jacques Chaban-Delmas fait du giscardisme sans le savoir.

À la mi-décembre 1969, le ministre des Finances invite le Premier ministre à clôturer le séminaire de réflexion des républicains indépendants, qui se tient à Courbevoie (Hauts-de-Seine). Au-dessus d'une tribune bleue, fleurie, comme il se doit, d'anémones, une grande pancarte blanche proclame : « Séminaire permanent de propositions pour la Nouvelle Société. »

Devant une assemblée de jeunes cadres en blazer et cravate club et de militants qui en seront presque tourneboulés, Valéry Giscard d'Estaing et Jacques Chaban-Delmas vont rivaliser d'audace. C'est à celui qui sera le plus moderne, le plus progressiste. L'un parle de participation, l'autre de réforme de l'entreprise. L'un parle d'amour du prochain, l'autre forme le projet de libérer l'homme. Les deux compères d'un jour, tout sourire, communient dans un grand élan libéral. C'est le temps des : « Cher Valéry, cher Jacques. » Dans sa conclusion, Monsieur Giscard d'Estaing annonce même à Jacques Chaban-Delmas, qui n'en demande pas tant : « Dans les mois à venir, les RI organiseront une série de séminaires régionaux où les militants auront pour tâche d'affiner et de préciser le contenu de la Nouvelle Société. »

Mais, curieusement, après cette belle réunion chabano-giscardienne, jamais plus le leader des républicains indépendants ne prononcera en public le terme « Nouvelle Société », qui disparaît de son horizon personnel sans laisser d'adresse. Au congrès d'octobre 1971 à Toulouse, il l'a remplacé par celui, plus prudent sinon plus élégant, de : « Société protectrice de l'homme » (SPH).

Comme il est peu concevable que Monsieur Giscard d'Estaing, notoirement sain de corps et d'esprit, ait été frappé d'amnésie foudroyante, l'évanouissement de la Nouvelle Société dans ses discours n'est pas le fruit du hasard. Bien évidemment, il l'a décidé pour une raison simple : il ne veut en aucun cas déplaire au président de la République, en vertu de la ligne de conduite qu'il s'est tracée. Car, au moment où il s'enthousiasme pour les projets de Jacques Chaban-Delmas – qui reçoit justement des échos favorables dans tout le pays « profond » –, l'Élysée fait la moue, pince les lèvres et tord le nez.

C'est qu'il se trompe de république, le Premier ministre, en jouant les présidents du Conseil qui fixent de leur propre chef les grandes orientations de la politique gouvernementale sans songer à en référer au chef de l'État… Apparemment, il n'a pas compris que, depuis

1958, le pouvoir et son inspiration ont traversé la Seine. Georges Pompidou en est rouge de colère. Et puis, juge-t-il, tout ce programme, « c'est de la poudre aux yeux pour épater la gauche parisienne qui lit *Le Nouvel Observateur* ».

Ah ! ce n'est pas lui, Georges Pompidou, qui se réclamerait d'un tel slogan : « La Nouvelle Société. » La preuve ? Pendant sa campagne présidentielle, en juin 1969, tout inspirée de cette idée clef : « Le changement dans la continuité », il cherchait la formule magique qui aurait symbolisé ce thème tout en le personnalisant : « La petite faveur rose pour nouer le paquet », commente, en 1980, Marie-France Garaud.

Avant le premier tour des élections, Olivier Guichard lui avait apporté, consignées sur un papier, une série de formules dont justement la « Nouvelle Société ». Après y avoir jeté un œil, le candidat Pompidou avait rayé ce terme en expliquant : « Si je dis "nouvelle", les Français croiront que je rejette le passé et même le général de Gaulle. Impensable ! Quant à "Société", on pourrait penser à la "Jet Society", il faut être sérieux ! »

Alors, quelle n'est pas la surprise du président de la République d'entendre, quatre mois à peine après son élection, ce Premier ministre soigneusement choisi par lui reprendre à son compte ce slogan sans en avoir même demandé la permission ! « Il en a les sangs tournés », comme on dit à Cajarc. Car les propositions contenues dans le discours du Premier ministre sont dangereuses à plus d'un titre.

Georges Pompidou juge qu'il est parfaitement stupide de vouloir faire la politique de la gauche alors qu'elle vient de se faire battre à plate couture et que le gouvernement peut s'appuyer sur une majorité comme on en rêve toute une vie (trois cent cinquante députés sur quatre cent quatre-vingt-onze). Avec cette politique, croit-il, on mécontente infailliblement ses électeurs à soi, sans en gagner un seul dans l'opposition. « Chaban ne connaît qu'une recette magique : sa cuisine bordelaise, qu'il mijote depuis vingt-deux ans à Bordeaux avec les socialistes et les radicaux », grince l'entourage du président.

Quant à l'égalité, cela n'existe pas. En tentant de placer tout le monde au même niveau, on frustre ceux qui descendent, les cadres par exemple, et ceux qui montent n'en savent jamais gré au gouvernement.

Et puis ces idées sont largement inspirées par la CFDT. En les reprenant à son compte, Chaban court le risque de mécontenter la CGT, qui a été si coopérative pendant les événements de Mai 68. Cela peut inutilement troubler l'alchimie syndicale si fragile. Proposer la concertation permanente entre patrons et syndicats, cela revient à instaurer l'anarchie, attenter à l'autorité des dirigeants, qui vont perdre leur temps en conciliabules stériles. Le chef de l'État l'a répété à plusieurs reprises : « On ne négocie pas avec les syndicats. Quand une crise survient, il faut qu'elle se développe jusqu'au moment où il faut savoir céder. »

En fait, Georges Pompidou n'a jamais cru à ces chamboulements qui se décident entre intellectuels inspirés dans des cénacles enfumés. Son credo à lui est simple : c'est l'industrialisation, le plein emploi, le pouvoir d'achat des citoyens qui progresse chaque année. « Rien n'est plus gratifiant, dit-il, qu'un peu d'inflation. »

Enfin, en suggérant la compétition et l'ouverture à la télévision par la création de deux journaux concurrents, mais surtout en confiant la responsabilité de l'un d'eux au diable Pierre Desgraupes le Premier ministre ne fait rien d'autre que de confier l'information à un ramassis de gauchistes qui ne rêvent que de pagaille – en 1980, Charles Pasqua, conseiller de Jacques Chirac, précise : « Avec son arrivée, quatre-vingt-dix journalistes de nos amis, qui avaient tenu le coup en Mai 68, étaient écartés. » Et l'Élysée prend d'autant plus mal cette nomination que, quelques jours plus tôt, dans un tête-à-tête, Chaban avait bien avancé le nom de Pierre Desgraupes. Georges Pompidou avait grogné : « Bon, on verra. » Façon de dire : « Non. » Le Premier ministre avait compris, ou voulu comprendre, qu'il avait le feu vert.

Certes, dans une lettre ouverte publiée par *Télé 7 jours*, le candidat Pompidou avait vertueusement écrit : « Une démocratie qui respecte la dignité de l'individu doit lui apporter nécessairement une information complète et l'exposé contradictoire des diverses tendances de pensée, en lui donnant le choix de l'information, que ce soit par la presse, le cinéma, la télévision ou la radio. Nulle part il ne faut que ce soit la carte forcée. »

Mais, une fois élu, Georges Pompidou n'a demandé à personne de prendre ses engagements au pied de la lettre. Surtout pas au Premier ministre ! Chacun le sait, le roi de France doit oublier les promesses du dauphin. Et Jacques Chaban-Delmas est bien naïf de ne pas savoir que la couronne vous change un homme et le sceptre un caractère.

La réaction ne tarde pas. Peu à peu, Matignon se voit dépossédé d'une grosse portion de pouvoir. Tout doit passer de plus en plus par l'Élysée. Les conseils restreints, présidés par Georges Pompidou en personne, vont peu à peu se substituer aux comités interministériels réunis par Chaban. Malgré tout, la Nouvelle Société sera mise en musique. Mais, dans la loge, le président n'applaudit que de deux doigts.

Le 19 septembre, trois jours après le grand discours sur la Nouvelle Société, le désaccord est scellé entre les deux hommes. Témoin, ce curieux dialogue entre le président de la République et son Premier ministre, certifié en 1980 par ce dernier :

G. POMPIDOU. – Alors, Monsieur le Premier ministre, vous voulez flanquer la pagaille ? Comme si nous n'en sortions pas !

J. CHABAN-DELMAS. – Si nous ne tentons pas une ouverture vers certains radicaux de gauche et quelques socialistes, vous verrez, ils finiront par signer un programme avec les communistes avant les législatives de 1973.

G. POMPIDOU (*railleur*). – C'est de la rigolade ! D'abord, nous sommes en 1969, nous avons le temps de voir venir, et puis, vous voyez des socialistes comme Guy Mollet, et même des François Mitterrand signer plus qu'un accord électoral avec des communistes ? Vous n'y pensez pas !

J. CHABAN-DELMAS. – Si vous jugez que nos lignes politiques divergent de trop, je suis prêt à vous remettre ma démission.

Mais un changement de Premier ministre à l'automne 1969, c'est trop ou c'est trop tôt. Le président de la République ne veut pas se séparer d'un chef de gouvernement qu'il vient de nommer. Il se désavouerait lui-même (son conseiller Pierre Juillet l'y pousse pourtant).

Il serait maladroit de renvoyer un homme dont 60 % des Français se disent satisfaits, alors que le président de la République lui-même, pour la première et seule fois sous la Ve République, est distancé de dix points par son Premier ministre. Mais Georges Pompidou le sait, il ne pourra pas non plus gouverner très longtemps avec un Premier ministre plus populaire que lui et qui se fait une autre idée de la France.

Quelques jours après cet échange pour le moins tendu. Robert Poujade, le secrétaire général de l'UDR, qui s'est abandonné jusqu'à dire tout haut son enthousiasme pour la Nouvelle Société, est à son tour fraîchement reçu par le chef de l'État.

Georges Pompidou : « Alors, Monsieur le secrétaire général, vous aimez les idées neuves ? Vous qui êtes un universitaire, vous devriez savoir qu'"idée neuve", en latin, cela se dit *res nova*. Mais *res nova*, cela veut dire aussi "révolution" ». Et, de ce jour, le président interdit à l'UDR d'employer le terme de « Nouvelle Société ».

Dans ce contexte, il est donc inimaginable que Jacques Chirac, le fidèle mameluk de Georges Pompidou, puisse considérer avec une once d'indulgence la politique du Premier ministre. Dès octobre 1969, il confie – en toute solidarité gouvernementale – à des journalistes qui ne lui demandent rien : « Chaban n'est pas un homme d'État. »

Il serait toutefois trop simpliste de penser que le secrétaire d'État au Budget soit hostile aux idées défendues par le Premier ministre uniquement pour ne pas déplaire au président de la République. En réalité, le jeune homme lige de l'Élysée a une conviction intime : la vocation des hommes politiques n'est pas d'anticiper les mouvements sociaux, mais de les canaliser, de les désamorcer. Quand le tissu social se déchire, il faut, croit-il, colmater les brèches à coups de subsides. La recette a admirablement réussi en Corrèze et personne ne l'ignore : la Corrèze, c'est la France.

Quatre ans plus tard, cette vision des choses l'empêchera d'adhérer jamais aux idées de réformes de Valéry Giscard d'Estaing, président de la République. Il le regardera toujours comme les paysans du centre de la France contemplaient, la bouche grande ouverte, au début du siècle, les premières De Dion-Bouton, qui fonçaient à soixante à l'heure.

Mais si Jacques Chirac n'hésite pas à condamner un Jacques Chaban-Delmas qui a fourbi des idées si hétérodoxes, en revanche, il ne tient pas rigueur au ministre des Finances d'avoir succombé publiquement aux délices de l'innovation. Car il en est sûr : la saison suivante l'aura complètement démodé aux yeux de Valéry Giscard d'Estaing. Et l'abandon rapide par celui-ci des termes de « Nouvelle Société » dans ses discours lui confirme, quelques semaines plus tard, la justesse de cette analyse.

En ce début de septennat pompidolien, la préoccupation majeure de Jacques Chirac n'est ni de refaire la France, ni de rebâtir le monde. Il veut tout simplement conduire au mieux sa carrière.

Tous les espoirs lui sont permis : le président ne lui a-t-il pas confié la gestion de la fondation Claude-Pompidou, de la même manière que Georges Pompidou avait été chargé par le général de Gaulle de s'occuper de la fondation Anne-de-Gaulle ? Pour la classe politique, ce signe ne trompe pas. Jacques Chirac fait bien partie du cercle des privilégiés.

Lorsqu'on a trente-sept ans et qu'on brûle d'impatience, comment savoir si l'Élysée pense à vous tous les jours et si vous êtes bien en tête de liste des espoirs de la nouvelle génération ? Le mieux est encore d'aller contrôler sur place l'évolution de votre propre cote.

Or, au premier étage de l'Élysée, se trouve dans un bureau le meilleur des baromètres : un couple tout-puissant, aux couleurs de muraille, qui fait la pluie et le beau temps dans le Landerneau majoritaire. Pierre Juillet et Marie-France Garaud ont la réputation de surveiller les élus de la majorité avec le flair et l'esprit de décision d'un bon agent de change devant les variations d'un portefeuille d'actions. Pour eux, un ministre, un député, ce sont des valeurs qui montent ou qui descendent, soudainement et à leur gré. On les achète ou l'on s'en débarrasse.

Sur Jacques Chirac, c'est clair, ils ont décidé de faire une OPA. Ils achètent. Jacques Chaban-Delmas, lui, avec sa Nouvelle Société, a préparé son vendredi noir. À leurs yeux, il faut le rayer de la cote. Ils vendent.

Mais que sait-on vraiment de ce tandem en cet été 1969 ? Il a quarante-sept ans, elle en a trente-cinq. Peu de gens ont le privilège de connaître le timbre de voix de cet homme râblé, noir de poil, au front têtu. C'est bien ce qu'il veut : Pierre Juillet adore le complot et l'ombre (à condition que tout le monde sache bien qu'il s'y dissimule), il ne déteste pas mettre en scène ses propres mystères. Tel Dracula, il s'enroule dans des capes de bure et s'appuie sur une canne à pommeau d'argent (il boite légèrement, séquelle d'un accident de voiture dans sa jeunesse). On lui prête des liens passés avec le SDECE, où « Belvédère » aurait été son nom de code.

Elle est grande, belle, brune. Elle se coiffe souvent d'un strict chignon noué sur la nuque. Quand elle s'installe à l'Élysée, elle s'habille encore de classiques twin-sets de cachemire, avec un rang de perles sage, comme toutes les cousines de bonne famille de province. Elle ne porte pas encore les somptueux tailleurs Chanel qui accompagneront son ascension auprès de Jacques Chirac. Elle a le nez retroussé, la lèvre moqueuse, altière, gourmande. Un air très étrange de biche dominatrice. Elle parle net et cru, abuse de métaphores amoureuses, rustiques et guerrières. Sacher-Masoch serait mort de plaisir sous ses coups de fouet.

Lui est un provincial sorti tout droit de *La Comédie humaine*. Il est avocat de formation et a exercé à Aubusson. Il est frère et fils de préfet de la IIIe République. Il a des terres et une maison de maître à Puy-Judeau, dans la Creuse (à soixante kilomètres du château de Bity de Jacques Chirac), où il élève des moutons et se passionne pour les croisements ovins français et écossais. C'est bien sa seule façon d'être européen. Il a été résistant. Un baron explique : « À la

Libération, il a failli être trucidé par les FTP, dans les maquis de la Creuse. Il en a déduit pour toujours que les communistes n'étaient pas des Français. »

Il est gaulliste et s'est donné corps et âme au RPF (Rassemblement du peuple français) dès sa création. En 1947, il devient délégué pour la Creuse. En 1948, il est chargé de mission pour le Sud-Ouest. Il s'y fait une réputation d'« homme pas très communicatif, qui aime la solitude et la tranquillité, mais plein d'humour ».

Il pousse la fidélité jusqu'à épouser une secrétaire du général de Gaulle, Mademoiselle Annick Mousnier. Il ne sera jamais l'intime de l'homme du 18 Juin. Il ne sera jamais un baron. Ceux qui le connaissent prétendent qu'il y a là une blessure qui ne s'est jamais cicatrisée en lui.

Pendant la traversée du désert du général de Gaulle, il s'exile en Belgique comme directeur de l'agence de presse Opera Mundi, dont le patron est Paul Winckler (aujourd'hui directeur général de *France-Soir*). Il faut bien vivre ! Ses amis assurent : « Avant de partir pour Bruxelles, Pierre a mangé de la vache enragée. Il avait des fins de mois difficiles. Il s'est occupé de fret aux Halles. Mais il n'a jamais voulu demander à son préfet de frère de lui trouver un emploi. » Aucun des barons ne lui tend la main.

Quand le Général revient aux affaires, Pierre Juillet revient aussi… par la petite porte. Le voilà chef de cabinet d'André Malraux, ministre de la Culture. Avec lui, ce notable modeste parcourt le monde.

Mais quand Georges Pompidou est nommé à Matignon en avril 1962, Pierre Juillet est l'un des premiers appelés. L'homme fort du cabinet est Olivier Guichard. Il trône à l'étage noble : au premier. Juillet est au rez-de-chaussée, dans un grand bureau : celui des présidents du Conseil de la IVe République. Il veille sur le parti gaulliste, les fonds secrets et les investitures. À ce titre, il prépare les élections de 1967.

Il poursuit déjà les barons de son animosité : « C'est une confrérie de la courte échelle pour se partager les postes et les honneurs. Ce n'est pas le gaullisme, les barons. » Il ne cesse de répéter à Georges Pompidou : « Les barons vous trahiront un jour. » En 1974, on l'entend gronder : « C'est de leur faute si l'on a pu parler d'État UDR. »

Avant 1969, quand leur règne est à son apogée, Pierre Juillet est ulcéré de ne pas être convié au déjeuner hebdomadaire qui réunit Michel Debré, Jacques Chaban-Delmas, Roger Frey, Olivier Guichard, Pierre Lefranc et Jacques Foccart. Chaque fois, la mine défaite, il se demande quel complot ils peuvent bien ourdir sans lui. Il ressemble alors au Petit Chose sous les fenêtres du château.

Une fois installé à l'Élysée, Georges Pompidou appelle près de lui Pierre Juillet. Il a su se rendre indispensable. Aux yeux du nouveau président de la République, le pessimisme de son conseiller politique sur les hommes et les événements ressemble tant à de la perspicacité qu'il en fait son chargé de mission : le numéro un dans la hiérarchie élyséenne. En 1967, Juillet n'avait-il pas prédit : « Si nous ne faisons pas quelque chose avec les universités, nous allons au-devant d'ennuis graves » ? Marie-France Garaud assure même qu'il aurait avancé : « Ce régime mourra des scandales. »

Là où il est installé, Pierre Juillet veut un pouvoir fort, droit, sans peur et sans reproche. Il aime la vertu musclée, les idées carrées, les hommes tout d'une pièce. Il ne finasse pas. Il a une sainte horreur des communistes, exècre les socialistes – « Pierre Juillet voit la gauche comme une armée d'occupation sur le territoire national », raille Alexandre Sanguinetti –, fuit les centristes comme la peste, se gausse des réformateurs et voit des combinards partout.

Dans son vivier personnel, nagent à grandes brassées Jacques Chirac, Pierre Messmer et Jean Royer, maire de Tours (un ancien délégué du RPF, comme lui), baptisé le Père-la-Pudeur, en raison de sa lutte inlassable contre la pornographie, et dont la maxime favorite est : « Mieux vaut une serrure bien faite qu'une tête bien pleine. »

Elle, Marie-France, est native du Poitou. Fille d'avoué cossu. Femme d'avocat discret. Elle est la mère aimante de deux garçonnets. Elle possède un château, des terres, des moutons. Si elle n'était pas montée à Paris, cette belle impérieuse aurait brûlé ses feux à faire tourner la tête de la *gentry* locale. Les femmes l'auraient épiée derrière leurs jalousies. Un jeune sous-préfet se serait suicidé aux champs. Un chef d'escadron aurait été muté à la hâte à Tombouctou. Elle aurait été l'Anna Karénine de la Vienne. Enfin, voilà tout ce qu'on imagine en la voyant, superbe et triomphante.

Dans la réalité, enfant, elle a été élevée pieusement chez les sœurs et en a gardé mille préventions contre l'enseignement privé. Elle aime les sports violents. L'équitation et la chasse. Elle a dressé des chevaux. Selon de nombreux parlementaires, il lui en est toujours resté quelque chose.

Elle a aussi beaucoup travaillé : d'abord dans son Poitou natal où elle trouve le moyen d'achever ses études de droit et d'accéder au barreau à tout juste vingt ans. Jean Foyer, alors chargé de cours à la faculté de Poitiers, se souvient : « Je lui ai enseigné la procédure civile. Elle passait pour l'étudiante la plus intelligente de sa promotion. » Elle est reçue au concours de la magistrature. Comme elle s'ennuie « comme une croûte de pain derrière une porte » au ministère de la Marine, où elle est contractuelle (elle a accompagné son mari dans la capitale où il prépare l'agrégation de droit), l'un de ses cousins la recommande à Jean Foyer, qui est passé des chaires universitaires aux fauteuils ministériels : il est garde des Sceaux. De 1961 à 1967, elle sera son attachée parlementaire, avec la mission de faire voter à des sénateurs plutôt récalcitrants un arsenal juridique pas très libéral avancé – création de la Cour de sûreté de l'État, levée de l'immunité parlementaire de Georges Bidault.

C'est une période de travail intensif pour le ministère de la Justice (refonte du Code civil, du Code du commerce, réforme de l'adoption, des régimes matrimoniaux, etc.) Pendant le vote des projets, les parlementaires peuvent la rencontrer, tard le soir, dans les couloirs du Sénat ou de l'Assemblée nationale.

Elle a du charme, du caractère, de l'opiniâtreté, et fait merveille. Mais elle acquiert en même temps, sur le tas, une certaine idée des élus et de leur maniement. Elle connaît leurs secrets intimes : « Pendant six ans, j'ai traité plus de onze mille dossiers d'intervention. Rares sont les députés auxquels je n'ai pas rendu service », avoue-t-elle en 1980.

En six ans, sa formation achevée, elle est devenue sans bruit la manipulatrice la plus efficace de Paris. Quand, en avril 1967, Jean Foyer quitte le ministère de la Justice, un certain Pierre Juillet (elle n'a jamais entendu parler de lui), du cabinet de Georges Pompidou, lui a trouvé une noble tâche : celle de veiller sur les députés de la majorité à l'Assemblée nationale, et particulièrement sur les élus centristes. Il s'agit de les convaincre de bien voter pour le gouvernement. Elle en accepte l'augure : elle connaît le métier !

Pendant dix ans, ce couple singulier va faire trembler la majorité. D'emblée, tout les rapproche. Ces deux provinciaux aux racines bourgeoises et anciennes regardent avec les mêmes lorgnons la France éternelle, agreste et réaliste (la seule vraie France à leurs yeux). Tous deux ont la tripe nationale et droitière.

A posteriori, elle jure qu'elle penchait alors plutôt à gauche (elle a voté *non* au référendum de 1958). Jeune, elle lisait avec avidité Emmanuel Mounier. Quand elle arrive au cabinet de Georges Pompidou, elle est plutôt étiquetée comme centriste, parce qu'elle connaît bien René Pleven, Joseph Fontanet, Jean Poudevigne et Jacques Duhamel, ces centristes qui rallieront Georges Pompidou en 1969.

En fait, la vraie nature de Marie-France est d'être impitoyable pour les médiocres. Comme Pierre Juillet, elle abhorre les idées molles, déteste ce qu'elle appelle aujourd'hui l'« esprit centriste », qu'elle stigmatise comme le refus de faire un choix et d'en assumer les conséquences. « C'est, dit-elle, être complaisant avec le plus fort. »

Leur mode de travail est assez singulier. Avant d'entrer à l'Élysée, Pierre Juillet a posé ses conditions : « Pas d'horaires fixes et pas de notes. » (Pierre Juillet n'écrit jamais, il charge sa femme d'envoyer pour lui des missives. Des députés ont reçu des lettres de la main d'Annick Juillet ainsi libellées : « Pierre me charge de vous dire », etc.)

Il veut pouvoir revenir quand bon lui semble à ses moutons, mais aussi à sa Compagnie générale de voitures. Georges Pompidou l'y a fait nommer président en 1965. C'est un holding coté en Bourse, filiale de l'UAP, qui gère un domaine immobilier de garages, aujourd'hui spécialisé, entre autres, dans la fabrication et l'exportation de tuyaux en plastique.

Marie-France, au contraire, assure la permanence. Elle campe dans un bureau du premier étage de l'Élysée. Inlassablement, elle offre le thé aux visiteurs de passage. Elle a ce sens inné de la mise en scène chaleureuse, un don spontané de la formule qui pique et qui mord. Ainsi anesthésie-t-elle ceux dont elle attend discipline et soumission.

Officiellement, tous deux ne poursuivent qu'un seul but : celui d'être informés le mieux du monde des variations climatiques de la majorité et de la vie intérieure des partis pour l'édification de Georges Pompidou.

Mais deux autres desseins affleurent dans leur stratégie : ils veulent tenir en laisse les groupes parlementaires et y repérer les sujets d'avenir qui pourront faire pièce aux barons et progresser dans leurs propres carrières en leur devant, à eux deux, une reconnaissance éternelle.

Pour arriver à leurs fins, ils ont le tour de main. Marie-France sait tout : les espoirs secrets, les fautes inavouables de toute la classe politique. Pour se faire obéir, elle peut être tour à tour charmeuse, menaçante, voire cruelle. Georges Pompidou l'apprécie : « Il n'y a pas de problème dont elle ne vienne à bout avec vingt coups de téléphone. » Pierre Juillet convoque froidement les ministres dans son bureau. C'est là le prix qu'ils doivent payer pour une audience avec le président.

Elle règne sur les députés et se réalise dans le gouvernement des hommes. Il commande les ministres et exulte dans son rôle de faiseur de rois. « Ce sont des Médicis », dit Edgar Faure.

À eux deux, ils auront beaucoup promu, beaucoup déclassé, beaucoup fait, beaucoup défait, beaucoup pesé et beaucoup humilié. Ils en tirent sur l'âme humaine des conclusions définitives dont l'excès de cynisme et d'intransigeance finira par les rendre myopes, à force de voir clair.

Tel est le couple peu banal auquel Jacques Chirac rend, chaque soir, religieusement visite et devoir. Et que Jacques Chaban-Delmas commet le crime d'ignorer. Le Premier ministre, qui ne veut pas de pouvoir parallèle, se fait ainsi deux ennemis jurés.

Auprès d'eux, le secrétaire d'État au Budget fait ses classes. Du pouvoir, il apprend les secrets, les nouvelles, les recettes. Quand il plaît, on le cajole, on l'entoure, on le conseille. Quand il agace, on le boude ou on l'ignore. Les ministres peu en cour auprès de ce duo racontaient alors : « Quand Chirac était aimable, nous étions tranquilles. Quand il nous battait froid, nous étions inquiets. C'était peut-être que nous n'allions pas tarder à être démissionnés. »

Ces cours du soir particuliers portent leurs fruits : le 7 janvier 1971, Jacques Chirac est promu ministre plein. Il hérite d'un portefeuille hautement politique : les relations avec le Parlement. Mieux, c'est un grand baron, Roger Frey, l'ami de Chaban, qui en est dessaisi au profit du poulain. Pierre et Marie-France ont fait coup double.

Le secrétaire d'État au Budget va donc devoir quitter la rue de Rivoli et Valéry Giscard d'Estaing. Lors de la présentation des vœux du cabinet, Jacques Calvet, le directeur, sort son mouchoir et s'afflige courtoisement du départ de Jacques Chirac. Le ministre des Finances ne veut pas de ces adieux de Fontainebleau larmoyants. Il rétorque : « Il faut au contraire se réjouir de cette belle promotion pour un ministre qui ira loin… Un jour, il me remplacera au ministère des Finances… Félicitons-nous d'une collaboration qui a été fructueuse. »

Évidemment, ni Valéry Giscard d'Estaing, ni Jacques Chirac ne se doutent qu'à peine trois ans plus tard l'un sera président de la République et l'autre son Premier ministre. Pour l'instant, ils ont fait connaissance, ils se sont épaulés, ils se sont appréciés, ils ne se sont pas confiés, ils ne se sont pas liés.

À l'aube de cette année 1971, la silhouette de Georges Pompidou s'est un peu épaissie. Sa démarche s'est sans doute alourdie. Mais chacun lui trouve bon pied, bon œil. Il semble plus attentif et perspicace que jamais. En normalien qui a lu Gobineau, il range volontiers les hommes en quatre catégories : « Les fils de roi, les drôles, les imbéciles et les brutes. » Dans son esprit, à coup sûr, Valéry Giscard d'Estaing est fils de roi. À ses yeux, Jacques Chirac n'est pas un drôle, encore moins un imbécile. Pour l'instant, il est encore un tout petit peu à l'état brut. Si Dieu le veut, il deviendra, lui aussi, enfant de souverain.

CHAPITRE III
La montée vers le pouvoir

En politique, seul l'imprévisible arrive toujours. Pour les acteurs de cette histoire – Valéry Giscard d'Estaing, Jacques Chirac et leurs conseillers –, l'inattendu surgit avec la maladie de Georges Pompidou. En quelques mois, elle bouleverse leurs plans, fait exploser leurs stratégies et bouscule leurs trajectoires.

Jusqu'à l'été 1972, personne, hormis le président de la République lui-même, ne se doute qu'un mal inexorable le ronge depuis plus de cinq ans et prépare, jour après jour, la vacance du pouvoir. La classe politique et les Français qui regardent la télévision sont simplement intrigués : Georges Pompidou se laisse aller, pensent-ils. Ses joues ont doublé de volume, il ne peut plus boutonner ses costumes. Il a « trop bon appétit », répond aux curieux le service de presse du palais présidentiel.

Quand certains députés UDR sont conviés à déjeuner à l'Élysée, chaque fois, sitôt le café avalé, ils s'en retournent dans les couloirs de l'Assemblée nationale raconter, sur le ton de la réprobation stupéfiée : « Pompidou a repris deux fois du sauté d'agneau et trois fois de la charlotte aux fraises. »

Les députés ne savent pas que, pour se soigner, le président doit absorber, entre autres médicaments, de la cortisone, qui exige un régime strict et sans sel pour éviter toute prise de poids. Mais Pompidou, en Auvergnat têtu qui refuse la maladie, ne veut pas se plier à cette discipline : sa façon à lui de nier une maladie qui le révulse.

Et tout ce beau monde innocemment cruel de se gausser d'une gloutonnerie qui vous a un petit air plébéien. À une époque où la mode impose à tous d'être jeune, mince, frugal, certains jugent même presque indécent ce robuste coup de fourchette et ce tour de taille trop avantageux.

Mais, pour tous, Georges Pompidou ne souffre que d'un trop-plein de santé. Comme la France ! Celle-ci va toujours bien, merci. On s'en congratule dans la majorité. Elle s'industrialise à pas de géant – des groupes de dimensions internationales se forment : Creusot-Loire, Pechiney-Ugine-Kuhlmann, Saint-Gobain-Pont-à-Mousson, BSN Gervais-Danone –, peu à peu elle s'équipe d'autoroutes grâce au financement privé (au grand dam de l'administration), le téléphone commence à sonner plus facilement et fait vieillir le sketch de Fernand Raynaud, « le 22 à Asnières ». Le niveau de vie du Français s'élève à une vitesse de rêve, la croissance galope au rythme de 5 % l'an, le chômage, avec quatre cent cinquante mille demandeurs d'emploi structurels (minimum incompressible selon les experts), ne fait pas vraiment problème.

Certes, quelques symptômes plutôt alarmants pointent çà et là : l'inflation, de rampante, commence à devenir grimpante – 5 % en 1971 et 7,3 % en 1973 – et le Marché commun a attrapé un curieux virus, qui fera plus tard des ravages, sous le nom de « mal britannique » (la Grande-Bretagne entre dans la Communauté européenne[1] le 1er janvier 1973).

Le président de la République, lui aussi, est affligé de symptômes curieux qui intriguent mais n'alertent pas encore. Des ministres le racontent : en Conseil, il est le plus souvent maussade, grognon, parfois même d'une humeur de dogue. Un geste lui est devenu familier : il ne cesse d'ouvrir et de refermer le poing et d'étirer les doigts. Devient-il acariâtre ? Souffre-t-il des articulations, est-ce un signe de nervosité ou de surmenage ? Personne ne tranche ni ne devine encore une catastrophe pathologique.

À la Noël 1972, le président est grippé. Pour recevoir les vœux de la presse présidentielle, il demeure calé dans son fauteuil. Cette mauvaise grippe dure des mois. Successivement, le président doit renoncer à présider un Conseil des ministres, à inaugurer le Salon de l'aéronautique du Bourget. Il annule la réception prévue pour la fête des Mères. « Il a attrapé froid dans le train en se rendant à Cajarc », explique son entourage. On apprend, à cette occasion, que l'Élysée serait parcouru de courants d'air persécuteurs. Bref, Georges Pompidou ne tient pas la forme. Mais il fait si froid dans son palais !

1. Les Français se sont prononcés par référendum, en avril 1972, pour l'entrée de la Grande-Bretagne dans le Marché commun.

Et la gauche ? Elle va trop bien. On s'en afflige dans la majorité. Contre tous les pronostics, communistes et socialistes ont signé, le 26 juin 1972, un programme commun. Dès lors, dans l'opposition, la nostalgie n'est plus ce qu'elle était. Les militants sont ragaillardis et mobilisés.

Aux élections de mars 1973, les résultats sont encourageants. Ce n'est pas le raz de marée qui fait les renversements de majorité, mais la gauche passe de 96 à 176 députés (sur 487). Tout le monde gagne : le PC 39 sièges, les socialistes 48 et même les radicaux de gauche 3. Symétriquement, la majorité se déplume. L'UDR, qui partait fièrement avec 293 députés, ne retrouve que 184 élus, les républicains indépendants, un peu moins dégarnis, perdent 7 sièges et conservent 54 députés. Les petits centristes de Jacques Duhamel et de Joseph Fontanet ne sont plus que l'ombre du peu qu'ils étaient. L'UDR leur « prête » même cinq ou six députés élus sous sa bannière pour leur permettre de former un groupe. Un vent de panique souffle en rafales sur les états-majors. Mais tant que la majorité reste la majorité, plaie électorale n'est pas mortelle. Très vite on se console.

Est-ce l'inconscient qui l'inspire ? Comme s'il voulait, sans le savoir, adapter le terme de son mandat à l'évolution de son mal, Georges Pompidou choisit ce moment (le lendemain des élections législatives) pour proposer une réforme de la Constitution : la réduction du septennat en quinquennat – pour la fois d'après, bien sûr. Michel Jobert, qui est alors secrétaire général de l'Élysée, pense que « si la réforme avait été votée, Georges Pompidou aurait anticipé la mesure et serait parti avant la fin de son premier septennat ».

Les giscardiens sont enthousiastes. Les gaullistes se dressent vent debout contre ce successeur du Général qui ose défier les tables de la loi constitutionnelle. Michel Debré tempête, Maurice Couve de Murville lève un sourcil. La gauche refuse de se prêter à ce qu'elle prend pour une manœuvre.

C'est *non*. Le projet rentre dans son tiroir. Georges Pompidou semble très déçu. Une porte de sortie légale se ferme. Plusieurs députés attentifs supputent soudain que le chef de l'État ne se sent peut-être pas d'attaque pour rester quatorze ans à son poste. « Après les élections de 1973, il étudiait moins les dossiers. Ses décisions étaient prises plus sur des notes que préparait son cabinet que sur une connaissance directe des affaires », confiera, en septembre 1974, Pierre Messmer.

Les yeux ne s'ouvrent vraiment que le 1er juin 1973. Georges Pompidou se rend à Reykjavik, en Islande, pour rencontrer le président

Richard Nixon. À sa descente d'avion, les télévisions du monde entier renvoient l'image d'un homme au pauvre sourire, bouffi sous son chapeau, empourpré, mal assuré sur ses jambes, vulnérable. À coup sûr, malade.

De ce jour, la France est alertée. Dans les dîners politiques – dans les autres aussi –, dans les déjeuners d'affaires comme sur le formica des cuisines, on ne parle plus du chef de l'État que pour épiloguer sur le sort d'un homme éprouvé, dont la santé hésite et trébuche. À mots couverts, se propagent des termes qui font peur : cancer, bombe au cobalt et cortisone.

Si l'entourage élyséen veut bien admettre que le président soit fatigué, il nie la maladie : « Nous étions aveugles à vivre auprès de lui. Il prenait, certes, beaucoup de médicaments, mais il en a toujours pris. À Matignon, il en avait déjà plein ses tiroirs. Il se moquait de moi, qui n'ai jamais pris que de l'aspirine », dit Michel Jobert aujourd'hui.

En septembre, lors de son voyage en Chine populaire, il doit limiter ses déplacements et ménager ses forces. Déjà, ses hôtes apprennent à lui épargner tout effort inutile. Le mot d'ordre fait le tour des chancelleries.

Janvier 1974 : en visite à Poitiers, Georges Pompidou peut à peine marcher et semble dominer à force de caractère des douleurs qui jetteraient sur-le-champ neuf Français sur dix tout au fond de leurs lits. Il a des gestes d'impatience à l'égard de photographes trop empressés. À la télévision (qui sert un peu de bulletin de santé indiscret), le visage du président apparaît gonflé, déformé, presque tuméfié.

Quelques semaines plus tard, malgré tout, il s'en va encore retrouver Léonid Brejncv à Pitsounda, sur les bords de la mer Noire. Il dit à ses familiers : « Mes médecins me feront ce qu'ils voudront, mais j'irai. » À côté de lui, le numéro un soviétique, que l'on dit malade depuis si longtemps, a l'air juvénile et presque fringant. Leurs entretiens durent sept heures.

Au dernier moment, par courtoisie, les dirigeants du Kremlin renoncent d'eux-mêmes à l'un de ces lourds dîners officiels qu'ils affectionnent tant, au grand soulagement du président français.

Retour à Paris quelques jours plus tard. Il annule sa participation au grand dîner offert, une fois par an, au corps diplomatique, dans les salons de l'Élysée. Madame Pompidou fait seule, avec beaucoup de dignité, les honneurs de la présidence. Mais chacun se le dit : que ce président si dur au mal ait accepté de garder la chambre est bien le signe que la maladie empire. Un jour, n'a-t-il pas rétorqué à Denis

Baudouin, chef du service de presse, qui lui conseillait de se reposer : « Chez moi, on ne se couche que pour mourir » ?

Le fait est si public qu'il faut bien l'expliquer. Un communiqué fameux, signé d'un spécialiste éminent, le Docteur Vignalou, parle de « lésion bénigne d'origine vasculaire, située dans la région recto-anale ». Cette litote douloureuse est suivie aussitôt par l'annulation des voyages au Japon, puis en Allemagne fédérale. Tout déplacement est interdit. Toute cérémonie est un calvaire. Tout effort est un exploit.

La France profonde s'émeut. On songe au pire. Dans les états-majors, on révise en hâte les stratégies. On parle de démission ou d'élections anticipées. Le nouveau ministre de l'Intérieur, Jacques Chirac, dément tous les échos : « Rien ne permet d'imaginer que les élections présidentielles ne se feront pas à leur échéance normale. »

27 mars : dernier Conseil des ministres présidé par Georges Pompidou. L'atmosphère est poignante. « Je passe par des moments bien difficiles, confie-t-il à ses ministres, tout cela n'est pas agréable, mais n'aura qu'un temps. J'ai besoin de repos. J'irai à Cajarc. Ensuite, cela devrait aller mieux. » « Le ton du président est à la fois celui du courage, de la lassitude et de l'optimisme », relate Jean Mauriac, de l'AFP. À l'issue de cet émouvant Conseil, Jean-Philippe Lecat, porte-parole du gouvernement, déclare aux journalistes : « Dans trois mois, le président sera en pleine forme. »

30 mars : Georges Pompidou passe le week-end dans sa maison d'Orvilliers. Le 1er avril, on le transporte en hâte chez lui, dans son appartement de l'île Saint-Louis. Il y meurt quelques heures plus tard. Une septicémie a eu raison de ses dernières forces. La France a du chagrin et le pouvoir est vacant.

Dans la majorité c'est l'affolement. Y a-t-il un testament ? Un successeur explicitement désigné ? On égrène des noms, il y en a trois, il y en a quatre, c'est dire qu'il n'y en a pas.

De fait, Georges Pompidou n'a voulu choisir personne. Cela s'explique aisément : d'abord, en bon républicain, on ne choisit pas son successeur.

Ensuite, en homme malade qui évoquait, sur un ton sarcastique, son cancer hebdomadaire dans des déjeuners de presse, pour conjurer le mauvais sort, et qui oscillait chaque jour entre l'idée qu'il était perdu et l'illusion qu'il allait guérir, privilégier un successeur, ç'aurait été accepter sa mort, narguer la camarde et rapprocher la fin. Or rien ne presse et, dans ce cas-là, rien ne presse jamais.

En homme tout court – ainsi vous fait la nature –, il est bien rare d'éprouver une inclination spontanée pour celui qui va prendre votre place, quel qu'en soit le mérite ou la réputation. En politique, comme ailleurs, le prédécesseur est toujours un incapable et le successeur un imposteur.

Enfin, en homme politique madré, Georges Pompidou savait trop qu'un dauphin désigné, c'est un rival qui naît, qui s'installe, qui intrigue, qui vous pousse vers la sortie et attente à votre autorité. « C'est un homme qui vous prend le pouls chaque fois qu'il vous serre la main », disait le général de Gaulle. En outre, plusieurs prétendants guerroient les uns contre les autres, s'affaiblissent et se neutralisent. Il faut donc susciter plusieurs candidatures. Pour avoir bonne conscience, il suffit de se dire que c'est ainsi garder plusieurs fers au feu, pour le plus grand bien de l'État. Étant plus prosaïque ou plus réaliste, on s'avouera que diviser, c'est encore régner. Voilà pourquoi, plusieurs mois durant, on entend Georges Pompidou proférer successivement tant de jugements apparemment contradictoires.

Au lendemain des législatives, de mars 1973, il confie à des journalistes : « Si je ne me représente pas, Chaban [qui a quitté Matignon en juillet 1972] et Giscard seront candidats, et c'est Mitterrand qui gagnera. »

Le 4 avril 1973, il reçoit à déjeuner le groupe des républicains indépendants et leur leader. Après le bœuf mode aux carottes (il en reprend deux fois), Georges Pompidou se lève et déclare, en se tournant vers Valéry Giscard d'Estaing, assis à sa droite : « Je vous ai toujours dit que si vous étiez UDR, vous auriez la bénédiction de tous les députés de ce groupe que vous fascinez dès que vous leur parlez et qui vous maudissent dès que vous avez le dos tourné. Il faut que vous dépassiez ce cadre-là et que, tout en ayant vos amis autour de vous, vous apparaissiez comme une personnalité nationale. Il n'y en a pas beaucoup, trois, peut-être quatre, c'est tout. » Michel Poniatowski, assis à la gauche de Georges Pompidou, a enregistré ce petit discours au magnétophone, qui devient bientôt le tube de l'été pour les giscardiens.

Décryptons les propos présidentiels : il y a trois ou quatre hommes capables de me succéder, et vous, Valéry Giscard d'Estaing, êtes l'un d'entre eux. Georges Pompidou ne dit rien d'autre.

Pour le monde politique, en 1973, la plus claire des évidences est qu'il ne s'agit pas d'une intronisation en bonne et due forme. Néanmoins, les giscardiens jugeront ce pluriel suffisamment singulier pour pouvoir comprendre que leur leader vient ainsi d'être désigné comme le successeur. Dès lors, ils ne cesseront de s'en réclamer et de le faire savoir. Cette publicité portera ses fruits.

L'idée fait son chemin dans les cervelles majoritaires. Des ministres s'interrogent tout haut. Au point qu'en février 1974, une journaliste de *L'Express*, Michèle Cotta, retient de divers entretiens avec des excellences, notamment avec Jean-Philippe Lecat, ministre de l'Information, que Georges Pompidou a bel et bien choisi Giscard et pourrait le préparer à cette haute fonction en le nommant, par exemple, à Matignon, cette dernière marche avant l'Élysée. Or l'élection présidentielle n'aura lieu que dans deux ans.

Comme depuis des mois, Pierre Messmer n'a pas réussi à faire sa percée et qu'il n'est question que de son remplacement, Jean-Jacques Servan-Schreiber juge l'affaire assez mûre pour en faire la révélation fracassante dans son journal. Il titre : « Pompidou choisit Giscard. » C'est osé…

Avant la publication de l'article, il faut tout de même, quand on est prudent, obtenir confirmation de ce que l'on avance. Philippe Grumbach, directeur d'information de l'hebdomadaire, s'en va dans Paris, sa lanterne à la main, chercher la lumière. Où court-il ? À l'Élysée ? Nenni : rue de Rivoli. Il rend visite à Valéry Giscard d'Estaing. Lequel ne confirme pas, bien sûr, mais ne voit que des avantages à une publicité si opportune.

J-J S-S, qui n'est jamais timide, complète l'article de sa main : « C'est Valéry Giscard d'Estaing qui remplacera, avant la fin du mois, Pierre Messmer. » Stupeur à l'Élysée, mécontentement à l'UDR. C'est l'explosion.

Quinze jours plus tard, lors du remaniement, Messmer III succède à Messmer II. En 1980, Marie-France Garaud est catégorique : « Jamais Georges Pompidou n'a songé à nommer Giscard à Matignon. » Quarante jours plus tard, Georges Pompidou rend l'âme.

Revenons en arrière : quelques semaines après son déjeuner avec le groupe RI, le président reçoit le bureau du groupe UDR et les anciens Premiers ministres gaullistes. Au dessert, après la glace au café, il explose : « Ah ! on me dit que Giscard est jeune, et intelligent, et en bonne santé, et prêt à me succéder. Et Chaban alors ! Il y a Chaban aussi, qui est très bien… » Et Chaban (gêné) de répondre : « Pour le cent mètres au sprint, je peux tout à fait le battre, mais pour l'état civil, je suis battu, hélas ! »

À l'automne 1973, recevant Roger Frey, Georges Pompidou dit encore : « Si je ne me représente pas, Chaban et Giscard seront candidats, et que le meilleur gagne ! » Chaban-Giscard, Giscard-Chaban, on n'en sort pas…

Dans l'avion qui le ramène de Pitsounda, où il a refusé à Léonid Brejnev de tenir à Paris une conférence sur le désarmement, le président de la République confie à l'un de ses collaborateurs : « Aujourd'hui le pouvoir politique, c'est le tir atomique. Aucun président de la IVe République n'aurait appuyé sur le bouton et vous voyez, vous, des Chaban ou des Giscard appuyer sur ce bouton ? » Chaban-Giscard, Giscard-Chaban, même refrain…

En février 1974, Georges Pompidou juge qu'il est grand temps de susciter un troisième larron. Au début du mois, il convoque Michel Aurillac, un ancien collaborateur de Matignon devenu préfet de Picardie, et lui tient ce langage : « Vous allez quitter votre préfecture et venir au cabinet de Pierre Messmer. Il faut que le Premier ministre monte dans les sondages, se fasse connaître et apprécier des Français. Il peut être candidat un jour. » (Deux semaines plus tôt, le même Georges Pompidou, examinant les mauvais sondages de son Premier ministre, disait, devant Michel Jobert : « Messmer ne pourra jamais être candidat. »)

À l'issue de sa visite, Pierre Juillet et Marie-France Garaud le confirment au préfet : « Si le président ne se représente pas, Pierre Messmer sera effectivement candidat. »

Au même moment, Denis Baudouin, chef du service de presse, est nommé à la direction de la délégation pour l'Information et reçoit lui aussi pour mission d'aider le Premier ministre à mieux se faire connaître de la France profonde. Las, celui-ci n'aura pas le temps de prendre son envol dans le cœur de Marianne. Mais avait-il des ailes ?

Pourquoi ce troisième prétendant ? Essentiellement pour freiner Valéry Giscard d'Estaing, qui, depuis six mois, fait ouvertement campagne, mais surtout pour contrer l'irrésistible ascension de Jacques Chaban-Delmas.

Depuis quatre mois, Georges Pompidou et ses conseillers ne décolèrent pas. En effet, aux assises de l'UDR, réunies à Nantes le 20 novembre précédent, les quatre mille militants se sont comportés comme si Georges Pompidou était enterré. Et sans fleurs ni couronnes…

Ils ont ovationné le maire de Bordeaux, au point d'en faire leur candidat aux élections présidentielles futures. Lequel Chaban, dans un grand élan lyrique, a entamé sur-le-champ sa campagne et demandé, sous les applaudissements, rien moins qu'un exécutif européen.

Michel Debré, lui, sous les vivats de la salle, s'est porté candidat à la présidence de l'UDR. Un poste de haut rang, dont nul n'ignore que le président de la République n'a jamais voulu entendre parler (ce n'est pas l'usage dans la Vᵉ République). « Vous voudriez un Brejnev à côté de moi ! » bougonne-t-il quand Albin Chalandon agite l'idée devant lui.

Dissimulés dans la foule parmi les militants, Pierre Juillet et Marie-France Garaud écument de rage, et ce d'autant plus que, malgré leurs efforts, leurs protégés, Pierre Messmer, Jacques Chirac et Bernard Pons, venus en service commandé pour faire applaudir Pompidou, ne soulèvent guère l'enthousiasme.

Certes, le Premier ministre est frénétiquement applaudi quand il parle d'ordre et d'autorité. Mais c'est une froideur polie et délibérée qui accueille ses exhortations à l'unité dans la mouvance du chef de l'État.

Jacques Chirac provoque quelques sifflets en lisant un texte à la gloire de la politique pompidolienne, texte publié par *Le Monde* avant même d'avoir été prononcé. Seule, Marie-France Garaud, assise parmi les militants du Poitou, exprime sa satisfaction à haute voix : « En voilà un jeune homme qui parle bien », dit-elle. Et c'est sous les huées que Bernard Pons lance de la tribune : « Critiquer le ministre des Finances, c'est s'en prendre à la majorité tout entière, donc au choix du président de la République. »

Evidemment, aujourd'hui, on croit rêver. « J'ai dit cela, explique en 1980 le même Bernard Pons devenu secrétaire général du RPR, parce que le président m'avait dit qu'au nom de la solidarité gouvernementale, il ne voulait pas que l'on attaque Giscard. » « Pons n'a rien compris : "Ne dites rien contre Giscard au nom de la solidarité gouvernementale", cela voulait dire : "N'en faites pas trop contre lui, mais vous pouvez l'attaquer quand même !" », traduit curieusement Michel Jobert aujourd'hui.

En cet hiver 1973, les charmes du pompidolisme semblent déjà épuisés aux yeux des bataillons de l'UDR. Pour les stratèges de l'Élysée, il faut donc réagir, d'où le lancement de la candidature Messmer, la seule qui ne risque pas de nuire au président. En attendant mieux !

À cette même époque, Georges Pompidou confie à Michel Debré : « Je ne laisserai sûrement pas la France à Monsieur Giscard d'Estaing. Ce n'est pas lui l'héritier. »

Plus tard, en février 1974, dans un dîner privé, il dit à l'un de ses bons amis, Michel Guy (futur secrétaire d'État à la Culture de

VGE) : « Si des élections présidentielles avaient lieu aujourd'hui, Chaban gagnerait et c'est pourtant Giscard le meilleur. »

À Alain Peyrefitte, il déclare aussi : « La Nouvelle Société, ce n'était pas si mal, cela faisait rêver les Français. »

Mais que croyait vraiment, au fond de son cœur, cet homme malade qui ne pouvait penser et agir autrement qu'en sursitaire ? Dieu seul le sait…

Lorsqu'il était élève rue d'Ulm, à l'École normale supérieure, Georges Pompidou avait fait sienne cette pensée confucéenne : « Il faut laisser venir à soi la vie. » Et la vie était venue à lui, déversant sur sa tête une corne d'abondance de lauriers et de succès. Parvenu au sommet de la gloire, voilà qu'elle se retirait, la vie, jour après jour, et lui, impuissant à la retenir, il la laissait repartir comme il l'avait regardée venir. Il n'y avait rien d'autre à faire.

Mais les autres acteurs de cette histoire ne pouvaient se transformer pour autant en simples spectateurs. Ils étaient peut-être inquiets, sans doute touchés. Pourtant il leur fallait agir. Nous allons les saisir dans cette action.

Valéry Giscard d'Estaing

Quand on nourrit l'ambition de gouverner un jour la France, il faut toujours se tenir prêt. Pendant seize ans de vie politique, jamais Valéry Giscard d'Estaing ne laisse passer l'occasion de faire savoir au bon peuple qu'il est le plus doué, le meilleur des prétendants à la couronne. Que l'occasion tarde à venir ? Il la provoque. Anne, ma sœur Anne, ne vois-tu rien venir sur la route élyséenne qui poudroie ? À tout instant, le ministre des Finances peut faire surgir un Valéry Giscard d'Estaing inédit, encore plus beau, toujours le même et chaque fois différent.

26 juin 1972 : pour éblouir les campus, les Deux Magots, les lecteurs du supplément économique du *Monde*, il s'offre le plus spectaculaire des feux d'artifice intellectuels.

Tout ce que le monde entier compte d'économistes à la mode, de futurologues en vogue, de sociologues réputés, d'intellectuels *in* (Herman Kahn, Olof Palme, l'Africain Senghor, Bertrand de Jouvenel, Roger Garaudy, etc.) accourt à son invitation au palais de l'UNESCO (un lieu de réflexion chic) disserter sur le thème :

« Finalité et Croissance ». C'est un succès. Quelle prestigieuse gerbe de penseurs éclairés !

Pendant trois jours, ces éminents spécialistes ou ces amateurs célèbres (la tête dans les mains) s'interrogent : la croissance (autrement dit : métro-boulot-dodo) peut-elle être un but, voire le seul dans la vie d'un honnête homme ?

Valéry Giscard d'Estaing, que rien n'enivre plus que les parfums de son temps (la violente odeur de soufre de Mai 68 l'entête encore), lance de la tribune cette réponse quasi révolutionnaire : « Je me range parmi les "objecteurs de croissance"… » Il faudrait, selon lui, reléguer cette croissance au troisième ou au quatrième rang des préoccupations humaines et il prophétise, devant son docte auditoire : « Bientôt la montée culturelle prendra le relais de la croissance économique. »

Fascinée, l'intelligentsia parisienne crie au génie. Peu convaincu, Georges Pompidou grommelle dans son palais : « Tout ça, c'est de la poésie. » Mais le bon peuple, qui a du goût pour le grand théâtre et les visionnaires, admire ce ministre des Finances qui sait regarder plus loin que le bout de son ministère. Et Valéry Giscard d'Estaing peut ranger dans son coffre une réserve de prestige supplémentaire, dans laquelle il pourra puiser le moment venu.

6 octobre 1972 (six mois avant les élections législatives) : pour séduire les élus comme les électeurs de la majorité, le leader RI prononce à Charenton un discours politique resté célèbre. Un modèle du genre pour qui sait décoder le message giscardien.

Que dit-il ? « Il faut que la majorité actuelle soit reconduite. » (Les UDR, qui sont encore la majorité de la majorité, soupirent d'aise.) « Il faut que la France soit gouvernée au centre. » (Les centristes, qui piaffent dans l'opposition, se congratulent.) « Il faut que la politique soit mise en œuvre par le président de la République. Nous sommes dans un régime "à direction présidentielle". » (À l'Élysée, Monsieur Pompidou devrait se rengorger de satisfaction.)

Tout le monde est content. Mais, au-delà de ce flot d'amabilités, Valéry Giscard d'Estaing n'a rien fait d'autre que de décrire le fonctionnement d'un régime tel qu'il le concevrait si lui-même était un jour au pouvoir.

Quelques jours plus tard, les sondages en témoignent, c'est à lui que 55 % des Français promettent le plus bel avenir.

24 mai 1973 : Valéry Giscard d'Estaing fait mieux encore : alors que sa gestion suscite quelques critiques, il dresse devant l'Assemblée

nationale le réquisitoire le plus sévère qui ait jamais été prononcé contre la politique économique menée depuis dix ans (en majeure partie, la sienne).

Sur ce ton mesuré qui convient à notre époque scientifique, il dénonce ici des inégalités choquantes, là des équipements scandaleusement insuffisants, partout une « croissance sans but » et une « économie sans maître ».

L'hémicycle est stupéfait, car, enfin, qui donc a modelé la fiscalité française depuis une décennie ? Qui a bâti tous les budgets, sinon Valéry Giscard d'Estaing ? Toutes les mesures prises pour encourager l'épargne (l'avoir fiscal, l'emprunt 7 %) et dont on s'avise qu'elles bénéficient quand même plus aux gens fortunés qu'aux autres ont eu son aval. Si les comptes rendus des débats interministériels sur le relèvement des bas salaires pouvaient être publiés, les Français sauraient que le ministre des Finances était moins favorable à leur augmentation que ne le sera le futur président de la République.

Bref, l'homme politique, le candidat à la magistrature suprême, parvient à tirer gloire autant de la colonne « actif » que de la colonne « passif » de son bilan personnel. Mieux même : au nez et à la barbe de ses censeurs, il se dédouane de sa propre politique. Il la jauge. Il la juge. Il la regrette. Il s'en dépouille. Pouah ! Il s'en absout. Conquis, les députés applaudissent. Du grand art…

31 mai 1973 : dans l'avion qui se rend à Reykjavik, Valéry Giscard d'Estaing, qui accompagne Georges Pompidou, se forge cette conviction : le président ne pourra pas se représenter. (Selon Michel Poniatowski, c'est bien à cette date qu'il s'en persuade.)

Dès lors, comme s'il voulait façonner à grande vitesse sa silhouette de successeur et se défaire de la tunique de grand bourgeois conservateur qui lui colle à la peau, VGE sera partout à la fois. (Sauf dans son ministère, disent les ministres ou les jaloux qui ont du mal à le joindre au téléphone.)

À peine les Français ont-ils pris conscience qu'un homme malade, physiquement délabré, présidait à leur destinée que Valéry Giscard d'Estaing se montre au mieux de sa forme. Sur le stade de Chamalières, il dispute un match de football contre des commerçants. Et la télévision de faire des gros plans sur un homme bien campé sur ses longues jambes rapides. Et les photographes de dévoiler le torse nu, doré, musclé du ministre sous la douche. « Tiens, c'est un faux maigre », se dit Margot dans sa chambrette, avant de s'endormir et de rêver à quelque prince charmant et athlétique qui ressemblerait comme un frère à l'élégant Valéry…

Ne vous en souvenez-vous pas ? À l'époque où la maladie du président Pompidou s'aggravait, les ministres n'avaient de cesse de se dévêtir devant les caméras pour dévoiler leur anatomie. Même le sage Joseph Fontanet s'était laissé photographier dans les alpages, après avoir jeté sa chemise aux orties.

15 juin 1973 : quelques jours après avoir vertueusement affirmé devant ses amis : « Pas de précampagne, cela serait nuisible et déplacé », VGE préside un débat de journalistes éminents sur le thème : « le Pouvoir et la Presse ». Il y affirme : « Le pouvoir a besoin d'un antipouvoir. » Il s'agit de celui qu'exercent les journaux. « Comme il est libéral ! » se disent les participants – tout de même un peu circonspects. Et la foule crie bravo.

Huit jours plus tard, il affronte, dans le rôle du bon justicier qui attaque les vilains fraudeurs du fisc, Georges Marchais à la télévision. Le sourire modeste, la prunelle grave, le ministre lance à son adversaire communiste, comme si d'aucun en doutait : « Je suis honnêtement préoccupé de justice, spécialement de justice fiscale. » Et la foule crie bravo.

Sans reprendre souffle, il envoie quelque deux cent mille lettres d'invitation aux maires et conseillers généraux pour les « journées de Vincennes », où ses amis RI doivent s'interroger sur l'avenir de la France.

Dans une ambiance mi-comtesse de Ségur, mi-foire aux haricots, sous les regards d'une trinité rassemblée par le hasard – le père Daniélou, Lino Ventura et Walter Spanghéro –, il s'écrie : « Il faut intégrer la classe ouvrière à la classe moyenne. » (C'est déjà l'esquisse du thème central de *Démocratie française*.) Et la foule crie bravo.

2 juillet : première incartade. Quelques jours après que Georges Pompidou s'est déclaré hostile au régime présidentiel, le ministre des Finances explique à la radio qu'il serait, lui, favorable à un tel régime. L'Élysée s'agace : « Le régime présidentiel, qu'est-ce que c'est ? interroge le président qui a convoqué son ministre des Finances. C'est la suppression du droit de dissolution. Je trouve cela bien dangereux. C'est concevable dans un système anglo-saxon. Car les Anglo-Saxons ont des réflexes de compromis en cas de crise entre le législatif et l'exécutif. Les Français ont, au contraire, des réflexes de guerre civile. Si le législatif met à la porte l'exécutif, c'est une

révolution. » Et Georges Pompidou de conseiller à Valéry Giscard d'Estaing : « Croyez-moi, ne remettez jamais en cause le droit de dissolution. Que feriez-vous le jour où vous auriez une chambre contre vous ? » Et la foule ne bronche pas.

13 août : en pleines vacances gouvernementales, il fait expédier à tous ses collègues du gouvernement une lettre les invitant à une plus grande rigueur budgétaire. Les caprices du courrier et la léthargie estivale des secrétariats des ministres font que plusieurs d'entre eux découvrent dans les journaux le contenu du message qu'ils auraient dû lire, les premiers, dans leurs cabinets. Ils n'en sont pas positivement ravis. Mais, sur les plages, les vacanciers peuvent bronzer tranquilles : un bon gestionnaire veille. Et la foule crie bravo.

À la fin de l'année, Valéry Giscard d'Estaing rend visite aux francs-maçons lors d'un convent spécial. Il s'y confie et laisse percer quelques projets, qui, miracle, s'accordent justement avec la sensibilité de ce groupe influent. Quand il a terminé, c'est tout juste s'il n'a pas droit à un tablier d'honneur.

Après la deuxième hausse du pétrole, le 19 décembre 1973, VGE convoque les reporters de *France-Soir*. Ceux-ci doivent immortaliser l'image d'un ministre des Finances se rendant à pied de son bureau de la rue de Rivoli à l'Élysée, où se tient le Conseil des ministres. Il entend ainsi montrer aux automobilistes gloutons comment l'on peut économiser 0,36 litre d'essence en période d'énergie chère.

Plus tard encore, avec son ami Ponia, nouveau ministre de la Santé, il visite des hôpitaux et rêve déjà d'aller tendre la main dans les prisons. Ponia n'y voit aucune urgence. VGE prend position pour l'avortement contre l'avis de ses fantassins horrifiés.

Bref, pendant ces six mois, il se démultiplie. Il est partout. S'il est encore ministre, il est déjà candidat…

Lui parle-t-on de la maladie de Georges Pompidou ? Il fait taire les rumeurs. À un dîner devant les clubs Perspectives et Réalités, il déclare même : « Actuellement, je considère que cette place est occupée par le meilleur. Et, à l'heure actuelle, je préfère servir la présidence de la République que d'y aspirer. » Néanmoins, pour rassurer son auditoire, il conclut son propos par ce clin d'œil : « J'appartiens à une région dont la spécialité est de fournir à la France des fromages, des pneumatiques et des hommes d'État. »

Comme un postulant au fauteuil élyséen a toujours besoin d'une rampe de lancement solide pour ses combats, il faut enrégimenter les giscardiens. En juillet 1973, le très autoritaire et admirablement courtois Michel d'Ornano (secrétaire général des RI, dont on dit communément : « C'est une main de fer dans un gant de chevreau ») met en place des structures toutes neuves, avec quelques secrétaires et une poignée de permanents. Les militants auront une carte (c'est-à-dire qu'ils paieront une cotisation), comme n'importe quel UDR ou n'importe quel communiste.

Comme un président doit toujours nouer des alliances politiques – et avec VGE, ce sera au centre, évidemment –, Michel Poniatowski courtise le très européen Jean Lecanuet. Tous deux sont de vieilles connaissances : en 1958, ils appartenaient tous deux au cabinet de Pierre Pflimlin. Pour sa part, Michel d'Ornano, encore lui, convie chaque week-end à Deauville (ce fief dont il est le député-maire) des Pierre Abelin ou autres centristes, et pas uniquement pour le seul plaisir de leur faire voir la mer ou admirer les planches.

La machine giscardienne se met en marche. À l'automne, elle roule. Dans la plus grande discrétion, les premières équipes se constituent boulevard Saint-Germain, au siège du parti. Objectif : chercher des thèmes et des propositions pour une campagne électorale.

Georges Pompidou s'en formalise un brin. Mais, s'il gronde début 1974 contre la rue de Rivoli, c'est surtout parce que les prix du pétrole ayant quadruplé, l'inflation ayant tendance à s'emballer, il voudrait bien que son brillant ministre se décide à prendre quelques mesures drastiques.

Or VGE ne paraît vraiment pas pressé de le faire. Est-ce le souvenir du plan de stabilisation qui le hante encore, ou bien l'approche probable d'une campagne électorale qui le dissuade de prendre des mesures trop évidemment impopulaires ? Michel Debré tempête, lui aussi, contre le laxisme de la rue de Rivoli.

Mais tout à sa précampagne, Valéry Giscard d'Estaing se cantonne toujours sur les hauteurs du débat d'idées. Il suggère ici, persuade là. Jamais de polémique, point d'attaque personnelle. De la dignité. Encore de la dignité. Toujours de la dignité. Serait-il naïf, ce ministre des Finances, au point de ne pas savoir que l'homme politique est un loup pour l'homme politique, et que les chemins élyséens sont encombrés d'importuns qu'il faut écarter et réduire ?

Il ne veut pas le savoir ou le sait trop bien… De toute façon, depuis 1967, quelqu'un qui n'est certes ni un moujik ni un mercenaire se charge des besognes déplaisantes et des opérations désagréables.

Un prince de sang presque royal, l'ami fidélissime, le cousin par alliance, malmène, pique, mord, talonne l'adversaire avec une maestria vorace. Michel Poniatowski provoque, persécute, terrorise et fait perdre son sang-froid à la troupe UDR. À sa seule vue, les godillots gaullistes ont les doigts de pieds qui se recroquevillent.

Car Ponia est un antigaulliste viscéral. Par tradition familiale, par sentiment personnel (il a été très Algérie française et très compréhensif à l'égard de l'OAS) et par décision politique. Dans son livre *Cartes sur table*, cet ex-très jeune engagé volontaire qui a voulu faire partie du bataillon de choc et s'est fait parachuter dans les maquis en 1943 (il a la médaille militaire), s'en est expliqué à Alain Duhamel : « De Gaulle a cherché à diminuer les mouvements de résistance qu'il ne contrôlait pas. Il les a parfois laissés disparaître. Ce sont des choses connues qu'il n'est pas de bon ton aujourd'hui de répéter et pourtant elles sont vraies. [...] Il a sacrifié des résistances parce qu'elles n'étaient pas d'allégeance gaulliste. [...] À Alger, il y avait un petit clan de gaullistes résistants de l'arrière qui faisaient déjà preuve de ce manque de tolérance que je retrouverai fréquemment par la suite lorsque le clan sera transformé en mouvement politique. »

Bref, il les aime si peu, ces gaullistes, qu'à ses yeux, seuls sont aimables les gaullistes battus.

Quand l'UDR règne sur la majorité avec deux cent quatre-vingt-onze députés, il ne cesse de rêver tout haut à une grande fédération regroupant tous les centristes. Ceux de l'opposition y compris. Une opération qui ferait évidemment des RI la clef de voûte du nouvel édifice.

Aussi Michel Poniatowski n'a-t-il pas son pareil pour lancer des petites phrases assassines, semer du poil à gratter dans le dos de ses petits camarades de la majorité, propager des ragots sur tel ministre ou tel député, répandre des insinuations parfois quasi diffamatoires sur tel ou tel hiérarque UDR.

Ses victimes ne sont pas choisies au hasard : autant d'amis zélés des rivaux de VGE, autant de cibles naturelles. Pour se faire peur, le soir à la veillée, les gaullistes se racontent entre eux que Ponia possède chez lui un fichier privé, plus compromettant que celui de la police, sur toutes les personnalités politiques.

Lorsque grands et petits scandales éclaboussent l'UDR, dans les années 1971-1972 (l'affaire de la Garantie foncière, le scandale de La Villette), Ponia s'en donne à cœur joie et déploie tout son talent pour dénoncer « les copains et les coquins » ou « l'affairisme qui hante certaines antichambres ministérielles ou politiques ». Plus tard, quand, à son tour, il sera atteint par les remugles de l'affaire de Broglie, pas un gaulliste ne sortira son mouchoir pour pleurer (à moins que ce ne soit de rire). Et Claude Labbé se réjouira publiquement de ce salutaire « effet boomerang ».

Lors de la publication de la feuille d'impôts de Jacques Chaban-Delmas, la ville retentit des prêches moralisateurs du révérend père Ponia. Les Français, qui ne se rendent pas très bien compte de la contribution réelle que représente l'avoir fiscal, imaginé par VGE, pour ceux qui en bénéficient, apprennent que le Premier ministre ne paie guère plus d'impôts qu'un ouvrier spécialisé. Scandale !

Aujourd'hui encore, bien des chabanistes restent persuadés – même s'ils n'en ont jamais eu la preuve – que c'est le ministère des Finances, pour ne pas dire son patron de l'époque, qui a organisé ces fuites afin de perdre celui qui devenait un concurrent trop dangereux pour les présidentielles.

En novembre 1972, Ponia, utilisant son porte-plume comme un sabre, écrit dans son livre *Cartes sur table* (revu et corrigé par VGE) : « Chaban est un homme trop confiant, qui s'entoure mal. [...] Sa gentillesse naturelle le conduit à manquer d'autorité. [...] Il a toléré des choses qui n'auraient pas dû être autorisées. »

Pêle-mêle, Ponia critique la politique de défense de Michel Debré, le traite au passage de Basil Zaharoff (célèbre marchand de canons) quand la France livre des Mirage à la Libye et l'immortalise dans son livre sous ces traits : « Il a une singulière vocation pour l'erreur. [...] Son aveuglement rejoint celui de Daladier. » Il demande des candidatures primaires pour les élections législatives, quand Georges Pompidou exige des candidatures uniques. Il dit tout haut qu'il n'est pas un inconditionnel du gouvernement et se réjouit à la télévision des mauvais résultats de l'UDR aux élections législatives de 1973.

Le soir du deuxième tour, Marie-France Garaud le morigène ainsi : « Vous ne dites que des bêtises. Vous ne vous rendez pas compte qu'en attaquant les UDR, vous vous attaquez vous-même. 36 % des Français croient que les giscardiens et les gaullistes, c'est la même chose. »

Pendant des mois, Georges Pompidou, le Premier ministre et la troupe UDR ne cessent de se plaindre de Ponia auprès de VGE. Invariablement, celui-ci prend un air affreusement navré qui n'empêche pas Ponia de continuer de plus belle, ni le ministre des Finances de le féliciter pour son bon travail à la tête des républicains indépendants lors de chaque congrès giscardien.

Il faut que Michel dépasse les bornes pour que Valéry se fâche. Le fidèle lieutenant ayant réclamé, durant l'été 1972, « de nets et clairs changements de direction », le ministre de l'Economie ne peut faire moins que juger « inopportune toute initiative qui rendrait plus difficile l'exercice de la solidarité entre ceux qui assurent en commun la tâche exaltante de conduire la France ».

Ponia est un tel empêcheur de tourner en rond que, pour le faire taire, l'Élysée n'a qu'une issue : le faire entrer au gouvernement. En avril 1973, il devient ministre de la Santé. « À cette date, note Roger Chinaud, VGE ne voit plus que des avantages à ce que son ami participe enfin aux affaires. Il est temps qu'il fasse ses classes, avant les prochaines élections présidentielles. »

À cette occasion, le président Pompidou reçoit le turbulent Ponia, lequel lui jure, la main sur le cœur : « Maintenant que je suis ministre, je vous serai fidèle. » Le président a raconté l'anecdote à Jean Foyer en s'esclaffant. Mais, réaction prévisible, les gaullistes sont atteints d'une sorte de prurit nerveux. Ils se couvrent de boutons. « Ah ! disent-ils, nous, nous n'avons que le droit de nous taire, sans en retirer beaucoup de reconnaissance de l'Élysée. Ponia embête tout le monde depuis des années et il devient ministre ! » Dix députés UDR menacent de démissionner.

Le prince ne se cantonne toutefois pas uniquement dans ce rôle de picador. S'il use sans avarice de tous ces moyens, grands et petits, pour faire vaciller l'adversaire, il est aussi un bon esprit politique, qui calcule, intrigue et tisse une toile d'amitié ou de ralliement autour du ministre des Finances. En somme, ce chasseur redoutable tire sur les uns et rabat les autres, pour la plus grande gloire de son ami Valéry. « L'ennui, soupire l'un de ses familiers, c'est que Michel a tendance à tirer les moineaux avec du 11,43 et cela fait trop de dégâts. »

Curieux homme, ce Ponia. S'il joue sans hésiter les bretteurs et se plaît dans le rôle de conseiller avisé, il apporte aussi des idées en pagaille. Il se fait déjà une spécialité de la futurologie. Les livres d'histoire qu'il a publiés, sur Talleyrand (son ancêtre) ou sur Louis XVIII, sont pris en considération. De surcroît, il fournit partie de la future idéologie giscardienne. Cet assemblage de talents si divers fait de lui un personnage fort baroque.

Avec sa tête de Tintin qui aurait mangé trop de confiture sur un corps d'Obélix – dont il souligne la rondeur avec des pulls jaune canari ! –, il pourrait être une des vedettes du *Muppet Show*. Avec ses amis, il est chaleureux, disert, démonstratif, inébranlablement fidèle. Avec les autres, c'est un timide qui s'empourpre à la moindre émotion.

Ce sanguin colérique a des passions d'homme tranquille. Avec une patience de dentellière, il cultive des iris délicats dans son parc du Rouret (Alpes-Maritimes).

Il est imprévisible aussi, Ponia. On l'entend dire des choses fort intelligentes avec un air fort pataud, proférer les accusations les plus énormes avec le visage pur d'un angelot de la chapelle Sixtine. Il écrit avec brio des discours acérés et parfois déroutants, mais, orateur malhabile, il arrive que la vue d'un simple micro lui fasse dire le contraire de ce qu'il voulait avancer.

Saura-t-on vraiment jamais pourquoi cet authentique aristocrate, qui a l'air d'un *gentleman-farmer* (encore qu'au musée du Prater, à Vienne, se trouvent de célèbres portraits de burgraves hongrois qui lui ressemblent), s'est pris de passion et a consacré sa vie à Valéry Giscard d'Estaing (si heureux d'avoir, lui, l'air d'un Valois dessiné par Clouet) ? Là réside le mystère Ponia.

Est-ce parce que Valéry Giscard d'Estaing, de cinq ans son cadet, séduisant pour les dames, brillant sans effort devant de petits cercles d'amis comme face à un vaste auditoire, capable de recomposer le monde sans hésiter ou de trousser le madrigal sans bredouiller, a, de naissance, des grâces inaccessibles que lui ne possède pas ?

« Il y a du pur-sang dans Giscard », dit souvent Ponia, avec tant d'affection qu'il ressemble alors à une pouliche frémissant devant l'étalon. Ce que Marie-France Garaud formule à sa manière : « Chez Ponia, il y a une femelle et un spadassin dans le même corps. »

Mais la vraie raison de cette vénération active ne vient-elle pas plutôt de ce que Valéry Giscard d'Estaing a su lui raconter, à l'âge où l'on fait encore des rêves (Ponia avait à peine trente ans), le plus merveilleux des contes de fées ? Pour les messieurs, on le sait, les contes de fées tournent toujours autour de trois thèmes : les dames, l'argent, le pouvoir. Les dames ? Ponia est bien et heureusement marié, dit-on. L'argent ? Sa famille n'en manque pas. Reste le pouvoir. C'est justement ce que Valéry promet à son ami Michel : « Un jour, nous gouvernerons tous les deux la France. » Et Ponia, écarquillant ses yeux couleur de bleuet, ne va plus se départir devant Valéry du sourire espiègle et confiant du croyant. À juste titre, Michel croit en son grand ami. Et d'autant plus facilement que, dans son illustre famille, ce ne sont pas les seconds et les confidents de souverains qui manquent. On en rencontre, presque à chaque génération, aux côtés de princes italiens, d'électeurs allemands, de rois de Pologne ou d'un empereur français : Napoléon III. Bon sang ne peut mentir…

Sans VGE, Ponia aurait sans doute été un haut fonctionnaire un peu original, gros mangeur, solide buveur, partageant ses loisirs entre la chasse, la vie de famille et la rédaction d'ouvrages historiques. Avec VGE, il peut espérer laisser trace dans l'histoire. Ainsi a-t-il franchi son Rubicon.

Jacques Chirac

Comment l'esprit vient-il aux filles ? On connaît la chanson ! Comment l'ambition vient-elle à Jacques Chirac, propulsé dans la politique par les hasards de la vie ? Le goût du pouvoir submerge-t-il cet affamé perpétuel, tout comme la boulimie, chez d'autres, vient en mangeant ? Mystère…

Lui qui a sacrifié tant de week-ends en famille, tant de nuits, tant de jours de vacances pour se faire élire en Corrèze, lui qui trouve le temps d'aller soutenir quotidiennement Georges Pompidou pendant son purgatoire, lui qui va chaque soir à l'Élysée visiter Pierre Juillet et Marie-France Garaud, lui qui s'est si ardemment dévoué à Valéry Giscard d'Estaing, ministre des Finances, bref, lui qui se donne tant de mal ne confie guère ses espoirs secrets. À quoi rêve-t-il donc, ce néophyte à la mâchoire de loup qui monte et qui monte dans les allées du pouvoir ? Au sommet de l'État ? Peut-être ! Sans doute ! Sûrement ! Mais comme s'il craignait que ses songes ne le trahissent, il se barde d'une attitude délibérément détachée et dévote.

Témoin, cette anecdote relatée en 1980 par un ancien ministre pompidolien et ex-dignitaire de l'UDR à l'esprit caustique : « En 1968, Chirac, alors secrétaire d'État à l'Emploi, me dit un jour : "Moi, par goût, je suis un fonctionnaire, je ne suis pas fait pour la politique. Si je reste au gouvernement, c'est uniquement à cause du général de Gaulle. S'il partait, je retournerais à la Cour des comptes." Deux ans plus tard, alors que le Général s'en est retourné à Colombey et que Georges Pompidou lui a succédé, le même Chirac, alors secrétaire d'État au Budget, m'aborde en ces termes : "Tu sais, je n'ai pas d'ambition. Mon rêve, c'est d'être un grand commis de l'État, et si je reste au gouvernement, c'est uniquement à cause de Monsieur Pompidou." Alors quand en 1974, au lendemain des élections présidentielles, Jacques Chirac m'a apostrophé pour me dire : "Je vais te faire une confidence : je n'ai pas d'ambition", je lui ai coupé la parole pour terminer sa phrase : "Oui, et si Giscard n'était pas à l'Élysée, tu serais déjà revenu à la Cour des comptes." Et Chirac, éberlué, m'a demandé : "C'est vrai, mais comment le sais-tu ?" »

De fait, combien de fois ne l'aura-t-on pas entendu évoquer tout haut son possible retour dans l'administration ! Sans jamais susciter, il est vrai, la moindre crédulité chez ses interlocuteurs. Car qui peut imaginer que Jacques Chirac déploie tant de zèle pour renoncer en si bon chemin ? Et qui peut voir en lui une violette sous la mousse, égarée dans la jungle politique ? Personne !

Certes, au début du septennat de Georges Pompidou, il affirme –, et sans doute est-il sincère :

– Mon rêve le plus cher serait de travailler auprès du président.

– Vous voulez donc notre place, rétorquent aussitôt, mi-vexés, mi-amusés, les anciens secrétaires généraux de l'Élysée, Michel Jobert et Édouard Balladur.

Deux ans plus tard, le jeune ministre commence à braquer avec prudence ses lunettes sur Matignon (un peu plus de trois ans après son accession au gouvernement). « Me nommer Premier ministre maintenant serait une mauvaise idée. Cela suppose des qualités que j'ai peut-être, mais une expérience que je n'ai pas encore », confie-t-il aux auteurs d'un livre[1]. Soudain, plus audacieux, il précise : « Je suis favorable à une évolution vers le régime présidentiel. Le Premier ministre doit se conduire comme le lieutenant du président de la République et prendre à son compte tout ce qui est un peu désagréable et difficile. Chaban-Delmas, lui, avait un peu trop tendance à confondre sa popularité avec celle du président. »

Cette profession de foi a le mérite d'être nette et claire. Pas hypocrite pour un sou. Si, d'aventure, Georges Pompidou cherchait un Premier ministre de remplacement, Jacques Chirac ne vient-il pas de lui signifier qu'il serait le plus dévoué et le plus docile des chefs de gouvernement ? Il jouerait, vient-il de promettre, le rôle d'un bouclier. Il prendrait tous les coups. Mieux, il se délecterait, tels les premiers martyrs chrétiens, sous les flèches impies de son impopularité prévisible auprès des Français, pour le plus grand bien du chef de l'État !

Quand les choses doivent être dites, autant faire d'une pierre deux coups. Par la même occasion, Jacques Chirac laisse entendre à ses mentors, Pierre Juillet et Marie-France Garaud, qui se sont juré la perte de Jacques Chaban-Delmas, que lui, à Matignon, ne ressemblerait en rien à l'insoumis député-maire de Bordeaux. Et si, d'aventure,

1. Catherine Clessis, Bernard Prévost et Bernard Wajsman, *Jacques Chirac ou la république des cadets*, Presses de la Cité, 1972.

Valéry Giscard d'Estaing parcourt le livre où Jacques Chirac fait ses confidences, il sera prévenu du loyalisme indéfectible de ce candidat à Matignon envers tout président de la République.

Ces points sur les i délicatement posés, Jacques Chirac, nouveau ministre des relations avec le Parlement (nommé à ce poste par la volonté de l'Élysée, sans l'aval du Premier ministre, Jacques Chaban-Delmas), n'a plus qu'à prospérer dans sa fonction hautement politique. Et attendre son heure…

Justement, les dieux sont avec lui. La période est faste, les élections municipales ont lieu en mars 1971. Deux ans plus tard, ce seront les législatives. Il va donc falloir préparer la troupe au combat, marchander les investitures avec l'UDR et les partenaires de la majorité. Un exercice fort excitant et rentable, qui lui donne barre sur toute une génération de futurs députés. « S'il réussit à ce poste, il deviendra réellement le fils adoptif de Georges Pompidou », note Georges Suffert dans *Le Point*. Dans cette fonction, il a en tout cas un rôle à jouer et une occasion à saisir.

Sa tâche quotidienne consiste à convaincre les parlementaires UDR (la majorité de la majorité), comme ceux des groupes alliés (républicains indépendants et centristes), de voter sans trop barguigner les projets de loi gouvernementaux. Un jeu d'enfant pour lui, qui a si bien su persuader les rebelles électeurs de Corrèze de le faire député.

Mais, curieusement, il s'avère que cet emploi à mi-chemin entre diplomatie et négoce n'est pas fait pour lui. Surprise à l'Élysée. Très vite, il devient même flagrant qu'avoir chargé Chirac des relations avec le Parlement est une idée aussi saugrenue que celle qui consisterait à offrir à Jacques Lacan les Charbonnages de France… Pour la première fois de sa vie, il échoue. Les raisons en sont multiples.

D'abord, cet énarque est totalement désorienté dans son nouveau ministère. Aux Finances, il avait une administration à commander, des services à houspiller, des crédits à distribuer, des textes à élaborer, une politique à mettre en branle aux côtés de VGE.

Aux relations avec le Parlement il n'y a pas de crédit, pas de service, juste une poignée de fonctionnaires et un cabinet fort restreint. Certes, comme n'importe quel ministre, Jacques Chirac a un grand bureau (le sien est somptueux, face à l'esplanade des Invalides), des secrétaires, du papier à en-tête, une voiture à cocarde, un chauffeur, un officier de police. Mais, avec si peu de monde autour de lui, Jacques Chirac n'est pas à l'aise. Il lui manque quelque chose. A-t-il l'impression vague de rétrograder ? Il n'est pas vraiment heureux.

Et puis, ce Parlement, quelle drôle de machine pour quelqu'un qui n'y a jamais siégé ! (Il est devenu ministre huit jours après avoir été élu en Corrèze.) Il faut en saisir le fonctionnement dans ses moindres rouages, connaître dans le détail les subtilités du règlement. Cela peut s'apprendre très vite. Mais, en outre, il faut se frotter quotidiennement aux états d'âme à répétition des deux cent quatre-vingt-onze députés UDR. Jacques Chirac ne s'y fait pas.

On l'avait bien prévenu : dans tout parlementaire gaulliste, aussi sincèrement attaché soit-il à la Constitution de la Ve République, il y a toujours un élu de la IVe République qui sommeille et ne rêve que plaies et bosses au gouvernement. Si un élu UDR finit toujours par se résigner à voter, il est normal qu'il tente de jouer son rôle de contrepoids au gouvernement. Avant d'obtempérer il y a donc tout un rituel à respecter. Quand un texte vient en discussion, il y a toujours de la grogne, des menaces, des bouderies, des invectives. Le gouvernement gronde, tempête, flatte, recule parfois. Puis tout finit (presque toujours) bien.

Pour rallier plus aisément des parlementaires toujours trop récalcitrants, un bon ministre chargé des relations avec les élus doit arpenter pendant des heures les couloirs de l'Assemblée nationale, bavarder avec tout le monde, s'armer de patience et de gentillesse, expliquer inlassablement le bien-fondé de la politique gouvernementale pour mieux emporter l'adhésion des parlementaires, sourire, écouter et regarder avec des yeux de cocker ces gaullistes dont le ressort principal est l'affectivité.

Il lui faut aussi se laisser entraîner avec complaisance à la buvette ou bien sur une de ces banquettes recouvertes de velours rouge fané qui meublent les salons autour de l'hémicycle, et là, s'abandonner aux confidences de tel député qui tient à raconter, en lui soufflant dans le nez la fumée de son cigare ou en s'agrippant aux revers de sa veste, ses derniers démêlés avec le préfet, les déboires d'un maire de sa commune avec l'administration, sa mauvaise opinion du gouvernement ou le mariage de sa petite dernière.

Dans ce rôle, Roger Frey (le prédécesseur de Jacques Chirac) faisait merveille. Cet homme si subtilement discret savait s'asseoir de bonne grâce auprès de ceux qui l'y conviaient. Et le temps qu'il fallait, l'air énigmatique, un demi-sourire de Joconde aux lèvres, il fixait intensément ses interlocuteurs de sa prunelle bleu lagon. Écoutait-il vraiment tout le temps, ou rêvait-il de sa Nouvelle-Calédonie natale ? Allez donc savoir ! Quoi qu'il en soit, les députés de base, une fois délivrés de leurs petites confidences, gardaient une reconnaissance éternelle à ce grand baron gaulliste si chargé de secrets et de mystères, auréolé de sa familiarité avec Charles de Gaulle et des responsabilités difficiles qu'il avait assumées au ministère de l'Intérieur pendant six ans.

On se demandera toujours pourquoi Jacques Chirac, si pressé de bien faire et de réussir et qui possède quand il veut séduire un vrai don de sympathie, ne parvient pas à conquérir des députés qui ne lui sont pas vraiment hostiles. A-t-il mal mesuré l'importance de la fonction qui lui est confiée ? Où sont-ce tout simplement son tempérament et sa hâte chronique qui lui jouent un mauvais tour ? De l'avis de tous, Jacques Chirac se montre trop agité, trop brusque avec des députés de base qu'il faut apprivoiser piane-piane à force de bonhomie.

Pourtant, quelque temps il fait des efforts louables. Mais les longs conciliabules l'assomment. Il ne peut maîtriser son impatience. Lui qui est toujours en mouvement s'exaspère vite. Un député tente-t-il de le retenir par la manche ? Au bout de cinq minutes, le ministre regarde sa montre et coupe : « Excuse-moi, je dois m'en aller. J'ai un rendez-vous à l'Élysée. »

Ou bien, croyant satisfaire son interlocuteur, il use du dithyrambe le moins léger et le député, mi-flatté, mi-inquiet, finit par se persuader que le ministre vient de le moquer effrontément.

Ou bien encore, à court d'imagination, Jacques Chirac met fin au dialogue par une phrase du genre : « C'est comme cela, ce n'est pas autrement. » Un peu comme en Corrèze, où il dit à ses paysans : « Ne m'embête pas, je te la ferai goudronner, ta cour de ferme ! »

Mécontents, les députés UDR jugent Jacques Chirac bien trop enfant gâté, mal policé même, lorsqu'en réunion de groupe il fait ostensiblement son courrier en se fichant comme d'une guigne de ce qui se dit alentour. En Conseil des ministres même, Jacques Chirac ne cesse d'écrire, sous l'œil goguenard de son voisin, Olivier Guichard : un décès, une naissance, un mariage, une communion, une médaille, une promotion, une rougeole du petit, la retraite du grand-père, un accident, des noces d'argent, tout est prétexte à cartes postales pour la Corrèze.

Parfois, lui qui se fait une gloire de n'aimer que les romans policiers sort subrepticement de sa poche, pendant une séance à l'Assemblée ou une réunion de groupe UDR, un volume de poèmes (Saint-John Perse par exemple) et s'y plonge avec avidité, sous les regards médusés des parlementaires, qui se demandent s'il est plus sincère quand il se jette sur un James Hadley Chase ou lorsqu'il paraît savourer quelques vers délicats. En 1974, Françoise Giroud le surprend lisant des poèmes de Patrice de La Tour du Pin sur ses genoux, pendant que l'orateur s'évertue à la tribune. « Alors qu'il y a des gens, dit-elle, qui lisent *Play-Boy* dissimulé sous une revue économique. »

À cette époque, reconnaissons que la vie ne lui est pas facile. 20 septembre 1971, premier déboire : après avoir potassé tout l'été une série d'ouvrages sur le Parti communiste français, comme un étudiant de première année de sciences politiques, il affronte Georges Marchais à la télévision. Branle-bas de combat. L'Élysée, les plus fins stratèges, les téléspectateurs avides de nouveaux talents dardent leurs regards sur le petit écran. Il va y avoir du spectacle, se dit-on. Jeune loup tourbillonnant de Corrèze affronte, dans l'émission *À armes égales*, taureau faussement rigolard du Val-de-Marne. Quelle belle affiche ! En fait, tout le monde attend un petit quelque chose en plus. « Étonnez-moi », comme disait Diaghilev à Cocteau.

Las ! ceux qui attendaient un spectacle d'avant-garde n'ont droit qu'à du théâtre de boulevard. C'est : « Vous êtes un menteur, Jacques Chirac », contre : « Vous en êtes un autre, Georges Marchais ! » Faucille et marteau contre glaive et masse d'arme. Ce ne sont sûrement pas là les feux croisés d'un phare de la pensée occidentale télescopant les projecteurs du marxisme-léninime… Mais peut-il en être autrement, avec un interlocuteur tel que Georges Marchais ?

Nonobstant, Georges Pompidou est déçu. Ce jeune mousquetaire n'a pas la maîtrise des vieux bretteurs. « Le gouvernement n'a rien à gagner à se colleter avec Marchais », grogne-t-il.

15 novembre 1971 : première gaffe. « Le bon fonctionnement des institutions suppose l'existence, au sein de la majorité, d'un parti détenant à lui tout seul la majorité absolue de l'Assemblée nationale. » Évidemment, c'est franc et, d'un point de vue purement pratique, Jacques Chirac a peut-être raison. Mais ses détracteurs y décèlent une glorification du parti unique, comme dans les démocraties populaires, et un tempérament d'homme à poigne pas très souriant.

25 novembre : le ministre met le feu aux poudres. Invité par une radio périphérique, il se demande « si le régime parlementaire n'appartient pas au passé ». Émoi dans l'hémicycle. On s'alarme. On s'indigne. Monsieur Chirac veut-il instituer la dictature de l'exécutif ? *L'Humanité*, qui s'y connaît en régimes totalitaires, tance un homme qu'elle compare à un « Rastignac débile » qui voudrait instituer un régime fasciste. Le communiste Guy Ducoloné dénonce, lui, le « ministre de la liquidation du Parlement ». La presse s'agite, les plus éminents professeurs de droit constitutionnel sont appelés en consultation.

Jacques Chirac doit s'expliquer en séance : « Ces propos, dit-il, s'inscrivaient dans la perspective de l'évolution à long terme des sociétés industrielles et dans le cadre d'une discussion philosophique sur l'avenir des sociétés. » L'affaire est vite close et démontre que le ministre est encore un peu maladroit dans ses exercices libres de futurologue politique. Mais, pour l'Élysée, cela a encore été une petite phrase de trop.

Décembre 1971 : une vague odeur de scandale se rapproche de lui. *Le Canard enchaîné* révèle que le député de Corrèze n'a pas payé d'impôts l'année passée : il a été autorisé – c'est légal et courant – à défalquer de sa contribution fiscale les frais de restauration de son château de Bity, classé monument historique, quelques mois avant son acquisition. L'opposition crie au scandale. Cela lui vaut le tenace surnom de « Château Chirac ». Bref, pendant ces deux ans, les bonnes fées l'ont oublié. Les astrologues diraient que Saturne a plané sur son signe astral.

Pendant toute cette période, aucun conflit ouvert ne l'oppose à Valéry Giscard d'Estaing. Mais ce n'est plus l'amour zélé du temps du ministère des Finances. Loin des yeux, loin du cœur. Ainsi lui décoche-t-il çà et là quelques petites perfidies. Devant les jeunes gaullistes de l'UJP, réunis le 27 octobre à Paris, Jacques Chirac affirme qu'il n'a « aucune vocation pour le trapèze volant ». On applaudit en huant ce trait longuement amené qui vise le ministre des Finances.

Aux assises de Strasbourg, en novembre 1971, face à des militants qui lui réservent un accueil peu chaleureux, il stigmatise – et là sous les applaudissements – « tous ceux qui, de l'opposition comme de la majorité, ont, à un moment ou à un autre, collectivement ou individuellement, manqué à l'appel gaulliste ». Et qui donc a manqué à l'appel lors du référendum sur la régionalisation en 1969, si ce n'est VGE ?

À cette époque, Jacques Chirac a aussi maille à partir avec Ponia. Au cours d'un déjeuner entre les trois secrétaires généraux des partis de la majorité (Tomasini : UDR, Poudevigne : CDP et Ponia : RI), on aborde le sujet des scandales. Une idée se glisse dans la conversation : pour allumer des contre-feux, on pourrait peut-être sortir certains dossiers contre l'opposition ? Les tiroirs en débordent, paraît-il.

Le lendemain, Chirac, stupéfait, reçoit de Ponia et par motard un pli l'avertissant en substance que si un jour des républicains indépendants étaient mis en cause, il ne manquerait pas, lui, Ponia, d'affaires compromettantes susceptibles d'être rendues publiques sur-le-champ contre tel ou tel UDR. Jacques Chirac, qui ne voit vraiment pas le rapport entre l'opposition et les RI, demande à VGE des excuses de son ami Michel. Il les obtient. Il n'oublie pas.

Ces quelques piques ne dégénèrent toutefois jamais. En politique et entre alliés, c'est ce qu'on appelle des rapports globalement positifs.

5 juillet 1972 : Jacques Chaban-Delmas démissionne du gouvernement. Il est remplacé par Pierre Messmer. Bénéficiant de l'indulgence du jury élyséen, Jacques Chirac a droit à un ministère de repêchage : l'Agriculture. Pour beaucoup de monde, il s'agit plus d'une belle promotion que d'une sanction. Georges Pompidou et Pierre Juillet, qui a beaucoup poussé le président à prendre cette initiative, veulent bien donner une nouvelle chance à leur trop fougueux protégé. Son éclatante réussite dans une circonscription rurale laisse augurer, jugent-ils, qu'il sentira et comprendra mieux le monde agricole que la gent parlementaire. Une délicate mission lui est aussi confiée : à huit mois des élections législatives, il va devoir rassurer l'électorat paysan et le ramener dans le giron majoritaire. Plus même : il fera son entrée sur la scène européenne et internationale de Bruxelles. Pour le nouveau ministre de l'Agriculture, il s'agit presque d'un quitte ou double.

Beaucoup d'avis concordent, c'est un succès. De la France rurale montent de vibrantes clameurs. Successivement, on entend un président de la Fédération nationale bovine vanter, lyrique, le « meilleur ministre de l'élevage depuis Sully », et des betteraviers s'enthousiasmer sans réserve : « Il est absolument providentiel d'avoir à la tête de notre Agriculture un homme de cette taille. » « C'est notre Chirac », clament les organisations syndicales agricoles, FNSEA en tête. Des éleveurs manifestent aux cris de : « Chirac, bats-toi, on est avec toi ! » le jour de la discussion des prix agricoles à Bruxelles. Cela autorisera plus tard Georges Pompidou à saluer en Jacques Chirac un « excellent ministre de l'Agriculture ».

Dans ce milieu agreste, le député de la Corrèze s'ébroue, piaffe, rue avec un bonheur d'alezan dans un pré. Il est HEUREUX. Pour conquérir son monde, il use d'une recette infaillible : il déverse d'abord un tombereau d'argent sur les fermes, les plaines, les champs.

Ensuite il dépose une charretée d'amabilités aux pieds des syndicalistes agricoles, le 1er août 1972. Il accable d'éloges ces hommes « sérieux, responsables et compétents que sont les représentants des grandes organisations professionnelles ». Mis à part le MODEF (proche du PC), les syndicalistes chanteront ses louanges. Il charrie des brouettées de promesses à longueur de discours. (À l'entendre, il n'y aura pas un problème agricole sans solution chiraquienne. Les fermiers pourront même abandonner leurs champs pour partir en vacances.)

Enfin, sur la grande scène de Bruxelles, il danse une grande bourrée auvergnate. En un mot, il fait beaucoup de théâtre. (Quelque peu irrité, son homologue allemand, Ertl, lui conseillera même un jour, publiquement, d'aller consulter un psychiatre.)

Pour ses censeurs, Monsieur Chirac fait beaucoup d'esbroufe pour, finalement, ne régler ni le prix du lait, ni celui de la viande bovine et ne pas triompher des redoutables montants compensatoires. « Il a été le ministre des agriculteurs plus que de l'Agriculture », note un ministre pompidolien.

Or, n'est-ce point ce que Georges Pompidou lui demande : mettre en musique son discours sur le développement de l'exploitation agricole familiale, prononcé à Saint-Flour au printemps 1970 ? Un discours dont Jacques Chirac a au moins deux raisons de se souvenir : d'abord, c'est son maître qui l'a prononcé ; ensuite, dans la foule, d'habiles pickpockets lui ont subtilisé son portefeuille, ainsi que celui de Raymond Marcellin, le ministre de l'Intérieur. Quelques jours plus tard, les gendarmes de Saint-Flour ont retrouvé dans les fourrés les papiers et les portefeuilles, débarrassés des billets et de la monnaie.

Pour beaucoup de monde dans la majorité, le ministre de l'Agriculture a fait de la « belle et bonne ouvrage ». N'a-t-il pas ramené les agriculteurs dans le giron majoritaire pour les élections de 1973 ? Et puis, avec la manne gouvernementale, il a réglé plus d'une question et satisfait ses ouailles (subvention à l'installation des jeunes agriculteurs dans les départements défavorisés, rallonge substantielle pour les crédits d'équipement, aide à l'agriculture de montagne). Il met au point un statut des aides familiales, une organisation interprofessionnelle du lait. Il lance la réforme du statut du fermage, la réorganisation de l'enseignement agricole, etc.

Encore aujourd'hui, une majorité d'agriculteurs affirme : « Il nous faudrait un Chirac pour lutter contre Margareth Thatcher. »

Pendant les deux ans où il est à l'Agriculture, Jacques Chirac bénéficie de l'assentiment permanent et de la sollicitude sourcilleuse de Georges Pompidou. Un ancien collaborateur de l'Élysée témoigne : « Quand il y avait une négociation à Bruxelles, jamais Jacques Chirac n'y est parti sans avoir consulté le président, qui lui disait : "Soyez ferme. Tenez bon." Parfois Chirac en faisait trop, le président jugeait qu'il y allait trop fort, mais il le soutenait toujours. »

« Je vais lui donner un coup de règle sur les doigts », disait affectueusement Georges Pompidou devant le chef du service de presse de l'Élysée, Denis Baudouin.

Bernard Stasi, alors ministre des DOM-TOM, dit de la même manière : « Lorsque Chirac affirmait sa volonté de défendre à Bruxelles les intérêts de l'agriculture française, on plaignait à l'avance ses collègues européens d'avoir à s'opposer à une résolution aussi ardente et on ne doutait pas de l'issue du combat. [...] Georges Pompidou ne parvenait pas toujours à dissimuler l'estime affectueuse qu'il lui portait. »

De même, la bienveillance et la compréhension du ministre des Finances ne font pas défaut à Jacques Chirac, malgré les perfidies qu'il lui a décochées de temps à autre. La rue de Rivoli a de belles largesses pour la paysannerie. (Sont-ce les élections présidentielles qu'il devine proches qui décident VGE à tant de prodigalités ?)

Recevant à déjeuner, en juin 1973, quelques femmes journalistes, VGE ironise : « Avant les élections législatives, Chirac est venu me voir. Il m'a dit : "Donnez-moi des subventions pour la viticulture du Midi et je vous apporte quatorze députés pour la majorité". J'étais sceptique. Il a beaucoup insisté. J'ai cédé. Résultat : quatorze députés pour l'opposition. »

Tous les observateurs politiques le remarquent : « Autant, comme ministre des relations avec le Parlement, Jacques Chirac titillait volontiers l'hôte de la rue de Rivoli, autant, comme ministre de l'Agriculture, il chante sur tous les tons les grands mérites de VGE. » Est-ce parce qu'il a dénoué avec tant de complaisance les cordons de la bourse ?

En deux ans, un seul différend les oppose : l'affaire de la taxation des fruits et légumes. (Et encore Jacques Chirac y est-il poussé par l'Élysée.)

Au début du mois de novembre 1973, VGE, jugeant que les détaillants en fruits et légumes en prennent un peu trop à leur aise avec les prix et trouvant déplaisantes les amours archaïques du ministre Jean Royer avec les petits commerçants, fait publier, dans le *Bulletin officiel* des Services des prix, des arrêtés fixant leurs marges bénéficiaires. Sur ce, VGE s'envole pour la Malaisie, histoire d'aller inaugurer une foire commerciale à Kuala-Lumpur (plutôt une occasion d'aller chasser le grand tigre dans les savanes, prétendent les mauvais esprits).

Mais, derrière les comptoirs et les étals, la fièvre monte. La révolution couve. Les commerçants répliquent au ministère des Finances par une série d'opérations « ville morte ». Paris et les grandes villes de province sont privées de légumes et de fruits frais. Les consommateurs s'impatientent. Il faut faire quelque chose.

En l'absence de VGE, Georges Pompidou confie à Jacques Chirac le soin de recevoir et calmer les détaillants. Notamment ceux de la Région parisienne, qui sont à l'origine du blocage des Halles de Rungis. Sitôt dit, sitôt fait : le ministre de l'Agriculture promet à ses visiteurs que les contrôles des prix seront effectués avec la plus grande souplesse. Il prend aussi pour Giscard et au nom du gouvernement un rendez-vous avec ces mêmes détaillants, empochant ainsi la popularité de la mesure.

À son retour, le ministre des Finances est furieux. On a osé porter atteinte à son autorité ! Il maintient ses directives. Le lendemain, il est convoqué par le président de la République. Résultat : VGE reçoit les détaillants et fait annoncer à la sortie de l'entrevue que « les contrôleurs des prix sont invités à tenir compte du caractère saisonnier de certaines hausses des fruits et légumes ».

En un mot, le ministre des Finances a dû se soumettre. Sa rage est grande, contre l'Élysée et le ministre de l'Agriculture. À ses proches, il, dit en serrant les dents : « Dans quelques années, on retiendra surtout que les relations économiques franco-malaisiennes se sont développées et non pas les cris d'oiseaux de Monsieur Rapine [président de la Fédération des détaillants en fruits et légumes]. »

Jacques Chirac va devoir s'expliquer. Les deux hommes se rencontrent. À l'issue de leur tête-à-tête, le ministre de l'Agriculture rayonne : « Je me suis expliqué. Monsieur Giscard d'Estaing a très bien compris et ne m'en tient pas rigueur. » En 1980, le maire de Paris rectifie : « En fait, Giscard m'a tourné le dos pendant un mois. »

Pourtant, tout semble aller plutôt bien entre le futur président et son futur Premier ministre. Si celui-ci déclare à tout propos : « Je ne suis un inconditionnel que de Georges Pompidou », tous ses déjeuners de presse, toutes ses rencontres dans les couloirs de l'Assemblée nationale ou les coulisses de Bruxelles lui sont l'occasion de placer son couplet : « Je ne connais que deux hommes d'État en France, Monsieur Pompidou et Valéry Giscard d'Estaing. » Aux membres de son cabinet, il répète constamment : « Je ne veux surtout pas d'ennuis avec Giscard. »

En juillet 1973, au Salon des négociants-voyageurs de Bort-les-Orgues, il rend hommage « au grand Auvergnat et à ce grand homme d'État qu'est Valéry Giscard d'Estaing ». Il intrigue bien des

Corréziens qui n'ont guère l'habitude de l'entendre évoquer devant eux la politique nationale.

En janvier 1974, il va même plus loin et affirme : « Si je n'étais pas pompidolien, je serais giscardien. » D'où cette question : Jacques Chirac a-t-il choisi Giscard au moment où la santé de Georges Pompidou chancelait ?

Tous ceux qui le connaissent le mieux répondent en chœur un même *niet* franc et massif. René Tomasini, l'ami de toujours, explique : « Jacques a toujours dit du bien de Giscard car il savait qu'il ne ferait pas carrière sans le soutien et l'amitié du leader des républicains indépendants. »

« Chirac, c'est un fils adoptif, mais c'est lui qui adopte ses pères. Pompidou et Giscard, en 1973, c'est tout de même ce qu'il y avait de plus décoratif dans la majorité », résume Marie-France Garaud.

En cet hiver, Jacques Chirac songe-t-il à la succession de Georges Pompidou ? « Jacques savait le président malade, très malade, mais voulait-il se masquer la vérité ou ne pas la voir, il a toujours dit son espérance de le voir guérir. En février 1974, il avançait même que le président irait mieux après s'être reposé quelque temps à Cajarc. Madame Pompidou le lui avait dit », se rappelle Jacques Friedman, son meilleur ami.

Tous ses collaborateurs de l'époque corroborent ce point de vue. Jacques Chirac n'a jamais cru que le président partirait si vite. Sa succession, croyait-il, s'ouvrirait au plus tôt en 1976.

Si le jeune protégé de l'Élysée ne songe pas, ou n'ose pas songer, ouvertement au trône présidentiel – est-ce parce qu'il n'a pas réglé en lui-même ce lourd conflit œdipien du fils adoptif qui prendrait la place du père ? –, d'autres s'en occupent pour lui.

En février 1974, Pierre Juillet et Marie-France Garaud l'installent au ministère de l'Intérieur. Il a quarante et un ans. À son arrivée, il fait valser les préfets et supprime, dit-il, les écoutes téléphoniques. (« Le voyeurisme, ce n'est pas mon genre », affirme-t-il.)

Ses conseillers espèrent qu'à ce poste il va pouvoir prendre de l'autorité sur l'UDR, se familiariser davantage avec les rouages de l'État et donner libre cours à sa capacité de commandement. Bref, qu'il va grandir et que son image va prendre de la consistance. Si le président peut aller jusqu'au bout de son septennat, Chirac aura peut-être une chance d'en être le successeur. Tel est le projet électoral des conseillers à l'Élysée.

En revanche, si le président disparaissait plus tôt, Jacques Chirac se trouverait néanmoins à un poste vital. En cas d'élection anticipée, le rôle d'un ministre de l'Intérieur peut être décisif. Il détient l'outil indispensable à la promotion de tout candidat de la majorité à l'Élysée.

Pierre Juillet et Marie-France Garaud

Comme cela a dû être grisant de régner sur les hommes de la majorité avec, pour toute arme, deux simples téléphones ! Et pour toutes munitions, rien que du savoir-faire et du faire-savoir !

Avec le recul du temps, l'on se dit : « Ah, comme ils ont dû s'amuser pendant plus de cinq ans, dans leur grand bureau jaune et or au premier étage de l'Élysée, face aux nobles arbres du parc ! »

De fait, quelle attraction de leur rendre visite en fin de journée, à l'heure du whisky ! Outre la synthèse brillante de la politique pompidolienne du moment, qu'elle trace avec une profusion de formules souvent reprises le lundi à la fois par les trois hebdomadaires politiques (*L'Express*, *Le Point*, *Le Nouvel Observateur*), Marie-France colporte, dans un grand éclat de rire, le dernier potin qui court dans les antichambres ministérielles ou commente d'un trait pimenté la plus récente petite phrase de tel ministre ou tel député.

Des journalistes, des hommes politiques en faveur, des fonctionnaires de l'Élysée et, le lundi soir, Georges Pompidou en personne s'y pressent avec gourmandise. Il est probable que, outre un sens très sûr de son intérêt bien compris, l'une des raisons de la cour assidue de Jacques Chirac aux deux conseillers réside sans doute dans la gaieté de l'endroit. VGE, lui, ne se mêlera jamais à cette joyeuse cohorte.

Officiellement, Pierre Juillet n'est chargé que des plaisirs cynégétiques du maître (l'organisation des chasses présidentielles). C'est bien évidemment un trompe-l'œil. Comme chargé de mission, n'est-il pas le premier dans la hiérarchie élyséenne ?

D'où une rivalité ouverte et des échanges acides avec le susceptible secrétaire général de l'Élysée, Michel Jobert. À partir de 1970, les deux hommes ne se saluent même plus ni ne s'adressent la parole. Le secrétaire général adjoint, le très affable Édouard Balladur, maintient le dialogue entre les deux ailes du château. Georges Pompidou s'en amuse follement. Tout le monde est prévenu : il faut être d'un côté ou de l'autre. Sauf Jacques Chirac. À peine sorti du bureau de ses protecteurs, il se précipite pour donner le bonjour à Monsieur Jobert.

Quels pouvoirs Georges Pompidou assigne-t-il à Pierre Juillet ? « Aucune autorité dans les grandes affaires de l'État : monnaie, défense, politique étrangère », affirment, péremptoires, les autres collaborateurs du président. En revanche, une « influence certaine sur le cours de la politique politicienne », reconnaissent les mêmes.

Georges Pompidou apprécie chez son conseiller son habileté « à toujours trouver le bout de la pelote pour dénouer les fils », sa perception réaliste de la nature humaine et sa connaissance approfondie du gaullisme, de ses sectes et de ses troupes.

Tous deux se font une même idée sceptique et pessimiste des Français. Ils pensent que ce peuple, aimant l'ordre et l'autorité, est travaillé en permanence par des ferments de discorde et de désordre, qu'il préfère la discussion à l'action et une belle phrase à une décision qui bouscule, qu'il déteste les réformes, même quand il les réclame, et leur préfère les révolutions sans effusions de sang, parce qu'il est civilisé. Voilà d'ailleurs pourquoi, pendant cinq ans, le président choisit de maintenir plus que d'avancer, d'apaiser plus que d'entraîner.

En plus de son rôle d'organisateur de la chasse au gibier à plume et à poil, Pierre Juillet est aussi le chasseur de têtes du président.

Au nom de cette recherche systématique de pompidoliens sans peur et sans reproche, qu'aura-t-elle donc fait, cette « camarilla autoritaire » qui donne le frisson à la troupe UDR ?

Sous sa baguette, tout au long d'une valse à mille temps, sortent de l'ombre des obscurs, des sans grade, s'évanouissent des puissants. Les cabinets ministériels tremblent comme feuille sous la bise, des ministres sont quotidiennement notés, bousculés, et des préfets malmenés ou déplacés au nom et pour la gloire de Georges Pompidou.

Bientôt, Pierre Juillet et Marie-France Garaud jouent de plus en plus de ce pouvoir. On les appelle « les diaboliques ». Le président malade, ils entendent peser d'autant plus et tenir solidement les clefs de la succession qui s'approche. Mais leur résultat politique le plus spectaculaire est qu'en cinq ans ils auront éliminé un à un les grands barons gaullistes. Pierre Juillet et Marie-France Garaud s'en persuadent quotidiennement : ceux-ci forment une féodalité toujours conquérante, donc éminemment dangereuse. Ne déjeunent-ils pas régulièrement ensemble pour comploter, probablement, contre l'Élysée ? Il est donc urgent de leur faire mettre genou à terre.

Aussi, sous leur règne, Chaban, Premier ministre, est-il quotidiennement contré. De leur fait, Olivier Guichard, éternel successeur à Matignon, ne sera pas Premier ministre. Avant d'être remercié, Roger Frey sera privé de grand poste politique. Après les élections de 1973, succès suprême, Michel Debré lui-même sera débarqué comme un ministre ordinaire.

En refusant de composer son premier gouvernement sous le contrôle de Pierre Juillet, Jacques Chaban-Delmas a déclenché sans le vouloir les hostilités. Pis, en prononçant son discours sur la Nouvelle Société sans imprimatur de l'Élysée, il a déjà signé son arrêt de mort : « Certes, vous êtes gaulliste, je n'en disconviens pas, mais vous êtes aussi l'homme qui amène le socialisme en France [...] Votre système contractuel, c'est la dégradation de l'autorité. C'est l'engrenage qui conduit à la ruine. Ce sera pour finir l'anarchie[1] », vient expliquer froidement Pierre Juillet, simple conseiller, au Premier ministre en personne. Dès lors, tout est mis en œuvre contre le maire de Bordeaux.

Première torpille : Pierre Messmer, député de Moselle, ancien ministre des Armées du général de Gaulle, pendant neuf ans et quatre mois, légionnaire au profil de médaille, qui porte bien le short long et la saharienne, constitue une faction parlementaire, Présence et Action du gaullisme, fréquentée par le beau-frère et le neveu du général, Messieurs Vendroux père et fils. Pendant deux ans, Messmer, vivement encouragé par Pierre Juillet, multiplie publiquement les mises en garde contre l'« aventure politique » (c'est-à-dire la politique de Chaban). En janvier 1971, le légionnaire a droit à une belle décoration : il entre au gouvernement comme ministre d'État chargé des DOM-TOM.

Deuxième torpille : le grand Hubert Germain, député de Paris dont la caractéristique essentielle est d'être un « fan » inconditionnel de Pierre Messmer, reprend alors les rênes de Présence et Action du gaullisme. En son nom, successivement, il demande un « grand dessein pour la France » (la Nouvelle Société n'en serait donc pas un) et recueille les signatures des six présidents de commission à l'Assemblée nationale sur un manifeste qui déplore le manque de concertation du Parlement avec le gouvernement (entendez : avec Chaban, bien sûr).

Troisième torpille : René Tomasini, le Corse fidèle et sans états d'âme, qui a succédé, à la tête de l'UDR, au peu malléable normalien Robert Poujade, exécute chaque jour les ordres venus de Pierre Juillet, destinés à « embêter Chaban ». Il attaque sauvagement la libéralisation de l'ORTF, la « lâcheté des magistrats », la Nouvelle Société en somme.

---

1. Récit de Jacques Chaban-Delmas dans son livre, *L'Ardeur*, chez Stock.

Quatrième torpille, juin 1972 : alors que depuis six mois Chaban se débat avec ses feuilles d'impôts, le bureau exécutif de l'UDR appelle sans indulgence, voire sans élégance, à une restauration du gaullisme pur et dur (l'impur serait Chaban). À la même époque, Pierre Juillet clame à tous les vents : « Si Chaban n'est pas parti dans quinze jours, c'est moi qui m'en vais. »

Le 5 juillet, Chaban s'en va. Il est démissionné après avoir obtenu un vote de confiance de l'Assemblée nationale en forçant la main de Georges Pompidou. Dans la même vague, Roger Frey, l'ami fidèle, est débarqué. Plus tard encore, après les élections de mars 1973, les deux conseillers, dont la vindicte n'aura pas désarmé, empêcheront le maire de Bordeaux de se faire élire au perchoir de l'Assemblée.

Qui va succéder à Chaban ? Le ministre de l'Éducation nationale, Olivier Guichard ? À l'UDR, chez les giscardiens, c'est une certitude. Quelques mois plus tôt, en mars, Valéry Giscard d'Estaing, partageant ce point de vue, lui a même rendu visite pour lui suggérer d'user de son influence sur le président, et lui obtenir ainsi le ministère des Affaires étrangères.

Mais Georges Pompidou hésite. Il s'interroge tout haut devant Michel Jobert et quelques autres : « Messmer est-il loyal ? A-t-il la capacité d'un Premier ministre ? On [les conseillers, naturellement] essaie de me pousser Chirac, mais il doit d'abord mûrir. Il est si impulsif ! Et Olivier, il en est sûrement capable, mais en a-t-il envie ? Et puis, il n'en fera qu'à sa tête, lui aussi. Cela fait des mois que je lui demande de défendre l'étude du latin dans les écoles et il ne fait rien. »

Selon les familiers de Georges Pompidou : « Le latin était sa marotte, il pensait que c'était, pour les écoliers, essentiel aussi bien pour parler un beau français que pour mieux comprendre les mathématiques. »

Selon les mêmes familiers, Olivier Guichard commet une faute irréparable, « celle de vouloir rester élégant à tout prix ». Il ne veut pas paraître bénéficier des malheurs de son ami Chaban. Il voudrait bien être Premier ministre, mais sans avoir été candidat à Matignon. Et puis, n'a-t-il pas eu le tort de rappeler un peu trop au chef de l'État l'ancienneté d'une amitié alors égalitaire ? Il y a des souvenirs qu'il faut savoir oublier.

« Avec Messmer, vous serez tranquille, rabâche Pierre Juillet. Lui, au moins, n'improvisera pas de discours sur la Nouvelle Société sans prévenir. » Le conseiller emporte la décision avec cet argument décisif : « À neuf mois des élections législatives, alors que la majorité est secouée par les scandales et que la gauche vient de signer un programme commun, Pierre Messmer a une si belle tête d'honnête homme que personne n'osera lui parler des affaires. » Robert Galley ajoute : « Pompidou admirait beaucoup en Pierre Messmer le héros de Bir Hakeim, celui qui avait été fait prisonnier par les Viets et qui s'en était évadé, ce monstre de courage physique. »

Et c'est ainsi que Pierre Messmer succède à Chaban. Il en est bien conscient. Aussi, une fois à Matignon, n'omettra-t-il jamais de passer par le bureau de ses parrains quand il rendra visite au président. Instruit des malheurs de son prédécesseur, il ne commettra pas ses fautes impardonnables. Et les conseillers ne seront pas lésés. « Sous Messmer, Marie-France téléphonait sans cesse et à tout le monde », se souviennent aujourd'hui les collaborateurs de l'ancien Premier ministre.

Si le président écoute volontiers Pierre Juillet, il ne se range pas systématiquement à son avis, tant s'en faut ! Le patron, c'est lui, il ne faut pas s'y tromper.

D'ailleurs, des différends surgissent bien souvent entre eux : par exemple, à propos du référendum sur l'entrée de la Grande-Bretagne au Marché commun. Le conseiller est contre l'enclenchement d'une procédure si lourde sur un sujet qui ne passionne guère les Français. À propos, aussi, du quinquennat souhaité par le président, ou quand celui-ci n'accepte pas ses suggestions pressantes pour le remaniement et le choix des hommes.

Chaque fois, le scénario est invariable et bien rodé : Pierre Juillet prend sa canne, sa cape, ses cliques et ses claques. Son schnauzer Lioubka à ses trousses, il bougonne : « Quand vous aurez besoin de moi, vous me le direz. » Et il s'en va. Quinze jours. Un mois.

Parfois plus : sept mois, comme au lendemain des élections de mars 1973, lorsque Georges Pompidou lui refuse de placer Jacques Chirac au ministère de l'Intérieur. « Marcellin, ça me sécurise et Chirac cela m'engagerait de trop », dit le président. Pierre Juillet tempête.

De même, il a beau lui suggérer de déplacer VGE de sa bastille des Finances vers le palais du Quai-d'Orsay, Georges Pompidou ne l'entend pas de cette oreille : « Les Affaires étrangères, c'est mon domaine réservé », dit-il. Quant au ministre des Finances, Pompidou le croit trop indépendant pour accepter de se muer en simple exécutant des volontés présidentielles. Pierre Juillet se cabre et s'en retourne à ses moutons.

À l'Élysée, on considère que ce petit jeu de va-et-vient perpétuel tient un peu trop du chantage. Ce comportement franchirait même les limites de celui d'un simple atrabilaire pour jouxter celui d'un caractériel, dit-on ouvertement. D'autant que Pierre Juillet reste en relation téléphonique constante avec Marie-France.

Ces allées et venues tantôt amusent Georges Pompidou : « Bah ! il va bien revenir un jour », dit-il, débonnaire, tantôt l'irritent : « J'en ai assez de toutes leurs histoires », marmonne-t-il quand la maladie le rend plus impatient.

À cette époque, à un intime qui se plaint des agissements des deux conseillers envers tel ministre ou tel baron, Georges Pompidou, qui se sent chaque jour moins solide, rétorque avec lassitude : « Je ne peux quand même pas m'intéresser comme avant à la vie des autres, alors que je suis en train de perdre la mienne. »

Du coup, après les élections de mars 1973, le président se persuade que, cette fois-ci, le départ de son conseiller est sérieux. « Je crois que Juillet est définitivement parti. Il faudra trouver quelqu'un pour le remplacer », lança-t-il à Édouard Balladur, le secrétaire général de l'Élysée, que Marie-France supplie chaque jour de n'en rien faire. Non sans succès ! Sept mois plus tard, en décembre 1973, Pierre Juillet n'a toujours pas de remplaçant. Seulement, les militants de l'UDR, ayant d'eux-mêmes intronisé Chaban prochain candidat du gaullisme à l'élection présidentielle, Georges Pompidou, très malade, suffoque de rage. Il a besoin d'un Pierre Juillet pour remettre tout ce beau monde au pas.

Et tout s'arrange. En Creuse aussi, on comprend bien qu'il y aura des élections présidentielles et que le choix du successeur est une affaire trop sérieuse pour la laisser aux militants. Pierre Juillet revient. Son schnauzer aussi.

Cette fois, son plan triomphe (en partie) : Georges Pompidou accepte de nommer Jacques Chirac au ministère de l'Intérieur, et ce d'autant plus aisément que Raymond Marcellin guerroie avec *Le Canard enchaîné*, qui l'accuse avec véhémence d'avoir fait placer des micros dans les locaux du journal.

Pierre Juillet veut qu'à son nouveau poste, son poulain se fasse une image de prétendant possible. Il devra apparaître comme un gestionnaire avisé, un politique ferme, certes, mais avant tout réfléchi. Il ne devra pas être, comme Marcellin, uniquement le premier flic de France. Il sera aussi le premier maire de France.

Valéry Giscard d'Estaing, lui, reste rue de Rivoli, mais il est promu ministre d'État. Et c'est ainsi que le 1er mars 1974, Messmer III succède à Messmer II. L'équipe gouvernementale est restreinte de vingt et un à quinze ministres. Officiellement, il s'agit d'offrir au Premier ministre une équipe encore plus soudée et solidaire. En fait, il s'agit de donner à Jacques Chirac un nouveau rôle et une stature toute neuve avant la succession.

S'il s'impose, il peut devenir le dauphin. S'il échoue – ou faute de temps –, il restera toujours Messmer. Avec lui, le régime serait semi-présidentiel. On installerait Chirac à Matignon et les conseillers tireraient toujours les ficelles.

Ainsi tout est clair, en ce début d'année 1974. VGE, qui s'est toujours préparé au poste suprême, se tient prêt à toute éventualité. Jacques Chaban-Delmas, qui croit en ses chances, reçoit beaucoup de monde et mobilise ses partisans. Jacques Chirac, lui, tente de mettre les bouchées doubles, grâce à l'aide toute-puissante de ses protecteurs.

CHAPITRE IV

Les accordailles ou quand on n'a pas ce que l'on aime, il faut aimer ce que l'on a

Les grandes douleurs sont muettes. Et grand est le chagrin de Jacques Chirac, ce mardi 2 avril 1974, quand, à 20 h 58, le président Pompidou s'éteint dans son appartement privé du quai de Béthune.

Le jeudi, pendant l'émouvante messe en l'église Saint-Louis-en-l'Ile, le gouvernement au grand complet se recueille à la mémoire du défunt. Courbé sur son prie-Dieu, Chirac est secoué de sanglots. « Il était comme une bête blessée », se souvient Michel Jobert.

Mais Jacques Chirac n'est pas muet. On ne va même entendre que lui pendant près de quinze jours. On pouvait imaginer que la disparition de Georges Pompidou, qu'il considérait comme son tuteur, son modèle, son père, le laisserait abattu, brisé même. Au lieu de cela, comme si une curieuse mécanique s'était soudain remontée en lui, le ministre de l'Intérieur est plus battant, plus affairé que jamais.

Pourquoi tant d'agitation ? En vérité, cette mort du président, Jacques Chirac ne l'a pas prévue si prompte et si brutale. Or, voilà que tout à trac elle dérange ses sentiments, ses certitudes, ses espoirs, son calendrier, donc sa carrière. C'en est trop à la fois.

« C'est un accident. Il n'aurait jamais dû mourir », dit-il à Alain Peyrefitte.

Alors, en quelques heures, devant les gaullistes interdits, il devient l'acteur principal d'un drôle de feuilleton qui ressemblerait à n'importe quelle banale histoire d'héritage, si l'enjeu de la succession n'était le sommet du pouvoir.

Les romans du XIXe siècle sont pleins de ces récits : au moment où l'aïeul bien-aimé rend le dernier souffle, on voit aussitôt ses descendants se battre, s'injurier, vider les armoires et éventrer les matelas à la recherche du magot. Il paraîtrait que ces agissements n'excluent pas la peine sincère…

Georges Pompidou étant mort intestat, à l'instant où la triste nouvelle se répand dans Paris, les villes et les villages, Jacques Chirac ouvre les tiroirs, renverse les meubles et se livre à une débauche d'initiatives et de volubilité. De tout son être, de toute son âme, de toutes ses forces, il se le jure : Jacques Chaban-Delmas (qui a le soutien des militants UDR et d'une bonne partie du groupe gaulliste) n'entrera pas à l'Élysée.

Et, comme s'il avait quatre paires de jambes, autant de bras, les nerfs tendus à l'extrême, l'œil fouailleur, on le voit partout à la fois : à Matignon, où il presse Pierre Messmer d'être candidat, dans les couloirs de l'Assemblée nationale, où, infatigable, il pourchasse les élus UDR, au téléphone.

Ignorant le sommeil (et celui des autres), il traque les députés de jour comme de nuit pour leur assener sa certitude : « Monsieur Pompidou avait choisi Messmer. » Au ministère de l'Intérieur, il inonde la terre entière des sondages que ses services sont censés lui transmettre (tous sont étrangement défavorables à Chaban) ; à ses amis il laisse entendre qu'il aimerait encore mieux soutenir l'antéchrist Giscard que le diable Chaban. C'est dire s'il est prêt à tout !

En effet, cinq ans de fréquentation assidue de Pierre Juillet et Marie-France Garaud lui ont instillé une aversion sans bornes pour le maire de Bordeaux. Au fil des mois, Jacques Chirac nourrit à son endroit une méfiance quasi-pathologique. En Chaban, il suspecte tout : son gaullisme comme son honnêteté ; il met en doute son respect des institutions, son sens de l'indépendance nationale ; il exècre son réformisme social, sa faconde et sa manie de toujours vouloir arranger tout le monde. De sa première « trahison » (le discours sur la Nouvelle Société) jusqu'à la dernière (la question de confiance sollicitée de l'Assemblée nationale à l'heure où sa chute était décidée au château), Jacques Chirac trouve là autant de raisons de conforter son ostracisme envers l'ancien Premier ministre.

De là à se convaincre que les intérêts de la France coïncident étroitement avec les siens, il n'y a qu'un pas : le ministre de l'Intérieur, Pierre Juillet et Marie-France Garaud le franchissent au galop.

Ce 2 avril 1974, alors que le président Pompidou agonise, leur intérêt n'est apparemment pas de soutenir spontanément Valéry Giscard d'Estaing, « qui n'a jamais été qu'une poire pour la soif », dit l'un des proches du maire de Paris aujourd'hui.

Marie-France Garaud le révèle en 1980 : Pierre Juillet envisage – quelques heures – de pousser carrément Jacques Chirac dans la lice. Mais il y renonce : le poulain n'a pas eu le temps de grandir, son image de marque doit encore être façonnée et puis il n'a que quarante et un ans. La solution Messmer s'impose. Reste à faire sortir le candidat du chapeau.

Des gaullistes commentent aujourd'hui : « Si Juillet n'avait pas hésité ces quelques heures, il aurait poussé tout de suite Messmer, le Premier ministre aurait annoncé aux Français la mort de Georges Pompidou à la télévision. Ainsi aurait-il fait figure de dauphin. »

Pour introniser Messmer, le plan de la trinité (Juillet-Garaud-Chirac), totalement solidaire dans son combat anti-Chaban, ne manque pas de logique pour convaincre la troupe gaulliste : « La victoire de la majorité, disent-ils, sera mieux assurée par un candidat d'union que par quiconque courant sous ses propres couleurs, qu'il se nomme Giscard ou bien Chaban. »

L'argumentation est de poids : il n'y a encore jamais eu de primaires dans la majorité pour des élections présidentielles. C'est donc jouer à la fois la tradition, la prudence et le bon sens.

Pour certains barons du gaullisme, les instigateurs du « complot anti-chaban » ont un mobile autrement plus puissant : « Quand la marionnette est une chiffe, on met plus facilement les mains dedans », dit l'un d'eux, sans trop de forme ni de considération pour Pierre Messmer, avant de poursuivre : « alors que, avec un Chaban, c'en serait fait de leur triumvirat ».

Leur décision résolument adoptée, Jacques Chirac n'a plus qu'à la mettre en œuvre : à peine la radio et la télévision ont-elles annoncé le décès du président Pompidou que le ministre de l'Intérieur est déjà en route pour Matignon.

En arrivant, il bouscule les huissiers, escalade les escaliers quatre à quatre, enfonce les portes et entreprend le siège de Pierre Messmer : « Vous devez absolument vous présenter », dit-il devant les ministres Jean Taittinger (Justice), Jean-Philippe Lecat (Information), Hubert Germain (P et T), qui opinent du bonnet.

Michel Debré et Alexandre Sanguinetti protestent : « Et pourquoi pas Chaban ? Si Chaban est candidat, réplique aussitôt le ministre de l'Intérieur qui connaît sa leçon par cœur, Giscard sera candidat lui aussi, il y aura des primaires. Chaban n'est pas le meilleur, il fera une erreur par jour, tandis qu'avec Messmer, on est sûrs de battre Mitterrand. »

Et joignant le geste à la parole, Jacques Chirac sort de sa poche une flopée de sondages péremptoires. En cas de duel Mitterrand-Messmer, Messmer l'emporterait. C'est du sûr et certain, du scientifique comme on n'en fait plus, cela ne se discute même pas.

Et pourtant, si ô combien ! Pierre Messmer lui aussi a des sondages, qui lui disent malheureusement le contraire de ceux de son ministre de l'Intérieur. Et puis, n'a-t-il pas toujours affirmé : « Je ne suis pas un homme politique » ?

Mercredi 3 avril : sabre au clair, Jacques Chirac revient à la charge. Avant le conseil de cabinet qui se réunit pour organiser les obsèques du président, il prend à part les ministres UDR et les somme de se déclarer au plus vite pour la candidature Messmer : « C'est un gaulliste, c'est l'unité garantie, c'est la légitimité et puis surtout, c'était l'idée de Monsieur Pompidou », dit-il. Un peu choqués, voire offusqués, les ministres conseillent à Jacques Chirac de les laisser souffler et d'attendre un moment plus propice pour faire campagne. Par exemple, lorsque le président qu'il aimait tant reposera sous terre...

À la même heure, ou presque, Jacques Chaban-Delmas est justement en train d'expliquer à Pierre Messmer que lui, maire de Bordeaux, est tout à fait résolu à se porter candidat :

— Je suis décidé envers et contre tout.

— Vous voulez dire : envers et contre tous, réplique sèchement le Premier ministre[1].

Mais il en faudrait bien plus pour décourager les ardeurs du ministre de l'Intérieur. L'après-midi le voit dans les couloirs de l'Assemblée

1. Interview de Messmer, *L'Expansion*, septembre 1974.

nationale, voltigeant de député UDR en député gaulliste, pour leur jurer, croix de bois, croix de fer, que « Georges Pompidou avait choisi Messmer ».

Mais, ce mercredi soir, Pierre Messmer n'est toujours pas candidat. Il est vrai que dans l'après-midi, Michel Debré est venu lui expliquer charitablement qu'il ferait un bien piètre candidat, le meilleur, à ses yeux, étant Chaban, et puis, il le dira plus tard, le Premier ministre ne veut pas donner à la France le spectacle grotesque de deux anciens chefs de gouvernement de Georges Pompidou s'affrontant.

Jeudi 4 : le petit jeu des pressions continue. Hector Rolland, dit Spartacus, député-maire de Moulins, qui s'est intronisé chef de bande des élus de la base gaulliste (ceux qui n'en finissent pas de grogner parce que le sommet est toujours trop haut), Hector donc, dûment chapitré par Jacques Chirac, vient manifester dans la matinée, à Matignon, sa confiance dans les vertus de Pierre Messmer, ce héros au regard bleu électoral.

À force de se trouver convaincant, il finit sans doute par se persuader lui-même. Car, revenu dans les couloirs du Palais-Bourbon, Hector proclame de groupe en groupe : « Messmer se déclare ce soir à 18 heures. »

Sur son chemin, traîne, bien sûr, l'oreille d'un ami de Jacques Chaban-Delmas pour capter le message. Le maire de Bordeaux est averti sur-le-champ. Il décide qu'il est urgent de ne pas attendre. Il prendra tout le monde de vitesse. Il annoncera sa candidature l'après-midi même, immédiatement après l'éloge funèbre prononcé dans l'hémicycle par Edgar Faure, président de l'Assemblée nationale, à la mémoire de Georges Pompidou.

Effectivement, tout le monde est encore en séance quand, à 16 h 9, tombe sur les téléscripteurs de l'Assemblée nationale une dépêche de l'Agence France Presse : « Officiel. Chaban est candidat. »

À 16 h 15, députés et ministres, avec la mine de circonstance, sortent de l'hémicycle. Les journalistes se précipitent et propagent la nouvelle. L'effet est prodigieux. Jacques Chirac manque d'étouffer de rage : « Cette hâte de Chaban est parfaitement indécente ! » éructe-t-il. Mais Chaban officiellement candidat, les autres postulants peuvent s'avancer masque bas.

En fin d'après-midi, Pierre Messmer reçoit Edgar Faure, puis Valéry Giscard d'Estaing. Comme la nature, le président de l'Assemblée nationale a horreur du vide. Dès qu'une place est vacante, il est candidat. C'est chez lui un réflexe et un principe. Aux élections présidentielles de 1969, il était parti trop tard, il s'en est toujours voulu. Cette fois, il veut partir à temps : « Je suis candidat », clame donc Edgar Faure.

Plus sobrement, le ministre des Finances prévient ainsi Pierre Messmer :

— Puisque Chaban est candidat, je le serai aussi.

— Attendez encore quelques heures, implore Pierre Messmer, je veux essayer d'obtenir le retrait de Chaban. Si je l'obtiens, serez-vous candidat ?

Réponse de VGE : « Non. »

C'est que, le jour même, après la messe en l'église Saint-Louis-en-l'Île, un déjeuner privé a réuni, dans le petit salon Napoléon III du ministère des Finances, VGE, Ponia, Pierre Juillet, Jacques Chirac et Marie-France Garaud. Les conseillers de l'Élysée et leur poulain sont venus s'informer des intentions de Giscard. « Je me présenterai sans doute », répond, évasif, le ministre. « VGE semblait déchiré entre l'envie et la peur », dira plus tard Marie-France Garaud.

La veille, plus d'un tiers des députés républicains indépendants se sont prononcés pour une candidature unique de la majorité. Le sachant, Pierre Juillet et Jacques Chirac plaident d'autant mieux leur dossier : « Pour battre Mitterrand, disent-ils, il faut une candidature unique. » Après le dessert, grand seigneur, VGE semble se rallier à leur point de vue : « Si Messmer se présente, je ne me présenterai pas. Si c'est Chaban, je serai candidat. Vous pouvez le dire au Premier ministre. »

Dans leur voiture, les conseillers et le poulain n'en reviennent pas : « Comme il est aimable et convenable, ce ministre des Finances ! » Ils vont même jusqu'à se dire que, peut-être, comme en 1969, Giscard n'ira pas jusqu'au bout. Du coup, l'affaire Messmer se présenterait presque bien.

Six ans plus tard, Ponia explique en souriant : « Jamais le président n'a cru que Messmer se déclarerait, parce qu'il était persuadé que Chaban allait se lancer dans la course. En acquiesçant aux suggestions des conseillers, il se donnait l'apparence d'une exquise courtoisie, tout en escomptant bien être au plus vite et largement payé de retour. »

De fait, VGE fait aussitôt dire par un communiqué qu'il s'abstient de « tout commentaire et de toute déclaration aussi longtemps que ne sera pas achevé l'hommage public rendu à la mémoire de Georges Pompidou ».

Une petite leçon de convenance qui annonce surtout l'imminence d'une prise de position politique, sans doute après l'office solennel en la cathédrale Notre-Dame-de-Paris, qui aura lieu deux jours plus tard, le samedi à 13 heures.

Mais ce jeudi 4 avril, Hector Rolland a-t-il été trop bavard ? A-t-il, sans le vouloir, contrarié le destin ? Toujours est-il que Chaban, habileté ou « précipitation fatale », est déjà parti. Pierre Messmer n'est toujours pas candidat.

Vendredi 5 : Jacques Chirac ne renonce pas à pousser Messmer. Au Conseil des ministres, il fait reporter de huit jours (du 28 avril au 5 mai) le premier tour des élections présidentielles. Le ministre de l'Intérieur, qui est maître du calendrier, pense ainsi avoir une chance supplémentaire de décourager Chaban. Il juge qu'une campagne plus longue jouera davantage en défaveur du maire de Bordeaux.

Bref, il en fait tant qu'au bureau exécutif de l'UDR et au groupe parlementaire gaulliste, en majorité chabaniste, certains dignitaires (Robert Poujade, par exemple) demandent son expulsion. « Impossible d'exclure Chirac. Il n'est pas inscrit à l'UDR. Il n'a pas sa carte », gémit théâtralement Alexandre Sanguinetti, secrétaire général du parti gaulliste.

« Vous avez déjà fait trop de bêtises comme cela ! Ne touchez pas à Chirac : vous serez bien contents de l'avoir avec vous un jour ! » tonne alors, impavide sous les quolibets, Charles Pasqua, ce Corse d'acier au sourire de Fernandel et à l'accent d'aïoli, qui a toujours l'air de sortir d'une saynète de Pagnol.

Mais, ce vendredi 5, Pierre Messmer n'est toujours pas candidat.

Samedi 6 : après la messe à Notre-Dame (VGE seul a communié), des ministres et des députés reviennent à la charge à Matignon. « Je ne veux pas que l'on puisse dire que Mitterrand l'a emporté à cause de moi », s'entête Pierre Messmer, qui n'a décidément pas l'assurance instinctive des Bonaparte électoraux. Et si Edgar Faure se déclare, lui, devant les caméras de télévision, Pierre Messmer n'est toujours pas candidat.

Dimanche 7 : les dés sont jetés. À la réunion du comité central de l'UDR (trois cent cinquante personnes), convoqué à la maison des Centraux à Paris, Alexandre Sanguinetti, Michel Debré et Claude Labbé, tous chabanistes convaincus, font acclamer à main levée et à l'unanimité la candidature du maire de Bordeaux. « Des votes à bulletins secrets auraient réservé bien des surprises ! » prétendent, aujourd'hui encore, les chiraquiens. Seul, contre vents et marées, le ministre de l'Intérieur, plus véhément que jamais, prophétise une dernière fois et sous les sifflets : « Avec Chaban, nous allons au casse-pipe, je vous aurai prévenus. » Un petit tiers de la salle l'applaudit.

Va-t-il alors baisser les bras, Jacques Chirac, et laisse le sort se permettre de lui faire un pied de nez en face ? Ce n'est pas son genre, ni celui de ses conseillers. Justement, l'après-midi, Pierre Juillet, encore en tenue de chasse, Denis Baudouin et le ministre de l'Intérieur se retrouvent dans l'appartement cossu de Marie-France Garaud, dans le 17e arrondissement.

Après maints conciliabules, ils décident de tenter leur dernière chance. Et, en procession, Pierre Juillet précédé de Jacques Chirac se rend une fois encore à Matignon. Ils ploient littéralement sous le poids de valises bourrées d'enquêtes, de renseignements de première main, plus apocalyptiques les uns que les autres.

Et pendant deux heures, telles deux baffles stéréo, ils encadrent Pierre Messmer et passent et repassent sur leur platine un disque au refrain lancinant et prosaïque : « L'union fait la force. » Plus noblement, ils parlent aussi de la grandeur de la France, du péril imminent, de la survie de la Ve République, de la gauche qui menace.

Heureusement, disent-ils encore, un homme providentiel existe, un sauveur, c'est Jeanne d'Arc réincarnée. Il s'appelle Pierre Auguste Messmer. En les entendant, le Premier ministre résiste d'abord, frémit un tantinet, s'émeut, puis l'oreille finit par le chatouiller agréablement. Il balance, il flanche, il cède enfin. « Si Chaban se retire, j'y vais. Être candidat unique est ma condition absolue », insiste le Premier ministre. Une fumée blanche s'échappe des cheminées de Matignon. *Habemus candidatum*. Pierre Messmer est candidat.

« J'ai pris ma résolution le dimanche, confiera-t-il bravement plus tard[1]. J'ai préparé le texte que j'ai prononcé le mardi matin. J'ai voulu qu'il soit bien clair que s'il n'y avait pas un candidat d'union, ce n'était pas de mon fait, ce n'était pas une dérobade. »

Las ! quand enfin, le mardi, Pierre Messmer se porte officiellement candidat, il est beaucoup trop tard. Chaban, investi par l'UDR, est déjà lancé à pleine vapeur dans sa campagne. Il ne veut plus, il ne peut plus reculer. Il maintient sa candidature.

Seul Edgar Faure (les sondages lui accordent moins de 8 % des suffrages) est trop content de pouvoir ainsi s'esquiver de la scène, avec en prime l'air de servir la France.

« Nous nous sommes trompés, reconnaît, en 1980, Madame Garaud. Nous avons vraiment cru que deux candidats : VGE et Edgard Faure,

1. *L'Expansion*, septembre 1974.

acceptant de se retirer pour Messmer, le troisième, Chaban, n'oserait pas se maintenir et qu'il céderait la place au Premier ministre, comme il avait laissé le perchoir à Edgar en 1973. »

La décision de Pierre Messmer est si tardive que François Mitterrand raille un homme « qui a fait son appel du 18 Juin le 19 ».

Valéry Giscard d'Estaing, lui, moque en aparté « ce dernier spasme messmérien ». Car, depuis la veille, le ministre des Finances est cette fois candidat. Le lundi à midi, sur la terrasse ensoleillée de sa mairie de Chamalières, des sondages plus que rassurants en poche, il s'est adressé au bon peuple de France : « De cette province d'Auvergne française, je viens vous dire que je suis candidat. »

Et le bon peuple d'être frappé par tant de sérénité, de calme, d'assurance naturelle, d'autorité tranquille, qui tranchent sur l'agitation malsaine des gaullistes et l'empressement trop intéressé d'un Chaban qui a fait acte de candidature quand le corps du chef de l'État était encore chaud. Au moins, la candidature de VGE respecte-t-elle les usages. Rien ne remplace une bonne éducation ! Bref, ce lundi sans nuage, le ministre des Finances, ayant su attendre son heure, interprète à la face du monde la version électorale d'une fable que tous les petits Français apprennent sur les bancs de l'école : *Le Lièvre et la Tortue*.

« J'affirme depuis des années, dit encore VGE, que la France a besoin d'une majorité élargie. Dans les circonstances difficiles que nous traversons, et que nous traverserons, il faut créer cette majorité-là. C'est pourquoi je m'adresse à vous tous, électeurs UDR, républicains indépendants, centristes, réformateurs, pour créer cette nouvelle majorité présidentielle. »

Dans la matinée du 10 avril, il reçoit longuement Jean Lecanuet et Pierre Abelin, les deux leaders du Centre démocrate. L'entretien porte sur la réforme constitutionnelle (introduction de la proportionnelle dans les scrutins électoraux), la construction de l'Europe et les problèmes sociaux. L'harmonie est complète, les trois hommes tombent parfaitement d'accord et l'après-midi d'un si beau jour, Jean Lecanuet (en 1965, il avait mis le général de Gaulle en ballottage) apporte publiquement son soutien à Valéry Giscard d'Estaing. « Nous avons, dit-il tout sourire, le même objectif : rassembler les centres et construire un parti capable de gouverner. »

À Chamalières, le futur président conclut en ces termes sa péroraison : « Je voudrais regarder la France au fond des yeux, lui dire mon message et écouter le sien. Je m'efforcerai de mener une campagne exemplaire. Je n'attaquerai personne. »

De fait, VGE respectera son propos à la lettre. Il va faire une campagne exemplaire. Avant de sillonner la France entière, il rend visite à son rival, Jacques Chaban-Delmas, pour lui dire en substance : « Surtout pas de coups bas entre nous. »

Jusqu'au premier tour, le leader républicain indépendant joue la simplicité, le charme, le dynamisme, la modernité, le débat d'idées. « Ce qui m'intéresse, dit-il, c'est de comprendre mon époque. » Et, à travers le pays, il parle de justice sociale, de sécurité, d'humanisation du cadre de vie, d'indépendance. Tous est dit en « trois sécurités et neuf changements ». Mais jamais une vilenie pour l'adversaire. Les attaques personnelles ? Les crocs-en-jambe ? Fi donc ! D'autres s'en chargent pour lui.

Et d'abord Jacques Chirac, qui ne désarme toujours pas contre Chaban. C'cn dcvient même obsessionnel. La manœuvre inspirée par Pierre Juillet ayant échoué – « Il était aussi difficile de décider Messmer que de faire monter un éléphant dans une bétaillère », raillera le père Joseph de l'Élysée –, deux solutions s'offrent encore à eux : ou bien capituler devant Lucifer-Chaban : impensable. Ou bien rallier le frère ennemi Giscard. C'est bien entendu la deuxième solution qu'ils retiennent.

De gaieté de cœur ? Quand même pas. « Si j'ai soutenu Giscard, ce n'était certainement pas pour lui fairc plaisir. Je n'ai jamais eu d'atomes crochus avec lui. Mais c'était la seule façon de faire battre Mitterrand », assure, en 1979, le maire de Paris. En politique comme dans la vie, il en va souvent ainsi : quand on n'a pas ce que l'on aime, il faut aimer ce que l'on a. Néanmoins, Jacques Chirac va déployer des talents et dépenser une énergie comme s'il éprouvait un irrésistible penchant pour VGE.

Ainsi, au moment où le ministre des Finances fait acte de candidature, Pierre Juillet fait cette promesse : « Si la manœuvre Messmer tourne court, mon soutien vous sera acquis. » C'est ce qui se passe.

Avec Giscard à l'Élysée, Pierre Juillet et Marie-France Garaud espéraient continuer de jouer le rôle de conseillers. « "Lui qui n'a connu le pouvoir que du côté de la rue de Rivoli aura bien besoin de nous", croyaient-ils. » C'est l'avis d'Yves Guéna en 1980.

Un temps, raconte Marie-France Garaud, VGE suggère à Pierre Juillet :

— Il faudrait que Jacques Chirac me rallie.

— Il y a mieux à faire, rétorque le conseiller, qui a déjà en tête le coup de théâtre qui fera date dans cette campagne présidentielle, sous le nom d'« appel des quarante-trois ».

Pendant trois jours et trois nuits, Jacques Chirac, flanqué de René Tomasini, d'André Bord, de Jacques Toubon et de Pierre Lelong, va traquer au téléphone, à s'en user les doigts, les parlementaires gaullistes les plus influençables ou les mieux disposés. Pour tous, le sermon est le même : « Il faut signer absolument un texte en faveur de l'unité de candidature. Il n'y a pas d'autre moyen de barrer la route à Mitterrand. »

Ainsi trente-neuf députés (un rassemblement des plus hétéroclite, en tout trente-trois UDR, trois centristes, deux républicains indépendants, un réformateur et quatre ministres, Messieurs Taittinger, Stirn, Lecat et Chirac, évidemment, des excellences qui doivent leur carrière autant à Georges Pompidou qu'à ses conseillers) signent-ils, le samedi de Pâques, un drôle de texte où pour commencer, ils rendent hommage à Pierre Messmer, puis regrettent poliment qu'il n'ait pu imposer sa candidature et réitèrent enfin leur foi dans les vertus thaumaturges d'une voix unique pour la majorité.

Apparemment anodin, ce communiqué à la gloire de l'unité suggère tout de même que l'harmonie gaulliste n'a pu se réaliser par la faute de Chaban. Le voilà donc, ce « pelé », ce « galeux » désigné à la vindicte des électeurs ! Comme de bien entendu, ce qui nuit à Chaban profite immédiatement à Giscard. Ce n'est peut-être pas très élégant, mais c'est bigrement efficace. La plupart des trente-neuf députés signataires n'y voient d'ailleurs que du feu.

Lorsqu'ils ouvrent les yeux, certains veulent se rétracter – Messieurs Delong, de Poulpiquet, Kedinger : « On s'est moqué de nous », disent-ils. Mais il est trop tard, le mal est fait.

« Ce coup des quarante-trois aura fait perdre au moins cinq points à Chaban », déplore, à l'époque, Olivier Guichard. « Chirac, traître ! Chirac, on aura ta peau ! » scandent dans toutes les réunions électorales du maire de Bordeaux, les militants de l'UDR – les mêmes qui acclameront frénétiquement Jacques Chirac six mois plus tard !

« Les grandes trahisons sont toujours effacées par l'histoire », lance, à moitié résigné, Alexandre Sanguinetti, sans que l'on sache très bien s'il juge le comportement présent du ministre de l'Intérieur ou l'attitude passée du ministre des Finances, dénoncé comme parricide par quelques UDR depuis 1969.

Comme si sa tâche n'était jamais finie, le ministère de l'Intérieur laisse *Le Journal du dimanche* publier, le 22 avril, un sondage secret des renseignements généraux des plus défavorables à Chaban : Giscard, 31 ; Chaban, 18 ; Mitterrand, 42. Sondage qui est immédiatement repris par tous les médias. « C'était une fuite », plaidera un Chirac tout navré au micro d'Europe 1. Pierre Messmer, qui joue désormais le rôle d'arbitre, doit rappeler à l'ordre le ministre de l'Intérieur.

La veille, le 21 avril, Ponia, comme toujours lorsqu'il le juge utile, a sorti l'artillerie lourde. Dans un communiqué, il déclare en substance que la France doit choisir un candidat intègre, propre, sans peur, donc solide (le fragile étant Chaban, bien sûr). Et le même Ponia de colporter dans les couloirs de l'Assemblée mille détails rocambolesques sur ces candidats vulnérables qu'il faudrait « tirer comme des faisans ». Ainsi le prince déchire-t-il allégrement le contrat de non-agression qui a été conclu quelques jours plus tôt entre Giscard et Chaban.

Mais, hélas, on ne peut pas toujours faire élire un souverain en gants blancs et monocle à l'œil. Au même moment, un sondage de la SOFRES publié par *L'Express* montre que les Français voient en VGE un homme d'expérience, dynamique, très cultivé, d'une probité au-dessus de tout soupçon. Il inspire confiance. En province il a l'image d'un bon catholique, bon époux, bon père de quatre charmants et beaux enfants (du même lit, bien sûr) : deux garçons et deux filles (toujours le juste milieu).

Chaban, lui, a été marié trois fois. Il est divorcé et veuf par accident d'une épouse malade. C'est dire s'il inspire quelques réticences dans la France pieuse. Le journal *Paris-Match*, présentant les épouses des prétendants, montre Anne-Aymone dans sa cuisine, tenant avec précaution la queue d'une poêle à frire toute neuve. Micheline Chaban-Delmas, elle, est sur un terrain de golf, les bras levés et le nombril découvert. Si les électeurs s'y trompent, c'est qu'ils sont plus myopes que les directeurs de campagne.

Sont-ce tous ces croche-pieds et autres chausse-trappes qui déstabilisent Chaban ? Ou bien s'est-il insuffisamment préparé ? Ou alors ses qualités ne sont-elles pas à la mesure de l'enjeu ? Est-ce un cocktail de tout cela ?

Avant le premier tour, il est déjà hors-jeu. Les face à face à la radio mettent à jour de fâcheuses faiblesses et, pour sympathique s'il soit, Chaban n'a ni la sûreté et l'aisance de Giscard, ni l'humanisme et le lyrisme de Mitterrand.

« Au PC de Chaban, avenue Charles-Floquet, régnait une aimable pagaille, alors que chez Giscard, rue de la Bienfaisance, c'était le vrai professionnalisme », compare Michel Aurillac, chargé, en 1974, de la liaison entre Matignon et les deux candidats de la majorité.

Dès qu'il apparaît, il perd des voix, et ce n'est pas l'hallucinante intervention télévisée d'André Malraux à ses côtés, réclamant rien moins que la fermeture des écoles et l'éducation des enfants par l'audiovisuel, qui va entraîner le ralliement franc et massif des parents d'élèves au candidat gaulliste.

« Il encombre. Ce n'est pas sa faute, il encombre. En attendant, on ne tire pas sur une ambulance », écrit cruellement Françoise Giroud dans *L'Express*, le trait le plus célèbre de la campagne. VGE diagnostique : « Le véritable débat aura lieu entre le centre [c'est-à-dire lui-même] et l'extrême gauche [c'est-à-dire François Mitterrand]. » Exit Chaban.

Tout sourit à VGE : le 26 avril, dans un face à face contre François Mitterrand organisé par Europe 1, le leader de la gauche est pourtant peu amène :

– La hausse des prix, c'est vous ! Les bas salaires, c'est vous ! Les mal-logés, c'est vous ! L'injustice fiscale, c'est vous !

– Quelle litanie ! soupire le ministre des Finances.

Avant de rétorquer avec diplomatie : « Il faut faire tout ce que l'on peut avec ce que l'on a. » Les auditeurs hochent la tête, le sens des réalités surgit face au rêve. Et chacun le sait, en France la raison raisonnable doit toujours triompher.

Pendant ce temps, au ministère de l'Intérieur, Jacques Chirac se dépense maintenant sans compter pour son collègue, le ministre des Finances. « C'est la seule fois de ma vie que j'ai entendu Jacques appeler Giscard par son prénom au téléphone », note un collaborateur du maire de Paris.

« Grâce à lui, les préfets étaient paralysés », apprécie encore aujourd'hui Ponia. Et, de fait, Jacques Chirac tance vertement ceux qui ont osé se montrer aux meetings de Chaban : « Votre présence à l'une des réunions des candidats est inadmissible », leur fait-il dire.

Pour VGE encore, Jacques Chirac reçoit, par exemple, les associations de rapatriés. Après quoi, son chef de cabinet, Jacques Toubon, aidé de Paul Deroche, un collaborateur de VGE, rédige la lettre que le candidat giscardien adressera aux Français d'Algérie.

Les conseillers de l'Élysée se sont installés pour le temps de la campagne au ministère de l'Intérieur. Pierre Juillet fait signer à Alain Pompidou (le fils du président défunt), un jeune médecin qui ne s'est jamais mêlé de politique, une lettre assurant que son père a bien choisi Giscard. (Tiens, ce n'est plus Messmer !)

Bref, pendant près de vingt jours, Giscard fait un tel parcours sans faute, Chaban un si mauvais tour de piste et Chirac apporte une telle assistance technique au premier et contrarie si bien les efforts du second que les résultats du 5 mai ne surprennent plus grand monde.

Comme les sondages l'ont prédit, le leader républicain indépendant est confortablement en tête de la majorité, avec 32,60 % des suffrages, soit le double des pauvres 15,10 % de Chaban. En face, François Mitterrand totalise 43,64 % des voix (un peu moins que la barre fatidique des 45 %, dont lui-même estime en privé qu'elle constitue le seuil du succès).

Rue de la Bienfaisance, au PC de VGE, c'est l'allégresse ! Déjà, plus personne ne doute de la victoire.

Le deuxième tour commence, et le duel avec le leader de la gauche unie. La moindre péripétie de cette campagne en étant désormais si connue et l'issue n'étant plus un objet de suspense, c'est plutôt le climat qui importe.

VGE aborde cette dernière épreuve comme le joueur de tennis qui vient de remporter la quatrième manche aborde le début du cinquième set : il porte en lui la petite dose de confiance supplémentaire, la petite touche d'assurance et la petite pointe de détermination qui font la différence. Car avoir été qualifié, et aussi aisément, lui démontre qu'il a su triompher des préventions les plus subtiles et les plus difficiles à exorciser : celles qui venaient de la majorité.

En revanche, être arrivé largement en tête au soir du premier tour ne suffit pas à consoler François Mitterrand, seul candidat en piste pour la gauche. Il est déçu.

Chez les gaullistes, c'est l'abattement : une dynastie vieille de seize ans vient de sombrer. Finis, les compagnons portant haut la croix de Lorraine, usés, les barons jaloux de leurs titres, dépassés, les godillots inconditionnels. L'heure est à la reddition et à la corde au cou.

Ils n'en reviennent pas. Car enfin, « l'État UDR », tant dénoncé par J-J S-S, ce n'est pas une légende ! Ils avaient l'Élysée et Matignon, le premier parti de France, un groupe parlementaire tout-puissant, des ministres occupant la plupart des postes clefs, une clientèle toujours plus nombreuse, une cohorte de collaborateurs et d'obligés. Et patatras, cette forteresse imprenable s'écroule comme un château de cartes.

Leur reste-t-il seulement des conditions à négocier : que les institutions soient maintenues, la politique d'indépendance poursuivie et les grands principes garantis ? C'est assez vague pour tenir en quelques bonnes paroles. Mais Ponia, trop content d'administrer une leçon de gaullisme, prévient, au soir du 6 mai : « Pas de négociations entre les deux tours. »

Est-ce tout de même un aimable clin d'œil à leur adresse ? VGE veut bien dire qu'en politique étrangère, il a toujours été partisan de la détente et de la coopération avec l'URSS, dont il connaît si bien les dirigeants. Bref, il ne serait pas l'atlantiste que l'on croit. Voilà pour la continuité gaulliste.

Certains UDR s'en réjouissent : enfin une petite consolation dans toute cette grisaille ! Mais le plus satisfait de cette belle profession de foi est, sans doute, l'ambassadeur d'Union soviétique, Tchervonenko, qui rend visite au candidat de la majorité. *L'Humanité* en est, cette fois, rouge de colère…

Tristement, le visage défait, les gaullistes, n'ayant pas le choix, se rallient un par un à leur frère ennemi de la veille. À chacun son Waterloo ! Depuis toujours, ne rabâchaient-ils pas à chaque réunion : « Si nous ne faisons pas de bêtises, nous sommes au pouvoir encore pour vingt-cinq ans » ? Cette certitude irrationnelle était bien traversée de temps en temps par de petites paniques. Mais, au fond d'eux-mêmes, ils ne doutaient pas.

Le dimanche soir, le premier à se rendre les armes aux pieds est Olivier Guichard, deux fois baron – d'empire et de gaullisme. Un homme de mesure, trop sceptique pour avoir longtemps cru à la victoire de Chaban, trop hostile à la gauche pour avoir l'ombre d'une hésitation à l'égard de Giscard, trop attaché aux institutions pour ne pas songer aux plaies qu'il faudra cicatriser bientôt, et puis peut-être songe-t-il que son heure, enfin, pourrait sonner.

Le suivent Claude Labbé, président du groupe UDR, et Alexandre Sanguinetti, secrétaire général du mouvement gaulliste, qui, tous deux, appellent – et en les prononçant, les mots leur écorchent la bouche – « au grand rassemblement » des électeurs de la majorité.

Curieusement, pendant deux jours, Jacques Chirac, lui, ne souffle mot, ce que relève d'ailleurs le journal *France-Soir*. Est-ce la fatigue accumulée qui le rend subitement aphone ? Douterait-il soudain de son choix ? Bouderait-il ce candidat pour lequel il s'est tant dépensé ? Mystère.

Valéry Giscard d'Estaing, d'ordinaire si avare de compliments, n'a pourtant pas mesuré les éloges à son adresse. À plusieurs reprises et non sans intention, bien avant le premier tour il le couvre de fleurs.

Dès le 9 avril (lendemain de son acte de candidature) recevant au ministère des Finances des journalistes économiques, il dresse un portrait si enthousiaste du ministre de l'Intérieur que les convives quittent la table, persuadés de connaître déjà le nom de l'hôte futur de Matignon.

VGE aurait-il, comme certains l'affirment, négocié avec Pierre Juillet la place de Jacques Chirac à Matignon en échange de son soutien actif ? Rien ne le prouve. « Giscard m'a offert Matignon bien avant le premier tour. Je lui répondis : "Ne me dites pas cela. Je vous soutiens uniquement pour faire battre Mitterrand…" », assure avec une feinte humilité le maire de Paris aujourd'hui.

Le 23 avril, lors d'une réunion publique à Yvetot, VGE déclare même à son auditoire : « Jacques Chirac fait partie de cette catégorie d'hommes d'État qui ont démontré leurs capacités et qui sont ou seront appelés à exercer des responsabilités importantes de l'État. » Là encore l'allusion est si claire qu'en l'entendant, tout le monde comprend qu'en cas de victoire, Jacques Chirac ne devrait pas tarder à installer ses pénates du côté de la rue de Varenne.

En fait, la raison de ce mutisme (il ne dure que deux jours : le mardi, Jacques Chirac déclare qu'il se prononce « sans aucune réserve pour VGE ») relèverait de l'intention la plus délibérée, ainsi que l'assure aujourd'hui Charles Pasqua : « Deux ou trois jours avant le premier tour, je suis allé voir Jacques au ministère de l'Intérieur. Je lui ai dit : "Arrête tes manœuvres contre Chaban, tu en as assez fait comme ça. Maintenant tu dois ménager l'avenir. Et l'avenir, c'est le rassemblement des gaullistes autour de toi. Après l'échec de Chaban, les barons seront démonétisés, ils vont se battre entre eux. L'UDR n'aura plus de chef. Or, un grand parti doit avoir pour leader un homme jeune et présidentiable. Tu es le seul à avoir ce profil-là. Si tu ne fais pas de bêtises, tôt ou tard, les gaullistes se rallieront à toi. Je t'y aiderai. Mais n'en rajoute pas avec Chaban. Tu vas en faire un martyr !"

En dévidant mon boniment, explique encore Charles Pasqua, je me suis rendu compte que je prêchais un convaincu et que Jacques Chirac ne m'avait pas attendu pour songer à prendre la tête d'un grand mouvement néo-UDR. » D'ailleurs ce jour-là, de lui-même, il décide d'annuler une interview à la radio et de se taire jusqu'au lendemain du deuxième tour. Après avoir tant aidé à sa victoire, il ne veut pas être le premier à rejoindre le vainqueur. Toujours pour l'avenir…

Autrement dit, longtemps avant le deuxième tour, le ver est peut-être dans le fruit. Tous les témoins sont bien d'accord, le projet intime, déclaré de longue date, de Valéry Giscard d'Estaing, est de rassembler sous sa bannière les centres et les centristes. Dans son esprit, un fort contingent de gaullistes légitimistes ou libéraux devrait le rallier, tandis que les malheureux UDR archaïques qui n'ont pas le sens de l'histoire s'isoleraient dans l'opposition.

Mais Jacques Chirac a-t-il déjà l'ambition de rassembler à son profit tous les clans et autres factions gaullistes ? Songe-t-il à relancer la machine UDR pour en faire sa force de frappe politique personnelle ? C'est l'intention que lui prêtent plusieurs de ses proches qui l'assisteront plus tard dans le lancement du RPR. D'autres en doutent et voient dans cette interprétation la rationalisation *a posteriori* de choix beaucoup plus empiriques.

« Après l'élection présidentielle, Chirac m'a dit : “Ça va tanguer à l'UDR. Il y en a qui partiront. Bon vent ! Ça marchera mieux sans eux” », affirme Claude Labbé, président du groupe RPR.

« Au moment de l'appel des quarante-trois, Chirac m'a fait dire : “Viens avec nous, l'UDR va se casser. Il faudra rassembler un groupe de gaullistes giscardiens.” », dit de son côté Paul Granet.

En tout cas, lorsque ces deux conceptions totalement opposées de l'organisation de la majorité s'entrechoqueront, elles seront à la source de tous les malentendus qui vont empoisonner le premier septennat de Valéry Giscard d'Estaing.

Pour l'heure, ce 19 mai 1974, le bonheur et lui seul est au programme du nouveau président de la République. Il exulte. Comme il se l'est sérieusement promis seize ans plus tôt, le voilà chef d'État. Il a quarante-huit ans. Depuis Louis Napoléon, prince-président en 1848, la France n'a jamais eu un si jeune maître. Il a satisfait haut la main à trois épreuves bien françaises : adolescent, il a séduit ses professeurs, et la France aime tant les diplômes ! Jeune homme, il a conquis les politiques, et le Palais-Bourbon ne déteste pas l'ambition, surtout quand elle est cultivée avec la désinvolture et l'apparent détachement qui sont les siens. Enfin, homme toujours jeune, il a convaincu un nombre suffisant d'électeurs de le porter à l'Élysée, ceux pour qui l'alliance du charme et du prestige intellectuel forme – au moins ce printemps-là – un irrésistible cocktail.

Le *oui mais* a payé et lui a permis de rendre crédible son extraordinaire dédoublement. Au pouvoir pendant plus de douze ans, ministre du Général puis de son successeur, il fait figure d'opposant au gaullisme et d'étranger au pompidolisme. Ministre des Finances aux prises avec l'inflation, il apparaît comme le candidat le plus qualifié pour la juguler. Conduit par ses fonctions à refuser autoritairement crédits et subventions, il est perçu comme un libéral qui ne fait guère de politique, et c'est le succès.

Ce n'est cependant pas un raz de marée qui l'installe au pouvoir. Il l'emporte avec seulement trois cent quarante-deux mille voix d'avance sur son rival de gauche. Sur plus de vingt-six millions d'électeurs, c'est maigre. À coup sûr, des voix chabanistes lui ont fait défaut. Les graves experts électoraux notent qu'au-delà du Poitou, de l'Aunis et de la Saintonge, plus d'un électeur aquitain a dû aller à la pêche ou à la baignade le dimanche du deuxième tour.

Ceux qui réécrivent l'histoire prétendent encore que « si Chirac et Ponia n'en avaient pas tant fait contre Chaban, il y aurait eu des primaires normales. Giscard, étant le meilleur, se serait forcément retrouvé en tête. Mais la différence est qu'au deuxième tour, les voix chabanistes se seraient mieux reportées sur Giscard. Le climat majoritaire s'en serait ressenti tout au long du septennat ».

« Quelle erreur ! riposte Marie-France Garaud. Si nous n'avions pas foré l'écart entre les deux candidats de la majorité, la dynamique de la victoire aurait manqué. C'est alors que les voix se seraient moins bien reportées et Mitterrand serait à l'Élysée. »

Quoi qu'il en soit, si 50,6 % d'électeurs choisissent de confier la barre du vaisseau France à un commandant si jeune, si moderne, si libéral et si européen, c'est sans doute que, le temps d'une campagne électorale, VGE, jonglant de façon infaillible avec les équations les plus péremptoires, a su les convaincre qu'il garantirait mieux qu'un autre l'avènement d'une « société plus juste et plus humaine ».

François Mitterrand, qui a mis tant de flamme, de verve, de lyrisme, pour dénoncer la cruauté des chiffres et l'impénétrabilité de ce monde technique, est renvoyé à ses chères écritures, à ses bergeries cachées et à ses promenades romantiques, son écharpe de cachemire flottant au vent. Pour dominer une époque si exigeante et si déroutante, une courte majorité de Français a jugé qu'il valait mieux se donner pour chef un géomètre qu'un littéraire.

« Vous verrez, il va se révéler, il va étonner », aurait prédit Madame Edmond Giscard d'Estaing, la mère de Valéry, au lendemain de son élection. Il étonne, en effet : ce 27 mai 1974, un homme à la longue silhouette aristocratique choisit d'entrer à pied à l'Élysée. Seul. Veut-il ainsi illustrer sa courte victoire remportée d'une enjambée seulement sur le leader socialiste ? Ou bien signifier aux Français : « Ce n'est pas la majorité, mais *moi*, sur mon équation personnelle, qui ai gagné et seul je gouvernerai » ?

Nouveau décor, nouveau style : outre cette irruption pédestre, le président a réglé la cérémonie de son sacre avec un soin méticuleux. Pas de grand dignitaire en jaquette, mais des écoliers dans le salon d'honneur de l'Élysée. Pas de chevaux ni de casques à crinière pour les gardes républicains, mais le képi de tous les jours. Pour musique d'investiture, il retient *Le Chant du départ*, qui a rythmé la longue marche de la mairie de Chamalières vers la magistrature suprême.

C'est un Valéry Giscard d'Estaing en veston, et non en jaquette comme ses prédécesseurs, qui prend possession de l'Élysée. Le chef du protocole en a quelques vapeurs : « A-t-on jamais passé le collier de grand maître de la Légion d'honneur sur les épaules d'un homme qui porte cravate et veston ? Sacrilège ! »

Déjà plein de décisions, le nouvel élu tranche ce cas difficile. Qu'à cela ne tienne ! On ne lui passera pas le collier autour du cou. Il restera dans son coffret. À Matignon, Jacques Chirac, aurait été, dit-on, un peu choqué par ce manque de cérémonial.

Mais pour les UDR, le changement, ils le savent, ne sera pas simplement affaire de symbole vestimentaire. En seize ans, le ministre des Finances les a habitués à ses effets de garde-robe : pelisse et toque pour chasser l'ours en Pologne, saharienne pour les safaris africains, fuseau serré pour les slaloms façon Killy, sans parler du chandail à la télévision.

« De ce jour date une ère nouvelle », annonce, sans ménagements, Valéry Giscard d'Estaing devant un parterre de dignitaires gaullistes. Ceux-ci, le cœur en berne, ne se font guère d'illusions : l'Élysée leur ayant échappé après seize ans de monopole, si quelques riantes oasis leur sont encore promises, l'avenir, pour eux, risque fort de ne plus ressembler qu'à un grand Sahara.

Et comment en serait-il autrement avec ce jeune président (il n'a pas un mot dans son discours pour ses prédécesseurs) qui n'a jamais été un gaulliste breveté ? Pis : n'a-t-il pas été l'un des artisans du départ du Général, en faisant voter *non* au référendum d'avril 1969 ?

D'ailleurs, le changement, Monsieur Giscard d'Estaing compte bien l'illustrer au plus vite en ce qui concerne la majorité actuelle : elle doit désormais devenir *sa* majorité. Pour l'heure, l'Assemblée nationale est encore le reflet de la majorité pompidolienne : cent soixante-quatorze députés UDR, cinquante-cinq républicains indépendants, une soixantaine de centristes et réformateurs de tout poil.

Pour le nouveau président, ce trépied pompidolien n'est absolument plus le miroir de 1974. Tant que la campagne présidentielle a duré, certes, l'UDR demeurait toujours le parti dominant qui rassemblait, l'année précédente aux élections législatives, quelque 25 % des suffrages. Mais le verdict de l'élection présidentielle tombé, l'UDR risque de ne plus être que la formation minoritaire des 15 % de pauvres petits suffrages chabanistes.

Reste donc à traduire dans la géographie parlementaire le poids tout neuf des giscardiens. Or, VGE l'a promis pendant sa campagne : il n'y aura pas d'élections anticipées (est-ce parce que François Mitterrand les annonçait ?). « Le giscardisme, disait-il, c'est le changement dans la stabilité. » À l'époque, Ponia jugeait qu'il aurait peut-être mieux valu organiser des élections législatives dans la foulée.

« Il fallait que Giscard ait le courage de faire des élections pour avoir sa majorité à lui. Mais il a eu peur de la gauche. Il n'a pas osé, c'est sa grande erreur », diagnostique de même aujourd'hui plus d'un RPR.

Le nouveau président voit les choses autrement. Selon lui, pour éliminer les gaullistes, mieux vaudra changer, le moment venu, la loi électorale. Pendant sa campagne présidentielle, il s'est prononcé au micro d'Europe 1 pour un système à l'allemande où le scrutin majoritaire serait tempéré d'une certaine dose de proportionnelle. Si les gaullistes ont gardé le pouvoir si longtemps, croit-il, c'est grâce au scrutin majoritaire, qui se traduisait à chaque élection par un affrontement sans merci entre deux blocs rivaux totalement étrangers. D'un côté la majorité, de l'autre la gauche. Le centre était ainsi laminé. Ce système doit donc changer.

En attendant, comme le nouvel élu n'entend pas que les vaincus du 5 mai continuent, comme par le passé, de faire la loi, il lui faut métamorphoser cent soixante-quatorze UDR blessés ou troublés par son ascension élyséenne en autant de giscardiens grand teint. Et de quel procédé entend user le chef de l'État pour réussir cette opération de chirurgie-fiction ? D'un coup de baguette magique, de la danse des sept voiles, des grands sentiments ?

Point de tout cela. Pour mettre au pas cette troupe récalcitrante, il suffira, juge-t-il, d'un homme à poigne… et Jacques Chirac a le profil idoine. Il va régimenter tout ce monde et faire rimer, comme on ne l'apprend pas à Polytechnique, idéologie, passions et intérêts divergents avec la nouvelle arithmétique présidentielle.

Ah ! s'il avait écouté son ami Ponia, VGE aurait plutôt installé à Matignon Olivier Guichard (beau-père du jeune prince Ladislas) : « Chirac est trop jeune, trop impulsif, nous ne le contrôlerons pas. Avec Olivier c'est le calme assuré, c'est la tranquillité », répète le prince Michel sur tous les tons.

S'il avait écouté Pierre Juillet, révèle Marie-France Garaud, VGE aurait plutôt confié Matignon à Ponia : « Si vous voulez casser l'UDR mieux vaut vous adresser à lui. » Mais c'eût été une trop grande provocation à l'égard des UDR. Il y avait de quoi se demander si l'ex-conseiller de l'Élysée était bien sincère. Et puis, le 18 avril, le candidat VGE ne disait-il pas : « *A priori*, le Premier ministre ne sera pas un républicain indépendant » ?

René Tomasini est catégorique : « Jacques ne voulait pas aller à Matignon. Il aurait préféré être nommé aux Finances. »

En 1980, Jacques Chirac le confirme : « Si Pierre Juillet ne m'avait pas dit : "Le président vous le demande, vous ne pouvez pas le lui refuser", je n'aurais pas accepté d'être Premier ministre. »

Ayant déclaré aux Français : « Vous serez surpris par l'ampleur du changement », l'hôte de l'Élysée ne peut décemment pas nommer non plus un chef de gouvernement symbolisant autant l'ancien régime qu'Olivier Guichard. Ce serait s'exposer à quelques lazzis regrettables.

D'ailleurs, la désignation de Jacques Chirac pour Matignon s'explique par moult arguments : « Il fallait choisir quelqu'un qui ait soutenu ma candidature, qui, de préférence, appartienne au groupe UDR et qui ait une expérience politique et gouvernementale suffisante. » C'est ainsi que Valéry Giscard d'Estaing explique son bon choix de Jacques Chirac à la télévision.

Par principe et par coquetterie, il ne veut pas d'un Premier ministre plus âgé que lui ou qui aurait été son égal dans des gouvernements antérieurs. Ne risquerait-il pas d'avoir le mauvais goût de lui prodiguer des conseils ? Et cela, aucun chef d'État qui se respecte ne saurait le tolérer.

Et puis, avec Jacques Chirac, le président sait à qui il a affaire. Pendant deux ans, au ministère des Finances, il a apprécié sa vitalité, sa puissance de travail inépuisable et sa fidélité de jésuite (*perinde ac cadaver*). VGE s'en persuade, Georges Pompidou disparu, Jacques Chirac n'aura d'existence que par et pour le nouvel élu.

Comme les raisons esthétiques ont aussi leur prix, le président n'est pas mécontent de pouvoir promener *all around the world* ce tandem d'hommes jeunes, sveltes, au poil rare mais brillant. Voilà qui égaiera agréablement ces réunions internationales, au milieu de tant d'hommes politiques harassés, bedonnants ou carrément podagres. Voilà qui, en France, tranchera visiblement avec le passé le plus récent ! (VGE n'a-t-il pas promis aux électeurs de les informer périodiquement de l'état de ses artères ?)

Et puis il pense que Jacques Chirac, ayant fêlé l'UDR avec le fameux appel des quarante-trois, ne peut qu'achever la cassure, en rameutant sous sa houlette les plus légitimistes, les plus récupérables, les plus ambitieux, bref, les plus intéressants des gaullistes. Pour la gloire du nouveau souverain, s'entend…

Enfin, quitte à choisir un UDR, le nouvel élu reconnaissant est fort heureux de promouvoir un jeune homme si dévoué, si efficace et si perspicace. N'a-t-il pas soutenu le meilleur des candidats ?

Et c'est ainsi que, le 27 mai 1974, un jeune couple – Giscard (quarante-huit ans) et Chirac (quarante et un ans), longilignes et radieux – accède au sommet du pouvoir. Dans ce mariage, chacun le sait, il y a beaucoup d'intérêt et probablement un brin d'amourette. Ce n'est sûrement pas le coup de foudre : la nature a mis entre eux une telle distance, leurs tempéraments sont si opposés que, déjà, on s'interroge. Seront-ils complémentaires ou bien l'excès de différence ne leur nuira-t-il pas ?

Les bans sont à peine publiés que déjà les commentateurs politiques relèvent l'étrangeté de cette union. N'est-ce point un ménage à trois qui va gouverner la France au vu et su de l'univers ?

En effet, qui donc est aux côtés de Valéry Giscard d'Estaing pour la formation de son premier gouvernement ? Le Premier ministre ? Non, c'est Ponia. L'ami de toujours, celui chez qui, entre son élection et son installation à l'Élysée, il a trouvé refuge. Il en a fait le nouveau ministre de l'Intérieur, seul ministre d'État du gouvernement, doté, outre ses attributions classiques, de l'aménagement du territoire et se taillant ainsi un empire aussi impressionnant qu'électoral.

Et qui choisit les principaux ministres ? Le Premier ministre Jacques Chirac, comme le prévoit la Constitution ? Pas plus : Valéry Giscard d'Estaing tout seul ou aidé de Ponia.

Jacques Chirac, découvrant l'épaisseur du secret giscardien, laisse se dresser, en dehors de lui, la liste de son gouvernement – à deux ou trois exceptions près : il désigne lui-même Olivier Stirn, Pierre Lelong et le fidèle René Tomasini, secrétaire d'État au Parlement, qui a la réputation de pouvoir transformer n'importe quel poteau télégraphique en militant UDR.

Jacques Chirac s'oppose tout de même à l'entrée de Françoise Giroud : « J-J S-S, ça suffit ! On ne va pas avoir tout *L'Express*, ce serait une provocation, d'autant que Madame Giroud s'est prononcée pour la candidature de François Mitterrand. » Et il impose Simone Veil.

D'aucuns s'étonnent de cette situation : « Rarement Premier ministre a joui d'aussi peu de liberté pour constituer son équipe », note *Le Point*.

« Qui sera le vrai Premier ministre ? » s'interroge *La Croix*, tandis que Pierre Charpy écrit dans *La Lettre de la Nation* : « Si le président de la République est entré à l'Élysée en complet-veston, son Premier ministre ne sait pas dans quel état il sortira de Matignon. »

Apparemment, seul Jacques Chirac ne s'en formalise pas…

Et qui donc rend compte du premier Conseil des ministres, perché sur la plus haute marche du perron de l'Élysée (le porte-parole n'est pas encore désigné) ? Jacques Chirac, peut-être ? Non, Ponia toujours, et pas peu fier de rapporter les premiers propos du nouveau président à son nouveau gouvernement tout neuf. Des propos qui allègent singulièrement les prérogatives naturelles du Premier ministre : « J'exercerai pleinement la fonction présidentielle, dit VGE, et j'accepte pleinement les responsabilités qui en découlent. Je travaillerai directement avec les ministres. »

Et qui donc présente aux Français le nouveau gouvernement ? Jacques Chirac ? Non, le président de la République en personne et à la télévision.

Jacques Chirac ne bronche toujours pas. Mais ne l'a-t-il pas affirmé quelques années plus tôt : un bon Premier ministre doit s'effacer, prendre les coups et laisser le président avoir toutes les initiatives ?

L'avènement de la république giscardienne ne déclenche, d'ailleurs, de fronde ni dans l'opposition, ni chez les gaullistes encore estourbis. Les lendemains de défaite, il faut souffler un peu. En d'autres temps, l'affront aurait paru inacceptable. Or, c'est avec une franche hilarité que l'UDR accueille la composition de ce gouvernement qui marque la fin de l'État gaulliste. Mais ne rit-on pas quelquefois très fort en famille après un enterrement ?

« C'est un gouvernement qui prête à la jovialité ou qui prête à l'agacement », moque à sa manière Maurice Couve de Murville. Pour sa part, Jacques Chaumont, député de la Sarthe, plaisante ouvertement : « Giscard a libéré chez nous les forces de la joie. »

Et que faire d'autre ? VGE, n'ayant réservé aux UDR que cinq fauteuils sur seize, mieux vaut se gausser.

Certes, Jacques Chirac est à Matignon. Mais est-il vraiment gaulliste, ce pompidolien qui s'est tant démené pour faire élire Giscard ?

Certes, Robert Galley, seul rescapé du radeau messmérien, hérite du ministère de l'Équipement. Mais il a été faire campagne aux Antilles pour Giscard entre les deux tours.

Certes, Jacques Soufflet, sénateur compagnon de la Libération, est doté de la Défense nationale. Mais qui le connaît vraiment, hormis Marie-France Garaud, qui le rencontre, dit-on, de temps en temps à la chasse ?

Certes, Vincent Ansquer, député de Vendée, vice-président du groupe UDR (ancien collègue de VGE à la commission des finances), accède au ministère du Commerce et de l'Artisanat. Il en est tout surpris.

Certes, André Jarrot (vous avez dit Jarrot ?) député-maire de Montceau-les-Mines, se hisse au ministère de la Qualité de la vie. (Il a organisé la seule manifestation ouvrière de la campagne.) « Il a été pendant neuf ans employé au Gaz. » C'est ainsi que le président le présente aux téléspectateurs. Sans doute veut-il souligner que son gouvernement ne compte pas que des princes ou des comtes.

Lorsque l'Élysée lui annonce sa promotion, André Jarrot entend mal et définit, par la suite, ses attributions de cette façon : « J'ai, je crois, la Jeunesse, l'Environnement et un brin de Culture. »

« Quel quarteron de zozos ! » raille, sans aménité, Alain Peyrefitte. Il faut dire que pas un grand baron gaulliste, pas un baronnet pompidolien ne surnage dans la débâcle. En revanche, les quatre mousquetaires de ces centrismes unanimement honnis à l'UDR deviennent les vedettes du nouveau gouvernement.

Jean-Jacques Servan-Schreiber, qui a fait du départ du général de Gaulle le jour le plus beau de sa vie, est intronisé ministre des Réformes. « Aux Réformes un réformateur », commente, sans doute à court d'imagination, le président à la télévision.

Jean Lecanuet, député-maire de Rouen, qui montre les dents aux gaullistes plus souvent pour mordiller que pour sourire, s'installe à la tête de la Justice.

Les centristes Pierre Abelin, député-maire de Châtellerault, et Michel Durafour, député-maire de Saint-Étienne, dont le but dans la vie n'est pas exactement la défense et l'illustration du gaullisme, se retrouvent l'un à la Coopération, l'autre au Travail.

Naturellement, les grands vassaux giscardiens se taillent des places de choix : Ponia, seul ministre d'État, s'installe au ministère de l'Intérieur. Michel d'Ornano va régner sur l'Industrie, Christian Bonnet sur l'Agriculture.

Des techniciens, des inconnus surgissent sur la scène politique. L'ambassadeur à Bonn, un agrégé d'allemand, Jean Sauvagnargues devient ministre des Affaires étrangères. Pour le grand public, longtemps sa caractéristique essentielle sera d'exhiber avec fierté, sous des narines frémissantes, une moustache aussi fine qu'un sourcil épilé.

Par deux fois, Ponia propose le Quai-d'Orsay à Pierre Juillet. Le conseiller refuse. Il aime tant l'ombre et espère tant continuer à y jouer un rôle ! « Vous devez prendre une autre dimension », lui aurait dit Ponia, lequel fait ce commentaire en 1980 : « Je voulais ainsi lui faire comprendre qu'il ne serait plus jamais le conseiller privé de l'Élysée. »

Un ancien collaborateur du président, un drôle de boy-scout sympathique et bruyant, au poil taillé façon moquette, s'installe rue de Rivoli. VGE, qui a du goût pour les palmarès, présente Jean-Pierre Fourcade comme le « meilleur spécialiste des prix ».

Enfin survient, à l'Éducation nationale, René Haby, un recteur de Clermont-Ferrand au physique de rugbyman, éternellement vêtu d'un blazer de yachtman.

Il y a tout de même quelqu'un qui fait l'unanimité dans ce gouvernement : c'est une femme aux yeux verts, au beau visage plein. Simone Veil, une amie de Marie-France Garaud, est secrétaire générale du Conseil supérieur de la magistrature. Elle impressionne ceux qui la côtoient. Elle a la gravité de ceux qui ont subi l'épreuve de la déportation. Elle a l'autorité de ceux qui ne doutent pas de leurs aptitudes. Elle a le caractère si trempé qu'autour d'elle, ses collaborateurs se hâtent en silence, le menton éternellement soudé à leur nœud de cravate. Au ministère de la Santé et au Parlement, les chaînes des huissiers tintinnabuleront parfois sous ses courroux de Junon. Néanmoins, Jacques Chirac ne manquera jamais l'occasion de lui plaquer en public de gros baisers sonores sur le front et de l'interpeller par un petit nom plus affectueux que véritablement approprié : « Poussinette. »

Ainsi donc, une ère nouvelle va commencer. Va devoir œuvrer pour bâtir la « société libérale avancée » une poignée d'UDR encerclée par un bataillon d'antigaullistes notoires, rêvant de sombres revanches depuis l'« usurpation » gaulliste de 1958.

Même si l'évolution du monde fait qu'en politique étrangère, économique ou financière, les choix sont souvent assez étroits, devront tout de même coexister au pouvoir un J-J S-S ennemi déclaré des essais nucléaires et du supersonique Concorde et des Robert Galley ou Jacques Soufflet, tous deux chauds partisans de ces programmes.

Ainsi Jacques Chirac, qui a peu de goût pour la musique, va devoir harmoniser en chef d'orchestre cet ensemble disparate et éviter les couacs.

Ainsi Valéry Giscard d'Estaing, qui assume la direction, toujours embarrassante, d'un ménage à trois (les fins psychologues expliquent volontiers que trois, cela fait toujours deux et un : deux complices et un frustré), va devoir doser, peser, soupeser, mesurer chaque sourire, chaque confidence, chaque mot aimable, chaque faveur. Seul moyen d'éviter que cet étrange trio ne s'abîme dans l'aigreur.

Ainsi ces hommes politiques armés pour la lutte, que tout sépare et qui ne sont pas très sûrs de savoir faire la paix, devront-ils se plier aux règles élémentaires d'une convivialité supportable.

Autant demander à de simples mortels de ne plus être qu'un chœur céleste de chérubins ! Quelle gageure ! Certaines pythies grincent déjà : bien trop joli pour durer, ce jeune ménage bourgeois !

CHAPITRE V
La lune de miel

Les conseillères conjugales l'affirment : l'avenir d'un couple se joue les quinze premiers jours. En ce début d'ère nouvelle, faute d'avoir assez lu Paul Géraldy ou Marcel Jouhandeau, la classe politique ne perçoit pas qu'en moins de deux semaines, trois événements vont donner le ton.

Premier événement : déclaration de politique générale, à l'Assemblée nationale, du Premier ministre. Quelques jours avant d'engager la responsabilité de son gouvernement devant les députés, Jacques Chirac vient tout naturellement soumettre son discours à l'Élysée. Valéry Giscard d'Estaing est entouré du conseil de la couronne : un aréopage de quelques ministres : Michel Poniatowski, Jean Lecanuet, J-J S-S, Jean-Pierre Fourcade.

Examinant ce projet d'allocution après le président, qui juge que son Premier ministre a travaillé vite et bien, J-J S-S, l'ancien directeur de *L'Express*, prenant sans doute le Premier ministre pour un journaliste stagiaire, s'écrie sans plus de façons : « Ce papier est entièrement à refaire ! Il ne vaut rien… Pompidou n'aurait pas dit autre chose il y a dix ans. Il faudrait imprégner ce texte de l'élan réformiste qui doit être la marque du président de la République. »

En l'entendant, VGE acquiesce aux suggestions de son ministre des Réformes : « Il conviendrait en effet que le Premier ministre modifie quelque peu son texte. Yves Cannac, qui a une si bonne plume, pourrait l'y aider. » Et le président de faire appeler sur-le-champ le secrétaire général adjoint de l'Élysée.

Un brin mortifié d'être ainsi censuré par un J-J S-S qu'il abhorre, Jacques Chirac se plie avec une apparente bonne grâce aux injonctions présidentielles et s'en retourne à Matignon, sa copie à refaire sous le bras, accompagné de son répétiteur élyséen.

Mais le 5 juin, cravaté de noir (il porte le deuil du président défunt), le Premier ministre prononce à la tribune un discours qui ressemble comme un frère au projet initial : « L'indépendance nationale sera l'objectif intangible de notre politique. [...] Il faut développer les efforts pour se doter des moyens efficaces de dissuasion nucléaire. [...] Il faut poursuivre la politique de concertation [on dirait du Chaban !]... même si les motifs d'inquiétude ne manquent pas, notamment à cause de la Grande-Bretagne. L'Europe n'est plus pour les Français une "affaire étrangère". [...] Il faut réaliser l'union européenne avant 1980 [on dirait du Pompidou !]. [...] L'âge du droit de vote sera abaissé à dix-huit ans au cours de la prochaine session [enfin, du Valéry Giscard d'Estaing !]. »

J-J S-S a raison, le prédécesseur du nouveau président n'aurait pas changé grand-chose à cette allocution. C'est la continuité plus que le changement. Les commentateurs ne s'y trompent pas. « Certaines propositions ont déjà été formulées il y a dix ans », relèvent les gazettes. « Ces propos s'adressaient à nous, c'est-à-dire la majorité ancienne, et non à la majorité nouvelle », applaudit, soulagé, dans les couloirs du Palais-Bourbon, le député UDR de Paris, Joël Le Tac.

Et J-J S-S de vitupérer Jacques Chirac – il n'y a décidément rien à faire avec ces UDR ! –, qui vient ainsi de gruger l'Élysée. Dans de petits cénacles giscardiens, on s'interroge déjà : est-il aussi loyal qu'on dit, ce Premier ministre ?

Deuxième événement : quelques jours après son installation place Beauvau, Michel Poniatowski, le nouveau ministre de l'Intérieur, convie à déjeuner une vingtaine d'élus centristes et réformateurs, dont les sénateurs Bonnefous, Fosset, etc. Au dessert, l'œil aussi pétillant que le champagne de sa coupe, Ponia leur tient à peu près ce langage : « Il faut casser l'UDR, lui mettre un genou à terre. Le

Premier ministre va s'en charger. Notre ligne sera de ne jamais attaquer les socialistes. Nous devons leur ouvrir les portes. Les réformes du président démontreront que la gauche au pouvoir ne ferait pas mieux. Je vais mettre à l'étude différents projets de réforme du scrutin électoral. Avec la proportionnelle, les socialistes n'auront plus besoin des voix communistes pour se faire élire. Ainsi pourrons-nous créer cette grande majorité social-démocrate et centriste que nous appelons de nos vœux depuis si longtemps. »

En entendant Ponia, Madame Anne-Marie Fritsch, député réformateur de Lorraine, disciple fervente de J-J S-S, tombe en pâmoison. Elle exulte : « Ah oui, bravo ! Débarrassons-nous de ces gaullistes, décolonisons l'État et la France. » (Jacques Chirac s'est opposé, dit-on, à son entrée au gouvernement.)

La fête giscardienne bat son plein. Évidemment, dans l'heure qui suit, le petit jeu du tam-tam parlementaire fonctionne si bien que pas un député UDR n'ignore en quelle danse du scalp autour du gaullisme blessé a dégénéré le déjeuner de Ponia. « On va voir ce que l'on va voir », ripostent, dans les coulisses, les députés UDR, affûtant leurs couteaux.

Troisième événement : le dimanche 9 juin, J-J S-S, ministre des Réformes depuis dix jours (mais qui adore toujours les scoops journalistiques), convoque la presse et dénonce, depuis son fief de Nancy, la reprise des essais nucléaires : « Le gouvernement n'a pas été consulté et l'autorité militaire a mis le gouvernement devant le fait accompli », affirme, péremptoire, l'ancien directeur de *L'Express*.

Quelques instants plus tard, Jacques Soufflet, le ministre de la Défense, oppose le démenti le plus formel à son collègue en assurant que « l'autorité militaire n'a fait qu'exécuter les ordres donnés ». Un arrêté du ministère de la Défense et un communiqué en date du 8 juin de la présidence de la République (le chef de l'État a signé de sa main) lui donnent raison.

Ce dimanche à 21 h 30, Jacques Chirac, retour de sa circonscription de Corrèze, bondit à l'Élysée : « Si J-J S-S ne part pas, c'est moi qui m'en vais », aurait-il menacé. (« J'ai menacé de démissionner deux fois en 1974, dit Jacques Chirac en 1980. La deuxième fois, lorsque Giscard voulait abandonner la construction du centre Pompidou [le centre Beaubourg]. ») À 23 heures, la présidence de la République réforme du gouvernement, sans autre forme de procès, le ministre des Réformes.

Trois petits tours et puis s'en va… Voilà J-J S-S revenu à la case départ. Pour tout arranger, il tire, à sa manière, les leçons de son éviction du gouvernement : « L'héritage de l'UDR est à liquider. Il n'y a rien à garder. »

Mais l'événement politique important est encore à venir. Il survient le lendemain, 10 juin : dans la matinée, devant le Conseil des ministres, Valéry Giscard d'Estaing, l'air sincèrement peiné, déplore d'avoir eu à se séparer de son ministre des Réformes. Il lui conserve, dit-il, « toute son estime pour son talent, son intelligence et son imagination ». Il a pris cette décision parce qu'elle était « indispensable à la cohésion et aux bonnes conditions de travail de l'équipe gouvernementale ». Son éviction avait pour raison « non le fond du problème, mais sa forme », précise-t-il encore.

À l'issue du Conseil, Michel Poniatowski rapporte, en ces termes, les propos du président. Les gaullistes sont stupéfaits : car le fond du problème, ne sont-ce point les essais nucléaires ? Or, pendant sa campagne électorale, le candidat VGE ne déclarait-il pas le 11 avril : « Il est normal que la France dispose des moyens de dissuasion modernes. Notre pays doit poursuivre les essais nucléaires indispensables » ?

La Nation, le quotidien de l'UDR, s'étonne : « Il y a quand même là une obscurité un peu troublante. » Et les UDR d'instruire, sur-le-champ, mille procès d'intention contre un président de la République pris en flagrant délit de contradiction.

À peine a-t-il renvoyé J-J S-S à ses défis que Françoise Giroud, l'autre moitié de *L'Express*, fait son entrée au gouvernement. Elle devient secrétaire d'État à la Condition féminine, au grand dam de Jacques Chirac, qui nourrit pour elle des sentiments peu galants.

En somme, que voit-on, en deux semaines à peine ? Un Premier ministre pas très obéissant, des giscardiens un peu trop pressés de trucider des UDR dont ils ne peuvent encore se passer (ils sont toujours la majorité de la majorité) et un président dont les intentions sont mystérieuses. Bref, tout le monde a l'air de tromper tout le monde. Mauvais présage…

Et néanmoins, tous les témoignages concordent : l'ère nouvelle giscardienne débute dans la joie. Pendant plus de six mois, pas un seul cirrus ni le moindre cumulus ne viennent assombrir le ciel au-dessus de la tête de Messieurs Giscard d'Estaing et Chirac. Ils sont heureux.

Leur bonheur est simple. On peut s'imaginer de quoi il est fait : VGE, parvenu à ce sommet de l'État auquel il s'est tant préparé, semble trouver l'air de cette altitude particulièrement enivrant à respirer. « Il est heureux comme un jeune marié dont la nuit de noces s'est bien passée », dit à l'époque l'un de ses principaux collaborateurs, qui n'a pas peur des formules audacieuses.

Jacques Chirac jubile. À quarante et un ans, il est la deuxième puissance de l'État. Il n'en revient pas. Voilà qu'il va pouvoir jouir et jouer à sa guise de ce pouvoir qu'il aime tant et pour lequel il se sent si bien taillé. Il va faire ses premières armes d'homme d'État. « Il est comme un jeune homme avec un bateau neuf », dit de lui Marie-France Garaud.

Et puis, le président et son Premier ministre découvrent simultanément cette drogue incomparable d'être non seulement puissants, mais les plus forts parmi les puissants. Les magistrats les plus vénérables, les chefs d'entreprise les plus décidés, les académiciens les plus compassés, les sommités médicales les plus doctes se courbent devant eux. Les femmes les moins faciles frémissent sur leur passage. Les hommes d'État du monde entier leur parlent, front contre front.

Mais il ne faudrait pas caricaturer : outre cette griserie légitimement frivole, tous deux sont animés du même désir profond, d'une identique volonté de bien faire et de marquer leur passage, la forme la plus haute de l'ambition.

À peine installé dans son palais présidentiel, VGE songe déjà au(x ?) paragraphe(s ?) qu'il laissera dans les livres d'histoire des écoliers du XXIe siècle.

« Vous êtes là pour laisser une empreinte, répète-t-il à ses ministres. Vous êtes un gouvernement de réforme, de réforme dans la durée… Chaque jour, 50 % de votre activité doivent être consacrés à l'œuvre de réforme. »

Un jour, montrant le portrait de Napoléon Bonaparte qui orne le salon Murat où se tient le Conseil des ministres, VGE fait ce commentaire : « Il a laissé une œuvre législative considérable. Nous devons nous en inspirer. »

De son côté, tout juste nommé à Matignon, Jacques Chirac espère trouver au plus vite la formule magique qui fera de lui un chef de gouvernement émérite. Il veut servir de son mieux le chef de l'État et, pour lui plaire, s'affirmer comme le premier de la classe. Il espère aussi découvrir la recette qui pourrait lui permettre plus tard de franchir le dernier échelon du pouvoir.

Les politologues éminents l'affirment : les débuts de règne sont toujours joyeux. L'espace de quelques semaines – cent jours, dit-on –, l'euphorie quasi générale conspire en faveur des nouveaux dirigeants.

Rien ne leur est malaisé. Ils peuvent tout faire, ou presque, et imposer des changements que leurs prédécesseurs n'avaient plus l'opportunité d'opérer.

Au temps des faibles gouvernements de la IVe République, les crises ministérielles étaient le seul moyen de régler ainsi, par à-coups successifs, les problèmes en suspens.

Aussi bien, en cet été radieux de 1974, Valéry Giscard d'Estaing va-t-il se hâter de donner un grand coup d'aspirateur à la société française et aux mœurs politiques. Il impose un style bien à lui : il est Kennedy, Trudeau, de Gaulle et Jacques Chancel à la fois. Il inaugure des méthodes de gouvernement très personnalisées. « Comme la France est facile à gouverner ! » s'exclame-t-il, dans l'ivresse du moment.

Au nez de son électorat conservateur et à la barbe d'une majorité moins convaincue que lui de la nécessité du changement, le nouveau président réforme et libéralise à tour de bras : voici l'abaissement de la majorité civique à dix-huit ans (« quelle erreur ! s'indigne la majorité. Les jeunes votent à gauche »). Voici la contraception et la pilule anticonceptionnelle en vente libre et sa publicité autorisée. Voici l'avortement officiellement toléré – après matines et vêpres, la France pratiquante se signe d'horreur. (Plusieurs ministres tentent en vain de convaincre le président de renoncer à ce projet. Sans la gauche au Parlement, il aurait été envoyé aux oubliettes.) Voici les droits des femmes mieux reconnus (une majorité d'hommes tordent le nez). Voici le régime pénitentiaire assoupli (les braves gens tempêtent). Voici la suppression des écoutes téléphoniques. (Bizarre… Jacques Chirac a affirmé les avoir fait cesser, quatre mois plus tôt, en arrivant au ministère de l'Intérieur.) Voici l'ORTF démantelé.

En politique, VGE dessine un nouveau paysage. Son maître mot est « décrispation ». Il souhaite que l'État soit moins autoritaire et plus humain, que le Parlement exerce ses prérogatives d'une manière croissante, que le septennat soit ramené à cinq ou six ans.

Il veut définir un statut de l'opposition et invite François Mitterrand et Georges Marchais à venir s'entretenir avec lui de l'avenir de la France. Las ! Pendant quatre ans, les deux leaders de la gauche unie repousseront ses avances.

Il veut financer les partis politiques et réformer la Constitution pour donner plus de pouvoir au Conseil constitutionnel et permettre aux parlementaires de le saisir, en cas de litige législatif. Il voudrait que les ministres puissent retrouver leurs sièges de députés lorsqu'ils quittent le gouvernement sans élection partielle. L'UDR crie au sacrilège. On touche aux tables de la Loi !

La nomination de trois femmes (Mmes Simone Veil, Hélène Dorlhac et Annie Lesur), bientôt quatre (Françoise Giroud), à la tête de ministères ou de secrétariats d'État, les dénominations nouvelles de plusieurs départements : Qualité de la vie, Condition féminine, Condition des travailleurs manuels, Condition pénitentiaire, toutes ces innovations, parfois surprenantes, sont destinées à marquer plus encore la volonté du président de rompre avec les vieilles habitudes.

L'économie n'est pas épargnée par la tourmente réformiste. Le président parle de réforme de l'entreprise. Pour enrayer l'inflation, il annonce le resserrement du crédit et le prélèvement conjoncturel sur les entreprises – une mesure aussitôt baptisée « Serisette », du nom de son inspirateur, Jean Serisé (chargé de mission auprès du Président), qui, bien que votée, ne sera jamais appliquée (les patrons en ont frémi de crainte).

Il agite le spectre de la taxation de toutes les formes de plus-values (tout ce que la France compte de propriétaires riches ou modestes serre les poings de rage). La vignette automobile sera de forme hexagonale, pour mieux montrer, sans doute, que cette fiscalité est bien française.

Quant au plan de lutte contre l'inflation, il s'accompagne de mesures sociales parfois hardies : garantie d'un an de salaire aux chômeurs licenciés pour cause économique, relèvement substantiel du minimum vieillesse (21 %), promesse d'extension de la Sécurité sociale à tous les Français. (« Tout cela va coûter bien cher ! » soupire le CNPF.)

Mais qu'importent les grognements, les rancœurs, les rancunes. Pendant de longues semaines, toujours en première ligne, Valéry Giscard d'Estaing, magistral, décontracté, espiègle, comme s'il voulait faire accroire que la réforme est gaie et non dramatique, prend le risque d'affronter et de choquer sa famille politique et son électorat.

A-t-il l'espoir de les convaincre puis de les entraîner ? Veut-il séduire ses adversaires ou faire oublier un long règne, jugé par trop conservateur, au ministère des Finances ? Veut-il se faire pardonner ses origines de grand bourgeois et une vie trop préservée, croit-on, des heurts et des malheurs ?

C'est en fait un choix délibéré et mûri de longue date qui guide ses décisions.

« Une fois élu, et de justesse, dans une France coupée en deux politiquement et socialement, VGE avait le choix entre deux stratégies, expliquera un ministre. Ou bien, il se repliait sur sa majorité dans une politique de non-ouverture et il comblait son électorat, ou bien il choisissait de faire des réformes réclamées par les centristes et la gauche et, à la manière de De Gaulle, disait à sa majorité : "Qui m'aime me suive." C'est évidemment la deuxième solution qu'a choisie Giscard. »

Le président en est convaincu : s'il parvient à modifier les structures économiques et sociales, les tensions politiques finiront bien par s'apaiser. C'est presque du marxisme inconscient…

À quelques journalistes, VGE rapporte une anecdote. Elle est révélatrice de sa pensée. Alors que, ministre des Finances, il était en visite officielle à Bucarest, le numéro un roumain, tout juste rentré de Chine, lui raconta que Mao Zedong venait de lui confier malicieusement : « Les meilleurs gouvernements sont ceux qui sont gouvernés par des traditionalistes libéraux. Si la Chine avait eu de tels gouvernements, elle n'aurait pas eu besoin de révolution », aurait même ajouté le Grand Timonier. Et c'est ainsi qu'un futur président français, se découvrant quasiment maoïste, ne va pas laisser perdre une aussi aimable leçon.

Aussi bien, après avoir palpé et ausculté tout l'été ce président libéral révolutionnaire, l'intelligentsia parisienne a bientôt pour lui les yeux de Chimène. Valéry a-t-il du cœur ? se demande-t-on à l'automne, dans les dîners en ville du boulevard Saint-Germain.

« C'est que nous vidons la gauche de tout son programme. Ah, bien sûr ! il reste l'étatisme, le collectivisme, qui marquent toujours la frontière entre nous. Mais pour le reste, tout le côté généreux, social de la gauche, nous le faisons nôtre ! » s'exclame, joyeux, Jean Lecanuet dans une interview accordée au *Point*.

Aussi bien sous le titre : « Faut-il prendre Giscard au sérieux ? » *Le Nouvel Observateur* ouvre alors un débat presque grave. Question sur laquelle Jean Daniel, le directeur, pourtant plutôt séduit, semble déterminé à hésiter. Le bénéfice du doute ! Mais Jean-Marie Domenach, ce chrétien de gauche à la conscience courageuse, ose s'écrier : « Je ne parviens pas à me défaire, ces derniers jours, de ce sentiment que j'éprouvai pour la première fois en septembre 1938. Le sentiment que l'adversaire nous a tournés et que la masse des braves gens s'avance naïvement vers la défaite, fusils contre stukas, chevaux contre moteurs. »

Pierre Viansson-Ponté, commentateur sceptique parmi les sceptiques, s'interroge dans *Le Monde* : « Et si c'était vrai ? » Un sondage SOFRES, publié par *Le Figaro* le 1er septembre, montre que 46 %

(contre 31 %) des électeurs jugent que le bilan des trois premiers mois de présidence est plutôt un succès.

Les leaders de la gauche, de longues semaines durant, demeurent perplexes et abasourdis. Fin septembre, François Mitterrand rompt la trêve. Il déclare : « Le chef de l'État ne fait que "sautiller" sur les problèmes et semble plus soucieux de bousculer les tabous des bourgeois que leurs privilèges. »

Pour le style, c'est aussi l'ère des ruptures. Finie, l'allure guindée et empesée des républiques défuntes. Après avoir remonté à pied les Champs-Élysées (non, ce n'est pas un clin d'œil à l'adresse des godillots gaullistes), il fait visiter le palais présidentiel à une écolière dénommée Blandine et songe à ouvrir l'Élysée au public une fois par semaine (comme la Maison-Blanche).

Il installe son bureau non dans le grand salon doré où se tenaient le général de Gaulle et Georges Pompidou, mais dans une pièce voisine, de plus petites dimensions, où règne une atmosphère d'intime opulence. Ce n'est plus l'écrasante grandeur gaullienne. Ce n'est plus le *modern style* pompidolien.

Les toiles abstraites chères à son devancier sont remplacées par des peintures et des tapisseries du XVIIIe siècle. La cour de l'Élysée est fleurie d'orangers, comme dans les châteaux Renaissance. Simplicité, simplicité… Il fait ramener de cent quatre-vingt-dix à cent vingt les effectifs de la garde républicaine affectés en permanence à l'Élysée et remplacer leur shako d'opérette par un sobre képi. Il fait restreindre de moitié le nombre des agents chargés de sa sécurité.

C'est en complet-veston et non plus en jaquette que les ambassadeurs viennent présenter leurs lettres de créance. Le 16 juillet, il autorise Paquita et Ramon, le couple d'employés de maison qui le sert depuis dix ans, à se prêter aux exigences d'une interview à la télévision espagnole.

Nouveauté, nouveauté… La photo officielle du président de la République est commandée à un pétulant octogénaire, Jacques Henri Lartigue, qui a immortalisé les baigneuses et les élégantes de la Belle Époque. Auvergnat d'origine – il a été élevé au château de Rouzat –, Lartigue est le spectateur de l'épopée de la vie quotidienne des Français. Le portrait qu'il tire de Valéry Giscard d'Estaing est tout en largeur, et non plus en hauteur comme le voulait une tradition immémoriale.

Sur le drapeau qui flotte au faîte de l'Élysée, seront bientôt brodés des faisceaux de licteurs encadrés de branches de laurier, marque de sagesse d'une audace presque antique.

Décidément simple, pour donner un caractère populaire aux activités officielles de l'État, VGE transfère l'itinéraire du défilé du 14 Juillet de l'avenue des Champs-Élysées au boulevard Beaumarchais (le ministre de la Défense l'apprend par la radio). Mais l'expérience ne sera pas répétée.

Il fait changer le rythme de *La Marseillaise* et, de chant guerrier, l'hymne national se métamorphose en musique de chambre légèrement assoupie (la décrispation se niche partout).

Au lendemain des troubles dans les prisons, il se rend à Lyon serrer la main d'un détenu. La France profonde en a le souffle coupé. « Mais c'était un prévenu et un prévenu est toujours présumé innocent », dira plus tard VGE, ulcéré, comme toujours, quand on ne l'a pas compris. La petite histoire veut que le prisonnier en question ait dit au chef de l'État :

– Je ne voudrais pas être à votre place.

– Moi non plus, aurait rétorqué VGE. C'en est presque trop beau…

Encore simple, le matin de Noël, il convie à l'Élysée quatre éboueurs africains qui vident les poubelles de l'avenue Marigny à venir partager le café, le chocolat et les croissants chauds. Paralysés par la timidité, ceux-ci en oublient d'enlever leurs passe-montagnes. À cette occasion, on apprend que le président, comme 50 % de Français, trempe son croissant dans son café le matin.

D'abord abasourdie, la classe politique se montre ensuite plutôt conquise. Par mimétisme, au moins les premiers mois, elle fait volontiers siennes l'humeur badine et la désinvolture inspirée qui sont de mise au château. « Enfin nous avons un président gai, pas comme les autres ! » se serait exclamé le ministre Robert Galley.

Les magazines représentant le président de la République en compagnie de ses deux labradors, Jugurtha et Réale, le comble du chic dans les cabinets ministériels est de venir accomplir son dur labeur accompagné, qui de son braque de Weimar, qui de son berger des Pyrénées, qui de son bouvier des Flandres. À l'époque, il faut avoir la témérité d'un Tartarin de Tarascon pour rendre visite au moindre chef d'un cabinet de ministère.

De sauvages aboiements découragent les plus braves. À l'heure du déjeuner, la brasserie Lipp (cantine du Landerneau politique) se transforme en la plus belle exposition canine de France.

Toujours simple dans sa vie personnelle, le président garde une grande liberté d'allure. Comme n'importe quel Français aisé, il dîne avec son fils Henri dans un bistrot du quartier des Halles. Il regagne son domicile du 16e arrondissement seul, au volant d'une 504 verte, et c'est ainsi qu'il rend une visite protocolaire à Alain Poher, le président du Sénat.

Il tient à mener la vie d'un citoyen comme un autre. À ses yeux, l'Élysée n'est rien d'autre que le bureau où l'on se rend chaque jour. Durant le week-end, des journaux le révèlent, il disparaît sans qu'on sache où il est. Seule une lettre scellée, portant indication du lieu où il peut être joint, permet, en cas de besoin, à celui de ses collaborateurs qui assure la permanence à l'Élysée d'entrer en contact avec lui. Les services de sécurité en perdent le sommeil. Ils craignent l'accident ou l'agression.

En octobre, on parle d'un accrochage au petit matin avec un camion de laitier. Vraie ou fausse, cette rumeur formellement démentie devient un fait politique dès lors que la presse et des leaders de parti en font état publiquement. « Giscard sort-il trop ? » s'interroge *Paris-Match*.

« On affirme ici et là que le président est un oisif, qu'il mène une vie très personnelle et qu'il est absent… C'est absurde », s'insurge Michel Poniatowski.

Madame Anne-Aymone Giscard d'Estaing vient à la rescousse de son mari. « Souvent ce que l'on peut faire peut être mal interprété. Les critiques sur la vie du président sont la partie pénible de la chose. Parce que c'est absurde, tellement absurde. »

Cette simplicité affichée contraste curieusement avec un goût marqué pour le protocole. Certes, ses ministres ne doivent plus l'appeler : « Monsieur le président de la République », mais : « Monsieur le président », tout court.

Mais à table, le président se fait servir le premier, comme un souverain. Quand Madame Giscard d'Estaing ou le Premier ministre ne l'accompagnent pas, quand ses invités ne sont pas des hiérarques internationaux, la place qui se trouve en face de lui demeure vide. « J'étais placé à table à la droite du trou », indique un jour Yves Guéna, en sortant d'un déjeuner à l'Élysée.

Au Conseil des ministres, le ton reste guindé, l'ordre du jour immuable et minutieux. Le chef de l'État a oublié les agacements du ministre des Finances, qui souhaitait plus d'animation et de spontanéité. À des ministres déjà assis lorsqu'il entre en Conseil, le président (au tout début de son règne) lâche sans sourire : « Messieurs, si c'était le roi, vous seriez encore debout. »

Pour Valéry Giscard d'Estaing, la décrispation ne passe pas par le laisser-aller. La république giscardienne doit être plus républicaine, mais le président pas moins souverain. Un jour, lors d'un Conseil des ministres, il place devant lui un sous-main de cuir vert gravé de fleurs de lis et de l'aigle impériale. Veut-il démontrer que la république est bien dans la continuité française ?

Il demande à Jacques Chirac de se tenir à trois pas derrière lui dans les manifestations officielles.

Mais là où le président innove peut-être le plus, c'est dans sa manière de gouverner. Il n'y a plus de domaine réservé. « Il est un super-président », note Maurice Duverger. « Il présidentialise à outrance », répond en écho Michel Poniatowski, tandis que Pierre-Christian Taittinger, ex-secrétaire d'État aux Collectivités locales, qui le connaît bien et appartient au même milieu que lui, juge plutôt que le président agit « avec la boulimie d'action d'un homme de quarante-huit ans qui met toute sa vitalité et sa disponibilité au service de sa charge. Ce ne sont pas les hommes qui changent les institutions, dit-il encore, ce sont les institutions qui s'adaptent aux hommes ».

Non seulement le président a choisi lui-même ses ministres, mais c'est lui qui fixe le programme des réformes du gouvernement. Il rédige des directives au Premier ministre, qui, au lieu d'être tenues secrètes, sont rendues publiques à grands roulements de tambour, mettant ainsi en relief la subordination de Jacques Chirac au bon vouloir du président. « Mon cher Premier ministre, j'ai été conduit à prendre avec mes ministres intéressés un certain nombre de décisions relatives à l'aménagement de Paris… »

À l'Élysée, VGE multiplie les conseils restreints et en fait un moyen d'action régulier. De mai 1974 à avril 1975, il en réunit trente-cinq ; et en tout soixante-neuf pour l'année 1975, alors que Georges Pompidou n'en présidait guère plus de quinze par an.

Il ne néglige pas pour autant de rentrer dans les moindres détails. Un jour, il intercepte une lettre au hasard dans le courrier qui lui arrive à l'Élysée et c'est ainsi, raconte son entourage, qu'il prend connaissance des revendications du Comité de défense de la Cité fleurie et décide de l'aider.

C'est encore lui qui choisit, seul, l'abandon de la construction de la voie expresse rive gauche (recommandée par Georges Pompidou non moins solitairement) et de l'axe autoroutier du canal Saint-Martin.

C'est lui qui décide de divers projets concernant l'aménagement des Halles ou de l'aérotrain qui reliera la capitale à Cergy-Pontoise.

Il téléphone directement à ses ministres pour les conseiller dans leur action ou parfois les oublie : sans prévenir le ministre Jacques Soufflet, le président réunit, du 30 juillet au 7 août 1974, les plus hautes instances de l'armée, pour étudier avec elles les problèmes de la défense nationale.

Quand, en septembre 1974, la même semaine, on entend trois ministres – Robert Galley (Équipement), Michel d'Ornano (Industrie) et Jean-Pierre Fourcade (Finances) – tenir des propos totalement divergents sur les ripostes souhaitables à la crise économique, c'est encore lui qui les rappelle à l'ordre, et non pas le chef du gouvernement. Ce qui l'amène à constater, avec satisfaction, quelques jours plus tard : « Pour la première fois depuis toujours, dit-il, personne ne peut se faire l'écho de rivalités ou de critiques entre les ministres. » (L'espoir fait vivre !)

Faute d'obtenir une adhésion spontanée de la majorité à ses projets de réforme, VGE entend convaincre la France profonde de ses choix par le biais de la télévision. Une fois par mois, à l'heure du potage, son regard tente de capter l'insaisissable, c'est-à-dire la nation. La prunelle fixe, il ponctue ses démonstrations de courts silences immobiles. Sans grands mots ni citations (il les abandonne volontiers à Georges Pompidou), mais à l'aide de quelques formules, il est capable de faire comprendre n'importe quoi à n'importe qui. Il appartient à cette catégorie de gens intelligents qui parlent de manière simple. De Gaulle aussi, dira-t-on, mais il terrifiait par sa mise en scène. VGE, lui, veut être ce guide rationnel, libéral et moderne sur lequel les citoyens qui l'ont fait roi peuvent se reposer.

Pour se faire mieux comprendre de la presse, il téléphone parfois directement à des journalistes lorsqu'il juge que ceux-ci ont mal interprété sa pensée. Ainsi quand pour symboliser la décentralisation, le Conseil des ministres se tient à Lyon, VGE appelle-t-il Pierre Sainderichin, du journal *France-Soir*, qui a qualifié cette innovation de gadget. « Cette réunion a plus de portée que vous ne le croyez », lui dit le président. Néanmoins, l'expérience ne sera renouvelée que deux fois : à Evry puis à Lille.

Humilité ? Pendant tout ce temps, Jacques Chirac ne semble pas souffrir de la tournure des choses. Placé si vite et si haut, cet homme jeune de quarante et un ans n'est sans doute pas mécontent de laisser faire – pour commencer – un chef de l'État qui produit et consomme tant d'idées.

À Matignon, lui aussi impose un style tout neuf. Ce n'est plus la rigueur militaire un peu raide de Pierre Messmer. Le Premier ministre fait régner un climat affairé et familier à la fois. Il travaille parfois en bras de chemise et les pieds sur la table. Quand la faim le tenaille, il se fait porter de robustes casse-croûte qu'il absorbe avec bonheur, sans jamais oublier de convier ses visiteurs à partager ses agapes. Il est heureux.

Et pourtant sa tâche n'est pas celle d'un Premier ministre à part entière. Il porte bien le titre de chef de gouvernement, mais les excellences, ayant été invitées par le président, dès le début du septennat, à travailler directement avec lui, sont tout émoustillées de traiter sans intermédiaire avec le prince. Elles court-circuitent Matignon sans hésiter, avec d'autant moins de scrupules que la plupart d'entre elles n'appartiennent pas à l'UDR.

N'exagérons rien : si les ministres ont quelque propension à jouer à saute-mouton par-dessus la tête de Jacques Chirac, ils ne s'en rendent pas moins dans son bureau et ne s'en plaignent pas. Presque tous l'affirment encore aujourd'hui : « Chirac nous laissait une grande liberté d'action. “Je te fais confiance, nous disait-il, les ministres heureux n'ont pas d'histoires. Mais ne me brouille pas avec les cordonniers, les gardes-barrière ou les marins-pêcheurs” – bref, la denrée politique la plus précieuse : l'électeur. Mais nous n'avions presque jamais de discussions de fond avec lui.

En contrepartie, reconnaissent encore ces mêmes ministres, quand nous ne lui faisions pas d'histoires, Jacques Chirac était très bon camarade. Son soutien nous était toujours assuré en Conseil. Après un rapport ou une communication, il nous félicitait très chaudement, quelquefois presque trop, parfois même quand nous ne le méritions pas. C'était bien agréable. »

En revanche, quand Pierre Lelong, secrétaire d'État à la Poste et aux Télécommunications, subit, à la fin de l'année 1974, la longue grève des postiers (deux mois), et qu'il a ce mot malheureux : « Les postiers font un travail idiot », Jacques Chirac ne lui jette pas un regard et trouve lui-même, à Matignon, avec les syndicats les solutions du conflit.

Aimable, il confie à des journalistes : « Si je devais noter mes ministres, à certains je donnerais une note inférieure à la moyenne. Ceux-là, je n'en donnerai pas les noms. À d'autres, je mettrais une bonne note. Et là, je peux dire que tel est le cas de Michel Poniatowski, Jean-Pierre Fourcade, Simone Veil, Michel Durafour ou Vincent Ansquer. »

De son côté, Valéry Giscard d'Estaing ne reçoit pas les ministres en catimini. Dans la conception qu'il se fait de son rôle, il va de soi qu'il doit voir et revoir chaque ministre chargé d'un dossier important pour en discuter à fond. « Pour la réforme de l'entreprise, j'ai été reçu plus de trois fois par mois », se souvient Michel Durafour. Ces rendez-vous ne sont pas clandestins, le Premier ministre en est toujours averti et, pendant longtemps, il n'en prend pas ombrage. Il ne s'agit pas, entre l'Élysée et Matignon, de jouer l'un contre l'autre. C'est une nouvelle répartition des pouvoirs, une nouvelle règle du jeu, que Jacques Chirac accepte sans sourciller. Apparemment !...

Il est heureux. Et pourtant, il n'est pas vraiment le chef de la majorité. Les centristes, qui se sentent en position de force, n'acceptent son autorité que sous une forme de cordialité sympathique. Parce qu'il est jeune et UDR, il n'est pas tout à fait un égal. Il n'est pas un chef non plus. Quant aux gaullistes, ils commencent à comprendre que ce Premier ministre leur sera peut-être bien utile, mais il est trop tôt pour lui pardonner déjà l'élection de Valéry Giscard d'Estaing. S'ils ne lui témoignent bientôt plus d'hostilité, leur affection ne lui est pas encore acquise.

Il est heureux, Jacques Chirac. Pourtant il ne fixe pas les grandes orientations de la politique gouvernementale. C'est l'apanage du président. Il aurait d'ailleurs mauvaise grâce à s'en plaindre, lui qui justement avait tant reproché à Jacques Chaban-Delmas de s'asseoir dans le fauteuil du président de la République en prononçant son discours sur la Nouvelle Société.

Ainsi ne tranche-t-il pas entre les options du plan Fourcade, baptisé avec quelque optimisme « plan de refroidissement » pour lutter contre l'inflation. Celui-ci ne compte pas moins de seize mesures (dont un prélèvement exceptionnel sur les entreprises et le resserrement du crédit). Il n'y en a guère dont l'auteur s'appelle Jacques Chirac. « Un programme à la fois réaliste et courageux », approuve Michel Debré. « Au point de vue économique, la France et l'Allemagne suivent un cours parallèle », applaudit Helmut Schmidt. « Jacques Chirac, lui, trouvait ce plan un peu trop mou », révèle aujourd'hui Jean-Pierre Fourcade. Mais, par loyauté, le Premier ministre tient à démontrer qu'il fait entièrement sienne la politique économique de l'Élysée et de la rue de Rivoli.

À Cagnes-sur-Mer, le 8 septembre, devant les députés UDR, il affirme se sentir « personnellement responsable de la réussite du plan de refroidissement » – sans doute pour mieux convaincre les députés gaullistes de le voter à l'Assemblée.

Ainsi en privé, au cours d'un déjeuner à l'Élysée qui réunit autour du président Jacques Chirac, Michel Poniatowski et Pierre Juillet, à ce dernier, qui insistait pour que le gouvernement prenne des mesures économiques plus drastiques pour enrayer l'inflation, VGE aurait rétorqué : « Le petit plan Fourcade suffira. » Et Jacques Chirac, agacé par l'insistance de son mentor, aurait renchéri : « Le plan Fourcade portera ses fruits. » Un témoignage peu suspect : un proche du maire de Paris rapporte aujourd'hui l'anecdote.

Il ne faut donc pas voir un signe de rébellion contre l'autorité présidentielle quand Jacques Chirac confectionne ostensiblement des bateaux en papier à son banc de l'Assemblée nationale, pendant que le ministre des Finances présente le budget à la tribune. « Cela montre que le Premier ministre, comme moi-même, éprouve une perception aiguë de l'avenir maritime de la France », commentera en souriant VGE.

Il est heureux, Jacques Chirac, et pourtant les réformes lancées à toute volée par le président ne l'enthousiasment pas positivement. « Par conviction personnelle et parce qu'il sent que l'électorat majoritaire regimbe, il s'en serait passé volontiers », dit l'un de ses seconds.

« Pour Jacques Chirac, les problèmes de société n'existent que si on les pose. C'est en cela qu'il est tellement pompidolien », commente aujourd'hui René Haby, ex-ministre UDF de l'Éducation nationale.

Tout réticent qu'il soit au fond de lui-même, l'hôte de Matignon ne s'en bat pas moins gaillardement au Parlement pour faire voter ces mesures qui dérangent. Ainsi Jacques Chirac est hostile à l'avortement mais Simone Veil l'a toujours affirmé : « Son soutien actif et sa gentillesse ne m'ont jamais fait défaut. » Le projet adopté, le Premier ministre lui fait même porter une énorme gerbe de fleurs. Il a ces gestes-là…

« Il est venu à mon secours avec beaucoup d'efficacité lorsque la majorité, et surtout l'UDR, me titillait sur la Sécurité sociale, témoigne Michel Durafour, alors ministre du Travail. Il est même arrivé à 2 heures du matin pour houspiller tout son monde. À un élu gaulliste de la Région parisienne qui refusait la discipline, il aurait même jeté cette injure suprême, sûrement apprise au temps de son service militaire : "Tu es c… comme une valise sans poignée !" »

Et, encore contre l'UDR, Jacques Chirac défend avec vigueur le projet de réforme de la Constitution (droit de saisine du Conseil constitutionnel par les députés). Il se fâche quand on le taxe de « réformette ». Lui y voit, au contraire, une réforme « fondamentale » (un de ses mots favoris) puisqu'elle permet de « donner des droits plus étendus à l'opposition » ! Chez les gaullistes, où l'on a constaté comme tout le monde que, sur six anciens ministres qui tentaient de reprendre leurs sièges aux élections législatives partielles de septembre, deux (Jean-Philippe Lecat et Joseph Fontanet) se sont fait envoyer au tapis par la gauche, on juge que l'opposition a assez de droits comme cela et que le Premier ministre y va un peu fort.

Pour bien marquer sa grande loyauté à l'égard du président, Jacques Chirac fait une déclaration sans ambiguïté : « Il faut que le régime se présidentialise. Le président doit donner des directives servant à l'action quotidienne du gouvernement. Cela implique qu'il ne peut y avoir de discussions sur les orientations qu'il donne. Donc, le Premier ministre doit, par définition, adhérer aux actes du président ou se démettre. Les partis politiques traditionnels représentent une sorte d'écran qui ne correspond pas à une véritable conception de la participation. » Cette belle pétition de principe date du 8 juillet 1974. Jacques Chirac donnait une interview au *Quotidien de Paris*.

Apparemment, il est sincère. Puisqu'à la même époque, Marie-France Garaud dit à tous ses visiteurs : « Le Premier ministre est présidentialiste. »

Et il le démontre : lorsque, l'hiver venu, le baromètre *Figaro*-SOFRES est à la baisse et que les sondages attestent du pessimisme recouvré des Français (77 % d'entre eux voient l'avenir en noir, ils étaient 76 % au début de l'année, sous Georges Pompidou), Jacques Chirac vole au secours du président. Dans une interview à *Paris-Match* en décembre, il affirme virilement : « Je suis convaincu que pour un homme d'État, la vraie popularité commence toujours par une poussée d'impopularité. Mais on doit continuer sur cette voie. En tout cas, c'est l'intention du président. Donc du gouvernement. Les fluctuations de popularité n'ont pas d'importance. Nous avons le temps pour nous. Nous sommes loin des élections et, par conséquent, nous devons utiliser au mieux ce délai. » À l'Élysée, on apprécie.

Autre preuve de fidélité : début décembre, lors du Conseil des ministres précédant le Conseil européen du 9 décembre où VGE entend relancer devant ses partenaires le principe de l'élection au suffrage universel du Parlement européen, le président organise un tour de table pour demander l'avis de ses ministres. Le premier interrogé est le doyen du gouvernement, Robert Galley. Le ministre de l'Équipement n'est pas favorable à cette élection : « Quel intérêt y a-t-il à créer une assemblée de plus, qui va s'arroger des pouvoirs et compliquer la tâche du gouvernement ? »

En l'entendant, Jacques Chirac bondit et s'écrie : « Monsieur le président, je puis vous dire que je ne suis pas d'accord du tout avec Robert Galley, qui parle en son nom propre et non en celui de l'UDR. Monsieur Pompidou s'était engagé, à La Haye, à faire élire cette assemblée, nous devons la faire élire et ne pas construire l'Europe avec la détermination d'un âne qui recule. Le plus tôt sera le mieux. » (Cinq ans plus tard, pendant la campagne européenne, Jacques Chirac aura résolument oublié ces propos.)

À cette époque, le président et son Premier ministre s'adorent. Au cours de sa réunion de presse du 24 octobre, VGE salue « cet excellent Premier ministre ». Quant à Jacques Chirac, il ponctue toutes ses phrases d'un : « Le président a dit », ou d'un : « Comme le souhaite le président. » Il est à ce point fasciné par le chef de l'État qu'il demande en confidence au secrétaire général de l'Élysée, Claude Pierre-Brossolette, le nom et l'adresse du tailleur du président. Le mimétisme va loin…

Il est heureux, Jacques Chirac, car il a tout de même un domaine réservé : l'agriculture, bien sûr. Presque tous les mercredis, il convie à dîner, à Matignon, des syndicalistes agricoles enchantés et flattés de tant de prévenances. Le seul oublié est généralement Christian Bonnet, le ministre de l'Agriculture. Il est vrai que le Premier ministre s'intéresse sincèrement au seigle et à la châtaigne, et sans doute songe-t-il à entretenir un portefeuille de voix personnelles.

Le Premier ministre s'intéresse de même à la politique étrangère. Chaque soir ou presque, il se plonge avec avidité dans les télégrammes du Quai-d'Orsay. Le Moyen-Orient, qu'il découvre après un voyage en Irak et une invitation en Libye, l'éblouit. Il décide même d'apprendre l'arabe. Un professeur se rend à Matignon pour lui donner au moins dix leçons. « Kadhafi est un grand homme d'État », confie-t-il spontanément à un Jean Lecanuet encore abasourdi six ans plus tard.

Il est heureux, Jacques Chirac, et pourtant ce n'est pas lui l'homme fort de son gouvernement. Pour tous les commentateurs politiques, la puissance principale se trouve plutôt place Beauvau, au ministère de l'Intérieur. Les caricaturistes représentent Ponia en géant Atlas, portant sur ses larges épaules le poids du Conseil des ministres tout entier. VGE y compris.

Réputé être l'homme fort, Ponia est sollicité de toute part. Il reçoit beaucoup de monde : des hommes d'affaires, des diplomates, des députés, des sénateurs de toutes les tendances de la majorité, des socialistes même. Pierre Mauroy est aperçu plusieurs fois dans l'antichambre.

Chaque soir, Ponia rédige pour le compte du président une note de vingt à cent lignes, son commentaire quotidien sur les événements et les hommes. Une seule secrétaire, sa collaboratrice personnelle, Madame Chain, a l'autorisation de taper à la machine un document aussi confidentiel. Quand ce n'est pas Ponia lui-même qui traverse la rue pour remettre la lettre à son prestigieux destinataire (le fameux souterrain reliant le palais de l'Élysée au ministère de l'Intérieur fut muré du temps de Morny), un envoyé spécial joue les facteurs avec un cérémonial de porteur de reliques.

Si Jacques Chirac raconte à qui veut l'entendre que lui-même et le président se téléphonent « au moins trois fois par jour », Ponia est lui aussi en liaison quasi permanente avec l'Élysée. Ses collaborateurs l'entendent même tutoyer et appeler « Valy » le président (en d'autres temps, seul le maréchal Juin tutoyait le général de Gaulle). Dans les réunions officielles, le ministre de l'Intérieur a l'intelligence de ne pas trop afficher cette intimité.

Le 26 juin, au Comité directeur des républicains indépendants, c'est lui encore qui distribue les rôles dans la majorité présidentielle. L'UDR est invitée à accepter l'ère nouvelle « sans arrière-pensées et sans réticences ». « C'est noté », réplique sèchement Pierre Charpy dans *La Lettre de la Nation*.

Chaque semaine, Ponia multiplie les petits déjeuners, notamment avec les dirigeants républicains indépendants (Michel d'Ornano, Jean-Pierre Fourcade, Jean-Pierre Soisson, Roger Chinaud), auxquels il rabâche ses consignes : « Surtout n'attaquez pas les socialistes. Il faut créer une majorité pour le président. Ils viendront avec nous. Chirac va se charger de casser l'UDR. »

Lors d'un dîner donné chez lui à l'automne 1974, il déclare devant ses invités (dont Michel Guy, secrétaire d'État à la Culture) : « Dans deux ans, l'UDR n'existera plus. »

En apparence, tout va pour le mieux entre Ponia et Chirac. C'est le temps des : « Cher Michel. Cher Jacques. » Eux aussi se téléphonent chaque jour pour se mettre au courant des affaires en cours. « Mais ils ne se voyaient pas pour le plaisir », reconnaît un proche du ministre de l'Intérieur. En septembre, lorsque le Conseil se déplace à Lyon, on les voit allant bras dessus, bras dessous au cinéma où l'on donne le dernier Buñuel, *Le Fantôme de la liberté*. Épaule contre épaule, ils se rendent dans un bouchon à la mode pour déguster du chiroublе.

Mais derrière cette apparente cordialité, les deux hommes vivent une paix armée. À l'automne, Chirac, ayant promis aux UDR : « Nous resterons la majorité de la majorité », Ponia fait ce commentaire grinçant : « Qui a trahi une fois trahira deux fois. »

De son côté, Jacques Chirac confie à ses collaborateurs : « Quand le président est aimable avec moi, je suis sûr que, pour se venger, dans les trois jours, Ponia me prépare un mauvais coup. » En 1980, le maire de Paris confie encore : « Ponia était très jaloux de moi, il ne supportait pas que je réussisse ou que je m'entende bien avec le président. Après mes deux voyages officiels en Irak et en Iran, qui ont été des succès et salués comme tel par la presse, il est venu me voir à Matignon pour me dire : "Fais attention ! Si tu réussis trop bien, cela pourrait déplaire au président. Je le connais bien, il en prendra ombrage." En fait, commente Jacques Chirac, Giscard était très content de moi et Ponia faisait une crise de jalousie. »

Prudent, en Conseil des ministres, VGE se garde bien de marquer quelque préférence entre le premier de ses ministres et le meilleur de ses amis. Il respecte la hiérarchie. « Quand il y avait discussion pour nommer un haut fonctionnaire à tel ou tel poste, Ponia et Chirac avaient souvent chacun leur candidat à présenter. Et c'est souvent Chirac qui l'emportait, parce qu'il était un meilleur vendeur que Ponia », assure un collaborateur du président.

« À l'époque, Chirac croyait qu'il supplanterait vite Ponia dans le cœur de Giscard », dit l'un de ses collaborateurs. « Vous vous faites des illusions, expliquait Marie-France Garaud dans ce langage vert qu'elle affectionne, entre Ponia et Giscard, c'est le mariage chinois. Ponia, c'est la première épouse, avec qui l'on ne couche plus. Mais c'est elle qui choisit la concubine et le moment où il faut la renvoyer. »

Jacques Chirac ne partage pas l'avis de sa conseillère. Il prend ce pari : « Bientôt, dit-il autour de lui, il n'y aura plus qu'un seul Premier ministre, ce sera moi. »

Tous les ministres l'ont noté, il y a, entre Valéry Giscard d'Estaing et Jacques Chirac, une énorme complicité joyeuse : de génération et de réussite commune.

« Entre eux deux, c'était un peu comme Napoléon le jour du sacre, se retournant vers son frère pour lui dire : "Ah ! si notre père nous voyait" », dit encore Marie-France Garaud.

Paul Granet, alors secrétaire d'État à la Formation permanente, se souvient : « Quand un ministre bafouillait ou faisait un exposé trop long, Giscard et Chirac, assis face à face, se regardaient en plissant les yeux, en signe de connivence. »

« Une seule fois j'ai vu Jacques Chirac irrité en Conseil, c'est quand le président a fait enlever les cendriers de la table et décidé que les ministres ne devaient plus fumer. Pour apaiser le Premier ministre, je lui faisais passer des petits bonbons », raconte René Haby, ministre de l'Éducation nationale.

Cette entente particulière du chef de l'État avec Jacques Chirac ne nuit pas au lien spécial qu'il a avec Ponia. En conseil, le ministre de l'Intérieur, assis à la droite du président, lui fait passer, le plus ostensiblement possible, petit mot sur petit mot, quand il ne lui murmure pas quelque confidence, penché vers son épaule. Autrement dit : des clins d'œil pour Jacques Chirac, une oreille pour Ponia. C'est l'équilibre classique de tout ménage à trois.

Tout va bien, donc. Le Premier ministre est heureux. Marie-France Garaud qui s'est installée depuis le début du septennat dans un grand bureau, au rez-de-chaussée de Matignon, continue de veiller, officieuse mais très présente, sur l'UDR et les fonds secrets, tout en essayant ses nouvelles recettes sur la cuisine politicienne. Elle qui a vécu en ces lieux l'époque où Georges Pompidou régnait en maître sur la majorité s'étonne de voir fonctionner ce trio tout de même un peu baroque.

Invariablement, Jacques Chirac lui rétorque – expliquant par là même les raisons de son bonheur apparent : « Si je veux un jour peser sur les choix du président, il faut d'abord qu'il ait confiance en moi. »

L'un des collaborateurs de Jacques Chirac éclaire *a posteriori* son état d'esprit : « Jacques n'a jamais cru que Giscard avait une politique. Il pensait qu'une fois la période des gadgets terminée, le président serait bien obligé de revenir à la seule politique possible à ses yeux, celle de Georges Pompidou. »

De même, Jean-Pierre Fourcade fournit une notation supplémentaire un peu insolite : « La première fois que j'ai rendu visite au Premier ministre, il m'a dit : "Avec une victoire si étroite, il y a des risques de débordement dans la rue, de troubles. Il peut y avoir du sang. Il va falloir faire une politique sociale très hardie pour apaiser les esprits." C'est pour cela, explique l'ex-ministre des Finances, que Jacques Chirac s'est battu pour que le taux d'indemnisation des chômeurs pour cause économique atteigne 90 % pendant un an, alors que les syndicats auraient fini par se contenter de 75 %. »

À cette même époque, Pierre Juillet (il n'est pas installé à Matignon, mais Jacques Chirac le consulte plusieurs fois par semaine) prévient rituellement le Premier ministre : « Si vous ne prenez pas l'UDR en main, si vous ne pouvez pas vous appuyer sur un parti fort, avec ce système giscardien, vous serez renvoyé comme un valet de chambre. »

Depuis son arrivée à Matignon, le Premier ministre s'occupe beaucoup – trop – de l'UDR. Et avec une seule idée fixe : la mettre sous sa coupe. Est-ce pour mieux la chiraquiser ou la giscardiser ? Aujourd'hui encore, la classe politique s'interroge. En nommant Jacques Chirac à l'Élysée, Valéry Giscard d'Estaing lui a-t-il explicitement demandé de casser l'UDR, comme le souhaitait Ponia ?

« Giscard ne m'a jamais rien demandé de tel, dit en 1980 le maire de Paris, ce n'est pas son genre. Je l'avais d'ailleurs averti qu'il ne fallait pas compter sur moi pour amener le gaullisme à la défaite. »

Lors d'un déjeuner à l'Élysée, peu après son élection, le président aurait, selon un témoin, conseillé à Jacques Chirac : « Débarrassez-vous des gêneurs. » Il songeait sans doute à Michel Debré, toujours disponible pour un nouveau sacrifice et qui proclamait bruyamment que l'UDR devait entamer une nouvelle traversée du désert, façon de dire que son devoir était de rejoindre l'opposition. En revanche, nul doute que VGE aurait été fort satisfait si son Premier ministre avait pu obtenir des députés gaullistes une discipline de bonne grâce, et même le brin de renoncement de ceux qui se résignent à un destin inexorable.

Jacques Chirac envisage de tenir une grande réunion gaulliste où il dirait : « Il faut soutenir le président de la République, clef de voûte de nos institutions. Ceux qui ne sont pas d'accord n'ont qu'à partir. » Pierre Juillet l'en dissuade. Le projet ne voit pas le jour.

En 1974, Valéry Giscard d'Estaing peut-il se rallier l'UDR ?

Nombreux sont les gaullistes qui affirment, comme Jean Foyer : « Sitôt après son élection, si Giscard nous avait fait du charme, nous nous serions résignés et les relations auraient changé. Songez qu'au lieu d'essayer de nous séduire, il a attendu 1976 pour inviter le groupe UDR à déjeuner à l'Élysée. Quant à Ponia, il donnait des consignes aux préfets afin de préparer notre succession aux élections législatives. Vraiment, tous deux n'ont pas eu l'art et la manière. »

« Giscard ne pouvait pas nous avoir dans la poche, rectifie Claude Labbé, président du groupe RPR. Il ne nous a jamais compris. Il ne connaît pas nos réflexes. Quand il avait besoin de nous aux Finances, il se précipitait pour nous faire des sourires. C'était les grands mamours. Une fois qu'il avait eu ce qu'il voulait, il ne nous saluait même plus. »

Alors, irrémédiablement réfractaires à Valéry Giscard d'Estaing, les gaullistes ? « Il y a toujours eu un problème de communication entre lui et l'UDR, reconnaît Jean-Philippe Lecat, ce gaulliste giscardien, car les gaullistes, une fois écartés du pouvoir, ont toujours tendance à suspecter celui qui est installé à leur place. Ils estiment qu'eux seuls peuvent défendre une certaine idée de la France. »

« Les gaullistes croient que le pouvoir leur est dû parce qu'ils sont gaullistes », ponctue, en 1980, Alexandre Sanguinetti.

« Giscard n'a jamais essayé de conquérir l'UDR en lui faisant de grands numéros, la main sur le cœur, parce que ce n'est pas son registre, et puis il savait bien que s'il fallait que l'UDR ait un patron, ce ne pouvait être lui, en raison des cicatrices du passé et des alliances nouvelles qu'il venait de contracter en 1974 avec les centristes », nuance Pierre-Christian Taittinger.

Pourtant, à sa façon, le chef de l'État tente de gagner l'UDR à sa cause. Il multiplie les symboles.

7 novembre : il embarque pour vingt-quatre heures à bord du sous-marin *Le Terrible*. Il veut manifester ainsi que la politique française de défense reste, sur l'essentiel, inchangée. À sa demande expresse, l'ensemble de la majorité, réformateurs compris, vote à l'Assemblée nationale les crédits de la force de dissuasion.

9 novembre : le président se rend impromptu à Colombey, pour s'incliner sur la tombe du général de Gaulle.

11 novembre : au cours d'une conférence de presse improvisée, il lance une profession de foi aux inflexions gaulliennes : « Je n'oublie pas, dit-il, que j'ai été porté à la présidence de la République par le vaste courant du peuple français qui m'autorise à parler en son nom. »

Mais cette offensive de séduction un peu trop appuyée ne peut pas démanteler sur-le-champ les remparts de prévention dressés depuis tant d'années. À l'UDR, où l'on juge les ficelles un peu trop grosses, on ne veut pas être dupe. Jean Charbonnel (qui n'a jamais été un fan de Giscard) s'écrie : « Le président, après avoir dansé tout l'été avec Jean Lecanuet, s'est trouvé fort dépourvu quand la bise fut venue. »

Et pourtant, en politique étrangère, la continuité gaulliste ne se veut pas seulement symbolique. VGE, que l'on soupçonnait d'atlantisme, ne manque pas une occasion d'affirmer son attachement à l'indépendance nationale et de démontrer sa volonté de poursuivre la politique de détente et de coopération avec l'Est.

À la différence de Pompidou, son premier voyage officiel ne le mène pas à Washington, mais à Bangui (où il rend visite à son « cousin » Bokassa). VGE aime l'Afrique, il en aime les odeurs, les couleurs, les veilles de safari, le côté bon enfant et peut-être cette violence moite. Il y accueille d'un œil amusé une familiarité qu'il n'admettrait pas ailleurs.

Avec lui, le couple France-Allemagne retrouve la vitalité du tandem de Gaulle-Adenauer.

Au sommet européen de Paris, les 9 et 10 décembre 1974, le président obtient des chefs de gouvernement de la communauté ce qu'ils avaient pendant quinze ans refusé au général de Gaulle et à Georges Pompidou : à savoir la réunion de sommets (trois par an), désormais baptisés « Conseil européen », pour peser davantage. Il s'agit d'un renforcement du poids des chefs de gouvernement. Les partisans de l'Europe des États (les gaullistes) ne peuvent qu'être satisfaits. Les supporters d'un exécutif politique européen (les centristes) s'en réjouissent.

Sur la proposition de VGE également, les neuf décident de mettre en œuvre l'élection du Parlement au suffrage universel direct. Le principe est inscrit dans le traité de Rome, Georges Pompidou l'avait reconnu sans chaleur. Cette fois, le président français prend l'initiative de la relance.

Un peu à la manière du Général, qui désirait que la France soit présente partout, la philosophie de VGE s'appelle le « mondialisme ». La différence est de style. Le nouveau président veut faire du gaullisme déthéâtralisé, il veut éviter les couplets sonores et refuse cette « politique agressive de revendications », critique implicite de certaines attitudes de ses prédécesseurs. L'esprit nouveau, c'est la conciliation. « Mais on ne peut pas être bien avec tout le monde », disent les gaullistes en haussant les épaules. C'est là leur reproche essentiel.

Pour conquérir l'UDR, si VGE recourt aux signes et aux symboles, Jacques Chirac, lui, combine les envolées lyriques, l'action psychologique, le marketing et le siège fougueux de la base militante. Sa méthode convient mieux au tempérament gaulliste que la tentative de séduction giscardienne.

Ainsi, en six mois, celui que les députés gaullistes appelaient entre eux « Al Capone » ou « le traître » au temps de l'élection présidentielle, celui que les militants maudissaient s'impose à marche forcée comme le chef de file incontesté, le protecteur, presque le sauveur.

Dans la jungle du palais Brogniart (la Bourse), on appellerait cela un beau rétablissement.

Et pourtant, ça n'a pas si bien commencé. Qu'on en juge.

27 mai : à peine désigné à Matignon, Jacques Chirac se hâte de faire porter aux députés gaullistes une missive dont chaque terme est censé leur aller droit au cœur et peser son morceau de vraie croix de Lorraine : « Je m'inspirerai, écrit-il, dans l'action à venir, des principes et des idéaux qui ont déterminé mon adhésion au groupe UDR, dès le premier jour de ma vie parlementaire. [...] Fort de votre confiance, j'emploierai mon énergie à continuer l'œuvre entreprise il y a seize ans et que seules une volonté et une unité communes permettront de poursuivre dans l'esprit du gaullisme. »

Mais ce style de père noble paraît encore incongru. On ricane, on se moque. C'est trop tôt ou trop rapide. On n'est pas très assuré des sentiments gaullistes du Premier ministre. Devant la houle qui menace, salle Colbert, à l'Assemblée nationale, où sont réunis les députés, Claude Labbé trouve un expédient aussi inédit qu'efficace pour tenir ses ouailles : « Ne criez pas trop fort ! Faites attention à vos propos ! Il y a sûrement des micros dans la salle. On nous écoute. Chut ! »

Seul, bravant les protestations grondantes, Hector Rolland pronostique : « Chirac a été un grand ministre de l'Agriculture, un grand ministre de l'Intérieur, ce sera un grand Premier ministre. Si nous voulons en profiter, il faut que l'UDR paraisse vraiment liée à lui. » Devant les huées, le député s'écrie brutalement : « Vous qui me sifflez, vous avez mis l'UDR dans la mouise. Bientôt, avant moi, vous irez tous lécher les bottes de Chirac. » Prémonition rustique...

Le même jour, le nouveau Premier ministre rend visite au baron des barons : Olivier Guichard. « Je viens vous voir, cher Olivier, car je veux avoir l'assurance que vous ne ferez rien pour casser le mouvement gaulliste. » Commentaire du baron, encore tout ébahi six ans après : « Après ce que Chirac avait fait pendant les élections présidentielles, j'ai tout de même trouvé qu'il ne manquait pas d'estomac. » Pieuse litote.

Dix jours plus tard, au comité central de l'UDR, l'ambiance est morose. Tout Premier ministre qu'il est, Jacques Chirac n'est pas autorisé à siéger à la tribune. Déprimés, les routiers du gaullisme se livrent à un grand happening désenchanté : « L'État UDR, il faut en parler au passé », s'attriste Olivier Guichard. « Nous faisons vieillots, nous ressemblons au musée Grévin de la politique », s'amertume André Fanton. Fringant comme un lieutenant de dragons, le Premier ministre tente de réanimer les ardeurs. Il s'écrie : « Allons, allons, ce ne sont pas des divergences politiques de quelques semaines qui peuvent remettre en cause des sentiments et des idéaux qui sont les nôtres depuis longtemps et auxquels j'entends rester fidèle. » Applaudissements très clairsemés. Les dirigeants gaullistes ne se sentent pas très assurés des idéaux de Jacques Chirac.

« Le Premier ministre n'est plus le chef naturel du mouvement », vitupère en réponse Alexandre Sanguinetti. Le bouillant ancien ministre du général de Gaulle se verrait bien, en revanche, intronisé grand censeur de la pureté doctrinale et ne répugnerait pas à ce que s'instaure cette dyarchie parti-gouvernement dont le Général et Georges Pompidou n'ont jamais voulu. Il est sincèrement applaudi.

Comme un malheur n'arrive jamais seul, Michel Jobert choisit justement ce moment pour annoncer à son de flûte qu'il envisage de faire don de sa personne à l'action politique : « Je souhaiterais dessiner l'esquisse de l'esquisse d'un mouvement », annonce-t-il, plein de pudeur. L'idée n'est pas si sotte. Plus d'un gaulliste à la recherche d'un homme neuf, non compromis dans la victoire de VGE, donnerait volontiers sa chance au ministre des Affaires étrangères du président défunt. Ses cocoricos grinçants sur la scène internationale avaient agréablement chatouillé les oreilles des Français. 63 % d'entre eux (proportion confortable) approuvaient la politique dont il était l'exécutant.

Chez les gaullistes, le registre du coq Ausburger (prix du président de la République au Salon de l'agriculture) fait très souvent recette. Tout particulièrement lorsqu'il s'exerce aux dépens d'un allié trop puissant (les États-Unis), assez maladroit pour irriter, mais tout de même assez amical pour qu'on puisse l'égratigner sans risques.

Du coup, André Fanton et quelques autres députés UDR frétillent d'aise. Ils s'imaginent déjà en gaullo-jobertiens estampillés. Toujours grand, superbe et généreux, Alexandre Sanguinetti serait même tout prêt à lui offrir un fauteuil de coprince de l'UDR. Pour Jacques Chirac, l'ancien ministre des Affaires étrangères peut être une menace. Il faut jouer serré.

Une première fois, Michel Jobert vient lui rendre visite à Matignon. Il laisse entendre qu'il ne trouverait pas indigne de son talent de veiller désormais sur les destinées de l'UDR. Sur le moment Jacques Chirac se montre encourageant :

– C'est une bonne idée, dit-il.

– Il me faudra de l'argent, susurre, modeste mais l'esprit pratique, le visiteur. Et son hôte de répliquer :

– Je vais y réfléchir. Nous verrons cela dans quinze jours.

Deux semaines plus tard, lorsque Michel Jobert revient, c'est tout réfléchi et tout vu. Le Premier ministre se montre cette fois vigoureusement évasif. Pierre Juillet est passé par là. Première éclaircie, voilà un péril évitable évité.

Deuxième éclaircie : René Tomasini, secrétaire d'État au Parlement, grand connaisseur de baumes et onguents qui revigorent les députés, organise déjeuner sur déjeuner, dans le cadre flatteur et discret du pavillon de musique au fond du parc de Matignon. Là, entre la poire et le fromage, il s'enquiert avec sollicitude des difficultés et des petits malheurs des élus, toujours en butte à des obstacles matériels. À l'un, il propose son aval pour débloquer un dossier. À l'autre, il promet la subvention qui se fait attendre. À tous, il explique que, désormais, les largesses, si utiles en période électorale, ne dépendent que de Jacques Chirac, exclusivement. Un jeune homme bien sous tous rapports, puissant, bien disposé et extrêmement gaulliste.

Résultat : quand le groupe parlementaire tient, à Vélizy, le 3 juillet, une réunion exceptionnelle, le climat est presque cordial : « Il ne peut y avoir de divorce entre le groupe UDR et un Premier ministre UDR. J'ai besoin de vous. Je compte sur vous ! » s'exclame Jacques Chirac. Il est déjà très applaudi.

« Pour la première fois, nous avons eu un contact décrispé avec le Premier ministre. La concertation commence vraiment à fonctionner », se réjouit Claude Labbé.

La manœuvre est même plus subtile qu'elle n'en a l'air, car Jacques Chirac ne se contente pas d'apprivoiser le groupe parlementaire gaulliste. Là où Alexandre Sanguinetti songe à faire du mouvement une machine de guerre pour relancer le gaullisme – « Le groupe parlementaire UDR n'est que le ventre mou du mouvement », a-t-il déclaré à *Paris-Match* –, le Premier ministre a compris qu'il est à la fois plus urgent et plus habile de s'appuyer sur les députés. Ainsi le renouveau gaulliste s'organisera-t-il tout naturellement, avec le concours des élus, autour de sa personne. Ainsi le gouvernement pourra-t-il envisager l'approche de la session d'automne sans émotion particulière. Jacques Chirac est si efficace que sa stature commence à se renforcer.

Troisième éclaircie : Charles Pasqua aidant, la domestication du mouvement s'ébauche. La solidarité corse a sûrement contribué à faire accepter par Alexandre Sanguinetti l'intronisation à ses côtés de cet organisateur redoutable.

Il a trente ans de gaullisme derrière lui. Il est l'un des pères fondateurs du SAC (Service d'action civique). Il n'a rien d'un technocrate :

il a été tour à tour veilleur de nuit, plagiste, représentant de commerce de la société Ricard, puis directeur des ventes. Il a fondé sa propre entreprise : Americano-Gancia. Il connaît chaque rouage, chaque ressort, chaque manette et presque chaque homme (qu'il tutoie et appelle par son prénom) de la machine UDR. Un homme précieux, qui sait comme personne alterner l'expression bon enfant des principes éternels du gaullisme avec les féroces avertissements personnels à vous donner froid dans le dos, sans jamais se départir, ou presque, d'un sourire à la Fernandel.

Sans tarder, Charles Pasqua entreprend une tournée provinciale. Tout l'été, il tance, cajole, menace les fédérations gaullistes et reprend en main, à un rythme d'enfer, l'appareil UDR brinquebalant. Avec un accent provençal (c'est un Corse né à Grasse) et gourmand, comme s'il vantait les mérites de la soupe au pistou, il va répétant : « Les barons, c'est fini. Nous nous sommes trompés avec Chaban. Si nous voulons sauver le gaullisme, il faut être unis derrière Jacques Chirac, le seul présidentiable. »

Et joignant le geste à la parole, Monsieur Pasqua fait faire un sondage à sa manière. Chaque responsable local doit interroger, autour de lui, ses visiteurs, ses amis, ses collègues, sa famille. Quelle est l'image de l'UDR ? Que faut-il penser de l'échec de Chaban ? Que faut-il penser de Jacques Chirac ?

Miracle : dès la mi-septembre, les résultats affluent. Ils concordent merveilleusement. L'électorat gaulliste a rejeté le maire de Bordeaux parce qu'il incarnait trop le passé. C'est bien triste. Heureusement, ceux qui votent UDR découvrent en même temps un homme neuf, vierge, déterminé, qui a toutes les qualités d'un chef. Il s'appelle Jacques Chirac. Rien ne vaut un sondage bien fait quand le destin hésite.

Pendant ce temps, le talentueux Alexandre Sanguinetti a commis un impair. Il a fait envoyer dans chaque fédération une cassette enjoignant chaque UDR à prendre la file derrière le Premier ministre et créditant Valéry Giscard d'Estaing d'un maintien des grandes options gaullistes.

Il est très bien d'appeler à soutenir Jacques Chirac. Mais très mal de pardonner aussi vite au nouveau président. (Matignon a vivement incité le secrétaire général à prendre ces positions. Mais cela, nul ne le sait.) Voilà donc le grand Alexandre compromis, au moment où le mouvement est déjà presque entièrement chiraquisé sans s'en être rendu compte.

À la rentrée de septembre, Jacques Chirac n'a plus qu'à recueillir les fruits et les fleurs soignés avec tant d'amour par les bons horticulteurs corses, René Tomasini et Charles Pasqua.

Le Premier ministre, qui a souvent de l'intuition, tient aux députés le langage qu'ils attendent, celui de la reconquête. À Cagnes-sur-Mer, il promet : « Nous reviendrons au moins à cent cinquante députés » (ils sont cent soixante-quatorze). Il se fait fort d'obtenir du président de la République toutes les investitures qu'il faudra pour les élections législatives de 1978. Il est si affirmatif, Jacques Chirac, que les députés UDR ne doutent pas une seconde qu'une sorte de pacte ait été conclu entre Matignon et l'Élysée.

Les observateurs les plus attentifs (Ponia en particulier) remarquent tout de même qu'il ne sera pas très facile pour Valéry Giscard d'Estaing de renouveler et de rééquilibrer la majorité, si la masse des députés UDR sortants conserve presque tous ses sièges. Mais pourquoi avoir l'esprit si mal tourné ? Pour préparer une première session parlementaire giscardienne, Jacques Chirac ne peut tout de même pas annoncer aux élus gaullistes qu'ils sont collectivement destinés à se faire hara-kiri !

Et pourquoi compliquer les choses ? Tout ne peut aller idéalement bien après le traumatisme des élections présidentielles. Pour se défouler, grâce au ciel, il y a un bouc émissaire disponible, sinon volontaire. Il s'appelle Alexandre Sanguinetti. Les députés le blâment pour son giscardisme précipité. En revanche, ils trouvent de fort bon aloi le gaullisme recouvré de Jacques Chirac.

Toujours bon connaisseur de la nature humaine, le Premier ministre récompense ostensiblement les députés les plus coopératifs. Hector Rolland et neuf élus UDR du groupe Réflexions et Propositions (les élus de la base) se retrouvent ainsi parlementaires en mission. Ils sont chargés de créer des comités d'usagers, ministère par ministère, pour humaniser les rapports toujours si difficiles entre les citoyens et l'administration. Chacun dispose d'une voiture avec chauffeur, d'un bureau, d'un téléphone, d'une secrétaire et de quelques cocardes en plus. Le parlementaire en mission est au ministre ce que la limonade est à l'alcool. Mais ce n'est pas l'alcool qui fait les héros.

Dès octobre, l'UDR est à portée de la main de Jacques Chirac. Il n'y a plus qu'à saisir la meilleure occasion pour officialiser la conquête. La plupart des barons et la classe politique croiront que tout se joue en décembre, quand Jacques Chirac enlève le donjon UDR, sabre au clair. En fait, la forteresse est (presque) silencieusement investie depuis trois mois.

Depuis de longues semaines, Valéry Giscard d'Estaing et Jacques Chirac ont de longues discussions, révèle un conseiller de l'Élysée.

– Vous me dites que vous allez giscardiser l'UDR, et pourtant vos amis ne cessent de m'attaquer. *La Lettre de la Nation* m'agresse presque quotidiennement, fait remarquer le président à Chirac, avec quelque impatience.

– Ma tâche n'est pas facile. Laissez-moi faire, j'y arriverai, promet Jacques Chirac, qui jamais ne morigène Pierre Charpy, dont le talent de polémiste s'exerce, pourtant, pratiquement chaque jour aux dépens de l'Élysée.

Le président et son Premier ministre s'inquiètent aussi des agissements du clan des barons. Depuis six mois, fidèles à leurs habitudes, ils ont repris leurs déjeuners rituels. Ils ont lieu maintenant chez Roger Frey, dans le cadre somptueux du Conseil constitutionnel qui domine les jardins du Palais-Royal.

Complotent-ils, comme on le pense toujours ? En vérité, ils devisent gentiment sur les hauts faits d'autrefois, se répètent les bons mots du Général et puis, de repas en repas, ils se forgent cette idée simple : l'UDR doit survivre et soutenir le président. Institutions obligent. Mais inutile d'aller pour autant lui porter les clefs de l'UDR en chemise et la corde au cou. Ainsi, l'UDR pourrait demeurer un grand mouvement politique avec un vrai patron indépendant. Un Olivier Guichard, par exemple. Michel Debré suggère qu'une direction collégiale ferait peut-être mieux l'affaire. Bref, entre deux bouchées, on refait l'UDR, comme d'autres refont le monde. Rien ne presse. Le mandat d'Alexandre Sanguinetti n'expire qu'à la prochaine réunion du comité central. Au plus tôt en février 1975.

Ces conciliabules entre barons irritent à Matignon. Jacques Chirac ne le sait que trop : ou bien il devient le chef de l'UDR, ou bien celle-ci risque de le désarçonner. Et personne n'est plus vulnérable qu'un cavalier à terre.

En outre, Valéry Giscard d'Estaing et Jacques Chirac sont tombés d'accord : le seul parti véritable (pour l'instant) de la majorité ne doit pas tomber aux mains d'hommes peu sûrs. D'autant que, derrière le paisible Olivier Guichard, se profile la silhouette d'un autre challengeur : André Fanton, un drôle d'animal aux ruades légendaires. Tantôt il caracole du côté de Michel Debré, tantôt du côté de Michel Jobert. Bien trop imprévisible, ce Fanton-là ! Qui sait si un jour de mauvaise lune, il ne provoquerait pas une crise et n'entraînerait pas l'UDR à voter contre le gouvernement ? Méfiance !

Le 12 décembre, le président de la République s'envole vers les Antilles, pour y rencontrer Gerald Ford, président des États-Unis. Il s'agit d'harmoniser les stratégies pétrolières des deux pays. Jacques Chirac l'accompagne à l'aéroport. Dans la limousine, on parle de l'UDR et des barons qui grenouillent : « Il faudra prendre une initiative », lance le président avant de monter dans l'avion.

Jacques Chirac n'attendait que cette occasion en forme de feu vert. Il va la saisir. Justement, le jeudi soir, le Premier ministre est invité au dîner des barons. Ceux-ci, courtois, veulent le mettre au courant de leur grand projet pour l'UDR.

Autour de la table : Roger Frey, la puissance invitante, Michel Debré, Jacques Chaban-Delmas, Olivier Guichard, Jacques Foccart, Maurice Couve de Murville et Pierre Messmer. Une belle brochette…

L'ambiance est plutôt amicale et le dîner raffiné : huîtres chaudes fourrées aux épinards et marcassin à la purée de marrons. Après dîner, on s'installe dans le grand salon (deux cents mètres carrés), qui domine la galerie du Palais-Royal.

L'air est déjà plus frisquet. On parle de la succession à la tête de l'UDR :

– Il faut qu'on te le dise, annoncent bravement les barons à leur jeune commensal, nous allons faire campagne pour Olivier.

– Si Guichard est candidat, je m'y opposerai. Vous allez créer une dualité inacceptable avec Matignon, rétorque froidement Jacques Chirac.

– Mais si tu ne veux pas, je ne me présenterai pas, aurait promis, l'air bougon, le bel Olivier.

Michel Debré, cramponné à sa grande idée, propose, pour concilier les inconciliables :

– Créons donc une direction collégiale.

– Le mieux serait encore que je prenne le secrétariat général de l'UDR, dit Jacques Chirac d'un ton goguenard, en se levant pour prendre congé de ses hôtes.

Ceux-ci s'esclaffent à ce bon mot. A-t-on jamais vu un Premier ministre secrétaire général d'un mouvement politique ? Dieu, que l'idée est saugrenue !

Le Premier ministre a fait semblant de plaisanter. La manœuvre est déjà engagée. Pendant que les hiérarques du gaullisme dînent ensemble, exactement à la même heure, un autre souper fin réunit, chez Lasserre, Pierre Juillet, René Tomasini et Alexandre Sanguinetti.

Les deux premiers expliquent au troisième, avec force ménagements, qu'il doit céder la place. « Jacques Chirac, lui disent-ils, doit devenir le patron de l'UDR. Pour cela, il faut créer l'effet de surprise. Tu démissionneras samedi. » Le tonitruant Alexandre hésite un brin. « Avant de me décider, je voudrais prendre l'avis de mon ami Charles Pasqua. »

On le fait appeler. Il accourt. Comme par hasard, il juge l'idée excellente. Sangui n'est pas heureux. Mais a-t-il le choix ? Les moines-soldats obéissent toujours. Et puis – promis, juré – on ne l'oubliera pas. Il aura un grand bureau à Matignon, auprès de Jacques Chirac, et des fins de mois sans soucis.

Le bon ami corse ramène chez lui le secrétaire général de l'UDR (qui l'est encore pour deux jours), avant de bondir à Matignon, où il retrouve Jacques Chirac, Pierre Juillet, Marie-France Garaud et René Tomasini. Ils sont bien d'accord : « Pour gagner, il faut prendre tout le monde de vitesse. »

Pendant que les autres dorment, eux veillent et s'affairent toute la nuit. Ils préparent les télégrammes qui seront envoyés, dès l'aube, aux membres du comité central (ils élisent le secrétaire général).

La réunion extraordinaire est fixée dès le samedi, à 8 h 30, à l'hôtel Intercontinental. Le destin a des clins d'œil. Le salon loué porte un nom de circonstance : l'Aiglon.

Le vendredi, grand branle-bas à Matignon. René Tomasini et Charles Pasqua récupèrent un à un, au téléphone, les mandats de ceux qui ne pourront être là. Jacques Chirac, lui (il ne sait pas encore si ce samedi sera son Austerlitz), prévient pour la forme son cher ami Ponia, qui inaugure à Metz la nouvelle préfecture.

D'où ce dialogue au téléphone :

Chirac. — Je prends demain l'UDR en main. Je vais me faire élire secrétaire général.

Ponia (interloqué). — As-tu prévenu le président ?

Chirac. — Je n'arrive pas à le joindre. Tu sais, le téléphone avec les Antilles marche très mal. Mais avant de partir, le président m'a dit de prendre une initiative. J'en prends une.

Commentaire de Charles Pasqua, en 1980 : « Nous n'étions pas mécontents que Giscard soit hors de France, car s'il avait été à l'Élysée, il aurait pu, sous l'influence de Ponia, faire arrêter la manœuvre. »

Le Premier ministre prévient aussi la brochette de gaullistes historiques (Roger Frey, Michel Debré, Pierre Messmer et Maurice Couve de Murville). Il décide cependant d'oublier Chaban.

Le plus comique est sans doute que personne ne le prend au sérieux.

Olivier Guichard pose un problème. Lorsque Jacques Chirac veut le joindre, il a déjà quitté Paris pour La Baule, où, le lendemain matin, il doit justement inaugurer avec Michel Poniatowski sa nouvelle mairie.

Le baron Guichard ne sera joint que le vendredi soir, vers 23 heures, au restaurant. « Un monsieur qui a un nom qui se termine en *ac* vous a appelé », lui annonce la patronne de l'établissement.

Aussitôt Matignon est contacté et le Premier ministre l'informe de son projet. « Ce n'est pas sérieux », soupire placidement le maire de La Baule, qui passe la communication au ministre de l'Intérieur. En raccrochant, celui-ci explique, navré, feignant d'apprendre la nouvelle (solidarité gouvernementale oblige), qu'il ne veut rien savoir.

Mais ce samedi, tout se déroule conformément aux analyses des stratèges de Matignon. À 8 h 30, un peu pâlichon, Alexandre Sanguinetti monte à la tribune et lance à la face des membres du comité central :

– J'ai pris la décision de démissionner du secrétariat général de l'UDR.

Brouhahas dans la salle, cris et chuchotements. Certains tentent de le retenir :

– Mais ce n'est pas le moment ! Tu peux attendre deux mois.

– Ma décision est irrévocable, répond stoïquement Alexandre.

Il faut donc élire un nouveau secrétaire général de l'UDR. « Je suis candidat », dit simplement Jacques Chirac. « Mais c'est une pantalonnade », s'exclame Chaban. « Est-ce un 18 Brumaire ou un 1er avril ? » interroge Robert-André Vivien.

Des huées fusent.

« Au nom de l'amitié que je te porte, je te conjure de renoncer », lance Alain Peyrefitte. Le comité central tangue sérieusement. Une interruption de séance est demandée.

Dans la coulisse, Michel Debré tente toujours de convaincre Jacques Chirac : « Il faudrait élire un directoire. Vous en seriez le président. » Jacques Chirac semble s'interroger. Il est déjà plus de 11 heures.

À Matignon, Pierre Juillet et Marie-France Garaud s'impatientent : « Une direction collégiale, ce serait les barons remis en selle. Pas question ! » tempête Marie-France Garaud.

– Nous pouvons compter sur combien de mandats ? demandent les conseillers, par téléphone, à Charles Pasqua et à René Tomasini.

– Nous en avons vingt-deux en poche et, à vue de nez, dans la salle, nous avons environ cinquante-cinq voix sur les quatre-vingt-dix présents, répliquent en chœur les deux compères corses.

– Alors, foncez ! Allez-y ! Il faut que Jacques se présente, ordonnent les conseillers.

À la reprise de séance, Michel Debré monte à la tribune et propose tout de même une direction collégiale. « Mais c'est contraire aux statuts du mouvement ! » s'exclame Pierre Messmer. « Prenez vos responsabilités, je prends les miennes, je suis candidat », répète Jacques Chirac.

Pâle d'indignation, le jeune Jacques Legendre, député-maire de Cambrai, fait acte de candidature pour le principe contre le Premier ministre. On vote. Jacques Chirac est élu, avec cinquante-sept voix contre vingt-sept à son adversaire. Les pointages des sieurs Pasqua et Tomasini étaient exacts.

Épuisé mais triomphant, surmontant son aversion déclarée pour les partis politiques, le député de la Corrèze vient de se hisser à la tête du mouvement gaulliste. Choqué par ce qu'il appelle « un hold-up » sur le mouvement, Robert Boulin démissionne de l'UDR. Il est le seul. « Je suis sûr qu'il reviendra », prédit Jacques Chirac.

Deux mois plus tard, Robert Boulin est de retour. Et ce 14 décembre, au comité central le matin, l'après-midi au Conseil national, les mains qui se tendent vers Jacques Chirac pour le féliciter, amicales ou froides, sont toutes devenues respectueuses.

Pour donner une coloration plus libérale à son mouvement, le nouveau secrétaire général s'entoure de cinq secrétaires nationaux : Jean Taittinger, Lucien Neuwirth, Albin Chalandon, Yves Guéna et Maurice Cornette. Et il explique : « Les Français en avaient marre des barons. »

Une fois élu, le Premier ministre peut enfin faire part au président de la République de son succès. Il le joint aux Antilles par téléphone. Miracle, la ligne est rétablie !

Olivier Stirn, secrétaire d'État au DOM-TOM, qui était à ses côtés, en convient : « Le président était ravi. Il pensait que son chef de gouvernement venait d'agir par loyauté et que tout s'était déroulé comme prévu. »

D'ailleurs, ce jour d'élections, Jacques Chirac explique aux journalistes qu'il croit « ainsi mieux s'affirmer comme le chef de la majorité présidentielle » et qu'il « colle littéralement au chef de l'État ».

N'a-t-il pas hérité de Georges Pompidou cette conception rigoureuse des rôles respectifs du président et de son Premier ministre qui subordonne le second à l'élu du suffrage universel ?

Au même moment, Marie-France Garaud illustre ce propos en termes cynégétiques : « Giscard et Chirac, c'est le couple du lion et de la lionne. La lionne fait vingt kilomètres pour rabattre la gazelle, mais c'est le lion qui la tue. »

Le débat est ouvert : Jacques Chirac roule-t-il pour lui ou pour l'Élysée ?

« Aux Antilles, le président était tout de même un peu interloqué par cette manœuvre non prévue de Jacques Chirac », rectifie Claude Pierre-Brossolette, alors secrétaire général de l'Élysée.

Néanmoins, avant de regagner Paris, Valéry Giscard d'Estaing, interrogé par des journalistes à l'aéroport de Lamantin, déclare : « Je ne vois aucune anomalie dans le cumul des fonctions de Premier ministre et de secrétaire général de l'UDR. Je vous signale qu'il y a dans le monde un certain nombre de très grands dirigeants que j'ai rencontrés qui sont secrétaires généraux de partis politiques. Il ne faut pas voir d'anomalie dans une nomination de cette nature. Le chef de l'État n'a pas à indiquer leur conduite aux organisations de la majorité. Il n'a pas à intervenir dans leur vie. »

Au moment où VGE fait cette déclaration libérale avancée, à Paris Ponia tressaille. Il est, lui, plus que réservé : « Si nous ne faisons pas attention à Chirac, bientôt il va nous manger la soupe sur la tête. Il va falloir le serrer de très près et nous organiser », dit-il à ses amis républicains indépendants.

Il ne veut pas laisser faire, il ne laissera pas faire le Premier ministre. Trois ans plus tôt, dans son livre *Cartes sur table*, n'écrivait-il pas : « Un Premier ministre trop habile peut avoir des atouts presque aussi grands que ceux du président. Celui-ci a donc intérêt à conserver dans sa majorité deux ou même trois formations politiques, qui, dans une certaine mesure, s'équilibrent et donnent au chef de l'État les moyens d'agir l'une sur l'autre » ?

François Mitterrand, à sa manière, partage l'avis du prince Michel. En bon constitutionnaliste, il diagnostique : « Le régime, ayant désormais une dyarchie Giscard-Chirac à sa tête, a tout simplement changé de nature. »

Cependant, en cette fin d'année 1974, le président de la République est globalement satisfait de son Premier ministre. La veille de Noël, à l'issue du déjeuner rituel du gouvernement, après le foie gras et la dinde, il prend une initiative insolite : tout à trac, VGE décore de l'ordre du Mérite national le très jeune chef du gouvernement : « J'ai pris un décret conférant au Premier ministre la grand-croix de l'ordre national du Mérite, après six mois d'exercice de ses fonctions, pour souligner l'importance de la fonction exercée », déclare VGE.

« Jacques Chirac était ému aux larmes, se rappellent aujourd'hui les ministres. Il était si heureux et si fier qu'il en a même fait cette réponse : "Monsieur le président, je forme tous les vœux de succès pour votre septennat… Je veux parler du second septennat, bien sûr !" »

Comme un bonheur n'arrive jamais seul, l'hebdomadaire *Der Spiegel* décerne à Jacques Chirac le titre envié d'homme de l'année.

Certains commentateurs voient déjà en Monsieur Chirac un possible recours de la république.

C'en est trop ! Ponia va y mettre bon ordre.

CHAPITRE VI
Les bleus à l'âme

1975. Année triste pour les Français. Année grise pour l'économie. Année maussade pour Valéry Giscard d'Estaing et Jacques Chirac. Il rôde sur la France un malaise diffus, une petite peur sournoise qui engourdissent les esprits. Depuis les frimas des années 1952-1953, on avait oublié que la prospérité, la croissance vive, l'énergie abondante et à bas prix pouvaient ne pas aller de soi. Or, voilà qu'en une lugubre procession, défilent à travers le pays les images du malheur : la récession, le chômage (bientôt un million de demandeurs d'emplois, niveau jamais atteint depuis la guerre) et l'inflation (près de 15 % en 1974).

Le soir à la veillée devant le journal télévisé, le dimanche en famille au café du Commerce, partout l'on se dit en hochant la tête, avec l'air las des anciens combattants de la guerre de 1914-1918 : « C'est une crise sans précédent. C'est la fin d'une époque. » Pourtant, le pouvoir d'achat continue de croître (pour l'ensemble sinon pour chacun des Français). Le gouvernement lui-même semble désarmé devant ce mal au nom barbare, la « stagflation » : la montée des prix ne stimule plus assez l'activité économique, la réduction volontaire de la consommation n'arrête pas la hausse des prix. Que faire ? Les experts mondiaux et hexagonaux s'interrogent à perte d'heures.

Après la bataille et l'espoir de 1974, les Français découvrent qu'un polytechnicien rationnel et éclairé ne suffit pas pour mettre en échec, en trois discours et quatre équations, les seigneurs du désert (le prix du pétrole a presque quintuplé depuis 1973). Ils sont déçus.

Dans l'excitation du duel Valéry Giscard d'Estaing-François Mitterrand, beaucoup avaient cru que le ministre des Finances gardait dans sa manche des solutions inédites et miraculeuses. Il faut en rabattre. Le nouveau président n'est pas un magicien. Il n'a pas de sortilège pour exorciser le désordre monétaire, ni de formule mystérieuse pour repousser le chômage. Invoquant à chaque instant l'heureux avènement d'une « société libérale avancée », il exerce ses talents sur des sujets bizarres, qui étonnent et qui irritent.

Après l'illusion du répit, le désenchantement revient au galop (au baromètre *Figaro*-SOFRES, 79 % des Français se disent pessimistes devant l'avenir). Les petits industriels, les petits patrons, souffrant du manque de crédit comme les drogués de marijuana, les commerçants, les cadres, les consommateurs s'accordent pour trouver que rien ne va plus.

Valéry Giscard d'Estaing est pourtant lucide : le 24 octobre 1974, lors d'une réunion de presse, il lance : « Le monde est malheureux parce qu'il ne sait pas où il va et parce qu'il devine que s'il le savait, ce serait pour découvrir qu'il va à la catastrophe. »

Trois mois plus tard, à l'orée du nouvel an (veut-il réviser son diagnostic ou rassurer le bon peuple ? « Dramatiser, c'est décourager », affirme-t-il à plusieurs reprises en Conseil des ministres), le président prédit : « Cette année aura un caractère moins menaçant et incertain que l'année 1974. » Selon lui, « la France est même ce qu'il y a de meilleur au monde, à cause de son paysage et à cause de son peuple ».

Le 30 juin 1975, s'adressant aux Français qui se préparent pour la grande transhumance estivale, il chausse carrément ses lunettes roses : « Mes chers amis, dit-il, vous allez connaître une période de vacances et de repos. Je voudrais que vous soyez sans inquiétude. L'inquiétude est un sentiment qui ronge, qui gâche, or, il n'y a pas lieu d'éprouver d'inquiétude en France à l'heure actuelle. » Ce bel optimisme est aussitôt battu en brèche par la CGT et la CFDT qui organisent le 10 juillet, un rassemblement des travailleurs en lutte sous la tour Eiffel : des délégations de deux cents entreprises en grève sont présentes.

Ainsi ce balancement élégant de la vision giscardienne, un rien trop distinguée, qui hésite entre une dramatisation trop grossière et une confiance trop innocente, n'a pas suffi à rassurer la France profonde.

Ces considérations mondialistes de VGE ne sont toutefois pour rien dans les incompréhensions et les tensions qui naissent cette année-là entre le président et son Premier ministre.

Ce ne sont pas non plus les fins de mois difficiles ou l'impossibilité d'offrir à Marianne ce superflu si nécessaire quand Dieu s'appelle consommation qui malmènent ce jeune couple au pouvoir, que tout destinait à la félicité.

Jacques Chirac qui a, lui aussi, la prunelle perçante, entrevoit pendant l'été le bout du tunnel à l'horizon du mois de décembre. Il croit au succès du plan de relance qu'il a fini par arracher à Giscard, mais de quelle bizarre façon ! Elle éclaire d'un jour étrange les relations entre le président et son chef du gouvernement.

Mi-juillet 1975 : Conseil des ministres. Jacques Chirac s'emporte : « Avec huit cent mille chômeurs, nous avons atteint le seuil au-delà duquel le pays saute en l'air. Le plan de redressement a assez duré. Il ne faut pas écouter les technocrates imbéciles qui veulent freiner les investissements. Les entreprises ont besoin d'une relance. »

Un ange passe. Le Premier ministre vient de dénoncer avec violence la politique de Jean-Pierre Fourcade, donc de l'Élysée. Avant d'argumenter, le président choisit de consulter. Il interroge tour à tour chaque ministre. C'est la procédure assez solennelle et très rare dite du « tour de table ». Elle n'est guère employée plus de deux fois par an. Toujours sur des sujets difficiles et à des moments importants. C'est à peu près la seule occasion où tous les membres du gouvernement sont priés d'avoir une opinion sur des sujets extérieurs à leur compétence formelle. Chacun s'exécute prudemment.

Michel Poniatowski, qui, chaque semaine, reçoit les rapports des préfets sur son bureau, explique : « Le climat est mauvais, les Français ont peur du chômage, les jeunes découvrent la vie professionnelle dans les files d'attente de l'agence pour l'emploi. Une société qui vit dans la peur a quelque chose de malsain. Il faut relancer. » Voilà, pour une fois, le ministre de l'Intérieur qui vole au secours de Matignon.

Michel Durafour, le ministre du Travail, qui discute et négocie quotidiennement avec les syndicats, abonde dans ce sens. Ainsi les deux spécialistes de l'opinion vont-ils à l'encontre de la politique de la rue de Rivoli.

« J'ai reçu une volée de bois vert de tout le monde, raconte Jean-Pierre Fourcade en 1980. Et ce n'était pas agréable. Mais moi, je leur disais : “Il faut savoir ce que l'on veut et ce que l'on fait. Le franc vient de rentrer dans le serpent européen. Si on relance maintenant, on met en œuvre une politique économique et financière qui va en direction absolument inverse de la politique monétaire. C'est absurde.” »

En effet, deux mois auparavant, le 9 mai 1975, jour où l'on célèbre entre Européens, dans le salon de l'Horloge du Quai-d'Orsay, le vingt-cinquième anniversaire de la déclaration par laquelle Robert Schumann lançait la Communauté européenne du charbon et de l'acier (CECA), VGE annonce fièrement qu'il met fin à seize mois de flottement du franc. Ainsi celui-ci réintègre-t-il le bloc des monnaies fortes. Le franc rentre dans le serpent. Le président, qui a le sens des anniversaires et des commémorations, marque symboliquement son espoir que l'économie française pourra désormais suivre une trajectoire parallèle à celle du modèle allemand. Paris et Bonn vont redevenir les deux piliers d'une zone monétaire stable, qui amortirait la tourmente vers laquelle se dirigent les États-Unis. C'est optimiste et même un tantinet imprudent. En tout cas, une décision toute personnelle. Le gouverneur de la Banque de France et le ministre des Finances ont prévenu qu'ils jugeaient le moment inopportun. VGE est passé outre.

Pourtant, au mois de juillet, c'est le même président qui, après réflexion, donne finalement raison à son Premier ministre. Mais à sa manière. D'abord, habileté sémantique, ce plan de relance s'appellera pudiquement « Plan de soutien ». Nuance ! Ensuite, VGE va limiter ses moyens : Jacques Chirac demandait trente milliards de crédit ? l'Élysée ne lui en accorde que vingt-trois.

Faut-il y voir des représailles ? Tout l'été, alors qu'il mettait fébrilement au point ce programme de réactivation de l'économie, le Premier ministre soulignait sans légèreté devant ses visiteurs combien il travaillait, lui, à Paris, pendant que d'autres traquaient le gros gibier dans les pays lointains.

Enfin, Valéry Giscard d'Estaing présente en personne ce plan à la télévision. Il n'y aura pas de plan Chirac. Seul Raymond Barre aura plus tard cet honneur.

En septembre, le président détaille donc lui-même les cinq milliards pour les personnes âgées et les familles, les treize milliards pour les ports et les réseaux routiers, les cinq milliards pour le redéploiement industriel.

Dans l'esprit du président, y a-t-il jamais eu contradiction entre l'engagement européen et la relance française ? Pensait-il, lorsqu'il s'est rangé à l'avis de son Premier ministre, que le serpent européen serait une sorte de garde-fou du plan de soutien et que celui-ci rendrait tolérable aux Français l'effort supplémentaire exigé par le retour du franc dans le serpent ?

Un tel raisonnement paraît trop cartésien pour être vrai. Le technicien de l'économie élu à l'Élysée considère le serpent européen comme une thérapeutique nécessaire tandis que le politique Valéry Giscard d'Estaing sent qu'il est grand temps de lâcher un peu de lest pour l'opinion. Chez un chef d'État, l'économiste et l'électoraliste sont souvent contraints à cet inconfortable concubinage.

Jacques Chirac, lui, ne connaît pas les affres d'Hamlet. Relancer ou ne pas relancer, telle n'est pas la question. Devant le mécontentement et les élections cantonales à portée de canon – et qui sait, peut-être l'hypothèse d'élections législatives anticipées –, il n'y a pas à tergiverser. Pour enrayer le chômage, il faut ouvrir d'urgence les cordons de la bourse. Suffrage universel oblige !

Malgré les restrictions de Valéry Giscard d'Estaing, les malentendus qui surgissent cette année-là entre le président et son Premier ministre ne s'expliquent donc pas par des querelles de docteurs ès économies.

D'ailleurs, de longs mois durant, la cour et la ville se figurent que le prince et son grand vizir vivent un bonheur serein. Elles ont raison : tous deux échangent encore leurs derniers clins d'œil pendant le Conseil des ministres. En apparence, leur joie perdure.

En réalité, on se trompe. Signe de déception, le président téléphone déjà beaucoup moins souvent à Matignon. La familiarité ébauchée s'estompe. Des sombres questions de famille et d'héritage, pour ne pas dire de stratégie et d'organisation de la majorité, déjà les écartèlent et vont les conduire pas à pas vers l'inévitable divorce. Car chacun de son côté a un échéancier, un rôle et une vision des choses qui ne coïncident pas le moins du monde.

Jacques Chirac n'est pas de ces hommes qui se satisfont d'un succès. Il vient de conquérir l'UDR. Il ne veut pas s'arrêter en si bon chemin. C'est le contrôle de la majorité tout entière qu'il vise. Tradition oblige, depuis le début de la Ve République, le rôle des

Premiers ministres a toujours été celui-là (pour le profit exclusif, il est vrai, de l'Élysée).

Le véritable Premier ministre réside à l'Élysée et le deuxième personnage de l'État a peut-être son bureau place Beauvau. Sans rechigner, Chirac a accepté cette innovation frustrante de la République giscardienne, il se sait davantage chef du gouvernement en titre qu'en fait. Il veut bien se soumettre à cette suzeraineté présidentielle, encore faudrait-il qu'il bénéficie en contrepartie d'un fief de haut rang. Comme un partage des tâches va de soi, le *leadership* de la majorité lui semble à portée de main.

« Le président, donnant l'impulsion des réformes et traitant directement avec les ministres, Jacques Chirac pensait qu'il était normal qu'on lui laisse faire de la politique et qu'il s'occupe des partis », dit, en 1980, son ami Jacques Friedman, alors chargé de mission à Matignon. Pour réussir, le Premier ministre a plus d'un atout.

D'abord à l'époque, ses proches le révèlent : « Jacques Chirac est inaccessible au doute. Il a une confiance quasi absolue en sa chance, son charme personnel et son aura. » Un autre de ses principaux collaborateurs le confirme : « Chirac est un homme qui ne peut pas imaginer qu'il pourrait perdre. »

Le maître de Matignon s'est d'ailleurs fait une sérieuse réputation d'habileté, de flair et d'expéditif savoir-faire. 52 % des Français se disent alors satisfaits de lui.

Ensuite, second atout, ses victoires politiques successives : il a emporté haut la main le fief imprenable de Corrèze ; il a contribué à faire élire un VGE sans troupes, contre l'assentiment des grosses phalanges gaullistes ; il est devenu Premier ministre à quarante et un ans ; en six mois, il s'est imposé comme le leader incontesté des UDR qui le maudissaient.

Autant de triomphes qui ont forgé en lui cette robuste certitude : « Toute bataille livrée est gagnée. » Jacques Chirac a quelques raisons de pouvoir bomber le torse dans les allées du pouvoir. Ne contrôle-t-il pas l'UDR, le parti encore dominant, au moins au Palais-Bourbon, cette formidable force de frappe, sans le soutien de laquelle le gouvernement serait paralysé ?

Tous les grands éditorialistes font ce diagnostic : le rapport des forces au sein de la majorité est devenu tel que, politiquement, le président apparaît presque aussi dépendant de la personne de son Premier ministre que le Premier ministre l'est institutionnellement du chef de l'État.

« Après son coup du 14 décembre sur l'UDR, Jacques Chirac n'était plus le même. Il avait plus d'abattage et nous parlait de haut », disent les ministres en chœur.

« Son succès à l'UDR lui est monté à la tête », dit, plus acide, Olivier Stirn, secrétaire d'État aux DOM-TOM.

Pour devenir le chef de la majorité, le Premier ministre n'entend pas user du chantage auprès de Valéry Giscard d'Estaing. (N'est-il pas ouvertement présidentialiste ?) Selon lui, nécessité faisant loi, cela suffit.

« La France, avait coutume de dire Georges Pompidou, doit être indépendante, l'État fort et sérieux, la majorité unie et fermement tenue, faute de quoi, le pouvoir retomberait vite dans son impuissance passée. »

Jacques Chirac l'a appris de son maître : il faut un chef d'orchestre parlementaire pour distribuer les rôles dans la majorité, pour expliquer les choix de l'ordre du jour gouvernemental, pour éviter les fausses notes et les déclarations incontrôlées au sein de la coalition majoritaire et pour répartir les investitures, le moment venu, quand il faut partir à l'assaut des circonscriptions.

Quand la gauche, vite remise de ses déboires électoraux de 1974, remporte succès sur succès aux législatives et aux cantonales partielles, ce rôle de surveillant général devient même tout à fait urgent.

« Je suis Premier ministre, au moins jusqu'aux élections législatives de 1978 », promet Jacques Chirac alentour. Veut-il ainsi forcer sa conquête ? Est-ce un grand coup de bluff ? Certains ministres centristes le subodorent.

« En 1974, Giscard m'a dit : “Vous serez mon Premier ministre durant tout le septennat, jusqu'en 1981, et vous me succéderez à l'Élysée en 1988” », assure le maire de Paris en 1980. (Aujourd'hui, à la présidence, on sourit énigmatiquement de tels propos.)

Pour l'heure, en cette année 1975, la stratégie politique de Jacques Chirac est exactement calquée sur celle des septennats passés. Deux blocs s'affrontent, droite contre gauche. Et comme il n'y a pas d'alternance possible, les socialistes se condamnent à rester dans l'opposition avec les communistes ; la majorité doit remporter les élections futures. D'abord les cantonales de 1976, puis les municipales de 1977, enfin les législatives de 1978. C'est simple comme bonjour.

Dans son esprit, la tranche principale du gâteau électoral doit continuer de revenir aux gaullistes : il s'y est engagé auprès des députés UDR : « Nous reviendrons au moins à cent cinquante députés. Je serai votre bouclier, vous serez mon glaive. »

Avec un bon sens hérité des paysans du plateau de Millevaches, il dit d'autre part : « Il faut faire avec ce que l'on a. Mieux vaut tenir que courir. » Or le groupe gaulliste (cent soixante-quatorze députés), c'est du sûr et du solide, ce sont des hommes bien implantés dans leurs circonscriptions et, pour la plupart, de longue date.

Alors pourquoi changer de majorité, puisque les UDR votent pour le gouvernement et ne sont pas plus conservateurs que les républicains indépendants, qui traînent les pieds devant les réformes ?

« Je n'ai cessé de dire à Giscard : "Je vous amène les UDR sur un plateau. Mais si vous voulez leur couper la tête, pouic ! Il n'y aura plus de plateau" », raconte aujourd'hui le maire de Paris. Pourtant, Jacques Chirac ne le sait que trop, le président de la République n'a qu'une idée en tête, et fourbie de longue date : il veut gouverner au centre. Objection, Votre Honneur, le Premier ministre ne croit absolument pas à la traduction parlementaire du centre.

Georges Pompidou le disait toujours : « On ne peut pas être élu sans le soutien des centristes aux présidentielles. Mais une fois ralliés, ce sont des voyageurs sans bagage, leur électorat demeure dans l'opposition. »

Les centristes qui ont soutenu Valéry Giscard d'Estaing, les Jean Lecanuet et autres Michel Durafour, illustrent parfaitement cette thèse. Ne démontrent-ils pas leur incapacité à s'entendre et à s'organiser ? Il n'y a plus qu'à ouvrir les yeux. « Les centristes, c'est comme des PSU. Dès qu'ils sont plus de trois dans une salle, ils créent une tendance et font scission », raille Jacques Chirac. « Les centristes, c'est comme le chiendent. On l'arrache et ça repousse toujours pour chaque élection », dit de son côté un ancien ministre pompidolien.

« Comme les giscardiens de pure souche, les républicains indépendants font la preuve de leur impéritie à se développer et demeurent de bien faible complexion. Il va falloir compter sur les UDR pour gouverner », conclut Jacques Chirac.

Paul Granet, l'ex-secrétaire d'État à la Formation professionnelle, résume : « Chirac a toujours considéré que les centristes et les RI, bref, tous ceux qui n'étaient pas sous sa coupe, étaient des ringards. »

Il est vrai que Ponia, fustigeant à tour de bras le Parti communiste – « un parti fascisant » –, tente un flirt poussé avec les socialistes et prétend gouverner un jour avec eux.

Mais, à Matignon, on hausse les épaules : c'est de la folie douce ! Aucun sens politique, ce Ponia. Même l'union de la gauche rompue, les socialistes ne se rapprocheraient pas pour autant de la majorité. Bien au contraire, gauchi par l'arrivée des jeunes à sa tête, renforcé éventuellement de voix communistes et de voix centristes en déshérence, ce parti socialiste serait même un danger encore plus grand. Imaginez un Parti socialiste avec 30 % des voix. Il ne renverserait pas le régime, mais il deviendrait impossible de gouverner la France.

Enfin, avec une élection présidentielle remportée de justesse et les périls d'une Constitution taillée sur mesure pour le général de Gaulle, que se passerait-il si la gauche avait la majorité au Parlement, avec un VGE à l'Élysée ? « Le président sauterait comme un bouchon de champagne. » C'est le refrain favori de Jacques Chirac.

Ajoutées les unes aux autres, toutes ces raisons affermissent les convictions du Premier ministre : il faut continuer comme avant. La majorité doit se donner au plus vite un chef pour le mener à la bataille (les cantonales se dérouleront dans un peu plus d'un an). Et silence dans les rangs ! Je ne veux voir qu'une tête. Ce chef s'appelle Jacques Chirac. Dans ce logique cas de figure, le Premier ministre, chef de file de l'UDR, se taille donc la part du lion. Mais il ne va tout de même pas s'en excuser auprès de ses partenaires et sortir son mouchoir pour pleurer parce que le hasard et la nécessité font si bien les choses !

Malheureusement pour le patron de l'UDR, du côté de chez Ponia, place Beauvau, on ne voit pas du tout l'organisation de la majorité du même œil. Et on ne l'entend pas du tout de cette oreille.

Longtemps l'affrontement direct de Valéry Giscard d'Estaing et de Jacques Chirac n'aura pas lieu. Mais leur différend va s'illustrer par un duel sans merci, que d'aucuns attendaient depuis huit mois : celui du Premier ministre et du ministre de l'Intérieur.

L'UDR, la majorité de la majorité, c'est un point de départ objectif. Hélas ! Ce n'est pas l'idéal, ni une fin en soi. Bien au contraire. Pour gouverner au centre, mieux vaut avoir un centre fort et une aile gaulliste déplumée.

Cette théorie, digne de Monsieur de la Palice, n'a rien d'une chimère. Les grands principes gaullistes étant désormais admis par tout le monde, les grandes querelles (l'Algérie française) n'enflammant plus les états-majors, tous les espoirs sont permis. Peu à peu, devraient voler en éclats ces rideaux de fer étanches qui cloisonnaient les formations politiques. Ponia s'en persuade, bientôt ne devraient plus subsister entre elles que d'innocents buissons aisément franchissables. À plus ou moins brève échéance, les réformes du président devraient autoriser tous les reclassements souhaitables du centre gauche vers le centre droit. (Les socialistes n'ont-ils pas voté la libéralisation de l'avortement et la majorité à dix-huit ans ?)

Devraient, selon Ponia, pouvoir se rejoindre des hommes comme Jean Lecanuet, Pierre Mauroy, Gaston Defferre, Olivier Guichard. Ils savent gérer une grande ville ou les affaires du pays avec un égal sens des responsabilités et de la mesure. On pourrait les associer au pouvoir, en laissant dans l'opposition les exaltés ou les sectaires comme Michel Debré, les utopistes comme Jean-Pierre Chevènement et surtout les communistes. (« On fera entrer des socialistes au gouvernement après les élections », confie le ministre d'État à une excellence RPR, en 1975.)

Pour séparer à tout jamais les socialistes des communistes, Ponia a le grand projet de changer le mode de scrutin, d'abord aux élections municipales, puis aux élections législatives. En 1975, un collaborateur du ministre de l'Intérieur, Jean Colonna, est spécialement chargé de l'élaboration de ce projet. Plusieurs versions sont retenues.

L'une d'elles serait de faire élire un certain nombre de députés au scrutin majoritaire et d'autres au scrutin proportionnel. On créerait de nouvelles circonscriptions pour permettre aux citoyens des départements les plus peuplés d'être mieux représentés. Il est question d'agrandir l'hémicycle. En comptant bien et en serrant les fauteuils, l'Assemblée nationale pourrait accueillir cinq cent vingt-quatre élus. (Jean Colonna se rend même sur place pour prendre les mesures.)

Bref, on devrait pouvoir bientôt respirer et retrouver un peu de liberté, le monopole gaulliste n'étant plus qu'un mauvais souvenir. À cette simple évocation, Ponia soupire d'aise.

On imagine donc son courroux quand, le 14 décembre, Jacques Chirac insuffle à l'UDR moribonde une vigueur nouvelle. Cette unité refaite risque d'empêcher le recentrage de la majorité et de freiner les réformes. Son sang ne fait qu'un tour : non, non et non. Trois fois non. Lui, Ponia, ne s'est pas battu pendant près de vingt ans aux côtés de Valéry Giscard d'Estaing – et en prenant tous les coups – pour qu'une fois son ami installé au pouvoir, des Debré, des Tomasini, des Couve de Murville, relevant le nez, prétendent encore faire la loi et pour qu'un Premier ministre dicte sa conduite au chef de l'État. Impensable !

Ponia se le jure sur la tête de ses grands ancêtres – ces féodaux, ces généraux, ces mousquetaires du roi, ces maréchaux d'empire qui guerroyaient à travers l'Europe, taillant en pièces, selon les époques, des Suédois, des Turcs, des cosaques ou des gardes du cardinal de Richelieu. Foi de prince, lui aussi il l'aura, son tableau de chasse ! Il le veut. Il va occire l'UDR.

Et le ministre d'État de grommeler dans son ample menton : « Si seulement Valéry m'avait écouté ! Olivier Guichard serait à Matignon et nous serions si tranquilles ! » Jacques Chirac n'a qu'à se tenir !

Justement, le 12 janvier 1975, le Premier ministre réunit à Paris les cadres de l'UDR (sept cents personnes). Tel Gengis Khân, bardé de croix de Lorraine, son ton est plus conquérant que jamais. Sur l'air de la continuité, il déclare : « Nous resterons la majorité de la majorité. […] Nous allons relancer le mouvement dans le sens d'un grand rassemblement. […] Nous ne saurions être associés à une action qui ne tiendrait pas compte des options fondamentales du gaullisme. » Prudent, Jacques Chirac dit aussi : « Il faut aider le président à transformer la société. » (Mais le nouveau patron de l'UDR se garde bien de parler de société libérale avancée. Le Général ayant si souvent stigmatisé les travers du capitalisme libéral, le terme sonne mal aux tympans gaullistes.)

Dans sa péroraison, Jacques Chirac lève un voile pudique sur ses projets. Il glisse entre deux phrases l'idée qu'il serait souhaitable de créer un comité de coordination de la majorité. Sous-entendu : dont il prendrait la tête. Il a droit aux ovations de la salle.

Le même jour, Albin Chalandon, nouveau secrétaire national de l'UDR, lance un thème dont Jacques Chirac fera un leitmotiv jusqu'aux élections : « L'ennemi principal, ce sont les socialistes. »

Décidément, ses boulons revissés, la machine UDR tourne vite et fort. Quelle locomotive pour la majorité ! Le leader gaulliste se frotte les mains.

C'est compter sans Ponia ! Depuis un mois, dans les coulisses, en bon mécano du président, le ministre de l'Intérieur tourne amoureusement les derniers écrous du char d'assaut giscardien. Le 31 janvier, son engin de guerre est prêt. Il réunit, salle Wagram à Paris, les républicains indépendants. Pendant deux jours, avec une fougue encore plus visible que de coutume, il lance un véritable ordre de mobilisation générale.

En rugissant presque, il tance d'abord vertement les députés républicains indépendants trop pusillanimes. Ils ont un peu trop tendance à traîner les mocassins quand on leur parle de réformes (quarante-sept députés RI sur soixante-cinq ont voté contre la libéralisation de l'avortement). Selon Ponia, les RI devraient au contraire se muer en compagnons de la Libération de Valéry Giscard d'Estaing. De la libération de la société, s'entend.

En tonnant, Ponia prédit : « La prochaine majorité parlementaire sera giscardienne. Nous serons bientôt le premier parti de France. Nous allons créer un véritable rassemblement populaire. » À cette évocation quasi révolutionnaire, les cadres giscardiens si convenables frémissent de plaisir et prennent l'air canaille.

« À côté de l'UDR, nous allons nouer une alliance privilégiée avec les centristes, une alliance dont les républicains indépendants seront le cœur. » Et Ponia d'annoncer la couleur : « Aux prochaines législatives, il y aura des primaires chaque fois qu'il ne sera pas possible de trouver un arbitrage pour choisir le meilleur candidat. » Ainsi, les gaullistes ne feront plus figure que de pâles volailles à plumer. L'auditoire glousse de bonheur.

« L'UDR a subi bien des vicissitudes, dit encore Ponia avec componction. Elle a souffert d'un exercice prolongé du pouvoir sans véritable partage. Elle ne doit pas espérer exercer un jour une pression quelconque sur le chef de l'État, qui est le seul vrai chef de la majorité. » À bon entendeur salut !

Pour clore une si belle journée, Ponia se porte à la présidence des républicains indépendants. Dans la salle, personne n'en doute, chaque terme de ce discours si bien senti a dû être vu et corrigé par l'Élysée.

Les journalistes qui assistent à ce congrès s'interrogent. Ils se demandent si ce grand coup de trompette à l'intention des militants n'annonce pas en fait une sorte d'état de guerre dans la majorité. Ponia, président des républicains indépendants, faisant face à Chirac, secrétaire général de l'UDR, ne serait-ce point la renaissance des partis qui se profile, ou la rupture de l'ancien équilibre des pouvoirs entre président-Premier ministre-parti majoritaire qui se confirme ?

C'est, en tout cas, l'avis de Michel Debré, qui proclame : « Ce cumul des fonctions ministérielles avec celle de dirigeant de parti révèle une évolution qui va à l'opposé de l'indépendance de l'exécutif par rapport aux organisations partisanes. Cela risque de conduire à des compétitions à l'intérieur du gouvernement et à la mainmise des partis sur la marche des affaires publiques. »

Ce même jour, quelques heures après la clôture du congrès giscardien, le hasard du calendrier politique fait que Jacques Chirac tient lui aussi une conférence de presse pour commenter les travaux du comité central de l'UDR. Après le coup de force du 14 décembre, le nouveau chef de file du gaullisme s'est soumis l'UDR par le droit. Les grands couturiers Charles Pasqua, René Tomasini et Cie lui ayant confectionné des statuts cousus main, les instances du parti lui seront désormais fidèles dans une proportion ajustée à 80 %. Du beau travail !

Si les journalistes se pressent en nombre autour du Premier ministre, ce n'est pas tant pour s'intéresser à sa nouvelle conquête qu'à cette tentative naissante de rééquilibrage dans la majorité. « Est-ce la guerre avec les giscardiens ? » lui demande-t-on. Jacques Chirac pouffe de rire (mais rit-il de si bon cœur ?) : « Mais non, voyons, il n'y a pas de rivalité entre les partis de la majorité, il y a tout juste de l'émulation. »

Au nom de cette émulation, sans doute, le Premier ministre, sûr de lui et dominateur, réaffirme *illico* à l'intention de ses troupes : « Nous avons la prétention de demeurer le principal parti de la majorité, d'être forts et sans complexes. »

Pour mieux tourner l'adversaire, autant le prendre dans le sens du poil. Jacques Chirac va jouer l'émulation fraternelle. Les gaullistes, qui n'en croient pas leurs oreilles, sont invités à devenir *presto* « plus giscardiens que les giscardiens eux-mêmes ». Comme si le Premier ministre voulait signifier au président de la République : « Ne suis-je pas le mieux placé pour être le chef de la majorité et, de surcroît, le plus loyal des partenaires ? » Craint-il que son projet ne soit pas suffisamment clair pour l'Élysée ?

Il enfonce le clou dans une longue interview au *Nouvel Observateur*, au début du mois de février. « Il est normal, dit-il, que le chef du gouvernement soit le chef de la majorité et s'assure que chacune de ses composantes poursuit une action cohérente. […] Si le parti dont est issu le président ne devenait pas majoritaire dans la majorité aux élections présidentielles, quelle importance ? L'essentiel pour le président est d'avoir une majorité qui le soutienne. […] Cette organisation se met en place peu à peu. […] J'ai bien l'intention de m'y consacrer activement, ce qui permettra de préparer sans problèmes les élections législatives. » Tout est dit.

Mais voilà. Depuis le début de l'année, toujours au nom de l'émulation, le virus Chirac fait des ravages. Non seulement Ponia s'est fait élire à la tête des républicains indépendants pour en faire un grand parti populaire, mais tout ce que la majorité compte de groupes ou de groupuscules centristes et radicaux veut avoir ses ministres dirigeants.

Car eux aussi, ces hommes tranquilles du centre se rebellent et leur esprit chavire à l'idée que l'UDR puisse demeurer le parti dominant de la majorité. VGE ayant promis : Je gouvernerai au centre, leur raisonnement est simple : pour gouverner au centre, il faut des centristes et pas des gaullistes. Alors non, non et non… Trois fois non !

Il n'est pas question de laisser faire Jacques Chirac. Une odeur de poudre et de sang flotte sur les états-majors centristes. Jusqu'alors unanimement jugé sympathique et plein d'allant, le Premier ministre, parce qu'il est devenu le leader de l'UDR, s'est métamorphosé en une sorte de bête du Gévaudan, qu'il faudra terrasser pour le bien de la république. Encouragé par Ponia et par l'Élysée, tout ce petit monde centriste, sous prétexte de renforcer l'empire du milieu face au monstre UDR, s'applique avec un zèle de paysan chinois à conquérir et à délimiter quelques arpents de terrain politique supplémentaires.

Les démocrates-sociaux annoncent fièrement leur création. Ils se donnent une direction collégiale. Voilà subitement deux ministres sacrés chefs de partis : Michel Durafour, ministre du Travail, et André Rossi, porte-parole du gouvernement à la prunelle d'azur.

Politiquement, cette petite formation jouxte de si près le Centre démocrate de Jean Lecanuet et le Parti radical de J-J S-S que ceux-ci prennent la mouche et dénoncent à grands cris dignes de Gérard Nicoud cette implantation déloyale de petites surfaces face à leur supermarché centre gauche.

Pour prévenir d'autres pillages de ces nouvelles races de centristes, bras dessus, bras dessous, Jean Lecanuet et J-J S-S relancent la Fédération des réformateurs et le garde des Sceaux se coiffe prestement du feutre mou de président du Centre démocrate. Aussitôt, son petit camarade Pierre Abelin, ministre de la Coopération, centriste de toujours, qui se sent lui aussi une âme de leader politique, se pare d'une casquette à visière de sous-chef.

D'incompréhensibles chassés-croisés parachèvent l'embrouillamini de l'écheveau centriste. Des dirigeants du Centre démocrate lecanuetiste, deux députés Jean-Marie Caro et Roger Fenech, se sont associés aux démocrates-sociaux de Michel Durafour, tandis que Bernard Stasi, député d'Epernay, et Aymar Achille-Fould, secrétaire d'État aux P et T, en désaccord avec leurs amis du centre Démocratie et Progrès, dont le secrétaire général est Jacques Barrot, secrétaire d'État au Logement, s'associent dans une nouvelle tentative de regroupement des centres : la Gauche réformatrice. Est-ce assez clair ? Pas très, mais Dieu reconnaîtra les siens et Valéry Giscard d'Estaing est reconnaissant.

Le 7 avril 1975, lors du séminaire (il dure quarante-huit heures) au château de Rambouillet, où l'Élysée a convié les ministres à un week-end de réflexion, le président encourage chaudement tous ceux qui tentent, par leur action politique, de forger une majorité nouvelle.

Avec une affectation remarquée, VGE consacre même la double fonction de ses ministres et chefs de partis. Le dîner du samedi étant consacré aux affaires politiques, c'est aux chefs politiques qu'il s'adresse. Jacques Chirac devient : « Monsieur le secrétaire général de l'UDR », le ministre de l'Intérieur : « Monsieur le président des républicains indépendants », le garde des Sceaux : « Monsieur le président du Centre démocrate », le ministre du Travail : « Monsieur le fondateur d'une nouvelle famille de gauche de la majorité ».

Dans le même temps, du côté des giscardiens, Jean-Pierre Fourcade, ministre des Finances, se hisse, avec les encouragements du château, à la présidence des clubs Perspectives et Réalités.

À l'époque, raconte-t-il, « Jacques Chirac m'a dit : "N'y va pas, ne fais pas comme Ponia, qui rallume les vieilles querelles, ne te marque pas politiquement. Tu n'y as aucun intérêt. Je ne ferai pas de vieux os à Matignon et tu es le seul à pouvoir m'y succéder." »

Le Premier ministre fulmine. Ces éclosions de partis tous azimuts retardent d'autant l'organisation de la majorité sous sa houlette. Encouragés par le président de la République à « faire de la politique », tous ces chefs centristes y vont de leur petit couplet chaque fin de semaine, chacun fait assaut de petites phrases, le plus souvent lancées contre l'UDR. Émulation, quand tu nous tiens !…

C'est, entre autres, Jacques Dominati, notable giscardien, jetant : « Il faut parler de l'UDR au passé. » C'est Françoise Giroud, déclarant à l'hebdomadaire allemand *Der Spiegel*, à propos du style de Valéry Giscard d'Estaing : « S'il en résulte, par exemple, un changement de l'attitude générale à l'égard des éboueurs, c'est important… Sous de Gaulle, par exemple, la mode voulait que les patrons et les chefs d'entreprise prennent leurs subordonnés pour des imbéciles et s'estiment irremplaçables. Chacun imitait de Gaulle. »

La Lettre de la Nation riposte aussitôt : « Autrement dit, le général de Gaulle prenait tous ses subordonnés, y compris VGE, pour des minus. Il nous semble plutôt que c'est Madame Giroud qui prend les patrons pour des imbéciles en leur prêtant ce comportement. Quant au général de Gaulle, il est manifeste qu'elle en est restée à l'image qu'en donnait son journal. On la croyait moins facile à abuser. Françoise Giroud aurait intérêt à ne pas sortir de sa condition féminine, surtout lorsqu'elle s'adresse à des journalistes étrangers. »

Pierre Abelin, lui, dénonce devant ses amis le mauvais équilibre de la majorité : « Il faut combattre l'UDR avec toute notre énergie. » Et les autres de renchérir. C'est J-J S-S, déclarant : « Les UDR sont des fanatiques du passé. » C'est le jeune secrétaire d'État Gérard Ducray, transformant ses tournées en faveur du tourisme en tournées de propagande anti-UDR. C'est Jean Lecanuet, lançant d'une tribune :

« Nous sommes la gauche de la majorité présidentielle, et Dieu sait si cette majorité a une droite. »

Autant de coups d'épingle, autant de signes annonciateurs de la naissance espérée de l'Union pour la démocratie française (UDF) et de l'organisation future de la majorité en deux blocs hostiles. Le coup de semonce le plus clair, comme toujours, vient de Ponia. Dans une interview à l'hebdomadaire *Les Informations*, le ministre d'État explique : « Les républicains indépendants attendent que l'évidence et le bon sens conduisent toutes les formations du centre à un regroupement de type fédéral ou confédéral. C'est le seul moyen de donner au centre un poids réel dans la majorité. Le temps de la contemplation des nombrils est passé. »

On ne peut indiquer plus explicitement que, puisque Jacques Chirac s'est saisi de l'UDR, il faut que toutes les autres tendances de la majorité se regroupent à leur tour sous la bannière du président de la République, pour faire pièce au Premier ministre. D'où la floraison de critiques *ad hominem* dans les rangs centristes et giscardiens contre Jacques Chirac.

Faisant fi de la solidarité gouvernementale, Jean-Pierre Fourcade, qui aime passer en force, plante ses banderilles dans le dos du chef du gouvernement. Le 30 avril 1975, dans une interview au *Figaro*, il déclare tout de go : « J'ai une plus grande expérience de la gestion que Jacques Chirac. Il n'a jamais dirigé personnellement une administration ou une entreprise, il s'est peu penché sur les problèmes internationaux. Il me fait donc confiance dans ces domaines. Nous avons des conceptions différentes de la société. Il est, au fond, beaucoup plus interventionniste et dirigiste que moi. C'est un homme qui a été très marqué par la sociologie de sa circonscription électorale. »

« C'est tout juste s'il ne faisait pas passer Chirac pour un imbécile », commente, en 1980, Jacques Toubon, un proche du maire de Paris. Et ne murmurait-on pas à l'époque que *Le Figaro* n'avait publié qu'une version très expurgée de l'interview du ministre des Finances ?

On n'imagine guère un ministre des Finances se permettant aujourd'hui un jugement public aussi libre sur Monsieur Barre. Aujourd'hui, Jean-Pierre Fourcade l'avoue avec franchise : « C'est vrai, j'y suis allé un peu fort. Je revenais de Marmande, ma ville natale. J'avais fait une réunion politique qui avait bien marché. Dans l'euphorie, je me suis laissé aller. J'ai été piégé par une journaliste. Mais il est vrai que j'avais bien du mal à avoir des discussions de fond avec Jacques Chirac. Le président de la République m'a fait comprendre qu'il n'appréciait pas beaucoup. En revanche, j'ai été félicité par Ponia, Michel d'Ornano et Christian Bonnet. » Des félicitations qui en disent long sur les sentiments des giscardiens à l'égard du Premier ministre.

Du coup, un député radical de gauche, Paul Duraffour, interroge le Premier ministre, le 14 mai, à l'Assemblée nationale : « J'ai le sentiment, dans cette période difficile, que l'aide et l'appui de vos ministres vous font défaut. » Réponse impavide de Jacques Chirac : « Je tiens à rendre hommage à Monsieur Fourcade pour sa compétence et pour la manière dont il a conduit les affaires économiques, car n'en déplaise à l'opposition, tous les engagements pris ont été tenus. J'ai la faiblesse de penser que les arbitrages rendus par le Premier ministre ne sont pas tout à fait étrangers à cette situation. »

Autre attaque. Jacques Chirac ayant à plusieurs reprises déclaré dans des réunions politiques : « La France a eu beaucoup de chance que François Mitterrand n'ait pas été élu. Le pays a évité un grand drame en votant VGE. » Paradoxalement, cela suffit à provoquer l'ire de Madame Giroud (elle a fait voter Mitterrand). Dans un grand élan, la voix soudain haut perchée par la rage, elle s'écrie devant une assemblée de réformateurs : « Je ne saurais tolérer que l'on crache sur l'opposition. C'est peut-être habile, mais c'est insupportable que l'on dise de la moitié des Français qu'ils ont été des criminels, alors qu'ils obéissaient à un élan profond de révolte et à un espoir fragile de voir cette société pétrifiée s'ouvrir enfin au mouvement et à la vie démocratique. »

Au même moment, le président de la République ayant dit en Conseil des ministres que certaines propositions d'hommes comme Jacques Delors ou Jacques Attali, des proches de François Mitterrand, étaient « intéressantes », Madame Giroud s'exclame : « Il est encore plus intelligent que je ne le croyais. »

Interrogé sur les incartades verbales du secrétaire d'État à la Condition féminine, Jacques Chirac fait ce commentaire devant des journalistes : « Madame Giroud a encore perdu une occasion de se taire. Un membre du gouvernement se tait ou s'en va, mais n'a pas à contester publiquement les propos du Premier ministre. »

N'empêche, deux mois plus tard elle récidive, en déclarant à *France-Soir* : « Le chef de l'État a une vision générale et conceptuelle, alors que son Premier ministre a une vision plus électoraliste et un intérêt direct à ce qui va se passer dans les huit jours. Je suis coincée entre le chef de l'État et le Premier ministre. »

Aussi bien, tous les lundis matin, après les petites phrases du week-end, Marie-France Garaud bondit dans le bureau de Jacques Chirac pour lui dire :

– Jacques, vous avez encore vu la déclaration de Ponia [ou la petite phrase de J-J S-S, ou celle de Lecanuet, ou celle d'Untel] ? Ce n'est pas un gouvernement, c'est une brouette pleine de grenouilles. Vous ne pouvez tolérer un tel manque de discipline. On se moque de vous.

– Je vais me plaindre au président, peste en réponse le Premier ministre.

René Tomasini commente : « Il est sûr que Marie-France, mélangeant souvent l'accessoire avec l'essentiel, ne calmait pas Jacques, qui était de plus en plus accaparé par la politique politicienne. » « Certains ministres ont vraiment exagéré avec Chirac. Parfois, il était presque en état de légitime défense », reconnaît un ministre pompidolien-giscardien.

Un ministre centriste raconte, pour sa part : « Lors d'une réunion à Matignon sur les prévisions budgétaires, je me souviens que l'on parlait de l'Agriculture, et chaque fois que Chirac faisait ses propositions, Jean-Pierre Fourcade disait non en le narguant. Chirac était tellement exaspéré qu'au bout de quinze minutes, il s'est levé et il est parti en claquant la porte. » « En conseil restreint à l'Élysée, Jean-Pierre Fourcade manifestait un peu trop ouvertement qu'il traitait directement avec le président par-dessus la tête du Premier ministre », avoue un autre membre du gouvernement.

« Quand bien même nous aurions voulu travailler avec Chirac, comme nous recevions toute la journée des conseils des collaborateurs de l'Élysée pour nous dire ce qu'il fallait faire et dire, nous n'avions plus besoin de l'arbitrage du Premier ministre », déclare une autre excellence.

« Dès la mi-1975, rapporte un fonctionnaire de Matignon, Jacques Chirac n'était plus heureux. Il était mal à l'aise parce que son rôle était mal défini. Il n'avait pas eu son mot à dire lors du remaniement de février [entrée de Jean-François Deniau comme secrétaire d'État à l'Agriculture, Aymar Achille-Fould aux P et T, Yvon Bourges et Marcel Bigeard à la Défense nationale]. Il avait l'impression d'être sans arrêt court-circuité par les ministres. Le président, intervenant sur tous les sujets, lui donnait l'impression d'être transparent. Voilà pourquoi il a demandé à Pierre Juillet de venir près de lui. »

En effet c'est à cette époque que l'ancien conseiller de Georges Pompidou s'installe rue Vaneau, dans un appartement qui domine les jardins de Matignon. Le chef de l'UDR, qui le consulte désormais chaque jour, le présente en ces termes à un ami : « Je vais te faire rencontrer le seul vrai gaulliste qui reste en France. »

Mais si Jacques Chirac est mécontent de ses ministres, ceux-ci ne se font pas faute de l'accabler de tous les péchés… À chacun sa vérité.

« On ne pouvait jamais le voir. En vingt-quatre mois, je ne l'ai pas rencontré plus de vingt minutes d'affilée », déplore Paul Granet, secrétaire d'État à la Formation professionnelle. Le ministre de l'Éducation nationale, René Haby, dit la même chose à sa manière : « Ma réforme de l'enseignement, avec la suppression des filières et le collège unique, ne le passionnait pas. À Matignon, mes interlocuteurs étaient toujours ses conseillers. »

Même écho de Michel d'Ornano, alors ministre de l'Industrie : « Peu à peu, les arbitrages ne se sont plus faits à Matignon, par la faute de Chirac. Comme il laissait ses conseillers décider sur des dossiers aussi importants que le nucléaire, l'informatique, ou Peugeot, moi, j'ai préféré m'adresser directement à l'Élysée. Avec lui, jamais je n'aurais pu réaliser la fusion CII-Honeywell Bull, qui nous donne aujourd'hui la deuxième informatique du monde. C'est grâce au président si j'ai pu mener à bien l'opération, et grâce à Michel Debré que les parlementaires l'ont acceptée. »

« Jacques Chirac me téléphonait tous les jours pour nommer des gens à lui à des postes qu'il m'indiquait. C'était toujours des gaullistes et ses ordres étaient comminatoires », dit Jean-Pierre Fourcade. Un conseiller de l'Élysée ajoute : « Marie-France Garaud et le Premier ministre voulaient mettre des UDR partout. » En vain, bien sûr. La présidence veille. Il est trop visible qu'il s'agit là d'investissements politiques.

« Avec Chirac, les comités restreints étaient expédiés en une heure à Matignon [il travaille vite !], alors qu'avec Raymond Barre, ils durent au moins deux heures, quand ce n'est pas trois », surenchérit ce haut fonctionnaire. Un secrétaire d'État qui préfère rester anonyme dénonce encore, ulcéré : « Jamais personne ne m'a autant menti que Chirac. Quand il me disait : "Je me suis battu aux Finances pour ton budget", le lendemain j'apprenais par les fonctionnaires de la rue de Rivoli que c'était le Premier ministre en personne qui avait donné l'ordre de rogner mes crédits. »

« Un roseau peint en fer », dit encore ce ministre peu amène, racontant cette anecdote : « Au début du mois de juin 1975, quand le syndicat du livre a occupé les locaux du *Parisien libéré*, le président a interrogé pour savoir ce qu'il convenait de faire, lors d'un conseil restreint.

JACQUES CHIRAC. – Il ne faut pas avoir peur. On va faire évacuer et envoyer la police. Le plus tôt sera le mieux.

PONIA. – Oui, on peut faire évacuer, mais les syndicats vont hurler, cela va créer un climat difficile.

MICHEL DURAFOUR. – Il faut bien mesurer les conséquences de cette décision.

VGE. – Si le Premier ministre décide de faire évacuer, je ne veux pas l'en dissuader. Mais cela n'aura-t-il pas de conséquence ennuyeuse sur l'élection partielle du Havre où Antoine Ruffenacht est candidat ?

PONIA. – Il sera sûrement battu.

JACQUES CHIRAC. – Eh bien, ne faisons pas évacuer. »

Le ministre railleur a tort : ce n'est pas manque d'énergie chez Jacques Chirac, mais obsession électorale.

Cette élection partielle du Havre vaut d'ailleurs tous les jeux de vérité du monde. On y verra Michel Poniatowski susciter en vain une candidature giscardienne, pour tenter de souffler la circonscription gaulliste, puis s'employer à convaincre Antoine Ruffenacht de passer avec armes et bagages chez les giscardiens. On verra Jacques Chirac se déplacer pour aller soutenir le candidat et bien marquer par là qu'il fait partie de la famille gaulliste – mais après s'être assuré que la salle de réunion est placardée de portraits grandeur nature du président de la République. C'est déjà l'émulation active et un peu sauvage.

Pour la petite histoire : les locaux du *Parisien libéré* seront évacués par la police le 5 décembre 1976 au petit matin, sur ordre de Ponia – le jour où Jacques Chirac lancera son mouvement RPR porte de Versailles. En représailles, le syndicat du livre empêchera les journaux de paraître le lendemain. Ainsi Ponia fait coup double : il fait respecter l'ordre et la presse ne peut rendre compte de cette grande manifestation chiraquienne.

Evoquant les mauvaises relations de Jacques Chirac avec ses ministres, l'un de ses collaborateurs explique aujourd'hui : « Jacques n'avait plus envie de les voir tant il avait l'impression qu'ils jouaient contre lui. Il n'avait plus rien à leur dire. De plus, il était persuadé que si les ministres le traitaient ainsi, c'est parce que l'Élysée les y encourageait. »

Commentaire-conclusion d'un ministre centriste plein de bon sens : « Dans le fond, pour qu'un gouvernement travaille en harmonie, il faut que les ministres, qui sont toujours issus du couple président-chef de gouvernement, se sentent bien les enfants de ce couple. Entre 1974 et 1976, les ministres qui avaient été choisis par le président se reconnaissaient une filiation uniquement avec le chef de l'État et pas avec Jacques Chirac. »

Qui dit conflit entre un Premier ministre et son gouvernement dit arbitrage du président de la République. La première tentative d'explication entre les deux hommes se situe au début du mois de mars 1975 à l'Élysée. Jacques Chirac tient à peu près ce langage musclé : « Je sens que le pays fermente. La grève des postiers a duré deux mois, les jeunes appelés ont défilé dans la rue. Nous risquons d'avoir un climat social très agité. Si les ministres continuent à dire et faire n'importe quoi, nous allons à la catastrophe. Si votre intention, comme la mienne, est que le régime évolue vers un régime présidentiel, il faut que la majorité soit cohérente. Il faut la tenir en main. » Et Jacques Chirac de plaider pour une organisation de la majorité dont le président serait le chef, mais déléguant la responsabilité de sa conduite au Premier ministre. « L'idée est intéressante. On verra », aurait répondu le président, résolument ambigu.

Car si Jacques Chirac entend déjà mobiliser le ban et l'arrière-ban de l'électorat majoritaire, donc d'abord gaulliste, en revanche, VGE, lui, veut prendre son temps pour apprivoiser cette frange précieuse des électeurs qui campent encore dans l'aile droite de la gauche et qu'il est urgent de faire venir sur l'aile gauche de la majorité, le gaullisme n'incarnant plus à ses yeux que le passé et le conservatisme.

En un mot, VGE ne veut pas enrégimenter la majorité parlementaire, ni la figer dans son organisation pompidolienne. Il ne veut pas que les frontières en soient franches et définitives. D'ici à 1978, pense-t-il, les Français le jugeront à l'œuvre, certains politiques se laisseront peut-être séduire. Voilà pourquoi le président répète à chaque occasion : « Il n'y aura pas d'élections législatives anticipées. Elles auront lieu à leur date, en 1978. »

Faute de recevoir du président des encouragements immédiats lors de ces explications en tête à tête, Jacques Chirac, rentré à Matignon, rédige de sa main, noir sur blanc, sur quatre feuillets, ses suggestions pour organiser la majorité. Elles sont portées à l'Élysée le soir même. Le président ne lui répondra pas. Est-ce une façon de dire non ?

« Le président a horreur des chocs frontaux. Comme il ne voulait pas heurter Jacques Chirac qu'il aimait bien, mais comme il ne voulait pas non plus – tant que l'UDR était majoritaire – que le Premier ministre devienne le chef de la majorité, il a pensé qu'à la longue Chirac finirait bien par comprendre qu'il ne fallait pas insister, explique, en substance, un collaborateur de l'Élysée, qui ajoute : À l'époque, le président, qui prêchait avant tout la décrispation avec l'opposition et la réforme, jugeait cette agitation majoritaire à la fois bien subalterne et tout à fait compréhensible. La démocratie, n'est-ce pas le conflit permanent et le compromis ? Et gouverner, n'est-ce point diviser ? »

Toutefois, pour calmer le jeu, le président sermonne ses ministres et les appelle à un peu de retenue. Le 20 mai, il leur dit : « L'important, ce sont les relations interpersonnelles au sein de la société plus que les structures. Ce qui compte, c'est l'atmosphère dans laquelle baignent ces relations. Il y faut de l'amabilité, de la détente. La vie publique sans cordialité serait insupportable. »

Le 29 octobre, devant des jeunes parlementaires de la majorité qu'il a conviés à déjeuner, il fustige « ces discours dominicaux qui relèvent de querelles d'état-major ». « Ce n'est pas par des affrontements verbaux que l'on prépare les élections. Il faut poursuivre l'effort de décrispation », dit-il.

C'est le temps où il rabroue encore ceux qui viennent à l'Élysée critiquer le Premier ministre et ses conseillers : « Jacques Chirac est un excellent Premier ministre et il a toute ma confiance. [...] Je ne veux pas que l'on me dise du mal de Monsieur Juillet et de Madame Garaud. Ce sont mes amis. » À l'époque pourtant, Marie-France Garaud dit à ses visiteurs : « Giscard est typiquement centriste. Il est très intelligent, mais tout à fait indécis. »

Un proche du maire de Paris explique ainsi la mauvaise communication entre VGE et son Premier ministre : « Jacques est un militaire. Il faut lui dire oui ou non et lui donner des ordres précis. Or, VGE n'ayant pas tranché nettement sur les questions d'organisation de la majorité, le Premier ministre a cru (ou voulu comprendre) que le président hésitait et qu'en forçant un peu, il finirait bien par le convaincre et obtiendrait gain de cause. »

« Dans le fond, ce qui différencie le plus le président et Jacques Chirac, note de façon plus nuancée Michel Durafour, c'est que le premier a le sens de la durée. Il ne s'émeut pas si les choses ne vont pas bien tout de suite et il s'en accommode. Le second prend cette attitude pour du laxisme. Il ne supporte pas que tout ne tourne pas rond tout le temps. Au besoin, il serait prêt à céder à toutes les revendications. Il ne supporte pas de perdre. »

Aussi, leurs différences de caractère aidant, très vite un dialogue de sourds s'instaure entre Valéry Giscard d'Estaing et Jacques Chirac. Devant des tiers, en parlant l'un de l'autre, ils se ménagent, se complimentent et miment encore une amitié presque ardente. Face à face, ils n'osent plus s'expliquer. Quand le Premier ministre sort du bureau du président, après l'une de ses audiences hebdomadaires, il éructe et dévide dans le bureau de Claude Pierre-Brossolette, le secrétaire général de l'Élysée, tout ce qu'il a sur le cœur, tout ce qu'il n'a pas réussi à faire avaliser.

Un familier de l'Élysée l'assure : « Dans leurs tête-à-tête, les désaccords n'apparaissaient pas, car le président les esquivait. Mais ensuite, il décidait tout seul ! »

Dans le fond, le chef de l'État et le chef du gouvernement vivent ce grand malentendu des couples désassortis, quand chacun des deux partenaires, encore amoureux mais déjà déçu, découvre chez l'autre des défauts rédhibitoires. Les premiers temps, chacun se croit suffisamment aimé et l'autre suffisamment aimant pour changer. Mais a-t-on jamais changé quelqu'un ? Ainsi, pendant plusieurs mois, s'ils ne cherchent pas encore à se tromper l'un l'autre, tous deux, déjà, se trompent copieusement l'un sur l'autre.

Valéry Giscard d'Estaing croit son Premier ministre assez souple et maniable pour lui être indéfectiblement soumis et Jacques Chirac croit le président assez malléable et fragile pour lui imposer à la longue ses volontés. C'est la double méprise. En vertu de cette illusion d'optique, chacun joue sa partition – en force pour Jacques Chirac, en demi-teintes pour Valéry Giscard d'Estaing –, chacun croyant entraîner l'autre.

« Le président de la République est le chef de la majorité, le Premier ministre en est l'animateur », déclare, sans se lasser, le patron de l'UDR successivement le 17 avril, puis le 22 avril et encore le 10 mai. Prémonitoire sans le savoir, il affirme : « Vouloir exister contre le chef de l'État, c'est faire ce qu'a tenté Chaban, cela finit toujours mal. » Un autre jour, il déclare, péremptoire : « Il y aura une candidature unique de la majorité aux élections législatives. » En vain. L'Élysée fait la sourde oreille et Monsieur Chirac n'est toujours pas intronisé chef de la majorité.

Le 15 juin, croyant pouvoir forcer le destin, il frappe un grand coup en abandonnant bruyamment le poste de secrétaire général de l'UDR, aux assises qu'il réunit à Nice. (À la suite de quoi, Ponia démissionnera de la présidence des RI au mois de décembre.) Jacques Chirac fait surgir à sa place un inconnu, au fort accent alsacien, un certain André Bord. Mais pourquoi Bord ? se demandent les compagnons.

Député de Strasbourg, depuis neuf ans secrétaire d'État aux Anciens Combattants, il n'a guère pour lui qu'une fidélité gaulliste à toute épreuve. Il a été un grand résistant. Mais ce n'est pas un orateur, encore moins un théoricien, et son charisme a toujours paru assez grêle.

Tout le monde comprend que Jacques Chirac restera le patron, lequel précise d'ailleurs sans ambages : « Je me considérerai toujours comme responsable de votre mouvement. » Dans la foule, des militantes sanglotent, des militants crient à la trahison. À la tribune, le secrétaire général démissionnaire est plus épanoui que jamais : maintenant qu'il n'est plus le chef de l'UDR, les obstacles sont levés. Rien n'empêche qu'il soit désigné chef de la majorité.

S'attend-il à être intronisé ? Il retient son souffle le 17 juin, quand Valéry Giscard d'Estaing, qui n'a pas l'habitude d'évoquer en Conseil des ministres la politique politicienne, prend acte avec satisfaction de son initiative. Mais le commentaire est bien ambigu : « Le Premier ministre a mis fin à ses fonctions de secrétaire général de l'UDR. C'est une sage décision. Les réformateurs ont mis sur pied une organisation commune. C'est une initiative utile. Le moment venu, il faudra aller plus loin et envisager une organisation d'ensemble de la majorité présidentielle. » Sur ce, le président s'envole pour la Pologne, en voyage officiel. Jacques Chirac est effondré. Avec cette obscure clarté présidentielle, qui pourrait bien penser que le voilà investi d'une autorité nouvelle sur la majorité ? À coup sûr, personne ! Il faut tout reprendre à zéro.

Pis, Monsieur Giscard d'Estaing n'a-t-il pas voulu signifier à l'UDR et à son leader que le renouveau et le dynamisme du mouvement gaulliste ne devaient pas leur faire perdre la tête, ni les inciter à se montrer trop dominateurs à l'égard de leurs partenaires ?

Au cas où Monsieur Chirac n'aurait pas compris cette aimable fin de non-recevoir, le bon Ponia lui fournit, le 28 juin, une explication de texte. Les députés sortants « ne seront pas reconduits automatiquement. [...] Ils seront jugés moins sur leur passé que sur leur aptitude à soutenir la politique de réforme du président, lequel est peut-être encore à l'Élysée pour treize ans », précise, sur un ton bonasse, le ministre de l'Intérieur devant le Conseil national des républicains indépendants.

Comme s'il jugeait que la provocation à l'égard de l'UDR est trop mince, le chef de file giscardien, pas peu fier de lui, annonce qu'il va mettre en place le club Agir pour l'avenir, une sorte d'école pour les candidats aux législatives, dont il sera le responsable. De quoi tenter tous les jeunes loups de l'ENA et tous ces Rastignac qui se morfondent au fond de leurs provinces. En un mot comme en cent, l'UDR ne restera pas la majorité de la majorité et ce n'est pas le Premier ministre qui distribuera les investitures. Que Jacques Chirac et ses amis se le disent ! L'émulation continue.

Malgré ces avertissements déplaisants, Matignon, qui n'entend recevoir d'explications et d'ordres que de la bouche du chef, ne désespère pas obtenir gain de cause de l'Élysée. En 1980, le maire de Paris raconte – feignant d'oublier que le chef de l'État n'avait nulle intention de lui accorder ce qu'il lui refusait avec tant d'obstination souriante : « Combien de fois n'ai-je pas dit à Giscard : "Il faut un chef de la majorité." Et il me répondait : "Vous êtes Premier ministre. Vous êtes donc le chef de la majorité." Mais je lui faisais remarquer : "Si vous ne m'appuyez pas de toute votre autorité, vos ministres ne me reconnaîtront jamais comme tel et ils vont continuer le jeu de leurs petites phrases." »

Jacques Chirac croit-il enfin avoir obtenu le feu vert présidentiel, comme il l'assure, le 25 septembre, à Claude Labbé et Yves Guéna ? Toujours est-il qu'aux journées parlementaires UDR qui se tiennent à Tessé-la-Madeleine (Orne), il revient à la charge. Après avoir prêché l'autorité, la fermeté, la rigueur et l'ordre, semblant avoir retrouvé son assurance d'antan, il propose, de créer une structure de coordination de la majorité, « mieux adaptée qu'aujourd'hui au combat de demain ».

Pour faire bon poids, Jacques Chirac n'en cite pas moins de dix-huit fois le nom de Valéry Giscard d'Estaing dans son discours. Au premier rang, l'invité d'honneur de cette belle fête gaulliste, le giscardien Roger Chinaud, hoche la tête. Signe d'approbation ou de dénégation ? l'Élysée ne souffle mot. Huit jours plus tard la réponse du berger à la bergère parvient à Jacques Chirac. Elle tombe raide comme une guillotine. Le même Roger Chinaud déclare dans une interview au *Figaro* : « Personne n'a jamais reçu mission d'imposer telle ou telle organisation de la majorité. » René Tomasini explique : « Jacques était persuadé que Chinaud avait été téléguidé par Ponia. Et il écumait de rage. "Parce que, nous disait-il, en tête à tête, le président est toujours d'accord avec moi, mais, en dernier ressort, il écoute toujours Ponia, qui prend un malin plaisir à me court-circuiter." »

En 1980, le maire de Paris en reste persuadé : « Sans Ponia, j'aurais trouvé un *modus vivendi* avec le président. » « Sans

Marie-France Garaud et Pierre Juillet, les relations entre VGE et Jacques Chirac auraient été plus aisées », remarquent symétriquement les conseillers de l'Élysée.

Le Premier ministre s'exagère l'influence du ministre de l'Intérieur sur le chef de l'État. À l'automne, certains ministres le remarquent : en Conseil – c'est nouveau –, VGE omet ostensiblement de lire tous les petits mots que lui glisse son ami Michel. Depuis qu'il est au pouvoir, toutes les mauvaises nouvelles lui viennent du prince Ponia : de la révolte des prisons dans l'été 1974 aux trois morts d'Aléria dans l'été corse de 1975, de la prise d'otages d'Orly à la prise d'otages de l'avenue de Breteuil, des fusillades qui ensanglantent les rues de Paris – deux policiers abattus le 27 juin par un terroriste international – jusqu'à l'insaisissable Carlos qui défraie la chronique en juillet.

À contrecœur, Ponia a bien dû revêtir un uniforme qu'il aurait mieux aimé laisser dans un placard : celui de premier flic de France. Condamné à des tâches ingrates, le ministre d'État se débat comme il peut et tente de réagir au coup par coup. Une situation où, surtout dans ses fonctions, il est bien difficile d'être gagnant tout le temps.

À la manière d'un lancier polonais, le prince se lance dans des attaques si violentes contre la gauche que son image s'éloigne à toute allure du centrisme libéral et débonnaire que le chef de l'État voudrait bien incarner. « Georges Séguy défend la criminalité, le désordre et la délinquance », lance le ministre de l'Intérieur sur les ondes d'Europe 1. « Les communistes, dénoncez-les, dénoncez-les ! » dit-il encore, comme si l'on était revenu au temps de la guerre froide, devant une assemblée de jeunes giscardiens. Après cela, allez donc prêcher la décrispation !

Du coup, à l'Élysée, on se demande soudain si Ponia, sous sa mâle prestance, ne cacherait pas, en définitive, un Machiavel un peu brouillon, meilleur théoricien et conseilleur que politique et homme d'action. Dans les coulisses du pouvoir, on chuchote que le président, par deux fois, aurait manifesté de l'humeur à l'endroit de son bon ami. L'agence Tass ayant reproché au ministre de l'Intérieur des propos irresponsables et hostiles à l'URSS, Monsieur Giscard d'Estaing le tiendra en partie pour responsable du déroulement houleux de sa visite officielle à Moscou quelques semaines plus tard, à la mi-octobre.

Ponia, qui a tancé à plusieurs reprises les juges « trop cléments » et les magistrats « trop laxistes », s'attire cette riposte du garde des Sceaux : « Il serait injuste et vain d'attribuer le développement de la violence et du crime à de prétendues carences de la justice. Il ne faut pas confondre la cause et l'effet. » Monsieur Giscard d'Estaing tranche la polémique entre ses deux ministres en donnant raison sans détour au garde des Sceaux.

Mais Jacques Chirac, qui comprend mal les relations entre le président et le ministre de l'Intérieur, ne perçoit pas que le chef de l'État regarde soudain son vieil ami avec un sens critique brusquement en éveil. Et il continue de rager comme un mari trompé.

À ce dissentiment politique sur l'organisation de la majorité, s'ajoute un grand malentendu gouvernemental. Depuis que Valéry Giscard d'Estaing est à l'Élysée – Jacques Chirac en est convaincu –, une fois épuisé le petit train des réformes initiales et le plaisir tout neuf de jouer de sa puissance, le président reviendra à la logique et au bon sens, bref au pompidolisme (autorité de l'État, réformes limitées au strict nécessaire, et non pas le superflu que sont ces réformes sur le divorce ou l'avortement). Il faut satisfaire, croit-il, l'appétit revendicatif et frondeur des Français par les cadeaux qui s'imposent, quand ils s'imposent, ni avant… ni après. C'est une philosophie que Georges Pompidou et son conseiller, Pierre Juillet, ont partagé de toute éternité. Jacques Chirac, de tout son être, adhère à ce *credo* traditionaliste.

En 1980, Ponia raconte : « Plusieurs fois, Pierre Juillet est venu me voir et nous avions ce dialogue : "Essayez donc de convaincre le président de rayer de son vocabulaire le mot *libéralisme avancé*. Les Français ne veulent rien changer. Le président se fait beaucoup de tort. Il est fragile parce qu'il est trop pour le changement", me disait Juillet. Je lui répondais : "De Gaulle a fait la décolonisation, Pompidou l'industrialisation, Giscard doit ajuster la France au monde scientifique et à l'évolution des mœurs. Ce n'est pas facile !" » L'ex-ministre de l'Intérieur ajoute encore : « Juillet avait la même réaction à l'égard des réformes du président que du temps de Pompidou à l'égard de la Nouvelle Société de Chaban. Il ne comprenait pas. »

De l'autre côté de la scène, à l'Élysée, il n'est en effet pas question de ralentir le changement. « La France sera un chantier de réformes », a promis VGE en arrivant au pouvoir. En 1975, il veut les mettre en train au plus vite. Depuis Mai 68, cet héritier de notables modérés a compris à sa manière les revendications des étudiants et des lycéens : « J'ai la conviction profonde que bien que les facteurs économiques soient importants, ils ne sont pas les seuls. Je crois que beaucoup de grands événements se sont produits pour des causes non économiques. » D'où son objectif primordial : faire évoluer la société.

Résumons : le 2 janvier 1975, au Conseil des ministres, il dresse le menu du premier semestre. Ce sera une réforme par mois. Pendant une heure et quart, piétinant les plates-bandes de la gauche, distribuant de la besogne à tout le monde, le président récite son programme : la réforme de l'entreprise, la réforme des collectivités locales (Paris aura un maire élu comme n'importe quelle ville de France), la réforme du système éducatif, la réforme de la répartition des revenus, avec la taxation de toutes les formes de plus-value. Il veut que la justice française devienne plus moderne et efficace. Il veut réformer le divorce (les époux, d'accord pour se séparer, ne devront plus jouer l'humiliante comédie des insultes et des griefs), modifier la loi électorale municipale et définir une nouvelle politique urbaine. De quoi donner une indigestion aux plus friands de changement !

« La réforme, c'est ma guerre d'Algérie à moi », confie-t-il à un intime. Il veut que cela se dise : il n'est pas le conservateur, le grand bourgeois classique que pensent certains, et il a trois années pleines pour le démontrer.

– Croyez-vous qu'aux yeux de l'opinion publique, je passe toujours pour un homme de droite ? aurait-il demandé au printemps 1975 à l'un de ses ministres qui l'accompagnait en voyage officiel.

– Vous cesserez de l'être quand vous ne vous poserez plus la question, aurait répondu le ministre, alors bien hardi.

L'anecdote est presque trop belle pour être vraie. En tout cas, s'il n'est pas certain que le président soit un réformiste, il est sûr qu'il brûle de pouvoir s'en croire un. Au besoin, en allant pêcher dans le vivier des bonnes idées de gauche.

Le 20 mai, le président déclare à RTL : « La gauche, c'est un terme ambigu. Je veux dire qu'il y a dans la pensée de gauche des éléments positifs importants, dont je compte bien, en effet, m'inspirer. Je vous dirai que parmi les hommes politiques que j'admire, il y a, par exemple, Léon Blum, dont l'intelligence, la qualité d'analyse, le type de sensibilité m'ont toujours beaucoup impressionné et touché. Ce qui fait que dans l'action réformatrice libérale avancée, il y a beaucoup d'idées de gauche qui doivent être mises en œuvre. »

Au nom du changement encore, le 11 juillet 1975, Jacques Chirac reçoit de l'Élysée un nouveau calendrier des réformes à venir : réforme de la condition des travailleurs manuels, lutte contre le gaspillage, réduction des inégalités.

L'activité du gouvernement est si intense que l'administration éprouve le plus grand mal à suivre. De nombreuses lois n'entrent pas en vigueur, faute de décrets d'application. Les fins de sessions parlementaires sont engorgées. Le Conseil d'État est encombré de textes pour lesquels le gouvernement attend son avis. Il faut l'intervention expresse de Madame Simone Veil pour que la libération de la contraception et de l'avortement puisse se démontrer dans les faits. Certains projets de loi sont hâtivement préparés. (Ainsi la taxe professionnelle, qui remplace la patente, n'est toujours pas appliquée en 1980, si ce n'est partiellement et avec des mesures transitoires toujours prorogées.) Mais cette année 1975 est cependant une année législative importante : plus de cent cinquante textes sont votés.

Pour amener les Français à ses idées, VGE sait qu'il faut leur parler constamment. Aussi sa méthode consiste-t-elle à être présent jusqu'à l'obsession : la télévision n'a pas de secret ni de refus pour lui. Il s'y fait grand semeur de mythes et de symboles. Bravant la tradition et le conformisme de sa lignée d'origine, il ne cesse d'étonner.

Georges Pompidou, qui connaissait la France profonde, et surtout les Français moyens (il en était issu), n'avait nul besoin de rencontrer des familles comme les autres pour savoir les comprendre. Pour Valéry Giscard d'Estaing, les approcher sera une découverte, une source d'informations inédites.

Il décide donc d'aller dîner presque à l'improviste chez des familles de toutes conditions. Dans cette innovation, il voit, pêle-mêle, une manifestation incontestable de l'introuvable consensus français, une méthode à l'américaine, un antidote précieux à l'isolement et à la courtisanerie des palais officiels. Madame Giscard d'Estaing, cela va de soi, est associée à cette grande première.

C'est ainsi que le couple présidentiel se rend successivement chez un encadreur parisien, des jeunes cadres tourangeaux, un chauffeur de poids lourd des Yvelines, un garde champêtre de l'Eure, un sapeur-pompier de Paris.

Au XVIIe siècle, le duc de Montausier, gouverneur du Dauphin de France, suggérait au futur souverain « d'aller souvent manger familièrement chez des personnes de mérite, quand on sait qu'il y a quelque fête chez eux, mais sans les avertir, de peur de les obliger à de grandes dépenses. Cette familiarité produit des effets merveilleux d'amour dans les cœurs des sujets », concluait le duc. En 1975, un sondage IFOP révélera qu'en ce qui concerne le président français, 72 % des ouvriers voient de ce fait en VGE un homme plein de simplicité. Les cadres se montrent beaucoup plus circonspects.

À peine élu à la présidence des États-Unis, Jimmy Carter ira, lui, passer carrément un week-end dans une famille du Middle West.

Le général de Gaulle préférait des bains de foule anonymes et collectifs. VGE, lui, personnalise et individualise. Cela correspond, croit-il, au climat d'une société qui ne déteste rien tant que la « foule solitaire ».

Sur un registre plus frivole, le président républicanise la république. Le 26 janvier 1975, toute référence à des titres nobiliaires français est désormais interdite au protocole de l'Élysée. Le duc de Castries redevient prosaïquement Monsieur de Castries, la princesse de Faucigny-Lucinge tristement Madame de Faucigny-Lucinge et le baron de Rothschild simple Monsieur de Rothschild. La France s'aligne ainsi sur l'usage helvétique. C'est presque du Jean-Jacques Rousseau actualisé. Les plus dépités sont sans doute les lecteurs de *Point de vue-Images du monde*. Il est vrai qu'ils votent de toute façon pour la majorité.

Pour ouvrir les Journées internationales de la femme, le président trouve cette formule biblique : « Au commencement était l'esclavage, et la première esclave fut la femme. » Les hommes ricanent. Les ménagères essuient une larme sur leurs tabliers. Elles savent que ce président-là ne les oublie pas dans ses prières. Pour elles qui forment 53 % du corps électoral, il fait voter, pêle-mêle, l'avortement, la prolongation du congé maternité, la formation professionnelle pour les veuves, la procédure gratuite de recouvrement des pensions pour les divorcées, l'allocation de la mère célibataire, la déduction des frais de garde des enfants des impôts des jeunes ménages, le complément familial, etc. « Si plus tard il y a quelques lignes sur moi dans les livres d'histoire, on dira que j'ai fait quelque chose pour les femmes ! » s'exclame un jour le président devant une assemblée féminine.

4 avril : la simplification des mœurs gagne les réunions gouvernementales. Si la dynamique de groupe m'était contée… Le chef de l'État convie, au château de Rambouillet, ses ministres au fameux week-end de réflexion sur la « société libérale avancée ». Il en règle le protocole dans les moindres détails. Les invitations le précisent explicitement. Les excellences doivent arriver en costume de sport pour les hommes et en tenue de week-end pour les dames (celles-ci ne sont donc pas supposées sportives). Pendant deux jours, le président maintient une ambiance étrange de solennité discrète et de liberté de propos également recommandées.

« La simplicité, explique le président en accueillant ses invités, implique une certaine grandeur. Rappelez-vous, dit-il avec un mélange de conviction et d'ironie ceux qui vous ont précédés dans vos fonctions : Colbert pour vous, Monsieur le ministre des Finances, Vergennes pour vous, Monsieur le ministre des Affaires étrangères, et pour vous, Monsieur Poniatowski… Fouché. »

L'opposition persifle et s'esclaffe. Mais quelques mois plus tard, François Mitterrand réunit à son tour la direction du Parti socialiste à Chantilly, pour un week-end de *brain-storming* politique. L'interprétation n'est pas tout à fait la même, mais les musiques se ressemblent.

8 mai : VGE, trente ans après, décide de ne plus commémorer la victoire alliée du 8 mai 1945. Il s'en explique dans une lettre aux membres du Conseil européen (les huit chefs de gouvernement des partenaires de la Communauté). « C'est pour faire apparaître notre volonté d'organiser en commun notre avenir pacifique que j'ai décidé de ne plus commémorer cet anniversaire. » Et de proposer en lieu et place « une grande journée du souvenir européen », qui pourrait être célébrée le 11 novembre. « Une décision courageuse », commente *Le Figaro*. « Un outrage à la mémoire de ceux qui ont donné leur vie », s'indigne *L'Humanité*. Pour le coup, les Français réagissent franchement mal. Sur proposition du doyen communiste Virgile Barel, l'Assemblée nationale interrompt ses travaux symboliquement pendant deux heures. La fête européenne vient trop tôt et la date du 11 novembre n'est pas la plus indiquée. Les gaullistes s'arrachent les cheveux. Plus d'un député UDR découvre, ce jour-là, le sentiment d'un abîme entre la sensibilité du président et la sienne.

Omniprésent sur le petit écran – où il n'a pas son pareil pour métamorphoser quelque évidence en hardiesse de pensée –, on voit donc VGE successivement à Noël, appliqué au piano au côté de Claude François, emprunté et souriant en famille, dans les appartements privés de l'Élysée, rayonnant en Alsace, à Ringeldorf, pour commémorer le premier anniversaire de son élection et avec des villageois qui ont eu le bon goût de voter VGE à l'unanimité.

On l'aperçoit encore, réfléchi, avec Jacques Chancel, dans un exercice d'introspection assez insolite. D'où cet étonnant dialogue : « Qui est au-dessus de vous ? » interroge l'intervieweur. Silence inspiré, puis réponse dangereusement sincère : « Les grands intellectuels. Je considère que les grands intellectuels français ou étrangers sont des hommes vis-à-vis desquels j'ai un rapport d'admiration. Je dirai même de déférence. » Autre question : « Vous pensez à la postérité, à l'image qu'elle gardera de vous ? » Autre réponse : « Je suis sûr que la postérité ne gardera aucune image de moi et que les hommes politiques ne laisseront pratiquement aucune trace. »

Modestie inhabituelle et même franchement étrange chez un chef d'État qui se dévoile à quelques millions de Français… Les commentateurs en restent un peu interdits. Rien ne prouve, en revanche, que le bon peuple soit le moins du monde offusqué. Peut-être comprend-il mieux que les professionnels de la politique qu'il y a là une nostalgie de l'authenticité.

« En un an, Valéry Giscard d'Estaing aura surpris quarante-quatre fois », titre le journal *France-Soir*. « En comité restreint, raconte un ministre giscardien, Jacques Chirac se demandait souvent à voix haute : "Qu'est-ce que le président va encore nous inventer cette semaine ?" Il a encore eu une idée. J'espère qu'il n'en aura pas deux comme celle-là. » Une façon plus irrespectueuse de traduire le même sentiment. Un fonctionnaire de Matignon explique : « La multiplication des gadgets irritait Chirac. Il trouvait que le président démythifiait sa fonction et que cela était mauvais. »

À la différence du général de Gaulle, qui ne se sentait gouverner que dans le drame, VGE recherche instinctivement l'harmonie et la courtoisie. Je décrispe, tu décrispes, nous décrispons. À ceux qui s'interrogent sur son rêve d'une société plus détendue et se demandent si cette quête de la sérénité ne serait pas quelque peu de l'angélisme, il répond, au Mont-Dore : « Dans ma fonction, j'ai plus que quiconque la préoccupation des Français. »

De nouveau, il lance aux leaders de la gauche des invitations à lui rendre visite. Il demande même à Jacques Chirac de les consulter pour la préparation du fameux plan de soutien. L'UDR s'agace. L'électorat de gauche approuve. Les leaders de l'opposition sont perplexes. François Mitterrand songe à accepter pour donner une leçon de tolérance à ses propres partenaires et confirmer ainsi sa prééminence à gauche. Robert Fabre, le petit troisième de l'Union faussement innocent, le prend de vitesse. Le 30 septembre 1975, il répond à grand fracas aux sollicitations présidentielles.

Dans la cour de l'Élysée, il y a l'affluence des grands jours. Les caméras du monde entier sont venues saisir cette rencontre d'un président élu avec un député de la gauche modérée. À force de se faire le visage d'un Français moyen et de savoir le promener aux bons endroits, Fabre finit par se tailler un rôle presque important, à la fureur des deux grands de la gauche. Du coup, la télévision japonaise NHK ne quittera pas d'un pouce le pharmacien de Villefranche-de-Rouergue pendant plus de trois mois. On en parle encore sur les marchés des Causses.

En politique étrangère aussi, VGE s'efforce d'introduire un style nouveau et une affabilité universelle dans ses relations avec le reste du monde. La France, puissance moyenne, peut et doit jouer, selon lui, le rôle de leader moral en Europe et ailleurs. « Mon idée fondamentale, dit-il le 20 mai 1975 à la télévision, c'est que la supériorité de la France est une supériorité de l'esprit. Ce n'est pas une supériorité de la force. Ce ne peut pas être une supériorité de l'économie. C'est une supériorité de l'esprit, c'est-à-dire celle du pays qui conçoit le mieux les problèmes de son temps et qui apporte les solutions les plus imaginatives, les plus ouvertes et les plus généreuses. » « C'est sans doute au nom de la supériorité de l'esprit que les Français se montrent si arrogants et bruyants dès qu'ils ont franchi les frontières de leur pays », songent, en l'écoutant, les mauvais esprits.

Le président, lui, pense, évidemment, à tout autre chose. Dans cette déclaration, outre le fait qu'un chef de l'État projette toujours quelque peu l'image qu'il se fait de lui-même sur le visage du peuple qu'il conduit, il y a là aussi l'affirmation d'une conviction profonde : la France doit peser plus que les courbes et les statistiques ne l'indiquent. Elle a un registre, une mission et une voix. Elle peut, sans renier son appartenance au camp occidental, s'efforcer de combattre la logique simplificatrice des deux blocs et le condominium abusif des deux grands. Il est même possible – croit-il – de faire avancer la détente de façon significative en adoptant un vocabulaire mesuré et en faisant preuve d'aspirations élevées.

Les déconvenues de sa campagne de Russie (à la mi-octobre 1975) vont lui démontrer malheureusement qu'en matière diplomatique, l'innovation conduit parfois tout droit au malentendu. La gerbe déposée au mausolée de Lénine, à Moscou (un geste propre habituellement aux pays frères), déroute les Soviétiques au moins tout autant que les Occidentaux. Le général de Gaulle, lui, en arrivant dans la capitale soviétique, se rendait à la messe ! De même, les propos insolites qu'il tient sur l'utilité d'une détente idéologique – contraire à tous les dogmes communistes – troublent et irritent Léonid Brejnev et son entourage. De façon savamment discourtoise, on le fait bien sentir au président français, qui doit lanterner quarante-huit heures avant de rencontrer une nouvelle fois le numéro un soviétique. Les gaullistes – l'honneur national toujours à vif – s'offusquent de ces mauvaises manières des Soviétiques et de la trop grande impavidité de Valéry Giscard d'Estaing. « De Gaulle n'aurait pas attendu », maugréent-ils.

Le président français est plus heureux lorsqu'il organise, parraine et réunit à Paris la première conférence mondiale Nord-Sud (réunion des pays importateurs et exportateurs de pétrole). Son intuition, cette fois, ne l'a pas trahi, même si cette innovation n'a pas, jusqu'ici, permis d'aboutir à des initiatives bien consistantes. Au moins n'est-ce point de sa faute, et la France y manifeste-t-elle l'amorce d'une vocation.

Si VGE se voit lui-même comme un traditionaliste libéral et comme un homme de progrès, les paradoxes s'accumulent sur sa tête et les Français deviennent perplexes. Ils veulent bien reconnaître les qualités personnelles de VGE, ils admettent même qu'il a un certain goût des réformes, bien qu'ils en voient peu la trace (75 % des Français estiment que les changements introduits ont glissé sur la société sans la modifier), mais ils s'interrogent sur ce qui inspire concrètement l'action du président : s'agit-il d'un idéaliste ou d'un conservateur ? Est-il un calculateur qui joue au spontané, un timide qui se contraint à l'exhibitionnisme ou un traditionaliste qui s'entraîne au réformisme ?

Cette relative incompréhension des Français tourne, chez les députés UDR, à l'aigreur véhémente : « Qu'il cesse donc d'être en campagne électorale permanente et qu'il gouverne ! » grondent les élus, en rentrant de leurs circonscriptions. « Ah ! Elle est belle, la société libérale avancée. C'est la violence dans la rue, la pornographie qui s'étale [elle sera prestement réglementée], les soldats qui manifestent, les lycéens qui défilent, le gouvernement qui dialogue avec les prostituées [un Monsieur Prostitution est nommé par le Conseil des ministres du 7 juillet 1975]. C'est le relâchement des mœurs, le culte de la jouissance avec l'avortement, la contraception, le divorce. Bref, c'est l'anarchie, c'est la chienlit ! »

Voilà ce que répètent désormais, semaine après semaine, les députés gaullistes de base, reçus à déjeuner à Matignon. « Que l'on cesse donc de faire la politique de nos adversaires. Nous irritons notre clientèle sans gagner une voix à gauche », ronchonnent-ils.

Ces grognards de l'UDR se sentent confortés dans leur allergie croissante à l'égard du président par deux indices : Matignon laisse voir sous le manteau un sondage confidentiel selon lequel la réforme de l'entreprise, dont on parle si haut et si fort, n'intéresse réellement que 3 % des Français. En revanche, aux élections cantonales partielles, l'UDR, qui sait, bien sûr, ce que sont la vigueur, la fermeté et la clarté, a gagné globalement 6 % des suffrages. CQFD : la France profonde est UDR. Les députés gaullistes n'en doutent pas et se convainquent chaque jour davantage que le président commet, au sujet des Français, un contresens psychologique et politique qu'ils auraient bien tort de ratifier.

Jacques Chirac est-il gagné par la contagion ? En privé, il s'avoue de plus en plus impatienté par la réformite, alors qu'« on ne s'attaque pas aux véritables privilèges et aux véritables réformes de structures ». Une figure de rhétorique dont l'impact tient tout entier dans le mystère et dans le flou. « Faisons plutôt la participation », chantent en refrain les députés gaullistes, comme à chaque fois que l'on veut déranger leurs habitudes. (Lors de la discussion du projet de loi sur la construction, l'UDR André Fanton propose la création d'un impôt foncier et une taxe sur les patrimoines. VGE et Jacques Chirac s'y opposent.)

Selon la formule de rigueur, la rentrée d'automne est chaude. La mauvaise humeur grommelée tourne à l'antipathie proclamée. Le pompidolien René Ribière écrit aimablement dans *Le Monde* : « On a dit souvent du libéralisme de Benjamin Constant qu'il était une sorte de philosophie politique de l'irrésolution... Je crains que la société libérale de type avancé ne se situe dans la postérité directe de ce libéralisme-là. » Voilà qu'apparaît le thème de l'irrésolution présidentielle.

En novembre, au comité central de l'UDR, Michel Debré en personne s'exclame : « Si Chirac n'était pas Premier ministre, combien de nos compagnons se reconnaîtraient dans toutes les oppositions ? » La longue marche du maire d'Amboise vers les frontières de l'opposition commence.

Le même jour, Alexandre Sanguinetti enjoint aux compagnons gaullistes de ne pas confondre le libéralisme, « qui permet tous les laxismes », avec la liberté. Il veut bien admettre la légalité du chef de l'État, mais il met en doute à voix haute sa légitimité, au sens gaullien du terme. Mal lui en prend, car, en toute légalité, l'Élysée lui retire sur-le-champ une présidence rémunératrice et point trop accaparante, celle de l'ORSTOM (Office de la recherche scientifique et technique d'outre-mer), dont la « légitimité » n'éclatait pas.

À travers les charges de l'impétueux Sanguinetti, le thème ambigu de l'illégitimité du président se profile à son tour pour la première fois. « Quand le monarque est suffisant, le Premier ministre l'assiste, quand il est insuffisant, le Premier ministre le supplée », déclare un baronnet pompidolien, avant de conclure : « Nous voulons que Chirac gouverne. » Curieuse conception pour une famille politique qui soutient depuis vingt ans la thèse de la primauté nécessaire du chef de l'État.

Pendant que ses troupes s'emportent, tempêtent et conspuent l'Élysée, Jacques Chirac fait officiellement de sa loyauté un rempart fièrement dressé autour du président. « Nous sommes loyaux parce que nous sommes responsables », dit-il.

La limpidité de ses sentiments se trouble, toutefois, de quelques équivoques : à Dijon, fin novembre, le Premier ministre accompagne le chef de l'État, lequel, dans un discours sévère, enterre sans fleurs ni couronnes les grands projets de réforme régionale (l'explosion corse de l'été a refroidi son désir de changement, au moins sur ce terrain-là). Les réformateurs devraient prendre le deuil et les gaullistes se réjouir. Or, que voit-on aux pieds de la tribune officielle ? Des militants gaullistes agitant sous le nez du président des pancartes sur lesquelles on peut lire : « Chirac président ! » « Quelles sont donc ces pancartes ? » interroge d'un air pincé Valéry Giscard d'Estaing.

Quinze jours plus tard, les jeunes gaullistes récidivent. Lors de leur réunion du Bourget, les 5 et 6 décembre, ils scandent : « Chirac président ! Chirac président ! » à l'arrivée du Premier ministre. Jacques Chirac jurera ses grands dieux qu'il n'y est pour rien. Il dit sans doute vrai. Cependant, dans les partis bien organisés comme l'UDR, les improvisations sont rares.

Dans le climat frisquet qui s'instaure entre le président et Jacques Chirac, l'Élysée doute fort de la candeur de Matignon. En l'occurrence, l'innocent est tout de même un peu coupable. Car au même moment, les trois conseillers les plus proches du Premier ministre (Pierre Juillet, Marie-France Garaud et René Tomasini) s'emploient activement autour de leur patron : pour eux il s'agit de rien moins que réfléchir à des élections législatives anticipées. Leur raisonnement a sa logique : les Français sont irrités, le style du président passe mal, la crise économique s'aggrave, la situation électorale risque de se détériorer. En faisant voter le pays impromptu, la gauche sera prise de court. Jacques Chirac mènera tout naturellement la bataille, à la tête de l'ensemble de la majorité. La majorité vaincra. L'UDR verra sa position renforcée. Personne, chez les centristes, les réformateurs et autres giscardiens, ne pourra plus contester l'autorité de Jacques Chirac. Ce sera, sous le règne de Valéry Giscard d'Estaing, la revanche du pompidolisme. Un sondage secret leur donne toutes ces assurances.

Pour le Premier ministre, nul doute que ce scénario serait effectivement avantageux. Mais s'ils manifestent ainsi le plus grand souci de l'avenir de leur poulain, les conseillers de Jacques Chirac traitent le chef de l'État comme un monarque qu'il faut réduire.

Le député-maire de Périgueux, Yves Guéna, alors fort chiraquien, résume en 1980 : « Ils projetaient de gouverner. Ils auraient généreusement laissé Versailles à Giscard pour donner des dîners. »

Cependant, le Premier ministre lui-même n'est sans doute pas encore décidé à guerroyer contre le chef de l'État. En revanche, il est bien convaincu de la nécessité d'élections anticipées : « J'y ai pensé bien avant 1975 », confirme-t-il d'ailleurs aujourd'hui.

Quoi qu'il en soit, en cette fin d'année 1975, ces bleus à l'âme n'entraînent pas encore de rupture avec le président. Mais l'hypothèse est là. En coulisses, on la chuchote. La rumeur va grandir…

CHAPITRE VII
La rupture

Rien ne divertit plus le bon peuple que les malheurs des grands. Quand les rois et les reines souffrent mort et passion, et se déchirent comme des manants, on sourit dans les chaumières : des larmes coulent donc dans les palais dorés !

De même, rien n'exalte autant la classe politique que ces heures chargées d'électricité, traversées d'imprévus, secouées de péripéties, qui scandent la désagrégation lente des couples au pouvoir.

La nuque encore frémissante de plaisir, le regard encore chaviré de voyeurisme féroce, le Tout-État se remémore la pesante agonie du mariage de Gaulle-Pompidou. L'on se souvient avec gourmandise des mille et un grincements et des chuchotis vinaigrés annonciateurs de la rupture Pompidou-Chaban. Pour ceux qui hantent la salle des Pas-Perdus du Palais-Bourbon et les couloirs feutrés du Sénat, ces atmosphères de fin de règne valent presque des bains de jouvence. Le phénix renaît de ses cendres, la classe politique retrouve sa jeunesse et son allant quand les tandems président-Premier ministre se désintègrent douloureusement.

Jouissance suprême : il faut prendre parti, choisir son camp, s'apitoyer, rapporter les rumeurs, changer d'amis, parfois de convictions, applaudir, gémir, espérer, triompher ou prendre le deuil. Le cruel et le cocasse se prennent par le bras. Enfin, l'on vit et l'on revit !

Aux heures les plus douces de 1974, déjà, dans le sérail politique, les pythonisses les plus goulues se lèchent les babines. Ah, comme le spectacle promet ! Quelles belles étincelles, quels corps à corps féroces en perspective, quand Valéry Giscard d'Estaing et Jacques Chirac, après avoir uni leur jeunesse, leur fougue et leurs rêves pour le meilleur et pour le pire, se découvriront rivaux plus que complices, et bientôt adversaires plus qu'amis !

Déjà ces vieux gourmets de la discorde savourent un divorce qui s'annonce si bien. Depuis longtemps, tout le monde le sait : ces deux-là n'ont rien en commun. C'est l'eau et le feu, ce président trop optimiste, rêvant à voix haute d'une France mondialiste, libérale et gouvernée au centre par une majorité nouvelle, et ce Premier ministre impulsif, activiste, aimant la discipline, les ordres tranchés et le commandement (surtout quand il l'exerce), persuadé que l'avenir appartient aux nations fortes et aux régimes musclés et réfractaire aux volutes et autres arabesques giscardiennes.

En ce début du mois de janvier 1976, à plus d'un signe on s'en persuade : le premier acte du drame est engagé. Non seulement le Premier ministre n'est toujours pas promu chef de la majorité, non seulement le Très Haut se refuse, avec une obstination souriante, à un partage des tâches, mais, par deux fois, VGE inflige – et publiquement – à Jacques Chirac la démonstration que le pouvoir et l'impulsion résident plus que jamais à l'Élysée. « Il ne me laisse rien faire », gémit rageusement le futur maire de Paris. (Si Jacques Chirac n'a aucune influence sur la stratégie globale, il peut tout de même stopper net ce qui le hérisse : par exemple, la publication du rapport Granet sur le livre, ou bien l'adoption du rapport Deniau sur l'agriculture. Il se fait même écouter, dit-il, sur des sujets aussi directement présidentiels que la défense.)

11 janvier : remaniement gouvernemental. « Simple réaménagement technique », selon le chef de l'État à la télévision. Un coup dur pour Jacques Chirac. Les membres du gouvernement sont nommés par le président de la République « sur proposition du Premier ministre », précise la Constitution. Or, cette fois, les apparences ne sont même pas sauves. L'Élysée rappelle brusquement Jacques Chirac, le dimanche matin, de Corrèze. Le Premier ministre est poliment consulté, mais chacun sait que la liste des noms est déjà établie. Le leader de l'UDR est convoqué beaucoup plus pour la ratifier que pour en délibérer.

Très ostensiblement, le président, comme s'il voulait réduire le rôle de son Premier ministre, a pris l'avis des autres chefs de la majorité, Michel Poniatowski et Jean Lecanuet. Celui-ci confirme en 1980 : « J'ai toujours été consulté pour la formation des gouvernements. »

Or, depuis plusieurs semaines, il n'en faisait pas mystère, Jacques Chirac souhaitait gouverner avec une équipe plus restreinte, donc plus solidaire. Au cours de son voyage officiel aux Antilles, quelques jours plus tôt, à Noël, il s'était même fait fort, devant des journalistes, d'obtenir « le retrait des ministres bavards ».

C'est tout le contraire qui se produit. Le gouvernement devait perdre du poids, il prend de l'embonpoint. Jacques Chirac voulait réduire le nombre des excellences, celui-ci passe de trente-sept à quarante-trois. Le Premier ministre voulait écarter les ministres prolixes, Michel Poniatowski, Jean-Pierre Fourcade et Françoise Giroud sont bel et bien confortés dans leurs citadelles respectives. Quant à Jean Lecanuet, garde des Sceaux, il est promu ministre d'État, devenant ainsi l'alter ego, le jumeau du ministre de l'Intérieur.

Jacques Chirac aimerait bien s'en réjouir – l'ami intime du président paraissant, dès lors, banalisé, il n'est plus le seul numéro deux, selon le protocole. Au lieu d'en rire, il lui faut en pleurer. Car cette ascension du leader centriste consacre surtout la réduction de la distance entre le Premier ministre, le ministre de l'Intérieur et le garde des Sceaux. Ainsi les trois symboles des trois familles de la majorité – UDR, RI et réformateurs – sont-ils collectivement honorés.

« Vous vous êtes fait manœuvrer comme un trompette », gronde Pierre Juillet, en épluchant la liste du gouvernement devant un Jacques Chirac marri et vexé.

Épisode plaisant mais édifiant : à l'occasion de ce remaniement, Jacques Chirac fait venir dans son bureau le secrétaire d'État Norbert Segard (membre du gouvernement depuis 1974), ce Lillois peu sectaire, d'origine chrétienne-démocrate, qui aimait bien de Gaulle a préféré jusqu'ici le statut assez flou d'apparenté au groupe gaulliste. Il n'a jamais adhéré à l'UDR. Il est tout entier dans la majorité, mais il n'appartient à aucune branche bien précise de la famille. Il est un légitimiste œcuménique.

Le Premier ministre lui explique : « Pour des questions de dosage politique, il faut étoffer le contingent gaulliste. Tu vas prendre l'étiquette UDR. C'est un service que je te demande. Giscard est d'accord. » Le ministre s'incline. Si cela fait tant plaisir au chef du gouvernement et si tout le monde est d'accord…

Deux jours après le remaniement, Norbert Segard se trouve face à Valéry Giscard d'Estaing, qui l'interroge au détour d'une phrase : « Alors, Monsieur le secrétaire d'État, vous avez voulu adhérer à l'UDR ? » Et celui-ci, un peu surpris, de raconter son entrevue à Matignon. Quel n'est pas son étonnement : sous ses yeux, le chef de l'État intime, par téléphone, à son Premier ministre, l'ordre de les rejoindre sur-le-champ. Jacques Chirac arrive. L'air embarrassé, il doit bien expliquer qu'il a un peu forcé la main au ministre et anticipé les propos du président. Simple malentendu, bien sûr. Ainsi la rivalité politique entre VGE et Jacques Chirac peut-elle passer aussi par une guerre de dosage assez saugrenue.

Le nouveau ministre d'État, Jean Lecanuet, pavoise et savoure bruyamment ce beau succès de l'« orientation européenne du président ». De son côté, le chef de l'État se réjouit à la télévision de la consécration d'un homme du centre.

À l'UDR, on fait grise mine. Les nez s'allongent. Certes, le ministère de la Coopération échappe aux centristes (Pierre Abelin a quitté le gouvernement) et revient aux gaullistes, le nouveau titulaire étant le député-maire de Royan, Jean-Noël de Lipkowski. Certes, cinq ministres et huit secrétaires d'État restent en place.

Mais l'inquiétude des gaullistes vient de l'entrée en force de deux européens de renom. L'un s'appelle Raymond Barre. Cet universitaire corpulent à la silhouette de monsignor est un professeur d'économie politique bien connu. Il a publié un lourd traité – un grand classique que les étudiants éprouvent toujours quelques difficultés à digérer, sans pouvoir pourtant s'en passer. Le général de Gaulle qui le respectait, l'appréciait, le consultait l'avait expédié à Bruxelles comme vice-président de la Commission de la Communauté. C'est un européen convaincu et réaliste. Il entre au gouvernement comme ministre du Commerce extérieur. VGE veut l'éprouver aux affaires. Peut-être songe-t-il alors en faire un jour un ministre des Finances…

L'autre s'appelle Jean François-Poncet. Le président en fait un secrétaire d'État au Quai-d'Orsay auprès du ministre Jean Sauvagnargues. Chacun comprend aussitôt que ce n'est qu'une étape. Ce fils de famille blond et fin, brillant et parfois cassant, a tout ce qu'il faut pour déplaire aux gaullistes. Il a toujours combattu l'UDR aussi efficacement qu'il a pu. Sacrilège suprême, il a défié le Général lui-même, critiqué sa politique extérieure et soutenu ses adversaires. Il a été, aux côtés de Maurice Faure (aujourd'hui député-maire radical de Cahors), l'un des négociateurs pour la France du traité de Rome.

Pierre-Christian Taittinger, lui aussi, fait une entrée observée avec curiosité par les connaisseurs. On lui confie le secrétariat d'État aux Collectivités locales, avec une mission toute spéciale : préparer la mise en œuvre du nouveau statut de Paris. Chez les gaullistes, on n'ignore pas que ce grand bourgeois long et distingué, qui pourrait, sans détonner, figurer sur une photo de famille du président de la République, a une carrière toute tracée : l'Élysée veut en faire le premier maire élu de Paris.

Autre indice inquiétant pour le Premier ministre : l'apparition d'une étiquette toute neuve – « majorité présidentielle ». Plusieurs nouveaux membres du gouvernement l'adoptent sur l'injonction aussi ferme que courtoise de la présidence. Quatre bons élèves, quatre favoris de l'Élysée l'arborent fièrement : Messieurs Barre et François-Poncet – justement –, puis Alice Saunier-Seïté et Lionel Stoléru, qui viennent d'être nommés respectivement au secrétariat d'État aux Universités et aux Travailleurs immigrés.

La morale de cette petite histoire n'échappe pas à l'UDR : c'est un indice supplémentaire de la volonté giscardienne de bien marquer la primauté du président et l'évolution des contours de la majorité.

L'Élysée rend publique la lettre directive semestrielle, qui fixe souverainement au Premier ministre les orientations du gouvernement. Elle pourrait s'intituler : « Je maintiendrai. » La réforme demeure à l'ordre du jour. VGE refuse de céder à ceux – ils sont légion – pour qui la crise commanderait une pause.

Pourtant les axes ne changent guère. Sont annoncées comme l'année passée, cette réforme de l'entreprise qui agite tant le patronat, cette taxation des plus-values qui inquiète tant les propriétaires, cette réforme du financement de la construction qui frustre tant les professionnels et cette revalorisation du travail manuel qui fait tant de sceptiques.

Le Premier ministre fait la grimace. Pour lui, le changement signifie qu'il n'y a rien de changé. Et le climat s'aigrit franchement. Les ministres le ressentent, même si les apparences sont maintenues. « L'atmosphère était très tendue », disent-ils unanimement.

L'un des rares vrais amis du Premier ministre au sein du gouvernement, René Tomasini, raconte : « En Conseil, Jacques se plongeait souvent dans ses dossiers, les lunettes relevées sur le front. À plusieurs reprises, Giscard l'a rappelé ironiquement sur terre, en lui suggérant de porter quelque intérêt plus visible aux travaux du Conseil. » « J'avais l'impression de côtoyer un marteau-piqueur, plaisante Jean Lecanuet. Le Premier ministre manifestait son malaise en agitant frénétiquement les jambes. La table du Conseil en vibrait. » Ce que Françoise Giroud évoque d'une manière plus acidulée : « Il semblait que Jacques Chirac allait, de ses grandes mains et de ses grands pieds, soulever la table, tel un squale furieux. »

Nos excellences ne se montent pas la tête : entre le président et son Premier ministre, la lune de miel est bien finie. Le doute et la suspicion ont remplacé la confiance. Claude Labbé, lors d'un déjeuner à l'Élysée, au printemps raconte : « J'ai vu que rien n'allait plus entre eux deux à la façon dont Giscard regardait Chirac. Tout ce que celui-ci disait semblait révulser le président. »

En 1980, le maire de Paris raconte : « Dès le début de l'année 1976, j'ai dit au président : “Il faut que vous cherchiez un autre Premier ministre.” Il ne me croyait pas. » Il avait bien tort. Quasi quotidiennement, Pierre Juillet répète à son protégé : « Vous allez vous user, à faire appliquer une politique dont vous ne voulez pas. Giscard, ce n'est pas le gaullisme. Il faut quitter Matignon. » D'autres aussi le pressent de s'en aller. Le plus véhément est, comme toujours, Alexandre Sanguinetti.

D'ailleurs le Premier ministre est déjà plus qu'à moitié convaincu. Dès cette date, il ne se pose qu'une seule question : « Quelle est la meilleure façon de partir ? » Un de ses proches collaborateurs le révèle : « Au début de l'année, Jacques voulait que Giscard le renvoie, il ne voulait pas démissionner. » En dehors même des deux intéressés, beaucoup le sentent : l'attelage va bientôt se briser et les fausses notes ne passent pas inaperçues.

À gauche, au contraire, malgré le contentieux, on sent une fois de plus les ailes de la victoire repousser. Un signe ne trompe pas : à grands fracas, Georges Marchais décrète soudain l'abrogation du dogme sacré de la dictature du prolétariat. Ses camarades, qui préparent laborieusement leur XXIIe congrès, apprennent la nouvelle en même temps que les bourgeois, par la presse.

La dictature du prolétariat rappelait encore un peu trop l'homme au couteau entre les dents et la violence révolutionnaire. Au grenier ! Si le secrétaire général du Parti communiste décide de s'en dépouiller sans autre forme de procès, ou scandale, c'est bien qu'il n'en a plus besoin : il croit aux chances de la victoire de la gauche. Tout le monde l'a compris.

Dans ce drôle de climat – un gouvernement où l'on ne s'entend pas, une gauche qui joue à *Je t'aime, moi non plus*, une crise économique qui assombrit les esprits –, on s'achemine vers les élections cantonales du mois de mars. Elles constituent une nouvelle péripétie de l'irrésistible dégradation des relations entre Valéry Giscard d'Estaing et Jacques Chirac. Les deux hommes divergent dès le départ.

Le chef de l'État voudrait soigner ces Français trop facilement atteints d'électoralite chronique. « Ce climat de campagne électorale permanente est nuisible pour la France », dit-il. Alors pourquoi politiser des élections locales à caractère si évidemment administratif, pourquoi vouloir remettre en cause le destin de la société tous les six mois ? Et si l'on calmait un peu le jeu ?

Dès le 14 janvier, il déclare à la télévision : « Il n'y aura pas de combats électoraux en 1976. » Il précise encore, le 22 février, sur les ondes d'Europe 1 : « Ces élections ne sont pas de nature politique. »

Le président n'est pas le seul de son avis. Autour de lui, on dédramatise de bon cœur. Dans un déjeuner de presse, Michel Poniatowski affirme : « Les élections cantonales se traduiront dans l'ensemble par une grande stabilité pour la majorité. » Il se fie sans doute un peu trop aux rapports de ses préfets de région, qui (à l'exception de celui de Bordeaux) ne discernent pas la moindre menace de marée noire pour la majorité.

Officiellement, Jacques Chirac ne dit pas autre chose. Il déclare à plusieurs reprises : « Les élections cantonales sont des élections administratives. » Devant ses collaborateurs et même quelques journalistes, il se montre beaucoup plus réservé.

Par tempérament, le Premier ministre est toujours prêt à enfourcher son destrier de bataille dès qu'il entend le mot « élection ». Par nature, il s'impatiente de voir les formations de la majorité manifester tant de mollesse dans la préparation de ce scrutin (à l'UDR comme ailleurs).

Ces problèmes grotesques n'existeraient pas s'il était l'animateur politique incontesté de la majorité.

Faute de l'être, il refuse d'affronter François Mitterrand à la télévision avant le premier tour, comme le souhaitait le président de la République. Jean-Pierre Fourcade, à l'apogée de sa faveur, se dévoue et le remplace. Il s'en tire avec les honneurs. Valéry Giscard d'Estaing, qui admet plus volontiers l'impact d'un bon débat télévisé que celui d'élections locales, soir après soir, bombarde de conseils le ministre des Finances.

La gauche, elle, s'engage en revanche sans lésiner. « Les cantonales sont des élections politiques », clament d'une même voix les leaders de la gauche, qui escomptent bien gagner du terrain. François Mitterrand promet : « Le Parti socialiste obtiendra au moins 25 % des suffrages », et Gaston Defferre assure : « Ce sera un avertissement à l'adresse du gouvernement. »

Il est vrai que lorsque six ministres (dont le chef du gouvernement), cent vingt députés et soixante-treize sénateurs sont en lice, il est difficile de conserver à ces élections le caractère paroissial que leur prête le président ! Il est vrai aussi que les Français n'en font pas un enjeu très sérieux. Un sondage de la SOFRES montre que 52 % d'entre eux ignorent tout du visage et du rôle de leurs conseillers généraux.

Le dimanche 15 mars, la gauche pavoise. La majorité met un crêpe noir à son revers. L'opposition totalise plus de 53 % des suffrages. Le Parti socialiste, flanqué des radicaux de gauche, pulvérise tous les records et dépasse 28 % des voix. Jamais la gauche n'a obtenu un tel score sous la Ve République.

Un malheur n'arrive jamais seul : un sondage IFOP réalisé entre les deux tours confirme la poussée socialiste et conclut que si des élections législatives avaient lieu à ce moment, la gauche l'emporterait aussi à l'Assemblée nationale.

Dans la majorité, c'est l'abattement général, la *deprimata*. Ils sont des dizaines, députés ou sénateurs, qui, sous le choc, s'interrogent, moroses, sur l'ampleur de la poussée socialiste. Beaucoup y voient un tournant du septennat et les élus du Palais-Bourbon tremblent pour leurs sièges. Les retrouveront-ils en 1978 ? Contrairement à ce que les états-majors et les leaders leur avaient assuré, ces élections locales prennent bien un air fâcheusement politique.

Il faut un responsable : Valéry Giscard d'Estaing est la victime désignée. N'est-il pas le premier à avoir dit et proclamé que ces élections n'étaient pas politiques ? Il a été personnellement sanctionné et presque désavoué dans son fief même du Puy-de-Dôme.

Dans le canton de Rochefort-Montagne dont il fut le conseiller général jusqu'en 1974, le républicain indépendant Claude Wolff ne bat que d'un fil un adversaire socialiste qui multiplie par plus de trois les voix de son parti. Or, Monsieur Wolff n'est pas un candidat comme les autres. Le président l'a installé dans le fauteuil qu'il occupait à la mairie de Chamalières. Monsieur et Madame Giscard d'Estaing sont allés dîner chez lui la veille du premier tour des cantonales. Difficile de ne pas y voir un geste de mauvaise humeur contre l'Élysée…

La présidence fait mine de ne pas prendre l'aventure au tragique. Avec un million de chômeurs, on ne s'attendait certainement pas à des prouesses du côté majoritaire. Les politologues du château se rassurent en rappelant que les Français, peuple prudent mais frondeur, n'aiment rien tant que se défouler à l'occasion d'élections dont l'enjeu n'est pas directement politique. Cela leur permet de voter ensuite sans trop de regrets pour la majorité lors d'échéances plus importantes.

Les partis gouvernementaux ne se sont d'ailleurs pas donné beaucoup de mal. Dans plus d'un département, il a fallu l'intervention pressante des préfets pour susciter des candidats de la majorité, alors que la gauche multipliait et renouvelait les siens.

En somme, à l'Élysée, on murmure volontiers : « C'est la faute aux partis », alors que dans les états-majors, on peste : « C'est la faute à Giscard. » Comme dans la majorité les analyses sont parfois bien subjectives, on reproche même au président le grand dîner annuel du gouvernement qu'il a offert entre les deux tours. On blâme beaucoup la veste de smoking en velours vert qu'il arborait ce soir-là. Un signe irréfutable – juge-t-on – de sa frivolité. On se gausse des parties de scrabble, d'échecs ou de gin-rummy d'après dessert. Françoise Giroud, présente au dîner, assure même avoir relevé des propos gentiment impertinents contre le président à certaines tablées ministérielles.

Exagérée, injuste ou partiellement vraie, cette avalanche de critiques, de banderilles plantées dans le flanc élyséen, dénote tout de même un changement de climat. Au début de son septennat, VGE semblait protégé par la grâce, comme invincible. Or le charme se dissout. La crise économique assombrit de plus en plus les esprits, les querelles et les déconvenues de l'exécutif ressemblent soudain à des manières de sanctions.

Politiquement, le président paraît plus vulnérable et le résultat de ces élections cantonales est ressenti, dans le sérail majoritaire, non seulement comme un signe, mais aussi comme un sérieux avertissement.

Une défaite peut toujours en cacher une autre. Le soir du deuxième tour, le franc, victime de la tempête monétaire européenne et de la spéculation, mal défendu sans doute par ses partenaires, est obligé de sortir sans gloire du serpent. Le vendredi précédent, un « vendredi noir » selon les dirigeants de la Banque de France, il a fallu puiser un bon milliard de dollars dans les réserves de devises pour soutenir le cours de la monnaie nationale. Un train d'enfer, tout à fait impossible à maintenir. Il faut être réaliste et accepter l'échec. Le franc est ainsi dévalué de près de 4,5 % par rapport au mark. Ces déconvenues reflètent le scepticisme des experts sur la situation économique française.

Pour VGE, ce revers paraît autrement plus grave que les scores cantonaux auxquels s'attache la classe politique. D'autant que le président croyait bien avoir trouvé une parade au désordre monétaire, grâce à la coopération internationale. Il s'y employait personnellement beaucoup. Non sans mal, il avait réuni à Rambouillet, en novembre 1975, les principaux chefs d'État et de gouvernement occidentaux pour chercher un remède à la tourmente monétaire. Ce bel aréopage avait décidé que les banques centrales s'entendraient avant d'intervenir de concert sur les marchés des changes. Si chacun avait joué le jeu, ç'aurait été, de fait, une décision pertinente. Rayonnant, le président français célébrait alors l'« esprit de Rambouillet, fait de coopération et de responsabilité ».

L'entente franco-allemande se trouvait, bien sûr, au cœur du dispositif. L'amitié de Valéry Giscard d'Estaing et d'Helmut Schmidt la garantissait. Après deux jours de conversations entre eux, au mas d'Artigny près de Nice, en février 1976, le chef de l'État pouvait commenter avec espoir : « Rien ne justifie une modification des rapports de change entre le mark et le franc. »

Or tout ce dispositif-là vole en éclats. Toutes ces belles espérances, tous ces mécanismes ingénieux sombrent comme vaisseaux fantômes. Triste printemps !

En privé, Jacques Chirac, qui ne propose pas de solution de rechange, donne une explication de cette débâcle : « Par coquetterie, Giscard et Schmidt, en tête à tête, parlent en anglais sans interprètes, d'où une série de bourdes incroyables. » Le Premier ministre, piqué de n'avoir jamais été associé à ces décisions-là et sachant bien que le chancelier allemand le tient en piètre estime, n'est sans doute pas trop porté à l'indulgence.

Il n'empêche : Valéry Giscard d'Estaing est secoué et même, pendant quelques jours, désemparé par ces déceptions en chaîne. Auparavant, il était confiant et, plus tard, lorsqu'il essuiera de nouveaux échecs (quand Jacques Chirac s'emparera de la mairie de Paris), il se montrera combatif et décidé à prendre ses revanches. L'hypothèse d'une victoire de la gauche, dont les risques lui apparaîtront sans précédent, ne le découragera pas. Sans doute est-ce en avril 1976 qu'il paraît le plus pris de court. Il sort d'une période de calme relatif. Il va entrer dans une zone de batailles. Psychologiquement, il est encore au milieu du gué – la situation la plus inconfortable.

Pour réagir, le président consulte. Il reçoit tour à tour les principaux leaders de la majorité, entend leurs plaintes, leurs doléances, mais découvre peu de suggestions et encore moins de solutions dans leurs propos. Tout le monde est navré. Personne n'a de recette.

Personne… sauf Jacques Chirac ! Dès le lendemain du second tour, le Premier ministre a son plan dans la tête. Pour lui, tout est lumineux. La majorité vient d'essuyer un échec parce qu'il y a eu faute. « Chacun a fait cavalier seul, alors qu'il faut s'unir pour se battre. Si nous continuons ainsi, nous allons être transformés en chair à saucisse, dit-il. Désormais, il faut s'organiser, redonner à la majorité de l'espoir, du muscle et une identité. Puisque la gauche s'est organisée en bloc, il faut lui opposer un autre bloc. Le président de la République, élu pour sept ans, ne doit surtout pas monter lui-même au créneau. Il incarne la stabilité et garantit l'essentiel, il ne doit donc pas prendre les coups. Il lui faut un chef de guerre qui puisse s'exposer, polémiquer, attaquer l'adversaire, donner des horions et en recevoir. »

Pour ce rôle, il n'y a pas trente-six candidats. Traditionnellement, le Premier ministre est fait pour cela et Jacques Chirac a, en outre, la chance de savoir ce qu'il veut : il faut désigner l'adversaire principal – François Mitterrand – et le dénoncer comme un révolutionnaire (conscient ou pas), cesser de flirter avec la gauche, remiser les réformes qui choquent, penser davantage à l'électorat de la majorité et se battre autour de quelques thèmes que chacun comprendra (défense des libertés, expansion, politique sociale généreuse). Il faudra établir un projet de société commun à toutes les formations de la majorité, une sorte de charte libérale, un contre-programme commun, en somme. Et puis, une fois l'élan donné, la confiance restaurée, la majorité mobilisée, il s'agira de créer un grand choc dans l'opinion, former un gouvernement de combat plus resserré et plus ardent et prendre la gauche de vitesse. En un mot, faire des élections anticipées. Le fameux rapport secret élaboré à Matignon est apporté au président, comme pour mieux le convaincre que, derrière ce déploiement d'énergie, il y a bien une analyse et, en viatique, un sondage éloquent.

Tactiquement, le plan Chirac a le mérite de la cohérence et de la vigueur, même s'il ne paraît pas d'une nouveauté idéologique suffocante.

En signe de bénédiction, le Premier ministre demande au président l'autorisation d'installer officiellement auprès de lui Pierre Juillet, son conseiller officieux. Avec Georges Pompidou, il a contribué à mener la majorité au succès. S'il vient auprès de Jacques Chirac, l'histoire se répétera. Pierre Juillet n'est-il pas, d'ailleurs, l'inspirateur de ce petit cours accéléré de stratégie électorale ?

Le président de la République reçoit de temps en temps cette éminence discrète, qu'il tient en haute estime : il a fait ses preuves sous le règne de son prédécesseur et, en 1974, il a mieux que quiconque fait le « bon choix ». En 1980, les collaborateurs de l'Élysée le disent encore : « Aux yeux du président, Juillet allait devenir un consultant précieux, mais surtout un modérateur de l'impétueux Premier ministre. » (VGE le pensera longtemps encore, puisque Pierre Juillet sera invité à une chasse présidentielle à Rambouillet, en décembre 1976, six mois après la rupture entre le Président et son chef de gouvernement.)

En résumé, Jacques Chirac demande l'officialisation symbolique du rôle de son mentor, l'intronisation du Premier ministre comme coordonnateur de la majorité, un remaniement vigoureux et des élections anticipées dans un proche lointain. À tout cela, Valéry Giscard d'Estaing répond deux fois oui et deux fois non : oui sans hésitation pour Pierre Juillet, oui sans enthousiasme pour la coordination, non pour les élections anticipées et non pour le remaniement. C'est, en tout cas, ce qu'il laisse entendre au Premier ministre, explicitement pour les oui, implicitement pour les non.

Le chef de l'État, qui n'a jamais cru à l'efficacité d'élections anticipées, en veut moins que jamais. Les électeurs, pense-t-il, pourraient y suspecter une manœuvre, les observateurs y dénoncer une contradiction avec la volonté actuellement affichée de dédramatiser la vie politique. Et les sondeurs, plus prosaïques, laissent prévoir une défaite, laquelle, étant déclenchée par le pouvoir, ressemblerait fort à un acte manqué ou à du masochisme involontaire.

À 20 heures, le mercredi 24 mars, les Français ont une surprise : après le rituel *Chant du départ*, ils découvrent sur le petit écran un curieux VGE. Il n'est plus tout à fait le même, ni tout à fait un autre. Cet inconnu dans la maison est vêtu d'un triste costume, il se tient raide, presque guindé. Les mains sont posées à plat sur la table, inutiles, comme deux oiseaux morts. Le regard est sombre, le masque figé, l'élocution même est hésitante, il trébuche sur certains mots. Le fringant Valéry de 1974 n'est plus. À sa place, un quinquagénaire ennuyeux et maussade apparaît ce soir-là. 46 % des Français en gardent une fâcheuse impression.

« Se veut-il grave ? On le trouve triste. Se compose-t-il un visage sérieux ? On le dit crispé. S'il fuit tout éclat, il paraît terne et, s'il convient, beau joueur, que les résultats des élections cantonales ont traduit "une insatisfaction et une inquiétude", on déclare qu'il est sur la défensive… La chance abandonne ce grand jeune homme courtois et sobre qui n'avait jamais encore rencontré sur son chemin aucun obstacle », écrit Jean Daniel dans *Le Nouvel Observateur*.

Le plus heureux, ce jour-là, s'appelle sans doute Jacques Chirac. Il a réuni spécialement autour de lui, à Matignon, les gaullistes André Bord et René Tomasini, les centristes Jean Lecanuet, Michel Durafour, André Diligent et André Rossi, les giscardiens Michel Poniatowski et Jean-Pierre Fourcade. Tout ce beau monde a été convié à entendre, un verre à la main, l'allocution du président.

Le Premier ministre est enchanté. Il a un mot aimable pour certains, s'empresse auprès de tous. Il croit avoir gagné. Et il savoure chaque propos présidentiel : lorsque l'opposition est rebaptisée « collectivisme » (voilà enfin l'ennemi désigné), quand il est précisé que les réformes seront d'abord achevées (signe de pause : on ne va donc pas ouvrir de chantiers nouveaux), le Premier ministre exulte. Le président trouve de bonnes paroles pour les familles, les personnes âgées, les jeunes à la recherche d'un emploi. (Enfin du solide et du concret !)

Quand le président annonce : « Je confie à Jacques Chirac le soin de coordonner et d'animer l'action des partis politiques de la majorité [...] en me rendant compte des initiatives qui seront prises », c'est l'apothéose. Certains invités font discrètement la moue. En sortant, Ponia se défoule et déclare en ronchonnant devant ses collaborateurs : « La coordination, c'est de la foutaise ! » Le jour même, Ponia doit faire supprimer des colonnes du *Figaro* une interview dans laquelle, avec obstination, Roger Chinaud affirme : « Le chef de la majorité est le président de la République. »

Le président a donc ratifié en partie le plan Juillet-Chirac. Dans la classe politique, tout le monde n'est pas chagriné. À l'UDR, bien sûr, on se félicite bruyamment. Certains élus giscardiens, qui ont senti le vent du boulet et qui veulent avant tout conserver leurs sièges, sont presque soulagés. Après tout, peu importe si l'UDR risque, dans l'affaire, de conserver la majorité de la majorité. L'essentiel n'est-il pas d'être réélus tous ensemble aux législatives de 1978 ?

Valéry Giscard d'Estaing est moins satisfait : « Une heure après sa prestation, il avait déjà compris qu'il avait fait fausse route et il le regrettait », témoigne l'un de ses proches. Le président a accepté de jouer un rôle de composition, poussé par Pierre Juillet (les mains à plat sur la table, c'est son idée). Il a forcé sa nature et exposé un plan qui n'était pas le sien, dans un langage qui était celui d'un autre. Lui, qui est d'ordinaire l'aisance même devant les caméras, a dû recommencer par trois fois l'enregistrement. Déjà, il le sent, il a eu tort. Il en conçoit sur-le-champ un scepticisme irrité pour toute cette stratégie et ses inspirateurs. Il va bien falloir laisser tenter l'expérience. Il la sait déjà condamnée et il ne fera rien pour qu'elle réussisse.

« Il ne me semblait pas, pourtant, que nous étions encore à l'époque où les rois avaient besoin, auprès d'eux, d'un maire de Palais. Mais d'ailleurs, comment donc s'appelaient ces rois-là ? » s'interroge ironiquement François Mitterrand. Des propos que Ponia juge « bêtes et méchants », avant de riposter : « L'opposition conduit la vie politique en France à une situation de guerre civile sans armes. »

Pour sa part, Jacques Chirac considère que le numéro un socialiste a eu des paroles « inadmissibles ». Il se console en entamant sa coordination au triple galop. D'abord, il rassure les médecins mécontents, se réconcilie avec les avocats, reçoit les huissiers, cajole les cadres, soigne les agriculteurs – autant de soutiens classiques de la majorité qui ont besoin d'être rassérénés.

Mais surtout, on le voit bondir à Nice, où les députés giscardiens sont réunis. Quand il s'écrie : « La caractéristique de notre majorité est d'être fondamentalement unie sur l'essentiel. […] Il faut faire taire les rivalités et les dissensions. […] Notre tâche est claire : il nous faut mobiliser l'ensemble des Français, en leur donnant conscience des dangers de la gauche qui les guettent. […] Il nous appartient de soutenir le chef de l'État », il est très applaudi.

Propos martiaux et bien calculés. Le Premier ministre montre ainsi son appétit d'action et sa volonté de diriger les manœuvres avec juste ce qu'il faut de dynamisme pour ne pas trop inquiéter le château, ni effrayer la troupe giscardienne.

« Bon vent, Jacques, bon vent… Monsieur le coordinateur, vous pouvez compter sur l'ardeur des républicains indépendants autant que le président compte sur vous pour remplir la mission qu'il vous a confiée », répond chaleureusement, mais avec une pointe d'équivoque, le président du groupe parlementaire, Roger Chinaud. Échange de bons sentiments, d'autant plus appuyés qu'ils ne sont pas sans mélange et dont la relecture quelques mois plus tard ne manque pas de piquant.

Quatre jours plus tard, voilà Jacques Chirac à Saint-Jean-de-Luz. Cette fois, devant les parlementaires UDR. Là, il est littéralement plébiscité dans une atmosphère euphorique et rengorgée. « Nous gagnerons. La majorité restera la majorité », dit-il en martelant bien chaque mot à la tribune. Quand des journalistes lui demandent : « Et qu'est-ce qu'il y a de changé ? » Il répond : « Aujourd'hui, je parle au nom de Giscard, il n'en a pas toujours été ainsi. »

Le triomphe des gaullistes ne surprend pas. La situation nouvelle ne signifie-t-elle pas que leur prééminence est confirmée ? Plus d'un député UDR a, ce jour-là, le sentiment de signer un nouveau bail avec le pouvoir. Et plus d'un parlementaire a l'impression d'avoir devant lui le futur président de la République.

« Vive Chirac ! Chirac président ! Giscard démission ! » crient sur son passage quelques militants bien intentionnés et mal inspirés.

Le Premier ministre ne tombe pas dans ce piège : il fait taire les brailleurs et admoneste même plutôt rudement, en aparté, Michel Debré, coupable d'avoir écrit dans *Le Figaro* : « Le libéralisme a pris l'image de l'impuissance. Plus on le dit avancé, plus il apparaît impuissant. Il faut un gouvernement de salut public. » Mais après ce double succès, il est certain de sa mainmise sur la majorité tout entière : « Je vois les centristes le 5 avril. Les radicaux, je ne sais plus quel jour… Il n'y aura aucun problème, strictement aucun. »

C'est un peu optimiste, puisqu'à la même heure à Paris, devant le comité directeur du Centre démocrate, André Diligent renâcle avec véhémence, comme toujours. « Nous n'avons pas l'habitude de marcher au sifflet. Nous ne pouvons pas entériner un retour au pouvoir de l'État UDR. » Vifs applaudissements.

Pierre Abelin, ex-ministre de la Coopération de VGE, bougonne, lui aussi : « On nous avait promis l'Europe, la région, la réforme fiscale, la réforme de la loi électorale. Qu'avons-nous obtenu ? Pas grand-chose ! »

Au Parti radical, la réaction instinctive est catégorique. C'est non à Chirac ! Des militants demandent que leur parti échappe aux actions de coordination et d'animation confiées au Premier ministre. « Nous n'avons pas fait élire Giscard pour que le trio Chirac-Juillet-Garaud fasse la loi, disent-ils dans un communiqué. Nous refusons d'être les inconditionnels de ces gens-là. » L'appel est signé par une trentaine de membres du comité directeur.

L'ex-président du Parti radical, J-J S-S, qui va toujours plus loin que les autres, écrit dans son éditorial de *L'Express* : « En moins de deux semaines, le chef du gouvernement actuel a démontré qu'il n'est pas l'homme de la mission que lui a confiée le chef de l'État. » Comme le Premier ministre a écarté sans précautions la demande unanime du groupe réformateur de l'Assemblée nationale d'organiser un débat de politique générale, le directeur de l'hebdomadaire poursuit : « Son réflexe a été de reculer devant le dialogue. […] Comment le gouvernement, sous la fausse autorité et la conduite irréfléchie de son chef, accepte-t-il de ridiculiser l'espérance ? » Et la couverture de *L'Express* porte en titre : « L'échec de Chirac. »

Le député de Nancy laisse même entendre que VGE était parfaitement au courant de l'existence de ce texte avant sa publication. Flottement courroucé à Matignon. L'Élysée fait répondre que le président serait bien inconséquent si, pour renforcer la majorité, il commençait par conseiller à certains de ses membres de s'installer aux confins de l'opposition.

« Attaquer le Premier ministre, c'est attaquer le chef de l'État », riposte aussitôt Jacques Chirac, avant de bondir au siège du Parti radical où, pour dissiper les réticences, il s'est fait inviter à la réunion du comité directeur. Il y fait grand étalage « du sang radical qui coule dans ses veines ». J-J S-S brille par son absence.

L'accueil est mitigé, à peine courtois même. Dans la salle, un militant ulcéré crie : « Au viol ! » Un autre traite Jacques Chirac d'« homme de droite » – l'injure suprême dans cette famille politique. « J'en ai entendu d'autres », répond, sans se démonter, Jacques Chirac. Décidément, chez les réformateurs, la coordination patine d'entrée de jeu.

Ponia a-t-il trop compris qu'à l'Élysée l'emballement pour la coordination est bien faible ? Il joue déjà un tour à Jacques Chirac. Yves Guéna, tout juste intronisé nouveau secrétaire général de l'UDR – Albin Chalandon ayant décliné le poste –, raconte : « Ponia cherchait à mettre des bâtons dans les roues. Un jour, il a convoqué tous les secrétaires généraux des mouvements de la majorité pour discuter de la préparation des élections municipales sans prévenir Chirac. Celui-ci a piqué une colère et a convoqué sur-le-champ une contre-réunion. » L'incident est révélateur : le Premier ministre comprend que son plan sera aussi difficile à mettre en œuvre qu'il fut long à arracher au président.

La coordination ne passe pas seulement par la reprise en main des groupes parlementaires ; il faut aussi réaccorder les violons des chefs de la majorité, ce petit groupe dissipé au sein duquel chacun joue sa partition dans son coin. Mais les couacs vont subsister. Pendant quelques semaines, pourtant, chacun fait poliment mine de trouver soudain plus sympathique chacun de ses pairs.

Autour du petit déjeuner organisé tous les mardis matin par le Premier ministre, on se lance des mots presque aimables et des regards presque amicaux entre une gorgée de café et une bouchée de croissant. Jacques Chirac y met beaucoup du sien Comme, lorsqu'il le veut bien, il a de la chaleur et de l'entrain, l'atmosphère est presque détendue. Est-ce bien efficace ? Il y a là Michel Poniatowski, silencieux et goguenard, Jean Lecanuet, souriant et sceptique, Michel Durafour, affable et circonspect. De Jean-Pierre Fourcade, on n'aperçoit que la brosse couleur paille. Il note fébrilement, sur un cahier d'écolier, chaque mot, chaque virgule, au grand dam de Jacques Chirac.

Gentiment ironique, l'ex-ministre du Travail raconte aujourd'hui : « Semaine après semaine, nous avions droit à des descriptions apocalyptiques de ce qui menaçait la France. Nous recevions des ordres adjudantesques : “Il faut faire ceci, il faut faire cela. Il faut dire ceci, il faut dire cela.” »

« Pendant qu’il jouait les chefs d’orchestre avec nous, s’indigne presque Jean Lecanuet, Jacques Chirac se rendait, sans nous le dire, auprès de tous les centristes et réformateurs en mal de regroupement. À chacun il disait : “N’allez pas vous noyer dans le magma centriste avec Lecanuet ou Ponia. Ils vont vous absorber, vous digérer, vous effacer. Moi, je vous promets un siège au Parlement et une circonscription.” Des promesses que certains écoutaient sans déplaisir. » (Dans cette affaire, décidément, personne ne joue franc jeu.)

En somme, le coordinateur s’emploie activement à empêcher la naissance de tout ce qui, de près ou de loin, pourrait ressembler à un rassemblement des centristes et des giscardiens – bref, de ce qui, plus tard, va s’appeler l’UDF.

En vain. Lors du rituel *breakfast* de Matignon, le 11 mai, Jacques Chirac explique : « L’événement le plus important du week-end, c’est la réélection de Jean Royer. Le maire de Tours l’a emporté au premier tour avec 56,09 % des voix, un beau succès pour une élection législative partielle, pour la majorité. » Tout le monde comprend : un beau succès pour la coordination.

Jean Lecanuet n’est pas du tout de cet avis. Bien entendu, il se félicite de la victoire de Royer. Mais elle ne l’étonne pas. « C’est un grand maire, toujours élu chez lui. » Ce qui l’a frappé, en revanche, ce sont les propos que le secrétaire général de l’UDR, Yves Guéna, a tenus à Bergerac (Dordogne) ce dimanche-là. Il s’est prononcé pour des élections primaires généralisées aux législatives prochaines. Et le garde des Sceaux d’avancer que « s’il y a des candidats gaullistes dans chaque circonscription, il y aura aussi des candidats giscardiens ou centristes partout ». « Guéna a dit des bêtises », tente de minimiser Jacques Chirac.

Il n’empêche, quelques jours plus tard, l’unanimité se fait, au comité central de l’UDR, autour de cette idée de liberté des candidatures. Il y aura un candidat gaulliste dans presque chaque circonscription. Pour la coordination, c’est un tournant. Pas de clerc ou précipitation excessive, le mal est fait et la réplique ne tarde pas.

Le 22 mai, à Rennes, a lieu le congrès constitutif du CDS (Centre des démocrates sociaux). Il s’agit d’y célébrer le mariage du centre Démocratie et Progrès, de Jacques Duhamel, Joseph Fontanet et Jacques Barrot, avec le Centre démocrate de Jean Lecanuet, Pierre Abelin et André Diligent. Pour ces deux formations, où les chrétiens abondent, l'association en bonne et due forme paraît beaucoup plus convenable qu'un concubinage notoire, peu catholique.

L'événement politique ne tient toutefois pas à cette régularisation, mais à la péroraison de Jean Lecanuet. Dans son discours de clôture, il s'écrie : « À président réformateur doit correspondre une majorité réformatrice. C'est dans cette perspective que je serai conduit à proposer à mes amis réformateurs et aux républicains indépendants de s'organiser pour renforcer leur coopération et faire face aux échéances. »

Comme dans une mise en scène bien huilée, à peine le leader centriste a-t-il fait cette proposition que Ponia applaudit à tout rompre par le biais d'un communiqué distribué à l'Agence France-Presse, où il précise pour ceux qui n'auraient pas compris : « Cela correspond à une évolution qui est souhaitable et nécessaire. » Après le mariage des centristes, voilà l'annonce publique de leur alliance avec les giscardiens.

À Matignon, le Premier ministre tombe des nues : personne ne l'a prévenu. Rien ne va plus. Il s'emporte. N'y a-t-il pas là un complot tramé dans l'ombre contre lui ? Ivre de rage, il appelle l'Élysée. En 1980, il précise : « Giscard m'a dit ne pas être au courant. On m'a laissé entendre qu'il devait encore s'agir d'un coup monté entre Ponia et Lecanuet. » Toujours blême de fureur, Jacques Chirac joint à son tour le garde des Sceaux, qui lui rétorque sans se démonter : « J'ai agi avec la bénédiction de l'Élysée. » Aujourd'hui encore, le maire de Rouen le confirme : « Le président m'a toujours encouragé à faire l'UDF. »

« Décidément, je ne comprends plus Giscard ! » explose le coordinateur devant ses principaux collaborateurs. Il a tellement l'impression que l'Élysée le manœuvre et se moque de lui qu'il annule sur-le-champ la réunion du mardi suivant. Il n'y en aura plus. La coordination se meurt, elle est morte à l'âge où vivent encore les roses. « Cela n'a pas marché parce qu'il a cru que la coordination, c'était la caserne », dit Edgar Faure qui fut son ami.

Au même moment, le Premier ministre convoque ses conseillers les plus proches : Pierre Juillet, Jérôme Monod, Marie-France Garaud et Jacques Friedman. « Dois-je m'en aller ? » interroge-t-il. Tous les avis concordent : c'est oui. « Nous n'avons rien de commun avec ces gens-là », ponctue même Pierre Juillet, qui, peu de temps auparavant, étant allé rendre visite à VGE pour lui demander la nomination de quelques amis politiques à des postes de confiance, s'est vu éconduire le plus courtoisement du monde.

Autour de Jacques Chirac, les collaborateurs de moindre rang se rendent parfaitement compte qu'entre l'Élysée et Matignon, les choses vont de mal en pis : « Nous étions devenus les huissiers de la présidence, se plaignent-ils. On ne nous écoutait plus, on nous tolérait de plus en plus mal. Seul Jérôme Monod trouvait encore grâce au château. On montait les ministres contre nous. »

Ce climat délétère rappelle aux plus avisés ou à ceux dont la mémoire est la plus fidèle la dégradation des rapports entre l'équipe du président et celle du Premier ministre au temps où Georges Pompidou et Jacques Chaban-Delmas allaient divorcer.

Si Jacques Chirac a l'impression d'être effrontément trompé par VGE, le chef de l'État n'est pas en reste : il a perdu sa belle confiance en son Premier ministre, il est certain que celui-ci ne joue plus le jeu.

Psychologiquement, c'est à ce moment-là que Jacques Chirac rompt les ponts avec l'Élysée. Le maître absolu de l'UDR ne doute plus de pouvoir construire son destin personnel sans tuteur. Il se sent prêt à prendre son envol. À l'opposé, le président ne cherche plus, dorénavant, qu'à exploiter jusqu'au bout les derniers avantages de cette collaboration expirante. C'est la technique du citron pressé.

Après quelques semaines de flottement et de réflexion, VGE a digéré ses échecs, médité, repris confiance. Il est remonté sur sa bête, comme on dit à Saumur. Des signes extérieurs l'encouragent : deux semaines après les cantonales, il a entrepris un voyage en Alsace. Comme au beau temps de sa campagne présidentielle, de Sélestat à Colmar, la foule est là, joyeuse, nombreuse, chaleureuse, on l'acclame, on lui sourit.

Puisant dans ces applaudissements une force neuve, il découvre, agréablement surpris, qu'entre la France profonde et lui le contact n'est pas rompu. Le courant passe toujours. Et comme l'Alsace c'est la France, il en conclut que la France l'aime bien. Les conseilleurs funèbres qui passaient tout au noir et le convainquaient presque de prendre le deuil l'ont donc trompé. On l'a « dindonné » (l'une de ses expressions favorites).

Nouvelle trahison : le 20 avril, *L'Aurore* imprime noir sur blanc ce qui se chuchote depuis quelques semaines dans les salles de rédaction les mieux renseignées : un rapport confidentiel circule à Matignon. Son auteur présumé se nomme Pierre Juillet, à moins que ce ne soit René Tomasini. Il préconise des élections anticipées et l'on y retrouve des arguments développés par certains dignitaires gaullistes bien intentionnés comme Olivier Guichard, peu suspect pourtant de vouloir servir les intérêts de Jacques Chirac. En un mot, selon ce rapport, il faut sauver les meubles, et mieux vaut une demi-défaite maintenant qu'une défaite complète dans deux ans.

Scandale à l'Élysée. Le président pense qu'on veut lui forcer la main. De même que Jacques Chirac a voulu savoir quelle part le président a prise dans le discours de Jean Lecanuet à Rennes, de même VGE s'enquiert et exige d'apprendre qui a organisé la fuite. L'ordre d'un double démenti est intimé au Premier ministre. Il ne doit pas y avoir de rapport Juillet. Il n'y aura pas d'élections anticipées.

Signe de représailles ? Dans sa conférence de presse du 22 avril, un petit mois après l'avoir intronisé coordinateur, le chef de l'État n'a pas un mot pour son Premier ministre. « Ce qui compte le plus, dit-il, c'est la réforme. Les députés de la majorité qui ne voteraient pas celle de la taxation des plus-values ne recevraient pas d'investiture pour les élections législatives. » Avis aux intéressés…

Quelques jours plus tard, la présidence annonce avec éclat la nomination de Jean Serisé (déjà chargé de mission auprès du président de la République) comme conseiller politique. Cet homme venu du mendésisme, souriant et malicieux, disert et discret, a fait ses preuves pendant la campagne présidentielle. Il a été directeur de cabinet de VGE ministre des Finances. À ce titre, il connaît mieux que quiconque les discours du président. Il peut en réciter de mémoire des passages entiers. Il a ce don précieux de les rendre, auprès de tiers, presque aussi séduisants que le souhaiterait son auteur. Il aime Giscard, ce qui est assez banal à l'Élysée. Il sait le faire aimer, ce qui est infiniment plus rare. Il pratique le hobby le plus pacifique et le plus « décrispé » du monde : la cueillette des champignons.

À Matignon, on ne s'y trompe pas : Jean Serisé peut être aussi un adversaire parfaitement redoutable. Par tempérament, il est enclin à la tolérance, mais, pour son maître, il sait se battre et mordre. Ainsi devient-il le pendant de Pierre Juillet, façon de signifier que l'influence du « père Joseph » de Jacques Chirac s'arrête désormais à la porte de Matignon.

Les deux hommes incarnent d'ailleurs deux politiques opposées : l'éleveur de moutons de la Creuse veut jouer bloc contre bloc la droite contre la gauche ; le ramasseur de cèpes du Béarn milite pour la conquête du centre gauche et des républicains avancés. Ils symbolisent l'abîme qui existe désormais entre le président et son Premier ministre.

Parallèlement, 1976 n'est pas, tant s'en faut, l'année de cette giscardisation de l'UDR, rêvée au début du règne. Autant d'initiatives présidentielles, autant de malentendus.

Premier dissentiment : le 23 mai, le président, en visite officielle aux États-Unis, y proclame sa « fidélité sans complaisance ». « La France n'est pas un sujet, mais un allié », confie-t-il au journal *Daily News*. Cela pourrait convenir aux gaullistes, qui n'ont pas non plus de raison particulière d'être choqués par la religion kennedyste du chef de l'État : « Il était pour moi un aîné, déclare VGE, sa tentative d'amener de la spontanéité et de la gaieté dans la vie publique fut et est toujours ce que le public attend, mais ce dont il se méfie aussi. Personnellement, j'essaie de faire le même genre de choses que lui », confie-t-il à quelques journalistes, avant d'aller déposer un bouquet de violettes sur la tombe du président assassiné.

En revanche, à l'UDR, les députés de base ricanent un peu lourdement de ce que VGE ait choisi La Nouvelle-Orléans – dans le seul État américain où l'on parle français – pour s'adresser à la population, dans un anglais d'ailleurs bien amélioré depuis le début de son septennat. Ils ne lui savent aucun gré de sa proposition, formulée en termes ambigus, de faire jouer à la France un rôle au Liban. Il est vrai que quand il s'agit du Proche-Orient, les controverses les plus aigres s'engagent avant même que l'on sache très exactement de quoi il retourne.

Mais ce que l'UDR obtient surtout de ce voyage, c'est une réponse à la journaliste américaine Flora Lewis, au cours de la célèbre émission *Meet the Press*. Citant de récents sondages selon lesquels une légère majorité de Français estimeraient que le président devrait démissionner si la gauche l'emportait aux élections législatives, la correspondante du *New York Times* interroge : « Qu'en pensez-vous ? » Et le président de rétorquer vivement : « La France n'est pas gouvernée par les sondages. La France est gouvernée par des institutions démocratiques. J'ai été élu pour sept ans, je resterai sept ans. C'est là ma responsabilité propre. »

Propos d'une grande fermeté. Si d'aventure la majorité présidentielle était battue, VGE ne s'avouerait pas vaincu. Il resterait en place pour accélérer la revanche et défendre les institutions. Voilà ce qu'il entend faire savoir.

Ces propos sonnent faux et hérétiques aux oreilles UDR. La troupe gaulliste n'imagine pas sérieusement – à tort ou à raison – qu'un chef de l'État, élu par une majorité donnée et sur des orientations définies, puisse rester en place si une majorité opposée sortait des urnes.

(« Giscard sera chassé par les sans-culottes », avertit Jacques Chirac.) Les gaullistes s'offusquent de voir ainsi le président démobiliser les électeurs les plus faibles et les plus indécis.

Second dissentiment : la défense nationale. Pour les gaullistes, c'est le domaine sérieux par excellence. À plus d'un signe, ils suspectent une « déviation » présidentielle. L'analyse du projet de loi de programmation militaire, soumis au parlement à la mi-mai 1976, cristallise brusquement toutes ces appréhensions. Le rapporteur Joël Le Theule, député UDR de la Sarthe, qui connaît bien son dossier, éreinte littéralement le texte : « L'absence de renseignements chiffrés sur l'emploi des crédits autorise toutes les inflexions dans notre politique de défense, voire même un certain laxisme. »

Il y voit en particulier une tendance inacceptable au déclin relatif des crédits consacrés aux forces nucléaires et il déplore aussi l'arrêt de la construction du sixième sous-marin nucléaire lanceur d'engins (*L'Inflexible*). « On peut se demander, s'interroge à la tribune cet homme de mesure, si le renforcement de nos forces classiques ne se fait pas au détriment des forces nucléaires, malgré la priorité que l'on veut accorder à ces dernières. »

Il n'est pas le seul à s'inquiéter. Pierre Messmer, qui a été pendant neuf ans ministre des Armées du général de Gaulle, dénonce « une orientation qui tourne le dos au gaullisme ». Jacques Chirac, qui s'est toujours intéressé aux affaires militaires, plaide auprès de VGE pour rectifier la tendance et prévenir un glissement : « Au moment de la préparation de la loi-programme, raconte Jean-Pierre Fourcade, j'avais travaillé avec Yvon Bourges, le ministre de la Défense. Chirac est intervenu, car il nous trouvait trop pingres pour les crédits en faveur du nucléaire. Il a demandé l'arbitrage du président. »

Les dogmes sacrés de la politique de défense, legs suprême du fondateur de la Ve République, vacilleraient-ils sur leur base ? Chez les parlementaires, on s'agite, on frissonne. Les doutes sont brusquement renforcés. D'abord, par un article du général Méry, chef d'état-major des armées, précédemment chef de l'état-major particulier de Valéry Giscard d'Estaing. Dans la très sérieuse *Revue de la défense nationale*, où l'on écrit rarement pour ne rien dire, ce militaire à l'esprit rapide avance qu'« une puissance moyenne comme la France se devrait d'adopter une politique de "sanctuarisation élargie". »

Les UDR s'effarouchent de cette transgression de la doctrine gaulliste orthodoxe. Celle-ci commande la sanctuarisation intégrale du territoire national : la force nucléaire française ne doit être engagée que si l'Hexagone est directement menacé. Envisager autre chose, c'est accepter l'emploi de moyens nucléaires au bénéfice d'alliés européens.

VGE lui-même met le feu aux poudres quand il déclare à son tour, devant l'Institut des hautes études de la Défense nationale : « Certains raisonnent comme si le conflit se déroulant en dehors de l'espace national, celui-ci pouvait rester entièrement étranger à la bataille. Cette conception n'est pas réaliste. »

Pour les gaullistes, il y a là, en germe, des risques de déviation intolérables : la crainte d'une coordination clandestine avec les autres états-majors de l'Alliance atlantique (en un mot : un retour déguisé dans l'OTAN). « Je suis allé voir Giscard, à la suite des déclarations du général Méry, pour lui demander s'il y avait un infléchissement de la stratégie militaire. Il m'a donné toutes les assurances que sa politique était bien dans le droit-fil gaulliste », dit Yves Guéna.

Mieux au fait des réflexions élyséennes, Michel Poniatowski explique : « Le président a mis deux ans à se faire une idée personnelle et à bien dominer les dossiers de la Défense nationale, qui demandent une grande technicité. » Dans son esprit, il y a bien, désormais, une doctrine Giscard. Elle ne trahit pas l'héritage gaulliste, mais, dit-il, elle le modernise et l'adapte.

Si VGE, en tant que ministre des Finances, a assisté à de nombreux conseils de Défense, il réagissait alors en responsable des cordons de la bourse, surtout soucieux de savoir ce que lui coûtait chaque décision. Une fois élu, il lui faut, au contraire, préciser sa propre doctrine dans un domaine qui évolue au rythme de la mise au point des nouveaux moyens techniques.

Troisième sujet de discorde (beaucoup plus terre à terre, celui-là) : l'affaire des plus-values, la réforme du siècle selon VGE.

Depuis deux ans qu'il est au pouvoir, pas un mois ne se passe sans qu'il n'évoque, la prunelle dilatée par l'audace, cette taxation des plus-values. À ses yeux, elle constitue la méthode la plus moderne pour imposer les enrichissements de nature essentiellement spéculative (ceux qui font des profits en achetant et revendant des biens).

Plutôt que frapper les héritages en ligne directe (les Français en ont horreur et le président est bien français), plutôt qu'introduire – comme le demandent la gauche et une poignée de gaullistes (dont André Fanton) – un impôt sur les grandes fortunes, Valéry Giscard d'Estaing préfère de beaucoup taxer les profits. Il choisit cette réforme qui a, selon lui, l'avantage de combiner le prestige et l'utilité en frappant sans trop choquer les Français, ni mettre en cause les gros patrimoines familiaux qui se transmettent de génération en génération.

Un sondage non publié, commandé par le gouvernement, l'encourage dans cette voie : 76 % des Français se disent favorables à la taxation des plus-values, à condition qu'en soient exemptées les résidences principales (ou, à défaut, la première résidence secondaire).

Dans l'esprit du président, le vote de ce projet à l'Assemblée nationale sera le premier test grandeur nature pour séparer les vrais réformistes des pitoyables conservateurs qui se révéleraient en s'y opposant.

Hélas ! la France doit être bien conservatrice. À peine connu, le projet fait l'union sacrée contre lui : « Un projet inopportun », s'indigne le syndicat national des classes moyennes. « Un effet antiéconomique », dénonce Michel Jobert. « Une taxation inquiétante », s'émeut Antoine Pinay. « Le grand capital n'est pas touché », tranche la CGT. « Un alibi et une mystification », déplore la CFDT. « Un trompe-l'œil », s'indigne le Parti socialiste. « Une réforme inadmissible », ponctue Claude Labbé. « Cette réforme peut attendre cent ans », moque Edgar Faure, président de l'Assemblée nationale.

Les arguments hostiles tombent comme grêle. Le député gaulliste du Cher, Maurice Papon, rapporteur du budget, regrette : « Les moyens proposés risquent beaucoup plus de faire obstacle à la formation des patrimoines des gens modestes qu'à l'accroissement des patrimoines déjà acquis. »

Jacques Marette, député de Paris, touche au but en s'interrogeant : « Comment expliquer aux Français que les droits de succession en ligne directe sur les fortunes importantes resteront plafonnés à 20 %, alors que les plus-values réalisées sur les patrimoines moins importants pourront être taxées jusqu'à 60 % ? »

C'est encore bien français : le projet est à peine connu que déjà les dérogations se multiplient. Il y en a d'office pour le napoléon (il sert de référence à un emprunt d'État, et puis menacer les économies des nombreux détenteurs de pièces d'or serait électoralement explosif), pour certains fonds de commerce, pour les terrains agricoles (sur intervention de Chirac), pour les résidences principales ou, à défaut, la première résidence secondaire.

Devant cette levée en masse, le président se cabre. Il s'impatiente d'une mauvaise volonté générale qui lui semble – non sans raison – directement proportionnelle à l'intérêt que l'on sait lui voir porter personnellement à l'affaire. Il juge que la réforme – même si ses modalités peuvent être discutées et sûrement améliorées – est, sur le fond, parfaitement légitime et concourt à cette modernisation de la France qu'il veut mettre en œuvre par petites touches.

Il s'identifie peut-être aussi à un certain Joseph Caillaux, ministre des Finances en 1907, qui s'était battu, dans l'indignation et la mauvaise grâce générale, pour introduire en France l'impôt sur le revenu. Cet autre grand bourgeois de souche provinciale, inspecteur des Finances appartenant comme lui à une dynastie politique et financière, brillant, doué et ne détestant pas en faire quelque étalage lui non plus, blâmé par son propre milieu pour trahison des intérêts de caste, friand d'amitiés aristocratiques et féru d'idées hardies lui aussi, n'avait pu triompher des obstacles qu'au bout de sept ans. En 1976, de même, une nouvelle guerre de sept ans menace.

Déjà il a fallu plus de six mois pour mettre au point le projet. Quand il vient la première fois devant le Conseil des ministres, il est si mal ficelé que le président renvoie Jean-Pierre Fourcade avec sa copie à réécrire : « Il faudrait être fiscaliste pour comprendre », lui dit-il. VGE aurait même réécrit de sa main certains des articles incriminés.

Quand le projet revient à l'Élysée, aucun tour de table n'est organisé pour la circonstance. On sent bien que plusieurs ministres nourrissent plus que des réserves à son endroit et, parmi eux, celui du Commerce extérieur : Raymond Barre.

À peine le projet est-il déposé sur le bureau de l'Assemblée nationale que quelque six cents féroces amendements l'attendent, prêts à le vider de sa substance. « On nous présente un bébé atteint de mongolisme et, parce que nous n'en voulons pas, on nous dit que nous n'aimons pas les bébés », raille le gaulliste Pierre Ribes.

Le président doit avoir le sentiment d'être bien seul. Les députés giscardiens eux-mêmes manifestent un enthousiasme strictement de commande dans les votes indicatifs. Le nombre des récalcitrants est proportionnellement équivalent dans les rangs gaullistes, centristes ou giscardiens. Seul J-J S-S voit dans cette réforme une innovation capitale.

Tel l'anachorète devant la luxure, Jacques Chirac lorgne le projet en se demandant manifestement comment y résister au mieux. À l'ouverture du débat, il se sauve à toutes jambes pour tenir, à Matignon, une réunion urgente sur la préparation physique des athlètes de compétition. Lorsqu'il se résigne à se rendre au Palais-Bourbon, il monte à la tribune plus pour tancer l'opposition que pour vanter les mérites de la taxation des plus-values. On le remarque.

Trois semaines durant, le débat s'enlise et menace de ne pas aboutir avant la fin de la session. La complexité juridique du projet et l'intégration d'amendements innombrables en ont fait un monstre législatif à peu près inopérant et parfaitement incompréhensible.

Élevant le ton comme il ne l'a jamais fait jusqu'alors, Valéry Giscard d'Estaing exige de son Premier ministre un engagement sans retenue. « Il faut en finir : l'UDR doit voter. C'est à vous de l'en convaincre. » La manière dont s'en acquitte Jacques Chirac en dit long.

« On veut nous diviser. C'est un piège ! » Ainsi prévient-il les UDR réunis salle Colbert, sachant bien qu'il va déclencher chez eux un réflexe de solidarité instantané. Et il ajoute : « Je vous demande de voter non pas pour moi, mais dans l'intérêt du groupe, du mouvement, de la majorité. Vous vous en rendrez compte plus tard. »

Cette petite phrase est, bien sûr, relevée et commentée. Bientôt, il n'est plus question que de son départ. Des rumeurs de divorce couraient déjà depuis quelque temps dans le Landerneau politique. Mais, pour la première fois, Jacques Chirac contribue lui-même à les accréditer.

Autre signe avant-coureur du divorce entre le président et son Premier ministre : ce drôle de week-end de la Pentecôte au fort de Brégançon, où Valéry Giscard d'Estaing convie Jacques Chirac – plus exactement où Monsieur et Madame Giscard d'Estaing prient Monsieur et Madame Chirac de venir passer la fin de semaine en leur compagnie.

Personne ne saura jamais exactement ce qui s'est passé là-bas, mais tout le monde se le raconte : Jacques Chirac en revient très courroucé. Il croyait pouvoir parler de ses affaires avec le président, il a eu le sentiment de perdre son temps. On a échangé des considérations aimables sur le monde et le temps. Le moniteur de ski du couple présidentiel, Gaby Fejoz, était de la fête. Le Premier ministre imaginait qu'ils parleraient politique et s'expliqueraient. Il a dû participer à un exercice de détente distingué, corrigé par un protocole aimable et une étiquette discrète.

Par la suite, le chef du RPR a relaté qu'à table, Monsieur et Madame Giscard d'Estaing étaient assis dans des fauteuils, alors que le Premier ministre, le moniteur de ski et leurs épouses respectives n'avaient droit qu'à de simples chaises. « Jacques est rentré à Paris dépité et frustré, ayant plus que jamais le sentiment que le président et lui appartenaient à deux planètes distinctes et à des milieux étrangers », dit l'un de ses familiers.

On peut se demander dans quelle intention Valéry Giscard d'Estaing a invité son chef du gouvernement. L'un de ses collaborateurs explique : « Il n'avait probablement aucun objectif directement politique, mais plutôt le désir de faire montre de gentillesse, de politesse à tout le moins, et de détendre le climat. « Michel Poniatowski, à qui l'idée n'a pas dû faire grand plaisir sur le moment, décèle aujourd'hui, chez son ami Valéry, « le goût de l'entomologiste qui veut chatouiller la patte du puceron ».

À dire vrai, cette réconciliation manquée ne pouvait pas réussir. Jacques Chirac est arrivé trop crispé, Valéry Giscard d'Estaing l'a reçu de manière trop décontractée. L'un est venu en homme politique préoccupé, l'autre l'a accueilli en homme du monde affable, décidé à passer un week-end de détente. Or, on ne fait bien l'humour qu'entre amis : il faut beaucoup de complicité sérieuse ou authentique pour pouvoir apprécier une conversation anodine. Les journalistes, venus en nombre mais soigneusement tenus à l'écart, l'ont tous compris : le compte à rebours des jours de Jacques Chirac à Matignon a commencé. Ils le subodorent d'ailleurs plus qu'ils ne le savent précisément.

Lorsque, deux semaines plus tard, interrogé à *Cartes sur table* sur Antenne 2, le Premier ministre lance tout à trac : « Je suis persuadé d'avoir la confiance entière du président. Un homme politique ne démissionne pas. [...] Dans notre Constitution, le départ ou le maintien du Premier ministre dépendent du président », on peut croire à un démenti sur les rumeurs de séparation. Aujourd'hui, Jacques Chirac éclaire son propos : « Je croyais avoir convaincu le chef de l'État qu'il devait me remplacer. J'ai dit cela pour lui faciliter mon départ. »

Le Premier ministre souhaite être remercié sans tarder. Il n'a plus qu'une idée en tête : relancer l'UDR, la rebaptiser, lui donner une seconde jeunesse, créer, à son propre profit, ce choc dans l'opinion, ce sursaut qu'il a voulu convaincre VGE de déclencher avec des élections anticipées. En vain.

Yves Guéna témoigne : « C'est bien à cette époque que Jacques Chirac m'a parlé pour la première fois de son intention de lancer le RPR. » Et d'ajouter : « Chirac avait tout intérêt à partir : il risquait de perdre sur tous les tableaux. Les ministres ne lui obéissaient pas, il ne présidait plus de comité interministériel, son groupe parlementaire risquait de lui échapper. »

Faute d'être remercié comme il le souhaite, Jacques Chirac envoie, le 4 juillet, une première lettre au président, lui exprimant poliment son désir d'être déchargé de ses fonctions. Le chef de l'État n'y consent pas encore. Il veut décider lui-même du moment et de l'heure du départ de son chef du gouvernement. Il devine peut-être déjà que celui-ci sera plus redoutable hors du gouvernement qu'à la table du Conseil.

Et puis, songe-t-il encore, il faudra bien quelqu'un pour endosser la responsabilité des élections municipales, qui s'annoncent peu glorieuses. Mieux vaut que Jacques Chirac en soit le vaincu et porte le chapeau. Dans une ruche, les abeilles meurent pour la reine. En politique, le Premier ministre expire pour le président. Enfin, la vie n'allant pas sans paradoxes, selon un conseiller de l'Élysée, Valéry Giscard d'Estaing est un peu peiné à l'idée de se séparer d'un homme qu'il a bien aimé, dont la vitalité et l'entrain l'ont séduit un temps et ne lui déplaisent pas encore tout à fait.

En 1980, Jacques Chirac raconte cette anecdote : « Pour me garder, le président a annoncé devant moi au Premier ministre iranien, Amir Hoveyda, en visite à Paris : "Vous pourrez dire à Sa Majesté le Chah que Monsieur Chirac sera mon Premier ministre jusqu'à la fin du septennat." » Le maire de Paris ne court pas le risque d'être démenti par ce témoin-là !

Jacques Chirac dit encore : « Pour me convaincre de rester, Giscard m'avait promis la peau de Ponia. » Là non plus, aucun témoin pour contester. Ponia, lui, assure au contraire : « C'est à cette époque que le président m'a dit : "Il faut chercher un autre Premier ministre." »

Un ministre gaulliste important laisse entendre un son de cloche intermédiaire : « Le président m'interrogeait : "Dois-je garder Chirac ? Il n'est pas usé." Je lui répondais : "Gardez-le jusqu'aux élections municipales, mais donnez-lui plus de pouvoir." Et le président rétorquait : "Je voudrais bien, mais c'est impossible. Nous ne sommes pas sur la même longueur d'ondes." »

Un drôle de mois de juillet s'engage donc, avec, pour commencer, une dernière escarmouche qui met aux prises le groupe UDR à l'Assemblée nationale et le ministre de l'Intérieur. Un projet de loi – que Jacques Chirac assure bizarrement avoir découvert en Conseil alors que Ponia garantit, lui, en avoir parlé à plusieurs reprises – propose de modifier la loi électorale. Il faudrait, dorénavant, qu'un candidat recueille au moins 15 % des voix des inscrits aux élections pour pouvoir se maintenir au deuxième tour.

L'UDR comprend bien qu'il s'agit d'éliminer les petits partis, ou, plutôt, d'obliger ces centristes ou ces radicaux à s'unir avec les giscardiens pour concurrencer l'UDR. Pour détourner la manœuvre, les gaullistes voudraient faire abaisser le seuil de 15 à 10 %. Jacques

Chirac ne les décourage pas, jusqu'au moment où un appel téléphonique personnel et comminatoire de VGE lui enjoint de faire admettre par ses troupes le compromis de 12,5 %.

Un autre épisode permet à la France entière de constater *de visu*, de façon pittoresque, combien le climat est détérioré entre Valéry Giscard d'Estaing et Jacques Chirac : le 12 juillet, les deux hommes, qui passent en revue l'escadre de la Méditerranée, se trouvent à Nice, sur la passerelle du *Clemenceau*.

Pendant que le président est interviewé à TF1, on peut voir le Premier ministre, à trois pas de lui, en proie à une grande agitation. L'air passablement exaspéré, il lance au chef de l'État des regards franchement vengeurs. Les spectateurs les plus attentifs remarquent que le Premier ministre est à ce point irrité qu'il scrute la mer en tenant ses jumelles à l'envers. On apprendra que, quelques instants plus tôt, le président vient de l'admonester vertement, sous l'œil interdit des marins. (On ne saura jamais à quel sujet !)

À leur tour, les ministres gaullistes sont renseignés de manière précise sur l'état de l'union entre l'Élysée et Matignon. Au cours d'un déjeuner, auquel il les a conviés, Jacques Chirac se livre à une critique fort acerbe de la politique giscardienne et des méthodes présidentielles de gouvernement. Il exhale sa rancœur : « Je ne peux plus rester à Matignon, leur dit-il. Je suis l'objet de pressions continuelles, d'attaques inadmissibles. On veut faire voter des réformes bidons ou bâclées. C'est le laxisme le plus complet. Je veux m'en aller. »

Autour de la table, il y a là, interloqués au point d'en rester la bouche ouverte et le couteau en l'air, Yvon Bourges, Robert Galley, Vincent Ansquer, Olivier Stirn et Jean-Noël de Lipkowski. Dans un grand élan fraternel, ce dernier s'écrie : « Si tu t'en vas, tout le monde doit s'en aller avec toi. » L'un ou plusieurs des ministres présents ont tellement envie de partir qu'ils courent sur-le-champ avertir l'Élysée de ces propos sacrilèges.

Pour s'exprimer ainsi sans plus de précautions, il faut que Jacques Chirac soit, cette fois, bien atteint par ce que l'on pourrait appeler le syndrome de la valise. Moralement, il n'est déjà plus à Matignon. « Puisque je dois partir, dois-je tout de même me rendre au Japon ? » s'enquiert-il, à la fin du mois de juillet, auprès du chef de l'État. Il lui est répondu le plus ferme des oui.

Avant de s'envoler pour Tokyo, le Premier ministre démissionnaire fait porter à Valéry Giscard d'Estaing une seconde lettre. Il y confirme son intention de se démettre le plus vite possible de la charge du gouvernement. La missive est datée du 25 juillet. À son retour, on lui répond en substance : « C'est entendu, vous partirez, mais pas avant la fin des vacances. Gardez cette décision secrète, mais réfléchissez quand même. »

« C'est tout réfléchi. » Jacques Chirac commence à rédiger la déclaration qu'il lira, le 26 août, dans le salon chinois de l'hôtel Matignon, devant les caméras de télévision. La phrase clef en est : « Comme je ne dispose pas des moyens que j'estime nécessaires pour assumer efficacement les fonctions de Premier ministre, dans ces conditions, j'ai décidé d'y mettre fin. »

Voilà qui constitue une rupture sans précédent avec tous les usages de la Ve République : il est admis que les chefs de gouvernement présentent docilement leur démission à des présidents qui l'acceptent courtoisement… après la leur avoir demandée. Le général de Gaulle, qui voulait être bien certain du départ de ses Premiers ministres à l'heure de son choix, leur demandait, le jour de leur nomination, une lettre de démission en blanc. Cette fois, c'est le contraire : l'initiative est clairement revendiquée par le Premier ministre. Elle est expliquée sans détour aux téléspectateurs par une grave divergence avec le chef de l'État. C'est le monde à l'envers !

Jacques Chirac assure avoir soumis ce texte fracassant au président avant de le rendre public. Le ton dramatique sur lequel il le prononcera, en martelant chaque mot, les lèvres crispées, le front traversé d'orages, démontrera en tout cas aux Français éberlués combien la rupture est consommée entre Valéry Giscard d'Estaing et son chef de gouvernement.

Pour les ministres, l'éclatement officiel du couple a lieu dans un climat plutôt étrange : le 25 août, le Conseil se réunit le plus banalement du monde. Les excellences, revenant de vacances, sont bronzées et ont l'air plus pimpantes que d'habitude. Jacques Chirac, lui, est blême, il a la mine sombre des mauvais jours. Le scénario a été réglé d'avance par l'Élysée.

Le Premier ministre entrera seul dans la salle du Conseil et dira quelques mots. Le président ne fera son entrée que plus tard. Les propos de Jacques Chirac ne sont pas aimables. Il reproche brièvement à certains ministres (sans les nommer) de ne pas lui avoir facilité la tâche. Il remercie les autres de leur collaboration. Ceux-ci comprennent, quand il se plaint de n'avoir pas disposé des moyens nécessaires pour engager résolument une action contre l'opposition, que Jacques Chirac s'en va parfaitement brouillé avec le président.

De l'avis de tous, Jean-Pierre Fourcade semble sous le coup d'une violente émotion. Est-ce parce qu'il vient de se sentir visé ou parce qu'il compte succéder au démissionnaire ? C'est bien ainsi qu'il a compris, au début du mois d'août, le conseil amical du président de lire, pendant ses vacances, les mémoires de deux grands hommes politiques français : Joseph Caillaux et Paul Reynaud. Jean Lecanuet, lui, garde un silence détendu. Ponia promène un air absent, mais sans doute point trop chagrin. Raymond Barre regarde par la fenêtre. Simone Veil semble peinée.

Le président fait son entrée. Chacun se lève. Il fait se rasseoir les ministres et passe, avec une sérénité affichée, à l'ordre du jour. Pendant plus d'une heure et demie, on parle du Liban, de l'évacuation des habitants de l'île de Basse-Terre, menacés par l'éruption du volcan de la Soufrière, et de la solde des élèves de Polytechnique.

Les petits mots circulent à travers la table du Conseil. Quand l'ordre du jour est épuisé, le président fait durer le plaisir en relatant avec force détails son intéressant voyage officiel au Gabon. Son exposé achevé, l'air plus impénétrable que jamais, il regarde Jacques Chirac, en face de lui, et enchaîne :

— Monsieur le Premier ministre, je crois que vous avez quelque chose à dire ?

— Monsieur le président, j'ai l'honneur de vous présenter la démission de mon gouvernement.

Le chef de l'État explique alors : « J'ai accepté cette démission parce que, lorsque quelqu'un souhaite s'en aller, il faut accepter. Ensuite, parce que j'ai dit à la télévision qu'une phase nouvelle allait s'ouvrir à la rentrée, qu'une nouvelle action politique allait s'engager. Enfin, j'ai observé le poids excessif qu'a fait peser le mouvement des partis sur l'action du gouvernement, en particulier dans les derniers temps de la session parlementaire. Cela n'est plus possible. »

Le gouvernement est donc démissionnaire. Le couple VGE-Jacques Chirac vient de se défaire.

Valéry Giscard d'Estaing a plus d'un reproche à adresser à Jacques Chirac : il attendait de lui une giscardisation de l'UDR, il a assisté à une chiraquisation des gaullistes. Il espérait une mise en œuvre des réformes qu'il avait choisies, il les a vues contrariées, freinées, détournées par Matignon. Il comptait sur l'âge du Premier ministre pour garantir une volonté d'innovation, il a découvert un chef de gouvernement obsédé par les inconvénients électoraux du changement, le contrôle de l'UDR et le destin de la Corrèze. Il voulait un allié presque soumis, il a trouvé un rival presque rebelle.

Jacques Chirac, lui, n'a jamais pu obtenir du président les pouvoirs nécessaires pour imposer son autorité. Il n'a jamais pu tenir pleinement son rôle. Il n'a jamais compris ce président qui alternait, en lui parlant, une immuable courtoisie avec une causticité déconcertante. Là où le Premier ministre attendait des indications précises et des réponses carrées, il trouvait des préférences aimables, des suggestions en demi-teintes. Pendant deux ans, il a eu le sentiment que le « château » ne décourageait pas les ministres d'en prendre à leur aise et de multiplier les déclarations contradictoires et parfois désobligeantes. Enfin, comme il a commis plus d'un contresens sur les objectifs véritables du président – faire ou ne pas faire l'UDF –, il lui est arrivé de se sentir dupé, alors qu'il ne voulait pas comprendre.

Ce trop jeune couple, arrivé si tôt au faîte du pouvoir, manquait peut-être de l'expérience et de la cohésion nécessaire pour durer.

Il est encore plus difficile de réussir un divorce qu'un mariage. Deux ans de vie commune avaient fait de Valéry Giscard d'Estaing et de Jacques Chirac des adversaires irréconciliables.

CHAPITRE VIII
Vipère au poing

Lorsqu'un couple vient de se séparer, les nouveaux divorcés ont un même réflexe instinctif : chacun entend démontrer son aptitude à reconstruire sa vie, à réussir seul ce qui vient d'échouer à deux. Façon de convaincre l'ex-partenaire – et soi-même – que les torts étaient bien de l'autre côté.

Valéry Giscard d'Estaing et Jacques Chirac n'échappent pas à la règle. À peine ont-ils rompu, qu'aussitôt ils échafaudent mille projets, bâtissent une nouvelle stratégie et se complaisent à imaginer les infortunes et les désarrois qui vont s'abattre sur l'autre.

Le président tire les leçons de cette union ratée. Il va prendre l'exact contre-pied de son attitude passée. Il choisit un nouveau Premier ministre : Raymond Barre – l'anti-Chirac par excellence –, auquel il accorde d'emblée les pouvoirs et la confiance qu'il avait naguère refusés à son ex-chef de gouvernement. Il appuie une politique d'austérité qui tourne résolument le dos à tout ce qui avait été mis en œuvre. Et pour bien démontrer qu'il sait où il va et comment il faut y aller, Valéry Giscard d'Estaing publie, en octobre 1976, un essai politique : *Démocratie française*, qui veut éclairer et ordonner sa philosophie.

Le chef de l'État parie sur le temps et la durée, ces deux denrées précieuses entre toutes dont il se croit pourvu en abondance par l'onction du suffrage universel, la grâce des institutions et la bienveillance du ciel. Tous les désordres du monde doivent, selon lui, se soumettre aux règles de la logique et de l'harmonie française. Dans son esprit, Jacques Chirac, « cet agité », va se détruire tout seul. Il en est convaincu : l'avenir appartient aux hommes d'État « conceptuels », réfléchis, maîtres d'eux-mêmes et non point aux leaders fébriles, fracassants, mirobolants, bref aux aventuriers.

Jacques Chirac, lui aussi, a son plan, savamment concocté depuis des mois par ses conseillers. À peine a-t-il claqué la porte du foyer dans un grand coup de botte, comme dans les westerns spaghetti, qu'il multiplie les initiatives. Valéry Giscard d'Estaing n'a pas voulu lui confier la direction de la majorité : il va l'arracher de haute lutte. Le président a laissé s'instaurer un climat de doute et d'abandon : il va réagir, provoquer un sursaut, revigorer cette opinion qui se laisse aller. Le chef de l'État a voulu lui imposer une idéologie équivoque et artificielle : il va, lui, se démarquer en chaque occasion, indiquer les vrais choix, s'affirmer. Ses conseillers l'y poussent de toute leur force et l'en convainquent sans mal. Il faut lancer un grand rassemblement populaire sur le modèle de ce que fut le RPF du général de Gaulle, y réunir les intellectuels les plus prestigieux, les gaullistes les plus authentiques, les militants les plus ardents, les jeunes les plus enthousiastes et surtout le bon peuple de France : les travailleurs, les employés, les cadres, les cols bleus et les cols blancs, qui feront de ce mouvement une force toute neuve qui ne ressemblera à aucune autre. Impossible d'en douter, ce qui sera le premier parti de France attirera à lui au moins 30 % des électeurs. Pour y parvenir, il faut multiplier les appels, être sans cesse sur le terrain, organiser des meetings, courir la France d'est en ouest et du nord au sud, être partout applaudi. Jacques Chirac a assez de vitalité et de tonus pour courir ce grand prix-là. Pierre Juillet, Marie-France Garaud et lui-même en sont persuadés : l'avenir appartient aux leaders musclés, à ceux qui ne doutent pas, qui affirment et qui tranchent.

Face à l'irrésistible élan, le président est, selon le trio, condamné : sa cote s'effilochant, le plan Barre ayant toutes chances d'échouer, la gauche unie menaçant et croissant, que pourra-t-il faire d'autre, veulent-ils croire, que s'incliner et partir ? Là où VGE parie sur l'obstination, la lucidité et le sang-froid, Jacques Chirac mise sur la fermeté, le choc et le fracas. L'ex-Premier ministre voit déjà se créer toutes les conditions d'un nouveau 18 Juin dont il sera l'homme, bien sûr. Au plus fort de la tempête, le président ne doutera pas que sa présence finisse par calmer sinon endiguer la fureur des flots.

Deux tempéraments. Deux stratégies. Deux phases successives. Elles porteront leurs fruits l'une après l'autre, contradictoirement.

Chirac démarre en trombe, marque des points, impose le RPR, enlève la mairie de Paris, anime la campagne législative… et s'enlise.

Giscard débute en catastrophe, décontenance, piétine, reçoit des coups, vacille… puis s'impose.

Jacques Chirac, qui apparaît d'abord comme le vainqueur probable, se laisse déposséder de ses victoires. VGE, un moment presque vaincu, empoche le succès.

L'entrée en lice du nouveau Premier ministre donne le départ de cet étrange combat. Dès son arrivée à Matignon, chacun le comprend : le président ne pouvait choisir un homme plus radicalement opposé que le professeur Raymond Barre à celui qu'il remplace.

Jacques Chirac ressemble à un lieutenant de dragons, parle haut, agit vite, suit son instinct. Raymond Barre a l'air d'un chanoine résolu. Il est économe de ses propos, a une démarche dandinante. Ses discours politiques ont le ton des homélies épiscopales. Il réfléchit sans se hâter. En poésie, ses vers préférés sont ceux de Valéry : « Patience, patience, patience dans l'azur ! » Et l'on ne peut douter qu'il ne fasse siens les deux vers suivants : « Chaque atome de silence est la chance d'un fruit mûr[1] ! »

Certes, Barre et Chirac ont en commun un goût égal pour la bonne chère, les plats en sauce et les menus gastronomiques. Mais leur métabolisme se charge de les distinguer. L'un camoufle aisément un estomac naissant dans ses costumes-gilets. L'autre n'a jamais songé à faire « le joli cœur » en blue-jeans et tee-shirts.

Le professeur Barre jouit avec délectation d'une notoriété solide dans les milieux universitaires et monétaires internationaux : parle-t-il dans une capitale étrangère, devant un cercle distingué d'experts, de banquiers, de VIP ? On l'encense, on le révère, on boit ses paroles comme élixir de vérité, on l'applaudit. Il s'épanouit. Mais s'il monte

1. « Palmes », dans *Charmes*.

à la tribune de l'Assemblée nationale, on l'interrompt, on le chahute, on le conteste, des pupitres claquent, des *lazzi* fusent : Monsieur Barre se renfrogne et en conçoit un mépris de béton pour toute cette volaille qui piaille. Le nouveau Premier ministre a, il en est certain, la science et la compétence pour lui. Son inaptitude au doute est une véritable cuirasse blindée qui le protège et l'isole. Avec lui – il n'en doute pas – le gouvernement est en de bonnes mains. Avant lui, et il ne se gêne pas pour le proclamer, l'action gouvernementale était irréfléchie et inefficace. Si Jacques Chirac est bien sûr la cible visée, l'Élysée se trouve abondamment éclaboussé au passage. Étrange mais vrai : lorsque des vérités cruelles ou des blâmes injustifiés sont formulés sur le ton d'un cours magistral, les victimes se sentent blessées mais protestent avec une insolite retenue, comme si ces manières magistrales leur donnaient des réflexes d'étudiants pris en faute.

Critique-t-on Monsieur Barre ? Il hausse les épaules. Lui oppose-t-on les faits qui ne correspondent pas toujours à ses pronostics, il secoue la tête, navré de tant de mauvaise foi. S'acharne-t-on ? Il s'irrite, tempête, admoneste et gronde. Insiste-t-on vraiment, concentre-t-on sur sa personne un feu roulant d'attaques et de reproches ? Il trouve une parade qui laissera sans voix ses adversaires : il tombe malade. On l'hospitalise. La France entière s'émeut pour le champion de son économie, que les persifleurs et les esprits négatifs osent persécuter au lieu d'encourager.

Si l'économie est chose trop sérieuse pour la laisser aux députés, la politique est un art trop frivole pour intéresser Raymond Barre. Avec lui, les ministres se taisent, on ne les entend plus : existent-ils encore ? On le prétend. Le Premier ministre s'est débarrassé dès qu'il l'a pu des hommes les plus politiques de son gouvernement (Michel Poniatowski, Jean Lecanuet, Olivier Guichard). Les autres, domptés, s'abstiennent de toute activité politicienne. Les excellences se taisent désormais le dimanche. Jamais le Conseil des ministres n'a tant ressemblé à un comité de fonctionnaires. Pour Monsieur Barre, les bons élèves de la classe ministérielle, ses chouchous, sont ceux qui administrent et gèrent en silence, après lui avoir téléphoné et tout de même prudemment vérifié à l'Élysée que tout est bien en ordre. C'est la République des grands commis.

Raymond Barre, qui aime donc si peu la politique, bénéficie de tous les moyens gouvernementaux obstinément refusés à Jacques Chirac : le 28 août 1976, jour de son intronisation, le chef de l'État explique sans ambages quel sera désormais le rôle du Premier ministre : « Il lui revient, et à lui seul, de diriger et de coordonner l'action de tous les ministres… S'il est nécessaire que je reçoive de ceux-ci des informations utiles à l'exercice de mes responsabilités, les décisions concernant leur action leur seront toujours adressées par le Premier ministre. » (En 1974, le même VGE annonçait : « Je gouvernerai directement avec le Premier ministre. ») Quant aux réformes, en 1976, elles « n'ont pas pour objet de brusquer arbitrairement les habitudes, ni d'imposer des bouleversements, mais d'adapter patiemment toutes les données de la vie française aux exigences de notre temps ». En 1974 le président voulait faire de la France « un chantier de réformes » : peu à peu le mot réforme se fait rare dans son vocabulaire.

Décidément, l'expérience a servi. Le président confie de bonne grâce à Raymond Barre la mise en œuvre d'une politique économique et sociale qu'ils élaborent de concert. Le partage des tâches est devenu réalité. Au Premier ministre, la gestion quotidienne d'une politique dont il peut revendiquer une bonne part de la paternité. Au président, la réflexion sur les options de fond et la conduite de la politique étrangère et militaire.

Tous les témoignages concordent. Une métamorphose quasi miraculeuse s'est produite. VGE a trouvé en Raymond Barre son complément idéal. Au physique, ne l'est-il pas ? Les meilleurs couples de la Ve République allient les hautes silhouettes et les embonpoints plus brefs : de Gaulle et Pompidou, VGE et Raymond Barre. Politiquement, l'attelage a tout pour réussir. Raymond Barre, tout gaulliste qu'il est à titre personnel, n'a jamais eu en poche la moindre carte du moindre parti. Il ne revendique pas la conduite de la majorité ni même la direction d'une simple formation. Quand il s'y essaiera – de mauvaise grâce – au cours de la campagne législative, ce ne sera guère un succès. En revanche, il réalise des prestations télévisées plus que convaincantes (notamment contre François Mitterrand).

Ainsi, l'esprit bien tranquille, VGE peut-il, tout à son aise, tirer discrètement les fils de l'UDF et préparer des campagnes électorales dont il est sûr que ce Premier ministre ne cherchera pas à détourner les bénéfices.

Avec les années, les observateurs les plus attentifs s'apercevront que l'indifférence affichée de Monsieur Barre à l'égard de la politique ressemble fort à une méthode délibérée. Le Premier ministre a vite perdu son innocence initiale, s'il l'a jamais eue. Son éloignement ostensible du « microcosme » de la classe politique n'est-il pas une vieille recette qui permet de tirer parti de l'anti-parlementarisme des Français ? Son dédain ostensible des états-majors et de leurs jeux « lilliputiens » n'est-il pas une manière de se hisser sur une chaire mieux adaptée à sa stature particulière ? Son mépris vis-à-vis des « magouilles » et des controverses subalternes cache de plus en plus mal un tempérament belliqueux et un goût prononcé pour les horions qu'il rend avec prodigalité. Jadis ses collaborateurs redoutaient les moments où il fallait le pousser vers la tribune de l'Assemblée. Maintenant, ils doivent le retenir par les basques. Mais, comme il ne s'agit jamais de gêner l'Élysée, le président s'en divertit plus qu'il ne s'en alarme.

Psychologiquement, il n'y a jamais eu de coup de foudre entre les deux hommes. Par exemple, à Bruxelles, quand VGE représentait la France dans les négociations européennes, Raymond Barre avait tendance à regarder le ministre des Finances à travers ses lunettes d'universitaire et réussissait mieux que d'autres à résister à l'éblouissement général. « Allons nous faire noter par le professeur Barre », disait de son côté, mi-figue mi-raisin, le futur chef de l'État qui jugeait ce vice-président de la Commission de Bruxelles enclin à quelque pédantisme.

Ils se connaissent depuis longtemps, se respectent et se côtoient. Ils n'ont sûrement pas envie de partir en vacances ou en week-end ensemble. En revanche, ils savent être d'accord sur l'essentiel. Ils ont des institutions une conception presque identique et de leur rôle une semblable bonne conscience. Ne s'étant pas séduits, ils ne risquent pas d'être déçus, de souffrir de dépit amoureux. Se considérant grandement l'un l'autre, jugeant avoir l'un comme l'autre une réelle connaissance technique des problèmes les plus ardus, parlant entre eux un langage très similaire, bref, résistant admirablement l'un comme l'autre au doute métaphysique, ils communiquent sans mal. À l'expérience, ils se savent mutuellement gré de cette répartition des tâches. Ils ne s'agacent pas trop, ne rivalisent guère, ils s'entendent donc aussi bien que possible. Tout le contraire, en somme, du couple précédent.

Quatre jours après son départ de Matignon, Jacques Chirac entame sa course de haies : vers quel destin ?

Le dimanche 29 août 1976, l'ex-Premier ministre, Marie-France Garaud, Jérôme Monod et Jacques Friedman se retrouvent à Puy-Judeau, dans la Creuse, chez Pierre Juillet. Toute la journée ils élaborent tambour battant le plan de lancement du RPR. Il faut commencer par un appel aux militants : un communiqué début septembre fera l'affaire. Il annoncera de grandes initiatives, délibérément mystérieuses. Il faut ensuite écrire à Yves Guéna, secrétaire général de l'UDR. Il devra convoquer à Paris des assises extraordinaires au mois de décembre. Pour être sûr du retentissement de cette démarche, la missive lui parviendra à Rocamadour, le jour où s'y réunissent les parlementaires gaullistes, fin septembre. Après la mobilisation des militants, les députés seront donc bruyamment mis en alerte. Il faut enfin – c'est le clou du dispositif – lancer un appel au peuple. Il se fera du sein de la France profonde, à Egletons, au cœur de la Corrèze. Ce jour-là, la France entière apprendra le grand dessein et saura qu'au milieu du doute, du désarroi et des épreuves, un homme jeune, vigoureux et combatif va relever le drapeau de l'énergie nationale. Il incarnera l'espérance, le renouveau, le sursaut. Il s'adressera aux milieux les plus divers, à toutes ces familles qui se querellent entre elles mais se retrouveront derrière lui pour terrasser le collectivisme. Le paladin de cette croisade salvatrice s'appellera Jacques Chirac.

À Puy-Judeau, nul ne doute du succès de l'entreprise. Tous les signes concordent, ce dimanche, pour conforter les cinq amis. L'air a cette légèreté grisante et éphémère des automnes naissants. Annick Juillet, la maîtresse de maison, a trouvé autant de trèfles à quatre feuilles qu'il y a d'invités et les a soigneusement disposés sur chaque assiette. Jacques Chirac est particulièrement gai et disert, soulagé d'avoir recouvré enfin sa liberté.

Les quatre conseillers s'entre-regardent avec la complicité toute neuve de ceux qui vont entreprendre, à une poignée, une action de résistance destinée à gagner la France entière. Jusqu'aux législatives pas un jour ne se passera sans initiative chiraquienne. Il faut mettre l'opinion – et pour commencer la presse et les médias – sous pression constante et irrésistible. « Les Français, il faut leur faire du théâtre », avait coutume de dire Georges Pompidou. Les Français vont avoir droit, soir après soir, à une série de représentations données à un rythme effréné.

De fait, le scénario est bien réglé et se déroule comme prévu. Les militants UDR s'enthousiasment. Les députés (à quelques exceptions près) emboîtent le pas en jubilant. À Egletons (« L'envol de l'Aigleton », titre *Le Quotidien de Paris*), Jacques Chirac entre en scène dans une belle armure toute neuve, bannière au vent. À ses côtés, pour symboliser l'enracinement populaire, la réconciliation des anciens et des modernes, la réunion de la France éternelle et de la France de demain, trône un octogénaire encore vaillant : Charles Spinasse, ancien ministre socialiste de la IIIe République, qui a malencontreusement voté les pleins pouvoirs à Pétain.

Ce soir-là, dans la salle du gymnase municipal (construit grâce à la manne chiraquienne), l'ancien chef de gouvernement de Valéry

Giscard d'Estaing s'adresse à une foule compacte, en délire. Il est à la fois à gauche, à droite et en avant : brusquement plein de tendresse pour les idées avancées, il cite les socialistes utopiques du répertoire français (le Père Enfantin et Armand Bazard), proclame l'urgence d'un impôt sur les grandes fortunes, promet d'éteindre le paupérisme. Il cède soudain aux charmes d'un « travaillisme à la française » (une expression aussi vite oubliée qu'apprise). D'un même mouvement, il en appelle aux valeurs éprouvées : l'ordre, la fermeté, la détermination. Il y en a pour tout le monde. L'appel d'Egletons renoue avec la grande tradition gaullienne du rassemblement, au-delà des classes et des idéologies. Ce nouveau RPF s'appelle RPR : Rassemblement pour la République.

« Quelle est donc cette réforme de l'alphabet ? » laisse ironiquement tomber Valéry Giscard d'Estaing.

L'acte de baptême a lieu à Paris, au Parc des Expositions de la porte de Versailles, le 5 décembre 1976 (il était impossible de retenir la date du 2 décembre, anniversaire de la victoire d'Austerlitz, pour coïncidence fâcheuse avec le souvenir d'un coup d'État contre la République). Grand succès ! On attendait vingt-cinq mille personnes, il en vient le double. À leur revers, les fans arborent un macaron « Chirac, t'es un crack ». Quelque six cents journalistes, dix-neuf chaînes de télévision et vingt et un ambassadeurs se pressent aux premiers rangs. Dans son discours, le président du RPR vagissant développe les thèmes qu'il va désormais inlassablement marteler, de meetings en réunions aux quatre coins de la France, jusqu'aux élections législatives : droit au travail, démocratie du quotidien, participation, société sans privilège, efforts, fermeté, et surtout, combat sans relâche contre le diable collectiviste.

« Mon appel n'est que l'écho de l'éternel appel des nations qui ne veulent pas mourir », s'écrie-t-il sous les applaudissements. Les initiés reconnaissent là sans hésiter la patte de Pierre Juillet.

Tout va bien. Les statuts du RPR s'inspirent directement de la Constitution de la Ve République. C'est dire que les pouvoirs du jeune président ne sont pas minces. De même que le chef de l'État choisit souverainement son Premier ministre, le président du RPR nomme à sa guise le secrétaire général : Jérôme Monod, quarante-six ans, son ex-directeur de cabinet, un haut fonctionnaire actif et capable : un protestant qui, dans le sillage de Jacques Chirac, se laissera brusquement embraser par une passion froide, laquelle retombera, après mars 1978, aussi vite qu'elle avait surgi. Ses familiers ne sont toujours pas revenus de cette métamorphose de vingt-quatre mois.

Lui non plus ! Et puis le chef du RPR est, aussi, libre de désigner, sans contrôle, les membres de l'état-major. Il est le seul maître à bord.

Pour illustrer son démarrage spectaculaire, l'ex-UDR abandonne le vieux siège de la rue de Lille et s'installe dans le cadre futuriste, dressé vers le ciel et dominant le monde, du dernier étage de la tour Montparnasse. De son fauteuil, Jacques Chirac peut apercevoir les frondaisons du parc de l'Élysée. Déjà, Paris est à ses pieds.

Des sacs entiers de chèques affluent vers les nouveaux locaux. Charles Pasqua, plus organisateur que jamais, arrondi par la satisfaction, les ouvre devant qui veut les voir avec la mine d'une jeune mère présentant son incomparable poupon.

Seule ombre au tableau : l'élargissement tant souhaité ne se concrétise pas sans mal. Jacques Chirac espérait faire venir sur les fonts baptismaux de son Rassemblement, un échantillonnage de parrains plus représentatifs les uns que les autres. Il comptait sur la présence de plusieurs anciens présidents du Conseil de la IVe République : Maurice Bourgès-Maunoury, René Pleven, Pierre Pflimlin, Antoine Pinay, Edgar Faure qui auraient symbolisé l'hommage des caciques des régimes disparus à la seconde génération du gaullisme triomphant. Le général de Gaulle lui-même ne l'avait pas obtenu. Hélas, les gloires sépia de la République se montrent souvent contrariantes. Seul, Edgar Faure veut bien être de la fête, il est de toutes les fêtes !

Jacques Chirac espérait recevoir le renfort d'une aile gauche de bon aloi, de quelques intellectuel(les) comme Gisèle Halimi, de quelques radicaux, et – qui sait – d'un socialiste repenti. Las, dans la foule, on remarque surtout la carrure avantageuse de l'ex-pilier de rugby corrézien Amédée Domenech. Il milite, il est vrai, au Parti radical. Et si deux giscardiens en coquetterie avec l'Élysée, les anciens ministres Jean Chamant et Jean de Broglie, montrent le nez, on ne saurait prétendre qu'ils gauchisent cette réunion. Quant aux socio-professionnels, enjeu principal de cette ouverture attendue, ils brillent par leur absence. Ni les dirigeants agricoles (Michel Debatisse) ni les représentants des cadres de la CGC, ni les responsables nationaux de FO n'ont voulu choisir aussi visiblement leur camp. Sur ce point, les terres élargies de Jacques Chirac tiennent plus, en ce mois de décembre 1976, du jardin de curé que du parc de Versailles.

Le président du RPR a néanmoins réussi l'essentiel : le gaullisme vient de prendre un nouvel essor et, cette fois, sous sa conduite exclusive.

Voilà la première haie franchie.

La seconde s'appelle la mairie de Paris. De nouveau, le leader du RPR s'élance au triple galop. Il va s'agir d'une confrontation directe entre le chef de l'État et son ex-Premier ministre.

Faire de Paris une ville comme les autres avec un vrai maire et de vrais pouvoirs, élu par un vrai conseil municipal : dès son installation à l'Élysée, VGE a voulu cette réforme. Il y voyait à la fois la concrétisation spectaculaire de sa volonté de donner plus de poids aux collectivités locales et un geste de décrispation supplémentaire puisqu'elle entraînerait la suppression d'un statut spécial qu'aucune raison impérative ne justifiait vraiment.

À Matignon, Jacques Chirac s'était montré plus que tiède : installer un maire à Paris, cela pouvait devenir dangereux, disait-il alors. Qu'adviendrait-il si, par malheur, un adversaire du président emportait, un jour, la place ? Mais VGE tenait à son idée. Il souhaitait donner un maire à la capitale. Jacques Chirac s'était incliné. Le nouveau statut de Paris avait été voté par les députés en décembre 1975. Restait à trouver la personnalité idoine. Pour le président, il allait de soi que le premier maire devait être giscardien, bien que Paris fût de longue date dominé par les gaullistes (la majorité du conseil municipal appartenait à l'UDR). Au cours de plusieurs réunions à l'Élysée, Jacques Chirac en avait accepté le principe.

Jacques Dominati, député et conseiller municipal RI de la capitale, comptait bien faire l'affaire, d'autant qu'il avait beaucoup incité le président à mettre la réforme en place. Malheureusement pour lui, il incarnait l'antéchrist aux yeux des gaullistes locaux, particulièrement réfractaires au charme giscardien. Depuis des années, ils guerroyaient les uns contre les autres, RI contre UDR, sans ménagement aucun.

S'avance alors un candidat de compromis : Pierre-Christian Taittinger. Il a déjà été président du conseil municipal de Paris (son père également), il est mi-gaulliste, mi-giscardien, modéré avant tout. Il a un physique républicain indépendant et les meilleures relations du monde avec l'UDR. Le président apprécie cet homme distingué et fin. Il donne son accord pour sa candidature au poste de patron de la capitale. À Rocamadour, les élus gaullistes parisiens acceptent ce choix sans irritation particulière. Tout est réglé. Mais rien n'est dit.

À l'automne, le climat a changé. Jacques Dominati n'a pas renoncé et s'agite. Pierre-Christian Taittinger, à qui rien n'est confirmé, attend le feu vert du palais présidentiel pour entrer en campagne et se manifester. Les gaullistes, ombrageux, soupçonnant alors quelque sombre manœuvre se concertent et tournent les yeux vers l'un des leurs : Christian de La Malène. Pendant ce temps-là, les autres responsables nationaux des partis de la majorité – qui savent bien que La Malène, antigiscardien notoire, ne ferait peut-être pas le poids face à la vague montante de la gauche – cherchent un quatrième homme, susceptible de faire l'unanimité. Ils l'ont trouvé : c'est une femme, Simone Veil, le plus populaire des ministres.

Et le président ? L'offensive de Jacques Chirac a balayé chez lui toute velléité d'œcuménisme. Son ex-Premier ministre faisant campagne, il faut le contrer. Pierre-Christian Taittinger lui semble désormais bien trop gaulliste : n'envisageait-il pas de partager équitablement le conseil municipal entre giscardiens et gaullistes ? Paris qui a voté Giscard en 1974 doit avoir un maire giscardien et un conseil municipal giscardien. D'ailleurs, pourquoi s'embarrasser de scrupules ? Lors de l'élection du premier président du conseil régional de l'Île-de-France, les gaullistes n'ont pas tenu parole. Ils ont élu l'un des leurs : Michel Giraud, alors qu'ils s'étaient plus ou moins engagés à soutenir Alain Griotteray, le giscardien désigné. En privé, Ponia a ce mot : « Il faut dératiser Paris. »

Au début du mois de novembre, VGE convie à déjeuner ses propres barons : Michel Poniatowski, Michel d'Ornano, Christian Bonnet, Jean-Pierre Fourcade, Roger Chinaud. Jean Serisé, son conseiller politique, est à ses côtés. Aux hors-d'œuvre, la mine espiègle, il annonce en regardant ses ministres : « Messieurs, l'un de vous quatre sera maire de Paris. » Les quatre excellences se trémoussent sur leur coussin. « Monsieur Bonnet, vous ne pouvez pas abandonner vos alignements de Carnac. Monsieur Fourcade, vous devez rester sur les hauteurs de Saint-Cloud. » Restaient les deux Michel. On fait valoir au président qu'avec un Ponia en lice, l'Élysée serait inévitablement la cible de toutes les attaques. Michel d'Ornano n'a plus qu'à se dévouer. Sa fidélité lui interdit d'hésiter. Il abandonnera son fief rutilant de Deauville à sa femme. À lui de conquérir Paris. Le 12 novembre, Michel d'Ornano se déclare sur le perron de l'Élysée. Personne ne risque ainsi de se demander d'où vient l'investiture.

Pierre-Christian Taittinger et Simone Veil comprennent alors que leur tour est passé, ce dont chacun des deux aurait aimé être informé. Le ministre de la Santé avait été pressentie sans être volontaire, retenue sans être approchée, elle est écartée sans être avertie. Elle peut à bon droit en marquer quelque humeur. Le président a cru l'avoir sondée, Simone Veil a cru ne pas l'être. Malentendu, ou réticence élyséenne ?

Il y a maintenant un candidat nettement giscardien. Et bientôt, il va y avoir un candidat bien chiraquien qui recevra l'entière caution du président du RPR : Jacques Chirac décide, en effet, de porter personnellement les couleurs de son mouvement.

Marie-France Garaud songe pour la première fois à cette solution miraculeuse le 14 novembre (soit deux jours après l'annonce officielle de la candidature de Michel d'Ornano). Ce jour-là, Jacques Chirac est brillamment réélu au premier tour dans sa circonscription de Corrèze avec 53,65 % des voix. Son ami Jean Tibéri, ex-secrétaire d'État aux Industries alimentaires (aux choux farcis, comme dit Alexandre Sanguinetti), se fait de même réélire, au premier tour, dans le Ve arrondissement de Paris avec 54,36 % des suffrages. Il y avait des lustres qu'un député UDR ne l'avait emporté au premier tour dans la capitale. Deux résultats de très bon augure, à un moment où les Français sont de fâcheuse humeur. Au contraire, les giscardiens, Gérard Ducray et Bernard Destremeau perdent leur siège et des plumes.

Les dieux sont décidément du côté des plus actifs, se réjouit Marie-France Garaud. La hardiesse réussissant à Jacques Chirac, pourquoi ne pas décupler la mise et se lancer tout bonnement à l'assaut de la mairie de Paris ? Voilà qui constituerait en cas de succès un donjon et une base logistique incomparables.

Le président du RPR est vite séduit mais ne se découvre pas pour autant. Il laisse s'avancer La Malène et joue, pour son état-major, celui qui songe à enlever la mairie d'Egletons. Avec ses intimes, Jérôme Monod et Pierre Charpy, il est à peine plus franc et ne fait mine de s'intéresser à Paris qu'à l'approche de Noël. Pour sa part, Marie-France Garaud fait semblant d'être saisie d'une inspiration subite à la mi-décembre : « Je verrais bien Jacques, faisant campagne dans les bistrots et les marchés parisiens », risque-t-elle devant Jérôme Monod et Pierre Charpy. À tout le monde, l'idée paraît séduisante bien que fort audacieuse. On consulte sur-le-champ Pierre Juillet qui feint de s'interroger. On téléphone à Jacques Chirac (il se repose en famille aux Ménuires) : il mime l'hésitation alléchée. Il ne doit pas réfléchir avec beaucoup d'angoisse, puisque sa décision semble bien avoir déjà été prise un mois plus tôt, fin novembre.

Témoin cette anecdote : après le pèlerinage rituel du groupe parlementaire gaulliste à Colombey, Alain Peyrefitte convie à déjeuner, dans sa bonne ville de Provins, Jacques Chirac et Michel Debré. Le climat est à l'amabilité et à l'optimisme :

« Dire que je déjeune entre un futur président de la République et un futur académicien », s'exclame, lyrique, le député de la Réunion, avant de s'emporter et de partir en guerre contre le projet giscardien d'élection de l'Assemblée européenne au suffrage universel.

« Mais l'Europe, nous avons bien le temps d'y penser ! » éclate de rire le député de la Corrèze. « Croyez-moi, il n'y a qu'une chose qui compte, en ce moment, c'est la mairie de Paris ! »

Les deux autres convives ne relèveront le propos qu'après coup, très exactement le 19 janvier 1977. Ce jour-là, Jacques Chirac est candidat à la mairie de Paris. Avec sobriété, il déclare : « Je viens dans la capitale de la France parce que dans notre histoire, depuis la Révolution de 1789, chaque fois que Paris est tombé, la France a été vaincue. »

Une heure à peine avant de se déclarer, le leader du RPR a prévenu de son intention un Raymond Barre interloqué qui s'arrache les cheveux à l'avance, à l'idée du duel fratricide, inexpiable et maintenant inévitable dans la majorité.

Le nouveau candidat justifie son entrée en lice par la nouvelle règle du jeu que le président vient tout juste de définir dans sa réunion de presse du 17 janvier : « Au lieu de voir la majorité comme uniforme, il faut maintenant vous habituer à voir la majorité comme pluraliste », a expliqué Valéry Giscard d'Estaing.

Ce pluralisme organisé annonce donc et légitime la concurrence dans la majorité. Jacques Chirac saute sur l'occasion. Les primaires vont se multiplier au sein de la majorité. Il donne l'exemple ! Michel d'Ornano est bien candidat, lui aussi ! Première application zélée de la nouvelle loi politique imaginée à l'Élysée.

Scandale dans la majorité. Indignation et mines allongées à l'Élysée. Tentatives infructueuses de Raymond Barre pour fléchir Jacques Chirac et le faire renoncer. Rien n'arrête le président du RPR qui mène campagne à un rythme de pilote de Formule 1. Il est partout : dans les arrondissements, sur les marchés, dans les échoppes, à la radio, à la télévision et même en province.

Marie-France Garaud joue les managers de champion professionnel. Elle prévoit tout, minute l'emploi du temps, quadrille chaque quartier de Paris, chronomètre chaque déplacement, chaque interview, chaque rencontre de son poulain, chaque récréation même.

« Je suis fait pour courir le huit cents mètres mais j'ai mes soigneurs », commente le candidat, reconnaissant d'un tel débordement d'énergie et d'un dévouement aussi dévorant. Il faut avoir vu Marie-France arpentant nerveusement le trottoir devant le siège du RPR, l'œil vissé sur sa montre, les joues se creusant d'impatience à chaque minute de retard alors qu'une meute de journalistes attendait le héros.

La campagne parisienne ne se déroule pas dans le style « bon petit diable ». En fait de niches enfantines et de bagarres innocentes entre cousins, on assiste à une lutte mortelle où tous les coups sont permis. On s'épie, on se calomnie allégrement, on s'entre-intoxique à coups de sondages.

L'illustration la plus typique du combat Chirac-d'Ornano a lieu dans le XVe arrondissement, où deux dames redoutables se crêpent le chignon. D'un côté Nicole de Hauteclocque, conseillère municipale et député RPR inamovible du quartier, imbattable pour les bonnes œuvres et les bons sentiments, inégalable dans les ventes de charité et l'exercice de la tasse de thé et du gâteau sec. Face à elle, Françoise Giroud, candidate de l'Élysée, secrétaire d'État à la Culture, le sourire savamment charmeur, la voix de miel liquide, l'œil de carbone brillant tantôt d'une irrésistible séduction, tantôt d'une indestructible pugnacité. Avec elles, le quartier devient le siège d'une bataille rangée où l'on rivalise à coups de goûters pour personnes âgées. Un jour, elles ont droit à la crème chantilly giscardienne, le lendemain au mille-feuille RPR. Vingt-quatre heures ne se passent pas sans gâteries. Pour mieux arracher leurs bulletins, on fait avaler pendant un mois aux représentants du quatrième âge tant de calories, que certains pointeurs électoraux redoutent leur trépas avant même le vote, pour overdose de pâtisseries. On a recours aussi à des armes moins pacifiques. On se poignarde cruellement pour une affaire de médaille de la Résistance (et pas en chocolat) que les gaullistes ne pardonnent pas à Françoise Giroud d'avoir revendiquée.

Jacques Chirac n'est jamais si efficace, si heureux, ni tant lui-même que dans ces affrontements électoraux. Rien ne le rebute, rien ne le décourage. Jérôme Monod a raconté en s'esclaffant : « Un jour où plusieurs sondages le donnaient perdant, j'entre dans le bureau de Jacques, et le trouve effondré dans son fauteuil, les pieds sur la table, la tête dans les mains. Je m'inquiète, je redoute une crise d'abattement et m'enquiers timidement : “Jacques, cela ne va pas ?” et Chirac de me répondre : “Ça ne va pas du tout, je n'arrive pas à digérer les deux douzaines d'escargots que j'ai mangées à midi.” »

Face à cette invraisemblable vitalité et à ce professionnalisme de haute volée, l'équipe giscardienne fait quelque peu figure d'amateur.

Malgré la poussée socialiste dans la capitale, malgré les efforts pas toujours très ordonnés des centristes et des républicains indépendants, Jacques Chirac l'emporte. Le candidat du président est battu. Le RPR encore dans l'enfance fait ses premiers pas électoraux à la manière d'un surdoué.

Le nouveau maire de Paris a gagné la première manche. Il a sans coup férir réussi à intéresser l'opinion, à se faire réélire en Corrèze, à lancer gaillardement le RPR, à se hisser sur le pavois parisien. Il peut réunir sur un même blason le plateau de Millevaches et le vaisseau de Lutèce. Il a atteint ses objectifs mais, paradoxalement, trop vite et trop bien. Car, lancé sur ce rythme, Jacques Chirac ne sait plus s'arrêter. Sa rage de vaincre, sa certitude de gagner, la mobilisation un tantinet frénétique de son entourage, obscurcissent son jugement. Il sous-estime tout le monde dans la majorité : le président, qu'il croit vulnérable, le Premier ministre, qu'il juge inoffensif, ses alliés – ses rivaux –, qu'il imagine incapables de s'unir. Ayant bousculé sur son passage les premiers obstacles qui le séparent du pouvoir suprême, il se figure volontiers que les derniers remparts tomberont dès qu'il paraîtra.

Depuis qu'il a quitté Matignon, et jusqu'aux élections législatives de mars 1978, il poursuit en fait trois buts à la fois.

Il veut battre la gauche, mais à condition d'en être visiblement le vainqueur.

Il veut imposer sa suprématie au sein de la majorité et arracher, grâce à des meetings à travers la France, au nombre de ses militants et aux suffrages à venir (il vise les 30 % pour le seul RPR), cette primauté que le président lui avait refusée.

Enfin, il veut réduire à merci ce chef de l'État dont il n'a au fond de lui-même jamais tout à fait accepté la souveraineté. Il a pu le faire élire, l'admirer, faire équipe avec lui, mais sous la pression conjuguée de ses conseillers, de son tempérament et de quelques contresens, il s'est vite persuadé qu'il était souhaitable et possible de devenir l'homme fort du tandem.

D'août 1976 à mars 1978, Jacques Chirac s'en prend donc à plusieurs reprises à Valéry Giscard d'Estaing. Le chemin de la discorde est jalonné de gros cailloux noirs. Le groupe parlementaire RPR lui emboîte le pas.

Novembre 1976 : une rumeur insidieuse se chuchote dans les cercles politiques et bientôt les cocktails parisiens. On le tient de source sûre : le président serait en analyse. On vous le jure, on connaît le nom du spécialiste célèbre qui le confesse sur un divan. *La Lettre de la Nation* s'en fait l'écho. Cette attaque particulière d'une élégance fort relative a pris sa source – les conseillers de l'Élysée en sont tout à fait convaincus – au dernier étage de la tour Montparnasse.

Février 1977 : devant plus de quatre mille supporters, à Saint-Nazaire, et en présence de deux ministres gaullistes de VGE : Olivier

Guichard et Vincent Ansquer, benoîtement installés à la tribune, Jacques Chirac s'écrie : « L'État ne doit pas se dévoyer dans la surveillance tatillonne de toutes les formes d'activité, alors même qu'au niveau suprême, là où doit s'affirmer en toute clarté une volonté nationale, la certitude semble faire défaut. » Et comme si cela ne suffisait pas encore, *La Lettre de la Nation* ajoute : « Quand on ne veut faire de peine à personne, on choisit Vichy. » Impossible de mettre en cause plus brutalement la fermeté du chef de l'État. Impossible d'en donner davantage une image de renoncement.

Mars 1977 : par deux fois, Michel Debré joint sa voix aux attaques du chef du RPR. Devant le comité central du Rassemblement, il s'exclame, comme le rapporte André Passeron dans *Le Monde* : « Notre seule chance serait que Giscard s'efface pendant un temps et que le gouvernement prenne en main la direction des affaires. »

L'ancien Premier ministre du général de Gaulle a une solution dans ses cartons : un gouvernement de salut public. Chacun suppose qu'il s'agirait de réunir des hommes de qualité sans étiquette partisane. Chacun comprend surtout qu'à sa tête le valeureux Premier ministre pourrait se nommer Michel Debré. Quelques jours plus tard, lors des journées parlementaires du RPR qui se déroulent aux Baux-de-Provence, le même Michel Debré déclare : « Nous n'avons plus le droit de nous confondre avec un pouvoir qui ne bénéficie plus de la confiance populaire. » Et d'ajouter, bien sûr : « Il faut un gouvernement de salut public. » Yves Guéna, délégué politique du RPR, déplore pour sa part à plusieurs reprises devant des journalistes : « Il est bien dommage qu'il n'y ait pas dans la Constitution la procédure d'*impeachment* » (celle qui peut contraindre un président à abandonner ses fonctions).

Avril 1977 : session de printemps au Parlement. Les députés gaullistes ne manifestent pas le moindre enthousiasme à l'idée de compléter et de soutenir les mesures d'austérité demandées par Raymond Barre. Claude Labbé, le président du groupe, résume ainsi le sentiment du RPR : « Nous ne sommes pas pour le *oui-mais*, mais pour le *non-sauf.* » Le groupe renâcle tant qu'il faut une intervention de Jacques Chirac pour le convaincre de voter. Ayant beaucoup critiqué le plan Barre, si impopulaire, les députés RPR n'ont aucune envie de l'avaliser. Mais après l'avoir bien discrédité, le maire de Paris préfère en rester là. Il ne peut être question d'ouvrir une crise ministérielle et moins encore de risquer paraître en porter la responsabilité.

Juin 1977 : happening européen. L'Assemblée nationale doit se prononcer sur les modalités de l'accord intervenu entre les Neuf pour l'élection de l'Assemblée européenne au suffrage universel direct.

Michel Debré, très hostile à l'accord et qui ne doute de rien, propose rien moins qu'une renégociation du traité de Rome. Il rage : « L'Europe qui nous est présentée est la négation des nations et la France a une exigence de défense et de diplomatie qui lui est propre. »

En réponse, Valéry Giscard d'Estaing choisit de consulter le Conseil constitutionnel, qui juge l'accord des Neuf conforme au droit… À Michel Debré qui lance : « Les débordements de pouvoirs de l'Assemblée européenne ne sont pas probables, ils sont certains […] Cette Assemblée sera une machine de guerre contre les gouvernements », le président de la République rétorque : « Il n'est pas possible pour l'Assemblée d'élargir ses compétences sans recourir à la procédure de modification constitutionnelle française. » Deux thèses parfaitement incompatibles se trouvent en présence.

Toujours désireux de critiquer le président mais fermement décidé à éviter une crise gouvernementale, Jacques Chirac s'oppose à Michel Debré qui rêve de motion de censure. Mais pour mieux dégager sa responsabilité, le leader du RPR commet une imprudence en assurant à la tribune de l'Assemblée nationale : « Vous savez que ce texte n'a jamais eu mon accord, vous savez que toutes les négociations ont été conduites hors de ma présence, vous savez que j'ai exprimé les plus expresses réserves auprès du chef de l'État, vous savez que j'étais déjà démissionnaire le 15 juillet. Lorsqu'un Premier ministre prend la responsabilité de se démettre de ses fonctions, c'est qu'il a de bonnes raisons de le faire. Le projet européen était l'une d'elles. » Personne, au gouvernement, ne se rappelle, et pour cause, avoir entendu Jacques Chirac s'élever contre le projet de loi européen. D'où une explication orageuse, en tête à tête, avec Raymond Barre. Et le lendemain de cette entrevue, le leader du RPR affirme : « J'ai expliqué au Premier ministre que je n'ai fait que répondre aux attaques de Guiringaud [le ministre des Affaires étrangères], et si j'ai haussé le ton c'est parce que les communistes faisaient du chahut. »

Jacques Chirac n'a convaincu personne de sa bonne foi. Sur le plan politique, tout le monde a compris qu'il se démarquait de VGE d'autant plus vigoureusement que ses troupes accueillaient plus mal le projet gouvernemental. Afin que chacun tire bien les leçons de l'affaire, dans une interview accordée au *Point*, le maire de Paris proclame : « Le président n'est pas le chef de la majorité puisqu'il a décidé de ne pas assumer la responsabilité de sa majorité. Lorsqu'il dit qu'il restera au pouvoir quel que soit le résultat des élections, il a renoncé à être le chef de la majorité en renonçant à assumer le destin de celle-ci. »

Derrière le contentieux européen affleure le véritable désaccord : tout en s'opposant à l'orientation européenne du président, Jacques Chirac veut démontrer, une fois de plus, qu'il est le seul capable de mener la majorité à la victoire face à la gauche.

Menton, fin septembre 1977 : les députés RPR tiennent leurs rituelles journées parlementaires. La grande nouvelle est la rupture fracassante de l'Union de la gauche. Elle vient tout juste de survenir. Elle a eu lieu en direct, devant les caméras de la télévision. Tout est changé. Dans l'état-major chiraquien, suivent huit jours de flottement. Si le PC et le PS se tournent désormais le dos, l'électorat majoritaire ne va-t-il pas se démobiliser ? La gauche ne va-t-elle pas cesser d'effaroucher ? La croisade de Jacques Chirac ne risque-t-elle pas de paraître inutile ? Pierre Juillet et Marie-France Garaud trouvent vite la parade. Rien n'est changé, disent-ils, pis, le danger est même plus grand… parce qu'il est sournois. Les électeurs communistes voteront tout autant socialiste au deuxième tour, le PS effraiera moins les modérés puisqu'il ne fera plus entrer les communistes dans ses fourgons. La vigilance et la combativité s'imposent donc plus que jamais. Aussi bien à Menton, dans son discours de clôture, le leader du RPR lance-t-il une philippique enflammée contre la gauche. Il prononce en outre un mot qui va susciter des gloses, des commentaires infinis et force polémiques dans la majorité. Le RPR doit pouvoir être le recours, dit en substance Jacques Chirac. Et chacun de s'interroger. Le maire de Paris mise-t-il sur la victoire de la gauche ? Ne vient-il pas d'abattre son jeu et d'avouer implicitement que le chef de l'État lui paraît un rempart trop fragile contre l'opposition ?

Dans cette période-là, Pierre Juillet et Marie-France Garaud font vivre le maire de Paris dans un climat étrange, pour mieux le mettre en condition. Dans l'enthousiasme de la bataille, dans l'allégresse des premiers succès, dans la dramatisation de l'enjeu politique presque sans précédent que constituent les élections législatives, ils entretiennent autour de lui une atmosphère survoltée, un brin artificielle, sans rapport avec le monde extérieur, qui fait perdre à chacun le sens de la mesure. Selon un témoin « très direct », au cours d'une séance de travail à Puy-Judeau, Pierre Juillet aurait confié, « sur un ton incantatoire un rien vaudou : "J'ai rêvé cette nuit : je voyais un chevalier qui se levait pour sauver la France, je croyais d'abord que c'était de Gaulle, mais je m'apercevais que ce chevalier avait les traits de Jacques Chirac…" » Aucun des participants n'a le bon sens de rire.

À Paris, les autres conseillers du président du RPR se plaignent d'être écartés. N'étant pas du cercle élu, ils s'avisent des dangers qu'il y a à construire un tel univers, si soigneusement clos, autour de Jacques Chirac. « Il était impossible de l'approcher, dit Alexandre Sanguinetti, il était presque aussi difficile de voir Pierre et Marie-France. Je leur ai d'ailleurs dit un jour : "Je me demande bien pourquoi vous m'avez fait venir auprès de vous, puisque vous ne me consultez jamais. Si je mourais dans mon bureau vous ne vous en rendriez compte qu'un mois plus tard, à l'odeur derrière la porte." »

L'actuel secrétaire général du RPR, Bernard Pons, le confirme : « Pierre Juillet et Marie-France avaient un peu trop tendance à faire croire à Chirac qu'il ne devait avoir confiance en personne, eux deux exceptés, bien sûr. » Tous les amis du maire de Paris balancent alors entre deux sentiments : ils s'irritent de ne pouvoir le rencontrer et s'agacent du monopole d'influence réservé aux deux conseillers, mais ils admirent, en même temps, les résultats obtenus et se disent que le forcing effréné auquel se livre leur champion exige peut-être cette mise en condition-là.

7 décembre 1977 : événement inouï, Jacques Chirac est reçu en audience à l'Élysée par Valéry Giscard d'Estaing. L'entretien dure quarante-trois minutes. Pour cette rencontre, présentée comme historique par le RPR, son leader a annulé des voyages en province, renoncé à un *Club de la presse* à Europe 1, mis tous les journaux, toutes les radios, toutes les télévisions, sur le pied de guerre. « La dramatisation de l'ordinaire », commente le placide Olivier Guichard.

VGE accueille Jacques Chirac à la demande de ce dernier. L'ex-Premier ministre, qui a commencé un tour de France épuisant pour mieux combattre la gauche, de département en département, veut absolument expliquer au chef de l'État qu'il doit s'engager dans la campagne législative, indiquer le bon choix, prendre parti pour son camp. En réalité, le président a déjà marqué publiquement son hostilité au programme commun et annoncé, dans le style délibérément olympien qui est le sien, qu'il prendrait position, publiquement et officiellement, « le moment venu ».

Au sortir de cette rencontre, Jacques Chirac annonce tout sourire sur les marches de l'Élysée : « Je crois que j'ai été compris, ce qui me fait plaisir. » Le président a parfaitement saisi que le leader du RPR souhaitait surtout paraître l'avoir convaincu de quelques idées fortes, lesquelles n'avaient pourtant rien d'une nouveauté pour l'Élysée. Ainsi Jacques Chirac ne fait-il que poursuivre son but désormais bien établi : démontrer, au grand jour, que lui seul représente le dynamisme et la combativité face à la gauche.

16 janvier 1978 : meeting à Vierzon. Devant quelque cinq mille militants fort satisfaits, le maire de Paris prononce le discours probablement le plus désagréable de toute cette campagne pour l'Élysée : « Quand l'ennemi approche, la tentation vient aux faibles de l'aider en sa victoire, dans l'espoir – toujours vain – de se le concilier ou au moins d'en réduire l'hostilité. [...] Pour le reste, nous dirons la vérité au pays afin de lui fournir, comme dans le passé, son espérance ou son recours. » Toujours la faiblesse du président. Toujours le recours du RPR. Les gaullistes légitimistes Jacques Chaban-Delmas et Olivier Guichard lèvent les bras au ciel.

La langue de Jacques Chirac n'a pourtant pas fourché puisque, le mois suivant, il laisse encore tomber : « Nous n'avons aucune leçon à recevoir de ceux qui parlent du changement comme les vieillards parlent des petites filles. »

11 février 1978 : le RPR rassemble, porte de Pantin, à la Halle aux bœufs, plus de cent mille personnes venues de la France entière par cars et trains spéciaux. L'organisateur de cette prouesse est Charles Pasqua. Jacques Chirac clôt ainsi par un succès populaire incontestable une campagne qui aura duré trois mois et une semaine, l'aura conduit dans soixante-dix-neuf départements, au cours de laquelle il aura tenu cinq cent dix-sept réunions. « Je n'ai pas couché deux soirs de suite dans le même lit pendant tout ce temps », dit-il encore tout fier aujourd'hui.

Le froid est glacial, mais l'assistance chaleureuse. Une nouvelle phrase du leader du RPR donne le ton. « Si par malheur le peuple était privé de ses libertés, les gaullistes seraient l'ultime rempart des institutions de la République et du président. » Rempart de la République sûrement, rempart du président... voire !

À l'issue de son offensive d'hiver, le bilan de Jacques Chirac semble plus nuancé qu'il n'en a l'air. Certes, il a fait la démonstration de son allant, de sa détermination, de sa capacité à drainer les foules. Mais, en donnant l'impression qu'il veut mener ses partenaires centristes et giscardiens à la cravache, en ne cachant même pas le peu de considération qu'ils lui inspirent, le président du RPR est inévitablement apparu comme un dominateur quasiment impérialiste.

En l'occurrence, il ne s'est pas montré d'une adresse folle : plus il fustigeait ses alliés dispersés, plus il les incitait à se rassembler. Enfin, en critiquant ouvertement et sans précaution aucune le chef de l'État, Jacques Chirac a choqué tout ce que l'électorat majoritaire compte de gouvernementaux et de traditionalistes : il s'est lui-même exposé aux soupçons d'illégitimité.

Il lui est arrivé d'en prendre conscience : chaque fois qu'il laissait tomber une petite phrase bien meurtrière, il tentait dans les vingt-quatre ou quarante-huit heures de se rattraper en exigeant soudain, et de façon plutôt saugrenue, le respect d'un code de bonne conduite au sein de cette majorité qu'il malmenait si fort.

Les Français ont le sens de la politique. Au moment des élections législatives, beaucoup avaient déjà compris que le maire de Paris se battait pour son propre compte.

Jacques Chirac a mis en œuvre, sabre au clair, une stratégie du forcing tonitruant. Valéry Giscard d'Estaing, lui, poursuit sans se lasser sa stratégie de l'investissement multiforme. Toujours paisible, toujours convenable, le président ne laisse rien au hasard, occupe tous les créneaux et s'emploie à faire face à toutes les hypothèses.

Son nouveau Premier ministre applique une politique économique qui fait grincer des dents mais a au moins le mérite de la cohérence. Le plan Barre, rendu public le 22 septembre 1976, a sa logique : il faut restaurer la compétitivité de l'économie française, il est indispensable (selon Barre) de reconstituer avant tout les bénéfices des entreprises, sources des investissements et donc, à terme, du redressement de l'emploi. Les salaires et les prestations sociales ne doivent plus croître, en moyenne, plus vite que la hausse des prix. Les critères suprêmes seront désormais : le volume des exportations et la tenue du franc. Le Premier ministre demande à la France des efforts et du courage. Sur le moment, beaucoup doutent de l'accord des citoyens et de la réussite du projet, les observateurs annoncent même des rejets et des convulsions.

Le libéralisme autoritaire de Monsieur Barre constitue la première dimension, la plus visible de l'entreprise présidentielle.

La seconde est plus personnelle à VGE. Elle consiste à expliquer aux Français dans quelle société il souhaite les faire vivre. Sous la forme d'un essai politique, dédié à Gavroche et à Marianne, symboles appuyés de la République et de la Nation, un président en exercice – fait sans précédent – dit ce qu'il voudrait faire, sinon comment le faire. En cent quatre-vingt-deux pages. C'est *Démocratie française*.

La France qui s'y dessine est composée de citoyens mûrs et raisonnables, actifs et paisibles, qui s'aiment et se respectent. Aux chocs de la lutte des classes doivent succéder l'intégration et l'harmonie, grâce à un grand groupe central, une immense classe moyenne cimentée par un consensus de bon aloi. Cette société exemplaire saurait à la fois garantir la sécurité de chacun et une meilleure chance pour tous, sans pour autant faire disparaître la responsabilité individuelle ni la compétition. Les inégalités les plus visibles et les moins admissibles seraient pourchassées.

Ce n'est pas du Gracchus Babeuf, mais Pierre Viansson-Ponté, dans *Le Monde*, salue « ce livre d'un grand bourgeois intelligent, d'un libéral éclairé et moderne ».

Yves Guéna, le délégué politique du RPR, juge qu'il manque à l'ouvrage « la dimension tragique de l'histoire ».

Dans un feulement de tigresse, Marie-France Garaud se contente de citer Jean-Jacques Rousseau : « Si j'étais prince ou législateur, je ne perdrais pas mon temps à dire ce qu'il faut faire : je le ferais ou je me tairais. »

Le président voulait déclencher un grand débat idéologique dans l'opinion et dans la classe politique. Il ne provoque pas un remue-ménage intellectuel très substantiel. En revanche, il trouve beaucoup de lecteurs : six cent quatre-vingt mille exemplaires sont vendus en trois jours. Les Français savent désormais mieux ce qu'a en tête celui qu'ils ont élu en 1974.

Troisième créneau assez inédit lui aussi, le président se proclame bien décidé à utiliser toutes les ressources de la Constitution, quelles que soient les circonstances. Il a été élu pour sept ans, il ira jusqu'au bout de son mandat : de préférence avec la majorité en place mais, s'il le faut, avec la gauche. Il en avertit les Français à plusieurs reprises : une victoire de l'opposition aux élections législatives ne le fera pas décamper de l'Élysée. Le « moi ou le chaos » gaullien ou même pompidolien n'est pas son genre. Si François Mitterrand est le vainqueur des législatives à venir, VGE restera en place pour le combattre, persuadé qu'il est de l'emporter, dans six mois, dans un an… Et comme le chef de l'État aimerait beaucoup se dispenser d'une telle expérience et qu'il n'a nulle intention d'en passer par les conditions de Jacques Chirac, il va pousser, en coulisses, mais avec constance, à la constitution de l'UDF (Union pour la démocratie française) un nom qui s'inspire d'un best-seller particulièrement aimé du président… Ainsi, pour la première fois, modérés, centristes et réformateurs se regrouperont-ils dans son sillage, pour faire pièce au

RPR au sein de la majorité. Au rassemblement du maire de Paris fera désormais pendant une nébuleuse libérale.

Au départ (fin 1976), les sondages ne révèlent pas beaucoup d'enthousiasme. Le plan Barre n'a rien de ce qu'il faut pour provoquer un coup de foudre chez les Français. La situation économique reste aussi grise que possible, l'environnement international apporte peu de bonnes nouvelles. La gauche, revigorée par les élections cantonales, piaffe des quatre fers en attendant la lutte finale. La majorité se déchire à pleines dents. 39 % des Français se disent satisfaits du président, contre 43 % de mécontents : le plus mauvais score jamais atteint par un chef de l'État sous la Ve République.

Il en faut pourtant plus pour abattre ce président que l'on dit fragile. Valéry Giscard d'Estaing est persuadé qu'après ces mauvais moments, le bon sens reprendra forcément ses droits et les Français lui souriront de nouveau. Plus joueur d'échecs que jamais, il prépare déjà l'après-1978.

16 octobre 1976 : pour la première émission du *Club de la presse* à Europe 1, VGE répond à Philippe Tesson, le directeur du *Quotidien de Paris* : « L'alternance ne serait viable qu'avec une social-démocratie. »

Après coup, une explication de texte est fournie par l'Élysée : si l'Union de la gauche l'emportait, le président demeurerait en place pour mieux la combattre. L'Union de la gauche n'est pas la social-démocratie. Dans la société vers laquelle la France doit tendre, devraient pouvoir se succéder des libéraux et des socialistes (qui n'auraient pas signé de programme avec les communistes), comme en Grande-Bretagne ou en Allemagne fédérale. Et VGE de s'employer à faciliter une telle évolution.

À Strasbourg, le 26 novembre 1976, il s'exclame : « La grande faiblesse de la France est de se passionner pour ce qui la divise. Si nous consacrions une faible partie des talents que nous mettons à nous diviser à étudier les solutions nous permettant de progresser davantage, peut-être, sans doute obtiendrions-nous de meilleurs résultats. » Tout Valéry Giscard d'Estaing est dans cette réflexion-là.

Les travaux pratiques vont d'ailleurs illustrer cette belle théorie quelques jours plus tard, à Lille, où se réunit, le 2 décembre, l'un de ces rares Conseils des ministres « décentralisés ». À la préfecture régionale, un grand dîner rassemble toutes les notabilités. À grand renfort de publicité VGE y serre la main de Pierre Mauroy, le député-maire socialiste de la ville, un lieutenant de François Mitterrand dont, justement, le président espère qu'il pourrait bien un jour être l'un de ces sociaux-démocrates introuvables. Et de ponctuer un peu lourdement : « C'est la première fois dans les annales récentes de la Ve République qu'un repas réunissait des membres du gouvernement et un grand nombre de parlementaires importants de l'opposition. C'est une date importante dans l'histoire politique française. »

Le RPR grommelle, *L'Humanité* se fait grincheuse et le ministre Norbert Segard, candidat à la mairie de Lille contre Pierre Mauroy (l'élection a lieu dans trois petits mois), se lamente : « On sacrifie mes chances sur l'autel de la décrispation. »

17 janvier 1977 : le président réunit la presse. Outre sa nouvelle conception des relations au sein de la majorité (qui doit être, désormais, pluraliste), il poursuit obstinément son dessein : « La durée du mandat présidentiel est peut-être excessive [...], l'aménagement de la loi électorale est peut-être souhaitable [...], le financement public des partis politiques est peut-être plus sain [...], la réforme des collectivités locales est sûrement très urgente [...]. » Autant de thèmes revendiqués de longue date par les socialistes et qui chatouillent agréablement les oreilles de l'opposition non communiste.

8 février 1977 : à Ploërmel, résidence préférée des ducs de Bretagne, VGE, cette fois, ne parle plus de la décennie quatre-vingt. Il ne s'agit pas de gager sur l'avenir, mais de gagner dans l'immédiat. Le ton est ferme et résolu (le président a toujours su faire campagne). Tous ceux qui le gênent ont droit à leur petite mercuriale personnelle.

Les communistes ? « Il n'appartient pas à Georges Marchais d'autoriser ou de ne pas autoriser le président à exercer ses fonctions. »

Les socialistes ? « Il n'appartient pas à tel ou tel [François Mitterrand n'est pas nommé] de décider quelles seraient, en cas de succès de la gauche, les obligations du président de la République. »

Le RPR ? Jacques Chirac (il n'est pas désigné non plus) s'entend dire : « Il faut cesser de contrecarrer l'action du président de la République, tout en proclamant son attachement à l'institution présidentielle. »

Et VGE de conclure : « Je dirai, le moment venu, où est le bon choix pour la France. Qu'on ne compte pas sur moi pour taire mes convictions. Qu'on ne compte pas sur moi pour renoncer à défendre les idées sur lesquelles les Français m'ont élu [...] Monsieur Barre, lui et lui seul, conduira la majorité aux élections. »

Ce printemps 1977, justement, le Premier ministre commence à prendre une stature politique. Les élections municipales sont mauvaises pour la majorité. Personne ne s'en étonne. Avec la victoire de Jacques Chirac à la mairie de Paris, elles ont été particulièrement désagréables au président.

Il faut réagir. Raymond Barre s'en charge : il obtient de l'Élysée l'éviction des trois ministres d'État, symboles des familles politiques de la majorité (Ponia pour les giscardiens, Olivier Guichard pour les gaullistes et Jean Lecanuet pour les centristes), qui font leurs valises. Le bon Monsieur Barre, si indifférent à l'égard des petits jeux des partis et des ficelles électorales, détient ainsi personnellement – comme le hasard fait bien les choses ! – la seule voix politique de son gouvernement. Il assure son autorité sur ses ministres avec une emprise toute pompidolienne.

Le 12 mai, il affronte, à la télévision, un rude jouteur : François Mitterrand lui-même. Tout débutant qu'il soit, le Premier ministre donne le spectacle assez inattendu d'un gros chat jouant avec une souris. Au violoncelle grave et ému du premier secrétaire socialiste, le Premier ministre réplique par un interrogatoire serré de prof pas commode : « Et l'inflation en Allemagne, de combien est-elle ? Et les investissements publics français de l'an dernier, à combien se sont-ils montés ? » François Mitterrand, incarnation de la gauche en marche vers le pouvoir, se trouve ainsi réduit au rôle de potache pas très sûr de sa science. Il ne le pardonnera jamais à cet universitaire trop roublard.

Par la même occasion, le RPR, qui affichait jusqu'ici une indifférence goguenarde face à ce professeur inexpérimenté, s'avise soudain que Monsieur Barre pourrait bien représenter une force dont il faudrait se méfier.

11 juillet à Carpentras : nouveau discours, très politique, du président de la République. Sous les platanes de la place principale et devant quarante mille personnes, il cède d'abord à ses démons familiers – il est en veine de formules et d'images : « La France ne doit pas être un paquebot qui se conduit à hublots fermés. » Après chaque effet, il regarde cocassement la mine du nouvel académicien Alain Peyrefitte, son ministre de la Justice, assis sagement au pied de la tribune. Celui-ci, la tête penchée en arrière, les yeux mi-clos, semble recevoir le discours présidentiel tel le catholique intégriste l'hostie.

Incorrigible optimiste, le président fait encore ce pronostic : « À la fin de l'année, la France sortira à la fois de la crise et de l'inflation, sans drame et sans affrontement. »

Dès qu'il revient à la politique, VGE adopte un ton des plus fermes : « Je n'ai jamais cessé de croire que la majorité allait gagner. L'entente a piétiné, faute de coordination. Il faut opposer au Programme commun un programme d'action. Je veillerai, en toute circonstance, à ce que la Constitution soit respectée. [...] Je resterai quoi qu'il arrive, et l'on verra bien s'il se trouve des amateurs de coups d'État. » Jacques Chirac lui-même doit convenir que « le président a fait un pas important ».

Comme il l'a annoncé, le chef de l'État s'engage désormais de plus en plus : en décembre 1977, à Vassy, dans le Calvados, mais surtout le 28 janvier, à Verdun-sur-le-Doubs, en Bourgogne. À deux mois des élections législatives, il utilise sans hésiter toutes les ressources du prestige de sa fonction, ce dont François Mitterrand s'indigne. Il pose à l'arbitre et au chef. Il agit, comme jamais depuis 1974, en leader véritable de la majorité.

Dans *Le Monde*, Jacques Fauvet, qui n'est pas à son égard la complaisance même, veut bien écrire que ce discours est le meilleur dans la forme et dans le fond, le plus combatif et le plus convaincant. Et c'est bien l'avis de tous !

Dans le camp de la majorité, les choses se précipitent, en ce mois de janvier 1978. VGE réunit le gouvernement en séminaire, au château de Rambouillet. Tous les ministres sont interrogés. « Croyez-vous au succès de la gauche ? » Et chacun, pieusement, de se récrier. Les deux plus confiants sont Raymond Barre et Alain Peyrefitte, qui estiment que « la majorité aura vingt ou trente sièges d'avance ». Le président ne commente pas. Quelques jours plus tôt, devant un ministre gaulliste, le président, envisageant un instant le pire, s'est exclamé en bon mari : « Nous serons enfermés à l'Élysée. Ce sera terrible pour Anne-Aymone ! »

À Rambouillet, il faut écourter ce petit jeu de la vérité où chacun doit un peu tricher pour courir ensuite à Blois : en fin d'après-midi, le Premier ministre doit présenter son fameux programme en trente objectifs et cent dix propositions – un catalogue propre à allécher toutes les catégories sociales, sans qu'il puisse être bien sûr question de la moindre trace de démagogie… La plupart des excellences ont pris connaissance du document dans leurs voitures. Ce programme est calculé pour convenir à toutes les branches de la majorité. Le RPR, réticent, concède tout de même qu'il y a là « quelques éléments intéressants », sans se sentir pour autant engagé le moins du monde.

Jacques Chirac ne désire nullement se laisser lier les mains par une série de mesures trop précises. Marie-France Garaud le lui déconseille d'ailleurs formellement. Elle n'imagine pas que le maire de Paris puisse adhérer à un document dont il n'est pas l'auteur. Elle le dissuade même de cautionner de son nom les *Propositions pour la France*, concentrées en trois volumes et formulées, après six mois de travail intensif, par le secrétaire général du RPR, Jérôme Monod. N'en déplaise aux savants rédacteurs de ces textes de circonstance, l'événement politique le plus significatif de ce mois-là relève bien davantage de la stratégie électorale et du jeu des partis que de l'idéologie ou de la production intellectuelle.

Le 10 janvier, après six mois de gestation dans l'ombre, à l'abri des regards indiscrets du président du RPR, un nouveau parti voit le jour : l'UDF peut enfin pousser son premier cri. Elle est le fruit d'un mariage à quatre : le Parti républicain (ex-RI) des giscardiens estampillés, les centristes de Jean Lecanuet, les radicaux de J-J S-S et les démocrates-sociaux de Max Lejeune. Quatre ans après son élection, le président tient enfin son parti. Pour la première fois, la majorité se trouve organisée en deux pôles. Jacques Chirac a bel et bien été joué.

Le maire de Paris savait très bien ce qu'il voulait : conserver l'avantage au sein de la majorité, muscler et étoffer son RPR et manœuvrer de telle manière que ses petits alliés restent dispersés, donc inoffensifs. VGE ayant la présidence et le gouvernement, le RPR devait absolument pouvoir s'appuyer sur la mairie de Paris (c'était acquis) et sur un groupe parlementaire bétonné à l'Assemblée nationale. Ce serait là son assurance tous risques, quelles que fussent les circonstances (victoire de la majorité ou succès de la gauche). À peine élu à Paris, Jacques Chirac a donc tout mis en œuvre pour faire entériner sa force par ses alliés de moindre vigueur.

Le 19 juillet 1977, il croit être parvenu à ses fins : flanqué de Jean Lecanuet pour les centristes, de Jean-Pierre Soisson pour les giscardiens et de l'honorable Bertrand Motte pour les indépendants (les radicaux de J-J S-S ont résolument refusé de se mêler à la fête), il peut rendre public un texte idéal : le pacte qu'il présente prévoit, en effet, un désistement automatique au deuxième tour au bénéfice de celui qui arrivera en tête et un engagement formel de l'appuyer franchement (et puis on ne polémique pas entre si bons amis).

Jacques Chirac ne veut pas de programme : il n'y en a pas. Le RPR, souvent mieux implanté que ses partenaires, a toutes les chances d'arriver en tête au premier tour dans une majorité de circonscriptions. Apparemment, ses partenaires ont accepté un accord léonin. Mais Monsieur Chirac se montre parfois trop confiant en ses propres capacités électorales et pas assez attentif aux ripostes éventuelles de ceux qu'il malmène.

En surface, tout le monde joue le jeu pendant l'été 1977. On se rencontre gentiment chaque semaine pour passer les circonscriptions en revue et recenser le nombre des candidats de la majorité. Le RPR, tout sourire, peut constater qu'il arrive fréquemment que centristes et républicains mettent plus d'ardeur à rivaliser entre eux qu'à contester les positions acquises du gaullisme, preuve que l'accord qu'il a proposé ne peut lui être que profitable.

En arrière-plan, dans le pavillon de musique, s'abritent, sous les charmilles et les grands arbres du parc de Matignon, d'autres rencontres plus discrètes, qui réunissent chaque semaine les mêmes… et d'autres. Il y a là Jean Lecanuet et Jean-Pierre Soisson, mais aussi J-J S-S ainsi que des collaborateurs de Raymond Barre. Le but de ces messes noires ressemble fort au sacrifice de l'appellation contrôlée de chacune de ces chapelles, pour mieux attirer la bénédiction du ciel sur une réincarnation commune en une UDF une et indivisible.

Après mille réticences et force palabres, on tombe d'accord, le 10 janvier 1978 : une seule confédération, une seule étiquette, une seule investiture, un seul candidat contre le RPR. Ainsi donc, il y aura des radicaux UDF, des centristes UDF, des républicains UDF et même des UDF UDF. Dans la plupart des circonscriptions, le RPR aura un challenger.

Dès la mi-septembre, à l'issue d'une rencontre à Matignon avec Raymond Barre, J-J S-S a vendu la mèche, en déclarant du haut de l'escalier : « Bientôt il y aura partout des candidats uniques du front anti-RPR. » Méprisant, Jacques Chirac riposte : « Je ne tiens pas compte des déclarations des turlupins de la politique. » Le turlupin a pourtant vu juste et les bons alliés du maire de Paris se sont moqués de lui.

Ulcérés, le leader du RPR et ses proches dénoncent cette agression contre le Rassemblement, parlent de « magouilles partisanes », traitent les conjurés de « bouffons », et décident, en guise de représailles, de présenter des candidats RPR contre les ministres et les dirigeants les plus giscardiens (Jean-Pierre Soisson, par exemple). Publiquement, le maire de Paris fustige le nouveau parti en ces termes : « L'UDF, c'est comme un pâté : elle va réduire à la cuisson. »

Les résultats électoraux démentent cette prédiction vengeresse.

Le 19 mars 1978, la majorité l'emporte. La gauche désunie est battue. Mais si le RPR demeure, avec quelque cent cinquante-trois élus, le groupe le plus puissant de la majorité (mais il perd tout de même vingt sièges), l'UDF le talonne, avec cent vingt-quatre députés : désormais, il y a, à l'Assemblée nationale, deux pôles équilibrés dans la majorité.

Dans cette victoire commune, Jacques Chirac, Raymond Barre et Valéry Giscard d'Estaing ont chacun joué leur partie.

Plus que quiconque, le président du RPR s'est dépensé. Personne n'a franchi autant de kilomètres, tenu autant de réunions, galvanisé autant de militants, mobilisé autant les esprits. Il a réveillé les assoupis, rendu confiance aux hésitants.

Raymond Barre, lui, a mené une campagne plus discrète et délibérément plus solitaire. Faute de pouvoir parler au nom de toutes les formations de la majorité, mais très satisfait d'incarner l'autorité gouvernementale, le sérieux, la compétence et la résolution, il a fait bande à part. Avec un plaisir à peine déguisé, il a visité quelques villes sous ses propres couleurs : « Barre-confiance. » Il a été plus économe de ses propos et moins prodigue de son temps que le président du RPR. Il a rameuté des assemblées beaucoup plus modestes. Sa conviction tranquille, son assurance insubmersible ne seront pas oubliées. Durant ces semaines-là, le Premier ministre se sera fait une petite clientèle bien à lui, qu'il aura soigneusement canalisée vers les urnes du bon choix.

Quant à Valéry Giscard d'Estaing, il a abondamment usé du crédit présidentiel. Lui qui avait innové en se déclarant prêt à rester à son poste même en cas de victoire de l'opposition a néanmoins beaucoup fait pour assurer la victoire de la majorité. Les Français ne s'y trompent pas, qui font du chef de l'État le grand vainqueur et le seul bénéficiaire du scrutin. La presse non plus, qui, sans se préoccuper davantage de savoir qui a terrassé le plus d'adversaires et décidé le plus d'électeurs, lui ceint le front des lauriers du général victorieux.

« On nous a volé notre victoire », proteste, presque pathétique, Yves Guéna, au soir du deuxième tour. Car, à l'avance, le maire de Paris savait bien qu'une défaite de la gauche raffermirait d'abord VGE : Jacques-qui-rit se félicite d'avoir ramené au parlement autant de députés gaullistes. Jacques-qui-pleure se désole du rééquilibrage intervenu au bénéfice des amis du président. Pour l'avenir, il lui reste à inventer une stratégie…

Le soir de la victoire de la majorité, au RPR où les sentiments de joie et de tristesse sont mêlés, c'est Charles Pasqua qui résume d'une formule ce climat : « Nous avons travaillé pour le roi de France, et nous nous apercevons que nous avons travaillé en fait pour le roi de Prusse. »

CHAPITRE IX
Le grand désamour

Le 20 mars 1978 au matin, une ère nouvelle commence dans les relations entre VGE et Jacques Chirac. L'horizon s'appelle désormais : les présidentielles. En politique, une élection chasse l'autre. Dans les rapports du tandem Giscard-Chirac, une compétition chasse l'autre.

Le chef de l'État et son ex-Premier ministre sont voués à se traiter maintenant en adversaires irréconciliables. Si VGE l'emporte en avril-mai 1981, Jacques Chirac devra, dans le meilleur des cas, attendre l'élection présidentielle suivante (1988) en rongeant son frein – ce qui n'est pas exactement dans sa nature. Le président fera, de surcroît, tout ce qui est en son pouvoir – nul n'en doute, et surtout pas le maire de Paris – pour mettre à profit cette longue période, l'affaiblir et le laminer.

De son côté, Jacques Chirac doit donc tout faire pour tenter d'empêcher cette réélection destructrice. Il lui faut se démarquer, critiquer, dénoncer et, s'il le peut, déconsidérer. Mais avec deux butoirs : s'il ne saurait être question de s'aligner, sauf à se dissoudre et à abdiquer, il peut encore moins s'agir d'un affrontement direct, d'une lutte à mort, du combat final, sauf à s'exposer au soupçon d'illégitimité (insupportable sous la Ve République lorsqu'on appartient à la majorité, *a fortiori* lorsqu'on revendique l'héritage gaulliste). À son corps défendant, Jacques Chirac ressemble à ces matadors portugais qui combattent le taureau sans jamais avoir droit de le tuer d'un coup d'épée.

Le jeune couple radieux de 1974 n'a pas résisté à l'épreuve du mariage. Il s'est désintégré dans l'amertume et la rancœur. Dans une cour de la Renaissance, un meurtre passionnel aurait peut-être clos cette aventure. À l'approche du troisième millénaire, la haine doit se farder, paraître plus urbaine et plus policée. Le désamour le plus cruel doit se cacher derrière une *bella figura*. Comme la vindicte est trop forte pour une séparation à l'amiable, reste le divorce teigneux.

Voilà toute l'histoire des relations entre VGE et Jacques Chirac depuis 1978. Elle n'est pas achevée, mais sa logique et son climat ne font pas de doute : une guérilla ininterrompue va recouvrir une épreuve de force inexpiable. Pour cette histoire des derniers mois, il faut être modeste, renoncer à une chronique minutieuse et se contenter de dessiner à gros traits les mésaventures les plus récentes de ces deux divorcés qui n'en finissent pas de rompre.

Au lendemain des élections législatives, Jacques Chirac sait bien qu'une période difficile s'ouvre pour lui. Il a ramené comme promis plus de cent cinquante députés gaullistes au Parlement. Il a contribué à réinstaller plus solidement que jamais le chef de l'État dans son fauteuil présidentiel. Il va lui falloir maintenant harceler sans jamais rompre, se distinguer sans se suicider, tenir en équilibre sur le fil du rasoir.

Quarante-huit heures à peine après les élections, la zizanie commence avec l'affaire du Perchoir. La présidence de l'Assemblée nationale revient de droit à un gaulliste (le RPR ayant le groupe le plus nombreux). Malheureusement, deux candidats se présentent : Edgar Faure, le président sortant, et Jacques Chaban-Delmas, qui occupait lui aussi, sous de Gaulle, l'hôtel de Lassay. Le premier est poussé par le clan Chirac et son goût des palais nationaux. Le second par le clan Giscard et son désir de revanche.

Au départ, en fait, le maire de Paris n'a pas de religion bien déterminée. En revanche, Marie-France Garaud, elle, sait tout à fait ce qu'elle veut. On peut le résumer en deux mots : Chaban, jamais !

Le duel prend vite, dans les couloirs du Palais-Bourbon, une allure de vendetta où les côtés burlesques abondent. Que voit-on ? Un Michel Poniatowski en transe métamorphosé en chabaniste fanatique (en 1974, le même Ponia, avec la même fougue, dénonçait la « fragilité » dudit Chaban) et faire une campagne ardente pour le maire de Bordeaux, entraînant dans son sillage Michel d'Ornano, le battu de Paris, et l'UDF tout entière. Dans les rangs gaullistes, Chaban encore a l'appui des girondins, des ministres (Alain Peyrefitte en tête) et des barons (Michel Debré lui fait tout de même remarquer avec humeur : « Et moi, pourquoi ne me propose-t-on jamais rien ? »).

Edgar Faure, centriste d'instinct et de style s'il en est, porte curieusement les couleurs de la fraction la plus irréductible et la plus militante du chiraquisme. Yves Guéna, toujours mesuré, menace d'exclure Chaban des rangs gaullistes pour le punir d'avoir osé défier Chirac.

Les députés RPR, tout juste élus et fort désireux de prendre tranquillement possession de leurs cocardes, de leurs vestiaires, et de faire en paix leur rentrée des classes à eux, contemplent sans enthousiasme cette guerre des chefs qui les dépasse.

Ni Jacques Chaban-Delmas, ni Edgar Faure ne veulent s'effacer. Un instant, Jacques Chirac se serait résigné à laisser élire Chaban. « Non, Jacques, pas Chaban, Edgar ! » lui oppose, sur un ton de dompteuse s'adressant à son lion favori, la conseillère soudain déchaînée. Le chef du RPR lui doit tant de reconnaissance et lui porte tant de considération pour sa maestria politique qu'il obtempère et remonte à l'assaut. Pour Edgar.

En vain : tout cela sent trop son règlement de comptes pour déclencher l'ardeur des parlementaires RPR qui ressentent encore les fatigues de leur propre campagne. Edgar Faure est battu. Jacques Chaban-Delmas récupère son perchoir, Jacques Chirac est défait et Marie-France responsable. La législature commence, pour le maire de Paris, par un faux pas irritant.

« J'ai reçu un coup de pied au c… Il fallait le rendre au plus vite : j'ai flanqué une gifle », explique en privé le maire de Paris, fort dépité et même ulcéré de constater que cent cinquante députés élus sous son patronage actif se montrent moins disciplinés que cent cinquante candidats investis. Comme la colère est mauvaise conseillère, il réagit aussitôt par une seconde erreur : il fait écarter des instances dirigeantes du RPR tous ceux qui viennent de s'opposer à lui – les ministres et les présidents des Assemblées parlementaires. Chacun comprend qu'Alain Poher n'est pas visé.

Pour le groupe RPR, ces manœuvres subalternes prennent un petit tour mesquin. Si Jacques Chirac n'est pas, lui-même directement, trop contesté, son entourage, en revanche, est chargé des sept péchés capitaux. Jadis magiciens un peu sorciers, Pierre et Marie-France passent, de ce jour, pour les mauvais génies.

Au lendemain des élections législatives, le président du RPR, comme tous les leaders des grands partis (François Mitterrand, Georges Marchais, Jean Lecanuet), est reçu par le président de la République. Le porte-parole de l'Élysée caractérise le tête-à-tête de « franc et utile ». Jacques Chirac, pour sa part, le juge plus franc qu'utile. La conversation a tourné au monologue alterné. VGE a rappelé sa conception pédagogique d'une France tolérante et ouverte. Son visiteur a souhaité un changement de cap économique et s'est tout à fait opposé à l'idée (suggérée par le château) de confier à des élus de l'opposition des présidences de commissions à l'Assemblée nationale. Le dialogue de sourds continue.

Avec le gouvernement de Monsieur Barre, les relations, malgré l'approche de l'été, demeurent toujours aussi fraîches. Le maire de Paris (sur les conseils discrets de la présidence de la République) est quelque peu persécuté en son fief par les autorités de tutelle.

La défense nationale redevient un sujet de conflit plus sérieux. Le soupçon qui pèse, dans ce domaine, sur la doctrine présidentielle se concentre, cette fois-ci, sur la querelle concernant le sixième sous-marin nucléaire. Le RPR veut que le gouvernement lance sa construction au plus vite. L'Élysée, au départ, est partisan d'attendre qu'une nouvelle génération de fusées atomiques soit au point.

Pierre Messmer, fort de son autorité (il a été pendant neuf ans le ministre des Armées du général de Gaulle), exprime à voix haute les blâmes les plus sévères et les appréhensions les plus vives. Jacques Chirac ne cache pas que ce débat lui semble « essentiel et fondamental » pour distinguer la fermeté gaulliste du flou centriste. En septembre 1978, VGE tranche pour la construction d'un sixième sous-marin, qui marquera le passage en souplesse d'une génération à l'autre.

En politique étrangère, le climat de défiance tire prétexte des initiatives françaises sur le continent africain : Mauritanie, Tchad et même Zaïre – malgré le succès de l'opération Bonite. Ce ne sont pas tant les interventions françaises qui peuvent mécontenter les héritiers du Général (et pour cause : de 1958 à 1974, les précédents ne manquent pas !) que les méthodes, le moment choisi et le retard des informations données au Parlement. Ils sont d'autant plus choqués qu'ils ont, au fond d'eux-mêmes, quelque envie de l'être. Le maire de Paris ne décourage pas ces velléités contestataires.

Cette fois, impossible pourtant d'incriminer Pierre Juillet ou Marie-France Garaud : le tandem le plus influent de France s'en est allé, choisissant de se retirer quelque temps sur ses terres provinciales – la Creuse ici, le Poitou là. Après une telle campagne, il faut souffler un peu et laisser s'éteindre d'elle-même la grogne parlementaire contre les gens de l'ombre.

Jacques Chirac prend ainsi, et plutôt brusquement, la mesure du nouveau rapport de forces. Il a mal commencé cette période nouvelle.

Se sentant affaibli, il sera plus tenté que jamais de se poser en s'opposant.

Durant l'été 1978, il voyage un peu – histoire de se faire connaître hors de l'Hexagone et d'impressionner les braves gens –, dans le Pacifique et en Chine, d'où il revient, à la mi-septembre, en s'exclamant devant des journalistes interdits : « C'est un pays formidable parce qu'il n'y a pas de parti de l'étranger. » À sa descente d'avion, il bondit à Biarritz retrouver son groupe parlementaire, réuni en journées d'études.

Yves Guéna, alors délégué politique, raconte : « Nous sommes arrivés la tête vide, sans plan très précis. Bien sûr, il allait de soi que nous allions réclamer plus de vigilance à l'égard du gouvernement. Nous tombons sur un Michel Debré déchaîné, qui nous déclare tout à trac : “Il faut remettre en cause notre appartenance à la majorité. Il faut voter une motion de censure avant la fin de l'année. [...] Il faut un gouvernement de salut public !” » Jacques Chirac n'en est pas là et, sans vouloir décourager cette vigueur, tente de convaincre le député de la Réunion de patienter un peu. « J'ai déjà distribué mon texte aux journalistes. C'est trop tard, je ne changerai pas d'avis », réplique, cassant, l'ancien Premier ministre du général de Gaulle.

Les députés tout juste élus en restent abasourdis. Ils ne sont pas convaincus pour un sou : l'idée de provoquer une crise et de devoir repasser devant les électeurs ne leur paraît pas très sérieuse, même pour faire plaisir à Michel Debré. L'un d'entre eux, Jacques Cressard, élu d'Ille-et-Vilaine, publie dans *Le Monde*, au même moment, une tribune libre résumant le sentiment général. Il écrit : « Fidélité envers Jacques Chirac, loyauté vis-à-vis du président de la République, cela n'est pas inconciliable. [...] Je refuse laguéguerre que souhaitent ces troisièmes couteaux de mélodrame, ces bouffons de comédie, ces confidents de tragédie, qui se croient un avenir en déchirant la majorité. » Les oreilles de Pierre Juillet et Marie-France Garaud doivent tinter... Le climat du groupe n'est pas à la lutte finale.

Au cours du dîner de presse, Jacques Chirac se montre plutôt évasif et dit en substance : « La motion de censure ? On verra... » En revanche, un verre à la main, il fait cette confidence : « Tout ce que je peux vous dire, c'est que, sur l'Europe, je ne suivrai pas Debré. » À quelques mètres de là, le maire d'Amboise prophétise : « Je peux vous assurer que Jacques Chirac me suivra sur l'Europe. »

Le problème du chef du RPR s'appelle, en effet, désormais Michel Debré et le terrain de leurs dissentiments : l'Europe, jusqu'aux élections de 1979, où les Français seront appelés pour la première fois à élire des représentants à l'Assemblée européenne au suffrage universel direct.

Michel Debré est décidé à aller jusqu'au bout de sa croisade contre la supranationalité et l'intégration, ces deux hydres qu'il veut exterminer à tout prix. Il entend bien mener personnellement la liste gaulliste. Jacques Chirac, qui veut par-dessus tout préserver l'unité de son mouvement et sait qu'il lui faut se démarquer de VGE sur des sujets sensibles aux électeurs RPR, temporise. Pierre Juillet l'engage d'ailleurs vivement à se montrer intransigeant sur des questions pour lesquelles il n'a pas encore bien défini ses prises de position. Et puis il ne peut pas traiter à la légère un Michel Debré qui risque de constituer une menace.

Depuis qu'il a pris possession du mouvement gaulliste, le maire de Paris renifle le danger. Michel Debré – qui pourrait le contester ? – a reçu les saintes huiles des mains du Général. Beaucoup de militants l'adorent et les députés sont tiraillés entre le respect et l'agacement, devant tant de labeur, de dynamisme, de passion, de discours et d'articles. Au sein du RPR, l'ex-Premier ministre du Général est le seul à pouvoir constituer quelque gêne, et il en meurt d'envie. Il n'a jamais accepté, au fond de son cœur, de ne pas être le premier chez les gaullistes.

Ainsi, vient-on d'acclamer Jacques Chirac ? Lui se précipite à la tribune pour se faire ovationner à son tour. Organise-t-on un dîner de presse ? Il souffre l'enfer si le maire de Paris retient davantage l'attention que lui. Faut-il parler à l'Assemblée au nom du groupe RPR ? Il exige d'être l'orateur de flèche, celui qui bénéficie de la retransmission télévisée. Prend-il la parole ? Il entre bientôt dans des transes si passionnées que l'assistance stupéfaite se demande s'il est le jouet d'un tempérament trop sanguin, s'il a des convictions immuablement déchirantes ou bien s'il s'agit de l'art consommé d'un acteur survolté par son propre personnage. Jacques Chirac aborde Michel Debré, tel Haroun Tazieff un volcan au bord de l'éruption, partagé entre la fascination et la nécessité d'échapper aux coulées de lave : quelqu'un dont le président du RPR a tout intérêt à contrôler les initiatives.

Jacques Chirac rappelle donc ses deux tuteurs au début du mois d'octobre. Pierre Juillet et Marie-France Garaud s'en reviennent de leurs provinces reposés et goguenards, plus père et mère fouettards que jamais. « Ah ! on ne peut pas vous laisser seul, vous ne faites que des bêtises. Vouloir déposer une motion de censure est ridicule mais l'Europe, c'est plus sérieux que vous ne le croyez. » Ils ont, bien sûr, aussitôt leur recette : ils inventent la « trêve ». Le groupe parlementaire a envie de grogner sans risque ? Michel Debré rêve plaies et bosse, anathèmes et censure ? Eux décrètent qu'il est temps de signer l'armistice avec le gouvernement. L'apaisement sera de règle pour les affaires courantes. Pour les affaires sérieuses en revanche – l'Europe, par exemple –, le durcissement s'impose. On appliquera la stratégie du lait sur le feu : on fait bouillir, on retire la casserole ; on refait bouillir, on retire derechef.

Les députés, l'esprit moins à l'affût, s'embrouillent un peu devant ces variations incessantes. Le paroxysme de ce qui ressemble à un dédoublement de personnalité (il faut laisser en paix ce pauvre Barre/il n'est pas question de concessions sur l'Europe) est atteint le 6 décembre, avec l'appel de Cochin.

Jacques Chirac a été victime, le 26 novembre 1978, d'un accident de la route sur les chemins verglacés de Corrèze. Il aurait pu lui être fatal. Il est hospitalisé pour plusieurs semaines, souffre le martyre et en gardera longtemps des séquelles douloureuses. Ramené à Paris, le maire de la capitale est installé dans une chambre de l'hôpital Cochin, qui devient aussitôt l'un des centres nerveux politiques de la France. Bernadette Chirac, son épouse, fait le guet devant sa porte pour tenter de le protéger des visites. Elle ne porte pas dans son cœur les deux conseillers, qui accaparent un peu trop son mari et donnent des avis qui choquent son loyalisme (elle ne s'en cachera pas dans une interview à *Elle* qui fera quelque bruit).

Bernadette ne peut empêcher la mise au point et la publication d'un texte qui va constituer la charge la plus violente et la plus vindicative contre VGE jamais formulée par le président du RPR. La plume a été tenue par Pierre Juillet et René de Lacharrière, un universitaire qui fut conseiller de Pierre Mendès France. La responsabilité politique n'en est pas moins totalement endossée par un Jacques Chirac qui a lu et relu le texte sur son lit de douleur. Les formules qui y fleurissent sont rien moins qu'amicales : « Il est des heures graves de l'histoire d'un peuple [on reconnaît bien là l'introduction habituelle de Pierre Juillet]. […] On prépare l'inféodation de la France, on consent à l'idée de son abaissement. Comme toujours quand il s'agit de l'abaissement de la France, le parti de l'étranger est à l'œuvre avec sa voix paisible et rassurante. »

Toujours le parti de l'étranger, toujours la faiblesse du président, toujours le laisser-aller général dès que l'équipe pompidolienne ne tient plus les commandes. La France entière suffoque de surprise, d'indignation même. Dans la famille gaulliste, souffle la tempête : Lucien Neuwirth, élu de la Loire, se met en congé de vote. Hélène Missoffe, élue de Paris, démissionne du groupe. Alexandre Sanguinetti, dont le giscardisme n'a rien d'instinctif, se met en congé illimité de parti et rompt de fait avec Jacques Chirac. Alain Peyrefitte, qui sait écrire, prend la plume et envoie une lettre à tous les parlementaires RPR. Il y stigmatise « ces propos outranciers » et s'en prend aux « personnages occultes qui semblent s'être emparés de l'appareil de notre mouvement. » « Vous aurez la décence de quitter le Rassemblement que j'ai fondé et que je préside », lui répond Jacques Chirac.

Dans des conditions grand-guignolesques, le garde des Sceaux est exclu pour six mois. Tous les ministres se solidarisent avec lui. Les députés les mieux disposés envers Jacques Chirac se l'avouent entre eux : « Il y va vraiment trop fort ! Et où mène-t-il le gaullisme ? »

Pour avoir suivi les conseils de son entourage, le leader du RPR vient de commettre une faute grave, qui entachera désormais son image et jettera le doute sur ses intentions. Le matador portugais vient de laisser paraître qu'il franchirait décidément bien volontiers la frontière pour participer enfin à une corrida espagnole. Jacques Chirac se trouve condamné à faire du théâtre politique. Comme il ne peut à aucun prix laisser croire qu'il s'est mis dans son tort, il lui faut recadrer son offensive. À peine est-il remis sur ses jambes qu'il lance trois vagues successives contre le giscardisme.

La première commence avec les journées parlementaires RPR, qui se tiennent à la Guadeloupe. Le ton n'est déjà pas d'une cordialité extrême envers le chef de l'État. Jean Falala, le numéro deux du groupe RPR, prononce notamment un discours en forme de réquisitoire, plutôt bien accueilli par l'assistance, quand, de Paris, surgit une initiative qui prend de court jusqu'à Claude Labbé, président du groupe, et Yves Guéna, le délégué politique du mouvement : Jacques Chirac demande la convocation d'une session extraordinaire du parlement afin de mettre en cause la politique économique et sociale du gouvernement. Pour faire bon poids, il exige aussi la constitution de deux commissions d'enquête parlementaires. La plus célèbre se penchera sur l'information à la radio et à la télévision. Le maire de Paris estime y être traité de façon indigne. Il veut régler ses comptes et avec Raymond Barre, et avec les journalistes les plus en vue de l'audiovisuel. Parce que l'on a omis de le consulter, Yves Guéna, qui a sa fierté, abandonne ses fonctions.

Autant de gestes sans précédent dans les annales de la Ve République, autant de tentatives qui se terminent plutôt mal. La session extraordinaire a bien lieu du 14 au 16 mars. Jacques Chirac a dû s'appuyer sur les suffrages de la gauche pour en obtenir la convocation (les gaullistes n'en sont pas tous ravis…). Elle tourne à la confusion. L'inventeur de la manœuvre ne monte même pas à la tribune. On ne l'entend pas. Michel Debré, qui le supplée, vient d'expliquer dans l'hémicycle exactement le contraire de ce que pense le maire de Paris. Là où Jacques Chirac exige (il vient encore de le dire dans une interview au *Monde*) une politique économique qui tourne résolument le dos à celle de Raymond Barre, le député de la Réunion plaide, lui, pour une cure de super-barrisme. Et pour clore ces incohérences, le groupe RPR ne se résout pas à mêler ses voix à celles de la gauche pour voter une motion de censure – toujours la corrida portugaise. Quant aux commissions parlementaires, elles commencent leur enquête à la manière de Corneille et la terminent façon Feydeau.

Deuxième vague : le 31 mars, se tiennent, porte de Champerret, les assises nationales du RPR. Malheureux avec ses parlementaires, bousculé dans l'opinion, Jacques Chirac se tourne vers ceux qui l'aiment : les militants. Charles Pasqua en réunit plus de vingt mille, dans un cadre pas très bucolique : un grand chapiteau planté entre deux autoroutes. « Gis-card dé-mi-ssion ! Chi-rac pré-si-dent ! » scandent les chiraquiens, tandis que leur idole s'en prend au « centrisme ambiant » et à cette politique économique qui « accule les travailleurs au désespoir ou à la révolte ».

La distance qui sépare le maire de Paris du président de la République s'est encore accrue, ce printemps 1979. « Chirac est sujet aux convulsions des possédés ! » s'exclame le député UDF du Loiret, Jacques Douffiagues. Le gaulliste Robert Poujade lui répond : « Chirac est à la fois impossible et irremplaçable. »

Troisième vague, enfin : Jacques Chirac n'a pas d'autre solution que de faire équipe avec Michel Debré pour la campagne européenne. Il n'a pas pu le faire renoncer à ses conceptions ardemment nationalistes. Il ne veut pas voir le RPR éclater en deux listes. Il est contraint à la solidarité. L'union se fera sur les bases idéologiques de l'ex-Premier ministre du général de Gaulle. Mais le leader de la liste sera le maire de Paris. Comme aucun des deux hommes ne manque de fougue ni de résistance, la liste DIFE (Défense des intérêts de la France en Europe) fait une campagne des plus actives. On assiste à une belle débauche d'énergie sur des thèmes pour le moins excessifs.

Pour la liste UDF de Valéry Giscard d'Estaing (conduite par Simone Veil), l'Europe est quasiment le Bon Dieu. Elle est l'espérance suprême, le remède à la crise, l'assurance de peser sur les affaires du monde, la chance d'une France qui y sera l'axe naturel et l'inspiratrice discrète.

« L'Europe, c'est Lucifer ! rétorquent un Michel Debré apocalyptique avec ferveur et un Jacques Chirac pessimiste par obligation. L'Europe, c'est la crise, l'abandon national, le renoncement, l'affaissement, la dissolution. » À l'usage, l'Assemblée européenne ne ressemblera, bien sûr, ni à la fin du monde, ni à la rédemption éternelle. Et cette campagne aura surtout permis de caricaturer les deux conceptions de la politique étrangère des deux familles de la majorité. Pour les Français, qui réagissent au moins autant sur des images politiques subjectives que sur une connaissance très précise des dossiers, la campagne européenne aura été l'occasion de mesurer le nouveau rapport de forces qui s'établit entre le RPR et l'UDF.

La liste conduite par le maire de Paris obtient 16,31 % des suffrages, celle de Simone Veil en recueille 27,60 %. Certes, le terrain n'était pas idéal et il n'était pas libre de ses mouvements, mais pour Jacques Chirac le scrutin sonne comme une défaite. La nouvelle donne politique le place dans une situation inconfortable. L'ombre d'un doute se glisse inévitablement chez ses parlementaires, toujours soucieux de bons scores électoraux. Le leader du RPR a perdu dans l'affaire cette réputation d'invincibilité qui impressionnait tant jusqu'à ses adversaires. Ainsi, le maire de Paris redevient-il un leader avec – grandeur et décadence – ses joies et ses peines, comme n'importe quel chef de parti.

C'en est fini d'une foi dont on croyait qu'elle pourrait renverser les montagnes, c'est est fini de la collaboration – et dit-on, de l'amitié – avec Pierre Juillet et Marie-France Garaud. Après tant de faux pas, de revers et de contremarches, il faut bien égorger quelques boucs émissaires. Le président du RPR rompt donc les ponts avec ses deux protecteurs. Il n'oublie pas ce qu'ils ont fait pour lui (on n'efface pas de sa mémoire tant de conseils et de coups de pouce au destin). Jacques Chirac sait aussi combien ils se sont montrés avisés pour les élections législatives de 1978. Mais, depuis, le charme s'est défait. Chacun a forcé son rôle : Marie-France a été trop impérieuse ; Pierre trop inspiré par ses voix intérieures et Jacques trop sensible à leur influence.

« C'est la disparition de l'homme invisible », se réjouissent les députés RPR, qui n'ont jamais aimé les conseillers occultes. « Nous lui avons taillé un costume trop grand… Chirac n'a pas su partir pour Londres », laisse tomber Pierre Juillet, en bouclant ses malles. Oubliant qu'elle l'avait beaucoup éperonné depuis 1978, la belle Marie-France jette, en cadeau d'adieu : « Chirac est un très beau cheval. Nous lui avons appris à courir. Il sait courir. […] Nous lui avons appris à sauter les obstacles. Il sait sauter des obstacles. […] Malheureusement, maintenant qu'il est tout seul et sur du plat, il continue à sauter les obstacles. » Charles Pasqua réplique, plus aimable : « Pierre et Marie-France croyaient avoir couvé un canard et ils avaient couvé un cygne. »

Après la victoire de la majorité aux élections de 1978, la période qui s'ouvre pour Valéry Giscard d'Estaing est le contraire même des années noires 1976-1978. En politique tout lui sourit. Le président est bien conscient de cette chance qui s'offre enfin. Pour l'exploiter, il reprend, sans se lasser, les recettes avec lesquelles il veut peu à peu apprivoiser la France.

Décrispation ! Décrispation ! À peine les urnes sont-elles vidées et les bulletins dépouillés que le chef de l'État invite, à grands sons de trompe, les principales personnalités de l'opposition politique et les grands leaders syndicaux à lui rendre visite en son palais de l'Élysée. Tous acceptent l'invite présidentielle. Preuve que quelque chose a bien changé après cette défaite de la gauche divisée.

L'union du Parti socialiste et du Parti communiste est en miettes pour longtemps : la coalition syndicale de la CGT et de la CFDT ne peut y résister durablement. Le président se trouve donc face à des partenaires affaiblis et à des adversaires déchirés. La crise économique persiste et s'appesantit, la crise internationale diplomatique et militaire va encore assombrir l'horizon, mais la France peut difficilement être un îlot de prospérité et d'optimisme, au milieu d'un océan d'incertitudes. Jamais le président n'a paru autant maître du jeu. « Jamais vainqueur, toujours bénéficiaire », grogne Alexandre Sanguinetti, qui, en Méditerranéen superstitieux, commence tout de même à regarder avec d'autres yeux cet élu protégé par le sort. « Valéry a vraiment endossé son habit de président après 1978 », confirment certains de ses meilleurs amis.

De fait, le président s'affirme sur le plan international. Il prend lui-même les décisions les plus risquées pour les interventions militaires en Afrique, dont il revendique d'ailleurs la paternité à la télévision.

Comme après son élection de 1974, il bénéficie d'une sorte de délai de grâce. En mai 1978, 89 % des Français estiment que son rôle a été déterminant dans la victoire de la majorité et 57 % souhaitent d'ores et déjà qu'il se représente pour un second mandat. Les chiffres sont moins favorables à Raymond Barre. « Tant mieux ! applaudissent les conseillers de l'Élysée à nouveau euphoriques, cette fois, les institutions fonctionnent comme elles le doivent : Matignon est bien le bouclier de l'Élysée. »

14 juin 1978 : le président tient une réunion de presse qui donne le ton de son discours pour toute cette période. Trois ingrédients s'y mêlent : la décrispation, l'Europe et le troisième millénaire.

À l'infini, VGE reprend ses thèmes civilisateurs : la France doit devenir une démocratie paisible et réfléchie où cohabitent raisonnablement les formations politiques. Il faut songer d'urgence à limiter le cumul des mandats électifs, donner un financement au moins partiellement public aux formations politiques, peut-être introduire en partie le scrutin à la proportionnelle aux élections municipales, pour les villes de plus de trente mille habitants. Le refrain de la chanson giscardienne que jusqu'à présent la majorité s'est toujours refusée de reprendre en chœur.

Sur un registre consciemment plus gaullien, le président trace à grands traits sa politique étrangère : il faut développer une force de dissuasion nucléaire et se féliciter des résultats obtenus en Afrique. La France a la capacité d'agir.

Songeant sans doute à l'horizon 1981, VGE s'intéresse de plus en plus, à voix haute, à l'an 2000 : « Il faut que la France entre en bon état au point de vue culturel, politique et social dans le troisième millénaire. » Les auditeurs ont l'esprit assez agile pour compléter d'eux-mêmes : pour préparer notre pays à cette importante échéance, il lui faut un président moderne, stable, distingué, bien de sa personne – un VGE, en somme !

À l'approche de l'automne, le chef de l'État, toujours giscardien, invite à l'Élysée des écrivains et des philosophes prestigieux ou à la mode (Claude Lévi-Strauss, Maurice Clavel, Bernard-Henri Lévy, etc.). Le climat de ce déjeuner de têtes est fait, dit-on, d'une grande courtoisie un peu guindée et d'un académisme légèrement scolaire. Chacun sent chez le président un grand désir de comprendre, d'être au fait des mouvements d'idées et des théories *in*.

Enfin gaullien, VGE annonce à ce moment-là la mise en chantier de ce sixième sous-marin-symbole. Toujours prospectif, il s'entretient avec Jean-Louis Servan-Schreiber à la télévision et fixe pour l'an 2000 les objectifs de la France : appartenir au peloton de tête des nations, coanimer avec l'Allemagne une Europe confédérale, rejoindre l'économie allemande dans les dix ans.

Autant de thèmes qui affleurent encore le 21 novembre 1978. Les circonstances l'y poussant, le président confirme son itinéraire vers l'Europe confédérale, avec une pointe d'amertume dédaigneuse : « J'ai été répudié par la conjuration des myopes. Si l'on ne veut pas arriver en retard à toutes les échéances (sociales, économiques, intellectuelles), il faut au contraire prendre de l'avance et voir assez loin. » Et de préciser, adressant ses vœux pour l'année 1979 : « Les élections européennes seront l'occasion de choisir comment la France sera représentée à l'extérieur, et non comment elle sera divisée à l'intérieur. » Et d'ajouter encore, quelques semaines plus tard : « Il faut jouer l'Europe contre l'appel à la xénophobie. »

Imperturbablement, VGE trace son sillon européen. Le 22 mars, il souligne dans une interview à *France-Soir* : « La France ne disparaîtra pas dans l'Europe. Elle sera présente comme l'ont tant souhaité les grands dirigeants historiques de la France, de Charlemagne à Louis XIV et de Bonaparte à de Gaulle. »

Cela ne va tout de même pas sans difficultés. Le président a beau dire que le chômage est une situation qui « n'est pas appelée à durer », le nombre des demandeurs d'emploi continue de grimper. En Lorraine, la crise de la sidérurgie a failli tourner au drame. Si l'Élysée peut jurer qu'« il n'y aura pas d'autre Lorraine », à l'époque les Français en sont moins sûrs. La cote du chef de l'État s'effrite.

C'est le moment où l'offensive RPR est à son maximum. Le président morigène sévèrement Jacques Chirac : « Faire vivre sous la menace est contraire à l'esprit de la Ve République. Les institutions gaulliennes seront utilisées sans hésiter, en cas de nécessité, contre les gaullistes. » À l'Élysée, les conseillers restent flegmatiques, persuadés que Chirac va échouer, comme l'avoue crûment l'un d'entre eux : « Chirac est en train de faire tout ce qu'il faut pour se couler. Si nous pouvions lui souffler ce qu'il doit faire, il ne s'y prendrait pas autrement. »

Comme la gauche se confirme plus déchirée et brisée que jamais pendant cette campagne européenne, le vent de la grogne ressemble une fois de plus à un mauvais moment à passer. Il n'y a pas d'alternative. Les adversaires font des erreurs. Les Français ne croient pas qu'une autre politique économique leur éviterait les épreuves actuelles

(les sondages l'affirment, en tout cas). Il faut donc faire la planche et regarder tranquillement vers l'Europe. Sur ce terrain, Raymond Barre, lui aussi, mène une campagne d'explications assez personnelle, très convaincue et très télévisée. Il complète ainsi les prestations, émouvantes à force de sincérité, de gaucherie et d'amateurisme dévoué, de Simone Veil (tête de liste de l'UDF). Plus jupitérien que nature, le Premier ministre se montre par ailleurs parfaitement à l'aise et plutôt satisfait de devoir fustiger les chahuteurs et les « esprits faux » de la majorité, tout en vantant l'excellence de ses thèses à lui et le caractère particulièrement judicieux de ses propres interventions.

Après les tensions du printemps 1979, les flegmatiques ont eu raison de l'être : les Français se montrent bons enfants, lors des élections européennes du mois de juin : l'UDF fait un score tout à fait honorable – l'Élysée se réjouit. Le RPR obtient de médiocres résultats – le château trépigne d'enthousiasme. Après quoi – conséquences de la crise britannique ? – VGE ne parlera plus de l'Europe qu'avec une pudeur presque bigote. Faisant pour *L'Express*, au printemps 1980, le bilan de son septennat, il n'évoque même pas le thème.

La saison politique 1979-1980 a, théoriquement, une originalité : elle ne comporte – fait rarissime en France – aucune échéance électorale. Illusion absolue… Valéry Giscard d'Estaing et Jacques Chirac ne songent plus qu'aux élections présidentielles et à la manière de les aborder dans le sens de leurs intérêts respectifs.

Le président se trouve en position de favori. Il en est conscient et bien déterminé à se servir des ressources et des pouvoirs de sa charge. Les circonstances le servent : à gauche, la discorde s'est installée, et pour longtemps. Il n'y a aucun risque de voir le Parti communiste et le Parti socialiste se réconcilier avant le premier tour de 1981.

Tout sépare désormais les frères ennemis de l'opposition. Le PC de Georges Marchais chemine de nouveau la main dans la main avec l'Union soviétique. Il trouve parfaitement légitime l'intervention de l'URSS en Afghanistan et ne s'oppose pas à ce que Moscou détienne des fusées atomiques ultrasophistiquées pointées vers l'Europe, mais fait une grosse colère lorsque l'Alliance atlantique envisage de s'équiper d'armes comparables tournées vers Moscou. À l'inverse, depuis le coup de Kaboul, le PS se sent plus occidental que jamais. À plusieurs reprises, François Mitterrand prend position en faveur d'une amélioration du fonctionnement de l'Alliance atlantique. *L'Humanité* explose d'indignation. Quand le premier secrétaire du PS juge Valéry

Giscard d'Estaing pas assez ferme avec Léonid Brejnev, *L'Humanité* suffoque de rage.

La crise européenne même (au sein du Marché commun) constitue un nouveau sujet de contentieux à gauche. Quand le Parti communiste souhaite qu'au Moyen-Orient la France donne davantage raison encore aux thèses palestiniennes, le Parti socialiste, lui, redécouvre les charmes d'Israël (il les avait quelque peu négligés depuis un certain temps…).

Valéry Giscard d'Estaing peut donc être tranquille : la crise internationale dresse une véritable chaîne de l'Himalaya entre les ex-alliés de la gauche unie.

L'adversaire du second tour, en avril-mai 1981, a toutes les chances d'être le représentant du Parti socialiste. Pour le président, un bonheur n'arrive jamais seul : la rivalité de plus en plus aigre entre les deux candidats socialistes possibles (François Mitterrand et Michel Rocard) démobilise et meurtrit quelque peu l'électorat de gauche non communiste. Les événements internationaux ayant arraché son partenaire au Parti socialiste, les polémiques internes rendent plus difficile la campagne de son héros. Alexandre Sanguinetti ajouterait sans doute : « Toujours bénéficiaire, ce VGE ! »

Du côté des gaullistes, le président n'a pas à se plaindre non plus. Certes, Jacques Chirac ne l'a pas ménagé depuis la rentrée 1979. La guerre en dentelle parlementaire n'a pu se résoudre qu'à grands coups d'article 49, paragraphe 3 de la Constitution (un traitement fort sévère qui autorise le gouvernement à faire adopter un texte sans vote, si aucune motion de censure ne le renverse). Or, comme le RPR ne peut ou ne veut pas faire tomber le gouvernement en s'associant à la gauche, tout l'automne, Raymond Barre parvient ainsi à faire adopter une série de projets – bons ou mauvais.

Pour les chantres de la décrispation, il doit être bien tristounet tout de même de devoir recourir ainsi à l'usage des forceps avec le RPR, tout en militant pour l'accouchement sans douleur de la société française du XXIe siècle…

Le gouvernement ne se montre pas d'une adresse tactique folle et fait même preuve d'une volonté de conciliation des plus modestes avec les gaullistes pour leur faire adopter le budget. Le Conseil constitutionnel doit rectifier un contresens juridique. Il faut une session extraordinaire du Parlement entre Noël et le jour de l'An pour que la France ait enfin un budget pour 1980.

Les Français – VGE ne l'ignore pas – suivent avec distraction, et même lassitude, ces péripéties qui s'achèvent toujours de la même façon : sans panache ! Elles ne renforcent sûrement pas l'autorité de Raymond Barre. Elles ne rehaussent pas non plus le prestige du RPR et de Jacques Chirac. Celui-ci a beau se montrer désormais poliment désagréable à l'égard de VGE dans ses conférences de presse, à la radio ou à la télévision, il donne l'impression de s'épuiser dans des escarmouches et de laisser passer des occasions beaucoup plus substantielles dans le domaine international.

S'agit-il d'interdire aux joueurs de rugby sud-africains de venir en France (à cause de la politique d'apartheid) tout en ne se refusant pas à participer aux Jeux Olympiques de Moscou (malgré l'invasion de l'Afghanistan) ? Le président du RPR parvient à peine à dire qu'il n'apprécie guère ce double langage gouvernemental. VGE se montre-t-il d'une patience et d'une confiance un peu trop optimistes en ce qui concerne l'Afghanistan (la France n'a condamné fermement l'intervention soviétique qu'au bout d'un mois) ? Jacques Chirac perd l'usage de la parole. Le président se rend-il à Varsovie pour rencontrer Léonid Brejnev, en espérant – en vain – infléchir la position soviétique ? Le maire de Paris marmonne quelque obscur propos. Il n'y a que Margaret Thatcher pour réveiller vraiment l'instinct combatif de Jacques Chirac. Mais comme, dans le compromis final de la négociation, les intérêts des agriculteurs français ont été préservés, sinon ceux des contribuables, l'écho de sa croisade reste modeste.

Si VGE n'apparaît donc pas à première vue très vulnérable sur le plan électoral, il n'en est que plus attaqué sur le plan personnel. Là résident ses soucis : dans l'affaire des diamants de Bokassa, les coups ne lui sont pas épargnés. Il réplique par un silence altier et ambigu, et oppose à ces accusations un démenti « catégorique et méprisant ». Néanmoins, cette campagne l'affecte.

On pourrait imaginer que la situation économique de la France constitue un sujet de faiblesse pour l'Élysée : le libéralisme musclé, et souvent autoritaire, de Monsieur Barre a sa cohérence, il a introduit quelques innovations importantes (la libération des prix, par exemple), mais les résultats ne peuvent tout de même pas réjouir le chef de l'État, ni satisfaire les Français. Or, tout se passe comme si la gravité de la situation internationale prenait le pas, dans la psychologie des électeurs, sur leurs préoccupations quotidiennes les plus justifiées. Les craintes devant la crise de la détente, le désordre monétaire, la vacuité américaine, les hausses brutales du pétrole font paraître le président français comme le garant d'une continuité et d'une certaine stabilité. Sa fermeté progressivement affirmée en matière de défense nationale contribue sans doute à cette impression. Les Français, chacun le sait, ont l'esprit cocardier et adorent leur armée – surtout par temps de paix.

Même les situations politiques les plus paradoxales donnent le sentiment de le servir : ainsi cet apôtre de l'unité, ce prédicateur du consensus national a vu, sous son septennat, la France politique et syndicale se disperser aux quatre vents de l'horizon. Lorsqu'il est arrivé à l'Élysée, le grand thème à la mode opposait deux France. Lorsqu'il se représentera pour son second septennat, la France sera divisée en quatre : PC et PS, se tournant le dos, UDF et RPR, se montrant les dents. Mais pour le souverain français, détenteur de tant de pouvoirs, cette autorisation présente des avantages et lui donne une marge d'initiative sensiblement accrue. On distribue mieux le jeu à quatre qu'à deux. On sait ce qu'en dirait Alexandre Sanguinetti…

Si la voie est toute tracée pour Valéry Giscard d'Estaing – il sera candidat, et il le sera d'autant plus qu'il le dira moins –, pour Jacques Chirac, les voies du Seigneur sont encore impénétrables.

Depuis le début du septennat, l'ex-Premier ministre de VGE n'a certes pas perdu son temps. En 1974, il faisait figure d'imposteur dans le mouvement gaulliste. Sept ans plus tard, il l'incarne, le possède et le dirige. Compte tenu de son âge, de son abattage, de son talent politique, Jacques Chirac représente d'évidence à terme la seule chance électorale raisonnable dans cette famille-là. Pour durer, il a pris la mairie de Paris en otage : il la tient et la choie. Il veut demeurer en sa citadelle : il le peut.

Son image personnelle est, certes (les sondages l'attestent), contrastée. Mais nul ne doute que ce chef de parti belliqueux et casse-cou n'ait un tempérament authentique de battant, de l'ambition et des moyens. On l'aime ou on ne l'aime pas, il existe. Il marque. Il faut bien compter avec lui. Il possède un patrimoine politique. Il se l'est constitué lui-même (ses conseillers aidant).

Reste maintenant le plus difficile : comment l'investir et pour faire quoi ? Faut-il ou non, pour commencer, qu'il soit, lui aussi, candidat aux élections présidentielles ?

Malheureusement pour lui, il doit compter avec un trublion qui se nomme Michel Debré. Le maire d'Amboise n'y a pas résisté. Il voulait être, il devait être, il est candidat à la charge suprême. Le maire de Paris a longtemps cru que l'ex-Premier ministre du général de Gaulle n'oserait pas se déclarer, attendrait son feu vert, ou encore, étant parti trop vite, reviendrait bien sagement à l'écurie à son signal. Jacques Chirac l'a mésestimé. Michel Debré est candidat (depuis le 30 juin 1980), le reste – et tout indique qu'il demeurera en piste jusqu'à l'échéance, pour exprimer à sa façon le message posthume du général de Gaulle sur les événements douloureux de ce temps.

Cette candidature indépendante, sinon sauvage, ne simplifie pas les choix pour le leader RPR : s'il s'abstient de la compétition majeure de la Vᵉ République, il s'affaiblit : les absents ont toujours tort. Et peut-il attendre sept ans ? Qui peut jurer de ce qui se passe en un laps de temps si long et si court à la fois – l'éternité en politique ? Qui sait si, au lendemain de l'élection présidentielle, quelques fissures ne se produiront pas dans les rangs gaullistes ? On peut imaginer que, sans paranoïa particulière, l'Élysée n'en serait pas fâché : en sept ans, un rival peut parfaitement surgir des rangs de la majorité. On ne saurait jurer de rien…

Si Jacques Chirac se détermine à entrer en lice, il ne peut se contenter d'un rôle de figuration. Lui qui s'est opposé avec tant d'acharnement à la candidature de Jacques Chaban-Delmas (parce que, disait-il à l'époque, le maire de Bordeaux allait faire un score indigne du gaullisme), comment pourrait-il se contenter de rassembler moins de voix que celui-ci ? Et qui peut lui garantir, quelle que soit l'excellence de sa campagne hypothétique, qu'il atteindrait les 15 % de Chaban ? Michel Debré risque de lui ravir une partie des suffrages contestataires ou historiques au sein du gaullisme. Valéry Giscard d'Estaing détournera peut-être à son profit une fraction des voix légitimistes.

Certes, ce pourrait être une façon de prendre date pour la relève de 1988. Encore lui faudrait-il choisir entre ces deux registres incompatibles : jouer l'héritier ou le rival. Encore faudrait-il que, désormais, sans tuteurs, sans père, sans conseillers, Jacques Chirac fasse la démonstration de son aptitude à mûrir, à se forger tout seul sa propre doctrine, à conduire seul son destin.

Après deux ans de vie commune, après cinq ans de brouille, de querelles, enfin de haine, une chose est sûre : Valéry Giscard d'Estaing ne l'aidera pas à passer du stade de chef de parti rival à celui d'héritier légitime.

LE NOIR ET LE ROUGE
ou
l'histoire d'une ambition

« *Madame Bovary*, pour moi, est évidemment le roman le plus important sur la société française. Mais ce qui me gêne chez les personnages du XIXᵉ, c'est quelquefois leur manque d'ampleur. Regardez la pauvreté de l'ambition de Julien Sorel. Il a la modeste idée de la réussite que se faisait Stendhal, consul à Civitavecchia, lequel admirait beaucoup Chateaubriand d'être ambassadeur à Rome… »

FRANÇOIS MITTERRAND,
in Gonzague Saint-Bris,
La Nostalgie, camarades

AVANT-PROPOS

C'était un soir de juin 1982 au château de Versailles. François Mitterrand recevait en grande pompe les chefs d'État et de gouvernement des principaux pays industrialisés pour l'un de ces sommets-spectacle qui scandent la vie internationale.

Le ciel était radieux, les journalistes innombrables. Oh, temps, suspends ton vol ! L'espace d'un moment l'état de grâce semblait renaître.

Le plus célèbre palais du monde prêtait son cadre majestueux au déploiement d'un arsenal inouï d'équipements électroniques. Tout ce qui se fait de plus sophistiqué avait été rassemblé là comme pour convaincre les grands de la terre de la modernité du dessein présidentiel français.

Mais plus que des merveilles de la technologie et du ballet admirablement réglé des hélicoptères, les prestigieux invités de la France socialiste s'enchantaient du décor sans pareil de la galerie des Glaces. Au milieu des ors et des fastes du Roi-Soleil, le président de la République semblait jouir intensément de l'instant. Le menton relevé, le regard souverain, le sourire retenu, il avait dans ce lieu, symbole de tous les privilèges, un port royal. « Je ne savais pas que Louis XIV avait succédé à Louis XV », faisait remarquer en souriant le plus impertinent des ministres socialistes. (Allusion aux ascendances discrètement revendiquées par Valéry Giscard d'Estaing.)

Avec sa corpulence et sa prestance de Bourbon, François Mitterrand semblait en effet mieux à sa place que son prédécesseur à la silhouette et aux traits de Valois croqué par Clouet.

Ce comportement si naturel et paradoxal à la fois du président de la République (un ministre communiste faisait partie de la Cour) m'a donné ce soir-là l'envie de savoir qui était l'homme responsable pour sept ans de notre destin. Je le connaissais mal, je n'éprouvais pour lui ni attrait ni rejet, plutôt une réserve timide. Je résolus de savoir d'où il venait, quelles influences il avait subies, quelles expériences il avait traversées avant d'arriver au pouvoir. Quels événements l'avaient façonné avant qu'il ne les marque à son tour. Comprendre le personnage, éclairer le caractère. C'est là mon propos. Je n'en ai point eu d'autre.

C. N.

CHAPITRE I

Le bonheur de Jarnac

À peine hissé au faîte du pouvoir, François Mitterrand choisit, le 21 mai de l'an 81, de descendre solitaire au tombeau…

Singulière liturgie ! Tandis qu'il erre, dans les immensités glacées du Panthéon, une moitié de la France – la sienne – délire d'allégresse et s'adonne à de profanes réjouissances. Sans doute eût-elle mieux compris qu'il imitât son devancier : sept ans plus tôt, pour sceller sa jeune victoire, Valéry Giscard d'Estaing avait entrepris l'ascension pédestre des Champs-Élysées jusqu'à l'Étoile, sous les vivats de ses partisans.

Le carré des intimes, lui, n'est point surpris. Il connaît l'inclination particulière du nouveau président pour les sépultures. Certains hommes politiques érudits savent réciter de mémoire un alexandrin, vanter dans un tableau la profondeur d'un bleu ou la densité d'un vermillon. François Mitterrand, lui, quand on évoque un grand poète ou un peintre fameux, songe aussitôt à préciser le lieu de sa dernière demeure : « Bernanos ? Enterré à Pellevoisin, dans l'Indre, près de sa mère. Mallarmé ? À Samoreau, du côté de Fontainebleau. Van Gogh ? À Auvers-sur-Oise. Romain Rolland ? À Brèves. Et Braque ? À Varangeville, près de Dieppe, sous une dalle ornée d'un oiseau, ailes déployées pour l'éternité. » « Où sont allés les corps de ceux qui ont inventé des mondes, la question m'intéresse. Qui aime la mort aime la vie », expliqua-t-il naguère à qui s'étonnait devant lui de cette étrange manie[1].

Mais en ce jour de mai, plus d'un Français, plus d'un électeur de gauche, ignorant cet insolite penchant, s'interrogent sur la symbolique de cette visite.

---

1. Interview au magazine *Lire*, juillet 1978.

Humilité d'un mystique déjà conscient de la vanité d'un pouvoir si longtemps attendu ? Hâte d'un superstitieux soucieux d'exorciser les puissances infernales ? Impérieux désir d'engager, à l'orée d'un avenir mystérieux, un apaisant dialogue avec les grands ancêtres qui ne pourront jamais être des rivaux ou des traîtres ?

L'inspiration du nouveau président est peut-être tout simplement politique. Depuis un siècle, la gauche est exclue du pouvoir. Elle n'y a campé qu'en de rares et furtives occasions. En s'inclinant au Panthéon sur les tombes de Jean Jaurès, Jean Moulin et Victor Schœlcher, le vainqueur socialiste renoue le fil si longtemps brisé. Il enracine de nouveau la gauche dans le terreau de l'Histoire. Un demi-siècle plus tôt, en un rite identique, les trois normaliens qui venaient de mener le Cartel des gauches au pouvoir – Paul Painlevé, Édouard Herriot, Léon Blum – avaient ainsi suivi, en grande pompe, le transfert des cendres de Jean Jaurès depuis le Palais-Bourbon jusqu'au temple laïque – mais toujours surmonté d'une croix[1] – des grandeurs nationales.

Le choix de ces trois tombes par François Mitterrand, en outre, illustre à merveille les espoirs qu'a fait lever son succès et les équivoques qui l'ont permis.

Jean Jaurès ou l'union, le syncrétisme. Assassiné à la veille de la guerre de 1914, le prophète inspiré du socialisme français, homme à l'âme généreuse, d'origine modérée comme le nouvel élu, patriote mais pacifiste, progressiste mais tolérant, n'eut à souffrir aucune des grandes questions qui devaient ensuite diviser la gauche : il n'eut pas à opter au moment crucial pour ou contre la défense nationale, pour ou contre le bolchevisme, pour ou contre la rupture avec ceux qui allaient former le Parti communiste et qui revendiquent aujourd'hui bruyamment son héritage. En 1981, Jean Jaurès demeurait le héros idéal.

Jean Moulin, le résistant. L'ancien préfet de la IIIe République, devenu le délégué clandestin du général de Gaulle dans la France occupée, avait su, lui aussi, s'entendre avec les communistes. Mais s'il appréciait leur vaillance au combat, il connaissait l'ardente obligation de leurs solidarités, qui leur fait choisir le moment de l'union ou le temps de l'isolement selon des critères dont ils savent seuls le secret. En Jean Moulin les héritiers du général de Gaulle ne pouvaient manquer de se reconnaître.

Victor Schœlcher, enfin, ministre de la Marine sous la Révolution de 1848, le libérateur des esclaves, dont la tombe se trouvait fort

1. Le Panthéon, monument consacré aux héros de la patrie, sécularisé sous la Révolution, a toujours gardé son statut primitif d'église.

opportunément sur le parcours présidentiel[1]. L'illustration édifiante du bon Blanc émancipateur des opprimés de toutes races et de toutes conditions devait aller droit au cœur des tiers-mondistes fervents qui hantent, nombreux, le Parti socialiste et ses abords.

Dans le peuple de droite – de ce jour date pour lui une ère nouvelle, il cesse de s'appeler la majorité – ce transport officiel par la rue Soufflot, à travers le cœur historique et intellectuel de Paris, cette célébration dans la crypte du progressisme éternel provoquent des sentiments mêlés : l'amertume de vaincus qui se sentent exclus, pour longtemps peut-être, d'un pouvoir qu'ils croyaient leur à jamais ; la déférence instinctive de légitimistes envers un adversaire démocratiquement élu ; une forte envie de rire et de railler enfin – thérapeutique inconsciente ? – une mise en scène d'un irrésistible pompiérisme. À moins, songent certains, que le nouveau président, en s'inclinant devant trois tombes, ne sacrifie à quelque obscur rite maçonnique.

Pour la France entière, en effet, l'œil est dans la tombe et regarde l'impétrant. Surprenant : l'homme politique le plus secret, le plus jaloux de son intimité, sollicite l'intrusion de millions de Français dans son face-à-face avec le destin. Par le truchement des caméras, ces glaces sans tain du XXe siècle, il en fait les voyeurs de l'émotion, de la fierté, du sentiment de revanche, des certitudes et des timidités qui l'étreignent en cette heure unique.

Il n'a pas choisi la chorégraphie la plus sobre. Que voit-on ? Un étonnant numéro de prestidigitation : la multiplication des roses. Tel un chanoine mondain qui va déjeuner au château – un bouquet l'eût par trop fait ressembler à une jeune épousée –, le président entre au Panthéon une fleur à la main. À peine l'a-t-il déposée sur la stèle d'un de ses héros qu'une autre rose sans épines semble aussitôt sortir de sa manche. En d'autres temps, sainte Thérèse de l'Enfant-Jésus avait en vain imploré le ciel de la gratifier de semblables miracles. On l'apprendra plus tard : des figurants anonymes cachés derrière les piliers étaient chargés d'approvisionner le nouvel élu et de le guider dans le labyrinthe.

Sans pudeur, des caméras dévisagent un homme aux traits figés et liftés par ce bonheur rare qui mérite le nom d'extase. Le buste raide, comme taillé dans le marbre, porté par des jambes – seul signe de vie dans l'édifice pétrifié – qui avancent en étroites et précautionneuses foulées, comme si elles redoutaient de laisser tomber leur prestigieux fardeau. Une courte silhouette projetant des ombres allongées sur les

1. Coïncidence : Madame Jeanine Alexandre Debray, mère de Régis Debray, conseiller à l'Élysée, publia à la fin de 1981 une biographie du héros honoré ce jour.

colonnades infinies, tandis que résonnent ses pas et s'enfle l'*Hymne à la joie*.

Fritz Lang ou Cecil B. DeMille ? La mise en scène de ce jour est cosignée par un Lang inconnu des masses populaires, sur le point de se prénommer Jack.

Le voyage au bout de la nuit achevé, enfin rendu aux vivants qui l'acclament, le regard perdu vers un ailleurs qui n'appartient qu'à lui, comment François Mitterrand se voit-il ? Étranger à sa propre aventure ? Ivre de l'instant, sent-il tomber les premières gouttes d'une pluie qui choisit ce moment pour se manifester ? Entend-il même cette M*arseillaise* entonnée par le ténor madrilène Plácido Domingo sous la baguette du chef d'orchestre Daniel Barenboïm ?

« Il aurait pu choisir des artistes français », bougonne la nouvelle opposition. Elle note que les invités personnels du chef de l'État relèvent tous du Gotha le plus international et le plus progressiste des arts et des lettres. Les Américains William Styron (décoré en 1982), Arthur Miller (décoré en 1982) et Elie Wiesel (décoré en 1981), le Colombien García Márquez (décoré en 1982), le Mexicain Carlos Fuentes, l'Argentin Julio Cortázar, le Turc Yachar Kemal.

Régis Debray, Paul Guimard et Jean-Edern Hallier, représentant la littérature française, sont, ce jour-là, les trois seuls symboles de la reconquête intellectuelle du marché intérieur.

Il est 20 heures, le pèlerinage est fini, le règne commence. À quoi ressemblera-t-il et de quoi sera-t-il fait ?

À gauche, on ne veut pas douter. Depuis des lunes on a tant promis et répété que socialisme et bonheur rimaient ensemble. « Il faut rêver la vie », enjoignaient allègrement les affiches de la campagne. L'avènement de François Mitterrand doit exorciser la crise, abolir les inégalités, terrasser le chômage, accorder à chacun la seconde chance qu'il espère et assurer aux plus modestes ce supplément de sécurité, sinon d'âme, qui garantit toute dignité. On fera rendre gorge aux patrons, on travaillera moins, on gagnera plus. La France, osant enfin un salutaire et libérateur pied de nez au monde cruel du profit, retrouvera force et prospérité. On changera tout, l'Histoire l'exige. Si tous les idéalistes de la terre voulaient se donner la main ! Un rêve passe…

Le camp d'en face n'en finit pas de s'interroger. Si ce Mitterrand vainqueur a réussi à convaincre tant de monde, c'est qu'il a joué sur des registres des plus ambigus. Avec lui, il eût fallu savoir distinguer musique et refrain. Paroles, paroles, paroles. Il avait annoncé la rupture avec le capitalisme, la fin des riches, la naissance d'un monde nouveau où les premiers seraient les derniers et les derniers seraient les premiers. De quoi en effaroucher plus d'un, si le texte n'avait été chanté sur l'air le plus mélodieux et le plus séraphique. Celui qui faisait craindre la fin de l'école libre se présentait sur un fond d'église romane[1], celui qui depuis des années avait tant mordu et griffé paraissait apaisé et suave. Celui qui promenait un sourire sceptique sur les êtres et les choses avait su faire partager son sentiment quasi religieux de la nécessité socialiste. Chacun devrait l'accepter puisqu'enfin la morale triomphait. François Mitterrand au pouvoir, on serait protégé de la grande inquisition qui défigure toujours les temps de ferveur, de zèle et de passion. Un ton presque élégiaque pour un fond presque sectaire.

La France des vaincus s'attend bien au changement. Elle en ignore l'ampleur. Le grand chambardement ? Le socialisme force 10 sur l'échelle de Richter ? Ou l'évolution lente, pas à pas ?... Mystère. Sera-t-il Robespierre, Blanqui, Guesde, Danton, Gambetta, Proudhon, ou encore Victor Considerant ? Les paris sont largement ouverts.

— Ne vient-il pas de la droite ? avancent quelques inquiets pour se réconforter.

— Il n'en aura que plus l'ardeur des néophytes, répliquent les autres pour se donner des frissons.

Comme frappés d'amnésie, ils oublient tout ce que le vainqueur a déjà écrit (mais il n'est pas certain que ses écrits suffisent à révéler sa vérité). Tout ce qu'il fut et tout ce qu'il fit.

Si l'enfance contient en germe la personnalité de l'adulte, celle de François Mitterrand pouvait-elle en ce jour donner la clé du personnage ?

Les premières années de François Mitterrand lui ouvraient en réalité une diversité de voies, parfois contradictoires. Le cadre, le milieu familial, l'éducation reçue devaient le conduire vers une forme d'intégration qui porte naturellement au conservatisme politique (une enfance heureuse ne met pas forcément un adolescent en opposition avec l'ordre social). Mais le caractère, une propension à toujours vouloir se poser en s'opposant, une volonté inquiète de s'affirmer en se différenciant le poussaient vers la contestation et la sédition instinctives. Mais le tempérament, avec une emprise naturelle sur l'entourage, un goût de l'autorité, un désir d'être toujours le premier, conduit à cette certitude : François Mitterrand est né monarque.

1. L'église de Sermages dans la Nièvre.

Le cadre : même si du côté de Jarnac on tient Jacques Chardonne pour un fieffé menteur, l'enfance de François Mitterrand pourrait s'inscrire aisément dans les pages de ses romans : « Dans une petite ville de Charente, tout le monde était heureux autant qu'il est possible sur terre ; on ne souffrait que des maux éternels… Les grands n'étaient pas toujours dépourvus d'âme et le peuple avait beaucoup d'esprit… Ils avaient chacun leurs tourments et l'habitude de n'en rien dire ; leurs difficultés de cœur aussi, plus secrètes encore. L'argent représentait une grande valeur : il permettait à chacun de conserver sa place, sa maison à la ville ou son champ à la campagne mais jamais il ne modifiait la façon de vivre, les usages de la famille… Dans cette société toute fondée sur les intérêts très âpres car chacun pouvait perdre pied et la sagesse obligeait d'être avare, je suis frappé du peu de place que tenaient en somme l'argent ou la fraude[1]. »

Né à Jarnac le jeudi 26 octobre 1916 sous le signe du Scorpion ascendant Balance, le petit François, deuxième garçon et numéro cinq de la nichée Mitterrand, fils de Joseph, chef de gare à Angoulême, et d'Yvonne Lorrain, une mère fort pieuse qu'il vénéra, connut une enfance privilégiée.

Il appartenait à une famille assez aisée pour que l'on n'y parlât jamais d'argent. Assez nombreuse – huit frères et sœurs et deux cousins germains du même âge – pour qu'y régnât en permanence de la gaieté. Assez religieuse pour inculquer à ses enfants la morale et les principes qui balisent les routes de la vie. Assez chaleureuse et attentive pour prévenir toute envie de rupture. Assez stricte et souple pour donner des usages sans entraver la liberté. Assez férue enfin de littérature et d'idées nouvelles pour familiariser aux jeux de l'esprit.

Vivre à Jarnac au lendemain de la Grande Guerre, ce n'était même pas s'enfermer dans une province bourgeoise où l'imprévu est une denrée exotique pour romancier. Ce petit bourg de quatre mille habitants, bien calé sur ses tonneaux de cognac, s'ouvrait par tradition sur l'étranger avec lequel il commerçait. Négociants anglais, suédois et allemands venaient s'y approvisionner. Ils étaient reçus dans les puissantes et énigmatiques maisons de pierre blanche. D'abord comme des clients, bientôt comme des amis. Le vent du dehors soufflait sur cette belle province au climat retenu. Les étés semblaient doux et les hivers cléments. L'air de la mer souvent venait y expirer.

1. Jacques Chardonne, *Le Bonheur de Barbezieux*, Paris, Stock, 1938.

La société charentaise vivait dans l'harmonie. Les vapeurs belliqueuses de la lutte des classes n'entêtaient point encore les cerveaux. Cette région sans industrie lourde ne comptait pas de prolétaires. Les riches étaient très riches, « ils croyaient mériter leurs avantages et le peuple le croyait comme eux-mêmes[1] ». Les pauvres n'étaient point misérables. Rien n'offensait la justice. Les plus grosses fortunes étaient ici protestantes, donc républicaines. Entre patriciens huguenots et bourgeois catholiques, souvent de tradition monarchiste, on se saluait, on se considérait parfois, on ne se fréquentait guère : « Les alliances naturelles des protestants se faisaient avec la porcelaine de Limoges ou les châteaux de Bordeaux[2]. » Jusqu'à la Libération les mariages mixtes étaient presque inconcevables.

La famille Mitterrand-Lorrain, catholique et fort pratiquante, tenait dans ce monde exigu un rang honorable. Ils étaient des notables, mais point des tout premiers. Petits-bourgeois pour les grands, grands bourgeois pour les petits, ils en nourrissaient une double fierté : leur proximité avec le peuple était faite de charité, et de réserve leur voisinage avec ceux qui comptent. L'absence d'arrogance envers les humbles autorisait avec les nantis – peu disposés à réduire les écarts – une distance teintée de réprobation.

On respectait les Mitterrand et les Lorrain. On vantait leur générosité, leur façon d'héberger sans ostentation quelque vieille cousine dans le besoin ou quelque religieuse à la santé chancelante. Ils avaient des biens mais n'en faisaient nul étalage. Sans se créer de soucis financiers, ils pouvaient se permettre d'envoyer une fille, veuve de guerre, se reposer quelque dix-huit mois, accompagnée d'une infirmière, dans un hôtel en Suisse.

Jules Lorrain, le grand-père, possédait à Jarnac plusieurs belles maisons carrées – « tout un quartier de la ville », prétendent même les Jarnacais qui se souviennent. La famille se répartissait entre deux grandes bâtisses plus robustes qu'élégantes. De deux étages chacune aux ouvertures étroites, comme il sied en Charente, et séparées par un vaste jardin où poussaient des géraniums, des giroflées « qui plaident pour l'existence de Dieu mieux qu'on ne fait à Notre-Dame[3] », un palmier et même un *Pinus pinaster soland*, ce pin maritime symbole de vie éternelle de l'Église réformée. Signe irréfutable d'origine : le grand-père avait acheté aux héritiers du pasteur l'une de ces bâtisses

1. Jacques Chardonne, *Le Bonheur de Barbezieux*, *op. cit.*
2. Interview de François Mitterrand, *L'Expansion*, août 1972.
3. François Mitterrand, *La Paille et le Grain*, Paris, Flammarion, 1992.

jouxtant le temple. Là vivaient Monsieur et Madame Lorrain, leur fille Antoinette Sarrazin, veuve de guerre, ses deux enfants Pierre et Yvonne, dite Lolotte, et les hôtes de passage. Une tenace odeur d'encaustique flottait dans les longs couloirs enténébrés comme des chapelles où les enfants redoutaient de croiser mille fantômes, et jusque dans les vastes pièces encombrées de meubles rustiques ou de style Louis-Philippe ; des porcelaines de la Compagnie des Indes et des bibelots anglais rapportés de voyage complétaient la décoration.

L'autre maison abritait les dix Mitterrand. Quand ils évoquent leurs souvenirs, les frères et sœurs du président racontent volontiers que leur père aimait utiliser ou disposer les meubles d'étrange façon. Un lit clos breton, rapporté de Quimper, fut par ses soins métamorphosé en bibliothèque ; la cheminée du salon s'ornait de coffres également bretons – « il avait, disent-ils, le goût des belles choses ».

Filles d'un côté, garçons de l'autre, les enfants dormaient à plusieurs dans les chambres spacieuses. Très jeune, François intrigua pour obtenir un cadre bien à lui et la permission de s'isoler dans la chambre aux oiseaux, ainsi dénommée parce que les murs étaient tendus d'une perse rouge et verte représentant des passereaux.

Le grand-père, Jules Lorrain, possédait aussi à La Treille, aux portes du bourg, une petite propriété – environ vingt-cinq hectares. On y cultivait la vigne dont le produit était vendu aux fabricants de cognac. Mais c'est à Touvent, près d'Aubeterre, aux confins de la Dordogne, que s'étendait son véritable domaine : une centaine d'hectares, entourant une confortable maison de maître campagnarde, plantée face à un jardin d'agrément dont les ormes séculaires abritaient les dépendances. Il passait là quelque huit mois par an, des primevères au foie gras. On ne vivait pas dans le luxe. Point d'eau chaude. On s'éclairait au gaz. Les commodités, encore rustiques, trônaient dans le jardin – toutes choses fort habituelles à l'époque dans ce milieu. On ne manquait de rien. On était servi. Une cuisinière, une lingère, un cocher et les femmes des trois métairies qui grossissaient les effectifs en cas de presse.

Pour Jarnac, Madame Lorrain faisait venir ses bonnes de Bretagne. Elle les choisissait d'après photographies. Toute la famille se souvient encore en riant d'une certaine Marie : elle avait envoyé son portrait en pied, vêtue de la robe de mariée de sa sœur ; elle présentait bien, elle fut sélectionnée… et l'on vit arriver une minuscule personne plutôt contrefaite. Passe encore le souvenir de l'irritante Simone qui chantonnait *La Fille du bédouin* du soir au matin. Et celui de la gracieuse Henriette qui perturba quelque peu les sens des garçons.

Le dimanche, on se rendait à la messe en voiture capitonnée, à petit trot, à Nabinaud[1]. Ce jour, on priait à déjeuner le curé, l'abbé Marcellin, de tendance bonapartiste, et Monsieur Delugin, le maire radical et laïc du bourg. Illustration de l'émollience du climat charentais : ce Peppone local n'a jamais refusé de vendre son vin de messe à son Don Camillo.

La table était agréable et variée. Veaux, vaches, cochons, couvées, légumes et fruits de saison à profusion. Le canard à l'orange (avec des quartiers d'orange) était plat de fête[2]. La Dronne, lente rivière où les enfants canotaient en barque plate, traversait la propriété. Elle approvisionnait la famille en chevesnes, perches arc-en-ciel et anguilles. Les paniers tendus en viviers en recueillaient parfois jusqu'à deux cents kilos dans la nuit, que l'on allait vendre à Angoulême. Un moulin fournissait l'huile de noix. On parlait alentour, avec grand intérêt, de la porcherie modèle bâtie par le grand-père et, avec une pointe de surprise – ce paternalisme-là n'était guère dans les usages de la région –, des logements qu'il avait fait construire pour ses métayers.

Durant deux trimestres, sept années de suite – jusqu'à leur entrée en sixième au collège d'Angoulême –, le petit François, deux de ses frères et sœurs cadets, Jacques et Geneviève, et leurs cousins Pierre et Lolotte vécurent avec leurs grands-parents dans ce décor « où le temps et les choses parlent de Dieu comme d'une évidence[3] ».

Ils ne fréquentaient guère l'école communale (à peine un petit trimestre l'an à Jarnac). Les curés de La Prade et de Pillac venaient leur faire la classe, comme à des enfants de château. Les horaires étaient stricts – 9 heures, midi ; 14 heures, 16 heures – et les caprices interdits. Une grosse cloche, plantée sur le toit, réglait la vie des enfants. On la mettait en branle depuis le vestibule au pied de l'escalier.

« Tiens, voilà les petits messieurs qui vont à table… » « Tiens, voilà les petits messieurs qui vont à l'étude… », ponctuaient les gamins des fermes du domaine en entendant le carillon.

---

1. Chaque été, François Mitterrand vient se recueillir dans cette petite église. Il songe, paraît-il, à élire sa dernière demeure dans le cimetière attenant. La photo de l'ensemble trône aujourd'hui sur la cheminée du bureau présidentiel à l'Élysée.

2. Racontant sa première évasion devant la conférence des ambassadeurs en mai 1947, François Mitterrand dira : « En marchant, un souvenir ambiant m'obsédait, c'était les plats que l'on faisait chez moi dans les fêtes de famille deux ou trois fois l'an, je me souvins d'un canard à l'orange et pendant cinq jours j'ai marché en pensant au canard à l'orange. »

3. François Mitterrand, *La Paille et le Grain*, *op. cit.*

« À Touvent on épousait sans y penser le rythme des saisons et la courbe des jours… Le soir, on abaissait la lampe pour allumer le manchon à gaz. Le poêle à bois ronflait dès octobre. La vie quotidienne passait par les chemins détrempés de novembre, la terre coupante de février, les jambes molles du printemps… À cette époque, on mourait chez soi quand ce n'était pas à la guerre. Le médecin venait au pas de son cheval. Le curé plus jeune montait à bicyclette, de femme évidemment à cause de sa soutane. Pour donner à la mort sa dimension métaphysique, il fallait se forcer un peu », écrit avec nostalgie François Mitterrand dans *Ici et maintenant*. « J'ai vécu mon enfance dans un autre siècle, il m'a fallu faire un effort pour sauter dans le nôtre », avouera cinquante ans plus tard le leader socialiste[1].

Deux hommes ont marqué l'enfance du futur président. Le grand-père, dit papa Jules, et le père, papa Joseph. Quand on interrogeait le jeune François : « Comment va ton papa ? » il répliquait innocemment : « Mais lequel ? »

L'aïeul Lorrain, né en 1854, qui fut longtemps la clé de voûte de la famille, vivait heureux. « Il avait toutes les qualités », dit de lui, encore éblouie, l'une de ses petites-filles. Généreux, populaire, aimant rire, bon époux, bon père, il appréciait les jolies personnes et les idées nouvelles. De taille moyenne, mais toujours droit comme un *i* pour n'en point perdre un pouce, le cheveu dru et blanc, la moustache fournie et lissée, ce sportif accompli, bon nageur[2], escrimeur entraîné, était fort soigné de sa personne. Il s'étrillait chaque jour au gant de crin et fleurait bon la lavande. « Il savait charmer son auditoire en racontant dans un patois irréprochable de succulentes histoires charentaises qui faisaient la joie des soirées familiales. La petite réputation qu'il en tirait le flattait plus que n'importe quelle décoration[3]. » Il avait le goût du contact, des voyages, et le sens du commerce. Les mondanités ne le rebutaient pas. La fortune lui souriait.

Quand l'affaire de bois de son père battit de l'aile – il était encore adolescent –, une grande maison de cognac de l'époque (Pellisson) en fit son représentant général pour l'Angleterre, car « bien que n'en buvant pas [du cognac] il était réputé pour son nez infaillible et respirait en toute certitude le coteau et l'année[4] ». Il s'exprimait aisément

1. François Mitterrand, *Ma part de vérité*, Paris, Fayard, 1986.

2. Quand il lui arrive de tomber tout habillé dans la Dronne à soixante-quinze ans sonnés (un petit pont ayant cédé), il lance, imperturbable, à son métayer effrayé, tout en regagnant calmement la rive : « Mais allez donc rattraper mon chapeau ! »

3. François Mitterrand, *Ma part de vérité*, *op. cit.*

4. Ibid.

dans la langue de Shakespeare, recevait volontiers à sa table et en son logis ses honorables clients. Chaque Noël, on dégustait en famille puddings noirâtres et short breads dorés (les jouets étaient distribués le Jour de l'An seulement).

Comme il aimait aussi être son propre maître et avait de l'énergie à revendre, il fonda à Jarnac une vinaigrerie. Entreprise menée rondement avec l'aide de Madame Lorrain. Elle devint relativement prospère. Avec le grand Dessaux d'Orléans – passé maître dans l'art du condiment – Jules Lorrain fut à l'origine de la Fédération nationale des fabricants de vinaigre, dont il resta le président d'honneur jusqu'à sa mort. Il s'intéressait aussi aux affaires communales et siégea au conseil municipal de Jarnac aux côtés des Bisquit, dynastes réputés du cognac. Avec eux, il fonda la première école libre pour les filles.

Politiquement, la famille le classe comme un républicain. Ses grands hommes furent, dit-on, Clemenceau et Poincaré. On le vit tout de même, et au premier rang – il avait vingt ans –, aux obsèques religieuses de Napoléon III, dans la petite église de Sainte-Marie à Chislehurt, tout près de Londres. Ses descendants assurent qu'il se trouva là en bonne place, porté par le hasard des mouvements de foule. Il ne détestait pas la poigne pourvu qu'elle s'accompagnât de quelque sensibilité sociale. Ce nationaliste, qui rêvait tout haut de revanche contre l'Allemand, se montrait libéral et admettait fort bien que l'on ne soit pas de son avis. Quand l'affaire Dreyfus déchira la France et les familles, Jules Lorrain, sans être du camp du capitaine, ne refusa pas d'écouter les arguments de ses défenseurs. Il cultivait avant tout la tolérance – ce nom clandestin du scepticisme. Si, à Touvent, quelque altercation politique l'opposait parfois à un métayer, un « méchant rouge », quand il se trouvait à Jarnac, en revanche, il allait volontiers interroger l'original du pays, seul lecteur de *L'Humanité*.

Surtout, il aimait les gens importants. La compagnie de militaires (gradés bien sûr) le grisait (en villégiature, il se faisait appeler le commandant Lorrain). Les grands le fascinaient. Il se flattait d'une parenté fort lointaine, mais tout à fait incontestable, avec la famille régnante d'Angleterre. Par une certaine Léonore, née aux alentours des années 1650 et devenue par mariage duchesse de Brunswick-Lunebourg-Celle, les Lorrain se trouvaient alliés éloignés de la dynastie britannique. Plus tard, un président socialiste français aura la sagesse de n'en tirer aucune gloriole intempestive et de se rendre au mariage du prince de Galles et de Lady Diana sans faire savoir que le futur roi était son cousin. Tous ses prédécesseurs n'eurent pas cette modestie avisée.

Jean de BARBEZIÈRES
épouse Clémence D'ORGEMONT

Philippe DE BARBEZIÈRES
Hélène de [ ]

Jacqueline DE BARBEZIÈRES
René POUSSARD,
seigneur du Bas-Vandre

Jean POUSSARD
Anne DE LA JAILLE

J[ ] POUSSARD
Suzanne DE GOULLARD
DE SAINT-DISANT

Jacqueline POUSSARD
Alexandre DESMIER,
seigneur d'Olbreuse

Léonore DESMIER D'OLBREUSE,
Georges Guillaume, duc de
BRUNSWICK-LUNEBOURG-CELLE

Sophie Dorothée de CELLE
Georges L., de BRUNSWICK-HANOVRE,
roi George Ier d'Angleterre

GEORGE II, roi d'Angleterre
Wilhelmine Caroline
DE BRANDEBOURG-ANSPACH

Frédéric Louis, prince de Galles
Augusta DE SAXE-GOTHA

GEORGE III, roi d'Angleterre
Charlotte Sophie
DE MECKLEMBOURG-STRELITZ

Edouard Auguste, duc de KENT
Victoria Marie-Louise
DE SAXE-SAALFELD-COBOURG

VICTORIA, reine d'Angleterre
Albert DE SAXE-COBOURG-GOTHA

EDOUARD VII
Alexandra DE DANEMARK

GEORGE V, roi d'Angleterre
Mary DE TECK

GEORGE VI, roi d'Angleterre
Lady Élisabeth BOWES-LYON

ÉLISABETH II, reine d'Angleterre
Philippe, duc d'EDIMBOURG

CHARLES, prince de Galles
Lady Diana FRANCE SPENCER

Louis DE BARBEZIÈRES
Catherine GUY TAUT

Hercule DE BARBEZIÈRES
Guillemine JAY

Jean DE BARBEZIÈRES
Marie DE LA FAYE

Hiérémie DE BARBEZIÈRES
Marie THÉVENIN

Étienne DE BARBEZIÈRES
Florence CORGNOLLE

François Ier DE BARBEZIÈRES
Marie-Anne DE GUY

Étienne II, comte de BARBEZIÈRES
Marie-Anne LAISNE DE FRANCHEVILLE

Marie-Rose DE BARBEZIÈRES
Alexandre BERNARD,
seigneur de Javerzac
Vicomte de MONTANSON

Marie-Thérèse BERNARD DE JAVERZAC
DE MONTANSON
Jean TOUZET

Marie-Rose TOUZET
François FAURE

Eugénie FAURE (dite maman Ninie)
Jules LORRAIN (dit papa Jules)

Yvonne LORRAIN
Joseph MITTERRAND

François MITTERRAND
Danielle GOUZE

Jean-Christophe MITTERRAND

Généalogie établie à partir de la publication *L'Intermédiaire des chercheurs et des curieux* (janvier et mars 1982) et mise en doute par Monsieur Jacques Mitterrand dans la même revue (mars 1982).

Le grand-père Lorrain, que la vie semblait n'avoir ni froissé ni blessé, connut pourtant de grandes épreuves : la perte de deux fils, l'un âgé de quatre ans, l'autre, un garçon de vingt ans, poitrinaire, dont le souvenir devait longtemps peser sur la famille. Ce jeune homme, Robert, aux sentiments religieux très vifs, tôt introduit dans les milieux littéraires parisiens – il fut l'ami de François Mauriac –, s'était pris d'intérêt pour le catholicisme social. Il avait approché Marc Sangnier et collaboré aux cercles d'études du Sillon. Son père, qui lui écrivait à Paris chaque jour, aurait aimé pour lui une carrière politique et – qui sait ? – les honneurs de la République. Son fils disparu, ce sceptique se mit à fréquenter les églises. Toute la famille à sa suite fit siennes les intuitions du catholicisme social et se prit à rêver d'une société où la solidarité communautaire étayerait le respect de tout individu. Chacun à sa manière, les petits-fils de Jules Lorrain devaient retenir la leçon.

« Nous étions plus près, dit aujourd'hui l'un d'eux, de Lamennais que de Veuillot » (c'est-à-dire plus proches d'un catholicisme humanitariste qu'institutionnel).

Le deuxième homme, Joseph Mitterrand, papa Joseph, ne ressemblait guère à papa Jules. Autant le grand-père était expansif et volubile, autant le père se montrait secret, réservé, misanthrope. Ce n'était pas un fantaisiste ! Il en imposait par son allure distinguée. On le craignait, « il était froid, glacial même, il ne parlait jamais de lui[1] ». L'une de ses filles avoue avoir redouté le moment où, sa mère disparue, il lui faudrait vivre à ses côtés en tête à tête. Il s'absentait souvent pour de longues promenades solitaires. Il ne se confia vraiment à ses fils qu'après la mort de son épouse, quand il venait leur rendre visite à Paris, pendant leurs études. « La beauté ne compte pas pour une femme, seule sa valeur morale doit dicter votre choix », leur conseillait-il alors. Il fut à sa manière un père admiratif et tendre. En récompense d'un bon livret scolaire, il invitait ses enfants à déjeuner chez Dubern, allée de Tourny à Bordeaux, le trois-étoiles de l'époque, dont on admirait les boiseries anciennes. Cinquante ans plus tard, l'actuel président n'omet jamais d'y faire pèlerinage et d'évoquer les repas d'antan comme des festins merveilleux[2].

Il était originaire du Berry – « un ancêtre paternel nommé de Laroche avait supprimé sa particule avant la Révolution par une

1. François Mitterrand, *L'Expansion*, août 1972.

2. Sa femme décédée, ses enfants élevés, Jules Lorrain, toujours escorté de son barzoï, exigeait dans les restaurants que l'on serve son chien à ses pieds.

sorte de modestie ostentatoire[1] » (à moins que ce ne fût de prudence avisée) –, d'une famille de gens de robe ou de commerce devenue modeste, après quelques revers de fortune qui le privèrent d'études.

Ses humanités terminées à Notre-Dame-des-Aides, à Blois, on avait fait entrer ce latiniste distingué, qui parlait bien les langues d'Homère et de Cicéron et rêvait de journalisme, à la Compagnie des chemins de fer de Paris-Orléans. Ainsi débutèrent une carrière administrative et une véritable vie de garnison qui le menèrent de ville en ville : Nantes-Chantenay, Montluçon, Quimper, Angoulême enfin, où il devint chef de gare. À en croire ses enfants, on allait le promouvoir responsable suprême de la gare d'Austerlitz[2] quand, en 1919, il démissionna par piété filiale et non sans quelques regrets. Il lui fallait, dit-on, se préparer rapidement à prendre la succession de son beau-père à la tête de la vinaigrerie. Il avait quarante-six ans, et le petit François tout juste trois printemps[3].

Selon d'autres témoignages, tout aussi familiaux, son épouse l'aurait convaincu d'abandonner un métier où il ne s'épanouissait pas. (À moins que le couple n'ait voulu simplement se rapprocher de ses enfants et mettre un terme à son nomadisme.) Son père, lui jurait-elle, ne manquerait pas de lui céder la place. En fait, Monsieur Lorrain y était bien moins disposé que sa fille ne se l'imaginait.

Entre un gendre aussi introverti et un beau-père aussi ouvert, les rapports n'étaient guère aisés. Au moment où Joseph Mitterrand, acquiesçant aux vœux de sa femme, renonçait aux chemins de fer, papa Jules, comme soudain revigoré, rempilait à la vinaigrerie pour dix ans. En affaires et en politique, le successeur est toujours plus ou moins un imposteur. Dans les bonnes familles aussi !

Pour apporter une contribution personnelle aux ressources du clan, papa Joseph eut alors l'idée de se lancer dans les assurances. Il devint le représentant régional du groupe l'Union… Il fonda aussi une petite fabrique de balais, accessoires ménagers que le bon Joseph Bordage, quincaillier à Jarnac, père de neuf enfants, royaliste et militant

1. Claude Manceron, *Cent Mille Voix par jour pour François Mitterrand*, Robert Laffont, 1966.

2. Sauf leur respect, cette promotion semble assez improbable, Angoulême n'étant pas, dans la hiérarchie de la Compagnie du PO, l'ultime marchepied menant droit à Austerlitz.

3. Dans les colonnes du *Who's who*, avant sa première candidature à l'élection présidentielle, François Mitterrand, qui voulait alors incarner l'Union de la gauche, écrivait trop modestement sous la rubrique profession du père : cheminot. Après concertation avec ses frères, il précisera comme eux dans les éditions ultérieures : agent de la Compagnie des chemins de fer de Paris-Orléans, puis industriel.

catholique comme lui, ne manquait jamais de proposer à ses clients. Mais si d'autres ont su se tailler un empire dans l'équipement ménager à partir d'un modeste atelier de presse-purée artisanaux. Joseph Mitterrand en resta à ses crins et à ses manches. Le profit lui semblait être une préoccupation vulgaire, le démarchage inconvenant, le contact avec l'acheteur prosaïque ! Lorsque, après 1929, le grand-père ayant fait le partage de ses biens[1], il finit par diriger la vinaigrerie, il réussit ce tour de force de ne jamais visiter un client. Ses enfants ne devaient donc trouver dans l'héritage paternel ni esprit d'entreprise, ni sens du commerce, ni goût de la finance. Animer la Fédération nationale des fabricants de vinaigre lui semblait autrement plus constructif : « Ses satisfactions, je crois qu'il les a trouvées en représentant sa profession dans les organisations économiques de la Charente… c'était un grand esprit, il s'est toujours considéré comme exilé en Charente, mon père savait qu'il vivait à la fin d'une époque et s'irritait en silence des rites désuets, des quiproquos compassés qui accompagnaient cette agonie[2]. »

Le taciturne et complexe Joseph Mitterrand dut parfois se sentir submergé par un flot familial déferlant : le clan Lorrain. Dans l'éternelle querelle des anciens et des modernes, en effet, le grand-père Lorrain incarnait beaucoup plus que son gendre l'audace et la novation. « Au lieu de construire ses porcheries modèles, votre grand-père ferait bien mieux d'apporter quelque confort à son gîte », relevait, aimablement caustique, Joseph Mitterrand devant ses enfants.

« Plutôt que de se flatter de ne point la fréquenter, mon gendre serait avisé d'entretenir sa clientèle », devait songer *in petto* papa Jules, se gardant bien toutefois d'en faire tout haut la remontrance à ce beau-fils ombrageux.

En fait, chacun était très représentatif de son époque et de sa génération. Ainsi, à Jarnac, Joseph Mitterrand fut-il l'un des premiers à rouler en automobile : une rutilante Chenard-Walker dont les bougies, toute la famille s'en souvient encore, marquaient une fâcheuse tendance à s'encrasser. Quand il menait son beau-père faire quelques emplettes à Aubeterre, celui-ci, peu au fait de la mécanique,

1. Et vendu sa propriété de Touvent, au désespoir de ses petits-enfants. Aujourd'hui, encore marqué par l'épisode, « mon premier deuil », avouera-t-il, le président de la République adjure ses amis de ne jamais vendre une maison de famille : « Surtout n'en faites rien », leur dit-il. Et chaque été il revient à Touvent pour tenter de convaincre l'actuel propriétaire de lui céder une part de ses terrains.

2. Interview à *L'Expansion,* 1972.

conseillait : « Vous n'avez pas besoin d'arrêter votre moteur, je n'en ai pas pour plus d'une demi-heure. »

L'aïeul avait appartenu à la bourgeoisie charentaise frottée de bonapartisme, gagnée aux idées d'expansion et de libre échange, d'ouverture sociale et de conquête commerciale. Le père incarnait la bourgeoisie d'une France sortie exsangue d'une victoire pour entrer dans la grande dépression économique et financière des années trente. Une classe sociale appauvrie et effrayée, qui songeait davantage à limiter ses pertes et attendre des jours meilleurs qu'à réagir par de nouvelles initiatives. À l'évidence, cette sombre conjoncture a conforté Joseph Mitterrand dans sa mélancolie et le regret de n'avoir pu mener une carrière plus intellectuelle.

S'ils étaient pareillement des hommes d'ordre, politiquement, Joseph Mitterrand se montrait plus conservateur, plus traditionaliste que son beau-père. Quand ils tentent de le définir, ses enfants en font aujourd'hui un démocrate-chrétien. Il aurait pu siéger à la droite du MRP. « Il se serait fort bien accommodé de la monarchie », note son fils Robert[1].

Il était le responsable régional du groupe Saint-Vincent-de-Paul et le président régional très actif de la Fédération nationale catholique (FNC). Un groupement créé en 1924, pour riposter au Cartel des gauches qui menaçait de remettre en vigueur les lois laïques. Sous la houlette du général de Castelnau, glorieux soldat de conviction royaliste, patriote vigilant et homme de droite s'il en fût, ce rassemblement visait à mobiliser les fidèles pour préserver les intérêts catholiques. Les projets d'école unique ne connurent pas d'adversaires plus déterminés que les membres de la FNC !

S'il n'était inscrit à aucun parti[2], Joseph Mitterrand prisait fort les réunions politiques et ne rechignait pas à aller lui-même porter la contradiction. Il soutenait à Jarnac l'honorable conseiller général Rambaud de La Rocque, grand-père de Pierre Marcilhacy.

Vers le milieu des années trente, il fut intéressé par les prises de position du colonel de La Rocque, leader de la ligue des Croix-de-Feu[3]. Il assista à plusieurs de ses réunions, ses filles s'en souviennent.

---

1. Interview au *Quotidien de Paris*, août 1981.

2. Il se présenta cependant comme indépendant aux élections municipales de Jarnac et connut l'échec. Tout le monde n'est pas fait pour le suffrage universel…

3. En 1934, dans *Service public*, de La Rocque exposait ainsi son programme : renforcement de l'exécutif, extension des pouvoirs du président de la République et limitation de ceux du parlement, réconciliation du capital et du travail, réglementation

Fut-il tenté par l'Action française, comme le proclame certaine rumeur locale ? Ses proches jurent avec véhémence qu'il ne pouvait y songer, une encyclique du pape Pie XI ayant, en 1926, condamné le mouvement de Charles Maurras.

Si des nuances les séparaient, papa Jules et papa Joseph étaient tous deux des bien-pensants et tous les Lorrain et les Mitterrand avec eux. Dans la famille, on aimait Dieu, la France « terre et chair ». On n'aimait pas les francs-maçons, les Allemands, les bolcheviks et... les socialistes. « Quand j'avais moins de quinze ans les noms des leaders socialistes et radicaux étaient toujours objet de critique chez nous, à table[1] », se souvient Robert, le frère aîné du président. « Je n'ai jamais entendu chez moi de propos durs sur les socialistes ou les communistes[2] », note pour sa part François Mitterrand. On peut être frères et ne pas entendre les mêmes choses entre la poire et le fromage.

Que Joseph Mitterrand n'ait éprouvé aucun penchant pour la gauche était à Jarnac chose établie. Lors de la manifestation qui opposa le 13 juillet 1936 partisans et adversaires du Front populaire dans la petite ville, il se rangea parmi les seconds. Fred Bourguignon, alors jeune ouvrier teinturier de gauche, et aujourd'hui artiste peintre en Dordogne, se rappelle fort bien que le lendemain de l'échauffourée, Joseph Mitterrand vint trouver son patron pour l'avertir qu'il employait un dangereux révolutionnaire. Il raille aujourd'hui : « Quand j'entends Mitterrand évoquer Blum comme son grand ancêtre, cela m'amuse beaucoup ! »

Pierre Boujut[3], fils d'un négociant de Jarnac, poète à ses heures – libertaire et anarchiste – et partenaire au tennis d'une des demoiselles Mitterrand, s'étant aventuré à lui offrir un recueil de ses vers, se le vit retourner par un père courroucé qui lui faisait savoir que pareille littérature ne devait pas entrer chez lui.

Dans cette famille catholique, pourtant, on aimait encore moins les « gros » (les deux cents familles), et les nouveaux riches. Bien que ne manquant pas de moyens, « ils tenaient les hiérarchies fondées sur les privilèges de l'argent pour le pire des désordres. L'argent, c'était l'ennemi, le corrupteur avec lequel on ne fraie pas. Leur foi chrétienne renforçait cette disposition[4] », note François Mitterrand.

---

du droit de grève, mesures en faveur des travailleurs et de la famille. En 1958, Joseph Mitterrand aurait peut-être été gaulliste ?

1. Interview au *Quotidien de Paris*, août 1981.
2. Interview à *L'Expansion*, août 1972.
3. Invité à déjeuner à l'Élysée par le président de la République au printemps 1983.
4. François Mitterrand, *Ma part de vérité*, *op. cit.*

Il ajoute : « Mon père portait des jugements sévères sur le patronat, sur le capital, sur l'argent. Ses jugements m'ont profondément marqué. Donc je ne me suis jamais senti de ce milieu-là. Une sorte de défiance, sans doute y a-t-il des éléments caractériels… malgré ma vie bourgeoise, je n'ai jamais eu aucun lien d'aucune sorte avec les milieux d'affaires[1]. »

Aussi bien dans le folklore familial, c'était les histoires des gens du cru qui divertissaient le plus. On moquait volontiers ceux qui étaient mus par l'appât du gain : comment pouvait-on se montrer aussi trivial ? On respectait les dynasties, mais on ironisait sur les enfants du cognac protestant, au train de vie trop ostentatoire et peu enclins au divertissement intellectuel : comment pouvait-on être aussi superficiel ?

De leur côté, ces jeunes gens huppés regardaient plutôt de haut les enfants Mitterrand. À Jarnac, où il ignora la pauvreté, l'insécurité de l'existence et la dignité froissée, le futur leader de la gauche a peut-être ressenti quelque atteinte de cette envie sociale qui engendre des complexes d'infériorité (excellents bouillons de culture, parfois, pour les idées socialistes). À tout le moins, y a-t-il découvert – avant la lutte des classes – la lutte des castes méprisantes, et parfois vénéneuses. Il a pu mesurer combien étanche est la frontière qui sépare les clans. On songe aussitôt à cette citation de Maurice Barrès : « Jeune, infiniment sensible et peut-être humilié, vous êtes prêt pour l'ambition. »

S'ils se barricadaient contre les vents de la futilité, les Mitterrand et les Lorrain ne détestaient pas l'humour et la gaieté. Au contraire. On s'amusait bien en famille. Jamais on ne se trouvait moins de douze à table. Robert, l'aîné des garçons et le plus démonstratif aussi, excellait dans les imitations (Pierre Fresnay lui servait de modèle pour un morceau de bravoure). Il se lançait dans d'éloquents pastiches de Verlaine ou de Rimbaud, et la gamme de ses talents s'étendait jusqu'à la danse des claquettes. On prisait les jeux de mots et les astuces. Seules les plaisanteries faciles, la familiarité, la grivoiserie étaient exclues.

« Devant le père de François, on avait toujours peur de dire une bêtise ou de se laisser aller à quelque réflexion incongrue », se souvient François Dalle[2], qui fit de fréquents séjours de vacances à Jarnac.

Les conversations, toujours passionnées, abordaient le plus souvent des thèmes culturels. Des discussions interminables opposaient

1. Interview à *L'Expansion*, août 1972.
2. Camarade d'études de François Mitterrand, aujourd'hui PDG de l'Oréal.

François et Robert, rapporte une de leurs sœurs, sur ce sujet hautement spéculatif : qu'y a-t-il de plus important pour l'humanité, une découverte scientifique ou le mot juste dans un thème latin ? Robert plaidait pour la science, et François pour la syntaxe. Cela durait, paraît-il, des heures, comme s'il s'agissait d'une question de vie ou de mort.

Pour leurs descendants, papa Jules et papa Joseph nourrissaient d'identiques ambitions. Ils étaient l'un et l'autre trop respectueux de leur liberté pour leur assigner une carrière précise. Bien sûr, les enfants devaient travailler et, dès qu'ils furent entrés au collège, lutter pour obtenir les premières places. La famille était trop nombreuse pour qu'ils puissent prétendre à un gros héritage. Ils devaient donc se former pour se lancer dans la vie.

Jules Lorrain feuilletait souvent un gros livre : le *Carus*, sorte de répertoire des filières professionnelles de l'avenir. Avec plaisir, il relevait que le commerce offrait de forts alléchants débouchés. Mais il lisait qu'en période de troubles économiques, mieux valait ne point s'aventurer dans l'industrie. Travailler pour l'État, dans l'administration ou l'armée était plus sûr. Deux de ses petits-fils, doués comme lui pour le négoce, Pierre Sarrazin et Philippe Mitterrand, le cadet de la famille[1], s'intéressèrent à une affaire de cognac. Mais ce n'est pas un hasard si, des frères Mitterrand, Robert entra à Polytechnique et Jacques à Saint-Cyr. Le bicorne et le casoar ont bien sûr réjoui l'aïeul, qui prisait fort l'uniforme et les grands corps de l'État. L'idéal eût été qu'un autre petit-fils se hissât jusqu'à la Cour des comptes : conseiller-maître par exemple, c'est un si joli titre.

Joseph Mitterrand n'était pas loin de partager ses préférences. Il eut toujours la nostalgie du service public (ses enfants le prétendent). Le barreau le séduisait aussi. La médecine ? On n'y songeait pas. La carrière politique ? Personne ne se serait aventuré à regarder dans cette direction (papa Jules excepté). L'antiparlementarisme sévissait. La France allait de scandale en scandale. Tous en convenaient : emprunter ces chemins périlleux semblait plus fait pour les saltimbanques que pour les fils de famille avisés. Et puis, comme le disait toujours maman Ninie : « La politique ? Cela monte à la tête des hommes, et cela divise les familles. »

Maman Ninie… Les trois femmes de la maison ne comptaient pas moins que les hommes. L'épouse de Jules Lorrain, issue d'une famille aisée, avait failli épouser Ernest Monis, un Charentais qui devint ministre de la Justice puis président du Conseil en 1911.

1. Grand amateur de chasse à courre devant l'Éternel.

Dans les albums de famille, on l'aperçoit, toute petite, regard myope derrière ses lorgnons, toujours vêtue de noir (les vêtements féminins de l'époque ressemblaient fort à des carapaces d'insectes). Pour ses petits-enfants, elle ne ménageait guère son temps lorsqu'il s'agissait de leur éducation religieuse. Elle les prépara à leur première communion.

Animée de fermes principes, elle menait à la baguette tout son petit monde – personnel et enfants. On ne devait pas couper la parole. On devait dire merci, se tenir bien à table et garder toujours les mains propres.

Plus austère et moins sociable que son mari, maman Ninie ne partageait pas son goût des mondanités. Elle prit tout de même une part importante aux affaires de la famille. Volontiers silencieuse, elle montra toujours quelque affinité élective avec son gendre. Cette personne économe et sage n'avouait qu'une folie : la belle argenterie.

La mère, maman Yvonne, régnait sur le foyer. À Jarnac, à Angoulême, quand son souvenir est évoqué, revient immanquablement l'image de l'« admirable mère ». Or, à la différence de son mari, elle apparaît bien peu dans les écrits de François Mitterrand pour qui pourtant elle compta beaucoup. « Dans le fond, je l'ai fort peu connue », reconnaît aujourd'hui le président. Le lecteur la rencontre presque au hasard, au détour d'une phrase, quand son fils lui prête cette réflexion : « Il n'y a que des guerres de religion. » Une citation empruntée à Montalembert, leader au XIXe siècle des catholiques libéraux orléanistes (on dirait aujourd'hui centristes). (En 1974, Madame Mitterrand aurait peut-être été giscardienne ?)

Politiquement, elle partageait les idées de son mari. Dans sa prime jeunesse, comme tant de demoiselles de son âge, « elle s'était emballée pour le général Boulanger[1] », dit son fils aîné Robert.

« C'était un être de communication », souligne l'une de ses filles. Cultivée, musicienne, cette femme brune aux traits un peu lourds, expansive et dominatrice, montrait quelque tendance à l'excès. Mettre après plus de dix ans de mariage huit enfants au monde (quatre garçons et quatre filles, le juste milieu !), n'est-ce point téméraire quand on est cardiaque ? S'imposer toute sa vie une discipline sévère : lever à 5 heures l'été, 6 heures l'hiver, messe quotidienne, méditation journalière – « Élever son cœur vers Dieu quatre fois par heure », consignait-elle dans son carnet –, n'est-ce point spartiate ?

Elle enseignait soigneusement ses principes à sa progéniture, « mais avec elle un enfant n'avait jamais tort », note une cousine. Lorsqu'ils

1. Interview au *Quotidien de Paris*, août 1981.

se trouvaient loin, chacun recevait une lettre de sa main chaque jour. Très attentive à leur formation intellectuelle, elle les abonna tôt à *La NRF*, déjà grande revue littéraire, et les guida dans leurs lectures : Claudel, Bernanos, Jules Romains, Maurice Barrès, Marie Noël, sans oublier bien sûr les illustrations régionales : Jacques Chardonne, François Mauriac, les frères Tharaud et Alfred de Vigny.

Elle mourut en janvier 1936, à l'âge de cinquante-huit ans.

Sa sœur Antoinette, dit Mamie, mère de Pierre et de Lolotte, participa à l'éducation des jeunes Mitterrand à Touvent. Aidée d'une publication destinée aux instituteurs, elle les initia à l'orthographe et à la grammaire. Aussi pondérée que Maman Yvonne pouvait être exaltée, Mamie se plaignit toute sa vie d'une santé défaillante qui la conduisit gaillardement jusqu'à quatre-vingt-quatorze ans.

Parmi les enfants, le petit François n'était pas le plus effacé, mais le plus têtu, le plus obstiné, le plus solitaire et le plus personnel. Ses frères et sœurs décidaient-ils de se rendre ensemble à une fête ? « Partez devant, lançait-il, je vous rejoindrai. » Voulaient-ils monter une comédie ? Il y participait volontiers, à une condition : avoir le choix de son rôle et de la mise en scène. Même au jeu, il n'était pas question de lui assigner une place. Lui interdisait-on, comme à ses frères et sœurs, de toucher un objet déposé sur la table ? Bravant l'autorité, le regard bien droit, il approchait lentement sa menotte jusqu'à l'immobiliser à un millimètre du corps du délit.

— François, tu n'as pas entendu ce que l'on te dit ? grondait maman Ninie.

— Mais je ne le touche pas, répliquait le téméraire du ton de l'homme sûr de son bon droit.

— Ah ! François, si tu mets ton intelligence au service de ton ambition, tu iras loin, grommelait l'aïeule, faussement navrée et peut-être secrètement divertie.

L'enfermait-on en pénitence dans sa chambre, au pain sec et à l'eau ? Si l'on ne prenait pas la précaution de lui confisquer ses vêtements, il réapparaissait bientôt, impassible, comme si de rien n'était.

À Jarnac, la punition ultime consistait à entraver le bras du récalcitrant à l'aide d'une longue corde, elle-même fixée à la grande armoire de la lingerie. Ainsi tenus en laisse, les enfants s'amusaient fort… sauf François qui fut toujours le seul à s'en détacher. « Il n'admettait ni autorité ni conseil, ses idées lui tenaient lieu de loi », dit joliment sa cousine Lolotte.

Il n'aimait pas perdre au jeu. Quand, à la veillée, papa Jules le mettait échec et mat, à l'issue d'une partie d'échecs acharnée, il remuait toute la nuit des idées de revanche. Son esprit de compétition, pourtant, s'arrêtait net devant le symbole du gain. Le Monopoly ? « Je répugnais à dilapider mes heures en disputant l'argent, je n'avais pas de goût marchand et n'en ai pas acquis. Le jeu de l'oie m'excitait davantage. La loi du hasard a le sombre attrait de la philosophie. Ce dé qui vous expédiait au cachot, en enfer, qui tout près du but vous tirait soudain vers le zéro avec le chemin à refaire ou qui traversait les embûches comme s'il avait des yeux pour les voir, j'éprouvais une délectation à le regarder décider pour moi. La sincérité m'oblige à dire que je n'imaginais pas qu'il pût tromper mes espérances quelque malheur qu'il m'arrivât, que ma confiance en lui tenait à *la foi que j'avais en moi*[1]. » N'est-ce pas là l'une des clés du jardin secret du président ?

Enfant rêveur et secret, il aimait par-dessus tout étancher sa soif de lecture. Des heures entières, il disparaissait : « Quand j'entrais dans le petit grenier où mes parents avaient rangé vingt ans plus tôt les œuvres complètes d'auteurs définitivement oubliés, qui parlaient des Croisades, de l'Église, des Girondins, des guerres du Ier Empire, l'odeur de poussière et de papier piqué m'enfiévrait l'imagination et me donnait un coup de bonheur au cœur. Ma madeleine à moi est dans cette qualité de poussière qui ne ressemble à aucune autre, avec une vague persistance de senteur de maïs (on engrangeait jadis dans ce grenier les épis pour l'hiver) et de peuplier (le plancher où je m'étalais pour lire était fait de ce bois) et nourrie de littérature[2]. »

S'il n'était pas le plus hardi pour se jeter à l'eau et apprendre la brasse, de tous les enfants, il se montrait le plus dur au mal, le plus stoïque parfois. Il impressionna beaucoup sa mère en ne se plaignant jamais des suites d'une péritonite qui, à l'âge de onze ans, l'immobilisèrent plus de quatre mois (il en garde une profonde cicatrice à l'aine).

Ce que son caractère avait déjà d'inflexible pour un âge aussi tendre, le jeune François le compensait par un charme et des talents de séduction dont il usait avec habileté.

Son entourage n'y résistait guère. Il ne l'ignorait pas.

---

1. Souligné par l'auteur. François Mitterrand, *L'Abeille et l'Architecte*, Paris, Flammarion, 1978.
2. François Mitterrand, *La Paille et le Grain*, *op. cit.*

CHAPITRE II

L'empreinte

Les « femmes en lutte » du Parti socialiste se souviendront longtemps du 4 août 1982. Elles apprenaient, en ce jour anniversaire de l'abolition des privilèges, que le remboursement de l'IVG (interruption volontaire de la grossesse), tant promis et tant réclamé, était renvoyé aux calendes grecques. Lugubre célébration !

Souci inopiné d'économie budgétaire ? Mais non : « Simple question d'éthique », susurre en sortant de l'Élysée Pierre Bérégovoy qui vient d'être intronisé ministre des Affaires sociales.

Gisèle Halimi, volcanique et féministe député de l'Isère[1], entonne aussitôt la grande complainte des mal aimées sur le thème : on ne peut décidément pas compter sur les hommes. Sous-entendu : ce n'est pas cette bonne Nicole Questiaux, renvoyée depuis peu à ses études et à ses fourneaux, qui aurait ainsi trahi la cause des femmes.

« Le gouvernement veut refuser aux femmes la libre disposition de leur corps », peste le MLF. « La patience des femmes a des limites », maugrée Madame Simone If, présidente du planning familial et conseiller technique au cabinet d'Yvette Roudy, ministre de la Condition féminine. Comble de malheur, celle-ci ne peut même pas s'interposer à cette heure pour apaiser l'ire de ses camarades. Cléopâtre des temps modernes, elle gît encore sur son lit de douleur, neutralisée par la rectification de son appendice nasal.

Le Bureau exécutif du PS est saisi de l'affaire. Le lendemain jeudi, au rituel petit déjeuner des hiérarques mitterrandistes à l'Élysée, ces messieurs s'étranglent d'indignation avant d'attaquer leurs croissants chauds : « Que vont dire nos électrices, nos militantes, nos femmes, nos filles, nos maîtresses ?... Honte à celui qui vient de tronquer la soixantième des cent dix propositions qui, depuis la campagne présidentielle, servent de tables de la loi au pouvoir. Sus à Béré[2] ! »

Le mutisme équivoque du souverain maître des lieux aurait dû alerter ses commensaux. Le président de la République passait ce matin-là par une de ces phases de méditation silencieuse que ses intimes connaissent bien. Et quelques heures plus tard, le ciel allait tomber

1. À l'époque.
2. Bérégovoy dans le jargon socialiste.

sur la tête des mangeurs de croissants. La rumeur interministérielle leur révélait que la décision d'ajournement venait du chef de l'État soi-même. Dans l'un de ces étranges et imprévisibles retours dont il est coutumier, François Mitterrand avait laissé parler sa conscience. Le catholique garanti d'origine, toujours hostile à l'avortement, avait contredit l'auteur méticuleux de la plate-forme socialiste toujours soucieux de ne pas oublier les droits de la femme[1]. Le militant s'effaçait devant le moraliste. Tout était suspendu.

Pour un temps seulement : quelques jours plus tard, devant la levée des boucliers, notre philosophe catholique décidait quand même de faire retraite. Et, sur l'air du changement dans la continuité, le même Pierre Bérégovoy pouvait enfin triomphalement annoncer : « L'IVG sera bien remboursée. »

Le président avait tranché. Mais ses hésitations demeurent incompréhensibles pour qui ignore l'empreinte religieuse qui le marqua dans sa jeunesse.

Les enseignants barbus du Parti socialiste se souviendront longtemps du mois de décembre 1982… et encore plus de l'été 1984. Décembre 1982 : après dix-huit mois de conciliabules et de patientes consultations, Alain Savary, ministre de l'Éducation nationale, se décide enfin à tracer l'ébauche du grand service laïc, public et unifié de l'Éducation nationale depuis si longtemps promis. On se congratule sur les bancs socialistes du parlement et dans toutes les écoles normales d'instituteurs de France. Il était temps ! On avait eu si peur depuis le 10 mai. On s'était même pris à douter, tant le ministère de la rue de Grenelle se montrait pusillanime et timoré. Que cette réforme-là restât en panne eût été un comble. La victoire du candidat socialiste n'était-elle pas due, pour une bonne part, à ces bataillons d'instituteurs, de PEGC, de maîtres-auxiliaires et de maîtres-assistants qui, faisant don de leur personne au parti, avaient œuvré des milliers d'heures dans ses locaux gris et enfumés afin de bâtir en rêve une société laïque ?

C'était compter sans la pugnacité des parents de l'école libre et des responsables de l'enseignement catholique. À peine le ministre avait-il fait part de ses intentions que des manifestations, massives et courroucées, se succédaient sur tout le territoire, province après province, dans un climat de croisade.

1. Lors de sa première campagne présidentielle, en 1965, le candidat Mitterrand avait presque fait scandale en se prononçant pour la contraception.

Présenter un tel projet trois mois à peine avant les élections municipales, était-ce bien raisonnable ? Le prudent Alain Savary avait-il perdu la tête ? À l'heure de la trêve des confiseurs, la gauche venait de déclencher un joli tintamarre…

Une fois encore, François Mitterrand dut réparer les dégâts. Le 2 janvier 1983, depuis sa bergerie de Latché, il enterrait solennellement la hache de guerre, au cours d'une interview passée à la postérité sous l'appellation d'« entretien à la grue[1] ».

Le président l'affirmait, il entendait respecter la liberté de choix des parents : « Je ne veux aucune contrainte, surtout dans un domaine de cette importance vitale. Ma philosophie personnelle et profonde, qui sera la mienne jusqu'à mon dernier souffle, c'est le respect des consciences. »

Patatras ! La guerre n'était pas finie pour autant. Le discours du 2 janvier n'annonçait qu'une pause. Alain Savary, bientôt, remettait sur le métier son ouvrage. Soudain, le gouvernement brusquait les choses et les gens. Vite, vite, il fallait en finir avec cette affaire ! Et boucler cette loi ! On avait dit que rien ne serait imposé, que tout serait discuté, négocié même. Et voilà qu'on refusait aux représentants du peuple le droit d'amender le projet, qu'on acceptait dans une ultime tractation obscure avec les députés socialistes des changements qui le durcissaient un peu plus, quitte à se mettre sur les bras l'une des plus grandes, peut-être la plus grande manifestation d'opposition populaire que la France ait connue. L'archevêque de Paris, Monseigneur Lustiger, accuse le gouvernement de manquement à la parole donnée, deux millions de parents, d'enseignants et de jeunes envahissent la capitale, mais on se congratule à nouveau sur les bancs socialistes du parlement et dans toutes les écoles normales d'instituteurs. La détermination du gouvernement paraît cette fois inébranlable. Et quelques petites phrases du président, venu humer dans le Cantal de Georges Pompidou et le Puy-de-Dôme de Valéry Giscard d'Estaing l'odeur de lait caillé de la France profonde, semblent indiquer qu'il approuve pleinement ses ministres (à commencer par le Premier), qu'il les encourage et que rien ne le détournera de la voie qu'il s'est tracée, du chemin qu'il leur a montré.

Une semaine s'est à peine écoulée que, le 12 juillet, les Français, occupés à boucler les valises de leurs vacances, apprennent de la

1. Ainsi dénommé parce que la grue nécessaire à la retransmission technique des propos présidentiels manquait fâcheusement à l'appel à l'heure prévue. On apprenait qu'elle boudait en Alsace. Il fallut en catastrophe repousser l'émission de vingt-quatre heures.

bouche de leur président, revenu la veille d'un Orient compliqué avec des idées qui ne le sont pas moins, qu'il a décidé de retirer en catastrophe la loi Savary, désavouant ainsi un ministre qui, l'apprenant par la télévision, décide alors de démissionner et un Premier ministre qui souhaite vite en faire autant. Les écoles normales d'instituteurs, vidées par les congés, restent muettes ; et la stupeur provoque aussi le mutisme des députés socialistes, privés de vacances, eux, pour cause de loi scolaire précisément. Tandis que l'on annonce que le nouveau ministre Jean-Pierre Chevènement, du nouveau gouvernement Fabius, va concocter, dans les meilleurs délais, un nouveau texte susceptible – peut-être, éventuellement, à condition que, si, mais, sait-on jamais ? – d'être soumis à référendum.

Et bientôt tout change encore : à quoi bon un référendum puisque les nouvelles mesures annoncées par le nouveau ministre donnent, à des nuances près, satisfaction aux partisans du privé et ne provoquent pas de hourvari du côté du public ? Le combat, séculaire, est en train de cesser faute de combattants. Point final.

Dans les sables, les monts et les bois de leurs villégiatures, les Français, qui pressentent l'importance de l'événement, s'interrogent. Comment expliquer ces allées et venues, ces aller et retour ? À s'en tenir aux seuls écrits ou aux seuls discours de François Mitterrand, bien malin qui pourrait dégager quelque certitude.

Nul ne peut en douter, l'homme public incline vers un service laïc unifié dans lequel les établissements privés et confessionnels devraient se soumettre aux normes communes. L'homme privé, en revanche, celui qui a voulu que ses deux fils soient comme lui élevés dans des établissements privés et religieux (notamment l'École Bossuet et l'École alsacienne à Paris), est moins assuré de ce qui est bien et de ce qui est juste.

Un mois à peine après son élection à l'Élysée, le président répondait à un message de félicitations envoyé par l'Association des élèves du collège Saint-Paul d'Angoulême, où il avait été pensionnaire lors de ses débuts du secondaire : « Le temps qui passe et la diversité des chemins parcourus par les uns et les autres ne peuvent dissiper le souvenir des années passées ensemble, ni briser les liens qui nous rattachent à notre Institution. Vous pouvez être assurés – nul n'en ignore d'ailleurs – qu'il ne saurait être question de remettre en cause le principe qui nous est cher de la liberté de l'Enseignement. Si des évolutions sont nécessaires, je veillerai à ce qu'elles soient conduites dans le respect des intérêts et des opinions en présence et après un débat approfondi. »

À la réception de cette auguste missive, les responsables du collège Saint-Paul – en tête desquels le chanoine Coudreau (décoré en décembre 1982 de la Légion d'honneur à l'initiative de l'Élysée) – concluaient en bonne logique que rien d'irréparable ne serait tenté par leur ancien élève. En réalité, s'il permettait tous les espoirs, ce beau texte ambigu autorisait aussi toutes les craintes.

Que le président porte en lui avec une égale sincérité des vérités contradictoires lorsqu'il aborde ces sujets essentiels, un autre fait l'illustre : en voyage officiel dans le Sud-Ouest, en mai 1982, François Mitterrand faisait une brève incursion dans la Creuse pour rendre visite à Jean Védrine, un ami de Résistance (décoré en 1982). Le philosophe Jean Guitton, dont la propriété familiale est voisine, était convié à cette fête du souvenir. Et il se voyait apostropher à peu près en ces termes : « Monsieur l'académicien, vous avez été élevé au lycée, et vous faites aujourd'hui du prosélytisme pour l'Église. Mais moi qui ai été éduqué dans un collège religieux, j'ai pris beaucoup de distances, expliquez-moi donc ce paradoxe. »

La conversation se noue alors autour du livre que l'illustre écrivain a consacré à sa mère[1]. Il y explique comment cette catholique convaincue, soucieuse de prévenir toute tentation de rejet de sa foi, avait souhaité pour son fils une éducation laïque de plein vent.

L'avenir de l'école libre est naturellement évoqué et François Mitterrand s'écrie, soudain véhément, comme pour se convaincre lui-même : « Avouez que l'école libre, c'est l'école de l'argent, c'est l'école des bourgeois[2] ! »

Le fossé entre les positions du leader politique et les sentiments de l'ex-pensionnaire des bons pères semble en réalité refléter moins ses opinions sur l'enseignement privé que ses ressentiments à l'égard de l'Église elle-même. « L'enseignement privé est devenu une arme du pouvoir conservateur et les dirigeants de cet enseignement s'y prêtent, ce sont des adversaires irréductibles, dont nous n'avons rien à attendre, il y a identification de l'enseignement catholique et de ses associations de parents d'élèves avec les partis conservateurs », déclarait François Mitterrand lors d'un colloque organisé à Paris entre croyants et non-croyants en novembre 1977.

1. Jean Guitton, *Une mère en sa vallée*, Paris, Fayard, 1978.

2. Arguments contestables : une enquête publiée par *La Croix* en décembre 1980 révélait au contraire que l'enseignement libre est bien ouvert à tous. Dans les statistiques on relevait : 8 % d'enfants d'agriculteurs ; 16,6 % d'ouvriers ; 10,5 % d'employés ; 21,4 % de cadres moyens pour 16,85 % de fils de patrons et 12,5 % de professions libérales.

Le leader socialiste se demandait en somme : pourquoi une gauche au pouvoir ferait-elle des cadeaux aux dirigeants de l'école libre qui se comportent comme des adversaires politiques ?

« L'Église s'est coupée des masses ouvrières. Avoir contre soi le pouvoir temporel, passe encore. Mais avoir contre soi le pouvoir spirituel ou réputé tel quand on est le peuple des pauvres, c'est pire ! Les prolétaires ont dû se bâtir leur propre explication du monde. Puisqu'on leur proposait le bonheur dans une autre vie, et qu'au nom de ce bonheur on les abandonnait aux puissants de la terre, le message n'avait plus de sens. Le Christ obscurci, l'Église complice, il n'y avait d'issue que dans la lutte à bras d'hommes pour la conquête ici et maintenant qui vous délivrerait de l'esclavage, de la misère ou de l'humiliation… Il y avait plus de charité dans le cœur de Louise Michel que dans la Communion des saints de l'Église romaine », écrit François Mitterrand avec la hargne malheureuse d'un amoureux déçu[1].

Où trouver les racines d'une telle rancune et d'une telle réprobation ? Dans les huit années passées au collège Saint-Paul ?

« François Mitterrand n'a pu être choqué par l'attitude de ses professeurs », affirment d'un même cœur tous ses anciens camarades. Perché sur les hauteurs des remparts du Midi – la première colline depuis la mer – si bien décrits par Balzac[2] (les établissements religieux ont toujours su se placer dans les sites les plus beaux), le collège Saint-Paul d'Angoulême était dirigé par des prêtres diocésains. Il ne différait guère des centaines de pensionnats dont toute une littérature a conservé l'image et où se formèrent, nourries de culture classique et foncièrement religieuse, des générations de garçons destinés à devenir – si Dieu le voulait – les élites de la région. Et à grossir la masse des croyants qui feraient rayonner autour d'eux une espérance inaltérable.

À Saint-Paul, où ne jouait pas, assure-t-on, la sélection sociale, on recrutait en priorité les enfants des bien-pensants. Les fils de riches négociants du cognac ou de fabricants de papier (la principale industrie de la ville), les rejetons des commerçants, des médecins, des notaires s'y mêlaient aux enfants d'aristocrates désargentés et de modestes employés (toujours méritants bien sûr) sans jamais, tous les témoignages concordent, que les professeurs marquent une

1. Dans *Ici et maintenant*, (*hic et nunc*, un titre aux résonances religieuses), Paris, Fayard.

2. Honoré de Balzac, *Les Illusions perdues*.

considération particulière pour les mieux nantis. Les distances sociales n'étaient pas effacées pour autant. Rien de tel qu'un peu d'inégalité pour chatouiller l'amour-propre et stimuler les rivalités créatrices. On distinguait donc les « excellentes familles » (les quatre fils Mitterrand en étaient), les « belles situations » et les « cas intéressants ». Forcément, la gradation de ces nuances dosait les civilités et les sympathies entre parents et professeurs. Entre enfants, ces notions de castes, de milieux et de classes, grands sujets d'intérêt pour les parents – « Que fait son père ? Sais-tu s'il est allié aux X ou aux Y ? » questionnaire rituel lors des retrouvailles de vacances –, s'estompaient quelque peu. Pour tous l'uniforme était identique : bleu l'hiver avec des roses dorées (déjà !) brodées aux revers, gris l'été avec des roses argentées. C'est que le blason du collège s'ornait lui-même de quatre roses. Il illustrait la devise : « *In graciam veritate* » (la vérité est dans la grâce).

La discipline, moins contraignante que celle du collège des jésuites de Sarlat dans la Dordogne voisine – le turbulent Jacques Mitterrand fut maintes fois menacé d'y être exilé – était pourtant, à l'aune de nos critères actuels, plutôt sévère. Lever à 5 h 45 : « Maintenant une matinée de paresse au lit me paraît un luxe un peu immoral », confiera plus tard François Mitterrand. Toilette à l'eau froide (hâtive l'hiver), messe à la chapelle où la fragrance de l'encens mêlée à l'indicible odeur de la pierre moisie faisait protester les estomacs vides. Étude, petit déjeuner, récréation, cours, étude, récréation, cours et ainsi de suite jusqu'au dîner… Après la prière du soir et les précautions en vue de la nuit, à 20 heures on éteignait les feux.

« Votre cœur, oh mon Dieu, est moins inflexible que la règle. » Inaugurant l'année scolaire de 1933, le chanoine Bouchaud[1], sans doute soucieux de ranimer des ardeurs assoupies, écrivait dans le bulletin de l'école : « Sachez sourire au travail, voyez-le en rose, la discipline, voyez-la aussi en rose ! Elle n'est point faite pour vous contrarier, mais pour vous soutenir et vous garder. Les maîtres ? Voyez en rose les rapports avec eux. Ils vous aiment, ils veulent votre bien, même et surtout quand ils vous grondent. La vie, voyez-la en rose ! »

Le brave chanoine n'imaginait sûrement pas qu'à coups de métaphores et de symboles, le destin, par son entremise, multipliait les clins d'œil.

---

1. Plus tard, François Mitterrand, devenu ministre, mettra toujours une voiture à la disposition du chanoine quand celui-ci viendra séjourner dans la capitale.

« Vous devez être entre vous d'une politesse exquise, prêchait de son côté l'abbé Maes, préfet des études : La politesse, c'est comme les chocolats, il y en a d'ordinaires et il y en a d'exquis. »

Anecdote peut-être moins frivole qu'il n'y paraît. La leçon de ce saint homme gourmand a sans doute porté ses fruits. Lorsque le président est en veine d'attention, sa politesse devient si suave qu'on la dirait sucrée.

Plus que la sévérité des horaires, la morale pesait sur les collégiens. Elle paraîtrait aujourd'hui bien étriquée ou tatillonne : pour un léger manquement à la discipline, un col ouvert à vêpres, ils étaient renvoyés pour huit jours… Un regard échangé avec une fille lors d'une excursion entraînait une exclusion d'un mois. Une lettre reçue de quelque jouvencelle, c'était le renvoi définitif.

Les enfants des écoles libres d'aujourd'hui, élevés dans une société tolérante, voire permissive, ne connaîtront peut-être jamais le lancinant appel du fruit défendu et le plaisir pervers du péché accompli. Dommage…

Que sert à l'homme de gagner l'univers s'il vient à perdre son âme ? Outre la messe quotidienne obligatoire, les vêpres dominicales et les exercices de piété aux fêtes carillonnées, les élèves étaient tenus de se confesser chaque semaine et chaque semestre de faire retraite sous la houlette d'un jésuite dans une maison religieuse de La Coquille, en Dordogne. À ce rythme, l'âge adulte venu, beaucoup devaient se détacher de la pratique religieuse, sinon de la foi, comme si ces contraintes de l'adolescence les avaient à jamais détournés du signe de la croix et du bénédicité. François Mitterrand n'en a pas, semble-t-il, été rebuté. Toute sa vie il a aimé les rites religieux et fréquenté volontiers les églises et les chapelles. L'une de ses belles-sœurs raconte : « Dès que Danielle partait avec les enfants en vacances de neige à Noël, il se précipitait avec nous à la messe de minuit. » Jean-Noël de Lipkowski se souvient fort bien d'avoir visité avec lui la cathédrale de Cologne, en 1956, et d'avoir retrouvé François Mitterrand prosterné en prières, dans l'obscurité, à genoux à même le sol derrière une colonne. Le futur président de la République apprécie aussi l'art du vitrail sur lequel, avant d'être élu, il projetait d'écrire quelque texte.

Dans ce petit monde clos de trois cents élèves et cinquante professeurs, François Mitterrand s'est singularisé. Aujourd'hui encore, ses anciens condisciples – ils n'ont pas tous épousé ses opinions, entériné ses choix, ni même voté pour lui – éprouvent à son égard un sentiment de fidélité plus ou moins vif. Sans doute son accession au pouvoir l'a-t-elle grandi à leurs yeux. Tous gardent le souvenir d'un écolier peu banal : « Il ne se dégonflait pas, il a toujours été pour moi un homme d'exemple », assure le bon docteur L'Hoiry, d'Aubeterre. « Il était attachant et mystique », dit Jean Rocheboitaud. « Il se montrait sensible et très amical, il avait beaucoup d'humour et faisait des astuces », témoigne Pierre Chiron, tandis que le général de Bénouville, qui servait la messe avec lui, note : « C'était un garçon très pieux, avide de connaître et d'aimer. »

Ses succès scolaires, pourtant, ne le distinguaient guère de la masse. Dans le genre fort en thème, Robert, son aîné de treize mois, éblouissait davantage : bachelier à quinze ans, doué pour toutes les disciplines – sportives aussi – il raflait tous les prix jusqu'au jour où il fut auréolé d'une entrée à Polytechnique à l'âge tendre, « le plus jeune reçu depuis le maréchal Foch », selon la rumeur angoumoise. Par une lettre restée célèbre dans les annales familiales, Robert annonçait ses succès scolaires à ses parents et ajoutait : « François est sixième, je lui ai demandé s'il comptait faire un effort le mois prochain pour se rapprocher de la tête de la classe, il m'a répondu qu'il se trouvait très bien là où il était. » Réplique, sans doute, de cadet orgueilleux à un aîné trop brillant, bien accordée au personnage, en tout cas.

Ses pairs le jugeaient très intelligent, mais sa réputation ne dépassait guère celle d'un élève moyen supérieur. Il était excellent dans les matières qui l'inspiraient : histoire, géographie, « ma passion, ma poésie » (on comprend mieux son goût prononcé pour les voyages présidentiels), français, prosodie latine et instruction religieuse, matières dans lesquelles il remportait les premiers prix (ainsi qu'en témoigne le palmarès de l'année 1930, son année de troisième). Il se montrait médiocre en revanche dans les matières qui le rebutaient et sur lesquelles, plutôt que de risquer un résultat médiocre, il préférait faire l'impasse : « Écolier, j'étais déjà un piètre matheux, le professeur de mes petites classes, qui portait le nom symbolique de Trinques, m'avait abandonné au bout de deux trimestres à ce qu'il appelait mes songeries. J'ai quand même retenu de cette époque le calcul des quatre opérations, non sans faille pour les deux dernières », avoue-t-il plaisamment[1]. Quant à l'anglais, lors de ses séjours en Grande-Bretagne – tous les petits Mitterrand y passaient chaque année une partie des vacances dans des familles amies pour apprendre la langue –, François ne se mêlait guère à la conversation. À l'usage d'un idiome trop approximatif, il préférait un mutisme hautain. La langue de la perfide Albion ne lui venant pas naturellement aux lèvres,

1. François Mitterrand, *La Paille et le Grain*, *op. cit.*

il étendait son opprobre au pays tout entier, à ses pompes et à ses mœurs. Ainsi, à table, refusait-il tout net de manier la fourchette et le couteau façon outre-Manche… Le futur président a toujours tenu à manger ses petits pois à la française !

Plus que par ses succès scolaires, le jeune François s'illustrait par une manière d'être. Nimbé d'étrangeté altière, il jouait les romanesques. Sociable et bon camarade, il savait maintenir les distances ; marginal, il savait toutefois parfaitement s'intégrer et ne refusait pas les jeux collectifs à condition de gagner. Il s'y adonnait même avec un acharnement tout spécial. En 1932, il remportait avec Pierre Chiron le championnat de pelote basque au collège. Au football, il gardait les buts. Son goût du sport le portait volontiers à l'hyperbole littéraire. En mars 1933, il rendait ainsi compte dans le bulletin du collège d'une compétition cycliste et de la victoire d'un élève africain : « Tigori, le vainqueur, nous a rappelé ces fiers héros de l'Antiquité qui battaient les déesses à la course[1]. »

Il se montrait tantôt ouvert aux autres, tantôt refermé comme s'il abaissait d'invisibles défenses, et malheur à qui voulait les forcer. Le plus souvent solitaire à l'heure de la récréation, il allait se réfugier pour méditer ou lire sous le grand marronnier qui fleurit rose. On ne s'étonnait pas de le voir se diriger vers la chapelle, et chaque jour il communiait. Certains croyaient alors lire sur son front ce rayonnement particulier qui est la marque de l'élu. Son professeur de philosophie, Monseigneur Jobit, évoquera en 1935 dans le bulletin *Notre École* « la vie profonde et recueillie de François Mitterrand ». Personne n'eût été très surpris qu'il choisît un jour la carrière ecclésiastique, à condition de pouvoir espérer y occuper un rang digne de lui.

À en croire le futur président, il éprouva quelque difficulté à s'insérer dans la collectivité collégienne. Un rhume ayant retardé de vingt-quatre heures son arrivée et fait manquer du même coup la rentrée officielle, voici comment il relate les faits cinquante ans plus tard[2] : « Je mis des semaines à m'intégrer dans cette société et son ordre établi qui s'était constituée la veille. Je veux dire le banc de la classe, le lit au dortoir, le rang à l'étude, la place aux jeux, les cénacles de la récréation. Des semaines à franchir, de l'extrême périphérie où je

1. Au collège Saint-Paul étaient accueillis de nombreux élèves africains que la famille Mitterrand invitait volontiers à Jarnac pour les petites vacances. Parmi eux, Alphonse Boni, ex-président de la Cour suprême de la Côte-d'Ivoire à Abidjan, qui fera partie du cabinet de François Mitterrand devenu ministre de la France d'outre-mer.

2. François Mitterrand, *L'Abeille et l'Architecte*, *op. cit.*

pensais qu'un injuste destin m'avait rejeté, les cercles concentriques qui me séparaient du chœur des anciens, comme si, en vingt-quatre heures, s'étaient bâtis et refermés le mur des habitudes, le cercle clos des amitiés. »

Sans doute, ce jeune littéraire qui n'avait connu jusque-là d'autre société que la famille a-t-il ressenti plus vivement que d'autres ce sentiment d'exclusion provisoire, fort habituel au demeurant. Pour les cœurs sensibles, le début de l'internat amorce un dur et long apprentissage d'où l'on sort cuirassé, prêt pour les luttes impitoyables de la vie.

L'épreuve fut d'autant plus rude qu'il était timide, ce qui lui fit par deux fois rater l'oral du premier bac et l'obligea à redoubler. « L'oral de mon premier bac hante parfois encore mes rêves. Je me vois face à l'examinateur, dans cette salle de la faculté des lettres de Poitiers, aux bonnes odeurs de poussière d'été. Les mots dansaient dans ma tête et restaient au niveau du larynx. Et le peu qui en sortait échappait aux normes grammaticales. Sale affaire. Cet examen raté, faute d'avoir émis un son clairement articulé, je ne cesse pas de le passer. Aujourd'hui encore, parler en public déclenche en moi une sorte de refus[1]. »

Pourtant, François Mitterrand manifestait parfois des sursauts d'audace. Ainsi, un jour, demanda-t-il de l'argent à sa mère sans vouloir lui en préciser l'emploi. Madame Mitterrand, qui savait son fils peu dépensier (en étude, il gommait ses cahiers de brouillon afin de pouvoir les utiliser de nouveau[2]), accéda à son désir. Elle apprenait le lendemain qu'il avait acheté un billet de chemin de fer pour se rendre à Bordeaux. Il voulait seulement se mesurer aux orateurs en herbe de la région. Il s'agissait du concours d'éloquence de la DRAC[3], dont il remporta le premier prix pour l'Aquitaine. C'était en 1934. Déjà secret, il attendait d'être vainqueur pour en informer sa famille. De la même manière, enfin reçu à la première partie du baccalauréat, il se garde d'en dire un mot à son cousin Pierre rencontré dans le train.

S'il acceptait la discipline, cet élève sage ne répugnait pas parfois à défier l'autorité. Un professeur, l'abbé Perrinot, ayant interdit aux

1. François Mitterrand, *La Paille et le Grain*, *op. cit.*

2. Un ancien élève qui a longtemps été placé près de lui à l'étude, Guy Dupuis (devenu frère Guy), a rapporté l'anecdote dans *Paris-Match.*

3. Concours organisé entre les élèves d'établissements catholiques par la Ligue pour les droits du religieux ancien combattant

élèves de prendre des notes à la plume pendant les leçons, fut très surpris de voir François écrire calmement sous son nez, au mépris de la consigne.

— Vous vous moquez de moi ?

Le prêtre s'entendit répondre :

— Mais vous nous avez défendu d'écrire à la plume, or, vous le voyez, j'emploie le crayon et dans le règlement rien ne l'interdit.

L'affaire fit grand bruit et arriva jusqu'au préfet de discipline, qui finit par donner raison au rebelle.

Une autre fois, mécontent du fait que le collège ne dispose pas d'un terrain de sport, François Mitterrand décida d'interpeller le surveillant à la fin de l'étude. Et le jeune élève de discourir dans un silence stupéfait sur l'importance de l'éducation physique à l'école, avant de conclure fièrement : « Il n'y a pas de liberté sans moyen. » Propos prémonitoires !

De telles incartades lui valaient une grande notoriété et un sérieux prestige. On le considérait comme un caractère. Sur une photo de classe datant de 1931 (il a quinze ans), on aperçoit au milieu de la rangée supérieure, dominant ses camarades, un joli adolescent aux traits réguliers et à la lippe altière qui fait songer à cette réflexion d'Alain : « Pour juger un jeune homme, prendre d'avance son tirant d'eau et pressentir sa destinée, il ne faut regarder ni son front ni même l'arête du nez, mais le saillant du menton qui indique l'obstination, qualité sans laquelle les autres dons se dissipent et qui peut les suppléer presque tous par la patience et la persévérance. »

Sa destinée, à l'en croire, François Mitterrand l'aurait alors pressentie : « Veut-on savoir si je me voyais roi ou pape ; pour peu que cette idée ne m'eût jamais visité, elle a duré moins d'un été. Mais ce monde, dont je ne connaissais que dix villages d'une province, j'avais l'intolérable sensation de le supporter tout entier. Je communiquais avec lui au point de m'en attribuer la vocation sublime. Bref, j'étais plus proche de moi-même et des autres à quinze ans que je ne le suis à deux pas de la soixantaine[1] », écrit-il avec une belle franchise.

La vocation sublime aurait donc été précoce. Certains de ses camarades prétendent même l'avoir entendu annoncer : « Plus tard, je serai président et mon train s'arrêtera à Jarnac. » L'histoire est peut-être trop jolie, mais les plus belles témérités de l'homme sont souvent la suite des rêveries de l'enfance.

---

1. François Mitterrand, *L'Abeille et l'Architecte*, *op. cit.*

Témérité ? Le premier secrétaire du PS avoue en 1975[1] : « Dans toute ville, je me sens empereur ou architecte, je tranche, je décide et j'arbitre. » Empereur ? Pas moins.

En ce début des années trente, les tumultes du siècle commençaient à franchir les murs de ce petit enclos privilégié. La crise économique s'étendait et les cortèges de chômeurs s'étiraient. Les collégiens apprenaient encore que la France couvrait une superficie de onze millions de kilomètres carrés, comptait quatre-vingts millions d'habitants et formait sur le planisphère cette constellation de taches roses qu'on appelait l'Empire. Mais chacun sentait que le monde basculait. Comme dans tous les collèges de garçons, de France et de Navarre, on se chamaillait ferme. À la grande fureur des professeurs, circulait sous le manteau une modeste publication locale : *L'Action angoumoise*, qui, son nom l'indique, se situait dans la mouvance de l'Action française condamnée par le pape.

André Markevitch et Pierre de Ter Mossessov, deux jeunes réfugiés qui avaient fui les bolcheviks, apportaient une touche de romantisme et d'aventure. Ils rappelaient quotidiennement à leurs amis que dans les steppes lointaines régnaient des hommes au couteau entre les dents.

On comptait aussi, paraît-il, à Saint-Paul une poignée de gauchisants qui balbutiaient déjà quelques slogans sur la lutte des classes.

Dans ce modeste charivari où les barricades étaient constituées de mots, François Mitterrand demeurait silencieux. Perdu dans ses rêveries, en a-t-il même perçu les échos ? « Mon collège ne m'avait pas formé aux disciplines marxistes. Marx et Engels étaient, je suppose, tabous par quarante-six degrés de latitude nord. J'ai reçu mon diplôme de bachelier philosophe sans avoir entendu prononcer leurs noms[2] », écrira-t-il cinquante ans plus tard, au grand étonnement de certains de ses camarades.

Aux yeux de ses professeurs, le jeune François de Jarnac était d'abord un littéraire que la politique n'intéressait pas. Un mystique aussi, voué à la cause des humbles par l'effet d'un cœur tendre accessible à la pitié : « À dix-sept ans, j'ai découvert Gide, Martin du Gard, Claudel, Jouhandeau, je suis devenu un fanatique de Paul Valéry. Dostoïevski, Tolstoï ont été des révélateurs de toute une foule de sensations, de réflexions : le malheur du monde[3]. » Un malheur

1. François Mitterrand, *La Paille et le Grain*, *op. cit.*
2. François Mitterrand, *Ma part de vérité*, *op. cit.*
3. Entretiens avec Hélène Vida en 1972.

dont, peut-être, ce jeune catholique commence à identifier l'un des principaux responsables : l'argent.

Quand, en 1934, il rend compte dans le bulletin de l'école des vacances pascales, il écrit : « Vacances, soleil, gaieté, pourquoi faut-il quitter tout cela ? Mardi gras s'est enfui comme un vulgaire banquier avec ses beaux costumes et ses airs de fête. » Voilà tout de même les banquiers qualifiés une fois pour toutes.

Quand les quatre frères Mitterrand se remémorent leurs années à Saint-Paul, c'est avec une identique nostalgie qu'ils racontent leur arrivée de la gare par cette rue pentue, qui mettait à l'épreuve leur jeune souffle, leurs dimanches loin de la famille dans la haute maison de leurs bonnes correspondantes, les dames Girardel et Guetta, mère et fille, toutes deux veuves d'officiers morts à la guerre et toutes deux coiffées de perruques. Elles s'acquittaient de leur mission en faisant transcrire aux Mitterrand des livres en braille destinés aux aveugles tandis que leur cuisinière, manchote du bras droit, les gavait de gâteaux.

Devenus adultes, tous sont maintes fois revenus au collège, et François plus souvent que ses frères. Il évoque ainsi cette époque : « La Bible a nourri mon enfance. Huit ans dans une école libre m'ont formé aux disciplines de l'esprit. Je ne m'en suis pas dépris. J'ai gardé mes attaches, mes goûts et le souvenir de mes maîtres bienveillants et paisibles. Nul ne m'a lavé le cerveau. J'en suis sorti assez libre pour user de ma liberté[1]. »

Bilan somme toute flatteur d'une éducation qui, à l'en croire, a développé sa personnalité sans jamais brider sa conscience. Il n'y avait rien dans ses souvenirs apaisés qui pouvait le métamorphoser en justicier de l'école libre.

Rien, sinon un programme.

1. François Mitterrand, *L'Abeille et l'Architecte*, *op. cit.*

CHAPITRE III

Qui suis-je ?

En voyage officiel entre Gascogne et Aquitaine, le président François Mitterrand faisait halte le 27 septembre 1982 à Figeac, petite bourgade du Lot.

Les services de l'Élysée ayant annoncé à sons de trompe qu'il tiendrait là un discours de grande importance – depuis des mois il se taisait –, la presse, les administrations et la gauche étaient tout entières à son haleine suspendues. Elles ne furent point déçues mais peut-être interloquées.

« Ce que j'ai appelé le socialisme, je n'en fais pas ma bible », déclare tout à trac l'ex-leader du PS, qui, de ce jour, bannira le mot socialisme de son vocabulaire pendant deux ans[1].

Ce préambule de choc lâché, le chef de l'État poursuit : « Je dois exprimer toutes les volontés de la nation. Ah ! cette diversité, ce pluralisme, comme j'y tiens ! Et comme je veux que la France reste en sa profondeur aussi diverse et contraire, non pas contradictoire. Comme j'aime ceux qui me contestent[2] : dès lors que je trouve avec eux le langage commun de ceux qui veulent servir la France et qui l'aiment. Rien ne sera jamais fait sous mon autorité qui puisse en quoi que ce soit altérer cette diversité. »

Stupeur des commentateurs, perplexité des Français et grands remous dans les cervelles des militants. De quoi s'agissait-il ? Dans les salles de rédaction et les sections socialistes, on se perdait en conjectures.

Car enfin, celui qui parlait si benoîtement du pluralisme et d'œcuménisme était bien le président déterminé, il l'avait dit, à transformer la France libérale en société résolument socialiste, le candidat vainqueur qui entendait appliquer à la lettre un très large programme de nationalisation des entreprises, des cœurs et des esprits, le préfacier d'« un projet socialiste » qui prétendait substituer un avenir de logique, de science et de rationalité à tout un monde d'archaïsme

1. En voyage officiel en Savoie en septembre 1984, le président, qui vient de nommer à Matignon le presque libéral avancé Laurent Fabius, s'écrie : « Socialiste j'étais, socialiste je reste. C'est-à-dire que j'entends conduire la société dans cette direction-là. »

2. D'aucuns ne l'avaient pas jusqu'alors remarqué.

bourgeois, le stratège téméraire enfin, qui décidait de faire avancer la démocratie et fonctionner l'alternance en compagnie de quelques excellences communistes.

Pour achever de faire tourner les têtes, François Mitterrand ajoutait : « J'entends que chacun, que chacune d'entre vous soit en mesure de s'assumer, de voir ses responsabilités s'accroître, de disposer de ses chances de n'être jamais retenu, empêché, étouffé par l'organisation sociale. Je crois à la valeur de l'individu. »

Un hymne néolibéral était ainsi entonné par un chef de l'exécutif dont l'avènement avait été célébré par la multiplication des fonctionnaires, la publication de force textes réglementaires tatillons et par l'extension du territoire de l'État au détriment des entreprises privées, des initiatives individuelles et de la concurrence.

Fallait-il prendre à la lettre ces propos ? S'agissait-il d'une conversion subite, d'un tournant dans son septennat ? Devait-on redouter quelque double langage, quelque manœuvre machiavélique ? Fallait-il soupçonner quelque habileté attrape-gogo ? À moins que, devant la chute abyssale des sondages, le président n'ait médité sur ce proverbe espagnol : « On ne parle pas de Dieu à quelqu'un qui a les pieds froids. »

Devait-on, au contraire, saluer un réalisme tout neuf, fruit d'une expérience récente ? À moins que ces mots soient un cri du cœur irrésistiblement monté des profondeurs de l'être. Sans exclure tout à fait les autres hypothèses on peut plaider pour cette dernière explication. Chez François Mitterrand en effet, le socialisme est plus le Nouveau Testament que l'Ancien. Il l'avait ignoré dans sa jeunesse collégienne. Il ne le découvrira pas davantage dans sa jeunesse étudiante.

Il a beau arriver lui aussi d'Angoulême, le jeune François qui débarque un jour d'octobre 1934 sur les quais de la gare d'Austerlitz n'est point Eugène de Rastignac. Et bien sots sont ceux qui le réduisent au héros balzacien. Qu'il éprouve l'envie légitime de réussir sa vie, qu'il nourrisse quelque ambition, nul doute. S'il lui arrive de songer à lancer à la face de la capitale le défi de Rastignac : « À nous deux maintenant ! », son projet intime n'est point d'aller courtiser les riches, de s'introduire chez les puissants ou de préméditer quelque mariage avec dot avantageuse. Son premier acte de défi n'est pas non plus d'aller dîner chez quelque Madame de Nucingen, bien qu'il ait en poche quatre lettres de recommandations familiales adressées à des personnages influents : François Mauriac, l'ami de son oncle, le général Guillaumat[1], lointain parent du grand-père Lorrain, le préfet Joinot des Yvelines, frère de Madeleine Joinot, une amie de sa mère, Maurice Marcilhacy, avocat au Conseil d'État et conseiller général de Jarnac[2]. De ces visites, il dira bien plus tard : « Seul le premier – en l'occurrence François Mauriac – m'a parlé de moi, de mon avenir, alors que les trois autres dissertaient sur eux-mêmes, aussi n'ai-je revu que le premier. »

Cet adolescent timide, au teint pâle et au profil de fier hidalgo, a déjà le regard pénétrant. On le sent inquiet de se mesurer aux autres, avide d'éprouver sa propre valeur. Que sait-il à dix-huit ans de la vie et du monde ? Il connaît l'ordre éternel des champs, le nom des arbres, des plantes et des oiseaux, les odeurs des sous-bois. Il peut lire l'heure à la lumière du ciel[3]. Il a vécu dans de petites villes calmes et prospères. Rien ne lui est plus étranger que l'univers des usines et des banlieues tristes. Il n'éprouve nulle tentation de rébellion contre son milieu d'origine, sa culture, et les mœurs qui l'ont imprégné. Il a l'esprit social, comme on dit alors, et l'âme littéraire, car il a beaucoup lu et les ouvrages aimés sont à ce jour ses compagnons les plus chers.

François Mauriac l'a deviné mieux que personne : « Il a été un garçon chrétien pareil à nous, dans une province, il a désiré comme nous devant ces coteaux et ces forêts de la Guyenne et de la Saintonge qui moutonnaient sous son jeune regard. Il a été cet enfant barrésien, souffrant jusqu'à serrer les poings du désir de dominer sa vie. Il a choisi de tout sacrifier pour cette domination[4]. »

À l'inverse de tant de jeunes provinciaux désemparés par les duretés de la jungle parisienne et les accueils sordides des « pensions Vauquer », François Mitterrand n'aura pas à se défendre contre la tentation ou le vice. Il va avoir le privilège de faire l'apprentissage de la liberté sous la protection douillette d'un milieu qui prolonge le cocon familial et l'univers de son collège d'Angoulême. Au 104 de la rue de Vaugirard, en effet, il trouve le gîte et le couvert assurés. Un établissement que dirigent les pères maristes[5] et où naquirent, au début de ce siècle, les Équipes sociales. Une petite centaine d'étudiants provinciaux partagent son heureux sort. Tous viennent de « bonnes familles », catholiques et bourgeoises – « Ce n'était quand même

1. Père de Pierre Guillaumat, ex-président d'Elf-Aquitaine, mis en cause par les socialistes dans la célèbre affaire des avions renifleurs.
2. Père de Pierre Marcilhacy qui sera nommé au Conseil constitutionnel en 1983.
3. Le président Mitterrand ne porte jamais de montre sur lui.
4. « Bloc-notes » de *L'Express*, 1959.
5. Congrégation religieuse de spiritualité mariale.

pas le grand gratin, qui, lui, allait plutôt chez les jèzes » (entendez : jésuites), dit un ancien élève.

Sur ses camarades, François Mitterrand a l'avantage de bénéficier d'un préjugé de sympathie auprès des bons pères. N'est-il pas le neveu de Robert Lorrain, l'un de leurs ex-pensionnaires les plus attachants, mort si jeune, que François Mauriac avait peint comme un « garçon angélique, un de ceux que Maeterlinck appelle des avertis parce qu'ils ont le pressentiment que Dieu va les prendre avant que la vie les ait souillés » ? Cette parenté, qui lui vaut quelque chaleur particulière, l'oblige sans doute à se distinguer.

Tous ceux qui ont logé au « 104 », comme ils disaient, gardent la nostalgie de cette maison. À la rentrée universitaire de 1934, Henri Lacombe, le président de la Réunion des étudiants, qui accueille les nouveaux venus, en définit ainsi l'atmosphère : « Vous ne sentirez jamais l'isolement. C'est une chose bien digne d'être notée que cette demeure ancienne ait su conserver les traditions d'urbanité et le charme de la vie française, de la société polie aux meilleures époques. Ici, le nom d'étudiant ne saurait jamais et par personne être pris en mauvaise part et la délicatesse des manières et de cœur y a créé ce climat que vous aimerez où fleurit avec prédilection l'amitié. »

Deux ans plus tard, Bernard Offner, un autre étudiant, lance à son tour : « Nous avons essayé d'unir en un mélange équitable la culture intellectuelle et morale, l'activité sociale, le travail, les sports et les amusements. »

Chaque mercredi soir, des conférenciers, de préférence connus et en vogue, se chargent d'élargir l'horizon intellectuel des jeunes gens. Daniel Rops vient parler de Dieu, François Mauriac, ancien du « 104 », de littérature, Jean Guitton, autre ex-pensionnaire, de philosophie, Henri de Taste, député de Paris, rend compte d'un voyage à Tahiti, le chanoine Thellier de Poncheville évoque Jacques Cartier et sa mission au Canada, l'économiste Gaëtan Pirou analyse la crise du capitalisme pour conclure : « Rien ne permet d'affirmer encore l'imminence de sa chute. »

Suivent souvent des discussions passionnées où s'affirment les tempéraments et se forgent les convictions. Étudiants en droit ou en lettres, apprentis médecins, candidats ou élèves des grandes écoles, tous sont conscients des privilèges dont ils bénéficient. Le « 104 » se situe à un petit quart d'heure de marche de la Sorbonne, de la Faculté de droit, de Sciences Po ou des établissements les plus prestigieux, et à quelques enjambées de Montparnasse et du cœur du quartier Latin dont rêvent tant de leurs camarades restés en province.

Les chambres sont simples, encore dépourvues d'eau courante (mais les douches viennent juste d'être installées à l'étage quand François Mitterrand arrive de Jarnac).

Comme les autres, la sienne est sobrement meublée : une table, une armoire, un lit et des rayonnages sur lesquels on aperçoit, entre autres, *Les Hommes de bonne volonté* de Jules Romains et *Les Frères Karamazov* dont il dira plus tard : « Ce n'étaient ni des caractères, ni des personnages composés, mais des êtres qui allaient authentiquement jusqu'au bout d'eux-mêmes. »

Cette chambre ne deviendra jamais un lieu de pèlerinage, le « 104 » étant voué aujourd'hui à la démolition. Elle n'est pas la plus luxueuse. François Mitterrand ne paraît guère en avoir souffert. Il n'a et n'aura jamais besoin d'opulence. Il n'a et n'aura jamais le goût ni même le sens du luxe[1], s'il a ceux du faste.

Ce n'est pas lui qui, comme son frère Robert, aurait jeté, rageur, ses chemises à la tête de la lingère à Jarnac pour défaut d'amidon. Ce n'est pas lui non plus qui, comme son frère Jacques, aurait chiné des heures à la recherche d'un meuble rare. Seule la perspective de dénicher un livre longtemps guigné peut lui inspirer cette patience. (Partant pour la guerre, il fera à sa jeune sœur cette unique recommandation : « Prends bien soin de mes livres. »)

Ses tenues vestimentaires, jugées souvent un peu trop claires par ses amis, n'en font pas non plus un Brummel qui donne le ton. Et jusqu'à une époque fort récente, le premier secrétaire du Parti socialiste semble avoir manqué de conseils avisés pour raffiner sa mise.

En revanche, il a sûrement dû apprécier que le « 104 » dispose d'un jardin, d'un tennis, d'un ping-pong, d'un billard, d'une salle de musique et d'une vaste bibliothèque où travailler en silence et lire tous les journaux (sauf, bien sûr, *L'Action française* et *L'Humanité*).

Grâce au diligent abbé Haour, économe de la maison, la nourriture est copieuse et de qualité. Les sœurs converses ajoutent une note de bonhomie : si d'aventure un étudiant est grippé, mère Marc monte inlassablement dans les étages pour apporter du bouillon de légumes. Les contraintes sont douces : il faut être ponctuel aux repas (le retardataire doit venir s'incliner devant le supérieur en signe de contrition). Après le dîner, tout le monde est prié d'aller se recueillir quelques

1. L'atteste la chambre qu'il occupera des années durant à l'hôtel du Vieux-Morvan : une méchante table en formica, un lit recouvert d'un velours cramoisi, un petit lavabo, point de salle de bains.

minutes à la chapelle située en sous-sol. « Il n'y a qu'une chose qui soit intéressante, c'est de devenir un saint », répète souvent le père supérieur, l'abbé Plazenet. Les étudiants, qui ne partagent peut-être pas ce point de vue, peuvent sortir le soir à condition d'user des permissions avec mesure et de rentrer à une heure avouable : 23 h 30. Le concierge guette !

Parce que son intérêt pour la politique était plus accusé que chez ses camarades, parce qu'il maniait le verbe avec une virtuosité très inhabituelle pour un garçon de son âge, François Mitterrand devait s'imposer très vite au « 104 ».

« C'était sûrement l'un de nos étudiants les plus brillants », affirme le père Rey-Herme, alors jeune séminariste. « Il se montrait ironique, mais jamais blessant, il avait horreur de la trivialité et de la familiarité », dit un ancien pensionnaire, Bernard Warenghien de Flory. Et il marque durablement ses condisciples. Jamais il ne cessera de les voir. Une fois l'an, un bistrot du quartier Latin les réunira à dîner, mais les sujets politiques seront toujours soigneusement exclus de cette assemblée amicale. La petite histoire notera que ces fidèles compagnons[1] seront tous décorés de la Légion d'honneur après mai 1981.

Son goût de l'écriture annonce déjà une vocation de plume. Plus souvent qu'à son tour, il publie dans la revue *Montalembert*. Il a la passion des mots précieux et des tournures rares. Ses amis l'en admirent autant qu'ils le moquent. Témoin cette chronique amusée de Jacques Marot qui raille en recensant les articles publiés en fin d'année : « [Mitterrand] n'écrit-il pas, à propos des *Anges noirs*[2] : "enclos immarcescible où le Christ viendra reposer" ? Immarcescible ? Immarcescible ? Pardon, cher ami, vous n'auriez pas un dictionnaire ? Allons, ceux-là au moins auront lu Mitterrand, ils seront épuisés du reste. Ne parle-t-il pas de parentèle ? Parentèle ? Et puis ce style dense et serré, comme du Chardonne travaillé, c'est fatigant à lire. N'écrit-il pas encore : "Dans le temple des officines où champignonnent des génies à tout faire, on s'étonne de ne découvrir que des carapaces vides" ? »

Ce jeune précieux, un brin pédant, n'est pourtant pas le narcisse que l'on pourrait imaginer. Dans ce petit monde pratiquant, on remarque son zèle et son abnégation. François Mitterrand fait partie

1. Jacques et Bernard Marot, Jean Ferréol de Ferry, Jean Roy, Henri Thieullent, Louis Gabriel Clayeux, François Dalle… André Bettencourt, qui arrive au « 104 » au moment où François Mitterrand fait son service militaire.

2. Une œuvre de François Mauriac.

de la Conférence Saint-Vincent-de Paul. Une association charitable, à laquelle les pensionnaires du « 104 » qui le veulent bien sont appelés à participer. Une trentaine d'étudiants s'engagent. Lui s'y adonne avec constance. Ainsi, chaque samedi après-midi, va-t-il visiter « ses familles ». Pour apporter une bonne parole, une paire de chaussures usagées mais encore valides pour la marche, un ticket de charbon. En 1937, il en devient le président au « 104 » (tout comme son père l'est dans sa Charente).

Le père O'Reilly raconte : « Il menait sa tâche avec fermeté car c'est un autoritaire, il réprimandait avec sévérité ceux de ses camarades qui ne s'acquittaient pas régulièrement des devoirs pour lesquels ils s'étaient portés volontaires. »

Sur ses actes de charité, voilà comment il s'exprime en octobre 1937 (toujours dans la revue *Montalembert*) : « Ceux qui, en échange de nos faibles dons, nous ont offert le spectacle de leur pauvreté, à nous qui venions leur porter secours, avec au fond du cœur la sensation d'un beau sacrifice à faire chaque semaine, ils nous ont appris que le sacrifice n'est que le contraire de la pénitence. Quand il serait le seul, cet enseignement aurait quand même quelque valeur. »

Ce jeune Mitterrand si chrétien fait alors l'admiration de ses anciens maîtres d'Angoulême.

Dans le bulletin intérieur du collège Saint-Paul, le père Jobit note en mars 1935 : « Dans sa lettre, François Mitterrand passe avec virtuosité du politique à l'économique et du social au religieux... Il a assisté, et pas seulement en spectateur, aux incidents récents de la faculté et sa famille ne fut pas peu étonnée de reconnaître sur un grand journal, au premier rang des étudiants chahuteurs, la figure de l'ami François... Il a servi de bonnes soupes chaudes aux chômeurs – "œuvre vraiment magnifique", nous dit-il..., il demeure toujours fidèle jéciste[1] et il tient à nous le dire. »

Cette vocation sociale peut aller jusqu'au prosélytisme.

Une autre lettre envoyée en mars 1935 au collège d'Angoulême en dit long sur son état d'esprit. L'élève de Sciences Po décrit ainsi le climat de la rue Saint-Guillaume :

« C'est une école de droite. La question politique y est même si primordiale que la question religieuse semble souvent de second ordre.

L'étudiant de Sciences Po est en général catholique, mais il n'est pas militant. Il n'a pas encore compris que la crise actuelle ne relève pas de l'ordre politique, mais dépend profondément de l'ordre moral.

1. Jeunesse étudiante chrétienne.

Il n'a pas compris que ce ne sont pas les institutions qui dirigent une société, mais que c'est la valeur morale de chacun qui fait sa force et commande les institutions elles-mêmes. Voilà pourquoi il reste un grand travail à accomplir à Sciences Po. Il faut changer une mentalité. Certes, on trouve beaucoup d'anciens élèves de collèges libres qui ont conservé une foi intacte et qui pratiquent consciencieusement leur religion. Mais combien semblent la vivre profondément ? Je sais qu'il y en a, mais je sais qu'ils sont peu nombreux. Quel remède apporter à cet état de choses ? C'est une question très délicate à résoudre. Il faudrait pouvoir remplacer les aspirations actuelles de notre jeunesse par des aspirations plus nobles et plus vraies, ou plutôt diriger l'idéal qui l'anime par un autre idéal plus fort. L'action chrétienne n'exclut pas l'action politique : elle la complète. Seulement, il ne faut pas que l'action politique prenne le pas sur l'action chrétienne, elle dépasse son rôle. C'est malheureusement ce qui arrive, d'où le déséquilibre des forces de rénovation. Ce n'est pas la forme d'une action qui peut en sauver le fond. Si l'on se pose en champion de la cause de l'action catholique, on ne s'attire pas de sarcasmes, mais on ne rallie pas ceux qui croient vivre leur vie chrétienne.

Quel rôle jouer dans ces conditions ? Je crois qu'il n'y en a qu'un seul : apporter dans les groupements politiques auxquels il est nécessaire d'adhérer, et admis par l'Église[1], les directives et les principes de notre foi, n'est-ce pas ce qu'ont enseigné les papes Léon XIII et Pie XI ?

Par une action sociale, que rejoint l'action politique, et qui s'y relie de plus en plus étroitement, il faut apprendre à ceux qui nous entourent que seul le christianisme est capable d'entreprendre une rénovation totale. Les exemples de vie intérieure chrétienne sont indispensables, mais ils ne compteront pour rien tant que les exemples d'action chrétienne ne seront pas réalisés. »

François Mitterrand, qui n'a pas dix-neuf ans lorsqu'il rédige cette missive, se sent apparemment une âme de missionnaire à temps partiel décidé à payer de sa personne pour convaincre les hérétiques. Voilà un penchant moralisateur qui se retrouvera des décennies plus tard lorsqu'il s'agira de pousser les brebis égarées à rejoindre le troupeau socialiste. Reste à savoir si tous les grands principes et les bons sentiments ainsi exprimés n'ont pas pour premier objectif d'édifier ses anciens maîtres et de les combler d'aise. S'ils attestent son

1. Allusion évidente à l'interdiction pontificale pesant sur l'Action française.

engagement, en effet, ses amis du « 104 » n'ont pas gardé, loin de là, le souvenir d'un chrétien d'une exceptionnelle bigoterie. Chaque dimanche, il allait à la messe, en changeant chaque fois d'église, mais cette pratique régulière n'avait rien alors de très remarquable. Plus rare : il communiait tous les dimanches.

« Je me souviens d'une discussion à table où François Mitterrand se donnait des airs bien voltairiens, mais peut-être jouait-il un personnage », raconte le père Rey-Herme.

« Il était en fait superficiellement voltairien, je crois surtout qu'il ne voulait pas paraître conformiste », rétorque Jacques Benet.

François Dalle, son compagnon le plus proche, ajoute : « Il était très pratiquant, mais ne semblait pas crucifié par les problèmes de la foi. »

Adolescent, il semble déjà pénétré en tout cas de l'idée qu'il faut peser sur les hommes pour agir sur l'événement. Peut-on trouver là, en filigrane, la conscience d'un destin et l'espoir d'une mission politique ? Certes non. Les temps ne sont pas mûrs : « Avocat, journaliste, homme politique, que ferait François plus tard ? Nous n'en savions rien et lui non plus. Nous n'étions sûrs que d'une seule chose : il ne dirigerait jamais la vinaigrerie familiale », témoigne François Dalle.

Pourtant, Marie-Louise Terrasse[1], la fiancée de François, se souvient fort bien avoir entendu celui-ci lui dire : « Plus tard, quand j'aurai voix au chapitre, je déciderai ceci ou cela. »

L'univers préservé du « 104 » tranche sur le fracas du moment. Alors que François Mitterrand poursuit avec aisance ses études supérieures (licence en droit et Sciences Po), l'actualité charrie de gros nuages noirs : la crise économique mondiale, la montée du fascisme, le réarmement de l'Allemagne, la guerre civile d'Espagne, la guerre d'Ethiopie, les grands procès de Moscou, l'Anschluss, Munich. La France est scindée en blocs antagonistes et déchirée de polémiques furieuses. Les ligues de droite recrutent et défilent. Des échauffourées éclatent dans les rues. Les scandales alimentent l'antiparlementarisme. L'ascension de la gauche, puis la victoire du Front populaire traumatisent la bourgeoisie. « Au "104", nos étudiants étaient très conservateurs, très hostiles au Front populaire. Si certains d'entre eux ont espéré en la victoire de la gauche, ils n'étaient guère nombreux et François Mitterrand n'en faisait pas partie », se souvient le père O'Reilly qui a succédé au père Plazenet.

---

1. Voir plus loin dans ce chapitre.

À cette époque, de nombreux témoignages en font foi, il est même ouvertement Croix-de-Feu[1].

« Il était mon chef volontaire national », explique Henri Thieullent, aujourd'hui notaire au Havre. « Il ne s'en cachait pas », ajoute Jacques Benet. « Pour cette raison, j'ai même dû le prévenir en toute hâte un jour que les communistes voulaient lui casser la figure », raconte Pierre Chiron, son camarade d'Angoulême, qui poursuivait lui aussi ses études dans la capitale.

Dans la revue *Montalembert*, le bulletin interne de la maison, Jacques Marot, futur journaliste à l'AFP et toujours ami du président, qui assure le compte rendu des conférences données au cours de l'année 1935, rapporte ainsi ses propos : « François Mitterrand, lui, apporte une solution à d'autres problèmes aussi graves : c'est la solution Croix-de-Feu. Il nous montre un idéal, un idéal mesuré, un idéal très humain parce que social, accessible parce que largement compris, très grand parce que français. Félicitons surtout Mitterrand d'avoir su garder un ton de parfait honnête homme dans une discussion qui eût pu tourner à la politique pure, domaine où les gens les plus sensés deviennent stupides et furieux sans savoir pourquoi. Cela vient sans doute d'un calme absolument admirable doublé chez lui d'une sage et philosophique lenteur. » Lorsqu'il est ainsi dépeint, François Mitterrand n'a pas dix-neuf ans.

Le 16 mai 1935, le colonel de La Rocque sera d'ailleurs invité à prononcer une conférence au « 104 » où il déclarera entre autres : « Il s'agit de réinstaller la patrie dans la tradition française et, pour cela, de détruire l'action malfaisante de la franc-maçonnerie dans la haute finance et l'industrie. Demain, je donnerai l'ordre de mobilisation contre la révolution de Messieurs Blum, Daladier, Cachin et consorts. »

1. Le mouvement Croix-de-Feu, dirigé par le colonel de La Rocque, qui attirait déjà, on l'a vu, le père de François Mitterrand, devait être dissous le 18 juin 1936. Sa puissance et sa discipline en avaient fait l'une des ligues les plus redoutées des partis de gauche. Il se recrutait à l'origine uniquement parmi les titulaires de la croix de guerre 14-18 (d'où son nom), mais s'était ensuite élargi. Il avait créé des organisations parallèles, notamment les Fils de Croix-de-Feu et les Volontaires nationaux, regroupant les jeunes. Il comptait au début de 1935 plus de 260 000 adhérents en état de mobilisation permanente, capables de répondre sur-le-champ aux coups de force présumés du PC comme à tout rassemblement de la gauche. Pendant la période du Front populaire, chaque démonstration des partisans du colonel de La Rocque répondait aux grands meetings des communistes et des socialistes.

Nulle part il n'est dit, et nul ne se souvient, que François Mitterrand ait pris alors quelque initiative pour faciliter cette conférence, ni qu'il se soit comporté en militant zélé.

Le colonel est alors au zénith de sa trajectoire. Il incarne la nostalgie de l'ordre, la volonté de réforme de l'État, une certaine ouverture sociale teintée de paternalisme. Dans son programme, le maréchal Pétain puisera plus tard quelques idées et maximes : Travail, Famille, Patrie par exemple ! S'il rêve d'un pouvoir exécutif fort, le colonel n'entend pas s'affranchir des lois de la République. Il a le goût de l'autorité, mais point celui de l'aventure. Lors des manifestations du 6 février 1934, où les Croix-de-Feu montrèrent leur force, il empêcha l'affrontement et la marche sur l'Assemblée nationale. Certains prétendent que la IIIe République lui doit de ne pas avoir sombré ce jour-là.

Les partisans du colonel de La Rocque, généralement issus des classes moyennes, sont des conservateurs, voire des réactionnaires. Mais, contrairement à l'image volontiers répandue par ses détracteurs, lui n'a rien de fascisant. Il est plus rassembleur dans le style du RPF de 1947 que fasciste à la manière mussolinienne. Il est plus velléitaire qu'activiste. Si ses jeunes supporters défilent en uniforme et au pas, ce style paramilitaire n'est pas l'apanage de la droite. Les Jeunesses socialistes elles-mêmes arborent foulards, bérets et brassards (Hitler n'a pas encore détourné à jamais les partis des uniformes).

En dépit de ses dénégations, la rumeur veut toujours que François Mitterrand ait été tenté par l'Action française. Aucune trace n'existe pourtant d'un quelconque engagement. L'espace d'une saison, ses camarades, et le père O'Reilly avec eux, ont cru enregistrer une séduction au moins intellectuelle. En fait, comme beaucoup d'étudiants, il a admiré en Maurras la qualité littéraire et cette forme de culture qui sublimait presque ses canons les plus familiers. Toujours dans la revue *Montalembert*, Mitterrand écrit en 1937 dans un article intitulé « la Chasse au grand homme » : « L'élite est souvent le talent mis au service de la lâcheté et de la bêtise. Les Anatole France qui frappent du poing sur la table dans les meetings et mettent le soir des chaussettes de laine ne nous disent rien qui vaille ! Pas un d'entre eux, sauf peut-être Maurras, qui ait correspondu à quelque attente impatiente… Nous ne connaissons que des sculpteurs de fumée à la remorque des fabricants de doctrine. »

Ce « sauf peut-être Maurras » illustre bien la considération qu'il éprouve à l'époque pour l'éditorialiste de *L'Action française* et la circonspection qu'un jeune catholique comme lui se doit de manifester au moins publiquement[1].

« Pour moi qui étais étudiant d'Action française, François Mitterrand, je le considérais comme étant rigoureusement de la même famille que moi », assure aujourd'hui maître Jean-Baptiste Biaggi, qui fut longtemps un activiste d'extrême droite. Il surenchérit : « Tous mes camarades de l'Action française le considéraient alors comme un cagoulard[2], ils prétendaient même que Mitterrand avait prêté serment. »

Rien n'étaye cette thèse du serment sinon l'amitié personnelle et jamais dissimulée de François Mitterrand pour plusieurs leaders de la Cagoule.

Et d'abord pour Jean-Marie Bouvyer, dont la famille d'origine charentaise, « très distrayante, très exaltée et tout acquise à l'Action française », venait passer chaque été ses vacances à Rouillac, à quinze kilomètres de Jarnac. L'aîné des garçons, Jean-Marie, « un grand ami de François », avait mal tourné. Membre de la Cagoule (matricule 219), il a été mêlé à l'assassinat des deux frères Rosselli, Carlo et Nello, deux professeurs italiens (l'un d'économie, l'autre d'histoire), tous deux socialistes et célèbres pour leur opposition à Mussolini et au fascisme. Pour avoir pisté les victimes et relevé leurs habitudes jusqu'à Bagnoles-de-l'Orne où elles étaient en cure, Jean-Marie Bouvyer devait être appréhendé par la police alors qu'il faisait son service militaire au 3e régiment de chasseurs d'Afrique à Constantine. Il fut emprisonné au printemps 1938. François Mitterrand, qui n'abandonne pas ses amis dans la détresse, lui rendit plusieurs fois

1. Dans son livre *Les Non-conformistes des années trente*, Jean-Louis Loubet del Bayle assure que dans les années 37-38 François Mitterrand fut un actif propagandiste du mensuel *Combat*, dans lequel écrivaient beaucoup d'intellectuels de la jeune droite : Thierry Maulnier, Pierre Drieu La Rochelle, Robert Brasillach et Claude Roy, son ami d'Angoulême.

2. Cette petite organisation, qui s'appelait en réalité Comité secret d'action révolutionnaire (CSAR), se voulait clandestine et cultivait le mystère. Elle reprochait à Maurras de ne pas oser sortir de la légalité pour abattre la République parlementaire. Pour répondre aux mouvements de la rue et à l'occupation des usines par les militants du Parti communiste, elle prônait le recours à l'action violente, elle fustigeait le Front populaire et les puissances d'argent. Elle possédait quelques caches d'armes, notamment dans les souterrains de la capitale, et ses réseaux furent à l'origine de plusieurs attentats. La guerre devait diviser la Cagoule. La plupart de ses membres furent d'actifs collaborateurs, d'autres combattirent dans la Résistance ou parmi les Français Libres.

visite à la Santé ; sa fiancée Marie-Louise Terrasse se rappelle fort bien l'y avoir accompagné.

Après cette première rencontre, François Mitterrand, nombre de ses proches le confirment, se lia très étroitement à François Méténier.

Selon l'Élysée, il ne l'aurait connu qu'après guerre et fort peu. Sa sœur aînée, Colette Landry, lui aurait signalé en 1949 ce cas de détresse d'un homme en prison atteint d'un cancer avancé. François Mitterrand, jeune ministre, serait alors intervenu pour faire raccourcir sa peine et l'extraire de la geôle. Poussa-t-il l'obligeance jusqu'à l'aller chercher, comme certains familiers le suggèrent ? François Mitterrand n'en garde pas le souvenir. Plus tard, garde des Sceaux, il assistera à ses obsèques. Pierre de Bénouville, entre autres, en fut le témoin.

D'autres considèrent que ces liens étaient plus anciens et plus intimes. Michel de Camaret[1], un ami de François Méténier, se souvient parfaitement d'une scène pittoresque. En 1950, François Mitterrand, tout jeune ministre de la France d'outre-mer, était allé lui rendre visite en compagnie de François Méténier. Celui-ci, d'humeur badine, aurait lancé à l'excellence : « Laisse-moi m'asseoir dans ton fauteuil pour que je sache l'effet que cela fait d'être ministre. » En sortant de l'entrevue, François Méténier aurait assuré à Michel de Camaret : « Tout ce que tu demanderas à Mitterrand en mon nom, tu l'obtiendras. »

En tout cas, ce « diable d'homme, épicurien et téméraire[2] » constituait plutôt une relation encombrante. Il avait participé à tous les grands coups du CSAR. Il était un peu le ministre des Affaires étrangères d'Eugène Deloncle, le patron de la Cagoule, et avait noué pour cette raison des contacts avec les entourages de Mussolini et de Franco. Lors du procès de la Cagoule, le colonel Emmanuele Santo, qui dirigea le contre-espionnage italien du temps de l'Italie fasciste, avait raconté que Méténier était venu voir les dirigeants italiens pour leur dire : « Votre Duce est et sera notre modèle et nous sommes tout à fait d'accord avec lui pour considérer le fascisme comme une norme de vie politique à l'échelle européenne. La France doit, selon nous, s'inspirer du régime fasciste italien et l'appliquer pour son propre compte. »

1. Ex-consul de France à Sao Paulo, élu en 1984 sur la liste Le Pen aux élections européennes.

2. Méténier est ainsi décrit par Philippe Bourdrel dans son livre *La Cagoule*, Paris, Albin Michel, 1992.

Il avait été convenu qu'en remerciement de la liquidation physique des frères Rosselli, la Cagoule recevrait des Italiens cent fusils Beretta semi-automatiques[1].

De même, ses responsabilités dans l'attentat contre le CGPF, 4 rue de Presbourg (l'ancêtre du CNPF), qui fit deux morts (deux gardiens de la paix en faction), en juin 1937, lui valurent au procès de la Cagoule en octobre 1948 une condamnation à vingt ans de prison et la dégradation nationale à vie. Un ancien chef de la Cagoule interprète ainsi ce double attentat : « Le but recherché était, en mettant cette affaire au compte des communistes, de débarrasser le pays du Front populaire et en même temps d'obtenir de nouveaux crédits des bailleurs de fonds[2]. »

François Méténier avait rejoint Vichy en 1940 à l'appel de Raphaël Alibert, ministre de la Justice du maréchal Pétain et lui-même cagoulard. À ce titre, il fut de ceux qui, autour du colonel Groussard (qui dirigeait les groupes de protection), arrêtèrent Pierre Laval, alors chef du gouvernement, le 13 décembre 1940.

Cet ex-industriel à Chamalières est présenté comme « un amateur de bonne chère vouant au sexe faible une admiration enthousiaste, menant la vie à grandes guides[3] », ou encore : « Un brave type, ce Méténier, observe du Moulin de la Barthète, un peu fou, des mains d'étrangleur, un cœur de grisette, un drôle de dur. »

Sans vouloir impliquer François Mitterrand dans cette organisation secrète, on doit tout de même relever qu'il n'y comptait pas seulement Méténier comme ami. Ainsi fut-il très lié à Gabriel Jeantet[4], ancien président des Étudiants d'Action française, puis responsable de l'approvisionnement en armes du CSAR, familier du maréchal Pétain à Vichy et propagandiste de la révolution nationale. François Mitterrand fera même paraître un article dans sa publication *France, revue de l'État nouveau*.

L'écrivain Jacques Laurent, neveu d'Eugène Deloncle et proche de Gabriel Jeantet avec lequel il a publié un ouvrage très antigaulliste, *L'Année 40*, témoigne de ce que Mitterrand et Jeantet étaient « intimissimes ». « Mais, ajoute-t-il, Jeantet a été un grand résistant et déporté par les Allemands pour cette raison. »

Dans son livre *Hitler contre Pétain*, Jeantet raconte qu'il fut le contact du Maréchal auprès des officiers allemands qui complotaient

1. *Ibid.*
2. *Ibid.*
3. *Ibid.*
4. Qui sera l'un de ses parrains pour la francisque.

contre le Führer, qu'il travaillait assidûment à préparer avec des émissaires de la Résistance une réconciliation entre Pétain et les gaullistes à la Libération.

Dans un mémoire au juge d'instruction chargé d'instruire son propre procès, Bernard Ménétrel, confident du Maréchal, a confirmé que Jeantet leur avait servi à Pétain et à lui d'intermédiaire auprès de « l'armée secrète[1] ».

Simple coïncidence cette fois, Robert, le frère aîné de François Mitterrand, épousera en premières noces la fille de son colonel, Édith Cahier, elle-même nièce d'Eugène Deloncle. Elle assure aujourd'hui : « François n'a jamais rencontré mon oncle, qui était en prison le jour de mon mariage. »

Du moins est-il évident que son milieu et ses réseaux d'amitiés portaient davantage le futur leader de la gauche vers les rivages sulfureux d'une droite extrémiste, plutôt que du côté des chimères socialistes.

Fils d'une époque trouble et dangereuse, François Mitterrand s'inquiète, s'interroge et regarde autour de lui. A-t-il, comme il l'assure en 1969[2] (à un moment où il commence à rêver d'incarner l'Union de la gauche), senti dès 1936 « de quel côté étaient le droit et la justice » (c'est-à-dire du côté du Front populaire), tel n'est assurément pas le sentiment de ceux qui le côtoyaient. S'il n'était aussi curieux de tout, on aurait les meilleures raisons de douter de la véracité de ses propos quand il déclare[3] lors des cérémonies d'anniversaire de la mort de Jaurès qu'il s'était précipité en pèlerinage au café du Croissant dès son arrivée à Paris en 1934.

Par curiosité, il se rend plusieurs fois à l'Assemblée nationale en compagnie du député de la Meuse, le chanoine Angèle Polimann. Celui-ci est inscrit au groupe des Républicains indépendants d'action sociale et il loge au « 104 ». Ce géant beau parleur, qui pérore volontiers devant les étudiants, a emporté les suffrages des électeurs de Bar-le-Duc en 1933 en dénonçant « le triste bilan de la majorité de gauche » et préconisé « le retour aux saines traditions ». Il fera partie à Vichy des proches de Pétain.

Au Palais-Bourbon, l'oreille aux aguets, François Mitterrand se montre pourtant sensible à la distinction intellectuelle et à l'éloquence méthodique et sentimentale d'un Léon Blum, « alors que moi je ne l'appréciais pas du tout », reconnaît Henri Thieullent qui

1. Herbert Lottman, *Pétain*, Paris, Le Seuil, 1984.
2. François Mitterrand, *Ma part de vérité*, *op. cit.*
3. Europe 1, août 1984.

l'accompagnait ce jour-là. François Mitterrand est déjà attentif à la qualité et à l'inspiration des propos quel que soit leur auteur.

Un autre discours le marquera : celui de Paul Reynaud, le plus brillant et le plus compétent des espoirs de la droite parlementaire, qui plaide à la tribune pour une dévaluation vertueuse au grand dam de la gauche. Le raisonnement séduit tant l'étudiant de Sciences Po qu'il veut en faire profiter ses professeurs d'Angoulême : « Il a entendu Paul Reynaud parler de la dévaluation », relate le père Jobit dans le bulletin *Notre école*.

Ses frères, encore abasourdis, se rappellent un déjeuner à Jarnac où François, s'étant fait le disciple de l'étoile montante des libéraux, se métamorphosa en avocat érudit d'une modification des parités du franc. Cette technicité, aussi parisienne qu'inédite, émerveilla l'entourage. Elle prouve au moins que l'extrême droite n'a pas, aux yeux de François Mitterrand, le monopole de la séduction. La droite libérale, pourvu qu'elle soit brillante et moderne, peut retenir son attention.

Dans une bataille qui, à l'époque, agite beaucoup l'université, François Mitterrand se range résolument du côté de la gauche (modérée) : il prend en effet parti pour le professeur Jeze, défenseur du Négus et du droit international contre la politique de force menée en Ethiopie par l'Italie mussolinienne. On se bat dans les amphithéâtres, les étudiants de droite veulent empêcher le professeur de donner son cours. La gauche en fait une figure symbolique de la vaillance et de l'indépendance des intellectuels devant les fascistes menaçants : « François et moi, nous étions pour le professeur Jeze », confirme Henri Thieullent.

Signe d'évolution ? Non pas. Un peu plus tard, la guerre d'Espagne, qui va tenir tant de place dans la politique et la littérature, ne mobilisera pas son attention, même si, en 1969, il écrit : « D'instinct, j'éprouvais de l'horreur pour Franco, sa bande et sa bandera[1]. » À l'époque, François Mitterrand collabore, en tant que président de la section littéraire des étudiants, au journal *L'Echo de Paris*, plutôt favorable au général Franco et hostile à la gauche tout entière.

Dans ce quartier Latin où l'on échange des horions ou des coups de canne entre camelots du roi et étudiants de gauche, on sait aussi plaisanter sur le mode badin, voire vachard, les hommes et les institutions politiques. On s'y donne la comédie. D'autant que les étudiants politisés se connaissent, s'identifient facilement : en 1937, on ne comptait guère plus de trente mille inscrits dans les universités

1. François Mitterrand, *Ma part de vérité*, *op. cit.*

parisiennes (contre trois cent mille aujourd'hui). Pour rire donc, François Mitterrand se nomme président du Conseil de Ferdinand Lop (un simple ministère ne lui aurait pas suffi). L'éternel pitre du quartier Latin, candidat à toutes les élections, contestataire, qui proposait à chaque campagne de prolonger le boulevard Saint-Michel jusqu'à la mer, trouve ainsi, l'espace d'un sourire, un disciple qui ira loin.

François Mitterrand n'est pas de ces étudiants qui demeurent toute la journée la tête penchée dans leur chambre sur des polycopiés. Il flâne, il hume les vents du monde. Il va écouter à la Mutualité les grands intellectuels de l'heure : André Chamson, André Malraux, chantre de l'antifascisme, Julien Benda, rationaliste fulgurant, mais aussi Maurice Thorez et Jacques Doriot. « On le voyait très peu aux cours », affirme Jean-Baptiste Biaggi.

Son inséparable ami, François Dalle, témoigne pourtant : « Le matin, nous étions à la bibliothèque de la fac de droit où le climat était ultraréactionnaire, l'après-midi, nous allions à la bibliothèque de la Sorbonne, où tout non-marxiste était jugé imbécile. »

Cinquante ans plus tard, François Mitterrand se souvient[1] : « À l'université, j'étais intimidé par mes camarades socialistes. Initié par la scolastique, mais égaré par le vocabulaire, je mis du temps à reconnaître dans leur dialectique les recettes du Moyen Âge que l'on m'avait enseignées… J'étais gêné d'entendre la gauche marxiste parler un français traduit de l'allemand. Les mots en *-ion* et en *-isme*[2] m'écorchaient les oreilles. Je me flattais d'un classicisme qui me paraissait supérieurement révolutionnaire. »

Le jeune étudiant n'a pas l'admiration facile. Il ne se reconnaît pas de maître à penser. L'esprit critique se lie en lui à la volonté de choquer. Dans un article intitulé « la Chasse au grand homme[3] », il écrit :

« Sujet de méditation sur les multiples façons de faire marcher les sots : les partis, nos maîtres en ont touché le fond et leur étal exhibe des têtes manchettes, la langue pendante, parce qu'elles n'ont plus rien à dire, on a seulement redoré les cornes, pour faire plus riche.

« Du côté gauche, parmi bien d'autres, nous trouvons Romain Rolland, tout étonné de se voir soudainement tant apprécié spécialement, et pour cause, de ceux qui n'ont jamais feuilleté ses écrits. André Gide, qui, sachant la porte étroite, a choisi le neuvième passage, celui

1. Ibid.
2. Maurras, aussi, était très germanophobe.
3. Dans la revue *Montalembert*.

qui donne sur Moscou. Oh ! Nathanaël, te voilà naturalisé… Il arrive que le merle se prenne pour une grive… Ainsi, les merles Chamson, Cassou, Guéhenno, Aragon ont miré leur plumage dans la mare de leurs illusions et se sont déclarés satisfaits. Seul, parmi eux, Julien Benda ne doit pas croire encore que cela puisse être vrai. »

Ses goûts littéraires sont autant de choix mûrs et hautement revendiqués. À une enquête sur les auteurs favoris des pensionnaires du « 104 », il répond : « Valéry, Baudelaire, Mauriac et Claudel. »

— Quel est le rôle de la littérature ?

— Indispensable et dangereux, elle fait courir le risque de ne penser et sentir qu'en littérateur.

— Si vous partiez à la guerre, quels livres emporteriez-vous dans votre musette ?

— Les *Pensées* de Pascal et *L'Abbaye de Thélème* de Rabelais.

— Et si vous entrepreniez un long voyage ?

— *Eupalinos* de Paul Valéry, *Dieu et Mammon* de François Mauriac, *Aux fontaines du désir* de Montherlant[1], et *Le Soulier de satin* de Paul Claudel.

Une sélection qui témoigne d'un sens de la qualité littéraire et d'un penchant sophistiqué pour ceux qui affichent une existence altière. Ne relève-t-il pas, dans le livre *Service inutile* de Montherlant, cette citation qu'il semble faire sienne : « Seule vaut l'idée qu'on se fait de soi-même pour se soutenir sur les mers du néant ; les seules couronnes qui vaillent sont celles que l'on se donne à soi-même » ? Il ne manquera pas, c'est vrai, de se tresser des couronnes et se fera de lui-même une certaine idée, élevée.

Ses préoccupations et ses idéaux s'expliquent peut-être par le climat de l'époque : « Nous sentions que la guerre se rapprochait inexorablement, et que si Hitler envahissait la France, nous ne serions pas prêts, se rappelle François Dalle. Je me souviens d'un voyage en Allemagne au cours duquel nous avons découvert l'armée allemande, ses panzers et ses athlètes qui plongeaient par milliers dans le Rhin au premier coup de sifflet. Nous avons vu défiler vingt mille soldats, et leur supériorité militaire évidente nous a plongés dans l'anxiété. »

François Mitterrand n'aime pas l'armée et sa hiérarchie, pourtant si présente dans l'environnement familial. L'un de ses frères

1. Après le suicide d'Henri de Montherlant, François Mitterrand confiera à l'écrivain Gabriel Matzneff : « Drieu La Rochelle, Montherlant, les maîtres de ma jeunesse, sont morts. »

prétend : « Cette hostilité participait sûrement de son esprit de contradiction. »

Une cousine raconte : « Quand je lui ai dit que j'épousais un officier de carrière, il s'est moqué de moi et m'a dit : "Tu vas épouser quelqu'un de bien ennuyeux." »

Cause ou conséquence, il n'est pas reçu à sa PMS (préparation militaire supérieure). Il fera donc son service militaire comme simple seconde classe. François Dalle note : « Apprendre par cœur le manuel du soldat lui paraissait tellement idiot ! Quand moi-même j'ai échoué, François m'a envoyé une lettre de félicitations : "Bravo ! je vois que tu n'es pas plus doué que moi[1]." »

Au même moment – 1938 – c'est l'Anschluss. L'Allemagne envahit l'Autriche et Hitler entre triomphalement dans Vienne. Les grandes démocraties ne bougent pas. Elles pratiquent, là aussi, la politique de non-intervention instaurée pour l'Espagne par Léon Blum, qui est à nouveau président du Conseil pour douze jours. François Mitterrand réagit. Il écrit un curieux texte, baptisé « Jusqu'ici, mais pas plus loin[2] » : « La France et l'Angleterre et l'Italie enregistrent l'Anschluss, plus ou moins sèchement, elles signifient leur agrément : "Cela suffit – ne touchons plus à l'Europe – assez de chantage – nos armées s'équipent et nos peuples s'énervent – attention, jusqu'ici mais pas plus loin", c'est ce que l'on appelle de la mauvaise humeur. Mais la mauvaise humeur n'a jamais remplacé la colère… Il est peut-être vrai que la France serait folle de tenter une guerre pour sauver une paix perdue, la mort d'un homme est sans doute plus grave que la destruction d'un État. Tout démontre que rien ne justifie une révolte contre l'événement. Mais sous le faisceau de ces raisons, j'éprouve encore une inquiétude… Devant la venue triomphale du dieu de Bayreuth sur le sol de Mozart, je sais quel sacrilège se prépare et, malgré moi, j'éprouve une sorte de honte, comme si je m'en reconnaissais responsable. »

Un peu plus haut, il avait écrit : « En politique, deux attitudes sont seules concevables : ou l'abandon total, ou la force absolue. L'abandon, commandé par le sacrifice, serait pour un peuple le plus beau témoignage de sa grandeur. Les individus savent parfois se sacrifier, pourquoi les nations en seraient-elles incapables ? Ce genre d'héroïsme demeurerait-il interdit à cette masse mouvante et vivante d'individus qui composent un État, cette fiction ? »

1. Dans une interview à Roger Priouret en 1972, François Mitterrand affirmait : « J'étais antimilitariste, j'ai refusé de faire ma préparation militaire. »

2. Dans la revue *Montalembert*.

Un texte ambigu, une pensée incertaine. Grossièrement, on pourrait la résumer ainsi : ayons honte, mais ne faisons rien. Une réaction très représentative du climat de l'époque, mi-pacifiste, mi-patriote.

Même quand les nuages s'amoncellent, même quand les dangers sont imminents, on ne peut pas se complaire du matin au soir dans le malheur, l'apostolat ou l'action. Quand on a vingt ans, une bonne santé, quelque talent, pour se divertir à la fin des années trente on fait du sport. Tennis, ping-pong, François Mitterrand marque une nette préférence pour les jeux individuels. Il était gardien de but à Angoulême, ce qui constitue le rôle le plus personnel dans une équipe de football. Plus tard, il pratiquera le golf, autre discipline éminemment individuelle[1].

Au « 104 », on l'admire autant qu'on le met en boîte pour son acharnement à battre l'adversaire sur un court. Henri Thieullent raconte encore amusé : « C'est seulement quand son partenaire de double était par trop maladroit qu'il manifestait une mauvaise humeur. » Pour un coquetier en aluminium, dérisoire trophée du tournoi, il n'hésite pas à courir le risque de l'insolation ou du claquage de muscle… jusqu'à ce qu'il gagne. Victoire que Jacques Marot relate[2] : « En poussant, geignant, bras recourbés et geste court, Mitterrand bat Perney 6/4, 3/6, 6/4, nos compliments[3]. »

S'il n'est pas un styliste, voilà du moins un combattant.

Après le sport, la musique. Elle ne sera jamais pour le futur président sa première distraction, mais Jean Roy lui fait aimer Éric Satie, Chopin. Louis Gabriel Clayeux, autre pensionnaire du « 104 », mélomane lui aussi, qui a réussi à faire partager à François Mauriac son amour de Mozart, l'entraîne même au concert, en une occasion mémorable en compagnie de l'illustre écrivain. Avec Henri Thieullent, dont la chambre au « 104 » s'enorgueillit d'une superbe collection de disques, il découvre le jazz New Orleans.

Il va beaucoup danser aussi : au cercle Interallié, au Bœuf-sur-le-toit. François Mitterrand a, dit-on, le sens du rythme et entraîne volontiers amies, sœurs et cousines.

---

1. Depuis qu'il est président, François Mitterrand a repris ses parties de golf chaque mardi en compagnie d'André Rousselet.

2. Dans la revue *Montalembert.*

3. Ses proches se souviennent d'un match avec Félix Gaillard, un dimanche, chez Marcel Bleustein-Blanchet, beau-père de Robert Badinter, au temps de la IVe, où Mitterrand avait presque risqué l'accident cardiaque pour l'emporter sur meilleur joueur que lui.

Et puis, il aime… À cet âge-là, les timides sont parfois maladroits avec les jeunes personnes. « Il se montrait très agressif avec elles », prétend Jacques Benet.

Agressif ? Jusqu'au jour où la flèche de Cupidon l'atteint. Un soir de janvier 1938, au bal de Normale sup, qui se déroule en grande pompe sous la présidence effective d'Albert Lebrun, le chef de l'État, en habit et grand cordon de la Légion d'honneur en sautoir.

Dans la foule apparaît une jeune beauté, sagement chaperonnée par une tante âgée et son frère aîné, qui se révélera être un élève de la rue d'Ulm. Elle est blonde, radieuse et porte une robe d'organdi rose brodé de petite fille modèle (elle a été demoiselle d'honneur dans un récent mariage).

François Mitterrand, « encore un peu boutonneux », s'avance :

— Mademoiselle, voulez-vous danser ?

La demoiselle acquiesce : une valse, un fox-trot, un tango, un charleston. Toute la soirée, elle va rester prisonnière de ce danseur qui l'étourdit de mots, la noie d'un flot de paroles, la complimente, l'amuse, la pique, fait la roue. Bref, l'accapare jalousement, jusqu'à ce que la tante vienne annoncer que le carrosse de Cendrillon est avancé.

Comme dans le conte, le prince charmant ne saura rien de la belle inconnue déjà aimée.

— Comment vous appelez-vous ?

— Maman m'a interdit de le dire.

— Alors vous serez ma Béatrice. (Référence peut-être trop savante à l'héroïne de Dante, symbole d'amour éternel et de chasteté.) Quel âge avez-vous ?

— Seize ans. (Pieux mensonge, elle fêtera ses quinze ans aux premières pêches.)

— Et que faites-vous ?

— Je prépare mon bac au lycée Fénelon. (Autre rouerie de la demoiselle qui est en troisième.)

— Et où habitez-vous ?

— Avenue d'Orléans (future avenue du Général-Leclerc), tout près du Luxembourg.

— Vous reverrai-je ?

— Maman m'interdit de fréquenter les garçons.

Mais un limier amoureux possède là assez d'indices pour retrouver la piste de la belle. Chaque soir, aux heures de sortie du lycée, François Mitterrand va arpenter le quartier Latin. Un beau jour, c'est l'éblouissement. Boulevard Saint-Michel, devant la crêperie du Biarritz, elle est là, toujours aussi blonde, jolie et radieuse, en compagnie d'une amie.

— Chiche que j'aborde cette fille ! lance, faussement téméraire, à François Dalle, l'amoureux qui ne révèle pas que sa Béatrice, c'est elle.

Ainsi va commencer une idylle aussi passionnée (en tout cas pour François Mitterrand) que platonique avec Marie-Louise Terrasse (elle dit enfin son nom) ; toute la France la connaîtra plus tard sous celui de Catherine Langeais, première célébrité de la télévision. Chaque jour ils se donneront rendez-vous, et chaque jour il lui écrit aussi des lettres, toutes numérotées[1]. François Dalle et plus tard Georges Dayan (un ami qui prendra une place croissante) feront office de facteurs.

François est amoureux fou. Souvent, le soir, il entraîne ses amis sous ses fenêtres et leur lance dans un souffle : « Elle habite ici, elle dort là. »

Six mois se passent en rencontres, cœurs croisés, baisers volés et accordés. Un beau jour, boulevard Saint-Michel, Marie-Louise voit arriver François. Il est en bien singulière tenue. Alors que la coquetterie n'est pas sa marque habituelle, il a revêtu un complet bleu marine, un chapeau Eden à bord roulé (l'uniforme de Sciences Po) et des gants beurre frais. Il tient une rose à la main… Il ne lui manque qu'un parapluie.

— Mais que faites-vous ainsi déguisé ? interroge Marie-Louise.

— Vous le saurez bientôt, rétorque François, mystérieux.

Frémissante de curiosité, en rentrant chez elle la jeune fille va enfin comprendre : sa mère en est encore tout estomaquée : « Figure-toi qu'un jeune homme est venu me demander ta main. Je lui ai répondu : "Ma fille est beaucoup trop jeune, elle n'a pas seize ans." Alors il m'a rétorqué : "Deux de mes sœurs, Antoinette et Colette, se sont mariées à seize ans." Je lui ai fait observer qu'il n'avait pas encore satisfait à ses obligations militaires. Il m'a lancé : "Eh bien, je vais les faire." »

C'est ainsi que François Mitterrand, mettant fin à son sursis[2], se retrouve sous les drapeaux en octobre 1938, au lendemain des accords de Munich, au fort d'Ivry, au 23e régiment d'infanterie coloniale. Il est seconde classe.

Entre-temps, les familles ont fait prendre des renseignements. Les milieux s'accordent. Monsieur Terrasse, professeur d'université, est secrétaire général de l'Alliance démocratique, la formation de centre

1. Elle les a précieusement conservées, enveloppées dans un lange de sa fille !
2. Il a quand même terminé son droit et Sciences Po l'année précédente.

droit de Pierre-Étienne Flandin. La famille vit dans une honnête aisance. Elle tient sa place dans l'un des petits mondes parisiens, tout comme les Mitterrand sont honorablement connus dans leur province. François et Marie-Louise sont donc autorisés à se fréquenter officiellement. Ils se fianceront pendant la Drôle de Guerre, le 3 mars 1940.

Pour l'amour de sa belle, l'étudiant de Jarnac, qui aime si peu la hiérarchie militaire, va donc faire connaissance avec la discipline de la caserne. Un calvaire pour un jeune bourgeois individualiste et cultivé que de se retrouver au rang d'un simple matricule. Il lui faut apprendre à saluer, pour ne jamais être salué en retour, se lever à 5 heures du matin au son du clairon, pour ensuite passer sa journée à perdre son temps, attendre ordres et contrordres pour être soudain fouetté par les urgences, ne jamais savoir ce que décidera le chef, subir la morgue d'adjudants stupides, trop heureux de faire sentir leur férule à ces recrues venues d'un monde privilégié, être de corvée pour des tâches imbéciles, s'épuiser dans des marches sans objet, apprendre par cœur les manuels du parfait combattant, regarder les champs dits de manœuvre comme de futurs lieux de sépultures : voilà le lot quotidien du soldat Mitterrand, qui enrage d'être séparé de Marie-Louise. Souvent, n'y tenant plus, il fait le mur et, prenant le risque de sanctions sévères, enfourche le vélomoteur que lui a prêté François Dalle qui termine ses études, et vole vers le Luxembourg.

Triste époque ! On imagine aisément le jeune homme, brûlant et courroucé d'être ainsi traité en robot. Le besoin de voir la jeune fille est d'autant plus fort qu'il doit combler de grands vides affectifs. Sa mère est morte en janvier 1936[1], son grand-père Lorrain en 1937. C'est la fin de sa jeunesse.

CHAPITRE IV

Ruptures et semailles

Que Pierre Joxe, ci-devant président du groupe socialiste de l'Assemblée, devenu ministre de l'Intérieur, ait un fichu caractère, la plupart de ses amis politiques en conviennent. Toutes tendances (pour

1. Le décès de sa mère le marque tant qu'à l'époque il lui arrivait de dire ainsi à ses amis : « C'est idiot d'aimer sa mère, non ? » Plus tard, dans les dîners, il lui arrivera d'interroger à brûle-pourpoint sa voisine de table : « Vous aimez votre mère, vous ? »

une fois) confondues, ils seraient presque prêts à voter, sur ce thème, une motion de synthèse. Tous les hiérarques de la HSS (haute société socialiste) vous raconteront volontiers comment, alors qu'il présidait le groupe de l'Assemblée, il morigénait militants et élus, poursuivait Pierre Mauroy de sa rancœur et de sa vindicte. Il finit même, avec ses humeurs, par agacer le président de la République en personne, pourtant porté envers lui à une souveraine indulgence, comme il l'a montré depuis en l'admettant parmi ses ministres. Mais l'affaire que nous allons évoquer avait, à l'époque, fait grand bruit dans la petite cour. Elle privait en effet quelques élus de leur plus rare et plus envié privilège : le rituel petit déjeuner du jeudi à l'Élysée.

L'histoire remonte au 21 octobre 1982. L'Assemblée nationale avait inscrit à son ordre du jour un projet susceptible de réveiller passions et rancunes : le rétablissement dans leurs droits (pensions, retraites et même décorations) des militaires compromis dans les putschs et les complots d'Algérie. L'inspirateur du projet était le chef de l'État en personne. Il l'avait promis lors de sa campagne de 1981. Il entendait tirer un trait sur le passé et réconcilier la communauté nationale. Pour nombre de députés socialistes, la potion était amère. Ils avaient fait leur entrée en politique lors de la guerre d'Algérie et pas dans le même camp, bien sûr, que Raoul Salan ou Edmond Jouhaux. Pour leur faire approuver tant de mansuétude et voter la loi, leurs tuteurs au parlement – à commencer par le président de leur groupe – devraient montrer adresse et savoir-faire.

Le petit déjeuner de ce 21 octobre avait précisément pour but de préparer la manœuvre. Tous les convives étaient arrivés à l'Élysée en marchant sur des œufs, n'en disant pas plus mais n'en pensant pas moins. Ils goberaient cette couleuvre puisque le président de la République le voulait. C'était compter sans Pierre Joxe. À peine avait-il fait mine d'avaler sa première gorgée de thé qu'il explosait de façon fort peu britannique :

– Rendre leurs droits à ces militaires félons ? Tant qu'on y est, on pourrait aussi bien ramener les cendres de Pétain à Douaumont et le réhabiliter !

– Pourquoi pas en effet ? Il faudra y songer ! répondit, glacé, le président qui, de cet instant et jusqu'au départ de ses invités interloqués, n'ouvrit plus la bouche.

La semaine suivante, l'Élysée faisait savoir à ces messieurs que le président prendrait sans eux son café au lait. Point de carton d'invitation non plus la semaine d'après et point encore le jeudi suivant, le château boudait toujours. Chacun finit par se rendre à l'évidence : le rituel était suspendu ! Pierre Joxe, telle une mauvaise arête, était resté en travers du gosier présidentiel. Pierre Mauroy, Lionel Jospin, Jean Poperen, Louis Mermaz, Paul Quilès, Pierre Bérégovoy et quelques autres découvraient alors que les sentiments du président envers les messieurs de Vichy étaient sans doute plus complexes qu'ils ne l'avaient pensé[1].

Les années de la guerre, de l'Occupation et de la Libération ont tenu dans la vie de François Mitterrand un rôle capital. Ce fut le cas pour beaucoup d'hommes publics de sa génération. Mais bien plus encore pour lui. Ces années entraînèrent sa rupture avec une éducation, un milieu, un ordre social. Il connut le naufrage d'un amour, abandonna la pratique de sa religion, fit ses premiers choix, audacieux et nécessaires – (l'évasion, la Résistance) –, essuya aussi ses premières rebuffades politiques – et lesquelles ! puisque la principale venait, du général de Gaulle lui-même. Tous ces événements n'ont pas marqué leur trace aussitôt, comme si certains étaient à « effet retard[2] ». Mais tous devaient le transformer en profondeur. Le temps des ruptures est aussi un temps de semailles.

Au terme de cette période, bien plus riche en aventures pour lui que pour beaucoup d'autres, François Mitterrand est très loin d'avoir rencontré la vocation socialiste, mais il songe à un grand destin et nourrit de vastes desseins. Il a pu vérifier que ses rêves d'enfant et d'adolescent n'étaient pas si fous, qui le plaçaient parmi les meneurs d'hommes et, peut-être, les grands de ce monde. L'ambition d'accéder au tout premier rôle ne le lâchera plus.

La captivité

Nous avions quitté en 1939 au fort d'Ivry un jeune intellectuel bourgeois pressé de se marier et accomplissant sans grand plaisir ses obligations militaires. Nous le retrouvons la même année à la caserne de Lourcine, boulevard de Port-Royal. Grâce à son ami Georges Dayan,

---

1. Leur surprise, pourtant, ne se justifiait guère : pendant la campagne présidentielle de 1974, Valéry Giscard d'Estaing, interrogé sur le transfert à Douaumont de la dépouille de Philippe Pétain, avait répondu par la négative ; mais le candidat de la gauche, François Mitterrand, avait promis d'organiser, après son élection, une table ronde réunissant des représentants du parlement, du gouvernement et des associations d'anciens combattants, afin de « proposer les solutions qu'appelle ce contentieux ». Les hiérarques socialistes n'avaient probablement pas pris garde à ce propos. À moins qu'ils ne lui aient réservé le triste sort fait d'ordinaire aux promesses électorales : l'oubli.

2. Comme on le dit de certains médicaments.

il a pu se faire affecter comme secrétaire particulier du chef de corps et s'acquitte avec conscience de fastidieuses tâches administratives heureusement coupées parfois par une partie d'échecs avec l'officier supérieur. Finies les marches harassantes et les exercices pénibles : le soldat Mitterrand, dont le bâton de maréchal sera le ruban doré de sergent (il a refusé, dit-il, de préparer les EOR[1] ; bien qu'en fait, ayant échoué à la PMS, il ne pouvait y prétendre), retrouve un mode de vie mieux accordé à ses goûts. D'ailleurs, avoue-t-il, « mes nuits civiles équilibraient mes jours[2] ».

Il a loué en ville une mansarde dont il partage les frais avec Georges Dayan, qui ne le quittera plus et restera jusqu'à sa mort (en 1979) l'ami des bons et des mauvais jours. Un personnage aussi. Grand, racé, de fort belle allure, aimant la vie et ses jeux, ce juif pied-noir, originaire d'Oran, montrait une vertu rare : la capacité de s'intéresser aux autres, mais surtout, surtout, à François Mitterrand. Il semblait né pour devenir son confident, son homme lige. Ce discret fut bien le seul à connaître tous les tours et détours de la vie publique et privée du futur président. À ses autres amis, celui-ci n'a jamais confié qu'une part de sa vérité. Pour préserver cette liberté qui lui est si précieuse, il n'a donné à chacun que la clé d'un seul tiroir à secrets. Georges Dayan, lui, eut les clés de tous les tiroirs.

Homme de coulisses, de contacts et quand il le fallait d'intrigues, il gardait des liens avec des milieux très divers. Pour François Mitterrand, il veillait au grain et osait quand il le fallait, mais non sans précautions, lui susurrer ce que l'entourage brûlait de dire sans jamais oser s'aventurer à le faire[3] !

Fut-il jamais socialiste, cet avocat, éphémère député du Gard puis sénateur de Paris ? C'est une autre question. Son engagement auprès de François Mitterrand a toujours été plus personnel que partisan. Si son ami était resté parmi les modérés éclairés, Georges Dayan – on peut le parier – n'en eût guère été chagriné. Mais il avait donné son amitié, ne s'en dédit point et ne le regretta pas.

En 1939, malgré l'imminence des périls, la vie de ces deux jeunes militaires privilégiés n'est pas trop rude. Peut-être pressentent-ils qu'il faut tirer profit au plus vite du répit qui leur est laissé. Chaque soir

1. Élèves des officiers de réserve.
2. François Mitterrand, *La Paille et le Grain*, *op. cit.*
3. Ce fut lui qui amena au premier secrétaire du PS quelques forts en thème du Conseil d'Etat auquel il avait été nommé sous le règne du libéral VGE. Jacques Attali et Laurent Fabius comptèrent parmi ses protégés.

ou presque, François Mitterrand rejoint sa belle et blonde fiancée. L'été venu, la famille Terrasse s'exile dans sa maison de campagne à Valmondois, près de L'Isle-Adam. Le jeune militaire est toujours aussi assidu. Jusqu'au lundi 4 septembre. Le vendredi précédent, les armées allemandes ont franchi la frontière polonaise. La veille, à 11 heures, le gouvernement de Sa Majesté britannique a déclaré la guerre au Führer ; six heures plus tard, la France en faisait autant. Ce lundi, quand le sergent Mitterrand, mèche en bataille, rentre à la caserne sur la moto d'un ami, ses camarades sont sur le pied de guerre, harnachés pour le départ. Préparatifs hâtifs, paquetage, il se retrouve dans les rangs juste à temps pour gagner la gare de Pantin. Le régiment monte vers l'Alsace. Les chefs militaires de l'époque croient aux vertus de la marche à pied : débarqués du train, les hommes devront accomplir trois longues étapes avant d'arriver dans un secteur d'avant-garde près de Bitche. Et ceux qui croyaient se battre apprennent à attendre.

Commence la drôle de guerre. Le froid, l'humidité, ils creusent des tranchées antichars dans la boue, déroulent des fils de fer barbelés sous la pluie, s'ennuient, changent parfois de secteur : en janvier 1940, le régiment se déploie entre Sedan et Malmédy.

Le 3 mars, au cours d'une permission à Paris, François et Marie-Louise se fiancent officiellement. Dans la morne grisaille de cette guerre suspendue, voilà au moins une promesse de bonheur.

Promesse fragile car voici mai, le fracas des panzers, les sifflements des bombes. C'en est fini de l'attente. L'offensive commence par la Belgique. Mais le régiment doit se replier vers Stenay, près de Verdun. Surgissent bientôt les Allemands : le 14 juin, au lieu-dit Mort-Homme. Un nom qui éveille de sinistres et glorieuses résonances chez les anciens de 1916. François Mitterrand est blessé par les éclats d'un Minenwerfer. Il en garde encore, dit-il, quelque fragment dans l'omoplate droite[1]. Cette blessure lui vaudra la croix de guerre[2]. Évacué sur Vittel, puis Bruyères (près d'Epinal), il sera fait prisonnier à Lunéville. Plus tard, il évoquera ces combats en quelques lignes :

« J'avais vu les officiers de mon régiment qui devaient se faire tuer vaillamment en mai jouer au poker en avril sans se soucier de leurs troupes qui payaient à leurs yeux le prix du Front populaire.

---

1. Évoquant sa captivité, en 1947, dans une conférence des ambassadeurs, il raconte : « Ne pouvant lever le bras droit, ayant un éclat d'obus mal logé du côté de l'épaule, j'avais été affecté dans une petite industrie où il s'agissait de fabriquer des jus de fruits. Mon rôle se limitait à séparer les pommes pourries des pommes pas pourries. »

2. Voir Annexes en fin d'ouvrage.

Ils n'aimaient pas l'Allemagne, mais admiraient le IIIe Reich. Ils aimaient la France mais pas les Français. Ils n'étaient rien d'autre que le résidu d'une société qui hâtait le pas vers sa fin[1]. »

Au cours de l'été, François Mitterrand se retrouve au stalag IX A, près de Cassel. Matricule 27716. Une situation qu'il supporte mal. Trois fois, il essaiera de s'évader. La première fois, dans l'hiver suivant, en mars 1941, il partira avec un prêtre, l'abbé Leclerc, marchera six cents kilomètres à pied dans la neige et le froid pendant vingt-deux jours pour échouer à quelques kilomètres de la frontière suisse. « Mon pauvre ami a eu une congestion pulmonaire. Moi, je n'ai même pas éternué ; ça m'a donné une certaine confiance dans ma capacité de résistance. Ce n'était pas rien… Plus tard, j'ai appris que la force intérieure est le fruit d'un long mûrissement », expliquera-t-il en 1973 dans une interview à Pierre Desgraupes (*Le Point*). La deuxième fois, il parviendra à prendre le train et à rejoindre Metz, mais il sera « donné » par l'hôtelière chez laquelle il a eu l'imprudence de descendre[2]. La troisième fois – le 10 décembre 1941 – sera la bonne.

Une ? Deux ? Trois ?… Ces trois tentatives ne sauraient surprendre qui l'a connu petit garçon défiant ses parents et plus tard ses maîtres. Il ne peut accepter aucune chaîne. Il s'obstinera donc jusqu'au succès. (Lorsqu'en 1980 on s'étonnera de le voir se lancer à nouveau dans la course à la présidence, il répondra : « Je n'ai réussi mon évasion que la troisième fois », ou encore : « Le refus de renoncer, c'est le refus de la mort. »)

Sa hâte à fuir ses geôliers, pourtant, ne s'explique pas par ses seuls sentiments patriotiques. Des lettres alarmistes lui confirment que ses liens les plus doux sont en train de se distendre. Version guerrière et moderne de la fable des deux pigeons du bon La Fontaine : la tentation de s'envoler frappe surtout celui qui est à l'air libre. Si François s'évade, c'est surtout pour reconquérir une Marie-Louise dont les sentiments chancellent.

« Moi aussi je me suis échappé pour retrouver la fille que j'aimais et quand je suis arrivé à Paris, elle m'avait plaqué pour un type qui s'appelait Plat », raconte drôlement Patrice Pelat, l'un de ses amis de captivité les plus chers, personnage haut en couleur, ex-ouvrier

1. Dans *La Paille et le Grain*, *op. cit.*

2. Curieusement, il a très peu raconté cette deuxième tentative, dont les récits varient suivant les biographies. Il est d'ailleurs toujours resté très discret sur les trois évasions et n'a jamais cherché à en tirer quelque avantage. Son beau-frère, Roger Hanin, l'a toujours regretté, à en croire Michel Picar et Julie Montagard, auteurs enthousiastes d'un livre consacré à Danielle Mitterrand.

parisien qui avait fait grève en 1936 pour avoir des congés, ex-militant du PC (devenu colonel Patrice dans la Résistance) et plus tard industriel.

Juin 1940-décembre 1941 : ces dix-huit mois de captivité auront constitué un moment décisif dans la vie de François Mitterrand. Il convient ici de s'attarder. Et d'abord, de reconstituer le décor, ou plutôt le climat moral des camps.

Ces hommes sortent d'une tornade. Sans avoir eu le temps de comprendre, ils ont été capturés, entassés pêle-mêle dans des wagons de marchandises et jetés dans les camps. Tout a volé en éclats. Le pays s'est défait. L'armée s'est effondrée. Tous les liens, à commencer par les liens familiaux, sont brisés.

Ils sont un million huit cent quinze mille, (presque tous de vingt à quarante ans, le tiers de la population masculine des actifs selon le recensement de 1936) à connaître l'enfermement dans les stalags (sous-officiers et soldats) et les oflags (officiers). Cinquante et un mille n'en reviendront jamais.

D'abord, la stupeur domine. Puis la colère. Il faut des responsables ! Loin du pays, les prisonniers réagissent comme lui. Ils accusent pêle-mêle les hommes politiques, le Front populaire, le haut commandement militaire. « À plusieurs reprises, raconte Jean Védrine, ami de François Mitterrand et homme de confiance[1] du stalag VIII C, il fallut faire protéger des généraux français en transit dans notre camp contre les menaces dont ils auraient pu être les victimes[2]. »

La mode, dans les camps comme dans le pays, est aux examens de conscience. L'idée se répand vite que si la France est battue, c'est de sa faute (chaque Français traduit bien vite : de la faute de mon voisin). Weygand a donné le *la* de ce grand mea culpa national au cours d'un Conseil des ministres en juin à Bordeaux : « La France, a-t-il dit, a mérité sa défaite, elle a été battue parce que ses gouvernements depuis un demi-siècle ont chassé Dieu de l'école. » Pétain a suivi : « Notre défaite, a-t-il dit le 28 juin, est venue de nos relâchements. » Et bien d'autres avec lui. Comme Félix Gaillard, futur président du Conseil radical-socialiste, alors jeune responsable des Compagnons

1. Les hommes de confiance étaient des prisonniers auxquels les Allemands laissaient certaines responsabilités dans la vie quotidienne du camp.

2. Dans *Dossiers PG rapatriés*, un ouvrage rare (tiré à trois cents exemplaires seulement) dont Jean Védrine fut le maître d'œuvre et qui rassemble une centaine de témoignages d'anciens prisonniers.

de France, qui écrit en 1941 : « Nous avons perdu la guerre parce que nous avons voulu entreprendre une lutte nationale avec un gouvernement de partis. Dans un gouvernement démocratique, l'homme devient l'homme de son parti avant d'être l'homme de son pays. » En janvier 1942, dix-sept dirigeants du Centre d'action des prisonniers de guerre rapatriés écriront : « Le prisonnier a reconnu que la défaite était méritée, qu'elle n'était pas un accident imprévisible. La défaite militaire a hâté une décomposition déjà profonde mais non encore consacrée du tissu social français. En un certain sens, elle a heureusement mis fin à cette décomposition. »

À ces sentiments, s'ajoute, chez les prisonniers, l'anxiété. Les nouvelles des familles parviennent tard et mal. Des villes françaises ont été bombardées, l'exode a jeté sur les routes dans un désordre indescriptible des milliers de civils livrés à eux-mêmes. De savoir peu de chose, les hommes ont l'impression que beaucoup leur sont cachées. Jean Védrine : « J'ai vu des camarades pleurer de douleur ou d'impuissance en imaginant l'évolution et les difficultés de leurs enfants, en apprenant la maladie ou le décès de l'un des leurs, l'infidélité de leur femme ou de leur amie. »

Dans les premiers mois, ils avaient cru à une libération prochaine puisque l'armistice était signé. Ensuite, ils ont connu le désespoir, l'amertume aussi. Ils se sont sentis les oubliés d'une France qui avait retrouvé la paix, les joies simples de la vie quotidienne. Un doute cruel s'insinue dans les esprits : avec eux, les Allemands tiennent un instrument de chantage irrésistible pour contraindre le gouvernement français à se plier à toutes leurs injonctions jusqu'à la victoire finale du IIIe Reich.

Seul réconfort : la similitude des destins, l'identité des sentiments qui engendrent des solidarités nouvelles, un sens communautaire. De petites sociétés se créent avec leurs lois propres où les hiérarchies du passé n'ont plus de sens. D'anciens clivages disparaissent. Chez quelques-uns, la solitude et les événements incitent à des remises en cause en des sens divers. Chez les moins croyants, on constate un regain de la foi, tandis qu'elle vacille chez certains des plus pieux. L'activité intellectuelle est intense. Ces hommes discutent du futur et ils en rêvent. Parmi leurs sujets favoris : les institutions politiques et sociales de la France nouvelle. Les principes qui semblent présider à la révolution nationale du maréchal Pétain – culte de la patrie, glorification et protection de la famille, esprit de communauté, respect du travail, régionalisme, retour à la terre – sont dans l'ensemble bien admis. Le vieux soldat est l'objet d'un respect quasi unanime.

On ignore que le grand âge a singulièrement réduit ses capacités et son autorité (sinon son ambition). Il ne paraît pas porter de responsabilité dans la défaite. Il a gardé l'image d'un vainqueur, d'un chef qui avait le souci de ses hommes – il disait « ses enfants ». En 1940 il a gagné le cœur de l'armée captive : les prisonniers ont le sentiment qu'il est le seul à s'efforcer d'obtenir leur libération et à manifester quelque sollicitude envers eux. « Si l'ordinaire était amélioré, c'était bien grâce aux colis Pétain. Nous avions au moins la reconnaissance du ventre », note l'abbé Florin qui fut « homme de confiance » du stalag IX A. Enfin, c'est sous son couvert et devant son effigie que les prisonniers peuvent témoigner de leur patriotisme devant leurs gardiens allemands. Glorifier le vainqueur de Verdun est une manière de rappeler à l'ennemi qu'autrefois il fut vaincu et qu'une nouvelle défaite est toujours possible.

« Il y avait dans les camps peu de divisions politiques : une masse pour qui Pétain était, à la fois, le chef de l'État, le grand-père, le protecteur ; des gaullistes dont le nombre a augmenté avec les victoires alliées ; des giraudistes plus strictement combattants et de nombreux autres qui s'accommodaient bien d'une double allégeance à Pétain et à de Gaulle. Il y avait aussi une petite minorité de pro-nazis mis à l'index », raconte Jean Védrine. « Certains prisonniers croyaient même, du moins jusqu'en 1942, que de Gaulle et Pétain étaient de connivence[1] », écrit Gilbert Forestier.

Jean Védrine note enfin, et ce n'est pas le moins important : « Une fois libérés, bien des prisonniers se sont tout de même souvenus que de Gaulle n'avait guère songé à eux et qu'il ne s'était guère manifesté dans les camps. »

François Mitterrand, à ce qu'il semble, partage alors les sentiments de ses compagnons. Mais surtout il découvre un monde qu'il ignorait. Jusqu'à la captivité, il a mené une existence préservée en marge des angoisses matérielles et des vulgarités plébéiennes. Il n'a connu la misère qu'à travers les prismes déformants de la charité ou de la littérature. Derrière les barbelés, il découvre les privations, les souffrances morales et physiques, ces promiscuités incontournables qui pèsent fort à un individualiste comme lui. Ce qui le frappe, plus que la privation, c'est la rudesse des rapports sociaux. Voici comment il relate l'expérience de ce premier camp :

« À midi, les Allemands faisaient apporter des bassines de soupe aux rutabagas ou des boules de pain et… débrouillez-vous pour la

1. Dans Dossiers PG rapatriés, op. cit.

journée. D'abord, ce fut le règne du plus fort, le gouvernement du couteau. Ceux qui s'emparaient des bassines se servaient par priorité et il convenait d'attendre de leur extrême bonté un peu d'eau sale pour la survie. Par l'effet de quelle prise de conscience la masse a-t-elle renversé ce pouvoir absolu ? Après tout, le couteau est le couteau. Il faut avoir vu les nouveaux délégués désignés on ne sait comment couper le pain noir en six tranches au millimètre près, sous le contrôle écarquillé du suffrage universel. Spectacle rare et instructif. J'ai assisté à la naissance du Contrat social. Je n'apprendrai rien à personne en notant que la hiérarchie naturelle du courage et de la droiture qui venait ainsi de s'affirmer plus puissante que le couteau ne correspondait que de loin à la hiérarchie d'autrefois, à l'ordre social et moral antérieur, à l'univers des camps. Dérision ! L'ordre ancien n'avait pas résisté à la soupe aux rutabagas[1]. »

Dans les stalags, François Mitterrand fait surtout cette découverte stupéfiante : les autres. Pour la première fois, il rencontre des mauvais garçons, mais aussi des ouvriers de gauche, des syndicalistes, des prêtres qui avaient été humiliés au séminaire parce qu'ils étaient pauvres[2].

Dans l'adversité, des hommes sans culture se révèlent parfois plus forts, plus énergiques, plus courageux, plus estimables que des fils de famille. Tout un système de valeurs tangue dans la tête du prisonnier[3]. Il n'est pas le seul. Bien des prêtres et des religieux – formés comme lui, issus du même milieu, partageant ses convictions et ses préjugés – connaissent alors le même choc de la découverte, qui contribuera beaucoup après 1945 à l'évolution de l'Église de France. Un grand jésuite, le père Dillard, parti comme clandestin en Allemagne avec les requis du Service du travail obligatoire, a raconté alors son étonnement : « Combien de jugements ouvriers sur les événements et sur les hommes sont au rebours des nôtres, souvent même choquants, dont on s'aperçoit à la réflexion qu'ils sont plus pénétrés que les autres de sens chrétien. Notre manière de vivre, nos cérémonies,

1. Dans *Ma part de vérité*, *op. cit.*
2. Charles Moulin, *François Mitterrand intime*, Paris, Albin Michel, 1982.
3. « Et ceci, dira-t-il lors de sa conférence de 1947, a fait partie des leçons de choses de la captivité que de voir à quel point les classes sociales, les hérédités, les enseignements et les éducations donnaient des résultats tout différents mais non pas selon la catégorie d'origine, selon le réflexe personnel sorti de l'homme lui-même ; et l'on voyait des hommes, dont rien ne permettait de croire qu'ils possédaient cette dignité, faire preuve de plus de courage que ceux dont on pouvait penser à l'avance qu'ils seraient des hommes dignes. »

les susceptibilités de notre protocole, notre culture littéraire, artistique, philosophique sont entachées de capitalisme, liées à une forme de civilisation bourgeoise. »

« Raconte-moi encore ta vie, j'ai peut-être des choses à t'apprendre mais toi tu en as plus encore », dit François Mitterrand à son compagnon Patrice Pelat, qui avait été magasinier chez Renault à quinze ans. À Bernard Finifter, un juif fraîchement immigré dont la famille a été persécutée et auquel il enseigne le français, il demande sans relâche de lui conter ses traditions et son univers[1].

Il interroge et il s'interroge. La captivité, l'isolement, un mode de vie tout à fait artificiel incitent à tout remettre en cause. Ainsi la propriété : dans sa conférence du 16 mai 1947, au théâtre Marigny, il racontera qu'un prisonnier qui recevait des conserves dans un colis personnel retrouvait sur-le-champ des réflexes de propriétaire et se faisait moins partageux et moins courageux. « Retrouver des habitudes… car chaque Français porte en lui-même le souci du petit propriétaire, et tous ceux qui ne le sont pas rêvent de l'être, et tous ceux qui le sont voudraient bien le rester… Dans les stalags, chacun a d'abord ramené ses hardes et puis, lorsqu'il a pu recevoir les premiers colis, il a gardé tout ce qu'il a pu. Il a enregistré sans délai tout ce qui était comestible, mais tout ce qui ne l'était pas, il l'a gardé. Et tout ceci a constitué une sorte de prison supplémentaire où l'on pouvait, à la vue d'un objet, se remémorer les heures antérieures ou éprouver cette sensation de celui qui possède. On avait déjà un univers à soi, et rien qu'à soi, mais c'était aussi appesantissant, alourdissant, et combien d'entre nous n'ont jamais tenté l'évasion parce qu'ils étaient retenus dans leur univers d'habitudes. »

Ainsi encore les rapports entre les hommes : envoyé, après sa première tentative d'évasion, dans des baraquements où sont regroupés sous garde vigilante des prisonniers réputés intellectuels – prêtres, instituteurs, avocats, étudiants –, il est émerveillé, dit-il, de leur bonne entente. En 1969, il écrit : « Coupés du monde, nous nous appliquâmes à édifier notre propre société… l'ordre des premiers mois avait reposé sur la domination du couteau et de la hiérarchie de la jungle. Il fut vite balayé et le couteau, en divisant exactement la boule de pain, devint l'instrument même de la justice. Paris avait à peine décapé l'éducation reçue dans ma Saintonge en demi-teinte. J'avais peu voyagé. Je crois avoir davantage appris de ce commando refermé

1. Lors de son voyage présidentiel en Israël, François Mitterrand conviera le fils de ce camarade défunt à l'accompagner.

sur lui-même que des maîtres de mon adolescence. Je ne dirai pas que nous avons bâti le phalanstère idéal, mais je n'ai pas connu de communauté plus équilibrée que celle-là[1]. » L'empreinte est si forte que, quarante ans plus tard, l'un de ses proches dira affectueusement ironique : « François a cru que le modèle du stalag était transposable et que la société française pouvait s'en inspirer. »

Il faut pourtant se garder d'attribuer au jeune prisonnier tous les sentiments et les ambitions du candidat socialiste. En 1947, sa vision du camp était bien moins idyllique. Le temps, les rêves, l'opportunité ne l'avaient pas transformé encore. Il n'en avait pas tiré les enseignements – réels ou supposés – qu'y trouvera celui qui rêve d'incarner l'Union de la gauche. Dans la même conférence de 1947, en effet, il s'en prend à une formule très révérée à l'époque chez les anciens PG : l'esprit des camps.

« L'esprit des camps, je demande à voir et je me demande bien quelle forme il aurait s'il s'incarnait subitement. L'esprit des camps, la spiritualité des camps, oui, certes, cela a existé mais pas dans un seul sens, et si l'on voulait reprendre une boutade, l'esprit des camps, cela n'a pas été seulement de partager le pain, c'était aussi de voler le pain.

Il ne faudrait pas idéaliser exagérément les phénomènes de la captivité et croire que les hommes qui ont traversé cette période sont des hommes rendus parfaits par les calamités, blanchis de leurs fautes qui, au contact d'une dure réalité, en sont venus à se repentir de leur passé pour construire un avenir idéal.

La captivité, ç'a été une guerre quotidienne, non seulement avec l'ennemi, mais le plus souvent avec son voisin, car il est beaucoup plus difficile de vivre avec ceux que l'on aime qu'avec ceux que l'on hait ; il est beaucoup plus difficile de vivre avec ceux que toutes les conditions du hasard mettent à votre porte qu'avec ceux dont on sait qu'ils sont vos adversaires. Et cela aussi a été une leçon de choses de la captivité.

Plutôt que l'esprit de camp, ce fut plutôt l'esprit d'équipe, on dirait presque l'esprit de gang : une collectivité de trente mille à trente-cinq mille hommes se réduit à des centaines de collectivités de sept ou huit hommes au sein desquelles existait une solidarité vraiment totale : partage des colis, des corvées, le partage du travail, la division du travail, cette division du travail qui économise les forces de chacun et profite à tous ! »

1. François Mitterrand, *La Paille et le Grain*, *op. cit.*

Et parfois à un seul ! Le grain semé dans les stalags ne lèvera en fait que lentement, après trente années d'expérience et d'épreuves. Mais l'espérance d'une société nouvelle est à cette époque d'autant plus forte que tous ces prisonniers « intellectuels » ont le sentiment qu'un monde vient de s'écrouler : « Ce que j'avais vu de la IIIe République finissante m'avait enseigné qu'il n'y avait d'elle plus rien à aimer, rien à espérer non plus. Elle se nourrissait de sa décadence et puisait assez de force pour qu'on pût la croire éternelle. Un jour viendrait, pensais-je, où elle tomberait d'elle-même, sur elle-même, usée, vidée, mais quand[1] ? » Ce monde, ils ne le regrettent pas. François Mitterrand, lui, pense que cette armée de prisonniers constituera après la guerre une force politique nouvelle soudée par l'épreuve et avec laquelle tout nouveau pouvoir devra compter.

Patrice Pelat se souvient : « Il me disait : “Tu verras, plus tard il faudra bien que les hommes politiques nous écoutent. Nous allons faire beaucoup de choses tous ensemble.” » Un autre ancien prisonnier, mais qui ne rencontrera François Mitterrand qu'après sa libération dans la Résistance, le gaulliste de gauche Philippe Dechartre, a eu aussitôt le même sentiment : « Déjà le champion de l'électoralisme perçait en lui. Il avait mesuré quel levier politique les prisonniers de guerre pourraient constituer. »

Espérer une société nouvelle, en 1940 ou 1941, ce n'est pas fatalement se situer à gauche. Ne parle-t-on pas à Vichy de promouvoir la révolution nationale, et à Paris la révolution nationale-socialiste ? Le François Mitterrand de ces années-là était considéré par ses camarades comme un homme de droite. « Tout à fait à droite », souligne même maître Biget, notaire en Vendée et natif d'Angoulême. « Royaliste », assure même Marcel Pierron, de Bordeaux. « Il nous farcissait les oreilles avec sa monarchie. »

Dans un éditorial de *L'Éphémère*, journal du camp, le prisonnier Mitterrand s'en prend vertement au socialisme et au collectivisme : « La mode est à l'esprit social. Articles, études, livres, nul n'économise les exhortations. Chacun paraphrase à sa manière la parole évangélique : Aimez-vous les uns les autres. Mais en général, on en reste à la paraphrase. Qui n'a lu jusqu'à satiété les termes solennels et parfois équivoques d'étatisme, de collectivisme, de socialisme, etc., qui ne sont en réalité que les divers modes d'envisager le même problème : comment empêcher l'homme de mordre son

1. Dans *La Paille et le Grain*, *op. cit.*

prochain (ou peut-être comment l'y encourager) ? Les mots en *-isme* ne résolvent aucun problème. »

Dans un autre éditorial de *L'Éphémère*, le 15 novembre 1941 (à la veille de sa troisième tentative d'évasion, la bonne), il revient sur les thèmes de la responsabilité personnelle et de l'expiation nécessaire alors ressassés par les discours et la propagande de Vichy : « Qu'on ne nous imagine pas révoltés, prêts à soumettre nos revendications, nous savons trop les méfaits du système des doléances. Si nous avons reçu la tâche amère de représenter devant l'Histoire la génération prodigue des biens et des trésors de siècles fastueux, qu'au moins notre patrie blessée et qui souffre et qui, malgré sa peine et ses angoisses, refuse de mourir, puisse compter sur le soutien de ses fils exilés. Lorsqu'en juin 1940, la déchirure s'est consommée, qui à l'est et au nord nous séparait de la France, lequel d'entre nous n'a ressenti le poids de sa responsabilité personnelle ? Non, nous ne sommes pas des révoltés car ce vieux compte qu'il fallait payer, nous en attendions confusément la note. »

Ces thèmes de la faute commise par les Français, de l'expiation nécessaire étaient bien les antiennes rituelles des discours du maréchal Pétain, des homélies de la plupart des prêtres et de la quasi-totalité des évêques. Ainsi de Monseigneur Baudrillart, qui était fort écouté avant guerre au 104 de la rue de Vaugirard.

Paul Delouvrier, ami de Robert Mitterrand, explique les sentiments du jeune prisonnier : « J'avais souvent de ses nouvelles par Robert et je me souviens très bien que le ton général de ses lettres était très pétainiste. Pour un petit-bourgeois comme lui, le Maréchal défendait des valeurs familières. »

Et de Gaulle ? En 1971, François Mitterrand écrit : « C'est à Lunéville, dans le camp où nous attendions d'être transférés en Allemagne, que j'ai entendu le nom de Charles de Gaulle pour la première fois. Un camarade, jeune comédien de talent, qui lisait dans les astres, m'apprit qu'à Londres un général inconnu avait refusé la défaite et il ajouta : "Quel beau nom pour une belle histoire." J'en convins et rêvais du présage[1]. » Quelques lignes plus loin, évoquant Schaala, camp où il fut envoyé après sa deuxième évasion il précise : « La voix du général de Gaulle nous était parvenue. Vieille patrie, vieille aventure, vieil avenir. Cette voix annonçait le printemps avec un amour neuf. Elle exigeait l'effort et la volonté du refus. Je n'eus pas de peine à comprendre que ce qu'elle me disait à moi comme aux

1. Dans *La Paille et le Grain*, *op. cit.*

autres était aussi simple que le miel, le lait et le pain… Voilà pourquoi moi, qui n'ai jamais été gaulliste, j'ai toujours refusé d'être anti. » Des mots qui en surprendront plus d'un de la part de celui qui harcela inlassablement de Gaulle, l'adversaire honni. C'est qu'à l'époque où François Mitterrand rédige cette jolie page, son vieil ennemi est mort depuis près d'un an. Tant qu'il fut un obstacle infranchissable, il convenait de l'attaquer. Au tombeau, il paraît enfin digne d'éloge ; François Mitterrand peut se donner les gants de le juger plus équitablement. Deux ans plus tôt d'ailleurs, à la fin de l'année 1968, après que le Général eut subi la contestation des barricades et vu se briser le lien secret qui l'unissait aux Français, François Mitterrand, devinant que la statue du commandeur allait être déboulonnée, avait commencé à nuancer ses souvenirs (sans se départir encore, les jeux n'étant pas faits, de toute animosité). Il écrivait : « Vus d'Allemagne, Pétain et de Gaulle n'incarnaient pas deux politiques contradictoires. Nous étions en 1941. Les voix de Londres n'entraient pas ou si peu dans nos baraques. Mais le romantisme de la passion était du côté du Général rebelle et j'avais vingt-cinq ans. Cela me suffit. Ce n'est cependant pas par rapport au Général que je me suis déterminé. Il était loin, il parlait beaucoup, il était général. La France me paraissait plus proche et plus grande que lui. Je l'admirais, mais j'avais autant d'orgueil pour nos actions que pour les siennes. On me pardonnera ce péché de jeunesse. »

Retour au camp et en 1941. Derrière les barbelés, ce ne sont pas seulement les idées politiques ou sociales qui se forgent. Les tempéraments aussi. Le futur chef de parti ne passe pas inaperçu parmi ses camarades. Ils l'ont connu « courtois, mais jamais familier », « altier et personnel », « insolent et quelque peu prétentieux », dira même Bernard Finifter[1].

Beaucoup décrivent son regard « fulgurant ». Tous reconnaissent l'empire qu'il savait déjà exercer sur les autres, soulignant sa volonté de passer le premier. « Je pense qu'il croyait déjà en son destin », dit l'abbé Florin. Et maître Biget raconte : « Un jour, un gars en blouson kaki, au regard singulièrement vif, m'a abordé pour me dire : “Nous sommes tous deux de la Charente, nous allons fonder une académie littéraire et j'en serai le chancelier.” » Comme dans tous les camps, et conformément à la Convention de Genève, les activités culturelles sont autorisées par les Allemands qui les jugent, si elles ne prennent pas trop d'importance, utiles au moral et donc à la discipline.

1. Dans Charles Moulin, *Mitterrand intime*, *op. cit.*

Ainsi se crée au stalag IX A de Zigenheim la ZUT (Zigenheim Université temporaire). Il y a là Yves Brainville, futur comédien, Robert Gaillard, qui publiera avec succès dans les années cinquante des histoires de flibuste et d'amour, Albert Baron, neveu de Mayol et employé des Folies-Bergère, Bernard Monsour, ex-secrétaire de Maurras. « Mitterrand nous faisait des cours sur Voltaire ou Rousseau ou sur la vie au quartier Latin, se souvient aujourd'hui François Château, notaire à Vichy. Il s'asseyait et parlait sans notes pendant des heures. Cela nous impressionnait beaucoup. »

La ZUT publie une brochure rassemblant les caricatures de ses honorables membres (une cinquantaine) accompagnées de quatrains. On y voit François Mitterrand le front ceint d'une couronne de lauriers et un profil d'empereur romain. Un petit quatrain, dû à maître Biget, le décrit ainsi :

Hautain, sensible et péremptoire
Temple incontesté de l'esprit
Il a le front nimbé de gloire
On dirait Dante Alighieri

C'est aussi la ZUT qui édite le journal *L'Éphémère*. François Mitterrand en est bien sûr le rédacteur en chef, ce qui satisfait son goût de l'écriture et sa passion du commandement. Un rédacteur en chef tolérant : il laisse publier le 1er septembre 1941, par un prisonnier qui signe Asmodée, un portrait étrangement pénétrant : « Tel Vautrin, François Mitterrand est l'homme aux incarnations multiples. Il a en effet le don d'ubiquité et je le soupçonne fort d'être en possession du secret redoutable du dédoublement de la personnalité. Nouveau Janus, on le voit ici, élégant rédacteur du journal, fin lettré, philosophe perspicace et subtil et on le rencontre là, Sanitaire[1], ponctuel et affairé, dévoué à la cause d'Hippocrate… Il ne faut pas oublier que Mitterrand a un culte intime pour l'aristocratie, c'est-à-dire qu'il est incessamment consumé par les flammes dévorantes du lyrisme, de la beauté, de l'élévation de la pensée. Il est au physique une créature simple et tranquille qui a l'air comme Marianne d'être conservé dans le miel. Qu'on ne s'y trompe pas, il a comme l'abeille le nectar et l'aiguillon. Il a l'esprit ironique et l'âme tendre, il a du cœur… Cela permet à Mitterrand de traverser la vie avec des lunettes roses… Mais Mitterrand est un sage plein de scepticisme qui ne saurait avoir l'avilissante abnégation de l'esclave

1. François Mitterrand travaillait au « Revier » du camp, c'est-à-dire l'infirmerie.

Epictète et à travers ses lunettes roses, ses prunelles bistre voient tout en noir. Pourtant comme il peut dire avec l'élégiaque latin : "Je suis doucement lié par une chevelure blonde et des bras délicats." »

Une allusion finale qui renvoie à Marie-Louise. François Mitterrand ne cesse de vanter ses charmes : « N'est-ce pas qu'elle est belle ? » interroge-t-il en exhibant à chaque occasion sa photo. Cette attitude surprenante chez ce pudique s'explique sans doute par une inquiétude sourde, lancinante. Il a besoin de se rassurer. Le 15 août 1941, il écrit un article lourd d'amertume, sous le titre « Mélancolie » : « Un an s'est écoulé… Automne, hiver, printemps, été, voici que le blé, le seigle et l'avoine sont de nouveau mûrs et avec eux toutes les choses soumises à la loi des saisons et du temps qui passe. Un an, et les êtres aimés grandissent, vieillissent loin de nous, un an, et le travail quotidien se fait sans nous, un an, et sur nos joies et nos amours s'étend l'oubli. »

Il lui faudra encore attendre quatre mois, quatre longs mois interminables pour s'évader et – enfin ! – réussir.

Vichy

Quelle aventure ! Il avait réussi à fuir le stalag IX A en dépit des barbelés, des projecteurs, des rondes, des sentinelles. Il s'est fait pincer à Metz. On l'a jeté près de Boulay dans un camp de triage pour évadés avant de l'envoyer en Pologne, histoire de lui apprendre à respecter le règlement. Et c'est de ce camp de fortes têtes qu'il s'enfuit, est recueilli par deux vieilles demoiselles tenancières d'un bar-tabac, elles le confient à la filière d'évasion d'une religieuse, sœur Hélène. Le voilà de nouveau à Metz. Il rejoint dans une église deux autres évadés. Ils prennent le train qui longe la frontière (la Lorraine annexée appartient alors au IIIe Reich). Ils savent que, quinze kilomètres plus loin, des travaux sur la voie obligent le train à ralentir. Ils pourront alors sauter en marche. C'est ainsi qu'ils se retrouvent de nuit, dans la tempête, en zone occupée. Le trio se sépare. À la mi-décembre François Mitterrand entre en zone libre par le Jura près de Chamblay[1].

Il n'est pas passé là par hasard : c'est qu'il peut frapper à la porte de cousins par alliance, les Sarrazin, qui habitent Mantry, tout près de Lons-le-Saunier. Ils accueillent à bras ouverts et réconfortent à grandes

1. D'après le témoignage écrit par Jean Védrine – qui n'est pourtant pas un témoin direct –, approuvé par l'intéressé dans *Dossiers PG rapatriés*. Voir en annexes les témoignages de ces évasions fournis par l'Élysée.

louchées de cancoillotte celui qui ressemble alors à un « oiseau tombé du nid ». Il rattrape goulûment un immense retard de sommeil. Il redécouvre auprès de deux cousines de son âge les douceurs de présences féminines. Il conseille l'une d'elles, Guitte (qui épousera plus tard son ami de Résistance, un ancien du « 104 », Jacques Benet). Il lui recommande avec insistance de se procurer *Argile et Cendres* de Zoé Oldenbourg. Quelques mois plus tard, il lui confiera dans une lettre : « Je me sens capable de diriger les hommes. »

Pour les fêtes du Nouvel An, il est à Jarnac auprès de son père et de ses sœurs. Toute la famille attendait de l'évadé un récit homérique de ses aventures et de ses exploits : il ne dit rien. Le camp, la guerre ne l'ont décidément pas changé. Dans sa conférence de 1947, il expliquera : « La liberté aussi à cette minute c'était quand on croit avoir à se dire tant de choses, ce silence qui vous prend parce que tout cela est trop vaste, parce que tout cela dépasse la conscience d'un homme et que la liberté n'est peut-être, en fin de compte, pour chacun, que la simple possession du silence. »

De ces retrouvailles, il garde donc un souvenir doux-amer. Heureux de revoir les siens, il s'irrite du fossé d'incompréhension qui sépare les prisonniers de ceux qui sont restés au pays : « Les captifs me comprendront, écrira-t-il trois ans plus tard, si j'évoque la sorte d'agacement que je dus aux épanchements des miens lorsque après dix-huit mois nous fûmes réunis. J'avais besoin de vérité très simple et l'on m'offrait trop de mots, trop de gestes[1]. »

Il est peut-être encore à l'âge où les relations entre parents et enfants se compliquent de quelque exaspération. Surtout, il est très malheureux : durant son absence, Marie-Louise s'est éprise d'un comte polonais…

Mais il faut vivre. Donc, pour commencer, retrouver une existence légale : pour se nourrir, il faut des cartes d'alimentation et, pour les obtenir, avoir en poche une carte d'identité, un certificat de domicile, un autre de démobilisation. Tout individu sans papiers est présumé coupable de quelque méfait et court de grands risques. François Mitterrand se met donc en quête de papiers et de travail.

Sollicité de lui fournir les papiers nécessaires, le maire modéré de Jarnac se récuse par couardise. Ainsi se trouve confirmé le mal que, depuis quelque temps, le jeune prisonnier a pensé des notables. Mais tout s'arrange. Grâce au commandant Le Corbeiller, officier très lié au fils du général Giraud et camarade de promotion de son

1. Dans *L'Homme libre* du 6 septembre 1944.

beau-frère, Pierre Landry, il finit par obtenir un emploi au Commissariat aux prisonniers de guerre à Vichy, rue Hubert-Colombier. L'emploi est modeste, le traitement aussi : deux mille cents francs par mois.

Faut-il s'étonner qu'il ait accepté un tel poste ? Ou s'en offusquer ? Ses sentiments, on l'a vu, étaient plutôt maréchalistes, il n'avait guère le choix, et tous ceux qui travaillaient dans les administrations de Vichy ne partageaient pas les thèses et les ferveurs de la révolution nationale. En tout cas, Joseph Mitterrand s'en réjouit qui accompagne son fils à Vichy : le banquier Jean Bréaud, originaire de Jarnac, se souvient fort bien les avoir rencontrés ce jour-là dans les rues de la ville. Le jeune évadé s'installe dans une chambre, au 20 de la rue Nationale[1], et place sur la commode le portrait (peint par sa sœur Marie-Josèphe) de Marie-Louise, qui vit toujours dans la capitale et désormais en aime un autre que lui.

Débarquant dans cette ville de cure devenue pseudo-capitale, le jeune homme dut avoir le sentiment d'entrer pour la première fois dans son panthéon personnel : pour quelques mois encore, une bonne partie de l'élite intellectuelle apportait son concours au Maréchal. Certes, François Mauriac ne manifestait plus pour l'homme providentiel le même enthousiasme qu'en juin et juillet 1940. Claudel non plus. Mais bien d'autres entonnaient encore des refrains louangeurs : André Gide, Saint-Exupéry, Giono, Paul Morand, Jacques Chardonne, Drieu La Rochelle et Maurras évidemment. Autant d'hommes dont le talent l'avait ébloui avant-guerre. Plus tard, le général de Gaulle devait gouailler : « Tous les gens bien étaient pour Vichy. Nous n'avions avec nous que les juifs, les nègres, les bossus, les mal bâtis et les pauvres types[2]. »

Être salarié au Commissariat général aux prisonniers n'avait encore rien de très compromettant. Son premier dirigeant, Maurice Pinot (un ancien prisonnier bien sûr), appartenait à la grande bourgeoisie. Sa mère était née Talleyrand-Périgord. Son père, l'un des fondateurs du Comité des forges, était le parrain de l'ambassadeur André François-Poncet. Journaliste économique, il avait aussi travaillé au cabinet du président du patronat, C. J. Gignoux. À son retour de captivité, ce grand bourgeois, « au tempérament plus social que socialiste[3] », s'était

1. Aujourd'hui siège du RPR local.

2. Cité par Georgette Elgey, *Histoire de la IVe République*, 1. *La République des illusions*, Paris, Fayard, 1993.

3. Selon l'expression de Georges Baud, un autre ancien prisonnier.

convaincu de l'urgence d'une initiative en faveur de ses camarades captifs ou rapatriés. « En France, où l'on s'était habitué à vivre sans eux, on sous-estimait leur détresse, a-t-il expliqué. À leur retour, on les accueillait trop souvent comme des intrus, des gêneurs avec lesquels il fallait partager les emplois raréfiés ou des biens en quantité insuffisante. On les considérait comme des malchanceux ou des malhabiles qui n'avaient pas su se débrouiller pour échapper à la capture. Sans se prendre pour des héros, les PG admettaient difficilement de se voir moquer par ceux qui s'étaient planqués ou avaient abandonné leurs unités ou qui s'étaient trouvés, par chance, à l'abri des emprises de l'ennemi[1]. »

Il urgeait donc de créer pour les aider des centres spécialisés. Afin de plaider leur cause, Maurice Pinot s'était donc rendu à Vichy en compagnie de Pierre Join-Lambert, du Conseil d'État, et d'Henri Guérin, tous deux ex-prisonniers comme lui. Il raconte : « Le spectacle que nous offrit la zone libre nous surprit. Nous eûmes l'impression d'être submergés de drapeaux, de défilés et de musique militaire. Dans la ville, foisonnaient les généraux et les colonels qui paradaient sans gêne, à croire qu'ils avaient gagné la guerre. Toute la vie politique se situait dans quelques hôtels, quelques villas, voire quelques bars. Pour qui était habitué à l'ordonnance des ministères parisiens, le spectacle de ces hauts fonctionnaires installés dans des chambres d'hôtel, assistés de collaborateurs manipulant des dossiers dans des salles de bains, était déconcertant. Un pareil cadre donnait aux entretiens un caractère précaire et dérisoire[2]. » Mais la mission fut fructueuse : en septembre 1941, Maurice Pinot fut nommé commissaire au reclassement des prisonniers.

Le cas n'est pas unique de ces hauts responsables, hostiles à l'occupant et au régime du Maréchal (sinon au Maréchal lui-même), qui acceptèrent ou même revendiquèrent un rôle dans les institutions de Vichy afin de servir la cause de leurs compatriotes. Maurice Pinot, entre autres, craignait que les prisonniers libérés ou évadés soient utilisés par les mouvements collaborationnistes ; et l'on chuchotait que Pierre Laval, revenu au pouvoir en avril 1942, songeait à organiser les rapatriés en parti à sa dévotion.

C'est dans ce contexte que François Mitterrand entre au Commissariat général des prisonniers. Il s'intègre promptement à cette équipe.

1. Dans Dossiers PG rapatriés, op. cit.
2. Ibid.

Il a punaisé au mur de son bureau une affiche de la SNCF qui invite à découvrir Vézelay[1]. Il est chargé d'un secteur encore modeste mais bien dans ses cordes : l'information sur l'action du Commissariat et de ses filiales, les maisons du prisonnier et les centres d'entraide répartis sur tout le territoire. Mais son activité, dès les premiers jours, comporte une face cachée.

À peine arrivé, il s'emploie en effet, aux côtés d'André Magne, autre responsable du Commissariat, à fabriquer des faux papiers. « C'était une véritable usine. On fabriquait de fausses cartes d'identité, de fausses cartes d'alimentation », se souvient Georges Baud, alors directeur du Commissariat en zone sud et fondateur des cercles Pétain dans les stalags et les oflags. « Faire de faux papiers, ça n'était peut-être pas héroïque, mais ça démontrait au moins son état d'esprit », souligne Jean Védrine. Il met aussi sur pied des filières d'évasion.

Qu'une activité de Résistance ait pu se développer ainsi dans une officine de Vichy n'est pas exceptionnel. Ailleurs, dans l'armée de l'Armistice, les Chantiers de jeunesse, etc., d'autres luttent comme ils le peuvent contre les Allemands ou se préparent à la lutte, tout en révérant le Maréchal. Les premiers journaux de la Résistance manifesteront souvent le même état d'esprit. Le fossé se creuse peu à peu, mais surtout après l'occupation de la zone sud, le 11 novembre 1942. « On travaillait contre les boches mais personne n'était franchement contre le régime de Vichy », résume Pierre Coursol, membre du Commissariat aux prisonniers.

François Mitterrand, lui, songe à s'engager plus activement encore dans la Résistance. Durant l'été de 1942, il se rend à Montmaur, dans les Hautes-Alpes, où s'implante, grâce aux subsides de Vichy, ce qui deviendra un maquis, peut-être le premier maquis de France.

Antoine Mauduit (qui mourra en déportation), ancien officier et ancien prisonnier, catholique et mystique, à la personnalité rayonnante, y a créé un chantier de travail pour les évadés et les clandestins. Là, Mitterrand rencontre des Lyonnais évadés : Étienne Gagnaire (futur maire de Villeurbanne), Jacques de Montjoye et le journaliste Marcel Haedrich. Celui-ci raconte[2] : « Montmaur était le fief d'un personnage fascinant et drôle, Mauduit, un jeune industriel du Nord un peu zinzin. Avant la guerre, à plus de trente ans, il avait quitté ses affaires et sa famille pour s'engager dans la Légion afin,

1. Plus tard, jeune ministre, il offrira une reproduction de l'affiche de Vézelay à tous les diplomates étrangers avec lesquels il sera en rapport.

2. Dans *Paris-Match*.

expliquait-il, de retrouver l'homme. Passionné de Léon Bloy, très croyant, il parcourait à genoux les dernières grimpées du pèlerinage de Notre-Dame de La Salette. Mauduit était passé comme moi par un oflag. Il s'était fait libérer en se portant volontaire pour combattre les Anglais et les gaullistes en Syrie. Arrivé en France, il s'était bien entendu empressé d'oublier ses engagements, pour ouvrir un centre d'accueil où les évadés venaient se requinquer. Quand ils le méritaient, Mauduit les enrôlait dans son ordre de chevalerie qu'il appelait la Chaîne. Les chevaliers de Montmaur devaient former la chaîne pour le redressement national et la victoire. »

À peu près à la même époque, François Mitterrand prend contact à Vichy avec Suzy Borel (la future Madame Bidault, alors fonctionnaire aux Affaires étrangères), qui organise des passages d'évadés en Espagne. Il rencontre un autre diplomate, Bernard de Chalvron (membre du cabinet du Maréchal), qui commence à mettre en place pour la Résistance le NAP (Noyautage des administrations publiques). Il rassemble aussi des anciens du « 104 » : André Bettencourt, Pol Pilven, Jacques Benet.

Est-ce pour « se couvrir » ? Est-ce par fidélité amicale ? Dans le même temps, Mitterrand fréquente régulièrement d'autres proches du Maréchal. Gabriel Jeantet notamment. Ancien membre influent de la Cagoule[1], Jeantet avait choisi Pétain au moment de l'armistice, tout comme François Méténier. Appelé à Vichy par Raphaël Alibert, ex-cagoulard lui aussi, alors garde des Sceaux, il était devenu chargé de mission au cabinet du Maréchal. Violemment anti-allemand et franchement antigaulliste, Jeantet se montrait tout acquis aux thèses de la Révolution nationale. Afin de les propager, il avait fondé l'Amicale de France, destinée à rassembler des nationalistes réceptifs à l'idéologie maréchaliste. En juin 1942, il crée *France, revue de l'État nouveau*, un périodique dont la couverture s'orne sans équivoque d'une francisque.

Politiquement, Gabriel Jeantet ne travaille pas dans la nuance. Son premier éditorial, en juin 1942, est très explicite : « Précipité en guerre dans le camp des démocraties capitalistes par la faute inexplicable d'un gang de financiers internationaux, de prophètes talmudistes, de communistes à la solde de Staline, de politiciens incapables, mal préparé au choc par des années de déliquescence anarchique, déchiré par ses luttes sociales de la veille, mal défendu par des chefs sans valeur humaine, sans caractère et sans honnêteté, notre pays a subi la plus grande catastrophe militaire de son histoire. Et c'est dans l'épouvante

1. Nous l'avons vu au chapitre précédent.

de cette défaite que, par la voix pathétique du Maréchal, se révèle soudain, suscitée par l'instinct de la conservation qui habite les peuples comme les individus, la doctrine de la Révolution salvatrice opposée au libéralisme comme au communisme. Nous avons peur, pourquoi le cacher, de certains ralliements suspects : cette bourgeoisie ankylosée qui a parfaitement senti que le succès de la Révolution nationale signifierait la fin de son règne. Nous ne parlerons pas de son égoïsme féroce d'hier, l'absence de scrupules avec laquelle elle organisait la sujétion des entreprises, consommait la ruine de l'artisanat et plongeait la paysannerie dépouillée dans un désespoir mortel… Mais, parmi ceux qui n'hésitaient pas hier, suivant leurs intérêts du moment, à flatter les communistes, à ceindre le tablier des maçons, à livrer leur fille aux juifs, nous en connaissons aujourd'hui qui se proclament les fervents disciples du Maréchal, mais c'est à leur propos que le Maréchal a déclaré : "Je reprendrai contre un capitalisme égoïste et aveugle la lutte que les souverains de France ont engagée et gagnée contre la féodalité. J'entends que notre pays soit débarrassé de la tutelle la plus misérable : celle de l'argent." »

Lutte contre l'argent, contre le libéralisme et le communisme, contre la bourgeoisie : ce sont des thèmes chers au catholicisme ; on croirait presque lire le Syllabus. Et il y a beaucoup, là, pour séduire le jeune catholique – modèle révisé 1940 par le passage dans les camps – qu'est François Mitterrand.

Il n'est pas seulement lié à quelques hommes de Vichy par l'amitié ; il y a entre eux et lui une certaine communauté d'idées. Eugène Claudius-Petit, qui appartiendra après la guerre à son parti, l'UDSR, raconte par exemple : « En 1943, j'ai rencontré François Mitterrand sur les quais du Rhône pour le compte des MUR (Mouvements unis de Résistance), et il m'a expliqué que les lois corporatistes de Vichy étaient tout à fait intéressantes. Je me souviens lui avoir rétorqué plutôt vivement que cela menait au fascisme. »

Tous ces thèmes, Mitterrand les reprendra lui-même après la Libération dans le journal des rapatriés, *L'Homme libre* (à côté d'articles, également dus à sa plume, plutôt indulgents pour le maréchal Pétain).

— *L'argent*. Le 26 octobre 1944, il écrira : « Vous avez chassé des monarques dont certains étaient débonnaires. Mais vous n'avez pas compris que le plus puissant d'entre eux continuait à vous narguer. L'argent ! L'argent roi… Nous aurons beau écrire démocratie et tolérance, solidarité et fraternité, tout cela tombera en poussière si nous ne discernons pas sous ces mots l'ennemi qui nous guette, l'internationale de l'argent. » Un texte qui annonce d'une manière frappante le discours prononcé par François Mitterrand en décembre 1972 lors du rassemblement national pour la signature du Programme commun à la porte de Versailles : « Nous n'avons pas besoin de monopoles, nous n'avons pas besoin des maîtres de l'argent, l'argent, les nouveaux seigneurs, les maîtres de l'armement, les maîtres de l'ordinateur, les maîtres des produits pharmaceutiques, les maîtres de l'électricité, des télécommunications… Nous ne ferons pas payer cher le malheur de tant de siècles. Mais, pour ce qui concerne l'argent, toujours l'argent, eh bien, oui, il faut que ce monde change ! » Et le 30 avril 1974, pendant la campagne présidentielle à la télévision, il rappellera l'hostilité ancienne de l'Église catholique au prêt à intérêts[1].

— *La bourgeoisie.* « Le dernier jour de l'insurrection, nous avons passé en revue quelques-uns de nos groupes francs. Mal habillés, mal équipés, sales, ils possédaient la marque d'une étonnante noblesse mais ils habitaient Courbevoie, Pantin, Bobigny, Montrouge. Les autres, ou, pour être juste, disons l'autre, la bourgeoisie, ils attendaient la treizième heure », écrit-il le 8 septembre 1944. C'était oublier que la plupart de ses amis de Résistance ne provenaient pas tous, tant s'en faut, de milieux populaires. Mais il fallait bien céder, aussi, au climat de l'époque.

— *Les partis.* En novembre 1944, le futur premier secrétaire du Parti socialiste s'en prendra – mais oui – à l'esprit de parti : « Chaque fois que la division s'installe, c'est que l'esprit de parti est déjà passé par là. C'est parce que l'esprit de parti a détruit notre unité et construit nos malheurs que les prisonniers de guerre s'acharnent tant à préserver leur propre unité. »

Dans son livre *Église contre bourgeoisie*[2], l'historien et sociologue Émile Poulat a montré comment le « virage à gauche » d'une partie du catholicisme français dans les années soixante pouvait s'expliquer par l'héritage du XIXe siècle : l'Église, alors, s'était arc-boutée farouchement dans la résistance au libéralisme, à la démocratie politique, à l'argent, au pluralisme (philosophique ou politique) et à la bourgeoisie qui avait fait la Révolution. Cette attitude était alors considérée comme ultra-réactionnaire et contre-révolutionnaire. Mais la gauche du XXe siècle devait reprendre les mêmes thèmes, en les parant de couleurs nouvelles. Les textes de François Mitterrand montrent combien

1. Alors que le Vatican aujourd'hui ne vit pas autrement !
2. *Église contre bourgeoisie. Introduction au devenir du catholicisme actuel*, Paris, Casterman, 1977.

il a accepté cet héritage. Et l'on se condamne à ne pas comprendre son évolution si l'on ignore cette filiation-là.

En 1942, d'ailleurs, dans un article de la même revue *France*, il ne prenait guère de précautions pour se situer dans la ligne contre-révolutionnaire, n'hésitant pas à parler des « cent cinquante années d'erreurs » qui venaient de marquer l'histoire de France[1]. Cet article intitulé « Pèlerinage en Thuringe[2] » évoquait les sentiments du prisonnier dans le train qui l'emportait vers l'Allemagne : « Notre convoi misérable me paraissait symbolique. Il marquait dans sa tragique réalité les conséquences de l'abandon progressif du réel. La France, en nourrissant l'Europe de ses ambitions fraternelles, en imposant son ardeur guerrière, en répandant son sang hors de ses frontières, et pour d'impossibles frontières, s'était épuisée et je pensais que nous, les héritiers des cent cinquante années d'erreurs, nous n'étions guère responsables. J'en voulais à cette histoire triomphale et qui précédait imparablement cette marche lente d'une génération dans des wagons à bestiaux. Je discernais la logique des événements et me demandais s'il était juste que notre misère fût le paiement de gloires mal comprises, ou plus exactement s'il était juste que notre déchéance nous fût imputée, parce que si nous avions abandonné nos armes, tout le reste nous avait été antérieurement soustrait. Je songeais aux jugements qui condamneront notre débâcle. On incriminera le régime affaissé, les hommes nuls, les institutions vidées de leur substance et l'on aura raison. Condamnera-t-on les erreurs glorieuses ? »

Péché de jeunesse ? Peut-être. Mais deux autres articles du même numéro constituent un voisinage embarrassant. Sous le titre « la Science de l'homme », le Docteur Alexis Carel, alors fort à la mode, tient des propos plus qu'ambigus sur la spécificité de la race française : « Moins de deux ans après la plus complète défaite de son histoire, la France affirme non seulement sa volonté de ressusciter, mais aussi celle de développer de façon optimum les qualités héréditaires qui sont encore intactes quoique assoupies dans sa population. Il faut s'attaquer au problème du modelage de la personnalité par les facteurs chimiques, physiques et psychologiques du milieu ! » Plus loin, sous le titre « la Condition des juifs à Rome sous la papauté », un certain Gérin-Ricard écrit froidement : « Peu d'exemples historiques font prendre une plus juste idée du péril sémite que la manière dont Rome dut traiter les juifs qui favorisaient la prostitution, le jeu,

1. C'est-à-dire tous les régimes politiques depuis la Révolution de 1789…
2. Décembre 1942.

le recel, la pédérastie, selon les propres termes d'une bulle du pape Clément VIII. »

Les amis du président de la République rétorquent que cette pige occasionnelle dans *France, revue de l'État nouveau* était ruse de guerre et qu'en ces temps troublés, pour résister le soir, il fallait bien revêtir le jour un habit plus conforme. Sans doute. Mais peu de résistants ont écrit des textes de la même encre, et surtout pas dans un tel voisinage.

Le fameux épisode de la francisque a suscité bien plus de polémiques encore. D'autant que François Mitterrand s'est exposé aux coups de ses adversaires en refusant de faire front.

Un fait est acquis : la francisque lui a été décernée, il l'a dit, en décembre 1943, au titre vague de « représentant des étudiants » qui ne paraît correspondre à aucun poste occupé par lui à cette époque, ou auparavant. Reste à préciser ce qu'elle représentait exactement et dans quelles circonstances il en fut le bénéficiaire.

À l'origine, la francisque n'avait pas d'existence légale. Dessinée par un lapidaire de chez Van Cleef, un certain Ehret, ancien officier de cavalerie qui travaillait dans les services de propagande de Philippe Pétain, ce petit insigne était donné par le vieux Maréchal, au gré de ses humeurs, à ceux qu'il rencontrait et qu'il appréciait. Beaucoup (qui devaient s'en repentir par la suite) étaient prêts aux manœuvres les plus hardies ou les plus basses pour obtenir le droit d'en parer le revers de leur boutonnière. Si bien qu'il fallut en réglementer le port, ce que fit un décret du 25 août 1942. Un ordre fut créé, dirigé par un conseil dont la première tâche fut d'en établir les statuts. Ce conseil, présidé par le général Bricard, comprenait – outre les membres des cabinets civil et militaire du Maréchal – diverses personnalités, dont Gabriel Jeantet et le journaliste Simon Arbellot[1]. Il se réunissait chaque mois pour décider des promotions. Deux conditions : avoir pratiqué avant la guerre une « action nationale et sociale » et avoir manifesté depuis un attachement actif à la personne et à l'œuvre de Philippe Pétain. Simon Arbellot a raconté drôlement[2] comment, lors des réunions de ce conseil, l'amiral Platon, « protestant rigide au cheveu ras et au monocle intransigeant », vaincu de Dunkerque le

1. Un fidèle du Maréchal, ancien prisonnier. Pierre Limagne écrit dans ses *Éphémérides des quatre années tragiques* (Bonne Presse) en date du 9 mai 1942 : « Simon Arbellot, qui vient de se rendre en Allemagne non plus cette fois comme prisonnier, mais comme journaliste officiel, fait une conférence aux accrédités et leur dit sa certitude de la victoire d'Hitler. »

2. Dans la revue *Écrits de Paris*, janvier 1966.

4 juin 1940, récusait neuf sur dix des postulants en les qualifiant de « gaullistes », tandis qu'André Lavagne et Jean Jardel, membres du cabinet civil de Pétain, repoussaient toutes les propositions de l'amiral en disant : « C'est un collaborateur, je vote contre. »

À en croire Arbellot, « aussi invraisemblable que cela puisse paraître, le port de la francisque équivalait à Vichy à une sorte de brevet de Résistance ». Personne n'est obligé de le suivre aussi loin. Mais le petit insigne tricolore distinguait bien les féaux de Pétain de ceux de Pierre Laval.

François Mitterrand se rangeait-il parmi les féaux de Pétain ? Voire !

« Tous les cadres du Commissariat aux prisonniers ont reçu la francisque, explique Georges Baud. Le Maréchal, qui aimait les prisonniers, voulait nous remercier de ce que nous faisions pour eux. Il eût été dangereux de la refuser. Mais il n'y eut jamais de remise officielle, ni de réception en notre honneur. Elle me fut décernée en même temps qu'à Henri Guérin, Pierre Join-Lambert, Van Batten, Laffond, Pierre Coursol, et même Maurice Pinot, qui en était bien embêté. » (Ce dernier point n'est pas si sûr puisque Maurice Pinot était entré en personne dans le conseil de l'Ordre de la francisque…) Mais le plus important n'est pas là. L'important, c'est que Georges Baud et ses amis ont été décorés avant la démission de Maurice Pinot, intervenue en janvier 1943. Tandis que François Mitterrand, Pierre Chigot et Jean Védrine l'ont été bien après, à la fin de la même année, alors que la zone sud était occupée de longue date, que le régime de Vichy battait de l'aile et qu'aucune équivoque n'était plus possible.

« Je n'ai jamais su exactement qui m'avait proposé pour la francisque, dit Jean Védrine aujourd'hui. Je ne l'ai pas demandée, on ne m'a pas consulté, on n'a exigé de moi ni serment ni engagement, je ne me suis connu aucun parrain. L'hypothèse la plus vraisemblable est que le Docteur Ménétrel a voulu, par cette décoration, manifester son hostilité à la politique de Laval. » Il est vrai que le Docteur Ménétrel avait dépanné Jean Védrine et Pierre Chigot au début de 1943, quand ils s'étaient trouvés sans emploi après avoir, eux aussi, démissionné du Commissariat aux prisonniers[1].

François Mitterrand avait démissionné également mais il eut, lui, des parrains pour la francisque : son vieil ami Jeantet et Simon Arbellot. Arbellot, qui présente Mitterrand comme un ardent résistant, écrit : « Il savait le patriotisme, allant jusqu'au sacrifice, qui animait

1. Dans *Dossiers PG rapatriés*, *op. cit.*

le Maréchal et ses amis ; il connaissait le drame quotidien qui se jouait chez Pierre Laval, la résistance de ces deux hommes, si différente mais si constante. Il me demanda un jour, à moi et à Gabriel Jeantet, animateur des mouvements de jeunesse, de présenter sa candidature à la francisque. Il fut admis à l'unanimité du conseil de l'Ordre sous le feu approbateur du monocle de l'amiral Platon[1]. »

François Mitterrand ne nie pas ce parrainage[2] d'un homme qui, en 1966, jugeait encore Pierre Laval résistant. Mais il affirme que la francisque ne lui a jamais été remise… pour la bonne raison qu'il se trouvait alors à Londres. Il est vrai, en tout cas, qu'il n'occupait plus d'emploi officiel à Vichy et consacrait le plus clair de son temps à des activités de Résistance… tout en conservant des liens personnels et amicaux avec quelques membres de l'entourage du Maréchal. Façon de se couvrir ? Le communiste Robert Paumier, qui le connut bien (il fut, comme tant d'autres, décoré de la Légion d'honneur en 1982 puis, comme quelques-uns, invité à accompagner en juin 1984 le président en voyage officiel en URSS) tranche : « Mitterrand louvoyait entre la légalité vichyssoise et la Résistance. » Tandis que Philippe Dechartre renchérit : « Mitterrand était vichyste, anti-allemand, très courageux et complètement engagé dans la guerre. » Le futur président de la République portera ensuite sa francisque comme une croix. Il esquivera toujours la question, contribuant ainsi à créer, puis à accroître le malaise.

Première station de ce chemin de croix : en avril 1945, lors du congrès constitutif de la Fédération nationale des prisonniers de guerre, une réunion où il joue un rôle décisif. Quand on relit la sténographie de ces séances de congrès, on est frappé de découvrir le professionnalisme et la capacité d'orienter les débats dont il fait preuve. Dès l'ouverture de la séance, le communiste Pierre Verrier (décoré de la Légion d'honneur en 1983) l'apostrophe : « Je vois à la tribune Monsieur Mitterrand. Je serais heureux de voir lever l'hypothèque morale qui pèse sur ce camarade qui a obtenu du temps de Vichy la francisque d'honneur du Maréchal… Monsieur Mitterrand avait peut-être ses raisons, mais je demande que tous les gens qui sont dans ce cas soient passés devant une commission d'épuration afin qu'il n'y ait plus d'équivoque sur leur compte. » François Mitterrand :

1. Dans la revue *Écrits de Paris*.
2. Il a lui-même donné les noms de Jeantet et Arbellot à Franz Olivier Giesbert, auteur d'une de ses biographies, *François Mitterrand ou la tentation de l'Histoire*, Le Seuil, 1977.

« J'ai été désigné par le général de Gaulle, qui doit s'y connaître tout de même en hommes pour me confier le poste de secrétaire général aux Prisonniers de guerre parce que je suis celui qui a créé le mouvement de Résistance… Sur le plan du pedigree, Verrier, nous pourrions nous confronter. Lorsque le Général m'a désigné, au moment où c'était dur, où il y avait des risques, parce que enfin, quand je suis parti en novembre 1943 en avion à Alger et quand je suis revenu en février 1944 sur mon petit bateau à travers la Manche, on ne peut pas dire que tout était aisé, le général de Gaulle savait ce qu'il disait. »

Voilà une manière de répondre sans répondre et en utilisant largement un parapluie nommé de Gaulle.

Dix ans plus tard, en décembre 1954, François Mitterrand est ministre de l'Intérieur. C'est le député gaulliste de la Sarthe, Raymond Dronne, qui l'attaque : « Le grand républicain que vous prétendez être a un passé trop fluctuant pour pouvoir inspirer ce sentiment qui ne se commande pas, qui est en quelque sorte un élan instinctif et qui s'appelle la confiance. Je ne vous reproche pas d'avoir arboré successivement la fleur de lys et la francisque d'honneur. »

François Mitterrand : « Tout cela est faux. »

Raymond Dronne : « Tout cela est vrai et vous le savez bien. Je constate vos variations, vous avez toujours su orienter votre voile pour profiter des vents dominants. Je suis convaincu que vous vous intéressez beaucoup moins à la France qu'à la carrière de Monsieur Mitterrand. »

Cette fois encore, le jeune ministre dédaigne de s'expliquer. Or, il n'a jamais porté la fleur de lys. A-t-il jamais arboré la francisque ? Pour confondre ses détracteurs, il aurait pu faire la lumière sur les conditions dans lesquelles elle lui a été attribuée. Mais il ne s'y résout pas. Orgueil ? Gêne ? Habileté excessive ? Goût du secret ? Belle indifférence ou trop adroite prudence ? Faux calcul à coup sûr.

Demeure cette certitude : l'homme n'a pas été insensible aux orientations de Vichy et à la séduction du maréchal Pétain. Au point qu'en 1944, lors de la publication du premier numéro de *L'Homme libre*, journal des anciens prisonniers résistants, ses compagnons durent lui demander de nuancer un article qui montrait beaucoup de mansuétude envers le vieux Maréchal[1].

Un an plus tard, envoyé comme observateur au procès Pétain pour le même journal, François Mitterrand produisait des articles

1. En échange de quoi, le communiste Pierre Bugeaud voulut bien nuancer de son côté un article enthousiaste qu'il avait écrit à la gloire de Staline.

ironiques et presque méprisants pour tous : juges, procureurs, témoins. Sauf pour un seul personnage : l'accusé. Ce qui n'était pas sans courage alors !

La Résistance

Au moment où la francisque lui est décernée, François Mitterrand s'est depuis presque un an enrôlé sans retour dans la Résistance sous le nom de Morland. L'occupation de la zone sud, le 11 novembre 1942, semble avoir joué, dans cette décision, un rôle décisif. Toutes les équivoques ont volé en éclats.

Laval, empêtré dans la politique de collaboration, tente alors d'utiliser les prisonniers rapatriés. Maurice Pinot refuse d'user de son crédit auprès d'eux pour cautionner le projet. En janvier 1943, il est donc révoqué (selon de nombreux témoignages, le maréchal Pétain n'en aurait pas été informé). André Masson, plus docile, est désigné par Laval pour le remplacer. Par solidarité avec Pinot, tous les cadres dirigeants du Commissariat, à Paris et à Vichy, démissionnent. Ils sont quatorze à quitter ainsi leur emploi. Un exemple pratiquement unique de rébellion d'un organisme tout entier. Georges Baud, Jean Védrine, André Magne, Marcel Guénault, Pierre Chigot, Van Batten et François Mitterrand s'égaillent promptement dans la nature.

Quinze jours plus tard, au début de février 1943, six d'entre eux se retrouvent à Saint-Sylvain-de-Bellegarde (Creuse), dans la propriété de Pierre Chigot. Là, André Magne, François Mitterrand, Jean Védrine discutent à perte d'heures : comment noyauter le Commissariat, désormais dirigé par Masson ? Comment s'opposer à Laval ? Ils dressent des plans, élaborent des projets, imaginent des structures. La Résistance PG est née. Elle adoptera plus tard le sigle RNPG (Rassemblement national des prisonniers de guerre). Et des anciens du « 104 » – Mitterrand sait déjà rallier ses fidèles – viendront se joindre à l'équipe de départ : André Bettencourt, François Dalle et Jacques Benet : « Nous étions tous sur un pied d'égalité, raconte celui-ci. Il n'y avait pas de chef. L'homme clé, l'initiateur principal de cette action était Maurice Pinot. Bien qu'il fût très discret par prudence, et peu prolixe par pudeur, son crédit et son influence étaient considérables. C'est lui qui a obtenu du général Revers[1] le financement nécessaire

1. Chef de l'ORA (Organisation de Résistance de l'armée), plus giraudiste que gaulliste.

à la prise en charge de plusieurs d'entre nous. Nos premiers moyens matériels et en armes sont venus de l'ORA. »

« François Mitterrand et Jacques Benet furent les deux éléments moteurs d'une équipe qui excluait toute hiérarchie, note de son côté Maurice Pinot. Chacun apportait sa contribution selon ses moyens, son caractère, ses méthodes, sa zone d'influence. »

Mais Mitterrand ne va pas tarder à imposer son ascendant. « Il m'est difficile d'analyser aujourd'hui comment François est devenu en quelques mois le premier d'entre nous, dit Jean Védrine. Je ne retrouve plus dans ma mémoire le titre de président accolé parfois à son nom dans les récits ultérieurs, mais c'est de lui que je recevais des informations, des directives et, plus tard, des fonds. Il s'efforçait, avec une grande ténacité, d'entretenir des réseaux d'amitié avec les associations départementales de rapatriés. Ce qui devait s'avérer, au moment des choix importants, plus solide et plus efficace que les filières des partis. Il nourrissait une ambition politique, au sens noble du terme, pour lui et pour nous. » Certes, il en irritait plus d'un. « Il montrait trop d'assurance, d'ironie et parfois de désinvolture, avoue Jean Védrine. Il était trop politique pour ne pas être critiqué ici ou là. On le jugeait individualiste et froid, mais ce sont surtout ses fréquents retards aux rendez-vous et aux réunions qui agaçaient et inquiétaient ses amis. Il est vrai que cela trompait ses adversaires. »

C'est le moment, quoi qu'il en soit, où François Mitterrand émerge. Il devient un chef, sans doute parce qu'il se comporte en chef. La période s'y prête. Les résistants, tous volontaires, ne connaissent d'autre hiérarchie que celle qu'ils se créent, de titre ou de grade que ceux qu'ils se donnent. Les promotions seront foudroyantes. La guerre redistribue toujours les cartes, la guerre clandestine encore plus. Les occasions d'accélérer les évolutions s'offrent chaque matin à un jeune homme impatient qui situe déjà son action dans une perspective plus vaste. « Il était déjà en puissance un professionnel de la politique alors que ses amis n'entretenaient pas de véritable dessein, estime Philippe Dechartre. Que Pinot ait été plus un contemplatif qu'un homme d'action fut aussi une grande chance pour lui. »

Alors apparaissent les techniques qui préfigurent la manière Mitterrand. Il se fait connaître, noue des contacts tous azimuts avec les mouvements de résistance, par exemple le mouvement Combat, dirigé par Henri Frenay et Berty Albrecht (qui se suicidera dans sa cellule pour échapper à la Gestapo) et auquel appartient, entre autres, Pierre de Bénouville. Il commence à sillonner les provinces. Il rameute la troupe et bat le rappel de ses fidèles, retrouve ainsi Pol Pilven, des camarades de camp comme Patrice Pelat, Jean Munier, Bernard Finifter. Plus tard, à l'UDSR, à la Convention des institutions républicaines, au Parti socialiste enfin, pour asseoir son autorité, François Mitterrand s'appuiera toujours sur une cohorte de proches tout à sa dévotion (les anciens prisonniers seront d'ailleurs nombreux parmi eux) et qui accepteront, sans manifester la moindre réserve, d'être ses hommes liges.

Charles de Gaulle était entouré de compagnons. François Mitterrand a des amis, qui éprouvent pour lui une sympathie personnelle, plus qu'ils ne partagent ses idées. « Tous, ils connaissent les frontières qui interdisent à l'amitié de devenir intimité[1]. »

Il est dans son tempérament de prendre des risques. Il continue. Il a toujours eu le sens et le goût des coups d'éclat spectaculaires qui ressemblent à des défis. En juillet 1943, déjouant les filtrages des services d'ordre, il s'introduit salle Wagram à Paris dans un meeting organisé par André Masson, nouveau commissaire aux Prisonniers, à la gloire de Laval et de la Collaboration. Perdu au milieu de la foule, François Mitterrand apostrophe les officiels qui paradent à la tribune : « Vous n'avez pas le droit de parler au nom des prisonniers. » La salle lui fait une ovation et des spectateurs protégeront sa retraite. Cet acte courageux conforte son prestige parmi ses camarades. Quelque temps plus tard, Maurice Schumann, porte-parole de la France Libre, vantera ce haut fait à la radio de Londres[2].

Sa plus jolie prouesse, qui consacrera son ascendant sur ses camarades, sera également décisive pour son avenir : il va se désigner lui-même comme émissaire du mouvement près du général de Gaulle. Quelques semaines après leur démission collective, en effet, Maurice Pinot et ses amis comprennent qu'il leur faudra se faire connaître et reconnaître du chef de la France Libre. Maurice Pinot explique : « En mai 1943, nous apprenions la création du CNR (Conseil national de la Résistance), présidé par Jean Moulin. Le CNR rassemblait, avec les mouvements de Résistance, des partis politiques, des syndicalistes hostiles à Vichy. Nous nous sommes dit que si la communauté des

1. Jean-Marie Borzeix, *Mitterrand lui-même*, Paris, Stock, 1973.

2. « J'avais reçu ces renseignements du BCRA, note aujourd'hui Maurice Schumann. J'ai donc rapporté à la radio de Londres le courage du jeune Morland. Voilà pourquoi, un jour que Georges Pompidou avait lancé en plein hémicycle l'histoire de la francisque à la tête de François Mitterrand, je lui ai écrit pour lui dire que celui-ci avait été un grand résistant ! » Max Fleury, chef de réseau gaulliste, se souvient : « J'étais salle Wagram, juste derrière lui, quand François Mitterrand a apostrophé Laval. Je me souviens avoir applaudi : son courage m'avait beaucoup impressionné. »

PG n'était pas représentée dans cet ensemble, elle risquait, au moment de la Libération, d'être à la fois dévalorisée, oubliée et exclue. Et puis, poursuivre la lutte contre l'occupant supposait des moyens que seul le général de Gaulle et ses hommes pouvaient nous fournir. Il importait donc de nouer au plus vite des contacts avec les différents courants du CNR. »

C'est pourquoi Maurice Pinot, seul ou en compagnie de François Mitterrand (Morland pour ses interlocuteurs) ou de Jacques Benet, rencontre plusieurs dirigeants du CNR : Claude Bourdet, Emmanuel d'Astier de La Vigerie, Jacques Baumel, Eugène Claudius-Petit. Ceux-ci ne leur cachent pas que le général de Gaulle ne nourrit pas à l'égard des prisonniers de guerre les meilleurs sentiments du monde. Ses griefs sont multiples. Et puis il ne comprend pas, d'ailleurs, pourquoi les évadés ou les libérés ont voulu se regrouper entre eux au lieu de se répartir dans les divers mouvements de Résistance.

« Soucieux d'établir son autorité, le Général se méfiait de ces corporatismes, de toutes les fractions qui pourraient contester son pouvoir », commente aujourd'hui Philippe Dechartre. Comme bien d'autres Français, le Général méconnaît les conditions et les conséquences de la captivité. De sa propre détention pendant la guerre, il a gardé une profonde amertume. Il pense que la plupart des PG se sont rendus sans se battre. De son temps, un prisonnier non blessé passait, après sa libération, en conseil de guerre. Quand Pierre de Bénouville évoquera devant lui la résistance des prisonniers de guerre, il gouaillera : « Mais il n'y a pas d'insurrection chez les moutons. » Maurice Pinot commente : « Le Général nous méprisait ouvertement et regardait les oflags et les stalags comme autant de petits Vichy minables. Il croyait que nous avions misé sur Giraud alors que celui-ci n'était pour nous qu'un célèbre chef militaire évadé avec quelque panache. Il ne savait pas que nous lui portions un vif sentiment d'admiration pour sa clairvoyance militaire, son non-conformisme et son audace. Curieusement, il ne percevait pas l'atout que pouvait représenter pour lui l'armée prisonnière. Au lieu de se l'attacher par quelque attention, il l'ignorait avec superbe, la croyant au service de l'ennemi. »

À ce handicap s'en ajoutait un autre : l'existence d'un mouvement rival (le MRPGD), né lui aussi dans les stalags et qui avait à sa tête Philippe Dechartre, mais aussi le propre neveu du général de Gaulle : Michel Caillau – fils de Marie-Agnès de Gaulle. Caillau, qui se faisait appeler dans la Résistance Michel Charrette ou Michel Chambre, ne rencontrait évidemment pas de difficultés particulières pour entretenir des relations avec la France Libre. Mais, s'il était déjà difficile à Charles de Gaulle et au CNR de comprendre l'utilité d'une organisation de Résistance spécifique des PG, à plus forte raison leur était-il impossible d'en admettre plusieurs. Au RNPG de Pinot et Mitterrand, on comprend donc très vite qu'il faudra fusionner les deux mouvements. François Mitterrand et Jacques Benet rencontrent Michel Caillau. Des pourparlers s'engagent[1]. La méfiance est de règle.

Philippe Dechartre explique : « Entre le mouvement de François Mitterrand et le nôtre existait une différence fondamentale de mentalité. Pour nous, gaullistes, la captivité représentait un échec et, afin de nous laver de cette tache, nous voulions nous engager dans une action militaire. En revanche, aux yeux des gens du RNPG, que nous considérions comme des pétainistes, la défaite constituait une sorte de jugement de Dieu ; ils estimaient que les malheureux prisonniers ayant payé pour les autres étaient tout désignés pour apporter un élan purificateur au pays et lui permettre de se redresser. Nous les trouvions un peu pleurnichards et nous nous intéressions peu à ce qu'ils appelaient la "mystique prisonnier". »

Les dirigeants du RNPG comprennent que leur image risque d'être définitivement compromise aux yeux du général de Gaulle, qui s'impose de plus en plus comme le seul chef de la Résistance française. Maurice Pinot envisage alors de dépêcher à Alger le journaliste Marcel Haedrich. Il apprend que François Mitterrand s'est lui-même investi de cette mission. « En novembre, dit-il sobrement, François Mitterrand prit l'initiative de partir à Alger. Nous ne sûmes rien de ce voyage jusqu'à son retour le 26 février 1944. »

François Mitterrand s'y est préparé dès l'été 1943. Il a fait parvenir à Londres, on ne sait trop comment, des informations signées Morland qui l'ont fait connaître du BCRA (Bureau central de renseignements de la France Libre), mais aussi du général de Gaulle. Celui-ci, plus tard, devait écrire dans ses *Mémoires de guerre* : « Les rapports qui nous sont faits par nos chargés de mission allant et venant entre Alger et la métropole, Guillain de Bénouville, Bourgès-Maunoury, Gaston Defferre, Émile Laffon, François Mitterrand, mon neveu Michel Caillau, etc., nous tiennent à mesure au courant. »

Restait à trouver un moyen de transport pour rejoindre Alger. Ce n'était pas facile. D'autant que les Allemands commençaient à rechercher activement le prétendu Morland. Le 11 novembre 1943, le plus jeune membre de son équipe, Pol Pilven, qui passait la nuit

1. Les uns et les autres ignorent encore l'existence d'un troisième mouvement, le CNPG, communiste celui-là.

à Vichy dans la chambre de François Mitterrand absent, fut arrêté au petit matin par la Gestapo et emmené en compagnie du logeur, Monsieur Renaud. Ils furent tous deux déportés à Buchenwald. Le malheureux propriétaire n'en revint pas. François Mitterrand l'avait échappé belle. Par la suite, à plusieurs reprises, il devait éviter de justesse les filets des Allemands.

« En octobre 1943, Mitterrand m'a dit avoir des contacts avec l'ORA », se souvient Pol Pilven. La suite ne tarde pas. « En novembre, dit André Bettencourt, je l'ai accompagné près d'Angers, sur l'aéroport clandestin où il devait embarquer pour Londres. Auparavant, il avait eu – en ma présence – divers rendez-vous clandestins, notamment avec le général Revers, alors chef de l'armée secrète, qu'il a vu plusieurs fois. » L'avion était, comme dans la presque totalité des cas, un Lysander. Il emmenait aussi le général Deleplace, un des chefs de l'ORA[1].

L'arrivée ne fut pas très glorieuse. « Je connus Londres et les services français du Comité d'Alger, écrit François Mitterrand[2]. On soumit à ma signature un registre qui m'engageait dans la France Libre. Comme je renâclais, on m'abandonna dans une chambre sans portes ni fenêtres[3] avec mes brodequins crottés de la boue angevine et ma chemise de trois semaines. » Façon de dire qu'il fut douché.

Après quelques détours, François Mitterrand atterrit enfin à Alger. Grâce à Henri Frenay[4], qui vient d'être nommé commissaire aux Prisonniers (autant dire ministre), Morland est reçu par le chef de la France Libre, au début du mois de décembre, à la villa des Glycines.

Une histoire d'amitié, ou du moins d'attachement mutuel, aurait pu commencer à cet instant entre deux hommes qui avaient les mêmes racines familiales et bien des affinités : le même tempérament littéraire, un sentiment barrésien de la partie, un catholicisme très profond, donc mâtiné d'animosité ou de suspicion envers la bourgeoisie et l'argent. On imagine l'émotion du jeune résistant – François Mitterrand n'a que vingt-sept ans – sur le point de rencontrer le chef et le symbole de la France combattante. On devine aussi son dessein : faire connaître les mérites de son mouvement et, plus encore, faire reconnaître les siens. Charité bien ordonnée commence par soi-même :

---

1. On notera que dans son livre sur l'ORA, le colonel de Dainville ne fait pas mention de ce vol.

2. Dans *La Paille et le Grain*, *op. cit.*

3. *Sic* !

4. Promu grand-croix de la Légion d'honneur en 1983.

François Mitterrand vient chercher à Alger l'adoubement du seigneur qui va le faire preux chevalier. Las, alors qu'il attend un : « Je vous ai compris », il va recevoir une manière de soufflet. Le Général se montre réticent, hautain, impérieux, à peine courtois.

À deux reprises, François Mitterrand a narré l'entrevue. De façon presque sereine en 1971 (le Général est décédé) ; de manière plus acide en 1969 (le Général est encore au pouvoir). Version 1971 (*La Paille et le Grain*) : « Voilà qu'il était devant moi avec sa drôle de tête, petite pour son grand corps, son visage de condottiere frotté chez les bons pères… Celui que j'avais tant imaginé… Il fut aimable. À ceci près que sa première remarque saugrenue fut pour observer, mi-figue, mi-raisin : "On m'a dit que vous étiez venu par un avion anglais[1]." Pendant qu'il me parlait, sa belle main un peu molle se balançait au rythme de je ne sais quelle berceuse. Il m'interrogea sur l'état de la Résistance, sur ses méthodes et son climat. Mais, bien que sa voix restât nonchalante, le ton durcit quand il aborda le vif du sujet. Il attachait une grande importance à la propagande dans les camps et l'action des évadés en France… Dès maintenant, il désirait que cessât la dispersion des réseaux concurrents. Après leur fusion, qu'il entendait voir se réaliser sous la conduite d'un certain Michel Charrette qui était son propre neveu, ils recevraient des armes et de l'argent. Pas avant. Quelle objection pouvais-je faire aux règles évidentes de la discipline nationale ? Je répondis qu'aussi utile que fût cette discipline, la Résistance avait ses propres lois qui ne pouvaient se réduire à la simple exécution des ordres venus de l'extérieur et que, pour ce qui concernait les réseaux en question, ses instructions restaient inapplicables. L'entretien était terminé. »

Autre version[2] (en 1969), autre climat : « Comme j'hésitais à accepter de fondre en une seule formation et sous l'autorité de l'un de ses neveux ainsi qu'il me l'ordonnait les trois organisations de prisonniers de guerre, il me donna congé froidement. J'eus par la suite de la peine à regagner la France… Beaucoup plus tard, un document m'apprenait que, pendant mon séjour à Alger, il avait été proposé au général de Gaulle de m'expédier sur le front d'Italie… Je ne saurai jamais si j'ai dû d'éviter cette inflexion du destin à la

1. Paul Paillole, chef du service de contre-espionnage de Vichy, commente : « Tous les avions qui faisaient le passage des résistants étaient anglais, nous étions à Londres tributaires des Anglais. Je crois que le Général a surtout voulu signifier à Mitterrand que celui-ci ne faisait pas partie des réseaux gaullistes, c'est-à-dire du BCRA. »

2. Dans *Ma part de vérité*, *op. cit.*

mansuétude du chef de la France Libre ou à la hâte que j'avais mise à rejoindre mes camarades de la Résistance intérieure[1]. Je gardais de l'aventure l'impression que mieux valait se taire lorsque à portée des services spéciaux d'Alger on affirmait que Résistance et gaullisme ne recouvraient pas exactement la même réalité. De cette méfiance, je n'ai pu, en dépit de louables efforts, me défaire. Ainsi s'amorça une incompatibilité d'humeur qui dure encore. »

Après un quart de siècle, la blessure d'amour-propre n'était pas cicatrisée.

François Mitterrand n'a pas apprécié la rudesse du général de Gaulle. Cette rencontre ratée a mis aux prises deux personnalités peu commodes. Son échec tient aussi à l'incompréhension qui séparait bien souvent alors résistants de l'intérieur et du dehors. Jean Moulin s'en fit l'écho dans nombre de ses rapports. François Mitterrand écrit, comme s'il était à lui seul le porte-parole, le mandataire des gens de l'intérieur : « Je considérais notre Résistance sur le territoire national, au contact incessant de la torture et de la mort, comme d'une autre nature que la Résistance extérieure et ne reconnaissais pas à celle-ci la prééminence dont elle se prévalait. Je contestais que le mot Résistance pût s'appliquer aux combats menés de Londres et d'Alger, épisodes d'une guerre traditionnelle. J'admirais cette poignée d'hommes qui, autour de Charles de Gaulle, affirmaient la présence française sur tous les fronts… Mais je me sentais différent et j'avais l'orgueil d'un combat dont je pensais que la gloire était confisquée au peuple dont j'étais. »

Mais les difficultés étaient presque de règle. La défaveur dont se plaint François Mitterrand ne lui était pas réservée. Le tempérament du général de Gaulle le poussait à ces manières abruptes. René Pleven se souvient de lui avoir entendu dire : « Il y a deux manières de dire les choses, l'agréable et la rébarbative, c'est plus fort que moi, j'emploie toujours la deuxième. » En fait, il n'avait pas toujours le choix : s'il n'avait affirmé de manière abrupte sa prééminence, il eût été englué dans les rivalités, les manœuvres, les visées et les menées de ses propres amis divisés en clans antagonistes.

Aux yeux de Charles de Gaulle, François Mitterrand portait une autre tare : il appartenait à une armée de vaincus envers laquelle le chef de la France Libre ne nourrissait pas de très tendres sentiments.

1. Commentant l'épisode il arrivera même au premier secrétaire du Parti socialiste de s'écrier plus tard devant des journalistes : « De Gaulle a voulu me tuer ! »

De cette entrevue ratée, Maurice Pinot a gardé quelques souvenirs indirects : « Quand je revis François Mitterrand en mars, il me raconta les péripéties de son voyage. Il rapportait l'accord du général de Gaulle contresigné par le général Giraud : nous étions reconnus, nous allions recevoir des finances et des armes. François Mitterrand ajoutait quelques précisions. Le Général l'avait mal reçu et ironisait sur la prétention d'anciens PG à se regrouper dans un mouvement de résistance spécifique. “Pourquoi pas les coiffeurs ou les cuisiniers ?” aurait-il demandé. Avant de conclure quand même : “On va vous aider, mais il faut une seule organisation. Elle comprendra la vôtre, celle des communistes et celle de Charrette. Vous vous regrouperez sous les ordres de celui-ci.” »

Voici l'autre raison de la discorde : Charrette, nom de guerre de Michel Caillau, neveu, on l'a dit, de Charles de Gaulle. Or, ce Caillau se défiait de François Mitterrand. Dans une lettre de décembre 1943, dont voici le texte, il avait mis en garde son oncle (document fourni par Pierre Bloch, qui recevait le courrier à Alger).

MRPGD 8/12/43
MIX/N°

… « Miteran, dans son camp d'Allemagne, après une brillante guerre, fut un des dirigeants du cercle Pétain, collabora au journal de son stalag, s'évada. Rentré en France, il entre au Commissariat aux prisonniers de guerre où il est chargé de la propagande. Dans quel sens, vous le pensez bien. À ce moment, il est un membre dynamique de la légion. Il fait partie du petit groupe des amis intimes d'Armand Petitjean, très Action française. Démissionnant avec Pinot lors du retour de Laval, après deux mois, travaille un moment avec nous, mais traite les services de renseignements d'idiots et d'inutiles, toute la Résistance d'enfantillage. D'où scission. Ensuite, Miteran évolue lentement, adoptant peu à peu, au moins en apparence, toutes nos idées, ou presque, et de son côté cherchant avec Pinot à les faire entrer en pratique. Je me demande qui a pu le faire passer à Londres.

VERGENNES (Michel Charrette).

Cette injuste et fâcheuse épître n'a évidemment rien, mais rien d'une lettre de recommandation. Pour comble de malheur, l'entourage du Général suspectait le jeune homme de sympathies giraudistes.

François Mitterrand a-t-il commis ce crime de lèse-majesté : rencontrer, après son arrivée, le général Giraud avant le général de Gaulle ? Plus d'un gaulliste le crut à Alger et le croit encore aujourd'hui. Certains indices incitent à le penser : Jacques Mitterrand, alors lieutenant dans une unité de bombardement basée au Maroc, devait apprendre l'arrivée de son frère à Alger par un télégramme signé Giraud[1]. Des témoins assurent que la sympathie de François Mitterrand pour le général Giraud était réelle. Un de ses compagnons, Jacques de Montjoye, se souvient l'avoir entendu dire : « Nous n'avons pas d'instruction à recevoir de Londres, le RNPG est plutôt d'obédience giraudiste, nous devons rester indépendants[2]. »

En réalité, l'affaire est sans doute simple. Deux hommes se sont rencontrés et ne se sont pas plu, victimes de cette alchimie mystérieuse qui, d'emblée, cristallise les sympathies ou les antipathies entre deux êtres. Deux fois, dans les deux années suivantes, les deux hommes devaient se revoir. Sans jamais se rapprocher.

Bien entendu, après cette aigre entrevue, Charles de Gaulle ne va pas faciliter le retour en France de François Mitterrand. « Quand il exprime, auprès des services compétents, son désir de regagner l'Hexagone, il s'aperçoit que l'on n'y tient guère, explique Jean Védrine[3]. On le préférerait éloigné de la Résistance intérieure. » Il finit par obtenir, grâce à un ami de sa mère, le commandant de La Chenelière, qui comme par hasard est membre du cabinet du général Giraud, une place dans un avion de transport militaire pour Marrakech. D'où, grâce à l'aide de Joséphine Baker, volontaire des Forces françaises libres, il peut rejoindre Londres dans l'avion du général Montgomery. Il séjourne quelques semaines dans la capitale britannique avant qu'on se décide à lui procurer les moyens de rejoindre ses camarades.

Il met à profit cet arrêt forcé pour rencontrer diverses personnalités. À commencer par le colonel Passy, patron du BCRA[4] de la France Libre, qui voit pratiquement tous les résistants de passage à Londres. Les deux hommes deviennent assez proches pour jouer ensemble au bridge chez des Français, Monsieur et Madame Mamy. Une autre rencontre lui sera, vingt ans plus tard, très utile : celle du communiste

1. Nous avons déjà signalé les liens entre celui-ci et la famille Mitterrand.
2. Dans *Dossiers PG rapatriés*, *op. cit.*
3. Dans *Dossiers PG rapatriés*, *op. cit.*
4. Bureau central de renseignements et d'action.

Waldeck Rochet qui donne à François Mitterrand des informations sur le mouvement de Résistance des PG communistes, le CNPG.

« Quand j'ai revu François, dit son ami Jacques Benet, il m'a beaucoup parlé de Waldeck Rochet qu'il avait trouvé fort sympathique. Celui-ci lui avait même confié une lettre à poster pour sa mère. Il était très étonné qu'un communiste puisse être un homme fréquentable. J'ai toujours pensé que cette amitié a joué un rôle quand, en 1965, les communistes ont décidé de soutenir Mitterrand aux présidentielles. »

François Mitterrand peut enfin quitter l'Angleterre le 24 février 1944. À Darmouth, en Cornouailles, il embarque à bord d'une vedette commandée par le capitaine David Birkin, le père de Jane Birkin. Il débarque sans incident sur les côtes de Bretagne, à Bec-an-Fry près de Guimaec, où il est recueilli par Louis Mercier (décoré de la Légion d'honneur en 1982) et sa femme Philomène. Celle-ci raconte : « Nous ne savions pas qui il était. Mais le lendemain, quand mon mari l'a emmené prendre le train à la gare de Morlaix, il a pensé qu'il transportait un personnage de première catégorie : en effet, sur la route, ils ont croisé deux Allemands en moto qui les ont dévisagés avant de poursuivre leur chemin. "Si ces deux-là savaient qui vient de leur échapper", a dit alors François Mitterrand d'un air important[1]. »

Le voyageur Mitterrand ne rentre pas sans bagages. Aux yeux de ses camarades, son autorité est sérieusement confortée par ses rencontres d'Alger et de Londres. « Du fait de son intelligence politique et de ses entretiens avec le Général et avec d'autres personnalités, il avait pris du poids et du crédit, explique Maurice Pinot. Ma décision de me mettre en réserve avait aussi facilité son ascension. Sans compter qu'il s'était trouvé obligé de pallier l'absence de plusieurs autres dirigeants. » La guerre, souvent, se montre généreuse envers les ambitieux.

Mitterrand rentré, la fusion des mouvements de prisonniers que le Général avait expressément ordonnée, et dont chacun ressentait le besoin, se réalise. Mais le neveu du Général, Michel Caillau, n'en est pas le maître d'œuvre. « De lui-même, dit Philippe Dechartre, Caillau s'est retiré du jeu. Il n'a jamais admis de fusionner notre mouvement avec les pétainistes et les giraudistes. » Quand même, le 12 mars 1944, le MNPGD (Mouvement national des prisonniers de guerre et déportés) voit le jour dans un salon enfumé du 44 rue

1. Philomène Mercier ajoute : « Il est revenu nous voir en 1952. Il était alors ministre. Sa femme était restée dans la voiture. Il nous a dit : "Un jour, je serai président du Conseil." » (Entretien avec l'auteur.)

Notre-Dame-des-Champs. Il regroupe le RNPG de Maurice Pinot et de François Mitterrand[1], le MRPGD de Philippe Dechartre, Charles Moulin et Michel Caillau, et enfin le CNPG (Comité national des prisonniers de guerre), taxé par Maurice Pinot de « création tactique et tardive du PC, soucieux d'avoir une représentation dans tous les secteurs d'activité ».

La fusion ne s'est pas faite sans mal. Certains responsables du MRPGD n'acceptaient pas si aisément de s'allier aux communistes (le souvenir du Pacte germano-soviétique de 1939 était encore très présent). Le communiste Robert Paumier (décoré en 1983) se souvient fort bien des heurts qui marquèrent les discussions. « Mitterrand était violemment anticommuniste et moi violemment antipétainiste. "Qui êtes-vous ? Qui vous finance ?" demandait Mitterrand. Et il ajoutait : "On ne peut jamais être sûr avec des gens comme vous." Comme je n'ai pas bon caractère, je rétorquais : "Et vous, qui êtes-vous ? Nous pourrions avantageusement comparer nos *curriculum vitæ*." Tout cela au nez de Philippe Dechartre et aussi d'Antoine Avinin, le fondateur de *Franc-Tireur* qui représentait là le CNR. Tous deux comptaient les coups. »

Dans ses mémoires[2], Henri Frenay, qui, il faut le rappeler, ne se trouvait pas en France mais à Alger, donne de l'affaire une tout autre version : « François Mitterrand, écrit-il, affirmera, à son retour en France, qu'il avait reçu d'Alger des instructions pour faire entrer dans le mouvement fusionné un groupe très réduit dont j'ignorais jusqu'à l'existence et qui n'était autre qu'une émanation du Parti communiste français. Devant cette exigence présentée comme venant du Comité de libération nationale, ses camarades s'inclineront […]. Cette initiative que j'ignorerai jusqu'après la guerre permettra le noyautage des prisonniers et déportés. Il aura de sérieuses conséquences. » Plus loin, Henri Frenay suggère que François Mitterrand aurait agi ainsi pour contrecarrer ses desseins personnels : « En effet, écrit-il, le hasard m'avait placé dans une position qui pouvait être importante sur le plan politique. » Cette thèse est contredite par tous les autres témoignages. En tout cas, le comité directeur du Mouvement prisonnier unifié comprendra deux communistes sur cinq membres. « Une fois la fusion réalisée, dit Robert Paumier, les rapports avec Mitterrand ont toujours été loyaux, avec lui, on ne craignait jamais les coups

1. Leurs partenaires appelaient ce mouvement le PINMIT, abréviation de Pinot-Mitterrand.

2. Henri Frenay, *La nuit finira. Mémoires de Résistance, 1940-1945*, Paris, Robert Laffont, 1973.

en dessous. D'ailleurs, dès cette époque, j'ai écrit sur un petit bout de papier : "Mitterrand jouera plus tard un rôle de premier plan." Et puis pour nous cette fusion a été tout bénéfice. Le CNR a donné cinq cent mille francs à Dechartre, un million à Mitterrand et deux millions pour nous le PC. »

Peu après, François Mitterrand est officiellement intronisé secrétaire général aux Prisonniers de guerre. « Quand j'ai proposé son nom en Conseil des ministres à Alger, le général de Gaulle ne s'y est absolument pas opposé », confie Henri Frenay. À vingt-sept ans, François Mitterrand devient donc le responsable désigné du ministère des Prisonniers (ou plutôt le ministre par intérim). Poste éphémère, certes, mais qui permet de mesurer l'importance prise par son titulaire. Allons ! Pour difficile qu'elle fût, l'entrevue d'Alger s'est révélée, en fin de compte, globalement positive.

La Libération

Passent les mois. Approche la Libération, le moment décisif pour qui rêve de pouvoir. Alors que les troupes alliées et celles de la France Libre sont aux abords de la capitale, l'insurrection gronde. Le 15 août 1944, les Allemands ont commencé à évacuer leurs services administratifs. Les anciens prisonniers devenus résistants piaffent d'impatience. L'un d'eux, André Pernin, raconte : « Nous avons libéré le Commissariat général aux prisonniers de la rue Meyerber le 18 août[1]. François Mitterrand conduisait notre groupe. Quand nous avons fait irruption dans le bureau de Robert Moreau (le successeur d'André Masson destitué en janvier 1944), celui-ci, en fonctionnaire très poli, s'est levé pour demander ce que nous voulions : "Que vous vous en alliez", a répondu Mitterrand. Apparemment très maître de lui, le commissaire a tenté fort civilement de parlementer. Mais il n'en eut pas le temps. Mitterrand coupa : "Il n'y a pas à discuter, Monsieur, il faut céder la place ; c'est la révolution, nous faisons la révolution." Peu après, un groupe de six FFI armés jusqu'aux dents, je n'en connaissais pratiquement aucun, prenait place dans le hall du rez-de-chaussée, revolver au poing, pour filtrer les visiteurs. Au premier étage étaient entreposées deux caisses de cocktails Molotov. Par la suite, nous avons compris que le mouvement insurrectionnel à Paris avait été déclenché trop tôt, sur l'insistance des communistes. »

1. La libération de Paris aura lieu le 24, une semaine plus tard.

François Mitterrand, devenu seul maître à bord (il va l'être jusqu'à l'arrivée d'Henri Frenay le 1er septembre 1944), a pour première préoccupation de regrouper les mouvements de prisonniers et les centres d'entraide de France et de Navarre. Il n'a qu'une consigne aux lèvres : « Nous devons nous unir et nous mobiliser pour préparer l'accueil du million et demi de camarades encore retenus derrière les barbelés. » Pour se fédérer dans les règles, quoi de mieux qu'un congrès (déjà) ? Il faut s'y préparer !

François Mitterrand déploiera bientôt d'autant plus d'énergie à rassembler les prisonniers qu'il va se trouver quasiment au chômage. Il refuse en effet le poste de secrétaire général du ministère des Prisonniers de guerre proposé par Henri Frenay. « Je lui offre, écrit celui-ci, de rester auprès de moi en qualité de secrétaire général, donc à un poste de responsabilité essentiel, coiffant l'ensemble de mon administration et coordonnant le travail de six directions. C'est le placer au plus haut niveau de la hiérarchie administrative. L'offre, me semble-t-il, est alléchante, presque inespérée pour un homme de son âge et de sa formation. Elle est cependant déclinée car les ambitions de François Mitterrand sont ailleurs et plus grandes encore[1]. »

Rêvait-il d'être immédiatement ministre ? En tout cas, François Mitterrand n'accepte pas de devenir le numéro 2, dans un lieu où il a été le premier, même à titre provisoire. D'autres n'auront pas ses réserves : au même moment, un jeune inconnu nommé Jacques Chaban-Delmas deviendra secrétaire général du ministère de l'Information.

La voie de l'Assemblée consultative à laquelle François Mitterrand a aussi songé lui échappe également. Les quatre sièges réservés aux prisonniers de guerre sont attribués à Jacques Benet, Étienne Gagnaire, le communiste Pierre Bugeaud et Philippe Dechartre qui raconte : « Cela a été une belle bataille. Mitterrand s'est fait avoir. Faute d'être ministre, il aurait bien voulu être député, car un poste administratif ne lui disait rien. »

Restait l'animation du mouvement des prisonniers.

En octobre 1944, François Mitterrand se fait élire président du MNPGD. Jean Védrine raconte : « À partir d'octobre 1944, François s'est consacré entièrement au mouvement et à son journal *L'Homme libre*. Alors que les camarades s'intéressaient surtout à la vie quotidienne et aux revendications des prisonniers rapatriés, lui se

1. Henri Frenay, *La nuit finira*, *op. cit.*

préoccupait des options, des programmes, c'est-à-dire de l'avenir et du rôle des anciens PG dans la nation. »

François Mitterrand veut accélérer l'unification des associations départementales. Il se déplace beaucoup dans la région parisienne et en province (sa connaissance de la géographie politique et des hommes de terrain commence là). Veut-il faire de ce mouvement un parti politique, comme le croient certains de ses camarades de l'époque ? Depuis la captivité, il était convaincu que les anciens PG pourraient constituer une force avec laquelle les hommes politiques devraient compter. Et tandis qu'à Londres il attendait l'occasion de rentrer en France, il avait adressé à Félix Gouin, président de l'Assemblée consultative d'Alger, un télégramme protestant « contre toute tentative d'éliminer d'une première élection populaire les prisonniers de guerre encore en captivité ». (On projetait alors de procéder aux élections municipales immédiatement après la Libération, sans attendre le retour des prisonniers.)

Mais, après tout, il s'agissait peut-être seulement de préserver les droits de ses camarades, pour qu'ils n'aient pas le sentiment d'être oubliés ou exclus de la nation.

Au congrès des prisonniers, en avril 1945, François Mitterrand adopte des positions quelque peu contradictoires. D'un côté, il demande aux représentants des fédérations de prisonniers tentés par l'action politique « de s'engager sur l'honneur à ne jamais représenter les prisonniers en tant que tels, dans des organismes politiques ». Mais, de l'autre, il affirme à la tribune : « Nous devons faire une politique des prisonniers de guerre qui, dans tous les secteurs de reconstruction française, interviendra et représentera un million huit cent mille hommes de France. Nous avons à donner notre avis sur les réformes fiscales et monétaires ; nous avons à donner notre avis, nous qui avons souffert de l'absence de la patrie, sur la défense des droits et la grandeur de la patrie. »

En fait, ce qu'il souhaite, c'est peut-être moins la constitution d'une nouvelle formation politique que la mise en place d'un réseau d'influence. Il veut que les PG imposent leur façon de voir, sachent se faire entendre au sein des divers partis. Cela s'appelle un groupe de pression.

Cette espérance, celle de nombreux résistants aussi, sera déçue. « À l'intérieur des partis classiques, la génération de la Résistance aurait pu jouer un rôle déterminant, imposer sa propre conception de la société, moderniser les méthodes de l'action et de l'information politique. Elle préféra se couler dans les moules des cadres établis et plaire aux caciques », déplorera-t-il vingt-cinq ans plus tard[1].

La faute à qui ? Au manque de caractère, de confiance, d'ambition de tous ces hommes qui sortent de l'épreuve ? Réponse de François Mitterrand en 1968 : c'est la faute à de Gaulle. « Revenu à Paris, écrit-il, le Général avait eu pour règle d'écarter les dirigeants de la Résistance intérieure jugés par lui peu sûrs pour avoir aimé et servi leur pays hors de son contrôle et sans sa permission. Rien de plus dangereux à ses yeux que le patriotisme non estampillé par la croix de Lorraine[2]. »

L'ex-prisonnier Mitterrand prêtait peut-être un peu trop ses propres aspirations à ses amis. La majorité des anciens prisonniers songeaient alors plus à reprendre une existence civile et paisible qu'à s'engager sur le terrain politique. Et puis le Mouvement des prisonniers était déjà largement noyauté par le PC.

François Mitterrand en tirera très vite cette conclusion : il devra entrer sur ce terrain par la voie classique de l'élection dès qu'une occasion se présentera.

Mais en cette fin d'année 1944 et au début de 1945, la grande affaire pour le président du mouvement prisonnier et ses amis est encore de préparer le retour du million et demi de camarades encore détenus. Ils commenceront à rentrer en mars, à mesure de l'avance alliée. Le flux atteindra son maximum à la fin du printemps 1945 pour s'achever au début de l'été.

Ces retours posent d'énormes problèmes : accueil, hébergement, nourriture, habillement, papiers d'identité, argent. La plupart des prisonniers transitent par Paris. Il en arrivera jusqu'à quinze mille par jour. Dans une France détruite et ruinée, les difficultés matérielles sont immenses. « Ce que les prisonniers acceptaient le moins bien, explique Jean Cornuau, responsable PG de la région parisienne, c'était de ne pas recevoir à leur arrivée un costume, une paire de chaussures et un petit pécule. Il fut bientôt difficile de calmer les esprits, l'incompréhension était générale. » Autre version, celle du ministre Frenay : « Le mécontentement des prisonniers était largement entretenu par les communistes qui les attendaient à leur descente du train. Comme par hasard, il y avait toujours un communiste qui montait avec eux dans les camions qui les acheminaient vers les centres de rapatriement pour leur échauffer l'esprit. »

1. Dans *Ma part de vérité*, *op. cit.*
2. *Ibid.*

En tout cas, les communistes se préoccupent d'utiliser cette force. L'un d'eux, Pierre Verrier (décoré en 1983), révèle : « Pour faire pression sur le gouvernement et alerter l'opinion publique, j'ai eu l'idée d'organiser une grande manifestation : on allait réunir l'ensemble des associations départementales des prisonniers à la salle de la Mutualité et on inviterait le ministre Henri Frenay à venir s'expliquer. »

Chargé d'organiser le rassemblement fixé au 5 juin 1945, Jean Cornuau (décoré en 1983) raconte : « Je suis allé inviter le ministre mais, malgré mon insistance, il a refusé. Ensuite je suis allé voir le préfet de police Luizet afin de lui demander l'autorisation d'installer des haut-parleurs à l'extérieur de la salle et de nous rendre en cortège à l'Arc de Triomphe pour déposer une gerbe. Nous étions convenus que la manifestation se disloquerait dans le bois de Boulogne après être passée devant le ministère des Prisonniers, qui était situé au bas de l'avenue Foch. Nous attendions vingt mille camarades, il en est venu au moins cinquante mille. Quand le ministre l'a su, il nous a fait savoir au cours de la réunion, par son collaborateur Jean d'Arcy, qu'il était prêt à venir devant nous. J'avoue avoir consulté mes camarades de manière un peu tendancieuse. Et à ma question lancée au micro, la foule a répondu : "Non, pas question de laisser venir Frenay." Puis le cortège s'est constitué avec à sa tête Jean Bertin, François Mitterrand, moi-même et quelques autres. »

Commentaire de Pierre Verrier : « François Mitterrand s'est mis en tête du cortège alors qu'il ne faisait pas partie des organisateurs de la manifestation. Il n'aurait pas dû y être mais, vous savez comment il est, il faut toujours qu'il se mette en avant ! »

« Nous partons vers l'Étoile, raconte encore Jean Cornuau. Au moment de déposer la gerbe, je me suis retourné et j'ai vu qu'il y avait des camarades encore loin derrière la Concorde. Puis nous arrivons devant le ministère. Au début, tout s'est bien passé, mais bientôt des cris hostiles ont fusé. »

Le communiste Pierre Bugeaud reconnaît que ses camarades du Parti ont tout fait pour provoquer ces débordements en criant : « Frenay au poteau ! » D'autres ont même brûlé son effigie devant les grilles du ministère.

« Mitterrand était blême de rage, se souvient Pierre Verrier. Il m'a dit : "Nous ne maîtrisons pas la situation, nous sommes complètement débordés." » Verrier ajoute cette précision : « À l'époque, sa belle-sœur, Christine Gouze-Renal, était la secrétaire particulière du ministre Henri Frenay, et tout ce tintouin le mettait en mauvaise position. J'ai alors proposé. "Puisque Frenay ne veut pas nous voir, il faut que nous soyons reçus par le général de Gaulle." "Montez sur le toit de ma voiture et prévenez vos camarades que je vais vous conduire en délégation chez le Général", suggéra alors le préfet Luizet qui avait suivi la manifestation. Ce que je fis. Le tumulte s'est apaisé aussitôt, et nous sommes partis en délégation rue Saint-Dominique. Nous étions cinq : François Mitterrand, Jean Cornuau, Georges Thévenin, Jean Bertin et moi-même. Quand nous sommes arrivés au ministère de la Défense où siégeait de Gaulle, on nous a fait faire antichambre en nous regardant de travers. Au bout de vingt-cinq minutes, Mitterrand s'est levé et m'a dit, exaspéré : "Je veux m'en aller. Ma dignité m'interdit d'attendre plus longtemps[1]." Je lui ai répondu : "Pour voir de Gaulle, je resterais bien vingt-quatre heures sur place." Alors, il s'est rassis. Quelques minutes plus tard, l'amiral Ortoli venait nous dire que nous serions reçus ultérieurement. »

C'est seulement trois jours plus tard que le général de Gaulle recevra Jean Cornuau, Georges Thévenin (PC) et François Mitterrand. « Et pas moi ! se lamente encore aujourd'hui Pierre Verrier. Mitterrand a pris ma place. »

Depuis leur rencontre d'Alger, les deux hommes ne se sont trouvés qu'une seule fois face à face. C'était en septembre 1944. On présentait au général de Gaulle les secrétaires généraux provisoires des ministères. « Encore vous ! » se serait exclamé le chef de la France Libre en apercevant François Mitterrand, très marri de la remarque. Mais ce 5 juin 1945, le Général est bel et bien courroucé. Il s'imagine que François Mitterrand est le meneur de la manifestation et il lui en veut. C'est à partir de ce moment qu'il lui arrivera de lâcher dans la conversation (René Pleven s'en souvient) : « Mitterrand ? mais c'est un communiste ! »

Jean Cornuau observe : « La manifestation des prisonniers avait tellement exaspéré le président du gouvernement provisoire qu'il a fait un compte rendu de notre entrevue faux, partial et de mauvaise foi. »

Dans ses *Mémoires de guerre*[2], le Général écrit en effet : « Les cérémonies auxquelles donne lieu le retour du captif sont autant d'occasions de faire paraître des équipes vociférantes. À Paris même, des cortèges se sont formés et défilent sous les fenêtres du ministre aux cris de : "Frenay au poteau." […] Les meneurs espèrent que le gouvernement lancera la force publique contre les manifestants, ce qui

1. Une anecdote qui fera certainement sourire plus d'un visiteur de l'ex-premier secrétaire du PS contraint à l'attendre de longues heures.

2. Charles de Gaulle, *Mémoires de guerre*, T. 3, *Le Salut, 1944-1946*, Paris, Plon, 1959.

excitera l'indignation populaire ou bien que, cédant à la menace, il sacrifiera le ministre vilipendé. […] Pourtant l'affaire est vite réglée. À mon bureau, je convoque les dirigeants du "Mouvement". "Ce qui se passe, leur dis-je, est intolérable. J'exige qu'il y soit mis un terme." […] Je leur déclare : "L'ordre public doit être maintenu, ou bien vous êtes impuissants vis-à-vis de vos propres gens ; dans ce cas, il vous faut séance tenante me l'écrire et annoncer votre démission. Ou bien vous êtes, effectivement, les chefs ; alors vous allez me donner l'engagement formel que toute agitation sera terminée aujourd'hui. Faute qu'avant que vous sortiez d'ici j'aie reçu de vous soit la lettre, soit la promesse, vous serez, dans l'antichambre, mis en état d'arrestation. Je ne puis vous accorder que trois minutes pour choisir." Ils vont conférer entre eux dans l'embrasure d'une fenêtre et reviennent aussitôt : "Nous avons compris. Entendu ! Nous pouvons vous garantir que les manifestations vont cesser." Il en sera ainsi le jour même. »

On remarquera que le Général ne cite pas de nom.

Jean Cornuau, lui, conserve de l'entrevue un souvenir bien différent, même s'il confirme que l'atmosphère était très tendue et le Général très cassant : « D'entrée de jeu il s'en est pris à François Mitterrand et l'a accusé de "pisser du vinaigre" dans ses éditoriaux du journal *L'Homme libre* sur un ministre qui ne le méritait pas. Sans vouloir entendre nos raisons, il nous a critiqués pour avoir refusé la parole au ministre à la Mutualité. Je lui ai expliqué pourquoi. Et quand j'ai souligné que lui-même n'aurait pas cru devoir inviter Henri Frenay à cette entrevue, il n'a pas répondu. Quand nous tentions de lui faire comprendre les difficultés des prisonniers de guerre, il répondait en parlant de la grandeur de la France et de la nécessité pour les Français de se serrer la ceinture. Quand nous relevions devant lui qu'ayant été lui-même prisonnier, il devrait se montrer plus compréhensif, il s'emportait. Mais jamais le Général ne nous a demandé d'engagement par écrit et jamais il ne nous a menacés d'arrestation. Quand il écrit : "De ce jour, les manifestations ont cessé", je réponds : "Faux, elles ont continué." Vous n'avez qu'à vous reporter à la presse de l'époque. Et pourtant, le lendemain de l'entrevue, François Mitterrand avait lancé un appel à la radio pour qu'elles cessent. Je dirais même que notre entrevue a été fructueuse puisque, quelques jours après, le ministre a débloqué les fonds nécessaires. » Jean Cornuau conclut : « Je quittai navré son bureau. En novembre 1942, j'avais perdu mes illusions pétainistes. Le 5 juin 1945, mon admiration et ma confiance en de Gaulle se sont à jamais envolées. »

Curieusement, François Mitterrand ne fait nulle part de longues références à cette entrevue-là, bien qu'elle ait, semble-t-il, consacré la rupture psychologique entre les deux hommes. Mais, dans les milieux politiques, l'histoire courra longtemps. Surtout chez les gaullistes, sous une version venue, dit-on, du Général, par l'intermédiaire de Michel Droit[1]. La voici : « Je convoque le dénommé Mitterrand rue Saint-Dominique où il arrive flanqué de deux acolytes et je lui dis : "Qu'est-ce que c'est que ça ? Du tapage sur la voie publique en temps de guerre alors que si les hostilités ont pris fin en Europe, elles se poursuivent en Extrême-Orient ! Vous savez ce que ça vaut ?" Il me répond : "Mon Général, je n'approuve pas ces hommes, je les accompagne pour leur éviter de faire des bêtises." Je lui dis : "Eh bien, vous vous désolidarisez d'eux, vous allez me l'écrire, voilà un bout de papier, un coin de table, une plume, allez-y." Il me fait : "Mon Général, ça demande réflexion." Je réplique : "Tout à fait juste, dans trois minutes, si vous n'avez rien écrit ni signé, vous sortirez de cette pièce et serez aussitôt mis en état d'arrestation." Alors, il se lève avec ses deux acolytes, se dirige vers l'embrasure d'une fenêtre, leur dit quelques mots et revient sur moi : "Mon Général, nous avons compris, je signe." Voilà ce que c'est que le dénommé Mitterrand. »

Cette version des faits, relatée par Michel Droit, Henri Frenay la lui confirmera : « Le Général, peut-être le lendemain même, me l'a racontée avec un certain détail. Je m'en souviens parfaitement : il m'a dit avoir exigé de ses interlocuteurs qu'ils se désolidarisent des manifestations de la Fédération, faute de quoi, ils seraient appréhendés. Ceux-ci, m'a dit le Général, se sont exécutés. »

Le général de Boissieu, gendre du général de Gaulle, retrace, lui aussi, dans ses Mémoires, cette version des faits[2] : « Au cabinet du général de Gaulle, il y avait parfois de la distraction. Un jour [...] l'huissier annonça le préfet de police Luizet. Celui-ci entra, au comble de la fureur, informant Gaston Palewski qu'une manifestation contre le gouvernement, en faveur des déportés soi-disant mal accueillis, se déroulait dans la rue. Elle avait à sa tête un certain nombre de fonctionnaires du ministère, dont un haut responsable [...] Gaston Palewski partit sur-le-champ en rendre compte au Général. Celui-ci donna l'ordre au préfet de police de se saisir de ce haut fonctionnaire et de ses adjoints et de les amener aussitôt au ministère où il leur

1. Michel Droit, *Les Clartés du jour*, Paris, Plon, 1978.
2. Alain de Boissieu, *Pour combattre avec de Gaulle*, Paris, Plon, 1981.

dirait ce qu'il pensait de leur comportement. Quelques minutes plus tard, je vis des hommes jeunes, un peu pâles, gravir les escaliers, puis je vaquai à mes occupations. Rappelé chez Gaston Palewski pour une question de service, je vis dans le bureau attenant au sien notre chef des manifestants en train de faire une page d'écriture qui lui avait, paraît-il, été littéralement dictée par le Général, faute de quoi il serait arrêté. »

Tout comme le général de Gaulle, le général de Boissieu ne donne pas les noms des manifestants. Mais, en privé, il raconte que le Général n'aurait pas voulu laisser publier « cette page d'écriture » de François Mitterrand, pour la raison qu'elle aurait comporté… des fautes d'orthographe !

Chez les anciens prisonniers, cette version fait pousser des cris d'orfraie, et l'on relève qu'une telle arrestation à la sortie d'une audience n'aurait guère eu de précédent, ni de base juridique.

En tout cas, c'est bel et bien la rupture. Après cela, « nous avons été, François Mitterrand et moi, barrés sur la liste des Compagnons de la Libération par le général de Gaulle, alors que Henri Frenay nous avait placés en tête, et François en a été très dépité », confie Patrice Pelat. Mais Henri Frenay ne se souvient guère de l'affaire.

À la chancellerie de l'Ordre de la Libération, on se montre sceptique. Il fallait être entré en Résistance bien avant l'année 1943 pour bénéficier de cette décoration prestigieuse[1].

Restent de cette troisième entrevue, décisive, les conclusions qu'en tirent les deux hommes : le général de Gaulle est persuadé désormais qu'il ne peut décidément faire confiance au jeune Mitterrand. François Mitterrand sait maintenant qu'il ne peut rien espérer du général de Gaulle.

Danielle

Les ambitions, les passions et les fureurs de la vie publique n'empêchent pas les sentiments.

François Mitterrand s'était évadé avec l'espoir de reconquérir Marie-Louise. La retrouver enfin, lui parler, la serrer dans ses bras, il en avait tant rêvé dans les camps, il en avait tant parlé à ses compagnons.

---

1. Seulement deux croix de Compagnons de la Libération ont été décernées au Mouvement de prisonniers : à Pierre Steverlinck et Pierre Lemorgen.

À peine revenu en France et dès que ses forces le lui ont permis, il s'est hâté de gagner la capitale. Prudent, pourtant, il a préféré ne pas aller sonner à la porte de sa fiancée. En cette veille de Noël 1941, il savait où pouvoir l'apercevoir : au sortir de la messe de minuit en l'église Saint-Dominique, rue de la Tombe-Issoire, où la famille Terrasse faisait habituellement ses dévotions. Il nourrissait l'espoir que ces retrouvailles impromptues lui vaudraient un sursis, voire la renaissance de l'amour. On ne rompt pas le soir de Noël ! Mais au premier regard et aux premiers mots échangés, François a compris qu'il avait rêvé. Marie-Louise ne l'aime plus.

La rupture sera consommée au début de janvier, après un rapide déjeuner en tête à tête dans un restaurant des Champs-Élysées. Au terme d'une longue promenade exténuante et tendue à travers les rues de la capitale, Marie-Louise, qui a mal aux pieds et qui est fatiguée, lui signifie que son désamour est irrémédiable. Les mots, dit-elle, ne peuvent l'expliquer. Il faut comprendre, c'est tout. Comprendre… Elle en a de bonnes !

En cas de rupture de fiançailles, les demoiselles bien élevées rendent leur bague, ce qu'elle fait. À ce moment, les deux jeunes gens cheminent le long des berges de la Seine. Une légende veut que François Mitterrand ait jeté le diamant dans les eaux sombres du fleuve, avant de s'enfuir, désespéré, le cœur brisé.

Des proches assurent au contraire qu'il gardait encore précieusement le bijou au fond de sa poche lorsqu'il débarqua à Alger. Qu'importe ! Les deux versions sont également romanesques et jolies.

Au moins tous ses familiers sont-ils d'accord sur l'essentiel : il lui faudra de longs mois avant de surmonter son chagrin. Mais le fiancé éconduit ne montrera jamais de rancune à l'infidèle. Des années durant il lui enverra ponctuellement une rose rouge chaque 3 mars, le jour anniversaire de leurs fiançailles. Au temps de la Résistance, les amis de François Mitterrand expliquaient en partie son courage, sa témérité et parfois son inconscience dans le danger par cette désillusion-là.

Pierre Ordioni, un ami de captivité du frère de Marie-Louise, donne à l'épisode une conclusion littéraire étonnante[1] : « Au début de l'année 1941, écrit-il, je viens juste de m'évader et je passe le plus clair de mon temps auprès de Marie-Louise Terrasse qui me lit les contes qu'elle écrit pour tromper son attente. Contes d'une qualité telle que j'ai longtemps espéré qu'elle irait plus loin que Colette. "Mon fiancé, me disait-elle, est un être exceptionnel, il exige de moi autant que de

1. Pierre Ordioni, *Tout commence à Alger, 1940-1944*, Paris, Stock, 1972.

lui, il n'est pas religieux, il est mystique. Le sens qu'il a de Dieu et de la mission de chacun de nous le met hors du commun." » Et Ordioni poursuit : « Marie-Louise Terrasse est aussi un être exceptionnel. Je devais la revoir près de trente ans plus tard un soir que ma concierge m'avait prié dans sa loge pour suivre sur l'écran de sa télévision le déroulement d'un événement politique. Étrange lucarne en vérité. Marie-Louise m'apparut soudain, le visage nu, que le masque de Catherine Langeais ne put me dissimuler. "Et maintenant, dit-elle avec ce charmant sourire que les ans n'avaient en rien altéré, dans le cadre de l'élection présidentielle, vous allez entendre Monsieur François Mitterrand." Puis lentement son visage s'effaça pour faire place à celui du rival du général de Gaulle. Reflets sur l'eau dormante d'un bras mort de la vie… »

Comment François Mitterrand passera-t-il de Marie-Louise Terrasse à Danielle Gouze ?

Leur rencontre pourrait nourrir les pages d'un roman de la collection Harlequin. On imagine presque la voix mâle et profonde de Michel Piccoli détaillant sur les ondes la bande annonce de leur romance.

Dans leur biographie pieuse de *Danielle Mitterrand*[1] et publiée avec son aval, les deux journalistes Michel Picar et Julie Montagard narrent avec luxe détails la première rencontre. La scène se passe au printemps 1944. François Mitterrand vient de rentrer de Londres, il a retrouvé ses amis, parmi lesquels Patrice Pelat. Celui-ci courtise assidûment une superbe jeune personne nommée Madeleine Gouze (connue plus tard sous le nom de Christine Gouze-Renal).

Ils sont quatre ou cinq à se rendre chez Christine en ce jour de mars 1944, Patrice bien sûr, mais aussi Bernard Finifter, Jean Munier et François Mitterrand. Alors qu'ils conversent avec Christine, celui-ci s'approche d'un meuble sur lequel se dresse la photographie d'une jeune fille.

– Qui est-ce ? demande Mitterrand.

– Ma sœur.

– Elle est ravissante, je l'épouse.

Ce dialogue rapporté par Christine est désormais entré dans l'Histoire… Il chante comme les vers connus d'un sonnet ou les répliques culminantes d'une œuvre théâtrale.

Entre l'attrait que Morland exerce sur elle-même et le commentaire qu'il vient de lâcher devant la photographie de sa sœur, Christine

1. *Op. cit.*

est piquée au vif[1]. Pygmalion pour ceux qu'elle aime, productrice avant de savoir qu'elle le deviendra, elle écrit à sa jeune sœur : « Un fiancé pour toi… Les vacances de Pâques ne sont pas loin, je t'invite à venir les passer ici pour faire sa connaissance… » Lorsque Christine découvre sa jeune sœur à la gare, elle mesure le chemin qui reste à parcourir pour que la jeune provinciale devienne une fiancée présentable.

Danielle porte de petites socquettes blanches et une jupe plissée comme on les lui a toujours vues.

« Tu ne peux tout de même pas te présenter à ce rendez-vous avec des chaussettes ! Cet après-midi, nous allons t'acheter des bas. »

Danielle n'a pas l'intention de céder. Pourquoi lui ferait-on jouer un personnage ? Si elle doit plaire, c'est telle quelle… L'accrochage est évité de justesse, Danielle s'exécute, mais elle remettra ses chaussettes le lendemain.

La rencontre a été fixée au restaurant Chez Beulemans, boulevard Saint-Germain. Les deux sœurs se glissent au fond du restaurant, les yeux rivés au tambour de la porte. Elles sont en avance. Christine, plus émue que Danielle, propose : « Si c'est le coup de foudre, tu me feras un petit signe d'approbation, s'il ne te plaît pas, une moue. »

Soudain, Christine pousse Danielle du coude. Le voilà !

Il portait un grand chapeau, un chapeau mou qui lui mangeait le visage, l'accent de sa moustache venait contrarier le dessin de sa bouche comme une faute d'orthographe, il s'était enveloppé dans un manteau mastic.

« Il faisait Américain du Sud », dit Danielle comme si cette partie du monde, dont la civilisation lui est aujourd'hui si chère, ainsi qu'à François Mitterrand, transparaissait déjà en filigrane[2].

« À cette époque, François ressemblait à un danseur de tango », dira Patrice Pelat.

Danielle destine à Christine une moue éloquente. Le coup de foudre est différé ! On discute de choses anodines. L'intérêt de François pour Danielle est évident. Mais la manière de le lui montrer exaspère la jeune fille. Non, vraiment, il ne lui plaît pas. Cette forme d'esprit un peu acide qui vous égratigne tout en vous charmant l'irrite. À quoi bon lui parler de son bac alors qu'il n'a lieu que dans deux mois ? Que veut dire cet humour à double sens ? Danielle ne se sent pas armée pour répliquer.

---

1. *Sic.*
2. Re-*sic.*

Seule avec Christine, elle explique : « Je ne peux pas être amoureuse de lui parce que c'est un homme. »

Christine ne comprend pas. Danielle s'écrie : « Mais ce que j'aime, moi, ce sont les garçons ! »

Cela ne s'invente pas.

Ils se marièrent donc et eurent plusieurs enfants[1] : six mois plus tard, le 28 octobre 1944, en l'église Saint-Séverin à Paris[2], Danielle Gouze, le jour de ses vingt ans, prenait pour époux François Mitterrand.

L'histoire de cette union, dont la rumeur s'accorde à dire que le chemin fut bordé de ronces, n'appartient qu'au président et à la première dame de France. Pourtant, Roger Gouze, le frère de Danielle, atteste publiquement qu'elle fut aussi un combat. Il écrit[3] : « J'ignore pourquoi la vie publique fait rarement bon ménage avec la vie privée. Je me suis assez vite demandé comment ma plus jeune sœur, dont je devinais le caractère un peu farouche, fille de la nature plus que de la ville (le plus bel exemple d'éducation à la Rousseau m'a dit un jour son mari), s'accommodait d'une existence aussi décousue. L'amour unit souvent des êtres dissemblables. C'est la source de beaucoup d'orages et d'immenses joies. Seule la difficulté enrichit : "Ce qui se fait facilement se fait sans nous", dit Valéry. J'eus l'impression que dans leur cas rien ne se ferait sans eux… Où réside la perfection d'un couple ? Dans la sérénité partagée et prolongée ou dans les orages d'une passion qui ne sait ni unir ni séparer ? »

Laissons à Roger Gouze la responsabilité de ce diagnostic plutôt sombre. Ce qui importe, c'est qu'entrant dans la famille de Danielle, le bourgeois catholique de Jarnac fait la connaissance d'un milieu qui se situe aux antipodes du sien et symbolise très exactement ce que sera, trente années plus tard, le cœur même de son électorat.

« Je vous présente ma fiancée laïque et républicaine », aime à dire le jeune homme jadis si pieux. « Mon gendre est un calotin », plaisante souvent son beau-père.

Antoine et Renée Gouze, les parents de Danielle, sont tous les deux instituteurs, laïcs et francs-maçons. « Être laïc et athée était chez eux un principe. L'école devant être publique, laïque et obligatoire », écrit leur fils Roger Gouze. Il explique : « Nous pensions qu'aussi longtemps qu'il y aurait deux écoles, donc deux cultures,

1. Trois garçons, dont l'aîné, le petit Pascal, devait mourir à l'âge de trois mois.

2. Là même où Marie-Louise Terrasse et François Mitterrand faisaient leurs dévotions au temps de leurs amours.

3. Dans *Les Miroirs parallèles*, Paris, Calmann-Lévy, 1982.

il y aurait deux classes dont l'une opprimerait l'autre. Selon nous, les écoles privées s'adressaient à des enfants anormaux, soit par la prétendue supériorité de leur caste, soit par l'évidente infériorité de leurs moyens intellectuels[1]. »

« Devant l'or, le sabre et le goupillon, le peuple aura toujours une révolution à faire. » Telle est la maxime préférée du beau-père de François Mitterrand. Le beau-frère, Roger Gouze, est professeur. Voici comment il évoque le Front populaire : « J'appartenais à cette aile gauche du Parti socialiste qui tendit la première la main aux communistes. Pour les gens de gauche de mon âge, 1936 restera la lumière de leur vie. Quel lever de soleil !... Le 1er octobre 1936, j'arrivais, jeune professeur, à Chambéry. Tout de suite je fondai la première maison de la culture en province avec quelques collègues et l'appui de la municipalité. Il fallait aider le peuple à occuper les loisirs qu'il venait de conquérir... J'ai connu alors des joies qui m'interdisent aujourd'hui encore de désespérer tout à fait des hommes. J'ai enseigné l'écriture à un vieux terrassier analphabète avec lequel je creusais le dimanche les fondations d'une auberge de la jeunesse. J'ai découvert le mystère de la pêche au lavaret dans le lac du Bourget avec un ouvrier zingueur qu'un collègue, professeur de sciences naturelles, initiait aux mystères de la vie, celle qui frémit déjà dans la matière pour s'illuminer d'âme dans l'homme... Je me sentais le rouage d'une immense machine à fabriquer du bonheur. »

Fabriquer du bonheur... Un texte qui aurait pu être signé par des militants du PS aux beaux jours de 1981.

Dans le même livre, Roger Gouze évoque la découverte de son beau-frère François : « J'avais la tripe populaire et le cœur à gauche. Il ne me semblait pas que ce fût son cas. Il passait mieux que moi ses opinions au filtre, sans doute plus sélectif que le mien, de son esprit remarquablement ajusté... Je me rappelle lui avoir dit très tôt et sûrement l'un des premiers qu'en France il n'y avait pas de solution de la gauche sans les communistes : "Il faut les prendre comme ils sont, en sachant ce qu'ils sont, avec leurs énormes défauts et leurs immenses qualités." Beaucoup plus tard, je lui écrivais : "Je vous ai toujours dit qu'il n'y avait pas de solution de la gauche sans les communistes. Il n'y en a peut-être pas non plus avec..." »

Décidément, rien n'est simple à gauche !

François Mitterrand avait gardé de bons souvenirs de son éducation religieuse. À l'inverse, Danielle et son frère Roger auront été, à les

1. Dans *Les Miroirs parallèles*, *op. cit.*

en croire, presque martyrisés par les catholiques. Roger Gouze : « En m'inscrivant à Saint-Jean-des-Vignes, j'avais quatre ans, ma grand-mère n'avait pas parlé de mes parents ou plutôt de la concurrence laïque qu'ils leur faisaient. Comment les religieuses l'apprirent-elles ? Nous n'avons jamais pu expliquer autrement la transformation en fantômes tourmenteurs de ces anges aux cornettes blanches. Le bec amidonné de leur col se fit menaçant. On me reprocha des mains mal lavées, des ongles douteux, les oreilles me piquaient longtemps d'avoir été tirées, désourlées par des examens inquisiteurs[1]. »

De même, Danielle devait souffrir d'incroyables sévices au lycée de Dinan où la directrice, « verrouillée dans sa foi », lui aurait fait payer très cher les sentiments laïcs de son père, alors principal du collège de garçons. Elle raconte comment on lui mettait systématiquement de mauvaises notes, alors qu'elle était une excellente élève, comment on la privait de repas puisqu'elle ne savait pas réciter le bénédicité. Comment encore on lui refusait le tableau d'honneur. À tel point qu'elle perdit la santé et fit une dépression nerveuse. Et parce que Antoine Gouze avait transformé la chapelle en salle de gymnastique, on mit même, paraît-il, le feu à son collège.

« N'envoyez pas vos fils à Dinan, ce serait commettre un péché », chuchotait-on sur les parvis des églises bretonnes[2].

« Depuis, pour Danielle, tout ce qui arrive de mal, c'est toujours la faute aux curés », raille aujourd'hui une sœur de François.

Ces brimades ont peut-être incité, plus tard, le premier secrétaire du PS à écrire : « Savez-vous ce qu'a été la vie des instituteurs laïcs à l'époque où régnait l'intolérance de l'Église ? Qu'ils aient eu tendance à ériger la laïcité en dogme pour combattre un autre dogme, j'en conviens. Mais ce qu'ils défendaient, c'était la liberté de l'esprit. Si la laïcité paraît à certains d'un autre âge, n'est-ce pas parce qu'elle devait résister aux entreprises d'un autre âge[3] ? »

Antoine et Renée Gouze devaient connaître bien d'autres malheurs, très réels. Roger Gouze raconte : « Mon père fut révoqué par Vichy en 1940. Franc-maçon, idéaliste, écœuré par les règlements de comptes vichyssois, il refusa de remplir les formulaires qui recensaient les israélites (élèves et professeurs) dans son établissement. Alors, l'inspecteur découvrit un peigne malpropre sur une table de nuit et des urinoirs mal nettoyés. Il fut révoqué pour faute professionnelle et dut

1. Roger Gouze, *Les Miroirs parallèles*, *op. cit.*
2. Michel Picar et Julie Montagard, *Danielle Mitterrand*, *op. cit.*
3. François Mitterrand, *Ici et maintenant*, *op. cit.*

se retirer dans sa maison de Cluny. “Pendant des semaines, raconte maman, j’ai cru que ton père devenait fou.” […] Alors, commença la vie d’un demi-solde laïc et républicain dans un régime fascisant et bien-pensant. […] La vie matérielle se faisait de plus en plus difficile… Et puis, un jour de mars 1943, l’Histoire, la grande, vint comme on dit frapper à la porte. Léonce Clément, un de mes amis, professeur comme moi, venait proposer à mes parents d’accueillir Henri Frenay, son patron dans la Résistance, qui ne pouvait plus vivre à Lyon où les polices allemande et française rendaient impossibles son activité et son existence même. Sa plus proche collaboratrice, Berty Albrecht, avait déjà été arrêtée une première fois et n’avait dû son salut qu’à son courage pour simuler la folie, se faire interner dans un hôpital psychiatrique d’où des amis l’avaient extirpée. »

Michel Picar et Julie Montagard notent : « Le mois précédant l’arrivée de Frenay à Cluny, celui-ci avait participé à une réunion avec un homme qui tentait de regrouper les prisonniers de guerre évadés dans un mouvement de Résistance. L’homme s’appelle Morland. On aura reconnu François Mitterrand. Cette accumulation de signes, ce tissage élaboré dans le secret des Parques fera dire à Danielle que leur rencontre était inéluctable. »

La famille Gouze aura donc pâti de l’injustice : celle des catholiques, celle des politiciens de droite. Ils auront connu le dénuement, le froid, et surtout un terrible sentiment d’exclusion. Comment ne pas en concevoir d’animosité, de volonté de revanche ?

Danielle Mitterrand a-t-elle poussé son mari vers la gauche, comme le pensent certains de ses proches ? Un mari qui se sent parfois coupable peut-il consentir à son épouse des concessions qu’il ne ferait à aucune autre femme : des concessions idéologiques ?

En tout cas, le premier secrétaire du Parti socialiste a souligné maintes fois que Danielle se situait plus à gauche que lui : « Elle me trouve beaucoup trop modéré dans ma vie politique », a-t-il confié à Hélène Vida en 1972[1].

1. Hélène Vida, *Mes hommes politiques*, Paris, Belfond, 1977.

CHAPITRE V
La IVe République
La carrière

« La force au-dedans de moi-même et la tranquillité n'ont pas changé, parce que rien n'a jamais changé en moi de ce qui est profond. »

Le 28 juin 1983, le président de la République recevait à l'Élysée, pour un petit déjeuner radiodiffusé, trois journalistes d'Europe 1, Philippe Bauchard, Gérard Carreyrou et Ivan Levaï. Et comme celui-ci lui demandait s'il se sentait aussi fort, tranquille et serein qu'avant son ascension à la charge suprême, le chef de l'État répliquait en affichant la certitude de celui qui, ayant exploré les difficultés et les intérêts de sa fonction et des circonstances, éprouve un double sentiment d'unité et de paix.

Le cadre doré du palais élyséen ne prédispose certes pas au doute métaphysique. Mais pourquoi ne pas croire le président de la République quand il affiche une telle sérénité ?

Depuis qu'il est à l'Élysée, quels qu'aient été les obstacles et les désillusions, François Mitterrand a donné le spectacle d'un homme épanoui, jamais rebuté ni désemparé par les tracas quotidiens ou les traverses conjoncturelles. Il semble prendre un égal plaisir, un intérêt toujours renouvelé à déposer des gerbes, décorer des citoyens méritants, visiter nos provinces ou regarder les grands de ce monde – depuis 1981, enfin ses pairs – au fond des yeux.

Dans l'opposition, il faisait songer à un buste romain à la lippe maussade qui attend toujours de devenir une statue en pied. Au pouvoir, il paraît se mouvoir sur un coussin d'air. Pour un peu, on le croirait capable de marcher sur les flots. François Mitterrand semble vivre son mandat comme une assomption. L'état de grâce, dissipé pour les autres, se perpétue chez lui : comment sa victoire ne serait-elle pas synonyme de bonheur fou puisqu'il la vit comme son accomplissement ? Il est enfin là où il devait être. Et y restera, si Dieu lui prête vie, jusqu'à l'ultime seconde accordée par ce bourreau nommé suffrage universel.

Le premier secrétaire du Parti socialiste s'est toujours senti taillé pour les habits de souverain, une certaine idée de lui-même qu'il a su faire partager à sa cohorte de fidèles. Pourtant, la sérénité qu'il affecte aujourd'hui est bien récente. Longtemps ses succès se sont teintés d'amertume et de dépit. Même quand il semblait être, parmi les jeunes premiers de la politique, l'un des plus comblés.

Durant les douze années que dure la IVe République, de 1946 à 1958, le député de la Nièvre amorce une ascension singulière qui sera bien la marque de son destin : un cheminement rapide dans les allées du pouvoir, traversé d'embûches et de chausse-trapes. Chemin de gloire. Chemin de croix.

Onze fois ministre, et à des postes de plus en plus importants – y compris l'Intérieur et la Justice qui, selon les canons de la hiérarchie républicaine, constituent les dernières marches avant la présidence du Conseil –, il ne parviendra pourtant pas à escalader cet ultime échelon. Des hommes de sa génération, pas plus doués et auxquels il ne se sentait pas inférieur – Maurice Bourgès-Maunoury, Félix Gaillard – arriveront au but. Pas lui. On le juge moins homme d'État qu'un Mendès France, moins époustouflant qu'un Edgar Faure, moins prometteur qu'un Félix Gaillard, moins représentatif qu'un Guy Mollet. Et surtout, moins sûr que tous ceux-là. D'instinct, on se méfie de lui.

Alors que certains hommes politiques, comme protégés par une grâce divine, volent de succès en succès sans qu'aucun ennemi y trouve en somme à redire, lui devra toujours presque s'excuser de réaliser son ambition. « Il sera celui qui réussit sans plaire, progresse sans séduire, se fraie une place sans jamais être accepté tout à fait. On lui trouve plus de précocité que de grâce, on admire davantage son impatience que son autorité[1]. »

Ce n'est pas qu'il laisse indifférent : dès les premiers jours, il suscite des fidélités qui ne se démentiront pas. Déjà, il provoque aussi méfiance, allergies tenaces et suspicion. Sans doute parce qu'il est si personnel et si secret… Ses rivaux, ses ennemis expliquent volontiers son comportement par une ambition dévorante. Ceux qui l'aiment le décrivent plutôt comme un homme en quête d'unité intérieure, d'un projet, d'une idée.

On le sait habile (trop habile ?), adroit (trop adroit ?). Ses collègues apprécient en connaisseurs l'agilité de la manœuvre quand il prend le contrôle de l'UDSR, un groupe-charnière où se font et se défont alors toutes les majorités. Une prise de pouvoir qui préfigure étrangement, à une moindre échelle, l'OPA ultérieure sur le Parti socialiste.

Le François Mitterrand de la IVe République est une esquisse. Homme de gauche ? Certes pas. Sa trajectoire évolue entre centre droit et centre gauche avec une constante : un anticommunisme viscéral

1. Jean Daniel, *Le Nouvel Observateur*.

et militant. Il devance parfois les craquements de l'Histoire : sa politique africaine en témoigne. Mais il ne se bat pas en éclaireur : ses déclarations sur « l'Algérie française » le prouvent. Il n'est pas porteur d'une idéologie. Il ne s'impose pas à une majorité. Personne ne le prend pour un leader charismatique, même si l'on ne conteste pas son sens de l'autorité et un tempérament passablement consulaire. C'est un orateur de talent reconnu. Un juriste dont les arguties surprennent et désarçonnent souvent les adversaires. Mais, dans cette période de reconstruction de la France, il ne participe à aucun débat économique. Au total, on le catalogue plutôt, à l'époque, comme un très bon second rôle.

Un second rôle qui a le goût du monde et de ses jeux, qui s'enivre volontiers de succès parisiens, porte bien l'habit et la cravate blanche. On l'aperçoit lors du festival de Cannes en compagnie de starlettes au cabaret Milord l'Arsouille, en habit au mariage de Grace et Rainier de Monaco, à Florence, villa Varamista, chez Violet Trefusis[1], une lady anglaise, bâtarde du roi George V, qui tient salon et chez laquelle, dira-t-il plus tard, « se construisait l'Europe intellectuelle ». À Florence, le consul de France de Dampierre lui demande un jour comment se prononce son nom : *Mitran* ou *Mitterrand* ? Et l'intéressé de répondre : « Mitterrand, comme Talleyrand[2]. » Il passe ses week-ends chez Pierre Lazareff, directeur de *France-Soir*, ou chez Marcel Bleustein-Blanchet. Il y rencontre le Tout-Paris. « C'était l'époque où Danielle s'habillait chez les grands couturiers et où François parlait de ses handicaps au golf », note Françoise Giroud. Ce Mitterrand-là ressemble, sous les regards admiratifs des dames, à un papillon ébloui par les lumières artificielles. Il n'est pas encore sorti de sa chrysalide.

L'envol

Journaliste ? Avocat ? (Mais il n'a pas passé le CAPA[3], qui autorise l'inscription au barreau.) Homme politique ? En 1946, François Mitterrand présente toutes les aptitudes pour s'engager dans chacune de ces voies. Il a le goût des mots et une plume de polémiste, il aime jouer le redresseur de torts ou le défenseur des opprimés, il se sait

1. Elle lui léguera une collection de tabatières.
2. C'est Elizabeth de Miribel qui rapporte l'anecdote.
3. Certificat d'aptitude à la profession d'avocat. Une loi votée en avril 1954 sous le gouvernement Laniel autorisera les titulaires d'une licence en droit, acquise avant 1941, à accéder à la profession sans avoir passé cet examen supplémentaire.

capable d'organiser son emprise sur les autres. Il a donc sa place parmi la nouvelle élite qui s'installe avec la Libération.

Il vient d'occuper, à vingt-huit ans, le poste en vue de secrétaire général (provisoire) aux Prisonniers. Il s'est taillé quelque renommée au sein de la toute-puissante Fédération nationale des prisonniers de guerre. Il n'est donc pas inconnu dans la nouvelle classe dirigeante. Sans doute a-t-il, dès 1945, opté secrètement pour la carrière politique. Pour l'heure, le journaliste qu'il est encore s'est plus fait remarquer par la vigueur et le ton de ses éditoriaux que par son intérêt pour la diffusion du journal *Libres* qui, faute d'une gestion rigoureuse et même de lecteurs, mourra bientôt de sa belle mort, comme la plupart des publications nées de la Résistance.

En attendant des ouvertures politiques – une investiture et une circonscription –, ce jeune marié (bientôt père d'un petit Pascal qui décédera à l'âge de trois mois) doit entretenir sa famille. Il habite alors Auteuil, dans un appartement qui longe l'hippodrome. Danielle ne s'y plaît pas. « Je ne me sentais ni à Paris ni à la campagne[1] », dira-t-elle.

Eugène Schoeller, fondateur de la puissante firme L'Oréal (parfums et cosmétiques), un homme dont les amitiés politiques se sont toujours résolument situées à droite[2], lui offre le poste de P-DG des Editions du Rond-Point, dont l'un des fleurons est le magazine *Votre beauté*. Max Brusset, qui dirigeait alors la publicité du groupe, s'en souvient : « On lui avait donné un bureau, un traitement, une voiture et un chauffeur. »

François Mitterrand avait espéré, en entrant là, lancer un vrai journal politique. Mais le climat de la Libération et les ennuis personnels d'Eugène Schoeller ont incité celui-ci à ajourner le projet. Toujours épris de littérature, François Mitterrand aurait voulu donner à *Votre beauté* un ton plus culturel[3], mais ce n'est pas l'objectif fixé à cette publication féminine. Les projets du jeune journaliste n'auront point de suite. Déception sans importance.

Quelques mois plus tard, le 2 juin 1946, sont organisées des élections législatives. Il s'agit de désigner les députés de la deuxième constituante, chargés d'élaborer un projet de Constitution[4].

---

1. Michel Picar et Julie Montagard, *Danielle Mitterrand*, *op. cit.*
2. Il fut l'un des protecteurs et des financiers de la Cagoule et attribua des postes importants dans son entreprise à de grands cagoulards : Corrèze, Harispe et aussi le fils d'Eugène Deloncle.
3. Dans *Danielle Mitterrand*, *op. cit.*
4. Une première constituante, élue le 21 octobre 1945, avait élaboré un projet qui, voté par les communistes et les socialistes, avait été repoussé par 53 % des électeurs lors du référendum du 5 mai 1946.

François Mitterrand est candidat dans la cinquième circonscription de la Seine (Neuilly, Asnières, Saint-Ouen, Clichy, Levallois, Courbevoie, Puteaux) sous l'étiquette RGR (Rassemblement des gauches républicaines).

Sous ce vocable résolument progressiste et certainement ambitieux se sont regroupés plusieurs petits partis, maigres débris des grandes formations d'avant-guerre. S'y cache surtout le Parti radical qui a encore honte de son ombre, le parti des deux Édouard : Daladier et Herriot.

Le RGR se propose de regrouper tous les adversaires du marxisme, de la majorité socialo-communiste et du cléricalisme. Bref, tous ceux qui ne veulent ni de la gauche ni du MRP. En son sein se retrouvent, avec les radicaux, des anciens de l'Alliance démocratique de Pierre-Étienne Flandin (président du Conseil d'avant-guerre, puis ministre des Affaires étrangères de Vichy), le Parti de la réconciliation française qui recueille les épigones du Parti social français du colonel de La Rocque, le Parti socialiste démocratique, enfin, qui regroupe les amis de Paul Faure, secrétaire général de la SFIO avant Vichy, que son pacifisme avait conduit jusqu'à Pétain. Philip Williams, universitaire britannique et spécialiste éminent de la IVe République, note que « l'objectif majeur de la plupart de ces groupes était de remettre en selle des dirigeants dont la carrière avait été interrompue par la loi d'inéligibilité frappant les parlementaires qui avaient accordé, le 10 juillet 1940, les pleins pouvoirs au Maréchal ».

Curieux choix pour un François Mitterrand qui avait tant fustigé les partis d'avant-guerre et plaidé pour l'arrivée au pouvoir d'une génération d'hommes neufs. Un an plus tôt, il n'avait pas de mots assez durs pour Daladier et Herriot : « Herriot eut un mérite rare : il fut l'auteur de cette fameuse définition : le "Français moyen". Comment les Français ne lui en seraient-ils pas reconnaissants ? Français moyens, France moyenne. Cela ne fatigue ni l'esprit ni les muscles… On avait bien appris dans les manuels d'histoire que la France était un grand pays. Voilà un adjectif bien fâcheux. Grand ? Comment veut-on que Monsieur Herriot soit à l'aise à une époque où l'on ne parle que de grandeur ? À force de vivre dans une honnête moyenne, les Français sont allés à Munich avec l'autre Édouard, le petit… Et Vichy fut la récompense amère de tous ceux qui, pour avoir refusé la grandeur, devaient être les premières victimes des exactions de la bassesse… Et voilà qu'après tant de sottises moyennes, mères de tant de catastrophes grandioses, des paroles de grandeur sont venues jusqu'à nous. De Gaulle, Berty Albrecht, Narbonne, Mederic, et puis tous ceux qui, dans leur prison, dans leur camp, ont su reconquérir l'âme même de notre peuple et sont devenus nos seuls amis, nos seuls maîtres[1]. »

Belle envolée, mais prompte volte-face.

Ce premier engagement qui ressemble à un petit reniement peut s'expliquer de diverses manières. François Mitterrand, qui n'aime pas jouer les seconds rôles, ne voulait sans doute pas être noyé dans un parti trop riche en personnalités de taille. Il n'était certes pas assez à gauche pour songer à la SFIO. Et le MRP, la nouvelle formation démocrate-chrétienne qui accueillait la génération de la Résistance et faisait coexister des sensibilités de centre gauche et de droite classique, était sûrement trop structuré, trop encombré aussi de dirigeants pour son goût. Enfin, il n'éprouvait aucune indulgence pour le tripartisme, cette alliance tumultueuse et contre nature qui rassemblait la SFIO, le MRP et le Parti communiste.

Les élections se faisant au scrutin de liste à la proportionnelle, le RGR arriva en cinquième position après le Parti communiste, le MRP, la SFIO et le Parti républicain de la liberté, formation de droite dirigée par Edmond Barrachin. Même si son score n'est pas infamant (21 511 suffrages), François Mitterrand n'atteignait pas le quotient électoral nécessaire pour obtenir un siège. Dans cette circonscription orientée à gauche, mais comprenant quelques enclaves de droite classique, le patronage du RGR n'était sans doute pas très favorable. Ce galop d'essai témoigne au moins de la couleur de la casaque du cavalier : François Mitterrand relève à l'époque de la droite. Sans contestation.

Six mois plus tard – entre-temps les Français ont fini par adopter sans enthousiasme la Constitution de la IVe République –, il faut organiser les élections à la première Assemblée nationale.

Cette fois, François Mitterrand se présente dans la Nièvre. Il n'y possède pourtant aucune attache. Il est parachuté quinze jours avant le scrutin. Le préfet contestera même la régularité juridique de cette candidature impromptue. La casaque n'a pas changé même si le cavalier mène cette fois la campagne sous le vocable vague d'« action et unité républicaine ».

Son irruption dans ce département, jadis réputé catholique et qui compte « trois ducs et pairs » (cette expression émerveillée est du leader socialiste lui-même), est patronnée par le richissime marquis de Roualle, directeur général des conserves Olida. « Vingt fois, relate

1. Dans le journal *Libres*.

plaisamment René Pleven, le marquis m'a raconté comment il avait été saisi par Edmond Barrachin d'une quasi-requête : "Il y a dans mon département un jeune homme trop actif qui vient chasser sur mes terres, vous m'aideriez fort si vous lui trouviez ailleurs une circonscription jouable." »

Alain de Roualle, le fils du marquis, confirme : « Mon père, qui s'est toujours intéressé à la vie politique du département, cherchait un candidat de droite pour faire pièce au tripartisme. Sur les conseils de son ami Edmond Barrachin, il devait prendre contact avec un jeune homme catholique et bien-pensant, qui s'appelait François Mitterrand. À l'époque, je l'ai aperçu au moins cinquante fois à la maison. Mon père l'a beaucoup aidé financièrement, il l'a présenté à qui il fallait. Il était pour nous le candidat idéal, tout à fait de notre bord. »

« Et puis, François a été très poussé par Émile Boutemy, le secrétaire général du Patronat[1], et son compère Brulefer, président de l'Industrie chimique et maire de Clamecy (Nièvre). François était très lié avec eux », se souvient Max Brusset.

Quand le leader socialiste narrera plus tard ses débuts dans le Morvan, il oubliera curieusement ces parrainages très actifs et cette introduction titrée. En revanche, il invoquera d'abondance l'appui et la bénédiction d'Henri Queuille, ministre de la IIIe République, qui avait rejoint à Alger le général de Gaulle avant de devenir un membre inamovible des gouvernements de la IVe République. « Je me suis présenté à la députation dans la Nièvre en 1946. Le bon Docteur Queuille m'y avait envoyé avec pour tout viatique : on vous offre cette chance parce qu'elle n'existe pas, allez-y quand même. Vous réussirez si vous écoutez tout le monde et n'en faites qu'à votre tête[2]. »

Le nouveau venu ne plaît pas seulement aux châteaux. Le clergé de Nevers se félicite tout autant de son arrivée. En témoigne Léon Noël, ex-ambassadeur gaulliste et ex-président du Conseil constitutionnel : « Quand nous avons voulu faire bénéficier notre candidat RPF pour les élections de 1951 de la sympathie de l'Église et des fidèles, le chanoine Andriot, de Nevers, m'a répondu : "Mais nous avons François Mitterrand, c'est un jeune homme si pieux, si fervent, il est très bien, il défend nos idées." »

Nanti de telles bénédictions, le parachuté, qui sent si bien la province, réalise cette fois un score très brillant : sa liste arrive en

1. Que l'on disait alors chargé de répartir ses subsides aux hommes politiques et aux partis favorables aux thèses du CNPF.

2. François Mitterrand, *Ma part de vérité*, *op. cit.*, dialogue avec Alain Duhamel.

deuxième position, avec 25,5 % des voix, derrière celle du communiste (33,7 %), mais devant les socialistes de la SFIO dont le chef de file, le député Dagain, vouera à François Mitterrand – bien des parlementaires de l'époque s'en souviennent – une rancune inexpiable. La profession de foi, ce document que tout candidat doit expédier à chaque électeur, de François Mitterrand (qui revendique alors la profession d'éditeur) mérite d'être intégralement citée. On jurerait qu'elle émane d'un actuel candidat de l'opposition :

« Vous direz non au déficit et à l'inflation. Non à la loi électorale bâtarde. Non à la faillite : le gouvernement a emprunté 650 millions de dollars, le total annuel de nos charges est de 140 milliards de francs, la totalité des revenus est engloutie par le budget. Non à la gabegie administrative : 276 000 postes de fonctionnaires ont été créés. Non aux nationalisations hâtives et coûteuses, qui alourdissent nos charges.

Non à l'installation au pouvoir du Parti communiste, ce parti que Léon Blum appelait dans son livre *À l'échelle humaine* un parti nationaliste étranger.

Pour faire cesser le désordre, il faut :

– Défendre toutes nos libertés et au premier chef la liberté de l'enseignement, car l'enfant appartient à ses parents et non à l'État.

– Combattre afin d'assurer le redressement économique du pays : en encourageant la production par la suppression des réglementations qui briment les libertés ; en exigeant le retour aux méthodes saines de gestion budgétaire ; en luttant contre l'État-trust qui se substitue partout à l'initiative privée ; en luttant pour la suppression des emplois inutiles.

– Que le droit de propriété ne soit plus hypothéqué par le bon plaisir du législateur et soit respecté intégralement.

– Que la paix religieuse soit maintenue dans un climat débarrassé de tout sectarisme. »

Et ainsi de suite[1].

Des propos fort actuels, on le voit, qui, à l'époque, sonnèrent agréablement aux oreilles des notabilités locales.

Élu au centre droit en 1946, c'est encore à cette place que François Mitterrand se situe lorsqu'il se représente en 1951. Le jeune député de la Nièvre (qui a déjà été plusieurs fois membre du gouvernement) dirige la liste de l'Union démocratique et républicaine des indépendants, laquelle regroupe l'UDSR (ce petit parti centriste auquel

1. Ce document est devenu bizarrement introuvable : *Le Barodet* de 1946, recueil des professions de foi des candidats, ayant disparu de la bibliothèque de l'Assemblée nationale.

il appartient), le Parti radical, le RGR et le PRL. François Mitterrand revendique alors les amitiés d'hommes comme Michel Clemenceau (PRL), René Pleven (UDSR), en passant par Paul Reynaud et Roger Duchet, tous deux indépendants, et Martinaud-Deplat, radical.

Il s'agit bien d'une coalition de centre droit présentant une frange à gauche, radicale, et une frange à droite, conservatrice modérée. Il s'agit surtout d'une alliance obligée, dirigée à la fois contre les deux grands partis de gauche devenus adversaires déterminés et contre le RPF du général de Gaulle dont l'ascension inquiète François Mitterrand et ses amis. Ils n'ont pas tort : lors du scrutin, le RPF arrive en deuxième position derrière le PC, mais devant la liste de François Mitterrand.

Dans sa profession de foi, cette année-là, le jeune ministre fait état de son activité gouvernementale et des services rendus au département. Il se flatte surtout d'avoir appartenu aux gouvernements Ramadier et Schuman, qui « ont été marqués par l'éviction des communistes (mai 1947) et par la lutte efficace contre les grèves politiques ». Par rapport à certains de ses amis de l'UDSR, François Mitterrand fait toutefois presque figure de modéré. Dans la Loire, la liste Bidault, Pinay, Claudius-Petit pose aux électeurs la question suivante : « Voulez-vous ou refusez-vous que la France devienne un État soviétique ? »

Quant au RPF, François Mitterrand le dénonce en ces termes : « Vous direz NON au parti unique, fanatisé et militaire. »

Il se situe donc au cœur de ce que l'on nomme la « troisième force », alliance chaotique de la SFIO, du MRP et des petites formations du centre, qui combat sur deux fronts : à la fois contre le PC et le RPF.

Entre-temps, le parachuté de 1946, soucieux de s'implanter durablement, s'était fait élire conseiller municipal de Nevers (il le restera jusqu'en 1959). Il était devenu aussi, en 1949, conseiller général de Montsauche, haut lieu de la Résistance, en battant le communiste sortant, un dénommé Bigot. La campagne électorale – pittoresque semble-t-il – était ainsi décrite, le 19 mars 1949 dans *France-Soir*, par le journaliste Robert Danger :

« Dans ces réunions, Monsieur Mitterrand qui déteste l'équivoque[1] commence d'abord par évoquer la situation : "Je me présente dans un canton très dur, je le sais, mais je l'ai choisi pour battre un communiste. J'espère réussir car cela en fera un de moins..."

« Le jeune candidat a l'esprit très sportif puisqu'il n'hésite pas à provoquer en duel (au ping-pong) un militant communiste qui se dit à ce sport le meilleur du pays (comprenez du village). Sous l'œil passionné

1. Assure notre confrère...

des Morvandiaux, François Mitterrand retire sa veste et écrase en bonne et due forme le champion local qui, beau joueur, conclut : “Je ne voterai pas pour vous, mais quand même vous n’êtes pas une cloche.” »

Conseiller général, conseiller municipal, député, par cette triple victoire, il se créait ainsi un bastion dont il ne négligera jamais l’entretien. Il aimera toujours y retrouver les usages rassurants de la province où l’on s’applique à recevoir en mettant les petits plats dans les grands, où les conversations sur un ton compassé se nourrissent d’un rien, où les rumeurs de la ville tiennent plus de place que les idées à la mode. Il y goûtera les longues promenades dans la forêt embrumée, les contacts détendus et naturels avec des électeurs qui le changent agréablement, assure-t-il, du clinquant factice de la vie parisienne.

Ses électeurs lui resteront encore fidèles en 1956[1]. Pour eux, il est désormais le « beau François ». Épithète flatteuse, qui correspond sûrement à quelque réalité : les lectrices de *Elle*, priées en octobre 1951 de désigner les quatorze hommes les plus séduisants parmi cent célébrités françaises (acteurs exclus), faisaient figurer le jeune ministre en bonne place dans leur classement, où il était entouré, notamment, de Maurice Druon, Louison Bobet, Jacques Chaban-Delmas, Albert Camus, Hubert de Givenchy, Hervé Alphand.

François Mitterrand, l’anticommuniste

Quand François Mitterrand embrasse la carrière politique, le Parti communiste, avec 26 % des suffrages, est le premier parti français et s’en vante bruyamment. Le romantisme de la Résistance n’est pas loin, le Parti, qui se targue d’avoir perdu soixante-quinze mille militants (ce qui est faux), est au plus haut de son prestige et fascine nombre d’intellectuels. Les grandes polémiques sur le goulag et les épurations sanglantes de Staline, les grands soulèvements des pays de l’Est n’ont pas encore entaché son image. Il fait peur pourtant, en raison même de sa puissance et de son infiltration dans les rouages du pouvoir. On craint sa capacité d’organisation, son mystère, les activités clandestines que l’on soupçonne, son intolérance, son esprit de revanche et ses liens avec les Soviétiques. On redoute aussi ses retournements brusques et – qui sait ? – ses tentations de

1. Sa liste dite d’union démocratique et de défense républicaine bénéficiera alors d’un apport radical, mais point du soutien socialiste. C’est pourtant l’époque du Front républicain et de l’alliance avec les radicaux mendésistes, la SFIO de Guy Mollet et les républicains sociaux de Jacques Chaban-Delmas.

provoquer un Grand Soir que certains de ses dirigeants prônaient à la Libération.

Dès lors, tout homme politique est contraint de se déterminer pour ou contre lui. Et François Mitterrand n'hésite pas un instant : il se range parmi ses adversaires résolus – et pas seulement dans ses déclarations électorales.

Il va le montrer aux Anciens Combattants, son premier ministère. Lorsqu'il prend ses fonctions (il a tout juste trente ans), il ne trouve pas une situation commode : « Quand je suis entré dans mon ministère, le personnel était en grève car les communistes ne voulaient pas accepter de l'abandonner[1]. J'ai été seul avec un collaborateur[2] autorisé à entrer dans les locaux. La secrétaire, la fille du député communiste Demusois, couchait dans le bureau du ministre. Zilbermann, le responsable CGT, et l'inspecteur général du ministère, qui était lui aussi communiste, avaient pris le contrôle des bureaux. Je ne pouvais pas téléphoner, sauf sous la surveillance communiste : ainsi je suis resté trois jours durant leur prisonnier. Heureusement, j'ai pu faire sortir mon ami et il a fait publier avec ma signature un arrêté révoquant tous les directeurs du ministère en grève et nommant à leur place des présidents d'associations de prisonniers résistants[3]. »

Une rude situation, à n'en pas douter.

Pierre Nicolaÿ, l'actuel vice-président du Conseil d'État, qui a appartenu à tous les cabinets ministériels de François Mitterrand, en est encore stupéfait : « Zilbermann disposait d'une telle puissance que lorsqu'il arrivait dans une réunion de fonctionnaires, tout le monde se levait comme s'il était le ministre, c'était impressionnant. »

D'emblée, François Mitterrand démontre ainsi qu'il n'est pas homme à se laisser intimider par le PC. La révocation des hauts fonctionnaires et leur remplacement provoquent un beau tohu-bohu. Dans les rangs communistes, on s'étrangle de surprise. Le ton monte. Zilbermann vient dire tout net au ministre qu'il n'est point question de céder. Il s'entend rétorquer aussi sèchement : « Je n'accepte pas que l'on me parle sur ce ton, vous pouvez disposer. »

1. « En fait, corrige Max Lejeune, qui l'avait précédé pendant un mois à ce poste, les communistes s'étaient mis en grève car j'avais restitué au ministère des Armées les camions réquisitionnés en 1945 pour le rapatriement des prisonniers et qui ne servaient pratiquement plus qu'au transport des militants communistes dans les meetings politiques. »

2. En l'occurrence Georges Beauchamp.

3. *L'Expansion*, août 1972.

Réaliste, le Parti communiste s'incline. En échange, il obtient qu'après la reprise du travail certaines révocations soient ajournées. Mais, par la suite, le jeune ministre éliminera soigneusement de leurs postes, les uns après les autres, les communistes les plus influents de son administration. Et François Mitterrand de raconter avec une satisfaction peu dissimulée : « Lorsqu'au Conseil des ministres du 5 février 1947 j'ai revu mon collègue, Maurice Thorez, celui-ci, fort affable, s'est approché de moi pour dire : "Je vous comprends, il y a des choses que l'on doit faire quand on est ministre, vous avez bien fait[1]." »

À la fin de cette même année, les premiers affrontements de la guerre froide se font de plus en plus visibles. En France, le PC, exclu du gouvernement en mai (Mitterrand avait soutenu sans hésiter cette décision du président du Conseil Ramadier), organise grève sur grève. Une vague de violence et de sabotages submerge les usines. On frôle l'épreuve de force. Pour faire face à la situation, Robert Schuman, dirigeant MRP devenu président du Conseil, décide le rappel de quatre-vingt mille soldats du contingent. Et il propose à l'Assemblée nationale un projet de loi garantissant la liberté du travail contre les piquets de grève. François Mitterrand l'approuve chaudement. Lorsque, en Conseil des ministres, un vif débat oppose les partisans de la conciliation à ceux de la fermeté, il se range ostensiblement parmi ces derniers. Alors que certains ministres socialistes hésitent à employer la manière forte, il demande, lui, à Daniel Mayer, ministre SFIO du Travail[2] : « Voyez-vous un autre moyen pour aboutir au même résultat ? » C'est Vincent Auriol qui, ayant relevé la résolution du benjamin du gouvernement, rapporte le propos dans son journal. Le lendemain, lorsque Robert Schuman annonce à la tribune les mesures arrêtées par le Conseil des ministres, il est vivement pris à partie par les communistes, à commencer par Jacques Duclos : « Le gouvernement ment. Le président du Conseil est un ancien officier allemand, c'est un boche… Chien couchant, salaud. » Florimond Bonte n'est guère plus amène : « Hitler n'a pas réussi à nous casser la gueule, personne n'arrivera à nous la casser. » Tel est le ton. On comprend que François Mitterrand vole au secours du président du Conseil et accuse l'extrême gauche de n'avoir qu'insultes à la bouche. Le 1er mai 1948, lors d'une réunion publique dans la Nièvre, il demandera l'union de tous les républicains pour barrer la route au communisme.

1. *Ibid.*
2. Aujourd'hui président du Conseil constitutionnel.

Devenu secrétaire d'État à la présidence du Conseil chargé de l'Information dans le gouvernement du radical André Marie[1], il ne change pas d'orientation. Lors de la discussion d'un projet de loi sur le budget annexe de la radiodiffusion en juillet 1949, François Mitterrand polémique vivement avec le député communiste de Nice Virgile Barel :

VIRGILE BAREL. – La direction du journal parlé de la radio est sous les ordres directs de Monsieur Dayan, membre du cabinet de Monsieur Mitterrand, n'est-il pas vrai, Monsieur le ministre ?… L'un des rédacteurs en chef du journal est actuellement détaché au cabinet du ministre de l'Intérieur… Un autre est sympathisant RPF. Tout cela constitue un état-major résolument et violemment anticommuniste et hostile à la classe ouvrière. On l'a bien vu lors de la grève des mineurs, durant laquelle la radio s'est livrée aux diatribes les plus haineuses, les plus mensongères contre les travailleurs en lutte pour leur sécurité et le pain de leurs enfants.

FRANÇOIS MITTERRAND. – J'ai dû veiller, Monsieur Barel, depuis quelques mois, à ce que ne se glissent pas dans nos émissions un certain nombre d'informations orientées dans un sens qui vous aurait plu davantage et qui, jusqu'alors, avaient pu se développer dans l'ombre d'une façon que, pour ma part, j'ai jugée pernicieuse. Mais, à ce moment-là, vous ne vous en plaigniez point. Vous me pardonnerez si l'objet même de votre critique fait que je m'en félicite… En effet, je m'efforce autant que cela m'est possible d'éviter que la propagande du Parti communiste s'exerce à travers les ondes. Je reconnais que ce n'est pas toujours facile, mais en tout cas je m'y efforce.

VIRGILE BAREL. – Vous avouez : vous êtes obligé de taire la vérité pour ne pas faire de propagande communiste.

FRANÇOIS MITTERRAND. – Je pense que cette propagande, la vôtre, en particulier, est nuisible aux intérêts de mon pays, je n'ai donc aucune raison de la favoriser… La radiodiffusion française a quotidiennement à faire de la politique. Une politique nationale de défense des intérêts de la France. Elle doit choisir entre plusieurs thèmes, plusieurs directions, le gouvernement estime logiquement qu'il est le représentant qualifié de la nation française, puisqu'il a la confiance de la majorité de l'Assemblée nationale et que lui revient le devoir d'exprimer la volonté de la nation.

MARC DUPUIS (PC). – Vous êtes vomi par le pays et vous le savez bien.

FRANÇOIS MITTERRAND. – Parmi ceux qui ont autorité pour parler au pays et au monde, les premiers ne sont-ils pas normalement ceux qui représentent nos institutions démocratiques ? C'est pourquoi je dis que le gouvernement, chaque fois qu'il s'agit des intérêts du pays, a parfaitement le droit de dire à la radio la direction qu'il propose à l'ensemble de la nation française,

1. La valse des ministères se poursuit, sur un tempo accéléré.

c'est en tout cas la conception que j'ai et que je vous propose, il suffira à l'Assemblée nationale de dire ce qu'elle en pense.

MAURICE KRIEGEL-VALRIMOND (PC). – C'est l'aveu clair que votre radio n'est pas la radio nationale mais la radio du gouvernement[1].

Dans cette affaire, François Mitterrand n'agissait pas de son propre chef. Il avait reçu, entre autres, les consignes les plus strictes de Vincent Auriol, lequel note dans son Journal, le 9 octobre 1947 : « En ce qui concerne la radio, j'ai demandé à Mitterrand d'en éliminer les communistes qui dirigent et font le journal parlé. Et de supprimer la tribune libre. Et d'organiser une propagande quotidienne sur l'action du gouvernement. » (La tribune libre fut effectivement supprimée et des journalistes communistes, comme Francis Crémieux, ancien rédacteur en chef du journal parlé, licenciés.)

Après la grève de la radio du 11 novembre 1947, Vincent Auriol s'interroge, au Conseil des ministres : « Que se passerait il en cas de guerre ou de troubles si les techniciens cégétistes et communistes empêchaient la radio de fonctionner ? Il faudrait placer les fils téléphoniques de l'interministériel dans un réseau clandestin, sinon il serait impossible au président et à ses ministres de communiquer. En m'entendant, Mitterrand opine du chef : "Ceci est grave en effet, dit-il, je vais m'en occuper." »

Mais les espoirs de Vincent Auriol ne seront pas comblés. Un peu plus tard en effet, dans un entretien avec le président du Conseil Henri Queuille à propos des finances, il revient sur le problème : « Je lui dis : "L'opinion est désorientée car elle ne sait pas ce que fait le gouvernement. Vous n'avez aucun journal gouvernemental, personne ne fait un effort pour orienter l'opinion publique. Il faudrait faire appel à André Marie, qui a le sens de la publicité, à la place de Mitterrand qui paraît bien débordé dans son petit ministère." »

Débordé ou non, François Mitterrand ne change pas de ligne : il reste irréductiblement opposé au parti de Maurice Thorez et il le

1. En 1953, alors que François Mitterrand est devenu président de l'UDSR, est fondée une association de journalistes UDSR, qui n'entend pas seulement rassembler les journalistes sympathisants, mais aussi attirer à ce parti les membres de la presse. On notera aussi que c'est un dirigeant de l'UDSR, Jean Marin, qui fut nommé par André Bettencourt, en 1954, directeur général de l'Agence France Presse. François Mitterrand s'intéressait assez à l'Agence pour avoir déposé en 1949 un projet de loi concernant ses statuts. Commentaire de l'un de ses anciens collègues du gouvernement : « Mitterrand n'avait pas son pareil pour entretenir ses relations avec la presse. »

restera tant que durera la IVe République. L'anticommunisme est l'un des dogmes de l'UDSR. Elle publie, en 1952, une brochure où l'on peut lire cette proclamation : « L'UDSR entend mener la lutte contre le communisme sur tous les plans : démasquer sans répit ses mensonges, utiliser contre lui les lois existantes, au besoin les compléter, en particulier prononcer l'incompatibilité entre l'appartenance au Parti communiste et l'exercice des fonctions administratives d'autorité et de sécurité. »

Tel est le climat au sein du groupe parlementaire de l'UDSR, dont François Mitterrand est alors le président. Les plus zélés des membres de ce groupe caressent même le projet de faire inscrire dans la Constitution l'incompatibilité entre l'appartenance au Parti communiste et les postes de responsabilité dans la fonction publique[1].

Personnellement, François Mitterrand n'est pas en reste. Plaidant en 1950 pour l'adoption d'une nouvelle loi électorale au scrutin de liste majoritaire à un tour, il affirme – et l'argument lui semble déterminant : « S'il était adopté, nous pourrions demander à tous sans exception de s'unir contre le Parti communiste et il sera difficile à quiconque de ne pas répondre favorablement à notre appel. »

Il s'agit pour lui de faire en sorte que le PCF « ne puisse plus continuer d'enrayer le jeu de nos institutions ». En 1954, l'UDSR prendra l'initiative de créer un Comité national pour le retour au scrutin d'arrondissement (depuis la Libération, la France vote alors à la proportionnelle au scrutin de liste départemental) et il sera placé sous la présidence de François Mitterrand.

Il a sur ce point de la suite dans les idées. Le 2 novembre 1955, lors d'un débat sur la réforme de la loi électorale, il s'en prend avec les mêmes arguments à Edgar Faure, président du Conseil : « Libre à vous, Monsieur le président, de prêter la main au Parti communiste afin de lui permettre de sortir enfin de son isolement, comme le craignait si pertinemment Monsieur Barrachin. »

À cette époque, dans les « Bloc-notes » politiques de *L'Express*, François Mitterrand plaide régulièrement pour le scrutin d'arrondissement. Le 23 novembre 1955, par exemple : « Que le gouvernement soit hostile au scrutin d'arrondissement, on le sait et, après tout, on le comprend : que deviendrait Monsieur Edgar Faure sans le concours dévoué et persistant du MRP[2] ? Cependant, l'affaire du découpage des circonscriptions d'après un quotient national est si "hénaurme"

1. Éric Duhamel, *L'UDSR*.
2. Toujours partisan résolu de la proportionnelle.

qu'il faut bien s'y arrêter[1]... Depuis que le scrutin d'arrondissement a mis le nez à la fenêtre, un noble souci de justice embarrasse la conscience de ces messieurs, il leur faut désormais un découpage de la France à la règle à calcul... »

Deux jours plus tard, il revient sur ce sujet : « Le Parti communiste et le MRP ont retrouvé un terrain d'entente, celui de la réforme électorale : ils sont favorables à la proportionnelle et unissent leurs efforts afin d'aboutir à ce mode de scrutin... C'est que le scrutin d'arrondissement présente à leurs yeux un inconvénient majeur : il donne aux électeurs le moyen de choisir librement leurs élus... »

Mais on n'en finirait pas de citer les déclarations anticommunistes de François Mitterrand. Celle-ci les résume toutes, qu'il publie à la fin de la IVe République, en juin 1958 exactement, dans son journal, *Le Courrier de la Nièvre* : « J'ai toujours combattu le communisme. Je puis affirmer sous le contrôle des Nivernais que je l'ai fait reculer dans ce département. Je lutterai sans faiblesse pour épargner à la France les horreurs d'une dictature collectiviste. »

Cet anticommunisme avéré n'est pourtant pas sans nuances. Que François Mitterrand soit totalement réfractaire à l'idéologie, aux méthodes et à l'appareil communiste ne fait pas de doute[2]. Mais cela ne signifie pas qu'il voue aux gémonies les millions d'électeurs qui détiennent d'aussi précieuses voix. En 1954, il le précise dans un article du journal *Combat* : « Nous ne confondons pas la lutte anticommuniste avec la brimade constante. Nous ne considérons pas que les millions de gens qui votent communiste soient définitivement perdus pour la nation. Le PC a connu une baisse d'effectifs lorsque l'on a agi sur le plan social. C'est sur le plan des idées et des réalisations qu'il faut combattre le communisme. »

Trois ans plus tard, il déclare à Georgette Elgey : « Le PC est de gauche si l'on considère les cinq millions d'électeurs qui votent pour lui. Il ne l'est pas si l'on retient ses méthodes d'action, son refus de la libre discussion, son sectarisme autoritaire. Sans les électeurs communistes, il n'y a pas de majorité de gauche. »

Autrement dit, bien avant que la nouvelle Constitution et le mode de scrutin poussent François Mitterrand à passer alliance avec le

1. Un projet de retour au scrutin d'arrondissement, qui n'eut pas de suite, avait alors provoqué un découpage hâtif – et bien sûr contesté – de nouvelles circonscriptions.

2. Pendant sa campagne électorale pour les élections législatives de 1956, il raillait souvent. André Rousselet s'en souvient : « Qui s'intéresse encore au marxisme, à part quelques vieilles Anglaises ? »

Parti communiste, il refusait de faire l'impasse en cas de besoin sur les électeurs du PC.

À l'en croire, c'est même l'éventualité d'une alliance avec les communistes qui aurait empêché René Coty de l'appeler à la présidence du Conseil : « Au moment de la crise de 1958, René Coty me fit appeler et me demanda : "Accepteriez-vous les suffrages communistes ?" Je répondis : "Bien entendu et, si cela ne suffit pas, je les solliciterai." Il me dit alors : "C'est impossible."[1] »

Façon de prendre date rétroactivement et d'apparaître ainsi comme un pionnier de l'Union de la gauche ? Manière aussi d'enfreindre un tabou : les hommes politiques prêts à compter les voix des députés communistes dans leur majorité n'étaient pas nombreux à la fin de la IVe République (lors de son débat d'investiture, Pierre Mendès France avait par avance refusé de prendre en compte les voix des députés communistes). À l'en croire, François Mitterrand, cet anticommuniste si ardent, se serait donc trouvé, à la fin de la IVe République, en totale métamorphose, puisqu'il ne s'agissait plus pour lui, cette fois, d'accepter les bulletins des électeurs, mais bien les voix des députés communistes représentant pourtant un appareil honni !

L'ambition

Il ne doute vraiment de rien, le jeune député de la Nièvre qui s'installe à l'Assemblée nationale le 12 novembre 1946. Et pourquoi douterait-il de quelque chose, ce beau ténébreux à la moue hautaine, aux paupières qui battent comme ailes de tourterelle craintive ? Quelques semaines à peine après son élection, il accède, le 15 janvier 1947, au gouvernement (il en est le benjamin) comme ministre des Anciens Combattants. À peine a-t-il eu le temps de se familiariser avec l'Assemblée qu'il s'installe rue de Bellechasse, dans un palais officiel, et endosse un uniforme de ministre qu'il ne quittera pas pendant douze ans, week-end compris : costume bleu marine, chemise blanche et cravate noire. Au point qu'un photographe, voulant réaliser un jour un portrait plus décontracté du jeune homme politique, lui demandera en vain de changer de tenue : dans ses placards ne se trouvaient que des chemises blanches et des cravates noires[2]. Détail frivole ? Marcel Haedrich raconte : « Vincent Auriol se souvenait

1. Interview accordée à Paul Guilbert du *Quotidien de Paris* en 1977.
2. Anecdote rapportée par l'avocat J. Ribs.

comme d'un haut fait de son septennat d'avoir imposé la cravate à l'Élysée. La première fois qu'il les avait accueillis, les "nouveaux messieurs" s'étaient présentés en maquisards n'importe comment, avec (c'était la mode) les pointes du col rabattues sur le veston[1]. »

En tout cas, le destin se montre bien disposé : les événements heureux s'enchaînent à un rythme grisant. À l'époque, les Anciens Combattants constituent un ministère relativement prestigieux. Mais surtout, ce débutant fait son entrée dans un club très exclusif, celui des cinq ou six petites dizaines de députés ministrables qui ne cesseront pendant les douze années de la IVe République de se partager le pouvoir en se succédant ou en se remplaçant. Une noria d'excellences formant un cercle magique, quasi inaccessible au commun des députés et sénateurs, armada de quelque huit cents aspirants qui caressent l'espoir, presque toujours déçu, d'être admis un jour dans le club.

Pour François Mitterrand, les choses se passent le plus simplement du monde : après l'éphémère gouvernement Léon Blum (décembre 1946) et l'élection de Vincent Auriol, premier président de la nouvelle République, le socialiste Paul Ramadier, célèbre pour sa barbiche, sa culture hellénique et son esprit casanier, est chargé par le nouveau chef de l'État de former son premier gouvernement.

Eugène Claudius-Petit raconte : « Mon ami Ramadier m'avait fait venir pour m'offrir le ministère des Anciens Combattants. Je n'en voulais pas, cela ne m'intéressait pas d'aller inaugurer les chrysanthèmes. Moi, ce qui me passionnait, c'était la reconstruction, tout ce qui touchait à l'avenir ; je ne voulais pas apurer les comptes du passé. Pour ce portefeuille-là, ai-je dit à Ramadier, mieux vaut un homme qui connaisse bien les milieux ombrageux des anciens prisonniers et déportés. Il y a justement à l'UDSR un jeune apparenté à notre groupe parlementaire qui vient d'être élu dans la Nièvre, il ferait très bien ton affaire. »

Paul Ramadier prévoyait pour ce poste un autre candidat, franc-maçon et socialiste comme lui, son ami Albert Forcinal. Eugène Claudius-Petit sut pourtant se montrer persuasif. Et puis, l'UDSR était indispensable à la coalition. L'affaire se fit donc et dans un délai record : « C'est même moi qui ai conduit François Mitterrand à l'Élysée », confie aujourd'hui Claudius-Petit avant de soupirer : « Dire que je porte cette responsabilité devant l'Histoire ! »

Georges Beauchamp donne de l'affaire une autre version : « Si François est devenu ministre, c'est grâce à un groupe de jeunes

1. Dans la revue *Paris-Match*.

résistants SFIO dont j'étais. Nous sommes allés voir Ramadier pour lui dire : "C'est Mitterrand que nous voulons." Et je me souviens encore que lorsque je lui ai téléphoné pour lui annoncer qu'il était ministre, il refusait de le croire. »

Quoi qu'il en soit, le jeune député de la Nièvre entre au gouvernement. Fidèle à son personnage, il feint de trouver cette promotion toute naturelle. Il annonce quand même par lettre à Eugène Claudius-Petit, en guise de remerciements, qu'il a décidé d'entrer officiellement à l'UDSR pour y rejoindre tout à fait un intercesseur aussi efficace.

À peine a-t-il le pied à l'étrier que le nouveau ministre des Anciens Combattants, cédant à son penchant naturel, va s'entourer de fidèles et manifester son esprit de famille. Il fait venir à son cabinet son frère aîné Robert, qui en sera quelque temps le directeur, des amis de la Résistance comme Georges Beauchamp précisément et Jean Védrine, des intimes qui graviteront toujours dans son entourage. Une fois de plus, se manifeste son goût de régner sur une tribu amicale.

« Chaque soir ou presque, des anciens prisonniers de guerre venaient lui faire visite dans son bureau », se souvient Pierre Nicolaÿ. Ce n'est pas seulement par camaraderie ou amitié. En fait, François Mitterrand commence à appliquer un système qu'il avait pourtant dénoncé deux mois plus tôt à la tribune du Congrès des anciens combattants réunis à Clermont-Ferrand, le 15 novembre 1946. Il venait tout juste d'être élu dans la Nièvre. Et il disait : « Le parti politique qui détient, a détenu ou détiendra le ministère des Anciens Combattants et Victimes de guerre bénéficie d'un atout considérable dans le noyautage de la Fédération… Or, je l'ai dit, il faut que notre association se défende. Si nous ne prenons pas des mesures de défense, on verra bientôt l'association appartenir à celui qui tient le ministère, qu'il soit d'un côté ou de l'autre, aussi bien celui qui est là aujourd'hui[1] que ceux qui viendront plus tard… Il est normal qu'on me réponde que moi aussi je veuille m'en emparer. Mais alors là, c'est l'avenir qui jugera. » Paroles prémonitoires. L'avenir, en effet, a jugé. Deux mois plus tard, François Mitterrand, devenu ministre des Anciens Combattants, applique la leçon qu'il s'est donnée à lui-même. Il s'emploie à quadriller consciencieusement la Fédération en plaçant ses hommes à tous les points névralgiques. Par la suite, il puisera dans ce groupe-réservoir chaque fois qu'il aura besoin des renforts militants nécessaires à sa prise du pouvoir à la tête de l'UDSR. Et les

1. C'était alors le communiste Laurent Casanova.

mêmes militants lui apporteront encore leur concours quand il s'agira de mettre la main sur le Parti socialiste.

Mais s'il fait travailler pour lui ses camarades anciens prisonniers de guerre, en retour il roule pour eux. C'est ainsi qu'il fait voter un statut officiel définissant leurs droits et privilèges ou qu'il arrache des augmentations de pension « de 72 à 78 % », comme il s'en flatte pendant la campagne législative de 1951. Il aura été un bon ministre, si l'on entend par là qu'il s'est montré fort soucieux des intérêts de ses assujettis.

Seules les femmes déportées garderont un mauvais souvenir de son passage rue de Bellechasse. Elles lui reprochent encore aujourd'hui d'avoir joué les hommes-coucous et de s'être installé en leurs lieu et place. Une bien curieuse histoire en vérité. Plus d'une d'entre elles – Germaine Tillion, Anise Postel-Vinay, Geneviève de Gaulle, notamment – en font le récit. Quand les déportées sont rentrées, en 1945, elles obtinrent pour leurs associations la réquisition de plusieurs étages dans un immeuble cossu donnant sur les jardins du Luxembourg et sis 4, rue Guynemer. Pendant la guerre, il avait été occupé par les « souris grises » de l'armée allemande. À la fin de 1946, les femmes déportées apprenaient que l'homme d'affaires représentant les intérêts immobiliers du Vatican à Paris (le Saint-Siège était en effet propriétaire de l'immeuble) entendait les expulser et louer bourgeoisement les appartements pour un bien meilleur prix. Affolées à l'idée d'être mises à la porte et de perdre ainsi un centre d'hébergement et un atelier de rééducation professionnelle, elles cherchèrent des appuis autour d'elles et commencèrent de tirer les sonnettes. Le journaliste Alain Vernay – qui épousa la sœur de Simone Veil, elle aussi ancienne déportée – se souvient d'être allé demander pour elles l'aide de Léon Blum, éphémère président du Conseil, en décembre 1946. François Mitterrand, devenu ministre, fut aussi sollicité. En vain. Le gestionnaire inflexible du Vatican parvint à récupérer ses locaux et les dames déportées durent plier bagages. Mais elles furent très surprises – c'est le moins que l'on puisse dire – en apprenant quelques semaines plus tard que parmi les heureux locataires qui leur avaient succédé figuraient deux anciens ministres des Anciens Combattants : Henri Frenay et… François Mitterrand, lequel devait élire résidence pour de longues années dans les lieux. *Le Canard enchaîné* de l'époque ne se priva pas de révéler ce procédé pour le moins cavalier.

Il est vrai que le jeune ministre pense aussi aux autres : lorsqu'il est au pouvoir, il entend faire profiter famille, amis et subordonnés de ses bienfaits. Une tendance au népotisme qui se confirmera au fil des ans.

Le journaliste et romancier Marcel Haedrich raconte :

« Quand François est devenu ministre de l'Information, cela nous rapprocha. La radio lui créait des problèmes, déjà ! On lui téléphonait de Matignon : "C'est un scandale !" On l'interpellait au Conseil de la République, ça l'amusait.

– Que puis-je faire pour toi ? me demanda-t-il.

– Rien, mais rien.

(Que pouvait un ministre pour un rédacteur en chef de *Samedi soir* ?)

– Une voiture, peut-être ? suggéra-t-il.

Je roulais dans une traction d'avant-guerre, rafistolée, que je m'étais procurée à prix d'or. La production reprenait chez Citroën, Mitterrand me donna un bon pour une voiture neuve, superbe, gris métallisé, payée au prix imposé, deux fois moins cher que mon vieux clou que je pus revendre avec profit. Tels étaient les bienfaits de la pénurie et de la politique[1]. »

En revanche, le nouveau ministre se montrait insensible aux pressions. Il raconte : « Quand j'étais secrétaire d'État à l'Information, j'ai reçu un ami qui un jour m'a fait rencontrer le baron Ténard. Ce dernier était, je crois, un personnage très important de Saint-Gobain. Il était aussi propriétaire du journal *Le Bien public* à Dijon et de *Paris-Centre* dans la Nièvre. Au cours de notre conversation, le ton du baron Ténard devint celui du commandement : "Voilà, vous êtes secrétaire d'État à l'Information, la signature dépend de vous, votre carrière également, et vous avez quarante-huit heures." Je ne vous parlerai pas de l'incident qui a suivi. De la brouille à mort. J'ai été froissé au plus haut point, gravement. Comment pouvait-on se permettre de parler ainsi au représentant de l'État ? J'ai eu, toujours au ministère de l'Information, à connaître l'affaire de *France-Soir*. Et l'aventure déplaisante sous les auspices de Robert Salmon qui a placé le journal de la Résistance entre les mains d'un groupe financier. C'est moi qui ai signé l'autorisation de paraître de *Paris-Match*. Mais après une conversation édifiante avec Jean Prouvost, peu à peu j'ai été amené à cette conviction : que le grand capital agissait en France comme en pays conquis[2]. »

Il n'empêche. Sous cette République qui ne lui est point cruelle, François Mitterrand s'intéresse beaucoup à François Mitterrand et à

1. Marcel Haedrich, *Paris-Match*.
2. Interview à *L'Expansion*, août 1972.

son destin. Les caciques de la IVe lui ouvrent volontiers la voie. Pas un ministère qui se constitue sans qu'on lui propose un poste.

Ainsi, en 1948 (il a tout juste trente-deux ans), le président du Conseil, Robert Schuman, songe à lui pour le ministère de l'Intérieur. Le président de la République, Vincent Auriol, y est favorable. Dans son journal, il ne tarit pas d'éloges sur le jeune ministre : « L'Intérieur donne de grosses difficultés… Schuman me parle de Mitterrand, je lui dis que c'est un excellent choix, il est sérieux et intelligent. » Las, pour être flatteur, le poste est décidément trop exposé à l'impopularité en cette année de grèves violentes, fomentées par le Parti communiste. Aussi bien, l'UDSR ne veut rien entendre. Il n'est pas question que l'un des siens porte le fardeau de décisions dont les conséquences pourraient être redoutables.

« Mitterrand avait accepté[1], confirme Vincent Auriol, mais l'UDSR l'apprenant refuse. Il faut espérer que les journaux gaullistes crieront à la tyrannie des partis sur les hommes. Pitoyable ! Les radicaux n'en veulent pas. Le MRP non plus. Pourquoi ? Parce qu'ils redoutent les conflits sociaux, on veut laisser le poste aux socialistes… J'ai insisté auprès de Mitterrand qui avait accepté une première fois, mais il a dû refuser, malgré son désir, sur les injonctions de son parti. Il a voulu maintenir sa décision, on l'a menacé d'exclusion. Alors, il est venu, mais avec des demandes de garanties inacceptables. »

Il n'a pas tout perdu pourtant : l'offre était flatteuse, compte tenu des circonstances. Pour qu'on lui propose la place Beauvau, alors que la situation paraît si explosive, il faut que sa réputation de sang-froid et d'énergie soit déjà bien assise.

Plus baroque paraît aujourd'hui la suggestion faite par Léon Blum, le pape du socialisme, fort écouté à l'Élysée, lors de la constitution du ministère suivant – celui du radical Henri Queuille. Il songe à l'espoir de l'UDSR pour un portefeuille considérable mais tout aussi périlleux : les Finances. Vincent Auriol, décidément bon chroniqueur, rapporte : « Après le départ de Queuille, Léon Blum vient me voir. Et me dit qu'il doute que celui-ci réussisse à avoir Mendès aux Finances, ce qui serait d'ailleurs très bien et aiderait à la participation socialiste. Il suggère : "On pourrait peut-être prendre Mitterrand ? Après tout, Barthou et Poincaré étaient à peine plus âgés que lui." »

La cote du député de la Nièvre ne cesse donc de monter. Car ce n'est évidemment pas son expérience des questions financières et budgétaires ni l'intérêt qu'il leur porte (en douze années de IVe République,

1. Décidément, il ne doute de rien.

il ne participe pas une seule fois à un grand débat économique) qui justifient l'appui de Léon Blum. Mais la signification politique de cette proposition vaut d'être relevée : bien que classé au centre droit et élu comme tel par les Nivernais, François Mitterrand est prisé par des socialistes aussi prestigieux que le symbole vivant Léon Blum ou que le président de la République Vincent Auriol. Lequel confiait pourtant à Marcel Haedrich : « Votre ami Mitterrand intervient tout le temps en Conseil des ministres. Je suis obligé de lui dire : "Monsieur Mitterrand, vous parlerez quand je vous donnerai la parole." »

D'autres auraient sans doute été éblouis. Pas François Mitterrand : il voit déjà plus haut et plus loin. Et il l'écrira : « Au niveau de l'homme politique, il n'y a qu'une ambition : gouverner. Ceux qui nourrissent la seule ambition de devenir sous-secrétaires d'État ne sont pas des hommes politiques mais des gagne-petit. » C'est le temps où il aime répéter devant ses amis : « N'importe quel imbécile peut être président du Conseil à cinquante ans ; moi, je le serai à quarante... » Goût de la provocation ? Plaisir de choquer ? Sans doute. Mais ce projet n'a rien d'absurde. Quand on songe à vous pour la place Beauvau ou la rue de Rivoli alors que vous avez tout juste trente ans, vous pouvez légitimement penser que l'Hôtel Matignon n'est pas loin.

Seulement voilà : sous cette République-là, il ne suffit pas d'être considéré avec bienveillance par les grands, il faut aussi compter avec les appareils des partis, qui n'ont pas toujours les mêmes critères. Qui veut devenir chef de gouvernement ne doit pas seulement s'en voir reconnaître l'étoffe par les hiérarques institutionnels, il doit aussi – c'est plus rude – franchir les barrages dressés par les apparatchiks concurrents.

Aujourd'hui, le président Mitterrand n'a rien oublié des sentiments qu'il éprouvait à cette époque : « J'enrageais de me dire que je ne serais président du Conseil que lorsque les autres le voudraient bien et que je devrais partir lorsqu'ils le décideraient[1]. » Ainsi, dès cette époque, était-il présidentialiste sans le savoir.

À une journaliste amie, il confiera quelques années plus tard : « Pendant la campagne législative de 1956, tout le monde m'a cru fatigué, voire peut-être malade[2]. En fait, c'était la rage qui m'étouffait de n'être point encore président du Conseil. » La rage, pas moins :

1. Entretien avec l'auteur en 1984.

2. François Mitterrand avait des éblouissements et s'évanouissait souvent. Jean Dayan, frère de Georges, médecin de son état, doit alors lui administrer des piqûres à travers son costume avant qu'il monte à la tribune des meetings.

en 1956, François Mitterrand a tout juste quarante ans et il a perdu son pari. Pourtant, il n'avait pas ménagé ses efforts. Sachant qu'il lui fallait compter avec les autres, le jeune ministre avait notamment cru mettre toutes les chances de son côté en conquérant patiemment le pouvoir à l'intérieur de l'UDSR.

La conquête de l'UDSR

L'Union démocratique et socialiste de la Résistance (UDSR) est née au lendemain de la guerre de la volonté de certains résistants de renouveler le jeu politique. Ils ne voulaient pas retomber dans les clivages droite-gauche, absurdes à leurs yeux, qu'ils jugeaient responsables de l'effondrement de 1940. Ils voulaient exorciser les démons des querelles stériles – guerre scolaire, lutte des classes, etc. – qui avaient déchiré la France. Ils voulaient éviter le retour des partis discrédités depuis qu'ils s'étaient prosternés devant le maréchal Pétain. Ils voulaient enfin rassembler dans un « travaillisme à la française » une génération d'hommes neufs, ouverts aux idées de progrès et souvent socialistes, rebelles au marxisme.

Tels étaient les espoirs des fondateurs de l'UDSR. La réalité s'est vite chargée de les décevoir. Dès la Libération qui vit la résurrection des formations politiques classiques et l'apparition d'un concurrent envahissant : le Mouvement républicain populaire (MRP), créé par des démocrates-chrétiens et des catholiques sociaux menés par Georges Bidault, qui avait prédit : « Avec les femmes, les évêques et le Saint-Esprit, nous aurons au moins cent députés. » Or, s'il était un monde où la jeune UDSR aurait pu espérer recruter, c'était celui-là : la nouvelle génération catholique. Le développement du MRP le lui interdit. Plus à gauche, le Parti communiste attirait bien des hommes issus de la Résistance et la vieille SFIO, toujours laïciste, se refaisait des forces neuves.

Faute de peser assez lourd, l'UDSR s'allie alors avec la SFIO, dont les orientations générales s'apparentent à peu près à ses rêves travaillistes : « Il faut lutter, dit-on alors dans ses rangs, contre les radicaux partisans de la conservation sociale. » Forte de cette alliance, l'Union obtient dans la première constituante vingt-sept sièges auxquels se joindront quatre apparentés. Pour ses débuts parlementaires, elle s'installe au centre gauche. Les grands hommes du mouvement se nomment : René Pleven, ministre des Finances du général de Gaulle en 1945, Eugène Claudius-Petit, Jacques

Soustelle, René Capitant, Jacques Baumel… et même un rescapé de la IIIe République, Maurice Delom-Sorbé, l'un des quatre-vingts parlementaires qui avaient refusé de voter les pleins pouvoirs au maréchal Pétain. (Il sera décoré de la Légion d'honneur en 1981 par le président François Mitterrand.)

Très vite, dans cette Assemblée où les députés des trois grands partis – communistes, socialistes, MRP – évoluent comme des troupiers disciplinés, le groupe UDSR présente une originalité qu'il conservera toujours : la juxtaposition d'une mosaïque de personnalités d'humeurs très indépendantes et rétives à la discipline des grandes formations.

Mais les dures réalités électorales les contraignent chaque jour un peu plus à modérer leurs ambitions. Quelques mois plus tard, pour les élections de juin 1946, la SFIO, qui se défie de ce petit allié, essaie de limiter le nombre de ses sièges. Du coup, l'UDSR se trouve contrainte de faire alliance avec le Parti radical et la nébuleuse RGR qu'elle faisait profession, quelques mois plus tôt, de mépriser si fort. Seuls deux hommes s'offusqueront assez de ce cousinage pour quitter alors le parti : Henri Frenay, l'ancien chef du mouvement Combat, et Léo Hamon.

C'est à ces élections-là, on l'a vu, que François Mitterrand fait son entrée dans la vie politique. Quand il s'apparente à l'UDSR, elle est une structure d'accueil plus qu'un véritable parti. Ses dirigeants, surtout René Pleven dont personne ne conteste alors l'ascendant et le leadership, ont l'ambition d'y parvenir. Mais tout est encore en friche, les rapports de force sont encore fluctuants. Le lieu est donc bien choisi pour qui veut s'implanter et se tailler une place au soleil, à condition d'avoir de l'ambition, de la détermination et du savoir-faire. Trois qualités dont François Mitterrand n'est pas dépourvu.

Son inscription à l'UDSR étonnera pourtant quelque peu ses maîtres d'Angoulême. Lors d'une inauguration au collège Saint-Paul au printemps 1947, l'abbé Perrinot interroge le tout jeune ministre :

– Que signifie exactement le sigle UDSR ?

– Union démocratique et socialiste de la Résistance, répond fièrement la nouvelle Excellence.

Alors le prêtre bondit :

– Comment ? Vous ? Socialiste ?

François Mitterrand le rassure :

– Ne vous inquiétez pas, mon père, j'ai choisi la formation la plus à droite que j'aie pu trouver à l'Assemblée nationale[1].

1. Témoignage de l'abbé Coudreau.

Boutade, certes, mais les prêtres d'Angoulême ne sont pas les seuls étonnés. Les socialistes de l'Assemblée nationale le sont aussi. René Pleven témoigne : « Quand François Mitterrand s'est inscrit à l'UDSR, des députés de la SFIO sont venus me voir pour me dire : "Mais tu es fou de l'accepter dans tes rangs, c'est un type d'extrême droite !" »

Paradoxe : la sensibilité dominante de l'UDSR est alors à forte coloration gaulliste. Les inconditionnels du Général s'y retrouvent en grand nombre : René Capitant, Jacques Vendroux (beau-frère du Général), Pierre Clostermann, Jacques Soustelle, Michel Debré, Jacques Baumel. D'autres conservent une profonde admiration pour le chef de la France Libre : René Pleven, Eugène Claudius-Petit, Pierre Bourdan, Pierre Chevallier. François Mitterrand, toujours réticent, paraît assez isolé.

Or, en sept années seulement, il va prendre le contrôle du parti. Une opération qu'il mènera en trois phases.

D'abord, il va chasser les gaullistes. Personne n'eût parié beaucoup sur ses chances d'y parvenir. Mais trois années et les erreurs tactiques des intéressés le lui permettront. Voici comment.

Le retour sur la scène politique du général de Gaulle, le 7 avril 1947, déclenche les premières hostilités. Quand il s'adresse aux Français, en ce jour du lancement du RPF à Strasbourg, on remarque à ses côtés des membres éminents de l'UDSR : René Capitant, Jacques Soustelle, Antoine Avinin et Eugène Claudius-Petit. Et une semaine plus tard, le bureau politique du parti décide à l'unanimité d'autoriser la double appartenance UDSR/RPF : les membres de l'UDSR pourront adhérer au RPF, mais à titre strictement individuel. Cette unanimité cache en fait trois tendances bien dessinées : les uns sont prêts à suivre fidèlement le Général ; d'autres lui expriment leur attachement tout en nourrissant quelques doutes sur la pureté de ses intentions et sa volonté de respecter la Constitution ; la troisième tendance enfin, dont François Mitterrand se fait le porte-parole, se montre franchement opposée à une initiative qu'elle qualifie de « séditieuse ».

Dans les mois qui suivent, René Pleven, qui est né conciliateur, tente de provoquer un rapprochement entre la « troisième force » (socialistes et MRP) alors au pouvoir et le général de Gaulle, afin de faire face au péril communiste (la guerre froide, on l'a dit, se traduit en France par des heurts violents et de grandes grèves). Émissaires et intermédiaires divers sont à l'œuvre. Leurs propositions sont rejetées avec hauteur par le chef charismatique du RPF. Celui-ci n'entend pas composer avec des partis qui, dit-il, « cuisent leur petite soupe sur leur petit feu ». Et il n'en démordra pas. Si bien que les plus gaullistes des membres de l'UDSR proposent au congrès du parti, en 1948, par la voix de René Capitant, une mesure radicale : rien moins que la grève parlementaire des élus de l'UDSR afin de contraindre l'Assemblée nationale à se dissoudre elle-même[1].

François Mitterrand, bien sûr, ne l'entend pas ainsi et il prend la tête de l'opposition interne. Il se fait même le défenseur du régime en place qui a su « rétablir l'ordre républicain ». Il lance aux gaullistes : « Si les choses avaient été réglées plus tôt avec davantage de maestria[2], nous n'aurions pas tant de peine à remettre les choses en place. » Et, tourné vers les gaullistes, il ajoute : « On nous dit : "Vous n'avez pas envie de quitter vos places." C'est peut-être vrai, mais moi je dirais plutôt : "Vous êtes un peu pressés de prendre les nôtres." » Au total, conclut-il, « la IVe République est tout de même un bel édifice à construire ».

Comme à son habitude, René Pleven s'efforce de rapprocher les points de vue antagonistes. En vain. Certes, il est réélu par acclamations, ce qui prouve qu'entre tous les courants rien n'est encore joué. Le gaulliste de choc René Capitant devient vice-président ; il n'est donc pas si marginal dans le parti. Mais Joseph Perrin, un fidèle de François Mitterrand, accède aussi à la vice-présidence : cet instituteur, ex-président du MNPGD, dirige encore le journal des anciens prisonniers, *Le PG*.

Une initiative provocatrice de René Capitant, que l'on sait doué pour ce genre d'exercices, va mettre le feu aux poudres François Mitterrand pourra alors lancer enfin une offensive de grand style et avoir raison des gaullistes de l'UDSR. Capitant décide en effet, le 9 décembre 1948, de créer un groupe parlementaire gaulliste distinct de l'UDSR et baptisé Action démocratique et sociale. Treize députés de l'UDSR (soit la moitié des effectifs) le suivent dans son entreprise. Du coup, le groupe UDSR, lui-même ramené à treize membres, va perdre pour un temps toute vie administrative autonome. (Il fallait alors quatorze députés pour constituer un groupe parlementaire.) L'UDSR devra (suprême humiliation !) s'apparenter au groupe radical pour conserver sa représentation dans les commissions de l'Assemblée jusqu'au jour heureux où l'adhésion provoquée d'un député de Constantine, nommé Cadi Abdel Kader, lui permettra de retrouver

1. À l'époque, le RPF, qui avait remporté un net succès aux municipales, réclamait – mais en vain – des élections législatives anticipées.

2. Autrement dit : par de Gaulle quand il était au pouvoir. C'est déjà la complainte de l'héritage…

l'indépendance. Autrement dit, la défection des gaullistes a bien failli entraîner la mort parlementaire de l'UDSR.

Le congrès de 1949 s'annonce donc très mal.

Il doit trancher un problème grave et d'autant plus difficile que les statuts sont imprécis. Peut-on se réclamer d'un parti tout en appartenant à un groupe parlementaire qui n'en est pas l'émanation ? Bien sûr, c'est moins l'affaire juridique que le problème politique qui va dominer les débats.

Le chef de la dissidence, René Capitant, quarante-huit ans, a choisi de passer le premier à l'attaque, considérant, en disciple fidèle de Charles de Gaulle, que c'est la meilleure défense : il accuse François Mitterrand, trente-trois ans, de rendre la rupture inévitable par son intransigeance. « Notre camarade Mitterrand, dit-il, a défini sa position avec une clarté parfaite. Elle consiste à fixer à son action politique comme objectif numéro un la lutte contre le Rassemblement du peuple français et même contre le général de Gaulle. Il considère, et il l'a dit, que le Général représente un danger de fascisme[1]. À partir du moment où Mitterrand juge que le RPF est condamné par celui qui le dirige et les méthodes qu'il emploie, il est évident qu'un devoir de loyauté et de clarté nous oblige à nous séparer. »

Et René Capitant de lancer un avertissement à ceux qui veulent rester dans l'UDSR : « Vous êtes destinés à être absorbés par la tendance Mitterrand et à vous fondre dans le Parti radical[2]. »

Il aura raison sur le premier point. Tort sur le second.

Fidèle à lui-même, René Pleven tente encore de retenir les gaullistes. Jugeant la rupture nécessaire et souhaitable, François Mitterrand au contraire les pousse vers la porte. Et voulant rassurer ceux qui demeureront en sa compagnie, il s'écrie : « Il n'y a pas de vainqueur ou de vaincu, mais un courant majoritaire qui entend faire respecter la discipline du parti. Nous allons pouvoir travailler avec de faibles moyens mais avec la certitude qu'il n'y aura plus de discorde ni

1. La veille dans son discours, François Mitterrand avait en effet déclaré : « Un mouvement, aussi puissant soit-il, reposant sur l'autorité, l'intelligence ou le prestige d'un homme est déjà fragile… L'autre jour, Dussort me posait cette question : "Est-il exact que tu aies dit à Dijon qu'il fallait se méfier d'égale manière d'un fascisme venu de l'Est ou d'un fascisme qui aurait trouvé son expression dans un homme [autrement dit le général de Gaulle] ? Est-il exact que tu aies dit cela ?" À quoi je lui ai répondu dans le privé : "Ce n'est pas exactement ce que je disais, mais je me garderai bien de le démentir, car c'est un peu ce que je pense." »

2. Éric Duhamel, *L'UDSR*, *op. cit.*

d'ambiguïté jusqu'à ne plus savoir exactement où se trouvent l'ami et l'adversaire. »

Exeunt les gaullistes.

En dépit de tous ces apaisements, François Mitterrand apparaît bien comme le vainqueur. Il a obtenu ce qu'il cherchait. Et René Pleven, qui n'est pas parvenu à maintenir l'unité, se trouve en difficulté.

La deuxième étape de la prise de contrôle de l'UDSR par François Mitterrand commence avec le congrès de Marseille, en octobre 1951. Depuis le mois d'août, René Pleven est à nouveau président du Conseil. Mais François Mitterrand, qui était ministre de la France d'outre-mer dans le premier cabinet Pleven, ne fait pas partie cette fois de l'équipe gouvernementale. « Le MRP, explique Pleven, s'était opposé à sa présence en lui reprochant une politique africaine trop favorable au RDA », le Rassemblement démocratique africain, dirigé notamment par Félix Houphouët-Boigny et le Guinéen Sékou Touré, qui est jugé trop sensible aux thèses marxistes par les amis de Georges Bidault[1].

Bien entendu, François Mitterrand supporte mal cette exclusion. Elle va contribuer à le séparer de René Pleven et conforter sa volonté de lui ravir le contrôle du parti. « À partir du moment où il s'est senti exclu de l'équipe de Pleven, il a estimé ne plus rien lui devoir », confirme aujourd'hui Georges Beauchamp.

Le jeune député de la Nièvre, qui ne s'est jamais reconnu aucun patron politique et aucun maître à penser, est bien décidé, cette fois, à jouer sa propre carte. D'autant que, selon Louis Deteix, ancien prisonnier de guerre et ami de toujours de François Mitterrand, les manœuvres avaient commencé dès l'année précédente : « C'était juste avant le congrès de Lyon, en 1950. Nous nous sommes réunis chez François à Cluny. Nous étions sept ou huit et deux jours durant il nous a expliqué comment nous devions investir le parti en faisant adhérer des anciens prisonniers dans les fédérations. Il nous disait : "Voilà comment nous allons leur piquer l'UDSR." Ensemble nous avons beaucoup ri du bon tour que nous allions jouer aux "vieux[2]". »

De fait, en 1950, plus du tiers des membres du comité directeur sortant ne furent pas réélus. Ils étaient remplacés par d'anciens PG. L'année suivante, plus de 35 % des membres sortants subirent le même sort. Ainsi les mitterrandistes devinrent-ils majoritaires. Et Joseph

1. Ceux-ci préfèrent au RDA les Indépendants d'outre-mer de Léopold Sédar Senghor.

2. C'est-à-dire René Pleven et Eugène Claudius-Petit.

Lanet, secrétaire général du parti, devait déplorer à la tribune du congrès que « bien des nouveaux membres du comité directeur soient des néophytes, entrés de fraîche date au parti ».

François Mitterrand n'abandonnera pas de sitôt une procédure si efficace. Ses fidèles, Joseph Perrin et Louis Deteix, utiliseront le fichier de l'ex-MNPGD pour constituer des fédérations départementales, Mitterrand lui-même incitera à la veille d'un congrès un ancien PG de Vichy, Pierre Coursol[1], à prendre sa carte du parti, allant jusqu'à lui offrir de payer sa cotisation. « Nous appelions ces nouvelles fédérations des fédérations Bottin, car nous soupçonnions que les noms des militants avaient été pris sur des annuaires », expliqua René Pleven encore un peu marri. Tandis que l'ex-trésorier du parti, Pierre Raynal, PDG de Presse-Océan, soupire : « Comme les cotisations étaient payées et que nous n'avions aucun moyen de contrôle, nous ne pouvions pas nous y opposer. »

François Mitterrand, qui rêvait de longue date de supplanter les « vieux » (en 1947 il disait déjà à Édouard Bonnefous : « Nous n'allons pas servir de marchepied à ces messieurs »), ne s'accorde, à partir de 1951, aucun répit. Il se démarque de René Pleven sur tous les grands dossiers, qu'il s'agisse de l'Indochine, de la CED[2] ou de l'enseignement libre. Ce qui l'amènera à se situer comme leader de l'aile gauche de l'UDSR. Que René Pleven n'ait pas obtenu la participation des socialistes à son gouvernement alors même qu'il en excluait François Mitterrand, voilà une coïncidence que le député de la Nièvre s'empresse de mettre à profit : « La vocation de l'UDSR, dit-il alors, est de rassembler les forces socialistes. En aucune circonstance, les représentants de notre parti ne peuvent accepter même la conversation avec le RPF. Nous sommes prêts à nous entendre avec les républicains qui n'acceptent pas de rayer d'un seul trait de plume les conquêtes de la Libération. » Mais celui-là même qui, dans les congrès, prêche ainsi le rassemblement des forces socialistes à des militants ébaubis vient de se faire réélire dans la Nièvre avec les voix du PRL !

Ce congrès de 1951 lui permet d'affirmer sa force. Certes, René Pleven est réélu à l'unanimité président du comité directeur. Mais cette fois François Mitterrand parvient à hisser son ami Joseph Perrin au secrétariat général. Il n'est pas sans importance de souligner que c'est un ancien prisonnier de guerre qui succède ainsi à Joseph

1. Témoignage recueilli par l'auteur.
2. Communauté européenne de défense.

Lanet à la tête de l'appareil du parti. Il n'est pas simplement anecdotique de souligner que la secrétaire de Joseph Perrin est la fille d'un ancien prisonnier de guerre : elle s'appelle Paule Moreau ; la future Madame Decraene est aujourd'hui l'une des secrétaires particulières du président Mitterrand à l'Élysée.

Le bureau politique lui-même prend une teinte nettement mitterrandiste. Georges Dayan, le compagnon le plus intime, est élu secrétaire général adjoint et deux des quatre vice-présidents sont des anciens compagnons du NMPGD : Bastien Leccia (décoré en 1982) et Louis Deteix (décoré en 1947 par François Mitterrand, qui lui donnera la rosette en 1981. Il participe depuis l'origine au pèlerinage annuel de Solutré). Il note : « À partir de ce moment, j'orientai les débats au comité directeur ou au congrès comme le voulait François. »

Pour que nul n'ignore sa toute neuve puissance, dès la première réunion du comité directeur qui suit le congrès, François Mitterrand demande un vote sur une question subalterne. Les « plévénistes » doivent immédiatement en convenir : sa majorité est écrasante.

Tous les procès-verbaux des réunions statutaires de l'UDSR de cette époque démontrent que rien ne se fait plus dans le parti sans lui : quand il est absent, on l'attend avant de décider. Si le savoir-faire c'est l'homme, le député de la Nièvre est déjà bien lui-même. Le dirigeant de l'UDSR annonce le premier secrétaire du Parti socialiste[1].

Pour l'heure, c'est (encore ou déjà) la question scolaire qui agite les partis. Le congrès a réaffirmé la position de l'UDSR favorable à la liberté de l'enseignement et son hostilité à tout monopole, mais en condamnant (notamment par la voix de Jacques Baumel, futur secrétaire général de l'UNR) le principe de subvention de l'État à l'enseignement privé. Un mois plus tôt, pourtant, sans doute par fidélité envers le président du Conseil René Pleven, les députés du parti avaient voté les lois Marie et Barangé établissant certains dispositifs d'aide aux familles d'élèves de l'enseignement privé. Joseph Lanet et François Mitterrand n'avaient pas pris part au vote. Mais alors que Joseph Lanet allait réclamer au congrès l'abrogation de la loi Barangé, l'attitude de François Mitterrand serait « conciliatrice et apaisante[2] ». Jusqu'à un certain point seulement. Car le député de la Nièvre, dans le même temps, reprochait au MRP d'avoir, en proposant la loi Barangé, réveillé une querelle qu'il jugeait « périmée ». « Pour

1. Cf. la thèse d'Éric Duhamel, *L'UDSR*, *op. cit.*
2. Selon René Puissesseau, envoyé spécial du *Monde*.

payer la pige de l'article de l'*Osservatore romano*[1], disait-il, le MRP a semé le désarroi pour de nombreuses années dans la vie politique française et repris sa place à droite. »

Ce n'est évidemment pas le sentiment d'un homme comme René Pleven. Mais le père fondateur de l'UDSR comprend bien que son parti lui échappe. Il ne se sent plus maître chez lui. Il n'accepte pas les critiques du nouveau secrétaire général qui déplore la participation de son parti à des gouvernements de droite : ceux d'Antoine Pinay et de René Mayer auxquels – coïncidence – François Mitterrand n'appartenait pas.

René Pleven déplore surtout d'avoir été lâché sur l'Indochine. Jusqu'au congrès de 1953, l'UDSR avait constamment appuyé la politique française en Indochine et toujours félicité René Pleven, ministre quasi inamovible de la Défense, pour son action à la tête du ministère. Et puis, peu à peu, la dégradation de la situation sur le terrain avait amené le parti à s'interroger et François Mitterrand à se désolidariser. Au congrès de 1953, il se prononce donc pour le désengagement et le cessez-le-feu en Indochine, condamnant ainsi implicitement l'action de René Pleven qu'il avait soutenue jusque-là. On peut y voir la nouvelle marque d'une évolution politique qui le fera passer, dans les dernières années de la IVe République, du centre droit au centre gauche. On peut y voir aussi l'illustration de son refus des solidarités obligées (l'impopularité submergeant bientôt l'ex-président du Conseil). Une attitude qui ne comptera pas peu dans la méfiance suscitée par François Mitterrand chez ses collègues du gouvernement.

De la méfiance, François Mitterrand en inspirera beaucoup autour de lui. Un ancien ministre de la IVe résume ainsi son comportement : « J'ai noté que dès que Mitterrand quittait le gouvernement et retrouvait son banc de député, il démolissait aussitôt tous les projets avec lesquels on savait bien qu'il était d'accord sur le fond. Seulement voilà : il admettait mal qu'ils soient présentés par un gouvernement assez sot pour se passer de lui. À la fin de ses interventions, où il faisait souvent preuve d'un machiavélisme redoutable, le projet et l'homme qui le défendait devaient être démolis. Il n'avait pas son pareil pour se saisir de quelque détail, le grossir, le caricaturer et ruiner ainsi l'ensemble de l'édifice. Lui faisait-on remarquer qu'au pouvoir il n'avait pas marqué d'hostilité envers le texte en question,

1. À la veille des élections précédentes, le journal du Vatican avait appelé en termes à peine voilés à voter pour les Républicains populaires.

il rétorquait alors sans se démonter : “Ce n’est pas le projet que je combats, c’est son application.” »

Technique meurtrière qu’Edgar Faure, président du Conseil, dénoncera en ces termes à la tribune de l’Assemblée, le 29 novembre 1955 : « Évidemment, on attend toujours avec intérêt, et aussi quelque sentiment d’appréhension, les interpellations de Monsieur Mitterrand. Non seulement à cause de son talent et de l’intérêt de ses propos, mais aussi à cause du choix particulier des dates où il les manifeste. » Façon subtile et moqueuse de souligner que François Mitterrand décoche ses flèches dès l’instant où le ministère lui paraît vulnérable. C’est un sonneur d’hallali.

Dans sa profession de foi pour les élections de janvier 1956, François Mitterrand, qui vient d’être trois fois ministre, et parmi les plus importants dans la législature qui s’achève, osera écrire : « C’est une majorité que j’ai combattue qui a gouverné la France. Rien ne m’associe au bilan de cette législature que je condamne. » Comme ne disait pas encore le bon peuple : « Il ne manque pas d’air. »

Une attitude, bien sûr, qui n’améliorait pas son image. Un jour qu’il déconseillait à Édouard Bonnefous d’entrer dans un gouvernement pour lequel on ne l’avait pas sollicité, celui-ci lui rétorqua : « C’est bien simple avec toi : quand tu es au gouvernement, l’UDSR doit être dans la majorité ; mais dès que tu n’y es plus, elle doit entrer dans l’opposition. » René Pleven commente aujourd’hui : « Mitterrand était un homme avec lequel on ne serait pas parti seul à la chasse au tigre. » Et André Monteil, ancien ministre MRP de la Marine, qui porte de l’amitié à François Mitterrand, remarque : « Sous la IVe, François Mitterrand avait contre lui les imbéciles, les ambitieux et les hommes de trop grande foi. Les imbéciles, parce qu’il était intelligent, les ambitieux, parce qu’ils le trouvaient toujours sur leur chemin, et les hommes de foi parce qu’avec lui on ne savait jamais très bien à quoi s’en tenir. »

Le désaccord de François Mitterrand sur le projet de la CED est plus lourd de conséquences encore : il va entraîner la prise de contrôle total de l’UDSR, car cette idée fracassante a été lancée par Jean Monnet et Robert Schuman et appuyée par René Pleven lui-même en 1950 ; l’UDSR avait plébiscité ce projet de création d’une armée européenne intégrée.

Jusqu’en 1953, François Mitterrand, grand partisan de l’Europe en général, avait voté toutes les motions approuvant ce projet qui divisait la classe politique et les Français, provoquant des convergences et des clivages surprenants entre les partis et à l’intérieur des partis.

Devant le congrès de l'UDSR à l'automne 1952, il déclarait même : « J'attends encore qu'on me cite un seul argument, un seul point, un seul élément d'appréciation qui me permette de penser sur l'aspect le plus réduit, le plus mince, le moins important de la politique générale, j'attends qu'on me cite une seule fois quel est le danger réel et que nous reconnaissons contenu dans la communauté de défense et qui aurait disparu sans cette communauté. »

Quelques mois plus tard, en janvier 1953, au cours du débat d'investiture de René Mayer, il précisera, toujours dans le même sens : « Une autorité politique préalable à toute institution européenne, cela eût été préférable, cela continue d'être préférable. Tout ce qui pourra être fait pour donner à ces institutions politiques le pas sur les institutions fragmentaires sera aussi préférable.

Mais enfin, il fallait commencer par le commencement, répondre à certaines menaces, aller vite, aller plus vite que les partisans de l'Europe ne le souhaitent de prime abord.

Je me permets toutefois de vous signaler, Monsieur le président du Conseil désigné, que si une autorité politique doit être préalable à l'armée européenne, on aurait pu tenir le même raisonnement pour le pool charbon-acier. »

En dépit de ces déclarations sans équivoque, les parlementaires et fonctionnaires très hostiles à la CED, rassemblés sous l'étiquette de Comité d'action pour l'indépendance nationale (parmi eux Michel Debré, Jacques Chaban-Delmas, Léo Hamon), ont toujours dit que, sur cette question au moins, François Mitterrand était de leur côté. Double langage ? « Même si on le voyait peu, note Jacques Chaban-Delmas, François Mitterrand nous faisait dire qu'il pensait comme nous. Il nous promettait toujours de venir à nos réunions mais, en fait, il ne venait jamais », tandis que Jacques Bloch-Morhange précise : « En fait, Mitterrand ne cessa d'hésiter quant à l'attitude qu'il adopterait le jour inévitable où serait enfin posé devant le parlement le choix de ses élus sur l'armée européenne[1]. »

Cette querelle s'éteindra sous le gouvernement Mendès France par le vote à l'Assemblée nationale d'une question préalable repoussant aux calendes l'examen du projet. Le gouvernement refusera d'engager sa responsabilité et de poser la question de confiance (procédure alors quasi routinière) sur ce projet qui en réalité le divise. Eugène Claudius-Petit, ministre UDSR du Travail, le reprochera à Pierre Mendès France et démissionnera bruyamment. François Mitterrand,

1. Jacques Bloch-Morhange, *La Grenouille et le Scorpion*, France Empire, 1982.

ministre de l'Intérieur, ne bronchera pas, estimant que « la CED ne justifie pas la chute d'un gouvernement qui a tant à faire ».

Las de tant de critiques et de désaccords, René Pleven s'efface au congrès de Nantes en 1953. Il refuse même la présidence d'honneur du parti. François Mitterrand a mené à bien la troisième phase de sa prise de pouvoir. Il est élu président de l'UDSR par cinquante voix. Il y a onze abstentions. Aucune voix hostile. Il a gagné. Il a trente-sept ans. Quand René Pleven et Eugène Claudius-Petit, ayant perdu leur logistique, lui rendront visite au siège du parti, rue du Mont-Thabor, pour demander au moins quelques machines à écrire, le temps de se retourner, François Mitterrand refusera tout net : « Pas question, l'UDSR, c'est moi. »

Le voici officiellement chef d'un parti et inspirateur d'un groupe parlementaire indispensable à toute coalition. Il peut légitimement penser avoir franchi une étape décisive dans la course pour le pouvoir. Il ne va pas tenter de donner à l'UDSR une dimension supplémentaire : 13 097 adhérents en 1952, à peine 14 000 en 1957. Une progression modeste qui provoquera, lors d'un banquet à l'issu du congrès de 1957, cette raillerie de René Pleven : « Monsieur le président Mitterrand, vous avez permis à l'UDSR d'accomplir le rêve de toute femme : vieillir sans grossir. »

C'est à ce congrès que François Mitterrand se prononcera pour un regroupement des centres « entre une droite conservatrice et une gauche quelquefois entraînée à des promesses qu'elle ne peut tenir ».

Tout commentaire est inutile… Reste à évoquer plusieurs aspects importants de l'action de François Mitterrand sous la IVe République. Sa politique africaine pour commencer.

Mitterrand l'africain

Entrant au ministère de la France d'outre-mer en juillet 1950, François Mitterrand obtient son premier grand portefeuille. À trente-trois ans, il règne sur l'Afrique noire, Madagascar, les Comores, les établissements d'Océanie et Saint-Pierre-et-Miquelon[1].

La guerre froide bat son plein. Le conflit de Corée vient tout juste d'éclater. La France lutte en Indochine. Traversée de multiples

1. Un ministère des Etats associés vient d'être créé pour gérer l'Indochine. Le Maroc et la Tunisie, qui sont des protectorats, dépendent du ministère des Affaires étrangères. Le ministère de l'Intérieur a pleine autorité sur les trois départements d'Algérie (y compris le Sahara), la Réunion, la Guyane et les Antilles.

courants et travaillée par des ferments d'instabilité, l'Afrique noire devient un grave sujet de préoccupation. En métropole, la plupart des parlementaires et des formations politiques ne comprennent goutte à ce qui s'y dessine.

Le Parti communiste favorise le séparatisme, une attitude que François Mitterrand ne manque pas de dénoncer : « Un nationalisme primaire privé de tout contexte historique naissait et se développait, nourri de déception et d'amertume, parfois de haine, qu'entretenait un racisme latent, qu'excitait la propagande communiste[1]. »

Les autres formations, socialistes compris, réagissent d'instinct en prônant une répression sans faiblesse.

L'attitude de l'UDSR est plus originale : responsable des colonies dans le gouvernement provisoire du général de Gaulle, René Pleven avait proposé, lors de la conférence de Brazzaville, « l'avènement d'une ère nouvelle dans les relations entre la France et ses possessions africaines ». Il en avait gardé un esprit d'ouverture aux réalités africaines que le général de Gaulle avait, en 1947, ainsi défini et en même temps limité : « En Afrique française, comme dans tous les territoires où des hommes vivent sous notre drapeau, il n'y aurait aucun progrès si les hommes sur leur terre natale n'en profitaient pas moralement et matériellement, s'ils ne pouvaient s'élever peu à peu jusqu'au niveau où ils seront capables de participer chez eux à la gestion de leurs propres affaires. C'est le devoir de la France de faire en sorte qu'il en soit ainsi… Les fins de l'œuvre de civilisation accomplie par la France dans les colonies écartent toute idée d'autonomie, toute possibilité d'évolution hors du bloc français de l'Empire. »

Pour une fois, François Mitterrand suit René Pleven sans effort. Il n'a pas de mal à endosser cette politique qu'il fera sienne… au moins jusqu'en 1958. Après le vote de la loi cadre proposée par Gaston Defferre dans le gouvernement de Guy Mollet, il écrira en 1957[2] : « Proposée de son plein gré par le gouvernement, cautionnée par les élus des territoires d'outre-mer, et en particulier par Monsieur Houphouët-Boigny et le RDA, votée par une importante majorité, appliquée loyalement, celle-ci concrétisera enfin la promesse de Brazzaville, vieille de treize années. »

Et quand, le 1er juin 1958, à la tribune de l'Assemblée, il dira sans ambages son hostilité au retour du général de Gaulle, il saluera

1. Dans *Présence française et Abandon*, Paris, Plon, 1957.
2. *Ibid.*

pourtant « l'homme au prestige unique, à la gloire incomparable, aux services rendus exceptionnels, l'homme de Brazzaville qui plus qu'un autre signifie par sa seule présence à cette tribune une espérance pour les peuples d'outre-mer ».

Il est vrai que quelques années plus tard, il aura changé d'avis : « Admirable ironie de l'Histoire, écrira-t-il, qui a voulu que le gaullisme s'identifiât à la libération des peuples colonisés alors que, de la conférence de Brazzaville au "Vive l'Algérie française" de Mostaganem, il a été le procureur de l'Empire contre la décolonisation. À Brazzaville, ce fut pour interdire à jamais l'espérance d'un self-gouvernement aux pays sous tutelle[1]. » Vérité en deçà de 1958, erreur au-delà… Le retour de De Gaulle au pouvoir par des moyens que François Mitterrand désapprouve suffira à entacher d'opprobre, à ses yeux, les actes antérieurs de l'homme du 18 Juin.

Mais en 1953 on n'en est pas là et François Mitterrand va s'employer à tout mettre en œuvre pour devancer et même tirer tous les bénéfices de cette politique définie à Brazzaville.

Durant l'année pleine qu'il passe au ministère de la France d'outre-mer, rue Oudinot[2], François Mitterrand a l'occasion de faire briller chacune des facettes de son caractère :

– *L'ambition*. Il ne se contente pas de gérer les affaires administratives et de couvrir les initiatives ou l'inertie des gouverneurs, à l'instar de son prédécesseur Alfred Coste-Floret. Il veut infléchir la politique coloniale française et lui donner sa marque.

– *L'individualisme*. Même si cette politique est inspirée par l'Hôtel Matignon avec les encouragements du président Auriol, il juge normal d'en être le premier bénéficiaire.

– *Le talent manœuvrier*. Grâce aux renforts des députés africains du RDA, qu'il saura s'attacher, il confortera son influence au sein de l'UDSR.

– *L'autoritarisme*. Les hommes qui lui résistent seront déplacés.

– *Le pragmatisme*. Il entend favoriser les évolutions, à condition de garder le plein contrôle des événements, au besoin en agissant sur les résultats des élections.

– *Le libéralisme*. En dépit des pressions coléreuses des colons et des gouverneurs, il soutient les leaders africains qui combattent pour l'émancipation de leurs peuples.

---

1. François Mitterrand, *Le Coup d'État permanent*, Paris, Plon, 1964.
2. René Pleven est président du Conseil de juillet 1950 à mars 1951, Henri Queuille lui succède jusqu'en août 1951, date à laquelle René Pleven retourne à Matignon.

Mais François Mitterrand ne se montrera pas un grand visionnaire (au sens où on l'entend aujourd'hui). Pas un instant il n'imaginera une marche rapide des États africains vers leur indépendance. (Bien peu d'hommes politiques, il est vrai, et pas même le général de Gaulle, ne la prévoyaient.)

« Paris est l'authentique et nécessaire capitale de l'Union française. Le monde africain n'aura pas de centre de gravité s'il se borne à ses frontières géographiques. Il se divisera, se morcellera, refera à son compte nos plus fâcheuses expériences. On y parle déjà de nationalisme. On s'y souvient encore du racisme irréductible. Lié à la France dans son ensemble politique, économique et spirituel, il franchira d'un coup quatre siècles et remplira pleinement son rôle moderne, à la fois original et complémentaire. Des Flandres au Congo, le troisième continent s'équilibrera autour de notre métropole[1]. » Tel est son credo.

Il ne résulte pas d'une conversion brutale et récente. En réalité, François Mitterrand a toujours été attiré par l'Afrique, sensible à ses difficultés et ses contradictions. Avant même ses premiers grands périples, il ne s'en faisait pas une idée simple. Ainsi, le 24 juin 1945, il écrivait dans *Libres*, le journal des anciens PG :

« Sans doute, est-il fort ambitieux de prétendre apporter à des peuples dits arriérés ce que l'on persiste à appeler notre civilisation. On croit communément que construire des routes, pratiquer des vaccins, installer des usines, rationaliser la production sont les signes majeurs des peuples de progrès. On devrait savoir d'expérience que les bienfaits matériels de la science aboutissent avec une régularité décevante à donner aux hommes des moyens supplémentaires de s'entre-tuer…

On ne donne que ce que l'on a… Les Français adorent l'universel, mais ils ont oublié de demander aux intéressés leur avis. Et pourquoi échangeraient-ils leurs dattes et leurs bourricots contre la fumée des usines ? À chacun son plaisir. Ceci dit, essayons de voir les faits tels qu'ils sont : sous l'affreux aspect de l'utilitarisme, nos colonies nous sont nécessaires. Les abandonner serait s'abandonner. Changeons nos méthodes si elles sont néfastes. Mais évitons l'éternel complexe d'infériorité. Ne vantons pas exagérément nos vertus, ne daubons pas non plus éternellement sur nos fautes. Notre œuvre est imparfaite et mélange le bon et le mauvais, l'héroïsme et la cupidité, la générosité et la sottise. Mais qui donc a fait mieux ? »

1. Dans *Aux frontières de l'Union française, Indochine-Tunisie*, Paris, Julliard, 1953.

Il y a peut-être plus de recul dans cet article que dans aucun de ceux qu'il écrira par la suite. En réalité, François Mitterrand ne découvrira ce continent qu'en août 1949 : invité par le haut-commissaire de l'Afrique-Équatoriale française, Bernard Cornut-Gentille, le jeune ministre de l'Information va visiter Radio-Brazzaville. C'est l'occasion d'un long voyage : Congo, Gabon, Tchad, Soudan, et retour par Le Caire, Damas, Jérusalem, Athènes et Paris. Il est accompagné de Danielle Mitterrand, de Claude de Kemoularia, jeune chef de cabinet de Paul Reynaud aujourd'hui ambassadeur aux Nations Unies, et de Pierre Chevallier, député UDSR d'Orléans, qui sera assassiné l'année suivante par sa femme dans un accès de jalousie.

« J'étais revenu de ce voyage, écrit-il[1], brûlant du désir d'agir. J'avais vu une administration débonnaire mais fermée, désuète, entichée de formules toutes faites apprises de Gallieni et de Lyautey. J'avais vu le pacte colonial florissant après son abolition... J'avais vu l'Afrique au pillage, ses matières premières exploitées, expédiées, transformées au loin. J'avais vu des hommes humiliés, ou encore résignés... Or, en dépit de tout cela, j'avais vu la France aimée... J'éprouvais comme une peur de voir s'écrouler sous les décombres son empire si elle se révélait incapable d'aborder rapidement les temps nouveaux. Mais je ne concevais l'indépendance qu'au terme d'un long délai. Il me semblait que dans l'immédiat l'Afrique noire s'émietterait, qu'elle ne possédait ni les structures ni les cadres politiques aptes à former et à tenir des États, que ses territoires, dont les frontières avaient été tracées dans les chancelleries à la règle et au compas, n'avaient pas de réalités ethnique et géographique. »

Un peu plus tard, ministre de la France d'outre-mer et colonisateur sans illusions, il confiera à son ami Jean Roy, un ancien du « 104 », sous-préfet de Montbard : « Les peuples sont comme des enfants, ils grandissent, alors il faut les émanciper peu à peu. »

Les témoins de ce long voyage africain ne constatent pas seulement l'intérêt réfléchi du jeune ministre pour ce continent et peut-être la fascination qu'il éprouve (il y fait ses premières chasses au grand fauve). Ils notent aussi d'emblée son tempérament régalien. Il entend plier l'horaire de tous à son bon vouloir et à ses caprices.

En témoigne Alain de Boissieu, le gendre du général de Gaulle, qui se trouvait alors à Pointe-Noire et qui raconte dans ses mémoires[2] : « Au mois d'août avait lieu la visite du ministre de la France

1. Dans *Ma part de vérité*, *op. cit.*
2. Alain de Boissieu, *Pour servir le général : 1946-1970*, Plon, 1982.

d'outre-mer, François Mitterrand. Il devait se rendre au club hippique à une certaine heure. N'ayant rien vu venir, ni ministre ni messager, au bout d'une demi-heure d'attente le président décidait de faire commencer le programme… Le cabinet du haut-commissaire faisait savoir un peu plus tard que le ministre viendrait dans la soirée, mais à titre privé. Le lendemain, François Mitterrand descendait à Pointe-Noire dans le train du haut-commissaire, Cornut-Gentille, mais en l'absence de celui-ci. On apprenait que le convoi, parvenu à la sortie de la plaine, était arrêté bien qu'il n'y eût aucun incident. Finalement, le train arriva avec une heure de retard, ce que les troupes chargées de rendre les honneurs avaient peu apprécié car il fait chaud en plein soleil, à midi, sous l'équateur. On sut rapidement que le retard était dû à une partie de cartes qui n'en finissait pas… Il sembla ce jour aux habitants de Pointe-Noire que si l'exactitude est la politesse des rois, elle n'était pas celle de certains représentants de la IVe République. »

Une autre histoire défraya fort la chronique en son temps. Pour le cinquantenaire du Tchad, le gouverneur, Henri de Mauduit, avait projeté de donner une fête et d'y convier tous ceux (industriels, fonctionnaires, journalistes) qui avaient aidé ou seraient susceptibles de contribuer au développement du territoire. Bien évidemment, le ministre devait présider la cérémonie. Invité, François Mitterrand fit répondre qu'il viendrait… accompagné d'une cinquantaine de bons amis.

Stupeur et consternation à Fort-Lamy où le petit budget local et les capacités d'hébergement ne permettaient pas de telles libéralités. Mais les cieux étaient avec l'Assemblée territoriale : Une saison des pluies particulièrement rude ayant endommagé l'aérodrome, le gouverneur crut se tirer de ce mauvais pas en prenant prétexte de l'état défectueux de la piste pour annuler la fête. Sans fâcher le ministre… qui se fâcha tout de même et arriva impromptu de Madagascar où il se trouvait en tournée d'inspection pour vérifier si l'atterrissage et le décollage étaient si perturbés. S'étant posé sur le terrain et rendu compte du subterfuge, il prit sur-le-champ des sanctions. Le gouverneur Mauduit fut remplacé dans les vingt-quatre heures par un certain Hanin (qui n'était pas comédien). Des sanctions en chaîne suivirent aux échelons inférieurs[1]. L'un de ces fonctionnaires, nommé Tailleur, fut si ulcéré de ces mesures que, dix ans plus tard, il allait se présenter dans la

1. Témoignages de Maurice Decisier, Jean-François Rives, alors chef de région dans le Sud, et Henry Verdier, inspecteur des affaires administratives, qui fut lui aussi mis à pied.

Nièvre contre François Mitterrand dans l'espoir de lui faire payer cet abus de pouvoir. En vain !

Mais le grand souvenir que François Mitterrand a laissé de son passage au ministère de la France d'outre-mer dépasse de loin l'anecdote. Le mérite que lui reconnaissent ses contemporains n'est pas mince. Il a, disent-ils, sûrement évité une guerre coloniale et dégagé les députés africains membres du RDA de l'influence communiste. Le futur leader de l'Union de la gauche se montrait déjà expert dans l'art d'embarrasser le PC ! L'affaire vaut d'être examinée de près.

Quand François Mitterrand arrive au ministère, l'Afrique française est mal partie. Des troubles y ont éclaté. Il a fallu sévir. Le pire est à craindre, y compris un bain de sang. « On envoyait des bataillons aux endroits sensibles, on doublait les garnisons, on remplissait les bagnes. Mais on gardait la conscience pure. On déplorait, la voix mouillée, cette situation et on en rejetait la faute sur les agitateurs que l'on disait payés par l'étranger. L'Africain, répétaient les colons, et en écho la plupart des gouverneurs, attendait, pour retrouver confiance en la France, qu'elle cessât de montrer sa faiblesse[1]. »

La population autochtone, dont le statut demeure peu enviable, dispose de quelques élus à l'Assemblée nationale française. Les jeunes, surtout, supportent de moins en moins bien la domination des colons, les dernières survivances du travail forcé et le paternalisme des missionnaires. S'il est vrai que l'administration coloniale fait de son mieux pour propager la scolarisation et améliorer l'hygiène et les infrastructures locales, les Blancs d'Afrique dans leur quasi-totalité regardent encore les Noirs comme des enfants et les peuples africains comme des vassaux de la France. Aux indigènes de l'Union française il est demandé d'obéir. Il est interdit de discuter.

Dans ce contexte, le RDA, qui regroupe une partie des élus africains, les plus radicaux, constitue pour la plupart des formations politiques une manière de diable. On le suspecte de vouloir conquérir l'autonomie par le désordre et la violence.

Or ce parti interafricain, qui a tenu son premier congrès à Bamako en 1946, réclame seulement plus de liberté, des droits nouveaux et la participation aux affaires du pays. Mais il a commis un péché capital : six députés africains se sont apparentés au groupe communiste (qui comptait alors cent quatre-vingt-trois élus). Un engagement qui leur sera vivement reproché. « Et pourtant, note François Mitterrand[2],

1. Dans *Ma part de vérité*, *op. cit.*
2. Dans *Présence française et Abandon*, *op. cit.*

à l'époque de son apparentement parlementaire avec le groupe de Maurice Thorez, celui-ci était vice-président du Conseil et participait pleinement à la majorité. N'était-il pas illogique d'exiger d'élus autochtones qui entraient pour la première fois dans nos assemblées un discernement et une rigueur que n'affichaient pas des partis et des hommes parfaitement renseignés sur le danger que faisait courir à la France et à la démocratie la présence stalinienne aux leviers de commande[1] ? »

À vrai dire, la responsabilité du cousinage entre PC et RDA incombe d'abord à la maladresse des autres formations qui n'avaient pas su accueillir en leur sein les nouveaux élus africains. Tout comme elles avaient dédaigné d'envoyer des observateurs à leur premier congrès. Le parti de Maurice Thorez, plus avisé, avait reçu les premiers députés noirs à bras ouverts. Ses membres les avaient cornaqués à travers la capitale, leur avaient enseigné les dédales du Palais-Bourbon et de l'administration métropolitaine. Plus tard, les ministres communistes écartés du gouvernement, le RDA allait se trouver rejeté dans l'opposition avec le PC.

Son leader incontesté, Félix Houphouët-Boigny, député de Côte-d'Ivoire, médecin catholique issu d'une famille de chefs coutumiers, n'a rien du marxiste au couteau entre les dents. À la tribune de l'Assemblée nationale, il se fait d'abord remarquer par un discours mesuré mais ferme et insistant sur les libertés nécessaires. Dans le climat de l'époque, d'aucuns y voient aussitôt une déclaration de guerre révolutionnaire. Au Parti socialiste, au MRP, chez les gaullistes, nombreux sont ceux qui croient que le RDA est « l'échelon avancé de la cinquième colonne soviétique » en Afrique.

De violents incidents ayant éclaté en Côte-d'Ivoire, Félix Houphouët-Boigny tombe sous le coup de poursuites judiciaires. Plusieurs membres de son parti sont incarcérés. Lui-même est en principe interdit de séjour à Paris, bien que l'on sache parfaitement qu'il ne cherche pas l'affrontement.

En arrivant à l'Hôtel Matignon, René Pleven, bon connaisseur de l'Afrique, a compris que, pour éviter un carnage, mieux valait renouer avec le RDA et sonder ses intentions véritables. « À peine désigné, raconte Eugène Claudius-Petit, Pleven m'a fait venir et m'a dit : "Il faut réfléchir, il faut absolument que nous nous rapprochions du RDA." »

1. *Sic.*

René Pleven sait bien que c'est avec Félix Houphouët-Boigny qu'il faut établir le dialogue. À l'Assemblée, celui-ci est affublé du sobriquet de « Thorez africain ». Mais le nouveau président du Conseil a compris depuis longtemps que cette appellation n'était pas justifiée : « Pour l'avoir maintes fois entendu à la tribune, je savais bien qu'il n'était pas communiste[1] », répète-t-il aujourd'hui.

Alors que René Pleven cherche le dialogue, le député ivoirien, homme de mesure et de sagesse, évolue dans le même sens. Il a compris que le PC se servait du RDA bien plus qu'il ne lui rendait service. Il sait que pour atteindre ses objectifs d'émancipation progressive, il lui faudra reprendre les relations avec le gouvernement de troisième force.

Quand un émissaire du cabinet du président du Conseil sonde discrètement Félix Houphouët-Boigny, il reçoit un accueil positif. Un rendez-vous à l'Hôtel Matignon est pris au milieu du mois d'août 1950. Paul Henri Siriex, membre du cabinet de René Pleven, raconte l'entrevue. Il y assistait : « Pendant plus d'une heure Houphouët-Boigny plaide sa cause devant un René Pleven attentif et silencieux. À l'issue de l'entretien, la religion du président du Conseil était faite. Comme je reconduisais le député ivoirien à la porte, le président me dit : "Appelez immédiatement Mitterrand sur l'interministériel, avertissez-le que je viens de recevoir Houphouët-Boigny et que je le tiendrai au courant de cette visite. Surtout ne tardez pas, il est susceptible comme une sociétaire de la Comédie-Française." »

Et Siriex poursuit : « Il ne savait pas si bien dire, car je fus accueilli plus que fraîchement. "D'abord, qui êtes-vous ? m'apostropha François Mitterrand. Vous ne vous êtes jamais présenté à moi. Aujourd'hui, c'est le président du Conseil qui reçoit Houphouët-Boigny, demain ce sera le président de la République, alors à quoi sert le ministre de la France d'outre-mer ?" J'eus beau essayer d'expliquer l'impossibilité momentanée dans laquelle le président du Conseil se trouvait de l'appeler lui-même, lui dire aussi que je me considérais comme un trop petit personnage pour lui demander audience, je n'arrivais pas à me faire entendre. D'ailleurs, il avait raccroché. Il n'avait que trente-quatre ans.

« Comme tout cela semblait dérisoire et comme ce comportement jurait avec la réputation de courtoisie et de charme dont François Mitterrand jouissait déjà… René Pleven connaissait l'intérêt que François Mitterrand portait à l'Afrique où, en 1949, il avait effectué un grand périple. On savait que le maintien du *statu quo* colonial

1. Conversation avec l'auteur.

ne pouvait le satisfaire. Son hostilité déclarée à l'égard du PC était aussi connue que son opposition au général de Gaulle. On le savait également friand de jeux politiques et à ce titre l'opinion du commun était réservée à son sujet[1]... »

Mécontent d'avoir été doublé, le jeune ministre suit quand même les instructions de son président du Conseil. Il prend contact avec Félix Houphouët-Boigny. « Il était assez abattu, assez ému, raconte-t-il plus tard. Je l'ai traité un peu rudement. Je l'ai prévenu que j'allais doubler les garnisons en Afrique et que je le tiendrais pour responsable d'éventuels troubles. Je lui ai expliqué que les revendications humaines, sociales et économiques auraient mon plein appui si elles étaient justifiées. Mais que je n'admettrais pas qu'elles prennent un caractère politique. Il était prématuré de parler d'indépendance[2]. »

En fait, il ne semble pas que François Mitterrand ait dû se montrer si menaçant. En acceptant l'entretien, le leader du RDA avait déjà admis le principe d'un compromis. Deux collaborateurs de François Mitterrand, Pierre Nicolaÿ et Georges Beauchamp, assistaient à ce premier entretien entre le chef rebelle et le jeune ministre de la IVe République. Et les exigences du leader noir leur ont semblé, dès l'abord, bien raisonnables. « Elles portaient sur trois points, raconte Pierre Nicolaÿ : qu'un code du travail soit établi et respecté en AOF, que les Noirs puissent normalement accéder aux fonctions électives dans leur ville ou leur village et, enfin, que les balances des intermédiaires européens ou libanais qui achetaient les récoltes des Noirs soient contrôlées par le service des Poids et Mesures, car il était de règle que le cours du café varie selon la couleur de la peau du vendeur. »

François Mitterrand prend l'engagement personnel d'accéder à ces requêtes à condition que le calme revienne en Afrique. Au terme d'un marchandage serré, Houphouët signe un pacte « Il s'engage, par un texte de deux feuillets, à mener dorénavant son action dans le cadre de l'Union française. Une lettre que François Mitterrand enfermera dans un tiroir au lieu de la livrer à la presse. Ainsi il ne paraît pas avoir dicté ses conditions, mais il conserve un secret avantage sur son interlocuteur[3]. » C'est vraiment à ce signe que j'ai vu qu'il était un homme d'État, note Pierre Nicolaÿ, qui assistait à l'entretien.

1. Paul-Henri Siriex, *Félix Houphouët-Boigny. L'homme de la paix*, Paris, Seghers/ Nouvelles Éditions Africaines, 1975.

2. Georgette Elgey, *La République des illusions*, *op. cit.*

3. Paul Henri Siriex donne une autre version. Dans son livre réalisé avec la bénédiction du président ivoirien, il note : « Il n'y eut dans le dialogue ni menace ni rudoiement et pas davantage de protocole d'accord écrit dûment corrigé et signé.

Félix Houphouët-Boigny adresse aussitôt une missive aux responsables du RDA qui sont sur le terrain pour leur demander de cesser la lutte ouverte contre l'administration coloniale. Pour le leader noir c'est un pari risqué : il met en jeu toute son autorité et sa réputation. Dans le même temps, il est vrai, sur ordre du ministre, plusieurs dirigeants du mouvement sont libérés. Un peu plus tard, le RDA rompt ses liens avec le PC et, en témoignage de reconnaissance, s'inscrit à l'UDSR. Six élus africains[1] vont y découvrir avec quelque étonnement les féroces rivalités de personnes qui y sont de règle. Félix Houphouët-Boigny, qui ne manque pas d'esprit, commentera : « L'UDSR est le seul endroit où des Noirs peuvent regarder des Blancs se manger entre eux. »

La voie ayant été ouverte par René Pleven, François Mitterrand a donc su transformer avec habileté des rapports de force en rapports de confiance.

Une évolution qui n'est pas du goût de tout le monde : « Il va sans dire qu'aussi bien dans la métropole que dans certains milieux européens d'Afrique, cette politique provoqua immédiatement de vives réactions. Les moins favorables daubèrent sur la naïveté du ministre. Les plus hostiles crièrent à la trahison du gouvernement. Le reproche d'avoir livré l'Afrique au communisme et au séparatisme fut élevé et des interpellations s'en firent l'écho à l'Assemblée nationale. Une presse véhémente et injurieuse alerta l'opinion sur l'abominable complot qui signifiait la fin de la présence française au bénéfice d'agitateurs qu'un régime sain, équilibré et fort aurait destinés à la prison ou à la mort[2]. »

Sept ans plus tard, sa vision des choses se modifiera sensiblement. Il écrit[3] : « Ministre de la France d'outre-mer, j'essayai d'amorcer une politique nouvelle, les élus du gaullisme en suffoquèrent d'indignation. Tendre la main aux réprouvés, libérer les emprisonnés, épargner la cour d'assises aux meneurs, c'était se rendre complice de l'anti-France. Les députés Bayrou, Malbrant, Castellani, gaullistes de stricte observance, vinrent rue Oudinot me sommer de mettre fin à mes folies. Ah, qu'ils incarnaient donc bravement la patrie ! Selon

C'était bien mal connaître Houphouët. Non, vraiment, on ne le voit pas céder à une sorte de chantage, à une répression accrue, pas plus qu'on imagine le ministre s'y livrant sans démentir l'esprit qui inspirait sa démarche. »

1. Coulibaly, Félix Tchicaya, Hamari Diou, Houphouët-Boigny, Gabriel Lisette et Mamadou Konaté.

2. Dans *Présence française et Abandon*, *op. cit.*

3. Dans *Le Coup d'Etat permanent*, *op. cit.*

les attendus de leur réquisitoire, j'éliminais la présence française. Je protégeais la contagion stalinienne.»

Une fois de plus, après 1958, François Mitterrand concentre tous ses coups sur les gaullistes. Oubliant de pourfendre ceux du MRP qui n'étaient plus ses adversaires prioritaires. Il est vrai que le RPF était hostile à sa politique libérale. Et qu'il fallut attendre la visite privée du général de Gaulle en Afrique en 1953 pour que les membres de la section ivoirienne du RPF, jusque-là adversaires irréductibles du RDA et de Félix Houphouët-Boigny, prêtent l'oreille aux conseils de prudence et de sagesse. Seulement les RPF n'étaient pas les seuls.

En 1951, comme pour bien souligner son dessein, le ministre de la France d'outre-mer allait emmener dans ses bagages (mais, sage précaution, pas dans le même avion que le sien) les députés africains du RDA à l'inauguration du nouveau port d'Abidjan. Et ce au grand dam de la société coloniale locale : « Celle-là même qui, quelques mois plus tard, donnera du "cher Félix" à Houphouët-Boigny », commente Georges Beauchamp.

Le ministre démontrait son autorité.

Une manifestation ainsi relatée par Paul-Henri Siriex : « Ce voyage en grand style tranchait quelque peu sur l'orthodoxie des caravanes ministérielles habituelles : un jeune ministre, flanqué de son secrétaire d'État, Monsieur Coffin, instituteur berrichon et socialiste, d'un grand bourgeois libéral, l'élégant Jean Fourcade, président de l'Assemblée de l'Union française. Deux vétérans l'accompagnaient : le général Legentilhomme, peu suspect d'opinion progressiste, et le gouverneur Pierre Chauvet, l'un et l'autre étant peu faits pour provoquer la méfiance ou l'antipathie des Européens d'Abidjan, encore marqués par une certaine nostalgie vychiste. Il y avait aussi un magistrat, fils d'un grand chef coutumier du pays baoulé, Alphonse Boni, ancien condisciple au collège d'Angoulême de François Mitterrand qui l'avait pris à son cabinet… Les instructions qu'il avait envoyées avant de quitter Paris étaient formelles : pas d'ostracisme à l'égard des élus du RDA, ceux-là mêmes qui avaient déclenché une campagne d'insubordination. Une foule considérable s'était rassemblée aux abords de l'aérodrome. Des incidents étaient inévitables dans le climat de tension et de surprise créé par une telle innovation. Il y fut mis bon ordre. Le ministre, dont la jeunesse était une sorte de provocation, le chef couvert du casque colonial d'antan, reçut de la part des Blancs un accueil aussi glacial que celui qu'il réservait à Félix Houphouët-Boigny, mais je crois qu'il devait en éprouver une secrète satisfaction… Le gouverneur Péchoux, ayant essayé d'empêcher le retour des élus du RDA et assumé la responsabilité d'une répression sévère, ne pouvait être celui qui présiderait à la réconciliation des colons et des Noirs. François Mitterrand allait donc le nommer à son cabinet… Mais tout cela, il fallait le faire, comme on dit aujourd'hui. Et cela fut fait. »

Réaliste, François Mitterrand comprend que cet accord avec le RDA ne doit pas contribuer à renforcer l'influence de ce mouvement. L'opinion parlementaire métropolitaine et les colons d'Afrique n'y étaient pas prêts. Les élections de 1951 allaient lui donner l'occasion de rendre la marée étale : « On ne prête qu'aux riches et, en la circonstance, on n'a pas fait mentir le proverbe en imputant à Monsieur Mitterrand de savantes manœuvres tendant à rendre le succès du RDA aussi modeste que possible afin d'acclimater en douceur l'entrée du RDA dans la vie politique africaine. À vrai dire, les consignes formelles étaient superflues… Pour guider les suffrages des électeurs de brousse, il pouvait faire confiance à ses gouverneurs, naturellement soucieux de stabilité[1]. » Pierre Nicolaÿ, son directeur de cabinet à l'époque, affirme aujourd'hui : « Le ministre avait bel et bien donné ses instructions aux gouverneurs pour limiter le succès du RDA. »

Pour dire les choses crûment, François Mitterrand fait bourrer les urnes. Quelques caciques du RDA devaient ainsi mordre la poussière. Telles étaient alors les mœurs.

Un autre épisode, qui n'est pas seulement pittoresque, va ancrer chez les parlementaires de droite l'image d'un Mitterrand ambigu, cristallisant chez l'intéressé un vif sentiment d'injustice d'où naîtront un rejet et une rupture psychologique.

À première vue pourtant, l'affaire ne paraît pas considérable : au début de l'année 1951, Paul Bechard, haut-commissaire en AOF et ancien député socialiste, intente une action en justice contre deux pères blancs de Dakar : le père Paternos, procureur général de la congrégation, et le révérend père Rummelhardt. Leur journal, l'influente *Afrique nouvelle* (qui évoluera par la suite dans un sens très libéral et dont les alliés changeront du même coup), a rendu compte d'une façon désobligeante d'un procès en diffamation opposant le haut-commissaire à des détracteurs qui mettaient en cause son intégrité. Traduits en correctionnelle, les deux religieux étaient condamnés symboliquement à cinquante francs d'amende avec sursis. Scandale dans la petite société coloniale. Paris est aussitôt saisi. Le MRP s'agite

1. Paul-Henri Siriex, *Félix Houphouët-Boigny*, *op. cit.*

et s'indigne. La hiérarchie catholique s'en mêle. Mais François Mitterrand couvre le haut fonctionnaire dont la réaction lui paraît légitime. Tempête à droite, lors du vote du budget de la France d'outre-mer, le 4 avril 1951. Par mesures de rétorsion, le député CNI Édouard Frédéric-Dupont[1] dépose un amendement visant à réduire de mille francs le traitement du ministre, façon de blâmer le gouverneur, qui « par sectarisme socialiste a traîné deux Pères blancs en correctionnelle ». L'amendement est adopté par 241 voix contre 175. Mitterrand menace de démissionner. Le gouvernement s'oppose à l'adoption de l'ensemble du budget du ministère, ainsi amendé. Il est renvoyé trois semaines plus tard. Cette fois, ce sont les communistes qui veulent amputer le traitement ministériel pour cause de répression en Afrique. Finalement, le budget est voté, le ministre conservant l'intégralité de ses émoluments.

En apparence, l'affaire en reste là. En réalité, François Mitterrand est devenu de ce jour un suspect pour la droite. Il a déjà été taxé d'esprit d'abandon. Le voici désormais presque rangé parmi les ennemis de l'Église, avec – circonstances aggravantes – un parfum délétère de traîtrise : comment cet ancien élève des bons pères a-t-il pu s'abaisser jusqu'à jeter deux des leurs, « même quelques minutes, sur un banc où figurent généralement des voleurs, des escrocs et des filles soumises » ? comme s'en indigne dans une irrépressible envolée l'honorable Édouard Frédéric-Dupont.

Ni l'Épiscopat, ni le MRP n'oublieront. D'autant que le MRP est toujours au mieux avec les Indépendants d'outre-mer, rivaux du RDA dans le continent noir. Ils useront de leur influence conjuguée auprès de René Pleven, à nouveau président du Conseil pressenti en août 1951, pour écarter François Mitterrand du ministère de la rue Oudinot.

René Pleven l'admet : « J'avais besoin du MRP pour constituer mon ministère, et la condition sine qua non de leur participation était l'éviction de Mitterrand. »

Celui-ci devait en concevoir une grande amertume et un fort sentiment d'injustice (terrain sur lequel la sensibilité de François Mitterrand paraît toujours à vif, notamment lorsqu'il en est la victime).

Selon Georges Beauchamp, point de doute que de cette exclusion imméritée datent deux ruptures psychologiques. La première : « Que la hiérarchie catholique ait pu le faire saquer et à tort aussi froidement l'a éloigné de l'Église institutionnelle. » Les sentiments

1. Membre du Centre national des indépendants.

religieux de François Mitterrand ayant tendance à refroidir, ce déni de justice ne pouvait qu'aviver sa méfiance vis-à-vis des cléricaux. Deuxième rupture : « Simultanément, poursuit Georges Beauchamp, son départ du gouvernement l'a libéré de tout sentiment de déférence envers René Pleven, rien ne l'empêchait plus de briguer la présidence de l'UDSR. »

En vérité, nous l'avons vu, François Mitterrand était déjà engagé depuis près de deux ans dans la conquête du pouvoir à la tête du parti. Mais, désormais, il n'a plus de précautions à observer. Là où il procédait obliquement, il peut maintenant préparer l'offensive frontale. En le sacrifiant au MRP, René Pleven lui permettait de devenir son challengeur officiel.

Qu'il l'ait recherché ou non, François Mitterrand sort donc du ministère de la France d'outre-mer par une petite porte de gauche. Il se trouve dans une situation paradoxale et peu confortable. La droite n'abandonnera plus sa défiance à l'égard de celui qui n'est pourtant, pourrait-on dire, qu'un décolonisateur dans la colonisation[1]. À l'inverse, la fraction décolonisatrice de la gauche regardera avec suspicion ce ministre trop habile coupable à ses yeux de vouloir perpétuer l'Empire.

Lui-même avouera vingt ans plus tard : « J'avais tort de vouloir concilier les contraires. Il n'est d'émancipation coloniale comme il n'est de révolution sociale que globale et irréductible[2]. »

Concilier les contraires… Cet exercice, l'actuel président le sait bien, est ingrat et aléatoire, même quand le tempérament personnel y incline. À se montrer trop avancé aux yeux des uns, trop prudent au jugement des autres, on risque de perdre sur les deux tableaux.

Si le ministre de la France d'outre-mer s'est révélé un gestionnaire tout à fait convenable, l'homme politique en a été pénalisé. Une leçon que le futur leader socialiste se gardera dorénavant d'oublier. L'affaire algérienne, l'expédition de Suez le trouveront d'ailleurs beaucoup plus conformiste.

Seul bénéfice, mais qui représente un lot de consolation non négligeable : les Africains du RDA reconnaissants lui resteront fidèles.

---

1. Et pourtant, le jeune ministre aurait dû rassurer ces ultras. Au printemps 1951, il avait approuvé à la tribune de l'Assemblée nationale la manière brutale dont le haut-commissaire Pierre de Chevigné avait rétabli l'ordre à Madagascar à la suite des violentes émeutes de 1947. Il assurait avoir visité les prisons malgaches où, disait-il, « les conditions de détention étaient très acceptables pour un pays démocratique comme le nôtre ».

2. Dans *Ma part de vérité*, *op. cit.*

Jean-Noël de Lipkowski, alors jeune élu de l'UDSR, se souvient encore, ébloui, du congrès de Bamako en septembre 1957, auquel François Mitterrand l'avait convié en compagnie de Roland Dumas, un autre jeune élu UDSR. Il raconte : « J'ai vu tous ces Africains lui rendre un hommage personnel et vibrant. C'était très impressionnant. S'ils applaudissaient Pleven, ils aimaient Mitterrand. »

Rupture : François Mitterrand quitte le gouvernement Laniel

Le Maroc et la Tunisie, deux pays sous protectorat français, posent en 1953 de sérieux problèmes au gouvernement de la République. Depuis la Libération, les relations ont été à peu près bonnes, en dépit de certains incidents, mais les gouvernements successifs n'ont guère montré d'imagination politique, c'est le moins que l'on puisse dire. Et dès qu'éclatent les premiers troubles, on retrouve l'hésitation classique entre l'instinct de la répression et l'intelligence de l'évolution.

François Mitterrand participe à ce balancement et même l'illustre tout à fait. Il comprend, et le dit, que des changements sont nécessaires. Mais il ne les conçoit, comme la presque totalité de ses pairs, que pour mieux arrimer les États associés à la métropole. Il reproche vertement aux ministres qui se succèdent au Quai d'Orsay, responsables des protectorats, de ne pas savoir où ils veulent aller. Bien que de tempérament jacobin, il perçoit l'importance d'une démarche plus novatrice. Mais il n'est pas émancipateur, seulement partisan d'une évolution. Ce n'est pas assez pour qu'il fasse, en ce domaine, figure d'homme de gauche, mais c'est déjà trop pour qu'on puisse le ranger parmi les conservateurs. Il apparaît plutôt comme un centriste éclairé, habile aussi à utiliser les maladresses et les myopies des autres pour démontrer sa perspicacité.

Ministre d'État dans le premier gouvernement Edgar Faure (qui ne tient même pas trois mois, du 20 janvier 1952 au 8 mars), le député de la Nièvre prépare, à la demande du président du Conseil, un rapport sur l'évolution des relations franco-tunisiennes. Pragmatique, il suggère un retour à l'antique traité du Bardo (1881) qui confiait à la France la défense, la représentation diplomatique et l'équipement de la Tunisie.

Ces trois domaines exceptés, tout lui semble négociable. Autrement dit, il remet en cause la Convention de La Marsa (8 juin 1883) qui avait amené la France à administrer directement la Tunisie, ne laissant aux autorités locales que l'inauguration des fleurs de palmier. Il préconise, sans employer l'expression, l'autonomie interne, à condition toutefois que soient sauvegardés les intérêts des Français établis dans le pays. Pas question d'indépendance donc, mais des réformes assez profondes pour pouvoir espérer l'éviter. Une ligne que François Mitterrand exposera en ces termes à la tribune, en juin 1953[1] : « Quel est celui d'entre vous qui accepterait que la présence de la France en Afrique du Nord fût discutée ?… Il s'agit d'y rester. » C'est, alors, la position de bien de ceux qu'on appelle « libéraux », de la plupart des hommes de gauche. Ce sera aussi, à peu de chose près, celle de Pierre Mendès France, qui, devenu président du Conseil en 1956, proposera à la Tunisie, dans son discours de Carthage, la « souveraineté interne ». Il n'est toujours pas question d'indépendance. Celle-ci ne viendra que deux ans plus tard, sous le gouvernement du socialiste Guy Mollet, en partie comme une conséquence de la crise marocaine. (François Mitterrand, membre de ce gouvernement, approuvera cette décision, mais ressentira l'affaire comme un échec inévitable. Si les litiges entre les deux pays avaient été abordés plus tôt, et avec plus d'audace, les Français auraient pu rester en Tunisie : ce sera alors sa conviction et celle de bon nombre de libéraux.)

Ce refus de la passivité, d'une politique sans perspectives, de la faiblesse d'un gouvernement que ses proconsuls outre-Méditerranée placent trop souvent devant le fait accompli va provoquer le premier véritable acte de rupture de François Mitterrand : il quitte avec éclat le gouvernement Laniel, formé en juin 1953, dans lequel il était… ministre délégué au Conseil de l'Europe. Minée par la guerre d'Indochine et les difficultés qui s'amoncelaient en Afrique du Nord, la IVe République entrait alors en agonie. Le gouvernement de Joseph Laniel, un indépendant paysan affublé par François Mauriac de l'étiquette « dictature à tête de bœuf », rassemblait essentiellement le MRP, des radicaux et la droite ; en dépit des difficultés de toutes sortes, il allait tenir presque un an – la défaite de Diên Biên Phu devant lui porter le coup de grâce.

C'est l'affaire marocaine qui provoque la démission de François Mitterrand. Des troubles ayant éclaté dans ce pays, le résident général de France, Guillaume, appuyé par l'armée, la très grande majorité des notables européens, et certains notables marocains comme le

1. Lors du débat d'investiture de Pierre Mendès France. Mais celui-ci n'obtenant pas la confiance de l'Assemblée ne deviendra pas président du Conseil. La crise durera trente-six jours et se terminera par la formation d'un gouvernement Laniel.

Glaoui, pacha de Marrakech, en profitent pour déposer purement et simplement le sultan Mohammed V. Ils le remplacent par un honorable vieillard choisi pour sa docilité, Moulay Ben Arafa. Le ministre des Affaires étrangères, Georges Bidault, et le président Laniel, pratiquement mis devant le fait accompli, donnent leur aval à l'opération.

François Mitterrand, qui en est heurté, offusqué même, s'en expliquera par la suite : « C'est ainsi que la déposition du sultan du Maroc fut organisée par le résident général et par des fonctionnaires locaux avec la complicité de deux ministres sans que le gouvernement fût informé. Le nouveau sultan avait déjà pris possession du trône que l'on cherchait encore son nom à l'Élysée… Bref, l'État n'était plus l'État et les Français apprenaient de jour en jour à n'aimer plus leur République… Je démissionnais, un grand journal du matin salua ce départ sous le titre : "Un homme à la mer". J'ai eu souvent droit à la suite à cet aimable diagnostic[1]. »

Le lendemain, le démissionnaire assurait dans une longue interview à *L'Express*, tout nouvel hebdomadaire : « Je crois aux vertus de la fermeté, à la vertu du prestige, mais il faut les mettre au service d'une évolution qui se fera contre nous si elle ne se fait pas avec nous. »

Les choses sont donc claires : François Mitterrand quitte le gouvernement parce qu'il n'en accepte ni la faiblesse ni le conservatisme. Une démission qui va renforcer auprès des militants de l'UDSR et de l'opinion son image d'homme réformiste et déterminé.

Reste à savoir pourtant pourquoi François Mitterrand, qui avait tant laissé brocarder René Pleven pour sa participation aux gouvernements de droite de René Mayer et d'Antoine Pinay, avait accepté d'entrer avec le même René Pleven dans le ministère Laniel, qui n'était certes pas plus à gauche et dont le prestige et la popularité n'égalaient pas celui du sage de Saint-Chamond. Compromission d'autant plus paradoxale qu'à en croire les comptes rendus du comité directeur de l'UDSR en date du 22 juin 1953, les conditions posées par François Mitterrand à Joseph Laniel (deux ministères et un secrétariat d'État) n'avaient pas été entièrement satisfaites, l'UDSR n'obtenant pas de secrétariat d'État. Quant aux assurances d'une politique plus libérale et plus cohérente dans l'Union française, elles étaient bien vagues et ne furent pas respectées. François Mitterrand a-t-il accepté d'entrer dans ce gouvernement pour mieux en sortir ?

1. Dans *Ma part de vérité*, *op. cit.*

Certains de ses adversaires l'assurent. René Pleven au premier rang, qui était ministre de la Défense dans le cabinet Laniel et le resta jusqu'au dernier jour. « Mitterrand, dit-il, a démissionné parce qu'il a compris que l'heure de Mendès allait sonner. » Elle sonne, en effet, mais dix mois plus tard : le 12 juin 1954, la chute de Diên Biên Phu entraînait celle du gouvernement ; au cours du débat, Pierre Mendès France avait prononcé un réquisitoire en quoi certains virent une « déclaration d'investiture prématurée[1] ». Pierre Mendès France, en tout cas, devint effectivement président du Conseil. Au cours des mois précédents, ses contacts avec François Mitterrand avaient été, semble-t-il, assez nombreux.

Jacques Bloch-Morhange a raconté le rôle qu'a pris François Mitterrand pour faire tomber le gouvernement Laniel.

« En ce jour de juin 1954, nous nous retrouvâmes à l'heure du déjeuner dans un petit restaurant de la rue Surcouf où nous avions nos habitudes. À 15 heures, un débat s'ouvrait devant le parlement dont dépendait la survie ou la mort du gouvernement Laniel, selon le climat que l'on parviendrait ou non à créer ce jour-là. Étaient assis autour de la table : Robert Buron (MRP), Robert Lacoste (SFIO), Jacques Chaban-Delmas et Michel Debré, François Mitterrand, Joseph Lanet, Jacques Kosciusko-Morizet (UDSR), Raymond Valabrègue et Olivier de Pierrebourg…

« Nous avions le sentiment que pour longtemps la France avait perdu son ultime carte en Extrême-Orient. Nous avions aussi celui que le combat fondamental à mener contre le vote de la CED allait se trouver engagé très vite au premier plan, nous savions que les Américains y pousseraient, aidés par la démocratie chrétienne… Nous pensions qu'il fallait immédiatement provoquer la chute de Laniel, pousser Edgar Faure ou Mendès (Mitterrand pensait que Mendès était celui dont les chances étaient les meilleures), engager une négociation de paix sans quitter l'Indochine, faire obstacle à l'action qui ne manquerait pas d'être menée en faveur de la CED. Tel était, outre l'agrément du menu, l'ordre du jour de ce repas.

« Les hommes politiques autour de la table détenaient le sort de la majorité puisque aucune combinaison gouvernementale ne pouvait être construite ou survivre sans leur appui…

Il nous fallut donc déterminer les arguments dont nous allions nous servir pour exiger immédiatement son départ. Chacun donnait ses idées que Mitterrand notait au dos du menu, jusqu'au moment où il proposa :

1. *L'Année politique*, 1954.

"Si vous êtes d'accord, je veux bien accepter le risque de faire ce discours en notre nom à tous." L'unanimité se fit aussitôt. Il nous dit alors comment, cet après-midi, il construirait son intervention, comment, de descriptif, son propos prendrait progressivement la figure d'un réquisitoire et comment il enfermerait le président du Conseil dans un cadre dont celui-ci ne pourrait désormais plus sortir que pour être battu. La vérité est de reconnaître que c'est exactement de cette manière que les choses se déroulèrent l'après-midi du 12 juin. Je compris à ce moment la technique de Mitterrand, elle est toujours la même aujourd'hui…

Arithmétiquement, il manquait à une éventuelle majorité Mendès cinq ou six voix. Mitterrand allait les trouver sur les bancs qui étaient à l'époque peu ou prou considérés comme les adversaires du député de l'Eure. Il promit des secrétariats d'État, en fit donner par Mendès le 17 juin, constitua son gouvernement et transforma pour lui cinq adversaires en cinq partisans. »

Et Bloch-Morhange de conclure : « On ne saurait contester que Mitterrand, notre porte-parole, a réussi à faire battre Laniel, trouvé pour Mendès l'appoint nécessaire à la constitution de son gouvernement et permis le succès diplomatique tragique mais qui s'imposait de la paix en Indochine[1]. »

La tentation mendésiste et l'affaire des fuites

François Mitterrand n'a jamais voulu lier à personne son sort et son nom. Adolescent, à l'âge où tant d'autres recherchent des mentors ou des directeurs de conscience, l'étudiant pensionnaire du 104 rue de Vaugirard affichait, nous l'avons vu, quelque désinvolture à l'égard des gloires du moment, comme s'il ne trouvait point de soleil assez brillant pour l'éblouir.

À Vichy, dans la Résistance, à la Libération, nul homme – pas même de Gaulle – n'eut assez d'ascendant sur lui pour se l'attacher. Henry Frenay – il veut bien en convenir – l'impressionna quelque temps. Pas suffisamment pour qu'il veuille devenir son second. À l'UDSR, il ne se résigna pas à accepter le leadership de René Pleven. S'il entretint des relations cordiales et différentes avec le président Vincent Auriol ou des caciques indéracinables et puissants comme Henri Queuille, Paul Ramadier, Robert Schuman, il ne tint pour son maître aucun d'entre eux.

1. Jacques Bloch-Morhange, *La Grenouille et le Scorpion*, *op. cit*

En politique, il traite parfois ses collègues avec cruauté, avec indulgence jamais. Les compliments ne sont pas sa spécialité : lorsqu'il s'essaie à être aimable, sa plume soudain s'alourdit. Certes, il sait faire l'éloge d'autrui, il le fait même assez bien quand il s'agit de subordonnés qui sont ou seront bientôt des redevables. Mais flatter ses égaux ? Non ! L'exercice lui répugne.

Il existe à cette règle une exception, une seule : Pierre Mendès France.

« C'est la seule fois où François Mitterrand a montré un complexe révérenciel pour un homme », indique aujourd'hui Georges Beauchamp. Et tous ceux qui l'approchèrent alors le confirment. Pour celui que l'on appelle P. M. F., François Mitterrand sort de sa réserve, il multiplie même les éloges.

Cette insolite admiration participe, il est vrai, d'un mouvement général : P. M. F. incarne alors dans un milieu intellectuel, bourgeois et libéral le renouveau et la modernité, la rigueur et l'élan, la vision et la compétence. Depuis 1945, il s'était fait remarquer à l'Assemblée nationale par une impitoyable critique de la politique économique et financière, prônant le parler vrai, la réconciliation de l'imagination et du savoir, l'alliance nécessaire du secteur public et du secteur privé. L'air d'un hibou mélancolique, la mine chiffonnée, des mises de professeur étourdi et un prestige international croissant, il incarne dans le jeu des sept familles politiques le tonton chagrin de la nouvelle gauche. De jeunes journalistes brillants, Jean-Jacques Servan-Schreiber et Françoise Giroud, participent avec un enthousiasme avide à l'élaboration de son mythe. P. M. F. devient jour après jour le héros de la saga de leur nouvel hebdomadaire, *L'Express*.

Une grande partie de l'opinion les suit. La classe politique, qui commence à découvrir ce qu'est désormais la personnalisation du pouvoir, apprécie moins. Le nouveau président du Conseil, par la rapidité de ses décisions, ramène la confiance dans un pays désorienté et abattu par la faiblesse gouvernementale, les échecs coloniaux qui viennent d'être cruellement soulignés à Diên Biên Phu. « Toutes proportions gardées, écrit le politologue Jacques Julliard[1], le service que P. M. F. a rendu à son pays en cet été 1954 est de la même nature que l'action de Charles de Gaulle le 18 juin 1940 : il l'a sauvé de l'humiliation, il l'a empêché de désespérer de soi. »

Il est vrai que François Mitterrand n'a pas attendu l'été 1954 pour chanter les louanges de P. M. F. Au lendemain de la première tentative

1. Jacques Julliard, *La IVe République*, Paris, Calmann-Lévy, 1968.

de celui-ci, en juin 1953, il écrivait dans *Combat* : « Ses propos, l'attitude, le ton du député de l'Eure exprimèrent si admirablement le besoin de renouveau de nos mœurs parlementaires que le climat de la crise en fut transformé. Son refus des intrigues et son dédain des à-peu-près firent le reste, la politique française changeait de style. »

Comme un train, une politesse peut toujours en cacher une autre. P. M. F. y va, lui aussi, de son compliment dans la préface qu'il donne au premier essai publié par François Mitterrand en 1953, *Aux frontières de l'Union française*. Il écrit : « Je veux vous dire combien j'apprécie la lucidité et la précision de votre exposé des grands problèmes de l'Union française. Combien j'admire le courage intellectuel et politique avec lequel vous recherchez des solutions. »

Qu'en termes exquis ces choses-là sont dites !

Mais si François Mitterrand et Pierre Mendès France ont eu de l'estime l'un pour l'autre, jamais ils n'ont été amis. Dans sa biographie de P. M. F., Jean Lacouture note : « Leur collaboration commune au Forum de *L'Express* les avait rapprochés sans faire d'eux des intimes. Mendès avait découvert chez son jeune collègue un zoologiste parlementaire d'une science incomparable. Nul ne connaissait mieux que lui les députés, leurs talents, leurs faiblesses, leurs performances passées, leurs aspirations secrètes et leurs accointances. Ce n'est pas lui qui aurait lâché comme P. M. F., voyant monter à la tribune au cours d'un débat indochinois un grand diable grisonnant :

– Qui est-ce encore, celui-là ?

– Mais c'est Frédéric-Dupont, voyons ! L'inamovible député des concierges du VIIᵉ arrondissement. »

Paul Legatte, un mendésiste passé au service de François Mitterrand, aujourd'hui membre du Conseil constitutionnel, ajoute : « Mendès était fasciné par la facilité avec laquelle Mitterrand improvisait ou troussait ses discours. Quand lui devait s'échiner sur une page blanche, peser chaque mot et reprendre dix fois son ouvrage, Mitterrand jonglait avec les mots et les formules. Je crois même que Mendès était secrètement fasciné par les succès féminins que l'on prêtait au jeune ministre. » Réciproque : François Mitterrand a toujours admiré et envié l'autorité et le sérieux de P. M. F. en matière d'économie. Envié n'est peut-être pas le mot tout à fait exact : le futur président n'a jamais tenu l'économie ni ses experts pour des réalités et des autorités devant lesquelles il fallait capituler. Le FMI, l'OCDE, l'INSEE, autant de sigles qu'il faut connaître et citer, mais devant lesquels on ne s'agenouille pas. Quant aux docteurs ès équilibre budgétaire, ou ès réserve monétaire, ils ont toujours fait figure à ses yeux de médecins de Molière : « Tous les plans de redressement que j'ai connus se sont toujours soldés par l'augmentation de la vignette et des tabacs », a-t-il plaisamment répété des années durant.

En 1954, P. M. F. veut pouvoir profiter de la science parlementaire du député de la Nièvre. Conscient de son ignorance et de son ingénuité en ces matières délicates, il entend utiliser les talents de son cadet, qui a tant contribué, on l'a vu, à la chute du gouvernement Laniel et qui lui a permis d'entrer à Matignon. Sa connaissance du petit monde du Palais-Bourbon et du règlement de l'Assemblée, sa capacité de scintiller à la tribune et d'y prononcer des « philippiques aux arêtes de diamant ».

Dans la nuit du 17 au 18 juin 1954, P. M. F. convie François Mitterrand à rejoindre chez lui, rue du Conseiller-Collignon, Edgar Faure, le numéro 2 du futur gouvernement, chargé de l'Economie, et quelques collaborateurs personnels (Georges Boris, Paul Legatte, entre autres), afin de dresser la liste des ministères. Des travaux qui ne pourront commencer qu'après 23 heures. Mitterrand restant, selon son incurable habitude, introuvable jusqu'à ce stade avancé de la soirée.

« Ah, les retards de François Mitterrand ! s'esclaffe avec encore une pointe d'exaspération dans la voix Françoise Giroud qui, avec J.-J. S.-S., fut associée de très près aux grandes et petites péripéties de ce gouvernement des sept mois et dix-sept jours. Il fallait toujours l'attendre au moins deux ou trois heures. Et quand il arrivait enfin, c'était pour se lancer dans des justifications d'un compliqué et d'un rocambolesque qui démontraient à l'évidence qu'il racontait des histoires. Et plus il s'enferrait dans son récit, plus il s'irritait de notre incrédulité, alors qu'il aurait mieux fait, bien sûr, de se passer d'explications. Et si, d'aventure, il se trouvait à l'heure, avant de se rendre à un déjeuner par exemple, l'idée d'être ponctuel le déroutait tant qu'il s'inventait sur-le-champ un dossier urgent à consulter, un article à lire, afin d'être bien sûr d'arriver un tour d'horloge après tout le monde. »

Dans son entourage, les retards de François Mitterrand sont devenus proverbiaux. Un membre de son cabinet raconte que, quelques mois plus tard, devant recevoir, en pleine affaire algérienne, Ferhat Abbas au ministère de l'Intérieur, il fit patienter celui-ci. Une heure s'écoula, puis une heure et demie. Lorsque notre témoin, embarrassé, entrebâilla la porte ministérielle pour rappeler la longue attente du visiteur, que vit-il ? Un François Mitterrand paisiblement plongé dans la lecture des bandes dessinées de *France-Soir*.

Volonté de défier l'autre ? Goût d'éprouver la patience de qui dépend de vous ? Irrépressible besoin d'être le maître du temps qui passe ? Incomparable plaisir de se sentir le dieu horloger de sa propre existence ? Comment expliquer une attitude qui peut entraver la bonne marche des affaires de l'État et bouleverse en tout cas les règles de la plus élémentaire bienséance ou de la charité chrétienne ? Tel est mon bon plaisir, semble souvent signifier François Mitterrand à ses victimes, résignées ou consentantes.

Fermons ici cette parenthèse sur les retards du futur président et revenons rue du Conseiller-Collignon, en cette nuit de juin 1954 où P. M. F. forme son gouvernement.

Trente ans après, il est bien difficile de désigner ceux qui, dans cette nouvelle équipe – la plus prestigieuse de la IVe République –, doivent à François Mitterrand l'honneur d'avoir été choisis. Sans risque d'erreur, on peut pourtant avancer que la présence d'André Bettencourt (un ami du « 104 »), secrétaire d'État à la présidence du Conseil chargé de l'Information[1], et la nomination de trois autres membres de l'UDSR sont le résultat de ses bons offices. Il semble que la nomination de Jacques Chevalier, maire d'Alger, au secrétariat d'État de la Défense lui soit due également. Lui-même obtient, avec le ministère de l'Intérieur, le portefeuille le plus huppé qu'il ait reçu dans cette République. Il est considéré en tout cas comme le numéro trois du gouvernement, derrière P. M. F. et Edgar Faure. Mais fut-il réellement le troisième homme d'une troïka ?

Selon Jean Lacouture, qui bénéficia des confidences de P. M. F., il fallait plutôt le regarder comme le plus brillant des jeunes, celui dont personne ne mettait en doute qu'il parviendrait bientôt à Matignon. Mais Mendès, qui faisait si aisément confiance à Edgar Faure, ne laissait pas de se méfier de ce « trop brillant animal politique[2] ».

Dans ce cabinet prestigieux, marqué aussi par la présence de gaullistes notoires – Jacques Chaban-Delmas, Christian Fouchet et le général Koenig –, aucun socialiste ne devait entrer. L'oukase venait de Guy Mollet, qui n'avait pas admis que l'on puisse choisir des ministres sans lui en référer. Une absence qui n'a pas beaucoup chagriné François Mitterrand. Au congrès de son parti, à Aix-les-Bains en octobre 1954, il déclare en effet : « Les notions de droite et de gauche ont perdu beaucoup de leur sens, cette vieille division est emportée par le vent

1. Par lui sera nommé à la tête de l'AFP Jean Marin (UDSR), tandis que Jacques Marot, journaliste à l'AFP, autre ami du « 104 », sera notablement promu.

2. *Dixit* Jean Lacouture.

de l'Histoire parce que le talent et l'autorité du président du Conseil l'ont désigné pour être le catalyseur qui a permis à des éléments épars de se rejoindre. Et si ces éléments, hier séparés dans des formations rivales, se retrouvent aujourd'hui du même côté, c'est parce qu'ils appartiennent à la même génération politique… Il est donc bien certain que le gouvernement Mendès signifie, dix ans après la guerre, la jeunesse de la République. » Nous voilà bien loin encore du lyrisme qui chantera plus tard le rassemblement de la gauche.

L'encens qui embaume ce discours d'octobre du chef du gouvernement ne doit pas faire illusion. L'état de grâce entre P. M. F. et François Mitterrand a cessé d'exister depuis quelques semaines. L'affaire des fuites y a mis fin.

Une fois encore, au moment où François Mitterrand franchit un échelon – et lequel ! – dans la carrière républicaine, il doit affronter une épreuve. Et le paradoxe dans cette affaire tient à ce que Mitterrand, le soupçonné, peut avoir la conscience tranquille, tandis que Mendès France, le soupçonneux, se sera au moins montré injuste, illustrant à sa manière la célèbre maxime du cardinal de Retz : « On est plus souvent dupe par défiance que par confiance. »

Voici l'histoire.

Au début de l'été 1954, une rumeur court Paris. Dans les couloirs du Palais-Bourbon, dans les salles de rédaction, on murmure qu'un traître assiste au Comité de défense nationale et en a communiqué les secrets au Parti communiste. Le nom de François Mitterrand est le plus souvent cité. Au début du mois de juillet, Christian Fouchet, ministre des Affaires marocaines et tunisiennes, est averti par un de ses anciens compagnons du RPF, le commissaire Jean Dides : un des indicateurs de celui-ci, introduit au PC, aurait révélé que la sténographie de la dernière réunion du Comité de défense avait été lue *in extenso* par Jacques Duclos au bureau politique du parti.

Participaient au Comité de défense, sous la présidence de René Coty, les principaux ministres du gouvernement : Edgar Faure, le général Koenig (Défense), François Mitterrand (Intérieur), plusieurs généraux et le secrétaire général de la Défense, Jean Mons.

« Dans quelle direction s'orientent vos soupçons ? » demande Fouchet. Dides répond : « Mon informateur pense à Edgar Faure, mais moi je crois plutôt que c'est Mitterrand. Voilà pourquoi je n'ai pas porté le dossier au ministère de l'Intérieur. »

Christian Fouchet alerte aussitôt P. M. F., lequel se garde bien de mettre au courant François Mitterrand. Il confie l'affaire à André

Pelabon, son directeur de cabinet, un homme en qui il a toute confiance et qu'il connaît depuis vingt ans. Ce polytechnicien fut jadis un adjoint du colonel Passy au BCRA[1]. Il sait donc comment traiter ce genre de questions. Mais il ne se presse pas. Le 8 septembre seulement, il demande à Roger Wybot, le patron de la DST, de prendre l'enquête en main.

Pierre Nicolaÿ, alors directeur de cabinet de François Mitterrand, raconte : « C'est à peu près à cette date que j'ai été averti par Jean Mairey, directeur de la Sûreté nationale [nommé à son poste par François Mitterrand], qu'une enquête ultrasecrète sur le ministre était en cours à la DST. Il me demandait de n'en rien dire à mon patron, vous imaginez que je l'ai au contraire averti sur-le-champ. Et que celui-ci n'a pas attendu une seconde pour interroger le président du Conseil. »

P. M. F. se trouvait alors en voyage officiel à Londres et François Mitterrand le joint au téléphone. Mais, alors qu'il attendait des assurances et des protestations de confiance, il éprouve la désagréable impression de se trouver en face d'un interlocuteur embarrassé et incertain.

En un mot comme en cent, P. M. F. s'interroge. Il a douté et peut-être à ce moment doute-t-il encore. Sa conception de l'homme d'État, son sens du devoir lui imposent de n'écarter aucune hypothèse.

Le ministre de l'Intérieur s'en montre ulcéré. Les témoignages sont unanimes. « Ce fut pour lui un grand choc », dit Pierre Nicolaÿ. Pierre Charpy, alors journaliste à *Paris-Presse* et qui dîna à cette époque avec le ministre au sortir d'une séance de l'Assemblée, confirme : « Il était complètement abattu par le lâchage de Mendès. »

Commentaire de Françoise Giroud : « Mendès était ainsi fait. Si on lui avait annoncé un vol commis par son fils, sa morale républicaine lui aurait fait répliquer : "Enquêtez et communiquez-moi les résultats." Alors que n'importe quel père aurait commencé par protester de l'innocence de son rejeton. Et puis, il ne faut pas l'oublier, Mitterrand n'était pas l'ami de Mendès. »

En fait, l'affaire sera rapidement éclaircie, les vrais coupables reconnus et condamnés. L'enquête révèle que les fuites ne peuvent venir d'un membre du gouvernement, et moins encore de François Mitterrand. Les comptes rendus des Comités de défense nationale qui parviennent au Parti communiste sont en effet si détaillés et conformes à la chronologie des interventions qu'aucune mémoire humaine, fût-elle la plus exercée, n'eût pu se montrer à ce point fidèle. L'hypothèse

1. Services secrets de la France Libre à Londres.

de micros dissimulés dans la salle est écartée après vérification. On découvre alors qu'un homme, un seul, prend des notes : Jean Mons, le secrétaire général permanent de la Défense. Mais il est au-dessus de tout soupçon, personne ne met en doute son patriotisme et sa probité. Seulement voilà : ses collaborateurs ont, eux aussi, accès aux textes. Et deux d'entre eux, René Turpin et Roger Labrusse, entretiennent des contacts suivis avec le journaliste Baranès, lequel est justement l'informateur du commissaire Dides. Comme par hasard, il est également bien introduit auprès des hiérarques communistes. Dès lors, le scénario devient limpide pour qui veut comprendre. Les responsables des fuites sont les deux fonctionnaires, Jean Mons ayant fauté par manque de vigilance. Et le commissaire principal Dides a voulu profiter de l'affaire pour déconsidérer un gouvernement qu'il déteste, puisqu'il fait la paix en Indochine, et un ministre de l'Intérieur qu'il hait, puisqu'il l'a mis à pied.

François Mitterrand est d'autant plus étranger à l'affaire que les fuites avaient commencé sous le gouvernement précédent, alors que ses fonctions ne lui donnaient pas accès aux sources.

Pourtant – voilà qui ne manque pas d'intérêt –, c'est contre lui que les soupçons se sont portés tout naturellement. Au niveau des exécutants, cela se conçoit aisément : le préfet de police Baylot et le commissaire Dides, tous deux écartés de leurs postes par François Mitterrand, font courir le bruit qu'en les frappant il a voulu mettre un terme à la lutte contre le communisme international.

L'étrange vient de ce que la rumeur ait si aisément trouvé écho dans les milieux politiques et parfois chez des hommes de bonne foi. Tous ne l'étaient pas, certes, et certains faisaient volontiers feu de tout bois. Lors du débat parlementaire sur ce sujet, le 5 décembre 1954, le député indépendant de l'Oise Jean Legendre, anticommuniste fanatique, ira jusqu'à insinuer que la démission de François Mitterrand du gouvernement Laniel lui avait en réalité été imposée pour présomption de trahison. Sur les bancs de l'extrême droite on ira jusqu'à susurrer que la tragédie de Diên Biên Phu s'expliquait en partie par les informations que François Mitterrand aurait livrées aux amis des Viêt-minh… Un vrai roman, dont pas un seul mot ne correspondait à la réalité, mais auquel crurent bien des gens de bonne foi.

Au cours du débat, François Mitterrand en appela au témoignage de ses anciens collègues du gouvernement Laniel : avait-il démissionné de sa propre initiative ou avait-il était contraint de le faire ?

« De sa propre initiative », dut concéder à la tribune Georges Bidault, ex-ministre des Affaires étrangères. Mais il le fit en termes assez sibyllins pour laisser planer un vague soupçon. Edgar Faure, lui, fut tout à fait net. Il témoigna avoir beaucoup insisté, à la demande du président du Conseil Joseph Laniel, pour retenir François Mitterrand dans l'équipe gouvernementale et le dissuader de démissionner.

De son côté, Jacques Chaban-Delmas se rendit à l'Élysée pour dire au président de la République qu'il se portait garant de l'innocence de Mitterrand : « Cette machination est odieuse ! » À quoi René Coty répondit : « Mais comment pouvez-vous vous porter garant ? »

Michel Debré aurait même à l'époque prodigué à François Mitterrand ses conseils et ses encouragements[1].

Tel était le climat. Dans cette rocambolesque histoire, les passions politiques – dues aux convulsions coloniales, à la guerre froide, au choc des ambitions dans une République où le pouvoir était à prendre – interdisaient que les règles normales soient respectées. Les prédécesseurs de P. M. F. et François Mitterrand – Joseph Laniel, René Pleven, ministre de la Défense, Martinaud-Deplat, ministre de l'Intérieur –, pourtant au courant des premières fuites, n'avaient pas jugé bon de les en avertir lors de la passation des pouvoirs. Curieuse conception de la continuité de l'État, qui n'eut pour effet que de retarder l'enquête et la découverte des coupables.

Dans son livre *La IVe République*, Jacques Fauvet porte ce jugement sur l'affaire : « La machination s'écroula et avec elle l'honneur de quelques hommes, hormis celui de Monsieur Mitterrand. Elle avait illustré l'état de dégradation des esprits et des mœurs. Que des fonctionnaires eussent recopié des procès-verbaux secrets pour les remettre à des amis politiques était un crime que la justice devait punir tardivement. Que des faux eussent été fabriqués par des agents de haute ou de basse police pour déshonorer un homme, un gouvernement, une politique, c'était déjà une honte moins commune qui a pu briser la carrière administrative mais non politique de ceux qui l'avaient endossée. Mais que des politiciens de bonne foi se laissent aller à leur faire confiance afin d'obtenir d'eux l'arme et la preuve destinées à abattre leur adversaire, c'était une défaillance qui conduisit à s'interroger gravement. »

Que François Mitterrand se soit trouvé au cœur du soupçon s'explique. D'abord, on l'a souligné, ses pairs se défient de lui. Ensuite, aux yeux d'une certaine droite fanatisée, il est déjà coupable d'avoir livré l'Afrique noire au communisme par RDA interposé : il est donc l'allié naturel des marxistes révolutionnaires à travers le monde. Il se

1. Jacques Bloch-Morhange, *La Grenouille et le Scorpion*, *op. cit.*

trouve ainsi étiqueté très à gauche par la droite la plus extrême. Il va être déporté vers la gauche sans l'avoir vraiment cherché.

François Mauriac, qui voit loin et profond, note dans son « Bloc-notes » de *L'Express* : « La haine inexpiable de ses adversaires désigne François Mitterrand comme l'un des chefs – il en faut plusieurs – de cette gauche qu'il faudra bien reconstruire un jour. »

Sur l'heure, le futur leader socialiste retient surtout une leçon : on a bien peu d'amis en politique et la méfiance est donc la règle.

Bien peu d'amis… Pierre Mendès France n'a pris la défense de son ministre, usant de toute son autorité, qu'en décembre 1954, avec un trimestre de retard. « Jamais, s'écrie-t-il alors à la tribune de l'Assemblée, ni un jour ni une heure, je n'ai regretté d'avoir confié à François Mitterrand le poste de responsabilité et de courage qu'il occupe. Je suis fier d'avoir dans mon gouvernement un tel collaborateur. La liste est longue, hélas, des hommes politiques, des hommes, de gauche surtout, qui ont été attaqués dans leur honneur. Je n'étais pas né quand on injuriait bassement Clemenceau, il y avait déjà des Legendre. »

Belle harangue et superbe défense. Malheureusement, le mal est fait. « Un soir je me souviens avoir vu arriver François Mitterrand chez moi, les yeux mouillés de larmes », raconte Françoise Giroud.

Entre P. M. F. et François Mitterrand, qui s'appréciaient sans s'aimer – « c'étaient deux âmes qui ne vibraient pas à l'unisson », dit, avec une pointe de lyrisme, André Monteil –, quelque chose désormais est cassé.

« Dès cet instant, d'alliés ils sont devenus rivaux. En dix occasions, leurs intérêts les opposèrent ouvertement ou obliquement », confie Paul Legatte.

« Ils se sont toujours trouvés du même côté et ne se sont jamais entendus », dit aujourd'hui Claude Estier. Et, de fait, les incidents seront fréquents.

« Pour les investitures du Front républicain[1] aux élections de 1956, on aurait cru des marchands de tapis, se souvient André Rousselet. Mendès n'a rien fait pour favoriser l'UDSR, qui a perdu du coup beaucoup de députés. »

Pour l'élection présidentielle de 1965, Pierre Mendès France refuse d'être candidat, et c'est François Mitterrand qui se présente. L'ancien président du Conseil le soutiendra – comment eût-il pu en être autrement ? –, mais de loin.

---

1. Alliance électorale dont les leaders étaient, avec Pierre Mendès France, le socialiste Guy Mollet, le gaulliste Jacques Chaban-Delmas et François Mitterrand.

« Je me souviens, raconte Claude Estier, qu'entre les deux tours de l'élection nous avions pensé organiser une grande réunion, les premiers résultats de Mitterrand étant encourageants. Nous avons appelé Mendès au téléphone. Il était à peu près minuit : il s'est habillé et il est venu. Jean Daniel lui a expliqué alors tout l'intérêt d'un grand meeting où lui, Mendès, appellerait à voter pour Mitterrand. Le choix des dates était limité, évidemment, par la proximité du scrutin. Nous avons indiqué que le meeting pourrait se tenir le mercredi ou le jeudi. Alors, Mendès de sortir calmement son agenda et de dire, paisible : "Ah ! désolé, mais ces deux soirs-là, je suis pris." Après son départ, Mitterrand nous a dit : "Vous voyez, Mendès, il ne faut rien lui demander." »

Trois ans plus tard, c'est 1968, les barricades, les étudiants enfermés dans les universités et les ouvriers dans les usines. François Mitterrand, alors, se porte candidat au pouvoir (nous y reviendrons) et dit qu'il formera un gouvernement dont Pierre Mendès France sera le Premier ministre. Mais celui-ci, qui n'a pas été consulté, ne cachera pas sa colère.

François Mitterrand, de son côté, enrage de la différence de traitement que leur réservent l'opinion et leurs pairs : préjugé toujours défavorable pour lui, toujours favorable pour Pierre Mendès France. Françoise Giroud raconte[1] : « Alors que Lily Mendès, la première femme du président, était déjà très malade, celui-ci, que nous appelions entre nous "Augustin", était parti en week-end avec des amis chez Marie-Claire de Fleurieu, qui allait devenir sa seconde épouse. Et tout le monde de dire : "Le pauvre Mendès, comme ce doit être dur pour lui ! Il est vraiment très malheureux." Ce que François Mitterrand commentait ainsi : "Si je partais en week-end chez une amie pendant que ma femme se meurt, tout le monde dirait : Quel salaud !" »

Cette tension, ces réciproques irritations ne devaient jamais cesser. Pour les élections présidentielles de 1981, Pierre Mendès France resta encore sur la réserve, ne tenant aucun meeting commun avec le candidat Mitterrand. Certes, le peuple de gauche s'est beaucoup ému des larmes versées par Pierre Mendès France, déjà bien malade, lors de l'investiture de François Mitterrand dans les salons de l'Élysée. Larmes de joie, après la victoire, tant attendue, de la gauche ? Larmes de regret au crépuscule d'une existence plus riche en prestige et en gloire qu'en puissance et en pouvoir ? En tout cas, ce n'était pas le bonheur qui faisait pleurer Pierre Mendès

1. Conversation avec l'auteur.

France au moment du triomphe d'un rival plus habile à saisir sa chance et plus opiniâtre.

Le peuple de gauche s'est ému aussi du bel hommage rendu par le président socialiste au grand homme qui venait de disparaître. Remarquable discours, en effet. Belle cérémonie. Mais la pâleur du chef de l'État était-elle provoquée par les frimas du jour, la fatigue ou l'émotion en cette heure où disparaissait un concurrent après trente années de jalousie réciproquement admirative ?

Plus sincères, en tout cas, paraissent ces propos de François Mitterrand[1] : « On a toujours fait de Mendès une statue intouchable. Jean Daniel a un jour écrit un article intitulé “le Juste et le Cavalier”. Le juste, c'était lui, évidemment ; moi, j'étais le politicien, le joueur. Pourtant, faut-il faire de la politique pour être incapable de rester plus longtemps au pouvoir ? Mendès n'a même pas été capable de tenir le Parti radical. Il s'est beaucoup trompé sur les hommes… »

Un silence. Ensuite : « Et puis, il m'a trahi. »

L'Algérie

« Quand de Gaulle est arrivé au pouvoir, grâce aux colonels d'Algérie, moi, j'avais pris depuis longtemps position pour la décolonisation. »

Ainsi s'exprimait François Mitterrand en 1972, dans une interview où il exposait notamment les raisons de son hostilité au retour du Général[2].

Cette revendication d'antériorité dans les prises de positions décolonisatrices prend de grandes libertés avec l'Histoire. Certes, pour l'Algérie comme pour l'Afrique noire, le futur président s'est montré prudemment libéral et réformiste. Toutefois, ministre de l'Intérieur sous Mendès France, puis garde des Sceaux sous Guy Mollet, il dut donner la priorité au maintien de l'ordre. L'Algérie, pour lui comme pour la plupart, c'était la France. Il fallait qu'elle le reste et les trublions n'avaient qu'à bien se tenir. Le rétablissement de l'ordre devait obligatoirement précéder toute évolution. Pas question de négocier avec les « terroristes », pas question de solution fédérale dont on craignait qu'elle entraîne en fin de compte l'indépendance. Seule tactique donc, au moins dans un premier temps : sévir, et François

1. Lors d'une conversation avec l'auteur en 1983.
2. Dans *L'Expansion*, août 1972.

Mitterrand, ministre de l'Intérieur, a sévi sans troubles de conscience apparents ; et François Mitterrand, garde des Sceaux, ne s'est pas insurgé publiquement contre la torture.

Si, à partir de 1956, sous la pression des événements – et celle de l'UDSR –, il veut bien envisager du bout des lèvres et du bout du cœur une solution comme le fédéralisme, qui, au départ, lui répugnait, c'est plus affaire de réalisme que de doctrine ou d'intuition prophétique. Le futur leader socialiste, comme la quasi-totalité de la SFIO – à commencer par son secrétaire général, devenu chef du gouvernement, Guy Mollet[1] –, a découvert la vérité en marchant lentement. Et jusqu'au retour aux affaires du général de Gaulle, il n'avait, du moins publiquement, qu'un objectif : que l'Algérie reste française.

Dès la formation du gouvernement Mendès France, pourtant, le député de la Nièvre avait compris qu'un nouveau drame menaçait. « Il va falloir s'occuper très vite de l'Algérie », disait-il au président du Conseil. Lequel n'est qu'à demi convaincu. Si Pierre Mendès France avait, bien avant beaucoup d'autres ténors de la politique, senti où menait inexorablement le drame indochinois ; il n'avait pas encore compris que l'Histoire s'apprêtait à se répéter ailleurs. « À cette époque, a-t-il reconnu devant Jean Lacouture[2], où je ne pensais pas que c'était brûlant et que ça exploserait, Mitterrand, lui, le sentait. Il avait flairé tôt que ça risquait de tourner mal. » C'est pour cette raison, entre autres, que Mitterrand avait fait nommer au poste de secrétaire d'État à la Guerre le maire libéral d'Alger, Jacques Chevalier.

Comme celui-ci, François Mitterrand sait que des mesures doivent être prises, d'urgence. Mais lesquelles ? En 1954, le comble de l'innovation et du libéralisme consiste pour lui et pour beaucoup d'autres à mettre en œuvre le statut élaboré par Édouard Depreux, ministre de l'Intérieur socialiste en 1947. Ce texte, jamais appliqué et d'inspiration libérale, tendait à organiser une intégration limitée des musulmans algériens au sein de la République française. Limitée, puisque les départements algériens ont un statut particulier et que leurs habitants d'origine nord-africaine ne jouissent pas des droits égaux aux habitants d'origine européenne. Ils forment des collèges électoraux distincts. Le texte envisage pourtant d'accorder le droit de vote aux

1. Celui-ci déclarait en mars 1956 à l'Assemblée nationale : « Nous maintiendrons des liens indissolubles, mais ils seront librement négociés et acceptés. » Autrement dit : Déposez les armes et vous pourrez ensuite choisir librement la seule solution que nous vous proposons.

2. *Op. cit.*

femmes, l'élection de musulmans à la tête de leur commune, une réforme agraire. Ces mesures, soumises par deux fois à l'Assemblée algérienne, avaient été repoussées, à la suite de votes frauduleux, à l'instigation des notables français d'Algérie.

En prônant l'application effective d'un statut resté lettre morte, la démarche du ministre de l'Intérieur pouvait paraître audacieuse puisque les colons français avaient tout fait jusqu'alors pour en bloquer l'exécution. (Leur mot d'ordre implicite n'était pas : « Égaux mais séparés », mais : « Inégaux et séparés. »)

En fait, François Mitterrand semble plutôt très légaliste. Il ne veut rien donner de plus que ce qui figure déjà dans les textes. De la même manière que, pour la Tunisie, il jugeait excellent le traité du Bardo, vieux de soixante-dix ans, il pense que, pour l'Algérie, le statut de 1947 est encore la meilleure chose.

Lors de son premier voyage en Algérie, il exprime ainsi sa philosophie politique devant l'Assemblée algérienne : « Qu'est-ce que la République française ? C'est selon notre Constitution le territoire de la métropole, ce sont les départements d'Algérie, ce sont les départements et territoires d'outre-mer… Où se trouve l'Algérie dans ce vaste ensemble ? Au centre même, là où les forces se rassemblent. » Et il ajoute ce qui est bien le fond de sa pensée : « Il faut que la démocratie s'instaure davantage, il faut que le plus grand nombre trouve plus de joie, plus de bonheur et plus de volonté de participer à la collectivité nationale, sans quoi ce que vous dites, ce que je dis, ne signifie plus rien. Songez à cette masse qui ne sait pas toujours et qui espère en nous. » À l'époque où il parle ainsi, les « événements », comme on va d'abord appeler pudiquement l'insurrection, n'ont pas encore commencé.

Hélas, ces « événements » vont lui imposer des choix plus drastiques. Et rapidement. Il vient tout juste de quitter l'Algérie en s'écriant : « J'ai trouvé trois départements français d'Algérie en état de calme et de prospérité, je pars empli d'optimisme », quand les premiers attentats sont commis, dans la nuit du 31 octobre 1954. Postes de police attaqués, bombes, embuscades : au total il y aura huit morts, une quarantaine de blessés et d'importants dégâts matériels. Le jour de la Toussaint, les Français de métropole découvrent avec surprise qu'il existe en Algérie une opposition à la présence tricolore et des partisans de l'indépendance. Mais ils ne prennent guère la mesure de l'événement. Les hommes politiques non plus. La réponse du gouvernement est double : châtier les auteurs des attentats et engager des réformes économiques et sociales.

Des renforts sont aussitôt envoyés. D'abord seize compagnies républicaines de sécurité, bientôt renforcées par des parachutistes rapatriés d'Indochine, lesquels, en mal de revanche, commenceront par appeler Viets les fellaghas. À la fin du mois de novembre, le bilan s'établit ainsi : 1 188 individus appréhendés, 750 écroués, 42 rebelles tués, 28 blessés, 490 engins explosifs saisis, 417 armes à feu découvertes. Pas grand-chose, comparé à ce qui va suivre.

Devant l'Assemblée nationale, Pierre Mendès France et son ministre de l'Intérieur tiennent des propos étrangement semblables, le 12 novembre 1954.

Pierre Mendès France : « La répression doit être limitée mais sans faiblesse. Qu'on n'attende de nous aucun ménagement à l'égard de la sédition, aucun compromis avec elle. On ne transige pas lorsqu'il s'agit de défendre la paix intérieure de la nation et l'intégrité de la République. Les départements d'Algérie sont français depuis longtemps… L'Algérie, c'est la France, et non un pays étranger que nous protégeons. »

François Mitterrand : « Le bruit s'était tout à coup répandu que l'Algérie était à feu et à sang, fermant ainsi la boucle d'un cercle passant par la Tunisie et le Maroc. Cela ne sera pas, parce que l'Algérie c'est la France et que, des Flandres au Congo, il y a la loi. S'il y a quelques différences dans l'application, partout la loi s'impose, et c'est la loi française. Une seule nation, un seul parlement, c'est la Constitution et c'est notre volonté. Personne n'a le droit de penser que le gouvernement en ait douté. Préserver le domaine français en Afrique, comme nous le permet le triste règlement de nos affaires en Asie, voilà la volonté du gouvernement. »

Et voilà une formule que l'on n'a pas fini d'entendre : « L'Algérie, c'est la France. »

La semaine précédente, le ministre de l'Intérieur a fait approuver en Conseil des ministres la dissolution du MTLD (Mouvement pour le triomphe des libertés démocratiques), le plus avancé des partis algériens. Aussi bien, lorsque s'ouvre le débat, René Mayer, habituel porte-parole des colons, qui vient d'entendre ces propos si jacobins, félicite François Mitterrand pour « sa promptitude et son énergie à réagir ». Cette interdiction, qui plaît tant aux colons, va avoir une fâcheuse conséquence : le MTLD, dirigé par Messali Hadj, n'était pour rien dans ces premiers attentats. Ses membres, pourchassés, traqués, se trouveront de ce fait rejetés dans le camp du FLN, c'est-à-dire une opposition plus brutale.

Le 4 février 1955, quelques jours seulement avant la chute du gouvernement Mendès France, François Mitterrand répétera à la même tribune : « Ceci est le dogme même de notre politique : l'Algérie, c'est la France. »

Il est d'usage aujourd'hui de reprocher à François Mitterrand son manque de clairvoyance. Mais il était largement partagé, et un ministre de l'Intérieur ne pouvait, à l'époque, sérieusement tenir un autre langage sans être aussitôt accusé de brader trois départements français. Au petit jeu des citations, bien peu d'hommes politiques de ce temps sortiraient vainqueurs. Un intellectuel de gauche, Jacques Julliard, définit bien le climat : « Pas plus que la France du XIXe siècle n'avait eu de doctrine coloniale, les pouvoirs responsables ne se montrèrent soucieux de parer au plus pressé, de sauver les apparences en improvisant des solutions qui ne devaient rien à l'expérience. Les mieux disposés, les plus clairvoyants étaient pris de court par cette décolonisation tournante. À peine le problème indochinois était-il réglé qu'il fallait s'occuper de la Tunisie ; à peine la Tunisie avait-elle trouvé le calme que le Maroc s'agitait ; à peine le Maroc obtenait-il son indépendance que l'insurrection embrasait l'ensemble de l'Algérie. Personne aujourd'hui ne songerait à s'étonner de cette contagion. Mais qui alors se contentait de la prévoir était accusé de la susciter. Un certain patriotisme exerçait un chantage au refus de la lucidité. »

À tel point que François Mitterrand, qui propose pourtant de concentrer au Maghreb toutes les forces nécessaires pour éviter une défaite comparable à celle du Viêtnam, se voit presque accusé de mener une politique d'abandon. Qu'a-t-il donc fait ? Quarante-huit milliards ont été débloqués pour construire des routes, des barrages, des canaux. Une plus grande ouverture de la fonction publique aux Algériens, y compris à des postes de responsabilité, a été décidée : d'où la création d'une école d'administration destinée à former des cadres, dont les élèves pourraient servir ensuite aussi bien en Algérie qu'en métropole. L'augmentation des bas salaires est aussi programmée afin de réduire peu à peu l'écart des rémunérations avec la métropole. Mais quand François Mitterrand propose en Conseil des ministres, le 5 janvier 1955, de mettre en œuvre effectivement le statut de 1947, son projet est reçu comme une déclaration de guerre. Les ministres Jacques Chevalier (secrétaire d'État à la Défense), pourtant réputé libéral, et Henri Fouques Duparc (secrétaire d'État à l'Air) menacent de démissionner.

Des députés français d'Algérie enragent à la tribune.

François Quilici (député indépendant d'Alger) : « On aurait dû savoir que la population souhaite le maintien des communes mixtes et qu'elle considère l'égalité entre Algériens et métropolitains beaucoup plus comme un problème économique et social que comme un problème politique. »

Le général Aumeran tempête « contre les initiatives du ministre de l'Intérieur, néophyte métropolitain et réformateur qui apporte la division des cœurs et des esprits ».

Roger de Saivre (ancien vichyssois, député indépendant et paysan d'Oran) assure que « les fellaghas qui souhaitent du pain et des logements n'ont que faire des droits politiques ».

Une réforme d'apparence plus technique menace elle aussi de mettre le feu aux poudres. Peut-être alerté par les premiers articles qui dénoncent des sévices, François Mitterrand arrête le principe d'une fusion des polices métropolitaine et algérienne. La seconde, jusqu'alors indépendante de la première, employait des méthodes plus violentes et ses cadres étaient très compromis avec les plus intransigeants des colons et des notables. Certains libéraux d'Alger ne manquaient pas de le faire savoir à Paris. Mais cette mesure va mécontenter les deux corps : les policiers français ne veulent pas aller en Algérie, les policiers algériens n'entendent pas être mutés en métropole. Pour les élus d'Algérie, l'effet est désastreux. C'est bien le signe de la faiblesse du gouvernement.

À la veille du grand débat qui verra la chute du gouvernement Mendès France, le sénateur radical Henri Borgeaud fait savoir au président du Conseil que, si les projets sont maintenus, ses amis et lui voteront contre le ministère. Ce qu'ils feront.

Les réformes proposées par François Mitterrand ont donc joué un rôle non négligeable dans la chute du gouvernement Mendès France. Aux yeux des ultras d'Algérie, il passe pour un libéral irresponsable. Une fois encore, comme dans l'affaire des fuites, c'est la droite la plus droitière qui, en lui collant une étiquette de gauche, le pousse dans cette direction. Pourtant, à y regarder de près, il reste bien orthodoxe : s'il a compris la nécessité d'une évolution juridique et d'une promotion sociale des musulmans, il tient plus que jamais à arrimer l'Algérie à la France et n'éprouve aucun goût pour les solutions fédérales prônées par ses propres amis de l'UDSR (Eugène Claudius-Petit en tête). Il le dit sans ambages en juillet 1954 : « Proposer un système fédéral à l'Algérie représente un danger car, demain, elle réclamerait la diplomatie et l'armée. » Il le répétera le 5 février 1955 : « Au milieu d'un monde qui peut parfaitement, lui, connaître cette évolution vers le fédéralisme, l'Algérie doit rester le pivot central sur lequel doit s'exercer le pouvoir central de la République. Ceux qui en Algérie se réclament d'une évolution vers le fédéralisme sont dans l'opposition. »

Il faudra attendre le congrès UDSR de 1956 pour l'entendre déclarer : « Si nous réussissons en Algérie ce qui avait été promis en Tunisie, c'est-à-dire l'autonomie interne, et si nous sommes sûrs d'en rester là, alors il faudrait tenter l'expérience. » C'est que les militants de l'UDSR viennent de voter à l'unanimité une motion en faveur de la thèse fédérale (c'est-à-dire contre leur président). Et pour la première fois depuis qu'il a pris le contrôle de son parti, François Mitterrand s'est trouvé mis en minorité : ses positions algériennes ont été jugées trop droitières par des hommes qui ne sont pourtant pas d'extrême gauche. Il a cependant été soutenu dans cette affaire par le jeune député Roland Dumas, qui a rejeté, lui aussi, la formule fédérale. Le futur défenseur des Français membres du FLN met alors en garde le gouvernement contre toute capitulation devant les extrémistes, mais aussi, il est vrai, devant les immobilistes : « Il faut mettre fin, dit-il, à l'humiliation et au complexe d'infériorité des populations musulmanes. »

En fait, jusqu'à la chute de la IVe République, François Mitterrand a tenu un langage qui s'accordait à la sensibilité de l'époque. À la seule exception des communistes et d'une poignée d'hommes de gauche ou de libéraux, hommes politiques, intellectuels ou journalistes, peu suivis par l'opinion dominante, l'idée que l'Algérie c'est la France est reçue partout comme une sorte de dogme. Le Parti communiste lui-même (qui ne perçoit pas plus qu'un autre l'importance de la partie qui s'engage) n'ose pas déclarer clairement le contraire dans les premiers temps. François Mitterrand est donc accordé au sentiment dominant.

L'autre aspect de son action, c'est la répression. En 1955, alors qu'il est encore ministre de l'Intérieur, il déclare : « Tout sera réuni pour que la force de la nation l'emporte en toutes circonstances. C'est vers les leaders, vers les responsables qu'il faudra orienter notre plus rigoureuse répression. Tous ceux qui essaieront d'une manière ou d'une autre de créer le désordre et qui tendront à la sécession seront frappés par tous les moyens mis à notre disposition par la loi. »

Puisque toute réforme passe par le préalable de l'écrasement du FLN, François Mitterrand, devenu garde des Sceaux du gouvernement Guy Mollet, signe avec Maurice Bourgès-Maunoury, ministre de la Défense, et Robert Lacoste, ministre résident en Algérie, le décret (n° 56258) qui le dépossède et donne aux militaires les pleins pouvoirs en matière de justice. Surprenant de la part d'un homme qui ne cessera de se déclarer farouchement hostile aux mesures d'exception. Dans ce décret, qui autorise les perquisitions de jour et de nuit au domicile des citoyens, la plupart des historiens voient aujourd'hui l'une des sources d'un drame qui va marquer la conscience nationale pendant toute cette guerre : l'importance des exactions et des sévices imputables aux forces françaises.

C'est à partir de cette époque, en tout cas, qu'ils vont se multiplier. La bataille, il est vrai, prend de l'ampleur. L'adversaire ne manifeste pas de respect pour les lois de la guerre : on enregistre deux mille six cents actes terroristes par mois. Les hommes politiques se montrent de plus en plus désemparés et la répression se fait de plus en plus brutale.

Or, durant les dix-sept mois que dure le gouvernement de Guy Mollet, François Mitterrand, qui ne peut être soupçonné de vouloir couvrir la torture, ne trouve cependant aucun mot pour la condamner, au moins publiquement. Et sa plume, habituellement si alerte et si féconde, cesse soudain de courir. Solidarité gouvernementale oblige ? Mais il eut pu démissionner. Il ne le fit pas.

Gaston Defferre a certes témoigné[1] qu'en Conseil des ministres le garde des Sceaux s'est élevé souvent avec véhémence contre de telles pratiques. D'autres ministres du même gouvernement n'en ont pas conservé le souvenir. Entre autres, Jacques Chaban-Delmas, pourtant toujours loyal avec François Mitterrand. « Une seule fois – sous le gouvernement Guy Mollet – René Coty demandera aux ministres de lui donner leur avis sur des exécutions capitales[2] de militants algériens : guillotiner des hommes qui, si atroces qu'aient pu être les actes de certains, se battent pour l'émancipation de leur pays est un geste qui ne peut qu'aggraver les haines. Trois ministres – Robert Lacoste, Max Lejeune et Maurice Bourgès-Maunoury – estimeront que les décisions de justice doivent être appliquées. Pierre Mendès France, Alain Savary et François Mitterrand se prononceront, eux, pour la grâce que René Coty accordera cette fois-là[3]... »

De même on enregistre une réserve en avril 1957 : le général Jacques Paris de Bollardière, commandant un secteur en Algérie, demande à être relevé de ses fonctions. Dans une lettre rendue

1. Auprès de Franz Olivier Giesbert.

2. Du 30 octobre 1954 au 31 janvier 1961, deux cent vingt-deux prisonniers politiques ont été exécutés pour cause de rébellion.

3. Jean Lacouture, *Pierre Mendès France*, Paris, Le Seuil, 1981.

publique, il se solidarise avec Jean-Jacques Servan-Schreiber, inculpé pour atteinte au moral de l'armée en raison de ses articles sur la torture dans *L'Express*. Au Conseil des ministres qui suit, Gaston Defferre, ministre de la France d'outre-mer, soutient que le geste du général, qu'on l'approuve ou non, est désormais un symbole pour une fraction de l'opinion qui désapprouve les excès de la répression en Algérie. François Mitterrand soutient le même point de vue[1]. Encore limite-t-il l'importance de ces excès : quelques jours plus tard, devant la commission de la justice au Palais-Bourbon, il souligne que si les rapports des procureurs généraux font effectivement état de faits très regrettables, ceux-ci sont beaucoup moins nombreux qu'une partie de la presse le dit. Mais il ajoute qu'« il ne peut s'engager que pour ce qui dépend de son autorité : la justice civile ». (Se lave-t-il les mains du reste ?)

Il semble craindre le scandale même lorsqu'il s'agit de s'élever contre une violation des droits de l'homme.

Résistante, déportée, ancien membre du cabinet de Jacques Soustelle à Alger, Germaine Tillion[2], qui se battait pour obtenir la grâce des condamnés à mort, témoigne : « Je suis allée plusieurs fois plaider leur cause auprès du président Coty. En vain. Mon ami le professeur Louis Massignon est allé rendre visite à François Mitterrand pour lui dire, vu l'importance de ses responsabilités, le retentissement qu'aurait dans ces circonstances sa démission. Visiblement, l'excellence n'était pas disposée à l'entendre. » Le climat politique, celui de l'Assemblée étaient tels, il est vrai, qu'en démissionnant dans ces conditions, sur cette question, il se condamnait à rester pour longtemps écarté des allées du pouvoir. Eugène Claudius-Petit, pas toujours tendre avec son ex-collègue, surenchérit : « Mitterrand était un répressif. Je me souviens être allé lui demander une grâce pour un pauvre type, il m'a envoyé balader. »

---

1. Dans *L'Année politique*, 1957.
2. À l'époque, elle ira aussi voir de Gaulle :

– Pourquoi font-ils cela ? demande-t-elle.

– Ça donne des résultats sur le moment, répond le Général.

– Mais cela va se retourner contre nous à la longue.

– Ils ne sont pas assez intelligents pour s'en rendre compte.

Germaine Tillion supplie le Général de faire quelque chose, un geste, une déclaration. Il répond :

– Quoi que je dise, cela sera pris à contresens par les uns et par les autres.

« Ce n'était pas alors un homme qui pensait revenir au pouvoir », commente-t-elle dans *Jeune Afrique* en 1957.

Pour dire le vrai, à l'époque, presque tout le monde jouait au sourd. « Consentante ou chloroformée, la nation prend son parti de l'usage systématique de la torture », note Jacques Julliard[1].

Il faudra attendre mars 1958 pour que François Mitterrand, qui n'est plus ministre, se décide à prendre, position publiquement. Et encore avec des prudences de présentation. À propos du livre *La Question* d'Henri Alleg[2], ex-directeur du journal communiste *Alger républicain*, qui relate les tortures auxquelles l'ont soumis les parachutistes. Pour avoir publié un article de Jean-Paul Sartre commentant ce document, *L'Express* est saisi. Dans le numéro suivant, François Mitterrand écrit alors : « Si la France est en guerre, chacun de nous a-t-il le droit d'écrire sur cette guerre ce qui lui plaît ? Et autant qu'il le veut ? Non, sans doute, si, comme on le dit, le moral de la nation en souffre. Encore est-il ardu de connaître par quoi ce moral est plus sûrement atteint : par celui qui dénonce les tortures ou par celui qui les tolère ? Par celui qui refuse l'exploitation coloniale ou par celui qui l'accepte ? Sartre aura-t-il le droit de commenter à sa manière *La Question* d'Alleg ? Alleg a-t-il le droit d'écrire *La Question* et de lui procurer ainsi la matière d'un livre qui portera atteinte au moral de la nation ? Jugez vous-même. Le gouvernement semble avoir fait son choix : le coupable, c'est la liberté de la presse. »

François Mitterrand fait lui aussi son choix : le coupable, c'est le gouvernement, mais après quelques détours…

Libéral avec circonspection, François Mitterrand se montre pour le reste d'un réformisme encore prudent.

Quand *Paris-Presse* lui demande en juin 1957 quelle politique il préconise en Algérie[3], il répond :

« – Le maintien des liens indissolubles entre la France et l'Algérie.

– L'égalité réelle entre les musulmans et les Français nés sur le sol algérien et les Français nés en métropole.

– La gestion des intérêts communs par un exécutif et un législatif fédéraux installés à Paris.

– La gestion autonome de chacun des États au sein d'institutions originales pour les affaires qui leur sont propres.

– Le suffrage universel. »

1. Dans *La IVe République*, *op. cit.*

2. Minuit, 1958.

3. Il n'appartient plus au nouveau gouvernement formé par le radical Maurice Bourgès-Maunoury.

Il s'est donc rallié au fédéralisme de l'UDSR, mais le mot négociation n'est pas prononcé une seule fois alors qu'il devient un leitmotiv de la gauche non socialiste et des communistes.

Et quand on lui demande ce qu'il pense du livre de Raymond Aron, *La Tragédie algérienne*, qui juge inéluctable l'indépendance de l'Algérie, François Mitterrand répond : « Je le trouve personnellement trop pessimiste et trop sceptique sur les chances d'un ensemble politique franco-algérien homogène. »

Quelques semaines avant l'effondrement de la IVe République, François Mitterrand, immuable, écrit en mars 1958 dans *Le Courrier de la Nièvre* : « La solution communiste dictée par l'impérialisme russe est inacceptable. L'abandon de l'Algérie serait un crime. L'intégration pure et simple de l'Algérie préconisée par les Républicains sociaux est une utopie. Quel Français acceptera un parlement constitué par des élus musulmans dans la proportion du quart, voire du tiers ? Quel Français consentira à ouvrir la fonction publique aux Africains dans la même proportion ? Les socialistes, eux, demeurent enfermés avec obstination dans leur triptyque cessez-le-feu-élection-négociation. L'UDSR, d'accord sur la présence de l'armée en Algérie quand elle a pour mission de protéger les populations, les personnes et les biens, estime, par contre, que l'emploi de la force n'a de sens que si les buts politiques de la France sont clairement déterminés, que si la fin des combats doit déboucher sur l'amélioration du climat social, économique et politique. »

Un peu plus audacieux que la SFIO, ce qui n'était pas très difficile en la matière, François Mitterrand ne se montre pas plus réaliste et moins encore prophétique.

La raison de cette prudence peut s'expliquer. En 1957, François Mitterrand vient d'assister au congrès du RDA à Bamako et il est certain d'avoir désamorcé la bombe des indépendantismes africains. D'où sa conviction renforcée que l'avenir des pays du tiers-monde doit se dessiner dans le cadre de grands ensembles rattachés à l'Occident plutôt que dans l'utopie des nationalismes sans racines. C'est l'époque où il ironise sur la « poignée des idéologues nationalistes ». Il écrit[1] : « Désormais, l'Afrique noire encore préservée, l'Algérie toujours déchirée n'échapperont au désastre que si la métropole comprend qu'il y a plus de petits moyens, de réformes fragmentaires, d'accommodements provisoires qui puissent convenir. Hésiter davantage entre l'intégration et le fédéralisme serait parier pour l'indépendance.

1. Dans *Présence française et Abandon*, *op. cit.*

Un pouvoir central fortement structuré à Paris, des États et territoires autonomes fédérés au sein d'une communauté égalitaire et fraternelle dont les frontières iront des plaines des Flandres jusqu'aux forêts de l'Équateur, telle est la perspective qu'il nous appartient de préciser et de proposer, car sans l'Afrique il n'y aura pas d'histoire de France au XXIe siècle. »

Il faudra attendre 1959 et l'arrivée au pouvoir du général de Gaulle pour l'entendre prononcer, prudemment, le mot de négociation. Il dira alors[1] : « Quand on veut réussir une politique, on ne se met pas dans une situation qui vous conduit implacablement à faire le contraire. Nous constatons une volonté d'aboutir par petites touches à une solution du conflit. Vouloir le cessez-le-feu, c'est, quoi qu'en dise Monsieur Debré, préparer le terrain pour la négociation politique. Sans doute a-t-on raison de vouloir cela, mais il faudra alors accepter l'hypothèse qu'un jour on négociera avec Ben Bella, député de Tlemcen ou de Sétif. »

Rallié en 1960 à l'idée d'une solution négociée de la guerre d'Algérie, François Mitterrand ne se privera pas, dès lors, de condamner l'incohérence de la politique algérienne du gouvernement, ses contradictions et ses brusques évolutions : « Que de variations dans les déclarations gouvernementales, que de formules, que d'hypothèses, que d'espérances abandonnées au bord de la route : la francisation, la fédération[2]. »

En novembre 1961, il ira jusqu'à accuser le gouvernement de « chercher un accord avec le GPRA plutôt qu'avec les Français[3] ».

A posteriori – ce qui est toujours facile –, il a expliqué que, fût-il resté au pouvoir, il aurait sans doute fini par donner l'indépendance à l'Algérie : « Nous avons échoué car le temps n'était pas venu. De Gaulle avait retardé l'heure mais fut présent au rendez-vous. Je n'essaierai pas d'avoir raison contre le calendrier. J'ajouterai seulement qu'on ne peut juger 1954 sur les données connues de 1977 et dire : "Comment se fait-il que des hommes de gauche au pouvoir en 1954, comme Mendès ou Mitterrand, n'aient pas décrété tout de suite l'indépendance de l'Algérie ?" C'est tout ignorer des réalités et raccourcir imprudemment la maturation de l'Histoire[4]. »

En tout cas, l'Algérie indépendante, la communauté africaine disloquée lui arrachent en 1961 de lourds regrets et le laissent inconsolé :

1. Au congrès de l'UDSR à Paris, en février 1959.
2. Débat au Sénat.
3. *L'Année politique*, 1961.
4. Interview au *Quotidien de Paris* (Paul Guilbert).

« Il fut un temps où certains d'entre nous imaginaient que si le gouvernement avait conçu une politique africaine dans son ensemble, de la Méditerranée jusqu'au Congo, il eût été possible de placer l'évolution de l'Algérie dans un cadre durable[1]. »

Élevé dans le culte de l'Empire, comme tous les enfants de la bourgeoisie, celui qui aspirait à devenir chef du gouvernement trouvait assurément dans ces vastes espaces une ambition pour la France plus digne de ses espoirs que le pré carré hexagonal.

Une ambition conforme aux rêves du petit collégien d'Angoulême devant le planisphère, qui s'endormait le soir avec le *Grand Atlas* Vidal-Lablache sur sa descente de lit.

En 1962, à la veille du référendum final qui allait donner l'indépendance de l'Algérie, il écrit encore dans *Le Courrier de la Nièvre* : « Quel Français n'éprouverait pas l'impression d'un déchirement ? Nombreux sont ceux qui, comme moi, ressentent aujourd'hui presque chaudement le chagrin de ce grand départ… Oui, l'Algérie s'en va… Qu'elle nous épargne ses reproches si un instant nous détournons la tête pour cacher à ses regards cette peine qui nous étreint. »

L'expérience socialiste

Le paradoxe veut qu'aujourd'hui aucun socialiste digne de ce nom n'ose glorifier le temps du gouvernement Mollet, qui établit au moins un record sous la IVe République, celui de la longévité : dix-sept mois. Bien loin d'être ressenti comme un succès, ce record est subi comme une épreuve et nombre des amis de François Mitterrand regrettent ouvertement que leur héros n'ait pas lui-même, et très vite, cessé, comme Pierre Mendès France, de participer à une expérience compromettante.

Les élections de janvier 1956 voient en effet la victoire du Front républicain. Victoire très relative : la peu homogène coalition constituée autour du député de l'Eure, avec le bonnet phrygien pour emblème, obtient 170 sièges (le PC a 151 députés, la droite moins de 200). Reste que depuis 1946, jamais l'opinion n'a été aussi nettement orientée à gauche. Le cartel constitué par la SFIO de Guy Mollet, les radicaux mendésistes, l'UDSR de François Mitterrand et les républicains sociaux de Jacques Chaban-Delmas a gagné son pari. Mais avec quelles équivoques ! C'est largement le prestige personnel

1. Débat au Sénat, 5 juillet 1961.

de Pierre Mendès France qui a séduit une fraction des Français et créé un mouvement d'opinion autour d'un halo flatteur : l'ancien président du Conseil passe pour déterminé. Il a démontré son aptitude à régler à chaud des problèmes épineux. Il a réveillé l'estime du peuple français pour la politique. Il incarne une forme de modernisme, un désir de voir la France vivre désormais avec son temps.

Mais, à peine cette courte victoire acquise, les ambiguïtés éclatent au grand jour. Le leadership de Pierre Mendès France est loin d'être admis sans arrière-pensées par ses alliés. Notamment par Guy Mollet, à la tête d'un parti structuré et encore bien implanté, qui juge que Mendès lui fait indûment de l'ombre.

François Mitterrand, lui, est fort dépité d'un « succès » qui le voit revenir à l'Assemblée nationale à la tête d'une cohorte cachexique de six députés métropolitains (sans les treize élus d'outre-mer et d'Afrique, il n'aurait pu constituer un groupe). Il a perdu dans la bataille le plus gros de ses troupes. Un seul nouvel élu vient témoigner par sa singularité du renouvellement de l'UDSR : Roland Dumas. Ce jeune avocat brillant à la crinière de lion va devenir un ami proche de François Mitterrand. Il réussira une curieuse carrière politique à éclipses : toujours élu et jamais renouvelé. Selon les saisons, selon les années, il tentera sa chance successivement en Haute-Vienne, en Corrèze, en Gironde, en Dordogne enfin. Tel un fusil à un coup, maître Dumas, qui fait mouche, réussit, se fait élire puis battre la fois d'après ; et, plutôt que de s'entêter à reconquérir des électeurs boudeurs, il préfère émigrer et tenter une nouvelle percée dans un autre département. « Je t'aime, moi non plus », semble être sa devise.

Georges Dayan, recruteur en chef de François Mitterrand, va devoir déployer des prodiges de persuasion pour rallier quelques élus supplémentaires à l'UDSR. Ainsi parvient-il à convaincre le jeune gaulliste Jean-Noël de Lipkowski, très mendésiste, de s'inscrire dans ce groupe[1].

L'ancien ministre de l'Intérieur reproche à Pierre Mendès France ses arbitrages électoraux. Plus d'une fois, celui-ci a poussé son candidat contre celui de François Mitterrand, favorisant souvent des ambitions moins justifiées que celles des militants de l'UDSR. Après

1. Celui-ci se souvient d'un déjeuner chez sa mère, elle-même député, boulevard Saint-Germain. Y assistaient François Mitterrand, Roland Dumas, Georges Dayan et Patrice Pelat. En arrivant dans l'élégant appartement de Madame mère, le député de la Nièvre qui, pourtant, n'habite pas exactement dans une banlieue ouvrière, s'exclame, mi-figue, mi-raisin : « Ah, les beaux quartiers ! »

coup, l'entourage de Pierre Mendès France reconnaîtra que François Mitterrand avait quelques raisons de se sentir maltraité dans ce marchandage pré-électoral. Pierre Mendès France lui-même dira : « Tout a été vraiment bâclé, on a improvisé des investitures dont, après coup, je n'étais pas tellement fier[1]. » Un petit cactus de plus entre les deux hommes.

Faut-il y voir une mesure de rétorsion (en outre l'affaire des fuites n'est pas loin) ? Quand il s'agit, au lendemain de l'élection, d'opter entre Guy Mollet et Pierre Mendès France pour la présidence du conseil, les responsables de l'UDSR, plévénistes et mitterrandistes pour une fois rassemblés, choisissent sans hésiter le secrétaire général de la SFIO. De fait, celui-ci est appelé par René Coty à former le nouveau gouvernement et investi par l'Assemblée le 27 janvier 1956. Pierre Mendès France a compris que la majorité est trop courte pour que ses chances soient suffisantes. Et puis il n'aime pas se battre. À défaut, le portefeuille du Quai d'Orsay lui aurait convenu. Il doit se contenter d'un ministère d'État sans attribution, ce qui ne fait qu'aviver sa mélancolie. François Mauriac décrira – regret et raillerie mêlés – ce Mendès France entrant au gouvernement « avec son petit bouquet de garçon d'honneur ».

Mendès ayant gagné les élections, c'est donc Guy Mollet qui empoche les bénéfices. François Mitterrand a perdu des sièges, il est récompensé par une promotion. Il devient garde des Sceaux, c'est-à-dire le deuxième personnage du gouvernement selon le protocole. Il n'a pas quarante ans.

Font également partie de l'équipe : Christian Pineau (SFIO) aux Affaires étrangères, Gaston Defferre (SFIO) à la France d'outre-mer, Alain Savary (SFIO) aux Affaires tunisiennes et marocaines, Jacques Chaban-Delmas aux Anciens Combattants et Maurice Bourgès-Maunoury (radical socialiste) à la Défense.

Voilà une équipe en principe orientée à gauche. D'emblée plusieurs mesures de justice sociale sont adoptées, en faveur des personnes âgées notamment, et bientôt la troisième semaine de congés payés. Mais, pour l'essentiel, la gauche non communiste va mener une politique que la droite ne peut qu'approuver et qu'elle n'est sans doute même pas mécontente de voir endosser par ceux qui, habituellement, la combattent. Paradoxe : la gauche, qui se veut par nature émancipatrice mais qui est aussi jacobine, va mener en Algérie une politique de plus en plus répressive. La gauche, qui se veut par

1. Jean Lacouture, *Pierre Mendès France*, *op. cit.*

doctrine si respectueuse du droit et de la morale internationale, va tolérer sans trop de peine la torture et « couvrir » un détournement d'avion organisé par des militaires – le plus célèbre de l'Histoire, celui de Ben Bella. La gauche, qui se veut par tempérament pacifiste, va pratiquer contre l'Égypte, et avec le gouvernement du conservateur anglais Anthony Eden, la politique de la canonnière. Or, sur chacun de ces points, François Mitterrand, bien loin de prendre ses distances, manifestera la plus grande des solidarités.

Pierre Mendès France démissionne rapidement, dès le 23 mai, en raison de la politique algérienne, ce qui renforcera son image de décolonisateur[1]. Alain Savary, lui, claque la porte après l'arraisonnement de l'avion marocain dans lequel avaient pris place les leaders de la rébellion algérienne, ce qui confortera sa stature d'homme de gauche exigeant. François Mitterrand, lui, restera en place jusqu'au bout. Dans ces épisodes, il se sera montré plus molletiste que mendésiste. Il s'en est expliqué en 1977[2] : « J'avais démissionné trois ans plus tôt du gouvernement Laniel. Par refus de sa politique en Afrique du Nord, je ne voulais pas m'installer dans la position du démissionnaire perpétuel. Je croyais aussi pouvoir peser sur sa décision. » L'affaire vaut d'être considérée de plus près.

Dès son arrivée au pouvoir, Guy Mollet donne la priorité à la pacification sur la négociation. C'est-à-dire à la répression sur la diplomatie. Ses amis comme ses adversaires s'attendaient pourtant à un changement de cap. Durant la campagne électorale, le Front républicain, s'il restait assez vague sur les moyens, se montrait déterminé sur les intentions : il fallait rendre à la France son rang de grande puissance et faire la paix en Algérie. Or, alors qu'on croyait voir le chef du gouvernement chercher à nouer des contacts, on s'aperçoit bien vite que le maintien de l'ordre et l'éradication du FLN sont devenus ses priorités. Et personne en France, à l'exception de quelques intellectuels, ne s'oppose vraiment à cette politique-là.

Le secrétaire général de la SFIO avait pourtant bien inauguré sa prise de pouvoir en nommant le général Catroux, un militaire habile et libéral, comme résident général en Algérie à la place du gaulliste Jacques Soustelle (qui, après avoir proféré des idées

1. Et pourtant, dans sa lettre de démission, il écrit à Guy Mollet : « Il était indispensable de provoquer par des actes qui eussent été autant de témoignages de la renaissance, de la confiance et de l'espoir à défaut desquels notre éviction d'Algérie se produira tôt ou tard. Cette éviction que nous avons le droit d'empêcher coûte que coûte. »

2. Interview au *Quotidien de Paris* à Paul Guilbert.

réformistes, s'était vite converti, et avec quelle passion, aux thèses de l'Algérie française).

Or, quelques projectiles en forme de tomates et beaucoup de sifflets auront suffi à détourner Guy Mollet de ses intentions premières. Sérieusement chahuté lors de son premier voyage à Alger, et par un petit peuple blanc qui a si peur d'être abandonné et ressemble tant à ses électeurs du Nord, il leur lance un : « Je vous ai compris » implicite en remplaçant aussitôt le général Catroux par le socialiste proconsulaire Robert Lacoste qui met en garde les Français contre « la croyance magique dans la négociation[1] ». C'en est fini du libéralisme. Personne ne proteste. À l'Assemblée nationale, ils seront même quatre cent cinquante députés (communistes compris) à voter les pouvoirs spéciaux civils et militaires à Robert Lacoste. Pour la droite, la surprise est heureuse. Au MRP, on se congratule d'autant plus que, depuis l'aube de la IVe République, on n'a jamais cessé de chanter la sérénade sous le balcon de la belle SFIO, qui a le plus souvent feint l'indifférence. Au Parti socialiste, il n'est pas question de ne pas approuver un leader qui tient si bien la machine en main. Au PC, pour une fois, on veut bien donner sa chance à la gauche. On n'imagine pas encore qu'un gouvernement socialiste se caractérisera par la prise de pouvoir des parachutistes à Alger. Le seul à s'insurger, Pierre Mendès France, ne convainc pas François Mitterrand d'en faire autant.

Les biographes pieux du président de la République font silence sur un autre épisode : l'expédition de Suez.

En juillet 1956, le colonel Nasser nationalise le canal de Suez jusqu'alors contrôlé par une compagnie à capital franco-britannique. Ce coup de force fait à Paris l'effet d'une provocation. D'autant que le raïs, qui ne cesse de menacer Israël, proclame dans sa radio qui enfièvre les souks sa sympathie pour les fellaghas. Le 16 octobre, la marine française intercepte même au large d'Oran un bateau, l'*Athos*, bourré d'armes en provenance de l'Égypte : non seulement Le Caire aide le FLN par la propagande mais, en plus, il lui expédie des armements soviétiques pour tuer nos soldats. Dans tous les milieux, on réclame la plus grande fermeté. Dans *Le Monde*, Maurice Duverger, grande conscience de la gauche, écrit : « L'exemple de 1933-1939 est clair. En face de la mégalomanie d'un dictateur, il ne faut pas

1. De lui on dira : « Alger est terrible : on y entre à gauche, on en sort à droite. »

répondre par des procédures juridiques inefficaces qui ridiculisent le droit, mais par la force. »

On retrouve la même tonalité martiale dans les propos de François Mitterrand qui compare « la mainmise de l'Égypte nassérienne sur le canal à celle de l'Allemagne nazie sur la Tchécoslovaquie » (autrement dit, la nationalisation d'une grande société capitaliste entraîne le futur leader socialiste à comparer un leader du tiers-monde au dictateur nazi).

Quand la France et la Grande-Bretagne déclenchent conjointement, au début de novembre 1956, l'expédition de Suez préparée depuis de longues semaines de connivence avec les Israéliens, toute l'opinion française et la classe politique applaudissent (communistes et poujadistes exceptés). À l'heure où Guy Mollet annonce l'expédition devant l'Assemblée nationale, François Mitterrand la défend en termes vigoureux devant le Conseil de la République (le Sénat d'aujourd'hui). Le largage des parachutistes au-dessus du Canal est approuvé par 289 voix contre 19.

On sait comment l'affaire se termine : sous la pression de l'Union soviétique, et surtout des États-Unis, les deux puissances européennes doivent piteusement décréter le cessez-le-feu et plier armes et bagages. La belle promenade militaire se solda par un aller-retour sans gloire pour les « soldats de la paix », comme les appelait Guy Mollet[1].

Dans ce triste épisode, largement approuvé par des Français alors saisis d'une fièvre d'exaltation chauvine, François Mitterrand ne marque nulle propension à prendre ses distances. Il le dit au palais du Luxembourg : « Agir vite, c'est agir dans l'intérêt de la France. »

Il manifeste le même conformisme (au moins apparent) dans la célèbre affaire de l'arraisonnement de l'avion des cinq leaders du FLN.

Le 22 octobre 1956, les généraux d'Alger intiment l'ordre au pilote français de l'avion officiel marocain (il transportait Ahmed Ben Bella, Mohamed Khider, ancien député MTLD, Hocin Ait Ahmed, Mohamed Boudiaf et Mostafa Lacheraf) d'atterrir à Alger. L'appareil en provenance de Rabat se dirigeait, en passant hors de l'espace aérien

1. Pour les socialistes, tout corps expéditionnaire, qu'il agisse à Suez ou, plus récemment, au Tchad et au Liban, a droit au titre de « force de paix » s'il est envoyé par un gouvernement de gauche. De même était-il peu recommandé de parler de « guerre » d'Algérie ; il ne s'agissait officiellement que de « pacification ». La guerre redevient la guerre et les forces de paix se transforment brusquement en troupes au service de l'impérialisme dès que la droite est revenue au pouvoir.

français, vers Tunis, où Habib Bourguiba organisait une conférence sur l'Algérie. Le sultan du Maroc – au grand courroux des Français – avait tenu à emmener dans sa suite (mais dans un autre avion que le sien) les principaux dirigeants du FLN qui furent donc à leur grande stupeur arrêtés et incarcérés.

L'opinion française se réjouit de ce bon tour et la presse applaudit. Dans les capitales arabes, la fureur et la consternation dominent. Par mesure de rétorsion, des magasins français sont pillés à Tunis et à Meknès une trentaine d'Européens égorgés.

La France avait humilié deux États musulmans auxquels elle venait d'accorder, bon gré mal gré, l'indépendance. Mais surtout, elle piétinait le droit international le plus élémentaire. Cette logique de la force, enfin, mettait un terme aux premières tentatives de dialogue avec les nationalistes algériens.

En réalité, le gouvernement français a été mis devant le fait accompli. Mais le ministre Robert Lacoste et le président du Conseil ont couvert l'opération. Les ministres qui blâment le procédé peuvent toujours démissionner après coup. C'est ce que fait Alain Savary : le secrétaire d'État aux Affaires tunisiennes et marocaines, scandalisé par le procédé et par ailleurs en conflit permanent avec Robert Lacoste, se refuse à cautionner plus longtemps une politique qui tourne le dos à toutes ses convictions. Pierre de Leusse, ambassadeur de France à Tunis, démissionne, lui aussi, de son poste.

François Mitterrand ne bronche pas. Or, il se trouve presque exactement dans le même cas de figure que sous le gouvernement Laniel, quand la déposition du sultan avait eu lieu sans que les ministres en soient informés : ce qui avait déclenché sa colère et son départ volontaire du gouvernement. Cette fois-ci, il reste et se tait.

Comme pour se justifier, il s'écrie quelques mois plus tard devant ses amis de l'UDSR : « J'aime mieux travailler avec des démocrates que pratiquer une opposition stérile contre des gens qui ne m'entendraient pas. »

Argument tout de circonstance et qui ne trompe personne : dans l'affaire, Robert Lacoste et Guy Mollet se sont-ils comportés en démocrates ? C'est, pour le moins, discutable.

Mais, en plus petit comité, devant ses proches, le garde des Sceaux laisse percevoir son malaise. Son directeur de cabinet. Pierre Nicolaÿ, a noté : « Il était devenu taciturne, on ne pouvait plus lui parler, nous aurions dû partir[1]. »

1. Entretien avec Franz Olivier Giesberg.

Dans ce gouvernement de gauche, François Mitterrand se sent peut-être en porte à faux. C'est en tout cas l'avis de Claude Estier, alors journaliste à *France Observateur* : « Il m'a semblé qu'il était prêt à démissionner, mais s'il ne l'a pas fait après Mendès et Savary, c'est que Guy Mollet l'a adjuré de rester[1]. » Et François Mitterrand voulait surtout éviter de se brouiller avec l'indispensable patron de la SFIO : il est persuadé que ses chances de devenir enfin président du Conseil vont se concrétiser, que son heure est proche. Jacques Kosciusko-Morizet, alors représentant de l'ONU à New York, membre de l'UDSR, témoigne : « Il bouillait d'impatience, il se croyait capable de dénouer le drame algérien. Il m'avait fait dire de me tenir prêt, car s'il était appelé à la présidence du Conseil, je devais sur-le-champ le rejoindre pour travailler à ses côtés. »

De fait, le gouvernement Guy Mollet finit par tomber. L'entourage du ministre de la Justice, qui s'attendait à sa promotion, guette chaque matin les signes annonciateurs d'une bonne nouvelle. Georges Dayan, toujours sardonique, raille : « Allons nous enquérir des intentions de l'auguste vieillard[2] » (le président Coty).

En réalité, le manège tournera mais ne s'arrêtera jamais devant lui. Maurice Bourgès-Maunoury, Félix Gaillard, Pierre Pflimlin enfin se succéderont à Matignon à un rythme accéléré. Tout le monde sent bien que la machine se dérègle. Que les institutions de la IVe sont trop faibles pour régler un problème aussi aigu. Chacun pressent que quelque chose peut se produire… Mais ce quelque chose n'est pas l'arrivée à Matignon de François Mitterrand. Quand il s'agit, au printemps de 1958, de décider de la formation de l'ultime gouvernement de la IVe République, beaucoup de rivaux de François Mitterrand sont appelés à l'Élysée. Pas lui.

« Il a été barré par le général Ganeval, conseiller militaire du président de la République, qui voulait préparer le retour au pouvoir du général de Gaulle », avance un bon connaisseur, Jacques Kosciusko-Morizet.

« Il y avait deux clans chez les collaborateurs de René Coty : les pro-Mitterrand avec Friol, et les anti avec Ganeval », ajoute André Rousselet.

Francis de Baecque, qui appartenait à l'équipe élyséenne, note en revanche : « Le président Coty était assez grand garçon pour choisir

1. Entretien avec l'auteur.
2. Entretien de Jean-Noël de Lipkowski avec l'auteur.

tout seul son président du Conseil, il n'avait pas besoin de l'autorisation de ses conseillers. »

Et René Pleven renchérit : « Si René Coty n'a pas appelé François Mitterrand, c'est qu'en son âme et conscience il ne se décidait pas à en faire le responsable suprême de la politique française. »

Plus tard, François Mitterrand préférera croire que c'est Guy Mollet qui l'a barré auprès de Coty et il le répétera souvent autour de lui.

Mais il a cru en ses chances jusqu'au bout. Son amie Guitte témoigne : « Quand de Gaulle est revenu au pouvoir, François m'a confié : "Dire que j'allais enfin être président du Conseil !" »

Cela ne se pardonne pas et s'ajoute à son contentieux avec le général de Gaulle. Dès lors vont s'exaspérer en François Mitterrand la déception et l'indignation.

Il donnera à l'affaire cet épilogue : « Le 1er juin, quand René Coty m'a reçu en compagnie de Roger Duveau pour me demander d'accorder l'investiture au général de Gaulle, comme il le fit avec tous les représentants de tous les groupes parlementaires, il retint un moment ma main dans la sienne et me dit dans un grand soupir : "Ah ! j'ai voulu souvent vous appeler pour régler la crise mais c'était impossible, il y aurait eu des incidents à Alger." C'était le 31 mai. L'émeute, la sédition, le coup d'État étaient vieux de quinze jours. Pour le président de la République, gardien de la société établie, il ne s'était rien passé. Pour moi, si ! »

CHAPITRE VI

La Ve République
Le destin

Le dira-t-on jamais assez ? La Ve République a été la grande chance de François Mitterrand.

Sans de Gaulle, l'ambitieux jeune ministre aurait sans doute fini par « décrocher » Matignon et devenir l'un de ces éphémères présidents du Conseil investis par une coalition disparate toujours promise à la dislocation… Il aurait fait carrière.

Grâce à Charles de Gaulle, François Mitterrand a eu un destin ! En disant non dès le départ, en prenant une fois pour toutes figure d'irréductible alors que toutes les prudences et tous les calculs auraient dû le pousser dans la direction inverse, il a fait le bon choix. Ainsi est-il entré dans l'Histoire. Ainsi est-il devenu le champion, puis le prophète, bientôt le pape du socialisme à la française. Ainsi est-il devenu le contre-président, puis le chef de l'opposition et enfin le premier socialiste élu président au suffrage universel direct. Il aura, il le sait, un paragraphe dans les livres d'histoire.

Mais cette chance ne lui a pas été donnée. Il l'a conquise de haute lutte. « Il aura mené une vie de chien », note, admiratif, Jacques Chaban-Delmas. Il lui aura fallu batailler tout au long au très long, de vingt-trois années. En se gardant toujours sur trois fronts : contre le pouvoir en place – de Gaulle et ses successeurs – ; contre la gauche socialiste elle-même et ses leaders, qu'il fallait d'abord séduire, apprivoiser, pour mieux les réduire ; contre les communistes enfin, alliés indispensables et dangereux qu'il fallait utiliser tout en les surveillant et avec qui la coalition restait en permanence un combat.

De même que sous la IVe République, son parcours durant ce quart de siècle dessinera une succession de sommets et de gouffres. Comme s'il était écrit que toute sa vie ce chrétien devrait payer chaque succès d'une épreuve.

– Les gouffres :

1958. Ses électeurs et ses troupes l'abandonnent pour le gaullisme triomphant.

1959. L'affaire de l'Observatoire manque bien ruiner à jamais sa réputation.

1968. Le rejettent ceux-là mêmes qu'il venait de convaincre et de rassembler.

1974. La victoire lui échappe sur le fil et chacun déjà programme sa retraite.

1977. La trahison du PC éloigne la victoire qui paraissait acquise pour les législatives de l'année suivante et remet en question son autorité même au sein de son parti.

– Les sommets :

1965. La première vraie rencontre avec la popularité et le peuple de gauche.

1967. Il s'impose comme chef unique de la gauche.

1971. Il conquiert de haute lutte le Parti socialiste et en devient le patron incontesté le jour même de son adhésion.

1981. Le triomphe final et la suprême revanche de l'éternel perdant qui entre enfin à l'Élysée.

D'autres que lui n'auraient pas supporté une telle succession d'épreuves. Beaucoup n'auraient jamais transformé tant d'échecs en succès. Si François Mitterrand y a réussi, c'est qu'il a un secret. Ou plutôt deux. D'abord une opiniâtreté quasi anormale. L'autre secret le place un peu plus encore hors du commun. Son personnage, il ne le construit que devant un péril, face à un défi ou un rival. Menace : de Gaulle, qui l'avait rejeté et dont il n'a rien à attendre et tout à craindre. Menace : Michel Debré, qui tentera, dans l'affaire de l'Observatoire, de le mettre hors-jeu. Défi : Pierre Stibbe, une conscience de la gauche, qui veut le rendre suspect lors de sa première candidature à la présidence. Menace : ses partenaires de la Fédération de la gauche, qui ne se résignent pas à sa prééminence. Rival enfin, plus tard : Michel Rocard, qu'il accuse de vouloir récupérer dix ans de travail à son seul profit.

Chaque fois l'adversaire le réveille, le stimule, le hisse au-dessus de lui-même. Cette capacité-là est rare. Elle distingue l'homme politique ordinaire de celui qui a un destin. Et elle le marque, pour toujours.

Reste que le parcours de François Mitterrand sous la Ve République pose une question grave : celle de sa sincérité. Son entrée en socialisme est tardive. Sa conversion coïncide à quelques mois près avec sa prise de pouvoir à la tête de la gauche non communiste. Comme si la gauche valait non pas une messe mais un chapelet d'oraisons et d'invocations aux pères fondateurs du socialisme. Cet homme d'intuition, de sensibilité, d'indignation, de manœuvre, de ruse et de dessein supportera d'autant mieux ce corset doctrinal qu'il lui est indispensable dans ses relations avec le PC, dans la direction du PS (qui lui doit – et doit à lui seul – son essor), dans sa conquête du « peuple de gauche ».

Mais ces jongleries doctrinales le temps de son séjour dans l'opposition auront pour lui un effet pervers, très pervers : il prendra bientôt l'habitude de parler et d'écrire sans trop se soucier des réalités, comme si tout était possible, comme s'il suffisait de dire pour que les choses soient. Et arrivé au pouvoir, il le paiera cher. Très cher.

Le non au général

« Le mois de mai est fou », constatait, dans une de ses chroniques les mieux tournées[1], le premier secrétaire du PS, qui n'imaginait sûrement pas que ce joli mois serait quelques années plus tard celui de son sacre.

1. Dans *La Paille et le Grain*, *op. cit.*

Il ne pensait plus qu'à la folie de Mai 68 (qui l'avait tant pris de court) et à celle de 1958 qui avait, pour tant d'années, ruiné ses espoirs et disloqué ses plans les mieux agencés.

C'est vrai qu'il fut fou, fou, fou, ce mois de mai de l'an 1958. Assez pour donner le tournis à beaucoup et chavirer la tête à quelques-uns.

François Mitterrand a des raisons tout à fait personnelles de s'en souvenir. Après la chute du gouvernement Félix Gaillard le 15 avril, il attendait près de son téléphone qu'un appel de l'Élysée vînt combler ses grandes espérances. Mais rien ne se passa selon ses vœux. Il est vrai que toutes les règles du jeu avaient été tournées ou abolies. Rien de plus déprimant pour qui veut construire méthodiquement une grande carrière.

Pendant plus d'un mois la France resta sans gouvernement. Alors précisément qu'elle en avait à ce moment le plus urgent besoin. Tout se défaisait. La IVe République se mourait. Les majorités se délitaient à peine constituées. Le pouvoir était à prendre, mais il ne pouvait plus tenter grand monde. Certes le bon président Coty ne restait pas les deux pieds dans ses charentaises ; il consultait, il sondait, il testait. Comme au spectacle de marionnettes – trois petits tours et puis s'en vont –, il appelait le MRP Georges Bidault, l'UDSR René Pleven, éternels « matignonables » trop avisés pour accepter une mission qu'ils jugeaient parfaitement impossible. Tout comme les trois radicaux – pas un de moins – qu'il pressentit, dont aucun jusque-là n'avait accédé à la présidence du Conseil : René Billères, Fernand Berthouin et, surtout, le subtil Maurice Faure. La proposition était flatteuse, mais la fonction périlleuse : aucun ne se laissa fléchir. Les trois espoirs se montrèrent aussi réalistes que les deux caciques. Non, trois fois non.

Bref, c'était le blocage total. Et, pendant ce temps, un homme piaffait de dire oui, rêvait de tenter sa chance, mais on ne le sollicitait pas. Le téléphone de la rue Guynemer restait silencieux. Désespérément.

Cette vacance trop visible du pouvoir ne pouvait qu'aggraver l'agitation des Européens et des militaires d'Algérie, hostiles à tout compromis avec les nationalistes, voire à toute ouverture, et étendre cette agitation en métropole. Des gaullistes habiles et entreprenants comme Léon Delbecque, un nordiste au physique de cowboy, membre du cabinet du ministre de la Défense Jacques Chaban-Delmas, mais aussi d'autres personnages travaillant pour d'autres fins noyautent déjà consciencieusement les mouvements ou les groupes civils qui, légalement ou pas, militent à la fois pour l'Algérie française et contre le régime.

Le 24 avril à Alger, une manifestation impressionnante demande à cor et à cri (à cri surtout !) la formation d'un gouvernement de salut public.

À Paris, on sent bien que cette fois-ci il faut aboutir, sinon la situation deviendra vite incontrôlable. Les rapports que l'on reçoit d'Afrique du Nord sont de plus en plus alarmants. Le 8 mai, enfin, un homme dit oui au président Coty : le MRP Pierre Pflimlin. Sollicité de former le gouvernement, il accepte de tenter sa chance. Il a une réputation de bon ministre, d'Européen fervent, de gestionnaire avisé et ouvert, de pragmatique surtout… Ce dernier trait inquiète fort Alger et l'aile droite de l'Assemblée. À peine le maire de Strasbourg est-il pressenti que la rumeur se répand, irrésistible : ce démocrate-chrétien serait un mendésiste d'une autre espèce, un partisan discret d'une négociation avec les rebelles algériens.

Fureur à Alger, décuplée lorsque le socialiste Robert Lacoste donne crédit à la rumeur en dénonçant sans barguigner le « Diên Biên Phu diplomatique » qui menace.

Cette fois, tout ce que la ville blanche qui « sent la chèvre et le jasmin » compte d'activistes se mobilise. Les chefs militaires se consultent et, dans une mise en garde collective au chef de l'État, évoquent une « réaction de désespoir de l'armée ». Autrement dit, une rébellion.

La désignation de Pierre Pflimlin, survenue trop tard et dans de mauvaises conditions, ne peut plus être un frein à la fureur de ces flots-là.

Dans son journal *L'Écho d'Alger*, Alain de Sérigny, qui, depuis deux ans – Jacques Soustelle et Michel Debré aidant –, s'est mis à fréquenter beaucoup les gaullistes, lance un appel retentissant au général de Gaulle : « Parlez, mon Général ! »

Le 13 mai, alors que Pierre Pflimlin se présente devant l'Assemblée, la foule prend d'assaut le bâtiment du gouvernement général d'Algérie. Un Comité de salut public se constitue le soir même sous la présidence du populaire général Massu, idole des pieds-noirs.

L'Histoire bascule. François Mitterrand, qui ne sait pas tout ce qui se trame, a cependant conscience que le sort du régime est en train de se jouer. Ce même jour, il est allé soutenir à Enghien, dans la banlieue de Paris, son ami Jean-Noël de Lipkowski. Pendant la réunion, celui-ci s'en souvient, on fait passer un mot au président de l'UDSR. Il blêmit et, se tournant vers son voisin de tribune, lui lance en hâte : « Notre place est à l'Assemblée nationale. » Tous deux se précipitent en voiture vers le Palais-Bourbon.

« Si de Gaulle revient au pouvoir, je me rallierai à lui », prévient Lipkowski. François Mitterrand, rageur, rétorque sans hésiter : « Je ne travaillerai jamais avec ces gens-là, jamais ! »

Réaction d'instinct.

Dans la nuit, l'Assemblée nationale investit Pierre Pflimlin par 274 voix contre 179. Le PC choisit, à la suite des événements d'Alger, une abstention qui accrédite l'idée que Pierre Pflimlin est favorable à la négociation.

Tout le monde comprend qu'il s'agit là d'un gouvernement de la dernière chance. Mitterrand, logique avec lui-même – tout plutôt que de Gaulle –, vote l'investiture.

Dans cette folle nuit, et par réflexe de défense républicaine, comme on dit, les socialistes ont accepté de participer à ce gouvernement à direction MRP. Symboliquement, Guy Mollet en accepte la vice-présidence ; non moins symboliquement, Jules Moch, homme à poigne réputé depuis qu'il est venu à bout des grèves de 1947 et s'est heurté aux gaullistes du RPF, retrouve le ministère de l'Intérieur ; Albert Gazier prend avec énergie l'Information en main. François Mitterrand, lui, n'est même pas sollicité : quoi qu'il arrive, le MRP le tient dans sa ligne de mire. Mais son vieil adversaire René Pleven occupe un des premiers postes gouvernementaux.

Peu importe, au demeurant il est trop tard. D'Alger, les chefs militaires et bientôt la foule multiplient les appels à de Gaulle.

L'homme de Colombey, qui n'est pas sourd, se hâte de publier une déclaration, tenue en réserve depuis plusieurs jours dans ses tiroirs : « Aujourd'hui, dit-il dans son style inimitable, devant les épreuves qui montent de nouveau vers lui, qu'il sache [le peuple] que je me tiens prêt à assumer les pouvoirs de la République. »

C'est clair. Et net. Comme le roi barbu d'Offenbach, le Général s'avance… à pas de géant. L'armée a déjà fait vers lui plus de la moitié du chemin, poussée plus que suivie par les Français d'Algérie. Le gouvernement a cessé de contrôler la situation. L'Assemblée peut bien voter l'état d'urgence pour trois mois, l'initiative échappe aux hommes du pouvoir.

Le 17 mai, déjouant la surveillance dont il était l'objet en se cachant dans le coffre d'une voiture, le gaulliste Jacques Soustelle parvient à quitter le territoire de la métropole et à rejoindre Alger. Il devient aussitôt le conseiller du général Salan. La jonction symbolique des militaires et des gaullistes est ainsi réalisée.

Le 19 mai, le Général tient au palais d'Orsay une conférence de presse au cours de laquelle il refuse de condamner ce que la gauche appelle la « sédition militaire » et conclut en lançant un martial : « À présent, je vais rentrer dans mon village et m'y tiendrai à la disposition du pays. »

Le Général a bougé, maintenant il chemine. Les politiques les plus prestigieux vont bientôt, l'un après l'autre, lui rendre hommage. Quand, le 22 mai, Antoine Pinay se rend à Colombey, chacun comprend que le ralliement des principaux leaders de la IVe République au Général commence…

Le 24 mai, des parachutistes venus d'Algérie débarquent en Corse où des Comités de salut public prennent le pouvoir. Des CRS expédiés en toute hâte de métropole pour leur barrer la route se laissent prudemment désarmer et pactisent avec les soldats d'élite. Les forces de l'ordre n'entendent pas résister aux centurions.

Volontiers entretenues par les gaullistes, des rumeurs de coup d'État militaire en métropole circulent de Dunkerque à Marseille. Partout, on chuchote fiévreusement que les parachutistes sont sur le point de débarquer. Certains s'en réjouissent bruyamment. Mais les Gaulois, c'est bien connu, redoutent par-dessus tout que le ciel leur tombe sur la tête. Et ils se convainquent peu à peu qu'un seul homme pourrait empêcher cette catastrophe naturelle : de Gaulle.

Le 26 mai, alors même que Guy Mollet suggère en catimini à Pierre Pflimlin d'entrer en contact avec le Général, ce que le président du Conseil se hâte de faire le soir même, les députés socialistes déclarent (par 117 voix contre 3) avec de mâles accents républicains que jamais, en aucun cas, ils ne se rallieront à une candidature qui est et restera un « défi à la légalité ».

Peu importe ce que pense la troupe. Guy Mollet, qui pourtant n'aime guère les voyages, se rend lui-même trois jours plus tard à Colombey et en revient plein d'aise, soupirant : « J'ai vécu là un des plus grands moments de ma vie[1]. »

---

1. Illustration de ce mois décidément fou, l'attitude du secrétaire général de la SFIO, ainsi décrite par Serge et Merry Bromberger, dans leur livre *Les 13 Complots du 13 mai* (Paris, Fayard, 1959) : « Pendant ces vingt et un jours de crise, Guy Mollet a été le plus français de tous les Français. Il était de toutes les opinions à la fois, il menait toutes les actions en même temps. Il prenait en secret des contacts avec le cabinet du Général après le 13 mai, comprenait les Français d'Algérie, prêchant la fermeté contre les généraux rebelles, était en relation avec les collaborateurs de De Gaulle, organisait avec la gauche la défense républicaine. Il manœuvrait pour ouvrir la voie au Général tout en encourageant Pflimlin à se maintenir, il cumulait tous les sentiments qui agitaient la nation. L'honneur de sa vie fut d'être reçu à Colombey. »

La IVe République n'est pas encore enterrée, mais elle est déjà morte. Le 28 mai, Pierre Pflimlin, qui détient pourtant à l'Assemblée une majorité qui aurait fait rêver beaucoup de ses prédécesseurs (mais ce n'est plus à l'Assemblée que la partie se joue : pour avoir abusé longtemps de leur pouvoir, les députés l'ont perdu), démissionne de lui-même. Chacun comprend qu'il entend céder sa place au Général.

Le même jour, une grande manifestation de la gauche s'étire de la Bastille à la Nation aux cris mille fois répétés de : « Le fascisme ne passera pas. » Qui, le fascisme ? Les parachutistes ? L'armée ? Le Général ? « Il y eut deux cent mille à trois cent mille personnes. Son caractère massif signifie que la moitié au moins de la population parisienne en approuve l'initiative. Cette même population qui, dans une proportion de quatre cinquièmes, votera oui quelques mois plus tard. Qu'est-ce à dire, sinon que beaucoup de ceux qui y prirent part n'étaient pas foncièrement hostiles à de Gaulle[1]. »

François Mitterrand était, lui, dans cette manifestation. Il voit les choses un peu autrement… au moins onze ans plus tard[2] : « Durant le défilé de la Bastille à la Nation, j'avais remarqué le visage morne des manifestants. Je m'étais irrité de la pauvreté des slogans. Personne ne pleurait sur le régime déchu et moi non plus je ne pleurais pas. Je me sentais débiteur de ce peuple délaissé. Je me sentais coupable de son indifférence. S'il regardait la mise à mort de la démocratie comme un spectacle qui ne le concernait pas, à qui la faute ? sinon aux mandarins qui avaient usé les mots et vidé la substance des choses ! J'avais participé à l'entreprise, j'avais respecté les usages, je n'avais pas crié assez fort pour déranger le cérémonial. Allais-je continuer d'agir comme tant d'autres pour qui le changement de République importait peu dès lors qu'il garantissait l'immutabilité des structures, des privilèges et des bénéfices ? Quand je rentrai au Palais-Bourbon, ma décision était prise : garder l'honneur était le seul moyen d'attendre en paix avec soi-même la fin des contradictions. »

L'homme qui bat sa coulpe avec tant de ferveur est un cacique de la IVe République. Mais ce républicain hugolien de l'espèce intransigeante, qui commence à dénoncer le péché originel de l'usurpateur, n'est pas encore un socialiste, à peine un homme de gauche. Mitterrand réagit en juriste et en moraliste. Du moins, c'est ce qu'il écrira.

René Coty, en tout cas, ne partage pas ces états d'âme ! Le président de la République, pourtant parlementaire chevronné et fort soucieux

1. Jacques Julliard, *La IVe République*, *op. cit.*
2. Dans *Ma part de vérité*, *op. cit.*, dialogue avec Alain Duhamel.

des formes, comprend que l'heure n'est pas à l'analyse de textes et aux arguties réglementaires, mais au changement et même au risque. Il n'hésite pas à faire lire un message au parlement en forme de chantage : si les Assemblées n'en appellent pas au général de Gaulle, il démissionnera, lui ! En fait, il ne court pas grand risque. Les dés sont en train de rouler. Le général de Gaulle se rend à l'Élysée, accepte de former un gouvernement. Un communiqué précise qu'il demandera des pouvoirs exceptionnels et constituants.

L'homme du 18 Juin devient ainsi le dernier président du Conseil pressenti de la IVe République en même temps qu'il s'apprête à en fonder une cinquième.

À l'hôtel de la Trémoille, sa résidence parisienne (où quelques mois plus tôt ses fidèles avaient tant de peine à drainer quelques visiteurs), les chefs de parti se pressent. François Mitterrand, président de l'UDSR, y est comme les autres convié. On imagine qu'il dut s'y rendre avec des pieds de plomb. « Je crois avoir été le seul à dire que je ne pourrais pas me rallier à cette candidature tant que de Gaulle ne désavouerait pas publiquement les Comités de salut public et l'insurrection militaire… Je lui ai dit également qu'on ne pouvait fonder un régime sur la toute-puissance d'un homme[1]. »

Son ami Roger Duveau, président du groupe parlementaire UDSR à l'Assemblée et député de Madagascar, qui assistait ès qualité à la rencontre, a relaté ainsi le dialogue[2] :

– Vous êtes ici, mon Général, à la suite d'un concours de circonstances peu ordinaire, mais vous pourriez tout aussi bien ne pas être là. Vous auriez pu ne pas naître, ou encore mourir plus tôt.

– Que voulez-vous dire, Mitterrand ? interroge le Général.

– Vous comprendrez, mon Général, si vous voulez bien me laisser parler, voilà, nous sommes entrés depuis peu dans la voie insolite et périlleuse des *pronunciamentos*, réservés jusqu'ici aux républiques sud-américaines. Or, d'après vous, nous n'aurions pour faire face à ce genre de tragédie, qui risque d'entraîner la ruine de la France, qu'un seul recours : vous-même, mon Général, mais vous êtes mortel.

– Je vois où vous voulez en venir, interrompt le Général. Vous voulez ma mort, j'y suis prêt.

Sur ce, le Général lève la séance et s'en va.

Dialogue surréaliste. D'un côté, les spirales allégoriques de François Mitterrand devant un sauveur qu'il refuse, de l'autre, les ripostes

1. Dans *Ma part de vérité*, *op. cit.*
2. Interview par Franz Olivier Giesbert.

à la hache de l'homme du 18 Juin à un cadet qui l'irrite au suprême degré… Une fois de plus, la rencontre des deux hommes s'achève par un court-circuit.

Le 1er juin 1958, devant l'Assemblée nationale, de Gaulle abat son jeu. Il veut les pleins pouvoirs pour six mois et mandat de l'Assemblée pour proposer au pays, par voie de référendum, les changements indispensables à la Constitution.

François Mitterrand dit non. Mais, à y regarder de près, son discours sonne presque comme un « non, mais ».

Non : « Au moment où le plus illustre des Français se présente devant nous, je ne puis oublier que le général de Gaulle fut appelé d'abord et avant tout par une armée indisciplinée… En droit, le Général tiendra ce soir ses pouvoirs de la représentation nationale, en fait il les détient déjà du coup de force. »

Mais : « Quelqu'un vient de dire : "Dans quelque temps, vous vous rallierez ?" Eh bien oui, mesdames et messieurs, si le général de Gaulle est le fondateur d'une forme nouvelle de démocratie. Si le général de Gaulle est le libérateur du peuple africain, le mainteneur de la présence de la France partout au-delà des mers, s'il est le restaurateur de l'unité nationale, s'il prête à la France ce qu'il lui faut aussi de continuité et d'autorité, je me rallierai, mais à une condition… »

Cette condition, on ne la connaîtra jamais. François Mitterrand est à ce moment-là interrompu, ses propos sont couverts par le brouhaha de ses collègues. Il ne les achèvera jamais. Le mystère de l'ultime condition restera entier. De ce qu'il a dit, on retirera cependant qu'il pose, outre un faisceau de préalables (tous acceptables en réalité par le général de Gaulle), cette question en forme d'ultimatum : « Sauriez-vous garantir la présence de la France partout au-delà des mers ? » Ce qui est d'un démocrate, sûrement. Mais pas d'un partisan avéré de la négociation en Algérie.

Ce « non mais » ou ce « non si », voire ce « non sauf », signifie-t-il que François Mitterrand se soit vraiment interrogé et qu'il ait balancé au fond de sa conscience entre l'acceptation et le refus ? Il ne le semble pas. Tous ses amis en témoignent. Lui-même écrit : « Ainsi cet après-midi du 29 mai où j'ai marché seul de longues heures sur les quais de la rive gauche, c'était un jour de soleil, clair et fragile. L'eau du fleuve scintillait sous les lumières changeantes du ciel. Je m'interrogeais, angoissé. Fallait-il défendre un système fou, incapable de rendre à la France son rang ? ou fallait-il prêter la main à la conspiration qui allait le détruire ? Je cherchais dans les enseignements des années d'autrefois la leçon dont j'avais besoin.

Tout m'invitait à consentir à la liquidation de la IVe République, de ses rois fainéants, de ses maires du palais. Cette grisaille pour agonie. Tout m'éloignait de cette dictature visible à l'œil nu, sous son masque bonasse[1]. »

Une dictature, le mot est lâché. La dictature, il ne va pas cesser de la guetter, de la pressentir, de la dénoncer, même lorsque le régime aura cent fois montré le contraire et se sera fait légitimer à plusieurs reprises par le suffrage universel.

Alors que Pierre Mendès France est partagé entre des fidélités contradictoires, le non de Mitterrand est coléreux, teigneux même. Jean Lacouture note à propos de l'attitude de Pierre Mendès France : « Tout autant qu'un refus déchiré, c'est un appel. Il n'évoque pas cet instant de sa vie sans parler de chagrin, sans observer que lui qui votait contre de Gaulle avait le sentiment très profond d'être infiniment plus proche de lui que bien de ces hommes – Tixier-Vignancourt par exemple – qui se ralliaient à l'homme à poigne en daubant sur lui. »

François Mitterrand ne partage ni ses doutes ni ses hésitations. Si en mai 1958, une fois de plus, ils se retrouvent côte à côte, ce n'est pas avec les mêmes sentiments : Pierre Mendès France se rétracte par déchirement intime ; Mitterrand bande ses forces comme on tend un arc pour décocher la flèche de la mise à mort.

Le 1er juin 1958, le Général devient, à une confortable majorité, président du Conseil. Il avait attendu douze ans avant de revenir au pouvoir. « Ce qui lui a permis de résister aux tempêtes, c'est la maîtrise de soi », reconnaîtra, plein d'admiration cette fois, François Mitterrand devant Pierre Desgraupes[2].

De ce jour, pour François Mitterrand, le décor change. À quarante-deux ans, il entre dans l'opposition. Son existence se métamorphose. Adieu cocarde, palais officiels, haies d'honneur et bureau ministériel. Il n'appartient plus aux princes qui nous gouvernent. Il sait qu'il en a pour dix ans au moins. « Il va falloir réfléchir, voyager, écouter de la belle musique », lance-t-il, faussement enjoué, à ses fidèles, Georges Beauchamp, Georges Dayan, Louis Mermaz, Roland Dumas, André Rousselet.

Cette traversée du désert, il ne l'aborde pas de gaieté de cœur. Sur quatorze députés UDSR, dix ont rejoint de Gaulle (René Pleven, Édouard Bonnefous, Eugène Claudius-Petit, notamment). Il a perdu le contrôle de sa formation. Son lot de consolation ? Un cas aberrant :

1. Dans *Ma part de vérité*, *op. cit.*
2. Interview du *Point*, 1973.

Roland Dumas. Au printemps 1957, celui-ci était allé avec d'autres jeunes parlementaires (Valéry Giscard d'Estaing, Christian Bonnet, entre autres) demander à René Coty d'appeler de Gaulle. Mais son vœu exaucé, il ne votera pas l'investiture. Il a choisi définitivement François Mitterrand contre l'homme de Colombey. Ce qui sera porté à son crédit pour toujours. On s'étonne presque que ce compagnon exemplaire et brillant n'ait point encore atteint, ne serait-ce que pour cette raison, les sommets de la hiérarchie.

Si partis et familles spirituelles, même les plus structurés, volent en éclats pendant ce mois fou, les Français se partagent beaucoup moins. Le 28 septembre, un référendum constituant plébiscite les nouvelles institutions par 79,25 % des suffrages exprimés. Piètre consolation pour François Mitterrand : les oui n'ont recueilli, dans sa Nièvre (où il s'est aventuré à expliquer aux Morvandiaux ébaubis qu'un vote positif mettrait en place un régime comparable à ceux des généraux d'Amérique latine), que 75 % des voix.

Voilà pourtant l'ancien député (l'Assemblée est dissoute du même coup) presque seul dans l'opposition. Pas tout à fait seul pourtant : on y trouve aussi ses adversaires éternels, les communistes.

Il ne va pas tarder à en tirer les conséquences.

Les années noires
La tragi-comédie de l'observatoire

Tout va mal. En novembre 1958, Mitterrand est battu aux élections législatives. Pour la première fois depuis 1946, ses électeurs l'abandonnent. Et lui qui avait tant plaidé pour l'instauration du scrutin uninominal à deux tours figure parmi ses plus célèbres victimes. Pourtant, le Parti communiste, en reconnaissance de son antigaullisme, a fait voter pour lui au scrutin de ballottage (le socialiste s'est maintenu). Mais cela n'a pas suffi. La vague l'emporte. Un gaulliste anonyme prend sa place.

Le raz de marée des partisans de la Vᵉ République emporte beaucoup de victimes éminentes : Pierre Mendès France, Edgar Faure, Gaston Defferre, notamment. Un proche du général de Gaulle, Léon Noël (il sera bientôt président du Conseil constitutionnel), raconte qu'à la veille de ces élections le Général avait interrogé :

– Dans l'opposition, qui donc risque d'être battu ?
– Pierre Mendès France, lui fut-il répondu.
– C'est très dommage, aurait estimé le Général.

– François Mitterrand aussi, ajoutent ces experts.

– Ça, c'est une autre affaire, aurait laissé tomber l'homme du 18 Juin d'un ton presque gourmand.

À présent il faut vivre, gagner de quoi faire bouillir la marmite familiale. François Mitterrand va devoir débuter dans la vie professionnelle (où son passage, soyons justes, sera bref : six ans environ). Quittant malgré lui la scène politique, il va passer sans joie des palais nationaux au Palais de Justice. S'étant inscrit au barreau en 1954, il avait accompli son stage dans des conditions très spéciales : alors ministre de l'Intérieur, puis garde des Sceaux, il lui avait fallu s'excuser chaque semaine et par écrit auprès du bâtonnier d'absences répétées dues aux obligations ministérielles. Un cas unique dans les annales, que Roland Dumas relate encore en s'esclaffant.

L'aventure, à l'époque, ne plaît guère à l'ancien ministre. Il lui faut se mettre au droit, s'organiser, trouver des causes et des clients. Il s'associe avec Irène Dayan (la femme de son ami Georges), elle-même avocate. À Charles Moulin, elle a raconté : « Je lui préparais les dossiers de façon toute classique, sur le plan de la procédure, de l'établissement des faits et des régimes juridiques. Je dois avouer que tout n'était pas facile avec lui. Il n'avait pas l'esprit maison. Rien ne l'agaçait plus que le langage stéréotypé du Palais. Celui des références ou des attendus[1]. »

Sans compter que les premiers pas du nouvel avocat allaient provoquer une curiosité goguenarde. Les magistrats guettaient avec ironie les débuts de cet ancien ministre, ministre de la Justice de surcroît : une occasion rare de se distraire. D'autant que le débutant célèbre ne pouvait être rompu à toutes les subtilités sémantiques et à la liturgie des milieux judiciaires. Pourtant, il gagnera plus d'un procès au civil (seul ou comme assistant, un rôle bien secondaire pour lui). Au pénal, il lui arrivera de plaider pour le docteur Schwing, chiropracteur connu, accusé d'exercice illégal de la médecine. Il défendra également la société des Films Marceau et le metteur en scène Roger Vadim pour leur adaptation à l'écran d'un ouvrage réputé licencieux, *Les Liaisons dangereuses* de Choderlos de Laclos.

Admirative, Irène Dayan estime qu'il eût pu entamer là, s'il l'avait voulu, une grande carrière de ténor du barreau. Telle n'est point, évidemment, l'intention de François Mitterrand. Il sait que le barreau mène à tout à condition d'en sortir. Et il veut en sortir le plus vite

1. Charles Moulin, *Mitterrand intime*, Paris, Albin Michel, 1982.

possible. Il n'a qu'une idée en tête : prendre sa revanche politique. Comment ? Et avec qui ?

Certes, il lui reste l'UDSR… mais dans quel état ! Quand, le 31 janvier 1959, sa formation tient congrès, ne survivent que vingt-sept fédérations et une seule tendance : la sienne (les autres ont rejoint le Général). Dans ce désert, il ne peut plus compter que sur une poignée de fidèles, toujours les mêmes : Louis Mermaz, Roland Dumas, Georges Dayan, Georges Beauchamp, André Rousselet.

Ce jour-là, déjà, il prédit : « Il arrivera un moment où de la droite indépendante à la gauche socialiste, avec la somme des déceptions et des colères, des ambitions déçues mélangeant le pur et l'impur, nous devrons être tous réunis autour d'un programme d'action. L'entente n'est possible qu'avec ceux qui veulent combattre et ceux qui sont décidés à engager le fer contre le noyautage de l'État. »

Et de poursuivre : « J'englobe dans cette expression tous les républicains d'action, de volonté, de décision, tous ceux qui ont souffert depuis 1944, oui, souffert, quelquefois jusqu'au désespoir, de voir la France manquer toutes ses chances et qui en éprouvaient une sorte de rage. Vous verrez un jour, si les faits continuent à aller dans le chemin qu'on a tracé, vous qui êtes fidèles aux notions mêlées de la civilisation chrétienne, de la libération de l'esprit et de la grande révolution, ayant manqué une fois de plus au destin des hommes d'action mais toujours spectateurs angoissés, vous verrez le communisme rassembler les décombres et bâtir sa maison… On a voulu vous démontrer qu'avec la carence de la IVe République il ne restait plus qu'une route, celle du communisme. C'est cette démonstration que nous voulons, nous, précisément contredire. »

Fidèle à lui-même, le futur leader socialiste s'emploie avec éloquence à fustiger à la fois ce à quoi il n'a pourtant pas été étranger (la IVe République) et ce qui se fait sans lui (la Ve). Comme au temps de la troisième force, il retrouve des accents également courroucés pour dénoncer les forces mauvaises réveillées par le gaullisme et l'alternative tout aussi perverse que représente le communisme. D'où le rêve d'un rassemblement des forces qui s'étagent du socialisme démocratique à la droite indépendante.

En attendant, il faut commencer la reconquête. À peine évincé de l'Assemblée nationale, François Mitterrand retrouve coup sur coup deux sièges. Non sans éclat : en mars 1959, il conquiert la mairie de Château-Chinon, au cœur de cette circonscription de la Nièvre qu'il entend refaire sienne à la première occasion. En avril, bénéficiant du patient travail d'implantation départementale qu'il a mené depuis des années, il entre au Sénat. Il est en fort bonne compagnie. Jamais (sauf peut-être après 1981) la Haute Assemblée n'aura été aussi brillante. Les vétérans et les vaincus illustres – Gaston Defferre, Edgar Faure et bien d'autres – s'y groupent en nombre.

François Mitterrand va s'affirmer là un talentueux opposant de pointe. Son intransigeance à l'égard d'un régime qu'il abhorre, il la définit alors dans un article de *La Nef*, une revue intellectuelle chic à sensibilité aimablement progressiste, dirigée par Lucie Faure (épouse d'Edgar). Il écrit en ce printemps 1959 :

« L'histoire des démocraties populaires montre à l'évidence comment l'association au pouvoir du Parti communiste et d'une poussière de formations démocratiques voue ces dernières à l'anéantissement. De la création d'un rassemblement des forces socialistes et républicaines fortement structuré dépend l'équilibre futur de la démocratie.

Mais vous ne souderez pas ce rassemblement en composant avec les ennemis du peuple, avec les profiteurs d'un système social périmé, avec les ambitions anachroniques du clan technocrate et du clan militaire. La tâche prescrite consiste à lutter bec et ongles en compagnie de ceux qui le voudront contre les groupes qui le 13 mai se sont emparés des leviers de commande. La conjuration du 13 mai doit savoir que son triomphe insolent, que son intolérance, que ses privilèges, que son appétit dévorant des places et des honneurs dressent et dresseront plus encore contre elle les démocrates et les républicains, les libéraux. Ceux-ci restent les adversaires de l'idéologie et des méthodes du communisme, mais ils constatent que le danger qui menace les libertés et le progrès provient actuellement d'un autre côté. À chaque jour suffit sa peine. Tout ce qui permettra d'abattre la coalition politico-économique sans âme et sans vraie grandeur qui nous gouverne et qui tient l'État dans ses rets sera bon. »

Autrement dit, de Gaulle étant le représentant des privilégiés, des technocrates et du clan militaire, tout semble bon pour les battre. S'il faut, pour y parvenir, s'allier avec le diable communiste, François Mitterrand y est disposé. Non qu'il se fasse la moindre illusion sur le PC. Mais après le triomphe des gaullistes, « ce clan insolent », il pense que le rapport des forces va fatalement changer dans l'opposition. Le Parti communiste vient d'être très éprouvé par la naissance de la Ve République (il ne compte plus que onze députés). Si les républicains, socialistes ou non, savent s'unir et s'organiser, ils représenteront bientôt une force assez solide pour se risquer à des aventures dangereuses en sa compagnie. Un calcul que le nouveau sénateur n'oubliera pas. Lorsqu'il songe à la reconquête du pouvoir, il voit les communistes dans le rôle du cheval, ses amis et lui dans celui du cavalier.

Pense-t-il déjà qu'il sera le fédérateur, le leader de ces forces socialistes et républicaines ? Il est à cent lieues d'y parvenir.

Certes, il n'est pas tout à fait seul. Dès juillet 1958, à gauche, une opposition nouvelle tente de s'organiser. Le 10 juin, François Mauriac avait écrit dans son « Bloc-notes » de *L'Express* : « La gauche est à reconstituer. » Pierre Mendès France, les socialistes Daniel Mayer et Édouard Depreux, Gilles Martinet (brillant journaliste à *France Observateur*) décident de s'unir pour le meilleur en créant l'UFD (Union des forces démocratiques). François Mitterrand, avec ce qui reste de l'UDSR, est de l'entreprise. Mais il n'y apparaît que dans les seconds rôles. De l'UNEF, de la CFTC (future CFDT), de la Fédération de l'Éducation nationale, des groupes opposés à la guerre d'Algérie, viennent encouragements et soutiens. Ceux qui à gauche n'ont rien à voir avec le communisme et ne veulent pas se reconnaître dans une SFIO dévalorisée par sa politique nord-africaine se retrouvent là.

À la table du festin, François Mitterrand, on l'a dit, fait figure de parent pauvre. Habitué à être le premier chez lui, il se retrouve presque le dernier chez les autres. Il débarque sur une planète qu'il ne connaît pas. Il découvre même de drôles de gens : des chrétiens de gauche, des syndicalistes ouvriers, des socialistes purs et durs. Gilles Martinet, témoin attentif, l'observe en souriant, « cherchant à tisser des liens, à explorer le terrain, se faire de nouveaux amis, à jeter discrètement les fondations de nouveaux réseaux ». Mais le leader naturel et incontesté de l'UFD s'appelle Pierre Mendès France. Dans cet aréopage, l'ancien président du Conseil est tout à fait chez lui. Il ambitionne de transformer cette petite mosaïque en véritable parti (à condition que d'autres s'occupent de la logistique). François Mitterrand n'y joue qu'un rôle marginal. En somme, le nouvel élu au palais du Luxembourg doit s'habituer à un train nouveau dont il n'est pas la locomotive : le train de sénateur.

Il n'a pas le choix. Philosophe, il se résigne.

Voici comment, dix ans plus tard, il se décrit : « J'ai travaillé, rêvé, flâné, réappris à aimer les choses et les êtres. Je connais des houx de la forêt des Landes qui donnent au temps sa densité, et rien ne parle mieux de l'esprit et de la matière que la lumière d'été à 6 heures de l'après-midi au travers d'un bois de chênes. J'ai voyagé aussi. Je suis allé dans la Chine de Mao Zedong, en Iran. "Tant qu'il y aura du monde dans les mosquées nous serons tranquilles", a claironné le Premier ministre perse au moment du dessert[1]. »

François Mitterrand était-il aussi serein qu'il veut le laisser entendre ? Françoise Giroud, qui le connaît bien, le croit : « C'est un cas exceptionnel, dit-elle, car l'ambition n'a pas tué chez lui le goût des choses de la vie. »

Cette sage philosophie, en tout cas, ne lui était pas venue d'un coup. Jacques Kosciusko-Morizet se souvient qu'au cours d'une rencontre chez Jean-Claude Servan-Schreiber durant l'été 1958, François Mitterrand s'était exclamé, rageur : « Il n'y aura jamais assez de lampadaires place de la Concorde pour pendre tous ces usurpateurs ! »

Tandis qu'il rêve, flâne et parfois plaide, et parfois écrit ou discourt, tandis qu'il goûte aux charmes pour lui inconnus de la quasi-oisiveté, une tempête se prépare qui va le laisser pantelant, blessé, humilié. L'affaire de l'Observatoire, dont il traîne le souvenir comme un boulet.

Le vendredi 16 octobre 1959 au matin, la classe politique est en émoi. On vient d'apprendre que, dans la nuit, des inconnus ont tenté d'assassiner François Mitterrand, sénateur de la Nièvre et ancien ministre.

Une étrange histoire qui surprend et effraie même, en ces jours où les difficultés algériennes exacerbent les passions et lèvent dans quelques cervelles folles des rêves d'assassinat : François Mitterrand dit avoir été suivi en voiture à travers le quartier du Luxembourg où il réside ; il s'est inquiété ; il a laissé son propre véhicule, une 403 bleu foncé, rue Auguste-Comte (exactement là où il avait coutume de donner rendez-vous à Marie-Louise Terrasse, alias Catherine Langeais, au temps de leurs tendres amours) ; pressentant qu'on ne lui voulait pas de bien, il a réussi à sauter par-dessus la grille du square de l'Observatoire, un obstacle de plus d'un mètre de haut. Ses agresseurs ont alors tiré sur sa voiture. Pièces à conviction : la porte droite présente sept points d'impact de balle, un projectile est même allé se loger dans le siège du conducteur. Il l'a échappé belle. « Il est probable que seule sa présence d'esprit a sauvé la vie de Monsieur Mitterrand », écrivent en chœur les journaux, toutes tendances confondues. Ses agresseurs, eux, se sont aussitôt enfuis à vive allure. Après quoi, l'ancien ministre a sonné chez le concierge du n° 5 de l'avenue pour téléphoner à la police. On y avait déjà songé avant

1. Dans *Ma part de vérité*, *op. cit.*

lui : ayant entendu les coups de feu, les voisins avaient alerté Police secours. Il était plus de minuit.

Le commissaire Clot, chef de la brigade criminelle, arrive rapidement sur les lieux. Hélas, François Mitterrand ne peut donner que de bien maigres précisions : il a été suivi par une auto de petit gabarit et de couleur sombre ; il lui semble que les agresseurs étaient au nombre de deux ou trois. Et à la presse bientôt accourue tous micros ouverts, l'homme qui vient d'échapper à un odieux attentat ne veut apporter aucune autre information : « Je suis, comme mes amis politiques, un patriote. Je ne lutte que pour le meilleur service de la France. Il est triste que des campagnes d'excitation aient pu dresser à ce point des Français contre des Français. »

Encore sous le coup de l'émotion, il ne veut pas en dire davantage. Indignation et commisération mêlées, on admire partout cette sobriété de propos. Et comme François Mitterrand est désormais répertorié parmi les partisans d'une solution libérale en Algérie, on soupçonne les ultras de l'Algérie française, l'extrême droite, les contre-terroristes.

Beaucoup relient cet attentat à de mystérieuses déclarations du gaulliste Lucien Neuwirth, député de la Loire. Celui-ci, qui a joué un rôle capital à Alger dans les journées de 1958 – il y a gardé des accointances, mais il n'y est plus persona grata en raison de sa fidélité au général de Gaulle –, n'a-t-il pas dit dans les couloirs du Palais-Bourbon : « Des commandos de tueurs ont franchi la frontière espagnole, des personnalités à abattre sont désignées » ?

À gauche, l'indignation est générale et prompte. Le Parti communiste exige du gouvernement qu'« il prenne séance tenante les mesures nécessaires pour mettre les comploteurs et les terroristes hors d'état de nuire ». La CGT condamne « cet acte inqualifiable et appelle les travailleurs à redoubler d'efforts pour que s'engagent rapidement les pourparlers en vue d'un cessez-le-feu en Algérie et d'un libre exercice du droit à l'autodétermination ». *L'Humanité* titre : « Exigez la dissolution des bandes fascistes. » Affectivement commotionnée, l'UFD « demande à tous les démocrates de redoubler de vigilance ». La SFIO exprime sa solidarité.

Tout le week-end, le rescapé François Mitterrand reçoit de la France entière, et par centaines, des messages affectueux et vibrants. Il fait figure de héros.

Le lundi soir, le bureau de l'UFD se réunit à 17 heures pour mettre au point la réplique politique et orchestrer la protestation. Il y a là, entre autres, Pierre Mendès France, Daniel Mayer, Gilles Martinet, Édouard Depreux. Mais à 18 heures François Mitterrand n'est toujours pas arrivé. À 18 h 30, sa secrétaire a l'obligeance de téléphoner pour avertir ces messieurs que son patron ne pourra malheureusement pas venir. Le bureau décide néanmoins d'organiser une conférence de presse pour le mercredi et demande aux forces syndicales de se joindre à la protestation. Tous sont graves. Ils craignent des opérations fascistes. Pierre Mendès France, par tempérament et parce qu'il a toujours redouté une fin tragique pour ce régime né à la faveur d'un mouvement de l'armée, entrevoit déjà le pire.

Comme prévu, la conférence de presse a lieu le mercredi à 17 heures à l'hôtel Moderne, place de la République. Il y a foule. Comme à son habitude, François Mitterrand est en retard. À 17 h 30, un tonnerre d'applaudissements surgit du fond de la salle : il arrive enfin, il est là. Dans l'émotion générale, le héros laisse entendre que la tête qui a armé le bras est peut-être plus proche des milieux du pouvoir que des ultras d'Alger.

Ce jeune ancien ministre est-il donc un si redoutable adversaire pour le régime ? Et celui-ci est-il dans un si triste état qu'il doive se résoudre à une telle extrémité ? On n'a pas le temps de se poser longtemps ces questions : le vendredi, coup de théâtre !

Un certain Robert Pesquet, qui a été secrétaire administratif du groupe RPF à l'Assemblée nationale et député poujadiste du Loir-et-Cher, personnage gris, curieux et agité qui n'a pas laissé un grand souvenir dans les couloirs du Palais-Bourbon, publie un article à sensation dans l'hebdomadaire d'extrême droite *Rivarol.* L'attentat, assure-t-il, a été monté de toutes pièces et c'est François Mitterrand qui a tout « machiné » !

La veille, dans les couloirs de l'Assemblée, Jean-Marie Le Pen avait claironné goguenard que le lendemain on allait voir ce qu'on allait voir, une vraie bombe ! C'est une bombe, en effet. Stupéfaction partout. Rires ici, sourires là, émotion et incrédulité ailleurs. Mais ce Pesquet (dont on apprendra plus tard qu'il a eu plus d'un démêlé avec la justice) persiste et signe. Dans une conférence de presse, il affirme avoir rencontré François Mitterrand à trois reprises pour mettre au point le scénario du faux attentat. Ils se sont entendus sur l'itinéraire et les modalités.

Bien entendu, on se récrie, on a peine à le croire. Ce que dit cet homme est trop gros, proprement incroyable. Mais voilà qu'il avance des éléments de preuves, solides : quelques heures avant le faux attentat (les cachets de la poste en font foi), il s'est adressé à lui-même deux lettres, l'une à son domicile, l'autre poste restante à Lisieux, dans le Calvados. Elles ont été ouvertes par huissier ; or, elles décrivaient par le menu la machination ! Tout s'est déroulé comme prévu, explique Pesquet, à ceci près qu'il avait dû faire trois fois le tour du square avec sa Dauphine en raison de la présence intempestive d'un couple d'amoureux, puis d'un taxi. Après quoi, s'étant assuré que François Mitterrand avait bien quitté son véhicule et s'était dissimulé dans les fourrés comme convenu, il avait donné ordre à son jardinier, Abel Dahuron, de tirer, afin que l'attentat ne fît aucun doute. Et le lundi 22 à 18 heures (à l'heure même où ses amis de l'UFD l'attendaient en vain), François Mitterrand serait venu le remercier dans un bar du XVIe arrondissement, le Cristal.

Après cette conférence de presse, concert de ricanements et de sarcasmes. À gauche, beaucoup sont gênés, voire atterrés. Le doute s'insinue dans les esprits les mieux disposés envers le sénateur de la Nièvre : s'il n'a pas menti, du moins a-t-il caché l'essentiel[1].

Qu'il s'explique ! Qu'il se justifie, si c'est encore possible ! À nouveau interrogé par les policiers, François Mitterrand admet avoir rencontré Robert Pesquet avant l'attentat. Il affirme avoir été abordé par lui le 7 octobre au Palais de Justice où il se trouvait en compagnie de Roland Dumas : à l'invitation pressante de celui qui le dénonce aujourd'hui, il aurait accepté d'aller prendre une consommation au café d'en face. Bavardages. Pesquet tient à régler l'addition. Mais dès le départ de Roland Dumas, il annonce à François Mitterrand qu'il est en réalité chargé de l'exécuter. Voici le discours de Pesquet, selon Mitterrand : « Je suis pris dans un engrenage, les gens d'Alger me tiennent, ils veulent abattre aussi Mendès, Mollet et Pflimlin. Je ne veux pas être leur complice. Je vous avertis au péril de ma vie, vous n'allez pas me dénoncer et me livrer à la police. » Mon erreur, conclut François Mitterrand, aura été de faire trop confiance à un homme qui ne le méritait pas, d'avoir eu pitié d'un ex-collègue en perdition et d'accepter la petite comédie qu'il me proposait pour le sauver. Et l'ancien garde des Sceaux proteste de sa totale bonne foi.

Sa thèse, pourtant, ne répond pas à toutes les questions. Pourquoi s'être montré si confiant envers un personnage aussi étrange ? Pourquoi, en revanche, n'avoir rien dit aux intimes (Georges Dayan au premier rang) ? Pourquoi n'avoir pas prévenu la police ni la justice, ce qui devrait être le premier réflexe d'un ancien garde des Sceaux,

1. Parmi les plus vexés figurera Henri Frenay, lequel habite le même immeuble que François Mitterrand : celui-ci, le soir même de l'affaire, lui en a donné une version évidemment différente. Intime du couple et parrain de Gilbert Mitterrand, Henri Frenay décide alors de rompre avec celui qui fut son ami.

ancien ministre de l'Intérieur ? Quand on se nomme Mitterrand, on ne manque pas d'expérience, on aurait dû apprendre à se défier des machinations, on a gardé assez d'amitiés dans la haute administration pour savoir à qui se confier. Bref, les amis de François Mitterrand eux-mêmes en viennent à regretter qu'il n'ait rien de plus précis à révéler pour démontrer sa bonne foi. « Vu de loin, ce cerf aux abois fait plutôt mauvaise impression », note François Mauriac qui cependant va bientôt le défendre.

La presse, bien sûr, a viré de bord. Le socialiste Claude Fuzier écrit dans *Le Populaire* : « Supposons que Pesquet mente, comment le qualifier ? Supposons qu'il dise la vérité, Monsieur Mitterrand ne vaudrait alors pas cher, mais Monsieur Pesquet n'en recevrait pas pour autant un brevet de vertu pour le seul fait de s'être prêté à cette comédie. » Autrement dit, l'organe de la SFIO admet comme une hypothèse admissible que Monsieur Mitterrand ne vaille pas cher.

Dans les couloirs de *France Observateur*, les journalistes organisent un curieux test : on dispose des chaises jusqu'à la hauteur des grilles de l'Observatoire et chacun saute ou tente d'enjamber l'obstacle à vive allure afin de mesurer s'il est possible de passer les haies comme le sénateur. La rédaction tout entière, bien sûr, rit à gorge déployée et conclut qu'il est urgent de douter. Tel est le climat du moment. La radio et la télévision, contrôlées par le pouvoir, la presse de droite sont moins tendres encore.

Bien seul, François Mitterrand se défend âprement. Il veut protéger son honneur. Dans *L'Express*, le 30 octobre, il écrit : « Oui, j'ai été leur dupe, voilà cinq ans qu'ils me guettent, voilà cinq ans que j'avance entre les pièges et les traquenards. Et le jeudi soir 15 octobre, je suis tombé dans le guet-apens. Cela ne cesse maintenant de tourner dans ma tête et d'oppresser mon cœur… parce qu'un homme vient à moi, me prend à témoin de son hésitation à tirer, me demande de l'aider à se sauver lui-même. Cinq ans de prudence, d'analyses, de patience cèdent soudain et me laissent devant la solitude et l'angoisse de questions posées. »

Ce désarroi sonne juste.

L'homme traqué va trouver enfin des défenseurs illustres. D'abord François Mauriac, on l'a dit, qui écrit dans son « Bloc-notes » : « Mitterrand aura payé cher d'avoir été moins fort que ses ennemis eux-mêmes n'avaient cru. Et moi je lui sais gré de sa faiblesse. Elle témoigne qu'il appartient à une autre espèce que ceux qui l'ont fait trébucher et qui, sans doute, avaient deviné en lui cette faille secrète… Mitterrand demeure capable de faire confiance à un homme taré qui feignait de se livrer à lui… Il aurait pu comme nous-mêmes être un écrivain, raconter des histoires au lieu de vivre des histoires. Il a choisi de les vivre. Mais ce choix impliquait un durcissement de sa nature. Il s'est endurci, j'imagine, autant que l'eût exigé une époque autre que celle-ci. Mais aujourd'hui, c'est le temps des assassins[1]. »

Dans le numéro suivant du même hebdomadaire, Pierre Mendès France à son tour jette son autorité et son prestige dans la balance. Il raconte que jadis un homme, chargé de l'assassiner, l'en avait averti sous le sceau du secret : « J'admire l'assurance de ceux qui affirment, jugent et condamnent avec tant de sévérité et qui expliquent ce qu'ils auraient fait à sa place. Peut-être seraient-ils moins sûrs d'eux s'ils avaient, comme lui, comme moi, reçu à longueur d'année d'horribles lettres de menace et de chantage, si leur femme, leurs enfants avaient été eux aussi harcelés, s'ils avaient été poursuivis tantôt par l'invective grossière dans la rue, tantôt par la lâcheté d'un message téléphonique anonyme, tantôt dans les colonnes d'un journal spécialisé dans la diffamation. S'ils avaient aussi éprouvé la fureur et la haine d'hommes réfugiés dans l'ombre et leur promettant jour après jour le sort de Jaurès et celui de Jean Zay, à moins que ce ne soit celui de Salengro. Ceux qui tranchent avec tant d'assurance, qu'ils réfléchissent un instant et en conscience, ils accueilleront alors les affirmations et les insinuations que l'on répand ces jours-ci avec moins de crédulité et moins de complaisance. »

Voilà qui est net et bien dit. Si, lors de l'affaire des fuites, Pierre Mendès France avait choqué et peiné François Mitterrand par ses hésitations, voire ses soupçons, il ne ménage pas cette fois son soutien ni ne mesure son engagement. Il est vrai – c'est une loi du monde politique – que l'opposition, surtout au creux de la vague, rapproche les hommes, ceux-là mêmes que le pouvoir sépare parce qu'il en fait des rivaux.

Après les attaques de la presse et de ses adversaires, un autre péril menace le sénateur de la Nièvre. Michel Debré, Premier ministre, convoque en effet le procureur de la République et, le 27 octobre, le parquet demande la levée de l'immunité parlementaire de François

1. Même quand il se veut amical, François Mauriac ne parvient pourtant jamais à se montrer tout à fait indulgent. La semaine suivante, prenant à nouveau la défense de Mitterrand pour répondre à Robert Lazurick – celui-ci a écrit dans *L'Aurore* : « Aux yeux de ses amis politiques, l'auteur de pareilles palinodies demeurera définitivement disqualifié » –, le romancier catholique ajoute *in fine* à propos de l'ancien ministre : « Je ne l'ai jamais pris pour un petit saint. »

Mitterrand, accusé d'outrage à magistrat pour avoir « caché des éléments valables qu'il possédait ».

En clair, le pouvoir gaulliste entend bien exploiter contre l'homme politique de l'opposition ses silences et ses omissions à propos de ses relations avec Robert Pesquet. Mais pour qui connaît la psychologie de François Mitterrand, cette attitude est une grossière manœuvre : en voulant lui enfoncer la tête sous l'eau, Michel Debré fournit, au contraire, à celui qui allait se noyer la perche qui lui permettra d'émerger.

Jusqu'alors, François Mitterrand, encerclé par les risées et l'opprobre, ne savait à qui s'en prendre, sinon à lui-même. Robert Pesquet ? Quel intérêt aurait-il eu à polémiquer avec un homme qu'il n'aurait jamais dû fréquenter ? La presse ? Comme si on pouvait interdire le rire sans faire redoubler les lazzis ! Mais un Premier ministre qui ose prétendre vous traduire en justice alors qu'il était venu en personne implorer votre mansuétude et protester de sa bonne foi dans votre bureau de garde des Sceaux, place Vendôme, voilà qui est trop fort, voilà qui est impardonnable !

Car ce même Michel Debré était lui aussi en janvier 1957 en position d'accusé. On prétendait qu'il comptait parmi les inspirateurs de l'attentat au bazooka qui visait le général Salan, commandant en chef en Algérie, et avait coûté la vie à l'un de ses officiers, le commandant Rodier. Deux hommes de main, Kovacs et Castille – ces deux hommes étaient de la même trempe que Robert Pesquet –, avaient mis en cause le sénateur Michel Debré, gaulliste et opposant virulent, en même temps qu'un jeune député inconnu nommé Valéry Giscard d'Estaing. Or, qu'avait fait François Mitterrand lorsque les magistrats lui avaient conseillé de demander la levée d'immunité parlementaire de Michel Debré ? Il avait convoqué place Vendôme son adversaire pour lui demander de s'expliquer. Et, l'ayant écouté, il avait décidé de ne pas donner suite à la demande des magistrats.

Pierre Nicolaÿ, alors directeur de cabinet de François Mitterrand, raconte : « Michel Debré était un ami, j'ai mis huit jours à le joindre pour qu'il vienne s'expliquer devant le ministre ; quand il y fut, il a fait une grosse colère et pourtant nos intentions à son égard étaient les meilleures du monde. Nous avons été avec lui d'une totale correction… Pour me remercier, il m'a barré dans ma carrière durant toute la Ve République… »

Près de trois ans après ce grave incident, François Mitterrand a des raisons de penser qu'on ne lui rend pas la monnaie de sa pièce.

Du coup, il retrouve la fraîcheur de son indignation. Et un adversaire à sa taille, n'est-ce point la meilleure des thérapeutiques ?

Quand, le 18 novembre, le rapporteur, un républicain indépendant nommé Delalande, conclut à l'acceptation de la levée d'immunité parlementaire tout en soulignant que « la décision du Sénat ne saurait par elle-même en rien entacher l'honneur de François Mitterrand », celui-ci se précipite à la tribune pour y prononcer une plaidoirie enflammée qui est un réquisitoire contre le pouvoir en même temps qu'une défense de sa propre cause. En effet, il assène deux rudes coups à ses accusateurs. En révélant d'abord que, dans l'après-midi du 22 octobre, le jour même où Pesquet le chargeait devant la presse, Maurice Bourgès-Maunoury, ancien président du Conseil, qui ne comptait pas parmi ses amis personnels, avait tenu à faire savoir au directeur de la Sûreté nationale qu'il avait fait l'objet lui aussi de menaces identiques un mois plus tôt. Et le haut fonctionnaire en avait sur-le-champ informé son ministre. Or, ajoute François Mitterrand, « du 22 octobre au 3 novembre, soit pendant douze jours entiers, le gouvernement gardera le silence, empêchant la justice, la police, moi-même et aussi l'opinion et vous-mêmes de contredire le principal reproche qui m'est fait, à savoir que j'aurais été l'instigateur d'un simulacre d'attentat ». Et le sénateur de la Nièvre de préciser, soudain triomphant : « Or, Bourgès a subi le même scénario, la même technique, le même agent provocateur car, vous l'avez reconnu, celui-ci c'est Pesquet. »

Et comme la meilleure défense c'est l'attaque, François Mitterrand se met à raconter par le menu, provoquant soudain un silence abasourdi, l'affaire du bazooka. Il décrit un homme politique en position peu confortable qui reconnaît « l'existence, dans le dossier, de pièces accusatrices et d'aveux troublants ». Mitterrand, à la tribune, raconte la scène de la place Vendôme, montre le personnage qui lui fait face et qui doit subir ces accusations : « Il s'en expliquera plus tard, dit-il. Il lui faut seulement du temps. Or, le temps lui manquera si, en accélérant la machine judiciaire, je lance tout de suite sans autre examen des noms en pâture à l'opinion publique [...] si je demande des levées d'immunité parlementaire. L'opposant d'hier n'hésitait pas à réclamer les garanties de la loi – et il les obtenait, quoi de plus normal ! –, l'homme qui arpentait nerveusement la pièce où nous nous trouvions n'hésitait pas à réclamer la protection du pouvoir lorsqu'il estimait son droit en péril, et le pouvoir le protégeait. [...] Cet homme, c'est le Premier ministre, c'est Michel Debré. (*Mouvements divers sur les bancs.*) Mesdames et messieurs, il y a certaines choses qu'on n'a pas le droit de faire : jouer ou laisser jouer avec l'honneur d'un adversaire politique et tenter de disqualifier l'opposition en la mêlant abusivement à des faits criminels. »

François Mitterrand vient de marquer un point. Un très grand point. Les sénateurs estourbis et soudain incertains décident qu'il devient urgent d'ajourner leur décision et de renvoyer le dossier devant la commission *ad hoc*. Un gaulliste comme Jean-Louis Vigier, qui n'avait pas ménagé François Mitterrand au moment de l'affaire des fuites, fait même amende honorable. Il interroge à la tribune les parlementaires : « Acceptez-vous les procédés dont on a usé envers lui ? On a voulu atteindre son équilibre et je voudrais être certain que l'on n'y soit pas parvenu. »

L'émotion, pourtant, retombe vite. Interrogé à la sortie du Conseil des ministres, le chef du gouvernement laisse tomber un laconique : « Monsieur Mitterrand a menti une fois de plus. »

Dans le climat de l'époque – alors que le gaullisme et ses leaders triomphent – cela suffit. Les sénateurs se reprennent. La corrida n'est pas finie. Ils avaient failli se laisser séduire par l'éloquence. Ils ne voient plus que l'adversaire : le 25 novembre, à une large majorité (175 voix pour contre 12 abstentions, 77 sénateurs ne prenant pas part au vote), la levée d'immunité parlementaire de François Mitterrand est votée. Si le groupe communiste, quelques socialistes comme Gaston Defferre ou Émile Aubert et quelques individualités comme Edgar Faure, Pierre Marcilhacy ou Edgard Pisani le soutiennent, toute la droite, depuis Jean Lecanuet jusqu'aux gaullistes, et la plupart des sénateurs SFIO se sont prononcés contre lui.

Ainsi, le 8 décembre, l'affaire de l'Observatoire s'achève-t-elle par l'inculpation de François Mitterrand. Elle s'achève parce que, paradoxalement, il n'y aura pas de suites judiciaires. Comme si le gouvernement, satisfait d'avoir ébranlé un adversaire, cherchait à éviter la controverse et les ennuis d'un procès.

Lorsque, pendant la campagne présidentielle, les gaullistes voudront exploiter l'affaire de l'Observatoire pour embarrasser le candidat Mitterrand, le Général refusera : « Il ne faut pas atteindre dans son honneur un homme qui peut être un jour président de la République », aurait-il répondu. Léon Noël rapporte ces propos.

En fait, le but recherché était déjà atteint. L'ombre d'un doute allait désormais planer – elle plane toujours – sur un leader de l'opposition[1].

1. Un homme comme Pierre Viansson-Ponté, alors chef du service politique du *Monde*, qui se présentait comme « politiquement sympathisant et se croyant l'ami

Certes, on ne croit plus guère que François Mitterrand ait été l'instigateur du faux attentat. Mais beaucoup s'interrogent encore sur son rôle exact dans cette ténébreuse affaire. Sans doute a-t-il cru qu'un complot se tramait contre lui. Un mois avant l'histoire de l'Observatoire, son ami Bernard Finifter était allé réclamer, sans dire à qui il était destiné, un gilet pare-balles à Jean Verdier, le directeur de la Sûreté nationale. Et durant l'été précédent, il avait dit : « Je suis obligé de changer chaque soir de domicile car de Gaulle veut me tuer[1]. » Sans doute aussi – c'est l'opinion de beaucoup de ses amis – a-t-il voulu utiliser à son avantage et au détriment du pouvoir une menace à laquelle il a vraiment cru. Et en s'empêtrant dans les mailles d'un filet trop étroitement tissé, il aura payé cher d'avoir voulu se montrer trop habile.

Quelques-uns de ses fidèles, aujourd'hui encore, avouent ne pas avoir compris exactement ce qui a pu se passer. Ils avancent même que plus leur chef de file a voulu les éclairer, plus opaque leur est apparue l'affaire.

Elle a laissé, en tout cas, chez le principal intéressé de profondes traces. Et sans doute a-t-elle contribué, de manière décisive, à son évolution politique.

Ses proches, à l'époque, ont observé chez lui deux attitudes successives. Très différentes : après les révélations de Pesquet, il était abattu, désemparé, presque effondré. Plusieurs lui ont vu des larmes aux yeux. Certains redoutaient même un geste désespéré. Et puis, Michel Debré est arrivé. Immédiatement, François Mitterrand est remonté sur sa bête, comme pour illustrer ce mot fameux (et optimiste) d'Hemingway : « Un homme, ça peut être détruit, ça ne peut pas être vaincu. »

Dès lors, il pouvait armer sa volonté de retrouver un rôle et une autorité. Contre l'adversaire gaulliste, il va reconstruire pierre par pierre sa carrière. « Entre en jeu devant l'obstacle réputé infranchissable l'amour-propre, cette terrible envie d'être soi-même, de se prouver avant de prouver aux autres que tout est toujours possible pour peu qu'on en décide[2]. » Tout Mitterrand est là.

Désormais, il n'est plus le même. Il voue aux gaullistes (qu'il n'aimait déjà guère), à ceux qui soutiennent le régime (parmi lesquels

---

de François Mitterrand », a eu le sentiment d'être joué : le soir du pseudo-attentat, celui-ci, la main sur le cœur, ne lui avait livré que la moitié de la vérité.

1. Témoignage de Jean-Claude Servan-Schreiber.
2. Dans *Ma part de vérité*, *op. cit.*

il ne veut voir que ces bourgeois qui aujourd'hui le moquent) une haine inexpiable. La haine contre les bourgeois revient dans ses écrits comme une rengaine : « À Jarnac, à Nevers, dans ma rue de Paris, dans ma ruelle de stalag, je les avais déjà rencontrés. D'une certaine manière j'étais l'un des leurs parce que nous étions de la même souche, parce que nous prononcions les mêmes mots de la même façon, parce que nous avions reçu les rudiments de la même culture, parce que nous portions les mêmes vêtements ; ils me traitaient comme un complice ou un associé. Jusqu'au jour où je sus que nous n'avions rien à nous dire, que je ne pouvais supporter de les entendre plus longtemps[1]. »

Et encore : « J'ai approché pendant dix ans, dix ans de trop, ce milieu du Tout-Paris qui répète indéfiniment les mêmes choses sur le même ton sans se lasser de son ennui, persuadé qu'il exerce un gouvernement sur les mœurs alors qu'il n'inspire même plus les modes. J'étais séduit, eh oui, par ce qui maintenant m'exaspère, le cocktail de petites drogues que s'administre à longueur d'existence une société qui croit apaiser ses pressions quand elle n'a que des besoins[2] ! »

« L'Observatoire a été pour lui une rupture sociale, il s'est isolé, puis il s'est reconstitué un personnage », note André Rousselet.

« Danielle a été formidable pour lui, elle lui répétait : "Tu n'as rien à faire avec ces gens-là [les bourgeois]", raconte Georges Beauchamp[3]. »

Il sait aussi sur qui il peut compter. Or, les amis sont toujours là. Il le vérifie quand, une semaine après sa levée d'immunité parlementaire, Georges Dayan et André Rousselet l'entraînent à l'hôtel Moderne, alors haut lieu des réunions de gauche, où ils ont rassemblé une cinquantaine de fidèles. François Mitterrand arrive, très pâle, très tendu, dans une ambiance qui ne l'est pas moins. Et puis il se met à parler. Ceux qui sont là entendent un flot saccadé de mots où il est question de dignité, d'injustice, d'honneur. Il parle, parle et, miracle, telle l'alouette grisée par son chant, il se décontracte, retrouve des couleurs. L'atmosphère subtilement change et se réchauffe. Quand il a fini de parler, on l'applaudit, on l'entoure. Tout n'est pas perdu puisque les amis sont là.

---

1. *Ibid.*
2. Dans *L'Abeille et l'Architecte*, *op. cit.*
3. Mme Mitterrand ira voir Pierre Lazareff, chez qui le couple passait volontiers ses week-ends sous la IVe République, pour lui reprocher, véhémente, les gros titres peu aimables de *France-Soir* et lui signifier la fin de leur amitié. Dans les dîners en ville, Pierre Lazareff ironisait : « Il a voulu jouer les Gambetta. »

Des camarades communistes de la Résistance viennent alors le voir dans son bureau. À Robert Paumier il fait cette confidence : « Notre péché serait de laisser de Gaulle se donner un successeur. »

Il est bien loin pourtant de pouvoir l'en empêcher. Mais il sait plus que jamais qui est son adversaire et dès lors retrouve son destin.

Le mal absolu

Après l'affaire de l'Observatoire, pas abattu mais sérieusement blessé, François Mitterrand médite. On l'imagine, promeneur solitaire arpentant les forêts embrumées du Morvan, ruminant des griefs contre ce régime né de l'équivoque, en marge de la légalité, contre le Général qui accapare tous les pouvoirs sans que le peuple y trouve à redire et contre ce Michel Debré donneur de leçons qui prend des mines d'homme d'État. Pestant surtout contre un destin mauvais qui contrarie sa carrière et un sort malveillant qui lui réserve tant d'épreuves.

Heureusement, l'instinct est là qui le pousse à se battre et à dire non. Non au conservatisme, mais aussi aux réformes de la Vᵉ, non à la bourgeoisie, à ses hommes, à ses pompes et à ses œuvres. L'homme de la Nièvre devient le Monsieur niet de la Vᵉ République. Il ne se contente pas de s'opposer, il fait bien davantage : il refuse par avance, il combat par système, il contrarie par principe. La République du général de Gaulle étant à ses yeux le mal, il va devenir le saint Georges du bien qui le poursuit sans relâche.

Plus tard il écrira : « Chef du RPF, le général de Gaulle s'est comporté à l'égard de la IVᵉ République avec une extrême démagogie, aveuglé qu'il était par l'ambition de récupérer un pouvoir imprudemment abandonné. Un maître en vérité dans l'art de l'opposition inconditionnelle[1]. » Mais songera-t-il que cette définition pourrait sans difficulté lui être appliquée ?

De fait, si l'année 1960 le voit étonnamment silencieux (*L'Année politique* ne mentionne pas une fois son nom, il lui faut laisser passer un peu de temps avant de repartir à l'assaut). Dès 1961 il va multiplier les philippiques et les mercuriales et, contre le régime, faire flèche de tout bois. Rien ne trouve grâce à ses yeux.

Dans un article de *L'Express* daté de juillet 1961, qu'on ne lit pas aujourd'hui sans un certain sourire, il écrit : « Personnellement, je considère que les aspirations au régime présidentiel correspondent

1. Dans *Ma part de vérité*, *op. cit.*

en France à une démission. Le régime présidentiel penche du côté du pouvoir personnel. » Et voici une déclaration du 17 juillet 1962 au Sénat : « Eh bien, oui, ce régime dont on dit qu'on ne connaît pas son nom, qui se situerait, prétend-on faussement, entre le régime présidentiel et le régime parlementaire, il n'a jamais porté qu'un seul nom à travers tous les temps, il s'appelle la dictature. » Et encore, le 5 juillet 1961 au Sénat : « Un régime, Monsieur le Premier ministre, qui préfère les ovations populaires aux votes de confiance du parlement, un régime qui tient compte de la menace des foules plus que de la loi violée n'est pas la République. »

Lorsqu'en août 1962, après l'attentat du Petit-Clamart qui faillit coûter la vie au Général et à Madame de Gaulle, le président annonce son intention de proposer par référendum l'élection du chef de l'État au suffrage universel direct, le futur leader socialiste s'indigne. Toujours dans *L'Express*, sous le titre « Tarte à la crème », il écrit : « Cette réforme ne vise pas à doter la France d'institutions stables. Elle tend à faire durer l'aventure présente. […] Le temps viendra où l'on pourra discuter des mérites comparés de la démocratie parlementaire et de la démocratie présidentielle. Alors, nous dresserons la liste des avantages au regard de la liste des inconvénients présentés par cette tarte à la crème qu'est devenu le régime présidentiel. »

La méthode utilisée (le référendum) n'a pas davantage son aval. Il ironise : « On s'étonne déjà de l'ingénuité de certains professeurs de droit qui voient poindre par la grâce d'un référendum truqué et d'un grossier manquement à l'article 89 le régime présidentiel de leur rêve. »

C'est un double non à la forme et au fond.

Les Français ne partagent pas son opinion. Ils ratifient le projet par 62,5 % des suffrages exprimés.

Cette fois, les électeurs de la Nièvre ne lui feront pas grief de son hostilité au référendum qui, un mois plus tard, le 18 novembre, l'élisent de nouveau au Palais-Bourbon. En plein raz de marée gaulliste (l'UNR obtient 31,9 % des suffrages et 233 députés), l'opposant pur et dur retrouve son siège et une tribune mieux adaptée à la férocité polémique de son talent.

Tous les sujets sont bons pour exciter sa verve : la force de frappe en particulier et la politique de défense en général, la politique étrangère, la politique africaine, la politique sociale, la nouvelle loi électorale municipale…

La force de frappe ? Le 24 janvier 1963, il s'écrie à la tribune de l'Assemblée nationale : « Sur la base de la force atomique autonome et nationale, pas plus à l'intérieur de l'Europe qu'à l'intérieur de l'Alliance atlantique, il n'y a de solution constructive possible [...] parmi nos partenaires de l'Europe des Six. Êtes-vous si sûrs que notre force atomique nationale ne suscitera pas dans les années, sinon dans les mois qui viennent, de graves difficultés ? Par exemple, que ferez-vous si l'un des Six demande, comme il serait normal à son allié doté de cette force, le partage des secrets, l'usage de l'armement atomique ?... »

La diplomatie ? Il brocarde « l'irritation boudeuse à l'égard de l'ONU » et s'en prend vivement à plusieurs reprises au traité franco-allemand que le chancelier Adenauer et le général de Gaulle mettent sur pied. En janvier 1963, il lance : « Vous considérez que la réconciliation des peuples français et allemand est bonne et nécessaire en soi. Mais rien ne nous empêchera de vous demander s'il était urgent de souligner à ce point l'entente particulière des deux États. Rien ne nous empêchera de poser la question de l'opportunité de cet accord franco-allemand[1]. »

La politique africaine ? Le 10 juin 1964, il accuse : « On a voulu substituer à la communauté les accords de coopération mais [...] la politique d'aide aux pays en voie de développement, la politique de leadership du tiers-monde n'est que le résultat d'une somme incroyable d'échecs sur tous les terrains de la politique extérieure. » En 1966, il écrit dans *Combat républicain* : « Le contenu profond de la politique étrangère gaulliste est essentiellement négatif... » Ou encore il lance à Georges Pompidou : « Votre politique est une sorte de poujadisme aux dimensions de l'univers. »

La politique intérieure ? Rien n'est bon, tout est à jeter. Le gouvernement veut-il, comme en juillet 1963 (après une série de grèves spectaculaires dans les transports parisiens), en réglementer le droit – c'est-à-dire instituer un préavis obligatoire de cinq jours ? Celui-là même qui, en 1947, approuvait chaudement la fermeté des gouvernants en de telles occasions dénonce cette fois « l'entreprise qui s'est d'abord attaquée au droit individuel reconnu depuis l'avènement de la démocratie [...] et s'attaque maintenant aux droits collectifs du droit syndical et au droit de grève. D'excès de pouvoir en manquements constitutionnels, d'actes arbitraires en dénis de justice, vous tentez de donner au pouvoir absolu la caution de la loi. »

1. En février 1958, le même François Mitterrand confiait à Jean-Noël de Lipkowski : « La réconciliation franco-allemande est très importante, l'Europe doit passer par l'axe Paris-Bonn. »

La justice ? Les juridictions d'exception (Cour de sûreté de l'État) suscitent son courroux : « Cela contredit à mes yeux, dit-il, les principes de base de l'État républicain. »

L'Éducation nationale ? Il juge qu'elle ne profite qu'aux « classes privilégiées, celles de la petite et de la grande bourgeoisie française, parmi les "bêtes à concours" de nos grandes inspections et de nos conseils ».

L'administration ? Il condamne l'élargissement des pouvoirs des préfets de région (les premiers temps de la Ve République, il refusera même de se rendre à la préfecture de la Nièvre pour ne point avoir à saluer un représentant de ce régime honni). Ce qu'il juge être « la mainmise du pouvoir central et de l'administration sur les libertés locales ». Voilà qui constitue une cible familière.

La politique économique l'inspire moins. Il la blâme, bien sûr, et plaide pour une « planification démocratique, des plans régionaux mieux équilibrés », fustige les « hésitations de la décentralisation industrielle », réclame la « municipalisation des terrains à bâtir ». Mais toujours, il pose les questions les plus clairement économiques en termes institutionnels. Car là, il est plus à l'aise. Là, il peut mieux critiquer.

Il truffe ses interventions de références au coup d'État du 2 décembre (1852) et utilise à satiété la comparaison entre le régime gaulliste et le despotisme de Napoléon III (le petit !).

Le gouvernement veut-il, le 20 mars 1964, modifier la loi électorale municipale (pour les villes de plus de trente mille habitants), introduisant le principe majoritaire de liste bloquée ? Voilà que François Mitterrand se fait presque le champion de cette proportionnelle qu'il fustigeait naguère avec tant de force.

Tant et si bien que Marius Durbet, maire modéré de Nevers jugeant qu'il y a des limites à ne pas dépasser, interrompt l'orateur pour lui rappeler quelques souvenirs personnels : « Vous dites que la représentation proportionnelle avait beaucoup de vertus. Certes, elle est équitable. Mais je l'ai vécue avec vous comme conseiller municipal. Dois-je rappeler qu'à cause de ce système aucun de mes budgets primitifs, de mes budgets supplémentaires ni de mes comptes administratifs n'a été voté par la majorité de l'opposition dont vous faisiez partie et qui a tout fait pour que je ne puisse pas administrer ma cité ? »

Ainsi interrompu, François Mitterrand ne va pas baisser la garde, il redouble au contraire d'agressivité : « Ce projet électoral, lance-t-il, est dans le droit-fil des textes arbitraires qui ont récemment été imposés aux HLM, dans le droit-fil des abus révélés par la composition des communes et des structures régionales, dans le droit-fil du pouvoir napoléonien accordé aux préfets dont vous attendez qu'ils exécutent avant le premier tour partout où cela sera possible vos consignes… Il s'agit d'ajouter un ustensile de plus à la panoplie du pouvoir personnel. » Et de conclure : « Le gaullisme, il y a longtemps, était une mystique, vous en avez fait un peu plus tard une politique, maintenant vous en faites une cuisine. »

Dans le climat de l'époque, un planteur de banderilles aussi zélé s'expose évidemment à l'ire des gaullistes. Chaque fois que François Mitterrand prend la parole, monte à la tribune, ceux-ci se déchaînent et lui rappellent « la francisque et l'Observatoire ».

Par exemple, le 21 mai 1964. Deux d'entre eux, Gabriel Kaspéreit, député de Paris (IXe arrondissement), et son collègue Pierre Bas – prononcez Basse – (VIe arrondissement), se distinguent et l'apostrophent tour à tour. Ce qui va provoquer un gros incident. Pierre Bas lance, alors que François Mitterrand vient de vilipender le ministère de l'Intérieur : « Monsieur Frey, lui, n'a pas sauté les grilles de l'Observatoire. » Le ton monte et François Mitterrand prend la mouche : « Nous nous connaissons depuis longtemps, Monsieur Bas et moi-même, depuis le temps où, ministre de la France d'outre-mer, je fus obligé de le sanctionner. »

Tempête dans l'hémicycle. À la fin du débat, Pierre Bas, ancien fonctionnaire de la France d'outre-mer, demande la parole et met au défi François Mitterrand d'expliquer quand, où, comment et pourquoi il a commis une faute administrative et quelle sanction il a reçue. L'accusateur va se montrer bien vague dans ses réponses. Mais il propose la constitution d'un jury d'honneur. Las ! On ne parvient même pas à se mettre d'accord sur cette procédure.

Le lendemain, Pierre Bas, dont le courroux n'a pas diminué, croise François Mitterrand dans la bibliothèque de l'Assemblée nationale. Il se précipite sur le député de la Nièvre et lui administre sans même avoir fait les sommations d'usage… rien moins qu'une gifle.

Petit scandale au Palais-Bourbon. Petits échos dans la presse. Épisode vite oublié sauf pour le député de Paris qui en fait presque aujourd'hui son premier acte de résistance contre le socialisme. Sauf pour le député de la Nièvre qui y voit là une preuve supplémentaire de la violence larvée de cette « dictature à masque bonasse ».

La pugnacité de François Mitterrand se prête à tous les échauffements. Peu à peu, elle va en faire l'orateur d'opposition le plus redouté, même si ses adversaires feignent de ne pas le craindre.

Interrogé un jour à son sujet, le Premier ministre Georges Pompidou laisse alors tomber, excédé : « Toutes ses paroles n'ont aucune portée, Mitterrand est l'image même de ce que la France ne veut plus revoir, en un mot, il n'est plus qu'un fantôme[1]. »

Vue de Sirius, une opposition aussi systématique (on dirait presque mécanique), qu'elle soit le fait des hommes d'hier ou d'aujourd'hui, peut sembler bien stérile, bien agaçante et, pour tout dire, bien puérile. Encore faut-il tenter de se mettre à la place de qui l'on veut comprendre. Lorsqu'on entre en opposition, passés les premiers temps de frustration – la perte du pouvoir, du prestige et des commodités, l'humiliation de la défaite –, il devient bientôt assez doux de représenter un contre-pouvoir, une forme nouvelle d'influence. On se sent sûrement moins puissant, mais dans une situation ô combien plus confortable. Éloigné du tracas quotidien, du gouvernement, de la complexité des arbitrages, des pesanteurs contradictoires, des ingratitudes de la gestion, deux attitudes sont possibles : ou bien l'on se convainc de son inutilité et l'on baisse les bras : c'est la résignation sereine. Ou bien, à dire toujours non, on finit par se prendre pour Jeanne d'Arc, pour un sauveur de la France… François Mitterrand, lui, « doit son salut personnel et politique à l'insolence de son refus[2] ».

Dire toujours non, n'est-ce point se situer du côté du juste, puisque l'on refuse toute compromission, puisque l'on substitue le souhaitable au possible et l'idéal au réel, puisque l'on peut rêver, au nom de la morale, du bon droit, de la justice envers les faibles et les opprimés, à toutes les utopies auxquelles l'homme qui est aux affaires n'a pas le loisir de songer ?

En François Mitterrand, le catholique moralisateur peut se laisser aller à son penchant favori ; le lyrique qui a le goût des mots se laisser emporter par sa verve ; le littéraire se repaître de formules ; le politique théoriser à loisir.

Comme pour fixer son personnage et se justifier, le député de la Nièvre prend sa plume. En publiant dans l'année 1964 *Le Coup d'État permanent*, il confirme sa place, la première, parmi les adversaires les plus résolus du régime. Le livre est un pamphlet bien tourné et de la meilleure encre.

Un pamphlet : car il ne s'agit pas d'être juste ni lucide, mais de blesser, de se venger (notamment de Michel Debré). Il s'agit aussi

1. Georges Suffert, *De Defferre à Mitterrand*, Paris, Le Seuil, 1966.
2. Jean-Marie Borzeix, *Mitterrand lui-même*, *op. cit.*

de rappeler que l'on a du talent et que l'on est disponible pour tous les combats contre le gaullisme.

Tout le monde, dans ces pages, « reçoit son paquet » : le gaullisme bien sûr, mais aussi les institutions, et les notables, et les bourgeois, décidément devenus des ennemis.

« J'appelle le régime gaulliste dictature parce que, tout compte fait, c'est à cela qu'il ressemble et parce que c'est vers un renforcement continu du pouvoir qu'inéluctablement il tend parce qu'il ne dépend plus de lui de changer de cap. Je veux bien que cette dictature s'instaure en dépit de De Gaulle. Je veux bien par complaisance appeler ce dictateur d'un nom plus aimable : podestat. Roi sans couronne, alors elle m'apparaît plus redoutable encore. »

Mais c'est peut-être à propos du Conseil constitutionnel que François Mitterrand se laisse emporter par ses mouvements les plus polémiques : « Cour suprême du musée Grévin, chapeau dérisoire d'une dérisoire démocratie, il n'est défendu par personne. Créé pour répondre à la nécessité de faire respecter par le législateur les limites de sa sphère d'attribution [...] il n'a jamais eu d'autre utilité que de servir de garçon de courses au général de Gaulle chaque fois que ce dernier a cru bon de l'employer à cet usage. » Et de citer en renfort de sa thèse cette phrase du sénateur Pierre Marcilhacy qui, le 22 février 1960, avait écrit dans *Le Figaro* : « Il me semble que son rôle [du Conseil constitutionnel] est de faire souffrir le droit pour servir le pouvoir[1]. »

Et François Mitterrand de conclure ce livre de combat si bien tourné : « Le pouvoir d'un seul, même consacré pour un temps par le consentement général, insulte le peuple des citoyens... L'abus ne réside pas dans l'usage qu'il fait de son pouvoir, mais dans la nature même de ce pouvoir. [...] Il n'y a d'opposition qu'inconditionnelle dès lors qu'il s'agit de substituer un système de gouvernement à un autre. Retoucher, aménager, corriger le pouvoir absolu, c'est déjà composer avec lui. C'est mimer l'opposition de sa majesté qui autant que la majorité participe au régime et le soutient. »

Les lecteurs de François Mitterrand étaient prévenus. S'il parvenait un jour au pouvoir, ce serait pour détruire ses institutions et bâtir un autre régime. Du moins, c'est ce qu'il disait.

1. La petite histoire retiendra que, devenu président de la République, François Mitterrand fera nommer le susdit Pierre Marcilhacy parmi les neuf sages du Conseil constitutionnel. Et que celui-ci ne refusera point.

La première candidature

Personne n'aurait envié la situation du sénateur de la Nièvre au lendemain de l'affaire de l'Observatoire. Certes, il a gardé une poignée d'amis fidèles et son implantation locale. Mais pour le reste… L'UDSR est en miettes, sa réputation personnelle fort altérée et les perspectives d'avenir bouchées. Le gaullisme, son adversaire absolu, triomphe toujours. Et l'opposition non communiste lui fait grise mine.

Ses efforts pour s'intégrer dans ses regroupements (comme l'UFD), patiemment entamés dès l'arrivée du Général au pouvoir, sont brusquement freinés. Les partis qui se créent de ce côté le préfèrent dehors que dedans. Charles Hernu, un nouvel ami, ex-député du Front républicain balayé par la vague de 1958 et animateur du très mendésiste Club des Jacobins, va tester pour lui les intentions des dirigeants du tout nouveau PSU[1], qui rassemble des personnalités de la « petite gauche » (Gilles Martinet, Jean Poperen, Édouard Depreux, Pierre Bérégovoy, Pierre Mendès France, Michel Rocard) : si François Mitterrand sollicitait son adhésion, quel serait l'accueil ? La réponse est rien moins qu'encourageante. C'est non ! Pas un seul oui ! Le PSU ne souhaite pas le renfort de François Mitterrand. Le plus véhément est Alain Savary.

Comment exister dès lors ? Et comment peser ? Comment sortir de l'isolement ? Avec une patience et une obstination d'alpiniste, François Mitterrand va entamer une de ces remontées dont il a le secret. Aidé de Charles Hernu qui lui sert d'introducteur, il démarchera le moindre club, la moindre association : tout ce qui porte, fièrement ou frileusement, les couleurs de la gauche non communiste mais qui se situe hors des appareils traditionnels (SFIO et Parti radical) sera pour lui terrain de chasse.

Par bonheur, la période s'y prête. 1958 a cassé bien des appareils traditionnels. On voit éclore, à Paris mais aussi en province, des dizaines de cercles, de sociétés de pensée, de clubs fréquentés par des hauts fonctionnaires, des syndicalistes, des universitaires, des jeunes patrons qui ne se trouvent à l'aise nulle part, jugent archaïques les idéologies et les structures des partis, se méfient encore des gaullistes

1. Né en 1960 de la fusion de l'UGS de Gilles Martinet avec le Parti socialiste autonome, créé l'année précédente par des dissidents de la SFIO comme Edouard Depreux.

(la fin de la guerre d'Algérie va en rapprocher bon nombre) et s'agitent de concert pour renouveler le centre et la gauche.

Tous ces groupes occupent beaucoup François Mitterrand. Comme le furet, il y passe et repasse chaque week-end, histoire de trouver un auditoire en marge des forces institutionnelles. Toujours entreprenant, il fonde avec des personnalités indépendantes mais proches du radicalisme, du socialisme (et du Grand Orient ?) la Ligue pour le combat républicain, où se retrouvent le journaliste Joseph Barsalou, éditorialiste de la puissante *Dépêche du Midi*, le fidèle Louis Mermaz et Ludovic Tron, un inspecteur des finances à sensibilité de gauche et qui ne manque pas de moyens. En mai 1963 – l'union fait la force –, la Ligue s'associe avec le Club des Jacobins de Charles Hernu. Ainsi naît une nouvelle association, le Centre d'action institutionnelle, le CAI, qui se propose de « faire triompher l'idéal démocratique en France ». (Un programme vague, on le voit[1].)

François Mitterrand en devient – comme par hasard – le président. Le bureau du CAI comprend Charles Hernu, Georges Beauchamp, Louis Mermaz et le bâtonnier Thorp. Le paysage ne change guère. On prend les mêmes et on continue. Histoire de se faire connaître et d'occuper la scène, ce petit aréopage organise le 15 septembre 1963, à Saint-Honoré-les-Bains, dans la circonscription de François Mitterrand, un « déjeuner des mille » auquel participent huit cents élus locaux. Il s'agit de renouer avec l'antique et grande tradition des banquets républicains. Charles Hernu rappelle les objectifs de la réunion confédérer la gauche démocrate et socialiste car, explique-t-il, « seul un organisme où se retrouvent des hommes des anciens partis et ceux des clubs serait susceptible de sortir la gauche de l'ornière où elle est enlisée depuis 1958 ».

Un objectif peut en cacher un autre : l'autre grand dessein, plus lointain, consiste évidemment à désigner un candidat unique pour l'élection présidentielle. François Mitterrand pressent l'importance de cette innovation constitutionnelle à laquelle il s'est opposé. Ce prochain rendez-vous est pour 1965. Il est urgent de rassembler la troupe. Il s'exclame alors : « Pourquoi ne pas nous rapprocher le plus tôt possible ? Demain, rien ne sera comme hier si nous le décidons. »

Désormais, le président du CAI peut légitimement avancer qu'il n'est plus seul ni marginal. Il ne se prive d'ailleurs pas de le dire

1. Bientôt le CAI s'associera à différents clubs (Jean-Moulin, le Cercle Tocqueville de Lyon, etc.). Ce mouvement aboutira à la naissance de la Convention des institutions républicaines qui sera en fait le parti des amis de François Mitterrand.

et de le répéter. Pas un discours, pas une intervention qui ne commence par ces mots : « Mes amis et moi pensons que », « Mes amis et moi considérons que », etc. Quand on s'est senti abandonné et même rejeté, comme il est doux de parler au pluriel ! Du moins pour un temps : lorsque François Mitterrand aura pris le contrôle du PS – et encore plus lorsqu'il sera à l'Élysée –, il passera au Je souverain dont il usera d'abondance, abusera presque !

Bien entendu, on se garde bien, au « déjeuner des mille » qui sont huit cents, d'évoquer une candidature à la future élection présidentielle. François Mitterrand, pourtant, a sa petite idée en tête : « Depuis 1962, c'est-à-dire depuis qu'il a été décidé que l'élection du président de la République aurait lieu au suffrage universel, j'ai su que je serais candidat. Quand ? Comment ? Je ne pouvais le prévoir, j'étais seul. Je ne disposais de l'appui ni d'un parti, ni d'une Église, ni d'une contre-Église, ni d'un journal, ni d'un courant d'opinion. Je n'avais pas d'argent et je n'avais pas à en attendre des sources de distribution aussi classiques que discrètes que tout le monde connaît… Autant de raisons pour ne pas être candidat. À moins que ce ne fussent autant de raisons pour l'être[1]. »

Cet adversaire farouche de l'élection du président de la République au suffrage universel direct ne pense donc plus sa stratégie qu'en fonction de sa candidature. Avec son habituelle opiniâtreté, sa rare capacité à concevoir des plans subtils, complexes et secrets, il s'est attelé à la tâche dès le début de 1963.

On peut le comprendre : ayant décrété où est le mal : dans le gaullisme, il lui est aisé de trouver le bien dans la gauche non communiste. Pour un homme pétri comme lui de nostalgies et de sentiments chrétiens, quoi de plus naturel que de vouloir en être le bon pasteur ? Encore faut-il se faire admettre dans la communauté de gauche.

S'il lui était relativement facile de s'imposer parmi les « clubistes », ces amateurs un peu brouillons qui ne sont ni des obsédés de la hiérarchie ni des forçats de la candidature, l'entrée officielle au sein de la gauche non communiste sera plus rude. Là, des appareils opposent aux nouveaux venus leurs deux forces principales : l'inertie et le copinage. Là, on demande des comptes du passé, là, on exige des brevets. Là, on guigne les places.

Par chance, dans ces premières années soixante, la situation n'est pas bloquée. La SFIO est en piteux état (elle vient d'obtenir aux élections législatives de 1962 son plus mauvais score – 11 % – depuis

1. Dans *Ma part de vérité*, *op. cit.*

près d'un demi-siècle) ; son chef titulaire, Guy Mollet, est depuis la guerre d'Algérie l'homme de gauche le plus contesté. Les radicaux se survivent depuis la guerre. Les arrivistes regardent vers le gaullisme.

Puisque toute issue n'est pas fermée dans la gauche non communiste, François Mitterrand va utiliser son habituelle tactique d'investissement par les marges. À cette époque justement, Georges Brutelle, secrétaire général adjoint de la SFIO, multiplie les tentatives de rénovation. Il organise des colloques, des journées d'études où revient cette question obsessionnelle : comment rendre vie à la gauche et la renouveler ? « J'avais le feu vert de Guy Mollet, explique-t-il, mais à une condition : ne pas inviter des personnalités qui pourraient lui porter ombrage. » Il s'abstient donc de convier François Mitterrand. Mais celui-ci, une fois de plus, envoie un de ses amis en éclaireur : au PSU c'était Charles Hernu, cette fois c'est le très fidèle Beauchamp. Lequel suggère d'inviter l'ancien ministre. « Je me suis interrogé, raconte Georges Brutelle, je craignais les réactions de Guy Mollet… et puis je me suis décidé. Au début il était très discret. Mais très assidu, toujours présent. »

François Mitterrand doit se contenter des maigres temps de parole qui lui sont dévolus. Il n'est pas à la mode ; il est un nouveau venu, il doit faire ses classes. Patient, imperturbable, il s'incline. Et comme il est bien meilleur orateur que la plupart des autres, il emporte souvent l'adhésion. Peu importe si on lui mesure chichement la longueur de ses interventions ; en quelques minutes tout peut être dit – et surtout son appartenance à la gauche à vocation socialiste.

Devant des aréopages où se mêlent (à titre personnel) des hommes de la SFIO, du Parti radical, du PSU, de l'UDSR, des clubs, des syndicats ouvriers, de l'UNEF, des Jeunes Agriculteurs, il répète inlassablement : « Je dis tout de suite à nos amis socialistes organisés : il n'y a pas de divergence entre nous… Lorsqu'il s'agit de choisir ses amis, ses ennemis, son combat, l'avenir que l'on imagine pour son pays, je le crois vraiment, le choix socialiste est la seule réponse à l'expérience gaulliste. Telle est ma position de principe et je n'accepte pas d'avoir à passer tous les six mois mon certificat d'études dans ce domaine. »

Voilà qui est clair. Celui qui chantait enfant : « Je suis chrétien, voilà ma gloire », entonne désormais avec la même ferveur : « Je suis socialiste, voilà ma vocation. » Mais s'il chante si fort, c'est qu'on lui impose un long catéchuménat. Beaucoup le voient venir avec un petit sourire. Il sent les réticences, connaît les méfiances. Néophyte du socialisme, il doit encore faire ses preuves.

Il y parviendra. Les préjugés finissent par céder. Ils sont chaque jour plus nombreux ceux qui veulent bien admettre qu'un opposant si résolu, qu'un adversaire si farouche du gaullisme, qu'un membre du groupe du Rassemblement démocratique de l'Assemblée[1], qu'un ancien ministre du Front républicain qui est resté fidèle jusqu'au bout à Guy Mollet est, sinon un frère ou un parent, en tout cas un allié convenable.

D'autant que, soulevé par la foi des convertis de fraîche date, il avance désormais à pas redoublés. Ne va-t-il pas jusqu'à écrire le 10 décembre 1963 dans *Le Courrier de la Nièvre* : « Mon attitude à l'égard du PC est simple : tout ce qui contribue à la lutte et à la victoire contre un régime qui tend à la dictature d'un homme et à l'établissement d'un parti unique[2] est bon. Quatre à cinq millions d'électeurs qui sont du peuple, qui sont des travailleurs, votent communiste. Négliger leur concours et leurs suffrages serait coupable ou tout simplement stupide. »

Voilà donc que François Mitterrand s'en prend bel et bien au plus grand tabou de la gauche non communiste qui refuse régulièrement à cette époque l'alliance électorale avec le PC. Autrement dit, il commence à tourner la SFIO sur sa gauche.

Malheureusement, il n'est pas seul à songer à l'élection présidentielle. Pendant qu'il s'impose cette préparation accélérée pour entrer en socialisme par le tour extérieur, avec l'idée de rattraper bien vite et même de dépasser tous ceux qui y progressent à l'ancienneté, d'autres, plus anciens justement, prennent le départ.

Le 18 décembre 1963, Gaston Defferre, maire de Marseille et éternel rival de Guy Mollet au sein de la SFIO, déclare son intention d'être candidat. Il y est poussé par de petits groupes rassemblés notamment au sein du Club Jean-Moulin, et des journalistes brillants de *L'Express*. Ils ont, comme on dit, une sensibilité de gauche et ils ont compris avant les autres que l'élection présidentielle serait désormais l'événement déterminant de la vie politique française. Ces modernistes ont même fait effectuer un sondage pour définir le type de chef d'État que les Français aimeraient voir succéder un jour au général de Gaulle. Ainsi ont-ils appris que les Hexagonaux rêvent de calme, de sécurité de l'emploi, de décrispation politique, qu'ils adhèrent

1. Présidé par Maurice Faure.

2. Contrairement à ce qu'un vain peuple pourrait croire, le régime de parti unique qui est ici visé n'est pas celui des régimes communistes, mais celui dont rêverait le général de Gaulle…

sans états d'âme aux institutions de la Ve République (contrairement à une bonne partie de la classe politique qui les hait), mais qu'ils souhaitent un président plus proche et plus humain, moins héroïque en somme. *L'Express* a publié ces résultats qui ont fait grand bruit. Reste à dénicher le candidat adéquat et idoine.

Pour tenter d'approcher les 50 %, ce personnage de rêve devrait rassembler les voix de toute la gauche (communistes compris), mais aussi celles des centristes. Vaste programme, bourré de contradictions ! Il ne saurait être question de négocier avec le PC, mais on ne peut non plus se passer de ses électeurs. Il est nécessaire d'intéresser le MRP ou ce qu'il en reste, tout en demeurant fermement à gauche. Il faut donc un homme neuf, un socialiste moderne, ouvert, un homme de dialogue qui ne s'emporte pas. Un nom s'impose – mais oui –, Gaston Defferre, dont l'image est alors à peu près le contraire de ce qu'elle est devenue aujourd'hui. Il va porter, un temps, les aspirations de tout ce que la gauche et le centre gauche comptent d'hommes jeunes qui veulent voir leur pays épouser son temps.

François Mitterrand n'a pas le choix. Puisqu'il se veut de gauche et qu'il tient à participer à ce courant moderniste, il lui faut applaudir. Ce qu'il fait sans perdre une journée. Il écrit dans *Le Monde* : « On demandait un capitaine pour l'équipe de France qui combattra le pouvoir personnel. J'approuve la décision de Gaston Defferre, je lui dis que nous[1] serons nombreux à serrer les coudes autour de lui. Je pense que la candidature de Monsieur Defferre est heureuse pour l'opposition. »

Heureuse pour l'opposition ? Peut-être, mais pas pour lui en tout cas. Il vient d'être doublé. Reste à faire comme si et à se transformer en équipier fidèle. En attendant mieux.

Il participe aux réunions d'Horizon 80, l'association qui soutient la candidature du maire de Marseille. Il n'y manifeste d'ailleurs pas un zèle extrême : « Il arrivait très tard aux réunions », dit Claude Estier (ce qui ne surprend personne). Il participe aussi à quelques meetings, où il ne se présente pas comme un partisan enflammé de l'opération. Quand même, Olivier Chevrillon, actuel PDG du *Point*, alors grand supporter du maire de Marseille (il s'était fait mettre en disponibilité du Conseil d'État pour organiser sa campagne), témoigne aujourd'hui de la « parfaite correction » du député de la Nièvre.

1. Il ne s'agit pas ici du pluriel de majesté. Cet homme encore isolé veut simplement faire masse !

Il arrive que ses réserves soient avouées. Ainsi lâche-t-il le 7 juin 1964 devant la Convention des institutions républicaines (la candidature de Gaston Defferre est alors à son zénith) : « Defferre existe, il est socialiste. Il est l'élu de son propre parti et il est candidat. Notre devoir est de savoir de quelle manière on peut l'aider. C'est sans la moindre hésitation – *bien que je porte en moi beaucoup de critiques*[1] – que j'estime nécessaire de soutenir Defferre. »

Rêve-t-il de voir d'autres partenaires éventuels du maire de Marseille faire capoter sa tentative (et lui dégager la voie du même coup) ? C'est probable.

La candidature de Gaston Defferre heurte trop d'habitudes, dérange trop d'appareils, suscite trop de vieilles hostilités. Et puis, le maire de Marseille n'est pas l'habileté même. Ce n'est pas seulement pour faire échec au général de Gaulle qu'il se lance dans la course, il veut aussi, et il le dit, et ses partisans le répètent, bouleverser la donne politique. Son objectif est la naissance d'une « grande fédération qui rassemblerait toute la gauche non communiste et les démocrates-chrétiens ». Vaste programme une fois de plus, qui rallume instantanément la querelle poussiéreuse de la laïcité. Gaston Defferre, dès le départ, a contre lui son vieil ennemi Guy Mollet – « mon meilleur agent électoral », jettera, narquois, le général de Gaulle. Les caciques du MRP, poussés par leurs militants, collaborent mais se défient. Ils veulent bien changer, mais non point se renier. On tourne en rond. Les syndicats, intéressés au départ, s'effraient de la dimension partisane de la candidature. Et puis, comment résoudre l'insoluble problème communiste ? L'équation est toujours la même : on veut les électeurs du PC, mais on doit feindre d'ignorer ses dirigeants. L'anticommunisme de Gaston Defferre est si franc et massif qu'il ne songe pas un instant à négocier avec eux. Lors des municipales de 1965, il doit d'ailleurs faire front à Marseille contre une double offensive : gaulliste sur l'aile droite ; communiste sur l'aile gauche. Il triomphe et exclut sans faiblesse les quelques socialistes locaux qui avaient pactisé avec le PC[2]. Et, au début de 1965, il s'engage

1. Souligné par l'auteur.

2. Aujourd'hui, il est vrai, Gaston Defferre fait liste commune avec le PC. Au PS, les mauvaises langues murmurent que son troisième mariage avec Edmonde Charles-Roux n'a pas été pour rien dans son évolution. La romancière est, on le sait, acquise avec ferveur à l'idée de l'alliance avec le PC, elle en signe volontiers les appels, honore régulièrement ses réceptions de sa présence, défile, bras dessus, bras dessous, avec Henri Krasucki, vêtue d'admirables tailleurs Chanel – « sa deuxième façon d'être coco », assure un impertinent secrétaire national du PS.

fermement à ignorer le Parti, sinon ses électeurs : « Si je suis désigné le 3 février par le congrès national extraordinaire du Parti socialiste, je n'engagerai pas de pourparlers avec le PC. Je ne négocierai pas avec lui. Je n'accepterai pas de programme commun. »

Le 18 juin 1965 (anniversaire doublement heureux pour les gaullistes), Gaston Defferre échoue : le mariage des socialistes et des centristes ne s'est pas fait et la grande fédération capote. Le PC pavoise, les appareils respirent. Pour François Mitterrand, la voie est libre. Il a acquis un brevet (élémentaire sinon supérieur) d'homme de gauche. Il s'est montré loyal. Il peut maintenant jouer son jeu.

Comment ? Par les amis, toujours les amis. Ceux-ci commencent à propager dans le Landerneau politique la rumeur de sa candidature. Tous sont à l'action : Charles Hernu. Claude Estier, Roland Dumas, Georges Dayan… L'un prend en charge les centristes, un autre les socialistes, un autre encore les communistes. La répartition des tâches s'est faite au gré des affinités et des relations. Côté socialiste, c'est Charles Hernu qui joue les éclaireurs de pointe. Il fait part de ce projet de candidature à Georges Brutelle, qui ne se montre pas hostile. Un dîner réunit les deux hommes avec François Mitterrand dans un bistrot du quartier Latin. Brutelle promet d'en parler à Guy Mollet, dont l'échec de Defferre a renforcé l'emprise sur la SFIO. Et, avant de partir en vacances pour Hossegor, François Mitterrand rencontre le leader socialiste, histoire de l'apprivoiser à l'idée.

À Hossegor, où il reçoit aimablement plusieurs journalistes, François Mitterrand se garde bien de leur confier ses projets. Il sait que Maurice Faure, président du Parti radical, est prêt à prendre le départ et que Guy Mollet verrait aussi cette candidature d'un bon œil, bien décidé qu'il est à éviter une autre candidature SFIO et une nouvelle affaire Defferre. Au PC, Waldeck Rochet, « le seul eurocommuniste qu'il y ait jamais eu au PC », qui entend donner une perspective française à son parti, ne souhaite pas présenter de candidat ; il est favorable à une candidature d'union de la gauche. L'avocat Antoine Borker, lui-même membre du PC et ami personnel de Charles Hernu, qui a participé aux réunions animées par le bâtonnier René William Thorp[1], en informe l'entourage de François Mitterrand. Il assure que le Comité central du PC se rallierait à une candidature Mitterrand, à condition qu'une rencontre ait lieu : le PC souhaite sortir de son ghetto et nouer le dialogue avec la gauche non communiste.

1. Des « colloques juridiques » qui rassemblaient des opposants au gaullisme au début des années soixante.

Le député de la Nièvre devine l'occasion propice. Il apprécie et médite. Il sait bien que s'il prend le départ, il aura grand besoin des voix des électeurs communistes. Mais il ne veut pas d'une rencontre en bonne et due forme : l'opinion n'y est pas prête et toutes les formations de la gauche démocratique en écartent formellement l'hypothèse. Le président du conseil général de la Nièvre (il l'est depuis cette année) veut bien tenir compte dans sa campagne de la sensibilité et des orientations du PC, mais non point débattre avec lui idéologie ou programme.

Encore faut-il, avant de se lancer, être sûr que Maurice Faure ne sera pas candidat, que Gaston Defferre ne bondira pas, que Pierre Mendès France déclarera publiquement son appui, que Guy Mollet dira oui… et que le PC ne dira pas non, c'est-à-dire finira par se rallier. Un buisson d'obstacles qui en découragerait plus d'un. Pas lui. D'autant qu'un petit incident de parcours, une attaque, va, comme il lui arrive souvent, raffermir sa résolution.

Homme de gauche incontesté, l'avocat Pierre Stibbe ne nourrissait sûrement pas de bonnes intentions envers François Mitterrand lorsqu'il écrivit dans *Le Monde* que, face au général de Gaulle, la gauche devait être représentée par une « personnalité moralement irréprochable ». Dans la classe politique, chacun comprend aussitôt que François Mitterrand est visé et d'avance récusé.

Quand on connaît la psychologie du futur président, on imagine sans peine ce qui s'est produit. Piqué au vif, se sentant agressé, François Mitterrand se cuirasse et s'encourage. Sa décision est prise, il sera candidat. Il l'a avoué plus tard : « L'article de Pierre Stibbe a été pour 30 % dans ma décision de foncer. Je pouvais tout accepter sauf une contestation morale. Cet article aurait enlevé à lui seul mes dernières hésitations si j'en avais eues. On répétait ici et là que j'étais "vulnérable". Mon honneur et ma volonté n'étant à la disposition de personne, je maintins le rythme rapide de ma démarche[1]. »

Encore faut-il s'imposer aux autres et les prendre de vitesse. Or, voilà déjà le PSU qui propose la candidature de Daniel Mayer, homme de gauche breveté, à l'honorabilité consacrée sinon au charisme évident. Et pourquoi pas Mendès ? La petite gauche moderniste en eût volontiers fait son héros. Et lui, au moins, bénéficie-t-il d'un prestige intact et d'une autorité trempée. Encore faudrait-il que l'intéressé se laissât fléchir. Heureux comme toujours d'être sollicité, P. M. F. a

1. Dans *Ma part de vérité*, *op. cit.*

toujours semblé éprouver quelque jouissance mélancolique à dire non (d'aucuns y décelaient une pointe de masochisme, ses amis préféraient y voir un exemple édifiant de rare cohérence). Adversaire déterminé de la primauté du président de la République et de son élection au suffrage universel direct, l'ancien président du Conseil ne veut pas se compromettre en mettant le doigt dans une mécanique qu'il blâme. Et puis, il faut bien le dire et même le souligner, personne n'est très optimiste sur l'issue du combat. « Mendès France, explique Gilles Martinet, était encore sous le coup des 80 % de oui au référendum constitutionnel de 1958. Il pensait que, contre de Gaulle, un candidat de la gauche ne ferait pas plus de 20 % des voix – peut-être 25 % en comptant large avec les communistes. Et 25 %, à ses yeux, c'était déchoir. Il ne pouvait l'envisager. »

Quand François Mitterrand annonce sa candidature, les premiers sondages lui prêtent 11 %, puis 16 % des suffrages. Jean-Jacques Servan-Schreiber, inspiré comme à l'ordinaire, écrira le 25 octobre que François Mitterrand, « investi par des appareils vétustes et hostiles », ne peut espérer que 20 ou 25 % – le total le plus faible, tranche-t-il, que la gauche, « communistes compris », aura jamais compté « depuis le Second Empire ».

Autant dire que personne ne prédit au député de la Nièvre des couronnes de roses. Personne ne comprend, ou ne veut reconnaître, que 25 % – 20 % même – sont pour lui un objectif séduisant, un brevet de réhabilitation. Et si jamais il dépassait ce quart des suffrages – serait-ce d'un point –, il deviendrait aussitôt un homme considérable dans cette gauche en pleine déprime.

Le 8 septembre 1965, il prend donc le départ, sans confondre vitesse et précipitation, mais sans tarder. Il commence par téléphoner à Gaston Defferre – coup de chapeau – pour lui demander son soutien. Le maire de Marseille, bien obligé de renvoyer l'ascenseur et pas mécontent d'interdire ainsi à un rival de la SFIO de jouer la carte qui lui a échappé, donne son accord de principe, à une condition : pas de négociation avec le PC. Le même jour, il reçoit à son domicile, rue Guynemer, Mendès qui l'encourage en privé, mais préfère attendre que le Général se déclare avant d'applaudir en public. À 21 heures, François Mitterrand est chez Daniel Mayer pour lui demander : « Que ferez-vous si je suis candidat ? » L'autre répond qu'il est prêt à s'effacer. Pourtant il a reçu lui aussi les encouragements discrets et privés de Mendès, ce que Mitterrand n'apprécie pas. Mais une bonne nouvelle viendra le soir même : rentrant chez lui à 23 heures pour y retrouver ses mameluks – Dayan, Hernu, Dumas, Beauchamp, Estier,

Legatte –, il apprend que le PC le préférerait à Daniel Mayer. Voilà qui éclaircit l'horizon.

Le lendemain matin à 9 h 30, il bondit chez Maurice Faure, à qui il parle entre autres du soutien communiste. Le député du Lot, très effarouché, le met en garde « contre le risque d'être accusé de ressusciter le Front populaire ». Mais il lui donne aussi – avant de s'envoler pour la Grèce – une assurance formelle : il ne se présentera pas contre lui si la SFIO le soutient.

Reste justement à convaincre Guy Mollet, qui le reçoit dans son bureau de la cité Malesherbes, sa citadelle plutôt, où trônent les portraits de sa mère et de Léon Blum. Autant parler net et François Mitterrand parle tout cru : « J'ai déjà l'accord de Waldeck Rochet », annonce-t-il fièrement. Guy Mollet, qui ne veut pas entendre parler d'une candidature socialiste et surtout pas de celle de son vieil ennemi Daniel Mayer[1], est prêt à donner son accord. Mais à une condition[2] : François Mitterrand doit jurer sur l'honneur que rien ne peut lui être reproché dans l'affaire de l'Observatoire. Croix de bois, croix de fer, c'est promis et juré sur-le-champ. Et Mitterrand d'enchaîner :

– Alors, je suis candidat.

Et Mollet d'interroger :

– Quand vous déclarerez-vous ?

– Dans deux heures.

– C'est ce qui s'appelle ne pas perdre de temps. Réfléchissez encore, reprend le socialiste, un peu dépassé par les événements.

Le texte de la déclaration de candidature est déjà rédigé. François Mitterrand le communique par téléphone à l'Agence France Presse : « Il s'agit essentiellement pour moi d'opposer à l'arbitraire du pouvoir personnel, au nationalisme chauvin et au conservatisme social, le respect scrupuleux de la loi et des libertés. La volonté de saisir toutes les chances de l'Europe et le dynamisme de l'expansion ordonnée par la mise en œuvre d'un plan démocratique. »

Une fois de plus, François Mitterrand a forcé le destin. Seul. Tout comme il s'était lui-même chargé de mission pour aller rencontrer le général de Gaulle à Alger, ainsi s'auto-investit-il candidat de la gauche.

---

1. Ayant pourtant ravi à Daniel Mayer, après la Libération, le poste de secrétaire général du parti, Guy Mollet ne le lui pardonnera jamais. Ainsi sont les hommes politiques…

2. Témoignage d'Ernest Cazelles.

Les circonstances, il est vrai, souriaient aux audacieux. Personne ne s'imposait. Chacun, parmi les ténors officiels de la gauche, songeait surtout à empêcher ses rivaux d'émerger. François Mitterrand, lui, ne représentait à peu près que lui-même. « C'est la médiocrité du personnel de la gauche qui a permis à Mitterrand d'être candidat », remarque prosaïquement Ernest Cazelles.

Restait à rallier définitivement le PC. C'est-à-dire à obtenir son appui sans avoir à le quémander. Il fallait donc éviter toute rencontre symbolique qui aurait heurté à la fois les électeurs et les dirigeants de la gauche non communiste.

Le PC convoque un Comité central pour déterminer son attitude. Aussitôt, François Mitterrand se sauve littéralement à Bruxelles où rien ne l'appelle et fait porter par Roland Dumas une lettre à Waldeck Rochet. Le lendemain, dans son rapport, le secrétaire général du PC déclare : « Nous, communistes avons toujours été pour l'union de la gauche. » Ouf ! Voilà donc François Mitterrand intronisé. Il n'existe pas de précédent. La décision n'a pas été acquise sans discussions houleuses au sein du PC, qui tenait par-dessus tout à sortir de sa solitude. « Mitterrand a eu le mérite de faire tomber l'obstacle de l'anticommunisme », applaudira Jacques Duclos.

Est-ce à dire que la gauche, pour une fois officiellement rassemblée (sinon réunie), entonne un hosanna sans fausses notes ? Certes non ! À la SFIO, on n'en finit pas de grincer et de grimacer. Au Comité directeur où il s'agit de ratifier la décision de soutien, aucune unanimité ne se dégage. Guy Mollet est bien obligé de confirmer son appui, mais avec un enthousiasme tout à fait mitigé. Dans une interview à *Paris-Presse* quelques jours plus tard, il expliquera bizarrement : « Nous ne lâcherons pas Mitterrand maintenant que nous avons décidé de le soutenir. Ce qui est exact, c'est que je souhaite la candidature de Monsieur Pinay car c'est lui qui ferait le plus de voix dans la famille des démocrates libéraux. »

La mystique de l'Union de la gauche n'a décidément pas encore saisi la cité Malesherbes.

Le Parti radical ? « Plusieurs semaines après les socialistes et les communistes, le Parti radical vint à la rescousse. Il le fit à sa manière inimitable, en invitant du même coup à voter pour Jean Lecanuet », raconte Mitterrand lui-même dans *Ma part de vérité*.

Le PSU ? À peine François Mitterrand a-t-il rendu publiques ses sept options – parmi lesquelles on relève l'intention d'en finir avec le régime du pouvoir personnel et la force de frappe « inefficace, ruineuse et dangereuse[1] », la volonté aussi de réserver les fonds publics à l'école publique – que son bon camarade Édouard Depreux, secrétaire national du PSU, écrit dans *Tribune socialiste* : « Faibles et habiles ou, si l'on veut, faiblement habiles, ses sept options se placent exclusivement sous le signe de la banalité, de l'indigence. Le résultat d'une aussi médiocre opération est facile à prévoir : cinq à six millions et demi de suffrages sur les vingt-deux ou vingt-quatre millions de votants ; c'est vers cette défaite que l'on s'achemine. » On ne saurait être plus enthousiaste et mobilisateur.

Au PSU, d'ailleurs, c'est à qui sera le plus chaleureux. Le secrétaire général à l'organisation, Marc Heurgon, s'écrie devant ses amis : « La droite ne présente pas Pesquet, pourquoi présenterions-nous Mitterrand ? » Le parti appelle tout de même à voter en sa faveur, mais à une condition stupéfiante : « Ne pas participer à la campagne. » Or, cette idée de soutien sans participation (votée par 300 voix sur 544 – 67 ayant voté contre, dont Pierre Bérégovoy et Jean Poperen qui auraient préféré un véritable engagement) revient à un jeune inconnu qui intervient sous le nom de Georges Servet. Les initiés savent que derrière ce pseudonyme se cache un haut fonctionnaire du nom de Michel Rocard ! « Cela a été le début de son ascension dans le parti », constate Gilles Martinet.

L'« intelligentsia de gauche » n'est pas plus enthousiaste. Le 4 octobre, deux de ses éditorialistes les plus renommés tentent de relancer l'idée d'une candidature Mendès France. Dans *Le Monde*, le professeur Maurice Duverger écrit : « Il s'agirait de choisir un candidat dont la personnalité inspire confiance. »

Dans *France Observateur*, Jean Daniel se pose la question : « Pourquoi ne pas rechercher dès maintenant l'unité de l'opposition ? Pourquoi pas P. M. F. ? Tous ceux qui l'ont vu s'accordent à penser qu'il est décidé à assumer des responsabilités. »

Jean-Paul Sartre n'est pas plus chaleureux, qui écrit en novembre dans sa revue *Les Temps modernes* : « Voter Mitterrand, ce n'est pas voter pour lui, mais contre le pouvoir personnel et contre la fuite à droite des socialistes. Beaucoup voteront Mitterrand sans illusions et sans enthousiasme. »

Décidément, c'est ce qui s'appelle déclencher les forces de la joie !

Parmi ces tristes mines, André Ribaud semble presque enthousiaste lorsqu'il décrit ainsi le candidat dans sa célèbre chronique,

1. François Mitterrand, même rallié ultérieurement à la force de frappe, ne votera pas un seul budget militaire en vingt-trois ans.

« la Cour » du *Canard enchaîné* : « C'était un homme entre deux tailles et deux âges, avec une figure aimable qui irritait avec plaisir les yeux des dames, d'une ambition qui s'appuyait de toutes sortes de talents pour arriver à la plus haute fortune, riche en dons, fertile en vues, en ressources, en ressorts. Il avait fort de l'esprit mais manégé et parfois si labyrinthé qu'il se perdait dans ses détours et se laissait alors piéger en terrain raboteux des taillis d'intrigues romanesques dont il ne sortait qu'avec embarras, quoiqu'il eût d'ailleurs la tête froide et fort capable de contenir tout le soin de l'État. »

Quelques autres s'y mettront. Ainsi Gérard Jaquet dans *Le Populaire* : « François Mitterrand s'est constamment élevé, et avec quelle vigueur, contre la politique du pouvoir personnel du Général. Il est indiscutablement un homme de gauche. »

Enfin, Pierre Mendès France qui, le 28 octobre, à six semaines de l'élection, lui accorde dans *France Observateur* son soutien sans réticences et sans réserves : « Mitterrand est le mieux pour réunir l'ensemble des voix démocrates et socialistes. Je ne vois pas comment on peut encore hésiter… Je vote pour lui, et à ceux qui me font confiance je demande de voter pour lui. »

À tout prendre, les plus positifs sont encore les communistes qui, ayant une fois pour toutes décidé de soutenir François Mitterrand, ne se dédiront pas, et se garderont d'étaler publiquement leurs états d'âme.

François Mitterrand ne s'émeut pas trop de voir ces appuis prendre souvent la forme de la corde du pendu – le soutenant et l'étranglant à la fois. Il fait de pauvreté richesse. Il a compris, lui, que la logique de la candidature présidentielle, c'est le primat d'un homme et non d'un appareil.

Il n'a pas de parti ? La belle affaire ! Des partis encombrent ses rivaux. Et puis, il a ses amis et aussi les anciens prisonniers. Ils lui tiendront lieu d'appareil. Car personne, au Parti socialiste ou au Parti radical, ne s'empresse de l'aider à organiser sa campagne. Il fait donc donner les grognards, toujours les mêmes : André Rousselet, Georges Dayan, Georges Beauchamp, Claude Estier, Louis Mermaz, Roland Dumas, Marie-Thérèse Eyquem, son frère Robert. Et les anciens prisonniers de guerre. Louis Deteix : « Je suis venu le voir et je suis reparti avec un rouleau d'affiches que j'ai collées moi-même dans la région de Clermont-Ferrand. » Le candidat lui-même explique : « Les anciens prisonniers ont été mes premiers délégués départementaux pour ma campagne. Le soir, j'allais coucher chez ces gens que, pour la plupart, je n'avais pas revus depuis la guerre[1]. »

Et s'il n'a pas de parti il va bientôt en tirer avantage. Le 9 octobre, devant ses amis de la Convention des institutions républicaines, il explique : « Je ne serai pas un robot. Je ne suis l'homme ni d'un parti, ni d'une coalition de partis. Je suis l'homme d'un combat. »

Déjà, il voit plus loin. Alors que les apparatchiks s'imaginent encore qu'il s'agit seulement de s'opposer au pouvoir gaulliste, il élargit la visée : « La gauche ne pouvait être absente, déclare-t-il dans la Nièvre. Nous sommes au bas de la côte. Il faudra grimper longtemps. Il faudra que bien des choses changent pour que la gauche renaisse. Je m'y suis mis. »

Et comme pour inaugurer un mot qui sera bientôt le leitmotiv fétichiste de son vocabulaire, il réalise dans son programme schématique une première « synthèse ». Une synthèse qui ressemble encore à un habile patchwork.

Pour concocter son programme, le député de la Nièvre emprunte à chacun, en effet, un morceau de sa vraie croix. Aux communistes, quelques nationalisations et le refus de l'Europe des trusts et des cartels, ainsi que la volonté de combattre la logique de l'affrontement des deux blocs militaires. À la SFIO, il emprunte la condamnation indignée de la politique économique et sociale du régime et la défense ardente de l'Europe et de l'Alliance atlantique. Au Parti radical, la défense et l'illustration des libertés individuelles et fondamentales ; il promet l'abrogation de l'article 16 de la Constitution, article de la dictature à ses yeux, et de l'article 11 sur le référendum. Il promet : « Si je suis élu, ce n'est pas moi qui ferai la politique, mais l'Assemblée nationale ! » Il dit encore : « Il faut éliminer le privilège du président de la République qui croit, selon un mot fameux, que tout l'État est en lui et que la volonté de tout le peuple est renfermée dans la sienne. » À Pierre Mendès France, il prend quelques démonstrations graves et austères. À Gaston Defferre, enfin, deux ou trois exemples de situations insupportables et… la nationalisation des banques d'affaires[2].

Pourtant, son apport le plus personnel concerne les femmes. Cela semble fort hardi pour l'époque. Le candidat prend en effet parti officiellement en faveur de la contraception et de la liberté sexuelle de la

1. Entretien avec l'auteur.

2. Le maire de Marseille a déposé en 1963 une proposition de loi allant dans ce sens.

femme. Propos fort audacieux qui trouve son origine, atteste l'écrivain Gabriel Matzneff, dans un déjeuner rue Guynemer. Ce jour-là, Benoîte Groult, la romancière féministe, aurait « vendu » l'idée au candidat, en lui garantissant un apport substantiel de voix féminines. « Vous croyez ? » aurait interrogé, sceptique, ce catholique aussi prude que libertin. La dame sut le convaincre. Il retint l'idée. Et s'en félicita.

La plate-forme n'enthousiasme personne mais satisfait tout le monde, et d'abord une proportion croissante de Français. Au long de son périple électoral, François Mitterrand draine à ses réunions des foules chaque jour plus nombreuses et plus enthousiastes. L'apothéose a pour cadre la ville rose, Toulouse, où, entre les deux tours, trente-cinq mille supporters l'ovationnent. Transporté par cette ferveur, il troque à la tribune son solennel : « Françaises et Français », pour un vibrant : « Citoyennes et citoyens… » Le peuple de gauche existe, il vient de le rencontrer.

Moment décisif, à en croire les témoignages de tous ses proches. Ce soir-là, le principal candidat de l'opposition se métamorphose en leader de la gauche. Sa femme elle-même – ce n'est pas le moins important – trouve là une invitation à l'engagement. « Danielle a eu comme une révélation, note Georges Beauchamp. Alors qu'elle était hostile à la politique, elle a senti la nécessité de devenir militante. »

Le leader de la gauche n'a certes pas de doctrine très assurée. Ainsi, entre les deux tours, à la télévision, plaidera-t-il à la fois pour la liberté de l'entreprise et la renaissance du rôle de l'État, qui est de « décider » – notamment pour les investissements.

Au fait, qu'est-ce donc que la gauche, à ses yeux ?

Le 22 mai, il s'explique à la télévision (où il n'est pas à l'aise et où on fait tout pour qu'il ne le soit pas) : « La gauche, c'est tout ce qui se bat pour les libertés individuelles, pour la justice, l'égalité sociale… en 1848, ceux qui se battaient pour que les enfants de dix ans travaillent moins de douze heures par jour… en 1936, les congés payés, la semaine de quarante heures ; en 1965, une définition stricte d'une politique des revenus, d'expansion économique, de meilleure répartition du profit, une défense acharnée de la paix… Notre objectif, c'est le bien-être, le bonheur de l'homme. »

À Lyon, il s'exclame, de plus en plus lyrique : « La gauche, c'est la générosité française, elle est associée à la misère du peuple, mais aussi à son espérance. La gauche, ça signifie l'amour entre les peuples, l'amour entre les hommes. »

On le voit, il s'agit plus de bons sentiments chrétiens et humanistes que de marxisme…

Il n'empêche. À sentir monter le courant populaire qui le soutient, le candidat s'exalte chaque jour plus. Et, en un sens, il n'a pas tort. Le résultat en effet passe toutes les espérances (la sienne d'abord). Au premier tour, il obtient 32 % des suffrages exprimés, contribuant ainsi largement à mettre le général de Gaulle en ballottage. Mieux, au second tour, il rassemble 45 % des suffrages, parmi lesquels il accepte sans s'en plaindre le moins du monde, sans les récuser un instant, sans que la gauche ait l'idée de manifester aux cris de : « Le fascisme ne passera pas », les voix d'extrême droite du candidat Tixier-Vignancour, dont Jean-Marie Le Pen était alors le chef d'état-major.

« Je ne vais tout de même pas m'amuser à comptabiliser les voix », dira François Mitterrand.

Les centristes de Jean Lecanuet, eux aussi, ont voté en grand nombre pour lui.

Grinçant, soupirant, faisant contre mauvaise fortune bonne mine, tout le monde doit en convenir : c'est un succès personnel pour François Mitterrand. Lequel, fidèle à lui-même mais infidèle aux convenances, refuse de féliciter le vainqueur, le général de Gaulle.

Le 19 décembre 1965, le candidat de la gauche est devenu son chef naturel. Elle est certes bien divisée encore et fort éloignée des perspectives du gouvernement, mais il a réussi à sortir la malade de la chambre où elle était confinée depuis des lustres, pour lui faire accomplir ses premiers pas de convalescente.

À une réception privée organisée chez Georges Bérard-Quelin, patron d'un groupe de presse, François Mitterrand s'exclame : « Il y a, à l'heure actuelle, un régime qui meurt, une gauche qui naît et une République qui va revivre. Le combat recommence dès ce matin. »

Ce titre tout neuf de leader de la gauche, François Mitterrand est bien décidé à lui donner un contenu. Ceux qui, dans les appareils des partis, s'illusionnent et veulent encore croire qu'au lendemain de l'élection présidentielle la vie va reprendre comme avant se trompent lourdement. Ils ne sont pas au bout de leurs peines. Jean Daniel constate alors que durant toute la campagne François Mitterrand a violé les appareils de la gauche – « un viol salutaire », écrit-il. Eh bien, il n'a pas fini de les violer !

Le contre-président

Le 5 décembre 1965, François Mitterrand est devenu un homme de gauche d'appellation contrôlée. Grâce aux onze millions de suffrages offerts par les électeurs qui vont désormais peser bien plus lourd que les quelques centaines de délégués aux congrès des partis de la gauche non communiste.

François Mitterrand va découvrir – et, bon gré mal gré, toute la gauche avec lui – qu'une élection présidentielle ne fait pas seulement du vainqueur un président : son challenger devient du même coup le leader de l'opposition. Cette donnée-là, en 1965, aucun penseur ni aucun stratège de la gauche ne l'avait encore intégrée dans ses calculs. La plupart s'étaient imaginé que, le résultat acquis – ils ne doutaient guère de la victoire du général de Gaulle –, François Mitterrand rentrerait dans le rang nanti de l'estime générale. Tel un bon républicain qui, son devoir accompli, redevient un chef parmi d'autres, mais pas le premier, compte tenu de la modestie de ses troupes personnelles, d'autant que sa performance ne lui rallie pas les intellectuels. Après l'avoir rencontré en novembre 1966, Jean Daniel écrit dans *Le Nouvel Observateur* : « Cet homme ne donne pas seulement l'impression de ne croire à rien : on se sent devant lui coupable de croire à quelque chose… Il insinue comme malgré lui que rien n'est pur, que tout est sordide, qu'aucune illusion n'est permise, si bien qu'à la fin des fins on est supposé conclure qu'après tout, dans le lot et en ce bas monde, Guy Mollet ce n'est tout de même pas aussi mal qu'on le dit. »

Bref, ils attendaient Cincinnatus, ils allaient trouver César (ils auraient dû se méfier : il en avait déjà le profil).

Si François Mitterrand accepte de bonne grâce leur soudaine considération, il veut plus… L'élection l'a mis en appétit. Il goûte désormais (pour la première fois de sa vie) aux délices enivrantes de la popularité. Sa performance plus qu'honorable lui vaut une autorité toute neuve, et comme il n'est pas homme à douter de lui-même, il se persuade aisément que la gauche doit renaître par lui. Mieux : qu'elle ne peut ressusciter qu'avec lui.

Plus question comme pendant son long noviciat – 1959-1965 : six années ! – de composer, de se faire petit et discret, d'amadouer, de plaire, de cajoler, bref d'apprivoiser. Le 5 décembre, il est comme un gagnant du loto. Et il se fabrique sur-le-champ une mentalité de nouveau riche.

Jadis il plaidait, désormais il s'impose. Il patientait ? Il tempête ! Il suggérait ? Il exige ! Lui oppose-t-on un avis contraire ? Il menace aussitôt de démissionner du poste où il s'est hissé. Il se veut le chef de file de toute l'opposition.

Il a peu de troupes personnelles, pas d'élus, ses armes s'appellent l'éloquence, la notoriété, le recours à l'opinion contre les appareils, le noyautage des appareils quand c'est possible et… le chantage permanent. En somme, la manière forte alliée à la ruse.

Depuis l'échec de Gaston Defferre et de sa grande fédération, la gauche cherchait, de rencontres en réunions et en colloques, une formule d'unité qui ne se traduise pas par l'uniformité, qui permette surtout à chacun de ses appareils de subsister, à chacun de ses dirigeants de garder ses titres.

François Mitterrand est unitaire pour dix. À l'initiative de sa Convention des institutions républicaines, s'est tenue le 13 juillet 1965 (donc avant l'élection présidentielle) une réunion rassemblant la SFIO, le Parti radical, l'UDSR et les clubs. Y participaient notamment Guy Mollet, Gérard Jaquet, les radicaux Jacques Maroselli et Robert Fabre et, bien sûr, Charles Hernu, Georges Beauchamp et Louis Mermaz. On y a décidé le principe d'une fédération, et Georges Brutelle, secrétaire général adjoint de la SFIO et grand partisan de la rénovation de la gauche, a été chargé de présenter une charte pour la rentrée de septembre. La date a été fixée au 7.

Or, il se trouve que le 9 septembre François Mitterrand s'est déclaré candidat à la présidence de la République. Résultat : quand la Fédération de la gauche démocrate et socialiste, qui regroupe la SFIO, le Parti radical et la Convention des institutions républicaines (c'est-à-dire le club des mitterrandistes), voit le jour, elle n'a pas le choix : son premier président (il a été prévu que la présidence serait tournante tous les six mois afin que chacun ait son tour) ne peut être que François Mitterrand.

Il montre le bout du nez dans une interview à *L'Express* : « Je n'ai pas l'intention de casser les partis. Je crois à la dynamique de ma candidature. Je pèserai de tout mon poids pour que les élections législatives de 1967 soient préparées par une campagne électorale d'un tout nouveau style et d'un tout nouveau genre. »

Ceux qui savent lire entre les lignes auront déjà compris que cette présidence tournante n'est pas destinée à beaucoup tourner et que, s'il ne devient pas président de la République, François Mitterrand sera au moins président de la FGDS… sinon à vie, du moins jusqu'en 1967.

Les choses seront plus faciles après le scrutin de décembre. Le député de la Nièvre a une priorité : faire admettre à ses partenaires radicaux et socialistes que sa Convention constitue désormais le troisième partenaire de la coalition, qu'elle mérite l'égalité de statut et de traitement.

Pour arriver à ses fins, il emploie une méthode, une seule, le bluff : « C'était très simple, tous les gens qui venaient à ses réunions – et il rassemblait du monde – étaient aimablement priés de donner leur nom et leur adresse et il les comptabilisait comme des militants. Chaque auditeur ou curieux volontaire se métamorphosait en adhérent », raconte un des principaux dirigeants actuels du PS. Si bien qu'un jour, exaspéré, Ernest Cazelles finit par répandre le bruit que la Convention distribuait gratuitement ses cartes pour faire nombre.

Grosse colère de François Mitterrand : « J'exige une enquête », déclare-t-il, rageur, sachant en bon stratège que la meilleure défense est l'attaque. Les autres l'apaisent, comme il se doit. Encore une fois, ils n'ont pas le choix : quand il affirme que depuis décembre le courant d'adhésion se porte sur la Convention (la FGDS ne recevait pas d'adhésions individuelles), les dirigeants de la SFIO et du Parti radical ne sont pas convaincus. Ils ne croient guère que ce flux mobilise des fourgons postaux entiers. Mais il ne faut pas contrarier celui qui vient de rassembler 45 % des Français.

Puisque la méthode lui réussit si bien, il l'emploie de nouveau. Il se permet de remettre en place, et vertement, Guy Mollet – oui, Guy Mollet soi-même, secrétaire général de la SFIO, ancien président du Conseil et, jusque-là, l'homme de la gauche le plus puissant sinon le plus populaire –, coupable selon lui de vouloir minimiser l'influence de la Convention. Raison de sa colère : François Mitterrand sort de sa poche une circulaire adressée par le numéro un de la SFIO à ses responsables départementaux pour leur enjoindre de limiter l'influence de la Convention en créant de toutes pièces des Clubs Jean-Jaurès, censés équilibrer les Clubs conventionnels. Et François Mitterrand de menacer : « Mes amis et moi quitteront la Fédération si nous n'y avons pas notre juste place. »

Guy Mollet n'entend pas soutenir en public la controverse. Les élections législatives sont pour l'année suivante, ça n'est pas le moment de casser la dynamique et de rompre avec son dynamitero.

D'exigences en pressions, François Mitterrand impose ainsi son jeu. À la mi-mars 1966, quelques jours avant le congrès de la Convention à Lyon, il rend visite à Guy Mollet pour lui dire qu'il souhaite à terme la fusion des partis de la Fédération. Il ajoute qu'il faut à sa tête un pouvoir fort ayant autorité, notamment en matière d'investiture électorale. Et qu'il compte proposer rien moins que la formation d'un contre-gouvernement de la FGDS sur le modèle du cabinet fantôme des travaillistes britanniques. Un programme en trois points qui fait suffoquer Guy Mollet, lequel l'adjure de ne rien précipiter et de bien réfléchir. « C'est tout réfléchi », lui rétorque un François Mitterrand très contre-présidentiel et décidé à proclamer publiquement ce qu'il vient de chuchoter.

De fait, trois jours plus tard, à Lyon, le président de la FGDS se prononce pour la fusion des trois composantes de la Fédération et, en attendant, il lance à ses partenaires : « Dans une fédération réelle, on devrait trouver à sa tête un pouvoir central fort ayant une autorité souveraine sur le domaine commun… Une vraie fédération, c'est le minimum exigible pour que notre accord demeure. »

Autrement dit : François Mitterrand refuse d'être un président potiche ou soliveau. C'est à prendre ou à laisser ; il menace une fois de plus ses partenaires d'une rupture.

Ce préalable posé, ses exigences ne sont pas minces :

– Un candidat unique de la Fédération par circonscription, les députés sortants étant automatiquement investis s'ils le désirent (de quoi calmer, et au-delà, les inquiétudes des élus socialistes et radicaux).

– Un groupe parlementaire unique à l'Assemblée nationale après les élections de mars 1967. (À l'époque, socialistes et radicaux constituaient deux groupes différents ; la Convention des institutions, elle, ne comptait encore qu'un député : celui de la Nièvre…)

– Enfin, la constitution d'un contre-gouvernement comportant des membres des trois formations qui se verront affecter chacun un « contre-ministère ».

Une idée aussi insolite provoque dans la gauche tout entière un concert de glapissements. Le Parti communiste fulmine puisqu'il n'est pas associé à l'affaire ; il redoute par-dessus tout d'être à nouveau l'exclu de cette gauche à peine réunifiée. Les socialistes vitupèrent. Avec Guy Mollet, ils jugent que si l'idée n'est pas mauvaise, il est dangereux de distribuer des portefeuilles, leurs titulaires devenant aussitôt les cibles désignées du pouvoir. Quant aux radicaux, ils préféreraient, expliquent-ils gravement, le terme d'« équipe de contestation » à celui de contre-gouvernement.

François Mitterrand n'a cure de ces querelles de sémantique. Il est bien décidé à aller jusqu'au bout. Le 29 avril, après moult réunions, le Comité exécutif de la Fédération finit par céder et confie au « président » Mitterrand le soin de former le premier « contre-gouvernement de la Vᵉ République ».

Au cas où certains se seraient bercés d'illusions, le premier commentaire de François Mitterrand tombe net : « J'assumerai seul la désignation de cette équipe. » S'il combat avec acharnement le pouvoir personnel du général de Gaulle et les institutions de la Vᵉ République qui donnent trop de prérogatives à leur chef, François Mitterrand, d'instinct, réagit tout autrement dès qu'il s'agit de lui. Puisqu'il est le symbole, il doit être le chef, et dans ce cas les pleins pouvoirs ne lui font plus peur. Appliquant cette même logique, il s'écriera, plus sincère qu'ironique, après son entrée à l'Élysée : « Les institutions ? Avec un tout autre que moi, elles sont dangereuses. Elles l'étaient avant moi, elles le redeviendront après moi. »

En attendant, le « contre-président » compose son équipe. Guy Mollet se voit attribuer la Défense, le radical René Billières l'Éducation et la Culture, Gaston Defferre les Affaires sociales, Robert Fabre l'Aménagement du territoire, Pierre Mauroy la Jeunesse. « Ah ! il fallut aller trois fois rue Guynemer, Guy Mollet et moi, pour le convaincre de prendre Mauroy. Il n'en voulait pas », raconte Ernest Cazelles. Marie-Thérèse Eyquem (conventionnelle) est chargée de la Promotion de la femme – une idée qui, alors, n'a pas encore effleuré les responsables officiels de la France. Charles Hernu est le secrétaire général de ce contre-gouvernement.

Puisque le gouvernement de la droite se réunit chaque mercredi à l'Élysée, le gouvernement de la gauche tient conseil chaque jeudi. Et, tout comme l'autre, publie ses communiqués et propose ses commentaires à la presse.

La formule fait sourire, on daube ces messieurs qui font joujou sans craindre de laisser par trop transparaître leurs ambitions et François Mitterrand qui mime le chef de l'État.

On sourit peut-être. Il n'empêche. On prend vite l'habitude d'écouter les avis du « contre-président ». C'est à peine si l'on relève que ce bel habit d'opérette, il se l'est taillé et cousu lui-même sur mesure.

Le Général donne-t-il une conférence de presse ? Dans les huit jours qui suivent, François Mitterrand tient la sienne, et son audience n'est pas mince. « C'est bien simple, sourit aujourd'hui Pierre Mauroy, à partir du moment où François Mitterrand est devenu président de la FGDS et du contre-gouvernement, on ne pouvait plus, à la SFIO, faire passer un seul communiqué : ça n'intéressait plus personne. »

À l'Assemblée nationale, même phénomène. À chaque grand débat, François Mitterrand s'impose comme l'orateur principal de l'opposition. Au plus fort de la célèbre affaire Ben Barka (l'enlèvement du leader marocain d'opposition à Paris), il est le contradicteur attitré du gouvernement. À la télévision, à la radio, il devient l'un des invités d'opposition les plus recherchés (encore qu'il se plaigne, non sans raison, du mauvais traitement que lui réserve l'ORTF). Petit à petit, il s'habitue à employer tout naturellement le mot « socialisme ». Comme il peut difficilement faire figure de précurseur, il déclare un jour sans se démonter à Guy Mollet, en compagnie duquel il se rendait à Londres : « Il n'y a pas d'âge pour devenir socialiste : voyez Jaurès et Blum. » Le secrétaire général de la SFIO n'est pas très convaincu. Pour lui, on naît socialiste, on ne le devient pas (Mollet doutera toujours de la sincérité socialiste des nouveaux convertis de la Fédération et notamment du premier d'entre eux[1]).

Quelles que soient ces sourdes réticences, François Mitterrand impose sa marque et se comporte en leader charismatique. C'est vrai dans la vie quotidienne de la Fédération. Cela se remarque plus encore lorsqu'il s'agit de définir les grandes orientations, d'abord celles, décisives, des rapports avec le PC.

« Désormais, l'allié privilégié de la FGDS est le PC », déclare-t-il en juin 1966. Gaston Defferre, qui rêve toujours d'alliance avec les centristes, bondit et tance le président de la Fédération : il n'aime pas le procédé du fait accompli. Les radicaux renâclent. À la réunion de la FGDS, François Mitterrand, tout en protestant qu'il ne s'agit point de couper les ponts avec les républicains de progrès, fait quand même savoir de la manière la plus nette au maire de Marseille qu'il n'a pas l'intention de téléphoner pour lui demander la permission chaque fois qu'il ouvrira la bouche. Et il menace (une fois de plus) : « Je suis venu ici avec l'intention de refuser la reconduction de mon mandat. Si vous renouvelez mon mandat, c'est sur la base de ce que j'ai dit aujourd'hui. » Il est reconduit… jusqu'aux élections législatives. Ils n'ont pas le choix. Ils n'ont jamais le choix…

Depuis l'élection présidentielle, le député de la Nièvre est presque obsédé par la naissance de ce courant populaire qu'il faut maintenant développer et canaliser. Il s'honore à tout bout de champ d'avoir « sorti le PC du ghetto ». Se sentant plus fort au sein de la gauche non communiste, il accepte même, comme l'en presse inlassablement le PC, de préparer une rencontre solennelle des deux fractions de la gauche, événement sans précédent sous la Ve République.

1. Cité par Philippe Alexandre dans *Le Roman de la gauche*, Paris, Plon, 1977.

Elle a lieu en décembre 1966. François Mitterrand mène la délégation de la Fédération, Waldeck Rochet celle du PC. Il n'est pas question de Programme commun, contrairement à ce dont rêve à voix haute le PC. Seul, sort de cette rencontre un texte paraphé par les deux partis, dont Jacques Fauvet écrira le 23 décembre 1966 dans *Le Monde* : « Cela tient du procès-verbal, du catalogue et d'un semi-contrat. » Il s'agit surtout d'un accord préélectoral avec promesse de désistement automatique pour le deuxième tour en faveur du candidat de gauche le mieux placé.

Mais s'il donne la « priorité » à l'alliance avec le PC, François Mitterrand n'oublie pas les autres : l'idéal pour lui consisterait à s'entendre aussi avec le Centre démocrate de Jean Lecanuet, sans oublier le PSU et Pierre Mendès France qui est une partie de la gauche à lui tout seul.

Le drame de la Fédération est qu'elle n'a alors d'avenir électoral qu'avec les voix de Waldeck Rochet, et d'avenir gouvernemental qu'avec celles de Lecanuet. C'est pourquoi, jusqu'aux élections, François Mitterrand, s'il négocie avec Waldeck Rochet, ne rate pas une occasion de saluer les qualités de républicain de Jean Lecanuet qui s'est opposé au pouvoir personnel en posant sa candidature contre le général de Gaulle. Mais à peine a-t-il lancé ce compliment sur sa droite qu'il se reprend et qu'il se tourne vers sa gauche pour lancer : « Rien ne passe à mes yeux avant l'Union de la gauche, dans laquelle je comprends évidemment le PC. » Pour aussitôt préciser encore à l'intention des centristes : « Priorité ne veut pas dire exclusivité. » Haute voltige. Sa démarche fait écrire à Raymond Barillon dans *Le Monde* : « N'ayant pas le pouvoir d'imposer ses vues ni de trancher, il lui faut constamment se garder sur sa droite et sur sa gauche, équilibrer, doser, rectifier le tir aussitôt après avoir tiré. »

Un petit résultat quand même : le PSU signe à son tour, après bien des hésitations, un accord avec la FGDS.

Celle-ci présente ou soutient 430 candidats. Elle avait 91 sortants. Elle obtient 116 élus, parmi lesquels 17 conventionnels (Georges Dayan à Nîmes, André Rousselet à Toulouse, Claude Estier, Louis Mermaz, Georges Fillioud). Dans plusieurs cas – fait rare et preuve de bonne volonté – les communistes se sont même retirés pour favoriser des conventionnels arrivés derrière leur candidat au premier tour, mais mieux placés pour l'emporter au deuxième. « Alors que, soupire Ernest Cazelles, ils n'ont pas été aussi généreux pour les socialistes. » Le PC n'oublie pas que, grâce à François Mitterrand, il a rompu son isolement.

La majorité reste majorité avec un seul siège d'avance. Elle se console en pensant que l'opposition est divisée : si les centristes en font partie formellement, ils ne feraient pour rien au monde cause commune avec le PC.

François Mitterrand n'a pas remporté un triomphe, mais il a obtenu un succès[1]. Il ne l'a pas modeste puisqu'il se déclare sans sourire, en avril 1967, « prêt pour le pouvoir » et capable d'exposer, dit-il, un programme.

Georges Pompidou, Premier ministre désormais chevronné, excédé de cette superbe qu'il juge par trop effrontée, lui lance à l'Assemblée nationale : « Enfin, au nom de qui parlez-vous avec autant d'assurance… Vous êtes à la tête d'un groupe de 121 députés, la gauche dite unie compte à peu près 200 députés. La majorité, quelque 240. Alors, vous essayez de nous faire croire que vous avez gagné, tels ces amateurs de rugby qui, au soir de la défaite de leur club, expliquent qu'ils auraient pu gagner, que le terrain n'était pas bon, que l'arbitre n'avait pas tout vu… Vous avez gagné ? En fait, vous avez perdu… pour la troisième fois consécutive… Cela permettra à vos jeunes de se former, Monsieur Mitterrand, et à Monsieur Mermaz de devenir plus gracieux. »

La trappe de mai 68
le dernier duel avec Mendès

Au début de l'année 1968, le président de la Fédération de la gauche démocrate et socialiste peut être optimiste. En trois ans, il s'est imposé dans le rôle (mis au point et breveté par ses soins) de challenger du Général. Le temps travaille pour lui, l'hôte de l'Élysée prend de l'âge et paraît moins à l'aise sur le terrain de faux plat économique où la France est désormais engagée que dans les tumultes orageux de l'Histoire.

Par lassitude, il a reconduit Georges Pompidou à Matignon et sa courte majorité à l'Assemblée nationale a les allures abandonnées de l'athlète qui a cessé la compétition. Un jeune ministre évincé du gouvernement, Valéry Giscard d'Estaing, piaffe d'impatience et commence à faire des siennes : il plante ses premiers cactus, s'exerce à lancer des mots cruels sur « l'exercice solitaire du pouvoir ».

1. Au premier tour, le 5 mars 1967, la gauche (PC, FGDS et PSU) obtient 43,51 % des suffrages.

Aux élections cantonales d'octobre 1967, 49,8 % des inscrits (soit une nette majorité de suffrages exprimés) votent à gauche.

À gauche justement, où l'on est en pleine reconstruction. L'idée est toujours la même : il s'agit de rebâtir un grand parti non communiste. Les clubs discutent, les militants s'impatientent, les états-majors s'affairent. SFIO, radicaux, conventionnels paraissent prêts à ce pas supplémentaire que François Mitterrand appelle de ses vœux depuis 1965. L'horizon s'éclaire.

Du côté de l'alliance avec les communistes, les choses ne vont pas trop mal non plus. En février 1968, la Fédération de la gauche et le PC ont signé une plate-forme commune. Sous cette appellation optimiste on a surtout relevé des convergences (rares) et des divergences (multiples) sur l'Europe, l'Alliance atlantique, le volume des nationalisations, le Proche-Orient. Qu'importe : pour la première fois, au-delà des accords purement électoraux, se dessine quelque chose qui ressemble à l'esquisse de l'esquisse d'un projet de gouvernement. François Mitterrand – il a quatre années devant lui avant la prochaine échéance présidentielle – sait qu'il a tout le temps d'amener peu à peu le PC à plus de raison et de réalisme, quitte à faire lui aussi les quelques pas symboliques qui seront nécessaires le moment venu.

La stratégie est claire et le calendrier paisible. Pour le président de la FGDS, les choses vont lentement mais dans la bonne direction.

Curieusement, Georges Pompidou, qui apparaît comme un Premier ministre inamovible – il est à Matignon depuis six ans –, semble lui aussi tranquille comme Baptiste. Aux journées parlementaires du parti gaulliste, l'UDR, réunies à Ajaccio en mars, il s'exclame en substance : tout est calme et paisible à l'horizon. RAS. Il est vrai qu'au Château, comme on nomme l'Élysée, les guetteurs n'aperçoivent pas de nuages. Le 1ᵉʳ janvier, en présentant ses vœux aux Français, le Général a ainsi exprimé ses raisons d'espérer : « Que sera 1968 ? L'avenir n'appartient pas aux hommes et je ne le prédis pas. Pourtant, en considérant la façon dont les choses se présentent, c'est vraiment avec confiance que j'envisage pour les douze prochains mois l'existence de notre pays. [...] On ne voit pas comment nous pourrions être paralysés par des crises telles que celles dont nous avons jadis tant souffert. Au contraire, l'ardeur du renouveau faisant son chemin, et ses promoteurs, surtout les jeunes, faisant leur œuvre, il y a lieu d'espérer qu'à mesure notre République trouvera des concours de plus en plus actifs et étendus. De toute façon, au milieu de tant de pays secoués par tant de saccades, le nôtre continuera de donner l'exemple de l'efficacité dans la conduite de ses affaires. »

Quelque temps plus tard, Pierre Viansson-Ponté, un grand spécialiste de la climatologie politique hexagonale, écrit dans son journal *Le Monde* un article qui entrera dans l'Histoire : « La France s'ennuie, constate-t-il. [...] Ce qui caractérise actuellement notre vie publique, c'est l'ennui... » Il conclut : « L'ardeur et l'imagination sont aussi nécessaires que le bien-être et l'expansion. »

Dans le Tout-État, le Tout-Paris, le Tout-Politique, on acquiesce gravement à ces propos. Dans les dîners en ville, on opine du chef avant de prendre une dernière coupe de champagne et d'éteindre les lumières. Oui, la prospérité est lassante, le bien-être fastidieux, la paix monotone. On en viendrait presque à crier : « Levez-vous, orages désirés ! » Or, ils sont en train de se lever. Mais à droite, à gauche, au gouvernement, dans l'opposition, personne n'entend les grondements des profondeurs.

Avec l'arrivée du printemps et les premières montées de sève, on apprend pourtant quelques curieuses nouvelles. Des lycéens ou des étudiants s'agitent et cassent un peu de matériel. À Nanterre, de petits groupes maoïstes font la loi et – sacrilège – ils ont chahuté le jeune député communiste Pierre Juquin, un intellectuel (il est normalien et agrégé) qui fait tant d'efforts pour paraître à la mode. Le parti n'apprécie pas du tout ces manifestations de jeunes bourgeois qui voudraient le tourner sur sa gauche. Ailleurs, on en sourit : le voilà bien attrapé. On ne prend pas plus garde à ce qui se passe en Allemagne ou dans les universités américaines. On s'ennuie, vous dis-je...

Et soudain, tout bouge, tout se fissure, tout craque, tout croule. Mai 68 est là.

Une à une les universités se mettent en grève à Paris, en province. Il fait beau, il fait chaud, la contestation apparaît (le mot fait en un jour fortune). Les murs du quartier Latin et des facultés de la région parisienne se couvrent de dazibaos, le vieil ordre intellectuel et moral est tourné en dérision. Non à l'université bourgeoise. Les étudiants annoncent qu'ils ne seront pas les cadres de l'exploitation capitaliste (ils mettent le feu à la Bourse, ce temple du capitalisme). Non à la société de consommation (encore un mot de fortune rapide). Fini les achats à tempérament, le train-train quotidien, la fidélité, l'obéissance, la phallocratie, les cadences, le travail, le respect des mandarins. Jouir ! Ah, jouir ! C'est écrit sur l'asphalte. Les jeunes étudiants dont les cheveux s'allongent et les cravates disparaissent rêvent d'autogestion, d'amour, de solidarité, de créativité, d'oisiveté, d'irrespect et de fraternité.

L'ordre antérieur imposait ses centrales nucléaires, sa force de frappe et *Concorde*. Mai 68 prône une économie pastorale et écologique. On brûle symboliquement les voitures. Papa pique et maman coud, on va tous fabriquer des poteries au Larzac en buvant du lait de chèvre. On fera l'amour. Hourra, la vraie vie ! On ne tombe pas amoureux d'un taux de croissance !

Le pouvoir est désemparé. Il commence par décider d'ouvrir puis de fermer la Sorbonne, selon les jours et les humeurs. Puis ne décide plus rien puisqu'il n'est plus obéi. Le Général parle d'abord d'« enfantillages ». Alain Peyrefitte, le ministre de l'Éducation nationale, dénonce l'action de « groupuscules irresponsables ».

La gauche n'a pas l'oreille plus fine. Elle veut à toute force faire entrer ces jeunes événements dans ses vieux moules un peu rouillés : il faut que Mai 68 annonce l'éternel retour de juin 1936, du Front populaire, ou bien qu'il soit un « Mai 58 à rebours », comme le proclame Georges Séguy.

Et François Mitterrand ? Dès le début de mai, il a au moins compris qu'il se passe quelque chose depuis avril. Il déclare le 8 à l'Assemblée nationale : « Si la jeunesse n'a pas toujours raison, la société qui la moque, la méconnaît, la frappe, elle, a toujours tort. » Mais il est loin d'avoir saisi la dimension de l'événement. La première quinzaine du mois le voit surtout affairé, en compagnie de Guy Mollet, à mitonner les statuts du nouveau parti plutôt qu'à disséquer les racines culturelles de la contestation. Le 13 mai, après les premiers incidents graves, une importante manifestation amène à Denfert-Rochereau en passant par le quartier Latin gauche et étudiants confondus aux cris de : « Dix ans, ça suffit », adressés au général de Gaulle. François Mitterrand demande la libération des étudiants incarcérés, l'amnistie des condamnés et des discussions sur l'avenir de l'université. Mais c'est un autre 13 mai qui le passionne encore, celui de 1958. Il prononce, salle Pleyel, une conférence dont le thème, il est vrai, est arrêté depuis longtemps : « Le 13 mai, dix ans après. » Il fait quand même allusion à l'actualité : « Vous avez assisté cet après-midi à un réflexe de bonne santé du pays. Il faut que la gauche sache être plus qu'une sorte de musée pour grands souvenirs, mais plutôt un lieu où la jeunesse puisse se retrouver. »

Le 14 mai, les étudiants dressent des barricades et défient la police. La France est frappée de stupeur. François Mitterrand apostrophe Georges Pompidou : « Il est temps, il est grand temps que le gouvernement s'en aille. » Et il lance le traditionnel couplet contre la répression.

À Christian Fouchet, ministre de l'Intérieur, il reproche les courses-poursuites des policiers contre les étudiants jusque dans des immeubles privés : « Il y a beaucoup de ministres de l'Intérieur[1] qui ne confondent pas l'ordre et la brutalité, la sécurité des citoyens et la provocation. » Pierre Mendès France, pourtant sollicité par Michel Rocard de se faire le porte-parole des étudiants en colère, préfère garder le silence. Mais François Mitterrand provoque en duel verbal Georges Pompidou. Les étudiants n'en ont cure. Ils affichent une indifférence absolue à l'égard du débat politique.

Lorsque la grève des salariés, déclenchée, ou canalisée, ou endossée par la CGT (façon de montrer aux gauchistes où se situe la véritable force révolutionnaire), devient massive, les hommes politiques, toutes tendances confondues, voient bien ce qu'il y a d'artificiel dans la conjonction des deux mouvements étrangers l'un à l'autre, mais ne savent toujours pas quel langage tenir et quel ton adopter. Leur univers de voitures noires à cocarde et de palais républicains, leurs réunions de bureaux et de comités, leurs négociations autour de plates-formes, de projets et de rapports, tout paraît soudain totalement saugrenu. Aux yeux des protagonistes de Mai, ils appartiennent à une autre planète. Symbole des symboles souvent relevé : ni les étudiants ni les ouvriers n'auront une seule fois la tentation de se rendre en cortège au Palais-Bourbon.

À l'inverse, les hommes politiques ne se montrent guère sur les barricades. François Mitterrand pas plus que les autres « Vous l'imaginez, dit l'un de ses proches, allant se faire tutoyer et chahuter par des étudiants barbus ? » Pourtant il habite à la lisière même du quartier Latin, à portée de voix des manifestants. Il dira quelques mois plus tard à Pierre Bénichou, journaliste du *Nouvel Observateur*, son bonheur que ses deux fils aient participé au mouvement de Mai et qu'il aurait été très déçu s'ils avaient été indifférents. Mais à chaque âge ses plaisirs, François Mitterrand, lui, joue avec les grands. Il n'entend pas apparaître comme le récupérateur du mouvement étudiant ; il préfère incarner l'alternance politique. Or justement, celle-ci est peut-être à portée de la main. Les événements se précipitent, le désordre s'installe, le pouvoir perd le pouvoir.

Le 24 mai, avant la malheureuse intervention du général de Gaulle proposant aux émeutiers qui n'en ont cure un référendum sur la participation, le président de la FGDS s'écrie : « Le gouvernement n'a plus ni réalité, ni autorité, ni crédit. Le Premier ministre doit montrer

1. Sous-entendu : « dont j'étais ».

l'exemple, il faut qu'il démissionne. Alors s'engagera le nouveau processus au terme duquel pleine réponse sera donnée [...] que le Général comprenne que c'en est fini. »

Comme il l'avait jadis si bien lu dans la Bible, François Mitterrand croit que les temps sont venus. Après l'allocution du Général, il publie une déclaration, comme la plupart des leaders politiques : « Le Général impose le plébiscite au moment où ouvriers, paysans, étudiants, professeurs recherchent le dialogue », et il annonce derechef que la Fédération de la gauche dira non au référendum. Pierre Mendès France, comme en écho, ponctue : « Un plébiscite, cela ne se discute pas, cela se combat. » Waldeck Rochet, le secrétaire général du PC, commente à son tour : « Le régime gaulliste a fait son temps, il faut qu'il s'en aille. »

Bref, on se trouve toujours dans le jeu politique traditionnel : après un discours du président, les leaders prennent position. Ni les uns ni les autres n'ont tout à fait conscience que le sol se dérobe sous leurs pas, que ces déclarations n'ont aucun impact.

Les observateurs qui, par routine et habitude d'esprit, continuent d'analyser ces flots de déclarations et de prises de position croient y déceler, entre autres, une nouvelle alliance Mendès-Mitterrand tant leurs points de vue paraissent proches et leur démarche commune.

Mais, en fait, Mai 68 est l'occasion du dernier duel personnel entre les deux hommes.

Pierre Mendès France, qui depuis 1958 prédisait inlassablement que ce régime né de l'émeute périrait par l'émeute, pense que les événements lui en donnent une éclatante confirmation. Le régime est en train de payer son péché originel.

Pour la première fois depuis 1955[1] il croit son heure arrivée. Gilles Martinet en témoigne. D'ailleurs, dès le 21 mai, une association de soutien à Pierre Mendès France se crée. Elle regroupe un grand nombre d'universitaires célèbres, Jacques Monod, Laurent Schwartz, entre autres. Des étudiants rebelles viennent même visiter le sage de la rue du Conseiller-Collignon, envers lequel ils montrent une considération particulière ; ils ne le confondent pas avec ces « zombies politiques » qu'ils conspuent allègrement.

Tout président de la FGDS et patient artisan du rechapage de la gauche qu'il est, François Mitterrand n'a pas droit à de tels hommages (même si Daniel Cohn-Bendit estime qu'« il pourrait toujours servir »).

1. Son gouvernement a été renversé au début de cette année-là.

Le 23 mai, les deux leaders de la gauche non communiste se rencontrent rue Guynemer pour évoquer la situation du pays. Chacun se tient sur ses gardes. L'un et l'autre comprennent vite qu'une fois de plus ils ne sont pas sur la même longueur d'ondes. Le député de la Nièvre sait bien que les leaders politiques sont étrangers à l'explosion estudiantine. Pierre Mendès France, devenu député de Grenoble, se sent plus près d'eux et met l'accent sur les responsabilités de l'opposition surtout en cas de carence du pouvoir.

Or, ce même soir, de nouveaux incidents éclatent boulevard Saint-Michel. Toujours le même rite, on brûle des voitures et on dresse des barricades. « Il faut y aller », lance Charles Hernu, ami des deux hommes, qui se trouve là. François Mitterrand s'interroge. P. M. F. déconseille l'expédition Soulagé, le président de la FGDS se range à son avis.

Mais, le lendemain, qu'apprend-il ? Que ce si sage Pierre Mendès France s'en est allé, en compagnie de Marie-Claire de Fleurieu et de l'avocat Georges Kiejman, rue Soufflot, au cœur des affrontements et qu'il a discuté avec les étudiants. Il en conclut que P. M. F. ne voulait pas se rendre au quartier Latin en sa compagnie, qu'il a essayé de jouer son propre jeu. L'ancien président du Conseil aura beau démentir, nier qu'il ait prémédité le coup, jamais François Mitterrand ne croira à son innocence. Et, bien sûr, il s'empresse aussitôt de préparer la riposte.

Le 24 mai, le jour de l'allocution radiodiffusée du Général, une immense manifestation d'étudiants est prévue du côté de la Bastille, la France est paralysée par la grève, la crise atteint presque son paroxysme. Lors d'une réunion du bureau de la FGDS, le président du Parti radical, René Billères, suggère qu'« étant donné les circonstances, la Fédération devrait se rapprocher de Mendès qui a l'oreille des étudiants ». Piqué au vif, François Mitterrand répond aussitôt : « Si l'on veut mon remplacement, il faut le dire franchement. » Guy Mollet est plutôt de l'avis de René Billères et, bien qu'il se soit souvent opposé à Mendès, il n'est pas loin de considérer qu'en l'occurrence celui-ci représente la meilleure chance de la gauche.

François Mitterrand en a gros sur le cœur, il est même ulcéré. Depuis trois ans, il laboure la glaise politique pour la FGDS, pousse la charrue, aiguillonne ces bœufs dont il a le sentiment (justifié) que sans lui ils n'avanceraient pas d'une semelle. Il a obtenu des résultats que l'on peut juger plus qu'honorables et voilà qu'à la première occasion Pierre Mendès France apparaît comme le sauveur suprême ! S'il a été élu à Grenoble en 1967, c'est grâce au soutien de la FGDS.

Or, il n'a rien fait pour elle en trois ans. Et les partenaires de François Mitterrand dans la Fédération, encore fascinés par le mythe de l'ancien président du Conseil, semblent tout prêts à le lâcher sans vergogne. C'est trop injuste !

Dieu merci, le PC ne veut surtout pas entendre parler de ce qui pourrait ressembler de près ou de loin à un de Gaulle de gauche, à un homme providentiel. Et les communistes s'inquiètent car les comités de soutien à P. M. F. se multiplient, qui prônent son retour au pouvoir. Un homme comme Alfred Fabre-Luce vante dans *Le Monde* « la stature, l'autorité internationale » de Pierre Mendès France pour conclure : « En 1958, on est allé chercher à Colombey un ermite. Je propose une conspiration à ciel ouvert pour aller chercher en pleine Assemblée nationale un autre solitaire… P. M. F. à l'Élysée ! » Et voilà que Pierre Abelin, député-maire de Châtellerault, lance lui aussi un appel à P. M. F.

Que des hommes étiquetés au centre, comme Pierre Abelin, ou à droite, comme Alfred Fabre-Luce, prennent ainsi position en faveur du député de Grenoble, voilà qui avive encore plus les soupçons du PC. D'autant que le 27 mai, soixante-dix mille jeunes soixante-huitards, brandissant des drapeaux rouge et noir, clament au stade Charléty leur hostilité envers les partis et les syndicats, conspuent le gaullisme, mais scandent aussi : « Séguy, démission ! », et n'épargnent qu'un seul homme politique notoire, le seul d'ailleurs à cautionner par sa présence ces slogans sacrilèges : Pierre Mendès France, bien sûr !

Le PC, en même temps, commence à se demander si François Mitterrand ne participe pas au complot des mendésistes (c'est bien mal le connaître). Mais il va être fixé.

Le 28 mai, François Mitterrand a convié la presse à l'hôtel Intercontinental. Et, sous les cliquetis des appareils photographiques et les lumières aveuglantes des flashes et des projecteurs, il déclare : « Il n'y a plus d'État, et ce qui en tient lieu ne dispose même pas des apparences du pouvoir. Ce que propose de Gaulle aux Français, c'est un plébiscite. Faute du oui exigé, c'est son départ… Ce qui me permet d'envisager un tel départ, c'est qu'après tout, le général de Gaulle pourrait comprendre son devoir. Il faut prévenir cette vacance du pouvoir en prévoyant la mise en place d'un gouvernement provisoire de gestion composé de dix hommes choisis sans exclusive et sans dosages périmés. Et, pour le former, je pense d'abord à Pierre Mendès France. Et, pour la présidence de la République, le suffrage universel décidera. Mais déjà, je vous l'annonce, je suis candidat. »

C'est ce qui s'appelle forcer le destin. Comme de Gaulle dix ans plus tôt, François Mitterrand engage le processus qui peut le conduire au pouvoir. Du coup, il prend de court P. M. F. : il ne l'a pas prévenu, l'ancien président du Conseil apprendra la nouvelle par la radio. Et se sentira bel et bien joué. Si François Mitterrand lui rend les honneurs en lui destinant Matignon à titre provisoire, lui se réserve le rôle essentiel : l'Élysée.

À la FGDS les réactions sont bonnes. Chacun a le sentiment que la formule est viable et qu'une issue plausible est ainsi offerte aux Français : François Mitterrand est chaudement félicité par Guy Mollet, Pierre Mauroy, Louis Mermaz, Gaston Defferre. Ils n'ont pas vu que le président de la FGDS a choqué. Son ton était celui du factieux. À la télévision, il ressemblait à un apprenti dictateur. Il a fait peur. En rentrant chez lui, Pierre Mauroy a la désagréable surprise d'être interpellé par sa femme en ces termes : « Mais qu'est-ce que vous venez de faire, vous êtes fous ? » Pierre Mendès France, qui ne perçoit pas encore ce décalage, bougonne (mais après tout il a toujours assuré que l'élection du président de la République au suffrage universel n'était pas son potage). Cependant, il ne peut se permettre de refuser ce partage des tâches. D'autant qu'Eugène Descamps, le leader de la CFDT, le syndicat le plus sensible aux thèmes de Mai, assure : « Mendès est capable d'assumer avec les partis de gauche la responsabilité du pouvoir. » D'autant que Jean Lecanuet lui-même applaudit : « Si P. M. F. apporte la sauvegarde des libertés, s'il fait une politique européenne et sociale, nous n'avons pas à discuter les hommes qu'il choisira. » Un consensus se dégage. Et Jean Daniel écrit dans *Le Nouvel Observateur* : « Il est d'un calme et d'une détermination qui m'impressionnent… L'Histoire lui rend enfin le rôle qui est le sien et qui ne saurait être que le premier. »

Voilà Mendès de partout (ou presque) acclamé. Mais pour un poste transitoire.

Un gouvernement de la gauche issu de Mai, tout le monde est d'accord, mais avec qui ? Les communistes veulent être représentés, et ils vont le dire tout net à François Mitterrand en son logis rue Guynemer.

– Combien y aura-t-il de ministres communistes ? interroge Waldeck Rochet.

– Au moins un, répond François Mitterrand.

– C'est peu, observe Waldeck Rochet.

– Il faut que l'opinion s'habitue à vous revoir au gouvernement.

– Plus il y aura de ministres communistes et plus elle s'y habituera rapidement, rétorque en riant François Billoux, député de Marseille[1].

Et les révoltés de Mai, peuvent-ils participer au pouvoir ? Pierre Mendès France le souhaiterait et il le dit à François Mitterrand, qu'il rencontre chez Georges Dayan, rue de Rivoli.

François Mitterrand : « Vous voyez bien que cela entraînerait une rupture avec le PC[2]. »

Pierre Mendès France : « Nous ne pouvons pas nous couper de ceux qui représentent la jeunesse. »

François Mitterrand : « Faites appel à des hommes parfaitement indiscutés, comme les professeurs Kastler ou Monod[3]. »

Suivent quelques passes d'armes. Ils tombent d'accord. Mais il est déjà trop tard. Les événements, qui vont décidément très vite, les dépassent. Après sa brève fugue à Baden-Baden, en Allemagne, le Général est rentré à la maison, bien décidé à faire le ménage et reprendre en main l'intendance. Il a douté… Il a pris du champ. Il revient et parle à la radio, fustige « ces politiciens au rancart » qui veulent sa place, renonce au référendum, maintient Georges Pompidou à Matignon et annonce la dissolution de l'Assemblée nationale, suivie d'élections.

Sa défaillance l'a servi. Son absence mystérieuse a surpris, créé le suspense, et son retour a l'air d'être l'effet d'une ruse. Dans la majorité, où nombre de caciques flottaient et parfois sombraient[4], on se ressaisit. Bientôt, c'est l'euphorie. Au défilé du 30 mai sur les Champs-Élysées, le peuple gaulliste scande : « De Gaulle n'est pas seul », et chante : « Mitterrand, tu n's'ras pas président. »

Le président de la FGDS, furieux, commente ainsi le discours radiodiffusé du Général : « La voix que nous venons d'entendre, c'est la voix du 18 Brumaire, c'est la voix du 2 décembre, c'est celle du

1. Claude Estier, *Journal d'un fédéré*, Paris, Fayard, 1970.

2. La version que donne Jean Lacouture de cette rencontre, et qui est donc celle de P. M. F., est beaucoup plus rude que celle de Claude Estier : « Mitterrand visiblement exaspéré ne le ménage pas : "Les communistes ne veulent pas de vous comme Premier ministre. Mais ils accepteraient de vous voir confier un portefeuille, peut-être celui de l'Éducation nationale…" Mendès rétorquant que les forces nouvelles, syndicales, étudiantes, paysannes, doivent être représentées dans le ministère, François Mitterrand s'insurge en ce qui concerne les étudiants : "Vous voulez un poste pour Geismar ? Vous allez tout faire échouer." [En réalité, P. M. F. pensait à Jacques Monod pour l'Éducation nationale.] »

3. Claude Estier, *Journal d'un fédéré*, *op. cit.*

4. François Mitterrand dit avoir conservé dans un coffre des dizaines de lettres de gaullistes lui faisant des offres de service !

13 mai, c'est celle qui commence la marche du pouvoir minoritaire et insolent contre le peuple, c'est celle de la dictature. Cette voix, le peuple la fera taire. »

Dès lors, les gaullistes, qui ont eu si peur et se sont parfois montrés si couards, vont faire de lui une fois de plus leur bouc émissaire. Ils lui font même un mauvais procès en répétant que le président de la FGDS est sorti de la légalité quand il s'est porté candidat à la présidence de la République. François Mitterrand, on l'a vu, n'avait fait en réalité qu'exploiter le thème du vide du pouvoir et surtout se plaçait dans l'hypothèse où de Gaulle, comme il l'avait lui-même envisagé, démissionnerait. Il n'était pas alors interdit de le remplacer par l'élection.

En revanche, il était paradoxal, imprudent et même d'un mauvais perdant de parler de « dictature » au moment où le chef de l'État demandait au suffrage universel de trancher.

Il va trancher en effet. Et brutalement. Et pas dans le sens espéré par la gauche.

Les électeurs, au départ plutôt bienveillants envers les étudiants, se sont vite exaspérés de la « chienlit » et surtout des grèves. Dans les campagnes et les banlieues, on n'a pas compris que des jeunes nantis brûlent des voitures et, dans les HLM, on n'a guère aimé que des privilégiés fustigent la société de consommation. Il est temps que le bon sens triomphe. On va donner une leçon à ceux que l'on a crus, à tort ou à raison, proches de l'émeute et des grèves, à commencer par ce Mitterrand qui voulait déjà remplacer le grand Charles (à nouveau et provisoirement paré de toutes les vertus).

La gauche subit une déroute aux élections législatives. La FGDS comptait 118 élus, elle n'en sauve que 57. Le PC n'a plus que 33 députés (contre 73). François Mitterrand lui-même s'est trouvé en ballottage plus serré que prévu et ses amis conventionnels ont tous été battus. Sans exception.

À la FGDS une conclusion logique s'impose à tous : l'investiture personnelle de François Mitterrand vaut malédiction.

Comme un malheur n'arrive jamais seul, au mois d'août, les chars soviétiques envahissent la Tchécoslovaquie. Le printemps de Prague a vécu.

Dans la majorité, on a tôt fait d'exploiter l'événement : toute alliance avec le PC, dit-on, met l'Armée rouge aux portes de Paris, ceux qui la prônent sont des complices ou des irresponsables, le bon peuple, en se signant de crainte, se laisse parfois convaincre.

François Mitterrand, une fois de plus, connaît une de ces chutes vertigineuses qu'un étrange destin lui réserve et qui font dire à ses détracteurs : « Cet homme a le goût de l'échec, il a le mauvais œil, il ne pourra jamais réussir, il n'entrera jamais à l'Élysée. »

Fêté en 1967, il est devenu en 1968 l'objet de tous les ressentiments.

En revenant chez lui à pied, il a tout le loisir de mesurer, au regard des passants, sa décote : « Je suis l'homme le plus haï de France », confie-t-il à Michèle Cotta. Mais il ajoute aussitôt : « Ce qui me permet d'espérer que je serai un jour l'homme le plus aimé. » Diable d'homme ! Il ne renonce jamais.

La remontée des enfers vers Épinay

Éternel Sisyphe qui voit comme dans un cauchemar le rocher l'écraser chaque fois qu'il croit parvenir au sommet, François Mitterrand, au début de l'été 1968, doit tout recommencer.

Ceux qui, en mai, se flattaient de compter parmi ses amis se détournent sur son passage en juillet. À l'Assemblée nationale, les députés de gauche rescapés de la grande lessive électorale exhalent mauvaise humeur et rancœur. Leur succès, à les entendre, n'est dû qu'à leur seul mérite, tant était lourd à porter le label Mitterrand. Ne parlons pas des battus : ils le désignent comme le seul responsable de leur malheur. La preuve : ses proches les plus proches, les conventionnels, ont tous été battus, tous. Et certains, dont le fidèle Roland Dumas à Brive, dès le premier tour. François Mitterrand qui, dans l'adversité, est rarement beau joueur dénonce le truquage politique et psychologique : « C'est un hold-up conçu, monté, exécuté par des spécialistes[1] ! » Mais cela n'a jamais consolé un député renvoyé aux champs.

L'opinion publique n'est pas plus tendre. Celui que les Français en 1965 jugeaient « courageux », « éloquent », « talentueux », bref « intéressant », est désormais qualifié par eux dans les sondages d'« ambitieux », d'« arrogant », de « démagogue » et d'« intempestif ». Et ces qualificatifs ne le quitteront plus. Celui qui charmait fait peur désormais : on lui reproche une ironie trop sarcastique, un regard noir oblique et flou bien inquiétant, une dent par trop carnassière… Et puis, est-il aussi respectueux de la légalité qu'il voulait le faire croire ?

1. *L'Année politique*, 1968.

Après l'épisode de Mai, et même si l'accusation n'est pas fondée, on n'en jurerait plus. D'ailleurs, à la télévision, bien des messieurs de talent, de notoriété ou de bon genre défilent pour souligner tous ces vilains défauts.

Les temps, il est vrai, sont durs pour tout le monde.

Le général de Gaulle ne parvient pas à renouer vraiment avec les Français : ce qu'ils viennent de plébisciter est peut-être moins l'homme du 18 Juin que le retour à l'ordre et la réouverture des stations d'essence. Les gaullistes ? Il les devine tout occupés à cuire dans leur parti leur petite cuisine sur leur petit feu ; ils lorgnent déjà vers Georges Pompidou et songent au partage de l'héritage. Alors, le Général pense – mise au net ou défi au destin ? – à organiser un autre référendum, comme si, à peine réinvesti, il voulait de nouveau remettre son titre en jeu.

À gauche, on ne va pas mieux. Guy Mollet, perclus de douleur, malade, morose, désenchanté, s'enferme de plus en plus dans son bureau enfumé, déjà peu ouvert aux vents du monde, pour remâcher mille sujets d'amertume. Son parti, qu'il aime tant, est au plus mal, Pierre Mauroy lui échappe et regarde François Mitterrand d'un œil gourmand, le CÉRÈS qu'il a tant chouchouté le nargue. L'affaire de Prague enfin a ranimé ses défiances et ses colères contre les communistes. Le PCF a certes désapprouvé l'intervention des troupes du Pacte de Varsovie, mais pour aussitôt nuancer platement ses critiques et bientôt accepter honteusement la normalisation.

Guy Mollet, après la tourmente de Mai, se demande qui pourrait réunifier une gauche atomisée entre étudiants révoltés et sociaux-démocrates, technocrates modernistes et révolutionnaires soixante-huitards, ouvriers embourgeoisés et intellectuels ouvriéristes. Il songe de plus en plus à se retirer de la vie politique. Il le dit. Il convoque même ses dauphins présomptifs, Pierre Mauroy et Claude Fuzier. Il leur expose son sentiment. Et il leur répartit les rôles.

Son sentiment est que les conventionnels ont toute leur place dans le Parti socialiste (les radicaux ont déjà fait savoir qu'ils n'y viendront pas) mais que François Mitterrand ne doit pas en être le premier leader. Il faut un homme du sérail. Il a balancé entre Mauroy et Fuzier, et finalement choisi Mauroy. Au Lillois la première place, au Parisien la deuxième, et à eux de jouer ! Pour ne pas partir sur un sentiment d'échec, il voudrait bien que le lancement du parti rénové soit son dernier legs public.

Au long de plusieurs réunions, en octobre, SFIO et conventionnels tentent de jeter les bases doctrinales du nouveau parti. François

Mitterrand sent bien les vents contraires : personne ne s'aventure à évoquer la question du leadership en sa présence. Il sait pourquoi et finit par lancer : « Dans le nouveau parti auquel j'adhérerai je ne serai candidat à aucun poste[1]. » Aux assises de la Convention des institutions républicaines réunies à Levallois-Perret les 5 et 6 octobre, François Mitterrand laisse éclater son ire devant ses amis : « Je peux difficilement accepter le reproche de ne pas avoir fait ce que l'on ne voulait pas que je fisse, c'est-à-dire unir davantage la Fédération. Pensez-vous que prenant la gauche comme elle était, il était possible comme cela, en un tournemain, de l'en convaincre, elle qui est enfermée derrière ses barrières, son vocabulaire, ses haines recuites à travers un demi-siècle de socialisme appliqué toujours à contretemps et à contresens ? »

Le socialisme ? Justement, après l'épreuve de Mai qui a passablement renouvelé l'imaginaire des hommes politiques et réveillé la fécondité théorique des intellectuels, le président de la FGDS juge le moment venu de préciser sa vision des choses. Il pose alors quelques jalons : « Je crois à la socialisation des moyens essentiels d'investissement, de production et d'échange [...] je crois à l'utilité d'un secteur public important capable d'entraîner l'ensemble de l'économie. »

Lui emboîtant le pas, ses amis conventionnels rédigent une fière et rude déclaration de principe (à laquelle, après quelques années d'exercice du pouvoir, ils apporteraient sans doute bien des amendements) : « Parce qu'ils sont des démocrates conséquents, les socialistes estiment qu'il ne peut exister de démocratie réelle dans la société capitaliste. C'est en ce sens que le Parti socialiste est un parti révolutionnaire. Le socialisme se fixe pour objectif le bien commun et non le profit privé. La socialisation progressive des moyens d'investissement, de production et d'échange en constitue la base indispensable. La démocratie économique est en effet le caractère distinctif du socialisme... Le Parti socialiste propose de substituer progressivement à la propriété capitaliste une propriété sociale qui peut revêtir des formes multiples et à la gestion de laquelle les travailleurs doivent se préparer... La transformation socialiste ne peut pas être le produit naturel et la somme des réformes corrigeant les effets du capitalisme. Il ne s'agit pas d'aménager un système, mais de lui en substituer un autre. »

---

1. Dans la persécution, les gaullistes ne sont pas en reste. Ils l'écartent du siège qu'il occupait à l'Assemblée de Strasbourg sous la précédente législature. Il réplique alors : « L'UNR m'honore une fois de plus en me réservant ses coups, que je reçois au demeurant avec un peu de dédain et de mépris. »

Cette conception du socialisme à la française n'est pas particulièrement originale, mais elle montre que les conventionnels, groupe disparate d'hommes venus des franges du marxisme ou d'un centre gauche qui a progressivement rosi, n'ont pas été sourds aux appels de Mai. Leur condamnation du profit[1] répond comme en écho au : « On ne rêve pas sur un taux de croissance » des étudiants en colère.

À droite comme à gauche, s'engage à ce moment une course-poursuite. C'est à qui aura le mieux compris (rétroactivement) les aspirations des soixante-huitards. Jacques Chaban-Delmas y va de sa « nouvelle société » et Valéry Giscard d'Estaing de sa « croissance douce ». (Dans un colloque chic réuni à l'UNESCO en 1972 à son initiative, il n'hésitera pas à s'écrier : « Je suis un objecteur de croissance. »)

Mitterrand n'est pas en reste. Beaucoup datent de ce moment sa conversion officielle au socialisme. Conversion est bien le mot. Quand il s'en explique longuement dans ce qui est son meilleur livre, *Ma part de vérité*[2], c'est en termes religieux. L'ancien élève des bons pères d'Angoulême donne ainsi sa définition de la gauche : « Moi, je dirai que c'est la justice. Je ne suis pas né à gauche, encore moins socialiste, on l'a vu… J'aggraverai mon cas en confessant que je n'ai montré par la suite aucune précocité. J'aurais pu devenir socialiste sous le choc des idées et des faits, à l'université par exemple, ou pendant la guerre. Non. La grâce efficace a mis longtemps à faire son chemin jusqu'à moi. J'ai dû me contenter de la grâce suffisante que j'avais reçue comme chacun en partage… J'ai obéi, je le suppose, à une inclination naturelle, ferme et fragile à la fois… Non, je n'ai pas rencontré le dieu du socialisme au détour du chemin. Je n'ai pas été réveillé la nuit par ce visiteur inconnu, je ne me suis pas jeté à genoux et je n'ai pas pleuré de joie, je ne suis pas allé dans une de ses églises… Le socialisme n'a pas de dieu mais il dispose de plusieurs vérités révélées et, dans chaque chapelle, des prêtres qui veillent, tranchent et punissent, catéchumènes parmi les catéchumènes entassés dans le narthex. J'ai lu les livres sacrés et entendu les prédicants, fidèles à leur religion, ils enseignent la puissance de ces faits… Hélas, le socialisme produit plus de théologues que de servants… »

Impossible d'adhérer au socialisme dans un esprit plus religieux. Un peu plus tard, il dira à Jean-Marie Borzeix qu'il a compris l'injustice en lisant le Sermon sur la montagne. L'évolution de François

1. Qu'ils réhabiliteront en 1982, sous l'empire de la nécessité.
2. *Op. cit.*

Mitterrand, d'ailleurs, est partagée par nombre de catholiques déçus par la démocratie chrétienne, repoussés vers la gauche par la guerre d'Algérie et qui découvrent comme un élan spirituel dans la protestation des étudiants de Mai contre le matérialisme de la société de consommation. La hiérarchie catholique elle-même s'y met, avec plus ou moins de bonheur, et les journaux écrivent que l'Église « vire à gauche ». Le dimanche suivant l'Ascension de l'an de grâce 1968, Monseigneur Marty, archevêque de Paris, proclame en chaire à Notre-Dame : « Nous contestons une société qui néglige les profondes aspirations des hommes. Dieu n'est pas conservateur, Dieu est pour la justice. » L'évêque de Bordeaux, Monseigneur Maziers, donne peu après en s'adressant à des ouvriers sa définition de la lutte des classes : « Le combat fraternel et collectif que depuis longtemps vous êtes obligés de mener pour participer d'une manière plus humaine à la vie du monde. » Des recteurs bretons annoncent à leurs ouailles ébaubies qu'« entre le socialisme et le christianisme, il n'y a que des malentendus historiques ».

En fait, dans les années soixante-dix, une fraction du clergé (surtout des jeunes vicaires et des aumôniers des mouvements d'action catholique) ne cache plus son engagement socialiste. Si la plupart se défient encore du marxisme, certains ont le sentiment d'avoir découvert avec l'autogestion, concept soixante-huitard chéri par la CFDT, une solution socialiste et chrétienne aux problèmes du monde. La déchristianisation de la classe ouvrière les hante comme un remords.

Leur évolution ne sera pas sans conséquences politiques : si, en 1974, 77 % des catholiques pratiquants votent au deuxième tour pour Valéry Giscard d'Estaing, trois ans plus tard, aux élections municipales de 1977, le transfert vers la gauche de plus de deux millions de chrétiens explique en bonne part le triomphe des socialistes.

François Mitterrand ne suit pas le même chemin que la masse des catholiques. Il s'en est depuis des années séparé. Et songeant à l'adolescent qu'il était en 1936, il avouera : « Puisque l'Église, dont j'avais continué d'observer les préceptes, n'était pas dans le camp de la souffrance et de l'espoir, il fallait, me disais-je, le rejoindre sans elle. Ainsi ai-je quitté le chemin de mon père afin de mieux le retrouver[1]. » Mais cette dernière phrase dit à peu près tout. Il est saisi des mêmes scrupules que nombre de prêtres ou de laïcs. Il est travaillé par les mêmes remords. Il a subi la même empreinte. Sans compter – ou plutôt en comptant, car ce n'est pas rien – qu'un seul

1. Dans *Ma part de vérité*, *op. cit.*

chemin s'ouvre à son ambition, celui de gauche. Résultat : l'Église et son ouaille égarée s'étant quittées à droite se retrouveront après Mai 1968 dans des provinces limitrophes.

Guy Mollet, athée grand teint, ne croira jamais à la sincérité de ce ralliement : « Mitterrand n'est pas devenu socialiste, dira-t-il, il a appris à parler socialiste, nuance[1] ! »

Le président de la FGDS peut bien réciter chaque jour son nouveau credo, la famille SFIO le regarde toujours, en cet été 1968, comme un pestiféré, contagieux de surcroît, dont il convient donc de se débarrasser au plus vite. En comité directeur de la Fédération, Arthur Notebart, député du Nord, Max Lejeune, élu de la Somme, Charles Loo, élu de Marseille, crient haro sur le baudet. Certains vont jusqu'à demander à Gaston Defferre, mais discrètement, son exclusion du groupe FGDS à l'Assemblée nationale. Guy Mollet s'y oppose et, pressentant l'orage, donne l'absolution au néophyte. Le 5 novembre sur Europe 1, il déclare qu'on ne peut imputer à François Mitterrand le recul de la gauche aux législatives. Mais il est trop tard. Le député de la Nièvre, ulcéré, coupe court à ces manœuvres et à ces sous-manœuvres et annonce, devant les instances dirigeantes, qu'il démissionne de la FGDS.

« Je n'abandonne pas un combat, précise-t-il, il faut aujourd'hui que la Fédération se dépasse et se transforme. » Croit-il qu'on va se précipiter pour le retenir ? En tout cas, après cet adieu en forme d'au revoir, personne ne bronche. Seul Pierre Mauroy et Robert Fabre viendront lui serrer la main. Dur, dur.

Mais en abdiquant, l'orgueilleux leader de la FGDS ne renonce pas. Comme à chaque fois qu'il doit se résigner à reculer, c'est pour mieux assurer sa résolution et sauter. Claude Estier témoigne : « Il s'est jugé victime d'une telle injustice qu'il a décidé de ne plus avoir à dépendre désormais d'appareils ingrats et de personnalités qui pouvaient lui manquer. Sa décision de diriger un grand parti à lui est venue de cette expérience-là. »

Trois ans après – qui l'eût cru – ce sera chose faite. Le 21 juin 1971 – un mois après son triomphe d'Épinay –, il explique à *L'Express* : « Par goût peut-être, suis-je un homme solitaire. À l'UDSR, comme à la Convention, mon activité reposait sur de petits groupes de travail, non sur un parti de masse. Peu à peu, j'ai découvert ce qui à mes yeux est aujourd'hui vérité. Le socialisme représente la seule réponse aux problèmes du monde actuel. Certes, le socialisme, dans l'esprit

1. Philippe Alexandre, *Le Roman de la gauche*, *op. cit.*

de beaucoup, ce n'est pas encore une idée claire. Chacun comprend cependant qu'il s'agit d'un choix qui conduit à mettre fin au système actuel où l'argent est roi, où la propriété des moyens de production détermine le pouvoir politique et où tout le monde n'est qu'apparence. Le socialisme signifie la prise en main collective du destin du peuple par lui-même. Et l'apprentissage de la responsabilité. Il est en soi révolutionnaire car il est rupture avec l'ordre économique et social établi. Mais il n'a pas la moindre chance de succès sans la constitution d'un grand parti. Ayant compris cela, j'en ai tiré les conséquences. Fini l'appartenance aux groupuscules. »

Fini l'appartenance aux groupuscules ? Facile à dire, plus difficile à faire. Il lui aura fallu plus de trois ans. Pourtant il aura démontré une fois de plus son talent, cet art de redresser, puis retourner les situations les plus défavorables.

À l'aube de l'année 1969, la classe politique tout entière est mobilisée pour la campagne du référendum voulue par le général de Gaulle, avec au menu deux réformes : le remplacement du Sénat par une Chambre rassemblant des représentants de toutes les forces économiques, syndicales et sociales de la nation – la volonté d'instaurer la « participation » se traduit ainsi par une structure qui apparaît à certains comme une résurgence corporatiste – et l'instauration d'une réforme régionale.

Le Général a prévenu les Français : c'est à prendre ou à laisser. Le non entraînerait son départ immédiat.

La gauche, les centristes et Valéry Giscard d'Estaing font campagne pour le non. François Mitterrand aussi, bien sûr. Mais ses « amis » de la SFIO, qui craignent les effets de son impopularité, l'écartent délibérément de la campagne télévisée. Faisant contre mauvaise fortune bon cœur, il mène une campagne très active contre ce qu'il nomme le « plébiscite[1] ».

Le Général est battu. Le 27 avril les non totalisent 53,17 % des suffrages. Le soir même, Charles de Gaulle fait savoir qu'il quitte l'Élysée et se retire définitivement à Colombey-les-Deux-Églises.

1. Il dit « non » pour cinq raisons :

– il veut protester contre la confiscation par le président de pouvoirs que la Constitution ne lui donne pas ;

– le référendum est, à ses yeux, illégal et anticonstitutionnel ;

– la régionalisation sans la décentralisation est, dit-il, un attrape-nigaud ;

– le découpage en vingt et une régions est, juge-t-il, dangereux pour l'unité de la nation ;

– enfin, on ne peut répondre en une seule fois à deux questions différentes.

Démentant tous les pronostics de François Mitterrand, le Général a fait ses adieux en souverain démocrate. Le député de la Nièvre a perdu un adversaire dont la taille le grandissait.

Une nouvelle course à la présidence commence. Georges Pompidou, adversaire coriace, est déjà sur la ligne de départ. Mitterrand réfléchit. Il commence par dire, d'emblée, qu'il n'est « candidat à rien ». Mais le fidèle Louis Mermaz et l'entreprenant Roland Dumas sont déjà, à tout hasard, occupés à rassembler les signatures d'élus locaux nécessaires à toute candidature présidentielle.

François Mitterrand n'est pas homme à se berner d'illusions : 1969 se présente beaucoup moins bien que 1965. Il est impossible dans le climat actuel de mettre socialistes et radicaux devant le fait accompli. Les communistes le regardent avec plus de suspicion qu'avant : il est dans le creux de la vague, ils n'ont pas une vocation de terre-neuve, ils ne vont pas tenter de le sauver. Jacques Duclos dira même cruellement : « Mitterrand ne représente aucune organisation, il n'est mû que par son ambition et conçoit la gauche comme une auberge espagnole[1]. » En réalité, Mitterrand soupçonnera toujours les dirigeants socialistes d'avoir expédié des émissaires discrets à Waldeck Rochet et à celui qui s'affaire à ses côtés – un certain Georges Marchais – pour barrer sa candidature.

La gauche est tellement désemparée et mal en point que Guy Mollet évoque une candidature de principe, celle d'un savant réputé, Jean Rostand. En fait, il ne verrait pas d'un mauvais œil la victoire d'Alain Poher, le président du Sénat, dont les chances face à Georges Pompidou ne sont pas négligeables. Seulement voilà : un candidat se déclare au sein même de la SFIO, Gaston Defferre, qui, en mal de revanche, est bien décidé cette fois-ci à tenter sa chance jusqu'au bout et toujours sans compromissions avec le Parti communiste.

L'Union de la gauche a fait long feu. Le PSU présente un jeune candidat brillant et volubile qui veut réconcilier gauchisme et réformisme. En Mai 68, ce personnage avait fait grand-peur à P. M. F. en proposant, pour répondre aux aspirations des révoltés, l'instauration de comités révolutionnaires de quartier dans chaque ville. Cet honorable inspecteur des finances huguenot mènera campagne en vélomoteur. Il s'appelle Michel Rocard.

Le PC, cette fois, va concourir sous ses propres couleurs. Il y a bien eu, par l'entremise de Claude Fuzier, quelques contacts avec les socialistes, mais depuis Mai et surtout depuis Prague, les sentiments

1. *L'Année politique*, 1969.

réciproques manquent décidément de chaleur. Il fait donc savoir à Guy Mollet que jamais les voix communistes n'iront à Gaston Defferre. Étrangement, alors qu'il n'est question partout que de répondre aux aspirations de la jeunesse, le PC lance dans la bataille un vétéran moustachu, jadis pâtissier, dont l'accent pyrénéen roule comme les gaves, qui ferait un bon papa gâteau au sourire jovial si son regard, fort peu débonnaire, ne donnait quelques frissons aux plus impavides.

Gaston Defferre, pour se ranger sur la ligne de départ, a dû quelque peu forcer la main de ses camarades. Guy Mollet avait d'abord pensé à Christian Pineau, Alain Savary était prêt à se lancer lui aussi dans la bataille. Mais le 4 mai, au congrès d'Alfortville, le maire de Marseille l'emporte. *Le Monde* relève que c'est « grâce à un congrès complètement manipulé, où les mandats ont été arbitrairement répartis ; on aura même utilisé les mandats des fédérations absentes ».

Claude Estier commentera : « Gaston Defferre est désigné ; il lui faut beaucoup d'imagination pour affirmer qu'il l'a été par le nouveau Parti socialiste[1]. »

À qui Gaston Defferre fait-il appel pour l'aider et constituer une sorte de ticket présidentiel à l'américaine ? À Pierre Mendès France lui-même. Durant toute la campagne, les duettistes se livreront à un cocasse, étrange et lugubre numéro télévisé d'intervieweur interviewé. « Trois semaines durant, on verra alterner ou cohabiter sur l'écran de la télévision pendant les rares minutes accordées au tandem Defferre-Mendès deux candidats à l'air navré, qui semblent sortir des funérailles du socialisme, même quand alterne avec eux l'excellent Roger Priouret, qui est à coup sûr l'un des meilleurs journalistes français mais non celui dont le ton est le plus propre à verser l'allégresse au cœur des Français », écrit Jean Lacouture, pourtant très favorable à Mendès France.

Pour soigner sa morosité, François Mitterrand peut au moins se dire qu'il reste le seul symbole de l'Union de la gauche et que personne ne lui a ravi ce titre.

Il se consolera vite lorsque, le 1er juin 1969, tomberont les scores de la gauche. « Tomberont » est bien le mot : Gaston Defferre, humiliation suprême, dépasse à peine les 5 % de suffrages. Ses affiches, ses tracts et ses circulaires lui seront donc remboursés, mais d'extrême justesse. Pierre Mendès France, qui craignait en 1965 de faire seulement 25 % des voix, doit partager ce maigre patrimoine avec son ami Gaston.

---

1. Dans *Journal d'un fédéré*, *op. cit.*

Jacques Duclos, lui, qui a réussi une fort belle campagne, presque gaie (après lui, les communistes oublieront la recette), totalise 22,51 % des voix. Pour les socialistes, il s'agit bien d'un cataclysme…

Cela va servir, évidemment, les desseins de François Mitterrand. En un mot comme en cent, c'est l'Union de la gauche qu'il faut.

Tandis que ses camarades pansent leurs blessures, il entreprend, lui, un de ces tours de France qui lui sont familiers. Il y remporte, en prêchant l'union et la rénovation du Parti socialiste, de fort jolis succès. À Chambéry, devant deux mille personnes, il lance : « Si les divisions étaient levées à la tête [de la SFIO], un immense courant populaire verrait le jour. » Quelques jours plus tard, invité par RTL, il précise : « Sans un grand parti démocrate et socialiste, la gauche est désorientée et déséquilibrée. » Partout il répète : « La gauche non communiste manque d'un catalyseur. »

Seulement voilà : il y a une difficulté de taille ; la place est prise. En juillet 1969[1], la SFIO réunie en congrès dans l'espoir d'un lifting – on y décide tout de même de s'appeler désormais Parti socialiste : PS – a choisi pour premier secrétaire (le titre est nouveau lui aussi) Alain Savary. Guy Mollet, qui s'efface, est parvenu une dernière fois à imposer sa volonté en barrant Pierre Mauroy, auquel il avait naguère promis sa succession. Mais celui-ci a eu le grand tort de manifester un goût trop précoce pour l'autonomie et une inclination mal dissimulée pour François Mitterrand.

Les nouveaux dirigeants inaugurent leur pouvoir tout neuf en sabordant le groupe FGDS de l'Assemblée, qui devient le groupe socialiste. Bien sûr, François Mitterrand est cordialement invité à y adhérer… comme député de base. Son goût pour les sommets, ou une blessure d'orgueil, l'en dissuade. Quitte à être anonyme, il préfère siéger dorénavant parmi la poignée de députés non-inscrits.

Trop, c'est trop. Ses efforts pour fédérer des infédérables ont échoué. Et il n'a pas mieux réussi en essayant d'influencer les socialistes à partir d'un petit groupe indépendant à sa dévotion. À défaut d'obtenir un petit chez les autres, il va donc essayer d'avoir un grand chez soi. Puisque le pouvoir sur la gauche passe par la chefferie du Parti socialiste, il va tout faire pour conquérir la place.

Or, tous les deux ans, dans cette famille politique-là, a lieu ce qu'il nomme la « grande Pâque ». Un congrès où – en théorie – le leader remet démocratiquement son pouvoir en jeu. Comment transformer

1. François Mitterrand a refusé de participer à ce congrès auquel il était pourtant convié. C'est qu'il n'était pas le meneur de jeu !

la théorie en pratique et, à cette occasion, sortir le sortant ? Apparemment, c'est une gageure pour quelqu'un qui n'a jamais appartenu au parti et dont l'adhésion même au socialisme est si récente qu'elle paraît plus que suspecte aux briscards de la famille.

En réalité, les circonstances sont plutôt favorables pour qui sait déchiffrer et déceler les passions des hommes. Le titulaire de la charge convoitée, Alain Savary, un homme fort honorable certes, n'exerce guère d'influence sur les militants. Il s'est engagé avec les communistes dans un débat idéologique frileux, dont ne peuvent sortir ni dynamisme ni enthousiasme.

Et puis, les questions de personnes pèsent très lourd dans cette vieille machine qui a accumulé échecs, compromissions et divisions. Dans le genre échec, celui de Gaston Defferre est encore cuisant. Furieux, le maire de Marseille en fait porter le poids au vieil appareil mollétiste et il est prêt à tout pour « démollétiser » le Parti socialiste ; d'ailleurs, il en a assez d'être relégué depuis vingt-cinq années dans la minorité du parti. Pierre Mauroy, ulcéré d'avoir été évincé à la dernière minute pour le poste de premier secrétaire, veut prendre sa revanche. Le CÉRÈS de Jean-Pierre Chevènement, Didier Motchane et Georges Sarre, jeunes loups aux dents déjà longues que Guy Mollet a engagés, encouragés, flattés, s'est vite persuadé que celui-ci justement – et ses sbires aussi – bloque toute évolution réelle du parti. Ceux-là vont se lancer les premiers à l'assaut. En 1970, Didier Motchane donne le signal en désignant ces pelés, ces galeux d'où vient tout le mal : « Ces généraux toujours menteurs, toujours battus, qui occupent la cité Malesherbes. » Peu coutumier des nuances, il vitupère « cette étonnante cohue de bourgeois gentilshommes et de bourgeois prolétaires ». Après cette première salve tirée par un de ses affidés, Jean-Pierre Chevènement s'y met. Il déclare que « le Parti socialiste est devenu un obstacle au Parti socialiste ». Cela lui vaut d'être sanctionné. Alain Savary, mécontent (on le serait à moins), le suspend de tout mandat pour six mois.

François Mitterrand, qui, pour cette arithmétique-là, a vite fait de compter sur ses doigts, s'avise aussitôt du parti qu'il pourrait tirer de cette conjoncture singulière. Et sans calculette il fait ses additions : Mauroy, Defferre et ceux qu'ils entraînent avec eux forment une très grosse minorité au sein du PS. Le CÉRÈS représente 7 ou 8 % des mandats ; si l'on y ajoute les conventionnels, à condition qu'ils adhèrent en bloc et se fassent reconnaître un pourcentage forfaitaire bien calculé, on peut bâtir une majorité. « Ça été un coup de bluff formidable. Mitterrand a fait croire à Savary que ses amis étaient plus de quinze mille, alors qu'ils n'étaient pas trois mille », raconte aujourd'hui Jean Poperen qui n'était pas alors du clan mitterrandiste. Dès lors, tout est prêt pour que l'axe Mollet-Savary devienne minoritaire.

Restent quand même quelques préalables à lever. D'abord, que Pierre Mauroy, pour apporter tous ses mandats, soit bien le seul patron de la Fédération du Nord. Pour cela, un passage obligé : l'accord d'Augustin Laurent, le patriarche socialiste de Lille. Mais les dieux sont avec Mauroy : aux élections municipales de mars 1971, Augustin Laurent lui confie les clés de la mairie de la grande cité… donc de la Fédération socialiste.

Il faut aussi que les ennemis de la veille, l'extrême gauche du PS, le CÉRÈS, et la droite du PS, Mauroy et Defferre, admettent de conjuguer leurs voix.

Pas si facile : c'est le mariage de la carpe et du lapin. Le CÉRÈS rêve d'un grand soir concocté avec le PC. À Lille et à Marseille, au contraire, l'alliance avec les centristes est la règle. Alain Savary a d'ailleurs tancé Gaston Defferre et Pierre Mauroy, leur reprochant de rester associés à des réactionnaires aux élections de mars 1971. Les jeunes insolents du CÉRÈS sont encore plus sévères avec Alain Savary. À leurs yeux, le maire de Marseille, notamment, qui représente la diabolique tentation de la troisième force, relève de l'exorcisme permanent.

Mais en politique, c'est bien connu (en particulier de François Mitterrand), l'idéologie est la meilleure chose au monde sauf si elle ralentit la marche vers le pouvoir. Jean-Pierre Chevènement, Gaston Defferre, Pierre Mauroy, qui brûlent tous de monter sur le podium, vont donc rivaliser de réalisme. Pendant que Pierre Joxe et Claude Estier discutent avec Alain Savary et Guy Mollet, en leur faisant entendre sans trop le leur promettre que leur patron est de leur côté…

Subtil, François Mitterrand évite de trop se montrer. Dans cette affaire, il applique la stratégie de l'araignée. Il tisse sa toile silencieusement avec l'aide de ses amis, en attendant que les mouches viennent se prendre dans ses fils. Et il sait depuis son enfance charentaise qu'on ne les attrape pas avec du vinaigre…

Il serait fastidieux de narrer par le menu toutes les rencontres des « conjurés » pendant le printemps 1971.

On se retrouve en se cachant les uns des autres, on se voit par deux, par trois, par dix, dans des formations qui toujours varient, et on finit par se rassembler peu à peu en grand catimini. On dit pis que pendre de Guy Mollet et d'Alain Savary. Faute de s'unir pour quelque chose, il faut bien se rassembler contre quelqu'un.

À ces réunions, François Mitterrand, comme il le fait mieux que personne quand il veut bien s'en donner la peine, déploie tout son charme, cajole les uns, moque les autres (les absents), fait miroiter un avenir radieux aux ambitieux, parle doctrine avec les purs.

Lorsqu'il s'agit de manipuler les hommes – depuis la Résistance il connaît la recette – il est inimitable. « Vous vous rendez compte, il nous emmenait même au cabaret », raconte, encore émerveillé, Pierre Mauroy.

Le résultat prévisible (sauf pour Alain Savary et ses amis qui n'imaginent pas la volte-face du CÉRÈS) arrive au congrès d'Épinay : la coalition des « conjurés » est devenue majoritaire. Guy Mollet le méfiant et Alain Savary le candide ont été superbement joués. Guy Mollet tente de se rassurer en répétant : « Avec la mine qu'il a, Mitterrand ne durera pas deux ans », tout comme les gens de droite qui iront répétant après le 10 mai que le président est atteint d'une grave et mystérieuse maladie, et tout comme les académiciens français qui votent pour un moribond en pensant qu'il va bientôt laisser la place.

Le 16 juin, François Mitterrand devient premier secrétaire du nouveau Parti socialiste. Il n'a même pas sa carte en poche.

Deux mois plus tard, interviewé par Marcelle Padovani pour *Le Nouvel Observateur*, il lui dira : « Le congrès d'Épinay s'est déroulé avec l'implacable logique de la vie contre tout ce qui la menace ou la ruine. Son déroulement a échappé aux volontés des états-majors, des spécialistes. Il a exprimé une volonté de la base. Quant à la comparaison avec un tableau abstrait, je suis prêt à reconnaître [...] que le congrès d'Épinay ne manquait pas d'une rigueur esthétique. »

Comme il sait dire ces choses ! Volonté de la base, rigueur esthétique : en lisant ces propos, Mauroy et Defferre, Chevènement et Estier, Mollet et Savary doivent se frotter les yeux.

Au congrès d'Épinay, ni Mollet ni Savary ne sourient. Ils assistent à un grand numéro. Radieux, talentueux, charmeur comme il sait l'être quand il a gagné, François Mitterrand fait passer un grand élan lyrique à la tribune. Désormais, il dicte la loi de ce socialisme qu'il incarne. Et quelle loi ! « Celui, dit-il, qui n'accepte pas la rupture avec l'ordre établi et la société capitaliste ne peut pas être adhérent du PS. La révolution, c'est la rupture. Notre base, c'est le front de classe. Le véritable ennemi, c'est le monopole de l'argent, l'argent qui corrompt, qui achète, l'argent qui écrase. L'argent roi qui ruine et qui pourrit jusqu'à la conscience des hommes. »

Les congressistes applaudissent à tout rompre, debout. Ils ne savent pas ou ils ne remarquent pas que cette condamnation de l'argent avait été jadis proférée, presque mot pour mot, par un vieillard auquel ils ne portent qu'une piètre estime : Pétain.

Qu'importe : la fête bat son plein. Et le nouveau patron du parti, qui vient de prôner la révolution, le front de classe, la rupture avec l'ordre établi, poursuit : « Il faut reconquérir le terrain perdu sur les communistes », ce qui est logique, mais ajoute aussitôt, ce qui est plus surprenant : « Il faut reconquérir les libéraux, les indéfinissables. » Là-dessus, poing levé, il chante *L'Internationale*. Pour la première fois de sa vie.

Ah, ouiche ! Du beau travail !

François Mitterrand et ses amis

Qui veut comprendre François Mitterrand ne peut se permettre d'ignorer le caractère et le style de ses relations avec ses amis.

Il est, il a toujours été, le centre impérieux d'un cercle qui n'existe que par et pour lui, ou plutôt de plusieurs cercles étrangers les uns aux autres, qui s'ordonnent dans un subtil mouvement brownien dont il est le géomètre attentif, désinvolte et tyrannique. Bref, souverain.

Quelques dizaines d'hommes et de femmes peuvent se parer sans affabulation des plumes de sa confiance. Les moins avisés ou les moins subtils osent s'imaginer l'avoir tout entier quand ils n'en possèdent chacun qu'une parcelle.

Un seul, Georges Dayan, bénéficia de ce privilège singulier : se savoir l'ami de tous les François Mitterrand. Les autres ne sont autorisés à connaître que l'une ou l'autre des cent facettes du personnage. Gare à celui qui s'aventure hors du territoire borné. « On peut savoir sur lui des choses ou des secrets, mais à la condition expresse de ne pas lui laisser deviner que l'on sait », dit l'un de ses proches.

Vouloir forcer une porte de François Mitterrand sans y avoir été invité, c'est s'exposer à voir s'abattre sur soi, et à grand fracas, une herse implacable. Les téméraires ne sont pas légion.

Le futur président a toujours entendu contrôler ce qu'il concède de lui-même aux autres : une fraction de son passé, de ses souvenirs, de ses goûts, de ses intérêts, de ses espoirs, voire de ses amours.

Les plus intimes des sabras – comme on appelle ces jeunes socialistes venus au PS sous son règne et souvent même pour lui – affectent, en retour, une étonnante indifférence envers son passé, presque un refus de savoir ce qu'il fut avant eux. De François Mitterrand, ils ne veulent connaître que le père, le prophète d'un socialisme à la française, juste et moral.

Ceux qui savent d'où il vient (à défaut de savoir où il va) s'émerveillent de sa ductilité et sont préparés à dix rebondissements qu'ils n'osent imaginer… Tout est possible avec cet homme-là. Ils l'admettent. Et, naturellement, dès les premières rencontres, tous avaient pressenti (ou se persuadent aujourd'hui d'avoir deviné) que « leur ami » avait un destin.

« C'est un personnage à part, j'ai eu l'intuition de son avenir dès la première rencontre », confesse l'avocat Jacques Ribs. Et ils sont des dizaines à parler comme lui. Beaucoup, ayant vite acquis la certitude qu'il irait loin, n'ont pas hésité longtemps avant d'accrocher leurs wagons à cet homme-locomotive. Certains par ambition, la plupart par acceptation tacite de sa supériorité.

« J'ai organisé toute ma vie par rapport à lui », déclare sans hésiter Georges Beauchamp, qui n'a pourtant obtenu ou revendiqué pour toute récompense, passé 1981, qu'un modeste siège au Conseil économique et social et cette fameuse Légion d'honneur à laquelle ont eu droit tous ceux que les hasards ou leurs choix avaient placés sur la route du président socialiste. « Mais ma prime, poursuit-il, c'est le tutoiement. » Le bon peuple (de gauche ou de droite) rétorquerait volontiers : « Ça vous fait une belle jambe ! » Mais, dans le clan, personne n'oserait rire d'une telle déclaration. Le tutoiement est la décoration suprême, la grand-croix dans l'ordre du mitterrandisme.

D'instinct, on devient son homme lige. « Je crois qu'on le choisit parce qu'il est naturellement le souverain », avoue André Rousselet, devenu – Mitterrand régnant – le président de l'agence Havas. Et il poursuit : « Après 1981 ? Pour nous, rien n'a changé. Il avait toujours été le président. »

Nul dans son entourage n'a jamais mis en question sa primauté, nul n'a jamais songé à se poser en rival ou en concurrent. Servir l'homme, sinon toujours ses idées, est la règle du jeu. On peut, en son for intérieur, accepter plus ou moins ses choix, froncer les sourcils et s'exaspérer en secret, on ne peut jamais le blâmer.

Discuter, argumenter et surtout s'opposer, rares sont ceux qui s'y risquent. Car François Mitterrand fait aussitôt de tout désaccord une querelle personnelle. Le questionneur ou le sceptique est bien vite paré des vilains qualificatifs d'ingrat ou de déserteur.

Se sent-il soupçonné, comprend-il qu'on le jauge, qu'on le juge ou qu'on le désapprouve ? Aussitôt, comme s'il était piqué par une mygale, il se cabre et déploie ses défenses : le regard se durcit, la moue gourmée devient babine cruelle, on devine la dent. Le teint pâlit, l'aigreur suinte, l'affection s'évapore, le rideau tombe. Comme l'électricité sous l'orage, la communication est brusquement coupée. Elle peut se rétablir quelques instants plus tard, lors d'une prochaine visite, ou jamais… « Il met les gens en condition d'être terrorisés à l'idée de lui déplaire », note un bon connaisseur de cette mise en scène féodale.

Tous cependant ne sont pas traités à la même enseigne. De quelques-uns, en effet, il tolère, attend presque l'autonomie intellectuelle (à condition qu'elle ne soit pas durablement dérangeante). D'un Pierre Joxe, dont il estime l'intelligence et connaît la fidélité – préalables obligés –, il a longtemps supporté les incartades, quitte à s'y opposer violemment. D'un Chevènement, qui ne fut pas pour rien dans son arrivée à la tête du PS en 1971 et qui joua un rôle décisif au congrès de Metz (1979) pour écarter Michel Rocard de la candidature présidentielle, il admet l'autonomie en la délimitant précautionneusement, le laisse un jour sur le bord de la route, mais sait le reprendre, et apparemment le retourner, quand il le souhaite. Depuis que Gaston Defferre s'est résigné à n'être point le premier, il supporte ses incartades, ses gaffes et ses écarts de langage, qu'il n'admettrait chez aucun autre. Tout moralisme battant en retraite, il ne s'offusque même pas des bavures répétitives dont est émaillée la gestion municipale de Marseille.

De Laurent Fabius, qui l'éblouit par son brio néogiscardien, il feint d'ignorer le presque cavalier « Président » par quoi l'autre l'interpelle, en Conseil des ministres. Avec tant d'admiration dans le ton, il est vrai, qu'il peut lui être beaucoup pardonné. Cela ne l'a pas empêché d'accéder à l'Hôtel Matignon.

Mais, pour la plupart, le moindre manquement déclenche des admonestations glaciales. Dans l'amitié avec François Mitterrand, il existe un mode d'emploi drastique auquel chacun doit se plier. Il faut savoir pressentir l'humeur du moment, mesurer la capacité d'accueil du jour, comprendre qu'il est l'heure de se taire, ou bien de parler, ou encore de disparaître. « Il faut savoir sentir si l'on est ou non sur la même longueur d'onde. Avec François Mitterrand, c'est le triomphe du non-dit, de l'à peine suggéré. Quand ça va, on a le sentiment diffus et presque physique que cela va. Et quand ça ne va pas, on ressent une telle gêne que l'on a envie de se sauver », note un familier, rompu à cette curieuse liturgie de l'amitié.

Volontiers moqueur ou méprisant en ce qui concerne le protocole des autres, François Mitterrand sait, avec talent, imposer le sien, un rituel plus patriarcal il est vrai que monarchique.

À Latché, son refuge des Landes, les heureux invités se voient assignés par lui, dès l'arrivée, et leur place à table, et leur rôle dans la conversation. La caresse aux ânes, la rituelle promenade dans la forêt avec les chiens seront pour eux les récompenses suprêmes. Sous les halliers, le maître de maison, toujours affublé d'un accoutrement dont le pittoresque le dispute au disparate – l'accessoire le plus prisé étant, défense de rire, le béret, dont le caractère hautement national n'en fait pas l'élément le plus valorisant de la garde-robe masculine –, se confie parfois et va jusqu'à ouvrir l'oreille. Le plus souvent, quand même, il monologue des kilomètres durant sur le rythme des saisons, les nuages qui s'amoncellent ou la lumière du jour. Avec une dilection appliquée, il joue le *Raboliot* des Landes.

Bien des amis intimes, descendus de Paris avec l'espoir de lui glisser, chemin faisant, quelque message urgent ou quelque idée mûrie, doivent, si tel n'est point le climat, plier bagages et s'en retourner vers la capitale gros Jean comme devant.

Le sérail doit aussi compter avec ces coups de tonnerre : soudain, le grand vizir s'éprend d'un favori tout neuf. En un clin d'œil, dès lors, les vieux amis sont relégués parmi les ombres et priés de patienter. Les foucades s'appellent Jacques Attali, Jack Lang, Régis Debray ou Jean-Edern Hallier. Pour séduire François Mitterrand, mieux vaut être en train de réussir qu'avoir déjà atteint des sommets. Il ne s'entiche ni des inconnus ni des gloires consacrées. Avoir été célébré au moins une fois par *Le Nouvel Observateur*, *Le Monde* ou, plus récemment, *Libération* est le meilleur passeport pour une amitié coup de foudre. Il faut savoir écrire, à la rigueur chanter ou même mettre en scène. Débarquer, ses œuvres sous le bras, d'un pays latino-américain, ou à défaut méditerranéen, constitue aussi une bonne introduction. Un cousinage même lointain avec feu Salvador Allende, un parrainage de Fidel Castro, une recommandation de Papandréou ont pu ou peuvent ouvrir les portes de l'Élysée, voire celles de la rue de Bièvre. Donnent droit en tout cas à la Légion d'honneur, rituellement distribuée depuis 1981 tel un scoubidou national.

Mais, pour s'établir durablement dans l'affection du monarque et s'intégrer dans les strates des réseaux de l'amitié, il ne suffit pas de briller. Le plus utile est de savoir se dévouer et admirer. Ah ! admirer…

Dans cet exercice, un Jacques Attali, aux airs de petite chouette dévote, s'est montré le meilleur. Il avait d'abord réussi à passer pour un Pic de La Mirandole, écrit quelques ouvrages abscons et contestés, puis servi de précepteur en économie ; il s'est métamorphosé, depuis l'entrée à l'Élysée, en psyché du président, capable de réfléchir chaque jour la plus belle des images. C'est assez dire qu'il est devenu indispensable : confident quotidien, compagnon de tour de parc, agitateur d'idées bonnes ou mauvaises, il doit toujours être là, il sait si bien inscrire tout acte politique du président dans l'Histoire qu'à l'en croire, un paragraphe supplémentaire s'écrit chaque jour pour le Mallet et Isaac du XXIe siècle, quand bien même François Mitterrand n'aurait fait ce jour-là que se moucher. Son bonheur exclusif et jaloux, il se le construit – un peu plus qu'hier mais moins que demain –, dans la contemplation familière du maître. Sentir que celui-ci est là, dans le bureau voisin, qu'il ouvrira bientôt sa porte, qu'il l'appellera, lui sourira, le consultera, lui apprendra quelque nouvelle, testera sur lui quelque concept, voilà les ingrédients de sa félicité. Aux envieux qu'exaspère son influence, le chef de l'État répond qu'il est le plus intelligent de tous, qu'il « appartient déjà à l'an 2010 ». Et certains, non dénués de bon sens, de soupirer secrètement : « L'an 2010 ? Encore faudrait-il y arriver. »

Jack Lang ? François Mitterrand qui sent encore sa province s'est d'emblée imaginé que cet universitaire devenu homme de théâtre personnifiait le vrai chic parisien. Tous les témoins le confirment : le natif de Jarnac, pudique et introverti, aurait été complètement bluffé par ce jeune homme au look juvénile, à la chevelure si savamment ébouriffée, à la vêture de yachtman sur le quai, et qui sait si bien communiquer son enthousiasme débordant pour la chose culturelle dans un jargon fontaine progressiste. Comment résister, aussi, à une spontanéité qui le fait se jeter au cou des tiers (célèbres et provisionnés de préférence) comme s'ils étaient des frères de lait ? André Malraux entraînait au musée du Louvre le général de Gaulle avant que matines sonnent. Jack Lang, lui, n'a pas son pareil pour faire surgir aux heures de pointe le président socialiste dans des lieux *in*, presque underground, mais qui sont ceux où souffle l'esprit du temps, ceux où il faut se montrer. Sans doute est-ce ce goût des projecteurs qui l'avait fait s'écrier au lendemain du 10 mai : « Les Français ont franchi la frontière qui sépare la nuit de la lumière. »

Régis Debray ? Cet intellectuel d'extraction si bourgeoise, d'allure si romantique, de plume si savante et de jugement presque enfantin (« Cuba, île de liberté », fut son premier cri du cœur) joua, pour le premier secrétaire du PS, les Christophe Colomb ; il lui fit découvrir l'Amérique, celle du Sud. Aux yeux du militant de base, ce guérillero conceptuel, ami du Che, naguère pensionnaire des geôles de Bolivie, incarnait en outre la lutte contre un impérialisme américain qui menace tant, chacun le sait, nos libertés fondamentales.

Jean-Edern Hallier ne fit que traverser cette cour. Il s'est trouvé qu'un jour, en veine de générosité, le premier secrétaire du PS, qui ne pouvait encore distribuer que des satisfecit en guise de Légion d'honneur, avait décerné à cet ange déçu le titre de « meilleur écrivain de sa génération ». Ce compliment, qui lui aurait valu l'attachement éternel d'un homme ordinaire ou d'un écrivain normand, suscita chez ce Celte fou une passion de mante religieuse. Et François Mitterrand, une fois couronné, faillit bien être déchiqueté par le talent suicidaire de celui qui l'avait tant ébloui et qui n'est plus désormais à ses yeux qu'un triste sire.

Ces gens de cour ne doivent pas seulement s'entraîner à subir les foucades du roi. Quand on aime, on ne compte pas. Depuis plus de trente ans, tous les amis de François Mitterrand l'auront vérifié à leurs dépens. Cet homme tellement pressé d'abattre le mur d'argent n'entend point se soucier des contingences vulgaires. Des sous, des gros ou des petits, il n'en a jamais sur lui.

Un homme qui ne fait pas partie de ses proches, Jacques Bloch-Morhange, témoigne lui aussi[1] : « Nous descendions son escalier, il habitait au deuxième étage, lorsque sa femme, rouvrant la porte palière, lui fit signe qu'elle voulait lui dire quelque chose d'urgent. Il remonta un étage, l'écouta, fouilla dans ses poches, ne parvint pas à trouver ce qu'il y cherchait et redescendit jusqu'au premier étage pour me demander si je pouvais lui prêter cent francs car il lui était demandé l'argent nécessaire pour préparer le repas de midi. Et il était ce matin-là complètement démuni. Je les lui prêtais volontiers. À ma connaissance il me les doit encore. Prescription ! »

Cela ne l'a jamais empêché de convier généreusement maints familiers au restaurant. Ils doivent seulement savoir que l'addition sera pour eux. « Payez, on s'arrangera », lance le maître avant de s'esquiver. En général, c'est tout arrangé.

---

1. Dans *La Grenouille et le Scorpion*, *op. cit.*

Une dame, objet de ses tendres attentions, plaisante affectueusement : « Il m'a beaucoup coûté car il lui manquait toujours dix francs pour prendre un café ou vingt francs pour monter dans un taxi. »

Générosité socialiste ou pas, les enfants de Jarnac savent ne pas confondre amitié et gaspillage. Et puis, lorsqu'on se sent le seul maître après Dieu, rien n'est plus naturel que de se laisser traiter par des proches auxquels incombe l'honneur de vous débarrasser des soucis prosaïques : porter votre valise, tendre le manteau, retenir un billet, vous servir de chauffeur. Ces corvées sont en réalité des marques d'intimité, donc des récompenses.

François Mitterrand n'est pourtant point insensible aux malheurs des siens. S'il n'aime guère célébrer mariages ou naissances, il ne se lasse pas d'aller visiter sur leur lit de douleur les amis hospitalisés (Jean Chevrier, propriétaire de l'hôtel du Vieux-Morvan à Château-Chinon, où le député de la Nièvre avait jadis ses quartiers d'hiver et d'été, eut droit à une visite régulière du chef de l'État chaque semaine du trimestre où il fut hospitalisé au printemps de 1984).

Il ne manque pas non plus un seul enterrement. Comme tous les grands romantiques chrétiens, c'est un familier de la mort. Son prédécesseur, Valéry Giscard d'Estaing, ne voulait pas savoir que l'Histoire est tragique, lui sait qu'elle l'est. D'aucuns prétendent même qu'il l'espère.

Il n'est jamais aussi sûr de lui et maître de ses sentiments que dans les circonstances les plus éprouvantes : l'attentat de Beyrouth contre les soldats français, celui de la rue des Rosiers le touchent, le bouleversent. Il est alors parfait. Jamais autant que dans ces circonstances tragiques il n'a le mot le plus juste, le masque le plus adapté, le geste le mieux mesuré. Ces jours-là, bien des Français – toutes frontières politiques renversées – le trouvent grand.

« Et puis pour les veuves de ses amis, il est incomparable », confie l'un de ses proches avec une admiration teintée d'ironie.

Ce tempérament de suzerain, cette mise en scène de l'amitié destinée à lui donner toujours le premier rôle tiennent sans doute autant à son affectivité qu'à un réflexe d'organisateur. Même s'il cultive des amitiés qui ne lui rapportent rien, ses proches les plus dévoués lui auront permis, au fil des ans, de constituer une phalange de fidèles sur lesquels il a pu s'appuyer sans crainte pour conquérir l'UDSR, lancer ses clubs, partir à l'assaut du Parti socialiste, et bientôt de la République Entouré aujourd'hui d'un gouvernement pléthorique, de dizaines de collaborateurs zélés, de centaines de députés socialistes et de milliers de militants, sa conviction demeure intacte : « Avec soixante amis bien placés, on peut tenir un pays, on peut tenir la France », confiera-t-il bien imprudemment à l'auteur.

Sans doute le président a-t-il conservé dans sa mémoire le souvenir du dialogue imaginaire entre Lénine et Trotski dans *La Technique du coup d'État* de Curzio Malaparte. Le premier soutenant qu'il faut s'appuyer sur les masses pour conquérir le pouvoir, et le second avançant au contraire qu'il suffit de placer quelques hommes aux points névralgiques pour obtenir plus sûrement le même résultat. Selon ces canons, le chef de l'État serait donc plus trotskiste que léniniste…

Ses cinq douzaines d'amis célèbres ou obscurs sont en tout cas de tous les bords. Qu'y a-t-il de commun entre un Jean Védrine et le marquis de Saint-Périer, son partenaire au golf sous la IVe République, qui le conduisait en Rolls jusqu'au fairway ? Quelle parentèle établir dans la franc-maçonnerie du mitterrandisme entre ceux de la Charente et ceux de la Nièvre, ceux de la Résistance et ceux du barreau, ceux de l'opposition et ceux du pouvoir ?

Au moins ont-ils un point commun : on ne trouve dans cette cohorte bigarrée pas un seul ouvrier. N'est-ce pas, sans contredit, la preuve que François Mitterrand est vraiment socialiste ?

Le prince étranger

Il fallait bien une personnalité aussi complexe, diverse et même déroutante que celle de François Mitterrand pour rendre une âme à cette machine disparate : le Parti socialiste du début des années 1970. En arrivant au siège de la cité Malesherbes, un ancien hôtel particulier vieillot et biscornu légué par la SFIO, le nouveau premier secrétaire découvre un étrange patchwork, un conglomérat bizarre où se côtoient de vieux notables SFIO sentimentaux, bons vivants et francs buveurs de jeunes gauchistes à moitié repentis qui, après avoir erré de groupuscules en groupes, recherchent dans les sections le souvenir de la folle fraternité de Mai 68, des économistes sévères qui glosent doctement sur le taux de croissance sans imaginer un instant qu'il pourrait s'effondrer, des ingénieurs étouffant dans leur laboratoire, pour qui le socialisme représente la prairie de l'Ouest, de grands bourgeois (originaires le plus souvent de la haute société protestante ou juive) à qui l'on demande une petite aide supplémentaire en période électorale, en échange de quoi ils peuvent serrer la main du plombier avec le sentiment d'être unis pour une cause commune, des arrivistes, une poignée d'aigrefins, des chrétiens aussi, venus du militantisme social et prêts à sacrifier leur virginité politique au salut du monde, quelques patrons de progrès disposés à exalter les perspectives de l'autogestion, de préférence chez le voisin ! Et surtout des profs, encore des profs (instituteurs, PEGC, agrégés, maîtres-assistants), des wagons de profs tous modèles et toutes catégories.

Pour les séduire, les rassembler, les motiver, François Mitterrand ne manque pas d'armes.

D'abord, le verbe. Le premier secrétaire vient de (re)lire de bons auteurs : Proudhon, Marx, Jaurès, Hegel, Blum. Muni de ces ingrédients et de quelques pincées de christianisme, il est prêt à inventer un socialisme comme d'autres ont mis au point la nouvelle cuisine. Dans un souffle très quarante-huitard, où il est beaucoup question de dignité de l'homme, d'amour de la liberté-égalité-fraternité, il parle une langue écrite et laisse entrevoir des lendemains qui chantent, où « l'homme dominera la machine », où les pauvres deviendront riches, tandis que les méchants riches seront punis, où l'argent, « l'argent roi », sera détrôné.

Comme personne, il a le sens des vastes perspectives. Pour étayer un argument, il peut multiplier les références historiques. Pour attendrir, amener dans sa démonstration un souvenir d'enfance. Pour impressionner, glisser un grain de Renan ou de Michelet. Pour avoir bonne conscience, un vers de Lamartine[1]. Et, pour faire rire, il envoie des pichenettes à la droite. (Lors de certains congrès, le seul nom de Lecanuet évoqué avec concupiscence provoquait le fou rire de la salle.) Dans sa bouche, le mot gauche prend une valeur presque magique. Au total, même si son refrain n'est pas encore au point, cette musique est assez harmonieuse pour séduire des oreilles aussi diverses.

Les premiers temps, beaucoup de militants et de dirigeants l'appellent entre eux « le prince étranger », et quelques-uns même « le prince maudit ». Mais peu à peu il s'impose. « Jean, étonne-moi », demandait Diaghilev à Cocteau. François, lui aussi, étonne. C'est qu'il n'est pas un patron comme les autres. Pierre Mauroy raconte : « Guy Mollet avait des horaires intangibles. On savait qu'il était là, dans la maison, du matin au soir. On s'attendait à être convoqué dans son bureau pour essuyer ses coups de gueule. François Mitterrand, lui, passait une heure ou deux par jour et jamais au même moment. Il débarquait, impromptu, conviait l'un ou l'autre à venir marcher

1. « J'écris à nouveau cet aveu, confiera-t-il : ma tendresse pour Lamartine a résisté à tout. »

en sa compagnie à travers la capitale, et puis nous dînions parfois tous ensemble. Nous avons passé avec lui des moments presque magiques. »

Il étonne, ce prince qui arrive cité Malesherbes toujours conduit par de gentes demoiselles, jamais les mêmes (le PS n'a pas, à cette époque, les moyens d'offrir un chauffeur à son leader qui n'est pas un as du volant). On lui découvre de curieuses manies. Alors qu'il ne porte jamais de montre ni d'argent sur lui, il trimbale en permanence dans une poche intérieure de sa veste une drôle de liasse de papiers pressés et chiffonnés, presque collés à force d'être ensemble et qu'il transfère avec soin d'une veste à l'autre quand il en change ; on distingue une carte postale écornée, de vieilles coupures de presse toutes jaunies, une fleur séchée et, sur des brins de papier, des gribouillis dont il est le seul à pouvoir déchiffrer les mystères, de nombreux numéros de téléphone, une citation précieuse… Au restaurant, avant de passer à table, il extrait de ce bric-à-brac une petite fiche à peine plus grande qu'un timbre-poste où il a noté les noms de ceux qu'il a conviés et la place qu'il leur assigne autour de la nappe. Aux réunions du bureau exécutif ou du secrétariat[1] – et parfois même, dit-on, aujourd'hui encore en Conseil des ministres –, il lui arrive d'extirper de sa poche ce « petit tas de secrets » et, sous l'œil intrigué de ses voisins, de plonger un instant avec béatitude dans ce morceau de sa vie privée.

En peu de mois le nouveau premier secrétaire va accomplir une petite mue vestimentaire. Afin de se mettre au diapason de ses ouailles, lui que l'on avait toujours connu en costume sombre et chemise blanche cravate noire – la tenue des ministrables sous la IVe – se vêt désormais de couleurs claires, de cols roulés, de velours côtelé, ces éléments d'uniforme de la vie enseignante, bientôt de vêtements presque déstructurés. Mais surtout, il réalise sa propre synthèse entre Blum et Jaurès, empruntant au premier le chapeau à large bord et au second l'écharpe au vent. Plus tard, quand il sera mieux intégré à l'Internationale socialiste, il lui arrivera de porter la casquette de marin, modèle Helmut Schmidt. Si l'habit ne fait pas le moine, il fait au moins le converti.

Il s'essaie aussi aux rites et aux usages de la fête populaire. Sans y parvenir tout à fait. Ce qui provoque parfois de curieuses scènes. Ainsi, durant l'été 1972, pour célébrer ses vingt-cinq ans de vie parlementaire, il organise à Château-Chinon une grande kermesse.

1. Qu'il lui arrive de déserter subrepticement pour aller téléphoner à son aise.

Tout le parti est là, tous ses fidèles, tous ses amis. Sa bonne ville enchantée reconnaît ici Dalida et là Roger Hanin, voit passer Mikis Théodorakis et Paul Guimard. Un inconnu arrive en Rolls : seuls les initiés savent qu'il s'agit du marquis de Saint-Périer. On se montre du doigt la romancière Edmonde Charles-Roux, qui a fait en passant des emplettes à Vézelay : un boa en laine orange qu'elle se promet de proposer en modèle à son ami Yves Saint Laurent[1].

François Mitterrand, qui se sent bien sur ses terres et au milieu des siens, se confie : « Les hommes qui prétendent faire de la politique sans rester en contact permanent avec les gens simples ne sont que des technocrates ignorants. J'apprends beaucoup plus en passant une heure sur un champ de foire qu'en consultant des dossiers très épais. »

Snobisme inconscient ? Que nenni. Le premier secrétaire se veut seulement un émule de Jean Jaurès qui racontait plaisamment : « Cet après-midi, au lieu d'aller travailler à la bibliothèque de la Chambre, je suis allé chez un vieux cordonnier d'Auteuil qui ne me connaît pas mais qui veut me convertir au socialisme. Le croirez-vous ? Je tire grand profit de ce qu'il m'explique en tirant sur l'alêne. Grâce à ce brave homme je me suis aperçu que bien des choses clochent dans les syndicats. »

Le contact avec les « gens simples », comme dit François Mitterrand, n'exclut pas les distances avec les membres du parti.

L'enfant de Jarnac a compris que, pour assurer sa tranquillité, il devait gouverner le PS en souverain. Et qu'il le pouvait.

D'abord, il en a le prestige, la singularité. Quand il parle, le silence se fait ; chacun apprend vite à se taire et boire ses paroles comme élixir de vérité, et si un bavard transgresse la règle, un regard noir et impérieux le fait rentrer sous terre. Chaque semaine, dans l'hebdomadaire du parti, *L'Unité*, sa page – mieux vaudrait dire son journal intime – bucolico-politique (bien souvent moralisatrice) prend presque le relief et l'autorité d'une bulle pontificale. Dans les sections, on l'attend, on la dissèque, on la commente, on aimerait mieux parfois qu'elle soit moins anecdotique, mais on s'en montre fier aussi : voilà qui change de la langue de bois habituellement en usage dans les partis.

Pour régner, ou peut-être simplement pour étonner, il divise. Cet homme complexe paraît se protéger en embrouillant les choses. Sur un sujet unique, il distribue la même tâche à plusieurs rapporteurs, lesquels découvrent, le plus souvent par hasard, qu'ils sont en

1. Raconté par Carmen Tessier dans « les Potins de la commère », *France-Soir*.

concurrence avec d'autres. Il en naît de sombres jalousies, d'immenses déceptions et de grandes inquiétudes. Si encore, pour obtenir un poste de confiance, il suffisait d'avoir bien travaillé… Le dernier qui passe peut intéresser soudain le prince et emporter le titre ; alors « en un clin d'œil un destin se fait qui en bouleverse un autre », confie l'un de ceux qui en ont tour à tour bénéficié et pâti. Ainsi le romancier et historien Max Gallo dut-il sa fonction de porte-parole du gouvernement à une prestation réussie à *Apostrophes*. Les trois ou quatre prétendants qui s'échinaient depuis des mois à faire valoir leurs mérites – et s'entraînaient le dimanche à devenir de petits Démosthène – n'eurent plus qu'à prendre ensemble le deuil. Ainsi, au congrès de Grenoble, proposa-t-il à Pierre Bérégovoy une place au secrétariat du parti[1] après l'avoir rencontré dans les toilettes.

Il ne se départit pourtant jamais de sa réserve :

– Est-ce que je peux te tutoyer ? interroge un jour un militant innocent.

– Comme vous voulez, répond glacial le camarade prince, étranger à toute espèce de rondeur joviale.

Pour animer un parti comme le PS, il faut savoir l'impressionner, lui faire du « théâtre », mais, avant tout, jongler par-dessus les têtes. Et, dans ce registre, François Mitterrand est inégalable.

Lui que l'on dit brouillé avec les chiffres et les mathématiques mériterait la médaille Field (le prix Nobel des mathématiciens) pour cette algèbre-là. Il a en permanence une équation à résoudre : sachant que son propre courant est représenté symboliquement au sein du PS par la lettre A, celui de Pierre Mauroy par la lettre B, celui de Michel Rocard par la lettre C et celui de Jean-Pierre Chevènement par la lettre E[2], tout son problème, une fois acquise la primauté du paramètre A, aura été de mettre en équation son pouvoir personnel. De congrès en congrès, les forces varient.

À Pau, en 1975 :	A + B – E = mon pouvoir personnel (les rocardiens ne sont pas encore organisés).
À Nantes, en 1977 :	même chose.
À Metz, en 1979, tout change :	A + E – B – C = moi.

1. Autant dire le gouvernement du parti.
2. Le courant D, représentant l'influence des femmes au PS, a vite sombré corps et biens.

Autrement dit, alors qu'à Metz Mauroy et Rocard font alliance et contestent son autorité, François Mitterrand a tôt fait de ramener dans son giron le CÉRÈS, cette aile gauche turbulente qui l'avait tant aidé à prendre le pouvoir à Épinay et qu'il avait, dès 1973 – ingratitude des rois –, rejeté dans la minorité, au purgatoire des socialistes.

Pour conforter son autorité personnelle, il a toujours recours aux mêmes recettes, d'abord une méfiance permanente que rien ne désarme. « Je me souviens du malaise qui régnait à certaines réunions du comité directeur quand le premier secrétaire déchiquetait, tel un tigre accroché à sa proie, André Boulloche, Alain Savary ou les Claude Fuzier et autres Jacques Piette qui avaient la malencontreuse idée de s'opposer à lui[1]. » Et puis il menace de démissionner. Quand le CÉRÈS, Pierre Joxe et Claude Estier veulent marquer dans les orientations du PS des distances avec le Marché commun, il écrit à Pierre Mauroy pour lui dire qu'il est prêt à retourner à Colombey-Latché si l'on ne veut plus le suivre. Résultat : les récalcitrants, en chemise et la corde au cou, votent d'un seul mouvement contre leurs idées. Il démissionne encore – ou plutôt il menace de le faire et chacun le retient – quand des fédérations se font tirer l'oreille pour accorder l'investiture aux radicaux de gauche, ces vilains petits-bourgeois. Le premier secrétaire n'admet pas que l'on traite ainsi des alliés qui ont entériné de manière si disciplinée un Programme commun établi en dehors d'eux.

Et bien sûr, vieille habitude, il place ses amis en sentinelles chargées de surveiller tous les points névralgiques.

Georges Dayan devient son porte-parole au sein du comité directeur : en son absence, il peut s'exprimer en son nom. Georges Beauchamp est son représentant spécial à la commission de contrôle des finances du parti. Guy Penne est envoyé en voltigeur à la commission des conflits. Charles Hernu est chargé de tester le climat et parfois même de jouer les kamikazes pour éprouver la résistance du parti sur des sujets qui se prêtent à évolution. Il a même mis une méthode au point. Quand le sujet est trop brûlant pour que le premier secrétaire s'engage en personne, Charles Hernu publie une tribune libre dans *Le Monde* ; on enregistre alors les réactions et le premier secrétaire n'a plus qu'à établir la synthèse sur des positions savamment préparées.

Quand son autorité sur le parti s'est affirmée, il officialise presque son hégémonie. À côté du gouvernement régulier du PS – onze secrétaires nationaux, huit délégués –, il nomme des rapporteurs spéciaux

1. André Salomon, *PS, la mise à nu*, Paris, Robert Laffont, 1980.

qui ne dépendent que de lui et dont, selon sa technique favorite, les attributions font délibérément double emploi avec celles des responsables en titre. Une excellente façon, comme chacun le sait, de mettre de l'huile dans les rouages. Bientôt les décisions politiques sont confisquées au profit de conclaves informels réunis chez lui rue de Bièvre. Le premier secrétaire devient peu à peu le « Régent du parti[1] ». Ces méthodes déclenchent inévitablement des orages, créant du même coup d'étranges relations de crainte et de dépendance envers le maître. Les courtisans se multiplient donc, la Cour s'étend. Ce qu'il ne déteste pas. « Ce parti qui bouge, qui bouillonne, qui traverse des flux et qui porte un élan, je l'aime après tout comme il est, même lorsqu'il me dérange. Parce qu'il me dérange », écrit le premier secrétaire[2]. Il le dérange peut-être, mais il le fatigue sûrement. Et si François Mitterrand en impose vite à cet assemblage disparate, c'est aussi parce qu'il ne ménage pas sa peine et peut inscrire à son bilan des résultats chaque année plus positifs (80 000 militants en 1971, 100 000 en 1973, 150 000 en 1975).

Chaque année, il entreprend un tour de France – il est incollable sur la géographie hexagonale –, menant la vie d'un simple voyageur de commerce, poussant jusque dans les coins les plus reculés pour vendre ce produit périssable qui s'appelle le socialisme. Ses collaborateurs, ses seconds admirent la vitalité de cet homme de cinquante-six ans qui accepte de voyager de nuit dans des trains peu confortables pour se retrouver au petit matin blême, sans avoir eu le temps de se raser, devant une maigre assemblée de militants avides d'espoir. Ce qui fait dire à de mauvais plaisants que si Joseph Mitterrand, son père, s'était donné autant de mal pour vendre son vinaigre, celui-ci serait devenu aujourd'hui boisson nationale.

Deux fois pourtant, François Mitterrand laissera échapper que cette vie lui pèse. En mai 1972 : « Chaque semaine je vais en province où je visite des fédérations socialistes et tiens des réunions publiques. Le samedi ou le dimanche je me rends dans la Nièvre où je préside au moins six fois par an les sessions du Conseil général. À Paris, le mercredi et le jeudi sont absorbés par les délibérations du secrétariat national et du bureau exécutif du parti. Par surcroît, il est rare qu'une soirée ne soit pas confisquée par des commissions de travail ou des assemblées de quartier. Je ne m'en plains pas, mais quand s'ajoutent à ce calendrier un débat parlementaire, la rédaction d'un

1. André Salomon, *PS, la mise à nu*, *op. cit.*
2. François Mitterrand, *L'Abeille et l'Architecte*, *op. cit.*

article, la préparation d'un livre, la mise au point d'une émission, il m'arrive, oui, je l'avoue, de m'essouffler[1]. »

Et encore, en mai 1973 : « Je surmonte en peinant les fatigues de la semaine. Ma difficulté est de briser le rythme auquel je suis soumis. Se reposer exige un tel effort que le plus souvent j'y renonce[2]. »

Qu'est-ce qui le fait courir ainsi ? « Après un quart de siècle de mandat parlementaire, l'ambition de ma vie n'est pas d'aller à l'Élysée », écrit-il dans *La Rose au poing*, la même année, 1973, au lendemain de la signature du Programme commun avec les communistes. Pas l'Élysée ? Allons donc ! Moins d'un an plus tard, il sera, face à Valéry Giscard d'Estaing, un candidat déterminé et échouera de peu. Pourtant, quand il assure : « Si j'avais un titre de noblesse, je prendrais celui que je tiens de mes camarades socialistes. Quitte à laisser une trace dans l'Histoire, ce n'est pas le plus mauvais sillon », beaucoup de ceux qui l'approchent sont tentés de le croire. Certes, après le congrès d'Épinay, certains socialistes éprouvaient envers ce trop habile leader une méfiance instinctive, mais ensuite sa disponibilité, son activité pour le parti les incitèrent à penser que dans son comportement entrait plus de sincérité que de calcul.

Au long de ces années, il joue si bien son rôle de premier secrétaire qu'il le devient pleinement aux yeux des militants. Sa légitimité, il l'acquiert en restant l'opposant le plus déterminé au pompidolisme, puis au giscardisme : de ces pouvoirs, rien, jamais rien ne trouve grâce à ses yeux. Il la consolide dans ses négociations avec le PC qui sont autant d'épreuves de force. Il la conforte enfin par les progrès électoraux presque incessants de son parti.

Un loyalisme militant naît donc rapidement à son bénéfice. De lui, on attend tout. De lui, rien ne surprend. Pour lui, on est prêt à tout.

Il lui arrive pourtant de mettre à rude épreuve les nerfs de ses camarades. Ainsi, à la fin de 1971, il disparaît soudain sans laisser de trace. Où est-il ? Que fait-il ? Avec qui ? Personne ne le sait, au parti. Pendant plusieurs jours, la cité Malesherbes a perdu son capitaine. Certains craignent même un rapt. Personne n'imagine que le patron se trouve en Inde, à Calcutta précisément.

Il a été invité par deux membres de l'association Frères du Monde, Françoise et Léo Jallais, à regarder la misère – la vraie – là où elle est. Et il a accepté. Par souci de comprendre et par scrupule de chrétien peut-être. Également parce que, dans la crise du Bangladesh, André

1. Dans *La Paille et le Grain*, *op. cit.*
2. *Ibid.*

Malraux, se rangeant aux côtés des maquisards bengalis, est en train de le doubler sur sa gauche.

Là encore, il ne manque pas de courage. Il couche sur une paillasse à même le sol, dans un camp de Bengalis. Incognito, bien sûr.

Mais le conflit devient aigu. L'aviation pakistanaise a bombardé des aérodromes indiens. Indira Gandhi proclame l'état d'urgence et ferme les aérodromes. Voilà le premier secrétaire pris au piège. Il doit chercher de l'aide, établir des liaisons, donc sortir de l'anonymat. Il apprend qu'un journaliste français séjourne à l'hôtel Ritz intercontinental de Calcutta. Il s'y rend. Jean-Claude Guillebaud, alors envoyé spécial de *Sud-Ouest*, voit ainsi arriver le député de la Nièvre en blue-jean et le chef couvert d'un chapeau de brousse. Ils déjeunent ensemble. Guillebaud est accompagné d'une Française, compagne d'un poète bengali, qu'il a engagée sur place pour lui servir d'interprète, une jeune femme de la bourgeoisie lyonnaise que 68 a fait bifurquer vers l'Inde et qui porte sari. Elle se tourne vers François Mitterrand : « Alors vous êtes journaliste, vous aussi ? » (C'est à vous dégoûter de faire de la politique !)

Non. Mais il a besoin des journalistes, d'un journaliste au moins, pour signaler sa présence, ce qui se fait. L'AFP est prévenue. Les salles de rédaction s'étonnent et s'émeuvent. Le premier secrétaire écrit à Pierre Mauroy, numéro deux du parti, une lettre qui sera lue devant les camarades du bureau exécutif quelque peu stupéfaits : « J'ai besoin de reprendre contact avec le vrai malheur hors des climats ouatés de la politique en Europe. La raison de la discrétion que je demande dans le parti répond à mon souhait d'éviter l'artificiel, la publicité, le tapage. »

Pour la publicité, pas de chance. Le voilà bien obligé d'organiser une conférence de presse à son retour où il confie : « Je me suis trouvé aussi désemparé [à Calcutta] que Fabrice del Dongo à Waterloo. » Et, peut-être pour éviter l'artificiel, il s'attelle dès son retour à la préparation du programme socialiste, convaincu plus que jamais que les castes (traduisez la bourgeoisie française) doivent être mises hors d'état de nuire.

Ce premier secrétaire fugueur est tout de même bien présent, qui assigne à son parti mille tâches : se refaire une santé financière, démontrer sa capacité de réplique à toute initiative gouvernementale, marquer des points aux élections, s'ouvrir à la classe ouvrière, rééquilibrer la gauche au détriment du PC, se préparer à négocier avec celui-ci et, dans cette perspective, se forger d'abord sa propre théorie du socialisme.

À peine arrivé cité Malesherbes, il a chargé Pierre Joxe, un paléo-marxiste de ses amis, et le jeune Jean-Pierre Chevènement, qui rêve de rupture avec le capitalisme et de mariage avec les communistes, de mettre en forme les convictions confuses et souvent contradictoires des socialistes français.

Pendant plusieurs mois, deux cents experts travaillent donc d'arrache-pied, fournissent note sur note, document préparatoire sur document préparatoire. « Quel charabia ! » soupire plus d'une fois le prosateur féru de classicisme en prenant connaissance de ce jargon nouveau pour lui où s'entremêlent marxisme, économisme, sociologie, outrances et pédanteries.

Les dirigeants du CÉRÈS, il est vrai, s'en donnent à cœur joie. En matière de néologisme, ils sont imbattables. Un jour que Didier Motchane, sombre théoricien dont le brio ne connaît pas de frein et mène parfois aux conclusions les plus aventureuses, est en veine d'imagination, il se voit couper la parole par un premier secrétaire excédé : « Vous vous prenez pour Lénine, Motchane ; et si c'était moi Lénine ? » Stupeur et sourires en coin dans l'assistance. « On s'est donné des coups de genoux sous la table », raconte, encore réjoui, l'un des participants à la réunion.

Léninistes ou pas, les socialistes accouchent d'un programme qui laisse à cent lieues derrière lui toute forme de social-démocratie. Peut-être les camarades avaient-ils, avant de l'écrire, lu ce que le célèbre humoriste Mark Twain disait des sociaux-démocrates : « Comme l'empereur de l'île de Pitcain s'apprêtait à s'installer dans la brouette dorée qui l'attendait à la porte de l'église, le social-démocrate de l'île lui porta quinze ou seize coups de harpon, mais heureusement en visant avec une imprécision si typiquement social-démocratique qu'il ne causa aucun dommage. » Le programme du PS, lui, étant beaucoup plus précis, devait provoquer ultérieurement quelques dommages.

À terme, l'objectif officiel fondamental de *Changer la vie* est le contrôle ouvrier dans l'entreprise, bref l'autogestion (un mot qui disparaîtra corps et biens après la victoire de la gauche). On décide de nationaliser le crédit, les entreprises vivant pour l'essentiel des commandes de l'État et toutes celles qui se trouvent en situation de monopole. Les mollétistes introduisent subrepticement, à la grande satisfaction du CÉRÈS, une disposition qui fera couler beaucoup d'encre : « à la demande des travailleurs intéressés » d'une entreprise, la nationalisation de celle-ci devra être examinée. Dans la majorité de l'époque, on a vite fait d'exploiter ce faux pas (qui a surpris François

Mitterrand lui-même) et d'agiter le spectre de la nationalisation à la carte. Mai 68 n'est pas loin.

En politique étrangère s'affrontent à l'intérieur du PS atlantistes et neutralistes, Européens et anti-Européens, partisans et adversaires de la force de dissuasion. Le projet Chevènement est taxé par Arthur Notebart, député du Nord, de « diarrhée d'anti-américanisme ». André Chandernagor, député de la Creuse, commente de son côté : « Il est bon que ce soit brillant, mais il faut aussi que ce soit compréhensible[1]. » Quand les points de vue sont trop contradictoires, François Mitterrand, bien déterminé à hésiter, choisit le clair-obscur. Ainsi, à propos de la force de frappe, qui deviendra pourtant plus tard élément constituant de la doctrine socialiste mais reste pour l'heure fort contestée, le numéro un laisse tomber ce verdict de Salomon : « La seule politique logique serait la neutralité, mais elle n'est pas concevable. »

On discute beaucoup dans toutes les sections, dans toutes les fédérations du PS, et l'on produit force amendements. Certains portent sur de graves sujets – l'avortement, la peine de mort – ; d'autres sur des points qui relèvent plutôt de la symbolique de gauche – la suppression de la publicité à la télévision (illustration abominable de cette société de consommation qu'il faut vite faire disparaître) et la suppression de la première classe dans le métro.

En matière économique, pour *Changer la vie*, un but ingénieux est fixé : « La recherche d'un modèle de croissance qui exclut le profit et soit exclusivement consacré au bonheur de l'homme » (une perspective qu'il est évidemment plaisant de se remémorer après quelques années de virages socialistes au pouvoir).

C'est ce texte qui fournira la base de l'âpre négociation-marchandage avec le PC, d'où sortira le Programme commun de la gauche. Les contradictions et les audaces de ses propositions feront croire à la majorité de l'époque qu'elle tient là une arme irrésistible pour arrêter net la gauche. Or, c'est le contraire qui se produit. Attirés par le bruit du grand débat idéologique qui se déroule au PS, les adhérents affluent. La gauche redevient à la mode. Dans les dîners en ville, pour briller, mieux vaut pencher de ce côté-là. À gauche toute ! La droite pouah ! Il faudra attendre 1981 pour que le mouvement s'inverse.

Comme des critiques tout de même se font jour et que des réfutations se préparent, François Mitterrand prend sa plume pour s'expliquer, récuser les procès, devenir le leader naturel de toute la

1. Albert du Roy et Robert Schneider, *Le Roman de la rose*, Paris, Le Seuil, 1982.

gauche unie et entrer enfin dans le cénacle des penseurs socialistes. Il dresse ainsi une sorte d'état de sa pensée et de ses sentiments, version 72-73.

Dans *La Rose au poing*[1], tout son propos vise l'adversaire numéro un : le capitalisme. Il faut préparer l'avènement de la démocratie économique, dont le point de départ reste, écrit-il dans le style de Maurice Thorez, « l'appropriation collective des grands moyens de production, d'investissement et d'échange ». Il existe en France, assure-t-il, une dictature de classe, celle des privilégiés, qui est non moins réelle que la *nomenclatura* soviétique, même si, convient-il (il faut quand même se montrer objectif), « ses manières sont plus raffinées ». En août 1972, il s'en explique ainsi à Roger Priouret[2] : « J'ai acquis la conviction que la structure économique du capitalisme est une dictature et qu'à mes yeux elle représente un danger pour ce goût de la liberté qui est au plus profond de moi-même. Mon réflexe n'a pas été idéologique mais de sensibilité et ensuite de politique... Il y a dans mon éducation une susceptibilité de petit-bourgeois qui n'aime pas qu'on lui marche sur les pieds, qui appartient à une famille très libérale et orgueilleuse vivant en marge de la bourgeoisie... C'est cette sensibilité héritée de ma jeunesse qui m'a convaincu que le goulet d'étranglement, c'est l'économie. »

Décidément, il faut toujours remonter à Jarnac.

Les ans passant, jusqu'en 1981 son analyse sera toujours la même : « Les socialistes pensent que le système capitaliste est à l'origine du mal, que la loi suprême du profit a pour conséquences naturelles d'éliminer l'aspiration individuelle ou collective vers des valeurs telles que la beauté, la fête, l'amour, le dialogue, que la volonté de la classe dirigeante s'obstine à raboter l'imagination, la diversité, le savoir et davantage encore l'exigence de responsabilité, cette pointe de diamant d'une société civilisée[3]. »

En matière institutionnelle, il faut, poursuit-il dans *La Rose au poing* – c'est son obsession depuis *Le Coup d'État permanent* –, réformer la Constitution, réduire le mandat du chef de l'État à cinq ans, empêcher que le référendum puisse être utilisé à des fins plébiscitaires. Il faut aussi abroger l'article 16 (« l'article de la dictature »), restituer au Premier ministre la pleine autonomie que lui assure un article 20 jamais appliqué et jamais respecté, remplacer enfin le

1. François Mitterrand, *La Rose au poing*, Paris, Flammarion, 1973.
2. Dans une interview à *L'Expansion*, août 1972.
3. *Le Monde*, 1976.

Conseil constitutionnel par une Cour suprême. Et il conclut : « Fini le temps où l'on pouvait se faire élire à gauche pour gouverner à droite… »

À Jean-François Revel, qui le questionne avec un rien d'inquiétude, François Mitterrand réplique dans *L'Express* : « La mutation que nous proposons doit aboutir à la suppression du capitalisme… Il ne peut y avoir coexistence du socialisme et des monopoles privés… Nous croyons au socialisme autogestionnaire. J'ai fait établir chapitre par chapitre le nombre de fonctionnaires nouveaux que suppose l'application du Programme commun : il est moins élevé que vous ne le croyez. Le Programme commun est moins étatique que le faux libéralisme de Monsieur Giscard d'Estaing. » À la question de Jean-François Revel : « Supposons une unité de production qui ne soit pas rentable. Les travailleurs votent et décident qu'elle doit cependant continuer ? », réponse de François Mitterrand : « Non. C'est le pouvoir politique qui tranchera dans le cadre du Plan. »

En 1965, le candidat de la gauche se disait favorable à la libre entreprise… pourvu que l'État décide de ses investissements. En 1973, le voilà favorable à l'autogestion… à condition que l'État décide à la place des ouvriers ! Contradiction ? Non, dialectique, répond son entourage, habitué depuis 1971 à le voir fonctionner.

Nous sommes peut-être là au plus mystérieux de cet étrange personnage : à peine a-t-il formulé une thèse qu'il soutient à sa manière l'antithèse. « Il est comme le yin et le yang, mais les deux à la fois et en même temps », note, mi-amusé, mi-admiratif, un hiérarque de la HSS (haute société socialiste). « Dès que François Mitterrand prend une décision, c'est aussitôt pour vanter les avantages du choix qu'il n'a pas fait », renchérit un ministre.

Machiavélisme ? Point n'est certain. Si sa nature rejoint son intérêt, il réagit toujours de telle manière qu'il est à lui seul l'alternance au sein de l'alternance (ce que les événements vérifieront peut-être). Cela choque ceux qui le connaissent peu et contribue beaucoup à lui donner l'image du politicien rusé, prompt à se retourner et à se déjuger. Mais c'est ainsi : tout ce qu'il dit correspond toujours à une partie de lui-même. De cet homme ondoyant et divers qui n'est jamais ni tout à fait le même ni tout à fait un autre, Michel Jobert, qui l'a bien observé pendant deux ans, note en poète : « Mitterrand, c'est de l'eau. Elle est là qui tremble sur les feuilles si molles d'une ombelliféracée. Demain elle ne sera plus : elle sera devenue buée du soir, brouillard du matin, gramme de vie dans le sol qui a soif ou qui emmagasine pour les jours arides de l'été… Mitterrand, c'est H^2O, l'eau, tantôt buée, pluie ou neige. Elle coule, si un barrage l'arrête elle cherche à contourner l'obstacle… C'est une force qui va mais dont il est difficile de discerner les contours. »

Par l'ambiguïté, le travail, la distance, le talent oratoire, le ton monarchique, un rien de cruauté, l'art de jongler avec les tendances, François Mitterrand devient donc seul maître à bord du vaisseau socialiste. Et celui-ci ne cesse d'avancer. Alors qu'en 1968 la FGDS n'avait obtenu que 16,5 % des voix, aux législatives de 1973 ses candidats recueillent 20,8 % des voix (radicaux de gauche compris). Le PC est encore devant, qui atteint 21,4 % des suffrages. Mais le rééquilibrage de la gauche a commencé. Sur 88 députés socialistes, 40 ne siégeaient pas dans la précédente Assemblée. Arrivent alors au Palais-Bourbon Pierre Mauroy, Jean-Pierre Chevènement, Alain Savary, Pierre Joxe et Jean Poperen. Et reviennent avec eux des battus de 1968 : Louis Mermaz, Georges Fillioud, etc.

Mieux, trois ans plus tard, aux élections cantonales de 1976, le PS peut revendiquer le titre de premier parti de France grâce aux 26,5 % des voix qu'il parvient à rassembler. Le PC, cette fois, et bien qu'il ait lui-même progressé avec 22,8 % des bulletins, est devancé. Le rééquilibrage de la gauche est réalisé.

Aux élections municipales de 1977, c'est le raz de marée. La gauche – PC, PS et radicaux réunis – parvient au chiffre, sans précédent sous la Ve République, de 54 % des voix et enlève cent cinquante-cinq des deux cent vingt et une communes de plus de trente mille habitants. Le PS arrache quarante et une grandes villes à la majorité de l'époque, le PC vingt-deux.

Aux législatives de 1978, enfin, la progression relative se confirme puisque la gauche non communiste obtient 25 % des voix et, pour la première fois à ce type d'élections, devance le PC qui stagne à 20,6 %. C'est qu'entre-temps l'Union de la gauche a éclaté et le PC, tenu pour responsable, est sanctionné par une fraction des siens. Le PS, en dépit de sa progression, n'a pas atteint les sommets (30 %) que lui promettaient plusieurs sondages. Ce que les politologues appellent l'effet isoloir – c'est-à-dire le réflexe de peur provoqué à la dernière minute chez l'électeur par l'hypothèse d'un changement de majorité – a joué à la baisse. Quand même, qui considère la courbe des suffrages doit bien constater qu'elle ne cesse de monter.

Cette progression électorale, bien sûr, a été marquée d'à-coups. Deux événements, outre la rupture de l'Union de la gauche, ont scandé la longue marche de François Mitterrand : sa défaite aux présidentielles de 1974 et l'émergence d'un rival à l'intérieur du PS ; Michel Rocard.

En 1974, une fois encore, François Mitterrand échoue de peu. Le 4 avril, le président Pompidou meurt presque subitement. Sans trop se soucier du délai de décence, la classe politique doit improviser en hâte une élection présidentielle.

Cette fois, la gauche unanime se tourne vers le premier secrétaire du PS. Chacun l'adjure, communistes compris, de porter les couleurs du camp de la Justice. Comment résister à la pression affectueuse de tant d'amis et tant de camarades ? Comment ne pas tenter sa chance lorsque s'amplifie un tel courant unitaire ? Comment oser décevoir une telle espérance ? Un congrès extraordinaire du Parti socialiste réuni en toute hâte au palais de la Mutualité implore par 3 748 mandats sur 3 748 (un score albanais ou nord-coréen) François Mitterrand de se porter candidat.

Le Nouvel Observateur se demande alors gravement : « Qui peut battre Mitterrand ? » Question d'autant plus judicieuse que Claude Perdriel, le propriétaire de l'hebdomadaire, a fait don de sa personne au candidat socialiste pour la durée de sa campagne.

François Mitterrand veut prendre de la hauteur : il s'installe donc tour Montparnasse. Là, dans des locaux futuristes, le rejoignent fiévreusement le ban et l'arrière-ban des amis personnels : André Rousselet, Louis Mermaz, François de Grossouvre, Joseph Franceschi, Charles Hernu, Claude Estier, Jacques Attali, Christian Goux, un économiste distingué que François Mitterrand qualifie de « l'un des plus sûrs interprètes de Marx[1] ».

Vient se joindre pour la première fois à ce chœur, à la demande de Jacques Attali, Michel Rocard, encore leader du PSU. Ce qui provoque des frissons parmi les vieux caciques de la cité Malesherbes.

François Mitterrand mène une campagne aussi brève qu'active. Son adversaire principal devient très vite Valéry Giscard d'Estaing. Le ministre des Finances de Georges Pompidou s'impose au détriment

1. Il écrit à son sujet dans *L'Abeille et l'Architecte* : « Les intellectuels et plus particulièrement les théoriciens de l'économie qui se sentent solidaires de cette lutte historique ont un rôle décisif à jouer. Il leur faut à la fois contribuer à la désagrégation du bloc idéologique en place, démonter les mécanismes et à partir de réflexions, lancer la voie du socialisme… Il est donc souhaitable, comme l'a fait Marx il y a plus de cent ans, que la critique de l'économie politique actuelle, celle de la classe au pouvoir, soit reprise et approfondie, que de nombreux travaux théoriques s'appuyant sur le fait économique et social se développent et fournissent les outils pour la remise en cause d'un ordre décadent. »

du gaulliste Jacques Chaban-Delmas. La crise naissante (450 000 chômeurs, 11,5 % d'inflation) forme le thème principal du débat, même si personne n'en mesure tout à fait l'ampleur. Le leader socialiste explique que le libéralisme et le capitalisme en portent l'entière responsabilité. VGE rétorque que le programme de la gauche aggraverait brutalement les dérèglements intérieurs.

Le modernisme l'emporte sur le socialisme. François Mitterrand est battu sur le fil (avec 49,3 % des suffrages), cela devient une habitude. Le PC, cette fois-ci, n'y est pour rien. Il a joué le jeu avec une irréprochable discrétion. Il fournissait des votes et acceptait de se faire tout petit ou presque.

Mais le destin, décidément, s'acharne. Le premier secrétaire du PS à cinquante-huit ans. Pour la première fois, il laisse publiquement deviner son désenchantement et sa lassitude. À ses amis réunis tour Montparnasse, le lendemain de la défaite, il confie : « Je me sentais prêt à diriger la France, je crois que j'aurais fait un bon président. Ne désespérez pas, la gauche gagnera bientôt. Mais ce ne sera pas moi qui la conduirai au pouvoir, ce sera vous. En attendant, le combat reprend dès aujourd'hui. » « Nous avions tous le cœur serré, la plupart ne cachaient pas leurs larmes », se souvient Georges Beauchamp. À Jean Daniel, venu le visiter quelques jours plus tard, le candidat battu confie : « Je ne retrouverai jamais plus des circonstances semblables, j'étais en mesure de gouverner, j'en avais la capacité physique, elle peut diminuer maintenant. Ça m'aurait fait plaisir d'être président de la République. Enfin, ce n'est pas fondamental pour moi[1]. »

Mince consolation : au lendemain de l'échec, François Mitterrand n'a jamais été, disent les sondages, aussi haut dans l'estime des Français, qui, en bons Gaulois, préfèrent toujours le second au vainqueur. Son parti en profite. Durant l'été 1974, les adhésions affluent au PS par centaines et centaines. Les secrétaires de fédération sont débordés, assaillis par des néophytes en mal de militantisme, et pour un peu ils refuseraient du monde. L'échec de mai est perçu dans le camp des battus comme une revanche morale. Ils le savent, ils le croient, ils en sont convaincus : la prochaine fois, le pouvoir ne leur échappera pas.

Pour l'heure, François Mitterrand doit affronter un autre souci. Comme si cette année 1974 n'était décidément pas bénie des dieux, comme si Saturne planait ces mois-là sur son thème astral. Les Assises

1. Cité par Franz Olivier Giesbert dans *François Mitterrand ou la tentation de l'Histoire*, *op. cit.*

du socialisme des 12 et 13 octobre annoncent en effet l'entrée au PS de Michel Rocard.

À première vue pourtant, l'affaire se présente bien. Tout le monde (ou presque) se réjouit – Pierre Mauroy le premier, qui y a beaucoup contribué – de l'adhésion au PS d'un tel homme. Le CÉRÈS lui-même s'enchante d'accueillir un camarade qui est un si fervent partisan de l'autogestion. Les arrivées de personnages comme Jacques Delors, Edmond Maire, Edgar Pisani ou Hubert Dubedout, le maire de Grenoble, font moins de tapage mais plaisent autant. Voilà un sang neuf qui va fouetter la famille socialiste, désormais sur la voie de la réunification.

François Mitterrand, pour sa part, n'est pas fâché de voir venir à lui des hommes qui, jadis, l'avaient humilié en lui refusant l'entrée du PSU et ne s'étaient pas privés de lui reprocher son passé d'homme de la IVᵉ. Pendant l'été, pourtant, Jean Poperen, un ancien du PSU lui aussi, a averti le premier secrétaire : « J'ai pratiqué Rocard et les siens. Vous faites entrer le virus au PS[1]. » Mais on a raillé une obsession antirocardienne qui le pousse à appeler « Rocard d'Estaing » ce jeune technocrate, adversaire de l'Union de la gauche. Et personne ne l'écoute. Ou presque : des hommes comme Pierre Joxe et Claude Estier marquent eux aussi quelque réticence. Ils craignent que l'arrivée de Rocard ne complique les rapports avec le PC et la CGT, qui sont devenus bons depuis la signature du Programme commun.

Le premier secrétaire ne les entend pas. Il est persuadé que Rocard ne pèsera pas lourd en face de lui dans les instances dirigeantes du parti. Il se réjouit qu'Edmond Maire introduise une sensibilité peu répandue au PS : celle du monde ouvrier. Enfin, le maire de Grenoble, qui a fait de sa ville un champ d'expérimentation sociale, symbolise aux yeux de beaucoup une génération d'hommes de gauche compétents et dynamiques. Au total, François Mitterrand conclut que ces Assises du socialisme ont donc été une bonne affaire.

Et les premiers temps semblent le confirmer. En apparence, jusqu'aux législatives de 1978, tout se passe à peu près bien. La presse fait de Michel Rocard un homme à la mode. Au congrès de Pau, en janvier 1975, on salue son discours. Le PS, dit-on, se dote enfin, grâce à lui, d'économistes sérieux. Bientôt on commence à le présenter comme le dauphin de François Mitterrand ; on glose même sur l'emprise nouvelle des anciens du PSU au sein du PS. Il y a bien des gens comme Georges Séguy pour s'inquiéter des réactions trop favorables

1. Cité dans *Le Roman de la rose*, *op. cit.*

de Michel Rocard au rapport Sudreau sur l'entreprise, « Hymne à la gloire de l'entreprise capitaliste ». Mais les réticences communistes ne troublent guère : on les met sur le compte des rancœurs suscitées dans leurs rangs par l'attitude de Michel Rocard, l'homme de Charléty, en 1968. Et l'on pense que cela finira par passer.

Comme on ne disait pas encore à l'époque : « Tout baigne », y compris entre François Mitterrand et Michel Rocard. On voit même, quand *L'Expansion* organise un forum afin d'éclairer les patrons sur les intentions socialistes, les deux hommes faire chorus pour affirmer que le marché est encore le meilleur système de régulation de l'économie et que le nombre des nationalisations n'excédera pas celui prévu dans le Programme commun.

Mais en juillet, lors du congrès de Nantes, Michel Rocard se démarque. Il semble vouloir rassurer les cadres et les chefs d'entreprise, donc le centre, si ce n'est la droite. Et, du coup, il inquiète la majorité mitterrandiste qu'il agaçait déjà par ses allures d'intellectuel moderniste. Voilà l'ex-soixante-huitard devenu réformiste ! Sacrilège ! Et il ne s'arrête plus : en septembre, lors d'un débat qui l'oppose sur Europe 1 à Jean-Pierre Fourcade, il s'avise de parler en gestionnaire plus qu'en homme politique. Nouveau sacrilège. Les communistes commencent à grogner qu'ils l'avaient bien dit et tancent sans ménagement un homme qui « voudrait gérer l'économie française à la suédoise ou à l'allemande ».

Alors les dirigeants socialistes entreprennent de dresser son bilan. Voilà un homme qui braque les communistes mais qui, en revanche, a l'oreille des « ennemis de classe », les milieux économiques qu'il rassure ; un homme qui est à la mode, dont le style plaît, dont l'audience grandit à l'extérieur comme à l'intérieur du parti, alors qu'au même moment l'étoile de François Mitterrand commence à pâlir. L'usure du temps, ses bagarres quasi permanentes avec les communistes font douter de la sûreté de la stratégie d'Union de la gauche ; la rupture de celle-ci accroît un peu plus le désenchantement. François Mitterrand est sensible plus que quiconque à ce mouvement de l'opinion. Il se méfiait d'ailleurs depuis longtemps. En septembre 1975, au cours d'un de ces séminaires que les spécialistes laïcs affectionnent – celui-ci se tenait à Gouvieux, dans l'Oise –, il s'était écrié : « La succession n'est pas ouverte. » À bon entendeur, salut ! Et pour s'assurer que l'entendeur entendrait bien, il avait confié à Gilles Martinet, ami de Rocard : « Le parti n'est pas à prendre. Il est déjà pris. »

Cela n'empêchera pas la guerre de succession. Elle commence le 19 mars 1978, le soir du deuxième tour des législatives, des législatives que la gauche a failli gagner et a finalement perdues. Toute la France ce soir-là assiste à la première estocade.

Invité par Antenne 2, Michel Rocard, qui vient d'être élu député des Yvelines, se livre – la main sur le cœur, l'œil en berne – à un grand numéro d'introspection critique qui paraît spontané comme un cri du cœur. En fait, il a préparé un texte, dix fois raturé, qu'il a placé devant lui. Et ce texte explique que la stratégie de la gauche n'était sans doute pas la meilleure. Dans la France profonde, on juge bien convenable ce Monsieur qui bat sa coulpe si honnêtement et qui « parle vrai ». Et l'on n'a pas de mots assez sévères pour les autres dirigeants socialistes qui paradent d'ordinaire à la tribune et n'ont pas eu le courage, pense-t-on, de venir se colleter avec leurs adversaires devant les caméras, un soir de défaite.

Les jours suivants, ça ne s'arrange pas. Alors qu'on loue un peu partout Michel Rocard, François Mitterrand, qui incarne l'Union de la gauche, est tenu pour responsable de l'échec électoral, critiqué de tous côtés. L'écrivain de gauche Pierre Bourgeade écrit : « Qu'il se retire… il allierait l'habileté à la grandeur », reprenant ainsi – effet boomerang ? – les injonctions de François Mitterrand au général de Gaulle en 1968. Dans *le Quotidien de Paris*, le gaulliste de gauche (et parfois d'une gauche extrême) Maurice Clavel l'incite carrément à la retraite : « Rentre en toi-même, Octave, et cesse de te plaindre. » Jean-Edern Hallier, dans *Paris-Match*, ordonne froidement : « François Mitterrand, retirez-vous ! »

Amer, on le comprend, le député de la Nièvre confie à son bloc-notes : « J'attends maintenant du principe d'Archimède une somme de doutes, d'insolence, d'injures exactement égale à la somme d'éloges, de soumissions et de serments que m'eût procurée le mouvement contraire. »

Il n'est pas homme, pourtant, à se laisser abattre aussi aisément. Il rebondit : « Ne croyez pas que l'ambition d'être à tout prix président de la République soit le moteur de mon action… Mais, après tout, l'échéance normale de 1981 n'est pas si éloignée. » Quelques jours plus tard, le 30 mars, il lance : « En 1981, les communistes auront leur candidat. Pour nous, il y en a trois possibles : moi-même, Pierre Mauroy et Michel Rocard. » Voilà une belle sérénité. Apparente…

En attendant, cela peut toujours servir, ses amis font adopter à l'unanimité par le groupe socialiste de l'Assemblée, lors de sa première réunion, une motion qui lui manifeste son « affectueux attachement ».

De l'affection, les cœurs socialistes en débordent, mais ils sont réalistes aussi : les sondages font à Michel Rocard des yeux de plus en plus doux. Invité à les commenter, celui-ci explique au *Club de la presse* d'Europe 1 que les Français apprécient sans doute un certain « style politique » et se détournent d'un « certain archaïsme » politique. Archaïque ? Vous avez dit archaïque ? François Mitterrand n'aime pas du tout cela. Car on a vite compris qui était « archaïque » : lui.

Dès lors, la compétition est ouverte. Et beaucoup pensent déjà connaître le vainqueur et le vaincu. Le 23 septembre, *Le Monde* annonce en titre : « Rocard veut briguer l'Élysée en 1981. » *Le Nouvel Observateur* est prêt à tourner la page Mitterrand : « L'attachement à un homme ne doit pas compromettre le débat nécessaire. » Au cours de ses déplacements, Raymond Barre croit pouvoir annoncer : « Mitterrand a signé un pacte comme naguère Faust, il lui faut maintenant payer. »

À l'intérieur même du parti, l'auréole du premier secrétaire est ébréchée. Celui que l'on appelait jadis « le Prince », avec défiance, mais surtout avec respect, devient dans les sections « Tonton ». C'est sûrement plus affectueux, mais les Français sont toujours affectueux avec les perdants. Pierre Mauroy a beau affirmer que « le plus qualifié pour 1981, c'est encore François Mitterrand », cet « encore » là sonne mal aux oreilles du premier secrétaire.

Et pendant ce temps-là Michel Rocard est partout : à la télévision, sur les ondes, dans tous les journaux. C'est la coqueluche des médias. *Le Nouvel Observateur* l'interviewe et, en introduction, Jean Daniel écrit : « Pierre Mauroy aura peut-être un jour le parti, mais pas le pays. Michel Rocard pourrait avoir un jour le pays, mais pas le parti. » Il ne parle déjà plus de François Mitterrand.

Est-ce l'heure de la préretraite ? À des visiteurs, le premier secrétaire parle de la mort, se dit tenté par une carrière d'écrivain, laisse entendre que la vie à la campagne est pleine de charme.

Feintes ? Ruses ? Le congrès de Metz n'est pas loin. Et François Mitterrand est bien décidé à garder le pouvoir. Au moment où l'échec de la gauche l'abattait, il vient en effet de recevoir comme un don du ciel un adversaire. Or, il a toujours rebondi, resurgi, gagné *contre* quelqu'un. Et voilà qu'un homme se dresse sur son chemin, dans son propre parti. Eh bien ! il va refaire ses forces contre lui, trouver dans ce combat un nouvel élan.

Premier épisode : comme d'habitude, il envoie ses amis en patrouille livrer les escarmouches initiales. Le 21 juin 1978, Édith

Cresson, Louis Mermaz, Charles Hernu, Lionel Jospin, Jean Poperen et quelques autres rendent publique une « contribution[1] » dite des « trente » où ils font référence au rôle important qu'ils ont joué dans la création du Parti socialiste, réaffirment leur option pour l'Union de la gauche et stigmatisent « toute recherche de solution prétendument technique et moderniste qui ferait courir à notre parti un danger mortel ». Voilà Rocard cloué au pilori.

Pierre Mauroy, qui n'a pas été prévenu de l'opération, juge qu'on veut jouer sans lui. Il a appris que Mermaz draguait en vue du congrès au sein de sa fédération du Nord sans l'en avoir prévenu et qu'il a fait aussi des ouvertures en direction du CÉRÈS. Grosse colère du maire de Lille qui menace : « Si Mitterrand conclut un accord à Metz avec le CÉRÈS, moi j'en ferai un avec Rocard. » La méfiance s'installe.

François Mitterrand ne s'arrête pas pour si peu. Il charge Paul Quilès, un polytechnicien froid et méthodique, de travailler les fédérations en vue du congrès. Et pour l'assister il désigne Jean Auroux, Henri Emmanuelli, Christian Nucci. Tous les jeudis, en outre, une cellule de travail se réunit rue de Bièvre : il y a là, autour du fidèle Georges Dayan, Pierre Bérégovoy, Jacques Attali, Pierre Joxe, Laurent Fabius, Paul Quilès. Des hommes que la plupart des Français ne connaissent pas, ou peu, mais qui deviendront célèbres quand François Mitterrand les paiera de retour en 1981… ou 1984.

Tout cet aréopage a vite fait de répandre dans le parti le bruit que « la candidature Rocard est voulue par l'Élysée pour diviser le parti socialiste, qu'elle fournit à Giscard un adversaire dont il n'aura aucun mal à venir à bout ». C'est à qui tapera le plus fort sur le député des Yvelines. Le 23 novembre, Gaston Defferre, président du groupe à l'Assemblée nationale, déclare à France-Inter : « Le discours de Rocard ressemble à celui de l'inspecteur des finances qui parle des équilibres du budget. Si c'est pour faire cette politique-là, il y a Messieurs Barre et Giscard d'Estaing. Cette politique rappelle étrangement celle que faisait Pierre Laval. » Douloureux, Rocard dénoncera cette calomnie politique.

François Mitterrand, lui, se sent revivre. Il attaque : il aime ça. Il ironise sur ceux qui, « comme d'autres cultivent le cannabis, cultivent les états d'âme, petite drogue douce et délétère ». Il a repris son tour de France. Il va courtiser les vieux de la vieille SFIO, Notebart, Ernest Cazelles, Jacques Piette, Claude Fuzier. Il impose des verrous, bétonne son camp.

1. Texte de prise de position préparatoire au congrès.

Résultat : le 20 décembre 1978, Mauroy et Rocard signent une « contribution » commune. Elle regroupe quatre cents signatures, dont celles de Jean-Pierre Cot, que François Mitterrand avait, à son arrivée au PS, couvé de son aile, et Françoise Gaspard, la jeune maire de Dreux. François Mitterrand n'apprécie pas du tout. Il lance en tempêtant sa traditionnelle menace : « Si je ne gagne pas au congrès de Metz, je serai démissionnaire. » Et voilà qu'une « gaffe de Rocard » avive encore les passions. Au cours de l'émission télévisée *Cartes sur table*, il lâche : si nous l'emportons en avril (au congrès), Pierre Mauroy sera le premier secrétaire (sous-entendu : et moi je serai candidat à la présidence). Dès le lendemain, c'est la lutte au couteau. Les mitterrandistes ont beau jeu de dénoncer l'opération menée contre leur chef. Et ils ne s'arrêtent pas en si bon chemin : ils qualifient Michel Rocard de traître. Les rocardiens, eux, stigmatisent François Mitterrand, monarque vieilli, symbole de l'impuissance et de l'incompétence économique.

Leur offensive change l'arithmétique socialiste : Jean-Pierre Chevènement devient un allié indispensable pour François Mitterrand si celui-ci veut l'emporter à Metz. Le député de Belfort se laisse vite convaincre : à ses yeux, l'alliance Rocard-Mauroy correspond à une offensive droitière sous-tendue par l'analyse que « le capitalisme traverse une simple crise d'adaptation qui ne met nullement en cause son existence[1] ». On l'aura compris, c'est par pureté doctrinale que le CÉRÈS rejoint le courant A. « Je suis probablement dans la gauche française l'un des hommes qui ont le plus combattu la social-démocratie », plaide Michel Rocard à France-Inter. Au moment où tout le monde le prend pour un social-démocrate. Et c'est ce qui fait son charme, justement.

De part et d'autre, on recense les amis. Si la contribution de Michel Rocard et Pierre Mauroy est signée par 400 responsables, 39 députés et 10 sénateurs, l'appel des partisans du premier secrétaire recueille 500 signatures, 39 députés, 13 sénateurs. Celui du CÉRÈS, 6 députés, 3 sénateurs et 36 membres du comité directeur.

Habile, le 19 janvier à Arras, François Mitterrand déclare : « Je renoncerais à être candidat aux présidentielles si cela devait sauver l'unité du parti. » Réponse ingénue de Michel Rocard le 10 février 1979 sur RTL : « Si François Mitterrand est candidat aux élections présidentielles, je ne le serai pas. » Et, pour se ménager les bonnes grâces de ses camarades marxisants, il précise : « Je ne suis pas

1. *Le Monde* du 4 janvier 1979

du tout anti-étatiste… » Ses conseillers s'arrachent les cheveux par touffes entières.

Le congrès de Metz est celui de la haine. Pour la première fois, François Mitterrand est hué à son arrivée. L'affrontement entre lui et Michel Rocard prend la forme scolastique d'un débat sur les deux cultures qui coexistent au sein du socialisme français[1]. À la tradition jacobine et centralisatrice s'opposerait une sensibilité décentralisatrice et autogestionnaire. « Tout passe d'abord par la transformation du régime économique, ce qui pose en termes clairs le problème de la propriété », dit le premier secrétaire. Michel Rocard rappelle, lui, qu'il faut tenir compte des lois du marché. Les amis de François Mitterrand lui rétorquent qu'il « surestime les contraintes économiques ». Personne n'est dupe derrière le choc des idées ; il s'agit d'un duel à mort de deux personnes qui veulent le même poste.

Celui qui porte l'estocade est le damoiseau Laurent Fabius. Sa pile de diplômes l'autorise à trancher : « Entre le Plan et le marché, il y a nous, le socialisme », une formule bien vague, mais qui signifie quelque chose de tout à fait précis. Rocard est battu et le courant A est vainqueur. En l'écoutant, François Mitterrand semble avaler une gourmandise.

Les jeux sont faits. Le premier secrétaire gagne son congrès, grâce au CÉRÈS qui revient dans la majorité. Pierre Mauroy, qui avait tant prêché pour la synthèse (il voulait réconcilier les inconciliables), et Michel Rocard entrent dans la minorité.

Peu après, et sans qu'on puisse établir de lien formel entre les deux événements, le PS, aux élections européennes, perd son titre de premier parti de France. Avec 23,53 % des suffrages, il est devancé par l'UDF qui en obtient 27,6 %.

Après l'entracte de l'été, le combat reprend car l'enjeu est toujours là : la candidature à l'Élysée. Et l'échéance approche. François Mitterrand s'interroge, sa cote s'affaiblit. Le 30 septembre, il déclare : « C'est seulement à partir du moment où cesseraient contre moi les insultes que je me demanderais si je sers encore. Tant qu'elles dureront, je pense que l'heure de ma retraite n'est pas venue. » Une autre fois, à l'émission *Cartes sur table*, il s'écrie (complexe de persécution ?) : « Je gêne beaucoup de gens, le pouvoir en place avec tous les moyens dont il dispose, une grande partie de la presse écrite, Georges Marchais, des organes de presse qui se réclament de la

1. Un débat dont les termes prêteraient aujourd'hui à sourire.

gauche, voire les États-Unis ou Moscou, mais cela me plaît, j'ai la conviction que je mène une bonne politique. »

Les sondages en tout cas font toujours les yeux doux à son adversaire. À les en croire, Michel Rocard serait le meilleur candidat à la présidence de la République. François Mitterrand tente de contre-attaquer en lançant à six mille militants réunis porte de Pantin : « Est-ce que vous croyez que ce sont les sondages qui vont faire la politique du PS ? Les camarades qui reçoivent une popularité doivent être respectés. Mais il ne faut pas que les socialistes se laissent dicter de l'extérieur les décisions qu'ils ont à prendre. » Ses amis font chorus : « Le PS ne se laissera pas influencer par les sondages », peste Paul Quilès. Louis Mermaz affirme que les sondages « sont la plus grande supercherie jamais rencontrée dans l'histoire de la Ve République ». Et ainsi de suite. Ils ont beau faire, ils ont beau dire, bien des gens croient à ces affreux sondages. Au point que certains notables mitterrandistes commencent à changer de camp pour rejoindre le député des Yvelines.

En septembre 1980, les amis du premier secrétaire le pressent de s'engager plus avant. « Vous n'avez pas le droit de ne pas être candidat, ne serait-ce que pour l'avenir du parti. » Mais il répond, impavide : « Avant l'heure, c'est pas l'heure. »

Le 19 octobre, patatras ! Michel Rocard, tendu et crispé comme jamais, annonce sa candidature à la candidature depuis sa mairie de Conflans-Sainte-Honorine. « Il a raté son coup », commente la presse pour une fois réticente. « Il a fait sa déclaration de Chamalières », raillent, soulagés, les mitterrandistes. Mais c'est peu de dire qu'ils n'apprécient pas. Le 23 octobre, sacrilège… Rocard tient même une réunion à… Épinay, où des militants crient : « Rocard, président ! » C'était comme si Calvin avait voulu prêcher à Saint-Pierre de Rome.

François Mitterrand, lui, se tait. Mais trop, c'est trop. Claude Estier, qui le connaît bien, dit aujourd'hui : « Je suis certain que la façon dont Michel Rocard a annoncé sa candidature à la candidature a déterminé François Mitterrand à se présenter. » Toujours le même réflexe : chaque fois qu'un ennemi ou un rival s'avance, François Mitterrand rebondit.

Le 26 octobre, à Marseille, il dit : « Si les militants me le demandaient, je serais candidat. » Le courant A, c'est-à-dire ses amis, contrôlant la majorité des fédérations, les militants ne vont pas tarder à le lui demander. Michel Rocard, comme il l'avait promis, s'incline et s'efface. Il n'a pas le choix. Et celui qui était si décrié, rejeté par les sondages et les Français, va entrer à l'Élysée. Parce qu'il profitera de la conjoncture et de la faiblesse de l'adversaire. Parce que, bien conseillé, il saura faire de ses handicaps autant d'atouts : son âge et son passé le feront apparaître comme un homme d'expérience, son autoritarisme sera présenté comme un signe de caractère, son ambiguïté mystérieuse deviendra sérénité. Il limera même ses dents pour rassurer.

Le 10 mai 1981, François Mitterrand est élu président de la République. Il devrait remercier Michel Rocard. Mais c'est bien la dernière idée qui lui viendrait à l'esprit. L'ingratitude est le propre des princes. Même étrangers.

L'alliance avec le diable

Aux plus beaux jours de l'Union de la gauche, les amis de François Mitterrand le clamaient : « Plus anticommuniste que lui, disaient-ils, ça n'existe pas, ses sentiments n'ont pas varié. » Et pourtant, l'union avec le PC, il l'a voulue, il l'a pratiquée. Il a fait sortir le parti de son ghetto et il a ouvert à quatre de ses représentants l'entrée des palais ministériels.

Dès le début des années soixante, il l'avait compris : pour faire tomber de son socle l'homme du 18 Juin, il devrait rallier à lui, sans faire trop le difficile, tous les adversaires du gaullisme. La loi électorale, le scrutin majoritaire – pour lequel il avait tant lutté sous la IVᵉ – accentuant la bipolarisation rendaient presque inévitable l'union avec le PC.

La seule justification de ce mariage étant la conquête du pouvoir, la satisfaction d'un dessein personnel, on pourrait trouver dans l'attitude de François Mitterrand la marque d'un cynisme peu ordinaire et la qualifier de péché mortel. Mais, en même temps, chercher à réduire l'influence du Parti communiste – comme ce fut toujours son dessein –, voilà qui mérite l'indulgence plénière.

François Mitterrand est à la fois celui par qui les communistes sont revenus au pouvoir pour trois ans et celui qui a contribué[1] à leur faire subir le plus cruel déclin de leur histoire. Qui s'attache à l'analyse de son caractère ne peut trouver meilleure illustration de sa dualité.

1. Contribué seulement : les dirigeants communistes, recroquevillés dans une vision passéiste de la société française, engoncés dans leur idéologie, maladivement attachés à l'URSS, compromis par l'échec du modèle soviétique, par les campagnes poujadistes et par une ribambelle de reniements moins choquants que visibles, y ont eux-mêmes beaucoup aidé. D'autant qu'ils ont multiplié, on va le voir, les erreurs tactiques.

Au départ, l'occasion fait le larron.

En 1965, le PC cherche à changer à la fois d'image et de stratégie. L'époque thorézienne vient de s'achever : l'inamovible Fils du Peuple est mort l'année précédente. Une cure de déstalinisation est en cours. Le parti veut rentrer dans le jeu politique. Il sait désormais que la Ve République est faite pour durer et il a compris qu'une opposition solitaire serait inefficace. Il recherche une sorte de brevet d'honorabilité républicaine : il pense qu'une alliance avec le Parti socialiste va le lui fournir. Les dirigeants communistes ne voient guère de risques à l'opération. Leur parti est fort, bien implanté, très structuré, celui des socialistes est exsangue : dans ce duo, il donnera le ton, sans difficulté.

François Mitterrand, lui, comprend dès le départ que l'union avec le PC pourrait, au contraire, affaiblir l'appareil communiste et renforcer le courant socialiste.

Un pari audacieux. Ils sont peu nombreux à l'époque, à gauche comme à droite, ceux qui se hasardent à miser sur son succès. Beaucoup jugent même le député de la Nièvre téméraire, imprudent, fanfaron. Mais il n'en démordra pas. En juin 1972, après la signature du Programme commun de la gauche, il confie à son ami Patrice Pelat : « Un jour, les Français me remercieront de les avoir débarrassés du Parti communiste. »

Il n'en démordra pas et les faits sembleront lui donner raison : à l'aube de la Ve République, le PC obtient encore de 20 à 22 % des voix, tandis que la SFIO régresse jusqu'à 11 % ; en 1984, le rapport des forces au sein de la gauche s'est exactement inversé. François Mitterrand a peut-être même trop bien atteint son but, de son point de vue : le PC a tant régressé que la gauche est devenue nettement minoritaire.

Dès le départ, il est vrai, la direction du PC a commis une faute grossière : en ne présentant pas de candidat au premier tour de l'élection présidentielle de 1965, elle a fait du Parti socialiste le bénéficiaire naturel de l'unité. L'Union passant par la candidature unique de François Mitterrand, le PC a laissé échapper ses voix au bénéfice du partenaire socialiste. Et donné, du coup, de mauvaises habitudes à ses électeurs. Le proverbe ment, qui assure que le premier pas est seul à coûter. Le second est aussi onéreux. En 1974, même mécanique, même résultat. Symboliquement, le PC a admis que dans l'Union de la gauche il était le numéro deux, la force d'appoint, le tender et non la locomotive.

Engrenage infernal. Georges Marchais s'écriera au lendemain de l'élection présidentielle de 1974 : « En 1981, nous aurons notre candidat. » Trop tard. Il fallait comprendre dès la première fois.

Deuxième erreur : la signature du Programme commun. Après 1965, Waldeck Rochet n'a eu de cesse d'obtenir des socialistes la rédaction d'un contrat de gouvernement en bonne et due forme. François Mitterrand, qui gardait l'œil rivé sur la ligne bleue de l'Élysée, avait averti ses nouveaux camarades dès le congrès d'Épinay : « Il n'y aura pas d'alliance électorale s'il n'y a pas de programme électoral. Il n'y aura pas de majorité commune s'il n'y a pas de contrat de majorité. Il n'y aura pas de gouvernement de gauche s'il n'y a pas de contrat de gouvernement. » Mais il faisait comme si… comme s'il n'était pas d'accord. Toute l'ingéniosité du premier secrétaire aura consisté à cette époque à musarder et à laisser croire à ses futurs partenaires qu'il rechignait. Selon les semaines et les jours, il avançait le pied avec précaution, comme le baigneur qui craint d'entrer dans une eau glacée, puis le retirait vite en faisant la grimace et enfin, feignant de prendre son courage à deux mains, y revenait avec lenteur, mais chaque fois davantage. Un curieux ballet nautique qui enchantait le partenaire communiste et le confortait dans l'idée qu'il allait noyer et piéger l'allié socialiste.

Finalement, ce Programme commun est adopté dans la liesse : les socialistes ont cédé sur quelques nationalisations supplémentaires, une brassée d'avantages sociaux en tout genre, et les communistes ont bien voulu, à propos de l'alternance, laisser aimablement le dernier mot à l'électeur. Mais le contenu exact passionne assez peu l'un et l'autre partis. Jean Poperen, à la fois acteur important et observateur avisé, le relève sur l'instant : « La vertu du Programme commun est moins son contenu technique que sa signification politique[1]. » Certes !

L'important, c'est que ce texte donne au PC un brevet de citoyenneté, au PS un certificat d'appartenance à la gauche.

Pour le reste, c'est seulement un mariage blanc. Point question de sentiment. Chacun ne songe qu'à la dot de l'autre. Deux jours à peine après la signature, François Mitterrand s'écrie cyniquement à Vienne, en Autriche, devant le jury soupçonneux de l'Internationale socialiste : « Notre objectif fondamental, c'est de construire un grand Parti socialiste sur le terrain occupé par le Parti communiste, afin de faire la démonstration que sur les cinq millions d'électeurs

1. Philippe Alexandre, *Le Roman de la gauche*, *op. cit.*

communistes trois millions peuvent voter socialiste. » L'Union est plus qu'un combat, une compétition.

Au même moment, mais on ne le saura que trois ans plus tard, Georges Marchais, tout nouveau secrétaire général en titre du PC, qui présente un rapport secret devant le Comité central, met en garde ses camarades : « Quant au fond, l'idéologie qui anime le PS est et reste absolument réformiste [...] les traits permanents du PS sont, au-delà de la volonté réelle ou non de promouvoir des réformes sociales et démocratiques, la crainte que se mettent en mouvement la classe ouvrière et les masses, l'hésitation devant le combat de classe face au grand capital, la tendance au compromis avec celui-ci et à la collaboration des classes. Ces traits n'ont pas été estompés depuis le congrès d'Épinay[1]. » Quand on s'épouse avec de tels sentiments réciproques et qu'on a des témoins pour le prouver, on peut faire reconnaître la nullité de son mariage en Cour de Rome.

Ainsi engagée, l'Union ne peut être que querelleuse et fragile. Pendant deux ans pourtant, de 1972 à 1974, le PC semble jouer le jeu. Les élections législatives de 1973 l'ont plutôt encouragé : si le PS progresse, le PC se redresse. La vague de Mai 68 ne lui avait laissé que trente-trois députés ; le scrutin de 1973 lui en assure quarante de mieux.

En 1974, la mort de Georges Pompidou prend tout le monde de court. Georges Marchais se sent trop frais encore, trop débutant, pour se risquer dans la compétition. François Mitterrand est donc de nouveau candidat et le PC est un bon partenaire. Mieux que bien. Entre les deux tours, le secrétaire général du PC convoquera Claude Estier, qui a toujours entretenu de bonnes relations avec les communistes, pour lui dire : « Nous ne voulons pas gêner François Mitterrand, nous serons discrets à propos des postes ministériels. » Et quand l'ambassadeur de l'URSS, Tchervonenko, se rend au domicile de Valéry Giscard d'Estaing pour bien marquer où vont les préférences de Moscou, le Parti communiste, vraiment peiné, se fâche tout rouge.

Las, las, las ! Dès le lendemain de cette presque victoire, or voit bien qui, à gauche, en tire bénéfice : six élections législatives partielles sont organisées à l'automne. Cinq fois sur six, le PS est en tête avec une progression de voix foudroyante : de 10 à 15 % ! Et dans la sixième circonscription, la seule ou le PC arrive en tête – c'est en Dordogne –, son candidat Yves Perron se fait battre au deuxième tour, faute d'un bon report des voix socialistes. De quoi enrager.

1. Cité par Étienne Fajon dans *L'Union et le Combat.*

Cette fois, il n'y a plus de doute. L'Union profite à qui incarne la gauche. Le bureau politique fait ses comptes : puisque décidément les candidats PS progressent au détriment du PC, l'Union cesse d'être le salut pour devenir l'enfer. De ce jour elle est condamnée. *L'Union de la gauche a cessé de vivre dès cette fin de 1974.*

Comme toujours (mais on n'y prête jamais assez attention), les dirigeants du parti annoncent la couleur. En novembre, Roland Leroy explique à Limoges : « Il y a au nom d'un prétendu rééquilibrage de la gauche une attitude qui vise à affaiblir les positions du PC et qui rejoint ainsi les plans du grand capital. » À quelques semaines de différence, Georges-Marchais tonne à Vitry-sur-Seine : « Nous ne saurions être réduits à un rôle de force d'appoint », et Pierre Juquin, toujours zélé, dénonce « certaine convergence entre les plans de la bourgeoisie et les desseins du PS ».

François Mitterrand, le 8 novembre, dans un discours prononcé au PLM Saint-Jacques, répond : « Vous n'avez aucune raison de douter de vous-mêmes, le PS n'a pas besoin de béquilles. La qualité de l'Union tient à la force tranquille et conciliante à l'égard du PC. » Autrement dit, dès cette époque le leader socialiste agit sans trop se préoccuper de l'état-major communiste, mais n'oublie pas de s'adresser aux électeurs communistes.

La canonnade du PC se poursuivra pourtant durant toute l'année 1975. Les élections cantonales de 1976 confirment le maléfice : le Parti socialiste s'envole vers les sommets tandis que le PC s'embourbe. Et alors que les électeurs communistes observent une discipline exemplaire, les électeurs socialistes manifestent une fâcheuse propension pour la pêche à la ligne dès qu'on leur demande de voter pour un candidat communiste.

Si la rupture n'est pas consacrée, c'est que les élections municipales de 1977 approchent et que le mode de scrutin pousse à l'union ! Le PC se fait soudain tout doux. Le PS, soulagé, se laisse apprivoiser, impose des listes uniques à ses élus les plus récalcitrants. Résultat de cette rémission, le PC enlève vingt-deux villes de plus de trente mille habitants. Voilà qui est toujours bon à prendre, notamment pour ses finances. Le CÉRÈS de Jean-Pierre Chevènement, cœur sur la main, lui fait même le cadeau de Reims et de Saint-Étienne.

Mais la rémission ne dure pas. À peine les nouveaux maires installés dans leurs hôtels de ville, la polémique reprend. Les socialistes sont accusés de tous les maux, ils trahissent le Programme commun, ils virent à droite. *L'Humanité* publie fort opportunément un chiffrage détaillé (et lourd, ô combien !) du Programme commun à la veille d'un débat qui oppose à la télévision François Mitterrand à Raymond Barre. Autant de munitions qui permettront à celui-ci, gros chat jouant avec une souris, de l'emporter aisément sur son adversaire. Lequel, ulcéré de faire figure d'étudiant recalé par un professeur patelin, vouera désormais à l'examinateur une animosité persistante. Là-dessus, et comme par hasard, le 3 juillet à Châtellerault, lors d'une élection cantonale partielle, la jolie Édith Cresson mord la poussière faute d'un bon report des voix communistes. La fédération locale a fait ce qu'il fallait.

Tout l'été, la polémique se poursuit.

Le PC lève un nouveau lièvre. Il exige une réactualisation du Programme commun en matière économique. Loin de modérer le Programme en raison de la crise, il veut au contraire le durcir de façon presque provocante : il demande des nationalisations par poignées et des avantages sociaux comme si on entrait dans une phase de croissance à la japonaise. François Mitterrand négocie de son mieux, lâche ici pour tenter de résister là, passe quelques nuits blanches. Il a beau dire, il a beau faire, le PC ne veut pas aboutir. C'est la rupture. Et qui plus est, elle intervient en direct à la télévision pendant le journal de 20 heures.

La gauche peut bien passer pour favorite avant les élections législatives de 1978, le PS peut bien se voir crédité par les sondages de scores mirobolants (jusqu'à 30 %), le PC va, avec un zèle de tous les instants, s'appliquer à tout gâcher. Et cette zizanie chronique suscitera chez les électeurs le grain de scepticisme indispensable pour empêcher la victoire. Résultat : contre toute attente, la majorité sortante garde le contrôle de l'Assemblée nationale.

Un score qui fait au moins deux heureux : Valéry Giscard d'Estaing en conclut qu'il ne peut être battu en 1981 ; le PC, que François Mitterrand ne peut être élu à l'élection présidentielle.

Pendant trois ans, la désunion de la gauche sera célébrée chaque semaine par une petite phrase en forme de flèche empoisonnée. Lionel Jospin conclut : « Le PC veut empêcher l'avènement d'un gouvernement de la gauche en France. » On ne saurait mieux dire.

Si les communistes pensent que cela va amener François Mitterrand à renoncer, c'est qu'ils le connaissent mal. Après la défaite de 1978, il assure encore : « Je n'ai pas de jugement sur Georges Marchais, il a été l'expression de la volonté collective de la direction du PC et peut-être de la stratégie du communisme international. Je crois que c'est le peuple français qui aura le dernier mot. Il ne sera pas possible au PC de mener une opération qui, après avoir détruit les chances de la gauche en 1978, finira par le détruire lui-même. » Autrement dit : « Je continue… »

En 1981, la campagne du PC sera particulièrement malveillante à l'égard de François Mitterrand. Georges Marchais ira jusqu'à dire qu'il est encore plus à droite que Valéry Giscard d'Estaing. Le 5 mars, Charles Fiterman, qui sera ministre trois mois plus tard, déclarera devant les secrétaires fédéraux du parti : « Mitterrand ne propose pas de politique nouvelle, ses positions convergent avec la politique de la droite. » Mais comme chacun le sait, c'est le candidat socialiste qui l'emporte tandis que le secrétaire général du PC n'obtient qu'un score humiliant : 15,3 % des voix. Il est quatrième, Mitterrand premier. Jour de deuil pour la place du Colonel-Fabien.

Après les élections législatives, il faut même boire le calice jusqu'à la lie. Puisque les événements échappent au PC, il feint, sinon d'en être l'organisateur, du moins de les contrôler. C'est ainsi que quatre ministres communistes vont faire leur devoir trois années durant. L'électorat communiste s'est montré trop unitaire pour que la direction puisse résister au courant. Après un simulacre de négociation, le bureau politique donne la comédie de la participation.

Les premiers temps sont doux. Les socialistes ouvrent les vannes, chargent le bateau France de cadeaux coûteux. On s'endette, on dévalue, on déséquilibre les finances publiques, on distribue les fruits d'une croissance introuvable, on fait croire au bon peuple qu'on peut travailler moins et vivre mieux en pleine tourmente internationale. Bref, on met en œuvre tout ce à quoi devait conduire ce « bon Programme commun bien réactualisé » que réclamait sur tous les tons Georges Marchais.

Et puis, patatras ! La « pause », c'est-à-dire la rigueur socialiste, vient interrompre brusquement ce mauvais vaudeville. Le PC s'inquiète, proteste, mais reste sage. « Nous voulons rester au gouvernement », scandent à tout propos ses porte-parole… Jusqu'à la fin de la législature et, pourquoi pas, du septennat. Jusqu'aux élections municipales et européennes, plutôt. Le PC espère au moins bénéficier de sa participation ministérielle pour conserver ses bastions municipaux et démontrer qu'il est en train d'esquisser l'« amorce » d'une remontée, car ses dirigeants sont persuadés que 15 % des voix sont un seuil minimal qui ne correspond pas à l'audience réelle du parti.

La vérité est beaucoup plus cruelle. Le PC perd les municipalités gagnées en 1977. La découverte de fraudes et d'irrégularités diverses l'oblige à en abandonner une dizaine de plus. Son image de marque paraît bien écornée. À l'élection européenne, avec 11 % des voix, il retrouve son score… de 1928.

L'Union l'a desservi, la désunion l'a affaibli, la polémique l'a diminué, la participation l'a dévalorisé. Il ne lui reste plus qu'à s'enfermer derechef dans sa citadelle lézardée. Avec l'espoir de se refaire des forces dans l'opposition.

Encore si l'alliance avec le PS et l'expérience l'avaient changé. Certes, il n'emploie plus le même langage. Comme le faisait remarquer François Mitterrand lui-même[1], il est fini le temps où un Maurice Thorez pouvait écrire froidement : « Sinistre Blum, rusé politicien, tartuffe immonde, hideux d'hypocrisie jusqu'à donner la nausée à ceux qui doivent l'approcher non sans répulsion, canaille politique, ses contorsions et ses sifflements de reptile répugnant, le chacal Blum, le gredin, le pourvoyeur des prisons et des bagnes, le mouchard Blum. »

À côté d'un tel torrent d'injures, Georges Marchais semble l'urbanité même.

Elle est loin aussi l'époque où les Jeunesses communistes placardaient sur les murs de Paris (après la Libération) des papillons ainsi libellés : « La France n'est que notre pays, l'URSS est notre patrie. » Les dirigeants communistes d'aujourd'hui n'invoqueraient plus, comme Étienne Fajon, la « solidarité inconditionnelle avec l'URSS » et n'écriraient plus, comme André Wurmser (en 1957) : « Tout homme a deux patries, la sienne et puis l'Union soviétique[2]. »

Voilà pour le langage. Et le fond ? Le PC a changé puisqu'il accepte (en gros sinon en détail) les institutions de la Ve République, le Marché commun (dans son principe sinon dans ses modalités), la force de frappe (tant qu'elle n'est pas trop puissante), l'alternance et même la renonciation au mythe de la dictature du prolétariat. Mais qui croit, sur tous ces points, à son absolue sincérité ?

Et qui croirait qu'il soit tout à fait indépendant de Moscou ? François Mitterrand, tout « allié » qu'il fût, écrivait en 1978 : « Les décisions prises à Paris par la direction du PC français correspondent le plus souvent aux données d'une stratégie mondiale dont le "la" est fourni par Moscou. » Sur l'affaire des euromissiles, l'Afghanistan, la Pologne, bref en dix ou cent occasions, le Parti communiste adopte des positions qui plaisent fort aux gérontes du Kremlin. Et qui croirait, enfin, qu'il ait changé sa manière d'être ? Le « centralisme

1. Dans *La Paille et le Grain*, *op. cit.*
2. Cité par Georgette Elgey dans *La République des illusions*, *op. cit.*

démocratique » continue de régner. Le secrétaire général et son clan mettent toujours les autres au pas.

Bref, si François Mitterrand, aidé par les circonstances et les communistes eux-mêmes, est parvenu à réduire – pour l'instant – leur influence, il n'a pas réussi à faire changer la nature de ce parti léniniste (et d'ailleurs il n'avait jamais prétendu qu'il y parviendrait).

En revanche, dans la corbeille de mariage, il a dû lui-même placer quelques cadeaux assez onéreux. Sans le PC, le Parti socialiste n'aurait jamais adopté un projet aussi radical, il aurait montré moins de goût pour les nationalisations, il ne se serait pas cru contraint à un perpétuel double langage, parfois libéral et plus souvent collectiviste, parfois autogestionnaire et plus souvent étatique, parfois tiers-mondiste et plus souvent atlantiste, parfois revanchard et parfois réaliste.

Surtout, les ministres communistes, pendant leurs trois années de passage au pouvoir, ont installé ici et là des hommes – des hommes de qualité, de leur point de vue – pour peser, surveiller, contrôler. Et, plus encore, ils ont mis en place, notamment dans les entreprises nationalisées, les mécanismes qui confèrent à leur parti, et surtout à la CGT, puissance et argent[1].

Un prix élevé donc.

En échange, il est vrai, François Mitterrand a trouvé dans la corbeille de mariage le cadeau de ses rêves : l'Élysée.

1. Cf. le livre de Denis Jeambar, *Le PC dans la maison*, Paris, Calmann-Levy.

ÉPILOGUE

D'un François l'autre

Ce livre se termine au moment où l'endurant pèlerin d'un interminable désert atteint, à son ultime tentative, son oasis : l'Élysée. En trois années il est apparu sous deux jours différents : comme le noir et le rouge cohabitent en François Mitterrand, deux présidences ont déjà coexisté en une seule. Le président est un homme double, son action aussi. Les deux voies successives choisies par lui – 1981-1982, 1982-19.. ? – diffèrent tant qu'on jurerait qu'il a, par courtoisie suprême pour l'auteur, voulu illustrer son propos.

En pénétrant dans le Panthéon, une rose à la main, le 21 mai de l'an de grâce 1981, François Mitterrand portait sur le visage deux masques contrastés : celui de la joie qui, en ce soir de victoire, l'enivrait, celui de la gravité qui, en ce début de mandat, l'étreignait.

S'il se méfie des autres, il n'est pas homme à douter de lui-même. Cette charge qu'il avait voulue de toutes ses forces, de toute son énergie, il s'en sentait digne. Il se savait porté par un vaste courant populaire, il avait un programme, il allait l'appliquer, il rêvait au sillon qu'il tracerait, à l'image qu'il laisserait dans l'Histoire. La France au bois dormant allait se réveiller et avec elle tout un peuple oublié : les arrière-petits-enfants de la Révolution de 1848, les petits-enfants de la Commune et les enfants du Front populaire allaient retrouver, grâce à lui, l'espoir, le bonheur, la dignité.

L'auteur s'étant au long des pages de ce livre efforcée de respecter le réel et la vérité des faits et des mots, le lecteur voudra bien lui permettre d'imaginer ceci : allant de tombe en tombe, selon un itinéraire minutieusement balisé, le président avait en poche une feuille de papier soigneusement pliée. Jacques Attali, miroir de son histoire, y avait inscrit quelques lignes brèves : celles qui figureraient dans les dictionnaires et les manuels dès le début du XXIe siècle :

« François Mitterrand, né à Jarnac le 26 octobre 1916. Président de la République de 1981 à 1995. Premier socialiste élu chef de l'État au suffrage universel direct. Son mandat devait marquer une étape décisive dans l'histoire de France : la rupture avec le capitalisme, le déclin de la bourgeoisie, la marginalisation de la droite. La participation du Parti communiste au pouvoir allait lui permettre d'instaurer un socialisme de troisième type dont le succès devait inspirer plus tard de nombreux pays d'Europe et du tiers-monde. Son passage à la tête de l'État devait coïncider avec la renaissance du parlement, l'extinction du paupérisme, la réduction du chômage, la généralisation de l'autogestion. Cette “autre logique” a redonné sa force au franc et son rang à la France. »

L'ambition initiale du nouvel élu était sûrement celle-ci : marquer l'Histoire du sceau socialiste.

L'installation au pouvoir du président Mitterrand bénéficie pour commencer d'un état de grâce éblouissant, perceptible bien au-delà des frontières du peuple de gauche : en juin 1981, 74 % des citoyens se déclarent satisfaits de son élection. Bien plus de deux Français sur trois : de quoi désespérer Chamalières ! Les Français aiment la nouveauté, les peuples civilisés ont besoin de changer d'air et de renouveler leur musée Grévin politique.

Dans cette France qui est la cinquième puissance économique du monde, la générosité socialiste déverse tout d'abord ses bienfaits. Les recettes de 1936 sont prestement ressorties du grenier. On augmente le SMIC, les pensions, les allocations, on réduit la durée du travail (trente-neuf heures payées quarante, le président y tient contre son Premier ministre !), on accorde une cinquième semaine de congés, on abaisse l'âge de la retraite. Je dépense donc je suis : ainsi sont-ils, les socialistes en cette année de grâce. « Je ne suis pas le ministre des Comptes », lance avec superbe la bonne Nicole Questiaux, ministre d'État de la Solidarité nationale. On s'attelle sans tarder à labourer le champ des réformes. La nationalisation, thérapeutique reine, inaugure ce que Pierre Mauroy appelle le « socle du changement ». L'État, l'État partout, devient le lien naturel de l'intérêt général et du bonheur individuel.

Pierre Mauroy ? Il est tout le contraire d'un ayatollah du marxisme. Cet homme chaleureux sait, depuis son enfance en terre ouvrière du Nord, que socialisme rime avec affectivité et bonheur. « Mon fils, lève ta casquette devant l'ouvrier qui passe », lui conseillait son instituteur de père qui l'autorisa à adhérer aux Jeunesses socialistes en récompense de son succès au baccalauréat. Affable, généreux, volubile, le Premier ministre incarne la première phase du septennat. Défile dans ses discours, Histoire et politique mêlées, une France en images d'Epinal roses, celles du *Jour se lève*, de *La Bête humaine* et de *Germinal.* Cet homme grand et fort, aux belles mains de prélat comme faites pour distribuer, se fait une certaine idée de la France : un peuple de petites gens, pauvres mais honnêtes, menacés par les gros[1].

Hélas, l'économie n'a pas de cœur. Elle ignore les grands sentiments, elle ne connaît que les chiffres et bientôt ils sont tous mauvais. Les déficits se creusent, l'endettement grimpe à en donner le vertige. Les Français qui chantaient hier bougonnent maintenant. Le chômage comme une hydre veut étouffer la gauche.

Alors François Ier s'éclipse. François II lui succède. L'un travaillait pour marquer l'Histoire, l'autre gouverne pour achever du mieux possible son mandat. On change radicalement de cap. On adulait l'État, on décrète que désormais il faut réduire sa place. On alourdissait les prélèvements, on exige leur allégement et en se fâchant. On avait mis les entreprises sous surveillance, on veut leur rendre la liberté. On embauchait des fonctionnaires, on supprime des emplois publics. On réformait, on gère. On changeait, on change encore. En sens inverse.

Symbole de cette métamorphose, Laurent Fabius remplace Pierre Mauroy. On aurait pu songer à Pierre Bérégovoy, à Michel Rocard, à Jacques Delors, à Louis Mermaz. Mais non. Le président nomme le plus jeune, le plus diplômé, le plus patricien, le plus ambigu, le moins socialiste, lequel se hâte d'aller expliquer à la télévision que hors la modernisation, la productivité, le travail, l'effort, la concurrence, les grands équilibres, la rigueur, oui, la rigueur, point de salut !

Elle avait commencé avant lui, mais ses pères Pierre Mauroy et Jacques Delors ne l'avaient jamais reconnue comme s'il s'agissait d'une fille adultérine. Cette fois, le droit parental est hautement revendiqué et la petite fille Rigueur entre par la grand-porte dans le cercle de famille socialiste. Les communistes se sauvent à toutes jambes en reprochant au gouvernement « de nombreuses convergences avec l'opposition de droite ».

---

1. Ainsi rêve-t-il, pour la presse (un projet qu'il présentera au congrès socialiste de Bourg-en-Bresse avec une chaleur toute particulière), de casser les empires pour ne laisser subsister que de petits journaux modestes mais vaillants aidés par l'État.

« J'aurais pu être Lénine », confiait naguère le président à plusieurs visiteurs en son palais de l'Élysée. Il avait même parfois menacé ses adversaires d'une radicalisation de sa politique. Plus sagement, il a préféré écouter ce que lui disent les sondages et les bulletins de vote. Paradoxe : le régime de François Mitterrand a converti les Français à la religion libérale. Moins d'État (y compris dans l'école), moins d'impôts, moins de lois. Trois ans de socialisme aboutissent à un accès d'individualisme. Drôle de mue.

Du coup, la politique intérieure rejoint la politique étrangère. L'arrivée à l'Élysée dans les bagages du président de Régis Debray, quelques salutations aux marxistes d'Amérique latine avaient pu semer le doute ici ou là. Il fallut vite se rendre à l'évidence : jamais partisan plus convaincu de l'Alliance atlantique n'avait gouverné les destinées de la France. Aucun chef d'État occidental ne s'est engagé plus hardiment que lui dans l'affaire des euromissiles.

Restaient les institutions en lesquelles il dénonçait un coup d'État permanent, mais il s'y coule à tel point qu'on les dirait fabriquées tout exprès pour lui. Jamais le régime n'a été si totalement présidentiel. Le parti du président est contraint à la discipline. Foin de l'idéologie : être socialiste aujourd'hui signifie d'abord aider le président à terminer son septennat.

Sans les institutions de la Ve République, la gauche n'aurait jamais pu durer au pouvoir. Avec la Constitution du général de Gaulle, elle s'y maintient. Mais en reniant son projet initial. Comme si l'alliance du socialisme avec la durée faisait virer le rouge au noir.

ANNEXES
communiquées à l'auteur par l'Élysée

Citations militaires

1. 20 JUIN 1940

EXTRAIT DE L'ORDRE GÉNÉRAL SANS NUMÉRO

Le Général de Brigade FALVY commandant la 3e Division d'Infanterie Coloniale cite

À l'Ordre de la Division

MITTERRAND François – Sergent-Chef du 23e Régiment d'Infanterie Coloniale

« Sous-officier adjoint d'un moral magnifique et d'un dévouement total. A, sans compter, payé de sa personne depuis le début de la campagne et son exemple a sérieusement contribué à maintenir l'ardeur de sa section.

Le 14 juin a été blessé à son poste au cours d'une contre-attaque en entraînant ses hommes. »

CES CITATIONS COMPORTENT L'ATTRIBUTION DE LA CROIX DE GUERRE AVEC ÉTOILE D'ARGENT.

P.C. le 20 juin 1940
Signé : FALVY

Citation homologuée par inscription au Journal Officiel du 20 février 1942 – Page 855 C.C.

EXTRAIT CERTIFIÉ CONFORME

Pau, le 14 février 1984

Le Lt-Colonel MOURET
Commandant le Bureau Central
d'Archives Administratives Militaires

P.O. Le Capitaine DESSIS

2. 1er MARS 1945

EXTRAIT DE L'ORDRE GÉNÉRAL N° 224

Le Général de Corps d'Armée KŒNIG Gouverneur Militaire de Paris cite

À l'Ordre de la Division

MITTERRAND François dit « MORLAND » – Lieutenant-Colonel des Forces Françaises de l'Intérieur – Groupe MNPGD.

« Animé du plus profond sentiment patriotique. D'une activité débordante et d'une volonté inflexible, a pris en décembre 1942 l'initiative de créer dans toute la France le Mouvement de Résistance des Prisonniers et Déportés. Par une activité inlassable et malgré les plus grands dangers, a réussi à donner un caractère national à ce mouvement. A organisé en pleine clandestinité un service de renseignements pour les Alliés. A soutenu et animé la Résistance sous les formes les plus diverses. Sabotages des voies ferrées et d'usines, coups de main, fausses pièces d'identité. »

CES CITATIONS COMPORTENT L'ATTRIBUTION DE LA CROIX DE GUERRE AVEC ÉTOILE D'ARGENT.

PARIS, le 1er mars 1945
Signé : KŒNIG

EXTRAIT CERTIFIÉ CONFORME

PAU, le 14 février 1984

Le Lt-Colonel MOURET
Commandant le Bureau Central
d'Archives Administratives Militaires

P.O. Le Capitaine DESSIS

Témoignages

1. Monsieur PIERRE LEVRARD
(Deuxième évasion)

J'avais été mobilisé au 1er Régiment d'Infanterie Coloniale de Paris comme caporal-chef. Le 10 Mai 1940, cantonnés à STERNAY, nous sommes transportés en camion en Belgique à JAMOIGNE/S/SEMOY. Le 16 Juin, je suis fait prisonnier à SOUILLY à côté de Verdun. Transféré en Allemagne j'ai été affecté à un commando qui travaillait à la construction d'une autoroute. Me prétendant malade, j'ai été transféré au Stalag IX A.

François MITTERRAND, qui appartenait au 23e RIC, était au Stalag IX C. Je ne le connaissais pas à cette époque.

Je me suis évadé pour la 1re fois le 20 Juin 1941 avec Pierre BARRIN dont je m'étais fait un ami au Stalag et qui avait la même impatience que moi d'en sortir au plus vite. Nous avions demandé à partir en commando de travail, et avions atterri à MARBURG, d'où nous nous sommes évadés dès le lendemain soir sans aucun problème.

Partis en plein été, les nuits beaucoup trop courtes ne nous permettaient pas de faire les kilomètres souhaités. Aussi, chaque soir nous avancions un peu l'heure du départ. Ce qui a causé notre perte. Au bout du 5e ou 6e jour, nous partons vers 20 heures. Il fait chaud et le soleil est encore très haut. La région, beaucoup moins boisée, nous oblige à marcher sur la route, en terrain découvert. À la sortie d'un village que nous traversons sans encombre, nous passons sur un pont. Sur les parapets, une vingtaine de garçons et filles des jeunesses hitlériennes prennent le frais. Je fais le salut hitlérien. Barrin, pas ! ce qui m'a beaucoup inquiété. Vingt mètres plus loin, marchant toujours d'un bon pas, sur la route toute nue, au milieu de la plaine, je dis à Barrin : « Maintenant, tu peux être sûr qu'ils vont nous tomber dessus ! » Une minute plus tard, un gars nous rejoint à vélo et nous demande en allemand (que nous ne comprenions pas, mais c'était parfaitement clair) de faire demi-tour et de le suivre. Sans obtempérer, nous continuons, et quelques minutes plus tard, ils sont une cinquantaine à nous rattraper, pour nous ramener au village, d'une manière très menaçante, en nous traitant de « Russes » et de « communistes ». Nous avons eu très peur, persuadés que nous allions être passés à tabac. Arrivés à la Mairie, nous avons très vite réussi à prouver au Maire, grâce à nos plaques, que nous étions bien des prisonniers français. Tout le village a défilé à la Mairie pour nous voir de près. Le Maire, très amical, nous a fait servir de la bière et de la charcuterie. Là, nous avons appris que l'armée allemande venait de pénétrer en Russie et avançait rapidement. Euphorique, le Maire nous disait : « *Krieg fertig. Zuruch Franckreich.* » Nous étions à la fois rassurés et un peu médusés de cet accueil. Le Maire nous enferme dans la grange de sa maison, et le lendemain matin, avant d'être emmenés par les soldats, nous avons eu droit au meilleur petit déjeuner de notre captivité.

Après un stop à KASSEL, où nous avons passé la nuit en prison, nous réintégrions le Stalag, pour passer devant l'officier de justice qui parlait très bien le français. Il nous dit simplement : « Vous n'avez pas eu de chance. La prochaine fois, peut-être ?… » Nous sommes restés 2 semaines dans la prison du camp et étions libérés le 9 ou 10 Juillet.

Dès le 11, nous étions, Barrin et moi, engagés à l'infirmerie. L'un, comme aide-dentiste, et moi, avec la complicité de Muet, comme pharmacien.

C'est alors que nous avons fait connaissance, François MITTERRAND et moi. Avant mon évasion, j'avais assisté à l'une de ses conférences (sur le siècle de Louis XV, me semble-t-il) et j'avais été fasciné par sa facilité d'élocution et la profonde culture qui se dégageait de ses moindres propos.

Curieusement, le feldwebel qui dirigeait les PG de l'infirmerie, et qui ne nous appréciait ni l'un ni l'autre, nous confondait systématiquement, l'appelant Levrard et moi, « Mitrand ». Ayant sympathisé, il m'a raconté sa première évasion ; je lui ai raconté la mienne.

Nous étions bien décidés, Barrin et moi, d'une part, et Mitterrand de son côté, à recommencer nos tentatives au printemps suivant, comme d'ailleurs la presque totalité des prisonniers repris lors de leur première évasion. Mais à partir de 1942, les choses étaient devenues plus compliquées, les évadés repris étant systématiquement envoyés dans des camps de représailles beaucoup plus éloignés, en Pologne ou dans l'Est de l'Allemagne.

Mais il ne serait venu à aucun de nous trois l'idée saugrenue de partir fin Novembre, en franchissant l'enceinte du camp, de nuit, ce qui n'avait jamais été fait, et ce qui n'a jamais été renouvelé par la suite. Cette enceinte barbelée était infranchissable. Les prisonniers avaient la possibilité de s'en convaincre, en se promenant de l'intérieur, le long de cette barrière. Les opportunités se sont succédées, pour nous conduire tout naturellement vers cette solution.

Nous apprenons début Novembre par Corneloup, dont les activités à l'infirmerie étaient imprécises, mais qui était cependant toujours bien renseigné, qu'un train de DU (initiales allemandes qui signifient à peu près « inapte au travail »), ferait un stop à TREYSA (la gare la plus proche du camp), pour embarquer un contingent du stalag IX A vers Paris : prisonniers malades ou blessés, ceux dépassant la quarantaine, etc.

Avec Barrin, nous pensions simplement qu'il eût été bien agréable de faire partie de ce convoi, qui serait, sans doute, mal gardé et gagnerait Paris en moins de 24 heures. La solution qui consistait à partir en commando n'était pas à envisager. On attendait toujours un certain temps pour risquer d'atterrir à 150 km de Treysa ; quant à sortir du camp : impossible !

L'idée mûrissait. L'enceinte principale épousait exactement la ligne des baraques occupées par les prisonniers et du terrain de sport. Le camp réservé à nos gardiens de tous grades était intégré dans un angle du quadrilatère formé par l'ensemble du stalag. Il n'était séparé de la route qui le longeait que d'une barrière barbelée simple, de la même hauteur que l'ensemble : environ 4 mètres.

Cette enceinte, qui comprenait également la Kommandantur, la Poste, les colis, l'économat, etc., autant de services employant dans la journée des PG qui regagnaient leurs baraques à 16 h 30. À tout hasard, nous avions interrogé un de nos camarades qui travaillait aux colis, sur l'éventualité de se cacher à l'intérieur de ce camp, en attendant la nuit. Sa réponse avait été immédiate et encourageante : « aucun problème ». Plusieurs baraques servaient de débarras divers : bois, vêtements militaires, paillasses, etc., qui étaient fermées par un loquet extérieur. C'est à ce moment que nous avons avisé de notre projet à la fois Mitterrand, Huet et Gaillard.

Restait un problème : une échelle était nécessaire pour « enjamber » la clôture qu'il était impossible de traverser. Le même camarade en trouve une dans une réserve de bois et nous propose de la sortir le 26 Novembre dans la journée, sous un prétexte quelconque, et de la laisser à terre, contre la même baraque. Si l'échelle n'avait pas bougé le matin du départ, soit 2 jours après, peu de chance qu'elle soit retirée dans la journée. Aucune raison sérieuse d'ailleurs, pour qu'un soldat allemand se soucie de cette échelle placée près d'une baraque où aucun prisonnier ne pouvait se trouver la nuit venue.

L'espoir a pris corps sérieusement quand nous avons su, à midi, que l'échelle était toujours le long de la baraque. La réussite, impossible au départ, devenait probable.

À tout hasard, nous envisagions tout de même un pépin, qui nous obligerait à abandonner le train des rapatriés. Nous partions évidemment mains et poches vides, dans des tenues équivoques, qui tenaient à la fois du PG rapatrié et du travailleur étranger. J'avais, pour ma part, le pantalon de ma première évasion, transformé en pantalon de golf, un blouson anglais kaki, une capote noire de cheminot polonais dont j'avais recouvert les boutons nickelés de tissu noir. J'avais appris à dire en allemand le strict nécessaire : demander un billet de chemin de fer de 3e classe et « je suis un travailleur italien ». Miraculeusement, cela m'a suffi pour arriver à bon port… Mais tout a capoté dès le départ, auquel il faut revenir :

Assurés que l'échelle est en place, nous partons séparément à partir de 15 h 30, et sommes enfermés les uns après les autres, dans la baraque prévue. La nuit vient vite, après que cette partie du camp ait été vidée des prisonniers qui y travaillent. L'ordre de départ est fixé d'un commun accord. Je partirai le premier en emportant l'échelle pour la mettre en place et franchir la clôture. Je devais ensuite attendre dans le fossé de la route, côté gauche à environ 500 mètres. Barrin devait suivre, et Mitterrand le dernier.

Avant cela, il faut sortir en pénétrant d'abord dans les latrines qui se trouvent en bout de baraque. Il s'agit seulement de passer au-dessus d'une poutre de bois qui la traverse dans la largeur. Mitterrand grimpe le 1er sur la poutre où il se trouve à califourchon, quand un soldat allemand sifflant et chantant vient poser culotte à 1 mètre de lui. On s'attend au pire… Mitterrand ne bouge absolument pas, et ne doit même plus respirer. Soulagement, enfin ! toujours sifflotant, l'intrus sort et s'éloigne. Nous nous remettons de notre émotion avant de sortir tous les trois sans encombre. Nous restons quelques instants dans l'ombre de la lune. Le ciel est clair et il y a des traces de neige sur le sol. Il gèle légèrement.

Je pars vers les barbelés, seul, l'échelle dans une main. Elle est toute simple, en bois et d'un poids raisonnable. Je l'appuie contre un des poteaux de soutien des barbelés, je grimpe et saute rapidement et, je crois, sans faire de bruit. Je traverse la route vers le bas-côté gauche et m'arrête comme prévu à 500 mètres environ dans le fossé. Au même moment, 1 ou 2 coups de feu, une sirène, les projecteurs et enfin les aboiements des chiens que j'imaginais déjà, lancés à mes trousses.

Tout est raté ! J'imagine mes deux camarades repris et me sens assez désespéré. Je pars en courant à travers champs, dans la direction que je pense être celle de Treysa. Je traverse un canal d'irrigation et en ressors mouillé jusqu'aux cuisses. Après une course de 2 heures, je m'arrête dans un bois, où je reste jusque vers 16 heures, pour me diriger ensuite vers Treysa qui est maintenant visible et proche.

À la tombée de la nuit, j'arrive devant la gare ; avant d'oser me diriger vers le guichet, pour une aventure que je crois bien compromise, je regarde les horaires et décide enfin de demander un billet pour GIESSEN. La petite préposée qui devait avoir 15 ou 16 ans m'a regardé, et apparemment pas convaincue, m'a demandé : « *Ausweis bitte ?* » J'ai pensé « c'est terminé », et j'ai sorti de ma poche la carte d'un club de natation de Paris, avec ma photo, en disant : « *Ich bin italienisch.* » Elle m'a répondu « *ach so gut* » et elle m'a donné mon billet. J'ai pris ce train. Il s'est arrêté 3/4 d'heure plus tard et fut envoyé sur une voie de garage. Il allait bien dans la direction de Giessen, mais s'arrêtait à Marburg. Je descends sur les voies, aperçois l'entrée de la gare devant laquelle se trouve un cheminot en noir et rouge et un soldat allemand. Je montre mon billet et répète : « *Ich bin italienisch.* » L'employé me prend par le bras, me conduit vers une banquette de la salle d'attente, près du poêle. Je me réchauffe et m'endors.

Il me réveille à 2 h 30 dans la nuit et me conduit vers un train qui se trouve arrêté en gare, en me faisant comprendre que ce train allait vers Giessen. C'est un train de troupes… ! À nouveau mon « *Ich bin italienisch* » fait merveille. Ils me font asseoir auprès d'eux, me donnent à manger, tous contents de voir mon appétit… et pour cause : je n'avais rien mangé depuis plus de 24 heures. Deux heures plus tard, c'est Giessen et nous nous séparons. Je sors de la gare. Il fait nuit et je m'arrête à la sortie de la ville, dans une sapinière où je passe la journée suivante. Vers 17 heures je reprends le train en m'arrêtant successivement à Francfort, Darmstadt, Ludwigshafen, Kaiserlautern et Sarrebruck, reprenant à chaque fois un billet qui correspondait à un parcours de moins de 50 km afin d'éviter les contrôles. Sans autre alerte.

À Sarrebruck, il me reste très peu d'argent. Avec ce qui me restait en poche, je prends un billet pour une gare forcément très proche. Je vais dans une église, demande à me confesser et j'explique ma situation. Je demande à mon « confesseur » s'il peut me changer 100 frs. Il refuse mon argent et me donne les marks nécessaires pour aller jusqu'à Metz. Je n'ai jamais pu le remercier, ne retrouvant jamais le nom de Bedingen qu'il me semblait avoir lu dans la gare.

Dans le train qui m'emmenait vers Metz, j'eus beaucoup de chance de me trouver sur la plate-forme extérieure d'un wagon où je suis seul avec une dame qui peste contre les soldats de la Luftwaffe qui occupent toutes les places assises. Je lui dis que je suis prisonnier évadé, en lui montrant ma plaque.

Elle me dit gentiment : « quand nous serons à Metz, vous m'attendrez dans le souterrain, et je vous indiquerai ensuite un compartiment où vous ferez semblant de sommeiller. Nous descendrons à Hagondange. » Arrivés là, elle me dit d'attendre quelques secondes devant le portillon pour prévenir son mari. Ils me disent que je dînerai avec eux et que je suis un de leurs neveux. Il s'agissait de Madame de M [*illisible*] et de son mari, Ingénieur aux usines Hermann Goering. Lequel, après m'avoir invité à prendre un bain, m'a donné un veston noir, car le blouson kaki anglais que j'avais sous ma capote noire n'était guère de mise auprès d'une servante appartenant aux jeunesses hitlériennes.

Après le dîner, ils m'ont conduit dans une famille très chaleureuse, les BORTEIL. Par l'intermédiaire de ces braves gens, j'ai été remis entre les mains d'une chaîne d'évasion. Trois jours après, un passeur est venu me chercher. Il me fallait une bicyclette, et chacune des trois jeunes filles de la maison voulait absolument me donner la sienne. Je suis donc parti de nuit, à bicyclette, en suivant mon passeur, pendant une quinzaine de kilomètres. Là, je devais abandonner mon vélo et attendre sous une passerelle qui enjambait une voie de chemin de fer. Arrivée d'un autre passeur, accompagné de 2 filles portant chacune une valise. Il m'a demandé : « Tu es prisonnier de guerre ? » Sur ma réponse affirmative il a prévenu les 2 filles qu'il ne pourrait pas les passer, afin de me laisser une plus grande chance. J'ai insisté pour qu'ils les prennent et nous sommes tous passés sans encombre.

Nous sommes arrivés à Jœuf-Momecourt chez un cheminot où attendaient déjà 3 ou 4 prisonniers. Il nous a demandé si nous avions assez d'argent français pour aller jusqu'à Besançon, où nous devions demander dans un café déterminé un garçon portant un certain prénom. Arrivés sur place nous sommes conduits à la nuit vers une ferme de Mouchard où attendaient une dizaine de personnes devant traverser la Loue, qui était la frontière des deux zones. Je suis arrivé à LYON le 9 Décembre 1941 où je me suis fait démobiliser, et après avoir attendu un mandat de mon père domicilié au Maroc, je suis rentré en zone occupée, en repassant la ligne de démarcation en fraude à SANCOINS dans le Cher.

J'ai su plus tard, par François MITTERRAND retrouvé fin Janvier 1942 à Paris, que Barrin avait été repris et malmené par les gardiens qui l'avaient arrêté. MITTERRAND lui-même m'a raconté qu'il avait été arrêté au petit matin dans un hôtel de Metz où il avait passé la nuit. Emmené dans un camp de transit aux environs de Metz, il s'évadait à nouveau et parvenait à regagner Paris.

Pendant l'Occupation, nous nous voyions assez souvent chez moi, rue Drouot, où il passait me visiter presque toujours en compagnie d'André BETTENCOURT. Un jour, il me dit devoir s'absenter pour un assez long temps, et me demande de lui garder quelques faux papiers. J'envisageais de les glisser derrière une glace de l'entrée. Je vois arriver, le lendemain par l'intermédiaire de Bettencourt, une grosse valise bourrée de fausses cartes de toutes sortes, que je cachais finalement sous un tas de charbon dans la cave.

Je reçus ensuite des coups de fil de personnes se référant à « Morland » pour obtenir certains de ces papiers. Les rendez-vous fixés à l'Opéra m'inquiétaient quelque peu, mais tout s'est finalement bien passé.

Une dernière fois, nous nous sommes retrouvés rue Drouot dans des circonstances plus gaies : c'était après la Libération, avec Madame Mitterrand. Par la suite, ma carrière à l'étranger m'a empêché d'avoir des relations suivies avec François MITTERRAND, en dehors d'un déjeuner au ministère de la Justice.

Pierre Levrard – Interview du journal Minute

Quelques semaines avant l'élection de 1981, un ami me signale avoir lu mon nom dans un article consacré à François MITTERRAND.

Dans le journal en question (Janvier ou Février je crois), je découvre un article très malveillant de la première à la dernière ligne, bourré d'inexactitudes et de faux témoignages, dont aucun n'est référencé. Par exemple, l'affirmation qu'aucun des prisonniers présents au Stalag IX A à cette époque, et interrogés, n'avait entendu parler de cette évasion « rocambolesque, inventée de toutes pièces ».

J'ai téléphoné à *Minute* en demandant à parler au signataire de l'article, en déclinant mon identité et en précisant que j'étais « le » témoin qu'ils recherchaient puisque j'avais participé à l'aventure et étais cité dans l'article incriminé.

J'ai précisé que l'évasion avait bien eu lieu le 28 Novembre 1941 et non pas à la date indiquée, fantaisiste comme le reste. Sur ma demande, ils ont accepté de m'envoyer quelqu'un dès le lendemain (ou le surlendemain). J'ai reçu dans mon bureau du Country-Club un jeune homme dont je n'ai pas noté le nom, mais qui ne correspondait pas au signataire de l'article… Je m'en suis étonné… Ce garçon m'a répondu que ce genre d'article était systématiquement signé d'un nom « fabriqué ». Il est resté dans mon bureau une bonne heure, prenant des notes sur la relation aussi exacte que possible que je lui faisais de notre évasion. Avant qu'il ne parte, je lui ai demandé s'il ferait publier un rectificatif et quand. Il m'a répondu : « Si François Mitterrand n'est pas élu, oui ; dans le cas contraire, non. » Il a terminé en ajoutant : « Nous sommes radicalement contre Mitterrand. S'il est élu, une affaire comme la vôtre ne survivra pas (en parlant du Country-Club que je dirigeais). »

Et pourtant, elle survit…

2. Madame Maya Baron
(Troisième évasion)

BARON Marie (dite Maya) née le 12.8.1917 à BOULAY (Moselle) où j'habitais. Après mes études primaires je suis rentrée dans le commerce de mes parents (chemiserie-bonneterie, articles militaires). Mai 1940 évacuée avec les miens en Auvergne. Août de la même année retour en Lorraine annexée. Ne pouvant reprendre notre ancienne affaire, tout ayant été pillé, j'ai ouvert une librairie-papeterie, agrandie à la Libération par un dépôt de presse. L'ancien camp militaire 162 R Infanterie de Forteresse était devenu camp de prisonniers français parmi lesquels j'ai retrouvé Raymont BALLANT, ancien élève officier au 162 R. Il fut un de mes agents. À sa demande d'organiser quelque chose pour aider aux évasions, c'est ainsi que début 1941 je suis rentrée dans le Réseau d'évasions, organisé par Sœur Hélène, religieuse à l'hôpital de Saint-Nicolas à Metz. Parmi ceux que j'ai aidés à retrouver la liberté se trouvait François MITTERRAND, après 2 évasions manquées, la filière étant débordée, j'ai dû cacher François qui venait de s'échapper ainsi que deux autres prisonniers venant d'Allemagne durant deux jours chez mes voisines, les demoiselles STENGER. Ne pouvant le faire chez moi par mesure de sécurité, étant sous surveillance de la Gestapo, afin de donner toutes les chances à François, j'ai préféré l'accompagner moi-même à Metz et le remettre au passeur. Partis à 5 heures de Boulay, nous sommes allés chez une de nos amis, Madame GUILLAUME, où nous sommes restés jusqu'à l'heure de notre rendez-vous à 18 heures église Saint-Martin. De là, Madame GUILLAUME nous accompagnant avec ses deux fillettes, nous sommes partis à la gare où nous attendait le passeur. Mon rôle était terminé. Deux jours après je recevais une carte de Nancy (colis bien arrivé). Nos évadés avaient retrouvé la liberté. J'ai la Croix de Guerre avec étoile d'argent, citée à l'Ordre de la Nation, Carte du Combattant Volontaire de la Résistance.

LE DAUPHIN ET LE RÉGENT

À mes parents…

« Dans toute association de deux hommes, il y en a toujours un qui se fait porter par l'autre. »

Général de Gaulle.

AVANT-PROPOS

C'était le 26 septembre 1993 à La Rochelle. Un de ces premiers dimanches d'automne frisquets et pluvieux, juste bons à vous anesthésier l'âme.

Pour la première fois depuis la grande victoire électorale de mars, députés et sénateurs RPR y tenaient leurs journées. L'atmosphère aurait dû être légère, joyeuse, gaillarde même. Au lieu de cela, il flottait dans l'air – le baromètre accentuant ce sentiment – une indicible mélancolie.

Bon gré mal gré, tous venaient de l'admettre – mais en le chuchotant –, le mouvement gaulliste comptait désormais deux présidentiables : Jacques Chirac le candidat naturel auquel bon nombre d'entre eux devaient leur élection. Et Édouard Balladur le Premier ministre choyé par les sondages.

Deux hommes que leur rivalité naissante éloignait déjà l'un de l'autre.

Le chef du gouvernement avait prévenu : il repartirait à 15 heures pour Paris où d'autres tâches l'attendaient.

Ponctuel comme à son habitude, à 14 h 30 précises Édouard Balladur quittait la table du déjeuner avant même que l'on ait apporté le dessert, entraînant à sa suite Jacques Chirac, Charles Pasqua et les journalistes qui avaient été conviés à les accompagner. Un cortège de voitures achemina tout ce monde vers l'aéroport. Où pour ponctuer une journée déjà chagrine les observateurs allaient assister à un curieux ballet.

Plantons le décor : sur le terrain balayé par les vents mauvais, trois avions attendaient : un gros, un moyen et un plus petit.

Arrivé le premier, Édouard Balladur se dirige vers le plus gros avion et y monte sans se retourner.

Arrivé le deuxième, Jacques Chirac s'engouffre dans le second, d'où il allait redescendre aussi vite qu'il y était monté. Les hôtesses lui ayant indiqué que c'était celui de Charles Pasqua, le ministre d'État, ministre de l'Intérieur. Le sien étant le plus petit, où il attendrait que les deux premiers avions aient pris leur départ avant de pouvoir s'envoler lui-même.

Aussi, ceux qui avaient été si longtemps ses lieutenants venaient de lui passer devant. Quel symbole.

Sans cette scène, peut-être n'aurais-je pas écrit ce livre.

Expliquer, comprendre quelles avaient été les racines communes de Jacques Chirac et d'Édouard Balladur formés tous deux à l'école de Georges Pompidou ; quel cheminement particulier avait été le leur après son départ de l'Élysée. Pourquoi et comment ils s'étaient retrouvés, séduits, associés avant de se séparer et de rivaliser.

Tel a été mon dessein. Je n'en ai pas eu d'autre.

PREMIÈRE PARTIE

Les leçons d'un maître

Première rencontre

Édouard et Jacques…

Dans l'histoire de ce couple il n'y a pas eu de première fois, pour une raison simple : l'alchimie mystérieuse où cristallise une connivence ne s'est pas, entre eux, insinuée. Aucune sympathie ne les a poussés l'un vers l'autre. Aucune prévention ne les a non plus retenus. Ni attrait ni rejet. Presque l'indifférence. Le calme plat en somme.

Quand trente ans plus tard, on demande à Jacques Chirac et Édouard Balladur de rameuter les souvenirs de leurs débuts presque communs au cabinet de Georges Pompidou, alors Premier ministre, on obtient des réponses d'une déconcertante brièveté.

« Édouard Balladur était un très bon conseiller social », note, laconique, le premier.

« Jacques Chirac était déjà Jacques Chirac », répond, guère plus disert, le second.

Alors ? Amis de trente ans ? Certes pas à la manière de Montaigne et La Boétie. Camarades ? L'ambiance de Matignon s'y prêtait. Tous les membres du cabinet se connaissaient. L'équipe était soudée et restreinte : 21 membres seulement. Ainsi le voulait le Premier ministre qui gérait sa maison en Auvergnat. Jacques Chirac et Édouard Balladur s'y croisaient, se saluaient, s'évaluaient sans doute quand l'étude d'un dossier les réunissait quelques heures. Rien de plus chatoyant.

Mais ils eurent le même maître. Au commencement pour chacun était Georges Pompidou.

Quand Édouard Balladur, recommandé par François-Xavier Ortoli, le directeur de cabinet, arrive à Matignon en janvier 1964, il n'y connaît personne. On a pourtant déjà repéré ce jeune homme énigmatique et réservé qui toujours accompagne Robert Bordaz, le patron de la RTF[1]. Un pétulant personnage, celui-là, d'une intarissable faconde, qui est allé chercher son collaborateur à la section du contentieux du Conseil d'État. Ils semblent si inséparables que *Le Canard Enchaîné* les a surnommés « Bordur et Balladaz ».

À l'insu d'Édouard Balladur une rumeur quelque peu sulfurée l'a précédé au cabinet du Premier ministre : Alain Peyrefitte, ministre de l'Information, donc en charge de la RTF – il entretient de mauvais rapports avec Robert Bordaz, « il voulait se mêler de tout », peste encore celui-ci, et ceci contribue peut-être à expliquer cela – a tenté de dissuader Georges Pompidou de le recruter. En soulignant – oubliant au passage ses propres origines MRP – qu'il n'appartient pas à la grande famille gaulliste, qu'il n'est pas dûment estampillé de la croix de Lorraine. Il n'a pas tort, Édouard Balladur se dépeint à l'époque comme un démocrate-chrétien, admirateur de Pierre Mendès France, comme beaucoup de jeunes gens de sa génération et grand lecteur de la revue *Esprit* – il convient donc de se méfier. Pompidou, qui compte déjà parmi ses collaborateurs Michel Jobert jugé « coupable » d'avoir travaillé quelques années plus tôt avec Pierre Mendès France, se soucie comme d'une guigne d'une telle mise en garde. Il passe outre. « Puisque vous me dites qu'il est compétent, répond-il, côté gaulliste je suis paré. »

Édouard Balladur n'oubliera pas : « Le ministre qui me complimenta le plus de ma nomination avait – je l'appris peu après – tenté de l'empêcher en jetant un doute sur ma "fidélité" comme on disait alors », écrira-t-il quinze ans plus tard[2]. Ce maître des requêtes au Conseil d'État, tout juste âgé de trente-quatre ans, vient de recevoir sa première leçon de politique.

Le Premier ministre lui en donne une autre, ou plutôt un conseil un seul, alors qu'il lui confie les questions sociales et la santé : « Ne mentez jamais aux syndicats. » Cette fonction-là, de mémoire d'homme de cabinet à Matignon, n'a jamais été considérée comme très folichonne ou enthousiasmante. Le poste est enviable pourtant : son titulaire ne dépend pas d'un responsable hiérarchique, il ne rend

---

1. Radiodiffusion Télévision Française, qui était une direction du ministère de l'Information. Un service regroupant le monopole de la télévision et de la radio d'État. Dans les couloirs de la maison, Édouard Balladur devait croiser Albert Bazire, inspecteur général et père d'un petit Nicolas alors âgé de six ans qui deviendra trente ans plus tard son directeur de cabinet.

2. Dans *L'Arbre de Mai*, Paris, Marcel Jullian, 1979.

compte qu'au directeur de cabinet et au Premier ministre. Ce qui n'empêchait pas le prédécesseur d'Édouard Balladur, Jean Duport, un homme jovial, venu du Sud-Ouest, au teint rubicond et à l'embonpoint tout radical, de travailler volontiers avec l'équipe économique de Matignon, dirigée par René Montjoie, et de participer tous les lundis à ces réunions. Une façon de se placer, sans le dire, sous l'autorité de celui-ci.

Le nouveau venu, lui, trouve des prétextes et bientôt plus de prétextes du tout pour s'abstenir d'y assister. Il réussit même bientôt à quitter le bureau qu'on lui a attribué dans les parages de cette équipe. Il s'esquive au rez-de-chaussée. Ce n'est pas qu'il apprécie beaucoup le lieu où il s'installe. Une grande pièce où depuis deux siècles, note-t-il, « le soleil n'a jamais pénétré ». Une tare pour un Méditerranéen né à Smyrne[1]. Le décor, en outre, lui déplaît souverainement. « Sur les grandes tapisseries Napoléon III qui ornaient tous les panneaux, les ibis, qui sans doute autrefois avaient été roses, semblaient décharnés et poussiéreux[2]. » Il ne s'attendrit pas pour autant. Bien au contraire : « Nous nous contemplions avec antipathie. De loin, j'aime les oiseaux, leurs couleurs, la grâce économe de leurs mouvements. Je les déteste de près, les petits comme les grands, avec leurs pattes, leurs becs, leurs yeux surtout, l'air de cruauté avide qu'ils ont tous. » « Tous », il a bien écrit « tous ». Aucun n'échappe à la condamnation. Décidément Édouard Balladur éprouve une sainte horreur de tout ce qui pique et pince.

Si l'on ajoute que ce bureau sert de vestiaire lors des réceptions officielles, on comprend mal pourquoi le nouveau chargé de mission a souhaité s'y installer. Sauf à vouloir se sentir plus libre. Et puis, cette pièce offre d'autres avantages : bien placée au rez-de-chaussée (à la droite de l'escalier d'honneur et à la gauche du perron qui mènent

---

1. Une ville qui a inspiré les voyageurs.

« Les Français sont en grand nombre à Smyrne et dans tout le Levant. On en trouve en tous les ports de Turquie qui sont sur la mer Méditerranée, et non seulement des marchands, mais de toute sorte de professions (...). Ils sont presque tous provençaux ; mais le négoce qu'ils y font est si peu de chose qu'un marchand seul en chaque lieu pourrait faire toutes leurs affaires. » Jean Chardin, *Voyage de Paris à Ispahan (1671-1673)*.

« Elle ressemble à toutes les autres villes orientales. C'est-à-dire que ses maisons musulmanes sont lourdes, sombres et aussi dépourvues de confort que des tombes ; ses rues sont tortueuses, grossièrement et inégalement pavées, et ont la largeur d'un escalier ordinaire ; elles vous mènent immanquablement n'importe où ailleurs que là où vous vouliez aller (...) » Mark Twain, *Les Innocents en voyage.*

2. Dans *L'Arbre de Mai*, *op. cit.*

au saint des saints chez le Premier ministre) elle permet d'observer tout ce qui entre, sort, va ou vient.

Cette cour de Matignon a ses habitués. Le plus voyant, celui qui plusieurs fois par jour la traverse à longues enjambées, tel un gigantesque compas, bondit à l'étage du Premier ministre et en redescend aussi vite afin de regagner son bureau de l'autre côté de la rue, est un long jeune homme presque efflanqué, Jacques Chirac. La vedette du cabinet. Une sorte de phénomène. Arrivé de la Cour des Comptes en 1962, à vingt-neuf ans, il appartient justement à la « cellule économique » de René Montjoie. Ses « territoires » : les transports, l'aéronautique, l'équipement, la construction. Son ardeur au travail, sa disponibilité, sa gaieté, sa vitalité, son efficacité sont déjà légendaires. « Il avait réglé les problèmes avant même qu'on les lui ait posés, y compris ceux qu'on ne lui posait pas », se souvient Olivier Guichard. Et Jacques Friedman, vieil ami de collège et de l'ENA. « Un jour où je lui téléphonais pour savoir qui à Matignon s'occupait d'un dossier, il m'interrompt, avant même que j'aie pu lui dire lequel et s'écrie : “C'est moi”. »

Chaque matin, il arrive le premier. Chaque soir il est encore là à plus d'heure. À se demander s'il a une vie de famille. Les secrétaires, qui l'aiment bien, se cachent dès la fin de l'après-midi, car s'il montre des attentions pour chacune, il ne manque jamais de travail, toujours urgent bien sûr, à leur confier. Enfin, c'est un affamé permanent. Tout le monde le sait et sa légende le répète : Jacques Chirac a de l'appétit et du goût pour les plats canailles. Mais la fable n'offre qu'un pâle reflet de la réalité. Claudius Brosse, son camarade de l'ENA qui s'est retrouvé avec lui à l'école de cavalerie de Saumur raconte : « Le règlement nous imposait d'aller dîner au mess à 18 heures. Nous pouvions sortir ensuite. Comme l'ordinaire méritait tout à fait ce nom et qu'il était encore très tôt, nous nous mettions à table pour la forme sans rien manger. À l'exception de Jacques Chirac qui piquait de la nourriture dans toutes nos assiettes. Et quand, vers 20 heures, nous allions tous dîner à l'hôtel du Roi René, il faisait grand honneur au repas. Pis encore, quand nous nous apprêtions à regagner la caserne en fin de soirée, il s'affolait : “Je vais défaillir, disait-il, il faut absolument que je mange un petit quelque chose”, nous repartions alors vers une auberge : le Petit Saumur où il dînait en fait pour la troisième fois sous nos yeux. À l'époque, il brûlait 10 000 calories par jour. »

Ce svelte Pantagruel est une insulte à tous les enrobés de la terre.

Quand, à Matignon, le même Claudius Brosse, devenu sous-préfet, partage le bureau d'Anne-Marie Dupuy, chef du cabinet de Georges Pompidou, il ne s'étonne donc plus de voir surgir chaque jour sur le coup de midi un Jacques Chirac toujours en manque de nourriture. « C'était devenu un rituel, raconte-t-il. On appelait les cuisines et le maître d'hôtel, Monsieur Hennequin, lui apportait un sandwich. Mais quel sandwich ! Un pain de 850 grammes beurré sur les deux faces avec une de ces tranches de jambon épaisse de trois centimètres que le Premier ministre faisait venir de son Auvergne natale. Jacques Chirac l'engloutissait en trois bouchées avec ce commentaire : “Je suis calé jusqu'au déjeuner”, ce qui signifiait, bien sûr, jusqu'à 13 heures…

« Quand nous allions tous les deux au restaurant, ajoute Anne-Marie Dupuy, il commandait toujours trois plats. Le maître d'hôtel alors demandait, surpris, s'il fallait ajouter un couvert. »

Bref, une nature. Et Madame Dupuy l'apprécie beaucoup : « Il était si affectueux. » Or c'est par son bureau qu'il faut passer pour gagner celui de Georges Pompidou. Jacques Chirac lui rend donc visite plusieurs fois par jour et tous les soirs. Les autres membres du cabinet, même s'ils estiment qu'il en fait un peu voire beaucoup trop, même s'ils jalousent parfois sa familiarité avec cette proche du Premier ministre, le jugent « fabuleusement sympathique ».

C'est qu'il a des attentions pour tous.

« Chaque matin, vers huit heures moins le quart », se souvient Jean-René Bernard qui appartenait lui aussi à la « cellule économique », « il faisait un détour avec sa voiture pour emmener ma fille qui était en maternelle avec Laurence son aînée. Comme il était plus matinal que moi c'est toujours lui qui les y a conduites. »

Et Claudius Brosse : « Il était le seul à ma connaissance, avec le préfet Doublet, à savoir par cœur les dates de naissance du mari, de l'épouse, ainsi que les prénoms des enfants de tous les membres du cabinet. Il envoyait des multitudes de cartes pour les fêtes de famille et les vœux. Des fleurs aussi. Pendant vingt ans, ma femme a reçu de lui un bouquet pour son anniversaire. »

Une telle gentillesse, presque universelle, est-elle intéressée ? S'explique-t-elle par un immense besoin de se faire aimer ? Peut-être. Mais, tout bien considéré, elle paraît à l'époque naturelle et seulement décuplée par un influx vital hors du commun. Si Jacques Chirac se montre prodigue en marques d'amitié, c'est le même mouvement qui le pousse à tout dévorer et à travailler dix fois plus que les autres. Rêver, flâner, aimer, donner du temps au temps, ce n'est pas l'affaire de ce hussard si peu hédoniste. Mais faire, entreprendre, bûcher, téléphoner à s'en user les doigts et se casser la voix, cela oui. S'accrocher aussi : quand il veut obtenir quelque chose, il montre « un culot de fille en carte », s'amuse un familier. Mais un culot qui paie. Il houspille d'un ton sec les fonctionnaires – « Allô ? c'est Chirac de Matignon », et dans toute l'administration on ne l'appelle plus que « Chirac de Matignon » – y compris – horresco referens – ceux des Finances par-dessus la tête de leur ministre Valéry Giscard d'Estaing, lequel bien entendu s'exaspère. Et Georges Pompidou finit toujours par arbitrer en sa faveur. L'aéronautique est alors, à en croire Jacques Chirac, son obsessionnelle passion. Il rêve de devenir directeur de l'Aviation Civile. Une passion où le bon vieux Docteur Freud eût vu l'indice d'une volonté de dépasser le père, voire de le tuer : François Chirac père de ce Jacques-Œdipe a rempli avant la guerre d'importantes fonctions chez Potez, grand avionneur aujourd'hui oublié, concurrent de Marcel Bloch, futur Dassault, que le jeune Chirac a connu dès sa petite enfance.

Le poste de directeur de l'Aviation Civile sera libre en 1967. Georges Pompidou, que Jacques Chirac accompagne chaque année au Salon du Bourget, le lui aurait paraît-il promis. Le Premier ministre éprouve une grande affection pour cet énarque aux allures de chien fou. Il déteste pourtant les gens stressés, pressés et bruyants : dès qu'il entend quelque bruit dans les couloirs, il se précipite dans les bureaux d'Anne-Marie Dupuy pour lui demander de faire taire les importuns. Et quand on lui annonce qu'un problème doit être résolu d'urgence, il rétorque volontiers : « Si c'est tellement urgent, vous reviendrez demain. » L'activisme de Jacques Chirac devrait donc lui déplaire. Mais tant d'allant, tant d'ardeur au travail, de compétence dans la rédaction des notes et la tenue des dossiers, tant de gentillesse enfin, l'ont emporté. Bien sûr, ce jeune vorace ne travaille pas dans la nuance. Bien sûr, on ne peut pas encore tout à fait le regarder comme un « de ces esprits remuants et audacieux qui semblent être nés pour changer le monde ». Mais son côté bretteur, bateleur et bosseur amuse et séduit un Auvergnat passé par Normale Sup. Or, le Premier ministre est hanté depuis 1966 par un souci, habité d'une volonté : réussir les législatives de mars 67.

Les municipales de mars 1965 n'ont guère été brillantes. Surtout, en décembre de la même année, le général de Gaulle mis en ballottage aux élections présidentielles s'en est trouvé fort marri. L'opposition, depuis, claironne que ces législatives seront le troisième tour de la présidentielle. La partie ne s'annonce pas facile. Georges Pompidou le sait. Il lui faut des battants. Quelques hommes neufs aussi, car le bataillon des gaullistes grand teint réapparus derrière le Général en 1968 commence à s'essouffler. Et ce Chirac qui montre un tel mordant semble tout désigné pour la castagne électorale. « Les jeunes, il faut vous enraciner », répète le Premier ministre à son entourage. « Georges Pompidou voulait que je me présente dans la capitale, explique le futur maire de Paris. Je lui ai répondu : "Les Parisiens, je ne sais pas ce que c'est, je ne les sens pas (*sic*), je préfère aller en Corrèze." »

La Corrèze, département d'origine de la famille Chirac, intéresse justement le mouvement gaulliste qui s'est mis en tête de conquérir le Limousin, bastion socialiste et radical jusque-là rétif à ses séductions. Une première percée a été réussie en 1962 : Jean Charbonnel, normalien agrégé d'histoire, a été élu député de Brive[1]. Devenu quatre ans plus tard secrétaire d'État à la Coopération, il est à trente-neuf ans, un des premiers « jeunes loups » de la république gaullienne. Un succès qui interpelle Jacques Chirac. Ses rêves d'aéronautique commencent à cohabiter avec d'autres : « Un mois après mon élection, raconte Jean Charbonnel, à la fin de 1962, je fus invité à déjeuner par le Premier ministre. Il y avait là tous les barons gaullistes ; Chirac que j'avais connu à Sciences-Po se tenait à mes côtés en bout de table. Il m'avoua que son rêve aurait été de devenir député de Brive. Il est vrai que nos villages d'origine sont distants de quelques kilomètres seulement. J'ai donc pensé à lui, un peu plus tard, quand j'ai dû chercher un suppléant, le mien se retirant dans le Midi. Il a accepté. C'est pourquoi je l'ai fait nommer en 1964 à la CODER[2] du Limousin. À l'époque, un autre jeune loup, Paul Granet, devait aller se présenter à Ussel dont sa femme était originaire. Et puis, dans l'été 1966, Jacques Chirac m'a annoncé : "Tout bien réfléchi, on se gênerait tous les deux à Brive, je préfère aller à Ussel." »

Entre-temps, Georges Pompidou avait demandé à Paul Granet de laisser la place au chouchou et d'aller conquérir un siège ailleurs, dans l'Aube. « Ussel était difficile, ajoute Jean Charbonnel, je l'ai aidé, je l'ai fait entrer comme officieux à mon cabinet, au ministère de la Coopération où j'ai mis à sa disposition trois secrétaires. Évidemment il restait à Matignon, mais il disposait chez moi d'une sorte de cabinet corrézien. Et je lui ai présenté celui qui allait devenir son suppléant, le docteur Belcourt, le maire d'Ussel. »

1. Sur les 14 parlementaires que compte le Limousin, il est le seul qui appartienne à la majorité.

2. Commission de développement économique régional.

La conquête du Sud-Ouest mobilise toutes les énergies : « Nous recherchions dans les cabinets ministériels tous ceux qui pouvaient nous aider. Par exemple Jacques Calvet qui était aux Finances chez Giscard, raconte encore Jean Charbonnel. J'avais dans cet esprit pensé à Balladur. Mais Chirac avait aussitôt rétorqué : “Lui ? Il ne faut rien en attendre, il est anti-gaulliste.” » Voilà qui permet d'apprécier le climat : Jacques Chirac ne fait que colporter la rumeur qui rôde à Matignon.

L'histoire de son combat dans une circonscription qui oscillait depuis des lustres entre deux gauches modérées – celle du docteur Queuille, de Charles Spinasse, et les socialistes de Guy Mollet – a pris avec le temps des allures d'épopée. Cet ardent ne s'est pas épargné pour gagner. Avec une tactique simple qui dérouterait toutefois plus d'un agriculteur : commencer par récolter à Paris afin de semer ensuite en Corrèze. La récolte : des subventions, des nominations, des promotions, du bitume pour les routes, des écoles, des stades de foot, des foyers ruraux, des affectations, des bourses ou des décorations arrachées au long de la semaine de ministère en ministère. Avec une inlassable obstination : « Quand il voulait une décoration, se souvient Claudius Brosse, il ne nous lâchait plus. Il m'écrivait, puis téléphonait dans l'heure pour s'assurer que la lettre était bien arrivée. Deux heures plus tard c'était pour me demander si je ne l'avais pas oublié. Il revenait à la charge le lendemain, m'adressait parfois un nouveau courrier. Je le suppliais : “Arrête, tu me feras mourir”, et bien sûr, en fin de compte, pour m'en libérer, je lui accordais ce qu'il demandait. Mais il recommençait dès le lendemain, quêtait une autre médaille pour un autre Corrézien. Nous passions ainsi de l'exaspération à l'admiration joyeuse : dès qu'on lui avait cédé, on était obligé de se dire : Chapeau, et l'on s'esclaffait. »

Pour toutes ses interventions il déploie le même acharnement. Un forcené !

Ainsi s'écoule la semaine. Le vendredi soir, sa récolte sous le bras et dans sa grosse serviette, Jacques Chirac se jette gare d'Austerlitz dans un tortillard qui l'emmène à Ussel. Il s'étend sur une couchette de deuxième classe, et quand il débarque à 4 heures du matin dans la gare embrumée, ses hommes et ses dossiers l'attendent. « Je l'ai entendu devant moi donner un rendez-vous à un type à 5 heures du matin », raconte Claudius Brosse. Ou bien quand la saison le permet, il roule toute la nuit sur de mauvais chemins au volant d'une 403 Peugeot brinquebalante aux allures d'épave, mais au moteur gonflé et de couleur imprécise – blanche à l'origine selon les connaisseurs.

Il lui arrive même de faire un saut au milieu de la semaine : parti de Matignon dans l'après-midi il réapparaît le lendemain matin vers 11 heures. En Corrèze, il répand bienfaits et promesses, court à travers ce pays de bois et de bosses, de banquets en vins d'honneur, et de marchés en comices agricoles, serrant des mains par centaines, se souvenant de tous les noms et de toutes les têtes, notant toutes les demandes, dévorant à belles dents cette vie de conquêtes, ses bonheurs, ses promesses. Et à la semaine prochaine !

Encore admiratif, Jacques Godfrain raconte : « Je l'ai vu, en plein hiver sur les marchés, attraper par l'épaule de vieux agriculteurs vêtus de canadiennes, qui lui tournaient le dos, des anciens FTP, ils lui faisaient la gueule. Et lui, il les retournait et avec un grand sourire leur disait "Enchanté ! Chirac." Il fallait le faire… »

Matignon le voit ressurgir les traits à peine tirés bien qu'il ait peu dormi (mais dix minutes de sommeil le régénèrent comme d'autres une longue nuit). Le costume froissé, les chaussures ayant perdu jusqu'au souvenir du cirage et toujours aussi pressé. Au point, dit la légende, de faire sauter un jour avec cette bagnole épuisée la chaîne d'entrée de Matignon, que les gardes mobiles n'avaient pas assez prestement levée.

Un mois avant l'échéance, le 11 février 1967, Georges Pompidou vient en personne soutenir sa candidature avec une élogieuse éloquence : « À mon cabinet, on l'appelle le bulldozer. L'expérience prouve qu'il obtient tout ce qu'il demande. Il ne s'arrête pas tant qu'il ne l'a pas obtenu. On n'a encore jamais trouvé quelqu'un qui lui résiste. La preuve : malgré un emploi du temps extrêmement chargé, je me trouve ici, n'ayant pu lui résister moi non plus. J'espère quand même qu'il ne me poussera pas trop vite hors du gouvernement. Mais avec une telle activité, une telle puissance de travail, une telle capacité de réalisation, nous pouvons tout craindre et vous pouvez tout espérer. »

Une telle forme, une telle ardeur, un tel optimisme méritaient récompense : en mars 1967, celui que *L'Express* va bientôt appeler le « Samouraï de la Corrèze » l'emporte. Il bat un candidat de gauche[1], débarqué lui aussi de Paris : Robert Mitterrand, le frère de l'autre. Certes, pour vaincre, Jacques Chirac s'est ancré dans la tradition radicale (on fait ami avec tout le monde) plus que gaulliste (on préfère rester entre soi). Il n'empêche : la performance est d'autant plus remarquable que les gaullistes grand teint et leurs alliés ne

1. FGDS : Fédération de la gauche démocratique et socialiste.

réussissent pas des scores cette année-là. Georges Pompidou triomphe à Saint-Flour dans son Cantal d'origine, mais Maurice Couve de Murville à Paris, Pierre Messmer à Lorient, Alexandre Sanguinetti à Paris, Jean Charbonnel à Brive et quatre dizaines d'autres sont mis en congé d'Assemblée par les électeurs. La majorité parlementaire ne tient qu'à un siège. Le premier tour avait été un triomphe, le second un désastre. Les désistements à gauche ont bien joué. Les conservateurs, eux, avaient oublié d'organiser leurs alliances. Le Premier ministre ne l'oubliera pas : il va falloir songer à faire, comme on dit, « l'ouverture ». « Il nous aurait fallu des Jacques Chirac dans toutes les circonscriptions », soupire Georges Pompidou qui appréciant l'exploit choie le champion. Le tout jeune élu se trouve doté d'un strapontin ministériel (alors que Jean Charbonnel perd le sien et bien sûr fulmine). Le voilà secrétaire d'État à l'Emploi, ce qui n'est pas rien. Certes, les statisticiens recensent à peine 300 000 demandeurs d'emploi. Un chômage « frictionnel » presque incompressible, disent les économistes, qui l'expliquent par une quasi fatale inadéquation géographique, professionnelle, entre l'offre et la demande de travail. Laquelle contraint un salarié sorti d'une entreprise à traînasser quelques semaines, voire deux ou trois mois avant d'entrer dans une autre. Mission du nouveau secrétaire d'État : abréger ce délai. « Il s'agissait de rendre plus confortable cet intermède qui était vécu comme une honte », explique Gérard Bélorgey, alors directeur de cabinet du nouveau secrétaire d'État. La crainte d'une extension du chômage obsède déjà le Premier ministre qui va répétant que « la France ne supporterait pas 500 000 chômeurs ». Toujours soucieux de bien faire et de satisfaire, Jacques Chirac ne perd pas de temps. Il crée l'Agence nationale pour l'emploi[1], promise à un avenir qu'alors on n'imaginait guère.

Il vit une sorte d'apothéose. Benjamin du gouvernement, à peine âgé de trente-cinq ans, il vient de découvrir qu'il aimait cette vie-là de véritable passion. L'Aviation Civile est bien oubliée.

L'attention de Georges Pompidou qui l'apprécie pour ce qu'il est et ce qu'il fait le comble. Il lui voue une affection et une admiration jamais démenties. Dès lors, comment pourrait-il quitter tout à fait Matignon ? C'est plus fort que lui : chaque soir avant de rentrer chez lui en sortant de son ministère de la rue de Tilsit, dans le quartier de l'Etoile, il revient y rôder. Les huissiers, éberlués puis amusés, le

1. Ce sera l'une des 34 ordonnances adoptées entre le 1er août et le 31 octobre 1967 par le gouvernement.

voient comme les semaines précédentes débouler dans les étages, traverser les bureaux au pas de charge, embrasser les secrétaires encore présentes et terminer sa trajectoire chez son amie Anne-Marie Dupuy. Rien de vraiment changé. Sauf ceci : avant ou après il est passé chez Pierre Juillet, conseiller politique de Georges Pompidou que vient de rejoindre une belle jeune femme brune, Marie-France Garaud. Elle cultive des amitiés centristes. On l'a donc chargée de l'« ouverture ». Une nature elle aussi. Elle éblouit le cabinet. « Elle retournait les politiques comme des crêpes. Celui qui entrait dans son bureau avec une idée en ressortait avec une autre, c'était devenu un jeu. Elle nous disait : "venez dans mon bureau vous allez voir le travail", et de fait l'on voyait, et l'on riait beaucoup », raconte Claudius Brosse. Et Pompidou, ravi, de s'étonner : « Quel toupet elle a cette fille ! »

Il aime tellement Matignon, Jacques Chirac, qu'il interdit à son directeur de cabinet de s'y rendre lorsque le conseiller technique en charge des Affaires sociales – Édouard Balladur – le convoque pour une réunion. Il entend y participer lui-même. Des années plus tard, Édouard Balladur s'en étonnera encore : « Un ministre particulièrement attentif me pria de n'avoir de rapports qu'avec lui seul ; "Vous ne traitez qu'avec moi, tous les autres ne comptent pas, ni dans mon cabinet ni dans l'administration." Dès que je prenais contact avec quiconque dans les services de son ministère, dans les minutes qui suivaient cet homme avisé me téléphonait pour m'interroger sur ce que je désirais, se déclarer à ma disposition ; souvent il y venait lui-même, prenait place dans mon bureau parmi les fonctionnaires. Chose remarquable : à se mettre dans cette position pourtant insolite, il ne perdait rien de son autorité. Afficher sa méfiance envers son cabinet et ses services, son goût du pouvoir exclusif, son dévouement au Premier ministre et à ses collaborateurs lui semblait tout à fait naturel[1]. »

Cette attitude incongrue se révèle finalement efficace. Édouard Balladur veut bien le reconnaître, avec pourtant une pointe de condescendance au sens évident : ce garçon-là sait-il vraiment se tenir ?

Jacques Chirac le confirme : « Édouard me disait : "Mais Jacques, il ne faut pas venir, vous êtes ministre, ce n'est pas votre place." »

À ce moment, dans le second semestre de 1967, de véritables et réguliers contacts professionnels se sont noués entre les deux hommes, mais s'ils commencent ainsi à s'assembler, c'est peu dire qu'ils ne se ressemblent guère. Ils ne s'attirent toujours pas. Il existe entre eux comme un conflit de physiologie.

1. Dans *L'Arbre de Mai*, *op. cit.*

Bref retour en arrière : déjà, dès l'adolescence, leurs chemins n'auraient pu se croiser. À l'âge où l'on se disperse, celui des élans du sang, des quatre cents coups avec les copains, Édouard Balladur[1], contraint et forcé, apprend la solitude. Il vient d'être reçu au baccalauréat (A latin). Il a dix-sept ans. Une primo-infection l'éloigne pendant huit mois de sa famille et de ses amis. Au retour la sanction est rude, il doit renoncer à ses études de médecine : « Trop fatigantes pour vous », lui dit le médecin de famille. Alors, on l'expédie faire son Droit et Sciences-Po à Aix-en-Provence. Il faut être sage. Il se présente à l'ENA pour répondre aux vœux de son père. Il faut être obéissant. Las, après la première année de stage, rechute ! Cette fois, l'exil à Briançon dure deux ans, avec pour seule compagne la lecture, 24 mois avant de reprendre ses études – le temps dure longtemps à vingt-deux ans – on se fait du souci forcément. Alors, cela façonne le caractère : on devient plus égotiste, plus réfléchi. Plus sensible aussi aux chocs, à tout ce qui bouscule, à la violence. « Eddy, couvrez-vous, ne restez pas dans les courants d'air, mettez un foulard. » On entend les conseils de maman Balladur. Rien à voir avec les tendres exaspérations de maman Chirac : « Arrête, Jacques, tu me donnes le tournis. » Jacques est un tourbillon. Cet enfant semble sorti tout fait de la tête de Zeus. Il est un gamin aventureux qui abuse de ses forces, s'engage à dix-sept ans comme pilotin, traverse les mers, s'enhardit dans une maison close, sillonne l'Amérique, dévore la vie… on ne peut le retenir.

C'est clair, chacun est l'antithèse de l'autre. Celui-ci est tout en longueur, en nerfs, en arêtes, en jambes. Celui-là tout en courbes et en rondeurs. Celui-ci paraît tout d'une pièce et celui-là tout en nuances. Celui-ci est la mobilité incarnée, il parle avec force gestes. Celui-là est tout de froide retenue et de sage lenteur. Celui-ci est doté d'une surabondance de vie. Celui-là au contraire doit se ménager. Il souffre de migraines tenaces. Les photos de l'époque montrent un jeune homme à la mine quelque peu compassée, à la silhouette bien plus étoffée qu'aujourd'hui – « C'est dire la discipline qu'il a dû s'imposer », admire un ancien du cabinet –, vêtu de costumes sombres et de bonne coupe, d'un style sans âge. « Il a plutôt plus de fantaisie de nos jours », le souligne un autre. Le regard est noir, scrutateur, dans un visage plein sous une chevelure sombre. Pas un prince oriental, non. Plutôt « un Méridional froid et pincé ». Les gens de Matignon ne savent pas grand-chose de lui. Pas même qu'il fut

1. De trois ans plus âgé que Jacques Chirac.

élève au lycée Thiers de Marseille, une ville où avait enseigné Georges Pompidou dans les années 30. C'est tout juste si quelques-uns ont appris qu'il goûte les vacances en Bourgogne – sa femme possède quelques hectares de vignes qui produisent un pouilly-fuissé –, qu'ils se sont mariés à Saint-Amour et qu'ils font en famille et chaque été l'ascension de Solutré[1]. Comme c'est étrange et quelle coïncidence !

Édouard Balladur donne toujours le sentiment de se tenir à l'écart. Bien sûr, il se montre avec tous très courtois et d'une exquise politesse. Mais il ne participe guère à l'activisme et à l'euphorie fonctionnelle de l'entourage du Premier ministre. « J'avais beaucoup d'estime pour lui, mais je n'en garde aucun souvenir », note Anne-Marie Dupuy.

Un signe, alors que les trois compères de l'équipe économique du cabinet – Jacques Chirac, Jean-René Bernard et Pierre Lelong – se tutoient, tous les trois vouvoient Balladur, qui lui-même ne tutoie personne. « On n'était pas copain avec Balladur comme on ne pouvait pas être copain avec Pompidou, avec lui c'était autre chose », souligne l'un d'eux.

Ce comportement lui est-il dicté par la conscience de sa supériorité intellectuelle ? Peut-on parler de suffisance, d'orgueil, de timidité ? Les avis divergent.

« Allons nous faire balladuriser », disent certains conseillers de l'Élysée lorsqu'ils se rendent à ses réunions à Matignon. Traduction : « Allons nous faire traiter avec hauteur. »

« C'était clair, ajoute l'un d'eux : pour Édouard il y avait bien d'un côté les serviettes et de l'autre les torchons. »

« Sa réserve, à moins que ça ne soit un sens trop aigu du ridicule l'empêchait, dit Jean-Philippe Lecat qui travaillait à ses côtés, de manifester de manière trop ostentatoire son attachement à son patron. » Celui-ci ne lui en tient guère rigueur. Au contraire. Claudius Brosse : « Le Premier ministre était sûrement plus attiré par ce genre de caractère et de comportement qui le rassurait que par l'activisme d'un Jacques Chirac, lequel, en théorie, avait tout pour l'inquiéter, même si par ailleurs, il l'appréciait et l'aimait beaucoup. »

Georges Pompidou écoute toujours Édouard Balladur avec attention. Il tient grand compte de ses remarques : « Comme d'habitude,

1. Édouard Balladur n'en a jamais fait la confidence à François Mitterrand, autre habitué pentecôtier, comme on le sait, de la Roche de Solutré. En revanche, ils ont évoqué ensemble le 104 rue de Vaugirard, maison tenue par les pères maristes où ces deux enfants de famille catholique bourgeoise furent pensionnaires lorsqu'ils devinrent étudiants à Paris et aussi Angoulême, où le Président naquit et où le Premier ministre fut envoyé en stage à la Préfecture après son entrée à l'ENA.

je suis de votre avis », mentionne-t-il régulièrement sur les notes qu'il envoie à son chargé de mission.

Parfois pourtant, en petit comité, Édouard Balladur laisse le champ libre à son humour. Il se montre alors d'une allègre férocité dont font les frais quelques politiques ou visiteurs de Matignon. Mais en privé seulement. Il ne goûte guère les confrontations violentes. Se jeter dans la vie politique qui risque de le dévorer, le priver des douceurs de la vie familiale, des plaisirs, des rencontres amicales, il n'y songe pas. Pis, il n'en voudrait pas pour un empire. Et puis, toutes les arrière-pensées, les dissimulations auxquelles le combat politique contraint ceux qui s'y livrent semblent le choquer. Il moque volontiers les discours où les gaullistes se donnent du « cher compagnon ». Il préfère aux tribunes le silence et la pénombre du cabinet et les libertés qu'ils lui laissent. Il aime son travail : « C'est un esprit organisé qui ne s'embarrasse pas de détails », explique Michel Jobert qui a succédé à François-Xavier Ortoli. « Il est solide, subtil, distant, rapide. Un dossier complexe qui passe entre ses mains est aussitôt ramené à l'essentiel. Et l'essentiel pour lui c'est le jugement clair qu'il porte à la fin. » Il sait aussi se ménager un espace de liberté : « Il savait très bien déléguer, note le même Michel Jobert. Il a toujours su imposer aux autres ses horaires et son calendrier. » Puisqu'il doit se ménager… « Sa santé, je crois qu'il en jouait parce que ça l'arrangeait », s'amuse Claudius Brosse.

Très ponctuel, il arrive chaque matin à 9 h 15 à Matignon pour en repartir son travail fait, mais toujours avant les autres. Père de trois garçons, il l'a raconté lui-même : quand ils étaient nourrissons, il leur donnait toujours le premier biberon du matin et changeait leurs couches. « Les femmes en font toute une histoire, mais c'est très facile », sourit-il encore aujourd'hui. De même, chaque jour, il prépare le petit déjeuner de son épouse et – attention fort enviable – le lui apporte au lit. C'est qu'il est levé très tôt, 5 h 30 en général. Depuis l'adolescence, il réserve cette première aube à la lecture. Aux livres d'histoire surtout, qui lui donneront un temps le désir de devenir ambassadeur. « Je m'imaginais que ces gens-là faisaient l'Histoire. » S'il a abandonné ce rêve, la passion de l'Histoire est restée. Il connaît par cœur les généalogies et le cheminement de toutes les familles régnantes d'Europe. Enfant, avant de s'endormir il égrenait la liste des rois depuis les Capétiens, comme d'autres comptent les moutons. « C'est un puits de science historique au sens traditionnel, dit Michel Jobert. Il connaît les dates, les âges, tout ce qui se mesure en chiffres.

Et cette capacité, transposée dans l'ordre politique, le rend capable de situer le moindre événement à un mois près[1]. »

Une telle érudition permettra à Édouard Balladur de tenir la dragée haute à un autre passionné d'histoire, François Mitterrand, et de nourrir avec lui des échanges courtois.

Dans les rituels des cabinets ministériels, la place occupée lors des réunions est un signe de grande importance. Quand Michel Jobert, le directeur du cabinet, réunit chaque semaine chargés de mission et conseillers techniques, ils sont une bonne dizaine à s'installer en arc de cercle face à son bureau. Sauf, selon l'un d'eux, Édouard Balladur qui s'assied à côté de Jobert comme pour bien marquer son rang. Les intéressés semblent aujourd'hui l'avoir oublié, mais tous les témoins soulignent l'autorité naturelle du personnage. Nommé conseiller technique en 1966, il est chaudement félicité par Jacques Chirac[2].

Son domaine s'est élargi aux questions juridiques et aux relations avec les Églises, une tâche à laquelle il semble naturellement destiné.

Ce qu'il n'avoue guère alors c'est qu'aux abords de 1968 il s'ennuie un peu. « Je commençais à me lasser de ma tâche, écrira-t-il beaucoup plus tard. Elle me réservait fort peu de satisfactions : que de mal, que d'efforts, pour aboutir au sentiment de l'inutile. Le gouvernement et les syndicats se livraient à un jeu de contraintes alternées, appelées tantôt dialogue, tantôt concertation, dont la règle était de ne jamais abuser de sa force quand on se sentait fort. Les retournements étaient si rapides… Pour apaiser mon impatience, je me disais que le respect des rites au déroulement toujours prévisible, c'était la démocratie. Si les syndicats ne représentaient pas la population, n'exprimaient pas ses besoins, qui pouvait le faire à leur place ? On devait donc les aider à jouer leur rôle. Ils présentaient plus d'avantages que d'inconvénients et sans eux la France eût été une jungle[3]. »

Il ne met pas tous les dirigeants dans le même sac. Avec André Bergeron, le patron de Force Ouvrière qui admire Georges Pompidou, se montre pragmatique et modérément réformiste, les rapports sont faciles, fréquents et agréables. Avec Eugène Descamps, le patron de la CFDT, « ce sentimental éruptif », c'est une autre affaire : celui-ci

1. Michel Jobert, *Ni Dieu ni Diable*, Albin Michel, 1993.

2. Lequel s'exclamera en janvier 1993 – au moment où il est clair qu'Édouard Balladur sera bientôt Premier ministre : « Et dire que je n'ai jamais été nommé conseiller technique, moi, quand j'étais à Matignon, avec tout le travail que j'y faisais. »

3. Dans *L'Arbre de Mai*, *op. cit.*

ne présente pas seulement des revendications matérielles, son syndicat entend transformer les rapports sociaux à l'intérieur et à l'extérieur de l'entreprise, ce qui paraît vaguement utopique sinon dangereux à Georges Pompidou et à son conseiller. Eugène Descamps lui-même en convient, qui raconte : « Au début, Georges Pompidou avait pour les questions sociales un conseiller très ouvert, Jean Duport… Mais par la suite, il faut bien dire que les relations sont devenues plus tendues à partir du moment où Édouard Balladur a pris les choses en main : ce haut fonctionnaire venu du Conseil d'État avait en effet moins le goût du contact avec les syndicats et de ce fait le Premier ministre était moins bien informé. D'une manière générale, avec la CFDT il était toujours dérouté. Il avait pris l'habitude que les syndicats lui demandent des augmentations de salaires, or nous exigions surtout une autre conception des rapports sociaux car il comprenait mal cette aspiration. Sous son autorité, un pas notable a cependant été franchi puisque c'est en 1967 qu'a été signée la convention nationale de la sidérurgie qui accordait beaucoup de garanties au personnel. Notamment en matière de réemploi. C'était même la première fois que fonctionnait le fonds national pour l'emploi[1]. »

Quant à Georges Séguy et à ses camarades de la CGT, Édouard Balladur les voit peu. « Ils ne s'y prêtaient guère », dit-il aujourd'hui.

Donc, il se lasse, mais il engrange et il apprend. Le Matignon de Georges Pompidou est un excellent institut de formation des cadres supérieurs de la politique et de l'administration.

Le Patron

En 1968, Georges Pompidou a cinquante-six ans, cinq de plus que François Mitterrand, le principal opposant. Il est Premier ministre depuis une demi-douzaine d'années. Et il n'apparaît pas vraiment comme un brillant second, plutôt comme un numéro un bis, selon les connaisseurs, ce dont l'Élysée prend de plus en plus souvent ombrage.

L'homme en impose : taille moyenne, silhouette dense, charisme compact, il émane de lui un sentiment de force peu courant. « On lui achèterait sa santé », comme on dit sur les foirails de Saint-Flour. C'est surtout le visage qui retient : le teint souvent hâlé, un nez bourbonien, des sourcils sauvages couronnent, enfoncés dans leurs orbites, d'étranges yeux clairs, de ceux que l'on dit pers, gris-vert

1. Éric Roussel, *Pompidou*, Paris, Jean-Claude Lattès, 1994.

pailletés d'or et ourlés de longs cils noirs. Impitoyables et changeants ces yeux-là. Caressants ou passe-muraille. « Posés sur nous comme s'ils ne nous voyaient pas », dit Édouard Balladur qui confessera : « Je ne me suis jamais habitué à être regardé ainsi. » Correctif d'un autre membre de l'équipe : « Il nous regardait toujours mais d'un œil, l'autre faisait toujours autre chose. » Il est vrai qu'une éternelle cigarette pendue à des lèvres qui avancent en chapeau de gendarme lui ferme la paupière droite. Et quand Georges Pompidou réfléchit, quand sa pensée fait l'inventaire, le tri des données et des obstacles, la prunelle s'absente comme s'il regardait en lui-même. Alors, il ne voit plus rien, n'entend plus rien, il est ailleurs. Des yeux étranges donc, « un œil prêtre et un œil diable, écrivait François Mauriac – sur un sourire pointu, gourmand, voire carnassier ». Cet homme aime la vie, sa famille, les jolies femmes et la bonne chère. Un optimiste qui se plaît à rire et à sourire le plus souvent des autres et parfois de lui-même.

L'enfant de Montboudif a toujours gardé quelques traits de son origine paysanne. « Comment ça va au pays ? », c'est toujours ainsi qu'il accueille Ambroise Roux, son compatriote et puissant patron de la CGE. Fils d'enseignant, il a appris de son père l'effort et la ténacité. Il croit en la promotion par le mérite puisqu'il en est l'une des plus brillantes illustrations. Mais il aime aussi le vagabondage des idées, les jeux de l'esprit, ses condisciples de l'École Normale Supérieure où entrera ce boursier de la laïque garderont la mémoire d'un esprit très brillant, d'un esthète d'apparence nonchalante aussi. Et la politique ? On le dit alors de sensibilité socialiste : son père instituteur puis professeur d'espagnol à Albi, militait à la SFIO.

Très libéral d'allure, il demeure attaché au passé et aux traditions, même s'il est attiré par les modernités, l'art contemporain, le monde, la société parisienne, ses feux et ses plaisirs. Georges Pompidou présente mille facettes, il les fera briller toute sa vie. Ses collaborateurs l'en admirent d'autant : voilà un homme complet. Ils apprécient surtout le climat de sécurité, de liberté et de réflexion qu'il a su créer. Tous ces jeunes chargés de mission gardent des années Pompidou à Matignon un souvenir étincelant, magique et nostalgique. Les cicatrices de la guerre d'Algérie se referment peu à peu. La France est en paix pour la première fois depuis longtemps[1].

1. Ce qui compte beaucoup pour les collaborateurs de Georges Pompidou. Tous ou presque ont fait la guerre, les plus anciens celle de 39-45, les plus jeunes comme

Elle se développe : la croissance atteint 5 % l'an. Les Français peuvent donc croire aux promesses d'un progrès infini et les jeunes ambitieux des cabinets y trouvent les meilleures assurances d'une belle carrière.

De l'autre côté de la Seine – très loin d'eux – règne le général de Gaulle, Dieu le Père, Jupiter tonnant mais aussi un paratonnerre qui les protège, pensent-ils, de toutes les intempéries politiques. D'autant qu'ils ont un véritable culte pour la puissance et le rôle bénéfique de l'État.

Ils travaillent beaucoup, parce que Matignon est devenu une sorte d'Élysée bis. Chaque chargé de mission, chaque conseiller technique a en charge un ou deux ministères. Chaque dossier étudié par les ministres l'est aussi à Matignon. À propos de chacun d'eux, le Premier ministre exige de ses collaborateurs une analyse succincte et des suggestions. Par notes : les rendez-vous ne sont accordés que dans un deuxième temps, s'ils apparaissent nécessaires. La note doit être brève : une page pour les problèmes ordinaires, trois pages pour les plus complexes. Si leurs auteurs ont dépassé la mesure, elles leur sont retournées avec un commentaire sévère. Du type : « Si vous n'êtes pas capable de faire une synthèse courte, c'est que vous n'avez rien compris. » D'ordinaire, la réponse du Premier ministre est plus brève encore que la note, elle se borne, en marge, à un « oui », un « non » ou encore « soit ». Ce qui signifie : « Je ne suis pas tout à fait de votre avis, je vous laisse faire, mais ce sera à vos risques et périls. »

« Oui », « non », « soit », écrira plus tard en marge des notes de ses collaborateurs un Premier ministre qui s'appellera Édouard Balladur.

Georges Pompidou, il est vrai, se montre parfois plus prolixe. Il se défoule : « Celui-là, je regrette bien de lui avoir donné la Légion d'honneur », écrit-il par exemple. Ou encore : « Tout le monde peut m'avoir une fois mais pas deux. » Et aussi : « Il y a des coups de pied quelque part qui se perdent. »

Le Premier ministre Édouard Balladur se défoule ainsi parfois lui aussi, mais en recommandant à son directeur de cabinet que ces notes-là soient rangées dans le coffre. Indiscrets s'abstenir…

Une telle organisation en fait un patron très informé. « C'était un système de pensée accumulatrice qui enrichissait la réflexion et favorisait sa décision », explique François-Xavier Ortoli. Michel Jobert : « Il avait le style du prof minutieux qui emporte son paquet de copies.

Jacques Chirac, celle d'Algérie. Édouard Balladur lui aussi a fait son service en Algérie dans les spahis, mais juste avant le début des hostilités.

Le soir avant de partir, il me demandait : "Est-ce que vous avez mes papiers ?" C'était tout. Ni au revoir ni bonsoir. Il ne fallait pas le laisser en manque de papiers. Il lisait beaucoup, bouffait du dossier, annotait très vite. Son œil glissait, il trouvait tout de suite la faute de frappe, la moindre sottise et ne laissait passer aucune broutille. Clac ! un coup de stylo dessus. Il revenait le lendemain matin, ponctuel comme une horloge, à 9 h 25 précises. Toujours la cigarette au bec, ayant lu toutes les notes, même si la veille il avait dîné en ville, toute la presse aussi, mais cinq heures de sommeil lui suffisaient. » Et s'il n'avait pas terminé un article il en poursuivait la lecture dans la voiture qui l'avait amené à Matignon et qui restait arrêtée au milieu de la cour, moteur tournant, garde mobile planté debout à sa droite, prêt à ouvrir la porte quand le Premier ministre déciderait enfin de sortir.

Chaque semaine, il délibère en tête à tête avec le Général. Mais c'est lui qui ensuite coordonne l'action des ministres. Il supporte mal que ceux-ci aient des rapports directs avec le Président. Pierre Messmer en souffrit quelque peu – « il croyait que j'avais des visées personnelles » – avec qui de Gaulle aimait s'entretenir des affaires militaires, parler boutique en somme. Au fil des années, bon nombre de dossiers d'abord traités du Château étaient ainsi passés du côté de Matignon. Cette montée en puissance d'un Premier ministre qui rodait sur le tas son rôle prévu par la Constitution a sûrement été favorisée par sa compétence, sa méthode de travail et aussi la durée de son passage.

Les chargés de mission, les conseillers techniques ne se plaignaient pas de ce surcroît de labeur. Leurs pouvoirs étaient devenus considérables. « À l'époque où j'étais chargé de mission, j'estimais qu'agissant par délégation, j'étais un peu Premier ministre », dira Jacques Chirac. Rien que ça ! Un sentiment partagé par la plupart.

« Maintenant c'est vous qui à Matignon faites tout. L'Élysée ne fait plus rien », lance en 1968 un journaliste à Édouard Balladur qui lui non plus ne l'oubliera pas. Et qui raconte qu'un membre du gouvernement ayant donné à Georges Pompidou une information surprenante, celui-ci s'était tourné vers l'un de ses plus jeunes conseillers pour la vérifier. Lequel conseiller, bien sûr, ne s'empressait pas de répondre. Alors le ministre :

– Monsieur le Premier ministre, je suis ministre, je prends la responsabilité des informations que je vous apporte.

Georges Pompidou, conciliant :

– C'est vrai, vous êtes ministre.

Mais se tournant aussitôt vers son collaborateur :

– Vous vérifierez quand même.

Il fascine son entourage. « Il éblouissait, explique Michel Jobert, non par l'originalité de la démarche intellectuelle, mais par une extrême lucidité. Il faisait d'abord appel aux faits puis en recherchait aussitôt les conséquences, avec un art étonnant de démontrer qu'une idée apparemment juste pouvait être idiote ou stupide. Un excès de lucidité qui pouvait mener à l'immobilisme. »

Un immobilisme qu'on lui reprochera beaucoup dans sa majorité. À en croire un autre membre de son cabinet, ce procès est un contresens. « Il estimait qu'il ne fallait pas réglementer sans arrêt, et que le gouvernement ne devait pas intervenir sur tout et tout le temps. "Laissez donc les Français tranquilles", répétait-il comme un refrain. Je me souviens de l'un de ses coups de colère – ils étaient rares – quand les prélèvements obligatoires sont montés à 34 %. Il s'est exclamé : "Si vous continuez, nous allons droit au socialisme et la France ne s'en sortira pas." »

On n'assume pas une telle tâche sans s'accorder des moments de respiration. Georges Pompidou sait joindre l'agréable à l'utile. « Il recherchait le contact des gens importants, les invitait à la chasse le week-end, réunissant ainsi une quarantaine de personnes qui lui auraient coûté dans la semaine autant de rendez-vous, raconte Michel Jobert. Allant de l'un à l'autre il recueillait avis et confidences et le lundi, il nous les réservait : "On me dit que…" Si bien que nous avions fini par consulter à l'avance la liste des invités afin d'être parés pour savoir qui était ce "on" et préparer les réponses[1]. »

Chaque lundi soir aussi, Georges Pompidou invite ses amis à des séances de cinéma suivies d'un dîner à Matignon. Les membres du cabinet et leurs épouses y étaient conviés à tour de rôle. Jacques Chirac souvent, Édouard Balladur y apparaissait moins. On y rencontrait en général Guy et Marie-Hélène de Rothschild, Jacques Schoeller, son frère Guy l'éditeur et mari de Françoise Sagan, les frères Gall, Jean d'Ormesson, Maurice Rheims, Michel Guy, futur ministre de la Culture, Tom Fabre, le patron des Chargeurs Réunis et de l'UTA, Michel et Monique Bolloré (les parents de Vincent), Victoire de Montesquiou, Françoise Fabre-Luce (future Madame Tony Dreyfus), Jacques Chazot.

Le Premier ministre refuse de se laisser accaparer par la politique. Il partait presque chaque fin de semaine pour sa résidence secondaire à Orvilliers dans les Yvelines, en conduisant lui-même et à vive allure

1. *Ni Dieu ni Diable*, *op. cit.*

la vieille Porsche grise de sa femme. Question de principe, il refuse d'utiliser sa voiture de fonction pendant les week-ends. Il s'octroie même quelques récréations dans la semaine. « Sa tâche quotidienne ne l'absorbait pas tout entier, note Édouard Balladur, on le sentait, et ce sentiment de distance surprenait les professionnels de la politique. Que l'exercice du pouvoir ne lui tienne pas lieu de tout, voilà qui les avait intimidés d'abord. Ils avaient fini par se rassurer : puisqu'il parvenait à se maintenir à ce moment si longtemps, pensaient-ils, c'est qu'il était vraiment ambitieux et leur ressemblait. »

À travailler à ses côtés, Jacques Chirac et Édouard Balladur vont prendre de grandes leçons de politique. Quatre surtout qui peuvent s'énoncer ainsi : les plus redoutables ennemis sont toujours dans le clan ; en période de crise le courage consiste parfois à reculer ; les cohabitations sont toujours difficiles et périlleuses. L'ingratitude enfin peut être bonne conseillère pour qui a de l'ambition. Les leçons éternelles de la politique.

Première leçon
Les pires ennemis sont dans la famille

> « On a plus de peine dans les partis à vivre avec ceux qui en sont qu'à agir contre ceux qui y sont opposés. »
>
> *Cardinal de Retz.*

« Je pensais qu'il avait toujours raison », dit encore aujourd'hui Jacques Chirac. Tout l'entourage de Georges Pompidou partageait ce sentiment. Les critiques, pourtant, ne lui furent pas ménagées. Qu'elles vinssent d'une opposition qui n'avait toujours pas accepté les institutions de la Ve République, était normal. Mais son propre camp lui envoyait des flèches empoisonnées, décochées en douce par Michel Debré ou publiquement par Valéry Giscard d'Estaing et les gaullistes de gauche peu nombreux mais remuants. « Qu'ils ont été malveillants », soupire encore aujourd'hui Olivier Guichard. « Georges Pompidou veut la destruction de la Ve République », écrivaient régulièrement leurs leaders Louis Vallon et René Capitant, dans leur journal *Notre République*. Ils faisaient mine de s'interroger : Pompidou est-il gaulliste, son passé de résistant est bien mince, quel titre lui permet de rentrer dans le compagnonnage des fidèles ? Or, l'Élysée n'a jamais découragé ces infatigables poseurs de banderilles.

« Les hommes peuvent avoir des amis, mais pas les hommes d'État », disait le général de Gaulle. Aux côtés de Georges Pompidou, Édouard Balladur et Jacques Chirac eurent mille occasions de vérifier qu'en politique, le pire ennemi n'est jamais l'adversaire. Avec celui-ci au moins, les règles sont à peu près claires. On s'affronte sans se préoccuper de nuances. On choisit les mots qui peuvent tuer comme des balles. Dans les années 60 les leaders de l'opposition ne sont jamais reçus à l'Élysée[1]. Les rapports du Général avec François Mitterrand étaient exécrables presque depuis leur première rencontre en 1943. L'élection présidentielle de 1965, où celui-ci réussit (avec le concours des centristes de Jean Lecanuet) à mettre celui-là en ballottage, n'avait rien arrangé.

Entre Georges Pompidou et François Mitterrand, les rapports ne sont pas plus amènes. Celui-ci le constatera, le 6 avril 1974, quatre jours après la mort de son rival : « Georges Pompidou et moi, qui avons guerroyé pendant dix ans, chacun en première ligne de son camp, nous n'avons jamais parlé, jamais échangé un mot qui fût de détente, de paix ou simplement de courtoisie[2]. » Pompidou, qui appelait Mitterrand « le fantôme du passé » et assurait qu'il avait participé à peu près à tout ce qui risquait d'amener la France à la faillite et le qualifia même de fasciste (devant Jean Charbonnel en mai 68), manifesta toujours devant ses familiers une extrême sévérité, voire un vif mépris pour le leader de la gauche, dont quelque vingt années plus tard, trois de ses plus proches et fidèles collaborateurs, Michel Jobert, Jacques Chirac et Édouard Balladur, deviendront ministres, voire Premiers ministres. Ceux-ci, qui sans doute partageaient les préventions de leur patron à l'égard de François Mitterrand, pouvaient penser qu'une telle violence était en somme dans les règles. D'Édouard Balladur cette ponctuation : « Ils se jugeaient l'un l'autre sans indulgence, du moins en public. Ils ne se connaissaient pas, semblaient n'éprouver aucune envie d'aller au-delà des apparences pour se comprendre mieux. Tous deux, les meilleurs dans leur camp, ils s'estimaient comme tels, voués à en être les champions sans complaisance[3]. »

Il leur fallut apprendre, en revanche, à parer les coups qui venaient de l'arrière, de leur propre camp. Les plus terribles.

---

1. C'est Valéry Giscard d'Estaing le premier qui introduira cette forme de démocratie habituelle aux pays anglo-saxons. Pendant quatre ans François Mitterrand repoussera ses avances.
2. François Mitterrand, dans *Politique*, I, Paris, Fayard, 1977.
3. Dans *L'Arbre de Mai*, *op. cit.*

Bien sûr, pour la galerie, on se côtoie, on s'invite, on se fait même à l'occasion des grâces. Mais une amitié sincère et durable ne peut s'établir qu'entre des hommes qui n'aspirent pas aux mêmes fonctions. S'ils sont deux à rêver d'un unique fauteuil, la rivalité peut engendrer la haine. Les rapports de Georges Pompidou avec Michel Debré et Valéry Giscard d'Estaing en fournirent l'illustration exemplaire.

« Il faut avoir des ennemis, disait souvent Georges Pompidou, ainsi, l'on compte davantage à leurs yeux, comme à ceux des autres[1]. »

Après trois ans, trois mois, trois jours de collaboration, le Général se sépare en avril 1962 de Michel Debré. Ardent réformateur, infatigable travailleur, l'homme gouverne dans la passion et l'anxiété ; le Général a fini par s'en lasser. S'il incarne la France, Michel Debré est l'État. Mais un État interventionniste à l'extrême. À l'inverse de la méthode qu'emploiera plus tard son successeur, il bombarde de directives, gribouillées d'une mince écriture sur des fiches volantes, les ministres, mais aussi les membres de cabinet et même le secrétaire général de l'UNR, le parti gaulliste. Cet homme-orchestre épuise son monde. Il fourmille d'idées, craint de les laisser s'égarer, fait même installer dans la salle à manger de Matignon, derrière sa chaise, un magnétophone auquel, entre deux bouchées, il dicte notes et pensées.

Sa mise à l'écart après tant de soucis et de travaux ne le peine pas, elle le scandalise, l'ulcère. D'autant que c'est au profit de ce Pompidou qui est tout son contraire. Première avanie : il ne lui laisse aucun dossier. Les tiroirs sont vides quand Georges Pompidou s'installe à Matignon. Là-dessus, patatras, voilà qu'il est battu à Amboise, aux législatives de novembre 1962. C'est l'autre qui doit être content ! Il l'écrit dans ses carnets : « Dès mon échec, j'ai senti un autre homme naître en lui. Il a commencé à investir dans la carrière politique[2]. » Voilà qui est clair.

Un Michel Debré ne se laisse pas abattre si facilement : à la faveur d'une partielle, il se fait élire six mois plus tard député de la Réunion. C'est pour dénoncer illico, devant ses collègues de l'UNR mais publiquement aussi, « l'immobilisme gouvernemental ». Et ses coups portent, car il a l'oreille des militants : au congrès de Nice en 1963, ceux-ci l'ovationnent, et il note aussitôt sans dissimuler son plaisir que « ça agace Pompidou ». Un peu plus tard, il ajoutera : « En apparence, mes relations sont bonnes avec Pompidou, mais en fait

1. *Idem.*
2. Michel Debré, *Gouverner autrement, Mémoires III*, Albin Michel, Paris, 1993.

elles sont ambiguës, car à ses yeux je suis un rival possible, tandis qu'aux miens, il est un Premier ministre dont la volonté d'agir et de réformer est insuffisante. » Traduisons : « Il n'est qu'ambition et moi je ne suis que devoir. Lui, il est Racine et moi je suis Corneille. »

Comme il se doit, l'élection présidentielle de 1965 n'arrange rien. On s'interroge dans le camp gaulliste : que fera le Général ? Personne ne le sait. Alain Peyrefitte et Maurice Couve de Murville, d'avis divergents sur la question, en viennent même à parier une voiture de sport (un pari qui ne sera jamais honoré). Pompidou qui n'en sait pas plus envisage toutes les éventualités, y compris sa propre candidature. Le Général ne lui a-t-il pas répété : « Vous devrez être Président après moi » ? Dès lors, il fait figure d'usurpateur aux yeux de Michel Debré. De Gaulle réélu, celui-ci notera : « Pompidou avait espéré que le Général ne se représenterait pas et que je m'effacerais devant lui. J'ai senti sa déception. » Et il confessera : « Au fond de moi, je pense à redevenir Premier ministre, et j'en rêve[1]. »

Pas de chance, Georges Pompidou garde son poste. Michel Debré revient quand même au gouvernement et à un poste clé, les Finances. Il n'y sera guère plus heureux. Suggère-t-il – les élections de 1967 n'ayant amené à l'Assemblée qu'une majorité bien courte – de gouverner par ordonnances, c'est Pompidou qui s'en attribue le mérite. Les trente-quatre ordonnances ayant été prises (en des domaines aussi importants que la Sécurité sociale, la participation des salariés aux fruits de l'expansion de l'entreprise, l'Agence nationale pour l'emploi), il dénonce une fois de plus l'« immobilisme » d'un gouvernement auquel il appartient pourtant. À bout de patience et de malheur, il écrit le 22 août 1967 au Général ce qu'il ferait, lui, s'il était Premier ministre. Un véritable programme où ne manqueraient ni la réforme du Sénat, ni celle de l'Enseignement supérieur, où sont évoqués aussi bien la politique familiale que le développement des industries alimentaires et même une offensive diplomatique pour associer la Grande-Bretagne au Marché commun (alors que le général de Gaulle n'y est pas décidé). Enfin, il suggère d'imposer discipline et obéissance aux Républicains indépendants de Giscard[2] et de créer un grand journal gaulliste.

Bref, le ministre des Finances, par ailleurs très actif et très efficace dans la citadelle de la rue de Rivoli, écrit au président de la

1. *Ibid.*
2. Lequel vient quelques jours plus tôt de dénoncer l'exercice solitaire du pouvoir du Général.

République pour se plaindre du Premier ministre. Le Général lui répond par un mot « bref, trop bref », gémit Michel Debré dans ses carnets. Il est vrai que de Gaulle connaît bien son homme : « Ce pauvre Debré est toujours devant le mur des Lamentations », disait-il quelques années plus tôt. Cette fois, curieusement il transmet la lettre à Pompidou, lequel convoque Debré pour lui dire tout net ce qu'il en pense. Et ce n'est que du mal : « Quelle tête aurais-je eue si le Général avait pris en considération ce que vous proposez ? »

« Cela marquera entre nous sinon une rupture, du moins une coupure », lit-on dans les carnets. On peut le comprendre. D'autant que le Premier ministre ne retient aucune des suggestions : la situation est bonne, il n'y a pas lieu de dramatiser. Un journal gaulliste ? « Mon pauvre Michel, nous n'allons tout de même pas faire la *Pravda*. » Et Giscard ? « Laissez-le s'agiter, il sera plus sage quand il reviendra au gouvernement. »

Renvoyé dans son coin, le Grand Argentier songe un instant à démissionner. « Que pouvais-je faire devant un Général sceptique et un Pompidou négatif ? Dois-je me retirer ? » Bien sûr il répond par la négative, mais comptant beaucoup d'affidés dans la majorité, il entretient la grogne, et il revient à la charge en janvier 1968 dans une nouvelle lettre au Général. « Mieux vaut être rejeté sur un bon programme d'avenir que pour cause d'inaction », note-t-il. Il en tirera plus tard une amère satisfaction : « Si on m'avait écouté, on aurait pu éviter cette agitation de Mai 68 », pendant laquelle par deux fois il se rendra à l'Élysée afin de demander la tête du Premier ministre.

Dans ses *Mémoires*, il notera encore : « Ce fut une des causes de notre malheur que cette conjonction d'un immobilisme qui se bornait à gérer les affaires quotidiennes, sans mouvement, et de l'aveuglement devant les premières manifestations. L'idée qu'il s'agissait d'un chahut d'étudiants a été une erreur, le gouvernement a manqué de discernement : au sommeil et au ronronnement s'est ajoutée l'insuffisance du commandement. » On ne peut être plus aimable. Mais cela n'empêchera pas Michel Debré de rester au gouvernement quand Georges Pompidou accédera à l'Élysée.

Entre Georges Pompidou et Valéry Giscard d'Estaing, les relations ne sont pas meilleures. Tout oppose ces deux Auvergnats. Leur origine sociale comme leur tempérament. Giscard juge ce normalien agrégé d'histoire à la fois trop autoritaire et trop plébéien, et Pompidou trouve ce polytechnicien inspecteur des finances trop snob : « C'est un esprit faux », répète-t-il.

À la différence du général de Gaulle et de nombreux membres du gouvernement, le Premier ministre qui excelle en calcul mental n'est jamais épaté par Valéry Giscard d'Estaing lorsque celui-ci jongle en conseil avec chiffres et statistiques.

Très souvent, presque chaque semaine, il le ramène sur terre :

Giscard : « Ce qui nous fera exactement 17,6. »

Pompidou : « Monsieur le ministre des Finances et des Affaires économiques se trompe, cela fera 17,7. »

Giscard : « Pardon ? »

Pompidou : « 17,7 ou plus précisément 17,72. »

Giscard : « Ah oui, merci, je disais donc[1]... »

Quand, le 9 janvier 1959, Valéry Giscard d'Estaing est devenu à moins de trente-trois ans secrétaire d'État auprès d'Antoine Pinay, alors installé rue de Rivoli, il s'est formé une idée très précise de son avenir. De Gaulle parti, pense-t-il, le gaullisme n'existera plus. Les communistes finiront par disparaître. Il y aura place alors pour trois courants : les socialistes, les conservateurs et les centristes libéraux, c'est-à-dire les siens. Devenu ministre des Finances en janvier 1962, quelques mois avant l'arrivée de Georges Pompidou à Matignon, il songe de plus en plus au post-gaullisme. La promotion de Georges Pompidou le gêne. Il va donc tenter de contourner celui-ci pour établir un lien direct avec le général de Gaulle. Sans véritable succès. On s'en apercevra en 1963. Cette année-là, l'inflation atteint 8,5 %. Les salaires suivent. La masse monétaire a augmenté de 16 %. Il importe de réagir. Au début d'août, alors que le Premier ministre est en vacances à Saint-Tropez – « le soleil, les vacances, note Pierre Messmer, Georges Pompidou en avait gardé un goût universitaire alors que le Général les exécrait, préférant les brèves absences de fin de semaine[2] » – le Général convoque le gouvernement en conseil et explose : « On ne lutte pas assez contre le désordre monétaire, le franc sera bientôt en danger, les moyens appropriés sont connus. »

Dans ses *Mémoires d'espoir*, il écrira : « Sans doute Georges Pompidou est-il moins convaincu que moi de l'importance primordiale de la stabilité du franc au point de vue national et international. Il tient par-dessus tout à ce que rien ne vienne compromettre l'expansion qui est en cours. Sans doute, Valéry Giscard d'Estaing, jeune ministre qui certes condamne l'inflation au nom des principes de l'inspection, mais à qui l'exécution va incomber au premier chef, est-il

1. Pierre Rouanet, *Pompidou*, Paris, Grasset, 1969.
2. Dans *Après tant de batailles*, Paris, Albin Michel, 1993.

assez impressionné par ce que sa tâche d'intérêt général implique de rigoureux à l'égard de chacun des intérêts particuliers. Cependant l'un et l'autre font leurs, sans réserves, mes résolutions. »

Traduisons : ni le Premier ministre ni le ministre des Finances ne s'enthousiasment pour le plan de stabilisation que leur impose le Général. Le premier craint que la politique monétaire ne freine la croissance. Le second redoute d'assumer la responsabilité de mesures forcément impopulaires. Mais voici l'important, que Giscard ignore : le Général aurait voulu lui retirer son portefeuille et Georges Pompidou s'y est opposé.

Le Général pourtant l'admire, mais quoi ? 16 % d'augmentation de la masse monétaire, c'est vraiment trop, tant pis pour lui, il faut l'écarter.

Giscard qui a flairé le vent mauvais se trompe sur son origine. C'est à Matignon, pense-t-il, que l'on veut sa tête, il faut donc se faire protéger par l'Élysée. Il en rajoute un peu, beaucoup, sur le plan de stabilisation voulu par le Général, le prolonge même au-delà des délais prévus. Ce qui n'arrange pas Pompidou : la présidentielle n'est plus loin, ce n'est pas le moment de jouer les austères. Il demande à Giscard de mettre en œuvre un plan de relance « avec un peu d'inflation ». De Gaulle, lui, demande au même moment que l'on revienne à l'équilibre budgétaire : les cohabitations – on le vérifiera plus loin et plus tard – ne sont jamais faciles.

Giscard choisit de Gaulle, la prolongation du plan de stabilisation qui multiplie les mécontents. Des mouvements revendicatifs surgissent ici ou là : Pompidou enrage. Ce remède trop radical lui paraît dangereux (et contribuera sans doute en effet à la mise en ballottage du Général).

Le cap de l'élection présidentielle franchi, Pompidou, confirmé à son poste, écarte Giscard de la rue de Rivoli où il était resté sept ans. Voudrait-il en échange un grand ministère de l'Équipement ? Il refuse, furieux, demande aux 31 députés de son groupe de n'accepter aucun portefeuille ministériel. Trois d'entre eux entreront pourtant au gouvernement sans état d'âme particulier[1].

« Congédié comme un domestique », selon son expression, Giscard ne songe plus qu'à se démarquer de la famille gaulliste. Michel Poniatowski, qui abhorre le gaullisme, ses pompes et ses œuvres va lui apporter un concours actif. Désormais l'élu du Puy-de-Dôme dit tout haut tout le mal qu'il pense du gouvernement et de son action. Au début de 1967, alors que les sondages prédisent une victoire de la

1. Ce sont Messieurs André Bettencourt, Raymond Marcellin et Jean Chamaut.

gauche aux élections de mars et que la situation sociale – en raison du plan de stabilisation justement – paraît plutôt tendue, il convoque la presse pour critiquer la politique pompidolienne : elle manque, dit-il sans vergogne, de générosité sociale. Il lui reproche aussi de tenir le Parlement dans un carcan insupportable. Bref, il préconise un soutien limité. C'est le célèbre « oui, mais ». « Oui », explique-t-il, parce qu'il approuve le gouvernement, « mais » parce qu'il revendique un fonctionnement libéral des institutions, une politique économique et sociale moderne, la construction de l'Europe.

Ce « oui, mais » n'est-il pas un « non » déguisé ? L'agacement est à son comble chez les gaullistes : « Quel talent, mais quelle vilaine nature », scande Georges Pompidou. Ils ripostent par un tir groupé. De Gaulle : « On ne gouverne pas avec des "mais". » Georges Pompidou : « Gouverner c'est l'art d'éliminer les "mais". »

Les élections de mars 1967, guère favorables à la majorité, le sont un peu plus pour les Républicains indépendants qui en font en principe partie. De 31 députés ils passent à 45. À la tête de ce groupe, Giscard devient maître de la situation. Il se fait élire président de la Commission des finances de l'Assemblée et, de ce jour, ne cesse de piquer Michel Debré qui lui a succédé rue de Rivoli. Celui-ci, à son habitude, mais cette fois non sans quelque raison, gémit : « Son opposition est telle qu'il récuse son propre travail antérieur. Il s'écarte non seulement de moi et du gouvernement, il se rapproche des Américains et des supranationaux par l'intermédiaire du comité Jean Monnet. Nos rapports sont inexistants et même, de sa part, franchement hostiles. L'ambition étouffe son intelligence[1]. »

Au Parlement, Georges Pompidou s'exclame gouailleur : « Pour ce qui est de l'incommodité, j'ai appris que dans la vie gouvernementale, comme le chante Jacques Dutronc, il y a des cactus. » Cette formule fera mouche, tout comme le « oui, mais ».

Le cactus, c'est le soutien-opposition. Giscard ne perd pas une occasion de manifester celle-ci plutôt que celui-là. Le gouvernement légifère par ordonnances, le voici qui proteste. De Gaulle en voyage au Canada dans l'été 1967 – il s'y rend à bord du croiseur *Colbert* – lance son fameux « Vive le Québec libre ! » qui met en émoi quelques capitales, le voilà qui dénonce « l'exercice solitaire du pouvoir[2] ».

1. Michel Debré, *Mémoires*, *op. cit.*

2. François Mitterrand, lui, avec un souci rare des deniers de l'État, demande dans une question écrite combien a coûté à la République le déplacement du chef de l'État à bord du croiseur *Colbert*.

Nouveau courroux de Georges Pompidou : « Je dirais qu'il scie la branche sur laquelle il désire monter », confie-t-il à *L'Express*. Ce qui ne dissuade pas Giscard de continuer à scier. En novembre, il refusera de voter le collectif budgétaire « où réapparaissent l'impasse et le déficit ». En février 1968, dans trois articles du *Monde*, il réclamera le droit à la critique et à la proposition, s'attirant les remontrances d'un ministre de son parti, Raymond Marcellin, qui lui reprochera de « souligner à longueur de journée les nuances qui le séparent du reste de la majorité ». En mai enfin, au lendemain de la première nuit des barricades, deux de ses plus proches affidés, Michel Poniatowski et Alain Griotteray, dénonceront, tels des gauchistes, « la brutale répression policière, indigne d'un pays démocratique ». Quelques jours plus tard, il montera lui-même en lice : « Le gouvernement n'a réussi ni à rétablir l'autorité, ni à remettre la France au travail, il doit partir. » Voilà au moins qui est clair.

Deuxième leçon
Le courage consiste parfois à capituler

Mai 68 : pour Édouard Balladur et Jacques Chirac voici venu le temps de la résistance. Au sens littéral du mot. Parce que les étudiants se sont révoltés et que des ouvriers leur ont emboîté le pas, la France est en panne. Plus d'électricité, plus de trains, plus de téléphone, plus d'essence et bientôt plus de pain dans les grandes villes. Les tilleuls embaument sous un soleil impassible, mais les rats courent les rues de Paris où s'accumulent les ordures. Les soldats du contingent sont requis pour creuser les tombes dans les cimetières, des drapeaux rouges et noirs flottent sur quelques édifices, des hiérarchies s'effondrent, il est « interdit d'interdire », les fonctionnaires n'obéissent plus, les fidélités s'émoussent, des politiques (tel Olivier Stirn, chef de cabinet de Jacques Chirac qui va faire des offres de service chez François Mitterrand) changent de camp, les ministres s'évaporent. Jamais depuis la Commune la France n'a connu de troubles aussi graves. Et son chef à l'Élysée qui ne comprend plus le cher et vieux pays, s'interroge effaré, désolé, presque désespéré. Que faire ?

Pour la petite histoire, le général de Gaulle payait sur son traitement ses repas familiaux à l'Élysée. Dans ses appartements personnels il avait fait installer un compteur pour payer son électricité.

À l'Hôtel Matignon, ils sont une poignée autour de Georges Pompidou, retour d'un voyage en Afghanistan, qui sera à lui tout seul, trois semaines durant, le gouvernement tout entier : Michel Jobert, son directeur de cabinet, Pierre Juillet, son conseiller politique, et quelques rares fidèles au premier rang desquels Édouard Balladur et Jacques Chirac.

Chacun réagira selon son tempérament. Installé dans le bureau de Michel Jobert, Édouard Balladur prendra figure de numéro deux du cabinet : « Nous étions époustouflés par son sang-froid et son calme », témoignera Olivier Guichard. « Une bombe aurait éclaté à ses pieds qu'il n'aurait pas bougé », va jusqu'à prétendre Claudius Brosse.

Jacques Chirac, ayant repris garnison à Matignon, ne cessera d'en sortir pour rencontrer les syndicalistes, ceux de la CGT surtout qu'il connaît bien pour avoir signé avec eux le premier accord d'intéressement.

Les rôles sont ainsi répartis : l'un est au donjon d'où il observe et coordonne, répond au téléphone, organise ce qui peut être encore organisé dans le pays, reçoit beaucoup, écoute, console. L'autre, mousquetaire, court la plaine, tâte les résistances de l'adversaire, ses intentions. Le Parti communiste veut-il prendre le pouvoir ? La CGT le convainc du contraire. Il reconnaît ses points faibles, négocie au besoin, main à la ceinture, prêt à dégainer, dans des conditions rocambolesques maintes fois racontées.

« Chirac qui était alors secrétaire d'État à l'Emploi, était venu joindre ses efforts aux nôtres », témoignera dix ans plus tard Balladur. « Totalement dévoué au Premier ministre, il passait à Matignon tout le temps qu'il ne consacrait pas ici ou là à des entretiens avec des émissaires des syndicats. Il s'y donnait sans ménager sa peine, insoucieux des risques, jamais fatigué, toujours tout entier dans ce qu'il faisait, croyant plus à la vertu des contacts entre les hommes qu'à celle des écrits, à l'efficacité des tête-à-tête clandestins qu'à celle des discussions publiques ; il ne se laissait jamais décourager par les difficultés, revenant à la charge quand il n'avait pas convaincu, tour à tour véhément, prévenant, chaleureux ou habile. Brutal aussi quand il le fallait, il jouait de son intelligence, de sa promptitude, prêt à se rendre où l'on voulait, à rencontrer qui l'on voulait si cela pouvait être utile, n'ayant pour les questions de forme pas plus de considération qu'elles ne méritent[1]. » Un beau compliment.

1. Dans *L'Arbre de Mai*, *op. cit.*

C'est que dans la crise, l'équipe de Matignon est plus soudée que jamais. Dès les premiers troubles et pendant trente jours, les conseillers techniques et chargés de mission couchent sur des lits de camp. Tout peut arriver, il convient donc de demeurer toujours sur le qui-vive car l'on a compris dès les premiers jours que l'imprévisible était le plus prévisible. Cette révolution-là ne se déchiffre pas aisément ; si 1789 était un bloc, comme l'a dit à tort Clemenceau, Mai 68 est un puzzle et personne ne l'avait vraiment vue venir.

Au soir du 31 décembre 1967, dans ses vœux télévisés, le président de la République avait manifesté un bel optimisme : « Tous les désirs ne seront pas comblés, mais à moins de grosses secousses qui secoueraient l'univers, notre situation continuera de progresser. Au milieu de tant de pays secoués par tant de saccades, le nôtre continuera de donner l'exemple de l'efficacité dans la conduite des affaires, l'année 68 je la salue avec sérénité. »

Dormez en paix, braves gens, les institutions de la Ve République veillent sur vous. De tels propos réconfortent.

Au début de l'année, les sondages se montrent donc câlins pour l'Élysée et Matignon. Pourtant, 1967 a battu tous les records en matière de grèves : quatre millions de journées. Les manifestations paysannes sont fréquentes et rudes ; depuis le mois de novembre, les étudiants s'agitent sur le thème : « Non à l'impérialisme américain, libération du Viêtnam » (mais Américains et Vietnamiens viennent de décider d'engager les pourparlers de paix à Paris. Pour le général de Gaulle dont le discours de Phnom Penh date de moins d'un an c'est un succès). Le baromètre IFOP d'avril donne au Général 61 % de satisfaits contre 31 % de mécontents, et à Georges Pompidou 48 % de satisfaits contre 34 %. Mais le taux de croissance dépasse 5 % l'an et la France n'a plus de dettes. Au début du printemps, le Corrézien François Ceyrac, en charge des questions sociales au CNPF, annonce à son compatriote Jacques Chirac que rien ne devant se passer avant octobre, il va en profiter pour se faire opérer en mai d'une hernie. D'ailleurs, Henri Krasucki et André Bergeron l'ont conforté dans son pronostic[1]. Tout serait donc calme. Un avis que Georges Pompidou ne partage pas tout à fait[2], qui à l'automne 1967 indique à des journalistes

1. Krasucki a même éclaté de rire quand Ceyrac l'a interrogé sur les risques de grèves à cette époque. Entré en clinique le 9 mai au soir, celui-ci fut réveillé par des hurlements : les émeutes du Quartier latin. Dans Gérard Leclerc, *Ils ont traversé le siècle*, Paris, Plon, 1994.

2. En 1966, Édouard Balladur avait signalé au même François Ceyrac que le Premier ministre était préoccupé par la situation sociale et ce dernier lui avait ensuite

économiques que l'année suivante risque d'être difficile, et il désigne le responsable, ce fameux plan de stabilisation d'où vient toujours à ses yeux tout le mal. Il conseille à Édouard Balladur d'aller voir les films de Godard, à commencer par *La Chinoise*. « Là où beaucoup – j'étais du nombre – n'avaient vu qu'un discours insupportable et faux, écrit celui-ci, lui voyait la description d'un état d'esprit répandu dans la jeunesse, le refus de la société, de la morale courante. Il fallait y prendre garde, nous disait-il. »

Le culte de la Chine est à son zénith. « J'avais sur la recommandation de Jobert lu le *Petit Livre rouge*, note plus loin Édouard Balladur, collection de recettes simplistes pour la conquête et l'exercice d'un pouvoir absolu. À cette occasion j'avais voulu relire le catéchisme catholique, celui-là qu'on m'avait appris autrefois, il m'avait semblé plus modeste et plus ambitieux. »

Les premières agitations de l'année, pourtant, n'émeuvent guère. Des lycéens, ici ou là, réclament de meilleures conditions de travail. Dans les résidences universitaires, les étudiants proposent la libre circulation entre les pavillons des filles et des garçons, ce dont le Général ne veut pas entendre parler. « On pourrait leur donner la permission de minuit », suggère le ministre Alain Peyrefitte lors d'une réunion à Matignon. « Vous n'allez tout de même pas leur demander de se quitter au moment où c'est le plus agréable… », rétorque Pompidou. Des échauffourées éclatent à Nanterre où a été édifiée à la hâte quatre ans plus tôt, sur un terrain militaire appelé La Folie, une bien triste université[1]. Ces mouvements, pense-t-on, s'interrompront avec les

---

expliqué : « le climat n'est pas bon, je ne le sens pas, il faut faire quelque chose ». Pompidou avait donc demandé à François-Xavier Ortoli, alors en charge du Plan, une sorte de rapport sur l'état de la Nation qu'il avait rédigé avec Delors. Il s'agissait de faire dialoguer les partenaires sociaux entre eux, d'inaugurer la politique contractuelle. Pendant un an, Ortoli et Delors vont recevoir un à un tous les syndicats pour leur demander à quoi ils sont prêts. « En août 67, raconte Ceyrac, Pompidou a écrit au Président du CNPF Maurice Huvelin, mais c'est Balladur qui a rédigé la lettre, pour suggérer un programme de réunions avec les syndicats. C'est ainsi qu'à la fin de septembre, et ce pour la première fois depuis 1958 (date à laquelle le premier accord sur le chômage avait été signé avec les syndicats, il y avait à l'époque 27 000 chômeurs), nous avons reçu la CGT. Nous avons choisi de négocier ensemble sur le chômage partiel pour lequel rien n'était prévu, un accord a pu être signé en février 1968, seule la CFDT s'est abstenue, mais nous étions convenus de nous retrouver tous en octobre pour continuer les négociations sur d'autres sujets. » À l'évidence, ces rencontres ont favorisé celles de Mai 68, baptisées les « négociations de Grenelle ».

1. Georges Pompidou était hostile à sa construction. « Il faut que les jeunes restent dans les villes. Il ne faut pas faire de campus, ils vont s'y ennuyer », disait-il.

vacances et à l'approche des examens. Pas question pour le Premier ministre de renoncer à son voyage en Iran et Afghanistan, prévu le 2 mai. Ce même jour, d'ailleurs, l'Assemblée doit voter à l'unanimité la généralisation de la quatrième semaine de congés payés, vieille revendication syndicale, et le 1er mai, quelques étudiants porteurs du drapeau noir de l'anarchie, qui tentaient de se mêler au traditionnel défilé de la CGT, ont été fermement repoussés, aux cris de « les fils à papa, au boulot ».

La fermeture de Nanterre, décidée le 2 et appliquée le 3, va mettre le feu aux poudres. Puisque Nanterre est fermée, les plus « enragés » – comme on dira – des étudiants s'installent dans la cour de la Sorbonne. Ils croient deviner partout la menace des « fafs » – les fascistes – mais voient surtout arriver des policiers armés de boucliers, de matraques et même pour certains de mousquetons, appelés par le recteur pour les mettre à la porte. Alors, l'enchaînement fatal : la grève illimitée des cours, la première nuit d'émeutes avec barricades et voitures incendiées. Le 7, ils sont 25 000 à défiler dans Paris. La population, indiquent les sondages, leur est plutôt favorable. À l'Élysée, le Général bougonne. Il songera bientôt à faire intervenir l'armée. Certes, il n'est pas question de tirer sur la jeunesse. Mais « ils n'ont qu'à tirer en l'air et les étudiants, vrais ou faux, se disperseront comme une volée de moineaux », suggère-t-il à Pierre Messmer, lequel rétorque : « Mais, mon Général, ce n'est pas réglementaire. » Le Général renonce donc, tout en répétant qu'il n'est pas question de tolérer la violence dans la rue. On ne capitule pas devant l'émeute. L'État ne recule pas.

Entre deux affrontements, le gouvernement fait savoir que la Sorbonne sera rouverte dès le rétablissement de l'ordre. En face, on réclame la libération des étudiants qui ont été incarcérés, l'arrêt des poursuites judiciaires, l'évacuation du Quartier latin par la police. Dialogue de sourds.

Édouard Balladur note : « De Gaulle réitérait les instructions d'autorité alors que certains ministres essayaient de conserver le contact avec les étudiants et les professeurs. Chacune des attitudes avait des avantages, à condition d'être l'unique. Ainsi, selon les heures et les lieux, parlait-on de conciliation ou de rigueur et le crédit du gouvernement baissait. L'espoir déçu rendant furieux, la situation s'aggravait heure après heure. » Il retient donc qu'on ne peut mener deux politiques à la fois comme est tenté de le faire tout pouvoir bicéphale ; mieux vaut avoir une idée simple et s'y tenir.

La nuit du 10 au 11 mai, la plus violente, fait tout basculer : dans le fracas des explosions de grenades et la fumée des incendies, les policiers reprennent une à une des dizaines de barricades érigées au Quartier latin. On ne compte plus les blessés, mais la rumeur ou l'intoxication fait état de nombreux morts dont les cadavres prestement enlevés auraient été maquillés en victimes d'accidents de la route ; des organisations étudiantes publient même une liste de tués qui se révélera entièrement fausse. Le samedi 11, les syndicats ouvriers lancent un appel à la grève générale de 24 heures. Et à la manifestation pour protester le lundi contre la « répression ». À Matignon, d'où le patron est toujours absent, on hésite. Faut-il rouvrir la Sorbonne pour calmer les esprits ? Les visiteurs et les conseillers de toute espèce penchent plutôt pour la négative : l'État ne peut pas s'incliner devant la fronde.

Les hésitations cesseront vite. Georges Pompidou arrive le soir même à Orly. Jobert, Balladur, Brosse, Guichard, Louis Joxe, Premier ministre par intérim, vont l'accueillir. Édouard Balladur : « Il était de façon provocante calme et détendu. Il savait ce qu'il allait faire et qu'il expliquera en ces termes à ses collaborateurs : “Notre seule chance est de gagner du temps et d'éviter que la manifestation de lundi où tout le monde sera uni contre nous ne soit le début d'une véritable révolution. Pour qu'elle reste calme, un seul moyen : rouvrons la Sorbonne et libérons les étudiants.” » Georges Pompidou a encore en tête la grande grève des mineurs de 1963. Il avait alors décrété la réquisition des travailleurs du sous-sol. Une erreur : la grève dura 34 jours, les mineurs avaient la sympathie de la nation et le gouvernement dut finalement céder sur les hausses de salaires. « Ce fut ma plus grande faute », reconnut-il plus tard[1].

Le Premier ministre préfère donc composer. La force ayant fait la démonstration de sa faiblesse, ne vaut-il pas mieux céder ? Michel Jobert et Édouard Balladur acquiescent. Ce n'est pas le cas de Pierre Juillet ni de Jacques Chirac et encore moins d'Alain Peyrefitte, ministre de l'Éducation nationale, qui tente de plaider : « Mais si vous ouvrez la Sorbonne, elle sera occupée, il faut à tout le moins obtenir les contreparties que j'ai proposées. »

Pompidou : « Exiger des contreparties qu'ils refuseront, puisqu'ils ont l'opinion avec eux, revient à laisser la Sorbonne fermée, ce qui signifie l'insurrection lundi dans les rues. »

1. Éric Roussel, *Pompidou, op. cit.*

Le Premier ministre a pris sa décision avant même d'aller voir le président de la République. Il part ensuite pour l'Élysée où il obtient l'aval souhaité : « C'est votre affaire, c'est à vous de décider », lui dit le Général sans vraiment masquer sa réticence. Puis il revient à Matignon, dîne avec ses collaborateurs, paisiblement : « Aucun sujet sérieux ne fut abordé », notera plus tard Édouard Balladur.

Il parle enfin à la télévision, à 23 heures, pour annoncer la réouverture de la Sorbonne le lundi suivant et diverses mesures d'apaisement. Ce qui provoque la stupeur de nombre de gaullistes : « Quelle capitulation ! »

Il fait bien beau le lundi quand une immense manifestation d'étudiants, d'enseignants et de travailleurs, tous solidaires, s'écoule de la Nation jusqu'à Denfert-Rochereau. Fil de laine rouge à la boutonnière, les hommes du service d'ordre de la CGT veillent au grain, bousculent un peu gauchistes et anarchistes, mais ne parviennent pas à empêcher quelques milliers d'étudiants de se rabattre après la dispersion vers Matignon et l'Élysée.

Michel Jobert envoie Chirac en mission : « Vous connaissez bien Krasucki, intervenez donc. » Krasucki déjà rentré chez lui ne se dérobe pas : « Bon, je vais rameuter les camarades et voir ce que l'on peut faire. » En attendant, le pouvoir a fait barrer les ponts qui mènent à l'Élysée. Sans trop d'illusions, car le rideau de CRS est bien fragile. Le gouvernement, même s'il parvient ainsi à éviter ce soir-là le pire, paraît abandonné de tout le pays et même de sa majorité, laquelle réserve à Georges Pompidou le plus glacial des accueils, quand, le lendemain, il s'explique à l'Assemblée.

Ce jour-là, le 14, le général de Gaulle part pour la Roumanie. Un voyage prévu de longue date qui sera bref. Mais pendant ces quelques jours, le mouvement de revendication sociale accompagné de grèves et d'occupations d'usines va gagner tout le territoire.

Édouard Balladur note : « Les instruments de l'autorité étaient gagnés de paralysie. Je recevais les gens, je tempérais l'expression de mes inquiétudes et si j'étais ému, je ne le montrais guère. C'était l'un des services que je pouvais rendre. Une des rares choses qui dépendît de moi. L'égalité d'humeur est aussi contagieuse que le tourment. » Toute une philosophie.

À partir du 16 mai, plus de trains, plus de Poste, certains préfets ne peuvent même plus joindre Matignon au téléphone, puisque à l'époque pour obtenir Paris, il leur faut passer par les PTT. Ils doivent donc utiliser les moyens de la gendarmerie. À Paris, l'Institut des études politiques a été rebaptisé Institut Lénine.

Le samedi 18, de Gaulle est de retour, fort satisfait de son voyage[1]. Cette fois, c'est lui qui décide : « Nous allons reprendre les choses en main. » À minuit, de fort méchante humeur, il confère avec Pompidou, Debré et quelques ministres. « La réforme oui, la chienlit non », s'exclame-t-il. Il critique de manière à peine voilée son Premier ministre : « Il est possible et même probable qu'on aurait dû faire depuis longtemps un certain nombre de choses qu'on n'a pas faites. Je passe, mais tout le monde sait ce que je veux dire. »

Puis il relance l'idée d'un référendum sur la « participation des citoyens aux décisions qui les concernent directement », à laquelle Georges Pompidou se montre hostile. « On ne soigne pas la frénésie, le mal de vivre, la violence avec la réforme instantanée », plaide-t-il. Le Général ne l'écoute pas. Puisque les ouvriers, les paysans, les étudiants contestent la société capitaliste, lui, de Gaulle, la transformera. Le monarque de tradition capétienne, le catholique inspiré de la doctrine sociale de l'Église, fera courber l'échine aux nouveaux féodaux, ceux de l'argent, comme il avait commencé de le faire à la Libération. « Je vais demander un mandat public pour mener à bien ces choses », dit-il à ses ministres. « Si la réponse était négative, le Président saurait que sa tâche est terminée. » Le voilà à la télévision, décidé à reprendre tout en main. Mais à peine a-t-il terminé son allocution que la violence se déchaîne à nouveau dans les rues. « Dix ans ça suffit ! », clame la foule étudiante. La France a écouté, mais elle n'a pas frémi, le courant ne passe plus. Et cette histoire de participation est trop compliquée pour remuer les esprits et les cœurs. Édouard Balladur note : « Pompidou redoutait que les Français ne voient dans ce référendum qu'un stratagème destiné à leur arracher leur soutien. Il fallait auparavant reconquérir leur confiance et non les forcer à la donner. Rien n'est plus dangereux que poser une question quand la réponse est douteuse. La question prend alors un caractère provocant qui donne envie de répondre non. C'est la même chose en amour. »

Pompidou regarde de Gaulle à la télé. Tête baissée, yeux mi-clos, une cigarette aux lèvres, il s'exclame à la fin : « Bah ! ç'aurait pu être pire. » Et il rentre dans son bureau.

---

1. Bernard Tricot, le secrétaire général de l'Élysée qui accompagnait le Général, note dans ses *Mémoires* : « Le dernier jour fut marqué par la visite à l'université de Bucarest. Quelle différence avec la Sorbonne. Pas un drapeau rouge, aucun tumulte, pas de cheveux longs. Des jeunes gens bien propres et bien cravatés. Le ministre de l'Éducation nous a expliqué que l'organisation de la scolarité se fait à base d'orientations et de sélections. » dans *Mémoires*, Paris, Quai Voltaire, 1994.

Bucarest is beautiful !

Les manifestations reprennent et les barricades ressurgissent. Cette fois, le Premier ministre donne des ordres : pas question de laisser aux étudiants le temps de les ériger. La police intervient et les abat une à une. Rien n'est réglé pour autant. La crise, cette fois, a atteint le sommet de l'État.

Après son allocution télévisée, de Gaulle lui-même le reconnaît : « J'ai mis à côté de la plaque. » Personnage de raison et de rigueur, la pagaille, le relâchement le révulsent, il est conscient de son impuissance. Il s'abandonne. Il abandonne. Alors Georges Pompidou prend le relais pour jouer sa dernière carte : la négociation sociale. Depuis plusieurs jours Michel Jobert, Jacques Chirac, Édouard Balladur ont préparé la rencontre avec les syndicats et le patronat. Le grand compromis qui doit permettre de remettre la France au travail… C'est Édouard Balladur qui a rédigé le projet de protocole d'accord. Le Premier ministre sait qu'il faudra mettre le prix, mais il n'a pas le choix. Et il veut avoir les coudées franches pour négocier : « Surtout qu'on m'épargne Debré. » Annoncer au ministre des Finances que sa présence n'est pas souhaitée à la grande négociation de la rue de Grenelle sera la mission d'Édouard Balladur. Bien entendu, Debré explose, annonce sa démission et court illico se plaindre au Général, pour lui demander aussi de changer de gouvernement.

« Nous sommes ici pour remettre la France au travail », déclare-t-il aux syndicats[1].

---

1. À mi-chemin de la négociation alors que la discussion est âpre, afin de récupérer un peu, le dimanche, vers 20 heures, les négociateurs s'accordent une pause : certains vont prendre contact avec leurs états-majors. Georges Pompidou s'éclipse pour rejoindre son épouse qui passe la soirée à Verrières-le-Buisson chez Louise de Vilmorin. La romancière aime dire des poèmes à voix haute. Il est tard, elle se laisse emporter par un poème de Gérard de Nerval.

La connais-tu, Daphné, cette ancienne romance
Au pied du sycomore où… où…

La mémoire lui manque. C'est le moment où Georges Pompidou entre dans le salon. La fatigue se lit sur son visage, saisissant les vers au vol, il poursuit d'une voix rauque :

… où sont les lauriers blancs
Sous l'olivier, le myrte ou les saules tremblants
Cette chanson d'amour qui toujours recommence
Reconnais-tu le temple au péristyle immense
Et les citrons amers où s'imprimaient tes dents.

Un répit de courte durée. À 21 heures il est de retour à Matignon. (Dans Louis Muron, *Pompidou*, Paris, Flammarion, 1994.)

Le lundi 27 mai à 7 h 30, après vingt-cinq heures de face-à-face, les négociations sociales s'achèvent au ministère du Travail, rue de Grenelle. Le protocole d'accord reçoit toutes les signatures. Reste à consulter les salariés de la base. Georges Pompidou, traits tirés, rencontre les journalistes. Les salaires seront augmentés en deux étapes, dit-il, mais pour le SMIG, tous les records sont pulvérisés : il passe de 2,22 F de l'heure à 3 F, à partir du 1er juin, ce qui correspond à 35,14 % de hausse alors que, pendant des années, les majorations avaient été chichement mesurées. Le Premier ministre veut bien endosser la responsabilité de toutes les autres décisions : augmentation des salaires de 7 %, réduction du temps de travail (on passe de 48 à 46 heures), hausse des prestations familiales et de la retraite des vieux, indemnisation des journées de grève, droit de réunion dans les entreprises pour les syndicats, etc., etc., mais pour le SMIG il assure avoir été mis devant le fait accompli. Jacques Chirac racontera plus tard : « Je m'étais mis d'accord avec la CGT, Georges Séguy avait accepté une augmentation de 27 %, je reviens en séance et je dis à Pompidou : “OK pour 27”, et c'est alors que Bergeron a dit : “Non pas 27 %.” » Et curieusement le patronat rétorque : « OK, allons-y pour 35 %. » Tandis que le gouvernement s'accordait avec la CGT, en effet, Bergeron le patron de FO négociait avec le patronat[1].

La note est lourde. « Quelle capitulation ! », maugrée une fois de plus la troupe gaulliste. « Il faudra bien payer », soupire le Général. La veille, alors que Georges Pompidou négociait avec les syndicats, il avait reçu Maurice Couve de Murville pour lui demander de se préparer à venir bientôt à Matignon. Le même jour, comme dans un refrain, Michel Debré lui avait conseillé de changer de gouvernement.

Ce lundi matin, Georges Pompidou rentre chez lui satisfait. Il attend une reprise du travail. Mais quand Georges Séguy arrive aux usines Renault à Boulogne-Billancourt pour annoncer aux grévistes les résultats de la négociation, il est hué. La CGT a mal encadré et préparé les ouvriers qui décident de continuer la lutte.

La stupeur s'abat sur le pouvoir. On peut tout craindre.

« J'ai appelé Pompidou au téléphone, raconte Balladur, j'eus l'impression de le réveiller. “La CGT vient d'échouer”, lui dis-je. »

Réponse du Premier ministre : « C'est cuit. N'en doutez pas, la CGT s'est fait avoir. Je suis certain qu'elle voulait en sortir. Bon, nous en reparlerons tout à l'heure. »

1. *Ils ont traversé le siècle*, *op. cit.*

« Il était presque 10 heures, poursuit Balladur, je n'avais pas dormi depuis deux nuits, la radio énumérait la liste des entreprises dont le personnel repoussait les accords de Grenelle, où j'avais en vain aligné bout à bout ce que chacun des interlocuteurs avait obtenu du Premier ministre. À quoi bon rester dans ce bureau ? Je rentrai chez moi. Il pleuvait pour la première fois depuis longtemps. »

28 mai. Le téléphone ne sonne plus à Matignon. Pour tout le monde, le gouvernement a cessé d'exister. L'État est paralysé. Mais l'opposition réclame la dissolution de l'Assemblée. « Il faut la prendre au mot », plaide Georges Pompidou. Le Général, lui, penche toujours pour le référendum, mais son Premier ministre juge que les Français ne comprendront pas qu'on leur pose « des questions abstraites qui vont leur paraître sans rapport avec ce qu'ils vivent ».

Dans un couloir, Édouard Balladur croise Michel Debré, qui lui lance : « Alors ? Vous êtes content, vous avez réussi à mettre l'économie française par terre et vos accords ne parviennent pas à rétablir l'ordre. C'est bien la peine. »

À Matignon s'installe un climat de fin de règne. Monseigneur Etchegaray, secrétaire général de l'Épiscopat, vient rendre visite à Michel Jobert et Édouard Balladur pour les remercier de l'accueil qu'ils lui avaient toujours réservé. Comme s'ils devaient déménager le lendemain. « Mais nous serons peut-être encore là longtemps, rétorque Édouard Balladur, nous nous reverrons peut-être dans ce bureau. »

Georges Pompidou, toujours calme, reçoit pourtant des parlementaires. Il sait qu'une révolution réussie résulte d'un effondrement du pouvoir. Alors il tient, il paraît décidé à rester sur le devant de la scène. Il parle, consulte, explique, écoute, et souligne que le pis – les effusions de sang – a été évité.

À l'Élysée, le climat n'est pas meilleur. Le Général s'attend à tout, à un putsch, à une insurrection ou à une guerre civile. Il est ulcéré. Le 28 mai, Madame de Gaulle a été grossièrement insultée par le conducteur d'une DS alors que sa voiture était arrêtée à un feu rouge. Le même jour, François Mitterrand tient une conférence de presse à l'Hôtel Continental. Bien entendu il dira « non » au référendum dont il est toujours question. Il propose la mise en place d'un gouvernement provisoire que pourrait diriger Pierre Mendès France en attendant des élections présidentielles qui auraient lieu en juillet et où il serait, lui, candidat.

Coup de théâtre. Le lendemain 29, le Général annule le Conseil des ministres et décide de s'en aller à Colombey. À 11 heures, il appelle Pompidou : « Je ne dors plus, j'ai besoin de prendre du champ, je rentrerai demain à 15 heures. Ne vous inquiétez pas, j'ai bien l'intention de rentrer, je vous embrasse. »

Cette formule, tout à fait inhabituelle, alarme son interlocuteur. À 14 heures, on prévient Georges Pompidou que le Général, s'il a bien quitté l'Élysée, n'est pas arrivé à Colombey. 15 heures, toujours pas de nouvelles. On craint le pire. Un accident ? Mais non. Deux hélicoptères étant partis ensemble, si l'un d'eux avait eu un accident l'autre aurait donné l'alerte. « Il est parti pour l'étranger », s'exclame Georges Pompidou qui s'inquiète et explose : « Le Président s'en va, et le Premier ministre n'en est même pas informé, que puis-je dire aux Français ? » 16 heures, enfin Pierre Messmer, le ministre de la Défense prévenu par le général Massu, annonce que le Général a atterri à Baden-Baden. « Il s'est réfugié chez les militaires. »

Pompidou est scandalisé.

Il s'interroge aussi, il donnerait beaucoup pour savoir ce que le Général a en tête et ce qui se passe à Baden-Baden.

Ce qui se passe ? Aussitôt descendu de son hélicoptère, avisant un Massu éberlué et que l'on venait de tirer de sa sieste, le président de la République a joué l'air de la catastrophe : « Tout est foutu, les communistes ont provoqué la paralysie du pays, je viens chercher refuge ici en Allemagne avec les miens. »

Capitulation ou stratagème ? Défaillance ou ruse ? Fuit-il, abattu, le pays ? Ou juge-t-il que le pouvoir ayant horreur du vide, son retour sera vite désiré ? Un quart de siècle plus tard, les deux versions gardent leurs partisans qui soulignent, les uns, que le Président, avant de partir, avait donné rendez-vous pour le lendemain à ses plus proches collaborateurs. Qui constatent, les autres, qu'il avait emmené avec lui en deux hélicoptères toute sa famille, petits-enfants compris avec leurs bagages, et que Madame de Gaulle avait même emporté ses bijoux.

« Pour la première fois de ma vie, j'ai eu une défaillance », avouera trois jours plus tard à Georges Pompidou l'homme du 18 Juin.

Le général Massu, qui s'est vite repris, trouve en tout cas les mots pour le convaincre de rentrer dare-dare à Paris et de reprendre les rênes. La France profonde, qu'il vient de survoler à basse altitude, n'est-elle pas calme et tranquille, très éloignée en vérité des folies de la capitale ?

Une couple d'heures après son arrivée à Baden-Baden, le Général rasséréné par ces bonnes paroles décide de regagner Colombey. Au même moment où des dépêches d'agence annoncent que l'on ne sait pas ce qu'il est devenu. Le général Massu informe de son départ Pierre

Messmer, lequel prévient le Premier ministre. Et vers 18 h 30 enfin, le Général appelle Pompidou depuis la Boisserie pour lui confirmer la réunion d'un Conseil des ministres le lendemain.

Georges Pompidou est à la fois soulagé, sonné et irrité. Que le Général ait décidé de quitter le territoire sans l'en avertir, voilà de bien mauvaises manières ! Il décide donc de démissionner et écrit sur-le-champ une lettre qu'il fait porter à l'Élysée. Il demande à Bernard Tricot à voir le Général dès son retour : « Il faut comprendre, lui confie-t-il, que tout cela me sort par les yeux. » À Matignon, Édouard Balladur est l'un des premiers informés de sa décision.

Le lendemain, changement de climat : « Non, vous ne démissionnez pas, vous restez », insiste le Général de retour à l'Élysée. « Si vous voulez que je reste, il faut faire la dissolution », répond Pompidou. Le Général hésite encore : « On ne peut pas faire d'élections, la preuve, c'est que je n'ai pas pu faire le référendum. » Mais il finit par se rendre aux arguments de son interlocuteur et s'adresse au pays par la radio, sa vieille complice de 1940. « J'ai envisagé depuis 24 heures toutes les éventualités sans exception… Je ne me retirerai pas, je ne changerai pas le Premier ministre dont la valeur, la solidité, la loyauté méritent l'hommage de tous… Le Premier ministre me proposera les changements qui lui paraîtront utiles dans la composition du gouvernement. Je dissous aujourd'hui l'Assemblée nationale… Je diffère la date du référendum. »

C'est le retournement. Une heure plus tard, un million de personnes défilent sur les Champs-Élysées en scandant : « De Gaulle n'est plus seul. » Édouard Balladur note : « Toute la soirée, des cortèges traversèrent Paris derrière les drapeaux tricolores en chantant *La Marseillaise*… Selon qu'on appartenait à un camp ou à l'autre, la journée prit fin dans l'exaltation ou dans la rage. Il y a ceux qui devinrent méchants, parce qu'ils avaient eu trop peur, ou parce qu'ils avaient cessé d'être les plus forts et qu'ils ne faisaient plus peur. Il y a eu tous ceux qui ne songèrent plus qu'à partir en vacances et ceux aussi que le spectacle d'un tel gâchis accabla de tristesse et de honte. » Apparemment, l'auteur de ces lignes en faisait partie.

On connaît la suite, Georges Pompidou forme un nouveau gouvernement, le Général lui inflige cependant une blessure d'amour-propre : l'entrée de René Capitant, son ennemi déclaré, comme garde des Sceaux au gouvernement – lequel déclare : « S'il me faut avaler la couleuvre Pompidou, je l'avalerai. » Ambiance ! Progressivement, le calme revient, les édifices publics sont repris par la police. Raymond Marcellin, le nouveau ministre de l'Intérieur, fait évacuer la Sorbonne et l'Odéon, les 14 et 16 juin. Sans difficulté. Le Général l'en félicite chaudement : « Enfin, un homme de poigne ! », lui dit-il, il n'avait toujours pas digéré la réouverture de la Sorbonne. Le 18 juin les usines Renault et la métallurgie reprennent le travail.

Dix jours plus tard, c'est le triomphe aux législatives. Les gaullistes et leurs alliés enlèvent 358 sièges sur 487. L'UDR détient la majorité à elle seule. « L'étendue de notre victoire nous impose la discrétion », s'exclame Georges Pompidou tandis que la consternation règne dans l'opposition. François Mitterrand parle de trucage politique. Waldeck-Rochet, secrétaire général du Parti communiste, évoque la « fascisation » du régime. La récréation est terminée. Mais l'épreuve a marqué Georges Pompidou et peut-être ses collaborateurs plus que lui.

Ignorer les leçons qu'un homme comme Édouard Balladur en a tirées, serait s'exposer à ne rien comprendre à son comportement de Premier ministre. Dix années durant il a ruminé les furieux épisodes de ce mois de folie avant de les analyser dans son livre *L'Arbre de Mai*. Celui-ci sera publié en 1979 alors qu'il vient tout juste de renouer après six ans de silence les relations avec Jacques Chirac et qu'il ignore encore quelles batailles ils livreront ensemble. Ce qu'il a retenu de cette tourmente, c'est qu'un État apparemment fort peut se révéler un colosse aux pieds d'argile. Que la France, terre des arts, des armes et des lois, peut connaître – même au XXe siècle – des accès de rare violence ; enfin, que dans le paroxysme d'une crise le courage ne consiste pas toujours à faire front ou se cabrer, mais plutôt à laisser place à la fronde – ce que d'aucuns appellent capituler – puis de surfer sur elle pour mieux négocier et tenter de reprendre le contrôle de toutes choses.

« Balladur a d'autant plus théorisé de la sorte, qu'il ne supporte pas la violence », commente un ancien de Matignon. Tandis que Marie-France Garaud ironise : « Balladur est ferme, mais sur une ligne perpétuellement transactionnelle. »

La dernière leçon (implicite celle-là et pas la moindre) lui a été donnée au lendemain du triomphe électoral : le 11 juillet, à la surprise générale, Georges Pompidou n'a pas été reconduit dans ses fonctions. Étrange façon, juge-t-il, de remercier celui qui vient de gagner et qui durant la crise avait tenu presque seul sur tous les fronts. Conclusion : mieux vaut être son propre patron, si l'on veut s'éviter semblable déconvenue. En clair : mieux vaut être à l'Élysée qu'à Matignon.

Pour l'heure, il fait comme Georges Pompidou : il se retire : « J'étais de ceux auxquels le Premier ministre avait demandé de l'accompagner dans sa retraite, et je m'en réjouissais. Jusque-là, je n'avais éprouvé pour lui que de l'admiration ; désormais, il y avait quelque chose de plus né durant ces jours et ces nuits que nous avions été quelques-uns à vivre auprès de lui. »

Avant de quitter Matignon, Georges Pompidou lui a offert sa photo avec cette dédicace : « C'est une fin, mais je l'espère pour notre amitié, un recommencement, à Édouard Balladur dont les qualités d'intelligence, de cœur et de caractère m'ont été précieuses et me l'ont rendu cher. »

Jacques Chirac vient de partager la même épreuve, il s'est totalement, lui aussi, mis au service de leur patron, il n'en tirera pas tout à fait les mêmes leçons que lui :

« Je réalise après coup, confiera-t-il en 1972, que Mai 68 a été quelque chose de plus important que je ne l'avais cru sur le moment. Je comprends mieux aujourd'hui la nécessité de tenir compte, bien plus que par le passé, des contraintes quc la vie fait peser sur les hommes. À cet égard, c'est un événement positif de notre histoire contemporaine. Regrettable dans la forme, mais positif quant au fond[1]. »

Positif ? Ce n'est pas l'avis d'Édouard Balladur : « Il en resta un espoir : rejeter un monde, ce n'est certes pas assez pour en construire un autre. Mai n'avait pas été longtemps joyeux. Si la jeunesse l'avait été, se serait-elle révoltée ? Le désespoir l'avait mise en branle, la défaite l'arrêta. Beaucoup en restèrent pour longtemps blessés. Ce fut une génération perdue, désormais tentée d'imputer à d'autres son désespoir et ses échecs. Pour tous ceux qui y avaient cru, Mai fut une fabrique de malheurs, un divertissement triste. »

Troisième leçon
Comme les mariages, les cohabitations ne sont pas une partie de plaisir

Durant les années qu'il vécut ainsi au cabinet de Matignon, le conseiller technique Édouard Balladur n'imaginait certes pas qu'il deviendrait vingt ans plus tard le théoricien de la cohabitation, cette étrange machine à conjuguer des forces antagonistes, gouvernée à la fois par deux hommes qu'opposent idées et ambitions. On l'aurait

1. Dans Catherine Clessis, Bernard Prevost, Patrick Wajman, *Chirac ou la république des cadets*, Paris, Presses de la Cité, 1972.

surpris plus encore si on lui avait dit que Jacques Chirac et lui seraient successivement les acteurs de ce duo discordant.

Au début des années 60, tous les deux ne sont que les spectateurs – peu avertis de ce qui se trame dans les coulisses – de la mise en œuvre de cette nouvelle Constitution et de son curieux attelage Président – Premier ministre. Le général de Gaulle qui l'avait choisie devait lui-même s'apercevoir bien vite que cette dyarchie allait être source de conflits et d'exaspérations réciproques.

Le couple de Gaulle – Debré inaugure le feuilleton. Le registre varie de la communion exaltée au sadomasochisme discret. Si le Président met en place les nouvelles institutions avec l'ardent concours de son Premier ministre, il lui impose en revanche la décolonisation. Mais les cas de conscience de celui-ci cent fois exposés, l'irritent. « Vous êtes trop pessimiste », lui lance-t-il. « Seul le pessimisme est fécond dans les grandes choses », lui rétorque Michel Debré, citant Renan. En dépit de la valeur, du dévouement et du goût de son Premier ministre pour la réforme, le Général met fin à cette liaison qui tourne à l'aigre avec autant de reconnaissance que de soulagement. Georges Pompidou offre un contraste saisissant avec son prédécesseur. C'est l'optimisme incarné, un fortifiant de l'énergie. Surtout il a été pendant dix-huit ans le confident privilégié du Général, peu de gaullistes estampillés peuvent se prévaloir d'une telle intimité. Leur relation s'est instaurée en 1944 quand, grâce à son ami René Brouillet, un camarade de la rue d'Ulm, Georges Pompidou est entré au cabinet du Général, alors chef du gouvernement provisoire. Le jeune Auvergnat, agrégé de lettres classiques, sans nom, sans fortune, sans passé de résistant, sans titre de compagnonnage, a été chargé de l'Éducation nationale. Il a décrit ainsi sa première rencontre avec ce de Gaulle qu'il admirait sans le connaître : « Il avait un physique étrange, trop grand, avec une tête mal proportionnée à son corps, montant d'un pas maladroit les marches qui conduisaient à son bureau, en jetant autour de lui un regard altier… Il n'appartenait pas au monde des humains[1]. »

Quand, en janvier 1946, le Général démissionne pour s'en retourner à Colombey, Georges Pompidou, entré au Conseil d'État un an plus tôt, devient le trésorier de la fondation Anne de Gaulle. Ce n'est pas une œuvre de bienfaisance banale. Le Général et Madame de Gaulle ont donné le nom de leur fille infirme décédée et enterrée à Colombey à cette fondation pour enfants handicapés. Georges Pompidou entretient donc des contacts réguliers avec Madame de Gaulle,

1. Georges Pompidou, *Pour rétablir une vérité*, Paris, Flammarion, 1982.

se rend souvent à la Boisserie, fait bientôt partie de la maison. Un climat d'affection réciproque s'est noué.

De Gaulle n'a pas la vocation de la retraite. En 1947, il fonde un mouvement, le Rassemblement du peuple français, dont l'objectif avoué est de changer les institutions. Pompidou ne s'y enrôle pas, même s'il en devient le trésorier. Sa fidélité va au Général et à lui seul. Lequel fait de lui son chef de cabinet. À Pompidou d'établir ou d'entretenir les contacts politiques. Pendant six ans, c'est par lui qu'il faut passer pour approcher le Général. Ainsi a-t-il le privilège de le rencontrer chaque semaine et de l'entendre soliloquer sur ce que devrait être la France et ce qu'elle n'est pas en raison du « régime des partis », des politiciens et de leur « pusillanimité ». Souvent méprisable parce que sans grandeur et donc méprisée. Le chef de cabinet fait ses classes : il s'imprègne de la pensée et des manières gaulliennes. Il découvre peu à peu un caractère bien moins simple que le public ne l'imagine. Le Général, sujet aux sautes d'humeur, passe d'une semaine à l'autre de l'allégresse excessive à l'abattement profond. Georges Pompidou est le témoin de ses espoirs, de ses tourments, de découragements qui lui font répéter que « tout le monde [lui] est hostile ». Au printemps de 1953, déçu par la faible percée du RPF, il repart vers ses grands bois. Georges Pompidou liquide le mouvement et entre à la Banque Rothschild. Dans l'hiver 1952, il confie à Michel Aurillac, futur ministre dont il fut le patron au Conseil d'État : « J'en suis arrivé à la triste conclusion que le Général ne reviendra pas aux affaires. Qu'il est entré dans la légende. Dans cette société sans avenir, je crois donc qu'il ne reste qu'une solution, essayer de gagner un peu d'argent. » Ce fut pour ajouter quelques années plus tard : « Finalement, gagner de l'argent ne rapporte rien. »

Sa carrière professionnelle et la vie mondaine n'empêchent pas cependant Georges Pompidou de garder ses fonctions à la fondation Anne de Gaulle et ses contacts avec la Boisserie. Pas de surprise donc quand en mai 1958 le Général de retour aux affaires en fait son directeur de cabinet à l'Hôtel Matignon. Le fondé de pouvoir de la banque accepte la fonction à titre temporaire. Pour six mois seulement, pendant lesquels il va tout prendre en charge, être à la fois le conseiller politique, le majordome, l'intendant, le technicien complémentaire du stratège inspiré. Remerciements : quand en janvier 1959, le Général entre à l'Élysée, c'est à Georges Pompidou qu'il réserve l'honneur insigne de descendre les Champs-Élysées à ses côtés. Mais c'est Michel Debré qui devient Premier ministre jusqu'en 1962 où Pompidou revient.

La cohabitation avec de Gaulle débute dans l'harmonie. Mais trois ans plus tard – exactement le temps qui avait défait le tandem de Gaulle – Debré – le climat a changé, les sentiments se sont édulcorés, pour des raisons à la fois symétriques et contraires. Le Général ulcéré par sa mise en ballottage à la présidentielle de 1965 en tire les leçons : on n'a pas assez réformé. La faute à qui ? Suivez mon regard : « Pompidou n'aime pas bousculer les pots de fleurs », grogne parfois le Général devant les visiteurs de l'Élysée. Dès cette époque, il songe à se séparer de son ami de vingt-deux ans. Pour le remplacer par qui ? Messmer ? Couve ? Il s'interroge, et se détermine à hésiter jusqu'aux législatives de mars 1967 où Couve et Messmer sont battus. Alors va pour continuer avec Georges Pompidou. Sans joie ni enthousiasme.

Entre eux, les divergences se sont élargies au fil des années. Georges Pompidou sait qu'en matière de politique extérieure (y compris dans son aspect monétaire), le Général tranchera toujours souverainement. Il consacre donc l'essentiel de son temps aux affaires économiques et sociales, avec une idée simple : le monde s'ouvre, la France doit vivre avec son temps, c'est-à-dire s'équiper, développer son industrie, exporter, aménager au mieux son territoire. « Le rayonnement de la France, répète-t-il, tiendra plus à la puissance économique qu'à l'universalité de son message. La politique d'indépendance n'aura de sens et ne sera possible que si notre pays est prospère et ne doit pas aller mendier des crédits à l'étranger. »

Pour moderniser l'économie française, Pompidou croit aux vertus d'un relatif libéralisme et surtout à l'entreprise : sa prospérité, juge-t-il, permettra de mieux rémunérer les salariés, d'instaurer un bien-vivre qui serait pour le peuple français la meilleure des révolutions.

Or, Charles de Gaulle porte en lui un autre rêve révolutionnaire. Frotté de catholicisme social, parmi d'autres influences, il est tenté par « un projet de participation des salariés aux fruits de l'autofinancement de l'entreprise », enfanté par deux gaullistes de gauche, Louis Vallon et René Capitant, qui a pour but final de changer le commandement dans l'entreprise, d'abolir le salariat. Né au pays de *Germinal*, le Général a vu patrons et ouvriers face à face et pense vaguement que la France industrielle connaîtra l'apogée quand les ouvriers seront presque maîtres de leurs entreprises, à l'instar de cette France agricole qui avait pris son essor lorsqu'on avait redistribué la terre aux paysans. Évidemment, ce projet fait sursauter Georges Pompidou : « Autant instaurer tout de suite des soviets dans l'entreprise, fulmine-t-il : pur fantasme que tout cela. »

« Cela heurtait son bon sens, témoigne François-Xavier Ortoli, c'était la négation de la compétitivité, un obstacle à la création de richesses. Une entreprise pour lui, c'était une unité de commandement. »

Michel Debré, bien qu'il fût réformateur dans l'âme, pensait de même. Il soutient Georges Pompidou. Devenu ministre des Finances en 1966, il met en œuvre un projet plus modeste de participation des salariés aux fruits de l'expansion (et non plus de l'autofinancement des entreprises).

Le dernier mot revient au conseiller technique chargé des Affaires sociales : « L'avisé Balladur, raconte Jobert, avait préparé, en marge de tous les projets et travaux poursuivis dans plusieurs ministères, un texte simple, bref, aux ambitions limitées, mais qui avait le mérite d'être rapidement applicable. Le texte de Balladur fut accepté par les uns comme un moindre mal et par les autres comme un insignifiant début. » Le premier accord de participation fut ainsi signé par les dirigeants et le personnel de la société Viniprix en mars 1968, sous la houlette de Jacques Chirac. Un quart de siècle plus tard, Édouard Balladur se plaît bien sûr à souligner que 2 000 000 de salariés bénéficient de tels accords (ils seront 2 500 000 en l'an 2000).

Le Général pourtant aurait voulu aller plus loin. Cette affaire le laissa insatisfait, en manque d'une réforme.

Autre sujet majeur de dissension : l'Éducation nationale. Le Général, voyant arriver à l'Université les générations pléthoriques du baby-boom de l'après-guerre, souhaitait instaurer un système sévère et assez contraignant de sélection et d'orientation afin de favoriser notamment l'enseignement professionnel. Il s'agissait d'adapter la formation et l'emploi. Dès 1961, Jacques Narbonne, son conseiller à l'Élysée avait rédigé une note en ce sens. Il attirait l'attention sur les orages qui risquaient d'éclater si les universités continuaient d'être un appareil inadapté aux débouchés. En 1963, il prédisait même que, compte tenu du taux d'échecs (entre 55 et 70 % des étudiants ne terminaient pas leur licence), une explosion pourrait se produire en… 1968. Il soulignait que la France, avec deux fois plus d'étudiants que la Grande-Bretagne, fournissait deux fois moins de diplômés. Or, le nombre d'étudiants allait doubler en quatre ans : de 250 000 en 1963, il allait passer à 514 000 en 1967 (ils seront 2 500 000 en l'an 2000).

Dans l'esprit du Général, la démocratisation de l'enseignement impliquait un changement de la population universitaire. Il fallait permettre aux fils d'ouvriers d'y accéder et empêcher les fils de famille d'encombrer les amphis sans résultats. L'égalité des chances ne consistait pas à laisser les étudiants envahir les mêmes circuits. On devait au contraire les contraindre à entrer dans les filières qui aboutiraient à des débouchés. Michel Debré était acquis à cette réforme. Mais ses deux dernières années de Premier ministre furent trop chargées en événements politiques nés de la guerre d'Algérie pour qu'elle pût être mise en œuvre.

Quand Georges Pompidou arrive à Matignon, il juge au contraire ce projet beaucoup trop technocratique et ce pays trop individualiste pour que les jeunes acceptent de laisser l'État décider de leur destin. Comme pour l'entreprise, sa profession de foi est libérale : « Je ne serai pas celui qui encasernerai la jeunesse », dit-il à Jacques Narbonne au cours d'un déjeuner. Cette sélection mettrait fin, croit-il, à la liberté d'accession à la culture incarnée par cette République des professeurs décrite par Albert Thibaudet, dont lui-même, le petit Auvergnat pauvre, incarne si bien les vertus. « Le Premier ministre croyait que l'on gagnait d'autant mieux sa place dans la société que l'on avait fait de bonnes études et que chacun devait avoir sa chance », témoigne François-Xavier Ortoli. Et puis, en cette période d'expansion où la croissance tournait autour de 6 %, chacun pouvait rêver de se tailler une belle place au soleil.

Pendant six ans, pourtant, à chaque réunion tenue à l'Élysée sur l'Éducation nationale, le Général ne cessait d'insister sur la nécessité d'une politique d'orientation : « Il faut créer des filières, à quoi bon envoyer des jeunes à l'Université s'ils ne peuvent pas suivre et s'ils ne trouvent pas d'emploi à la sortie ? » Aux yeux de Jacques Narbonne qui le raconte aujourd'hui, la Ve République a peut-être manqué là une réforme majeure, et il s'agit d'une erreur irréparable dont les générations actuelles paient le prix. « Georges Pompidou, dit-il, n'a pris conscience du problème qu'en 1973, lorsqu'il a signé un décret sur l'orientation. Trop tard[1]. »

Correction de François-Xavier Ortoli : « Georges Pompidou a beaucoup fait pour l'Éducation nationale. Avec lui, le nombre de maîtres, profs et assistants est passé de 10 000 à 25 700. Le budget de l'Enseignement supérieur progresse de 635 millions de francs à 3 milliards 790 millions. La création de lycées et collèges a été plus

1. « Georges Pompidou s'est laissé imposer cette loi d'orientation à la fin du premier cycle. Or il n'en voulait pas, témoigne Jean-François Saglio, conseiller technique chargé de l'Éducation nationale à l'Élysée. Il estimait que c'était les parents et les enfants (et non l'État) qui devaient prendre ensemble les décisions d'avenir. Il n'avait pas changé d'avis. »

importante entre 1962 et 1968 que tout ce qui avait été fait jusque-là et nous avons mis en place les instituts universitaires de technologie qui devraient être l'armature de l'évolution industrielle. »

Si sur un tel dossier Georges Pompidou eut le dernier mot, alors que le Général marquait une telle insistance, c'est que celui-ci tenait à respecter à la lettre la Constitution, dont l'article 20 stipule que le gouvernement conduit et détermine la politique de la nation. Et non pas l'Élysée. La monarchisation du régime commencera seulement avec ses successeurs. Mais sur ce point aussi le Général se trouva en manque de réformes. « Pompidou c'est un arrangeur, il croit que les difficultés finissent toujours par se régler pour peu qu'on soit patient et habile », avait coutume de dire le Général. Georges Pompidou, lui, s'exclamera en 1971 devant André Malraux : « Vous saviez bien que le Général était un être chimérique[1]. »

Dix ans après les événements de Mai, Édouard Balladur, il faut le noter, tranchera dans le même sens que son patron. En écrivant : « Je n'arrivais pas à me passionner pour les projets de réforme de l'Université qui se succédaient depuis quelques années. Introduire l'automatisme d'une sélection faillible et variable dans ses règles, c'était la fin de la culture librement acquise. C'était détruire le goût même de l'acquérir. Un tel désir de réglementer me semblait la marque d'un esprit autoritaire, ainsi les étudiants étaient pour la vie condamnés à être triés, classés, répartis et… déçus. » Il ajoute : « Le temps passé à l'Université était pour eux l'adolescence prolongée, un moment privilégié de l'existence où l'on n'est pas encore défini parce qu'on n'a pas encore choisi, l'avenir reporté à plus tard… Même si ce n'était pas une attitude raisonnable, je trouvais assez naturel que les étudiants s'y refusent. » Ainsi selon Édouard Balladur, s'exprimant à la fin des années 70, les études seraient le temps de l'adolescence prolongée et non le temps du choix. Il a peut-être changé d'avis aujourd'hui.

Le Général, lui, se borna à constater devant des auditeurs privilégiés : « La France fait de temps en temps une révolution, elle ne fait jamais de réforme. » La cohabitation avec ses Premiers ministres s'est révélée pour lui difficile ou décevante. Pour eux aussi.

1. Dans Bernard Tricot, *Mémoires*, *op. cit.*

Quatrième leçon
Du bon usage de l'ingratitude

Le 11 juillet, cinq jours après avoir fêté ses cinquante-sept ans, Georges Pompidou est remercié par le général de Gaulle. Sombre anniversaire. Michel Debré avant lui, tous les Premiers ministres de la Ve République ensuite savent combien douloureuse est cette épreuve. Le vide tout à coup succède au trop-plein, le téléphone ne sonne plus, les pages de l'agenda sont vierges, les journées s'écoulent, monotones. La famille elle-même en souffre. Jean-Louis Debré raconte : « Du jour au lendemain, on ne reçoit pas ces friandises dont on était comblé à chaque fête carillonnée, c'est le syndrome chocolat. »

Georges Pompidou, qui vient de passer six ans et trois mois à Matignon (un record de longévité), est plus que désappointé : amer. Le Général, il en est persuadé, s'est joué de lui.

Le 29 mai, il est vrai, il avait offert sa démission dans un mouvement d'humeur. Il en voulait au Général de ne l'avoir point averti de son départ pour Baden-Baden, de l'avoir laissé seul en pleine tourmente, alors qu'une vacance du pouvoir au sommet pouvait donner lieu à tous les débordements. Mais cette démission, de Gaulle l'avait refusée d'un geste brusque : « Si vous partez, je m'en vais aussi. » Et dans un message radiodiffusé qui annonçait des élections, il l'avait couvert de fleurs : « Je ne changerai pas le Premier ministre dont la valeur, la solidité, la capacité méritent l'hommage de tous. » Des fleurs qui apparaîtraient plus tard comme un bouquet de chrysanthèmes.

Il est vrai aussi que la veille du deuxième tour des législatives et du triomphe attendu, Georges Pompidou, fatigué et rêvant de vacances, avait réaffirmé son intention de s'en aller. Il s'était heurté à un nouveau refus.

« Êtes-vous décidé à faire avec moi la participation ? avait seulement demandé le Général.

— Mon Général, je ne pourrais vous répondre que si je savais ce qu'est la participation. Si j'en crois Capitant c'est soit la soviétisation, soit l'établissement dans les entreprises du régime d'assemblée. Si c'est cela, je ne suis pas d'accord.

— Mais il ne s'agit pas de cela, Capitant est fou[1], réplique le Général. Il s'agit d'associer les travailleurs à l'activité des entreprises, de leur fournir des informations, nous en reparlerons. »

---

1. Il allait tout de même devenir garde des Sceaux quelques jours plus tard.

« Nous ne devions plus jamais en reparler », note Georges Pompidou dans ses Mémoires[1].

Et pour cause : le 4 juillet, Bernard Tricot, le secrétaire général de l'Élysée, sonde à nouveau les intentions de Georges Pompidou. Sa décision de s'en aller est-elle ferme et définitive ? La réponse du Premier ministre, une fois encore, est affirmative.

« Je ne vais tout de même pas m'accrocher à ses basques », bougonne le Général quand Tricot lui en fait part. Il convoque illico Maurice Couve de Murville pour lui confier le poste qu'il lui avait promis en mai.

Las ! Deux jours plus tard, Georges Pompidou a changé d'avis. « Après une nuit d'insomnie, et poussé par les miens, téléphone-t-il à Bernard Tricot, j'ai décidé de poursuivre ma tâche auprès du Général, vous pouvez le lui dire ; mais j'aimerais pouvoir prendre quelques jours de vacances. »

« C'est trop tard, s'entend-il répondre par son interlocuteur très embarrassé. Le Général a proposé Matignon à Couve qui l'a accepté. »

En somme, le Général aurait volontiers continué avec le Premier ministre qu'il avait conservé depuis plus de six ans, mais celui-ci ayant refusé trois fois, la troisième est de trop. Telle est la version de l'Élysée.

La version Matignon est tout autre. « J'ai déjeuné avec Georges Pompidou une heure après ce coup de fil avec Bernard Tricot, et il écumait de colère, raconte le baron Guy de Rothschild. Il avait, me disait-il, demandé au Général un délai de réflexion de quinze jours et celui-ci l'avait remplacé sans respecter ce délai. »

Dans ses Mémoires, celui qui est devenu un ex-Premier ministre le dit sans ambages : « Je me sentis tout à coup blessé, quelque chose en moi était ébranlé. Nos rapports étaient donc des rapports de fonction et de circonstances et non pas des rapports privilégiés entre un grand homme et quelqu'un qui lui était tout dévoué[2]. » Il a le sentiment, en outre, que le Général ne s'est pas montré très franc du collier et que la décision de se séparer de lui était prise depuis longtemps. Il est au courant de la promesse faite à Couve au mois de mai. Et puis, s'il avait vraiment voulu le garder en raison de leurs liens et de leur passé commun, de Gaulle pouvait très bien dire à Couve que les événements avaient modifié ses projets et qu'il renonçait à changer de Premier ministre.

---

1. Georges Pompidou, *Pour rétablir une vérité*, *op. cit.*
2. Georges Pompidou, *Le Nœud gordien*, Paris, Flammarion, 1974.

Décidément, pense alors Georges Pompidou, le Général n'a pas de cœur.

« Il croyait être jusque-là le disciple préféré, confirme Édouard Balladur, et il s'est aperçu qu'il n'était qu'un numéro, un pion parmi d'autres. »

Dépité, Georges Pompidou intente à Charles de Gaulle un procès en ingratitude. Qu'aurait-il fait sans lui durant la folie de Mai ? « C'était moi qui ce jour-là discutais, parlais au pays, aux syndicats, aux politiques ; pour la masse, c'était moi qui avais tenu, le Général était absent. »

L'amertume étant mauvaise conseillère, le démissionné voit l'hôte de Matignon comme un nouveau Machiavel. « Je me remémorais certains faits : en 1965, le Général m'avait dit sa lassitude et son désir de départ, et à bien des reprises, depuis mon arrivée à Matignon, il m'avait dit que je devais être après lui président de la République, je devinais maintenant qu'il m'avait tâté et tenté pour voir mes réactions (sous-entendu : me pousser à la faute). Tout cela me laissait dans la bouche un goût de cendres. »

À Matignon, c'est la consternation. Les collaborateurs de Pompidou ne savent presque rien du psychodrame qui a séparé de Gaulle de leur patron. « Jamais, écrit Michel Jobert, le Premier ministre ne nous a donné le détail des entretiens qu'il avait au moins trois fois par semaine avec le Général. Il nous en rapportait des instructions. Jamais il n'a fait apparaître l'ombre d'un agacement ou d'une divergence. »

Démissionné, il ne change pas d'attitude pour autant. « Il a été extrêmement déçu qu'on l'ait si vite pris au mot, note pourtant Jobert, mais il s'est fait une raison. »

Édouard Balladur ajoute : « Il ne ressentit aucune amertume à rentrer dans le rang », mais il poursuit : « Sa tristesse n'en fut pas soulagée. Les événements, les hommes, quoi que de Gaulle et lui aient voulu et pensé, les avaient éloignés l'un de l'autre. »

Jacques Chirac, lui, est ulcéré. Il songe à quitter le gouvernement. Georges Pompidou, qu'il interroge, lui conseille au contraire d'y rester. Il doit poursuivre sa tâche au ministère du Budget où il a été nommé le 30 mai. Georges Pompidou, devenu député du Cantal, souhaite garder quelques fidèles au gouvernement, pour le cas où…

Pourtant, en juillet 1968, son avenir est des plus incertains. « Un ami de Georges Pompidou soupirait hier devant moi : "Si la succession ne s'ouvre pas dans les mois qui viennent, il sera vite oublié" », écrit François Mauriac dans son *Bloc-Notes*.

Or, le mandat du général de Gaulle ne doit prendre fin qu'en 1972, soit quatre ans plus tard. En politique, c'est une éternité. Et si d'aventure Maurice Couve de Murville réussissait il ferait automatiquement figure de dauphin.

En suivant leur patron dans sa retraite, Michel Jobert et Édouard Balladur prennent donc davantage de risques que Jacques Chirac. Si celui-ci reste au gouvernement, c'est bien sûr afin de rendre service, mais un tel poste lui permet aussi de préserver toutes ses chances.

Commence alors la traversée du désert de Georges Pompidou. Il prend d'abord du repos à Carnac en famille, avec son père, dont ce seront les dernières vacances. Guy Béart les rejoint quelques jours, Raymond Marcellin lui rend visite. Voilà pourtant qui lui met un peu de baume au cœur : chaque fois qu'il entre dans un restaurant, les vacanciers se lèvent pour l'applaudir. Sa popularité reste intacte.

À la fin du mois d'août, il est dans le Lot à Cajarc, il joue aux cartes, relit Molière, commence la rédaction de ce qui deviendra plus tard *Le Nœud gordien*. Il se repose depuis deux mois mais traîne pourtant une curieuse fatigue. Son fils médecin lui a administré un traitement qui comporte de la cortisone. Et puis, il s'ennuie vaguement. « Je l'ai beaucoup vu à cette époque, se souvient Bernard Pons, député du lieu. Il ressentait un grand sentiment de solitude, répétait qu'on le laissait un peu tomber. »

« On », ce ne sont sûrement ni Michel Jobert ni Édouard Balladur, ni Pierre Juillet, ni Anne-Marie Dupuy, ni Marie-France Garaud, ni Denise Esnous : toute l'équipe s'est installée au début de septembre dans de nouveaux bureaux prêtés par Raymond Marcellin boulevard de Latour-Maubourg.

« On », ce n'est pas non plus Jacques Chirac, fidèle parmi les fidèles qui souffre de la satisfaction apparente du général de Gaulle, lors du premier Conseil des ministres du nouveau gouvernement. Le très pompidolien ministre de l'Intérieur Raymond Marcellin a raconté ainsi la scène : « Il est gai, et même un peu primesautier, ce qui n'était guère dans son naturel. Puisqu'il faut parler net, il semble content de s'être débarrassé d'un Premier ministre avec lequel il ne s'entend plus et à qui il impute le défaut d'autorité et l'insuffisance de l'action en face de la chienlit. »

Jacques Chirac donc en veut au Général, à Maurice Couve de Murville aussi et peut-être à lui-même de se retrouver sans Pompidou autour de cette table. Mais, ce désagréable moment passé, il va mener, en tout bien tout honneur, une double vie. Le jour, il se montre tout entier dévoué au nouveau Premier ministre et à son ministère :

« Il était amoureux de Couve », prétend Michel Jobert qui évidemment force le trait. Le soir, il se montre tout entier dévoué à Georges Pompidou et à son entourage qui le voient rappliquer boulevard de Latour-Maubourg.

Explication de Jacques Chirac : « Couve tenait à ma présence au gouvernement, j'étais un lien avec Georges Pompidou. Comme il ne connaissait guère l'Assemblée, il m'a associé à la formation de son équipe[1] : il me demandait mon avis sur l'un ou l'autre. Par exemple, il avait oublié le ministère des DOM-TOM ; il m'a donc interrogé : qui pourrait en devenir le titulaire ? Et comme le Pays basque n'était pas représenté, je lui ai soufflé le nom d'Inchauspé, il n'en avait jamais entendu parler. Quand je consultais Monsieur Pompidou sur le choix des hommes, il me répondait que ce n'était plus son affaire. Il ne voulait pas s'en mêler. »

Les premiers mois, chacun vit donc sa vie.

Édouard Balladur lui aussi a pris de longues vacances en famille, en Bourgogne. Il connaît les désagréments de qui tout d'un coup n'est plus rien : à la fin d'août, une lettre du ministère de l'Information lui a appris sans autre formule de politesse qu'il n'appartenait plus au conseil d'administration de l'ORTF. De retour à Paris, il s'installe boulevard de Latour-Maubourg dans un grand bureau qu'il partage l'après-midi avec Michel Jobert. L'après-midi suffit bien car ils sont un peu désœuvrés : « Le soir, nous bavardions avec Georges Pompidou quand il était là. » Le matin, il est au Conseil d'État. Le ministre de l'Équipement, Albin Chalandon, lui a confié un rapport sur la politique autoroutière.

Pour tous, le temps risque de paraître long.

Le 9 septembre, dans sa conférence de presse, le Général adresse pourtant quelques encouragements à son ancien Premier ministre : « Il était bon, dit-il, qu'il fût, sans aller jusqu'à l'épuisement, placé en réserve de la République. C'est ce qu'il souhaitait, c'est ce que j'ai décidé en l'invitant, comme on sait, à se préparer à tout mandat qu'un jour la nation pourrait lui confier. »

Trois semaines plus tard, il l'invite à dîner à l'Élysée. En compagnie des épouses. Dans un aparté, il lui conseille de voyager, d'aller se faire connaître à l'étranger.

Autre satisfaction : Couve de Murville ne réussit pas très bien. Le nouveau Premier ministre n'enthousiasme guère la troupe gaulliste.

1. Il conserve 19 ministres sur les 29 du gouvernement Pompidou, 7 d'entre eux restant au même poste.

C'est qu'il n'a pas l'art et la manière. Ce diplomate, avec sa tête de camomille, semble plus doué pour fermer la discussion que pour l'ouvrir. Un ministre, Albin Chalandon en l'occurrence, vient-il plaider avec flamme un dossier – celui de la concession des autoroutes à des sociétés privées – il l'écoute sans mot dire pour lâcher à la fin : « Certains me disent le contraire… » Rien de plus.

« En dépit de ce scepticisme apparent, précise pourtant Albin Chalandon, c'était un homme audacieux, positif qui m'a toujours beaucoup soutenu dans mes actions ».

Seulement voilà : il est avare de gestes. Il ne manque pas d'humour, mais ne se montre guère prodigue en bons mots. Pur produit de la HSP (haute société protestante), il n'élève jamais la voix, et excelle dans la litote. En somme, il est trop bien élevé pour faire de la politique. « Ça n'est pas convenable », répète-t-il à tout propos. Une phrase que curieusement Jacques Chirac adoptera pour l'utiliser des années durant. Et lui aussi à tout propos.

« La politique du nouveau gouvernement manque de lisibilité », estime Georges Pompidou, lequel refuse de jouer les cactus comme naguère Giscard. Mais déclare devant le groupe UDR dont il est devenu le président d'honneur : « Nous sommes décidés à suivre le gouvernement, mais à condition de savoir où il va. »

Au début de l'automne, la fronde des gaullistes contre Couve et son ministre des Finances, François-Xavier Ortoli (qui envisage de majorer les droits de succession), atteint son comble. Toucher à l'héritage, quelle idée ! Pour l'Assemblée bleu horizon sortie des urnes au lendemain des barricades, c'est une provocation, « Ortoli est bien intrépide », maugrée Pompidou, tandis qu'Édouard Balladur précise qu'en juin 68, lui avait repoussé cette disposition-là. En fin de compte, le gouvernement doit mettre les pouces.

Tout cela est encore de la broutille. Car un choc va se produire dans la vie de Georges Pompidou, comme si la foudre s'abattait sur lui.

L'histoire commence par un fait divers. Le 1er octobre 1968, on découvre dans une décharge d'Élancourt (Yvelines), proche d'Orvilliers où se trouve la résidence secondaire des Pompidou, le cadavre d'un homme assassiné, enveloppé dans une housse en plastique. Il se nomme Stephan Markovic, il a été le garde du corps, voire le confident d'Alain Delon. Il a laissé une lettre accusant à l'avance François Marcantoni, un truand apparemment rangé, et Alain Delon lui-même. Le rapprochement est bientôt fait avec le « suicide » dans des circonstances étranges d'un autre garde du corps yougoslave d'Alain Delon aux États-Unis. Des rumeurs de chantage, de drogue et de parties fines commencent à courir. Des journaux évoquent même la participation à ces soirées libertines, durant l'été 1966, de l'épouse d'un « ancien ministre ». Ces réjouissances auraient eu pour cadre, disent les initiés ou prétendus tels, une villa des environs de Paris, appartenant à un industriel connu. Des photos circulent. Markovic, murmure-t-on enfin, aurait été tué parce qu'il en savait trop. Ce n'est pas du Simenon. Espionnage mis à part, le climat est plutôt celui des romans de Gérard de Villiers.

Le Tout-Paris, le Tout-État jasent. Comme toujours, les premiers concernés sont les derniers avertis. Ce sont les Pompidou qui sont visés. Et ils ne se doutent de rien. Et pour cause.

Le premier à leur porter cette mauvaise nouvelle est un ancien de Matignon, Jean-Luc Javal. Il appartenait à l'équipe de Pierre Juillet. Il dîne beaucoup en ville, dans ces soirées où se colportent les ragots. Le mardi 5 novembre dans la soirée, il se présente chez Georges Pompidou. « Il faut que vous sachiez, lui apprend-il, ce que personne n'ose vous dire : "La femme d'un ancien ministre", dont on parle dans l'affaire Markovic, c'est la vôtre, c'est Madame Pompidou. Voilà ce que l'on raconte dans les dîners et les salles de rédaction. » Georges Pompidou blêmit. Aussitôt, bien sûr, il veut savoir. Il demande à Pierre Somveille, un ancien de Matignon qui est devenu directeur de cabinet de Raymond Marcellin, le ministre de l'Intérieur, de passer le voir le lendemain dans la soirée. Mais comme par hasard, Pierre Somveille décommande ce rendez-vous. Bizarre, bizarre… Et inquiétant. Pierre Arpaillange, le directeur des affaires criminelles et des grâces au cabinet de René Capitant, a prévenu Marie-France Garaud qu'une procédure judiciaire est en cours et que le nom des Pompidou y est cité.

Raymond Marcellin a raconté dans ses Mémoires comment la rumeur est devenue un fait politique. Retour en arrière : le jeudi 31 octobre, un appel téléphonique de René Capitant, garde des Sceaux, l'a informé. Seul, estime Marcellin, le général de Gaulle est compétent pour donner des directives, car l'affaire peut prendre de graves proportions. Ce week-end de la Toussaint, les Pompidou sont à Cajarc et ne doivent regagner Paris que le lundi. Le ministre de l'Intérieur juge qu'il ne faut pas gâcher leur week-end et décide d'attendre leur retour pour les prévenir.

Vendredi 1er novembre, Bernard Tricot, secrétaire général de l'Élysée, se rend en hélicoptère à Colombey. Il entend informer le président de la République : « Je lui raconte l'affaire. Il est là, assis devant son bureau, face au paysage vaste et solitaire qu'il aime. Son visage ne manifeste aucune émotion, raconte Bernard Tricot dans ses *Mémoires*. "Je ne pense pas, dit-il, que rien de grave ait été commis, mais il est bien possible qu'il y ait une imprudence." »

À quoi songe donc le Général ? Quelques mois plus tôt, il avait confié au même Bernard Tricot : « Si vous voyez ces jours-ci Monsieur Pompidou, vous feriez bien de lui suggérer de sortir moins, de ne pas voir certaines sortes de gens ; dans sa position, c'est risqué. » Il est vrai que Georges Pompidou, jusqu'en 1965, prenait volontiers ses vacances à Saint-Tropez, aimait aussi le Tout-Paris des dîners en ville, fréquentait tout un monde étranger à Charles de Gaulle.

« Le Général réfléchit et me donne ses instructions, poursuit Bernard Tricot : le juge d'instruction doit faire son métier. Il y a eu un assassinat, l'enquête doit continuer. Le Premier ministre doit prévenir Georges Pompidou. "Allez le lui dire."

Au moment où j'allais le quitter, ajoute Bernard Tricot, le Général me répète qu'à son sens il n'y a rien de très sérieux derrière tout cela, mais il trouve bien léger de se mettre dans le cas de prêter le flanc à de telles allégations. »

Bref, aux yeux du président de la République, il n'y a peut-être pas de fumée sans feu…

Le lundi 4 novembre, Raymond Marcellin se rend chez le Premier ministre, comme chaque semaine. Celui-ci est grippé et paraît « très ennuyé, note son interlocuteur, d'avoir à accomplir la mission qui lui est confiée par le Général ».

Une collaboratrice de Maurice Couve de Murville explique : « Informer Pompidou d'une telle rumeur était pour lui une mission quasi impossible. Son éducation protestante lui interdisait d'aborder de tels sujets, de les formuler. Dans son esprit, les choses n'existaient pas tant que l'on n'en avait pas parlé. De plus, ses rapports avec Georges Pompidou n'avaient jamais été très bons, ils ne fréquentaient pas les mêmes mondes. » Bref, c'est bien le cas de dire qu'à ses yeux, tout cela n'était pas très convenable (même si secrètement l'affaire l'amusait aussi beaucoup).

Le mercredi 6 novembre, Georges Pompidou demande donc au préfet Somveille de passer le voir. Celui-ci prévient son ministre Raymond Marcellin à l'issue du Conseil. Et Marcellin tente une nouvelle démarche auprès de Couve : qu'il informe donc Pompidou ! Couve refuse, puis hésite, demande à réfléchir, ce qui contraint Somveille à reporter son rendez-vous avec Pompidou, au grand courroux de celui-ci, on l'a vu.

Le soir enfin, le Général donne son accord à Pierre Somveille : qu'il informe donc lui-même son ancien patron. Ce qui est fait le jeudi 7 novembre. Pierre Somveille apprend dans le même temps à Georges Pompidou qu'un certain Akow, un Yougoslave emprisonné à Fresnes, affirme avoir rencontré son épouse lors d'une partie fine dans les Yvelines (ce qui est évidemment pure invention). Georges Pompidou est partagé entre douleur et fureur. Il voit dans les hésitations et les concertations de l'Élysée quelque mauvaise intention. D'autant que le Général a dit : « Il faut voir… »

« Il a été crucifié par cette phrase, témoigne Jobert. Quoi ? Après tout ce qu'il avait été auprès du Général, c'est tout ce que celui-ci trouvait à dire quand il s'agissait de son honneur et de celui de sa femme ? »

« J'étais indigné, écrira plus tard Georges Pompidou. Ainsi Couve n'avait même pas le courage de me prévenir. Ainsi ces hommes dont plusieurs connaissaient mon ménage, avaient plus ou moins cru à la véracité des faits, puisqu'ils jugeaient que l'enquête pouvait se poursuivre. Ainsi, le Général lui-même, qui connaissait ma femme depuis si longtemps, n'avait pas tout balayé d'un revers de la main. Dans ce désespoir même, je puisais la volonté de réagir et je trouvais dans mon entourage – Jobert, Balladur, Madame Dupuy, Simone Servet, mes secrétaires, et jusqu'aux inspecteurs chargés de ma sécurité – un appui inestimable. » Pis, les barons, ses amis, mis au courant de cette vilaine rumeur, n'auront pas le courage eux non plus d'avertir « Georges », lorsqu'ils déjeuneront ensemble.

Ulcéré, l'ancien Premier ministre demande illico à voir le Général. La rencontre est tenue secrète, on le fait entrer par le parc, derrière l'Élysée et ce qu'il dit au Général est rude : « Je connais assez ma femme pour savoir qu'il est impensable qu'elle se trouve mêlée si peu que ce soit à cette affaire. On cherchera peut-être à me mettre dans le coup, mais on ne me trouvera pas. Nulle part. Ni Place Vendôme chez Capitant (son ennemi de toujours), ni chez Couve de Murville (qui est loin d'être un ami), ni à l'Élysée (sous-entendu : chez vous, mon Général). Nulle part, il n'y a eu la moindre réaction d'homme d'honneur. Le Général m'écouta, me regarda et ne réagit que faiblement : “Mais moi je n'ai jamais cru à tout cela. J'ai demandé qu'on vous prévienne.” Sans exagérer je puis dire que le Général en me quittant ne me semblait pas très satisfait de lui-même. »

De ce jour, la rupture est consommée. Que de Gaulle, après l'avoir évincé du gouvernement, prête indirectement son concours à ceux qui voulaient l'abattre, c'en est trop pour Pompidou. « Ce mois-ci j'aurai perdu deux fois mon père », confie-t-il à son entourage[1].

L'épreuve n'est pas terminée pour autant. Chaque jour apporte son flot de vilenies ou de méchants mots. C'est le conseiller diplomatique du Premier ministre qui confie à un ambassadeur que « Pompidou est fini ». C'est Gilbert Grandval, un gaulliste de gauche, qui conseille à Jacques Chaban-Delmas de se tenir prêt pour la succession du Général. C'est Michel Debré qui s'exclame faussement apitoyé : « Ce pauvre Georges ne s'en remettra pas. »

« Je pourrais allonger la liste », écrira « ce pauvre Georges », « et noter en particulier que parmi tous ces hommes qui avaient été mes ministres et été mes amis, aucun n'eut le courage d'aller voir le Général pour dénoncer ce scandale des attaques contre ma femme. Celui qui fut le plus fidèle, le plus ardent, qui m'aida vraiment, c'est Jacques Chirac. Dans l'opposition, quelques personnages déplaisants apparaissaient. Et d'abord Roland Dumas[2] qui se ruait à Belgrade pour obtenir d'être l'avocat de la famille Markovic. Il devait d'ailleurs plus tard se faire désavouer par son chef, François Mitterrand, qui avait rencontré lui aussi la calomnie. »

Il y a pire encore : ceux qui tournent le dos, ceux pour qui le couple Pompidou devient infréquentable : « Ils étaient invités, raconte Michel Jobert, à la réception annuelle du nonce apostolique, le représentant du pape. Le cardinal Marty était là, et chaque fois que Georges Pompidou avançait dans sa direction, il reculait. » L'ancien Premier ministre s'était amusé à lui faire faire ainsi le tour de la pièce. « Il s'est arrangé pour ne pas me rencontrer », dira Georges Pompidou, très choqué par cette attitude d'un archevêque de Paris aussi sensible aux rumeurs.

La fureur de l'ancien Premier ministre ne s'éteint pas. « Je n'ai pas songé aux répercussions possibles sur ma carrière, écrira-t-il plus tard. Je ne pensais qu'à ma femme, j'imaginais son drame, et je l'avoue, je craignais le pire. »

« Ce n'est pas la maladie qui a changé Georges Pompidou au début de son septennat, c'est l'affaire Markovic qui lui avait durci le caractère », explique aujourd'hui Édouard Balladur. La réaction

---

1. Léon Pompidou est décédé durant l'automne 1968.

2. Jean-François Saglio qui a relu toutes les notes privées de Georges Pompidou afin de les publier, à la demande de la famille, ce qui deviendra *Pour rétablir une vérité* (Paris, Flammarion, 1982), révèle que les jugements que l'ancien Premier ministre portait sur cet avocat célèbre étaient d'une extrême sévérité.

est classique : l'homme ainsi attaqué s'indigne, rêve de riposte et de vengeance, recense avec soin les fidèles, les lâcheurs et les traîtres : Georges Pompidou en tient sur un carnet le compte, aussi précis que possible[1]. Il est prêt à mordre. S'il ne rêve pas vraiment de se venger du père qui a osé dire : « Il faut voir », la phrase qui l'a tant meurtri, il se sent libéré de toute obligation à son égard. Or, c'est bien connu, les événements correspondent toujours à ceux auxquels ils arrivent. Alors que Charles de Gaulle est encore au pouvoir, Georges Pompidou va se déclarer candidat. Bien plus vite qu'il ne le voulait.

Les remugles de l'affaire Markovic, en ce début d'année 1969, commencent à se dissiper. L'affaire n'est pas vraiment éclaircie (elle ne le sera jamais vraiment), mais l'assassin a été arrêté. Le 17 janvier, Georges Pompidou se rend à Rome avec son épouse. Il veut rencontrer les dirigeants italiens, être reçu au Vatican par le Saint-Père. « Dans l'ambiance de l'affaire, dont les journaux à sensation, nombreux en Italie, avaient fait grand cas, cet accueil m'était particulièrement précieux », note-t-il.

Un vendredi soir, il réunit dans son hôtel quelques journalistes qui lui posent « des questions sans intérêt ». L'un d'eux, enfin, demande à l'ancien Premier ministre, comme on pouvait le prévoir, ce qu'il fera le jour où le Général quittera le pouvoir.

Réponse selon l'AFP : « Ce n'est, je crois, un mystère pour personne que je serai candidat à la présidence de la République, lorsqu'il y aura une élection. Mais je ne suis pas du tout pressé. » Selon Pierre Rouanet[2] et Michel Jobert, la réponse a été enregistrée et la bande magnétique dit ceci : « En tout cas, au jour d'aujourd'hui, je considère que s'il y avait une élection à la présidence de la République, il est probable que je serais candidat. Encore faudrait-il que le général de Gaulle ne soit plus à la Présidence, et puis il faut être élu. » Il est intéressant de noter que l'auteur de la dépêche de l'AFP, Robert Mangin, avait figuré à Londres, en 1940, parmi les Français les plus hostiles au général de Gaulle. « Il rédige, écrit Jean Lacouture, biographe du général de Gaulle, une dépêche d'allure sensationnelle qui fait apparaître dans le propos assez plat en apparence de Pompidou une proclamation de candidature[3]. »

1. Témoignage du baron de Rothschild : « Quand Chaban a quitté Matignon, je lui ai dit : "Mais vous auriez pu prendre Untel comme Premier ministre", il a sursauté et m'a rétorqué vivement : "Ah, ça non ! Celui-là n'a pas été bien pendant l'affaire Markovic." »

2. Pierre Rouanet, *Pompidou*, *op. cit.*

3. Jean Lacouture, *De Gaulle*, t. 3, « Le Souverain », Paris, Le Seuil, 1986.

Cette petite phrase fait donc en France l'effet d'une bombe. Les journaux reprennent la formule sur cinq colonnes à la une, à la grande surprise de Georges Pompidou qui l'apprend au moment de quitter son hôtel pour le Vatican. Sans l'avoir cherché, il s'est ainsi intronisé dauphin. Un successeur qui peut rassembler des espoirs que le Général ne comble plus. Les Français, mal remis de Mai 68, qui traînent une vague neurasthénie et que les projets ou les propos du Général inquiètent, voient s'ouvrir une alternative. Bien sûr, les gaullistes de gauche dénoncent une conjuration. D'autres, comme les centristes, manifestent leur intérêt : « Qu'on le veuille ou non, les dés sont désormais jetés, estiment-ils dans leur bulletin *Faits et Causes*. Si le général de Gaulle a remis au pas le cheval qui partait au galop, Georges Pompidou reste bien en selle. »

Le Général évidemment furieux saisit l'occasion du prochain Conseil pour déclarer à ses ministres : « J'ai le devoir et l'intention de remplir ce mandat jusqu'à son terme. » Et qu'on se le dise ! Ceux qui l'écoutent notent que sa réaction est d'une brutalité peu coutumière, qu'il n'a pas ajouté, contrairement à l'habitude : « Si Dieu me prête vie », mais une telle nuance risquait d'être interprétée comme une confirmation des bruits qui courent déjà sur sa prochaine retraite. Les Français doivent comprendre qu'il n'a aucune envie de se retirer.

Afin de bien montrer qu'il reste aux commandes et pour longtemps, le Général, quinze jours plus tard, annonce un grand projet. En voyage à Quimper, le 2 février, il fait savoir aux Français qu'ils devront se prononcer par référendum, le 27 avril suivant, sur la réforme régionale et celle du Sénat.

Or, dix jours plus tard, le 13 février, Georges Pompidou, invité par le Cercle français de Genève, revient à la charge en invoquant Dieu, lui : « Je ne crois pas avoir ce que l'on appelle un avenir politique, j'ai un passé politique, et j'aurai peut-être si Dieu le veut un destin national… Mais c'est autre chose. »

Deux semaines se passent encore. Et une nouvelle offensive se dessine, alors que les premiers sondages de l'IFOP sur le référendum révèlent que les avis défavorables (39 %) sont légèrement plus nombreux que les autres (38 %). Le 27 février, Georges Pompidou prononce, devant le comité directeur de l'Assemblée des chambres de commerce et d'industrie, un discours qui ressemble étrangement au programme économique d'un candidat en campagne. Pour commencer, il fait l'éloge du profit d'une manière qui constitue une critique à peine voilée de la politique gaulliste. « Il faut que l'État admette que nos entreprises doivent gagner de l'argent… L'État doit donc diminuer son emprise sur l'économie, au lieu de chercher perpétuellement à la diriger et à la contrôler. Il faudra sans doute, pour y arriver, obtenir une reconversion de la mentalité d'un certain nombre de hauts fonctionnaires, pour qui le contrôle est la facilité. » Des propos qui reçoivent un accueil favorable.

À l'Élysée, le Général comprend que son ami de vingt-cinq ans, ayant accumulé trop de griefs, se sent désormais déchargé de toute obligation de réserve. Ce que Georges Pompidou ne conteste pas. Recevant le gaulliste de gauche Pierre Lefranc, il lui dit tout de go : « On a voulu m'abattre et le plus bassement possible, on s'attaquait à ma femme, personne ne m'a défendu, pas même le Général qui jalouse ma notoriété, je sais ce que je dis. Maintenant il me faut agir seul. Je suis aussi attaché que vous au Général, mais son temps est passé. Les sentiments ne sont plus de mise, la succession est ouverte. Il s'agit de savoir si ce sont les gaullistes, c'est-à-dire moi qui gagnerais, ou les autres. C'est tout. Le reste c'est du romantisme[1]. »

C'est clair. L'animal blessé veut se venger. D'autant que l'affaire Markovic revient dans l'actualité. Le juge Patard, chargé de l'affaire, entend convoquer le couple Pompidou. Une dépêche de l'AFP qui l'annonce est répétée à satiété par France Inter. Jacques Chirac, qui l'entend dans sa voiture, croit discerner dans la voix du journaliste un ton jubilatoire. Ce qui vaudra à Joël Le Theule, ministre de l'Information, « une sérieuse engueulade de mon ami Chirac »[2], écrira Georges Pompidou. Lequel fait aussitôt publier un communiqué bref et très sec pour rappeler la radio nationale à ses devoirs et surtout souligner qu'en s'attaquant à sa personne on visait l'ancien Premier ministre du général de Gaulle. « C'est moi, précise Édouard Balladur, qui ai fait ajouter dans le communiqué que l'on s'attaquait ainsi à l'ancien Premier ministre du général de Gaulle. »

L'effet est immédiat : « Le Général soudain s'est réveillé, a trouvé que la mesure était comble et comprenait qu'à travers moi on cherchait à l'atteindre lui aussi, écrit Georges Pompidou. Capitant, oui Capitant, publiait enfin un communiqué pour moi satisfaisant, et l'Élysée faisait annoncer que le Général invitait Monsieur et Madame Pompidou à dîner[1]. »

L'affaire Markovic a fait long feu.

1. Pierre Lefranc, *Avec qui vous savez : Vingt-cinq ans aux côtés du général de Gaulle*, Paris, Plon, 1979.
2. *Pour rétablir une vérité*, *op. cit.*

Quel dîner ! Ambiance, ambiance. Deux versions existent. Celle de Michel Debré, alors ministre des Affaires étrangères : « Le 12 mars 1969, à l'issue du Conseil, alors que j'entends annoncer au Général qu'étant grippé, je ne viendrai pas le lendemain à son rendez-vous habituel, celui-ci me déclare : "Cher ami, j'ai un service à vous demander : ce soir j'ai invité Georges Pompidou et sa femme. Vous connaissez la position que prend votre successeur à Matignon, je ne sais pas quoi lui dire ce soir, êtes-vous libre ?" » Michel Debré, surpris et flatté d'être appelé « cher ami », fait part de son état de santé au Général, qui ne l'entend pas et qui ne veut ni annuler le dîner, ni rester en tête à tête avec les Pompidou. Il s'y rendra donc. « Il y eut de longs silences, racontera-t-il, ma femme garde en mémoire un échange de vues sur les moutons dont il semble que Claude Pompidou faisait ou encourageait l'élevage à Cajarc. Je me souviens d'avoir beaucoup parlé. De quoi ? Je ne sais plus. Quelques jours après, le Général me dit qu'il avait demandé à Pompidou de démentir ses déclarations sur la succession et que celui-ci s'y était refusé. Les deux hommes ne devaient plus se revoir. »

La version Pompidou est assez concordante : « L'ambiance fut morne, Debré était fatigué, et moi-même peu enclin aux épanchements. Mais nous comprenions l'utilité pour l'extérieur de ce dîner. Nous trouvions cependant que c'était bien tard et peu spontané. Ni Madame de Gaulle, par réserve habituelle, je pense, ni le Général, par gêne, j'imagine, n'eurent un mot du cœur. Le Général me prit à part un moment pour me parler de Rome et de Genève. Je répétais que je n'avais rien dit à Rome et avais été trahi par la presse : "Mais vous avez récidivé", me dit le Général. Auquel je répondis : "Le gouvernement et vous-même avez pris une position qui m'obligeait pour ma dignité même à ne pas démentir. Mais chacun sait que la succession n'est pas actuelle." On s'en tint là. On se quitta de bonne heure. Les liens sentimentaux n'avaient pas été renoués. »

Le désamour est consommé. Chacun ne voit plus chez l'autre qu'ingratitude. L'homme du recours en veut à l'homme de la relève qui le lui rend bien.

La suite est connue. « De ce jour, Matignon n'exista plus », note Nicole Rossolin, une collaboratrice de Maurice Couve de Murville. Le référendum se présente de plus en plus mal. Les Français sont perplexes. Cette réforme régionale est-elle vraiment souhaitable ? Cette transformation du Sénat est-elle vraiment nécessaire ? Et puis, décidément, le sujet est trop rébarbatif. Bien des gaullistes tentent de dissuader le Général de renoncer à cette opération. Y compris Georges Pompidou qui le lui écrit, mais qui n'est pas plus suivi.

L'ancien Premier ministre s'engage pourtant dans la campagne pour le « oui ». Il tient une grande réunion à Lyon et en aurait fait d'autres à l'en croire si Maurice Couve de Murville ne l'en avait pas empêché. Aux yeux des gaullistes de cœur, cet engagement de Georges Pompidou n'a d'ailleurs rien d'héroïque. Car il ne prend aucun risque : si le « oui » l'emporte, il pourra revendiquer sa part de louanges et d'honneur. Si le « oui » n'est ni franc ni massif, il fera comprendre à beaucoup que son maintien aux affaires eût permis une victoire plus nette. Et si c'est le « non », la déception n'affectera pas gravement sa position personnelle de successeur plausible.

Malraux, Foccart, Vendroux (le beau-frère du Général), Charbonnel et quelques gaullistes de gauche sentant que c'est « foutu », pour prendre un mot du Général, vont tenter une dernière manœuvre : ils demandent à Georges Pompidou de dire publiquement, alors qu'ils plaident pour le « oui », qu'en cas de départ du général de Gaulle, il ne sera en aucun cas candidat. « On ne construit pas l'après-gaullisme sur une défaite du gaullisme », dira Malraux.

Bien évidemment, Georges Pompidou refuse de répondre à cette invite en forme de piège. « C'eût été suicidaire pour le gaullisme et pour moi », notera-t-il. Le Général, du coup, lui en veut un peu plus. « Il aurait dû dire qu'il ne se représenterait pas si le référendum était négatif », confiera Pompidou plus tard à Michel Debré.

De fait, le référendum échoue. Il avait rencontré trop d'hostilité dans l'opposition de gauche et même au centre. Le nouveau président du Sénat, Alain Poher, fait croisade pour le « non ». Forcément. Bien des gaullistes se montrent tièdes, voire ouvertement hostiles. Le dernier à porter l'estocade est Valéry Giscard d'Estaing qui depuis son bureau de Chamalières déclare : « Avec regret mais certitude, je n'approuverai pas le projet de loi référendaire. » En apprenant cela, le Général devait s'exclamer : « Cet homme est décidément trop occupé à calculer ses gestes, ses paroles et ses silences en fonction de sa seule ambition. »

Jacques Chirac, qui lui s'est beaucoup dépensé pour le « oui » dans sa région du Limousin, écrit dans son journal : « Valéry Giscard d'Estaing n'a été exceptionnel que dans la trahison. »

Le 27 avril au soir, le « non » l'emporte donc avec 53,2 % des suffrages. À minuit, l'Élysée fait diffuser un bref communiqué : « Je cesse d'exercer mes fonctions de président de la République », dit le Général qui retourne à Colombey pour toujours. Un mois et demi plus tard, le 15 juin 1969, Georges Pompidou devient président de la République. Comme un bonheur arrive parfois accompagné, ce jour-là, Romain Balladur, quatrième fils d'Édouard, pousse ses premiers vagissements.

Morale de l'histoire : si en politique, on vient de le voir, il est possible de pousser le père vers la sortie – y compris Dieu le Père, auquel on doit tout –, à plus forte raison… un frère turbulent.

DEUXIÈME PARTIE

Le maître au pouvoir

Le Page et le Régent

« J'ai toujours cru en ma bonne étoile », avait coutume de dire Georges Pompidou. Au matin du 20 juin 1969, elle brille au firmament. Le nouvel élu franchit la Seine, emmenant à l'Élysée tout son petit monde du boulevard Latour-Maubourg : Michel Jobert, Édouard Balladur, Pierre Juillet, Anne-Marie Dupuy, Marie-France Garaud, Denise Esnous. La traversée du désert a duré moins d'un an.

L'été est radieux et les âmes enchantées. « Nous pensions qu'il ferait deux septennats », dira Madame Garaud.

Coïncidence : l'après-midi, à l'instant même où, dans les ors et les pompes du palais présidentiel, Gaston Palewski, le président du Conseil constitutionnel, le proclamera président de la République, un avion du GLAM, retour d'Irlande, se posera à Saint-Dizier. À son bord, le Général de retour à Colombey[1]. Pour toujours.

« Rien n'est plus rapide et aisé que la succession dans les palais officiels, note Michel Jobert dans ses souvenirs. Quelles que soient les ombres qui y rôdent, dès que les téléphones sonnent (si les titulaires changent, les numéros restent les mêmes) et que d'autres visages s'installent derrière les bureaux, aussitôt la machine est relancée. » En effet. Avant même le départ pour l'Élysée, Georges Pompidou a réuni ses plus proches collaborateurs, annoncé à Jobert sa nomination de secrétaire général, puis se tournant vers Juillet et Balladur : « Vous deux, vous verrez bien. »

---

1. Madame de Gaulle a écrit à Madame Debré pour lui dire : « Il faut voter Pompidou. » Le Général et Madame de Gaulle ont voté par correspondance.

C'est tout vu. Durant la crise de Mai, Édouard Balladur s'était imposé comme le numéro deux de l'équipe, aux côtés de Michel Jobert. À l'Élysée, il va le demeurer avec le titre de secrétaire général adjoint. Pierre Juillet, jusqu'alors conseiller politique de Georges Pompidou, entend bien sûr le rester. À cette différence près qui n'est pas mince : cet homme de l'ombre exige un titre. À l'Élysée, c'est vrai, il sonne plus clair et plus haut.

« Il ne voulait rien et il voulait tout », raconte encore agacé Michel Jobert. On finit par lui trouver une banalité : « chargé de mission auprès du président de la République ». Mais il obtient surtout la première place dans l'organigramme devant le secrétaire général qui en est fort marri. Ces deux-là étaient destinés à ne jamais s'aimer. Le nouveau Président, lui, s'est résigné de longue date aux caprices de son conseiller, toujours prêt à s'en retourner impromptu dans sa propriété de la Creuse pour bouder quelques jours, voire un mois ou deux. À Matignon, Georges Pompidou s'en étonnait à peine : « Où est Pierre ? Il est parti ? Bah ! Il reviendra. »

Quand une telle équipe s'installe, la géographie des bureaux importe autant que les titres. Elle peut au gré des circonstances devenir plan de bataille ou carte du Tendre. Telle une garniture de cheminée, les tandems Jobert-Balladur d'un côté, Juillet-Garaud de l'autre, encadrent le bureau présidentiel au premier étage du Palais. Les premiers, les « administratifs », se placent – symbole ? – à gauche. Édouard Balladur, toujours soucieux de confort, installe ses pénates dans un grand bureau d'angle réputé le plus beau avec vue sur le parc : cinq ans plus tard, Valéry Giscard d'Estaing le fera sien. Celui de Michel Jobert, bien plus modeste, offre un précieux avantage : deux battants seulement le séparent du Président. Anne-Marie Dupuy, le chef de cabinet et l'équipe politique campent de l'autre côté. Pierre Juillet et Marie-France Garaud se partagent un bureau à l'extrémité droite de l'étage. Et comme les deux tandems ne s'aiment guère, tout l'Élysée bientôt les désignera ainsi : l'aile droite et l'aile gauche.

Le titulaire de Matignon a été vite choisi. C'est Jacques Chaban-Delmas. Georges Pompidou savait de longue date que s'il accédait à l'Élysée il n'aurait pas d'autre choix possible. Il l'avait laissé entendre dès 1967 à l'intéressé, devant Édouard Balladur. Chaban est un gaulliste estampillé résistant, compagnon de la Libération : il va donc rassurer la troupe UDR traumatisée par le départ du Général. Pendant onze ans, il a présidé l'Assemblée nationale. Du sérail politique il connaît les tours et les détours. Son amabilité est légendaire. Voilà, pense Pompidou, le mécano idéal pour serrer les boulons de la majorité.

Et Jacques Chirac ? Il se montre toujours aussi fidèle, assidu et efficace. Comme au bon vieux temps de Matignon, chaque soir que Dieu fait, il vient faire son tour à l'Élysée avant de rentrer chez lui. S'il passe désormais plus de temps avec l'aile droite, l'aile gauche reçoit elle aussi sa visite : dix minutes chaque jour dans le bureau de Jobert. Chaque mercredi après le Conseil des ministres dans celui d'Édouard Balladur.

Curieusement, l'accession de Georges Pompidou à l'Élysée ne donne pas de coup de fouet à sa carrière. Secrétaire d'État aux Finances chargé du Budget, il était dans le gouvernement Couve de Murville, secrétaire d'État aux Finances chargé du Budget, il reste dans le gouvernement Chaban. En conçoit-il quelque dépit ? « Travailler auprès du Président aurait été mon rêve », lâchera-t-il un jour devant Jobert et Balladur, lesquels lui rétorqueront mi-amusés, mi-ironiques : « Vous voulez donc notre place ? »

Le Président l'a d'ailleurs rassuré : « Bien sûr vous auriez pu devenir ministre, mais je préfère vous garder encore quelque temps au Budget. » Avec une mission de confiance. Le titulaire des Finances dans le nouveau gouvernement n'est autre, en effet, que Valéry Giscard d'Estaing. Un retour dans la citadelle dont Georges Pompidou se serait volontiers passé. Il préférait Antoine Pinay, lequel ayant refusé, Jacques Chaban-Delmas finit par imposer Giscard le cactus qui pendant la campagne ne s'était rallié que bien tardivement. « On a eu assez de mal à le faire sortir du gouvernement, on n'a pas besoin de le faire rentrer si tôt », bougonne Pompidou avant de céder, mais il impose Chirac à Chaban. Veiller au grain, tenir l'Élysée informé. Telle est la mission de Chirac, on ne lui a pas laissé d'autre choix ni demandé son avis, mais il ne songe guère à se plaindre. Se trouver aux avant-postes, en service commandé, il aime ça. Un an plus tôt, pourtant, Maurice Couve de Murville le consultait pour former son gouvernement et le traitait en adulte politique. En éprouve-t-il quelque nostalgie ? Certes non ! Il regarde devant et l'avenir lui paraît radieux. Il aime Georges Pompidou comme un père, et Pierre Juillet auquel il rend visite chaque soir « l'aime, dira Marie-France Garaud, comme un fils ». Un fils pour lequel il nourrit de hautes ambitions.

Arrêt sur image : les petits cailloux blancs qui balisent les destinées viennent d'être jetés. L'histoire qui commence et qui va durer cinq ans, est d'abord celle d'un drame : la maladie de Georges Pompidou. Elle se double d'un psychodrame, politique celui-là, qui commence presque aussitôt tout ce petit monde à peine installé. Il s'agit d'éliminer Jacques Chaban-Delmas, et les têtes qui vont armer les bras sont évidemment Pierre Juillet et Marie-France Garaud.

Jacques Chirac et Édouard Balladur toujours au service du même homme vont vivre, au plus près, en témoins et en acteurs le drame et le psychodrame. Cinq années durant, ils vont ainsi cheminer côte à côte sans pourtant vraiment se rencontrer. Mais ce cheminement inspirera à chacun une image de l'autre qui restera à jamais gravée dans leur inconscient.

Le parcours du premier suit une ligne brisée. Bon ministre technicien (au Budget puis à l'Agriculture), il se montre un piètre ministre politique (aux Relations avec le Parlement) et n'a pas le loisir de donner sa mesure au ministère de l'Intérieur : tout juste le temps de faire valser les préfets et d'annoncer la suppression des écoutes téléphoniques. Sa collaboration avec Valéry Giscard d'Estaing, en revanche, sera déterminante. Les deux hommes vont se jauger et croire (ou feindre de penser) qu'ils peuvent s'entendre, voire se dominer l'un l'autre : cette « double méprise » commence en 1969 et avec elle le feuilleton dit de « la guerre des chefs » qui dure encore.

Édouard Balladur de son côté conforte pendant quatre ans aux côtés de Michel Jobert un profil de grand commis de l'État, compétent, réservé, austère, fidèle et plutôt convenu. On le verrait bien, plus tard, vice-président du Conseil d'État. Mais en devenant lui-même ensuite secrétaire général de l'Élysée, il deviendra, pour cause de maladie de Georges Pompidou, beaucoup plus : il sera le Régent de la maison et du royaume. Certains le comprendront mais beaucoup plus tard. Trop tard ?

Le quinquennat de Georges Pompidou

Georges Pompidou n'a pas été longtemps grisé par sa victoire. Ses successeurs Valéry Giscard d'Estaing et François Mitterrand mettront plusieurs semaines à redescendre sur terre. Pas lui. « Dans l'instant où il a été élu, note Michel Jobert, il est devenu raide et solennel, il a changé de démarche, dans son regard nulle forfanterie, dans ses propos, nulle emphase. » Sans doute Georges Pompidou ressent-il plus qu'un autre le poids de la charge et cette solitude qui envahit le tréfonds de l'être quand le pouvoir vous revient sans partage. Succéder au général de Gaulle n'est pas un mince défi. D'autant que le nouvel élu n'a aucune envie d'apparaître comme sa doublure de théâtre. Pas question de faire du gaullisme sans de Gaulle. Il faut exister autrement. Mais le risque est considérable et irritant de se voir sans cesse comparé au stratège visionnaire retiré à Colombey. « Je sais bien que l'on va me traiter d'épicier, explique-t-il un jour à Jean-François Deniau, mais quoi ? Le Général a déjà fixé les très grandes options politiques : la Constitution, la décolonisation, la sortie de l'OTAN, l'indépendance nationale. Ma préoccupation n'est pas de le copier mais de le compléter dans un domaine qui n'était pas son meilleur : l'intendance. L'industrie française doit devenir aussi forte que l'industrie allemande, sinon tout ce qui a été fait s'effondrera, il n'y aura pas d'Europe, tout passe par là, l'égalité de puissance économique avec l'Allemagne, et puis des épiciers il en faut. »

Georges Pompidou en outre n'est pas vraiment remis de la profonde blessure qui jamais ne se refermera : l'affaire Markovic. Méfiant il l'était de naissance, défiant il l'est bien plus devenu. Il s'est refermé. Lui qui aimait tant se faire raconter potins et ragots du petit monde politique – une manière d'en oublier les pièges, les rivalités, les rancœurs – en a désormais horreur. Cette affaire l'a transformé. « Un autre homme est né de l'homme », note Maurice Schumann, son ministre des Affaires étrangères[1] : « À Matignon, il se montrait toujours très allègre, un peu comme le normalien que j'avais connu jadis, qui aimait rire et se sentait invulnérable. À l'Élysée, très vite, toute trace de légèreté a disparu. »

Un chef d'État, il est vrai, ne s'appartient guère. L'Élysée est une prison. Toutes les douceurs de cette vie que Georges Pompidou aimait tant – les dîners en ville ou dans les bistrots, les spectacles où l'on rencontre ces gens qui font la mode et qui y sont – il doit, pense-t-il, s'en tenir éloigné. César lui aussi doit être insoupçonnable. Conséquence indirecte de l'affaire Markovic : « les amis de Georges », comme disait naguère le général de Gaulle, seront encore invités au Château mais de moins en moins souvent, à commencer par ses chers Rothschild. Le baron Guy qui déjeunait à Matignon en tête à tête une fois par mois ne sera ainsi reçu à l'Élysée que deux fois en cinq ans.

Surtout, Georges Pompidou, sans connaître exactement la nature de son mal (il ne l'apprendra qu'en 1971), se sait depuis l'été 1968 en mauvaise santé. Les premières analyses de sang – faites au mois d'août à Carnac où il passait ses vacances – sonnent l'alarme. À Christian Bonnet, le maire de la ville, un pharmacien indiscret dévoile,

1. Ils se sont connus à l'adolescence. Ils étaient à seize ans tous deux lauréats au Concours général.

stupéfait, qu'elles sont vraiment mauvaises[1]. Bientôt, le Président suit un traitement à base de cortisone qui l'empâte un peu et l'oblige à changer souvent les encolures de ses chemises. Il avale, au long du jour, des médicaments. À Matignon, déjà, ses proches collaborateurs avaient remarqué que ses tiroirs en étaient pleins. Mais sans s'alarmer : « Quand un homme montre toujours une intelligence aussi rapide et acérée, on n'imagine pas l'insolite ou l'inquiétant », note Michel Jobert qui le voit tous les jours.

C'est sur ce fond de tableau, bien sombre, que va se dessiner la bataille politique. Certes, Georges Pompidou a été fort bien élu : 58,21 % des voix, c'est mieux que le Général qui n'en avait obtenu que 55,1 en 1965[2].

Certes, encore, il peut compter sur une majorité confortable à l'Assemblée nationale : celle que les électeurs ont envoyée en juin 1968, pour faire barrage aux gens des barricades. Mais, comme on l'a vu, les ennemis les plus dangereux sont dans la maison. Georges Pompidou en a eu confirmation avant même d'entrer à l'Élysée, le 18 juin : les gaullistes historiques – compagnons ou médaillés de la Résistance – lui ont fait savoir qu'il ne serait pas question pour eux de l'accueillir dans la crypte du mont Valérien lors de la traditionnelle cérémonie. Il devra rester à la porte.

Le parti gaulliste est agité de soubresauts, aigri de rancœurs, traversé d'inquiétudes : le nouveau Président n'est-il pas un parricide ? Ils entendent bien le lui faire sentir. Et payer si possible.

Pas de surprise, les amis de Michel Debré (qui entre pourtant au gouvernement comme ministre d'État, ministre de la Défense) sont les premiers à ouvrir le feu. Ils dénoncent la politique d'ouverture en direction des centristes, ouvriers de la onzième heure dont le tardif ralliement (nécessaire, certes, à la victoire électorale) a été trop grassement payé. René Pleven se retrouve garde des Sceaux, Joseph Fontanet devient ministre du Travail et Jacques Duhamel prend en charge l'Agriculture. Or, s'exclame le Breton Gabriel de Poulpiquet : « ce sont ces gens-là qui ont poussé la voiture du général de Gaulle sur le bas-côté de la route ».

Dès le 2 juillet, une trentaine de parlementaires parmi lesquels Jacques Vendroux, le beau-frère du Général, mais aussi Pierre Messmer et Charles Pasqua constituent l'amicale Présence et Action

1. Elles révèlent une vitesse de sédimentation anormalement élevée.
2. Mais les abstentions ont été bien plus nombreuses, certains électeurs refusant de choisir entre Georges Pompidou et Alain Poher.

du Gaullisme. Ils entendent bien se dresser devant l'Élysée comme autant de statues du Commandeur. Les jeunes gaullistes de gauche de l'UJP n'en ont pas la taille mais donnent de la voix et déclarent urbi et orbi que le devoir immédiat est de mener à bien la participation voulue par le général de Gaulle. « On va nous entendre », promettent-ils.

Georges Pompidou se rassure : heureusement Chaban est là, qui saura apaiser ses tourments. Les deux hommes se connaissent de longue date : les déjeuners entre barons les ont si souvent réunis à l'hôtel de Lassay, la résidence du président de l'Assemblée. Certes, il va falloir s'adapter l'un à l'autre, passer de Georges et Jacques au formalisme indispensable aux fonctions nouvelles. Mais ces choses-là ne sont pas rudes.

Et pourtant, le couple Pompidou-Chaban ne connaîtra jamais l'harmonie. Leur cohabitation fut difficile et cahotante. D'emblée, « des irritations mineures », comme dira plus tard Chaban[1], se multiplient. Les premiers heurts se produisent dès la formation du gouvernement. L'ex-président de l'Assemblée, qui a beaucoup d'amis, voudrait en contenter la plupart. « Je n'irai pas au-delà de 44 ministres », s'impatiente Georges Pompidou à qui l'on vient d'annoncer qu'ils seront plus de 50. On finit par transiger à 39. Plus grave : Chaban omet de consulter Pierre Juillet et Marie-France Garaud ! Voilà dès le premier jour deux ennemis assurés qui désarmeront d'autant moins que jamais dans les mois suivants le Premier ministre ne viendra leur rendre ses devoirs dans leur bureau.

Bien plus grave encore : en six années de Matignon, Georges Pompidou a acquis, on l'a vu, une connaissance encyclopédique des dossiers et il s'irrite de l'ignorance de son Premier ministre. Le nouveau Président n'a pas oublié le chef du gouvernement qu'il fut. Il découvre sans plaisir que le pouvoir au quotidien ne se trouve pas à l'Élysée. Dans les premiers jours, il fait mine de s'en amuser : « Vous allez voir, il va s'y mettre », promet-il à son entourage. Quelques semaines plus tard, le climat a changé. « Je suis préoccupé, Chaban ne s'y met pas, je ne peux tout de même toujours venir à sa rescousse et me transformer en maître d'école. » Chaban lui-même le confirmera dans ses Mémoires : « Je fus saisi de vertige, j'avais découvert à quel point ma connaissance des affaires de l'État était insuffisante[2]. » « Dans un premier temps, note Michel Jobert, Georges Pompidou avait sincèrement cru qu'il pourrait prendre du champ, laisser Chaban débattre

1. Dans *L'Ardeur*, Paris, Stock, 1975.
2. Dans *L'Ardeur*, *op. cit.*

des dossiers économiques, de l'industrialisation de la France, qui lui étaient si chers, et se réserver les grandes orientations de la politique étrangère et de la politique monétaire. » Ses instructions aux gens de l'Élysée allaient dans le même sens : « Soyez vigilants sur les affaires mais ne vous mêlez pas trop des dossiers, les réunions de fonctionnaires doivent se tenir à Matignon et pas à l'Élysée. »

Édouard Balladur qui observe et poursuit son apprentissage ponctue : « Nous serons plus tranquilles, mais je doute que nous restions sur ces bases très longtemps. »

Georges Pompidou, déçu, s'interroge, perplexe, tout l'été. Une session spéciale de l'Assemblée nationale est prévue pour la mi-septembre : le Premier ministre entend y prononcer une sorte de discours d'investiture soumis à l'approbation des députés. Or, dès le 10 juillet, le Président avait mis les points sur les « i » dans une conférence de presse. Et quels points ! Il s'était présenté comme le chef suprême à la fois arbitre et responsable du destin de la nation, seul habilité à donner les impulsions fondamentales et à définir les directions essentielles, et dont la vigilance devait s'étendre jusqu'au quotidien. À bon entendeur salut ! Le Premier ministre à ses côtés avait opiné du chef. Mais avait-il bien entendu ? On en doutera le 16 septembre.

Ce jour-là, Chaban, las d'avoir attendu dix ans sur le perchoir de l'Assemblée l'occasion de mener une politique active, qui estime aussi peut-être que le véritable héritier du Général c'est lui, présente un discours-programme qui fait sursauter l'Élysée.

Ebranlé comme beaucoup d'autres par les secousses de Mai, il entend débloquer la société, moderniser les rapports entre l'État et les entreprises publiques, donner plus d'autonomie à leurs dirigeants, changer les relations entre patronat et syndicats grâce à la concertation permanente et les célèbres contrats de progrès où les deux parties décident ensemble une élévation raisonnable du pouvoir d'achat ; il lance des thèmes nouveaux, la formation permanente, l'autonomie des universités ; il prévoit de libéraliser la télévision et va même créer la compétition entre les deux chaînes, innovation considérable : deux journaux d'information concurrents seront diffusés chaque soir à la même heure…

Vaste ambition : il s'agit, dit-il, de créer « une société où chacun considère chacun comme son partenaire, la nouvelle société ». Un dessein qui présente l'avantage supplémentaire de gêner l'esquisse d'ébauche de l'union de la gauche et de doter la majorité – pense Chaban – d'un dynamisme irrésistible pour les élections législatives de mars 73. Pour mettre en forme ce beau projet, il s'est fait aider d'un ancien syndicaliste CFDT chargé des affaires sociales au Plan, imaginatif, au tempérament d'écorché vif : Jacques Delors, et d'un brillant et séduisant inspecteur des Finances venu de la Résistance et de la gauche, ex-conseiller de Pierre Mendès France : Simon Nora, qui dirige l'équipe de Matignon. La presse applaudit, juge ce discours réellement novateur, voilà Chaban ravi. Le lendemain, les sondages atteindront le beau fixe. Valéry Giscard d'Estaing s'enthousiasme.

À l'Élysée, en revanche, la stupeur règne : il se trompe de République ce Premier ministre qui définit les grandes orientations de la politique gouvernementale sans en référer au chef de l'État. Sacrilège ! D'autant que Chaban n'a envoyé son texte chez le Président qu'une heure à peine avant de le prononcer. Voilà bien le signe d'une rare désinvolture.

Georges Pompidou voit rouge. Pierre Juillet et Marie-France Garaud plus encore. Une « nouvelle société », quelle drôle d'idée ! Pendant sa campagne présidentielle déjà, Olivier Guichard avait apporté au candidat Pompidou un catalogue de formules pour illustrer son thème de campagne : le « changement dans la continuité », et la nouvelle société y figurait. Pompidou l'avait rejetée : « Si je dis nouvelle, on pensera, à commencer par le Général, que je rejette le passé. Et puis, société ça fait penser à jet-society, il faut être sérieux. Laissons ce genre de formule au *Nouvel Observateur*. »

Et voilà que quatre mois plus tard à peine, le Premier ministre qu'il a choisi reprend ce slogan à son compte[1]. Il en a les sangs tournés, comme on dit à Cajarc. Et il voit se profiler devant ces idées l'ombre d'une CFDT tourneboulée par Mai 68. « Enlevez Delors à Chaban, et il ne reste rien », lui répète Marie-France Garaud. Ce que Chaban lui-même, imprudent, semble parfois confirmer : un jour où Pompidou, soucieux de prendre des mesures en faveur des personnes âgées, le convoque à cet effet pour le lundi suivant, le Premier ministre a ainsi répondu qu'il se ferait accompagner de Delors, ce qui avait prodigieusement agacé le Président. « Imaginez, disait-il à son entourage que le Général m'ait un jour convoqué pour parler des retraites et que je lui aie répondu : "Oui je viendrai avec Balladur"… » Or, le jour dit, Chaban aussitôt entré dans le bureau présidentiel passe la parole à Delors.

1. Chaban avait déjà employé la formule en juin devant l'Assemblée nationale, mais sans en faire il est vrai un idéal comme en septembre.

Le Président en outre ne tient pas trop à mécontenter la CGT qui s'est montrée si coopérative à l'époque des barricades : « On ne fait jamais de neuf, explique-t-il à Alain Peyrefitte, ce sont là des fantasmes d'adolescents ou de romantiques, une nouvelle société, c'est impossible. La société est ce qu'elle est, il faut vivre avec. Rien n'est pire que de vouloir faire rêver les Français, ce n'est pas ce qu'ils attendent de nous. Ayons le sens du réel, nous avons un objectif qui doit dominer tous les autres : faire de la France une grande nation industrielle. Atteignons-le sans nous disperser, le reste nous sera donné de surcroît[1]. »

Une semaine plus tard, Georges Pompidou réunit une conférence de presse. Pas trace de « nouvelle société » dans son discours. Il annonce l'actionnariat ouvrier chez Renault, entreprise nationalisée érigée de longue date en symbole. (Avec la mensualisation des bas salaires il s'agit de son credo social.) L'économie étant en état de surchauffe, les Français consommant trop (à la suite des augmentations de salaires obtenues en Mai 68), il convient d'épargner. « Chaque fois qu'une mère de famille, dit-il, refusera une hausse injustifiée, elle défendra le franc[2]. Chaque fois qu'elle mettra de l'argent à la caisse d'épargne ou à la banque, elle travaillera pour le pays. » Le Président va même jusqu'à proposer aux Françaises de freiner leurs achats de machines à laver…

Jacques Fauvet observe le lendemain dans *Le Monde* : « Le Premier ministre ayant fait devant l'Assemblée nationale un discours de président de la République, le président de la République s'est trouvé condamné à faire une déclaration de chef de gouvernement devant la presse. » Bien vu.

Le contresens va coûter cher. Pierre Juillet commence à dresser son réquisitoire. Pour lui Chaban a tout faux : il a fait entrer de dangereux gauchistes à Matignon ; il entend mener la politique de la gauche alors que sa pléthorique majorité est à droite ; enfin il se moque comme d'une guigne des états d'âme de la troupe UDR. « J'oubliais qu'un groupe politique est comme une personne ombrageuse, d'humeur jalouse, toujours prête à prendre des bâtons flottants pour des monstres marins et qu'il faut rassurer sans cesse », confessera plus tard le Premier ministre qui s'est beaucoup soucié en revanche des médias et le paiera cher. Les journaux ne cessent de le mettre en vedette. Et parfois plus encore. À l'Élysée, on enrage. « Vous avez

1. Alain Peyrefitte, *Le Mal français*, Paris, Plon, 1976.
2. Qui a été dévalué de 12,5 % au mois d'août.

vu *Paris-Match* ? », s'irrite le Président devant son entourage quand Chaban est photographié avec Micheline sa nouvelle épouse. Et le Président grogne encore lorsque le Premier ministre entraîne à sa suite une nuée de photographes dans les bidonvilles de la ceinture parisienne qu'il se promet d'éradiquer. « On ne fait pas sa publicité sur le malheur du monde », grommelle le Président. La politique de communication en était alors, il est vrai, à ses balbutiements[1].

« Chaban n'avait pas compris que dans la ruche de la Ve République tout devait être fait pour sauver d'abord la reine », commentera Jobert.

Pis encore : bientôt le Premier ministre va nommer contre l'avis du Président – mais en croyant avoir eu son feu vert – un « gauchiste » sur la deuxième chaîne à la télévision : Pierre Desgraupes, dont l'un des premiers gestes sera de mettre au placard quatre-vingt-dix journalistes restés fidèles au pouvoir l'année précédente. « La télévision de Chaban ulcérait Pompidou, atteste Maurice Schumann. Combien de fois en Conseil des ministres ne s'est-il pas mis en colère contre le choix des sujets, la dramatisation systématique des nouvelles ? Il croyait y déceler une sournoise volonté subversive. Ce n'était certes pas la voix apaisée de la France qu'il eût voulu entendre. » L'agence France-Presse n'est pas plus épargnée. Un jour où Madame Pompidou était allée inaugurer un centre pour personnes âgées créé par sa fondation dans le Morbihan, une dépêche à usage interne et préparée pour relater l'événement ajouta ce commentaire : « N'en parler que s'il y a des incidents. » Et le Président, mis au courant, d'enrager : « Des incidents, des incidents, c'est tout ce qui les intéresse. »

C'est l'affaire de la libéralisation de l'ORTF qui provoquera le premier accroc sérieux. Depuis les bureaux voisins on entend les éclats de voix. Chaban propose sa démission qui est refusée. Mais toute la Pompidolie, de l'aile gauche à l'aile droite du Palais, le regarde, sur ce sujet au moins, d'un œil hostile. La réaction ne tarde pas : les pouvoirs de Matignon sont soumis à un régime minceur. Des conseils restreints présidés par Georges Pompidou en personne se substituent aux conseils interministériels que réunissait Chaban à Matignon. L'intendance change de rive, franchit la Seine. C'est sous ce septennat, on ne l'a pas assez souligné, que commence la

1. Autres temps, autres mœurs. Durant ce quinquennat, après chaque conférence de presse présidentielle, c'est Denis Baudouin, patron du service de presse de l'Élysée, qui indiquait aux deux chaînes de télévision le passage qu'elles devaient en retenir pour le journal du soir.

dérive monarchique du pouvoir. « Je n'arrive pas à me dépouiller de mon rôle de Premier ministre, je l'ai été trop longtemps », avouera le Président à Xavier Marchetti. « À ce moment, en effet, explique Jacques Chirac, l'Élysée a commencé à faire plus confiance à la technostructure du cabinet qu'aux politiques. » « À Matignon déjà, explique Jean-François Saglio, conseiller technique en charge de l'Éducation nationale, Georges Pompidou avait coutume d'écouter d'abord ses conseillers. » Et le Président avait donné cette consigne à Jacques Godfrain, son jeune chargé de mission : « N'oubliez jamais que l'Élysée est un contre-pouvoir. »

L'aile droite du Palais ne boude pas son plaisir, s'emploie à tout mettre en œuvre pour hâter la disgrâce du maire de Bordeaux. Les députés UDR sont encouragés à donner libre cours à leurs ardeurs frondeuses. Désormais, sous l'impulsion de Pierre Juillet, l'amicale Présence et Action du Gaullisme que dirige Pierre Messmer concentre tous ses tirs sur Matignon et multiplie les mises en garde contre « l'aventure politique ». Et quand Pierre Messmer entrera au gouvernement en janvier 1971[1], son ami Hubert Germain lui succédant à la tête de l'amicale réclamera un « grand dessein pour la France », manifestant ainsi que la nouvelle société ne peut prétendre à ce titre-là. Il recueille les signatures des six présidents de commission à l'Assemblée nationale, au bas d'un manifeste déplorant le manque de concertation du gouvernement avec le Parlement. Les « Diaboliques », comme on les appelle à Matignon, le tandem Juillet-Garaud, complètent leur dispositif en faisant remplacer à la tête de l'UDR le peu malléable Robert Poujade[2] par René Tomasini, Corse fidèle et sans état d'âme qui chaque jour exécutera leurs ordres.

Le calvaire de Chaban va pourtant se prolonger jusqu'en 1972. Il raconte : « Au cours de l'été 1971, Georges Pompidou me déclara que, tout bien pesé, il me garderait jusqu'aux législatives de 1973. Cette détermination n'avait probablement pas été pour rien dans la décision que prit Pierre Juillet de mettre un terme à sa collaboration avec Georges Pompidou. Il demanda à me voir et m'interrogea : avais-je bien compris les raisons qui l'avaient fait s'opposer à moi ? Il m'expliqua que c'était par fidélité et loyauté à Georges Pompidou car il estimait que j'étais l'homme le plus dangereux qui fût pour le pays : "Vous êtes l'homme qui amène le socialisme à la France.

1. Il devient ministre des Dom-Tom.
2. Nommé ministre de l'Environnement, un nouveau département dont Georges Pompidou a voulu la création.

Or, un communiste, un socialiste, on sait ce que c'est, on peut s'en garder. Vous, on ignore qui vous êtes. Votre politique avantage des gens qui ne nous en sauront aucun gré. Vous avez livré la télévision à nos pires adversaires, votre système contractuel est catastrophique, c'est la dégradation de l'État[1]." » Un acte d'accusation impressionnant.

Simon Nora en entend plus encore. Jacques Chirac, avec qui il entretient de bonnes relations, avait insisté pour lui faire rencontrer Pierre Juillet. Ce qui se fit. « Mais lors de cette rencontre, raconte l'ancien chargé de mission, Juillet m'a dit sans rire : "Si j'avais tous les pouvoirs, je vous ferais fusiller." » Bigre !

L'année 1972 est catastrophique. Chaban doit se débattre avec ses feuilles d'impôts. Il apparaît qu'il n'en a pas payé entre 1966 et 1969. Il bénéficiait d'une disposition imaginée par Valéry Giscard d'Estaing, l'« avoir fiscal ». Rien de plus légal. Mais rien de plus détestable aux yeux des gens qui ne connaissent guère ce système complexe et imaginent – *Le Canard enchaîné* ayant publié ses feuilles d'impôts – mille magouilles. D'autant plus que surgit une affaire dans l'affaire : le conseiller fiscal de Chaban se nomme Édouard Dega, inspecteur des impôts qui est déjà inculpé de fraude, accusé d'avoir monté un système permettant à de riches contribuables du XVIe arrondissement de pratiquer des évasions fiscales pour des sommes importantes. Édouard Dega est emprisonné. Mais comme par hasard, à chaque demande de mise en liberté, le ministère des Finances dépose une nouvelle plainte contre lui, ce qui relance des articles de presse. Chaban s'en persuade bien vite : c'est Giscard qui attise ces attaques contre un Premier ministre qui pourrait bien être un jour candidat à la présidentielle[2].

Entre-temps, Juillet a fini par revenir à l'Élysée, rappelé par Georges Pompidou, fort déçu des résultats faiblards du référendum sur l'Europe. « C'était comme si quelque chose s'était brisé entre les Français et lui », notera Chaban. Il croit que son charisme, sa chance, l'abandonnent. « Rappelez Juillet, lui, il ne se trompe pas », a-t-il dit. Tous les autres pourtant, Anne-Marie Dupuy, Olivier Guichard, Édouard Balladur l'avaient mis en garde contre ce référendum dont le sujet (l'élargissement du Marché commun à la Grande-Bretagne) se trouvait à cent lieues des préoccupations populaires.

---

1. *L'Ardeur*, *op. cit.*
2. Giscard avait demandé, bonhomme, à Pompidou et à Chaban, l'autorisation de poursuivre un « fiscal » du XVIe arrondissement. Sans leur préciser les tenants et les aboutissants de l'affaire.

Dès son retour, Juillet ne poursuit plus qu'un objectif : le départ de Chaban. « S'il est encore là, le 14 juillet, c'est moi qui m'en irai, lance-t-il à la cantonade en juin 1972. De fait, le 5 juillet, Chaban s'en va. Il est démissionné après avoir obtenu un vote de confiance massif à l'Assemblée nationale, une procédure que n'avait pas souhaitée Georges Pompidou. Lequel confiera à Denis Baudouin : « Chaban quand ça va bien il est agaçant, mais quand ça va mal il se conduit comme un prince. »

L'aile gauche de l'Élysée l'avait pourtant aidé. Trois années durant, Jobert et Balladur s'étaient efforcés de renforcer les rapports entre l'Élysée et Matignon. « Chargés de la partie administrative, confirmera Chaban, ils s'acquittèrent tous deux de leur fonction avec le souci constant de ne pas contrarier l'action du Premier ministre, ce qui au demeurant était la meilleure façon de servir le Président. »

Il est vrai que Jobert avait connu Nora chez Mendès France et la « nouvelle société » pouvait le séduire. Édouard Balladur n'avait pas les mêmes raisons d'apporter son soutien. La « nouvelle société » n'était pas à ses yeux une véritable politique mais plutôt une méthode, une astuce tactique, le vrai projet étant à ses yeux l'industrialisation de Georges Pompidou. Et il jugeait aventureux certains projets gouvernementaux. Il estimait Jacques Delors. « Je l'ai beaucoup fait travailler quand j'étais à Matignon », dit-il aujourd'hui. Mais il se méfiait aussi de lui, et conseillait à ses collaborateurs (comme François Lavondès chargé près de lui des Affaires sociales) d'en faire autant. Il jugeait un peu dangereux ce chrétien de gauche dont il n'aimait guère, aux dires de François Ceyrac, « la tristesse morose du vicaire de banlieue ». Il s'inquiétait plus encore de ses plans et des contrats de progrès qui entraînaient dans les entreprises nationalisées une progression des salaires en avance de 2 % sur le coût de la vie : si un tel système était appliqué par contagion au privé, il ruinerait, pensait-il, des milliers de petites entreprises. Mais les deux hommes qui s'étaient connus quand l'un était à Matignon et l'autre au Plan, s'estimaient. Une précision de Jacques Delors : « À cette époque Édouard Balladur ne m'a téléphoné qu'une seule fois de méchante humeur pour se plaindre que je traînais les pieds sur l'actionnariat ouvrier. » Et d'ajouter : « Georges Pompidou était toujours très paternel avec moi. »

Ce qui n'interdisait pas les tiraillements. « Régulièrement, note Jobert, Delors venait gémir chez moi sur les méchancetés que lui faisait Balladur dans le bureau voisin. » De menues querelles où l'on peut voir l'illustration d'une règle bien connue : votre prédécesseur est un incapable, votre successeur un imposteur. L'ex-conseiller social du Premier ministre Pompidou ne pouvait regarder d'un œil bénin le conseiller social du Premier ministre Chaban qui savait si bien faire sa publicité.

Trop de publicité nuit pourtant. Jacques Delors se voit chargé de tous les péchés du monde, y compris de plagiat par Michel Debré. « La formation permanente de Jacques Delors n'est rien d'autre que mon projet de formation professionnelle », assure celui-ci dans ses Mémoires. Le ministre va donc se plaindre – c'est un rite – chez le président de la République, lequel lui répond que tout cela est de l'enfantillage. « Mais Delors n'est pas un enfant », rétorque Debré qui poursuit : « Dix ans plus tard, René Haby, ministre de l'Éducation nationale, apprenant cette histoire ridicule, m'inscrira de lui-même sur la liste des titulaires des médailles d'or de l'Enseignement technique. »

À l'Élysée, quoi qu'il en soit, on se déchire. L'aile gauche s'offusque et s'indigne jour après jour des manœuvres et des intrigues de l'aile droite. Bientôt, Pierre Juillet et Michel Jobert ne se saluent même plus. Au début, Georges Pompidou s'en était amusé. Une aile droite, une aile gauche étaient le meilleur moyen d'éviter un phénomène de cour et de connaître la vérité.

Mais trop d'aigreur et d'acrimonie risquait pourtant de paralyser le cabinet. Pour mettre un peu d'harmonie dans ce petit monde il fut décidé d'organiser chaque lundi soir dans le bureau de Pierre Juillet un pot où tous se retrouveraient. « C'était notre fête hebdomadaire », dit Jean-François Saglio. Georges Pompidou s'y montrait régulièrement, Édouard Balladur de temps en temps, Jobert beaucoup plus rarement, qui s'empressait aussitôt de s'isoler en grimaçant comme on suce un citron (mais ces deux-là qui rencontraient Georges Pompidou tous les soirs avaient moins de raisons d'y venir). Un membre du gouvernement, un seul, est fidèle à ces rencontres : Jacques Chirac bien sûr. Ce qui ne surprend personne. Ne rend-il pas visite tous les soirs au couple Juillet-Garaud ?

Ils l'ont pris dans leurs rets, ils l'ont séduit. Pourquoi ? Leur côté provincial peut-être ? Juillet est natif d'Aubusson, elle du Poitou. Frère et fils de préfet il exploite des terres en Creuse et a été inscrit au barreau de sa ville natale. Elle est magistrat et femme d'un avocat discret. Belle, brune, coiffée d'un strict chignon, la lèvre moqueuse, une allure de biche dominatrice, elle parle net et cru. Lui préfère l'ombre, à condition que l'on sache qu'il s'y trouve. Gaulliste ayant poussé la fidélité jusqu'à épouser une secrétaire du Général, il déteste les barons. « Une confrérie pour se partager les honneurs », dit-il – peut-être parce qu'il n'a jamais été l'intime de ceux-là. Il est attaché à la primauté de l'exécutif, en a fait une religion au point d'apparaître comme un inquisiteur. Il déteste les communistes qui lui en ont fait voir de rudes au maquis, met les socialistes dans le même sac et n'est pas loin de considérer la gauche comme une armée d'occupation sur le territoire national. Comme lui, Marie-France Garaud abhorre les idées molles et déteste les thèses centristes. Mais connaît bien ceux qui les propagent, les dirigeants. C'est ce qui les a rapprochés : puisque Pompidou est contraint de pratiquer l'ouverture de ce côté, Juillet, qui l'a connue attachée parlementaire du garde des Sceaux Jean Foyer, l'a recrutée.

Dix années durant, ce couple singulier va faire trembler la majorité. Un cas unique dans les annales de la République. Une seule ambition les anime : se tenir informés le mieux du monde des variations climatiques de la majorité pour l'édification de Georges Pompidou. En fait, deux autres desseins les obsèdent : tenir en laisse les groupes parlementaires, y repérer les sujets d'avenir qui pourront faire pièce aux barons et progresser dans la carrière en leur devant une reconnaissance éternelle. Or, ils ont la manière. Marie-France sait se faire tour à tour charmeuse, menaçante, voire cruelle. « Il n'y a pas de problème dont elle ne vienne à bout avec vingt coups de téléphone », apprécie Georges Pompidou. Pierre Juillet, lui, convoque froidement les ministres dans son bureau. C'est le prix qu'ils doivent payer pour une audience avec le Président, une sorte de droit d'entrée.

Elle règne sur les députés et se réalise dans le gouvernement des hommes. Il commande les ministres et exulte dans son rôle de faiseur de rois. « Ce sont des Médicis », dira un connaisseur, Edgar Faure.

Tel est le couple étrange auquel Jacques Chirac rend visite chaque soir. Avec eux, le secrétaire d'État au Budget fait ses classes. Du pouvoir il apprend les secrets, les recettes, les nouvelles. Pierre Juillet l'aimant comme un fils, il s'efforce de se comporter en digne rejeton. Puisque le couple déteste Chaban et que son autre père Georges Pompidou se plaint du retard de celui-ci à « s'y mettre », le secrétaire d'État au Budget va forcément exécrer le Premier ministre. D'autant que celui-ci ne fait rien pour l'apprivoiser. De sa voix nasillarde, il le salue toujours d'un « Tiens, voilà l'oisillon ». À moins que ce ne soit, pointe d'ironie en sus, « Comment va ce brillant jeune homme ? », qui n'arrange rien, et même le rend fou à en croire son ami Jacques Friedman devenu son directeur de cabinet. Le gouvernement tout juste formé, dès octobre 69, Jacques Chirac confie à des journalistes, en toute solidarité gouvernementale, que Chaban « n'est pas un homme d'État ». Il reflète à ce point les humeurs bonnes ou mauvaises du duo

Juillet-Garaud, que les ministres fidèles à Chaban se sentent rassurés quand il se montre aimable avec eux. Mais, ajoutent ceux-ci : « Quand il nous battait froid, nous nous demandions si nous n'allions pas être virés. »

Chirac dénigre le Premier ministre avec d'autant plus d'ardeur qu'il s'est trouvé une passion pour Giscard. Les premiers temps ont été rudes. Le secrétaire d'État au Budget se méfie de son ministre qui a la réputation de peu déléguer. Il craint de voir rogner ses attributions et garde surtout en mémoire les consignes de défiance reçues de Pompidou. Giscard, lui, se méfie de ce Chirac qui tous les soirs se rend à l'Élysée : du jamais vu. Il s'interroge, qui va-t-il voir ? Georges Pompidou ou ses conseillers ? Se borne-t-il à faire sa cour ou bien joue-t-il les petits rapporteurs ? Bizarre, bizarre. Giscard conclut pourtant qu'il est inutile de mécontenter ce poulain de l'Élysée. D'autant que cet hyperactif peut rendre des services. Pas question donc de limiter ses pouvoirs.

Jacques Chirac, de son côté, met plusieurs semaines à se faire à ce ministre qui en marge des notes ne dit jamais « oui » ni « non » comme Georges Pompidou, mais un simple et énigmatique « vu ». Allez savoir ce que cela veut dire ? Et puis il n'est pas facile de l'approcher. Quand une lumière rouge est allumée au-dessus de la porte de son bureau, comme dans les blocs opératoires ou les studios de radio, personne n'est autorisé à le déranger. Que fait-il ? Est-il même présent ? À se demander s'il travaille. Si bien qu'un jour de grogne, Chirac a lancé un « Giscard ne fout rien ! » qui a fait jaser. Et quand, enfin, la porte du bureau s'ouvre, rien n'est simple. D'abord on ne parle pas de l'essentiel : Giscard a même omis d'annoncer à son secrétaire d'État la dévaluation d'août 1969, et il ne brille pas par le savoir-vivre : il lui arrive de commander une tasse de thé sans en proposer à son interlocuteur. Bien vite, pourtant, ces petites agaceries ne seront plus que broutilles. Un sentiment de considération réciproque grandit. Valéry Giscard d'Estaing loue publiquement la loyauté de son secrétaire d'État, si dépensier jadis à Matignon pour l'aéronautique et plus tard la Corrèze. Si ladre aujourd'hui avec les parlementaires et les ministres UDR qui tentent de lui arracher des crédits.

Jacques Chirac, lui, est si fasciné par Giscard qu'il en arrive à parler comme lui. En fermant les yeux on s'y tromperait. Bientôt, on l'entendra s'exclamer que la France compte seulement deux hommes d'État : Georges Pompidou et Valéry Giscard d'Estaing. « Chirac était complètement bluffé et soumis devant Giscard, rapportent aujourd'hui certains de ses collaborateurs d'alors. Comment aurait-il pu résister d'ailleurs ? Giscard est éblouissant. Il jongle avec les prévisions, glisse sur les indices, déclame d'interminables suites de chiffres avec l'enthousiasme inspiré d'un poète parnassien. Il sait tout, comprend tout, regarde l'avenir avec l'acuité du rayon laser. Il séduit même les députés UDR toujours prêts à en découdre avant de l'avoir entendu et silencieux, calmés, voire admiratifs, après qu'il a deux heures de rang récité sans une note des centaines de statistiques et dressé de l'économie française un tableau d'une idyllique rationalité. Ce qui n'empêche pas les mêmes élus auxquels le ministre n'a rien cédé d'aller se lamenter ensuite à l'Élysée où, immanquablement, Georges Pompidou grogne : « Ne venez pas vous plaindre du ministre des Finances, alors que vous êtes béats quand il est devant vous. » Lui-même, il est vrai, ne cache pas toujours son admiration : « Ce type-là sait tout faire », s'exclame-t-il un jour en regardant une photo de Giscard à skis.

« Il est fortiche », répète à qui veut l'entendre Jacques Chirac qui admire la performance.

Le voilà en janvier 1971 enfin promu ministre de plein exercice. Il hérite d'un portefeuille hautement politique : les Relations avec le Parlement. C'est l'aile droite du Palais qui en a décidé et réussi ainsi un coup double : le poulain de Madame Garaud et de Monsieur Juillet prend la place d'un baron chabaniste : Roger Frey. Cette nomination, en outre, s'est faite sans l'aval de Matignon. Rue de Rivoli, on assiste à des adieux de Fontainebleau et VGE déclare devant le cabinet : « Le ministre ira loin. Un jour, il me remplacera au ministère des Finances. » À ses yeux, la destinée de Jacques Chirac ne doit pas être plus élevée…

« S'il réussit à ce poste, écrit alors Georges Suffert, Chirac deviendra le fils adoptif de Georges Pompidou. » La tâche quotidienne du nouveau ministre consiste à convaincre les parlementaires de la majorité de voter sans trop barguigner les projets de lois gouvernementaux et surtout de suivre fidèlement les impulsions de l'Élysée (pas forcément celles de Matignon). C'est semble-t-il un jeu d'enfant pour qui a su persuader les rebelles électeurs de Corrèze de l'élire député.

Curieusement, il s'avère que cet emploi à mi-chemin entre diplomatie et négoce ne lui convient guère. Surprise à l'Élysée. Pour la première fois, ce brillant sujet échoue. Cet énarque est désorienté dans un ministère où il n'y a ni administration à commander, ni crédits à distribuer, ni textes à élaborer. Le Parlement en outre semble une drôle de machine à qui n'y a jamais siégé : il est devenu ministre huit jours après avoir été élu. Saisir le fonctionnement dans ses moindres rouages, connaître dans le détail les subtilités du règlement, surtout se frotter chaque jour aux états d'âme à répétition de 291 députés UDR n'est pas tâche si aisée. Jacques Chirac ne s'y fait pas, il ne sait pas y faire. S'il veut rallier des parlementaires par essence récalcitrants, un bon ministre chargé des Relations avec le Parlement doit arpenter pendant des heures les couloirs de l'Assemblée, bavarder avec tous, s'armer de patience et de gentillesse, expliquer inlassablement le bien-fondé de la politique gouvernementale afin de mieux emporter l'adhésion d'élus gaullistes dont le ressort principal est l'affectivité. Or, de l'avis unanime, Jacques Chirac se montre trop agité, trop brusque, s'exaspère trop vite. Ce travail l'assomme ! Un député tente-t-il de le retenir par la manche, au bout de deux minutes, il regarde sa montre et tranche : « Excuse-moi, j'ai un rendez-vous à l'Élysée. » C'est ainsi que l'on fabrique des mécontents. Il rate en outre sa première grande prestation à la télévision en septembre 1971. Devant un adversaire de taille : Georges Marchais. Le public attend un grand match, un vrai spectacle et n'a droit qu'à du théâtre de boulevard, un mauvais pugilat.

– Vous êtes un menteur, Jacques Chirac.

– Vous en êtes un autre, Georges Marchais.

Décidément, ce jeune mousquetaire ne montre pas la maîtrise des vieux bretteurs. Georges Pompidou tranche, déçu : « Le gouvernement n'a rien à gagner à se colleter avec Marchais. »

Nouvelle bévue politique, à l'automne. Le ministre des Relations avec le Parlement constate que « le bon fonctionnement des institutions suppose l'existence, au sein de la majorité, d'un parti détenant à lui tout seul la majorité absolue à l'Assemblée ». Ce qui d'un point de vue pratique peut paraître évident. Mais les adversaires de Jacques Chirac voudront voir dans ses propos une glorification du parti unique, croient déceler chez lui un tempérament d'homme à poigne inquiétant. Ils lancent un mot : « facho-Chirac », qui aura la vie dure. D'autant que Chirac en rajoute. Invité quelques jours plus tard sur une radio périphérique, il se demande « si le régime parlementaire n'appartient pas au passé ». Curieuse question pour un ministre chargé des Relations avec le Parlement. Et grand émoi dans l'hémicycle. Voudrait-il donc instituer la dictature de l'exécutif ? Personne ne le croit vraiment, mais beaucoup font comme si. L'opposition le surnomme « le ministre chargé de la liquidation du Parlement ». La presse s'agite. Les plus éminents spécialistes de droit constitutionnel interviennent. Le ministre doit s'expliquer : « Ces propos, dit-il, s'inscrivaient dans la perspective de l'évolution à long terme des sociétés industrielles et dans le cadre d'une discussion philosophique sur l'avenir des sociétés. » Comme souvent, cette mini-polémique fait long feu. Mais l'affaire met en lumière les maladresses du jeune ministre dans ses exercices de futurologie politique. À cette époque encore, Jacques Chirac, interrogé par des journalistes sur le contenu d'un prochain discours, répond dans un éclat de rire : « Moi ? J'ouvre la bouche et j'attends que ça sorte. » On se fait une mauvaise réputation pour moins que cela.

Comble de malheur, en décembre 1971, *Le Canard enchaîné* révèle que le député de Corrèze n'a pas payé d'impôts l'année précédente, ayant défalqué de sa déclaration de revenus – comme la loi le permet – les frais de restauration de son château de Bity, classé monument historique, trois mois avant son acquisition. Du coup, « Château-Chirac » s'ajoute à « facho-Chirac ». À l'Élysée, le tandem Juillet-Garaud s'interroge sur son poulain. Georges Pompidou lui passe un savon. « Quand on veut faire de la politique, s'exclame-t-il, il ne faut pas avoir de château, sauf s'il est dans la famille au moins depuis Louis XI. »

Aussi bien, quand Chaban est démissionné le 5 juillet, et remplacé par Pierre Messmer[1], on n'est pas loin d'oublier l'élu corrézien. « On venait de constituer le gouvernement, raconte Marie-France Garaud, et tout d'un coup avec Pierre Juillet on s'est aperçu qu'on n'avait pas pensé à Jacques Chirac. Il restait bien l'Industrie, mais il n'en a pas voulu. C'est alors que Pierre Juillet lui a dit : "Mais enfin Jacques, vous n'allez tout de même pas prendre l'Agriculture ?" » C'est justement ce qu'il a souhaité.

Dans l'esprit de l'aile droite, ce ministère avait des allures de maison de correction. Or, Jacques Chirac va en faire l'instrument de sa promotion.

Très vite en effet, les avis concordent : c'est un succès. De la France rurale montent des clameurs de soulagement ou d'enthousiasme. « C'est notre Chirac ! » exulte la FNSEA[2]. « Le meilleur ministre de l'élevage depuis Sully », lance le président de la Fédération

1. Georges Pompidou avait songé à Olivier Guichard. Celui-ci trouvait qu'il n'était pas opportun politiquement de remplacer un Premier ministre qui venait de recevoir la confiance de sa majorité. Il avait demandé à réfléchir. Il s'était interrogé tout haut devant Pierre Juillet, lequel, toujours désireux d'éliminer les barons avait dit au président qu'Olivier Guichard ne voulait pas être Premier ministre. « Mais pourquoi n'accepte-t-il pas ? » s'était interrogé G. Pompidou devant Denis Baudouin qui ajoute : « Il était très vexé de son refus ! »

2. Fédération nationale des syndicats d'exploitants agricoles.

nationale bovine. Bientôt Georges Pompidou s'y met lui aussi et félicite tout haut « cet excellent ministre de l'Agriculture ».

Pour conquérir son monde, Chirac a déversé un tombereau de bienfaits sur les plaines, les fermes et les champs. C'est que le ministère de l'Agriculture à cette époque d'avant régionalisation et décentralisation a la haute main sur l'investissement rural. Et ce ministère, Jacques Chirac le fait marcher à la baguette. Il le mobilise, appelle lui-même au fin fond des provinces les fonctionnaires subalternes, bref, gouverne hors hiérarchie. Dans les marathons agricoles de Bruxelles, il fait beaucoup de théâtre, à crier si haut et si fort qu'un jour son homologue allemand Ertl, un Bavarois d'un quintal, lui a conseillé d'aller se faire soigner dans un hôpital psychiatrique. « Jamais le revenu agricole n'a progressé aussi fortement en deux ans », noteront plus tard les spécialistes. Tandis que les journalistes politiques constateront le retour des agriculteurs dans le giron majoritaire. C'est que l'ancien secrétaire d'État au Budget, si avare de ses deniers, est devenu un ministre dépensier à l'extrême. Il subventionne à tout va : l'installation des jeunes agriculteurs, les crédits d'équipement, l'agriculture de montagne et ainsi de suite ; Philippe Séguin, entré à l'Élysée comme chargé de mission et auquel on a confié le dossier de l'Agriculture, raconte : « Un jour où se tenait un comité interministériel autour de Pierre Messmer, Jacques Chirac préconise de donner une prime au gros bétail, l'UGB, ce qui revient à distribuer deux cents francs par an et par vache. Quelqu'un demande alors si pour les ovins, évidemment moins gros, on donnerait cent francs. En entendant cela, Jacques Calvet, le directeur de cabinet de Giscard qui remplaçait son ministre, a piqué une grosse colère, s'est levé, est parti en demandant si bientôt on ne lui demanderait pas de subventionner aussi les poissons rouges. »

Jacques Chirac a pris sous son aile le jeune conseiller Séguin arrivé à l'Élysée en avril 1973. Il le sort dans les congrès agricoles, le cajole et le consulte. Bref, le grand jeu. Que n'apprécie pas Édouard Balladur récemment promu secrétaire général de l'Élysée : « Vous n'êtes pas là pour défendre Monsieur Chirac, explique-t-il à Séguin, il faudrait au contraire un peu le calmer[1]. »

Le calmer ? C'est vite dit. Pour arriver à ses fins, Jacques Chirac montre le même culot d'enfer qui a fait sa réputation, et il entretient

1. Philippe Séguin s'exécutera et produira quelques notes critiques sur la politique du ministre – lequel sera invité en haut lieu à s'inspirer des suggestions émises. « Séguin m'a embêté », confiera plus tard le maire de Paris à Denis Baudouin.

avec soin les bonnes relations qui l'unissent à Valéry Giscard d'Estaing. Sauf en une occasion, une guerre picrocholine qui oppose celui-ci aux détaillants en fruits et légumes : en novembre 1973, le ministre des Finances, jugeant que ceux-ci en prennent trop à leur aise, décide de limiter leur marge bénéficiaire. Là-dessus, il s'envole pour la Malaisie, histoire d'inaugurer une foire commerciale à Kuala Lumpur (plutôt une occasion de chasser les grands tigres, assurent les mauvais esprits). Derrière les étals et les comptoirs, pendant ce temps, la révolte couve. Les commerçants répliquent au ministre par une série d'opérations ville morte. Paris et les grandes villes de province sont privés de légumes et de fruits frais. Les consommateurs et les producteurs s'impatientent. Pompidou confie à Jacques Chirac le soin de recevoir tous ces gens et de calmer les esprits. Sitôt dit, sitôt fait. Le ministre promet à ses visiteurs la plus grande souplesse sur les contrôles des prix et assure que dans un prochain rendez-vous avec les détaillants, Giscard va tout arranger. Lequel Giscard rentré de Malaisie grogne que l'on a porté atteinte à son autorité et refuse de reculer. Le lendemain, Georges Pompidou le convoque et le contraint à se soumettre. Officiellement, l'affaire est enterrée. Résultat, selon Jacques Chirac : « Giscard m'a tourné le dos un mois durant. »

Envers les paysans – sûrement parce qu'il devine proches les élections présidentielles – le ministre des Finances se montre moins raide. Sans trop d'illusions pourtant. « Avant les législatives de mars 1973, racontera-t-il un peu plus tard, Chirac est venu me voir et m'a dit : "Donnez-moi des subventions pour la viticulture du Midi et je vous apporte quatorze députés pour la majorité." J'étais sceptique, il a insisté, j'ai cédé. Résultat : quatorze députés pour l'opposition. »

Mais l'opération séduction-fascination a réussi : tout va pour le mieux entre les deux hommes. Chirac ne cesse de dire à son cabinet qu'il ne veut pas d'ennuis avec Giscard. En juin 1972, inaugurant avec Albin Chalandon la foire de Tulle, il lui recommande de se rapprocher du ministre auvergnat. « C'est lui l'homme d'avenir », lui dit-il. Un an plus tard, au Salon des négociants voyageurs de Bort-les-Orgues (Corrèze), rendez-vous qu'il ne manque jamais, il rend hommage « au grand Auvergnat et à ce grand homme d'État qu'est Valéry Giscard d'Estaing ». Surtout, il intrigue bien des Corréziens quand en janvier 1974 – trois mois avant la mort de Georges Pompidou – il affirme que « si celui-ci venait à disparaître, il serait giscardien ».

Quand il tient ces propos prophétiques, Jacques Chirac ne croit pas le Président si près de mourir. Il est convaincu au contraire que Georges Pompidou peut guérir et même qu'il est en train de se rétablir et que sa succession ne sera pas ouverte avant 1976. Un laps de temps pendant lequel il aura tout loisir de faire ses classes.

Et s'il se déclarait ainsi giscardien, s'il faisait ainsi la promotion du ministre des Finances, ce n'était certes pas sur les conseils de l'aile droite de l'Élysée. Encore moins de Georges Pompidou. « Jacques Chirac est fait ainsi, explique Marie-France Garaud, il en fait toujours une tonne, s'il déclare que le capitaine est le plus beau, ça veut dire que son lieutenant est le meilleur ; s'il déclare que Valéry Giscard d'Estaing est un grand homme d'État, cela signifie qu'ayant travaillé à ses côtés, il en est un autre. » Une remarque : durant le quinquennat de Georges Pompidou, aucun dirigeant de l'UDR n'aura autant que lui fait la publicité du leader des Républicains indépendants. Il va faire mieux encore : il va le conduire vers l'Élysée.

La maladie de Georges Pompidou

Jusqu'à l'été 1972, personne, hormis le président de la République lui-même, qui connaît le diagnostic des médecins, ne se doute qu'un mal inexorable le ronge et prépare jour après jour la vacance du pouvoir.

La classe politique et les Français qui voient leur Président à la télévision sont seulement intrigués. Georges Pompidou se laisse aller, pensent-ils, il ne peut plus boutonner ses costumes, ses joues ont enflé. Le service de presse du palais présidentiel, qui jusqu'au bout niera la maladie, joue le même air : « Il a trop bon appétit », répond-il aux curieux. C'est l'époque où Marie-France Garaud répond à Alain Peyrefitte, qui s'étonne du visage du Président, au retour d'un voyage en Afrique, que celui-ci redoutant la cuisine locale avait emmené son cuisinier : « En fin de compte, dit-elle, il a été obligé de déjeuner et de dîner deux fois. »

Personne pourtant n'est dupe. Pierre Messmer, nouveau Premier ministre, demande au Président de lui dédicacer une photo qu'il placera sur son bureau. Il en reçoit une le surlendemain, datant de deux ou trois ans. Elle montre un visage aux traits nets et aux chairs fermes. Tout le contraire de l'homme qu'il rencontre plusieurs fois par semaine. Un choc.

Arthur Conte, devenu président de l'ORTF[1], raconte : « Le 31 décembre 1972, j'assistais à l'enregistrement des vœux du Président. Son visage était tellement enflé que j'ai suggéré de placer les

1. En le nommant, Georges Pompidou lui avait dit : « Je vous ai choisi parce que vous n'êtes ni parisien, ni énarque. »

caméras de manière à en amincir les contours, ce qui l'a beaucoup agacé. »

En Conseil des ministres, le Président se montre le plus souvent maussade, parfois même d'une humeur de dogue. Il ne cesse d'ouvrir et de refermer le poing. Les observateurs s'interrogent : souffre-t-il des articulations ? Est-ce un signe de nervosité ou de surmenage ?

Après la trop bonne chère on accuse la grippe. Au début de 1973, pour recevoir les vœux de la presse présidentielle, le Président demeure calé dans son fauteuil. Mais cette mauvaise grippe dure des mois. L'entourage raconte donc que l'Élysée est parcouru de courants d'air persécuteurs.

En avril de la même année, enfin, au lendemain des élections législatives gagnées par la majorité, la maladie devient un fait politique. Pompidou dans un message adressé à la nouvelle Assemblée[1] déclare en effet que « le septennat n'est pas adapté aux institutions nouvelles ». Il entend réduire à cinq ans le mandat présidentiel.

S'agissait-il de préparer son départ ? C'est l'avis de Michel Jobert, mais tous, aujourd'hui encore, ne le partagent pas. Édouard Balladur dit tout ignorer de ce que furent alors ses intentions exactes. Tout comme Pierre Messmer, pourtant Premier ministre, qui n'eut jamais l'occasion d'en discuter avec Georges Pompidou.

Alain Peyrefitte pense, lui, que ce projet de réforme était dicté par le désir de rester au pouvoir : « Au début de 1973, dit-il, Pompidou m'a expliqué qu'il était le seul à pouvoir battre Mitterrand et que son devoir était de se présenter à nouveau. » Cette réforme lui aurait permis de se faire réélire mais en restant dix ans seulement et non quatorze à l'Élysée… À l'appui de cette hypothèse : la crainte d'une victoire de Mitterrand exprimée alors par Pompidou à des journalistes. « Si je ne me représente pas, Chaban et Giscard seront candidats et Mitterrand l'emportera. » La clé est peut-être livrée par un autre propos tenu à la fin de 1973 par le Président malade à Pierre-Christian Taittinger qui lui montrait un sondage pré-électoral selon lequel, en cas de duel avec Mitterrand, il gagnerait haut la main. D'abord très satisfait, Pompidou avait aussitôt ajouté : « L'avenir… Qui peut dire qu'il a un avenir ? »

Rongé par l'inquiétude et le doute, il évoque d'un ton sarcastique son cancer hebdomadaire et balance chaque jour entre la peur d'être

1. C'est son nouveau président Edgar Faure qui le lit. Chaban, qui était candidat au perchoir, a été éliminé par les soins conjugués de Pierre Juillet et de Marie-France Garaud.

perdu et l'illusion d'une prochaine guérison. Sa vérité et ses propos varient donc d'un jour à l'autre et il ne s'est pas choisi de successeur : c'eût été accepter l'idée de sa mort, se rapprocher de la fin.

Quel successeur eût-il préféré en son for intime ? Sur ce point aussi les sentiments et les témoignages divergent.

En avril 1973, un an avant de mourir, le Président reçoit à déjeuner le groupe des Républicains indépendants et leur leader. Après le bœuf mode aux carottes, il lance à Giscard : « Il faut que vous apparaissiez comme une personnalité nationale, il n'y en a pas beaucoup, trois ou quatre, guère plus. » Michel Poniatowski qui a enregistré ses propos fait aussitôt diffuser la bande dans toutes les radios : les giscardiens jugent ce pluriel assez singulier pour vouloir comprendre que leur chef vient d'être désigné comme le successeur. À l'inverse, Maurice Schumann assure que « Georges Pompidou ne supportait pas Giscard et son arrogance. Chaque fois qu'il était avec lui, il évoquait au contraire la probabilité d'une autre candidature ».

Mais Jean-François Deniau : « Dans les Conseils des ministres, quand il parlait à Giscard il le regardait comme seul capable de devenir un jour président de la République. »

En vérité, le Président malade semble avoir beaucoup balancé. À celui-ci, il dit : « Giscard ? Peut-être. À condition qu'il ait été auparavant Premier ministre. » (Or il n'a aucune intention de le nommer à Matignon.) À cet autre, il assure : « Giscard ? Ce n'est pas lui l'héritier. Je ne lui confierai pas la France. » Devant le bureau du groupe UDR auquel se sont joints Chaban et Debré, il explose : « On me dit que Giscard est jeune, intelligent, en bonne santé, prêt à me succéder. Et Chaban alors ? Chaban aussi est très bien. » À Michel Guy, il murmure : « Si des élections avaient lieu, Chaban gagnerait mais le meilleur est Giscard. » Et quelques jours plus tard, au même : « Le pouvoir politique aujourd'hui c'est la bombe, le tir atomique. Or, voyez-vous Chaban ou Giscard appuyer sur le bouton ? » En février 1974 il semble juger nécessaire et urgent de susciter pour sa succession un troisième larron. Au début du mois il convoque Michel Aurillac, un ancien collaborateur de Matignon devenu préfet de Picardie : « Vous allez quitter votre préfecture et venir au cabinet de Pierre Messmer, lui dit-il, le Premier ministre doit monter dans les sondages, se faire mieux connaître, il peut être candidat un jour. » Deux semaines plus tôt pourtant, examinant les mauvais sondages de son Premier ministre, il avait lâché devant Michel Jobert que c'était impossible…

Chaban, Giscard, Messmer : Georges Pompidou n'a choisi personne, peut-être parce qu'il espérait guérir envers et contre tout. Jacques Chaban-Delmas justement en témoigne, qui fut reçu à l'Élysée un mois avant sa mort : « Il m'avait parlé de lui-même, avec une confiance et un abandon bouleversants, j'en revins pénétré d'une espérance nouvelle. Il avait réussi à me convaincre que sa guérison était en bonne voie. Il mettait à en parler cette conviction profonde qui est sans doute une grâce d'état… Tout le monde errait, mais lui Georges Pompidou savait qu'il était en train de s'en sortir. Il me l'affirma dans un sourire où je décelais sous le masque de la maladie l'image de l'homme que j'avais connu[1]. »

Mais entrant dans son bureau à la même époque, Denis Baudouin, qui dirige son service de presse, le trouve occupé à chercher un objet sur le tapis : une médaille miraculeuse de la chapelle de la rue du Bac à Paris qui ne quittait plus sa poche. Le mal progresse. À cette époque, Georges Pompidou interroge Arthur Conte : « Que doit faire un homme d'État quand il est malade ? » Et comme en réponse celui-ci cite l'exemple de Roosevelt qui vers la fin ne parvenait plus à analyser les événements, pour ajouter : « Aussi longtemps que le malade garde la puissance du regard, il peut rester. » Le Président se borne, pour tout commentaire, à un petit « Ah ! »

Le 11 février, tous les membres du gouvernement et leurs épouses sont invités à dîner à l'Élysée. Un spectacle suit le repas : un one-man show de Thierry Le Luron, digne de Saint-Simon aux dires de tous les participants. L'imitateur, prenant la voix de Chaban, joue les agents immobiliers faisant visiter l'Élysée à deux acheteurs potentiels, Giscard et Mitterrand. Les ministres embarrassés ou interloqués n'osent rire, alors que le couple présidentiel s'esclaffe franchement.

Georges Pompidou avait fini par s'en convaincre : des vacances pascales à Cajarc le revigoreraient. « Après les vacances, il faudra mettre le turbo », dit-il à Jacques Godfrain qui lui aussi a l'intention de prendre quelques congés. Ensuite, croyait-il, il lui faudrait tenir jusqu'à l'été, il repartirait alors deux mois encore dans son Lot et recouvrerait la santé.

Pourtant, lorsqu'il se rend le 11 mars à Pitsounda, sur les bords de la mer Noire, pour rencontrer Léonid Brejnev, le mal l'accable à nouveau. Par deux fois au cours de ce bref séjour, Édouard Balladur qui l'accompagne craint de voir le Président mourir dans ses bras. Bouleversé, il convoque chez lui dès son retour le docteur Vignalou,

1. *L'Ardeur*, *op. cit.*

médecin personnel du Président. « Monsieur Pompidou, lui dit-il, n'est pas un malade ordinaire : pour la France et pour lui-même, vous ne pouvez pas le laisser ainsi dans l'ignorance de son état. Il faut lui dire la vérité. » Réponse : « Nous allons nous concerter entre médecins traitants. » Lesquels en fin de compte décideront de ne rien dire[1].

Le 21 mars, la maladie du Président arrive à la phase terminale, celle des hémorragies. Un communiqué annonce que le chef de l'État n'a pu assister au traditionnel dîner du corps diplomatique, en raison d'une « lésion bénigne d'origine vasculaire, située dans la région recto-anale ». En clair, il souffre d'hémorroïdes. Cinq jours plus tard, Jacques Chirac reçu par le Président déclare en le quittant qu'il l'a trouvé, comme à son habitude, normal et confiant.

Le 27 mars en Conseil des ministres, qui est le dernier, le Président intervient de manière imprévue : « L'ordre du jour étant épuisé, dit-il, je vais parler d'un sujet privé. Mais puisque tout le monde en parle, j'ai bien le droit moi aussi d'en parler : ma santé. Je dis tout de suite à ceux qui croient me faire plaisir en répondant à ceux qui les interrogent : "Le Président se porte comme un charme", qu'ils ne me font pas plaisir. Je souffre comme un damné, vingt-quatre heures sur vingt-quatre. J'ai survécu à deux crises, celle-ci est la troisième, j'ai bien l'intention d'y survivre, ne serait-ce que parce que si je mourais, cela ferait plaisir à trop de gens, dont certains sont ici dans cette salle. »

Le climat est dur. Tendu, épais, et soudain Georges Pompidou change complètement de ton. « Désormais, c'est une atmosphère de chevet de lit de mort », raconte Jean-François Deniau[2] : « Dans ma vie, dit Georges Pompidou, j'ai tiré trop bas, quand je devais faire un discours, il y avait toujours un conseiller pour me dire : "Mettez cette phrase, cela fera plaisir à Untel, ou supprimez cette phrase, elle gênerait Untel." J'ajoutais, je supprimais, personne au fond ne m'en savais gré, et je m'étais seulement un peu dégradé. J'ai accepté trop de compromis. Refusez. Soyez vous-mêmes, montez, montez le ton. Visez plus haut. Et il répète à mi-voix : "Plus haut"[3]. »

Pourtant, personne encore à l'Élysée ne pense que la fin soit aussi proche. Pas plus Marie-France Garaud et Pierre Juillet que les autres collaborateurs du Président. Or, elle va déranger leur

1. Le Président décédé, le professeur Jean Bernard lui fera cette confidence : « Il serait de toute façon mort avant le mois d'octobre. »

2. Jean-François Deniau, *Ce que je crois*, Paris, Grasset, 1992.

3. Jean-François Deniau, *op. cit.*

combinaison, bousculer surtout le plan de carrière que Juillet avait établi pour Chirac.

Georges Pompidou avait-il parfois pensé à celui-ci comme possible successeur ? Il lui a multiplié signes d'affection et traitements de faveur. Il a fait de lui le trésorier de la fondation Claude Pompidou, tout comme il avait été lui-même trésorier de la fondation Anne de Gaulle. Réunissant les « barons » pour un déjeuner après la mort du Général, il n'y avait convié qu'un seul ministre, Jacques Chirac, qui n'appartenait pas à cet équipage et ne figurait à aucun titre dans les annales du gaullisme. Il ne lui a pas caché qu'il lui voyait un avenir présidentiel ; lui montrant un jour le nouveau décor du petit salon de l'Élysée réalisé par Agam, il lui a dit devant Maurice Schumann : « S'il ne vous plaît pas, vous pourrez le changer quand vous serez ici. »

Mais quand ? À plusicurs rcprises, le Président avait laissé entendre que qui veut voyager loin ménage sa monture et que les raisins pâtissent d'être cueillis trop verts. Or, justement, il le dit à plusieurs reprises : « Jacques Chirac ? Il doit mûrir. »

Mais Pierre Juillet, lui, sans prévenir l'intéressé, avait élaboré pour Chirac toute une stratégie : puisque l'élu corrézien avait réussi dans les ministères techniques et échoué dans un ministère politique, il fallait l'essayer dans un ministère technico-politique. S'il y faisait ses preuves, on pourrait plus aisément le promouvoir à Matignon à l'orée de 1976. Au lendemain des élections législatives de 1973, Pierre Juillet a donc tenté d'imposer Chirac au ministère de l'Intérieur. Georges Pompidou a refusé : « Il est trop imprudent, il me compromettra et puis Marcellin me sécurise. » Une autre idée a germé alors dans la tête de l'aile droite : essayer Chirac aux Finances et faire passer Giscard aux Affaires étrangères. C'est au tour de Giscard de refuser. Et puis réflexion faite, le voilà prêt à changer d'avis. Trop tard. « Je viens de proposer le ministère à Michel Jobert », dit Pompidou à Juillet.

C'est le fiasco, la manip a échoué. Jacques Chirac reste à l'Agriculture. Pierre Juillet ne décolère pas. D'autant que le Président favorise beaucoup trop l'aile gauche. Voilà Jobert ministre et Balladur le remplace au secrétariat général. C'en est trop. Juillet claque donc la porte. Une fois de plus. Au grand soulagement de Georges Pompidou qui ne le rappellera pas. Il reviendra pourtant dare-dare, en janvier 1974, jugeant que les barons en prennent décidément trop à leur aise. Aux assises de l'UDR, Chaban n'a-t-il pas été consacré candidat à la succession sous les acclamations des militants ? Il est temps d'intervenir, de mettre le holà. D'autant que le gouvernement paraît quelque peu secoué.

« Messmer doit partir », a titré *Le Point* ; « C'est Giscard qui remplacera Messmer », a annoncé *L'Express*. Il faut réagir. Le 1er mars, Georges Pompidou décide de maintenir Messmer, de former un gouvernement restreint et de combat. Cette fois, Jacques Chirac accède au ministère de l'Intérieur. Le Président ne retient pas Raymond Marcellin, empêtré dans la sombre affaire des écoutes téléphoniques du *Canard enchaîné*.

L'Intérieur ! Cette fois Pompidou a donné un sérieux coup de pouce à son favori. Mais il lui explique : « Ainsi, vous aurez achevé un parcours suffisant pour connaître le gouvernement. » Autrement dit : vos classes ne sont pas terminées.

En ce printemps 1974, voilà sept ans que Jacques Chirac est ministre sans discontinuer. Il est regardé par la classe politique comme un bel animal, de grande allure, efficace, téméraire mais qui ne maîtrise pas toujours très bien son verbe, ses emballements et ses passions. Un homme en devenir donc. Georges Pompidou, Pierre Juillet et Marie-France Garaud qui tous trois aiment la chasse le regardent peut-être comme un « cerf-page », cet animal dont Pierre Moinot a écrit : « Quand certains cerfs vont arriver au sommet de leur force, ils sont rois, plus puissants que tous, il leur suffit de se montrer pour faire céder le pas aux autres, leurs hardes sont aussi nombreuses qu'ils le veulent. Les femelles y viennent d'elles-mêmes. En même temps, leur humeur change comme s'ils pressentaient derrière ces étés superbes le temps du déclin où les derniers élans du sang les jetteront non pas vers les femelles et les combats, mais dans les grandes errances qui précèdent la mort. Certains de ces animaux-là avant d'entrer dans la solitude cherchent un compagnon, jeune, souvent très beau, qui sera digne de la succession. Ce page prend autorité sur la harde avec l'interdiction absolue de toucher une seule femelle. Et il est fort possible que cette interdiction soit respectée, parce que certains pages, bizarrement, paraissent tenir davantage à leur maître qu'aux biches. Ce pacte leur donne en échange l'occasion d'apprendre du vieux on ne sait quel secret, d'avoir avec lui on ne sait quel partage, la récompense future de recevoir plus tard la harde en héritage ou, tout simplement, la permission de vivre par passion dans l'ombre de celui qu'ils avaient choisi de servir[1]. »

En 1974, Jacques Chirac est un dauphin virtuel.

1. Pierre Moinot, *Le Guetteur d'ombre*, Gallimard, 1979.

Le Régent

Quand Édouard Balladur succède à Michel Jobert au secrétariat général de l'Élysée en avril 1973, il n'imagine pas qu'un an plus tard jour pour jour, la mort emportera Georges Pompidou. Savoure-t-il vraiment cette promotion ? S'il est encore à l'Élysée en effet, c'est en raison de la maladie du Président qu'il a devinée, même s'il en ignore le diagnostic. Dès le milieu de 1972, il a rêvé de partir, d'entrer dans le privé pour diriger une entreprise. Il s'ennuie. « J'ai passé quelques années inoccupé », constate-t-il sobrement aujourd'hui. Pour une fort simple raison, le secrétaire général adjoint de l'Élysée ne traite que les dossiers que veut bien lui laisser le secrétaire général. Et Michel Jobert travaille beaucoup. Dès sa prise de fonction, pourtant, Georges Pompidou l'a chargé de mener à bien un projet qui lui tient beaucoup à cœur : la mensualisation des bas salaires. Même s'ils s'y montrent favorables, Jacques Chaban-Delmas et Jacques Delors ne le jugent pas prioritaire, la mise en place de la politique contractuelle leur paraît autrement plus novatrice et urgente. Édouard Balladur s'acquitte pourtant de cette mission et vite : la mensualisation sera effective en 1971. Il supervise aussi les notes de tous les conseillers techniques et des chargés de mission. Rien de très exaltant au total. Il suit toujours les affaires religieuses. « Je suis allé à Rome une fois avec lui pour une histoire de canonisation d'une Française », se souvient vaguement Raymond Marcellin. On murmure que c'est lui qui aurait réconcilié Georges Pompidou et le cardinal Marty.

Pour tous, à l'Élysée et dans les cabinets ministériels, ce Balladur qui s'ennuie un peu apparaît – peut-être pour cette raison – surtout comme un homme de l'ombre et qui entend y rester. L'aile droite le voit avec les mêmes yeux mais s'en méfie cependant. Il le lui rend bien. On lui a raconté qu'en petit comité Marie-France l'avait surnommé « Ballamou » dans un de ses rires éclatants qui tuent comme des balles. C'est peu dire qu'il ne l'aime pas. Bien sûr, les apparences sont sauves et la plus grande civilité toujours de rigueur. Il participe de temps en temps au pot du lundi soir, mais cela ne change rien aux – mauvais – sentiments. Édouard Balladur s'afflige de l'emprise des deux conseillers sur l'UDR – ils en prennent, pense-t-il, décidément trop à leur aise –, il juge avec tristesse que l'Élysée n'est plus tenu comme l'était le Matignon d'un Georges Pompidou en parfaite santé. Un soir, évoquant devant François Ceyrac le rôle de Marie-France, il cite ces vers de Racine : « L'audace d'une femme arrêtant ce concours, En des jours ténébreux a changé les beaux jours. » Et un bon observateur commente aujourd'hui : « Si Édouard a pris avec lui à Matignon tant de jeunes et si peu de femmes, c'est aussi parce qu'il avait gardé un trop mauvais souvenir de Juillet et Garaud. »

Alors partir ? Justement non. Ce ne serait pas convenable. Et puis, en ces jours où la lassitude et la douleur l'envahissent, Georges Pompidou apprécie de plus en plus l'aide et le secours de son secrétaire général adjoint. « Balladur n'est pas un homme facile, mais il est loyal, solide, on peut s'appuyer sur lui », avait-il dit à Denis Baudouin en l'appelant à la tête de son service de presse. Or cette confiance jamais démentie et toujours plus affirmée inquiète l'aile droite. Un jour, une lettre arrive au domicile de Georges Pompidou, 24, quai de Béthune : une femme, une infirmière qui raconte une drôle d'histoire, elle a connu jadis Balladur… un chantage. Le Président qui est au courant de la calomnie n'y accorde pas trop d'importance, tout de même il demande des explications à son secrétaire général adjoint, qui bien évidemment les lui donne. Affaire vite classée et oubliée, cette suspicion, même passagère, lui est insupportable – il a horreur de la calomnie. À tort ou à raison Édouard Balladur y voit la main de l'aile droite. Interrogé aujourd'hui sur cette affaire – elle s'est vaguement ébruitée au premier étage de l'Élysée –, il répond en éludant d'un geste : « C'est vrai, il y a eu une cabale contre moi. » Si elle est venue d'où il le croyait, elle s'est retournée contre ses auteurs présumés. Ce qui s'ajoutant à d'autres revers a provoqué, on l'a vu, le départ de Pierre Juillet vers sa Creuse et ses moutons. Marie-France, elle, est restée. Elle est en contact téléphonique avec Pierre Juillet. Mais aux dires de tous les conseillers techniques et chargés de mission, « elle ne voit plus le Président ». Bien sûr Jacques Chirac continue de lui rendre visite chaque soir. Et sa porte est ouverte à tous : « Elle était très gaie, très maternelle avec nous, nous buvions du Fernet Branca », se souviennent avec plaisir les plus jeunes du cabinet.

« Il faudrait songer à remplacer Pierre Juillet », lui susurre parfois un rien perfide Édouard Balladur. Mais rien ne presse.

« Avec moi cette maison a recouvré la dignité et la tranquillité », dit-il aujourd'hui. Pour ajouter aussitôt : « Tout comme mon gouvernement travaille dans le calme. » Il poursuit : « J'étais seul, je ne pouvais faire confiance à personne, rien dire de mes alarmes, je n'étais habité que d'un seul souci : préserver le Président et tout faire pour que la dimension historique ne soit pas atteinte. »

Préserver… Tous les collaborateurs de l'Élysée le disent : « Jusqu'au bout, nous n'avons rien su, on ne nous a rien dit, nous savions qu'il souffrait, mais nous n'imaginions pas de fin prochaine. »

Xavier Marchetti qui appartenait alors au service de presse précise : « Quand bien même aurions-nous su quelque chose que nous n'aurions rien dit. C'était courir le risque de faire chuter le franc, de déstabiliser l'administration, les préfets n'auraient plus obéi. »

Les pots du lundi soir ont été supprimés. Officiellement, c'est en raison du départ de Michel Jobert et de Pierre Juillet. En vérité le Président ne supporte plus les longues stations debout.

« Après les élections de 1973, témoigne Pierre Messmer[1], le Président étudiait moins les dossiers. Ses décisions dépendaient des notes que lui préparait son cabinet plus que de sa connaissance des affaires. »

Son cabinet ? Édouard Balladur au premier rang, promu en fait Régent d'une maison qui tient le pays. « Au début, observe Arthur Conte, on voyait bien qu'il n'était pas un politique et qu'il ne connaissait pas les sorcelleries de ce métier. » Mais il a appris. Les ministres s'en aperçoivent vite : les hommes politiques sont doués d'un flair particulier pour identifier le détenteur du vrai pouvoir. Et à une époque où le Président perclus de maux et de douleurs se montrait de plus en plus maussade, voire de très méchante humeur en Conseil des ministres, tous savaient qu'en sollicitant les avis d'un homme si proche du souverain, et qui interprétait si bien sa pensée, ils s'éviteraient ses foudres hebdomadaires qu'ils redoutaient tant. Ils pouvaient aussi espérer, ces précautions prises, que le Régent parlerait d'eux avec faveur. Une prudence doublement rentable donc. « Il a tranché beaucoup d'affaires, il était au-dessus des ministres. » Raymond Marcellin en fait aujourd'hui le constat.

Dans ce registre, jusqu'alors inédit pour lui, Édouard Balladur montre vite qu'il a le tour de main pour mener les hommes. « Il les retournait avec une maestria et un tact étonnants, souligne Ambroise Roux. Un chef-d'œuvre, j'ai vu alors ce qu'était le commandement Balladur : c'est du fer enrobé de feutre. »

Charles de Croisset, qui appartenait à la cellule économique de l'Élysée, complète : « Certains élèvent la voix pour mieux se faire entendre, Balladur au contraire baisse le ton pour mieux être obéi. »

1. Dont Édouard Balladur dit : « Il fut un Premier ministre très courageux et loyal. »

Tout en effet passe par la voix. Quand Édouard Balladur fait « Allôoooo… » on croirait entendre un chat miauler dans du velours (alors que Raymond Barre miaule dans du papier de soie).

Balladur n'interdit rien, ne tranche pas, n'assène pas plus et ne heurte personne. Pour donner des ordres, lui, seulement il interroge. On l'entend dire mezza-voce : « En êtes-vous sûr ? », ou bien : « Croyez-vous que cela soit bien nécessaire ? », ou encore : « Alors, cher ami ? Vous voulez nous fâcher avec tout le monde ? »

Ainsi interpellé celui qui se trouve au bout du fil est soudain déstabilisé (car il est bien plus aisé de contrer une interdiction qu'une interrogation). Alors soudain, ses convictions vacillent, ses certitudes s'évaporent, il ne sait plus très bien. Vite, il est prêt à renoncer ou à changer de pied : « Oui, je pense que ce serait mieux ainsi ; au revoir et grand merci, Monsieur Balladur. »

Arthur Conte souvent convoqué à l'Élysée, où on lui indiquait les sujets que l'ORTF devrait traiter, les chemins à suivre et les journalistes à pousser, brosse aujourd'hui du secrétaire général un portrait évocateur : « Il a tout d'un Monsignore du Vatican, démarche glissante, geste d'onction, mots comptés, phrases de circonstance, long visage mat aux joues pleines qui rendent le menton plus pesant que le front, regard noir qui doit se défendre d'étinceler. On perçoit aussitôt l'homme de conscience et de précision qui sait scrupuleusement servir son évêque et son cardinal. Il connaît ses dossiers mieux que ceux qu'il reçoit, il est de ceux qui aiment commander par petites touches, en coadjuteur appliqué à ne renforcer qu'insensiblement mais d'autant plus efficacement ces archiprêtreries réservées. »

« Édouard a eu cette année-là la révélation du pouvoir », note un de ses familiers. Mais aux dires de l'intéressé cette année de régence fut la plus dure de sa vie. Celle pourtant où il découvrit l'ampleur de son empire. Le voici seul, débarrassé – enfin – de la présence parfois asphyxiante de Jobert, et seul dans un moment grave. Le voici chargé de la morale et de la bonne tenue dans la maison d'un grand malade. On ne doit pas faire de bruit autour de lui, il faut du calme, de la rigueur. Tout ce que goûte précisément le Régent. « Je l'ai rarement vu autant en harmonie avec lui-même », constate François Ceyrac.

Édouard Balladur semble éprouver en effet une sorte de jouissance austère, amère, presque janséniste.

Se confiant peu, il avoua seulement une ou deux fois à Denis Baudouin que le Président allait très mal, que cette situation ne pourrait s'éterniser, mais jusqu'au bout, en dépit de ce qu'il avait vu à

Pitsounda, il nia la maladie et mentit à tout le monde. À l'en croire même aujourd'hui, le Président serait presque mort guéri.

À l'extérieur, il dissimule. À l'intérieur, il maintient. Aussi ferme que possible. Pour les gens de l'Élysée, il est un patron d'égale humeur, jamais brusque, toujours courtois, il se rend dans les bureaux pour voir si les nouveaux venus y sont bien installés. S'il est respectueux des responsabilités propres de chacun, c'est au moins à une condition : il ne faut pas badiner avec l'étiquette, ni plaisanter avec la hiérarchie : « Un jour que nous étions partis en hélicoptère avec le Président pour visiter le camp militaire de Mailly, raconte Jacques Godfrain, à l'arrivée, alors que nous nous dirigions tous vers le mess, sans ordonnancement, comme je marchais vite j'avais dépassé Édouard Balladur, quand soudain, une main gantée de noir m'a attrapé par l'épaule pour me signifier que je devais marcher derrière lui. »

Jacques Chirac, qui vient le visiter chaque mercredi, à l'occasion du Conseil des ministres, garde un bon souvenir de ces entrevues : « Je n'ai jamais eu de problèmes avec lui », dit-il. Il convient même avoir entretenu avec Balladur des rapports plus simples qu'avec Jobert toujours si caustique et déroutant.

Il maintient, mais la maladie fait son œuvre et le 2 avril en fin d'après-midi, Georges Pompidou s'éteint. Édouard Balladur avertit le Premier ministre par téléphone : « C'est fini », lui dit-il. Juste ces deux mots. Ses fidèles sont terrassés par le chagrin. Jacques Chirac, Pierre Juillet, Marie-France Garaud se rendent chez Pierre Messmer à l'hôtel Matignon : « C'est un accident, il ne devait pas mourir », répète Jacques Chirac éploré.

Resté seul à l'Élysée, Édouard Balladur remplit ses rudes obligations. Le soir même, il rassemble tous les conseillers techniques et les chargés de mission. Il leur commande sur-le-champ de ranger leurs dossiers et de rédiger des notes sur leur action avec le Président afin de constituer les archives indispensables pour l'Histoire.

Dehors, une petite pluie fine et grise ajoute au tragique du moment. « Nous avons eu, leur dit-il au petit matin, la chance de servir un homme exceptionnel, et chacun de nous devra garder en mémoire ces moments d'exception. »

Et tandis qu'il poursuit ce discours d'adieu, la voix plus flûtée que jamais, l'un de ses auditeurs, Philippe Séguin, a noté qu'il lui avait alors fait songer à MacArthur quittant les Philippines et disant : « Je reviendrai. »

Tous les membres du cabinet n'ont pas eu, il est vrai, le même sentiment.

Les jours suivants, Édouard Balladur n'entend jouer aucun rôle, bien qu'il soit l'exécuteur testamentaire de Georges Pompidou. « C'est Juillet, dit-il aujourd'hui, qui a fait ouvrir le coffre du bureau du Président pour savoir s'il contenait un testament politique. Le Président m'avait confié des papiers à remettre à son fils Alain, ils étaient dans mon coffre. »

Il ne se mêlera pas non plus à la campagne présidentielle. Et n'encouragera ni ne découragera les membres du cabinet élyséen qui se partageront entre Chaban et Giscard.

« Je ne leur ai rien dit, explique-t-il, parce que je ne voulais pas que mon choix puisse avoir l'air d'exprimer celui du Président. Et d'ailleurs personne ne m'a rien demandé. »

De l'avis de tous, il était favorable à Chaban, ce qu'il confirme aujourd'hui en précisant : « Tout en étant lucide. »

Édouard Balladur a rempli sa mission. Tout est en ordre. Il peut s'en aller et rendre les clés de la maison. Alain Poher s'installe à l'Élysée.

Quand Chaban annonce sa candidature, le tout-gaullisme se range d'abord derrière lui. Mais Pierre Juillet, Marie-France Garaud et Jacques Chirac y sont totalement hostiles. « Il ne tiendra pas devant Mitterrand », assurent-ils. Un court instant, Pierre Juillet songe à lancer Chirac dans la bataille. Mais il est trop jeune, c'est trop tôt. Ensuite il tente de pousser Pierre Messmer. Las ! Chaban l'ayant devancé, la manœuvre est impossible. Alors, ils vont torpiller Chaban. Avec une stratégie d'une extrême simplicité : ils font signer un appel à la candidature unique. Plusieurs députés se laisseront berner sans y voir le piège[1]. Chaban perd illico cinq points dans les sondages. Un retard qu'il ne comblera plus jamais.

Faute de grive gaulliste, Pierre Juillet, Marie-France Garaud et Jacques Chirac décident de choisir le merle Giscard.

L'écœurement aux lèvres, Édouard Balladur retourne boulevard de Latour-Maubourg, accompagné de l'indispensable Denise Esnous. Il range les papiers du disparu, classe des archives, prend des contacts pour reclasser ses collaborateurs. Il vient de fêter ses 45 ans. Il disparaît de la scène politique. Digne, tranquille et amer. Triste printemps.

Mais Édouard Balladur garde conscience d'une supériorité définitive sur des hommes comme Jacques Chirac : même si celui-ci était considéré comme le préféré du Président disparu, il n'avait été finalement comme ministre qu'un exécutant. Alors que lui, l'ex-secrétaire

1. Ce sera l'appel dit « des 43 ». Parmi eux il y avait 39 députés, dont 36 UDR, et 4 ministres.

général de l'Élysée, l'ancien Régent, il était le dépositaire de sa pensée. Il avait reçu ses dernières instructions et presque recueilli son dernier souffle. Il serait sa mémoire.

C'est le moment de le noter : à cette date Jacques Chirac et Édouard Balladur, qui depuis plus de dix ans cheminent côte à côte, n'ont pas déjeuné en tête à tête une seule fois.

TROISIÈME PARTIE

Les années Giscard

Le western et la patience

En ces années-là, l'histoire de la maison Chirac s'écrit comme un western. Gloire, fracas, ruptures, règlements de comptes, échecs se succèdent à un rythme haletant. Entre ses 41e et 48e printemps, Jacques Chirac devient Premier ministre, patron aussi d'une UDR moribonde qu'il métamorphose en un puissant RPR, et se fait élire maire de Paris. Aucun quadra de la politique ne peut à ce jour afficher pareil palmarès. Vingt ans plus tard, il est toujours le patron du RPR et maire de Paris.

Mais cette médaille a des revers : si Jacques Chirac contribue à faire gagner la majorité aux législatives de mars 78[1], c'est Valéry Giscard d'Estaing qui en empoche le bénéfice. Tête de liste aux européennes en juin 1979, son score est calamiteux : 16,3 % seulement (un point de plus que Chaban en 1974). Enfin, défait aux présidentielles de 1981, il concourt à la chute de Giscard qu'il avait tant contribué à faire élire. Au bout du compte, il divorce de Pierre Juillet et Marie-France Garaud, ses conseillers managers, tour à tour ses bons et ses mauvais génies. Quel tempo !

En comparaison, l'histoire de la maison Balladur n'a rien du roman d'aventures. Le Régent était un homme solitaire, il le demeure. Il s'est toujours méfié des politiques, ceux-ci l'ignorent. Alors, bon gré, mal gré, il change de vie, fait connaissance avec l'entreprise et s'y plaît. Avec le temps, l'amertume et la tristesse des premiers temps s'en sont

1. Quatorze ans plus tard, il aura encore eu des problèmes avec l'Europe et il aura été une nouvelle fois battu aux présidentielles. Rien n'aurait-il changé ? À se demander si le destin du maire de Paris ne s'est pas écrit durant ces années-là.

allées, même si le taraude secrètement le sentiment d'une frustration, d'un destin non accompli ; un désir de revanche ?

À l'orée des années 80, Jacques Chirac éprouvera un grand besoin d'harmonie, il lui faudra changer une image trop tumultueuse qui suscite des craintes, et donner une architecture à son projet. Édouard Balladur, accoutumé à sa nouvelle vie – ou faisant comme si –, n'attendant apparemment rien d'autre, toujours passionné par les grandes affaires de l'État, rêvera en secret qu'un grand coup de soleil dissipe les brumes tièdes de sa vie professionnelle.

Si l'Histoire a un sens, Jacques et Édouard seront alors prêts à se retrouver.

La maison Chirac

Quand Georges Pompidou s'éteint le 2 avril 1974, immense est le chagrin de Jacques Chirac. Deux jours plus tard, on peut le voir secoué de sanglots, courbé sur son prie-Dieu à la messe en l'église Saint-Louis en l'Ile où se recueille le gouvernement au grand complet. Pendant un an, il arborera une cravate noire en signe de deuil. Pourtant, dès la fin de mai le bonheur est à son programme.

Celui de Valéry Giscard d'Estaing est peut-être contagieux. Le nouveau président n'a que quarante-huit ans. Depuis Louis Napoléon, prince-président en 1848, jamais la France n'avait eu un si jeune maître. Son Premier ministre, Jacques Chirac, a quarante-et-un ans : ils présentent la plus belle des images. Chacun renvoie à l'autre un effet de miroir gratifiant : tous deux sont longilignes, éclatants de santé ; une joyeuse complicité de génération et de réussite les unit. Ils incarnent la jeunesse, « Nous étions beaucoup trop jeunes », avoueront-ils tous deux plus tard.

« De ce jour date une ère nouvelle », annonce tout de go VGE devant un parterre de dignitaires gaullistes, sans avoir un seul mot pour ses prédécesseurs. Mais pourquoi parlerait-il donc du passé ? Cette pauvre UDR, croit-il, n'est plus que la formation qui a atteint difficilement les malheureux 15 % de Chaban. Elle est devenue un parti minoritaire. Seulement voilà : elle garde la majorité de la majorité à l'Assemblée, et le nouvel élu n'entend pas que les vaincus du 5 mai (le premier tour) continuent de faire la loi. Giscard entré à l'Élysée, la majorité doit devenir giscardienne. Pour tenir la bride aux députés gaullistes, point n'est besoin, juge-t-il, de procéder à de nouvelles élections. Il suffit d'un homme à poigne et Jacques Chirac a le profil qui convient. N'a-t-il pas déjà fêlé l'UDR, lors de la campagne présidentielle en lançant son fameux appel des 43 qui a tant nui à Chaban ? Il ne peut qu'achever la cassure en rameutant sous sa houlette les plus légitimistes, les plus ambitieux des gaullistes, pour la plus grande gloire du nouveau souverain. Giscard connaît son homme. Quand Jacques Chirac était son secrétaire d'État au Budget, il appréciait sa vitalité et surtout sa fidélité pour lui hautement proclamée. Puisque Jacques Chirac se déclarait disposé à devenir giscardien en cas de disparition de Pompidou, il lui faut passer aux actes. Il n'y rechignera pas, croit-il. Pompidou disparu, Chirac va se giscardiser et avec lui l'UDR. CQFD, comme on dit à Polytechnique.

« Giscardiser l'UDR » est d'ailleurs bien la seule mission qu'il assigne au jeune hôte de Matignon. Car VGE entend être au four et au moulin. Pour commencer, il forme son gouvernement avec l'aide de son vieil ami Poniatowski (Chirac est à peine consulté) et le présente lui-même à la télévision où il déclare : « Je gouvernerai directement avec mes ministres. » Ainsi, n'y a-t-il plus de domaine réservé. « Il est un super-président », note Maurice Duverger. C'est lui qui fixe le programme des réformes du gouvernement. En juin, il concocte le plan de refroidissement de l'économie (celui-là même que Georges Pompidou lui avait demandé en vain au lendemain de la première crise pétrolière), en tête à tête avec Jean-Pierre Fourcade, le ministre des Finances. Il rédige ses directives au Premier ministre et les rend publiques à grands roulements de tambour dans le style : « Mon cher Premier ministre, j'ai été conduit à prendre avec les ministres intéressés un certain nombre de décisions relatives à l'aménagement de Paris, etc. » Jamais la subordination du Premier ministre au Président n'a été aussi éclatante. À croire que dans sa lecture de la Constitution, Giscard a oublié l'article 20[1]. Il multiplie les conseils restreints à l'Élysée et en fait un moyen d'action régulier. De mai 1974 à la fin de l'année 1975, il en réunit plus de quatre-vingts, alors que Georges Pompidou n'en présidait guère qu'une vingtaine par an. Animé des meilleures intentions du monde, il veut en effet tout changer, tout réformer pour instaurer « la société libérale avancée » qu'il appelle de ses vœux. « Chaque jour 50 % de votre activité doit être consacrée à l'œuvre de réforme », dit-il à ses ministres. Il entre dans les moindres détails. À peine arrivé au pouvoir, il change le rythme de *La Marseillaise* (de chant guerrier, l'hymne national se métamorphose en valse triste), puis la tenue des gardes républicains en faction devant l'Élysée dont les shakos d'opérette sont remplacés par de sobres képis.

1. « Le gouvernement détermine et conduit la politique de la nation. »

Tout y passe, même la photo officielle du Président destinée à orner mairies et ministères qui est réalisée désormais en largeur. Afin de donner un caractère plus populaire aux festivités officielles, Giscard enlève le défilé du 14 Juillet aux Champs-Élysées pour l'offrir au boulevard Beaumarchais (le ministre de la Défense l'apprend par la radio). Pour symboliser la décentralisation, le Conseil des ministres se tient une fois à Lyon. Au lendemain de troubles survenus dans les prisons, le Président va serrer la main d'un détenu. À Noël, il convie les éboueurs africains qui vident les poubelles de l'avenue Marigny à venir partager avec lui à l'Élysée le café et les croissants. Paralysés par la timidité, ceux-ci en oublient d'enlever leur passe-montagne. À cette occasion, on apprend que le Président, comme 50 % des Français, trempe son croissant dans son café du matin.

D'abord abasourdie, la classe politique se montre bientôt conquise. « Enfin un Président gai », s'exclame le gaulliste Robert Galley, ministre de l'Équipement.

De fait, les premiers mois débutent dans la joie. Giscard exerce son pouvoir tout neuf avec délectation. Un chef d'entreprise qui le rencontre alors très souvent explique : « Quand le général de Gaulle nous recevait, c'était pour nous écouter. Nos exposés semblaient contribuer à sa culture générale. Avec Pompidou, c'était différent : nous parlions d'égal à égal en hommes qui connaissent les affaires et qui échangent suggestions et conseils. Giscard, lui, nous méprisait plutôt. Nous n'étions plus reçus que par les technocrates de son cabinet, pas toujours aimables, prêts à donner des ordres, comme s'ils souhaitaient tenir toute l'économie en tutelle. »

Jacques Chirac se délecte tout autant. Certes, si son mentor Pierre Juillet n'avait pas insisté et plaidé que les « gaullistes ayant perdu l'Élysée, ils devaient conserver Matignon », le dauphin aurait plutôt choisi les Finances ou le ministère de la Défense. Aller à Matignon ? Il n'y tenait pas vraiment. D'ailleurs, c'était un accroc dans le parcours qu'avait esquissé pour lui ce même Juillet : un peu comme s'il décidait soudain de lui faire sauter deux classes. Mais, une fois installé, Chirac jubile. Il y a de quoi. Tout juste quadragénaire, le voici troisième personnage de l'État. Il n'en revient pas. « Il est comme un jeune homme avec un bateau neuf », dit à l'époque Marie-France Garaud. Et puis, Giscard le fascine : il ira jusqu'à demander au secrétaire général de l'Élysée, Claude Pierre-Brossolette, l'adresse de son tailleur. Si bien qu'il accepte sans sourciller la nouvelle répartition des pouvoirs voulue par Giscard. Mieux, il n'est pas mécontent, pour commencer, de laisser faire un chef de l'État qui produit et consomme tant d'idées.

Il ne s'étonne pas non plus lorsque le Président lui demande de se tenir trois pas derrière lui dans les manifestations officielles. Et afin de bien marquer sa loyauté, il justifie tout dans une déclaration sans ambiguïté à Paul Guilbert, du *Quotidien de Paris*, le 7 juillet : « Il faut que le régime se présidentialise, le Président doit donner des directives servant à l'action quotidienne du gouvernement. Cela implique qu'il ne peut y avoir de discussion sur les orientations qu'il donne. Donc, le Premier ministre doit par définition adhérer aux actes du Président ou se démettre. Les partis traditionnels représentent une sorte d'écran qui ne correspond pas à une véritable conception de la participation. »

Valéry Giscard d'Estaing peut réformer tranquille. Non seulement son Premier ministre théorise sur sa propre dépossession, mais, en proclamant que les partis sont des empêcheurs de gouverner en rond, il signale clairement qu'il n'entend pas ressusciter l'UDR.

Le Premier ministre se réserve tout de même quelques domaines. D'abord l'Agriculture tous les mercredis il convie à dîner les syndicalistes agricoles que flatte tant de prévenance ; en 1976, grande année de sécheresse, c'est lui qui dresse la carte des subventions à distribuer. Puis l'aéronautique, sa vieille passion. Il intervient pour faciliter les crédits aux clients étrangers de l'aéronautique française. Enfin, il s'intéresse à la politique étrangère. Chaque soir, il se plonge avec avidité dans les télégrammes du Quai d'Orsay. Le Moyen-Orient qu'il découvre, après une visite en Irak et une invitation en Libye, l'éblouit[1]. Il décide même d'apprendre l'arabe. Un professeur se rend à Matignon pour lui donner au moins dix leçons.

Certes, il n'est pas l'homme fort du gouvernement. C'est Michel Poniatowski, « Ponia » pour tout le monde, le ministre de l'Intérieur, qui est sollicité de toutes parts et reçoit beaucoup, y compris Pierre Mauroy. Ponia caresse un projet secret : créer une majorité avec les socialistes, Chirac se chargeant de casser l'UDR. Anti-gaulliste viscéral, le ministre de l'Intérieur prédit même : « Dans deux ans, l'UDR n'existera plus. » Il le dit si fort que les gaullistes, encore KO debout, commencent à regimber.

Ainsi, un curieux ménage à trois gouverne la France. Mais Jacques Chirac se persuade qu'à la longue, il supplantera Ponia dans le cœur de Giscard. « Détrompez-vous, lui répète pourtant Marie-France Garaud, Ponia, c'est la première épouse chinoise, celle avec laquelle on ne couche plus mais qui choisit la concubine et le moment où il

1. On l'entend à l'époque parler de son « ami Saddam Hussein » et il déclarera à Jean Lecanuet : « Kadhafi est un grand homme d'État. »

faut la renvoyer. » Mais le Premier ministre croit que la période des gadgets terminée, le Président reviendra à une politique qui est la seule possible à ses yeux, celle de Georges Pompidou.

Privé d'attributions étendues, le Premier ministre a tout loisir de s'intéresser à l'UDR. Pour la chiraquiser ou la giscardiser ? Dans un premier temps, il s'agit de la soustraire aux barons qui veulent s'en emparer. Une sacrée gageure. Pour la troupe gaulliste pure et dure, Jacques Chirac est celui qui a trucidé Chaban. On l'appelle « le traître ». Honte à lui. Mais depuis quelques mois, un personnage encore peu connu s'agite pour son compte : Charles Pasqua. Il fait le tour des fédérations gaullistes, et reprend en main l'appareil brinquebalant en répétant d'un ton gourmand, comme s'il vantait la soupe au pistou : « Les barons, c'est fini. Si nous voulons sauver le gaullisme, il faut être unis derrière Chirac, le seul présidentiable. »

Depuis son arrivée à Matignon, celui-ci, de son côté, cajole la troupe, promet qu'elle reviendra au moins à 150 députés en 1978[1]. Et c'est bien ce que les gaullistes ont envie d'entendre.

Ponia observe tout de même qu'il ne sera pas très facile de renouveler la majorité, si tous les UDR sortants conservent leurs sièges. Mais Ponia doit comprendre : on n'attrape pas les mouches avec du vinaigre.

Le Président s'inquiète lui aussi. Il sait que les barons ont repris leurs déjeuners, le plus souvent au Conseil constitutionnel dont Roger Frey est le président. Ils entendent donner à leur mouvement un patron ou bien une direction collégiale. C'est Michel Debré qui l'a suggéré. Ils en parlent à chaque réunion. Mais le mandat d'Alexandre Sanguinetti, secrétaire général de l'UDR, expirant en février 1975, rien ne presse. Ces conciliabules inquiètent pourtant le Président et son Premier ministre. Ils en tombent d'accord : le seul parti véritable de la majorité ne doit pas tomber aux mains d'hommes peu sûrs et qui incarnent le passé. Tous deux prêchent encore plus convaincus qu'eux : Pierre Juillet et Marie-France Garaud, à qui la seule évocation des barons donne un prurit envahissant et exécrable. Les deux conseillers comprennent dès lors que, pour contrôler vraiment le mouvement, il va falloir prendre tout le monde de vitesse. Et l'Élysée. Et les barons.

Le 12 décembre, le Président s'envole vers les Antilles afin de rencontrer Gerald Ford, président des USA. Il s'agit d'harmoniser les stratégies pétrolières des deux pays. Comme il se doit, Jacques Chirac

1. Ils sont à ce moment 174.

l'accompagne à l'aéroport. Dans la limousine, on parle de l'UDR, des barons qui grenouillent. « Il faudra prendre une initiative », lance le Président à son Premier ministre, avant de monter dans l'avion.

Une initiative ? Jacques Chirac n'attend que ce conseil en forme de feu vert. Tope là ! Deux jours plus tard, lui qui n'avait jamais pris jusque-là sa carte de l'UDR en sera devenu le patron élu. Une belle manœuvre qu'il faut raconter. À peine le Président a-t-il tourné les talons que Jacques Chirac est invité pour le soir au dîner des barons. Chez Roger Frey. Autour de la table, ils sont une belle brochette : Debré, Chaban, Guichard, Foccart, Couve et Messmer. Ces messieurs veulent tenir le Premier ministre au courant de leur grand projet. L'ambiance est amicale, le dîner raffiné. Au dessert, on parle succession à la tête de l'UDR. « Nous allons faire campagne pour Olivier », annoncent bravement les barons. « Si Guichard est candidat, je m'y opposerai, car vous allez créer une dualité inacceptable avec Matignon », rétorque Chirac. « Si tu ne veux pas, je n'irai pas », concède Olivier en soupirant. « Créons plutôt une direction collégiale », propose alors Debré, lequel s'entend répondre par un Chirac goguenard : « Le mieux serait encore que je prenne le secrétariat général de l'UDR. » Sur ce, il prend congé. Comme d'habitude, il est pressé. Dans son dos, les barons s'esclaffent : Dieu que l'idée est saugrenue, bien sûr il galéjait ! Ils rient de bon cœur. Ils ont tort : le Premier ministre ne plaisantait pas. Tandis qu'il dînait en leur compagnie, un souper fin réunissait, chez Lasserre, Pierre Juillet, le fidèle René Tomasini et Alexandre Sanguinetti, le secrétaire général sortant, auquel les deux premiers ont annoncé froidement : « Tu démissionneras samedi, il faut que Jacques Chirac prenne ta place avant que les barons n'assurent leur coup. » Sanguinetti reçoit cet ordre comme un choc. « Je voudrais avoir l'avis de Charles Pasqua », suggère-t-il pour se donner de l'air. On fait appeler celui-ci, il accourt ventre à terre et comme par hasard juge l'idée excellente, vraiment judicieuse, pour le bien du gaullisme s'entend. Alexandre doit comprendre, on ne le laissera pas tomber. Et le bon ami corse ramène chez lui un secrétaire général fort dépité, mais qui n'avait plus le choix. Charles Pasqua ensuite bondit à Matignon où l'attendaient Jacques Chirac, Pierre Juillet, Marie-France Garaud, René Tomasini. Le tour est joué. Pendant que les autres dorment ils préparent les télégrammes qui seront envoyés aux membres du comité central (lequel a le pouvoir d'élire le secrétaire général). Sa réunion extraordinaire aura lieu 36 heures plus tard, le samedi à 8 h 30 dans le salon « L'Aiglon » de l'Hôtel Intercontinental, où tout se passe comme prévu. Alexandre Sanguinetti démissionne « pour convenances personnelles ». « Je suis candidat », annonce Jacques Chirac qui lui succède à la tribune. Panique à bord. « Je te conjure de renoncer », dit Alain Peyrefitte. « Élisons plutôt un directoire », tonne Michel Debré, empourpré de colère. Un directoire ? Jacques Chirac s'interroge. Mais à Matignon, Pierre Juillet et Marie-France Garaud s'impatientent. Ils l'appellent au téléphone : « Pas question de direction collégiale, disent-ils, tenez bon, présentez-vous. » Pâle d'indignation, Jacques Legendre, député du Nord, fait acte de candidature pour le principe. On vote : 57 voix pour Jacques Chirac, 27 pour son adversaire. Mission accomplie.

« As-tu prévenu le Président ? », s'était inquiété la veille Ponia, tenu informé par Jacques Chirac. Réponse innocente : « Je n'arrive pas à le joindre au téléphone, tu sais bien que ça marche mal avec les Antilles. Mais avant de partir, il m'avait dit de prendre une initiative. Eh bien, c'est fait. » Une fois élu, Jacques Chirac joint, bien entendu sans problème, le Président qui se montre ravi. Au même moment, Marie-France explique aux journalistes : « Giscard et Chirac c'est le couple du lion et de la lionne. La lionne fait vingt kilomètres pour rabattre la gazelle, mais c'est le lion qui la tue. »

Ah ! Marie-France et ses formules cynégétiques, amoureuses ou guerrières dont elle abreuvait les journalistes. On les retrouvait chaque lundi dans les hebdomadaires car à Matignon les journalistes l'assiègent. C'est elle qu'il faut voir si l'on veut savoir à l'avance ce qui se trame dans la coulisse ou sur la scène. Mais la rencontrer n'est pas chose aisée. Elle est si occupée, toujours en retard ou toujours au téléphone. Un tourbillon[1].

Mais un tourbillon efficace puisque voilà Jacques Chirac patron de l'UDR. Du beau travail.

1. Que l'on permette à l'auteur de raconter une histoire personnelle : un jour Michèle Cotta et moi – nous travaillions alors à *L'Express* – désirions rencontrer Madame Garaud. « Nous aimerions vous voir, lui avions-nous dit, dans un endroit où vous serez à l'heure et où il n'y aurait pas de téléphone. » Et elle de nous répondre en riant : « Il n'y a qu'un seul endroit où je suis à l'heure et où il n'y a pas de téléphone : la cabine d'essayage de chez Chanel. J'y serai samedi à 9 h 30, venez si vous voulez. » Nous voilà donc toutes deux le samedi suivant assises à ses pieds rue Cambon, sur deux petits bancs et prenant des notes sur nos cahiers pendant que Madame Garaud, en combinaison de soie qui laisse deviner une fière silhouette, essaie trois ou quatre tailleurs plus superbes les uns que les autres, tout en nous donnant un magistral cours de politique intérieure. Quelle scène ! Et quand nous avons quitté Madame Garaud, la vendeuse m'a interpellée : « Seriez-vous intéressée par un solde ? C'est un tailleur jaune que Madame Pompidou n'a porté que trois fois, il coûte 7 000 francs, c'est une affaire. » (C'est ce que je gagnais par mois.) J'ai remercié. Souvenirs, souvenirs.

« Si nous n'y prenons garde, il va bientôt nous manger la soupe sur la tête, nous devons nous organiser », déclare Ponia à ses amis Républicains indépendants.

Il a raison. Jacques Chirac n'est pas homme à se contenter d'un seul succès. Il vient de conquérir l'UDR, mais c'est la majorité qu'il vise. D'autant que le Président rogne toujours ses prérogatives, ce qui commence à lui déplaire beaucoup : c'est Giscard qui présente à la télévision le plan de soutien de l'économie préparé par lui durant l'été.

L'année 1975 se révèle en effet maussade. On recense près d'un million de demandeurs d'emploi, l'inflation atteint près de 15 %. Certes, le pouvoir d'achat continue de croître, mais la montée des prix ne stimule pas assez l'activité économique. Un nouveau mot apparaît pour caractériser la situation : la « stagflation ». Que faire ? « Nos entreprises ont besoin d'une relance », plaide Jacques Chirac qui obtient aussi que les chômeurs soient indemnisés à 90 %[1]. Mais l'Élysée garde l'essentiel du pouvoir.

« Le Président se mêlant de tout, Jacques Chirac jugeait normal qu'on lui laisse faire de la politique et qu'il s'occupe des partis », note un de ses proches. Il est habité d'une absolue confiance en sa chance. « Toute bataille livrée est toujours gagnée », dit-il. Sa stratégie est simple : deux blocs s'affrontent, droite contre gauche, et les socialistes alliés aux communistes ne doivent pas arriver au pouvoir, ce serait trop dangereux pour le pays. La majorité doit donc gagner les élections, les cantonales de 1976 comme les législatives de 1978. Et elle peut l'emporter à deux conditions : se montrer unie et marcher à la bataille, sous la conduite d'un chef unique. Lui-même bien entendu. Il entend aussi que l'UDR reste la majorité de la majorité, bref, conserve la tranche principale du gâteau.

Du côté de chez Ponia on ne l'entend évidemment pas de la même oreille. Pour gouverner au centre, il faut s'appuyer sur un centre fort, ce qui suppose que l'aile gaulliste soit déplumée. « La prochaine majorité sera giscardienne, nous serons bientôt le premier parti de France », promet le ministre de l'Intérieur à ses amis : sur ce, il se fait élire président des Républicains indépendants.

Mine de rien, la guerre a commencé. Au départ, Giscard ne la souhaitait pas. Mais, les escarmouches se multipliant, chaque attaque provoque un contre, lequel entraîne une riposte, laquelle… Depuis qu'il a pris la tête de l'UDR, Jacques Chirac fait figure, aux yeux des centristes, de bête du Gévaudan, ce loup mythique qui tua une

1. Les syndicats se disaient prêts à accepter une indemnisation de 75 %.

cinquantaine de personnes. Il faut le terrasser. Puisque l'UDR s'est donné un chef, chaque formation de la majorité entend avoir le sien. Même les démocrates sociaux si peu nombreux et qui s'en offrent deux : Michel Durafour, ministre du Travail, et André Rossi (dit « Coco Bel-Œil »), porte-parole du gouvernement. Jean Lecanuet et Jean-Jacques Servan-Schreiber relancent la fédération des réformateurs. Aymar Achille-Fould, secrétaire d'État aux Postes et télécommunications, prend la tête de la gauche réformatrice. Jean-Pierre Fourcade se hisse à la présidence des clubs Perspectives et Réalités. Chaque week-end, tout ce petit monde de chefs et demi-chefs tient réunion, court les estrades, les radios, et multiplie les petites phrases. « Il faut parler de l'UDR au passé », martèle Jacques Dominati, notable giscardien. « Les UDR sont des fanatiques du passé », reprend JJSS. Parfois les attaques se font plus personnelles. « J'ai une plus grande expérience de la gestion que Jacques Chirac », déclare benoîtement le ministre des Finances Jean-Pierre Fourcade. Quand le Premier ministre proclame dans ses réunions : « La France a eu beaucoup de chance que François Mitterrand n'ait pas été élu en 1974 », Françoise Giroud, secrétaire d'État à la Condition féminine[1], s'écrie devant une assemblée de réformateurs : « Je ne saurais tolérer que l'on crache sur l'opposition. » Et si Valéry Giscard d'Estaing déclare que certaines propositions de Jacques Attali ou de Jacques Delors lui-même, tous deux amis du leader de l'opposition, sont intéressantes, il s'attire ce compliment de Françoise Giroud : « Il est encore plus intelligent que je ne le croyais. »

Aussi bien tous les lundis matin, Marie-France Garaud se précipite-t-elle, dépêches du week-end en main, dans le bureau de Jacques Chirac afin de lui signaler les déclarations de Ponia, de Lecanuet, ou encore de JJSS, et l'admoneste : « Vous ne pouvez tolérer cela, ce gouvernement n'est pas tenu, on se moque de vous. »

Bref, d'un côté comme de l'autre on rêve plus d'en découdre que de faire la paix. Si bien que Jacques Chirac est chaque jour accaparé par la politique politicienne. Et certains ministres qui n'avaient opté au départ ni pour Giscard ni pour Chirac finissent forcément par choisir l'Élysée et court-circuitent allégrement Matignon. Ils expliquent : « Chirac ? On ne pouvait pas le voir. Si on lui demandait rendez-vous, il nous disait : "Les ministres heureux n'ont pas d'histoire." Il nous téléphonait seulement pour nommer des types à lui partout. »

1. Nommée à ce poste par Valéry Giscard d'Estaing, alors qu'elle venait de faire voter Mitterrand.

Le Premier ministre ne se sent vraiment pas très bien. Son rôle est trop mal défini. Il tente de s'en expliquer, début mars, avec Giscard. « Si votre intention est d'aller vers un régime plus présidentiel, lui dit-il, la majorité doit être bien tenue en main, cohérente. Dès lors, le Président doit déléguer au Premier ministre le soin de la diriger. » Valéry Giscard élude d'un « on verra plus tard », d'une totale ambiguïté.

Jacques Chirac, décontenancé, appelle à l'aide Pierre Juillet qui s'installe – officieusement – rue Vaneau, à deux pas de Matignon. Et qui ne calmera pas le jeu.

Au fil des jours et des semaines, c'est un véritable dialogue de sourds qui s'instaure entre le Président et son Premier ministre. S'ils miment encore avec talent une ardente amitié, ils ne s'expliquent plus vraiment. Jacques Chirac croit toujours qu'il réussira en fin de compte à imposer ses volontés. Valéry Giscard d'Estaing au contraire l'imagine souple et indéfectiblement soumis.

Jacques Chirac qui n'en démord pas, qui rêve de diriger la majorité, tente un geste de conciliation le 15 juin aux assises de Nice : il abandonne le poste de secrétaire général de l'UDR à André Bord. Un homme dont chacun comprend vite qu'il ne risque guère de lui faire de l'ombre. D'ailleurs, histoire de ne laisser aucun doute dans l'esprit des militants, il leur jure – croix de bois, croix de fer – qu'il se considère toujours comme le responsable du mouvement. Il ne trompe donc personne, mais pense que ces apparences satisferont aux exigences du Président. Lequel, en Conseil, se bornera à le féliciter de sa sage décision. Bref, rien n'est arrangé et, de part et d'autre, les conseillers s'époumonent à souffler sur les tisons de la discorde. Ainsi Ponia explique-t-il à qui veut l'entendre que les députés sortants UDR ne seront pas reconduits automatiquement. « Sans Ponia, j'aurais trouvé un modus vivendi avec Giscard », expliquera plus tard Chirac. « Sans Juillet et Garaud, les relations avec Giscard auraient été plus aisées », répliquent les anciens de l'Élysée.

Pierre Juillet, en effet, juge que la politique de Giscard n'est que poudre aux yeux et il met son libéralisme avancé dans le même sac-poubelle que la nouvelle société de Chaban. Or, Giscard n'est habité que d'un seul souci : que la France s'aère, se modernise – et d'une obsession : ne pas être étiqueté à droite. Ainsi, le 20 mai 1975, il déclare à RTL que Léon Blum figure en bonne place dans son panthéon personnel. « Ce type de sensibilité, cette qualité d'analyse m'ont toujours beaucoup touché », précise-t-il à l'intention du peuple de gauche.

Ce ne sont pas paroles en l'air. Sous son impulsion on réforme à tout va. Cent cinquante textes sont votés en 1975 (entre autres, la réforme de la condition des travailleurs manuels, la réduction des inégalités, la lutte contre les gaspillages).

Le Président veille aussi à son image. Afin de convaincre de sa simplicité, il va dîner à l'improviste chez des Français de toutes conditions[1]. On le verra aussi à la télévision jouer du piano aux côtés de Claude François, ce qui irrite Jacques Chirac. Le Président démythifie sa fonction, juge-t-il, et il s'interroge devant témoins : « Qu'est-ce qu'il va encore nous inventer cette semaine ? »

« Mon idée fondamentale, explique encore le Président à la télévision, c'est que la supériorité de la France est une supériorité de l'esprit et non pas de la force. De l'esprit, c'est-à-dire que c'est notre pays qui conçoit le mieux les problèmes de son temps et qui apporte les solutions les plus imaginatives, les plus ouvertes et les plus généreuses… » Toujours cette arrogance française qui irrite nos voisins, mais séduit tant les Gaulois.

À trop se soucier de son image, il arrive qu'on la brouille. Les Français perplexes s'interrogent : leur Président est-il un timide qui se contraint à l'exhibitionnisme, ou un traditionaliste qui s'entraîne au réformisme ? Chez les députés UDR on ne se pose déjà plus de questions. Le sentiment qui domine, c'est l'aigreur véhémente : « Qu'il cesse donc d'être en campagne permanente, qu'il en finisse avec ses gadgets, n'essayons pas de faire la politique de nos adversaires, nous irritons notre clientèle sans gagner de voix à gauche. » Peu à peu dans leurs réunions surgit le thème ambigu de l'illégitimité du monarque, certains commencent à murmurer puis à clamer : « Chirac président ! », ce qui refroidit davantage le climat frisquet instauré entre le Président et son Premier ministre.

Qui en profite ? La gauche ! Elle marque des points dans les sondages. Pierre Juillet et Marie-France Garaud commencent à plaider pour des élections anticipées qui la prendraient de court. Chirac mènerait la campagne sur le thème de l'autorité, l'UDR verrait sa position renforcée, ce serait sous le règne de VGE la revanche du pompidolisme. Un sondage tenu secret les confirme dans leur assurance.

Ainsi va la vie : les idées des hommes évoluent selon la position qu'ils occupent. Pierre Juillet, si ardent défenseur de l'exécutif sous

1. Il fait un émule de choix : aussitôt élu, Jimmy Carter va, lui, carrément passer tout un week-end dans une famille d'Américains moyens du Middle West.

Pompidou, se dit prêt à réduire les prérogatives du monarque sous Giscard au bénéfice de son poulain.

Bien entendu, ces rêves et ces intentions n'échappent pas aux yeux vigilants de l'autre camp. Dès lors le divorce est programmé. Jacques Chirac n'est même pas consulté pour le remaniement de janvier 1976 qui voit arriver au ministère du Commerce extérieur un presque inconnu, Raymond Barre. Le Premier ministre n'est guère plus consulté pour le programme de réformes accélérées qui accompagnent le remaniement : taxation des plus-values, réforme du financement de la construction, réforme de l'entreprise. « Vous vous êtes fait manœuvrer comme un trompette », se moque Juillet en épluchant la liste des ministres devant un Chirac marri et vexé. Et il lui répète : « Vous allez vous user à appliquer une politique dont vous ne voulez pas ; Giscard ce n'est pas le gaullisme. » Jacques Chirac ne se le fait pas répéter trois fois. Il pense s'en aller, le dit dès le mois de janvier au Président, lequel fait mine de ne pas entendre.

Les cantonales du mois de mars, qui se préparent dans ce climat de guerre feutrée, provoquent un nouveau conflit entre le Président et son Premier ministre. Si celui-ci entend livrer bataille contre la gauche, celui-là déclare à la télévision : « Ces élections ne sont pas de nature politique mais administrative », et il importe de « dédramatiser le climat ». Ponia ne lui a-t-il pas prédit qu'elles se traduiraient par une grande stabilité politique ? La gauche, elle, proclame qu'il s'agit bien d'élections politiques. Et elle n'a pas tort. Le 15 mars, elle peut hisser les pavois. L'opposition totalise 53 % des voix. Jamais elle n'avait obtenu un tel score. Un sondage réalisé entre les deux tours conclut même que si des législatives avaient lieu à ce moment, la gauche l'emporterait à l'Assemblée nationale.

La majorité, bien sûr, évolue entre abattement, consternation et rancœur. Il faut un responsable. Valéry Giscard d'Estaing est la victime désignée puisqu'il s'est trompé de tactique et de diagnostic. Il fait d'abord mine de prendre l'affaire avec sérénité. Malheureusement, dès le lendemain du second tour, le franc, victime de la tempête monétaire européenne et de la spéculation, mal soutenu en outre par ses partenaires, doit sortir sans gloire du serpent monétaire européen. Le voilà dévalué de 4,5 % par rapport au mark. Chacun y voit un reflet du scepticisme des experts sur la situation française.

Secoué, Giscard consulte. Personne ne lui propose de recette, sauf Chirac sur l'air de « je vous l'avais bien dit ».

« Il faut, explique-t-il, s'organiser, redonner espoir à la majorité : puisque la gauche est constituée en bloc, faisons un autre bloc.

Puisque le Président doit incarner la stabilité, il ne peut prendre les coups. Il doit donc être flanqué d'un chef de guerre qui s'expose, polémique et désigne l'adversaire principal, François Mitterrand. Que l'on cesse de flirter avec la gauche, que l'on remise au placard les réformes qui choquent les électeurs, que l'on établisse en commun une charte libérale comme un anti-Programme commun. Ensuite, la majorité étant mobilisée, il faudra créer un grand choc dans l'opinion, former un gouvernement de combat et prendre la gauche de vitesse avec des élections anticipées. »

Ce plan a le mérite de la cohérence. Jacques Chirac pousse son avantage : il demande au Président l'autorisation d'installer officiellement auprès de lui Pierre Juillet, l'inspirateur de ce petit cours accéléré de stratégie électorale. Valéry Giscard d'Estaing (qui avait fait offrir par Ponia à Pierre Juillet le ministère des Affaires étrangères aussitôt après son élection) se prend à penser que celui-ci peut devenir un consultant précieux et exercer une bonne influence sur son Premier ministre. « Qu'il passe me voir », demande-t-il.

Le 24 mars à 20 heures, dix jours exactement après les cantonales, les Français sont surpris : on leur a changé leur Président ! Ils découvrent sur le petit écran un curieux Valéry Giscard d'Estaing qui s'essaie à un remake de De Gaulle : vêtu de sombre, il se tient raide, les mains posées à plat, le masque figé. En un expert guindé le fringant Valéry s'est changé. Le fond épouse la forme : le Président ratifie pour partie le plan Juillet-Chirac, nomme ce dernier coordinateur de la majorité, attaque l'opposition rebaptisée « collectivisme » et annonce que les réformes seront d'abord achevées (autrement dit qu'il n'y en aura pas d'autres). Voilà la pause.

Las ! À peine le Président a-t-il terminé qu'il s'aperçoit de son erreur : ce rôle de composition – dont Juillet a réglé la mise en scène – est un fiasco.

Le rêve est passé. Pour Pierre Juillet aussi qui avait espéré devenir le conseiller de Giscard. Yves Guéna témoigne : « Quand j'ai pris la direction du mouvement en avril 1976, Juillet m'a dit : "Vous êtes là pour giscardiser l'UDR". Il s'attendait encore à être appelé à l'Élysée. Mais quand il a su que Giscard lui avait préféré Jean Serisé pour ce poste, il a changé de cap : il n'était plus du tout question de giscardiser l'UDR. »

Velléités, velléités : en quelques semaines les revirements seront nombreux. Les autres partis de la majorité ne veulent pas de Jacques Chirac comme coordinateur. Le président de la République en prend volontiers acte. Mieux, il les encourage à s'assembler pour former ce qui deviendra l'UDF. Entre l'Élysée et Matignon, décidément, rien ne va plus, rien ne peut plus aller. Le compte à rebours du départ de Jacques Chirac a commencé.

Lui-même n'a plus que cette idée en tête : s'en aller. Il caresse désormais d'autres projets autrement exaltants. Il veut relancer l'UDR, la rebaptiser. D'urgence. Car son groupe et son mouvement risquent de lui échapper. Les ministres ne l'écoutent plus.

Par deux fois, en mai et en juillet, il écrit au Président pour l'informer de son intention de quitter Matignon. Réponse : « Vous partirez avant la fin des vacances. »

Giscard ne sait pas ce qui l'attend. Le 26 août, alors que les Français sur les plages n'ont pas encore replié les parasols, Jacques Chirac déclare publiquement à l'issue du Conseil : « Je ne dispose pas des moyens que j'estime nécessaires pour assumer efficacement les fonctions de Premier ministre. Dans ces conditions, j'ai décidé d'y mettre fin. »

Pour la première fois dans les annales de la Ve République, un Premier ministre choisit lui-même le moment de son départ[1] et claque la porte au nez du Président. Deux ans de vie commune ont transformé ces deux jeunes hommes en adversaires irréconciliables. Tout les opposait : leur tempérament, leur stratégie, leurs ambitions. La guerre des chefs va faire rage.

Jacques Chirac n'a pas tourné le dos qu'il multiplie les initiatives. Son parcours est balisé par ses conseillers. Première haie : il va lancer un grand rassemblement populaire sur le modèle de ce que fut le RPF du Général. Il s'agit d'en faire le premier parti de France et d'attirer à lui 30 % des électeurs. Il s'appellera le RPR (Rassemblement pour la République). L'acte de baptême est signé le 5 décembre 1976. On attendait 25 000 personnes, il en vient 50 000. « Chirac t'es un crack » proclament les badges aux revers des militants. C'est un succès. Comme d'habitude Charles Pasqua a tout organisé. Mais comme par hasard, les locaux du *Parisien Libéré*, occupés depuis plusieurs semaines par les grévistes du Syndicat du Livre, sont évacués ce jour-là par la police. En représailles, le syndicat empêche les journaux de paraître les jours suivants. Ainsi Ponia a fait coup double : il montre qu'il veille au respect de l'ordre et les journaux ne peuvent rendre compte de la grande manifestation chiraquienne.

Deuxième haie : la mairie de Paris. Faire de Paris une ville comme les autres, avec un vrai maire élu par un vrai conseil municipal et qui

1. Encore VGE a-t-il réussi à le retarder de quelques mois.

aurait de vrais pouvoirs : dès son arrivée à l'Élysée, Valéry Giscard d'Estaing en avait rêvé. Jacques Chirac se montrait plus tiède : « Cela pourrait devenir dangereux, expliquait-il alors, qu'adviendrait-il si un adversaire du Président l'emportait ? » (*sic* !). Mais il s'était incliné devant la volonté présidentielle. Le statut voté, restait à trouver le candidat idoine. Pour le Président, il allait de soi que le premier maire de la capitale devait être giscardien (bien que Paris, depuis la Libération, ait toujours été dominé par les gaullistes). Pierre-Christian Taittinger semblait faire l'affaire. Mi-gaulliste, mi-giscardien, il avait déjà présidé le conseil municipal, comme son père. Et puis, en dépit de son style, même de son physique très Républicain indépendant, il entretenait les meilleures relations avec l'UDR. Distingué et subtil il eût fait en outre un maire très présentable. Tout était donc réglé. Et Ponia se réjouissait déjà de voir « dératiser Paris ».

Mais le vent a tourné, les relations entre l'Élysée et l'UDR étant ce qu'elles sont, Pierre-Christian Taittinger apparaît bientôt comme trop gaulliste aux yeux de l'Élysée. Au début de novembre, lors d'un déjeuner à l'Élysée, Giscard désigne un nouveau prétendant : son ami Michel d'Ornano, député-maire de Deauville. Il doit quitter son bord de mer pour conquérir Paris. Sa fidélité à Giscard lui interdisant d'hésiter, il annonce donc sa candidature sur le perron de l'Élysée, au sortir du déjeuner.

Puisqu'il existe désormais un candidat giscardien grand teint, un candidat bien chiraquien ne va pas tarder à se mettre sur les rangs. « Je vous verrais bien faisant campagne à Paris », lance Marie-France Garaud à Jacques Chirac. Quand elle lui parle ainsi, deux jours après l'annonce de la candidature de D'Ornano, Jacques Chirac vient d'être réélu brillamment en Corrèze au premier tour avec 53,55 % des voix ; Jean Tibéri à Paris a été lui aussi réélu au premier tour[1]. Or, depuis des lustres, jamais un gaulliste ne l'avait emporté au premier tour dans la capitale. C'est un signe. Entendant sa conseillère, Jacques Chirac a d'abord protesté. Ah ça non ! Il n'en veut pas de Paris. Déjà, quand Georges Pompidou voulait qu'il s'y présente comme député, il avait refusé, quoiqu'il lui en coûtât de s'opposer au Président. Il ne « sent » pas Paris ni les Parisiens, il l'a déjà dit d'ailleurs ; il ne s'entend pas non plus avec les élus parisiens, il ne rêve que d'une mairie : celle d'Egletons en Corrèze. Et il ne l'envoie pas dire. Il est

1. À des élections législatives partielles qui faisaient suite à leur départ du gouvernement.

furieux. Alors, Marie-France, glaciale : « Mais Jacques, on ne vous demande pas si cela vous fait plaisir ou si vous en avez envie, c'est comme ça, vous serez candidat à Paris[1]. »

Jacques Chirac obtempère. Adieu Egletons. Mais il n'annoncera sa candidature que deux mois plus tard, le 19 janvier 1977. Après avoir prévenu quand même son successeur à Matignon, Raymond Barre, lequel s'arrache les cheveux. « Je viens dans la capitale de la France, dit ce jour-là Chirac, parce que dans notre histoire, depuis la Révolution de 1789, chaque fois que Paris est tombé, la France a été vaincue. »

On reconnaît le style : c'est du Pierre Juillet.

S'agit-il d'un camouflet pour le Président ? Mais non ! Seulement, l'application de la nouvelle règle du jeu que celui-ci vient tout juste de définir dans sa réunion de presse : « Au lieu de voir la majorité comme uniforme, dit-il, il faut maintenant vous habituer à voir la majorité comme pluraliste. »

C'est donc au nom du pluralisme organisé et légitimé par le Président que Jacques Chirac entre en lice. Il n'y a rien à redire.

Sa campagne parisienne est éblouissante. Il court les arrondissements comme jadis le plateau de Millevaches, arpente rues et marchés, entre chez tous les commerçants, visite les préaux d'écoles, serre des mains par milliers, embrasse les enfants, les femmes, les vieillards. Il est partout. Il promet, il sourit, il complimente : « Ce que vous faites est capital. » Il est inimitable. Au siège du RPR, Marie-France Garaud prévoit tout, chronomètre chaque déplacement, chaque interview, chaque récréation même. « Je suis fait pour courir le 800 mètres, mais j'ai mes soigneurs », explique Jacques Chirac qui finit par emporter haut la main l'épreuve.

Le pur-sang fringant a donné le meilleur de lui-même. Il va pouvoir s'installer au cœur de Paris ; l'Hôtel de Ville, forteresse aux couleurs de meringue, est une base logistique exceptionnelle. On a beau aimer la Corrèze, c'est autre chose qu'Egletons.

« Le soir du succès de Jacques Chirac, se souvient Denis Baudouin, nous étions réunis au QG de Pierre Juillet, rue Vaneau. J'ai entendu le nouveau maire dire : "Comment pourrais-je vous exprimer ma reconnaissance, Pierre, pour votre perspicacité." Et Juillet de lui répondre, bougon : "C'est bien la première fois qu'un cheval remercie son jockey." »

Un peu condescendant, non ?

---

1. Témoignage de Denis Baudouin.

Xavier Marchetti le rappelle : « Je le disais toujours à Pierre et à Marie-France : “Si vous voulez lui parler sur ce ton, ne le faites pas devant moi, cela me gêne.” »

Il n'empêche : Jacques Chirac intéresse l'opinion. Depuis qu'il a quitté Matignon, et jusqu'aux législatives de 1978, il poursuit trois buts : battre la gauche, imposer la suprématie du RPR sur la majorité et réduire à sa merci ce chef de l'État qu'il ne supporte plus. Il ne cessera donc de l'attaquer et les gaullistes feront chorus. Michel Debré s'exclamera même : « Notre seule chance serait que Giscard s'efface pour un temps et que le gouvernement prenne en main la direction des affaires. » L'ancien Premier ministre a comme toujours une solution, et c'est toujours la même : un gouvernement de salut public.

Soucieux de maintenir leur poulain en condition, Pierre Juillet et Marie-France Garaud le font vivre dans un étrange climat. Ils entretiennent autour de lui une atmosphère survoltée qui – à la veille de législatives très disputées – fait perdre à chacun le sens de la mesure. Un témoin très direct raconte : « Au cours d'une séance de travail à Puy Judeau (sa propriété de la Creuse), Pierre Juillet déclara sur un ton incantatoire : “J'ai rêvé, cette nuit, je voyais un chevalier qui se levait, je croyais que c'était de Gaulle, et je m'apercevais qu'il avait les traits de Jacques Chirac.” » Aucun des participants n'eut alors le bon sens de s'esclaffer.

Il se montre si critique à l'égard du Président, Jacques Chirac, que les Français commencent à juger qu'il en fait peut-être trop. Certes, il n'a pas ménagé sa peine pour se lancer dans ces tours de France qu'il affectionne et dénoncer la gauche sans relâche sur toutes les tribunes. Et certes, le 19 mars 1978, la gauche, désunie, est battue. Mais si le RPR demeure, avec 153 élus, le groupe le plus puissant de la majorité, il perd tout de même 20 sièges, tandis que l'UDF, elle, progresse et le talonne, avec 124 députés. La nouvelle majorité est donc presque équilibrée. Le chevalier Chirac n'est pas devenu le seigneur de ce Parlement-là. Giscard oublie même de le remercier de lui avoir ainsi évité une cohabitation avec la gauche à laquelle, il est vrai, il s'était par avance presque résigné. Il n'ouvre pas plus le nouveau gouvernement aux gaullistes, ce qui provoque la colère de Charles Pasqua : « Nous avons travaillé pour le roi de Prusse ! », dira-t-il.

Un malheur n'arrivant jamais seul, la zizanie s'installe quarante-huit heures après les élections. La présidence de l'Assemblée revient de droit à un gaulliste, puisque le groupe RPR est le plus nombreux. Mais deux candidats se présentent : Edgar Faure, le président sortant, et Jacques Chaban-Delmas qui avait occupé l'hôtel de Lassay du temps du général de Gaulle avant de se faire évincer en 1973, on l'a vu, grâce aux bons soins de Pierre Juillet et Marie-France Garaud. Les nouveaux élus assistent à un spectacle peu banal qui les laisse pantois. D'un côté, Edgar Faure, centriste d'instinct et de style, est soutenu par les conseillers pour qui le centrisme est pourtant l'abomination de la désolation. De l'autre, Jacques Chaban-Delmas est défendu par le clan Giscard, Ponia en tête métamorphosé pour l'occasion en chabaniste fanatique. Le monde à l'envers !

Dans cette affaire, Jacques Chirac n'a pas de religion. Il voit bien que la troupe gaulliste renâcle à voter Edgar Faure. Et il aimerait faire plaisir à Chaban. Mais Marie-France Garaud ne veut pas en entendre parler. Résultat, cette scène racontée par Yves Guéna : « Jacques Chirac ouvre la porte, passe la tête et demande à sa conseillère : "Chaban va m'appeler tout à l'heure, que dois-je lui dire ?" Marie-France, déchaînée : "Non, pas Chaban, vous avez compris, Jacques ? C'est Edgar." »

Comme de bien entendu, Jacques Chirac obtempère et part donner l'assaut. Les nouveaux députés, peu au fait des complots de coulisses, n'apprécient guère cet acharnement contre le maire de Bordeaux. Cette odeur de règlement de comptes est déplaisante. Tant pis pour les consignes : voilà Chaban élu. Edgar Faure quitte illico le RPR et va s'inscrire à l'UDF.

La colère est mauvaise conseillère, chacun le sait, mais celle des conseillers est, si l'on peut dire, au carré. Marie-France Garaud et Pierre Juillet, outrés, exaspérés, poussent Chirac à écarter des instances dirigeantes du mouvement tous ceux qui viennent de s'opposer à lui : les ministres et… Chaban. Mais c'en est trop. De ce jour, ils prennent figure de mauvais génies. Ils le comprennent et s'en vont. Comme s'ils voulaient infliger une punition à leur poulain. Car, pour eux, c'est sa faute si Chaban a été élu : « Vous avez perdu la main, Jacques, vous n'avez plus confiance en nous. » Et ils tournent les talons.

Jacques Chirac se retrouve seul. Mais c'est l'été : il voyage loin. En Chine.

La rentrée de septembre commence donc dans le brouillard. D'où émerge seulement, aux journées parlementaires de Biarritz, un Michel Debré déchaîné qui reprend son antienne : « Il faut remettre en cause notre appartenance à la majorité, il faut voter une motion de censure avant la fin de l'année, il faut un gouvernement de salut public. » L'objet de sa colère ne surprend personne : c'est l'Europe (les premières élections à l'Assemblée européenne au suffrage universel sont prévues pour le printemps suivant). Mais les députés tout juste élus n'ont aucune envie de voter une motion de censure et Jacques Chirac s'énerve. C'est bien simple, il trouve toujours Debré dans ses pattes. Faut-il parler à l'Assemblée ? L'ancien Premier ministre exige d'être l'orateur principal. Vient-on d'acclamer Chirac dans un congrès ? Il monte illico à la tribune pour se faire ovationner à son tour. Prend-il la parole ? Il entre bientôt dans des transes si passionnées que l'assistance stupéfaite se demande s'il est le jouet d'un tempérament trop sanguin ou un acteur survolté par son propre personnage. Faute de pouvoir s'en débarrasser – les militants l'adorent –, il urge au moins de le contrôler. Mais comment ? Chirac, qui ne trouve pas de solution, rappelle donc au début d'octobre ses deux tuteurs – un comble, c'est un baron qui pousse, involontairement il est vrai, Chirac à les faire revenir – de leur province. Ils débarquent plus père et mère Fouettard que jamais, et triomphants avec ça. « On ne peut pas vous laisser seul, disent-ils, vous ne faites que des bêtises ; certes, vouloir déposer une motion de censure est stupide, mais l'Europe c'est quand même plus sérieux. »

« À cette époque, se souvient Alain Juppé qui prêtait alors sa plume aux discours de Chirac, ils nous parlaient comme à des chiens. »

Les deux conseillers cherchent donc un moyen de freiner la construction européenne et de se démarquer du même coup de Giscard. Or, le 26 novembre 1978 Jacques Chirac est victime d'un grave accident de voiture sur les chemins verglacés de Corrèze. Atteint au fémur (plusieurs fractures) et à la colonne vertébrale, il doit être hospitalisé plusieurs semaines. Il souffre le martyre et gardera longtemps de cette affaire des séquelles douloureuses et une légère claudication. On le ramène à Paris, à l'hôpital Cochin. Bernadette, son épouse, fait le guet pour tenter de le protéger des visites qui le fatiguent. Elle ne peut tout de même pas empêcher la mise au point et la publication d'un texte qui va constituer la charge la plus violente jamais formulée contre le Président de la République. La plume a été tenue par Pierre Juillet et René de La Charrière, un universitaire qui fut conseiller de Mendès France. Jacques Chirac, qui a lu et relu le texte sur son lit d'hôpital (il a 39 de fièvre), en endosse la responsabilité politique. « Je crois que j'ai fait une connerie », dit-il à sa secrétaire, Madame Esnous, alors que Pierre Juillet vient tout juste de partir. Et celui-ci lâche devant Denis Baudouin en se frottant les mains : « Il va y avoir du sang sur les murs. »

En effet le texte ne peut pas passer inaperçu : « Il est des heures graves de l'Histoire d'un peuple où sa sauvegarde tient toute dans sa capacité de discerner les menaces qu'on lui cache. Derrière le masque des mots et le jargon de technocrates, on prépare l'inféodation de la France. On consent à l'idée de son abaissement. Comme toujours, quand il s'agit de l'abaissement de la France, un parti de l'étranger est à l'œuvre avec sa voix paisible et rassurante. Français, ne l'écoutez pas, c'est l'engourdissement qui précède la mort. Mais comme toujours, quand il s'agit de l'honneur de la France, partout des hommes vont se lever pour combattre les partisans du renoncement ou les auxiliaires de la décadence. Nous devons dire non à une France vassale dans un empire de marchands. Non à une France qui démissionne aujourd'hui pour s'effacer demain. »

Voici revenu le thème du parti de l'étranger. Voici agité celui de la faiblesse du Président, voici susurré que le laisser-aller devient général dès que l'équipe pompidolienne ne tient plus les commandes. À se demander si aux yeux du duo Juillet-Garaud, le giscardisme n'est pas un avatar du pétainisme et les giscardiens des « collabos ».

À la lecture de ce pamphlet, toute la France politique suffoque de surprise, voire d'indignation. Pis, la tempête se lève dans la famille gaulliste. Alexandre Sanguinetti, dont le giscardisme n'a pourtant rien d'instinctif, se met en congé de parti : il rompt avec Chirac. Hélène Missoffe, élue de Paris, démissionne du groupe. Alain Peyrefitte, ministre de la Justice, envoie une lettre à tous les parlementaires RPR pour stigmatiser ces propos outranciers et s'en prendre aux personnages occultes qui se sont emparés du mouvement. Du coup il est exclu du RPR pour six mois ! Et l'on ne s'arrête pas en si mauvais chemin. Jacques Chirac, encore convalescent, demande la convocation d'une session extraordinaire du Parlement afin de mettre en cause la politique économique et sociale du gouvernement. Valéry Giscard d'Estaing, en voyage au Mexique, déclarera devant une assemblée d'intellectuels qu'en politique il y a les dirigeants conceptuels (comprenez : lui-même) et les agités (comprenez : Jacques Chirac). Un qualificatif qui va lui coller à la peau et faire ainsi le tour du monde.

Résultat de ce tohu-bohu, Jacques Chirac n'a plus d'autre solution que de faire équipe avec Michel Debré pour les élections européennes. Il conduit la liste et Michel Debré est en numéro deux. Entre ces deux anciens Premiers ministres, c'est bientôt une débauche d'énergie sur le thème : « L'Europe c'est Lucifer, l'abandon, le renoncement, la crise. » Tandis que la liste UDF, conduite par Simone Veil, plaide au contraire que l'Europe c'est le Bon Dieu, la rédemption éternelle, la survie. Cette campagne permet de caricaturer les conceptions européennes des deux familles de la majorité, mais, au finish, Jacques Chirac y perd sa réputation de gagneur. Il obtient seulement 16,31 % des voix, contre 27,60 % à Simone Veil. La même débauche de vitalité qui lui valut tant de succès, cette fois l'a fait perdre.

C'en est fini dès lors de la collaboration et de son amitié avec ses conseillers. Chaque membre de cet étrange trio a trop forcé son rôle. Marie-France s'est montrée trop impérieuse, Pierre trop inspiré par des voix intérieures qui lui commandaient de faire lancer un appel du 18 Juin à peu près chaque année, et Jacques trop sensible à leur influence.

« Nous lui avions taillé un costume trop grand, Chirac n'a pas su partir pour Londres », laisse tomber Juillet en bouclant ses valises. Tandis que la belle Marie-France jette en guise de cadeau d'adieu : « Chirac est un très beau cheval : nous lui avons appris à courir, il sait courir ; nous lui avons appris à sauter les obstacles, il sait le faire ; mais à présent qu'il est tout seul sur du plat, il continue à sauter les obstacles. »

On ne saurait être plus aimable.

« Nous ne nous sommes jamais revus, le système s'était trop détraqué », commente aujourd'hui Jacques Chirac.

Mais c'est peut-être Bernadette Chirac qui a porté le coup de grâce. En septembre 1979, alors que les conseillers sont partis depuis trois mois, elle confie à Christine Clerc, qui l'interviewe pour *Elle* : « Marie-France est une femme très intelligente et pleine de charme, mais elle a beaucoup de mépris pour les gens. Elle les utilise puis les jette. Elle me prenait pour une parfaite imbécile, mais je l'avais dit à Jacques : "Ces gens-là s'en iront au lendemain des élections européennes, ou alors c'est moi qui partirai." »

La maison Balladur

S'il n'en avait tenu qu'à Édouard Balladur, Valéry Giscard d'Estaing n'eût sûrement pas franchi en 1974 les portes de l'Élysée. Déjà, à l'époque de Matignon, ce « cactus » qui gênait à plaisir le Premier ministre l'exaspérait. Il ne se sentait avec lui aucune affinité. L'époque de l'Élysée ne lui avait pas laissé de meilleur souvenir. Giscard devenu ministre des Finances se montrait décidément arrogant. Par exemple, il arrivait toujours en retard à ses rendez-vous avec le Président. Bien plus choquant : alors que la maladie s'emparait de celui-ci, le délabrait, le défigurait, l'autre n'avait de cesse de se dévêtir pour dévoiler son anatomie devant les caméras : disputant un match de football sur un stade de Chamalières, montrant ensuite avec complaisance dans les douches et dans les vestiaires un torse nu, musclé et de longues jambes rapides. Comme s'il s'agissait de démontrer que la relève était prête et en bonne santé.

Édouard Balladur avait enragé aussi quand, au lendemain du premier choc pétrolier (en décembre 1973), Georges Pompidou ayant demandé à son ministre des Finances un plan d'adaptation (d'austérité) à cette nouvelle donne avait attendu en vain. Jusqu'à sa mort. Il n'avait obtenu que des ébauches imprécises et trop molles à son gré. C'était clair : Giscard ne voulait pas concocter un plan qui risquait de le rendre impopulaire alors que des échéances décisives s'annonçaient.

Bref, rien en Giscard ne plaît à Balladur. Lequel, longtemps après, chaque fois que l'on évoquera Giscard devant lui, demandera, usant de cette forme interrogative qui vaut chez lui condamnation : « Est-il vraiment intelligent ? »

La réciproque est vraie. Giscard n'a jamais aimé Balladur. Il le juge trop austère et pompeux. Et puis, ils ont eu trop d'occasions de se heurter. Par exemple, après la dévaluation du franc en 1969. Giscard était parti chasser le grand fauve en Mozambique, mais le secrétaire général adjoint de l'Élysée téléphonait chaque jour – « Allôooo ? » – rue de Rivoli à Claude Pierre-Brossolette, son chargé de mission, pour lui demander quel jour le ministre remettrait au Président le plan de mesures d'accompagnement de la dévaluation. Une demande si insistante que Pierre-Brossolette avait fini par envoyer un avion avec mission de ramener Giscard dare-dare à Paris. Ces choses-là ne s'oublient pas. Devenu secrétaire général de l'Élysée, et bientôt Régent, jamais Édouard Balladur ne reçoit la visite du ministre des Finances qui l'évite scrupuleusement.

Aussi bien, quand Giscard s'installe à l'Élysée, Balladur sait qu'il n'a pas grand-chose à attendre de ce pouvoir-là. « Je ne représentais rien », dit-il aujourd'hui. Même s'il estimait qu'il serait convenable qu'on lui proposât « quelque chose ». Ce qui se fait d'ordinaire, croyait-il.

Convenable ? Un homme au moins l'est : Alain Poher, président de la République par intérim à la mort de Georges Pompidou (après avoir été son challenger en 1969). Il a proposé au Régent l'ambassade auprès du Saint-Siège. La résidence à Rome, la villa Bonaparte, est l'une des plus agréables de la ville. Dans le protocole du Quai d'Orsay son rang est enviable. Sans compter que le Vatican est une source inépuisable d'informations sur le monde. Surtout, Édouard

Balladur, catholique fervent, montre une extrême considération pour le pape. Mais il refuse. Accepter une faveur d'un ancien adversaire de Georges Pompidou lui est impossible.

« Je ne voulais rien devoir à un intérimaire et surtout pas régler mon propre problème avant celui des autres. » Il veut avoir l'œil à tout. Au destin des hommes et des femmes de son équipe, même s'il ne peut pas grand-chose pour eux. Car il ressent alors tout le poids de l'isolement. Certes, il a régné quelques mois. Mais par délégation. Et si les ministres le voyaient, le consultaient, cherchaient auprès de lui des directives, les partis l'ignoraient. Ils vont l'ignorer plus encore. Il ne représente plus que lui-même. Et ce n'est pas Giscard – le seul ministre, justement, à avoir marqué sa différence – qui, devenu Président, va lui tendre la main.

Est-ce pour tâter tout de même le terrain ? Dans les premiers temps du nouveau septennat, Édouard Balladur se rend un jour à l'Élysée, porteur d'une note du Président défunt : son testament en matière de politique de défense. Il est reçu de manière désinvolte par le secrétaire général, Claude Pierre-Brossolette. Une visite dont celui-ci ne garde aucun souvenir. C'est bien le signe que, pour le pouvoir giscardien, Édouard Balladur ne compte pas. Il a quarante-cinq ans, sa traversée du désert commence.

« Édouard a perdu là, sans doute, les derniers restes de ses naïvetés adolescentes », note un de ses proches.

Après cinq ans de vie à l'Élysée, dont un an de pouvoir, le retour à une vie plus ordinaire est rude. « J'éprouvais un sentiment de lassitude, de fatigue, d'écœurement », dit-il. Il retourne au service du contentieux du Conseil d'État. Histoire de le mettre en jambes, le président de section lui confie un dossier sur les porcheries en Auvergne, en lui précisant même que beaucoup de dossiers sur les porcheries en France sont en attente. « J'essayerai de m'y habituer », murmure Édouard Balladur, qui en son for intérieur préfère s'en amuser. Il n'y voit même aucune mauvaise manière spécialement dirigée contre lui. « Le Conseil d'État est une maison où l'on n'est pas méchant », dit-il aujourd'hui. Entre-temps, il prépare la publication du *Nœud gordien*, un ouvrage-testament du Président défunt dont il détenait les épreuves. Il est devenu le président des Amis du Centre Pompidou (dont Valéry Giscard d'Estaing tente d'empêcher l'édification, mais Jacques Chirac veille, qui menace de démissionner si le projet n'est pas mené à terme).

Heureusement, il lui reste un bureau, situé par hasard rue de l'Amiral-d'Estaing, et une secrétaire : en 1968, Albin Chalandon, alors ministre de l'Équipement, l'avait nommé, à la demande de Georges Pompidou, président de la Société du tunnel du Mont-Blanc. Un poste qui lui vaut aussi un appartement de fonction à Chamonix où il prendra des habitudes et finira par acheter un chalet. Ce qui se révélera sage. En 1980, Valéry Giscard d'Estaing ne renouvellera pas son mandat dans ce douillet cocon. Cela non plus ne s'oublie pas.

À la fin de 1974, les jours s'écoulent monotones. Le temps prend ses aises. Mais depuis qu'au lendemain du baccalauréat, à l'époque où l'on sort avec les copains, Édouard Balladur a subi une primo-infection, depuis qu'au lendemain de son stage de première année à l'ENA, il a dû passer deux ans en altitude du côté de Briançon, il sait supporter ces moments d'incertitude et de repliement sur soi. Il a aussi appris la patience. Il ne souffre pas de difficultés matérielles. Il se demande si on viendra le chercher ou s'il devra aller taper aux portes, sortir de lui-même pour se façonner un destin. Cette indécision, cette rêverie l'occupent plusieurs mois.

D'ailleurs, il tente de peupler sa solitude. Il déjeune beaucoup. Il invite toute la Pompidolie. L'un après l'autre tous les anciens conseillers techniques et chargés de mission de l'Élysée seront ses convives. « Il nous faisait parler de ce que nous faisions, de nos projets, de politique, il ne parlait jamais de lui », témoignent-ils unanimes.

François Lavondès[1], son ex-adjoint pour les Affaires sociales à l'Élysée, raconte : « J'étais secrétaire général du Conseil économique et social, très près donc de la rue de l'Amiral-d'Estaing, et il me téléphonait souvent : "Tu peux venir ? On va prendre le thé". Il voulait avoir quelqu'un en face de lui, non pas pour lui demander conseil, mais pour parler tout haut et tester ses idées, toujours sur les grands dossiers de l'État. Il n'évoquait jamais les questions de personne. »

Denis Baudouin, qui vient le visiter deux fois par semaine, garde ce souvenir : « Nous parlions toujours politique. »

Édouard Balladur marche beaucoup dans Paris. Et le soir, il sort, à condition de rentrer tôt. Il trouve beaucoup d'agrément à ces dîners en ville où la conversation est primesautière, n'aborde jamais les problèmes de fond. Il aime la compagnie des personnages titrés : des duchesses, des comtesses, des ambassadeurs, des académiciens, des brillants causeurs qui présentent à ses yeux un avantage merveilleux : ils lui évitent de parler. Au total la société qu'il rencontre est beaucoup plus convenue que celle qu'aimait fréquenter Georges Pompidou, même si l'on y rencontre certains des amis de l'ancien

1. Un des rares à le tutoyer.

Président, comme Guy et Marie-Hélène de Rothschild, l'ambassadeur René Brouillet, qui avait fait entrer Georges Pompidou au cabinet du général de Gaulle, l'académicien Maurice Druon, ancien ministre de la Culture, Maurice Aicardi, ex-directeur de cabinet de Félix Gaillard sous la IVe République et expert en œuvres d'art. La comédie humaine l'amuse. On peut le juger snob, mais au moins ces gens-là ont-ils des manières. Ils savent le traiter avec les égards dus à un ancien secrétaire général de l'Élysée. Dans leur regard il peut lire le rappel de sa splendeur passée. Ils méritent sa considération.

« Édouard Balladur s'efforçait de s'adapter aux circonstances, explique Maurice Druon, je ne l'ai jamais vu déprimé, je ne lui ai jamais connu le moindre affaissement psychologique. Quand je lui disais : “Vous aimez trop le service de l'État, vous êtes né pour le servir, je suis persuadé que vous y reviendrez un jour”, il me répondait : “On verra bien”, il ne montrait aucune impatience. (“On verra bien”, des mots qu'il affectionne en effet.) Il prenait son temps, s'occupait de ses quatre fils, chaque automne, il venait en famille chez moi dans le Bordelais, nous allions ensemble au marché à Coutras. J'ai vu Édouard ceint d'un grand tablier faire de la confiture de mûres dans la cuisine. Nous parlions de nos lectures, de politique parfois aussi, les gadgets de Giscard nous faisaient beaucoup rire. »

François Ceyrac, qui est devenu président du CNPF, entretient avec lui des relations fréquentes. « Nous déjeunions une fois par mois, toujours au même endroit, et c'est lui qui choisissait le restaurant : toujours le Relais Plaza. » Il aimait cette ambiance mondaine, cosmopolite… regarder passer les belles étrangères. Et puis il y trouvait peut-être une sorte de fumet oriental qui lui rappelait Smyrne.»

Les plus intuitifs ne se laissent pas prendre pourtant à son détachement. « Au timbre de sa voix, à sa manière d'arrêter une phrase en l'air, de laisser son regard partir dans le vague, on ne le sentait pas très heureux », confie l'un de ses proches. À sa façon aussi de répéter : « Oh, vous savez, je ne compte plus. »

« Lorsqu'il n'y a rien que je puisse faire d'utile, je préfère être spectateur plutôt que figurant et me tiens à ma place tant qu'on ne me prie pas d'en sortir, attitude qui ne m'a pas toujours réussi », avouera-t-il plus tard[1].

De fait, deux années durant, il est un peu spectateur de lui-même. Se plaindre n'est pas son genre. Cultiver ses états d'âme non plus :

1. Dans *L'Arbre de Mai*, *op. cit.*

« N'ayant jamais eu le goût de me regarder vivre, je trouvais ennuyeux les journaux intimes et les auteurs disséquant avec délice les égarements de leur sensibilité. Il me semblait que leur lucidité était peut-être une vertu, mais certainement pas une force, puisque toujours elle compromettait leur bonheur et paralysait leur volonté. Pour rester libre, pensais-je, il faut prendre autant de distance envers sa propre personne qu'envers autrui[1]. »

Sur l'agenda de Jacques Chirac, il est noté qu'Édouard Balladur lui rend visite une fois, à Matignon en 1974. À quel propos et dans quel but ? Mystère. Ils n'en gardent ni l'un ni l'autre le souvenir. En 1976, brève rencontre lors de l'inauguration à Chamonix de l'autoroute Blanche. Mais ils ne se voient pas. Madame Pompidou aurait pu être leur trait d'union car tous deux s'occupent d'elle. Jacques Chirac est le trésorier de sa Fondation (il en est aujourd'hui le vice-président) et Édouard Balladur, président des Amis du Centre Georges-Pompidou. Elle raconte : « Si j'avais besoin de quelque chose, je savais qu'ils étaient là tous les deux, que je pouvais compter sur eux. Ils sont venus me voir, l'été à Cajarc, une fois chacun mais toujours séparément. Je n'ai jamais eu l'idée de les réunir. Je me souviens qu'Édouard Balladur était venu avec Maurice Druon et que ses enfants avaient fait du cheval. C'était très familial. À Orvilliers, ils sont venus aussi, chacun une ou deux fois, nous ne parlions jamais de politique ni du passé, ils ne me parlaient jamais l'un de l'autre, je n'ai jamais rien fait pour les rapprocher. J'ignorais s'ils se voyaient par ailleurs, cela ne me venait pas à l'idée. Je vais aussi vous faire cette confidence : je n'ai jamais rencontré une seule fois de ma vie Pierre Juillet et Marie-France Garaud. » Façon de préciser : la carrière d'Édouard ou de Jacques n'a jamais été mon problème. De toute éternité elle s'est moquée de la politique.

En 1975, enfin, Jacques Chirac appelle Édouard Balladur pour lui dire : « Je suis autorisé à vous proposer l'ambassade auprès du Saint-Siège. » La proposition n'est accompagnée d'aucune invitation.

Pour la deuxième fois, Édouard refuse poliment, c'est non ! Ses raisons cette fois sont différentes : avec Giscard, se dit-il, je ne serais pas entendu, je ne jouerais aucun rôle, car pour lui le spirituel ne compte pas.

Il le pressent, il ne serait pas le « Romain de l'Élysée », comme avait pu l'être un René Brouillet qui du temps du Général était consulté et rapportait les échos du Vatican.

1. Dans *L'Arbre de Mai*, *op. cit.*

« Et puis, explique un de ses amis, Charles de Croisset (qui sera plus tard son directeur de cabinet au ministère des Finances), il considérait qu'il n'aurait eu là-bas aucune espèce de pouvoir. Or quand on a vu le dessus et le dessous des cartes, quand on a été en première ligne comme il l'avait été à l'Élysée, être ambassadeur n'avait plus guère d'intérêt. »

Bref, il a peut-être le profil d'un cardinal, mais discrétion et courtoisie ne signifient ni humilité ni absence d'ambition.

S'il rêve en secret de pouvoir, il refuse toujours de faire de la politique, au moins sur le terrain. À plusieurs reprises, des amis de sa belle-famille, originaire du Jura, lui ont suggéré de venir se présenter dans la région. En vain. Pas question de mener la vie rude du député de province qui ne connaît plus ni week-ends, ni fêtes carillonnées avec femme et enfants. D'ailleurs, dans la famille, on n'aime pas la politique. Lors des déjeuners dominicaux, Madame Delacour, belle-mère d'Édouard, une grande bourgeoise provinciale, allurée, amusante et d'ordinaire bienveillante, souligne toujours le peu d'estime dans laquelle elle tient les politiciens et leurs jeux stériles. D'ailleurs, la politique détruit la vie de famille et elle tient à préserver le bonheur de sa fille. Elle n'aimerait pas du tout que son gendre se lançât dans cette voie-là. « Vous verrez qu'un jour Édouard sera président de la République », lancera plus tard, rieur, son fils Jean-Paul. Une simple plaisanterie bien sûr pour la faire enrager. Tout de même, avant de partir, elle aura pu constater que son gendre est décidément autoritaire et bien ambitieux.

Alors, si l'on refuse la politique, ses risques et ses pouvoirs, pourquoi pas l'entreprise ?

Mais pas plus que la politique, l'entreprise ne vient le chercher. Ambroise Roux, président de la puissante CGE (Compagnie Générale d'Électricité) et grand gourou de la politique industrielle pompidolienne, témoigne : « Un jour Édouard Balladur a demandé à me voir. Je savais qu'il était un homme d'autorité et qu'il pourrait rendre de grands services à la maison. »

S'attendait-il à cette visite ? Dès 1974, Ambroise Roux avait dépêché Jean Silvère, le directeur financier de la Société du Téléphone (ancêtre d'Alcatel), auprès d'Édouard dans sa Société du tunnel du Mont-Blanc, juste pour lui prodiguer de temps à autre quelques conseils de gestion.

Pour commencer, il lui offre la présidence de la Compagnie Générale d'Électricité, une holding financière « honorifiquement correcte » selon Georges Pébereau, numéro deux de la CGE. Elle réunit toutes les activités de télécommunication non reliées aux P et T. Quelques mois plus tard – veut-il qu'Édouard Balladur fasse connaissance avec une réalité plus industrielle ou est-ce en attendant mieux ? – Ambroise Roux le nomme président de la GSI (Générale de Services Informatiques), une filiale du groupe. Il raconte : « Je lui ai expliqué que c'était un vivier d'intelligences bourré de techniciens supérieurs à qui il fallait un président capable de s'imposer pour leur faire admettre la discipline de groupe avec le plus de tact possible. Cette entreprise pilote manifestait une farouche volonté d'indépendance. » Des rebelles, ces gens-là.

Une offre qui n'est guère enthousiasmante *a priori*. Édouard Balladur à qui cette démarche a coûté – au temps de la Régence, il avait cru comprendre au ton et aux propos sibyllins du subtil Ambroise Roux que celui-ci lui réserverait un meilleur sort s'il le sollicitait un jour – est un peu déçu, même s'il ne le montre pas. Il pensait peut-être obtenir un de ces postes de conseiller, proche de la présidence, de ses soucis, mais aussi de ses honneurs – il aurait eu droit à un bureau, au Saint des Saints dans la maison mère – qui permettent d'espérer – qui sait ? – accéder au sommet, le jour venu. En lieu et place, il doit s'« exiler » sur les boulevards extérieurs, on lui offre une responsabilité opérationnelle, alors qu'il espérait rester dans la sphère politique. La déception est qualitative.

C'est l'époque où Jacques Chirac se lance à la conquête de la mairie de Paris. « Jacques réussit tout ce qu'il fait », dit-il admiratif à Yves Guéna lors d'un déjeuner.

Pour lui, songe-t-il, c'en est fini des lambris, des ors et des tapisseries des palais nationaux. Il pénètre sur la pointe des pieds au royaume de la haute technologie. Puisqu'il doit faire ce métier, il va le faire. « Se montrer toujours à la hauteur de sa tâche », telle est sa devise.

La GSI, qui vend des services informatiques aux entreprises, est une société furieusement égalitaire. À l'époque, elle compte moins de mille personnes et son chiffre d'affaires n'atteint pas un milliard de francs. « C'était un moustique de la CGE », selon l'expression de Jacques Raiman, un polytechnicien qui en fut le directeur fondateur. Elle marche bien pourtant. En pleine croissance, elle compte alors une cinquantaine d'établissements dispersés dans Paris et sur tout le territoire. La concurrence est vive, certes, et multiples les raisons de faire des bêtises. La GSI, comme l'avait indiqué Ambroise Roux, n'est pas une maison ordinaire. Les salariés ont des principes : refus de la hiérarchie, élaboration collective de la stratégie, autonomie respectée et assumée de chacun. Chaque directeur de filiale recrute son collaborateur le plus direct et fixe lui-même son salaire. Toute manifestation aussi légère soit-elle d'autoritarisme a quelque chose d'obscène. Jacques Raiman est un adepte du management à la californienne : mieux comprendre la personnalité des gens du haut en bas de l'échelle pour les faire mieux travailler ensemble.

Les premiers temps, Édouard Balladur est plutôt mal accueilli par le directeur général qui apprécie peu que l'on ait viré le président Hubert Boulanger avec lequel il s'entendait si bien. Il raconte : « Avant que Georges Besse, le premier président de la GSI, s'en aille, on m'avait annoncé qu'Hubert Boulanger lui succéderait. Cette fois, le directeur général de la CGE, Georges Pébereau, m'a convoqué, pour me lancer froidement : “À partir de vendredi, ce sera Balladur.” Un peu court, non ? » Pendant quelque temps, Édouard Balladur n'a même pas eu de bureau dans la maison. Ceux qui devaient le voir allaient à son Tunnel du Mont-Blanc, rue de l'Amiral-d'Estaing.

Mais les choses s'arrangent. Comme par hasard, Jacques Raiman a eu pour camarade de promotion à Polytechnique un ancien collaborateur de Balladur, Bernard Esambert, qui lui conseille : « Il faut tout de suite le mettre dans le bain, lui dire la vérité. » Le nouveau président, de son côté, demande d'entrée de jeu : « Que puis-je faire pour vous ? » Réponse : « M'aider à convaincre Ambroise Roux de transformer les salariés de la maison en actionnaires. » Un projet qui a tout pour plaire à celui qui avait rédigé jadis l'ordonnance sur l'intéressement. Quelques mois plus tard, grâce à Balladur – contre l'avis d'Ambroise Roux, mais Georges Pébereau se montre plutôt favorable – les vingt premiers dirigeants de la maison deviennent actionnaires, soixante autres le deviendront ensuite. « Sans Balladur, cela n'aurait pu se faire », confirme Pébereau. En 1987, l'ensemble des salariés aura racheté l'entreprise.

Édouard Balladur s'insère à merveille. Certes, il est le seul à garder fermée la porte du petit bureau où il a fini par s'installer au dernier étage de la maison. Il faut frapper pour entrer. Mais il reçoit tout le monde. Les cadres, un peu surpris au départ par son apparence guindée, font peu à peu la connaissance d'un patron courtois, jamais en colère, jamais paniqué quand la récession au début des années 80 commence à donner des soucis. Il participe à des séminaires (organisés avec les épouses), en Corse, à San Bastiano, une autre fois à Venise. Il dénote un peu dans ces lieux estivaux. Tous les cadres de GSI sont en short et en blouson, Édouard Balladur toujours en costume-gilet et il ne tombe jamais la veste. Il ne leur parle jamais du passé.

« Son autorité morale s'est très vite étendue sur tout le personnel », commente Ambroise Roux. Édouard Balladur participe en effet à des déjeuners de travail où le repas froid est servi sur un plateau avec des couverts de plastique. Il pose des questions, soutient les cadres, se prend d'engouement pour les cercles de qualité, cette technique importée du Japon qui permet aux salariés de s'exprimer sur leurs méthodes de travail, filiale par filiale, tous réunis autour de la table, du PDG au chauffeur-livreur. « Au début, il aurait voulu que nous lui fassions des notes comme à l'Élysée. Mais nous lui avons expliqué que dans les notes, il manque toujours l'essentiel, à savoir la vie, les hommes, et que l'on préférait venir lui expliquer les choses de vive voix. Il l'a très bien compris », rappelle Jacques Szulévicz.

Bref, c'est un président qui préside, qui encourage les investissements et la croissance, qui accepte de prendre des risques, y compris quand la maison mère fronce le nez.

Après les ordinateurs, le cambouis : en décembre 1979 – il vient alors de renouer avec Jacques Chirac – Édouard Balladur cumule la présidence de la GSI avec celle d'une autre filiale de la CGE, la Compagnie Européenne d'Accumulateurs (CEAC), qui fabrique notamment les batteries Fulmen et qui ne se porte pas vraiment bien. L'industrie automobile est en récession. La CEAC occupe six mille salariés dont une majorité d'ouvriers peu qualifiés répartis dans une dizaine d'usines. Impossible de tergiverser. Il faudra, en six ans, réduire le personnel de moitié. Ce qui n'ira pas sans mal ni casse. Les grèves se succèdent. Au cours d'une échauffourée entre grévistes et non-grévistes à l'usine de Clichy un ouvrier algérien passe par une fenêtre et se tue. La tension est extrême. Aidé de son directeur général Jean-Louis Andreu, Balladur rencontre tous les syndicats, fait face, complète sa formation de chef d'entreprise, et conclut, prudent, qu'un patron ne doit pas se mêler de tout, mais déléguer et prendre seulement les décisions importantes en y associant les responsables. C'est le directeur général qui va faire le sale boulot.

Il est toujours là quand, les socialistes ayant pris le pouvoir, la CGE est nationalisée. Georges Pébereau en devient le patron. Des conflits vont bientôt naître. Pébereau demande en effet à la GSI d'appliquer la loi de démocratisation du service public qui permet aux syndicats de participer à la gestion de la maison. Celle-ci, mosaïque de filiales, ne se sent pas concernée. Cette mesure n'intéresse que les entreprises de plus de mille salariés. « Regroupez-vous, gronde Pébereau : le gouvernement me le demande et, si vous ne le faites pas, vous serez hors la loi et vous porterez tort à la CGE. » Mais les cadres de la GSI ne veulent rien entendre : si la CGT se mêle de la gestion de l'entreprise, c'en sera fini de la culture maison, de l'autonomie de chacun.

« Une année durant, se souvient Jacques Raiman, Édouard Balladur m'a demandé si nous ne pouvions pas plier, d'autant que les autres patrons du groupe, ceux qui étaient politiquement les plus à droite, conseillaient de céder. Il y avait des réunions quasi staliniennes dans le bureau de Pébereau. Quand Balladur a compris que c'était impossible, trop contraire à l'esprit maison, il nous a soutenus. Pébereau a menacé de me virer, il a fait savoir alors que, dans ce cas, il s'en irait lui aussi. » Dans la maison on ne l'a pas oublié. Georges Pébereau non plus, qui en 1986, lors de la privatisation de la CGE, fut remercié par un ministre des Finances… nommé Balladur.

Car les temps ont changé, l'énarque, l'homme de cabinet, le Régent devenu patron, s'en est allé vers la politique. Mais il a eu le temps d'apprendre l'entreprise. « Il me disait que cela l'intéressait vraiment beaucoup », affirme Maurice Druon. « Cela m'aura beaucoup appris », confiera-t-il plus tard.

« Si j'étais resté plus longtemps, murmure Ambroise Roux, peut-être en aurais-je fait mon successeur[1]. Mais au fond de moi, j'étais certain qu'il reviendrait à la politique. À mes yeux c'était inscrit. »

Inscrit ?

1. Dans la maison, d'aucuns en doutent !

QUATRIÈME PARTIE

Les retrouvailles

Cher Édouard, Cher Jacques

La double séduction

Les destins basculent parfois de fort banale manière. Une rencontre, un regard, un mot échangé, une harmonie qui s'établit l'espace d'un instant et soudain, pour deux êtres, tout change et tout est transformé.

C'est ainsi, de façon tout à fait anodine, imprévue, que Jacques Chirac et Édouard Balladur lient leur sort au début de l'an 1979.

« Après l'accident de Jacques Chirac, raconte Édouard Balladur, Madame Esnous[1] m'a suggéré de lui rendre visite. Il se sentait isolé, disait-elle, dans le centre de rééducation des Yvelines où il séjournait, et puis il souffrait. J'y suis donc allé. Au cours de la conversation, il a fait allusion à l'appel de Cochin : "Vous avez vu, disait-il, mes déclarations ont fait quelque bruit", et j'ai dû lui répondre quelque chose dans le style : "Vous auriez mieux fait de vous en abstenir." »

Rien de plus !

En l'écoutant, pourtant, Jacques Chirac s'est sans doute amusé : « Décidément Édouard n'a pas changé et il ne changera pas. » Et lui sont revenues en mémoire d'anciennes conversations avec le Régent, toujours si prudent, si justement « juste milieu ». Une machine à fabriquer du calme. Avec des silences accompagnés de moues de marquis, et cette manière si personnelle de pincer le bec et de faire l'« œil de verre » pour exprimer un désaccord. Par exemple quand

1. Qui dirige le secrétariat particulier de Jacques Chirac depuis son entrée à la mairie de Paris.

lui, Chirac, s'était lancé dans l'ubuesque bataille de la présidentielle en 1974 et avait torpillé Chaban. Ce combat n'était pas le sien. Depuis, c'est vrai, le jeune Premier ministre, maire de Paris et patron du mouvement gaulliste, embarqué dans mille combats, n'avait guère songé à son ancien collègue des temps pompidoliens : les Balladur avaient bien assisté par deux fois au dîner offert au corps diplomatique chaque année à la mairie de Paris, mais c'est Madame Esnous qui les avait inscrits sur la liste des invitations. Que faisait-il, que pensait-il ? Jacques Chirac ne s'en était guère soucié. Édouard Balladur, lui, ne s'était guère manifesté. Rien de surprenant à tout cela. Ils étaient si peu intimes[1].

Piaffant d'impatience et souffrant mille morts dans sa retraite forcée, Jacques Chirac ne s'attendait donc pas à une telle visite. Elle lui fit plaisir.

Quelque temps plus tard, encore convalescent – il marchait avec des béquilles – il rendit la politesse, invita Balladur à déjeuner chez Ledoyen, le grand restaurant proche des Champs-Élysées. Un de ces endroits chics et pompeux qui, pensait-il, plairait certainement à Édouard davantage que ses lieux de bombance habituels, de préférence exotiques, des restaurants chinois où il aime gloutonner, en maniant les baguettes avec dextérité, ou des bistrots antillais où il se bourre d'acras en buvant du punch.

L'évocation du passé, les années Pompidou qui les avaient tant marqués, Mai 68 où tous deux avaient tenu bon en attendant la décrue de la déraison tandis que l'élite perdait pied, s'avachissait, se retournait même, prirent le premier rang au menu de ces retrouvailles. D'autant qu'Édouard Balladur mettait la dernière main à *L'Arbre de Mai*.

– Peut-être pourrions-nous nous voir plus souvent, suggéra Jacques Chirac à la fin du repas.

– Pourquoi pas ? Mais vous le savez, Jacques, je n'aime que les tête-à-tête.

---

1. Ils ne pouvaient se rencontrer, en effet, dans les dîners en ville au milieu des « duchesses » dont Édouard affectionne la compagnie, car Jacques Chirac en a horreur. « J'aime mieux dix comices agricoles qu'un seul dîner comme celui-là, dit-il. On parle de choses sans intérêt, on dit du mal de tout le monde, rien ne me fatigue davantage. J'aime mieux être assis chez moi que debout chez les autres. » Ils ne pouvaient pas plus se rencontrer au concert. Édouard et Jacques ont au moins ce point commun : ils ont horreur de la musique. Mozart ou l'opéra sont pour les deux une bonne occasion de sommeil mérité. « Laissez, Josée, laissez », dit Édouard à Madame Balladur lorsque celle-ci écoute son chanteur favori, Pavarotti. Le Régent adore se passer les cassettes vidéo des aventures de… Rambo.

L'ancien secrétaire général de l'Élysée n'avait aucune envie de se laisser embarquer au RPR avec les « Chers Compagnons » qu'il daubait tant des années plus tôt. Jacques Chirac ne le souhaitait pas non plus. Message reçu. Accord conclu.

Arrêt sur image. À ce moment, les dés viennent d'être jetés et ils vont rouler loin. Édouard Balladur est à cent lieues d'imaginer qu'il vient de glisser le petit bout d'un petit doigt dans l'engrenage politique et que tout suivra bientôt : corps et âme. Car il en va de l'ambition comme de ces liaisons qui commencent par un bavardage frivole et finissent par la plus ardente passion. Jacques Chirac, lui, ne songe pas plus que cet Édouard si policé, si parcimonieux de ses élans, si convenable, et qui lui est tellement étranger, va devenir d'abord son confident, puis son conseiller, son ami, son complice pour se poser *in fine* en rival.

Ils l'avaient pourtant tous deux appris chez Pompidou : les pires ennemis sont toujours dans la maison.

« N'en doutons plus, Olympe, ils se vont égorger[1]. » Mais, dans ce cas, ils attendront longtemps encore.

Leur « commerce » débute… par quelques coups de téléphone. Denise Esnous note seulement en 1979 de rares rencontres dominicales le matin à l'Hôtel de Ville (c'est toujours Édouard Balladur qui se déplace). En 1980, le rythme des rencontres s'accélère. Et en 1981, cinquante rendez-vous et déjeuners au moins les rassemblent.

« Cela m'amusait », assure Édouard Balladur. Mais se trouver de nouveau sollicité après tant d'années où il s'était cru oublié, où « il ne comptait plus » comme il disait, avait sans doute aussi une saveur indicible. D'autant que le demandeur se nomme Jacques Chirac, un homme qui ne l'éblouit certes pas – on révère peu ce que l'on connaît trop bien –, mais qui l'épate tout de même. Pour tout ce qu'il est et que lui n'est pas, tout ce qu'il a conquis et que lui n'a pas. D'abord, une extraordinaire capacité politique : sa prise de pouvoir à la tête du parti gaulliste, quelle histoire ! Mais encore, mais surtout, son côté chef de bande infatigable, son charisme, sa connaissance du terrain et du terroir, son flair. Son audace aussi : n'avait-il pas rompu brutalement avec ce Giscard qui avait tant gêné Pompidou ? Sa gaieté même, sa débordante affection pour tout un chacun, les facettes surprenantes de sa personnalité qui apparaissent même quand il joue les « incultes en ces jardins secrets »[2].

1. Dans *La Thébaïde ou les Frères ennemis*, de Racine.

2. Selon Maurice Schumann, les archives du musée Guimet à Paris recèlent des textes très érudits de Jacques Chirac.

Et si le Page était devenu un grand cerf ? Le Régent, si sensible au décorum, impressionné par les pompes et les ors de l'Hôtel de Ville, cette citadelle qui fleure la puissance et la gloire au cœur de la capitale, s'interroge peut-être.

De son côté, le chef du RPR trouve agrément à réfléchir en compagnie de cet homme à la conversation souple et amène, qui parle une langue choisie, précieuse même, dont il ponctue l'emphase par un clin d'œil malicieux ou un sourire ironique en demi-lune. Qui n'élève jamais le ton, et se montre lucide. Dont le jugement en somme est civilisé. Édouard n'éblouit pas. Il impressionne par sa sérénité. Il n'a pas la « tête philosophique », ce qui plaît à un Jacques Chirac toujours enclin à se méfier des idéologues. Son passé lui donne une connaissance assez universelle des choses de l'État. Il continue à présider ses entreprises, mais vient quand on l'appelle, dit ce qu'il pense, ne cherche ni à plaire ni à imposer. Il nc sc mêle pas à la petite cour qui entoure le maire de Paris, il se montre même affectueux, mais à sa manière. Le confident idéal en somme.

Jacques Chirac, qui aime beaucoup le téléphone, prend coutume de l'appeler une ou deux fois la semaine. Puis de plus en plus souvent. Quand il ne se rend pas en Corrèze pour le jour du Seigneur, il l'invite à poursuivre ces conversations devant un feu de cheminée, jusqu'au jour où, sur un problème précis ou une idée lancée par son interlocuteur, il lui demande : « Cher Édouard, voudriez-vous me faire une note ? » Agréable surprise, le lendemain le travail est fait. Jacques Chirac reçoit par télex, à moins qu'il n'ait dépêché un chauffeur à la GSI, une page d'une belle écriture régulière : un modèle du genre. Édouard Balladur rédige vite. Ses notes sont toujours concises et claires. Jacques Chirac se souvient que Georges Pompidou les appréciait.

Un an se passe ainsi. Au RPR, on ignore encore tout de leur relation. Mais cette liaison cachée enchante ceux qui sont dans la confidence. À commencer par Denise Esnous que cette présence rassure : depuis qu'elle a connu Jacques Chirac, si jeune à Matignon, c'est plus fort qu'elle, elle continue de le regarder comme un gamin turbulent. Mais cette satisfaction souffre d'une exception notable : Charles Pasqua.

Aux yeux des autres, cette complicité symbolise à la fois la continuité, la fidélité au père et l'assagissement de Jacques Chirac. Édouard est un peu le grand frère qui va protéger le cadet des mauvaises influences. On se retrouve enfin entre gens convenables : l'aile gauche de l'Élysée. On tire un trait sur les extravagances des Juillet, des Garaud, et plus récemment des Pasqua. Qui justement vient de se faire prendre la main dans le sac[1].

Tous, certes, ne participent pas à la ferveur de Madame Esnous. Quand elle dit « Monsieur Balladur », elle y met cette intonation dévote et déférente réservée jusqu'alors à « Monsieur Pompidou ». Tous les cultes ont leur tabernacle et leurs célébrants. Certains parlent ainsi du Saint-Sacrement. Or elle s'entend à faire partager sa révérence. « Au début, c'est elle qui m'a encouragé à aller voir Édouard, elle m'y poussait même », témoigne Alain Juppé.

La Pompidolie tout entière accueille ainsi ces retrouvailles avec faveur, et du coup, adhère à nouveau au mouvement gaulliste. « C'est lui qui nous a réunis, Robert Poujade et moi avec Jacques Chirac », révèle Olivier Guichard. Quand Chaban renoue le dialogue avec le chef du RPR, ce sera aussi en présence de l'ancien Régent. À en croire Denis Baudouin, ancien de l'Élysée devenu directeur de la communication du maire de Paris, Bernadette Chirac elle-même se montre très satisfaite. « Le couple Chirac, ajoute-t-il, était fasciné par le couple Balladur. Ils formaient une famille si harmonieuse avec leurs quatre fils, si comme il faut. » Les Balladur de leur côté éprouvent une affectueuse commisération pour ces Chirac assiégés parfois par tant de malheurs familiaux.

Puisque tout son entourage acquiesce, puisqu'il est nimbé de ce halo approbateur, Jacques Chirac se sent encouragé à développer cette relation. D'autant qu'une question capitale se pose : les élections présidentielles de 1981 approchent. Que va-t-il faire ? Tous s'interrogent. Lui le premier. « Cher Édouard, peut-être pourriez-vous penser à ce que pourrait être une campagne présidentielle ? » C'est au détour d'une conversation vers la fin de 1980 que Jacques Chirac pose la question. Surprise : pour une fois, le confident se fâcherait presque. Il perd son calme. Il est hostile à la candidature du maire de Paris

1. Au lendemain des élections européennes, alors que le bureau politique du RPR devait être renouvelé et que la fronde sévissait dans le mouvement, « on » avait un peu arrangé les résultats. Avec les meilleures intentions du monde : protéger Jacques Chirac des gêneurs et des râleurs. « On », c'étaient les amis de Charles, sinon lui directement. Mais le trucage était trop gros, et les coupables trop vite découverts, le « scandale » risquait d'être dévoilé à la presse. Charles Pasqua n'eut alors d'autre solution que d'avouer à Jacques Chirac : « Je suis devenu une gêne pour toi, je m'en vais. » Et il disparut pour quelque temps. « Une vraie-fausse sortie » bien entendu, puisqu'il s'installait à deux pas du RPR, place du Palais-Bourbon. Jacques Chirac pourrait toujours compter sur lui pour les élections présidentielles. Mais voilà, pour l'heure, il se retrouve un peu plus seul. Les retrouvailles avec Édouard étaient donc fort opportunes.

et le lui dit tout net : « Je suis convaincu que Giscard sera battu à cause du phénomène de rejet qui depuis des mois s'est développé dans le pays. Et, cher Jacques, vous n'avez aucune chance d'être élu à sa place. En revanche, si vous vous présentez, c'est à vous que l'on fera porter la responsabilité de la défaite. Vous aurez du mal à vous en remettre. »

Jacques Chirac opine du chef. Bien sûr il comprend, mais il rétorque :

— Si je ne me présente pas, Michel Debré sera candidat. Il fera entre 8 et 12 % des voix, pas plus. Et après la contre-performance des élections européennes, un tel score sera très préjudiciable au mouvement. Un désastre même.

— Vous tenez là un raisonnement de parti et non un raisonnement présidentiel, s'entête Balladur.

Et il n'est pas le seul. Après lui sc manifeste une cohorte : Alain Juppé, Jacques Friedman, l'ami de toujours, Jérôme Monod, Denis Baudouin, sans parler de Bernadette Chirac. Tous tentent de dissuader le chef du mouvement gaulliste de se lancer dans la bataille. En vain.

Il ne les écoute pas. Les campagnes électorales, il aime ça. Et puis, il n'est sans doute pas mécontent d'en découdre avec ce Giscard qui désormais l'horripile. D'autres raisonnements le confortent dans ces sentiments : l'alternance, pense-t-il, est inévitable. La gauche ne campe-t-elle pas depuis des années aux portes du pouvoir ? Il s'en est fallu de très peu qu'elle ne l'emporte aux législatives de 1978 ; et si elle a échoué c'est parce qu'il a jeté toutes ses forces, lui, Jacques Chirac, dans la bataille. Alors, si l'alternance est inévitable, pourquoi attendre ? Si Giscard, cette fois, était réélu, on reculerait pour mieux sauter : la fois suivante le Président serait forcément un socialiste. Si Giscard est battu, en revanche, un autre homme, Jacques Chirac, aurait sa chance sept ans plus tard. Et dans l'immédiat le mouvement tirerait le meilleur profit d'une cure d'opposition.

Il est conforté dans cette analyse par les trois hommes clés du RPR : Charles Pasqua, qui tient en main toute l'organisation, Bernard Pons, le secrétaire général, Claude Labbé enfin, le président du groupe. « Tout ce que tu as fait depuis 1974 n'aurait pas de sens », expliquent-ils en chœur à un Jacques Chirac qui ne demande qu'à les entendre. Enfin, raconte Jacques Toubon, « un moment est venu où Jacques ne pouvait plus reculer. Charles avait tout préparé : la logistique, les comités de soutien, les affiches, il avait recueilli les fonds. C'était comme si on lui apportait une voiture avec la clé de contact déjà enclenchée. Il n'avait plus qu'à s'installer au volant ».

Les risques d'accident, d'ailleurs, sont-ils si grands ? Dans ces élections-là, les outsiders prennent parfois des gages sur l'avenir. En 1965, Jean Lecanuet s'était ainsi inventé un rôle politique de longue durée, et en 1969, Michel Rocard avait forgé son destin à gauche.

Va donc pour la campagne !

Si Charles Pasqua déplore quelque chose, c'est plutôt que Jacques Chirac ne se soit pas décidé plus vite : Michel Debré l'a devancé (avec la bénédiction de l'Élysée qui espérait ainsi empêcher la candidature du maire de Paris, et souhaitait en toute hypothèse diviser ces alliés qui sont des rivaux). Marie-France Garaud elle-même s'est « portée » comme on dit en Corrèze.

Marie-France ? Jacques n'en croit pas ses oreilles.

« Nous ne pourrons plus l'arrêter », soupire alors Édouard Balladur devant un Denis Baudouin également désolé. Cela n'empêche pas Jacques Chirac, qui le rencontre toujours en tête à tête, de solliciter son aide. Édouard s'exécute, rédige quelques argumentaires[1], relit les discours, réécrit même à l'occasion les interviews, comme il l'avait fait durant la campagne présidentielle de Georges Pompidou. Tout en répétant que cette stratégie est une erreur et Pasqua un homme dangereux. « L'inimitié entre Balladur et Pasqua a commencé là », note Jacques Toubon.

Balladur juge en effet ce Pasqua d'autant plus aventureux qu'en début de campagne celui-ci a sorti d'on ne sait où des sondages, seuls de leur espèce, selon lesquels Jacques Chirac pourrait bien se retrouver présent au second tour, face à Valéry Giscard d'Estaing, François Mitterrand ayant été éliminé dès le premier. Le futur ministre de l'Intérieur avouera plus tard (à Denis Baudouin) que ces sondages étaient « bidon », mais qu'il entendait donner ainsi du cœur à l'ouvrage au candidat. Lequel n'en manque pas. « Je peux être élu président de la République », annonce-t-il au Club de la Presse d'Europe 1. Puis d'expliquer hors micro : « Je ne crois qu'en mon pif qui est grand. »

1. William Abitbol, aujourd'hui collaborateur de Charles Pasqua, rapporte que Jacques Chirac le faisait même consulter sur le choix de certaines affiches. « Je lui avais porté à Dieppe, alors qu'il tenait une réunion avec Charles, des projets d'affiches sur le thème : "Ne mettez pas tous vous œufs dans le même panier." Nous nous étions retrouvés dans une chambre d'hôtel pour les regarder et devant nous à une heure du matin, Jacques a téléphoné à Édouard pour lui annoncer ma visite le lendemain, afin qu'il se prononce. Je suis allé le voir dans son bureau de la GSI, il m'a reçu avec une grande courtoisie, mais en me disant : "Vous savez, je n'y connais rien." »

Les militants eux aussi y croient dur comme fer. Non sans raisons : partout leur héros fait salle comble, la mayonnaise prend, il est à son meilleur et Pasqua ne le lâche pas d'une semelle. Sa réputation d'organisateur est établie, elle est enviée des autres candidats[1].

Seulement voilà, Jacques Chirac s'est trompé de cible. Dans tous ses discours il fait de Giscard son adversaire principal. C'est plus fort que lui. Certes, ce candidat qui cavale, fonce et s'égosille, lance tout de même un appel aux Français pour « éliminer Mitterrand au premier tour ». Mais cela ne suffit pas à dissiper les malentendus. De tous côtés. D'abord, inquiet à l'idée de se trouver au second tour devant un dilemme Giscard-Chirac qui rappellerait le Pompidou-Poher de 1979, le peuple de gauche se rameute. Les sympathisants communistes se préparent à voter utile dès le premier tour. Et dans la majorité, les plus légitimistes des électeurs refusent d'avoir à arbitrer entre Giscard et Chirac dont la mésentente leur a suffisamment fracassé les oreilles. Ils optent pour le président sortant.

Le 26 avril 1981, les résultats ne sont donc pas à la hauteur de l'espérance, et très éloignés des prometteurs sondages Pasqua. Jacques Chirac obtient un petit 18 % des voix (17,99), soit dix points de moins que Valéry Giscard d'Estaing (28,21 %). François Mitterrand sera donc présent – très présent même – au deuxième tour (25,84 % des votes). Les candidats para- ou ultra-gaullistes, eux, apprennent ce que signifie la Bérézina : Michel Debré et Marie-France Garaud obtiennent respectivement 1,65 % et 1,33 %.

Au soir de ce premier tour pourtant, le trio Pasqua-Pons-Labbé, loin de s'affliger, se frotte presque les mains. C'est qu'il s'accommode fort bien de la défaite de Valéry Giscard d'Estaing. Mieux, il la prépare. « Une fois l'hypothèque giscardienne levée, le pays pourra se relever », explique benoîtement Charles Pasqua au *Matin de Paris*, un quotidien proche du PS. Personne ne fronce le sourcil au RPR quand, au beau milieu d'une réunion du comité central, Philippe Dechartre, un gaulliste de gauche, ancien ministre de Georges Pompidou, préconise de voter Mitterrand.

Les trois compères, sûrs de leur flair et de leurs ruses, « mettraient leur main au feu » que Mitterrand installé à l'Élysée, la droite (entendez le RPR) prendra sa revanche aux législatives. « La majorité qui

1. Quand le candidat Mitterrand fait halte à Belfort pour le déjeuner, il manque les couverts, le dessert. Et Roger Hanin de plaisanter devant les journalistes : « Ah ! Si Pasqua était avec nous, vous auriez eu un plat chaud, des couverts et un gâteau au chocolat. »

sortira du scrutin législatif sera différente de la majorité présidentielle », promet Jacques Chirac au Club de la Presse d'Europe 1[1].

Édouard Balladur est l'un des rares à lui conseiller de soutenir clairement Giscard. « De toute manière, il est condamné, lui a-t-il dit au soir du premier tour. Il faut donc que dès demain matin vous lanciez un appel à voter pour lui. Sinon, vous passeriez pour un traître. » Jacques Chirac ne l'entend pas ainsi : « Les militants, explique-t-il, ne me suivraient pas. » « Toujours ce détestable raisonnement de parti », songe Balladur. Le lendemain, depuis son PC électoral de la rue de Tilsit, Jacques Chirac consent enfin au minimum des minima. Du bout des lèvres, il déclare « qu'à titre personnel, il votera Giscard ». Autant dire qu'il le soutient comme la corde le pendu. Les dirigeants UDF dénoncent évidemment cette opération « Ponce Pilate », les électeurs de droite sont navrés de ces divisions.

Le 10 mai 1981, Valéry Giscard d'Estaing est battu. Faute d'avoir écouté son nouveau confident, Jacques Chirac, naguère faiseur de rois, est devenu régicide. François Mitterrand entre à l'Élysée après vingt-trois années d'opposition. Contrairement aux espérances des conseillers de Jacques Chirac, un mois plus tard, le 21 juin, lors des élections législatives, une vague rose déferle sur le pays. Sous le choc de la victoire mitterrandienne, une fraction des électeurs conservateurs s'est abandonnée comme une femme résignée entre les bras du vainqueur. Le PS enlève à lui tout seul 288 sièges, le PC 43. La droite est battue et abattue.

Édouard Balladur lui-même est surpris par l'ampleur de ce raz de marée. Et daube volontiers les conseillers de Chirac : « Je n'ai pas beaucoup de considération pour le sens politique de gens comme cela », lâche-t-il quand on lui parle de Charles Pasqua.

« Quand Charles était dans le bureau de Jacques Chirac, Édouard Balladur refusait d'y entrer », se souvient Jérôme Monod.

« Quand Édouard était là, c'est tout juste si on ne me faisait pas comprendre que j'étais de trop », s'indignera longtemps Charles Pasqua.

Édouard Balladur s'afflige d'autant plus que Jacques Chirac s'est mis dans la tête – qui donc lui a inspiré cette idée ? – que, la gauche au pouvoir accumulant les bêtises, elle sera obligée de bientôt s'en aller sous les huées. « L'expérience socialiste ne durera pas deux

1. Il se montre alors pré-cohabitationniste. Le 5 juin 1981, il déclare au *Figaro Magazine* : « Si l'ex-majorité se retrouvait majoritaire, il serait tout à fait possible de gouverner avec le président de la République. »

ans », s'exclame-t-il un jour publiquement à Nouméa. Ce qu'il répète en privé à qui veut l'entendre. Veut-il déstabiliser l'adversaire, ou le croit-il vraiment ? Édouard Balladur plaide au contraire que, les institutions étant ce qu'elles sont, les socialistes garderont le pouvoir au moins cinq ans. Pourtant, les mesures qu'ils prennent le stupéfient.

« Je pensais, dira-t-il[1], qu'il y avait au sein de la gauche des gens suffisamment avertis pour empêcher cette politique à contretemps. Je me trompais. J'ai alors mieux compris la Révolution française dont les excès étaient toujours demeurés pour moi un peu inexplicables, en voyant comment l'*a priori* idéologique pouvait l'emporter sur la prise en compte des réalités. »

L'emprise balladurienne

Le désastre électoral de 1981, en fin de compte, va rapprocher Édouard et Jacques. Celui-ci songe peut-être qu'il eût été mieux inspiré d'écouter celui-là. En tout cas celui-là s'interroge et interroge autour de lui : « Jacques sollicite mon concours, il me demande de travailler pour lui. Cela m'intéresse, mais vous le connaissez, il ne m'écoute pas. » Un temps, il envisage même d'en finir. « Dois-je continuer ? » Il en fait la confidence à François Ceyrac, lequel lui conseille de ne pas abandonner : « Vous devez le protéger contre les mauvaises influences. Sinon, c'est Pasqua qui mettra la main sur lui. Mais exigez des contreparties. »

Mauvaises influences ? Voire ! Quoi qu'en ait pensé Édouard, la candidature de Jacques Chirac aux élections présidentielles et son très chiche soutien à Giscard au second tour ne l'ont pas pénalisé, du moins en un premier temps. Giscard battu, remâchant son échec dans un ranch au fin fond du Canada, l'UDF s'est trouvée contrainte de conclure aussitôt alliance avec le RPR pour les législatives de juin 1981. Surtout, deux années durant, le maire de Paris va faire figure d'opposant préféré des Français. 53 % d'entre eux considèrent qu'il serait le meilleur candidat de l'opposition aux présidentielles, il occupe seul le terrain jusqu'en 1983.

Cette année-là, l'opinion se retourne. La gauche subit une déroute aux municipales : minoritaire en voix, elle perd trente villes de plus de 30 000 habitants. Le ministre de l'Intérieur, Gaston Defferre, espérait attenter au pouvoir sans partage de Jacques Chirac sur la capitale en y créant vingt véritables mairies : il croyait assurer à la gauche

1. À Jean Boissonnat dans *L'Expansion*, 12 septembre 1986.

le contrôle de quelques-unes d'entre elles. C'est raté. Les candidats chiraquiens ramassent toute la mise. Vingt sur vingt : ils obtiennent la majorité dans tous les arrondissements. Paris devient le symbole de la victoire de la droite sur la gauche. Le RPR, vent en poupe, devance largement l'UDF (42 % des électeurs s'en disent proches, contre 24 % à l'UDF). Des résultats qui en cachent toutefois un autre : si Jacques Chirac caracole toujours en tête des sondages d'opinion, un silencieux vient d'entamer une ascension lente et régulière qui va lui valoir le surnom de « tortue » : Raymond Barre.

Le retournement n'est pas seulement politique mais idéologique. En Allemagne, Helmut Kohl vient de succéder à Helmut Schmidt. Une victoire vite considérée comme le signe du regain des idées libérales en Europe d'autant qu'en Grande-Bretagne Madame Thatcher s'en inspire déjà, et qu'elles triomphent aux États-Unis avec Ronald Reagan. Des clubs les propagent en France. On y joue à « plus libéral que moi, tu meurs ». Le Club 89 créé par Alain Juppé et Michel Aurillac s'illustre tout particulièrement dans cette entreprise. Le Parti républicain, où Alain Madelin fait figure de champion de la radicalisation doctrinale, prend le nom de Parti libéral. La contagion est rapide. Une majorité de Français se déclare désormais favorable à la droite et plébiscite les mots « libre-échange, dénationalisation, concurrence, profits, mérite ». Le socialisme n'a plus la cote.

François Mitterrand bat des records d'impopularité : seulement 38 % d'opinions favorables, contre 56 %. Au lendemain de l'échec des municipales, il s'est trouvé acculé à un rude examen de conscience. Ou bien il s'enferre dans « l'autre politique », ce qui le contraint à sortir du système monétaire européen et à trouver dans le protectionnisme la voie « originale » d'un développement à la française. Ou bien il change de cap[1].

Dix jours durant il s'interroge. On joue « silence radio à l'Élysée ». L'enjeu est évident : d'un côté l'Europe, de l'autre le socialisme hexagonal. Le 23 mars 1983 à 20 heures : eurêka ! après moult tergiversations, le Président a tranché. Il l'annonce doctement à la télévision. Il garde Pierre Mauroy à Matignon, ce qui signifie qu'il choisit l'Europe. La France renonce à l'isolement, reste dans le serpent monétaire européen. Un nouveau plan de rigueur est annoncé. Mais la donne est changée. Pour la première fois depuis bien longtemps, les consommateurs vont faire les frais de l'opération, et les entreprises ne seront plus pénalisées. C'est un aggiornamento pour la gauche,

1. Voir : Catherine Nay, *Les Sept Mitterrand*, Paris, Grasset, 1988.

mais aussi pour toute une tradition nationale. « Cela ne correspond pas à ce que nous voulions faire », lâche, le cœur lourd, le premier secrétaire du PS, Lionel Jospin, devant le comité directeur.

Il n'a encore rien vu. Le second changement de cap, un an plus tard, le 4 avril 1984, est plus vertigineux encore. Ce jour-là, François Mitterrand, retour des États-Unis où il a rencontré un Ronald Reagan au plus haut de sa popularité, tient à l'Élysée une conférence de presse. Surprise des journalistes : le Président socialiste a adopté – c'en est comique – un nouveau look façon Reagan. Il a abandonné la traditionnelle position assise derrière un bureau Louis XV, il parle debout, derrière un pupitre flanqué du drapeau tricolore. Bref, le style Maison-Blanche.

François Mitterrand, au cours de son séjour chez l'Oncle Sam, a visité la Silicon Valley, cette concentration unique de centres de recherches ultra-modernes et d'entreprises futuristes ct performantes qui annoncent le XXIe siècle et qui est alors, elle aussi, au plus haut de sa réputation. Il en est revenu émerveillé. Et persuadé – mais oui, mais c'est bien sûr – que l'avenir de la France doit se construire sur ce modèle-là.

Sous le feu des projecteurs, le Président réinvente donc le libéralisme. On marchera désormais vers la croissance en relançant l'investissement et non la consommation. Plus question d'aider les « canards boiteux » de l'industrie – la sidérurgie, le charbon – tellement chéris au début du règne. Voici annoncée l'ère de la reconversion, des coupes sombres dans les effectifs[1] et des mutations nécessaires. Les mots « profits » et « réussite » apparaissent pour la première fois dans le discours présidentiel. De la sueur et des larmes : voilà ce que promet François Mitterrand, parce qu'il faudra bien accepter les fermetures d'usines obsolètes et leur cortège de drames humains. La France doit être « moderne ». Il a lâché le mot. C'est 1981 à l'envers.

Un autre signe du bouleversement idéologique est donné comme il se doit par le baromètre Jack Lang. Oublié le temps où le ministre

1. En 1981, alors que le charbon extrait en France coûte trois fois plus cher que celui que l'on importe, François Mitterrand décide de relancer la production à un niveau élevé : 30 millions de tonnes prévues pour 1990 au lieu des 21 millions de 1981. En deux ans on embauchera 8 000 mineurs. Un laps de temps pendant lequel François Mitterrand changera de pied et s'écriera : « L'État ne pourra pas à la fois couvrir l'énorme déficit de l'extraction charbonnière et participer à la renaissance industrielle du bassin houiller. Sur cinq ans, il faudra réduire les effectifs des mineurs de 57 000 à 28 000. »

de la Culture s'écriait (à Mexico) : « Le véritable danger pour le monde de l'esprit occidental, est l'impérialisme financier et culturel américain. » La Silicon Valley ayant séduit le Président de la République, elle obsède désormais son ministre lequel s'écrie, lyrique, à la télévision : « On parle de la Silicon Valley des États-Unis, mais des Silicon Valley, on en trouve partout chez nous : en Aquitaine, en Rhône-Alpes, en Bretagne, en Alsace. Partout le pays se transforme[1]. »

Comment expliquer pareille conversion présidentielle qui tourneboule le peuple de gauche ? Le pouvoir mitterrandien a tout simplement découvert « les pépins de la réalité » et il subit les contraintes qu'impose « l'alliance du socialisme et de la durée ». De cette alliance, le Président parlait jadis comme d'un avantage. Mais – on ne l'a pas assez souligné – elle s'est révélée un piège. Sous d'autres Républiques, quand la politique économique de la gauche avait vidé les caisses, des hommes de droite étaient appelés dare-dare pour redresser la barre : Poincaré, après le Cartel des gauches, Paul Reynaud, après deux années de Front Populaire. Cette fois, les institutions garantissant au pouvoir la stabilité, le titulaire de l'Élysée doit réparer lui-même ses propres erreurs.

Jacques Chirac se trompait donc en prophétisant que la gauche partirait au bout de deux ans. Il doit lui aussi s'adapter, penser autrement à l'avenir.

En cette année 1983, le RPR a du pain sur la planche. Si le mouvement gaulliste a conservé une bonne image, il lui faut lucidité garder. Son succès est dû surtout au rejet de la gauche. Il importe donc de donner au corps électoral des raisons positives d'adhésion, de lui offrir un programme, lui présenter des idées.

« Des législatives ça se gagne en cinq semaines… à condition de les préparer longtemps à l'avance », s'amusait à dire Georges Pompidou. Édouard Balladur qui a retenu la leçon la répète à un Jacques Chirac tout aussi convaincu. Le Régent voudrait en outre habituer son cadet à ne plus se précipiter hors de lui-même à la moindre saute de vent, à ne plus exploser à tout moment en convictions successives, en s'engageant toujours à fond, comme si ce devait être son ultime religion. Une fois pour toutes, il a défini le cadre de leurs relations : « Si vous n'êtes pas d'accord, cher Jacques, vous n'êtes pas obligé de m'écouter. Mais moi je ne suis pas obligé d'être d'accord avec vous. »

1. À *L'Heure de Vérité* d'Antenne 2, le 24 juin 1984.

Or, une question inédite se pose : faudra-t-il cohabiter ou pas ? Le mot n'a pas encore été lancé, mais cela ne change rien à l'affaire. Tous les sondages désormais le prédisent : la droite a de fortes chances de l'emporter aux législatives de 1986. Et les Français, qui avaient d'abord souhaité dans cette hypothèse le départ du Président, ont été sensibles à la révision idéologique qu'il vient d'opérer. Ils pensent donc qu'il devrait avoir le choix : rester à l'Élysée ou s'en aller. Puis, les mois passant, leurs traditionnels sentiments légitimistes triomphent : ils sont de plus en plus nombreux à souhaiter son maintien à la tête de l'État.

Raymond Barre devenu le premier des cavaliers de l'opposition – il est regardé désormais comme le meilleur présidentiable de la droite – a prévenu dès juin 1983 : « La coexistence de deux pouvoirs, l'un à l'Élysée, l'autre à Matignon, est une hypothèse à exclure, ce serait le retour aux jeux, aux délices et aux poisons de la IVe. L'opposition y perdrait son âme. » Le député de Lyon qui s'installe dans le rôle du « refuznik du microcosme » estime que François Mitterrand, s'il était désavoué aux législatives, devrait quitter l'Élysée. « Les vainqueurs ne doivent pas se mettre, dit-il, au service du vaincu. Ce ne serait pas de bonne démocratie. » Il n'acceptera donc pas d'être son Premier ministre.

Édouard Balladur, lui, sait très bien que François Mitterrand ne partira pas – Georges Pompidou serait resté en pareil cas. Il s'en persuade donc : le RPR doit d'autant plus accepter de cohabiter avec lui que son adversaire le plus dangereux pour la prochaine présidentielle, Raymond Barre, s'y oppose et s'acharne à s'isoler. « Au pouvoir, nous prouverons ce que nous savons faire », dit-il à Jacques Chirac.

Il n'est pas facile d'en convaincre les Compagnons. Leur religion est loin d'être faite. Ils préféreraient pour la plupart – Charles Pasqua en tête – que leur leader exige lui aussi le départ de François Mitterrand en cas de victoire. Mais Jacques Chirac n'est pas hostile au principe : la cohabitation est inscrite dans les institutions, elle en est la traduction parlementaire, sa logique est indiscutable, donc il n'en discute pas. Mais il n'entend pas braquer trop vite le mouvement. Il préfère qu'un autre en prenne le risque.

Édouard Balladur y est tout disposé. « Je vais écrire un papier sur la cohabitation, vous n'y voyez pas d'inconvénient, cher Jacques ? », lui demande-t-il un jour devant Denis Baudouin.

Jacques Chirac : « Mais non, cher Édouard. Aucun. »

Quelque temps plus tard Édouard Balladur revient avec un texte : « Tenez, cher Jacques, lisez-le[1]. »

L'article, intitulé « Ambivalence des institutions, les deux tentations », démontre qu'un Président de gauche peut cohabiter avec une majorité de droite, « Un jour ou l'autre nos institutions subiront l'épreuve de vérité qui permettra de juger de leur solidité réelle. Que se passera-t-il ? Les responsables politiques auront le choix entre deux attitudes : ou bien rechercher l'affrontement, la majorité nouvelle tentant de paralyser le Président et celui-ci refusant de tenir compte dans la composition du gouvernement de l'existence d'une majorité nouvelle. Ou bien tenter la cohabitation[2], ce qui suppose que chacun accepte d'être quelque peu empêché dans la liberté de ses mouvements et de ses choix. De ne pas appliquer tout de suite ses projets. »

Autrement dit, si chacun y mettait du sien et jouait la modération, tout pourrait aller pour le mieux dans le meilleur des mondes. Ou plutôt dans le moins mauvais.

Édouard Balladur expliquera plus tard : « J'ai toujours été frappé par la violence et l'aigreur des rapports politiques dans notre pays, il me semblait que l'occasion m'était offerte de démontrer à la fois que nos institutions étaient assez souples, assez solides, pour s'adapter à tous les événements et que l'acharnement hostile et réciproque ne doit pas être nécessairement, en toutes circonstances, la loi de la vie publique… Il y a peut-être un peu d'idéalisme. La cohabitation laissera le souvenir d'un combat et non pas d'une trêve… Cependant, c'était une trêve que je souhaitais, et même plus : travailler en commun[3]. »

Une fois de plus, Édouard Balladur le non-violent démontre que l'on adopte toujours les théories de sa physiologie. La vie en société, pense-t-il, impose la retenue. La politesse dans les rapports sociaux est la condition de la civilisation. On peut vaincre un adversaire tout en y mettant les formes. Les gens de Smyrne connaissent bien le vieux proverbe turc : « Il faut toujours tuer son ennemi avec du coton. »

Jacques Chirac a lu l'article : « Ça ne vous gêne pas, cher Jacques, si je le publie dans *Le Monde* ? », interroge cette fois Édouard Balladur. Mais non. Pourquoi, en effet, s'y opposerait-il ? on peut tout à fait admettre le caractère inéluctable de la cohabitation – « Un refus

1. Édouard Balladur a également fait lire son article à Georges Pébereau, son patron à la CGE, nouvellement nationalisée.

2. Voilà le mot lâché, et qui fera fortune.

3. Dans *Passion et longueur de temps*, Paris, Fayard, 1989.

pourrait aboutir à une crise de régime », plaide-t-il alors – sans souhaiter assumer soi-même cette situation inconfortable. À ce moment en effet, tandis qu'Édouard Balladur fait ses écritures, Jacques Chirac repousse avec énergie l'idée de rempiler à Matignon. Il a gardé un souvenir trop pénible des jours qu'il y a vécus sous la présidence de Giscard pour songer à récidiver avec Mitterrand. Il règne sans partage sur Paris, c'est une solide base de lancement pour une élection présidentielle. Pourquoi donc se créerait-il de nouveaux soucis ? Non merci, Matignon, il ne veut plus en entendre parler.

Tout au long de l'année 1984, il l'affirmera et le répétera : « J'ai déjà donné. » En mai 1985, il le redira : « Je n'ai aucune intention, cela doit être clair, d'assumer les fonctions de Premier ministre de Monsieur Mitterrand, et je n'ai pas vocation à le faire[1]. »

« Mais il n'y a pas d'autre solution, cher Jacques », lui serine Édouard à l'oreille, chaque fois qu'il se cabre.

Le Monde publie l'article d'Édouard Balladur avec un titre d'appel en première page[2]. Il est indiqué seulement que l'auteur fut « secrétaire général de l'Élysée au temps de Georges Pompidou ». Précision utile. Voilà neuf ans que le Landerneau politique n'avait plus entendu parler de lui. Qui se souvient encore d'Édouard Balladur ? Quatre ans plus tôt, il a certes publié ses souvenirs de Mai 68, mais le livre n'a jamais figuré sur la liste des best-sellers. Le retentissement de l'article dans le public est donc presque nul. Pourtant, son effet sera déterminant au RPR. De ce jour, Jacques Chirac, même s'il n'entend toujours pas aller lui-même à Matignon, ne pourra plus s'affirmer hostile au principe de la cohabitation (d'autant qu'il ne l'est pas au fond, on l'a vu). Et le mouvement gaulliste – certains en rechignant très fort, comme Charles Pasqua – va peu à peu se convertir à l'idée de gouverner avec un président de gauche à l'Élysée. Robert Pandraud explique : « C'est la conjonction du non de Barre et du oui de Balladur qui a amené le RPR à accepter la cohabitation. »

Bien plus, en dépit de ses réticences et de ses dénégations, Jacques Chirac va peu à peu être conduit à revendiquer pour lui le poste de Premier ministre : son parti est dominant au sein de la droite et il doit lui conserver cette position. Et puis, l'adoption par la gauche de la proportionnelle pour les prochaines législatives (dans le but évident de limiter le succès de l'opposition) a beaucoup modifié les données

1. Sur RTL.
2. C'est Denis Baudouin qui a négocié cette faveur rare avec le grand quotidien du soir à la demande d'Édouard Balladur.

du kriegspiel électoral. Les dirigeants politiques doivent réapprendre à compter, repenser leur stratégie et leurs accords. En 1985, l'opposition ne cessera de s'interroger : faut-il présenter des listes UDF et RPR séparées ou unies ? Débat d'autant plus vif qu'à l'UDF règne la cacophonie entre les barristes (non cohabitationnistes) et les giscardiens et léotardiens (favorables ou résignés). Comment créer dès lors des listes UDF homogènes[1] ? Quel casse-tête !

Jacques Chirac va profiter de ces divisions. Puisque ses partenaires se disputent, il redevient le patron de l'opposition. Barre s'est exclu de lui-même, Giscard ne peut décemment pas faire figure de prétendant après avoir régné, même si depuis son retour à l'Assemblée nationale, il laisse entendre – « un insatiable celui-là » – que Matignon ne lui déplairait pas. La place est donc libre pour Chirac.

« J'ai toujours su au fond de moi que j'irais, assure-t-il aujourd'hui. Mon cœur me disait non mais ma raison commandait le oui. » Il s'avoue donc partant. En juillet 1985, alors que les sondages de BVA – *Paris-Match* annoncent que le RPR obtiendrait plus de sièges que l'UDF, les moins avertis peuvent déceler un changement dans le discours du maire de Paris. Il déclare à Radio Monte-Carlo : « Je ne crois pas que l'on puisse qualifier le poste de Premier ministre de piège. » Un peu plus loin, il dresse le portrait-robot du chef du gouvernement modèle 1986 : « Un homme courageux, désintéressé, dynamique. » Ressemblant, non ? Ensuite, la musique va crescendo. Le 16 février 1986, c'est Édouard Balladur qui déclarera : « Si Monsieur Mitterrand demandait à Jacques Chirac de devenir Premier ministre, je lui dirais de répondre oui[2]. »

Aller à Matignon, oui, mais pour quoi faire ? Et avec qui ? Une fois de plus Édouard Balladur va beaucoup mettre la main à la pâte, pour le compte de Jacques Chirac. Il prône l'union avec l'UDF pour le programme, comme il l'avait fait pour la liste aux européennes de 1984. (Jacques Chirac avait gardé un si mauvais souvenir de la campagne européenne menée cinq ans plus tôt avec Michel Debré qu'il fut fort soulagé de laisser la tête de liste à Simone Veil. C'était à ses yeux chose entendue : on n'a que des ennuis avec l'Europe.) De même, Balladur préconise une relative modération dans les attaques contre François Mitterrand pour mieux préparer l'inévitable cohabitation.

1. Seuls Raymond Barre dans le Rhône et Christine Boutin dans les Yvelines feront liste à part.

2. À ce moment Édouard Balladur est déjà en contact avec Jean-Louis Bianco, secrétaire général de l'Élysée, pour préparer l'arrivée de Jacques Chirac à Matignon.

Une stratégie qui fait doublement enrager Pasqua. Lequel lance à Jacques Chirac : « Vous feriez mieux de vous méfier du Front national qui est en train de nous tondre la laine sur le dos. »

Simone Veil témoigne : « C'est en 1984 que je me suis aperçue du rôle de Balladur. Chirac m'avait invitée à déjeuner pour parler de la liste que je devais conduire. Il m'a demandé si je voyais un inconvénient à ce qu'il l'amène avec lui. Je le connaissais très peu, cela m'a énervée. Et je lui ai répondu : "Moi, je viens seule, vous n'avez qu'à faire de même." »

Bientôt, en effet, on aperçoit de plus en plus Édouard Balladur aux côtés du maire de Paris, lequel s'en montre de plus en plus reconnaissant.

« Jacques a toujours pensé qu'Édouard travaillait, discutait, venait le voir le dimanche pour lui rendre service, qu'il lui en était donc redevable, mais pas celui-ci », explique Jacques Friedman.

Généreux comme il est, Jacques Chirac rêve déjà de renvoyer l'ascenseur. Avec une sorte de gourmandise, il promet autour de lui : « Édouard, j'en ferai un député. » Or, justement en avril 1984, Jacques Marette, député du XVe arrondissement, meurt. Jacques propose le siège à Édouard. Une circonscription en or. Qui attire bien des convoitises : un quelconque candidat portant l'étiquette RPR est quasi sûr du succès. Mais « cher Édouard » refuse. Non, il n'est guère séduit par l'idée de se retrouver noyé au milieu de cette Assemblée rose. Et puis, il n'a pas envie de faire campagne, d'aller serrer les mains sur les trottoirs, d'affronter la foule : « Mais on vous aidera, cher Édouard. » Et puis, enfin, il ne veut pas quitter ses entreprises : « Mais il n'y a pas d'incompatibilité », lui rétorque encore Jacques Chirac, d'une générosité opiniâtre, qui suggère d'aller en toucher un mot au patron de la CGE, Georges Pébereau, dont dépendent celles-ci. « Un jour, raconte Pébereau, Jacques Chirac et Édouard Balladur m'ont rendu visite, et le premier m'a dit : "J'ai besoin d'Édouard Balladur, est-ce que cela vous gênerait qu'il soit député ?" Je lui ai répondu "non", et ils sont repartis. Quelques instants plus tard, Édouard Balladur est revenu m'avouer qu'il voulait rester dans le groupe à part entière et qu'il n'entendait pas se présenter. »

« Décidément, il ne changera pas », se dit Jacques Chirac. L'ancien Régent a toujours préféré les plaisirs subtils de l'influence aux lumières crues de l'estrade. Il ne veut rien, ne demande rien, à l'inverse de tant de gens qui sollicitent le maire à longueur de journée. Cependant, il s'implique chaque jour davantage. Il semble tout bonnement heureux de mettre ses armes intellectuelles au service du maire de Paris qui en est presque décontenancé, dont la générosité s'exaspère d'autant, et qui s'interroge : comment lui faire plaisir ?

Comme il écrit vite et bien, Édouard Balladur devient peu à peu le censeur de tout ce que dit, écrit, le chef du RPR. Rien n'est plus publié sans son imprimatur. Jacques Chirac lui offre ce cadeau inestimable : le monopole du juste, du vrai, du ce qu'il faut penser et faire et dire ! Jacques Friedman le souligne : « Parce que Édouard était calme, posé et réfléchi, quand il disait : “c'est bien”, il rassurait Jacques. » Lequel est flatté, aussi, de se trouver flanqué du pompidolien le plus ancien dans le grade le plus élevé. Il le respecte, juge sages ses conseils et très utiles ses services. Et si celui-ci parfois fait la moue, se montre quelque peu susceptible – « Si vous ne tenez pas compte de ce que j'écris, ça n'est pas la peine que je me fatigue », menace-t-il parfois d'une voix flûtée –, il importe de ne pas le contrarier, alors on accentue la révérence.

Tous les collaborateurs de Chirac en prennent vite leur parti. Un à un, ils doivent se rendre en pèlerinage dans le petit bureau aux murs gris et vides qu'occupe le « cher Édouard » au dernier étage de la GSI, afin d'obtenir approbation, encouragements, « bons à tirer ». « J'y suis allé au moins deux fois », se souvient Charles Pasqua.

« Quand Denis Baudouin en revenait et disait : “Édouard est satisfait”, il me faisait songer à un enfant qui venait d'avoir le tableau d'honneur », note une proche du maire de Paris.

Jacques Chirac est ainsi fait : quand Édouard est content, il l'est aussi et le souligne. Quand Édouard dit « c'est bien », il est ravi et le répète. C'est qu'il a toujours besoin d'être entouré, non seulement de collaborateurs dociles (qu'il peut tyranniser à coups de téléphone nocturnes), mais surtout de conseillers qui sont bien plus que des conseillers : des gourous, des mentors qu'il traite comme des maîtres, réinventant à sa manière la dialectique du maître et de l'esclave.

Bientôt, le maire de Paris harcèle son entourage : « Est-ce qu'Édouard a téléphoné ? A-t-il envoyé un fax ? »

« Après le départ de Pierre Juillet, je me suis dit : “Tiens c'est le tour d'Édouard Balladur” », note, laconique, Alain Juppé, alors directeur financier de la Ville de Paris qui, dès 1982, se rend au moins une fois par semaine chez le nouveau mentor. « Pour faire le point, précise-t-il. C'était très agréable, j'étais très séduit, il se montrait toujours très courtois, je ne sentais pas de volonté de mise sous tutelle. Les choses se sont gâtées plus tard. »

« Quand nous travaillions avec Alain Juppé toute la semaine, raconte Jacques Toubon, alors tout nouveau secrétaire général du mouvement, nous nous disions : “Dimanche, Édouard va passer par là et nous serons obligés de tout recommencer.” »

Un bon observateur note : « En politique ceux qui savent écrire ont toujours l'avantage sur ceux qui parlent. Quand Édouard a commencé à venir en réunion à la mairie de Paris, il emportait toujours le morceau : dès que la discussion s'éternisait et qu'il commençait à s'impatienter, il sortait de sa poche un communiqué tout écrit sur le sujet dont nous traitions et ce texte servait ensuite de référence. »

La revanche des graphomoteurs sur les verbomoteurs !

Jacques Chirac a besoin d'une réflexion stratégique et d'une tactique à moyen terme. Ils en discutent tous les deux puis Édouard les met en forme. Comme le souligne un autre témoin : « À la différence des Juillet, Garaud et Pasqua qui ne lui apportaient à la fin que des recettes de bagarres, qui étaient en quelque sorte ses “hommes de main”, Édouard Balladur s'est fait cette supériorité d'être “son homme de pensée”. »

C'est tellement plus chic.

Très vite aussi, le pli est pris d'adresser chaque projet de discours du maire de Paris au « cher Édouard ». Lequel renvoie le texte avec des annotations : « Changer le deuxième paragraphe » ; « Vous pourriez supprimer cette phrase » ; « Je suggérerais plutôt cette formule ». Le plus souvent, de sa main, il trace une conclusion.

Or Jacques Chirac attache à ses textes une extrême attention. Chacun de ses discours, ou presque, représente pour son entourage toute une aventure. Après qu'il a donné des instructions, on lui écrit un projet. Jusque-là, rien que de très normal. Ensuite commence une sorte de grand-messe. Il réunit tout son monde et armé de ciseaux, d'une agrafeuse, de feutres de couleur bien rangés sur son bureau, il rature, coupe, réécrit, scotche, souligne. Cela peut durer des heures avant qu'il ne lance : « Attention, seul mon exemplaire fait foi. » Édouard Balladur parfois s'impatiente de cette liturgie. Alors, il s'absente et s'en va saluer Madame Esnous dans le bureau voisin. « Quand il quittait sa place, note un observateur, Jacques Chirac le suivait du regard, il semblait fasciné. » Mais c'est toujours Édouard qui siffle la fin de partie. « Je ne vois pas ce que nous pourrions ajouter », lance-t-il quand il a décidé de rentrer chez lui. « Il rappelait à la réalité quelqu'un de trop fougueux », admet Maurice Ulrich[1].

1. C'est Édouard Balladur qui a fait venir ce disciple d'Olivier Guichard, ancien patron d'Antenne 2, diplomate et conseiller d'État, auprès de Jacques Chirac.

Peu à peu, Édouard Balladur prend ainsi figure de chef d'état-major. Il conseille à Jacques Chirac de rajeunir le RPR. Bernard Pons qu'il n'aimait pas est ainsi remplacé au secrétariat général par Jacques Toubon. Ce qui se produit, il est vrai, en 1984, l'année de l'arrivée de Laurent Fabius à Matignon, une nomination qui a donné des démangeaisons aux quadras de la droite : ils rêvent tous de secouer les cocotiers. « Il faut un remaniement gouvernemental au RPR », réclament les jeunes du mouvement.

C'est Balladur, également, qui encourage Chirac à accepter un face-à-face télévisé avec Laurent Fabius. Deux mois durant le chef du RPR se prépare. Deux fois trois heures par semaine. Édouard Balladur, Jacques Friedman, Maurice Ulrich qui a remplacé Denis Baudouin, participent à ces séances, conseillent, objectent, suggèrent.

Une opération qui se révélera très positive pour le chef du RPR. Il y regagnera sa crédibilité de leader de l'opposition. Ce jour-là en effet, le 27 octobre 1985, lui qui se sent si peu à l'aise devant les caméras va gagner par KO sur le plateau de TF1.

Un mystère a toujours plané sur le comportement de Jacques Chirac à la télévision. Pourquoi cet homme au naturel si convivial, chaleureux et gai, paraît-il aussi coincé, brutal ou bien morne, voire assommant, dès qu'il aperçoit l'œil d'une caméra ? Il ne parvient jamais à être lui-même.

Laurent Fabius en revanche semble être né sur un plateau de télévision. Il aime ça. Trop confiant sans doute, il ne prépare pas cette fois l'émission et rejoint le studio à la descente d'un avion qui le ramène du bout du monde : Mururoa, où il a assisté à un essai nucléaire. Il est trop bronzé, porte un costume beige tirant sur le marron, ce qui n'est point flatteur pour le teint, tous les professionnels le savent. Surtout, il se trompe de registre. D'abord il refuse de serrer la main de son adversaire. L'homme qui dans le « Bébête Show » de Stéphane Collaro était représenté par un malicieux écureuil occupé à grignoter gentiment sa petite noisette se montre soudain arrogant, voire méprisant.

Il s'était disposé à répondre à un Jacques Chirac agressif et nerveux, mais voilà que celui-ci incarne la sérénité et la paix. Fabius se trouve donc pris à revers. Et, tel un acteur récitant une tirade apprise pour une autre pièce, il ne cesse, nerveux, d'inciter au calme un Chirac qui est tout sourire et toute quiétude. Conscient de perdre la partie, il finit par jeter le masque et apparaît infatué de ses succès et de sa fonction, « Savez-vous que vous parlez au Premier ministre de la France ? », lance-t-il enfin, ponctuant cette apostrophe d'un mouvement de main dédaigneux et désinvolte comme qui balaie une mouche sur une toile cirée. Son adversaire ne va pas laisser échapper une si belle occasion. « Mais vous êtes un roquet, réplique-t-il, cessez donc de me mordre les mollets. » Quand sonne le gong final, il n'est point besoin d'arbitre pour désigner le vainqueur de ce match. Ce soir-là, Jacques Chirac gagne devant le grand public ses galons de Premier ministrable.

Dans le même temps, Édouard Balladur devient omniprésent, omnipotent. Certes, il s'occupe toujours de ses entreprises : « Il est très organisé et travaille très vite », souligne Georges Pébereau. Mais ses collaborateurs voient bien que son téléphone ne cesse de sonner et que ses visiteurs sont chaque semaine plus nombreux. « Accepteriez-vous d'être ministre de Jacques Chirac ? », lui demande alors son directeur général, Jacques Raiman[1]. Réponse de Balladur : « Oui, parce que j'ai confiance en lui. » « Et celui de Giscard ? » « Non, parce que je n'ai pas confiance. »

C'est évident pour tous les témoins : Jacques et Édouard vivent une sorte de lune de miel. Ils se manifestent déférence mutuelle et ravissement réciproque. « Pour les grandes et les petites choses, ils s'adressaient des clins d'œil. C'était la grande connivence, la grande complicité dont nous nous sentions un peu exclus », dit Maurice Ulrich. Deux pudeurs se rejoignent[2]. Deux humours aussi s'entrechoquent, l'un tout en ironie, l'autre tout en fanfare volontiers paillarde. Souvent on entend Chirac s'esclaffer en ces termes : « Celle-là elle a un frelon dans la culotte », « Celui-là il est c… comme une valise sans poignée », ou encore « Il a l'air d'un chat qui fait dans la braise. » Mais… « Tenez-vous bien, Édouard va arriver », plaisante pourtant Jacques Chirac, qui sait que ces traits d'esprit-là n'amusent guère le Régent.

Surtout, ils multiplient les marques d'affection. « J'aime beaucoup Jacques Chirac », avoue Édouard Balladur à ses visiteurs. Lui, d'ordinaire si économe de ses émotions, si secret sur ses inclinations, se laisserait presque aller à l'attendrissement. « Il ne cesse d'apprendre et de s'améliorer », confie-t-il encore. « Plus je le connais, plus il me plaît », répond en écho le maire de Paris. Ils s'offrent des cadeaux. Un voyage, les anniversaires (qu'Édouard n'oublie jamais), tout est prétexte à présents. « Tu vois, ces chaussures c'est Édouard qui me

1. Jacques Raiman, à la demande d'Édouard Balladur, se rendra à la mairie de Paris pour expliquer à Jacques Chirac le management dans l'entreprise GSI.

2. Le plus introverti des deux n'est pas celui qu'on croit. Édouard Balladur parle beaucoup plus volontiers de lui que Jacques Chirac.

les a offertes », révèle un jour fièrement Jacques Chirac à Françoise de Panafieu (député de la capitale). Il rappelle aujourd'hui encore avec quelque nostalgie dans la voix : « Il me rapportait des polos d'Angleterre, des écharpes. Et moi je lui offrais des cigares. »

Édouard lui apprend aussi ses petits raffinements.

Dans l'immense bureau du maire, à l'Hôtel de Ville, un fauteuil crapaud recouvert de velours bleu sombre fait face à celui de Jacques Chirac, devant la cheminée. Personne n'oserait s'y installer : il est réservé à Édouard et à lui seul.

C'est le moment où reste à régler la question des alliances pour les législatives. RPR et UDF se savent condamnés à gouverner ensemble. En septembre 1985, un déjeuner organisé chez Alain Lefebvre, le propriétaire de *Magazine Hebdo*[1], a réuni François Léotard, Alain Madelin, Gérard Longuet… Et Jacques Chirac. Il vient seul et joue le grand air de la séduction. Tout est dit sur le mode allusif, mais chacun se comprend. « Pour l'avenir on devrait pouvoir s'entendre », concluent-ils. Ce qui signifie : écarter Chaban, Giscard et Simone Veil tous trois candidats à l'Hôtel Matignon. Mitterrand sera obligé d'appeler Jacques Chirac. Et la bande à Léo entrera au gouvernement. On s'amuse beaucoup ce jour-là. Les trois compères du Parti républicain sont tout surpris de trouver un Chirac si plein d'allant, chaleureux, sympathique. Non, ils ne l'imaginaient pas ainsi.

« Par la suite, raconte François Léotard, nous avons surtout vu Édouard Balladur. Il nous faisait venir avec Alain Madelin et Gérard Longuet dans son petit bureau du GSI, effrayant de nudité, et il nous disait : "Il faut que les choses se passent bien, un parti comme le vôtre doit participer au redressement national, il faut sortir le pays de l'ornière." Le discours était toujours très noble, et c'est lui qui a amarré le PR à Jacques Chirac. »

Après de longues conversations, les deux formations (RPR et UDF) décident de rédiger une plate-forme commune. Alain Juppé pour le RPR, Alain Madelin et Pierre Méhaignerie pour l'UDF jouent les rôles les plus importants. Et Alain Juppé vient rendre compte régulièrement à Édouard Balladur. « À plusieurs reprises, soulignera ensuite celui-ci, j'ai insisté pour que la volonté rénovatrice ne soit pas émoussée par trop de prudence. À mes yeux, il était possible de privatiser rapidement les entreprises publiques, de réduire substantiellement les dépenses et le déficit budgétaire, de baisser les impôts et de démanteler le contrôle des prix. »

1. Un magazine, aujourd'hui défunt, proche du RPR.

Édouard Balladur, n'appartenant pas au RPR, peut se permettre de travailler aussi de son côté. Il réunit tous les mardis matin plusieurs hauts fonctionnaires : Jacques Friedman, Renaud de La Génière, Antoine Pouillieute (du Conseil d'État), François Helbronner, Jean-Marie Messier et quelques autres. Alain Juppé participe à ces rencontres. C'est là que sont, entre autres, rédigées les lois de privatisation et leurs décrets d'application, ainsi que la loi pourtant jugée inopportune par Balladur permettant au gouvernement de légiférer par ordonnances pendant six mois. C'est là aussi que sont arrêtées les baisses d'impôts.

Jacques Chirac demande enfin au « cher Édouard » de superviser l'ensemble des travaux de l'opposition. Tandis qu'il commence à mener campagne à travers le pays en compagnie de l'irremplaçable Charles Pasqua, à Paris, Édouard Balladur fait office de tour de contrôle. Il travaille beaucoup. « J'y ai encore passé tout mon dimanche », confie-t-il à ses visiteurs. Une fois même il lance à Denis Baudouin : « Je crois que Jacques doit avoir un presse-citron dans son blason. »

Et lui ? À quel moment, Édouard Balladur a-t-il décidé de se lancer directement en politique ? Son beau-frère Jean-Paul Delacour, directeur général de la Société Générale, explique : « Je crois qu'au début il a trouvé un grand intérêt intellectuel à travailler avec Jacques Chirac. Ensuite, il a continué par conviction civique, et puis il a senti qu'il pouvait espérer quelque chose. » Qu'en termes prudes ces choses-là sont dites…

Autrement dit, à mesure qu'il constatait l'ampleur croissante de son audience, il a lui-même tendu l'oreille aux sirènes de la politique. C'est dans ce jeu subtil, étalé sur des années, que Balladur a repris goût, passion, aux affaires de l'État. En outre, il a compris que le patron de la CGE ne lui donnerait jamais ce rôle au sommet dans l'informatique du groupe que secrètement il convoitait.

Vient le jour où il faut choisir, sauter le pas. « J'ai tellement vu les hommes politiques à l'œuvre que je me suis demandé si je ne pouvais pas faire aussi bien », expliquera Balladur en toute humilité ! Et puis le rôle de conseiller aulique peut se révéler dangereux : on peut être remercié du jour au lendemain ; Pierre Juillet l'apprit, et de quelle manière ! Ce rôle suscite aussi des jalousies, celle de Charles Pasqua par exemple, qui ne cesse de dénoncer au maire de Paris le rôle des éminences grises dépourvues de toute légitimité. Bien entendu, c'est Édouard qui est visé. Si bien qu'en 1985, il décide de franchir le Rubicon. D'accord, il se présentera aux législatives à Paris sur la liste de Jacques Toubon en quatrième position. « Naturellement, vous ne ferez pas campagne », lui dit Jacques Chirac. Cependant, consciencieux, Balladur va courir les rues, les marchés du XVe arrondissement[1]. « Il nous a fait mener un train d'enfer », souligne Philippe Goujon, son suppléant. Comme il est timide, il s'est acheté un chapeau, un drôle de couvre-chef de type autrichien qu'il lève devant les passants pour éviter de leur tendre la main. « Je me souviens, raconte Jacques Toubon, des discussions que nous avions devant lui avec Chirac sur la meilleure tactique de campagne à Paris. "Moi, disait le maire, quand je vais dans une rue, je fais d'abord un trottoir et puis après l'autre, et j'entre dans chaque boutique : Bonjour Monsieur, bonjour Madame, comment vont les enfants, ce que vous faites est capital !" Tandis que moi, Toubon, je lui expliquais un autre système : "Je marche en quinconce : car lorsqu'on est chez un commerçant, celui qui est en face vous voit et croit que vous ne viendrez pas le voir. Donc il faut toujours traverser." »

Édouard Balladur adopte une manière de faire bien à lui. « Quand on est sur les marchés, explique-t-il, il ne faut pas tendre la main aux ménagères encombrées de paniers ou de sacs parce que ça les dérange. Il ne faut pas entrer chez les coiffeurs pour dames, car celles-ci ont horreur d'être surprises avec des rouleaux sur la tête. Il ne faut pas entrer dans les magasins où les clients sont nombreux car on gêne le service. Mais il ne faut pas entrer non plus dans les magasins sans clients parce que les commerçants se plaignent et que l'on n'y peut rien. »

Comme tous les candidats du RPR, il pose en août 1985 pour la grande photographie des affiches « Vivement demain », où les hommes sont en chemise et cravate aux côtés de Jacques Chirac, alors qu'il ne se présente jamais dans cette tenue, y compris chez lui… Édouard vient de franchir la ligne jaune.

Il connaît déjà son premier objectif.

Dès 1985, il a confié à Charles de Croisset (aujourd'hui présent du CCF) : « Je serai ministre des Finances. » Et il le sera.

Peu de gens partagent la confidence. Certains, au RPR, croient savoir qu'il pourrait obtenir un grand ministère des Affaires sociales. « À cette époque, raconte Alain Madelin, je le voyais souvent pour travailler, je le tutoyais même. Je le croyais simple chargé de mission auprès de Jacques Chirac. Michel d'Ornano m'avait demandé de lancer le nom de Giscard pour le ministère des Finances. Celui-ci, faute

1. Dans lequel il se présentera après le rétablissement du scrutin majoritaire.

d'avoir Matignon, rêvait en effet d'une sorte de grand ministère du Redressement national qui en chapeauterait plusieurs. Quand j'ai fait part à Balladur de cette proposition, j'ai bien vu qu'il ne réagissait pas beaucoup, il faisait celui qui n'entendait pas ; cela n'a vraiment fait tilt dans mon esprit que plus tard, quand je pensais être ministre délégué chargé de la Privatisation et de la Concurrence, et qu'il a lancé : "N'oubliez pas, Alain, qu'un ministre délégué, n'est que le délégué de son ministre.[1]" »

Aussi a-t-on peine à croire Jacques Chirac lorsqu'il affirme, en 1994 : « Au moment de la formation du gouvernement, j'aurais voulu lui donner le ministère de la Justice, mais il n'en n'a pas voulu ; il m'a demandé les Finances. »

Version Balladur : « Quant à moi, ainsi qu'il avait depuis longtemps été convenu avec Jacques Chirac, je fus chargé de l'Économie, des Finances et des Privatisations, avec une très large délégation de pouvoirs. Jacques Chirac voulait être assuré que dans ce secteur essentiel pour la politique de réforme qu'il entendait mener (Édouard y travaillait depuis trois ans) il pourrait, l'esprit tranquille, se reposer totalement sur l'homme auquel il en confierait la responsabilité[2]. »

Les élections législatives gagnées, Jacques Chirac devenu Premier ministre (François Mitterrand n'ayant finalement pas d'autre choix), Édouard Balladur se trouve à ses côtés dans son bureau lorsqu'il forme le gouvernement. Avec lui, il reçoit, téléphone aux heureux élus. « C'est lui qui m'a confirmé ma nomination au ministère de la Défense », dit André Giraud. C'est lui, assurera-t-il plus tard, qui fait accorder un portefeuille à Philippe Séguin, lequel explique aujourd'hui en éclatant de rire : « Chirac et Balladur revendiquent tous deux aujourd'hui ma nomination. » C'est lui en tout cas qui fait entrer Jean-Bernard Raimond – un ancien de l'Élysée du temps de Georges Pompidou – aux Affaires étrangères. C'est encore lui, semble-t-il, qui fait nommer Charles Pasqua à l'Intérieur. Jacques Chirac aurait voulu y placer Robert Pandraud, un énarque, directeur de cabinet à la mairie de Paris, qui avait fait sa carrière place Beauvau. Finalement, on coupera la poire en deux : Pasqua et Pandraud se partageront la tâche au ministère de l'Intérieur.

Mais il est clair pour tous que ce gouvernement sera bicéphale, un gouvernement où – décidément trop glouton – le RPR se donne la

1. Ce qu'apprendra plus tard Alain Juppé (voir ci-après).
2. Dans *Passion et longueur de temps*, *op. cit.*

part principale du gâteau : Matignon (Chirac), les Finances (Balladur), l'Intérieur (Pasqua), la Justice (Chalandon), l'Emploi (Séguin), les Affaires étrangères (Raimond)... Et quelques jours plus tard la présidence de l'Assemblée nationale (Chaban) que Giscard guignait lui aussi faute d'avoir obtenu le ministère du Redressement national ou les Affaires étrangères.

Ainsi pourra-t-on parler quelques mois plus tard d'État RPR.

Jacques Chirac explique encore (en 1994) : « Quand le gouvernement a été formé, Édouard m'a dit : "Ça ne vous ennuierait pas si j'avais le titre de ministre d'État ?" Pour ma part, je ne voyais pas très bien ce que cela ajoutait de plus, mais enfin, comme il me le demandait, je lui ai dit "oui". »

Version Balladur (en 1989) : « Il (Chirac) décida de me nommer ministre d'État, j'étais ainsi encore plus solidaire de tout ce qui serait fait, y compris les erreurs éventuelles[1]. »

« C'est quand j'ai vu qu'il était seul ministre d'État que j'ai vraiment mesuré son influence », commente Bernard Pons qui hérite du ministère des DOM-TOM et se trouve sans doute fort marri de ne l'être point lui aussi. Jacques Chirac, durant sa tournée électorale, avait en effet promis aux Antillais que leur ministre porterait ce titre prestigieux. Mais au moment de la formation du gouvernement, Édouard Balladur a exigé d'être le seul ainsi armorié. Ce qui, après tout, peut se comprendre : « Avant les élections, révélera plus tard Balladur, Jacques Chirac avait caressé l'idée que je devienne moi-même Premier ministre. Il m'en avait parlé la première fois en 1985. C'était une très mauvaise idée et je le lui redisais à chaque occasion : j'étais un inconnu, sans position dans aucun parti, ne tirant quelque autorité que de mes relations avec lui. Ma nomination serait contestée à l'UDF qui ne s'inclinerait que devant la sienne, tout comme au RPR. Monsieur Mitterrand de qui la décision dépendait n'avait aucune raison de faire appel à moi. Il ne me connaissait pas. Et cela ne l'aiderait en rien à résoudre son problème : la durée dans le calme et la sécurité... Enfin, lui disais-je, de deux choses l'une : si j'échouais à ce poste de Premier ministre, ce serait aussi votre échec, puisque vous seriez mon principal soutien ; mais si je réussissais, ce serait ma réussite et non pas la vôtre. Dans un cas comme dans l'autre, je ne vois pas quel bénéfice vous en retireriez. »

Des propos prémonitoires.

---

1. Dans *Passion et longueur de temps*, *op. cit.*

Commentaire d'un proche d'Édouard Balladur : « Je crois que Jacques voulait seulement faire plaisir à Édouard en lui proposant d'aller à Matignon : il savait très bien que celui-ci refuserait. »

Sincère ou pas, Jacques Chirac semble retourner à Matignon avec des pieds de plomb, sans appétit. En témoigne Édouard Balladur : « Avant de se rendre à l'Élysée où Monsieur Mitterrand l'invitait à venir le voir, Jacques Chirac me dit : "Je vais lui préciser toutes les conditions que je mets à ma nomination[1]. Et s'il ne les accepte pas, je lui conseillerai de faire appel à vous." Je l'ai remercié en lui disant : "En somme, je devrais accepter ce que vous jugeriez inacceptable et m'accommoder de conditions impropres à toute efficacité !" La conversation me semblait inactuelle. »

À défaut de devenir chef du gouvernement, Édouard Balladur ministre d'État, ministre de l'Économie, des Finances et de la Privatisation se hisse donc par la volonté de Jacques Chirac au poste de vice-Premier ministre. « Il fut convenu, dit-il, que j'aurais à le seconder et si nécessaire à le suppléer. »

Pour Édouard, c'est la fin de l'exil intérieur.

« C'est ce que l'on appelle un retour aux affaires haut de gamme, commente Maurice Ulrich : Édouard Balladur a été réinséré au plus haut niveau sans avoir à faire ses classes intermédiaires ni suivre le cursus normal. »

Bien joué !

Le vieux renard, le dauphin et le vice-roi du Pérou

Mauvais présage

Le dimanche 16 mars 1986, tour unique des élections législatives, les téléspectateurs assistent – les premières estimations des résultats à peine connues – à un bien étrange spectacle ; la droite vient de gagner, mais ses représentants font triste mine. Comme ces enfants dont on vient crever le ballon et qui regardent le ciel, sidérés, une ficelle à la main.

Les socialistes en revanche, qui vont devoir quitter les palais nationaux, trinquent de bon cœur rue de Solférino. Ce jour de défaite est pour eux presque un moment de gloire. C'est que – bonne blague – la proportionnelle a tenu ses promesses. La droite a failli manquer

1. Liberté d'action, possibilité d'avoir recours aux ordonnances, utiliser si nécessaire l'article 49-3 et procéder au changement de personnes dans l'administration.

la majorité absolue. Il s'en est fallu d'un rien : quatre sièges. Sans compter que le nouveau scrutin accorde au Front national un groupe parlementaire (35 députés). Pour la première fois depuis trente ans[1], l'extrême droite revient au Palais-Bourbon et va embarrasser la nouvelle majorité.

La gauche se frotte les mains. Crédité de 32 % de suffrages, le PS est un beau gaillard, ses 212 députés vont peupler l'hémicycle. Avec un tel score en outre, le maintien du chef de l'État à l'Élysée ne fait même pas débat. Du coup, les socialistes adoptent le dogme barriste : tant que François Mitterrand demeure à l'Élysée, il ne saurait y avoir qu'une demi-alternance[2]. Le stratège de l'Élysée, grâce au changement de scrutin, a placé au but son missile Exocet. Les tours de magie de Tonton ont tiré d'affaire la famille. De qui d'autre, sinon de lui, pourrait demain venir le salut ?

Le doute, qui s'était largement installé les deux dernières années chez les plus socialistes, s'évanouit. Ils retrouvent avec allégresse les rites et les liturgies du culte mitterrandien tandis que les Français, qui aiment bien les vaincus valeureux, saluent le vieux renard qu'ils ont porté à la tête de l'État. De ce jour, les sondages de popularité enregistrent pour lui un bond en avant, comme s'ils lui promettaient déjà ce que les urnes viennent de lui refuser.

Faut-il croire aux signes ? La nouvelle majorité s'est à peine installée qu'une bombe explose dans une galerie marchande des Champs-Élysées où Jacques Chirac effectue donc sa première sortie officielle. On déplore deux morts et vingt-huit blessés. Un tragique prélude au septembre noir où des bombes exploseront à nouveau à Paris les 8, 12, 14, 17, faisant au total dix morts et plus de cent blessés provoquant un début de panique dans la capitale[3].

Rude départ.

Il y a évidemment cent manières d'écrire la cohabitation. Avec le recul du temps, on doit constater que si elle a duré deux ans, son issue était déjà prévisible après neuf mois. En effet, vers la fin de décembre 1986 – le temps d'une gestation – Jacques Chirac n'était

1. Depuis le succès du mouvement de Pierre Poujade en 1956.

2. En 1986, on ne l'a pas assez souligné, la France n'avait pas vraiment rejeté la gauche et le socialisme, ce qui se confirma en 1988. La véritable alternance a eu lieu en 1993.

3. Les gouvernements Mauroy et Fabius avaient eux aussi connu des vagues d'attentats terroristes : sept en quatre ans, qui avaient fait vingt et un morts et près de deux cents blessés.

plus regardé par les Français comme le présidentiable de la droite. C'était de nouveau Raymond Barre.

De fait, le dauphin battu en 1988 devrait attendre encore avant de régner.

L'installation

Les premiers temps, pourtant, furent joyeux. En politique, il est vrai, ils le sont toujours. Tout nouveau pouvoir est toujours saisi, outre d'une légitime griserie, d'un puissant souci de bien faire. Il est persuadé qu'il réussira là où ses prédécesseurs avaient échoué. « Je pensais moi aussi que nous aurions eu le temps, en deux ans », confessera plus tard Édouard Balladur.

Les Français eux-mêmes sont enchantés. Un trimestre durant, ils vont « se shooter » à la cohabitation et croire en cette impossible félicité, ce serein consensus. Les Gaulois batailleurs adorent les trêves illusoires. Pendant les années d'occupation, le mythe de l'alliance secrète entre de Gaulle, le Glaive, et Pétain, le Bouclier, avait ainsi nourri de folles espérances. La réunion au sommet de François Mitterrand et de Jacques Chirac, respectivement symboles de la France de gauche et de la France de droite, va enfin, croient-ils, concrétiser l'obsessionnel songe giscardien : le rassemblement de deux Français sur trois.

En ces premières semaines de printemps 86, Édouard et Jacques exultent : « N'est-ce pas, Cher Jacques, nous avons eu bien raison ! »

Raison ? Les électeurs lyonnais viennent en effet de sanctionner Raymond Barre qui avait fait liste à part et annoncé qu'il ne voterait pas la confiance à un gouvernement de cohabitation. Il n'obtient que trois élus sur une liste qui comptait 14 candidats (le RPR Michel Noir rafle la mise). Sa cote de présidentiable s'effondre aussitôt, tandis que celle de Jacques Chirac s'envole. Et les centristes ? Rions un peu, ils sont toujours les mêmes. Alors que le président du CDS, Pierre Méhaignerie, avait juré ses grands dieux pendant la campagne – barrisme oblige – qu'ils ne participeraient pas au gouvernement, ils changent d'avis, les élections passées : oui, ils accepteront quelques maroquins, par devoir bien sûr. Il est si bon de se sacrifier, la majorité est si courte ! « Elle sera d'autant plus solidaire et solide », se congratulent Édouard et Jacques.

Raison ? Rome n'est plus dans Rome. Ni – situation inédite sous la Ve – le pouvoir à l'Élysée. Le général de Gaulle et Valéry Giscard d'Estaing avaient tous deux frôlé la défaite aux législatives, mais

François Mitterrand innove malgré lui : pour la première fois un Président en exercice perd la majorité à l'Assemblée. Et du même coup, le contrôle et la conduite des affaires. Sa légitimité demeure, mais une nouvelle légitimité apparaît. L'article 20 de la Constitution (jamais appliqué depuis le général de Gaulle, on l'a vu) le lui signifie avec sévérité : « Le gouvernement détermine et conduit la politique de la nation. »

Tous les visiteurs admis à l'Élysée le lendemain du 16 mars sont impressionnés par l'extrême pâleur du Président. Des semaines plus tard, ils se remémoreront leur effroi devant le visage présidentiel à l'ossature délicate, aux traits pincés, comme dessinés par Clouet, et au teint ivoire qui se minéralisait soudain : « Du marbre, disent-ils, on aurait dit du marbre. »

C'est qu'il ne peut se satisfaire de son bonheur manœuvrier (la capacité de la proportionnelle à limiter les dégâts). Les blessures d'orgueil sont douloureuses et cicatrisent lentement. Mais quoi ? Puisque les Français veulent la cohabitation, ils vont l'avoir. Le verdict est tombé, François Mitterrand l'entérine. Le RPR étant le premier parti de la majorité, son chef ira à Matignon. Pas question de ruser avec le suffrage universel en appelant Chaban, Giscard ou Simone Veil. Les contacts officieux antérieurs ou plus récents, entretenus avec les uns et les autres par des émissaires ou par l'Élysée, n'avaient qu'un seul but : faire jaser, brouiller les cartes, voire réduire au silence les ambitieux et les suspicieux.

« Je forme des vœux pour que la nouvelle majorité réussisse dans l'action qu'elle est maintenant en mesure d'entreprendre, selon les vues qui sont les siennes », déclare François Mitterrand le lendemain de l'élection, à la télévision, le regard brillant d'une impérieuse insatisfaction. (Et après avoir pris soin d'affirmer que la majorité sortante pouvait être fière de son œuvre.)

Beau joueur ? Voire ! Il rompt avec les usages, en refusant de poser pour la rituelle photo de famille sur le perron – façon de signifier que ce gouvernement n'est pas le sien –, il ne serre pas la main des ministres en entrant dans la salle du Conseil. Voilà les nouveaux arrivants prévenus : ils ne pourront compter sur aucune bienveillance de sa part.

Passé les premiers moments d'inévitable mélancolie, il mesure les avantages de son revers : il échappera aux aléas du quotidien et à l'impopularité qu'ils provoquent. Bientôt, il confie à des proches : « L'article 20 que brandit Chirac, mais c'est ma protection. »

Surtout, quarante ans d'une vie politique secouée par tant de traverses lui ont appris la relativité des échecs et la mansuétude du temps. Plus que tout autre, il sait que le peuple français, éternel mécontent, présente une qualité inestimable : il oublie tout. Il n'a pas de mémoire. Aux États-Unis, Richard Nixon ne s'est jamais remis du scandale du Watergate. En France, un Watergate passe par pertes et profits en moins de quatre saisons. Et François Mitterrand a déjà survécu à tant d'histoires[1]… Alors, une défaite électorale… Il en connaît le goût amer, la relativité aussi.

Rien n'est donc perdu. Pour bien é-li-mi-ner, il suffit de savoir com-mu-ni-quer. Or, il a le tour de main, il va s'y employer.

Un tandem au pouvoir

Jacques Chirac et Édouard Balladur s'étaient réparti les rôles. Le premier serait un Président sans Élysée, il allait prendre de la hauteur, humer l'air des cimes, courir le monde, réfléchir sur la société de l'an 2000. Bref, se consacrer à sa campagne présidentielle : deux ans, c'est si vite arrivé ! Le ministre d'État, lui, serait un Premier ministre sans Matignon, il tiendrait les comptes, gérerait le domaine, arbitrerait, recevrait les doléances des ministres. Il serait en somme à nouveau le Régent. Et il assumerait au besoin les douleurs de l'impopularité. Un bouclier. « Balladur, endure pour que Chirac dure », titrera un jour *Libération*.

En mars 1986, voilà bientôt vingt ans que Jacques Chirac est entré en politique et il a (presque) tout connu. La vie de ministre, celle de Premier ministre, celle de chef de parti, la gestion d'une grande ville (la plus belle du monde), il ne lui reste plus qu'à franchir le dernier échelon. À cinquante-quatre ans, son goût pour les chevauchées à travers l'Hexagone demeure intact, mais il ne rêve plus plaies et bosses avec le microcosme. Il voudrait ne plus s'occuper que des grandes questions : la défense, la politique étrangère. Entrer enfin dans ce club fermé des grands de ce monde, auprès desquels il ne s'est jamais senti inférieur. On prend vite goût à cet opium des cimes : la grande diplomatie.

Tous les présidents de la République ont été saisis par le syndrome. Il faut entendre Valéry Giscard d'Estaing parler des « grands dirigeants de ce monde », avec le ton intimiste, gourmet et nostalgique de qui en a fait partie (et n'a jamais quitté ce club dans sa tête).

1. Et il survivra à tant d'autres…

François Mitterrand, lui, semble toujours aussi grisé quand il peut expliquer aux téléspectateurs : « Monsieur Bush, ou Monsieur Clinton ou Monsieur Gorbatchev, vient de me téléphoner. »

En un mot, Jacques Chirac, lassé de l'intendance, entend mettre son nez dans tout ce qui appartenait jadis au domaine réservé du chef de l'État. La cohabitation l'y autorise. Reste à savoir si François Mitterrand acceptera de partager un domaine où il s'est investi avec une évidente délectation : il a montré depuis cinq ans une véritable boulimie de voyages et pris goût à ces escapades qui font presque toujours bénéficier l'absent d'une trêve implicite à l'intérieur.

Flairant le danger, il avait pris ses marques dès juillet 1985 : « S'il y avait confiscation de la politique étrangère, ce serait un coup d'État. » À quoi, Jacques Chirac avait rétorqué illico sur RMC : « On ne peut imaginer qu'un gouvernement issu d'une majorité voulue par le peuple n'ait pas en réalité le pouvoir d'assumer la politique sur laquelle cette majorité s'est engagée, notamment une politique étrangère et de défense. »

Quinze jours plus tard, Roland Dumas – en voix de son maître – publiait dans *Le Monde* un article intitulé « La logique du consensus », sorte d'adresse à l'opposition que l'on peut d'une phrase résumer : « Touche pas à ma politique étrangère. »

En janvier 1986, trois mois avant l'échéance, François Mitterrand, insistant à nouveau, publiait vingt-cinq de ses discours sur le sujet, précédés d'une longue préface, sous le titre : *Réflexions sur la politique extérieure de la France*. Objectif évident : avertir ses adversaires qu'il ne se laisserait pas déposséder de ses prérogatives en la matière.

Ceux-ci ne s'étaient pas découragés pour autant. Ils relevaient, tel le giscardien Michel d'Ornano, qu'après les élections ils n'auraient plus en ce domaine « qu'un rôle subalterne et protocolaire ». Jean François-Poncet, ancien ministre des Affaires étrangères de Valéry Giscard d'Estaing, expliquait, lui, qu'au sommet des pays industrialisés à Tokyo, François Mitterrand aurait « bien des loisirs », puisqu'il s'agirait d'une réunion à dominante économique, « domaine propre du gouvernement ».

Nouvelle réplique de l'Élysée : « Le Premier ministre a une vocation éminente à participer à tout débat de politique étrangère aux côtés du Président. » Un « aux côtés » qui en disait long et préludait aux chamailleries entre François Mitterrand et Jacques Chirac. Lequel s'était découvert une nouvelle bible : la Constitution. « Le Président, dit son article 52, négocie et ratifie les traités. Il est informé de toute négociation tendant à la conclusion d'un accord international. »

Il n'est point nécessaire d'avoir appris le droit constitutionnel pour comprendre que si le Président est informé, c'est qu'un autre personnage est autorisé à prendre des initiatives et à agir. Or, les gaullistes, à la suite du Général, ont fait litière de ces dispositions depuis vingt ans. Ce que Mitterrand leur reprochait vigoureusement à l'époque, soutenant, rageur, qu'il n'existait pas de domaine réservé. Arrivé au pouvoir, comme d'ordinaire, il s'est ravisé. Et depuis deux ans il a pensé qu'en cas de cohabitation, l'existence d'un tel domaine réservé, l'affirmation de sa prééminence en matière de politique étrangère lui serait bien utile. Il s'est donc fait gaulliste.

Paradoxe : le gaulliste estampillé a parcouru, lui, le chemin inverse. À situation nouvelle, lecture nouvelle des Tables de la Loi : le Premier ministre exige désormais rien que la Constitution mais toute la Constitution.

À peine arrivé à Matignon, il se met à galoper, dans le style qui a toujours été le sien, tel un alezan effronté, à travers les chasses gardées présidentielles. « Il ne faudra pas trop piétiner le Président », lui avait pourtant conseillé « l'avisé Balladur »…

Jacques Chirac commence par annoncer qu'il se rendra au sommet des grands pays industrialisés à Tokyo. Un vrai cauchemar pour le gaikoguirei (le protocole japonais), qui ne sait pas comment résoudre les dramatiques questions de préséance (qui assistera aux dîners, aux petits déjeuners, qui tiendra les conférences de presse ?), ni transcrire le mot en idéogrammes. Devait-on pour « cohabitation » utiliser le terme « *dokyo* » comme l'ont fait certains journalistes nippons, ce qui laisse supposer que François Mitterrand et Jacques Chirac « habitent ensemble » ; délicat… Ou fallait-il préférer « *dosei* », ce qui signifie « union libre » ; on friserait l'irrespect. Finalement, la presse et le protocole se sont accordés sur « *kyoson* » qui signifie « coexister ».

Le protocole français n'est pas plus assuré. Il est en tout cas exclu que le Président et le Premier ministre empruntent le même avion et assistent aux mêmes repas. On finit par s'accorder. François Mitterrand partira le premier en Concorde et abandonnera à Jacques Chirac un avion du GLAM. Histoire de montrer qu'il est économe des deniers de l'État – l'inverse du chef de l'État qui lui ne compte guère –, le Premier ministre fait savoir qu'il empruntera la ligne régulière d'Air France. Si bien que, le décalage horaire aidant, il n'arrive à Tokyo que le deuxième jour du sommet, ainsi n'aura-t-il pas à ronger son frein à l'hôtel pendant que François Mitterrand dîne avec les chefs d'État. S'il accompagne le Président dans une visite privée à Ronald Reagan, il ne figure pas sur la traditionnelle photo de groupe de fin de sommet et pour la conférence de presse finale. François Mitterrand parle seul, Jacques Chirac assiste à l'exercice assis dans la salle. Le choc des photos se double de celui des propos : les Français entendent François Mitterrand, seul sur l'estrade, affirmer que « la France ne peut parler que d'une seule voix ».

Au même moment, le service de presse de l'Élysée fait savoir que tout avait été préparé, décidé, signé avant que Jacques Chirac n'arrive.

Enfantillages ? Certes non, puisqu'il s'agit de savoir qui conduit la politique étrangère.

Pour que la cohabitation marche, « cela suppose que chacun accepte d'être quelque peu empêché dans la liberté de ses mouvements et de ses choix », pronostiquait Édouard Balladur dans *Le Monde* en 1983. En 1986, pas plus François Mitterrand que Jacques Chirac n'entendent être « empêchés ». Mais le premier a le bénéfice de l'antériorité, de la tradition et du titre. Le second, dans une situation inédite, essuie en quelque sorte les plâtres, il doit imaginer des gestes et inventer des rites.

En moins d'un mois, on le voit dîner à Abidjan avec son vieil ami Houphouët-Boigny, lequel lui réserve un accueil de chef d'État : un effet positif à la télévision. Il va ensuite prendre un lunch avec Margaret Thatcher à Londres, souper avec Bettino Craxi à Rome, rencontrer impromptu Helmut Kohl à Bonn. En faisant préciser par Matignon que « tous les grands problèmes seront examinés » – et ce, huit jours après la visite de François Mitterrand – comme si celle-ci avait compté pour du beurre. Il prend en main les relations avec l'Iran. On remboursera à ce pays le milliard de francs prêté par le shah en 1975 à la société Eurodif : un geste parmi d'autres pour tenter de récupérer les otages[1]. À la télévision, le Premier ministre se dit « obsédé » par cette affaire. Déjà, depuis le 10 mars, il préconisait un retrait des forces françaises au Liban, afin de répondre aux demandes des hezbollahs et de satisfaire le président syrien Hafez el-Hassad, auquel il concède dès son arrivée au pouvoir que rien ne pourrait se faire au Liban sans la Syrie. L'Élysée commence à juger que ce Chirac, qui mène sa diplomatie à sa guise sans même prévenir, commence à en faire vraiment trop. Or, il continue. Il revendique publiquement pour lui seul la responsabilité du refus du survol du territoire français par les avions américains partis d'Angleterre pour bombarder la Libye

1. Carton et Fontaine ont été enlevés en mars 1985, Kauffman et Seurat deux mois plus tard, Marcel Coudari en février 1986, et une équipe d'Antenne 2, Rochat, Hansen, Normandin et Cornéa viennent d'être enlevés.

de Kadhafi en représailles de sa complicité avec les réseaux terroristes. « Sur cette décision que j'ai prise, dit-il à l'Heure de Vérité du 23 avril, le Président a eu la même réaction que moi. »

Fureur cette fois à l'Élysée : « Mais enfin, qui commande ? » À Matignon, on répond benoîtement que lutter contre le terrorisme impose de ne pas se limiter à des mesures intérieures, que l'international va de pair avec le national.

En vérité, qui donc a décidé de refuser le survol aux avions américains, une mesure peu populaire : l'opinion française en effet supporte mal les humiliantes félicitations de Kadhafi au gouvernement français. L'ambassadeur américain aux Nations-Unies, Vernon Walters, a été reçu successivement par le Président et le Premier ministre à la veille du bombardement. Que lui ont-ils dit ? Selon sa version, la seule connue[1], François Mitterrand a relevé que les objectifs étaient trop vagues ; le raid risquant de faire des victimes civiles bénéficierait à Kadhafi : la France ne pouvait donc cautionner l'opération. Jacques Chirac a souligné, lui, que la vie des otages pourrait être mise en danger. En outre, tout ce qui peut ternir l'image de la France dans le monde arabe devait être évité. Surtout, le Premier ministre – réflexe gaulliste ? – refuse d'être mêlé à une action américaine.

L'ambassadeur en conclut que la position de François Mitterrand était moins tranchée et que celui-ci pourrait finir par accepter le survol, ce qui donna au Président américain et à ses conseillers l'idée de tirer parti des nuances séparant l'Élysée de Matignon. Jacques Chirac ayant eu vent de la manœuvre crut que l'Élysée voulait donner de lui l'image d'un velléitaire peu déterminé à lutter contre le terrorisme, ce qui lui déplut au plus haut point. À l'Élysée, en revanche, on s'irritait de la manière dont le Premier ministre avait tiré à lui la couverture. Les conseillers de François Mitterrand se hâtèrent donc de propager dans Paris la rumeur que Jacques Chirac venait de démontrer une fois encore qu'il était trop agité pour prendre en charge la diplomatie française.

À la veille du conseil européen de La Haye, qui doit se tenir les 27 et 28 juin, la querelle est ranimée. « Les conseils européens sont d'abord et avant tout l'affaire du gouvernement, déclare François Bujon de l'Estang, conseiller diplomatique de Jacques Chirac, La Haye ne sera pas un Tokyo bis, les affaires communautaires se définissent à Matignon. »

1. Révélée par Jacques Amalric dans *Le Monde*.

À peine a-t-il fini de parler que Madame Gendreau-Massaloux, porte-parole du Président, souligne comme par hasard : « L'Europe et son avenir regardent au premier chef le président de la République, mais il est normal que le Premier ministre ait à connaître et à débattre de sujets qui concernent la gestion et touchent à la vie économique du pays. »

De part et d'autre, on convoque la presse, chacun plaide son dossier, ce qui fait plutôt désordre. En fin de compte, Jacques Chirac et le Président se rendront de concert à La Haye et tiendront une conférence de presse conjointe au cours de laquelle ils parleront tour à tour.

Ce n'est que comédie des apparences, personne en réalité ne veut céder. François Mitterrand entend rester le seul maître de la politique étrangère. Jacques Chirac ne désarme pas plus. Or en ce domaine, si les deux hommes se rencontrent souvent sur l'essentiel, des nuances les séparent : ainsi Jacques Chirac souhaite un rapprochement avec la Turquie à ses yeux injustement négligée au profit de la Grèce ; il voudrait aussi corriger la politique menée par les socialistes en Amérique centrale, car il ne partage évidemment pas leur tendresse pour les sandinistes du Nicaragua. Et peu à peu, dans les négociations pour la libération des otages, c'est le gouvernement qui monopolise les initiatives.

Un anthropophage, ce Chirac. Un vorace, murmure-t-on dans l'entourage du Président qui n'apprécie pas non plus la visite du Premier ministre aux militaires du camp de Suippes, le 10 juillet, où il revendique la responsabilité de la défense nationale.

La Constitution l'y autorise en effet. Article 20 : « Le Premier ministre dispose de la force armée… Il est responsable de la défense nationale et supplée, le cas échéant, le chef de l'État dans la présidence des comités de défense. » Article 21 : « La politique de défense est définie en Conseil des ministres. »

L'Élysée riposte : au défilé militaire du 14 Juillet, on s'est arrangé pour que les caméras de télévision, quand elles montreront la tribune officielle, soient cadrées exclusivement sur le fauteuil du chef de l'État. Il n'y aura pas un seul gros plan sur le Premier ministre. Impossible, dès lors, d'ignorer où est la prééminence en matière de défense. À bon entendeur, salut !

L'un des premiers actes du gouvernement Chirac sera pourtant d'abroger la loi de programmation militaire de Charles Hernu. L'effort de défense, aux termes d'une nouvelle loi, reprend vigoureusement : les crédits augmentent de 11 % la première année et de 6 % les années suivantes en francs constants. Jacques Chirac entend aussi imprimer sa marque en matière de stratégie. La querelle ne manque ni d'importance ni d'intérêt : il s'agit de savoir si la France utiliserait ses moyens nucléaires tactiques lorsque l'agression atteindrait son territoire ou plus tôt, dès que l'agresseur s'en prendrait à l'Allemagne fédérale. « La France, dit le Premier ministre, entend être en mesure de délivrer à l'agresseur éventuel un avertissement nucléaire dont le lieu et le moment dépendront du déroulement du conflit. » En clair, cela signifie que les missiles Hadès (à portée de 400 kilomètres), mis en chantier alors que Charles Hernu était ministre de la Défense, seraient susceptibles d'être employés dès le début de l'agression. Sacrilège ! François Mitterrand y voit – à tort – l'esquisse d'un glissement doctrinal, la fin de la « sanctuarisation » de nos forces nucléaires. Il va donc tirer prétexte de ce changement apparent de la doctrine gaulliste pour reprendre l'initiative après de longs mois de silence, démontrer du même coup qu'il est le maître de la dissuasion et que rien ne pourrait changer sans son accord.

« L'IDS est irréversible (la "guerre des étoiles" que prépare Ronald Reagan), la France serait irresponsable de rester au bord de la route », dit encore Jacques Chirac.

« Nous ne participerons pas à la guerre des étoiles », rétorque huit jours plus tard le Président.

Décidément, ce Chirac l'exaspère.

Or, justement, le Premier ministre lui fournit, sans l'avoir prévu, une bonne occasion de freiner l'action gouvernementale. C'est que, limité par le temps, il veut agir vite. Pour éviter les trop longues étapes parlementaires et mettre en œuvre son programme, il songe à gouverner par ordonnances (comme l'avait fait Georges Pompidou en 1967, alors que Jacques Chirac était tout juste ministre).

Édouard Balladur, bien qu'ayant contribué par discipline à la rédaction du texte, le lui avait déconseillé : « J'y étais hostile, car il me semblait que, même si le Président n'avait pas le droit de refuser de les signer, nul ne pourrait le contraindre à le faire. » Ce qui se révéla exact : une très belle arme fut ainsi mise entre les mains du Président : « Avec les ordonnances, Chirac entre sous la juridiction de Mitterrand », avait diagnostiqué Maurice Duverger.

« Avant d'accepter d'être Premier ministre, assurez-vous que le Président vous laissera les moyens de gouverner », avait conseillé Édouard Balladur à Jacques Chirac, à l'heure où celui-ci partait pour l'Élysée.

« Il accepte tout, je n'ai pas pu refuser », explique le nouveau promu à son retour.

Aux dires de l'entourage élyséen, le Président se serait borné à un vague « Je verrai » et aurait même précisé qu'il ne signerait pas une ordonnance réduisant le SMIC ou supprimant l'autorisation administrative de licenciement, bref, touchant aux acquis sociaux.

En déclarant à haute voix : « Il accepte tout », Jacques Chirac espérait pourtant le ficeler : l'opinion étant informée de l'aval présidentiel, celui-ci serait contraint de signer[1].

« Afin que les choses soient plus claires, racontera Édouard Balladur, j'avais suggéré qu'un communiqué commun du Président et du nouveau Premier ministre fixât devant le pays les règles du jeu. J'avais rédigé le texte. Le Président refusa, me faisant dire par Monsieur Bianco que ce n'était pas utile. »

François Mitterrand ne veut pas être « empêché » par quelque texte que ce soit. Et pour cause !... Si le Président, en effet, doit obligatoirement signer dans les quinze jours une loi votée par le Parlement, la contrainte s'allège, s'il s'agit d'une ordonnance. Certes, aucune disposition de la Constitution ne stipule qu'il peut s'abstenir de signer. Mais aucune ne précise à l'inverse qu'il y est obligé ni ne fixe un quelconque délai.

François Mitterrand va utiliser ce vide juridique pour refuser son seing à certains textes et l'accorder à d'autres, s'appropriant ainsi, avec la complicité involontaire de son adversaire, un rôle arbitral auquel ne l'autorisaient pas les résultats du 16 mars. Critiquant ici, refusant là, il va profiter de la moindre occasion pour marquer sa différence et mener la vie dure à un gouvernement auquel il ne laisse aucun répit.

Le 26 mars, il fait connaître son refus de signer l'ordonnance supprimant l'autorisation administrative de licenciement, ce qui contraint Jacques Chirac à soumettre son projet de loi au Parlement.

Le 2 avril, il exprime ses réserves sur une dévaluation du franc.

Le 8 avril, dans un message au Parlement, il fixe les règles du jeu, de son jeu : « Les ordonnances, dit-il, devront être peu nombreuses et les lois d'habilitation suffisamment précises pour que le Parlement et le Conseil constitutionnel se prononcent en connaissance de cause. »

Le 9 avril, il fait annoncer qu'il ne signera pas les ordonnances portant sur les privatisations des entreprises nationalisées avant 1981. Un symbole : ainsi on ne touche pas aux nationalisations du général de Gaulle.

---

1. À en croire Édouard Balladur, c'est Valéry Giscard d'Estaing qui avait convaincu le maire de Paris que le Président ne pourrait refuser de signer les ordonnances.

Mais c'est le 14 juillet qu'éclate la crise la plus grave. Ce jour-là, François Mitterrand s'entretient – c'est rituel – avec Yves Mourousi sur TF1. Pour la symbolique toujours, le Président a cru bon d'inviter à la réception deux immigrés grévistes de la faim qui entendent protester contre les nouvelles mesures prises contre l'immigration clandestine de Charles Pasqua. Lequel, scandalisé, refuse de participer à la fête. On s'attend au pire, il éclate. Mitterrand annonce qu'il ne signera pas l'ordonnance sur les privatisations de 65 banques. « J'en fais une affaire de conscience, dit-il d'un air presque douloureux, la majorité actuelle veut vendre aux intérêts étrangers une partie du patrimoine national. »

Grave ! De tels arguments portent sur l'opinion.

Lorsqu'il l'apprend, Édouard Balladur, qui déjeune seul rue de Rivoli, pense d'abord que François Mitterrand a commis un impair qui va lui coûter cher : ne s'oppose-t-il pas ainsi à la volonté des Français ?

Jacques Chirac, qui a été prévenu du refus présidentiel une heure plus tôt par l'Élysée, s'interroge et interroge, et téléphone. Après quatre mois de cohabitation, voici la première vraie crise. Bernard Pons, qui l'appelle de Fort-de-France, lui conseille de démissionner. Ils sont quelques autres à lui dire de s'en aller : Albin Chalandon, Camille Cabana, Denis Baudouin, Charles Pasqua aussi.

À 16 heures, branle-bas de combat à Matignon autour du Premier ministre. Mais Édouard Balladur lui conseille au contraire de rester. « Peu importe si nous passons par la voie parlementaire, poursuivons l'application de notre programme, les Français dans leur grande majorité ont soif de calme, ils nous en seront gré, celui qui dégaine le premier est mort ». Et puis ça donnerait aussi raison à Raymond Barre…

Charles Pasqua lui aussi se ravise : « Ce serait embêtant que tu t'en ailles avant que nous ayons établi le scrutin majoritaire. »

« Quand nous disions à Jacques : "Tu devrais partir" », Édouard se mettait en colère, se souvient Denis Baudouin. Et le ministre d'État finira par avoir gain de cause. C'est que démissionner de Matignon une fois encore, s'en aller en 1986 comme en 1976 pourrait altérer l'image de Jacques Chirac. Les Français y verraient un signe d'instabilité. Il choisit donc de rester. Désireux pourtant de marquer le coup, il souhaite apparaître le soir même à la télévision afin de souligner que son gouvernement ne dispose pas d'une liberté de manœuvre suffisante et que Mitterrand lui met des bâtons dans les roues. Mais le Régent l'en dissuade : « Vous allez ainsi donner trop d'importance à l'affaire. » Et il propose une solution de repli : le ministère des Finances fera publier le soir même un communiqué assurant que « les préoccupations du président de la République étaient déjà totalement prises en compte puisque toutes les garanties juridiques avaient été prises pour protéger les intérêts nationaux ». Le patrimoine français n'est pas en danger.

La déclaration est rendue publique en fin de journée.

Jacques Chirac interviendra quand même deux jours plus tard à la télévision sur le thème : « Le Président s'oppose à la volonté clairement exprimée par le Français. »

Le ton est martial. Mais il n'est pas certain que le résultat soit positif. Le Premier ministre apparaît sur la défensive tandis que le Président fait figure de protecteur du patrimoine national. Peu importe dès lors que Camille Cabana, ministre délégué chargé de la Privatisation, égrène en Conseil des ministres la liste des filiales d'entreprises nationales – des dizaines – vendues à l'étranger par les socialistes depuis 1982 : cela se passe à huis clos ; les Français n'ont retenu que les propos présidentiels.

Le 21 juillet, enfin, devant trois cents journalistes, Jacques Chirac préfère dresser un premier bilan des mesures de son gouvernement. Une façon de démontrer que personne ne peut l'empêcher de travailler. Mais il peut donner aussi le sentiment d'une certaine naïveté.

« Nous avons manqué la grande occasion, Chirac aurait dû partir », ils sont nombreux encore aujourd'hui à exprimer ce regret.

François Mitterrand, en tout cas, a tiré de l'incident la confirmation d'une de ses grandes convictions : il faut com-mu-ni-quer.

Lors de son rituel pèlerinage à Solutré, il avait ainsi défini son rôle : « J'ai le devoir d'intervenir chaque fois qu'une décision pourrait nuire à l'intérêt des Français, je dois dire ce qu'il y a de sain, de bon et de nécessaire. »

C'est donc lui qui sait de science innée ce qui est sain, bon et nécessaire. La conscience et la morale sont de son côté. La mémoire des Français étant toujours très courte, cette tactique s'avère payante. Ils vont s'accoutumer à ces admonestations patelines, apparemment marquées au coin du bon sens.

Mais c'est l'explosion étudiante qui va lui donner l'occasion de porter l'estocade.

Cet automne 1986 est triste. Paris porte le deuil et le sang d'horribles attentats. Des humoristes meurent. Coluche, prince paillard de la dérision, Thierry Le Luron, dynamiteur des bonnes consciences, ont disparu. Les jeunes s'inquiètent : les emplois sont rares et l'avenir incertain. Et voilà que le gouvernement a l'idée de réformer l'université au beau milieu de la rentrée des facultés.

Le ministre Alain Devaquet, en charge de la réforme, est un jeune professeur, aux allures de potache trop vite monté en graine. Spécialiste de mécanique quantique, il enseigne à Polytechnique et à la Sorbonne, connaît bien les étudiants et ses deux fils sont lycéens.

En 1983, le ministre Alain Savary avait fait voter une réforme unifiant le système des universités dans la logique du grand service public, laïc et unifié de l'Éducation nationale dit le SPULE, réclamée par les militants de gauche, elle éliminait les procédures de sélection[1]. Mais bonne ou mauvaise, elle n'était jamais entrée dans les faits. Et puis, peu à peu, les socialistes avaient changé d'avis. Le premier d'entre eux, le Président, au retour de son fameux voyage en Amérique, en avril 1984, avait même proclamé : « L'alliance californienne de l'Université, de l'économie et de l'esprit d'entreprise, est le symbole de ce qu'il faut faire. » Bref, tout le contraire de l'esprit de la loi Savary.

Quand, le 12 juin 1986, Alain Devaquet présente sa loi à la presse et aux présidents d'universités, ceux-ci, furieux d'avoir été bien peu associés à l'élaboration du projet, déclarent que celui-ci « n'accorde pas assez d'autonomie aux universités ». À l'automne, les étudiants lui reprocheront exactement le contraire.

Quand, le 11 juillet, le texte est soumis au Conseil des ministres, François Mitterrand, qui n'est pourtant jamais en retard d'une admonestation, ne fait aucune remarque. Quelques jours plus tard, le radical de gauche Roger-Gérard Schwartzenberg, ex-secrétaire d'État aux Universités, publie dans *Le Monde* un article plutôt anodin intitulé « Une loi pour rien », où il relève notamment qu'elle ne contient « aucune disposition nouvelle sur l'autonomie financière ».

Ce qui est exact. Le texte se borne à cette brève mention : « Les universités perçoivent des droits d'inscription. » Rien de plus.

Or, surprise : c'est l'affaire des droits d'inscription qui va provoquer contestation et colère.

Quand le texte est voté au Sénat fin octobre, dans l'indifférence générale, un amendement précise que « les universités pourront fixer elles-mêmes le montant des droits d'inscription sans que

1. Une loi qui avait fait descendre dans la rue les universitaires de gauche les plus éminents : Alain Touraine, Laurent Schwartz, Maurice Duverger, Jacques Julliard.

ceux-ci puissent dépasser le double d'un minimum fixé par arrêté ministériel[1] ».

Un mois plus tard, des centaines de milliers de jeunes seront dans la rue. Le 6 décembre, le ministre sera contraint de démissionner et le 8, Jacques Chirac devra retirer le texte.

Comment expliquer un tel retournement et un mouvement d'une telle ampleur ?

Premier constat : les lycéens étaient très majoritaires dans toutes les manifestations. Ils ont cru que le texte hypothéquait leur avenir en supprimant (en raison de l'autonomie des universités) la valeur nationale des diplômes et en instaurant une sélection par l'argent. On le leur a fait croire, arguant que c'était dans la logique d'un gouvernement qui avait supprimé l'impôt sur les grandes fortunes, rétabli l'anonymat dans le commerce de l'or, qui était en somme celui des riches.

La commission d'enquête sur ces événements, instituée par le Sénat et dont les travaux ont été publiés aux éditions Hachette, relève, photocopies à l'appui, que des tracts distribués dans les lycées à la rentrée d'octobre par l'UNEF, le SNESUP, SOS-Racisme, les Jeunesses communistes révolutionnaires, évoquaient des droits d'inscription qui pourraient aller de 3 000 à 10 000 voire 15 000 francs.

Contre-vérités, malentendus, disponibilité d'une génération toujours prête à vibrer pour la défense des exclus : tels sont les degrés de l'explosion.

Encore faut-il quelqu'un pour allumer la mèche. Or les volontaires se pressent.

D'abord, la FEN, la puissante Fédération de l'Éducation nationale. Depuis des années, elle souffre de vague à l'âme. Pas une semaine ne s'écoule sans qu'un livre ou un article dénonce sa responsabilité dans les faiblesses du système éducatif. Elle est traumatisée par l'échec retentissant du projet de SPULE. Elle rêve de revanche sur les grandes « manifs » en faveur de l'école libre. Elle craint d'autant plus la droite que le nouveau ministre René Monory a annoncé qu'il dirigerait son ministère sans les syndicats. Ce qu'il fait.

Ensuite, entre en scène le PS. Il prend bien vite l'affaire en main. Il a besoin de renouer avec sa base militante, dont les enseignants sont les gros bataillons. À l'issue d'une rencontre, fin octobre, entre

1. Entre 1969 et 1982, ces droits se montaient à 95 F par an. Puis ils avaient crû régulièrement pour atteindre 450 F en 1986. Les présidents d'universités jugeaient qu'ils pourraient aller jusqu'à 1 000 F.

Jacques Pommateau (FEN), Lionel Jospin (premier secrétaire), Jean Poperen (le numéro deux), Marcel Debarge et Georges Sarre, une manifestation est prévue le 23 novembre. Un communiqué commun dénonce « une loi qui risque d'entraîner la restriction du nombre d'étudiants, la dépréciation de diplômes, la concurrence entre les universités et les augmentations des droits d'inscription ».

Ce sera un succès. Plus de deux cent mille personnes participent au défilé. Sur certaines banderoles on peut lire : « Tonton, tiens bon, nous revenons ».

Le PS n'a ménagé ni ses forces ni ses deniers. Une campagne de communication a été confiée à l'agence de publicité « Bleu, Blanc, Rouge », animée par Bertrand Delanoë… Ancien porte-parole du Parti socialiste. Selon *Le Nouvel Economiste* elle aurait coûté un million et demi de francs. Les slogans utilisés ont été revus et corrigés – à en croire les confidences de Bertrand Dclanoë à des journalistes – par Jean-Louis Bianco lui-même, le secrétaire général de l'Élysée. Lionel Jospin a fait diffuser une lettre – à 50 000 exemplaires – à tous les enseignants socialistes. Le PS a distribué un million de tracts.

Mieux encore : la date du 23 novembre a été bien choisie. Ce dimanche 23 est le lendemain du 22. Or, ce samedi-là, comme par hasard, et quelle coïncidence, François Mitterrand se rend à Auxerre, où il entend célébrer le centenaire du décès de Paul Bert, ministre de l'Instruction publique du gouvernement Gambetta, deux mois à peine : de novembre 1881 à janvier 1882. (Il incarnait l'anticléricalisme le plus débridé et a donné son nom à tant d'écoles publiques.)

La cérémonie devait à l'origine conserver un caractère strictement local. Or, le maire de la ville, Jean-Pierre Soisson (qui deviendra ministre de François Mitterrand en 1988), a reçu à la fin d'août un appel de Jean-Louis Bianco lui annonçant – stupeur ! – le grand intérêt du Président pour cet événement. Il souhaiterait y être invité. Ce qui fut fait par lettre du 11 septembre.

Et voilà. Le Président vient le 22 novembre célébrer la mémoire d'un homme qui avait souhaité, dit-il, « que tout enfant, jusqu'au dernier hameau, puisse jouir de l'égalité des droits de la nation ». Ce jour-là, les journalistes le relèvent, il paraît de fort bonne humeur. Évidemment, ils l'interrogent sur l'agitation qui commence dans les universités et de nombreux lycées. « Comment voulez-vous que je me sente déphasé ? », leur répond-il, bonhomme.

Comment le serait-il en effet ? Pierre Mauroy se souvient avoir rencontré à l'Élysée, en septembre, le jeune président de SOS-Racisme, Julien Dray, un ancien trotskyste qui expliquait plein de verve à François Mitterrand : « En France, les seules forces révolutionnaires, celles qui peuvent faire masse dans la rue, ce sont les lycéens. »

SOS-Racisme, bien implanté dans les lycées où les élèves arborent volontiers l'insigne en forme de main « Touche pas à mon pote », va jouer un rôle important dans l'organisation du mouvement : ses dirigeants espèrent qu'une « manif » réussie empêchera le gouvernement de présenter par la suite son projet de réforme du code de la nationalité.

Une coordination étudiante et lycéenne est créée pour organiser les défilés à Paris et en province. C'est un succès : quatre cents cortèges sur tout le territoire. On ne va pas arrêter la fête si tôt. Après le 23 novembre, une nouvelle « manif », gigantesque, est prévue pour le 4 décembre à Paris. La logistique suit : de nombreuses municipalités socialistes accordent des subventions pour assurer les transports, la nourriture et la sono. Vingt-cinq trains spéciaux sont affrétés.

Comme toujours, dès qu'il s'agit des jeunes, la France s'attendrit sur ce mouvement « spontané ». Selon un sondage IPSOS publié par le quotidien socialisant *Le Matin*, 62 % se disent favorables au mouvement.

Le 30 novembre, flairant les vents mauvais, Jacques Chirac paraît à la télévision pour se dire disposé à discuter et expliquer.

La discorde s'installe alors entre les étudiants de tendance modérée et les autres, la tendance dure, dont fait partie une certaine Isabelle Thomas (qui, comme par hasard, deviendra plus tard chargé de mission à l'Élysée). Finalement, le 4 décembre, les durs changeront d'avis et la coordination se rend de concert chez le ministre pour négocier mais elle en sort – journal télévisé oblige : elle est attendue sur le plateau – peu avant 20 heures. Pendant ce temps-là, malheureusement, la « manif » dégénère. L'encadrement étudiant est débordé par les casseurs. Les policiers, harcelés, finissent par lancer des grenades lacrymogènes. Trois jeunes sont sérieusement blessés. On dénombre 90 blessés du côté des manifestants, 254 du côté du service d'ordre.

Dans la nuit, Roland Dumas intervient à la tribune de l'Assemblée nationale pour dénoncer, sur le ton habituel, un gouvernement qui « maltraite une jeunesse pacifique ».

Le lendemain, la Sorbonne est occupée : souvenirs, souvenirs pour Jacques Chirac et Édouard Balladur.

Sûr de son bon droit, Jacques Chirac, qui en mai 68 était opposé à la réouverture de la Sorbonne, conforté par René Monory, Albin Chalandon et Édouard Balladur, décide d'abord de ne pas reculer et de préparer un nouveau texte. Et d'appeler tous les jeunes à discuter. « Je ne vis pas plus clair que les autres, et il m'arriva de changer d'avis », confessera plus tard le ministre d'État. Charles Pasqua, responsable du maintien de l'ordre, était plutôt d'avis de retirer le texte.

Là-dessus, Jacques Chirac s'envole pour le sommet européen de Londres, où se trouve déjà François Mitterrand.

À 18 heures, Édouard Balladur, qui assume l'intérim du Premier ministre, dessaisit Alain Devaquet et confie le dossier à René Monory, lequel à 20 heures annonce avec des airs de Galabru débonnaire qu'il retire les points litigieux du projet – sélection, droits d'inscription, valeur des diplômes nationaux – et appelle les étudiants au dialogue. Pour le reste la loi est maintenue.

On croit la crise désamorcée.

Las, le pire est à venir. Le Quartier latin bouillonne. La police évacue la Sorbonne, les affrontements sc multiplient. Rue Monsieur-le-Prince, un jeune étudiant français d'origine maghrébine, Malik Oussekine, roué de coups par des voltigeurs motocyclistes de la police, succombe à ses blessures. La fête est finie. C'est l'horreur. L'absurde horreur.

Les Français qui l'apprennent au réveil le lendemain matin s'indignent, déplorent et s'inquiètent.

Jacques Chirac est rentré précipitamment de Londres, il a fait annuler le bal prévu le samedi pour fêter les dix ans du RPR, tandis que l'agitation se poursuit au Quartier latin. L'ordre n'est rétabli que vers 3 heures du matin. Le dimanche, François Mitterrand fait dire que si Chirac s'obstine, il est prêt à prendre « l'opinion à témoin ».

À Matignon, le débat continue. Doit-on retirer le texte ou pas ? La mort de Malik Oussekine a tout changé. Un à un les ministres hostiles au retrait – à commencer par le ministre d'État – vont changer de pied. « Avec ce mort, je ne sais plus comment faire », lâche Pasqua. Ce sont les plus jeunes du gouvernement qui se montrent les plus ardents partisans du retrait.

Le dimanche, en effet, Léotard et Madelin demandent un rendez-vous à Chirac et tentent de le fléchir. En vain. « J'ai déjà fait beaucoup de concessions », dit-il.

Avant de rencontrer le Premier ministre, Alain Madelin, sans demander l'autorisation de quiconque, avait donné une interview au *Matin*, où il estimait que la loi désormais mutilée ne valait pas que « l'on se batte pour la maintenir ».

Découvrant l'interview, le lendemain, Jacques Chirac s'emporte, parle de traîtrise, mais les jeunes ministres RPR emboîtent le pas de la bande à Léo. Alors, « c'est moi qui convainquis Jacques Chirac que mieux valait renoncer », dira plus tard Édouard Balladur[1].

Ce lundi même, Jacques Chirac qui en a gros sur le cœur décide donc de retirer le projet. « Nous aurons du mal à nous en remettre », lâche le ministre d'État. Ce dont Jacques Chirac semble bien conscient, tandis qu'Albin Chalandon avertit : « Ne me demandez pas maintenant d'aller défendre le texte sur le code de la nationalité, nous irions dans le mur. » Il confiera ce projet à un comité d'experts choisis en fonction de leurs compétences et présidé par Marceau Long, vice-président du Conseil d'État.

Comme pour bien marquer à son habitude où sont les bons et les mauvais, ce même jour, le Président va saluer la famille de Malik Oussekine. Elie Wiesel, de passage à Paris, sur le chemin de Stockholm où il doit recevoir le prix Nobel de la Paix, est invité à l'accompagner. Belle image. Toutes les télévisions elles aussi ont été conviées. Le message est facile à comprendre : « Le Président a le monopole du cœur. » Le même jour, Pasqua et Pandraud se rendent au chevet des policiers blessés.

Interviewé le lendemain matin sur Europe 1, par Jean-Pierre Elkabbach, le Président s'amuse à instiller quelques petites décoctions de poison dans le potage déjà si amer de son Premier ministre. « Il a des qualités, dit-il, et je souhaiterais qu'elles fussent appliquées au bon endroit et au bon moment. » Un drôle de compliment. Il assure (contre toute vérité) l'avoir mis en garde dès le mois de juillet. Il répète qu'il lui avait suggéré de retirer le texte à plusieurs reprises pendant que les manifestations se déroulaient, mais il explique surtout que tant qu'il est là, lui, les Français peuvent être tranquilles.

Ce mois de décembre est faste pour lui. Il goûte à nouveau dans les sondages aux délicieuses griseries d'une popularité à son sommet.

Comme il faut toujours battre le fer quand il est chaud, il s'empresse de pousser ses avantages. Au nom du sacro-saint respect des acquis sociaux, il repousse le 17 décembre l'ordonnance sur l'aménagement du temps de travail. Du coup, il s'installe dans le camp des salariés au moment précis où une brise d'agitation sociale se manifeste à Air Inter, à la RATP et à l'EDF. Celle-ci atteint la SNCF le 19 décembre. Les cheminots refusent la grille des salaires au mérite, et se plaignent de leurs conditions de travail. La télévision montre les dortoirs des roulants, tristes et vétustes à pleurer, dont le délabrement n'avait

1. Dans *Passion et longueur de temps*, *op. cit.*

apparemment pas attiré l'attention des ministres des Transports précédents, dont le communiste Jacques Fiterman. Bientôt les trains sont bloqués, le départ des familles pour les vacances et les fêtes est compromis. Les banlieusards pataugent dans la neige. La nomination, le 29 décembre, d'un médiateur, François Lavondès (un ancien de chez Pompidou), n'arrange rien. Le conflit s'enlise.

Le 31 au soir, quand le Président présente ses vœux aux Français, il se montre « plein de gaieté et d'assurance joyeuse dans le regard », note Alain Rollat dans *Le Monde*. Il a des raisons d'être heureux : 62 % de ses concitoyens approuvent son action, alors que le crédit de Jacques Chirac est toujours affecté par les manifestations étudiantes : 51 % des personnes interrogées désapprouvent le bilan gouvernemental.

Le lendemain 1er janvier, le Président passe les fêtes en famille au fort de Brégançon. Il a invité de vieux amis socialistes, dont Pierre Mauroy. Une délégation de cheminots grévistes vient lui présenter ses vœux, il les reçoit. « Que pouvais-je faire d'autre ? Ils m'apportaient des fleurs », interrogera-t-il faussement naïf. La France est toujours paralysée. Au gouvernement on s'exaspère : « J'aimerais bien que, dans sa fonction d'arbitre, il arrive au Président de donner raison au gouvernement », s'exclame Édouard Balladur. Jacques Chirac dira la même chose à Jean-Pierre Elkabbach sur Europe 1. « Je n'ai pas le sentiment que le Président se comporte en arbitre. C'est même tout le contraire. » Mais le Premier ministre refuse de céder sur le salaire des cheminots. Les grèves sont devenues très impopulaires, les syndicats savent qu'il va falloir en terminer. Cette fois, Jacques Chirac a l'appui de toute sa majorité.

Des Français, c'est une autre chose… S'ils n'ont pas compris que le Premier ministre ne sait pas gérer les conflits sociaux, voire les provoque, ce n'est pas la faute du Président.

Le 31 décembre à Brégançon, François Mitterrand pronostiquait devant ses amis : « Je crois que vous allez bientôt revenir au pouvoir. »

Le vice-roi du Pérou

Mais quelle mouche a donc piqué Édouard ? Le pouvoir lui est-il monté à la tête ? Retour en arrière : alors que Jacques Chirac s'installe à peine à Matignon, au RPR on s'interroge et même on n'en revient pas. Monsieur le ministre d'État, ministre de l'Economie, des Finances et de la Privatisation se métamorphose[1]. Il s'est fait le regard hautain d'un prélat romain, le menton est plus rengorgé, la démarche plus solennelle, il reflète le contentement de soi. Gare à celui qui omettrait de l'appeler « Monsieur le Ministre d'État », il n'est plus possible de le contredire, il est devenu d'un autoritaire !

« De la courtoisie, on est passé en quelques jours à la suffisance », note Jacques Toubon. Certains déjà vont répétant que « si Jacques Chirac, élu Président, le choisissait comme Premier ministre, des émeutes éclateraient dans la rue ».

De ce surgissement d'un nouvel Édouard, l'opinion ne sera d'abord informée que par l'affaire du Louvre. Monsieur le Ministre d'État, en effet, s'est permis un caprice qui lui vaut les railleries du *Canard Enchaîné* et de *L'Événement du Jeudi* qui l'appelleront successivement « Ballamou Ier », ou « sa Majesté Ballamou », puis du *Monde*, où le génial Plantu l'assassine d'un trait en le montrant en monarque promené par deux laquais dans une chaise à porteurs. Au RPR, on l'appelle désormais le « vice-roi du Pérou ».

Édouard Balladur a voulu se réinstaller dans les ors et les pourpres de la rue de Rivoli. Quelques jours avant les élections législatives, Pierre Bérégovoy avait prestement déménagé pour s'installer boulevard Saint-Germain dans l'hôtel de Rocquelaure, jusque-là le siège du ministère de l'Équipement, afin que les travaux nécessaires au projet du Grand Louvre, décidé par François Mitterrand au début de l'année 1986, puissent commencer. Huit jours à peine avant le résultat des législatives, on avait détruit à la masse les bureaux des membres du cabinet du ministre. Pierre Bérégovoy aurait même, dit-on, fait accélérer les travaux des démolisseurs. Ulcéré par ce « vandalisme d'État », Édouard Balladur se convainc dès son entrée en fonctions que le pouvoir socialiste a voulu l'humilier, diminuer son autorité. Comment, en outre, pourrait-il travailler éloigné de ses services ? « Je ne partirai que pour une destination définitive », dit-il, or Bercy n'est encore qu'un chantier. C'est clair, on a voulu le narguer. Les signes ne manquent pas. Dans le sous-main placé sur le bureau ministériel, son prédécesseur n'a laissé qu'un seul papier : une feuille à en-tête du conseil général de la Nièvre !

Mais c'est ne pas le connaître : puisqu'on le provoque, il va riposter. Puisqu'on a voulu l'empêcher de s'installer rue de Rivoli, lui refuser ce lieu où avaient avant lui régné tous les ministres des Finances, eh bien, il va y revenir, il le veut. Alors il fait reconstruire ce qui

1. « Il a pété une durite », se moque-t-on dans les entourages ministériels.

a été défait. Sans se douter des dégâts que risque de lui causer une telle obstination.

« Quand il est arrivé boulevard Saint-Germain, raconte François Ceyrac, j'ai eu vent de ses intentions, j'ai tenté de le mettre en garde, en soulignant que ce projet du Grand Louvre était très populaire. Il s'est montré très irrité et moi aussi. Et je ne l'ai plus revu pendant plusieurs semaines. »

S'agit-il seulement d'un caprice ? Une certaine idée de la France pour un ancien de chez Georges Pompidou, féru d'Histoire et qui a la religion de l'État explique aussi l'attitude d'Édouard Balladur dans cette affaire. « Regardez, Albin, comme c'est beau l'État », murmure-t-il devant son collègue de la Justice, le 11 novembre 1986, lors de la traditionnelle cérémonie de l'Étoile. À ses yeux, le Louvre est bien plus qu'un ministère, un territoire de sensations grisantes, l'un des grands monuments de la République à égale distance de l'Élysée et de Matignon avec lesquels il figure le triangle du pouvoir de la France. Rue de Rivoli, on peut éprouver de façon quasi charnelle cette vérité que l'on voudrait éternelle : la France est la quatrième puissance économique mondiale. Mieux vaut officier au Louvre, croit-il, pour bien la gérer. De la même façon que pour élever son âme vers Dieu, le très chrétien Édouard Balladur préfère prier dans les cathédrales hantées par les siècles, patinées par l'Histoire, ornées des stigmates, des vernis et des ors de la tradition.

Édouard revient donc dans les meubles Napoléon III. (Plus tard, ayant visité les chantiers de Bercy, il s'en retournera épouvanté comme s'il revenait du bout du monde.)

À peine est-il réinstallé à Rivoli que l'Élysée, où l'on n'apprécie guère cette entrave à la réalisation des grands travaux du monarque, entretient la rumeur sur sa suffisance. Et elle court, elle court. Tout Paris bientôt se gausse de ce ministre d'État qui ne se déplace dans ses bureaux que précédé d'huissiers à chaîne d'argent, qui donne autour de tables brillantes à la vaisselle chiffrée des dîners somptueux dont les invités portent smokings et robes longues. Un homme d'une autre époque ! On en rajoute évidemment. Mais Édouard a toujours aimé le protocole, « ce raffinement de civilisation » qui permet de se positionner et de se défendre de l'extérieur.

Le trait porte. Ses propres amis eux-mêmes s'avouent surpris. À commencer par Jacques Raiman, son directeur à la GSI qui l'avait connu dans son petit bureau gris et qui est stupéfié du changement dans le comportement. « Le bourgeois qui est en lui devenu un maître », note un familier, tandis que l'un de ses collaborateurs le reconnaît sans ambages : « En s'installant rue de Rivoli, il a pris un grand pied. » Quelle revanche en effet.

Recevant quelque temps après un haut fonctionnaire socialiste limogé pour cause de privatisation, et qui évoquait tout haut devant lui un avenir désormais plus sombre, le ministre d'État, le regard soudain perdu, aurait murmuré : « Oui, c'est dur d'attendre, j'en sais quelque chose. »

Alain Juppé, qui ne l'aime pas beaucoup, il est vrai, explique : « Il s'est d'autant plus protégé par l'étiquette qu'il n'était pas encore très sûr de lui, que sa compétence en matière financière n'était pas encore assurée. Il se montrait donc encore plus susceptible. » De plus, à son arrivée, il ne connaissait personne dans la maison : c'est Jacques Friedman qui a dû composer tout son cabinet.

Aujourd'hui, l'ancien ministre d'État plaide : « Vous l'avez compris, la timidité explique tout. »

Timidité ou non, l'affaire du Grand Louvre devient en outre source de conflits entre le ministre d'État et le ministre de la Culture, François Léotard, très favorable lui au projet présidentiel. Si le premier avance : « Cela coûte trop cher en période de restrictions budgétaires », le second rétorque : « Je suis persuadé que les dépenses seront assez rapidement couvertes par les entrées. » Il raconte aujourd'hui : « Je voyais souvent François Mitterrand à ce sujet, toujours avec l'accord de Jacques Chirac qui s'enthousiasmait également. Je crois que l'opposition d'Édouard était aussi d'ordre esthétique. Il jugeait qu'on commettait un sacrilège en touchant aux marques du siècle. Il a mal supporté notre désaccord. Un jour il me l'a reproché : "Vous m'avez manqué", m'a-t-il dit. »

Plus discrètement, Édouard Balladur semble avoir souffert de l'attitude de Jacques Chirac dans cette affaire.

Las, il ne pourra empêcher l'édification de la pyramide de l'architecte Peï. « Regardez comme cela est prétentieux et laid », dit-il à ses visiteurs en s'approchant avec eux de la fenêtre.

Il n'empêche : ce palais flatte sa vanité. Philippe Bauchard raconte : « La méditation du ministre d'État est troublée par le vacarme constant des engins qui travaillent à l'aménagement du Grand Louvre. Il s'en plaint, il vit, dit-il dans les courants d'air, mais après tout, ajoute-t-il, "Louis XIV lui aussi travaillait dans les gravats"[1]. »

L'affaire fait jaser dans la majorité comme dans l'opposition, dans les dîners en ville comme dans les gazettes. À Matignon et dans les

1. Dans *L'Expansion*, 19 juin 1987.

services de la rue de Rivoli, on colporte une bonne blague qui fait beaucoup rire. Édouard Balladur, mort arrive au Paradis. Il frappe à la porte, saint Pierre lui ouvre :

– Ah ! C'est vous, Édouard Balladur ?

– Oui, saint Pierre, c'est moi.

– Vous êtes bien le ministre d'État ?

– Oui, très saint Pierre.

– Le ministre d'État, ministre de l'Economie, des Finances et de la Privatisation de la rue de Rivoli ?

– Oui, saint Pierre, c'est moi.

– Ah ! Monsieur le Ministre d'État, c'est que je suis bien ennuyé…

– Et pourquoi êtes-vous ennuyé, saint Pierre, n'ai-je pas été un bon chrétien, n'ai-je pas mérité le Paradis ?

– Mais si, Monsieur le ministre d'État, vous méritez tout à fait le Paradis, seulement, avec Dieu, nous nous sommes dit : est-ce qu'il va y être content, est-ce qu'il va s'y plaire ? Est-ce que le Paradis est assez bien pour lui ?

Quand on lui raconte l'histoire, bien évidemment Jacques Chirac éclate de rire : « Mais Édouard, c'est Édouard… » D'ailleurs, sa collaboratrice, Madame Esnous, plaide en faveur dudit Édouard. « Monsieur Balladur s'est conduit comme un monarque parce qu'à son cabinet ils étaient tous chapeau bas, et à un point incroyable, alors que lui ne le demandait pas. » Aujourd'hui encore, elle explique un brin rieuse : « Quand Monsieur Balladur entrait dans mon bureau, si des ministres s'y trouvaient, aussitôt, ceux-ci se mettaient au garde-à-vous. »

De fait, le ministre d'État en impose. « Certains hommes, disait le général de Gaulle, répandent un fluide d'autorité, dont on ne peut discerner au juste en quoi il consiste et dont même on s'étonne parfois, tout en subissant ses effets[1]. »

Or Édouard possède ce fluide-là.

Un curieux personnage au total, concluent ceux qui l'approchent. Il refuse de se plier aux règles élémentaires de la communication. « Je suis effrayé par l'importance de la médiatisation », dit-il alors. Ah, il n'est pas du genre à payer à prix d'or des Séguéla. Cela ne lui paraîtrait pas convenable. « Je suis comme je suis, il faut me prendre comme je suis », répète-t-il.

À l'Assemblée nationale, on peut le voir faire ses classes sans grâce particulière. Les plus anciens songent aux débuts de Georges

---

1. Lors d'une conférence à l'École de guerre, dans J. R. Tournoux, *Pétain et De Gaulle*, Paris, Plon, 1964.

Pompidou en le voyant lire d'un ton uni un texte auquel il colle si étroitement que les réponses sont privées de toute chaleur humaine. On ne retrouve pas à la tribune ce trait acéré et cet humour caustique qui sont pourtant sa marque.

Il refuse qu'on lui montre les articles qui le mettent en cause, surtout ce vilain *Canard enchaîné*, où l'on se moque tant de lui. Il répète sans se lasser cette conviction : « Pourquoi voulez-vous que je perde mon temps à lire cela, il faut bien gérer le pays, le redresser, et les Français nous jugeront aux résultats. »

Sa première conférence de presse est d'ailleurs une catastrophe. Il se contente de présenter ses quatre ministres délégués (Alain Juppé, Michel Noir, Camille Cabana et Georges Chavanne, excusez du peu !), alignés sagement sur la tribune : quatre Dalton balladurisés, aseptisés, qui ne pipent mot. Puis, lorsque vient le moment des questions des journalistes, il lève la séance et s'enfuit. Le lendemain, *Libération* titre, moqueur : « Conférence de presse d'Édouard Balladur : quinze minutes de silence. »

Non, il n'est pas né celui qui le fera changer de style, d'allure et de ton. En 1986, Édouard est un bizuth en politique, il ne tolère guère les critiques (mais il n'apprendra jamais à les supporter). On pourrait comprendre qu'il admette mal celles qui fusent de la majorité. Mais de la gauche… Or, le mardi qui suit la dévaluation du franc, rencontrant François Mitterrand en tête à tête, il se plaint que les socialistes ne l'aient pas ménagé. « J'ai été choqué, lui dit-il par les attaques lancées par vos amis contre moi[1]. » « Vraiment ? lui répond Mitterrand, mais lorsqu'on est en politique, il faut s'habituer à prendre quelques coups. » Édouard n'est pas de cet avis. Rien n'est pire, croit-il, que de laisser passer les choses sans se défendre. Il n'a peut-être pas tort. La preuve ? « Peu après dans les couloirs de l'Assemblée, Monsieur Joxe vint à m'aborder et me dit qu'il n'était nullement dans l'intention des socialistes de s'en prendre à ma personne. La controverse sur la dévaluation s'arrêta », racontera Édouard Balladur[2]. François Mitterrand a mis fin à la polémique.

Le bizuth n'entend pas non plus gouverner avec les sondages (il changera d'avis plus tard). « Le drame, dit-il, c'est qu'à cause d'eux, on gouverne à l'habileté et pas à l'utilité. »

1. Ils l'accusaient d'avoir organisé artificiellement la baisse du franc pour justifier la dévaluation.

2. Dans *Passion et longueur de temps*, *op. cit.*

Il devrait pourtant y jeter un œil, songe Charles Pasqua. Une enquête publiée par la Sofrès sur le bilan des cent premiers jours du gouvernement Chirac en juillet 1986 montre que les mesures prises par Balladur (ou sur le point de l'être) sont toutes condamnées par l'opinion : 72 % des Français se disent hostiles à la suppression de l'impôt sur les grandes fortunes, 62 % à la suppression de l'autorisation administrative de licenciement, 60 % à la privatisation de TF1, 58 % à l'abolition du contrôle des prix. Alors que 56 % approuvent le retour au scrutin majoritaire et 50 % la politique sécuritaire du ministre de l'Intérieur, lequel prévient Chirac : « Ce type va nous faire perdre, méfie-toi de lui. »

Mais Chirac, pourtant plus réservé sur la suppression de l'impôt sur la fortune, ne veut rien entendre. « Édouard, c'est Édouard. »

Il n'est pas question de se laisser influencer. Monsieur le ministre d'État a carte blanche pour mettre en œuvre le programme économique, celui de la plate-forme RPR-UDF. Or la suppression de l'ISF y est mentionnée. « Oui, c'est vrai, j'ai fait ce que j'ai voulu, et je dois beaucoup à Jacques Chirac, dira-t-il plus tard. La suppression de l'impôt sur la fortune je la revendique, j'ai souhaité la prendre dès le départ (contre l'avis de ses directeurs du ministère), parce que nous devions créer la confiance, notamment sur le plan international. La dévaluation accompagnée de la suppression d'une bonne partie du contrôle des changes et de la suppression de l'ISF a entraîné des rentrées de capitaux qui nous ont permis de baisser les taux d'intérêt de façon très substantielle, 1,25 point en quelques mois. C'était donc un préalable à la politique de redressement. » Il l'avouera pourtant un jour : il aurait peut-être pu s'y prendre autrement, par exemple en prévoyant une extinction progressive de l'ISF.

Mais en 1986, il fallait aller vite, l'œuvre à accomplir est immense et le ministre d'État n'a aucune envie d'être « empêché dans ses mouvements » et de ne pas appliquer son programme, contrairement à ce qu'il admettait dans son article du *Monde*. « Nous voulions montrer que cette politique était menée non pas au profit de quelques-uns mais du plus grand nombre. Il ne s'agissait pas seulement de rendre aux entreprises la liberté de fixer leurs prix, la liberté dans leurs mouvements de change et la gestion de leurs effectifs, il fallait que l'État se retire du champ de l'économie au profit de tous, par le développement de la participation, de l'actionnariat des salariés et de tous les épargnants. »

Monsieur le ministre d'État ne supporte pas que quiconque, y compris le Premier ministre, vienne marcher sur ses plates-bandes.

« La différence entre vous et moi, c'est que je ne fais pas de politique », lance-t-il à Jacques Chirac, un jour qu'il lui demande une faveur pour tel ou tel secteur. « Je refuse des crédits que rien ne justifie, sauf des visées électorales[1] », répète-t-il, pas peu fier de son effet. Et tant pis, si l'on commence à dire qu'il est dépourvu du plus petit commencement de sens politique. Une idée qui se propage au RPR. Bernard Pons se souvient : « Je le disais à Jacques : "Demande donc à Édouard comment on fait pour gagner les élections si on ne fait pas de politique électoraliste." C'est très bien de vouloir redresser le pays, mais explique-moi comment tu iras à l'Élysée après avoir bloqué le rendement du livret A et le salaire des fonctionnaires. »

Certains dès le début de 1987 vont plus loin. Ils susurrent qu'accepter la cohabitation n'était peut-être plus la grande idée du siècle. C'est évidemment Édouard qui est visé. Et comme il se doit, ses collaborateurs crient à la persécution. « La paranoïa de la rue de Rivoli a commencé à ce moment, note Christine Albanel, chargé de mission à Matignon, l'entourage de Balladur était convaincu que l'on ourdissait des complots contre le ministre d'État à Matignon. Lequel semble-t-il ne demandait qu'à le croire. »

Il n'empêche, à l'exception des barons du RPR, comme Charles Pasqua, Albin Chalandon ou Bernard Pons, dont les responsabilités, il est vrai, sont assez éloignées des siennes, le ministre d'État – parce que Jacques Chirac le veut bien, et le lui demande même – exerce une autorité quasi hiérarchique sur le gouvernement, jusque dans les moindres détails : il dit son mot sur tout, politique monétaire et fiscale, dénationalisation, Sécurité sociale, télévision, affaires étrangères. Il assiste au conseil de sécurité. Souvent, on le croit rue de Rivoli, il est dans le bureau de « Jacques ». Pas un dossier, seul peut-être le découpage électoral n'échappe à sa vigilance. « Le Premier ministre voulait que j'assiste à une réunion sur les sénatoriales, j'ai refusé, je ne peux quand même pas m'occuper de tout », lâche-t-il avec satisfaction devant les journalistes. Il est partout, « même là où la fonction budgétaire n'est pas déterminante », se plaint Alain Juppé. Un ministre se risque-t-il à demander l'arbitrage de Jacques Chirac, on l'entend lui dire : « N'ennuyez pas le Premier ministre avec cela, je m'en charge. »

---

1. Parfois devant les membres de son cabinet, il lâche : « Jacques n'est pas sérieux, il est clientéliste. »

« Il était juge et partie », déplore encore Philippe Séguin qui eut souvent maille à partir avec lui[1].

« J'allais régler tous mes problèmes avec Balladur, raconte Hervé de Charette, alors ministre de la Fonction publique, parce que Chirac était très content quand je ne lui posais pas de problème, et rue de Rivoli, cela se passait très bien. J'en ai gardé un très bon souvenir. Je trouvais que les critiques contre Balladur étaient injustifiées, il était très agréable de rapports. Chaque fois que je le voyais, il me disait : "Que voulez-vous, Chirac est ce qu'il est, mais nous n'en avons pas d'autre." Je le trouvais tout de même un peu condescendant à l'égard du Premier ministre qu'il défendait pourtant bec et ongles. »

L'une des grandes affaires de l'époque, les privatisations, fait l'objet de tous ses soins. Il n'entend guère partager les principales décisions mais, dit-il, dans la transparence, et après l'avis d'organismes professionnels et compétents. Ses privatisations (Saint-Gobain, la cession d'actions d'Elf Aquitaine, Paribas, le CCF, la Société générale) sont d'ailleurs un succès, plébiscité par les Français. Le nombre d'actionnaires passe d'un à six millions. C'est que l'opinion, on l'a vu, s'est retournée. Désormais, elle mise sur le secteur privé pour redynamiser l'économie. Les nouveaux actionnaires sont plus jeunes, plus modestes et moins situés politiquement à droite. La vogue est aux émissions de radio et à la presse qui apprivoisent le public au capitalisme, veulent lui apprendre à gérer son argent, jouer en Bourse, et gagner à tous les coups.

Le krach boursier d'octobre 1987 viendra ternir cette euphorie.

La gauche, qui ne peut pas parler de bradage du patrimoine national, critique en revanche la constitution de noyaux d'actionnaires stables (les fameux « noyaux durs »), destinés à prévenir les tentatives de prise de contrôle des sociétés nationalisées par des étrangers ou des indésirables. Pierre Bérégovoy reproche à son successeur d'avoir, par la formation de ces noyaux durs, favorisé ses amis politiques. En écho, Raymond Barre émet des réserves sur le caractère discrétionnaire du choix des entreprises appelées à y participer. Des critiques qui vont alimenter la campagne anti-RPR. Édouard Balladur est ulcéré, et le restera longtemps. « On a essayé de jeter le discrédit sur les mobiles de mon action, puisque finalement rien d'autre

1. Il était insupportable, note à son sujet un collaborateur du ministre d'État, Séguin démissionnait tout le temps, une fois même quatre fois dans la journée, et Maurice Ulrich, le directeur de cabinet de Jacques Chirac, le soutenait toujours. Ce qui exaspérait le ministre d'État.

n'avait pu donner prise à la critique, dira-t-il plus tard. Or, plus de soixante-dix sociétés furent retenues pour faire partie des noyaux stables, et elles l'ont été sur propositions des dirigeants des entreprises qui devaient être privatisées. Dira-t-on aujourd'hui que nous avions tant d'amis, alors qu'il s'agit de sociétés anciennes, dirigées par des hommes qui avaient tous le souci de l'efficacité et qui travaillent à nouveau aujourd'hui avec tous les gouvernements quels qu'ils soient et comme il est normal[1]. »

La suite, il est vrai, montrera que les noyaux durs ont résisté à l'État socialiste et aux attaques extérieures.

Longtemps, Édouard Balladur gardera rancœur de ces procès. Jacques Chirac est l'un des premiers à intervenir pour le défendre, stigmatiser « cette campagne d'insinuation calomnieuse, ces allégations mensongères ».

Édouard, c'est Édouard, on vous l'a dit et redit. On ne touche pas à Édouard.

À ses quatre ministres délégués, il s'est imposé non sans raideur. Tous doivent impérativement l'appeler Monsieur le ministre d'État. C'est Alain Juppé qui en souffrira le plus. D'emblée, les relations sont difficiles entre les deux hommes. « Le ministre délégué n'est que le délégué de son ministre », avait prévenu Édouard Balladur. Or, Alain Juppé, intelligent, ambitieux, orgueilleux, indépendant, voire personnel, ne supporte pas cette attitude autoritaire et les vexations dont il est parfois l'objet : « J'ai senti sa volonté de me marquer, de me réduire. Quand je donnais des interviews, il en faisait toute une histoire. Au Conseil des ministres, je n'avais jamais le droit de parler. Il m'appelait toujours "Monsieur le Ministre délégué", pour bien marquer ma subordination. Les arbitrages budgétaires étaient rendus unilatéralement, mais il m'envoyait ensuite ferrailler à l'Assemblée nationale. Il m'a même interdit d'utiliser les salles à manger du ministère alors qu'elles étaient vides. Un jour, j'en ai eu assez d'être traité comme un fonctionnaire, j'ai explosé et je lui ai dit : "Je ne suis pas votre directeur de cabinet." »

Jacques Raiman, l'ancien de la GSI, qui a suivi Édouard Balladur au ministère des Finances, lui conseille : « Alain, vous devriez le traiter comme un fils. » Mais il répond : « Si on ne le tient pas, il en fait trop à sa guise. » « Les mauvais rapports entre Balladur et Juppé c'est ce qui m'a le plus étonné au début de la cohabitation », dit Pierre Méhaignerie.

1. *Passion et longueur de temps*, *op. cit.*

« À chaque fois que je me plaignais auprès de Jacques Chirac, raconte Juppé, je m'entendais répondre : “Mon petit Alain, ne faites pas de vagues, Édouard est susceptible, je ne veux pas d'histoires.” »

Excédé, au début de l'année 1987, Alain Juppé songe à quitter le ministère des Finances. Il l'annonce dans un déjeuner en tête à tête avec Édouard. Le dialogue est courtois mais glacé : « De quoi vous plaignez-vous, lui demande, bonhomme et l'air innocent, le ministre d'État. Jacques Chirac, du temps de Giscard, n'avait pas autant de pouvoir que vous ! » Les deux hommes feront la paix, mais le courant ne passera jamais, même si l'on ne perçoit guère entre eux de divergences intellectuelles fondamentales.

Avec Camille Cabana, ministre délégué à la Privatisation, les relations ne sont guère meilleures, franchement exécrables même. Le 20 août – dès que les ordonnances sur les privatisations seront prêtes – son ministère est supprimé. Il est envoyé aux réformes administratives. Les privatisations, qu'on se le dise, sont le domaine exclusif d'Édouard. Et c'est celui-ci qui exige son départ : « Le premier vrai conflit entre Jacques Chirac et le ministre d'État », note Denis Baudouin. « Il trépigne dans mon bureau, je ne le supporte pas, c'est lui ou c'est moi », répète le ministre d'État. Et Chirac cède, bien sûr. « Il a cru que j'étais là pour remplir les caisses du RPR », se lamente encore aujourd'hui l'ancien secrétaire général de la Ville de Paris, qui poursuit : « En réalité, il n'a jamais pu me supporter, il m'a toujours saqué. Quand j'étais à l'ENA, je suis tombé sur lui comme examinateur. J'avais à traiter un sujet très pointu, qui ne fait pas plus de trois pages dans les manuels : “Le conseil d'État, juge de cassation.” Pendant mon topo, il écoutait, glacial, un bloc de marbre, j'étais dixième auparavant, par sa faute, en raison de la note qu'il m'a donnée, je suis passé au vingt et unième rang et je n'ai pas pu sortir dans les grands corps. »

Vraiment imbuvable cet Édouard, songe Camille Cabana qui poursuit : « Quand je me suis présenté aux élections sénatoriales, quelques années plus tard, il n'est pas venu voter et il m'a fait dire qu'il ne s'était pas dérangé afin que je ne puisse pas penser qu'il allait voter contre moi »… Sacré Édouard.

Ouf ! Avec Georges Chavanne, chargé du Commerce, de l'Artisanat et des Services, homme affable, les relations sont plus faciles. Avec Michel Noir, ministre délégué du Commerce extérieur, dont le ministère est situé quai Branly, les relations sont d'autant plus aisées qu'elles ne sont pas très fréquentes Les échanges commerciaux et les relations qu'entretient la France avec ses principaux partenaires ne sont pas des sujets de désaccord. Seulement voilà : Michel Noir, un jour, sort de son domaine. Alors que la majorité s'interroge sur la meilleure façon de traiter le Front national, le ministre délégué écrit dans *Le Monde* un article percutant dont une phrase restera célèbre : « Il vaut mieux perdre une élection que perdre son âme. » La gauche, qui suspecte – qui voudrait bien pouvoir suspecter – Chirac de bienveillance à l'égard du Front national, fait de Michel Noir son héros[1]. Jacques Chirac est fou de rage. Noir reçoit, raconte-t-on, l'engueulade de sa vie. Au point qu'il propose sa démission du gouvernement et que Chirac accepte. C'est Édouard qui calme le jeu. Une démission ferait désordre. Il est vrai en outre que Noir n'a pas à faire la leçon sur ce point à Jacques Chirac : si quelqu'un a combattu Le Pen, c'est lui, « car cet homme le révulse, physiquement même, et ce depuis des années ». Son ancien directeur de cabinet, Michel Roussin, témoigne : « On a fait tout un plat parce que Tapie a affronté Le Pen à la télévision. Chirac, lui, l'a combattu des années durant et l'a empêché d'être élu à Paris. Il n'avait de cesse de démonter et le patron et les idées du Front national. » À tel point que Balladur se met parfois en colère : « Cessez d'attaquer Le Pen, n'en parlez pas. »

Sur ce sujet au moins, il est d'emblée bien d'accord avec Pasqua : la politique sécuritaire de celui-ci est bien plus utile pour rameuter les électeurs que les bons sentiments de ce grand benêt de Noir ou même les éclats de Jacques Chirac, lequel, estime Édouard, risque de les payer cher.

Or sur ce point, justement, Jacques Chirac n'écoutera jamais Édouard.

Le tandem, pourtant, ne se désunit pas vraiment. Aux yeux des ministres qui ont vu fonctionner Édouard et Jacques depuis le début de la décennie, la période de la cohabitation apparaît comme la suite logique des années de préparation à l'Hôtel de Ville. Ils ne s'étonnent donc guère d'entendre répéter à tout bout de champ : « Qu'en pense Édouard ? » « Comme à cette époque, la décision de Jacques était suspendue à son coup de fil », dit l'un d'entre eux.

Jacques Chirac, qui adore le téléphone, appelle le ministre d'État pour un oui, pour un non, du soir au matin et du matin au soir. Il ne le laisse jamais en paix. Pas un dîner en ville où le ministre n'est dérangé au moins une fois. Tout journaliste qui a rencontré le ministre d'État dans son bureau peut en témoigner. L'entretien est toujours

1. Il est vrai que l'on trouve toujours des traits plaisants à l'adversaire qui accepte à l'avance de perdre une élection !

entrecoupé d'un appel. Édouard décroche et : « Allôooo, Jacques ? Mais où êtes-vous ? Dans un tunnel ? Mais je vous ai déjà dit de ne pas m'appeler quand vous étiez dans un tunnel, allez, rappelez-moi. » Et de raccrocher, d'un geste excédé.

Commentaire d'un proche de Chirac : « C'est avec ses coups de fil incessants que Jacques a fini par donner au ministre d'État l'idée de sa vulnérabilité. »

Des coups de fil, des consultations, qui lui « râpent les nerfs », en effet. Si bien qu'un jour, mais chut ! ne le répétez pas, il fait filtrer sa ligne afin de ne plus être dérangé à tout bout de champ (sur l'interministériel, seuls le président de la République et le Premier ministre ont droit à une ligne filtrée). Une petite agacerie comme il s'en produit dans tous les couples, mais qui ne trouble guère l'harmonie profonde de celui-là.

« Cela a été une coopération et une relation exceptionnelles », dit aujourd'hui Maurice Ulrich. L'affection en effet ne se dément pas et se manifeste par mille détails. « Au cours d'un week-end à la fin de novembre 1986, raconte un ancien de Matignon, nous avions une réunion dans le bureau de Jacques Chirac. Celui-ci est arrivé en jean et en sweat-shirt bleu marine avec New York City imprimé au milieu de la poitrine, la tenue qu'il aime porter le dimanche. Mais il portait de curieuses pantoufles de velours noir brodées d'or façon Rothschild. Bizarre… bizarre. Édouard Balladur nous a interrogés l'air malicieux : “Que pensez-vous des chaussures du Premier ministre ?” Tous les présents se sont abîmés en compliments. Il a alors précisé ravi : “C'est mon cadeau d'anniversaire.” »

Quand le Premier ministre doit prononcer un discours, la séance de relecture a lieu à Matignon avec la même mise en scène qu'à l'Hôtel de Ville : les crayons, le scotch, les agrafeuses. Édouard est toujours là. « Souvent, raconte Christine Albanel, Jacques Chirac préparait un punch assez fort qu'Édouard ne voulait pas boire ». “Mais si Édouard ! Juste un petit verre”, insistait Jacques Chirac… Et la soirée se terminait toujours très gaiement, Édouard devenait primesautier. »

« Pendant ces deux années, Jacques Chirac n'a cessé de pousser Édouard en avant, de lui passer la parole à tout moment, de lui laisser le soin de tracer la ligne, c'est lui qui l'a fabriqué », déplore Alain Juppé.

« Pour moi, Édouard Balladur faisait office de directeur général d'une grande entreprise avec très large délégation, tandis que Jacques Chirac était le président qui préside d'un peu loin, se réservant pour les affaires qui étaient de la compétence du président de la République », témoigne Albin Chalandon.

Au déjeuner qui réunit le mardi les leaders de la majorité, le rituel est immuable. Jean-Claude Gaudin, alors président du groupe UDF raconte : « En général, nous passions à table vers 13 h 15. Jacques Chirac sortait un papier de sa poche, lançait le débat, et Balladur le récupérait en route pour tirer les conclusions le plus souvent. L'atmosphère était toujours décontractée et quelquefois nous prenions des décisions. Ensuite, avec Pierre Messmer, le président du groupe RPR, nous partions à l'Assemblée pour faire passer le message aux députés. À 16 heures, nous allions aux Quatre Colonnes pour informer les journalistes. Mais il arrivait que vers 17 heures, Maurice Ulrich nous téléphone pour nous dire : "Tout bien réfléchi, le Premier ministre a changé d'avis." Alors le plus souvent Balladur m'appelait une heure plus tard, me demandait de passer à Rivoli, nous dînions quelquefois ensemble, et nous tissions à nouveau tous les deux la toile de Pénélope. »

Et François Léotard : « Jacques Chirac tous les mardis nous répétait "Pas de vagues", citant comme modèle le Corrézien Henri Queuille. Mais il était clair que pour lui, la parole de Balladur était sacrée. Elle tombait toujours au dessert. »

Les réunions de cabinet qui rassemblent le gouvernement tout entier à Matignon – en dehors du président de la République… – sont du même style. « Jacques Chirac ouvrait la séance, raconte Hervé de Charette, puis passait la parole au ministre d'État, lequel aussitôt, s'il s'agissait du Budget, par exemple, débitait son texte sur un ton sérieux et assuré. Et tandis qu'il parlait, on apportait à Jacques Chirac des piles de parapheurs et il signait des lettres à tour de bras, envoyait en même temps des petits papiers aux uns et aux autres pour demander, par exemple, s'il tutoyait leurs destinataires, en quels termes il était avec eux. On lui renvoyait la réponse et il signait. Pendant ce temps Édouard continuait de parler et nous de l'interroger. »

« Jacques est le seul homme que je connaisse qui arrive à faire quatre choses en même temps », disait autrefois Balladur avec une once d'admiration dans le ton. Cette admiration, tous ceux qui ont été alors ses ministres la partagent. Ils soulignent aussi sa facilité d'accès, son courage dans les épreuves, les attentions qu'il avait pour chacun – à condition de ne pas lui poser de problèmes –, son absence de rancune. « Quand je me suis engagé très tôt en faveur de Barre pour la présidentielle, confie Bernard Bosson, alors en charge des Affaires européennes, Chirac ne m'en a pas voulu.

Il oublie aussi vite les crasses qu'on a pu lui faire que les gens qu'il a embrassés la veille. » Et Jean-Bernard Raimond : « Jacques Chirac n'est heureux que dans l'action, y compris quand on lui annonce de mauvaises nouvelles. » Et Alain Madelin : « On vivait avec lui dans un état d'excitation permanente, on s'engueulait souvent, mais il tranchait. Ensuite, rideau, oublié : on n'en parlait plus. » Ils découvrent aussi ce paradoxe chiraquien : rapidité de décision pour les grandes affaires, dépense d'énergie disproportionnée pour les petites choses.

À cette époque, la politique étrangère, la politique de défense, la vie de la majorité, les questions politiques, la douloureuse question des otages, la Corrèze aussi occupent les jours et parfois les nuits, les semaines et souvent les week-ends, de Jacques Chirac. Pour le reste, c'est Édouard qui est aux fourneaux. Ce qui donnerait à quiconque des ambitions nouvelles. Mais à Matignon, on fait mine de ne pas s'en préoccuper : « Chirac, dit-on, est convaincu qu'Édouard ne privilégiera pas sa propre carrière aux dépens de ses intérêts ». Et puis, Édouard n'est pas un politique, c'est entendu, vous n'avez qu'à le regarder, il ne sera jamais populaire, et il ne fait rien pour le devenir. Lui-même en plaisante devant Jacques Friedman : « Moi je ne plais qu'aux vieilles filles, et riches de préférence. »

Les plus fins observateurs pourtant ne peuvent pas ne pas noter qu'il fait de rapides progrès. Ainsi, il impressionne les téléspectateurs dès sa première prestation à *L'Heure de Vérité* en septembre 1986. Il y était allé pourtant à contrecœur. « À quoi tout cela sert-il », et pour le rassurer, Jacques Chirac lui avait « prêté » son maquilleur. Du coup, le voilà qui sort de l'ombre. « Quand j'ai téléphoné à la mairie de Paris pour connaître le sentiment de Jacques Chirac, raconte Antoine Pouillieute, directeur adjoint du ministre d'État, j'ai d'abord eu Bernadette Chirac, laquelle enthousiaste m'a dit avoir cru "revoir Georges Pompidou". »

Son époux avait-il noté au cours de cette émission une curieuse réponse du ministre d'État ? Alors que François-Henri de Virieu évoquait la perspective d'un ticket Chirac-Balladur pour la présidentielle poursuivant, l'un à l'Élysée, l'autre à Matignon, l'action menée en France depuis six mois, Édouard Balladur avait tranché, bref, sèchement même : « Il ne faut pas en parler parce que je ne le serai pas. »

Qu'a-t-il voulu dire ?

« Doit-on avoir forcément une ambition politique ? Moi j'ai le goût de la liberté », répond-il quelques jours plus tard au *Point* qui l'interroge. « J'ai dit cela parce que je n'aime pas la forfanterie », précise-t-il aujourd'hui. Pour Jacques Friedman, la réponse est entendue : « Édouard a toujours su qu'il ne serait pas le Premier ministre de Jacques, parce que celui-ci serait obligé de choisir un UDF. » Mais pas seulement. Dans les années 1990, dans leurs tête-à-tête à la mairie de Paris, souvent Édouard le dira à Jacques : « Je crois que nous aurions du mal à nous entendre. »

Il n'empêche, jusqu'où Balladur ira-t-il ? Son détachement pour la politique n'est-il pas feint ? Doit-on le croire quand il dit : « Dans un an, je retournerai à la vie privée » ? Les journaux se posent la question.

Interrogé lors d'un dîner-débat sur une rumeur qui faisait de lui un présidentiable bis au RPR, le ministre décoche prestement un regard oblique en direction du questionneur : « Ah oui ? », demande-t-il d'une voix très *Flûte enchantée*. « Nous voilà au Français, Monsieur le ministre d'État, ce "Ah oui ?" est d'un grand sociétaire », s'exclame un convive, et le ministre rosit de plaisir. Il sait désormais que la politique est aussi un spectacle.

À observer le comportement de leur seigneurial ministre, les fonctionnaires des Finances, eux, ont déjà conclu. Et déniché une sentence citée en épigraphe d'un roman de Catherine Hermary-Vieille, *Le Grand Vizir de la nuit*. Ils l'ont, histoire de rire, affichée dans les couloirs : « Si le ministre, dit cette sentence, vient à égaler le roi en richesses, en prestige et en autorité, il faut que le roi le renverse, sinon qu'il sache bien que c'est lui qui sera renversé. »

Voilà Chirac prévenu.

Tout pour Édouard et Édouard pour tous

Malheur au vaincu

« Tout le malheur des hommes vient de l'espérance », a écrit un jour Albert Camus[1]. Pour avoir beaucoup espéré, Jacques Chirac, le soir du 24 avril 1988, premier tour de l'élection présidentielle, est assommé. Les Français ne lui accordent pas même 20 % de leurs suffrages (19,65 %), une misère comparé aux 34 % de François Mitterrand. Pour la deuxième fois, ils viennent de l'écarter de l'Élysée. Une soirée à marquer d'une pierre noire. Le Premier ministre n'a séduit ni l'électorat centriste, ni celui de Jean-Marie Le Pen et encore moins le peuple de gauche. Il ne fait même pas le plein des voix du RPR (estimé à 22 %). Bonjour le rassembleur !

1. Dans *L'Homme révolté*, Paris, Gallimard, 1951.

Quoi ? Avoir déployé tant d'efforts durant tant d'années pour un si piètre résultat ? Comment ne se sentirait-il pas abandonné de Dieu et des hommes ? Le choc est terrible. Physique d'abord, comme si l'organisme se vidait de son sang. Moral surtout. Le pire vient peut-être du regard des proches. La lueur d'espérance qui, la veille, y brillait encore se métamorphose en commisération, dépit et même pire… Bien sûr, ils se multiplient, maladroits, bienveillants, compatissants, les mots de réconfort : « Mitterrand lui aussi a connu par deux fois l'échec. » « Nous avions pourtant bien travaillé, comme c'est injuste. » Des phrases susurrées, balbutiées, bégayées, qui ne cachent pas l'évidente vérité : leur foi vacille, la considération s'évapore, un charme s'est rompu.

Une telle défaite s'apparente toujours à une petite mort, car c'est l'ego qu'on assassine. Jacques Chirac, qui ne s'est jamais aimé[1], se déprise plus encore. Bien sûr, on ressuscite un jour ou l'autre. Mais comment ? Celui qui en revient est-il toujours le même ? Rien n'est moins sûr. « Les Français n'aiment pas mon mari », tranche ce soir-là Madame Chirac pleine d'amertume.

Deux mois plus tôt, à Patrick Poivre d'Arvor qui lui demandait[2] :

« Quel est pour vous le comble de la misère ? »

Jacques Chirac avait répondu :

« La déception. »

Ce soir-là, il est servi.

Mais comme d'ordinaire dans les échecs il n'en montre trop rien, plaisante tout autant, console alentour, peut-être fume-t-il un peu plus.

« C'est un homme qui refuse le secours, ou plutôt qui ne l'appelle jamais, explique Maurice Ulrich, alors qu'il aime à se charger des fardeaux des autres avec une gloutonnerie stupéfiante. »

---

1. Quand il parle à ses intimes, voire à des journalistes, il arrive souvent à Jacques Chirac – peut-être l'homme le moins vaniteux de toute la classe politique – d'adopter un ton péjoratif et de se dévaloriser. Sur tous les sujets : « À la télé ? Je suis mauvais comme un cochon. » Y compris les plus intimes. Un jour qu'on le félicitait d'avoir cessé de fumer, il répond en plaisantant : « Mon souffle n'est pas meilleur et pour le poum-poum ça ne va pas mieux. » Avec Édouard, écoutez la différence. Les propos qui vont suivre appartiennent à l'un des héros fictifs de son livre *L'Arbre de Mai*. Mais tout de même, on ne peut s'empêcher de penser qu'il s'agit d'un autoportrait : « Avait-il peur d'engager trop de lui-même ? Les préliminaires de ses amours n'étaient jamais très longs : se découvrir, séduire, il fallait que les choses aillent assez vite pour qu'il n'ait pas trop à solliciter un refus, ce qui lui aurait donné le sentiment d'être rejeté. Insister, essayer de convaincre, eût été se mettre à découvert. Devant qui et pourquoi ? Aussi le croyait-on timide, opinion que ne partageaient pas celles qu'il avait aimées. »

2. Dans *Le Journal du Dimanche*, janvier 1988.

Non, il ne s'attendait pas à un score si médiocre. À l'aube d'une campagne entamée toutes voiles dehors, les sondages s'étaient faits plutôt bons garçons (jusqu'à 24 %). Raymond Barre qui, durant toute l'année 1987, avait caracolé en favori de la droite, était passé illico au rang de numéro deux pour n'en plus bouger, même après l'annonce de sa candidature. Jacques Chirac s'était donc pris à espérer.

Édouard Balladur lui avait conseillé de se lancer le premier. « Trois mois pour expliquer aux Français ce qui est en jeu et ce qu'on leur propose, ce n'est pas de trop », avait-il expliqué le 6 janvier à *L'Heure de Vérité*.

Dix jours plus tard, le Premier ministre engageait donc la bataille. Charles Pasqua rechignait pourtant, craignant l'essoufflement, il préconisait, lui, d'attendre un peu, répétait que « Qui veut voyager loin… ». Mais le combat à peine entamé et scandé par ces sondages flatteurs, tous les commentateurs avaient dû le reconnaître : le chef du parti gaulliste était arrivé à maturité. Son physique s'était adouci, humanisé. Les premières affiches qui partout s'étalaient – trop, beaucoup trop – sur les murs de France et de Navarre, et ses photos dans tous les magazines, montraient un Jacques Chirac col ouvert et teint bronzé, comme retour d'une semaine au Club Med, une belle gueule tonique au regard habité. Il était censé incarner l'« ardeur », le « courage », la « volonté ». Des mots qui sonnaient juste. L'homme avait pris de la densité. Pour son compte il avait bien négocié le premier septennat de François Mitterrand. Sa démarche en trois étapes avait montré cohérence et efficacité : s'imposer d'abord comme le chef de l'opposition RPR-UDF unie (une façon de faire oublier la trahison de 1981), définir et appliquer la cohabitation, cette nouveauté ; gouverner enfin pendant deux ans en présentant un bilan infiniment plus flatteur que celui des socialistes. Déjà les chiffres le disaient.

Édouard Balladur, l'initiateur de cette stratégie, n'avait jamais douté de son succès. Jacques Chirac avait fini par y croire. Or elle venait d'échouer. Lamentablement.

À qui la faute ?

Ce soir du 24 avril, dans le bureau du candidat défait, la question rôde dans toutes les têtes, même si l'on fait mine de ne penser qu'au deuxième tour. « On va se battre. » « Rien n'est perdu. »

À qui la faute ?

À l'homme ou à la cohabitation ? Au chef d'orchestre ou à la partition ? Charles Pasqua et Édouard Balladur, qui se regardent en chiens de faïence, ont chacun une réponse toute prête.

« Forcément à l'homme et aux conditions politiques » – la division de la droite –, se dit le théoricien Balladur, qui pressent déjà que Charles Pasqua et ses amis vont tenter de lui imputer la défaite.

« À la stratégie, donc à Balladur », se dit en effet Charles Pasqua qui en veut autant à l'inspirateur de la cohabitation qu'à celui qui a bien voulu l'appliquer, et qui est le chef après tout : « Ah ! S'il m'avait écouté », songe-t-il.

Mais Charles et Édouard se le disent aussi : « Jacques n'y arrivera jamais. »

Qu'en pense le principal intéressé ? Il se garde bien de toute introspection publique. Même s'il parle beaucoup, pour aérer le pesant climat, la petite mort, déjà, s'est emparée de lui. Et deux années durant, il sera pour ses proches un présent-absent. Présent : il reprend en main la mairie de Paris et remporte en 1989 (comme six ans plus tôt) le grand chelem aux élections municipales, balayant comme un insecte importun Pierre Joxe, le ministre de l'Intérieur qui avait osé l'affronter[1].

Mais absent tout de même. Selon les moments il se montre résigné : « C'est foutu pour notre génération, Jean-Marie Le Pen fera bientôt 30 % », lance-t-il à Charles Pasqua qui s'emporte devant tant de défaitisme : « Si tu ne veux plus te battre, il faut le dire » ; ou déconfit : « Si ça n'a pas marché, c'est parce que je n'ai pas fait ce qu'il fallait » ; voire au bord du renoncement : « Dois-je continuer ? Les Français ne m'aiment pas, je leur avais proposé de faire des efforts, ils ont choisi l'immobilisme et l'habileté politicienne. »

Les soirs d'insomnie, revoit-il le film de la cohabitation pour tenter d'y repérer les fautes, les erreurs du gouvernement qu'il dirigeait ? Il n'en fera la confidence à personne.

Avait-il pris conscience que la pièce était finie le 31 décembre 1986 ? Et que François Mitterrand s'était déjà joué de lui ? Avait-il déjà mesuré l'adversaire à son aune véritable[2] ? Jamais quiconque n'a

---

1. Une belle victoire, mais c'est Michel Noir, le vainqueur de Lyon, qui est le héros de ces élections et qui pendant deux ans va faire jeu égal avec Jacques Chirac dans la course présidentielle.

2. À l'automne 1990, il fera ses confidences à Michèle Cotta, François Lanzenberg et Henri Marque. Pour TF1, il évoquera sa cohabitation avec Mitterrand. Il dit : « C'est un cynique, avec lui les choses ne sont jamais dites, elles sont toujours masquées… » C'est lors du face-à-face télévisé de l'entre-deux tours qu'il avoue avoir éprouvé « l'une des impressions les plus fortes de ma carrière politique et peut-être de ma vie ». À ce moment du débat, le candidat Mitterrand reproche à son adversaire d'avoir fait libérer Gordji, alors que quelques semaines auparavant il lui avait assuré

réussi à lui faire raconter ses entretiens de Premier ministre avec le président de la République. À chaque retour de l'Élysée, il se bornait devant ses collaborateurs à un bref « Ça s'est très bien passé ». Y compris quand le ciel de la cohabitation se couvrait de sombres cumulus. Il s'agaçait quand on l'interrogeait. Édouard Balladur lui-même échouait à le faire parler : « Vous savez, il ne me dit rien », lâchait-il dépité. Plus tard, l'ancien ministre d'État écrira : « Le compte rendu écrit qu'il me faisait au début de chaque Conseil des ministres après avoir eu une conversation d'une heure avec lui (François Mitterrand) était à peu près toujours le même : "Conversation agréable, détendue, accord facile sur les sujets évoqués, amabilités..." J'ignore si Jacques Chirac n'a pas parfois cédé à la tentation de me peindre les choses en rose[1]. »

Avait-il pris la mesure de la haine que lui voua le Président, bien avant l'annonce de sa candidature. Devant les journalistes, François Mitterrand l'affublait avec mépris de quatre adjectifs commençant par un « v » : « voyou, vulgaire, versatile, velléitaire[2] ». En revanche, comme l'a souligné Édouard Balladur : « En deux ans, nul n'a pu faire état d'un propos déplaisant que Jacques Chirac ait tenu sur Monsieur Mitterrand, Dieu sait que la réciproque n'est pas vraie. » Comment l'expliquer ?

Goût du secret ou question de principes ? Héritage de l'école Pompidou peut-être : jamais celui-ci, en effet, n'avait dévoilé à ses collaborateurs un traître mot de ses entretiens avec le Général. Ou encore ascendant de François Mitterrand dont le savoir-faire et le faire-savoir impressionnaient Jacques Chirac. Un jour, il avait eu devant lui ce lapsus : « Oui, mon Géné... Heu, oui, Monsieur le Président. »

Question de caractère aussi. « Jacques est ainsi fait, explique son ami Jacques Friedman, qu'il n'imagine pas possible d'avoir des ennemis, et quand les formes sont correctes, il croit que les rapports sont bons. »

Au lendemain de la défaite, certains dirigeants du RPR avaient espéré ouvrir un débat en commun sur cette délicate question : pourquoi ça n'a pas marché, quelles sont les causes de la défaite ?

---

détenir « des preuves accablantes » de la responsabilité de l'Iranien dans la vague d'attentats de fin 1986. « Je suis resté stupéfait, explique Chirac... Je me suis dit : "Comment cet homme peut me dire devant tous les Français quelque chose qui est le contraire de ce que nous avions dit ensemble... Il lui a fallu un culot d'acier." »

1. Les ministres l'ont en effet remarqué, au début de chaque Conseil, Jacques Chirac écrit quelques notes sur une feuille qu'ils doivent ensuite acheminer à Édouard.

2. Rapporté par Jean-Yves Lhomeau dans *Le Monde* en décembre 1987.

mais accepter un tel déballage eût été suicidaire. On ne saura donc pas si Jacques Chirac a regretté de ne pas avoir suivi « son pif qui est grand » et qui en 1984 lui conseillait de ne pas aller à Matignon. On ne saura donc pas s'il en a voulu à Édouard de l'y avoir poussé. On ignorera de même s'il s'est reproché d'avoir laissé ses ministres s'exprimer sur les ondes à tort et à travers deux années durant, donnant l'image d'une volière indisciplinée, prête à se disperser à l'approche de l'échéance présidentielle. Un jour, les ministres centristes rêvaient tout haut de l'arrivée d'un messie nommé Raymond Barre, sapant ainsi l'autorité de l'hôte de Matignon. Une autre fois, c'était la bande à Léo qui s'enrôlait sous d'autres bannières. Le comble avait été atteint avec la disparition quatre jours durant du ministre de la Culture. Lequel était devenu injoignable, y compris par le ministre d'État et le Premier ministre, après que celui-ci, furieux d'une interview de son ministre au *Point* (où il qualifiait de « moines-soldats » ses collaborateurs RPR), lui avait publiquement signifié de choisir entre son ministère et la liberté de s'exprimer. Le samedi de la Pentecôte à Fréjus, un de ces soirs où l'air tiède et le ciel étoilé font rêver de concorde, Léo était enfin sorti de son silence. Devant des militants de son parti, subjugués par tant d'audace, il avait répondu que non seulement il demeurerait au gouvernement, mais qu'il continuerait de parler comme bon lui semblerait. Un sacré pied de nez à Jacques Chirac, lequel avait pourtant écrasé. « Allez ! C'est fini ! On n'en parle plus. » C'est qu'il l'aimait bien Léo. « Tu vois, toi et moi on se ressemble », lui avait-il dit un jour. Léo venait pourtant d'offrir à François Mitterrand une grosse cerise à placer sur le gâteau de sa victoire. Mais des cerises, ce gouvernement n'avait cessé d'en faire cadeau au Président : la mauvaise explication des raisons de la suppression de l'impôt sur la fortune, merci Édouard ! La limitation du nombre des médicaments remboursés à 100 %, merci Philippe !

Où étaient donc les erreurs de Jacques Chirac ? Pendant ces deux années de cohabitation, Édouard Balladur lui répétait : « Une élection ça se gagne au centre, parlons centriste, il faut séduire l'électorat barriste. » Mais, stéréo contradictoire, à chaque rencontre, Charles Pasqua suggérait d'esquisser la danse des sept voiles devant les électeurs de Jean-Marie Le Pen, sur l'air de « Nous partageons les mêmes valeurs ». En fin de compte, aucun des deux ne s'était trompé : Jacques Chirac devait son échec autant à Raymond Barre (16,53 % des suffrages) qu'à Jean-Marie Le Pen (14,38 %).

Ils avaient fait jeu quasi égal. À croire que c'était perdu d'avance.

Quelle autre erreur encore ? Ne pas avoir suffisamment cogné et contré cette punaise de Raymond Barre qui avait deux années durant accumulé les critiques, répandu à plaisir l'image d'un État RPR, offrant ainsi ses propres thèmes de campagne à François Mitterrand. Lequel, trop heureux, s'en était emparé avec avidité, marginalisant du même coup le député de Lyon : un des rares plaisirs de Jacques Chirac pendant la campagne.

Mais pourquoi se torturer à récapituler les erreurs ?

Ce qui est fait est fait. Au soir du premier tour, Jacques Chirac espère encore obtenir 48 % des suffrages au second, puisque l'emporter est impossible (on ne passe pas de 20 à 50 %, c'est mathématique). Las ! Le 8 mai, Jacques Chirac n'atteint pas 46 %. De quoi donner raison à Édouard Balladur qui s'écriait jadis : « Le pouvoir c'est bien, mais quel dommage d'avoir à se faire élire. » (Il ne le dirait plus aujourd'hui.)

Tout avait été mis au débit du chef du RPR. Bien des Français avaient même considéré comme le résultat d'une magouille politique suspecte, la libération, le 4 mai à Beyrouth, des otages Carton, Fontaine et Kauffmann, un dénouement heureux que Jacques Chirac avait souhaité de toute son âme et auquel Charles Pasqua avait tant travaillé.

Comment n'aurait-il pas conclu qu'il n'avait pas la baraka, qu'on ne l'aimait pas ?

Qui sème la défaite, récolte la tempête. Il le savait, son autorité serait contestée, les jeunes allaient piaffer puisqu'il n'était pas le chef capable de les amener au pouvoir. Ce qui ne tarda pas : Philippe Séguin déclarait bientôt au *Nouvel Observateur* que « le RPR a autre chose à dire et à faire qu'à soutenir les candidatures de Jacques Chirac ». Lequel était alors à cent lieues de penser que ses pires soucis ne lui viendraient pas des cadets, mais de ses deux barons Charles Pasqua et Édouard Balladur.

En manifestant trop peu de considération à l'un et trop de déférence à l'autre, Jacques Chirac allait se faire de Charles un adversaire et d'Édouard un rival.

Tout pour Édouard

Tout commence le lundi 9 mai, lendemain de la défaite. Jacques Chirac craque lui-même l'allumette qui va embraser sa maison.

« Ce jour-là, raconte Charles Pasqua, il m'invite à déjeuner en tête à tête à l'Hôtel de Ville. L'ambiance est morose, forcément. Au cours du repas, il m'annonce, signe qu'il avait entrepris déjà son autocritique : “J’ai décidé d’abandonner la présidence du RPR.” À quoi je réponds : “Je te félicite, voilà des années que je te disais de le faire.” Et il poursuit : “J’ai une idée, on va y mettre Balladur, tandis que Messmer et toi, vous serez tous deux vice-présidents.” »

Des propos qui font à Charles Pasqua l’effet d’un direct à l’estomac. Le voilà incapable d’avaler une bouchée. Le plexus noué. Il est stupéfait. De quoi, de quoi ? Jacques Chirac, non content d’avoir créé de toutes pièces ce Balladur, de lui avoir offert le ministère le plus valorisant, de l’avoir hissé au rang de vice-Premier ministre, voudrait, au lendemain d’un échec dont celui-ci est largement responsable, lui donner la tête du RPR, alors même qu’il n’appartient pas au mouvement, qu’il n’a pas la tripe gaulliste et qu’il ne rêve que de confédération avec l’UDF[1] !

Décidément, se dit l’ex-ministre de l’Intérieur, Chirac est fou, la défaite lui a tordu la cervelle. Pourquoi Jacques ne donnerait-il pas aussi à Édouard la mairie de Paris et sa chemise en prime ?

Il trouve pourtant la force de rétorquer : « Ça n’est pas possible, tu as bien vu, Jacques, ce qui se passe quand Balladur monte à la tribune : les militants applaudissent du bout des doigts, il ne sait pas leur parler, il est trop bourgeois. Il n’appartient pas à la famille. Moi-même, en y consacrant tous mes moyens, je ne parviendrais pas à le faire élire. Tu devrais plutôt proposer une direction collégiale comme nous en avons eu dans le passé. »

Alors, Jacques Chirac, embarrassé, mais peu disposé à avouer qu’il a déjà la veille au soir proposé le poste à Édouard (qui l’aurait pourtant refusé), de suggérer : « Tu ne voudrais pas, toi, le lui dire ? »

Édouard est aussitôt appelé. Il arrive pour le café.

Et Charles bravement :

– Édouard, vous ne serez jamais élu à la tête du RPR.

– Ah oui ? Et pourquoi donc ? interroge Édouard.

1. Le 18 mars 1988, Édouard Balladur avait écrit dans *Le Monde* un article intitulé : « L’ardente nécessité d’une confédération RPR-UDF. » À l’époque, certains barristes avaient préféré comprendre qu’il proposait une fusion des deux partis pour stigmatiser la gloutonnerie du RPR. Charles Pasqua au contraire y avait vu le signe qu’Édouard Balladur voulait faire perdre leur âme aux gaullistes. Dans ce même article, le ministre d’Etat expliquait qu’au cas où François Mitterrand serait réélu, il ne fallait pas poursuivre la cohabitation. À élection nouvelle, majorité nouvelle. Il plaidait donc pour des élections anticipées. La cohabitation ne devait pas devenir une habitude mais une exception. À la même époque, Valéry Giscard d’Estaing jugeait au contraire qu’il ne fallait pas procéder à de nouvelles élections. Certains, dans la majorité, en avaient conclu qu’il était candidat au poste de Premier ministre.

– Parce que les militants n'éprouvent pas de sympathie pour vous. Ni d'antipathie d'ailleurs, mais vous n'êtes pas de la famille.

– Dans ce cas, Charles, c'est vous qui devez prendre le RPR.

Et Jacques Chirac, sur le ton de celui qui vient de faire une découverte :

– Mais oui, Charles, pourquoi pas toi, les militants t'adorent. »

Alors Pasqua, grand seigneur :

– Je n'en veux pas. D'ailleurs mon image est trop droitière, ça serait mauvais pour le mouvement.

Il fait le fort, mais il est blessé. Les grands animaux de la savane au cuir tanné peuvent aussi être atteints par les flèches acérées. Quelque chose vient de se briser en lui. Cette petite fibre fragile qui s'appelle l'amitié. Si Jacques Chirac lui avait d'emblée proposé le poste, Charles aurait peut-être accepté, et qui sait, même bondi de joie. Il se serait montré reconnaissant à l'extrême de cette marque de confiance et d'estime, alors qu'elles semblaient toutes depuis des années réservées à Édouard. Avec enthousiasme, il aurait fait du RPR un instrument de reconquête pour Jacques Chirac. Tant pis pour lui ! Charles est malheureux. Il comprend certes que la défaite l'ait tourneboulé. Mais quand même, quel ingrat ! A-t-il oublié que c'était lui, Charles, qui en 1974, une époque où les compagnons ne l'appelaient que le « traître », avait rudement ramé pour lui amener l'UDR. Lui qui avait mené à ses côtés toutes les batailles et tant œuvré à la création du RPR. Ah ça oui ! Il avait mouillé sa chemise. Il avait continué de croire en lui quand Pierre Juillet et Marie-France Garaud n'y croyaient plus. Il avait même eu ce mot superbe : « Ils pensaient avoir couvé un canard, or c'était un cygne. » Et des années durant, il répétait cette confidence : « Le plus beau jour de ma vie sera celui où Jacques Chirac entrera à l'Élysée. »

Peut-on parler dans cette situation de dépit amoureux ? Presque. De jalousie ? Sûrement. Alors, c'est humain, Charles ne va pas se gêner pour le clamer partout où il passe : « Du jour où Édouard est devenu le conseiller de Jacques Chirac, celui-ci a cessé d'être le numéro un des présidentiables de la droite. La preuve ? Il l'était en 1981 et en 1982, après s'être présenté aux présidentielles sur mes conseils. Et quand Édouard s'est mis à théoriser sur la cohabitation à partir de 1983, il ne l'était plus. » Ou encore : « Balladur ? Un analphabète de la politique qui a fait perdre Chirac avec sa gestion et la cohabitation. » Il le claironne tant et plus que cela commence à être entendu dans tout le Landerneau. Et ses fidèles – à commencer par William Abitbol – prennent moins de précautions de style. C'est à qui dénigrera le plus Chirac et Balladur : « Que faites-vous encore avec Chirac, disent-ils à leur patron, reprenez votre liberté, il n'est plus le bon cheval, il ne sera jamais Président. » Et Balladur ? « Un danger public, un style insupportable. Tout est mauvais chez les deux. Seulement bons à jeter. »

En cet été 1988, Charles Pasqua souffre d'un gros vague à l'âme. Il a perdu son héros, Jacques Chirac, et il s'est découvert en Édouard un ennemi quasi héréditaire.

Au lendemain de la défaite, Édouard connaît le même désenchantement. La route semble devoir être bien longue et monotone. Michel Rocard, nouveau Premier ministre, s'envole dans les sondages ; François Mitterrand est installé à l'Élysée pour sept ans. Que se passera-t-il au terme de ce délai ? Jacques Chirac sera-t-il même encore dans la course ? L'ex-ministre d'État s'interroge. Que doit-il faire ? Quitter la politique ? Mais il veut bien se l'avouer, voilà qu'il y a pris goût. Y compris pour ce qu'il croyait ne point aimer faire, par exemple, ces tournées en province – il avait tenu plus de quarante réunions pendant la campagne présidentielle – où, sans faire vibrer les foules, il avait su retenir l'attention de son auditoire.

Revenir vers l'entreprise ? À la CGE ? « Il faut être socialiste, dit-il aujourd'hui, pour avoir cette impudence : on quitte un groupe pour devenir ministre ou Premier ministre et quand on n'est plus au gouvernement, on y retourne tranquillement… »

Et puis, ce n'est pas si facile. Un ancien ministre d'État, ministre de l'Économie et des Finances, ne saurait prendre la tête d'une PME. Or, les grands groupes privatisés sont déjà pourvus de dirigeants, et il ne peut compter sur aucun cadeau de la gauche, qu'il n'aurait d'ailleurs pas accepté. Que faire, sinon continuer la politique[1] ?

Le sort décide pour lui. Les élections législatives intervenant un mois plus tard après la dissolution décidée par le Président réélu, il fait campagne dans le XVe arrondissement. « La défaite m'a contraint à continuer », expliquera-t-il. Dès le premier tour, il retrouve son siège. Cette fois, la victoire est bien la sienne. Un petit plaisir auquel s'en ajoute un autre. « J'aimerais bien travailler avec vous », lui annonce Nicolas Sarkozy qu'il croise dans les couloirs de l'Assemblée nationale

1. À en croire un de ses proches, il aurait beaucoup aimé devenir éditorialiste dans un grand journal, mais hélas, les places sont déjà prises.

et qui vient lui aussi de se faire réélire à Neuilly. « Tiens, voilà un jeune homme qui a du cœur », se dit Édouard. Et du jugement.

Des petites douceurs qui n'apaisent pas cette grande irritation : ces rumeurs déplaisantes qui lui arrivent de toutes parts. La gauche attaque ses « noyaux durs » et promet de les démanteler comme à son habitude, au nom de la morale. C'est son honneur que l'on suspecte. D'autres bruits aussi malveillants lui viennent du RPR. À en croire ce qu'on lui rapporte avec gourmandise, certains susurrent – Pasqua en tête – qu'il est responsable de l'échec de Chirac. « Il » n'aurait pas fait assez de social, il n'aurait pas fallu cohabiter. Refrain connu. Il ne le supporte pas. Édouard le paisible est proche de la colère.

« On a voulu m'imputer la défaite, et Jacques ne m'a pas soutenu, il a manqué de solidarité, alors nos relations se sont un peu refroidies », dit-il aujourd'hui. Interrogé, Jacques Chirac tombe des nues. Explication d'une proche du maire de Paris : « En juin 1988, il n'imaginait pas que Balladur pouvait souffrir de ces mauvais bruits, pour la bonne raison que lui-même ne les entendait pas, tout occupé qu'il était à gérer sa propre survie. En tous les cas, je ne l'ai jamais entendu dire : “C'est la faute à Édouard.” »

Madame Esnous le confirme : elle n'a jamais rien entendu de tel dans la bouche de Jacques Chirac.

Que s'est-il passé lors de leurs tête-à-tête pour un temps raréfiés ? Jacques Chirac s'est-il interrogé à haute voix sur l'opportunité de telle mesure gouvernementale de manière à faire porter à Édouard Balladur une part de responsabilité ? Des collaborateurs d'Édouard croient le savoir, ceux de Jacques en doutent. Maurice Ulrich explique : « Édouard ne supporte ni la critique ni ceux qui ne critiquent pas la critique. »

Édouard est ainsi fait. Si Jacques ne le défend pas, pense-t-il, c'est qu'il n'est pas celui qu'il croyait être auprès de lui. En d'autres temps, en 1968, quand le général de Gaulle s'était séparé de Georges Pompidou – après six ans et trois mois –, celui-ci en avait nourri, nous l'avons vu, une grande amertume. Il avait conclu qu'il n'était pas le préféré, contrairement à ce qu'il avait toujours cru être.

« J'ai un tempérament trop exclusif », veut bien reconnaître Édouard.

Charité bien ordonnée commençant par soi-même, au lendemain de l'échec de Jacques Chirac, la préoccupation principale de l'ex-ministre d'État s'appelle Édouard Balladur. Puisqu'on l'attaque, il va riposter. Puisque personne ne le défend, il va s'en charger. Il n'a bientôt que cette idée en tête. C'est urgent, pense-t-il, son honneur est en jeu.

Michel Jobert, qui le connaît bien, note : « On a beaucoup écrit sur son égocentrisme. Mais celui-ci est très inconscient. On peut le lui pardonner. Il ne se rend probablement pas compte qu'il existe par rapport aux autres et que les autres existent par rapport à lui[1]. »

Égoïste ou pas, Édouard a un principe : il ne faut jamais rien laisser passer, ne jamais se laisser accuser de quoi que ce soit sans répondre. Ainsi lorsque Pierre Joxe, le président du groupe socialiste, avait déclaré en septembre 1987 : « Les privatisations seront d'un très grand profit pour le candidat RPR, qui va pouvoir drainer des dizaines de millions dans ses caisses », une accusation grave, qui avait fort ulcéré le ministre d'État. Il avait donc invité publiquement le député socialiste à venir s'expliquer rue de Rivoli. « Il est indispensable pour la démocratie, indiquait un communiqué du ministère des Finances, que le débat public porte sur des faits précis et incontestables et non sur des affabulations malveillantes. »

Mais cette fois, contrairement à 1986 (voir chapitre précédent, page 282), Pierre Joxe n'était pas venu s'excuser. C'est donc que Mitterrand encourageait de telles attaques contre le gouvernement. C'était bien la preuve qu'il se représenterait !

Et puis se défendre… cela donne un but, un sens à la vie quand l'attente s'annonce longue. Or, Édouard Balladur craint, pire que la peste, l'ennui et la vacuité. Cet homme aux gestes lents est un tourbillon intérieur. Il est toujours en manque de grain à moudre. Ainsi lit-il régulièrement trois ou quatre livres à la fois.

Sans délai, l'offensé organise donc sa défense. D'autres que lui auraient pris au moins le temps de souffler, d'aller en famille respirer l'air des montagnes, avec le seul souci de se vider la tête en cajolant le chien Titus ou les petits-enfants. En cet été 1988, Édouard Balladur travaille autant que jamais. Avant même sa réélection dans le XVe arrondissement, il s'est installé loin de la mairie de Paris, dans des bureaux bien à lui, au troisième étage d'un immeuble cossu du boulevard Saint-Germain.

Officine fractionnelle ? « Jacques m'y a encouragé », dit-il à l'époque.

« Cela m'avait assez énervé », commente Alain Juppé.

« J'ai tout de même interprété cet emménagement comme le signe d'un cheminement personnel », note fine mouche Maurice Ulrich.

Le décor est d'une austérité japonaise : murs blancs, parquets cirés, mobilier design noir, une cheminée où l'on n'allume jamais le feu.

1. Michel Jobert, *Ni Dieu, ni Diable*, Paris, Albin Michel, 1993.

Rien à voir avec le confort, les pourpres et les damas de la rue de Rivoli « où je n'ai jamais habité, j'ai continué de vivre chez moi simplement », précise l'ancien ministre d'État.

Ah ! On a voulu le caricaturer, sa politique et lui avec !

Objection, Votre Honneur, Édouard n'est pas celui que vous croyez. L'homme qui reçoit journalistes, chefs d'entreprises, parlementaires et leur ouvre grande sa porte affiche une rare simplicité. Le maintien est devenu beaucoup plus souple, presque décontracté (n'exagérons pas pourtant). Sa courtoisie a quelque chose d'enjôleur. Non, vraiment plus rien à voir avec le vice-roi du Pérou.

D'ailleurs, il se l'est juré, jamais plus on ne parlera de la chaise à porteurs. Il en a trop souffert.

Dès l'arrivée, les visiteurs sont prévenus : une plaque est apposée sur l'entrée de l'immeuble : « Association pour le Libéralisme Populaire ». S'ils ne comprennent pas qu'avec les privatisations qui favorisaient les petits actionnaires, Édouard travaillait pour le peuple, c'est qu'ils ont l'esprit bien lent ou la mauvaise foi crasse.

Dès juillet, Édouard Balladur a recruté un jeune homme, un énarque passé par l'Ecole navale, au maintien de cavalier, qui lui a été recommandé par Jean-Marie Messier, un inspecteur des Finances appartenant à son cabinet. Il s'appelle Nicolas Bazire. Il vient de fêter ses trente-et-un ans.

– Que savez-vous faire ?, interroge l'ex-ministre d'État.

– Pas grand-chose, Monsieur le ministre d'État.

– Avez-vous déjà organisé des colloques ?

– Non, jamais, Monsieur le ministre d'État.

– Eh bien, nous verrons.

Ce jeune homme a le regard narquois, il est bien élevé. Il lui fait bonne impression.

En septembre, ce sera tout vu. Nicolas Bazire est devenu un permanent au service d'Édouard.

Trois mois plus tard, le 15 décembre, un premier colloque est organisé. Thème… : les privatisations.

On peut apercevoir le chancelier de l'Echiquier Nigel Lawson, disciple de Margaret Thatcher, discuter en tête à tête avec l'ancien ministre d'État, ministre des Finances. Mais ce beau « plateau » n'attire pas la foule des grands jours. « Ç'a été un échec », constate l'organisateur. Qu'importe, le sens de la communication est clair : gloire aux privatisations d'Édouard.

L'automne suivant, en octobre, un autre colloque est organisé. Cette fois, sur le thème : baisse des impôts, efficacité, justice. Chaque mot a été choisi avec soin. Maurice Allais, prix Nobel d'économie, est l'invité vedette. Il y a déjà un peu plus de monde. Le sens de la communication est toujours aussi évident : gloire aux baisses d'impôts, à l'efficacité et au sens de la justice de l'ancien ministre d'État.

En cet été 1988, revenons-y, alors que les Français barbotent encore dans l'eau des mers et des piscines, Édouard Balladur s'est astreint à des devoirs de vacances. Dès la fin de juillet, il a fait parvenir une note de conjoncture économique et financière aux parlementaires, aux chefs d'entreprises les plus éminents, et bien entendu à la presse. D'un ton empreint de la plus grande sérénité, chiffres à l'appui, il explique que le gouvernement Chirac avait accompli un travail sérieux, conforme à ses engagements et dont les résultats devaient être objectivement reconnus. « Dans tous les domaines, depuis 1986, la France a amélioré ses positions par rapport à ses partenaires étrangers. »

Comme cette politique était bonne, il serait juste que le peuple s'en rappelât et s'en souciât. Et comprît combien fut fatale l'erreur d'avoir remercié une équipe de cette qualité.

L'ex-ministre d'État a réaffirmé ainsi son existence sur la scène politique. Il s'est inscrit sur la liste de ceux qui prétendent jouer un rôle dans le pays et au RPR.

Depuis juin, en outre, le ministre d'État a entrepris dans le même sens une autre démarche. Puisque la cohabitation est en cause, il a décidé d'en faire l'autopsie sous forme de récit-interview avec Jean-Pierre Elkabbach. Cela donnera en janvier de l'année suivante le livre *Passion et longueur de temps*[1]. À cette occasion, il sera, le 3 février, la vedette d'Apostrophes, l'émission de Bernard Pivot. Bonne gestion médiatique. L'année 1989 commence avec lui. Bonne gestion politique. Il est le seul – toujours cette supériorité des graphomoteurs – à réaliser ce patient travail d'analyse pour apurer les comptes du passé. Il présente une vision rationnelle, ordonnée, presque harmonieuse du chiraquisme au pouvoir (à moins que ce ne soit du balladurisme). Il raconte non seulement les deux années de cohabitation, mais la longue marche auprès de Jacques Chirac avant d'y parvenir. Il s'agit presque d'un acte notarié de donation-partage. « Lui c'est lui, et moi c'est moi », disait jadis Laurent Fabius. Cette fois, ce serait plutôt : « Voici nos erreurs, voilà nos succès, celles qui sont à lui, ceux qui sont à moi. » Un livre bourré d'anecdotes. Illustré d'une galerie de portraits où il réussit ce tour de force de dissimuler les épines sous des brassées de fleurs.

---

1. Édouard Balladur, *Passion et longueur de temps*, Paris, Fayard, 1989.

Jacques Chirac est l'objet d'une paternelle bienveillance : « Il ne m'a jamais fait défaut. Il est en amitié la solidité et la fidélité mêmes. En outre, j'ai beaucoup d'admiration pour ses capacités, son courage, je l'ai découvert peu à peu. C'est quelqu'un qui gagne à être connu, on ne peut pas le dire de beaucoup d'hommes. La vérité de sa nature est très différente de l'image qu'on s'en fait. C'est un homme scrupuleux, attaché à ses convictions et qui n'en change pas en même temps que respectueux d'autrui. »

– Qu'est-ce qui lui a fait défaut ? interroge Jean-Pierre Elkabbach.

– Je me demande si ce n'est pas d'avoir laissé une impression de sérénité apprêtée. Que se serait-il passé si au lieu de dire en toutes circonstances qu'il n'avait aucune difficulté avec Mitterrand et qu'il n'entendait aucune des critiques, il avait déclaré publiquement : « Ma tâche n'est pas facile et voici pourquoi, et voici ce que je fais pour l'assumer tout de même. » Peut-être a-t-il trop dépassionné la cohabitation en en niant systématiquement les écueils[1]. (Notons qu'en juillet 1986, quand François Mitterrand refusait de signer les ordonnances, Édouard Balladur n'incitait pas Jacques Chirac à passionner la cohabitation.)

Au tour de Raymond Barre, dont le plus grand défaut semble être celui de les avoir tous. « Il n'a manqué aucune occasion de contester notre action, non content de considérer que par principe même elle ne pouvait être bonne, soit qu'elle s'opposât à celle du Président, ce qui était un péché constitutionnel, soit qu'elle s'en approchât, ce qui était un péché politique. »

Le portrait de François Mitterrand recèle peu de surprises : c'est un politicien habile, madré, un Machiavel qui pratique le donjuanisme avec les jeunes ministres. Sauf une : voilà quelqu'un avec qui il est agréable de parler.

Et si Édouard veut bien frapper sa coulpe : « J'ai trop fait confiance à la vertu d'un travail sérieux, j'ai sous-estimé les difficultés nées à la fois de la cohabitation et de la période de deux ans qui nous était impartie », c'est pour ajouter aussitôt : « Oui, je sais, on me reproche d'avoir laissé les caisses pleines », une belle façon de se congratuler tout de même.

Dès la préface d'ailleurs, il a indiqué le sens de l'opération : « Si j'écris ce livre, ça n'est pas pour ressusciter le passé, c'est pour préparer l'avenir… Car si l'œuvre a été interrompue, un jour, il faudra bien la reprendre. »

1. *Passion et longueur de temps*, *op. cit.*

Les idées d'Édouard ont un bel avenir.

« Tout ce qu'écrit Édouard est exact », répondra Jacques Chirac quand on le questionnera sur l'ouvrage.

En ce mois de juin 1988, où il entame la préparation de ce livre, l'ex-ministre d'État, décidément très actif, publie aussi un point de vue dans *Le Figaro*. Titre : « Clarifier pour construire. » Thème : si la cohabitation a échoué, c'est que la droite n'était pas assez unie. « Le mouvement gaulliste qui ne peut oublier sa vocation de rassemblement doit lui aussi faire un choix. Veut-il rester ce qu'il est actuellement, c'est-à-dire le mouvement le plus fort de l'opposition et pourtant moins robuste qu'il y a quinze ans, ou bien veut-il, dans la fidélité même à l'aspiration du général de Gaulle, tenter de s'associer à d'autres pour mieux traduire la diversité de notre société, rassembler toutes les catégories de la population, et proposer une politique de justice, de grandeur nationale et de liberté ? Jamais le gaullisme ne s'est enfermé dans un parti, toujours il a eu pour ambition de représenter les Français. Cet objectif, est-ce dans une union renforcée avec l'UDF qu'il l'atteindrait le mieux, ou est-ce en s'efforçant de redevenir l'une des deux grandes formations politiques du pays ? La question se pose à lui. »

Mais à cette question, Édouard a par avance répondu : l'avenir c'est l'alliance avec l'UDF dans une sorte de confédération, n'en déplaise à Charles Pasqua.

La suite de l'article n'est pas moins révélatrice : « Au-delà des moyens, écrit-il, reste l'objectif, ce qu'il y a de plus important. Le mouvement du monde vers plus de liberté est irréversible. S'il s'en tenait à l'écart, notre pays serait conduit au déclin. Seul le libéralisme populaire lui permettra de construire une société de liberté et de justice. »

Comprenez : moi Édouard, je vous propose les moyens et l'objectif : mon libéralisme populaire.

Toujours constructif et joignant le geste à la parole, afin de démontrer sa volonté d'union avec l'UDF, Édouard surprend tout son monde lors de la réunion du comité central du RPR du 17 décembre 1988. L'ordre du jour, en principe, ne prévoit que la réforme des statuts. Il s'agit de satisfaire les « rénovateurs » qui piaffent déjà et souhaitent la généralisation de l'élection des dirigeants du mouvement à tous les échelons.

Et voilà Édouard qui présente vingt propositions pour l'Europe : autant de belles risettes vers l'UDF, laquelle n'a pas encore précisé ses intentions pour les européennes de 1989. Il se déclare partisan d'une réelle harmonisation fiscale, monétaire et universitaire, plaide « qu'il y a cohérence à être ambitieux à la fois pour la France et pour l'Europe », formule des projets audacieux en matière institutionnelle. Quelques jours plus tard, il va plus loin encore dans une interview au *Figaro* : cette fois, il prône une liste unique. Au moment même où les centristes du CDS font savoir que pour ce scrutin-là ils feront bande à part.

Aussitôt, Jacques Chirac emboîte le pas d'Édouard. Il se dit « ulcéré » par l'attitude des centristes, il est d'accord pour la liste unique. Avec l'Europe il ne veut plus d'histoires.

Ainsi, l'union est-elle en marche. Édouard la veut, Jacques ne s'y oppose pas.

On ne l'a pas assez noté, Édouard montre le bout de son museau dans cette interview au *Figaro* : il plaide déjà pour une nouvelle cohabitation. « Nous avons, dit-il, fait la preuve entre 86 et 88 que notre Constitution était à la fois souple et solide pour être appliquée dans des circonstances politiques différentes. Si besoin était, la cohabitation, il faudrait la refaire. »

Tandis que le maire de Paris acquiesce à l'union proposée par Édouard, Charles Pasqua fulmine : « Qu'avons-nous pour programme ? L'union. Pour projet ? L'union. Mais l'union n'est pas une fin en soi, c'est la victoire qui en est une. » Et pan pour Balladur !

Lui, Pasqua, il voudrait une liste autonome du RPR pour les européennes.

« J'avais fait réaliser à mes frais un sondage qui démontrait qu'une liste RPR composée uniquement de jeunes comme Juppé, Séguin, Noir, Carignon, aurait fait un tabac et aurait laissé loin derrière l'UDF. Ah oui ! ça aurait eu de l'allure », soupire encore aujourd'hui le ministre de l'Intérieur.

Mais Jacques Chirac ne l'écoute pas.

La colère de Charles Pasqua redouble quand il entend Balladur expliquer le 20 février à la télévision que la liste unique pourrait être conduite par Valéry Giscard d'Estaing « si celui-ci le souhaite ». Une offre qui présente bien des avantages. Il s'agit, et d'une, de se montrer élégant avec l'ancien Président. En outre, et de deux, il serait à Strasbourg moins gênant qu'à Paris.

Envers et contre tous, les centristes du CDS ayant décidé de soutenir une liste conduite par Simone Veil, on entend l'ex-ministre d'État susurrer : « Il y a entre Méhaignerie et moi beaucoup moins de différences qu'entre Jacques Delors et Jean-Pierre Chevènement au sein du PS. »

Cette fois, Pasqua devient fou. Gommer à ce point les sensibilités est, selon lui, tragique pour le mouvement. Accepter une liste unique derrière Giscard pour un scrutin qui aura lieu le 18 juin, date symbolique s'il en est une pour un gaulliste, non, trop c'est trop.

Des réunions ont repris au début de l'année 1989 à l'Hôtel de Ville : tous les mardis à 9 heures du matin. Une équipe réduite autour de Jacques Chirac : Alain Juppé, le secrétaire général, Charles Pasqua, président du groupe du Sénat, Bernard Pons, président du groupe à l'Assemblée nationale et… Édouard Balladur.

Et quand il rentre chez lui dans les Hauts-de-Seine, chaque fois, Charles explose devant ses collaborateurs : « Mais qu'est-ce qu'il fait ce type à nos réunions ? Il n'est pas RPR, et Chirac n'arrête pas de lui demander son avis. »

Imperturbable, Édouard va son chemin. Au RPR, on envisage même un temps qu'il puisse prendre la deuxième place sur la liste derrière Giscard. Mais il n'a guère envie d'aller à Strasbourg. En admettant qu'il se soit interrogé, un article du *Monde* met un terme à son hésitation. L'auteur rapporte un mot malicieux entendu dans le microcosme : « Ainsi ce sera la liste de Louis XIV et de Louis XV. » Stupeur ! Voilà la chaise à porteurs qui revient. Dès lors, il ne sera plus jamais question de cette candidature. Par chance, les jeunes revendiquent les places, eh bien, qu'ils les prennent !

« Balladur ne repasse jamais là où ça lui a fait mal », note Nicolas Sarkozy.

Ce printemps 1989 le voit d'ailleurs très affairé. À l'occasion des élections municipales de Paris, il devient conseiller du XVe arrondissement. Jacques Chirac lui offre un superbe bureau à l'Hôtel de Ville. Un désir de le voir revenir à ses côtés ou plus simplement parce qu'à ses yeux rien n'est jamais trop beau pour Édouard ? Lequel en l'occurrence ne revendiquait rien et n'y mettra jamais les pieds. Son suppléant en profite encore aujourd'hui.

« C'est environ à cette époque, à la mi-89, raconte Alain Juppé (qui a succédé à Jacques Toubon au secrétariat général du RPR en juin 1988), que Jacques Chirac m'a dit : "Édouard a pris goût à la politique, il se verrait bien Premier ministre. D'ailleurs, il ferait un très bon Premier ministre." »

Alain Juppé qui connaît son Édouard (et pour cause !) rétorque : « Avez-vous songé que s'il devient Premier ministre, il pensera aussitôt à l'Élysée ? »

Réponse de Jacques Chirac encore mal remis de son échec : « Quand on a le même idéal, il vaut mieux garder deux fers au feu. »

« Faites attention tout de même, méfiez-vous », répète le bel Alain qui ne cessera ensuite de le mettre en garde cinq ans durant.

Se méfier de quoi ? À l'époque, Jacques Chirac n'est sûr de rien, sauf d'une chose : il ne sera plus jamais Premier ministre. Il a déjà donné par deux fois, et ces deux épisodes lui ont laissé un goût amer. Alors s'il ne va plus lui-même à Matignon et si le RPR est toujours le parti le plus important de l'opposition, autant favoriser un homme de la famille, un personnage de qualité – or Édouard l'est à coup sûr. Et comment pourrait-il douter de sa loyauté ? « Je le connais, Édouard, je sais comment il fonctionne », dit souvent le maire de Paris.

En effet, à l'époque de la Régence, il l'avait vu à l'œuvre. Édouard Balladur avait tenu la maison de Georges Pompidou avec calme, efficacité et dignité, et quand il avait dû quitter les lieux, il avait rendu la clé sans faire d'histoires, tout était en ordre. Parfait. Un tel homme, n'est-ce pas, rendra toujours la clé.

Édouard, en outre, n'est pas un vrai politique. À Matignon, il serait un gestionnaire et Jacques lui prodiguerait ses conseils. Il en aurait bien besoin.

Surtout, il présente un avantage inestimable : il n'a jamais dépassé les 30 % d'opinions favorables dans les sondages. « Tu sais, Édouard, je l'adore, mais il ne pourra jamais être populaire », confie le maire de Paris à son ami Jacques Friedman.

À l'époque, il est vrai, l'ex-ministre d'État lui-même, quand on lui demandait s'il n'aimerait pas devenir président de la République, répondait : « Mais je ne serais pas élu », sur le ton résigné d'une femme qui se croit trop ingrate pour plaire. D'ailleurs, personne alors ne l'imaginait menant une campagne présidentielle. Pour une raison simple : il n'a pas la santé nécessaire.

« À dix heures, il tombe de sommeil, il a des migraines, or, j'en sais quelque chose, répétait Jacques Chirac : dans une campagne il faut aller chercher les électeurs avec les dents. »

Va donc pour Édouard à Matignon.

À la mi-1989, la gauche se porte encore plutôt bien. Qui peut assurer que les législatives seront gagnées par la droite quatre ans plus tard ? L'échéance présidentielle, elle, paraît repoussée à des années-lumière. Alors ?

Seulement voilà : Édouard, tel qu'il est, la tête très organisée et toujours en quête d'objectifs, ne va plus penser qu'à celui-là : Matignon.

Une belle occasion, croit-il, de relever le défi et peut-être de démontrer *in vivo* que la cohabitation avec lui peut fonctionner, réussir, sans qu'il en résulte des heurts dommageables pour le pays.

Allons jusqu'au bout du raisonnement : réussir jusqu'à permettre au Premier ministre de l'emporter aux élections présidentielles ?

On n'en est pas là. Édouard n'y songe même pas. Il a envie d'être Premier ministre. Et rien d'autre.

« À l'époque, quand je déjeunais avec lui, raconte Bernard Esambert, je comprenais qu'il voulait être Premier ministre pour faire de son mieux et épauler Chirac. C'était sous-jacent dans ses propos. »

Jacques Chirac l'encourage. Bientôt, à l'Hôtel de Ville on se passe le mot : tout doit être fait pour aider Édouard à aller à Matignon.

C'est que Jacques et Édouard sont de nouveau comme les deux doigts de la main. De leur amitié, nul ne peut douter. « Cher Édouard », « Cher Jacques », les mots sont en effet les mêmes.

Certes, en raison des variations politiques saisonnières, le climat de leur relation s'est quelque peu modifié. Quand Jacques et Édouard se retrouvent le dimanche en tête à tête – moins fréquemment – ce n'est plus l'ancien Régent, le président de la GSI, qui vient discuter avec le patron du RPR. Il n'est plus le bizuth, le néophyte qui fait face au grand politique. Ce sont désormais deux mammouths qui se rencontrent. Un ex-ministre d'État, ministre de l'Économie, des Finances et de la Privatisation, qui a géré la France à sa guise – avec l'accord du Premier ministre – pendant deux ans et imprimé sa marque (libération du contrôle des prix, privatisations, etc.), et qui en a tiré une image valorisante, quoi qu'en dise la gauche. Et un ancien Premier ministre, battu pour la deuxième fois aux présidentielles. Drôlement battu même. Voilà ce qui a changé.

Bien sûr, ils se parlaient depuis toujours d'égal à égal. Mais, après ce nouvel échec, l'un d'eux se sent, peut-être, un peu plus égal que l'autre.

Bien sûr, comme avant, Édouard et Jacques s'appellent tous les jours, plusieurs fois et chaque matin vers 7 h 30, c'est un rituel. Mais Édouard devient tout de même un peu moins disponible. C'est qu'il doit désormais travailler pour son propre compte. Ces deux hommes ne se préparent plus – comme avant la cohabitation – main dans la main, pour arriver au pouvoir ensemble. L'un d'eux se prépare à devenir Premier ministre – peut-être une mission de sacrifice ? – et il sait que cette fois, il sera seul.

Cela n'interdit pas de garder quelques habitudes. Comme avant, Édouard veut bien relire tous les discours et les interviews du maire de Paris, avant leur parution, puisque celui-ci lui demande toujours son avis. « C'était commode, rassurant et productif », accorde Maurice Ulrich. Mais il n'entend plus assister aux interminables séances de relecture avec scotch et agrafeuse. Or, figurez-vous qu'un jour, Alain Juppé ose retoucher sa prose. Voilà un bon prétexte pour s'abstenir désormais de participer à ces séances. Mais son ombre y rôde toujours. Dès que l'on bute sur un mot, une idée, ou un paragraphe, dès qu'un problème se pose, Jacques Chirac se lève comme un diable et lance : « Je vais téléphoner à Édouard. » Lequel Édouard continue de passer tous les mardis matin à la mairie de Paris. Mais au fil des années, ses passages deviennent plus brefs : « Vous m'excusez, Jacques. » Et il arrive même à cet homme ponctuel comme une horloge de se présenter avec quelque retard. Il a tant à faire !

Se préparer, la tâche est rude et prenante. Il manifeste à l'occasion quelque impatience. On l'entend dire : « Écoutez Jacques, réfléchissez », ou encore : « Mais Jacques, vous n'allez pas me mentir tout le temps. » Il se montre aussi plus susceptible. Quelquefois, il boude carrément. Jacques n'a plus de nouvelles. « J'ai dû lui écrire pour qu'il revienne, il était vexé », reconnaît-il.

« Quand on préparait un discours, raconte l'un de ses conseillers, Pierre Charron, sa fille, Claude, ironisait parfois : "N'oublions pas de citer Édouard, sinon il va nous faire encore toute une histoire." » Et quand des collaborateurs de Jacques Chirac viennent lui rendre visite boulevard Saint-Germain, Édouard les interroge : « Alors que dit-on à la mairie de Paris ? » Effet presque immédiat : Maurice Ulrich reçoit alors un appel de l'ex-ministre d'État : « Allôoo… Maurice… Il paraît que Monsieur Untel ou Madame Untel colporte quelques méchancetés sur mon compte. Mais si vous avez quelqu'un d'autre pour aller à Matignon, il faut le dire… »

Édouard ne laisse rien passer.

Il jouit d'un statut tout à fait particulier. « Comme une sorte d'électron libre », note un observateur. Il assiste aux réunions du bureau politique du RPR, alors qu'il n'en est pas membre de droit et qu'il a refusé d'être coopté. « Question d'orgueil, peut-être », dit-il, ce qui exaspère bien sûr Charles Pasqua et Alain Juppé. Mais Jacques Chirac tient à sa présence.

Il y vient, mais peu lui chaut en vérité ce qui s'y décide. Alain Juppé raconte : « On adoptait une position sur l'Europe, et le lendemain, dans *Le Figaro*, Édouard, sans en avoir averti quiconque, en prenait une autre. Un jour, j'en ai eu assez, j'ai fait un éclat. Édouard n'a pas apprécié. Il a fait une scène à Jacques Chirac, lequel m'a appelé : “Mon petit Alain, Édouard est fou furieux, il est collé au plafond, il ne veut plus en redescendre, je vous en prie, présentez-lui vos excuses.” Alors, je me suis aplati. »

« Ne rien faire pour vexer Édouard » est l’autre consigne du maire. Sacré Édouard.

De telles scènes ont au moins pour effet de conforter Jacques Chirac dans son analyse : Édouard est trop susceptible, trop tête de mule, trop pincé pour devenir populaire.

Donc la connivence reste à peu près ce qu’elle était. « J’aime beaucoup Jacques, il est formidable, quel allant ! » Jacques Friedman reçoit souvent cette confidence d’Édouard. Les Balladur invitent les Chirac à Deauville. Les Chirac invitent les Balladur à l’Hôtel de Ville. Les anniversaires sont toujours souhaités. Mais les piques sont peut-être plus aiguisées de part et d’autre. Et si le climat est toujours fraternel, il n’est plus question de gémellité : un grand frère, Édouard bien sûr, traite l’autre en cadet. « Jacques, vous ne voudriez pas aller fermer cette fenêtre ? »

Un jour où le maire de Paris assure devant lui que Nicolas Sarkozy est son « homme à 100 % », Édouard rétorque illico : « L’essentiel est que vous le croyiez. » C’est de l’humour bien sûr…

De temps à autre, Jacques soupire : « Ah, ce qu’il est difficile… » Pour ne pas dire pire… Et il se permet quelques libertés anodines. Ainsi il moque devant des journalistes cet Édouard qui en campagne soulève son drôle de chapeau vert pour saluer les passants et éviter ainsi de leur tendre la main. Et voilà *Paris-Match* qui rapporte l’anecdote. Ce qu’Édouard n’apprécie pas : « Je sais que c’est vous, Jacques qui avez raconté cela aux journalistes, ça n’est pas gentil, vous savez très bien que j’avais un rhumatisme à la main. »

Des vétilles. Édouard Balladur qui connaît les *Pensées* de Pascal, et s’en délecte, aime à citer celle-ci : « Peu d’amitiés subsisteraient, si chacun savait ce que son ami dit de lui lorsqu’il n’y est pas, quoiqu’il en parle sincèrement et sans passion. »

C’est bien vrai, ça !

Seulement voilà : quand on rapporte à Jacques Chirac un propos gênant d’Édouard, il répond insouciant : « Je le connais, il est comme ça… » Ce qui veut dire : « Vous ne le connaissez pas, vous ne savez pas qui il est, mais moi je sais que je peux être sûr de lui. »

Rapporte-t-on à Édouard, à l’inverse, un propos gênant de Jacques, il prend son interlocuteur à témoin : « Mais Jacques, vous le connaissez ! » Ce qui veut dire : « Vous comme moi, avons bien raison de penser ce que nous pensons. »

Nuance !

Édouard, quoi qu'il en soit, estime avoir manifesté amitié et fidélité à Jacques Chirac sans défaut ni défaillance, lorsque Charles Pasqua et Philippe Séguin sont passés à l'offensive Il aura été près de lui, presque nuit et jour…

Quelle histoire encore !

En décembre 1989, à un mois des assises du RPR, le mouvement est agité de soubresauts. Les jeunes, les Noir, Carignon et consorts veulent se faire entendre. Pour les apaiser, leur donner le droit à la parole, Alain Juppé a eu l'idée d'admettre des « courants », comme au PS… Une idée qui exaspère Pasqua. « Ce Juppé, quel crâne d'œuf, cela, ce n'est pas la culture du gaullisme, c'est la culture de la gauche pagaille. »

Mais puisque des courants s'organisent, topons là ! Charles va en profiter. En compagnie de Philippe, tous deux s'amusant comme des fous, ils en créent un. Depuis l'automne, ils se voient régulièrement. Ils se sont trouvé des points communs, des affinités, leurs âmes gaullistes vibrent à l'unisson. L'ancien ministre des Affaires sociales a publié un livre : *La Force de convaincre*, dans lequel il dénonce la dérive du mouvement, sa giscardisation, suivez mon regard : sous l'impulsion de Balladur. L'ancien ministre de l'Intérieur l'a dévoré avec enthousiasme.

« Je crois que Charles est en train de nous préparer quelque chose », prévient en décembre Jacques Toubon. Jacques Chirac ne veut pas le croire. « Oncle Charles », comme dit sa fille Claude, on le connaît, il grogne mais c'est le meilleur et le plus fidèle des hommes.

Aussi bien le maire de Paris tombe-t-il des nues, quand le 9 janvier 1990, Charles et Philippe annoncent dans un communiqué qu'ils ont décidé de fonder un courant afin de proposer « un renouveau du mouvement gaulliste ». Ils signeront une motion que les militants seront invités à voter aux Assises. Ils tiendront une conférence de presse quarante-huit heures plus tard. Ils ont fait porter une lettre à Jacques Chirac.

« C'est clair, Séguin veut ma place et Pasqua veut la vôtre », s'agace Alain Juppé.

Une sorte de putsch donc.

« Je me porterai à nouveau candidat à la tête du RPR », fait savoir Jacques Chirac dans l'heure où il a reçu leur missive. Il entend parer leur coup.

– Tu aurais pu me prévenir, Charles, s'emporte Jacques Chirac au téléphone.

– Mais ça fait des mois que je te parle et que tu ne m'entends pas, réplique Pasqua.

– Alors, tu me déclares la guerre, tu veux ma place ?

– Tu n'as rien compris, je veux juste que tu te débarrasses de ces conseillers qui giscardisent le mouvement, et que tu reprennes les choses en main.

Chirac est à ce point touché que, quelques jours plus tard, il lâche sur TF1 : « Oui, Pasqua c'était un ami. »

« Imparfait : hier », comme disent les manuels de grammaire.

C'en est fini de l'amitié ?

Jacques n'a pas compris que dans l'« agression » de Charles, il y avait comme un appel, une sorte d'« aime-moi ». Message non reçu !

Pasqua, lui, reçoit cet imparfait comme un deuxième coup à l'estomac. Alors, le ton monte. Le lendemain sur RTL, il se fâche : « Je n'accepte pas que Monsieur Chirac mette en cause notre sincérité. Nous sommes des hommes politiques, nous ne sommes pas des employés. Je dis une chose à Monsieur Chirac : "Nul n'est propriétaire du mouvement gaulliste." »

Voilà un fossé devenu bien profond.

Quelque temps plus tard, Michel Debré tente de les réconcilier. Il les invite à déjeuner chez lui. Au menu : l'avenir du mouvement.

« Un RPR puissant et indépendant, voilà ce que j'aimerais », déclare d'entrée de jeu Charles Pasqua, qui déplore que le mouvement soit passé à côté d'une introspection nécessaire après l'échec de la présidentielle.

Un peu plus tard, Jacques Chirac s'explique : « Écoute, Charles, si je pouvais te donner le RPR, je le ferais de bon cœur. Seulement, cela casserait le mouvement, des gens comme Noir, Carignon s'y opposeraient. »

« Écoute, Jacques, je te l'ai déjà dit, répète Charles, je n'en veux pas du RPR, ce dont j'ai assez c'est de l'union UDF-RPR qui ressemble à l'alliance du borgne et du paralytique. »

Un vrai dialogue de sourds.

Comment se sortir de ce mauvais pas ? Jacques Chirac s'interroge ; à son habitude, au téléphone, il pense tout haut devant Édouard : « Et si on remplaçait Juppé par Séguin ? – Mais Jacques, ça ne serait pas convenable », s'indigne l'ex-ministre d'État.

On n'en parlera plus.

Quelques jours plus tard en tête à tête avec le maire de Paris, Charles revient à la charge : « Je ne serai pas complice de la disparition du mouvement, il faut lancer un débat d'idées. »

L'entendant, Jacques Chirac, au bord de l'exaspération rétorque : « Quoi ? Charles ? Avec toi ? Un débat d'idées ? »

Nouveau direct à l'estomac. Jacques se reprend un peu : « Tu sais bien que toi et moi... Le débat d'idées... »

Il n'empêche, nouvelle blessure.

Une autre suit bientôt car Charles souligne :

– Nous ne devons pas laisser en jachère la vocation sociale du RPR.

– Alors, tu joues les Mère Teresa maintenant ?, plaisante Jacques.

Décidément, Chirac prend Pasqua pour moins que rien.

Or celui-ci a changé lui aussi. Les années ont passé. Il a pris de l'épaisseur, approfondi sa réflexion, il est devenu en politique un mammouth qui dans ses Hauts-de-Seine lance des initiatives audacieuses, il crée des écoles, lutte contre l'illettrisme, etc. Mais Chirac ne l'a pas compris.

« Jacques a un défaut, constate un de ses proches. Une fois que quelqu'un est dans une case, avec lui, il n'en sort plus. »

Fin du psychodrame : aux assises de février, la motion Chirac-Juppé – ils ont été rejoints par les trublions Noir et Carignon – remporte 68,32 % des voix. La motion Pasqua-Séguin : 31,68 %. Jacques Chirac triomphe mais personne ne perd la face. Tout le monde est content. Enfin presque. Ce jour-là Édouard assis au premier rang fait sa tête des grands jours. On ne l'a pas entendu parler. « Il n'en avait pas manifesté l'intention », dit Jacques Chirac. Pieuse litote pour dire que personne ne lui avait demandé d'intervenir. Il ne fallait tout de même pas trop provoquer Charles.

Tout le monde a fini par comprendre la manœuvre : s'il n'aurait pas déplu à Philippe de prendre la place d'Alain, Charles, lui, en secouant Jacques, visait surtout à déstabiliser – voire évincer – Édouard. C'est raté.

Lequel Charles se congratule pourtant aujourd'hui encore, d'avoir mijoté cette opération. « Grâce à nous, Jacques Chirac est remonté sur sa bête, il est parti faire le tour des fédérations, il a repris le parti en main, il s'est réveillé. »

On a recollé les morceaux, au RPR. Mais la porcelaine est bien fêlée entre Jacques et Charles. Et à ce moment, à en croire le maire de Paris, « Édouard ne cessait de lui conseiller d'exclure Pasqua et Séguin du mouvement. » « Ce sont des voyous », disait-il.

« Ce qui a continué jusqu'en 1993 », précise Alain Juppé.

Un peu plus tard, pourtant, Jacques Chirac lâchera devant des journalistes : « Je ne comprends pas pourquoi Pasqua m'en veut, parce qu'au fond je suis plus proche de lui que de Balladur. »

La phrase est rapportée dans un journal. Elle tombe sous les yeux de l'ancien ministre d'État, qui découpe l'article, ajoute de sa main : « Si c'est ainsi que vous traitez vos amis… », et il fait envoyer le tout par son chauffeur à l'Hôtel de Ville. C'est bien connu, Édouard ne laisse rien passer.

Maurice Ulrich résume ainsi la conclusion de cet embrouillamini : « Comme tout chef de parti, et selon les moments, en s'appuyant sur Alain Juppé qui faisait un travail de fond, Chirac a joué successivement avec les rénovateurs et puis contre eux, avec Édouard Balladur et puis sans lui, contre Charles Pasqua et avec lui. Mais résultat : c'est lui, Chirac, et personne d'autre qui tient le mouvement. Il en est le leader charismatique et aimé. Il est le seul ciment du RPR. » En effet.

Question : Charles Pasqua lui a-t-il tellement rendu service ? Le maire de Paris a-t-il eu raison de s'enfermer dans un rôle de chef de parti que personne en vérité ne lui disputait ? Cela ne compromet-il pas ses chances aux présidentielles ?

Édouard pour tous

Édouard n'est pas un amateur. S'il a choisi, après la présidentielle de 1988 de rester en politique, ça n'est pas pour s'y tourner les pouces, mais pour travailler, réfléchir à un programme toujours dans le même but : gouverner à Matignon.

Dès l'automne 1988, alors même qu'il organisait, comme on l'a vu, ses colloques, il est entré dans la mécanique institutionnelle de l'opposition. Au moment du vote du budget, l'ancien ministre d'État, ministre de l'Économie, des Finances et de la Privatisation, est devenu à l'Assemblée nationale l'orateur incontournable du RPR, ce qui lui vaut les retombées habituelles : interviews dans les journaux, les radios, les télévisions. En matière économique, il est un opposant qui s'oppose et qui propose.

Ses idées ne doivent pas se perdre en route : en novembre 1989, il lance une lettre bimestrielle : *Initiatives*. Tirage 30 000 exemplaires. Abonnement 1 000 F par an. Directeur de la publication : Nicolas Sarkozy.

Politiquement, il ne démord pas de sa ligne : « Si l'opposition est unie et fait taire ses divisions, tout est possible. Sinon… »

Son intérêt se porte au-delà des frontières. Quelques jours après la chute du mur de Berlin (le 9 novembre 1989), le 16, le député de Paris publie dans *Le Figaro* un article sur la nécessité de repenser l'Europe. Le 1er décembre, dans *Le Monde* cette fois, sous le titre « L'Europe sous la pression allemande », il constate sans ambages : « La réunification est inéluctable. » Une phrase qui aujourd'hui apparaît comme une lapalissade et qui était à l'époque d'une grande audace. D'autres, et non des moindres (Valéry Giscard d'Estaing, Roland Dumas, François Mitterrand), attendront quelques semaines avant d'admettre cette évidence. Lui, malicieux, il glisse ce commentaire au cours d'un déjeuner : « Il vaut mieux être lucide que de se précipiter à Berlin pour taper sur le mur à petits coups de marteau. »

Mais c'est en 1990 qu'il va s'imposer comme l'homme de la deuxième cohabitation, le leader de rechange au RPR. Cette année-là aussi on commencera à percevoir une rivalité naissante avec Jacques Chirac.

Parfois, il provoque un peu. À la question : « Chirac serait-il le meilleur présidentiable ? », posée le 28 mai lors d'une interview à RMC, il répond, suave : « Personne ne l'est de façon définitive et éternelle. » C'est pour ajouter aussitôt qu'il se réjouit de voir le président du RPR « s'efforcer à tout moment de le prouver ». À la même époque, lors des états généraux sur l'immigration organisés à Villepinte par l'opposition, Giscard invite Balladur à venir s'asseoir près de lui. « Mais c'est la place de Jacques Chirac », prévient un organisateur. « Je la lui rendrai », sourit Édouard. « Ça, ce n'est pas sûr », ironise Giscard. « Vous le craignez donc ? », interroge Balladur. Petit échange de balles. Rien d'autre que du marivaudage politique. Rien d'autre que de l'humour, on vous le jure !

Puisque les choses sont entendues entre Chirac et lui sur la future cohabitation, autant l'écrire noir sur blanc, se dit Édouard. Ah, les graphomoteurs !

Le 13 juin, il publie dans *Le Monde* un papier dont l'intitulé a le mérite de la clarté : « Pour une nouvelle cohabitation. Éviter en 1993 les erreurs de 1986. »

Sa thèse : pour réussir, la cohabitation devrait être marquée par une certaine paix (Dieu sait, et chacun doit savoir combien il est paisible, lui).

Paragraphe numéro un : « Celle-ci (la paix) ne serait obtenue que si le Premier ministre et le Président n'étaient pas en compétition. Le choix du Premier ministre en 1993 ne soulèverait pas de grandes difficultés, du moment qu'il serait décidé, dès le départ, qu'il ne serait pas candidat à l'élection présidentielle, personne ne pourrait plus voir dans Matignon le vestibule obligatoire de l'Élysée. »

Paragraphe numéro deux : « Comment en avoir l'assurance ? Les intentions peuvent changer, les ambitions naître ou se révéler au grand jour. En politique, les engagements pris ne sont pas toujours tenus éternellement. Il est d'usage de ne pas leur accorder trop de crédit. »

Autrement dit : thèse-antithèse.

Mine de rien, Édouard Balladur récidive. Comme en 1983 et avec le même procédé – un article du *Monde* – il prépare le RPR à une nouvelle cohabitation. Ou plus précisément à : son arrivée à Matignon. Charles Pasqua bougonne : « 1993 ne sera forcément pas 1986, pour la bonne raison que François Mitterrand ne se représentera pas. »

Comme en 1983, Édouard a soumis au préalable son texte à Jacques Chirac qui l'a approuvé, et pour cause. Les militants qui ont lu l'article l'ont compris : un pacte est scellé entre Édouard et Jacques : l'un ira à Matignon et l'autre à l'Élysée.

L'affaire est tellement entendue qu'aux visiteurs étrangers qui passent par la mairie de Paris et regardent leur hôte comme le futur président de la République, celui-ci glisse toujours en confidence : « Nous gagnerons les élections législatives en 1993 et je mettrai Édouard Balladur à Matignon. »

Pendant l'été, ce dernier peaufine son profil de Premier ministrable avec un ouvrage : *Douze lettres à des Français trop tranquilles*[1]. Un livre qui est une sorte de programme de gouvernement. Il n'est pas encore édité que son auteur confie être occupé à en écrire un autre, consacré celui-là aux phénomènes de mode. Le félicite-t-on pour sa productivité ? Il rétorque modeste : « Je suis plus utile en réfléchissant. »

À en croire Édouard, ces écritures agacent un peu Jacques Chirac : « Mais pourquoi écrivez-vous tout le temps ? ». « Je crois qu'il était un peu jaloux de moi », dit-il aujourd'hui.

« Mais non, réplique Jacques Chirac, c'est moi qui l'ai encouragé à aller à Matignon, à écrire des livres, à rencontrer des centristes. »

Les mois d'août sont propices aux travaux d'Édouard, le 2 de ce mois, l'Irak envahit le Koweit. Et bientôt la crise du Proche-Orient va le placer sous le feu des projecteurs. Jacques Chirac, en effet, ligoté par son amitié de jadis avec Saddam Hussein, ne se hâte pas de dire ce qu'il pense de la crise du Golfe, il préfère prolonger ses vacances en Sardaigne et laisser l'ancien ministre d'État s'exprimer au nom du RPR. Ce que fait celui-ci le 27 août, lors de la session extraordinaire de l'Assemblée nationale. Ses collègues parlementaires se disent impressionnés par sa prestation. Un discours pourtant prononcé avec une grande économie d'effets. « La position du RPR,

1. Paris, Fayard, 1990.

dira-t-il, vise à ne pas compliquer l'action du gouvernement, mais au contraire à favoriser la cohésion nationale… Pour autant, elle ne constitue pas une caution générale de ses décisions futures… Il faut ramener l'Irak à la raison et ne pas capituler. » Un ministre rocardien l'entendant, le qualifie d'homme d'État. Michel Rocard vient en personne le saluer pour lui dire qu'il compte sur son soutien. Le lendemain, *Le Monde* ne tarit pas d'éloges : « L'orateur du RPR s'est taillé un franc succès avec un discours brillant, ciselé et caustique. » Voilà qu'il a pris une autre dimension, manifesté sa compétence sur un terrain moins habituel pour lui.

Septembre le voit démarrer sur des chapeaux de roues. Il est le 2 au Club de la Presse et le 14 à 7 sur 7, émission pendant laquelle, histoire de mettre du baume sur le cœur de Jacques Chirac, il affirme : « Je ne serai pas candidat à l'élection présidentielle de 1995. »

Surprise le lendemain ! « Vous ne devez pas dire que vous ne serez pas candidat. On verra bien, les Français choisiront le meilleur », lui reproche Jacques Chirac. Une phrase que Madame Esnous confirme formellement avoir entendue. « Il me l'a répétée plusieurs fois », précise même Édouard Balladur.

Jacques Chirac n'est pas seul à lui prodiguer pareil conseil : les barons du gaullisme, et des jeunes comme François Léotard et Patrick Devedjian, lui tiennent le même propos.

« Eh bien, je ne le dirai plus », promet Édouard.

Parlant ainsi, Jacques Chirac voulait-il seulement faire un petit plaisir à son ami Édouard ? Pensait-il ne courir aucun risque puisque – c'était entendu – celui-ci ne pouvait rêver d'être Président pour la bonne raison qu'il ne serait jamais populaire ? Mystère.

En novembre, lorsqu'est publié son livre : les *Douze lettres aux Français trop tranquilles* – qui est presque un best-seller – on retrouve dans la huitième épître les deux thèmes développés dans *Le Monde* en juin :

a) Le Premier ministre de la cohabitation ne devrait pas être candidat.

b) Il est vrai que les intentions peuvent changer.

Tout est dit.

Mais les propos privés varient. Par exemple : « Je suis lucide, il n'y a que Giscard et Chirac pour l'Élysée. » Ou encore, à André Passeron, il confie : « Chirac est le meilleur présidentiable du RPR, mais il faut qu'il le devienne pour l'ensemble de l'opposition. »

Et enfin : « Je serais capable d'être Président, mais je ne serais pas élu. »

Peu à peu, le député du XVe arrondissement se hisse ainsi à une place éminente. C'est aussi parce qu'on l'y pousse. Personne ne peut assurer qu'il a – à chaque instant – voulu ce qu'il lui arrivait. Au RPR, il jouit d'une autorité faite de respect plus que de camaraderie. Chacun s'en persuade : « Tout ce qui est bon pour Édouard est bon pour nous. » Et les gazettes constatent : « Édouard tisse sa toile. »

À la fin de 1990, l'ancien ministre d'État a habitué toute l'opposition à cette idée : si le RPR et l'UDF gagnent les législatives de 1993, il sera le meilleur candidat pour Matignon.

Pour bien ancrer cette hypothèse dans les esprits, il continue, suivant une habitude prise rue de Rivoli, de déjeuner régulièrement avec les représentants des différentes composantes de l'UDF : Pierre Méhaignerie, Edmond Alphandéry, Charles Millon. Et nouveauté : il déjeune aussi beaucoup avec la presse.

Alors que l'opposition prépare son programme pour les législatives, les clivages habituels apparaissent sur l'Europe. En apôtre convaincu de l'union, il décide de réunir autour de lui des groupes de travail composés de jeunes députés de toute l'opposition pour recenser les accords à court terme et les divergences à long terme sur le thème : « éliminons ensemble ce qui fâche ». Édouard joue les fédérateurs de toute l'opposition. Laquelle s'en trouve plutôt bien. L'en félicite et l'encourage.

Ces jeunes députés pré-cohabiteurs sont le plus souvent recrutés par Nicolas Sarkozy qui se partage entre l'Hôtel de Ville et le boulevard Saint-Germain. Mais tout le monde a noté que l'ex-ministre d'État est désormais flanqué où qu'il aille de ses deux Nicolas : Sarkozy et Bazire, ses deux pages ou dauphins (voir chapitre « Le Page et le Régent »). Lesquels sont devenus les meilleurs amis du monde.

Parmi les recrutés : Jean-Yves Chamard, Dominique Perben, Michèle Alliot-Marie, Jean-Louis Debré, Edmond Alphandéry, Pierre-André Wiltzer, Philippe Vasseur, Patrick Devedjian, Alain Madelin et Bernard Bosson. Ce dernier raconte : « À la fin 1988, Édouard Balladur avait publié dans *Le Monde* un papier sur l'Europe que je trouvais un peu mou. Je lui avais répondu à Noël par un autre papier : "Encore un effort, compagnon." Quelques semaines plus tard il a demandé à me voir et m'a suggéré de créer un groupe de travail RPR-UDF sur l'Europe. Giscard ne voulait pas que j'y aille, mais avec Edmond Alphandéry nous avons décidé de passer outre. Ce qui m'a frappé : la liberté de ton, on pouvait tout lui dire, se moquer de lui, même. Parfois, il est vrai, le retour était terrible. Quand même, je n'ai pu m'empêcher de lui dire – j'avais gardé un si mauvais souvenir de lui lors de la cohabitation : “Mais pourquoi n’êtes-vous pas toujours comme cela ?” Il m’a répondu : “C’était parce que j’étais timide.” » Tous sont séduits par le ministre. Et ils le disent.

En novembre 1990, Édouard Balladur entame une tournée des provinces. Chaque mois il visite un ou plusieurs départements. Parfois même il se trouve en concurrence avec Jacques Chirac ou Alain Juppé. Le scénario est immuable : visite de la fédération RPR, rencontre ou dîner-débat avec les militants de toute l’opposition, y compris parfois ceux qui se situent volontiers à sa lisière. Partout il est reçu comme le futur Premier ministre.

L’ancien ministre d’État se fait aussi connaître à l’extérieur. Jadis le général de Gaulle avait conseillé à Georges Pompidou : « Faites-vous connaître. » Jacques Chirac prodigue à son ami Édouard le même conseil. Mieux même, il l’aide à préparer ses voyages. Pierre Lellouche, le conseiller du maire de Paris pour les affaires étrangères, est dépêché auprès d’Édouard pour organiser son voyage aux États-Unis et sa rencontre avec George Bush. Michel Roussin, le directeur de cabinet de Jacques Chirac, est chargé d’organiser son voyage en Afrique du Sud. Pierre Charron harmonise les relations entre la Mairie et le boulevard Saint-Germain. Tout pour Édouard.

En cinq ans, Édouard aura visité le Canada, le Mexique, le Brésil, Singapour, le Japon, l’Afrique du Sud, et les États-Unis une fois par an. Et rencontré les grands dirigeants européens : Helmut Kohl, Margaret Thatcher, puis John Major.

Après la chute du mur de Berlin, et fort du succès de sa politique de privatisation, il est invité en Tchécoslovaquie et aussi en Hongrie où il conseille au Premier ministre Jozcef Antall : « Ne bradez pas votre patrimoine en privatisant trop vite. »

« Tout ce que dit Édouard, je pourrais le dire », explique à qui veut l’entendre Jacques Chirac en cette année 1990, qui lui est d’ailleurs également faste. En novembre, son Heure de Vérité a été jugée par la presse comme l’une de ses meilleures prestations. Bientôt il est perçu comme le meilleur présidentiable de la droite, il a creusé l’écart avec Giscard. Il fait figure de rassembleur. Il apparaît enfin comme un candidat de second tour, il n’a jamais été aussi proche de l’Élysée.

Ce qui l’autorise, croit-il, à persévérer dans son idée : « Tout faire pour qu’Édouard aille à Matignon. »

Cette stratégie est devenue si évidente que Nicolas Sarkozy la dévoile bientôt au *Figaro* durant l’été 1991 : « Édouard Balladur serait le meilleur candidat pour Matignon, il en a les capacités, il l’a démontré comme ministre d'État entre 1986 et 1988. En outre, c'est un homme d'union, nous sommes nombreux à le penser ainsi. »

Jacques Chirac juge quand même que c'est aller un peu vite. Il le téléphone à Édouard :

– Il est peut-être un peu trop tôt pour le dire.

– Je pense tout à fait comme vous, répond Édouard.

Peu après, à la commission exécutive du RPR, Alain Juppé et Robert Pandraud reprennent la même mise en garde et tancent le jeune Sarkozy.

Il n'empêche : à la fin de l'année 1991, l'idée a tellement fait son chemin qu'à la question : « Qui verriez-vous comme Premier ministre en 1993 ? », un nombre croissant de Français répond : « Édouard Balladur. »

Et en 1992, l'affaire est entendue : Édouard est, comme on dit, incontournable pour Matignon. (Ce qui lui permet d'avancer aujourd'hui : « Mais ce sont les Français qui m'ont choisi. »)

Une telle situation fait rager les amis de Charles Pasqua. Ils sont prêts à dénoncer son « machiavélisme ». Et croient en trouver plusieurs signes. D'abord, son livre *Des modes et des convictions*[1] où Édouard recense les réputations d'hommes qui ont soulevé l'enthousiasme des foules. Ils croient trouver un portrait en demi-teinte de François Mitterrand assez flatteur. Ce qui est quelque peu exagéré. En revanche, ils remarquent avec raison que dans aucun de ses derniers ouvrages, Édouard Balladur ne cite Jacques Chirac.

Et puis, il y a l'affaire Habache : en janvier 1992, la France accueille Georges Habache, le leader palestinien, instigateur présumé de plusieurs attentats terroristes, dont l'état de santé requiert l'hospitalisation dans un établissement moderne. L'opposition pousse des cris d'orfraie, le pouvoir est fort embarrassé. Les administrations concernées ne se sont guère entendues donnant le sentiment que la pagaille règne au sommet de l'État. L'opinion désapprouve ce geste qui risque en outre de provoquer la colère d'Israël et des pays arabes modérés. Les sanctions pleuvent. Georgina Dufoix est obligée de quitter la présidence de la Croix-Rouge. Le secrétaire général du Quai d'Orsay, le directeur de cabinet de Roland Dumas, le directeur de cabinet du ministre de l'Intérieur sont eux aussi démissionnés. Aucune autorité politique en effet n'avait donné son feu vert. Mais cette série de limogeages ne calme pas le jeu. Michel Rocard se montre le plus critique : « Ou bien les ministres étaient au courant, dit-il lors de l'émission

1. Charles Pasqua, *Des modes et des convictions*, Paris, Fayard, 1991.

7 sur 7, et ils devraient démissionner, ou bien ils ne l'étaient pas et c'est bien pire. » Laurent Fabius, alors premier secrétaire du PS, en rajoute. Histoire de mettre en pire posture, s'il se peut, Édith Cresson Premier ministre, déjà bien mal en point. Il voit dans cette affaire un grave manquement aux règles de fonctionnement de l'État. Bref, les socialistes sont dans la nasse, il faut en sortir.

« Il faudrait organiser une session extraordinaire du Parlement », suggère Édouard Balladur à Europe 1[1]. Le gouvernement s'expliquerait, l'Assemblée se prononcerait. Or, François Mitterrand saisit la balle au bond, il annonce sur TF1 que « le Parlement sera convoqué en session extraordinaire ». « Mais c'était une suggestion faite la veille sur Europe 1 », note Patrick Poivre d'Arvor. « Les grands esprits se rencontrent », rétorque le Président, d'un ton fort courtois.

Résultat : le débat a lieu, la motion de censure n'est pas votée. Et l'on ne parle plus de l'affaire Habache : « Édouard a sauvé la mise de Mitterrand », grincent quelques mauvais esprits du côté de chez Charles, qui jugent cet Édouard décidément trop habile. Mais il a sa conscience pour lui. « Moi, dit-il, contrairement à d'autres (sous-entendu Charles), je n'ai jamais vu Mitterrand pendant cinq ans, je ne lui ai pas envoyé mes livres avec des dédicaces aimables comme tant de dirigeants de l'opposition. »

Non, il ne s'est pas compromis avec l'Élysée.

Cette année 1992 aurait pu être fatale. Autant à Jacques qu'à Édouard.

C'est bien connu, au RPR, on n'a que des ennuis avec l'Europe. Et bien entendu la ratification du traité de Maastricht risque de mettre le feu aux poudres. Cette fois c'est Jacques Chirac qui tire le premier. Dans un article du *Monde* en date du 21 décembre 1991, il prévient ses ouailles : « Maastricht est une simple étape et non un aboutissement abusivement présenté comme irréversible. Les principales décisions de fond (notamment sur la monnaie) ont été repoussées bien loin vers la fin du siècle. Les autres restent floues et sans guère de calendrier (politique et sécurité). Or qui peut dire aujourd'hui, au rythme effréné où se succèdent les révolutions de notre continent, quelle Europe, quelle monnaie, et quelle défense nous aurons en 1997 et 1999 ? »

Édouard a vu le texte : « Nous ne pouvions voter non, la France cofondatrice de l'Europe ne pouvait pas ouvrir une crise après la chute du mur de Berlin. » Ils sont bien tous les deux sur la même ligne.

1. Au micro de Jean-Pierre Elkabbach.

Alain Juppé, quoiqu'un temps plus réticent, leur emboîte le pas : « Maastricht n'est pas le vert paradis que nous décrit le président de la République, mais ce n'est pas non plus l'enfer, auquel le vouent les Cassandre de tous bords. »

Édouard et Jacques le savent : dire non à Maastricht, alors qu'une approbation, croient-ils, n'est pas irréversible, compromettrait les chances du premier à Matignon et du second à l'Élysée.

François Mitterrand a prévenu le 1er mai : « Il est évident que ne pourront pas diriger les affaires de la France dans l'application du traité de Maastricht ceux qui ne l'auront pas voulu. » Le non, en outre, provoquerait l'éclatement de l'union RPR-UDF, alors qu'Édouard travaille à sa cohésion depuis quatre ans. Il ne peut y songer un instant.

Jacques Chirac n'écoute pas plus Charles Pasqua lorsque celui-ci suggère qu'il pourrait prendre la tête d'une campagne anti-Maastricht.

« Mais Charles, les non ne feront pas 30 %, je me retrouverai aux côtés de Le Pen et de Chevènement qui dès le lendemain du scrutin me tireront dessus. Et puis je l'ai promis à Kohl, je voterai oui, il faut préserver l'axe franco-allemand. Si nous disions non, nous ne pourrions plus ouvrir la bouche sans qu'on nous le rappelle pour nous imposer le silence. »

Dieu sait qu'il est pourtant poussé de toutes parts à s'opposer à Maastricht, Jacques Chirac, Pierre Juillet lui-même – un revenant – l'appelle pour le lui conseiller. Ce qui lui donne une raison de plus d'appeler à voter oui.

Et tant pis si les militants le chahutent et le huent. Jacques Chirac brave l'hostilité de son parti. Il en plaisante même : « 2 % d'entre eux me suivent par adhésion, 6 % par affection, tous les autres me désapprouvent. » Une façon de démontrer qu'il n'est pas prisonnier du RPR, ce qui lui vaudra des commentaires flatteurs dans la presse.

Édouard et Jacques sont bien d'accord. Le pire danger aurait été de dire non. Un non qui a bien failli l'emporter le 20 septembre. Philippe Séguin en avait été un avocat si talentueux. Il s'en est fallu de peu. L'écart entre le oui (51,05 %) et le non (48,95 % des voix) est de 539 510 voix seulement.

« Un danger public, ce Séguin », se dit Édouard. Or, trois jours après ce résultat du référendum, Jacques Chirac provoque un grand courroux de l'ex-ministre d'État. Le chef du RPR n'entend pas laisser Séguin et Pasqua capter l'héritage. Et il a bien vu que son oui à Maastricht l'avait coupé des compagnons. Pour commencer, le lendemain du référendum, il téléphone au député des Vosges pour le féliciter du beau résultat du non. Stupeur de Philippe Séguin au bout du fil. Mais c'est pour lui annoncer qu'à la réunion du conseil national du RPR qui se tiendra trois jours plus tard au Méridien de la porte Maillot, on parlera du programme pour les législatives, mais pas question de revenir sur Maastricht. Le passé c'est le passé, regardons tous ensemble vers l'avenir. L'Europe, on a déjà eu assez de mal avec elle…

« Mais, Jacques c'est impossible », rétorque Séguin.

Or justement, le lendemain, ceux qui ont voté non (au RPR) se réunissent autour de Pasqua et Séguin. Il y a du beau monde : l'amiral de Gaulle, Maurice Couve de Murville, toute la vieille garde. « Il faut boycotter le conseil national », plaident Pasqua et Séguin devant des députés qui craignant pour leurs investitures ne partagent pas forcément cet avis. En tous les cas, eux deux n'iront pas, décident-ils, et ils dénoncent dans un communiqué cette réunion hors sujet et surréaliste. « Il ne s'agit pas de confirmer la légitimité de Chirac qui n'a jamais été mise en cause, mais d'arrêter une ligne politique correspondant à l'attente des Français. »

Conséquence de ce boycott, Édouard Balladur qui devait s'exprimer sur le résultat du référendum est prié par le patron du RPR de rengainer son discours. Ayant interdit à Philippe Séguin de venir en parler, il ne va tout de même pas autoriser Édouard à s'exprimer sur le sujet.

« Tout cela est de la cuisine de parti », soupire Édouard : décidément, ce Jacques est trop inconstant et imprévisible. Édouard est exaspéré.

Qu'importe, à partir de l'automne 1992, l'opposition campe aux portes du pouvoir. La gauche s'enlise dans les affaires et souffre de langueur morale. Édouard publie son quatrième livre en cinq ans : *Le Dictionnaire de la réforme*[1]. Comme le RPR propose justement un programme en vingt réformes, il apparaît bien comme l'inspirateur de celui-ci. De quelque côté que l'on se tourne dans l'opposition parlementaire, on est certain de le trouver. L'UDF le regarde avec l'œil de Chimène. Peut-être parce que dans ce « dictionnaire », il a donné du centrisme cette définition qui lui ressemble comme un autoportrait : « Ce n'est pas le désir de composer, ni l'absence de convictions fortes, c'est la préférence accordée à un changement progressif, respectueux le plus qu'il est possible des aspirations de chacun. C'est le rêve d'une société réconciliée. »

Les centristes sont subjugués. En mars 1991, il avait écrit un papier dans *Le Monde* : « Pour une nouvelle politique de défense. » « C'est

1. Édouard Balladur, *Le Dictionnaire de la réforme*, Paris, Fayard, 1992.

ce que j'ai lu de plus intelligent depuis vingt ans », s'est extasié Bernard Bosson.

Le futur Premier ministre a l'œil à tout. Alain Juppé raconte : « Quand je recevais un coup de fil de Jacques Chirac le lundi matin vers 8 heures, j'avais compris, je savais qu'il me faisait passer le message d'Édouard qu'il venait d'avoir au téléphone. Par exemple, quand il me recommandait d'être très vigilant dans les négociations pour les investitures. “Il faut que le RPR ait au moins trente députés de plus que les UDF”, me disait-il. Je comprenais qu'Édouard avait prêché pour sa paroisse, il voulait être certain de devenir Premier ministre. »

À l'orée de 1993, les jeux sont pratiquement faits. Édouard ira à Matignon, François Mitterrand l'a presque annoncé. Il a confié à Alain Carignon, un proche d'Édouard qui s'est empressé de propager la bonne nouvelle : « Édouard Balladur ? C'est un homme courtois avec lequel il doit être possible de travailler. »

Ambroise Roux, qui rencontre l'ancien ministre d'État à cette époque, le met en garde :

– C'est une mission de sacrifice que vous acceptez, vous allez peut-être redresser la France, mais dans deux ans, vous ne serez pas président de la République, et Jacques Chirac ne vous choisira pas comme Premier ministre.

– Je le sais, avait rétorqué Édouard sobrement.

Autour de Jacques Chirac, ils sont une pléiade à lui dire : « Attention, méfiez-vous d'Édouard, quand il sera à Matignon, il acceptera encore de vous prendre au téléphone quelques jours et ensuite fini, on ne l'arrêtera plus. » Certains lui suggèrent de ne plus envoyer à Édouard ses articles pour avis avant parution : « Pourquoi lui demander son avis alors que lui ne vous demande pas le vôtre ? » Jacques Chirac hésite. Et puis voilà, au dernier moment, le pli est si bien pris, l'habitude si ancienne… Il envoie le texte à Édouard.

– Jacques, il faut que tu y ailles toi-même, s'entête Pasqua.

Et ledit Jacques, presque en colère :

– Mais non, je le connais, Édouard, non il n'ira pas. D'ailleurs il ne pourra jamais aller jusqu'au bout.

Non, Jacques Chirac ne veut rien entendre, il sillonne déjà l'Hexagone pour rameuter les électeurs et offrir à Édouard une forte majorité.

En janvier 1993, Jean-Marc Vernes réunit à déjeuner chez lui Giscard et Chirac.

Giscard :

– Alors, ça sera Édouard à Matignon.

– Oui, répond Jacques Chirac.

– Mais vous savez que s'il réussit un tant soit peu, il nous éliminera l'un et l'autre à l'Élysée.

– Mais non, il y a un accord entre nous.

Il est vrai que, ce même mois, Édouard Balladur l'a confirmé dans l'émission d'Anne Sinclair : « S'il va à Matignon, il se consacrera essentiellement à son travail de Premier ministre. »

Le doute, parfois, le saisit pourtant. Maurice Ulrich raconte : « Au début de l'année, Édouard a semblé connaître une baisse de régime. Il se demandait s'il devait être Premier ministre, il se montrait circonspect et répétait : "Si quelqu'un d'autre veut y aller, qu'il y aille." Jacques Chirac était très ennuyé, il m'a dit : "Cela m'embêterait qu'Édouard n'y aille pas, cela me reposerait le problème." »

– Mais Jacques, s'afflige Charles Pasqua, tu ne vois pas que tu es en train de jouer à la roulette belge.

– Qu'est-ce que la roulette belge ? interroge Chirac.

– Il y a des balles dans tout le barillet.

La rupture

« Pourriez-vous jurer que vous ne penserez pas à la présidentielle ? »

Quelque temps avant l'installation d'Édouard Balladur à Matignon, Denis Baudouin lui avait posé cette question sans détour.

« Je ne jure pas », avait répondu le futur chef de gouvernement.

Quatre mots ambigus qui peuvent tout aussi bien signifier : « Un bon chrétien ne jure pas », que : « Je ne jure pas puisque j'y penserai forcément. »

Tous deux gardaient en tête ce que Georges Pompidou leur avait maintes fois raconté : « La première fois que j'ai pensé à l'Élysée, c'est le jour où j'ai franchi les portes de Matignon. »

Le 30 mars 1993, quand il arrive rue de Varenne, Édouard Balladur ne rêve pas encore de franchir la Seine. Outre l'ambition de bien faire, il est habité par une seule obsession : ne pas apparaître comme la doublure du vainqueur des élections, Jacques Chirac. Il ne voudrait pas être considéré comme un Premier ministre sous influence. Le pouvoir ne se partage pas.

Édouard Balladur veut sauvegarder son droit à disposer de lui-même. Le maintenir, l'imposer. Certes, en 1986, quand Jacques Chirac et lui étaient arrivés au gouvernement, ils s'étaient réparti tâches et responsabilités. La situation, cette fois, est toute différente : Jacques Chirac est en dehors du gouvernement. C'est son choix. Le respect des institutions, les nécessités de leur fonctionnement régulier, sans heurts ni malentendus, imposent que le gouvernement soit dirigé par son chef et par nul autre, serait-il le meilleur des amis, serait-il même le chef du plus important parti de la majorité. Tel est le principe d'Édouard.

En s'y référant et en le défendant, le nouveau Premier ministre avait-il saisi qu'il posait là un acte fondateur irrésistible : celui qui allait le conduire – les sondages aidant – de l'autonomie à l'indépendance pour finir à la rivalité avec Jacques Chirac ?

La pièce va se jouer en quatre actes.

Acte I : l'indépendance (avril 1993)

Avant même les élections qui allaient marquer leur succès, Jacques Chirac avait irrité Édouard Balladur, il lui avait soudain donné le sentiment de flotter, de ne pas être assuré de la justesse de la stratégie élaborée en commun depuis cinq ans. C'est qu'il entendait lui, à longueur de journée et de semaine, les mises en garde des Pasqua et des Juppé, d'autres proches aussi. Toutes dans le même style : « Si vous n'allez pas à Matignon avec la victoire que vous allez remporter, c'est comme si après avoir gagné le grand chelem à Paris, vous décidiez que Tiberi[1] serait le maire et vous seulement maire honoraire. »

Ou encore : « Attention, Édouard Balladur risque de nous faire du Bérégovoy sans Bérégovoy. »

Pendant longtemps, à tous ceux qui le mettaient en garde il répondait : « Plus on parle de lui, plus cela me fait plaisir », ou encore : « On peut dire ce que l'on veut d'Édouard Balladur, mais c'est un homme d'État. »

Aussi bien, certains avaient fini par se demander si le maire de Paris n'avait pas transféré toutes ses ambitions sur Édouard Balladur.

Et puis, et puis, Jacques Chirac avait fini tout de même par s'interroger ou à en donner le sentiment. Ainsi, lança-t-il un jour à son partenaire : « Si notre victoire est comme je le devine écrasante, peut-être devrions-nous exiger que François Mitterrand démissionne. » Ce qui lui attira cette réponse : « Je veux bien tout ce que vous voulez, Jacques. Mais il eût fallu en avertir nos électeurs un peu plus tôt. »

1. Député-maire du Ve arrondissement et premier adjoint de Jacques Chirac à la mairie de Paris.

Devant tant d'incertitudes et d'inquiétude chez Chirac, Édouard Balladur avait même conclu : « Écoutez, Jacques, si vous avez envie d'aller à Matignon, vous devez y aller. » Une phrase reprise comme un leitmotiv. « Je l'ai entendu prononcer cela au moins dix fois », précise Alain Juppé. Et il n'est pas le seul.

Mais Édouard Balladur avait toujours assorti cette proposition d'un avertissement glacé : « Sachez que, dans ce cas, je ne participerai pas au gouvernement. »

« Vous le voyez bien : dès le départ il a fait du chantage », dira plus tard le maire de Paris.

« Absolument pas, répondra Édouard Balladur, je voulais seulement souligner qu'il eût été ridicule de reconstituer le gouvernement de 1986. Et rien d'autre. »

Jacques Chirac, en fait, n'avait guère envie de revenir à Matignon. Il ne s'y était pas préparé. Et rien ne l'y incitait. Négocier avec Giscard pour former le gouvernement, non merci. Côtoyer Mitterrand deux années durant, non merci, cela avait déjà été fait et cela suffisait. Affronter une situation économique si sombre dont personne ne pourrait venir à bout avant l'échéance présidentielle de 1995 ? non merci. Qu'Édouard y aille ! Puisqu'il en crève d'envie. D'ailleurs, « il sera meilleur que moi ». Voilà ce que disait aux journalistes le maire de Paris à la veille des législatives. Mais ainsi sont les hommes, cette hésitation a existé, qu'Édouard Balladur a perçue, qui était encouragée par les mises en garde de quelques-uns, nourrie aussi par une inquiétude plus secrète : et si le pacte qui liait leurs destins était moins solide que prévu et souhaité ?

Ce pacte, bien sûr, n'a jamais été écrit. Mais il était depuis 1988 implicite. Et il disposait que Jacques Chirac serait le candidat à la présidence. L'Élysée, il n'en avait jamais fait mystère, était son combat depuis 1974. Or voilà qu'à la veille d'une étape capitale, il se prend à penser qu'il devient urgent, peut-être, de passer à l'explicite.

« Le dimanche avant le premier tour, alors que nous commencions à être assurés d'une victoire éclatante, raconte Jacques Chirac, je l'ai dit à Édouard : "Il est possible que vous deveniez très populaire, vous allez apparaître comme un homme neuf et dans ce cas, peut-être changer d'image, de stratégie, on songera à vous pour la présidentielle." Mais il m'a aussitôt coupé la parole : "Je vous en prie, Jacques, ne soyez pas blessant, retirez cette phrase." »

Mais si Jacques, à ce moment, se pose des questions sur Édouard, Édouard se dit que ce Jacques est décidément imprévisible. D'autant qu'il n'est pas seulement prêt à changer de stratégie au dernier moment : voilà qu'une semaine avant le premier tour, il déclare publiquement « ne reconnaître aucune prééminence au président de la République en matière de défense et de politique étrangère en période de cohabitation et que l'UPF[1] n'acceptera aucune entrave à son action ». Ce qui ne peut qu'inciter François Mitterrand à choisir un Premier ministre hors du RPR et qui augure mal du climat de la nouvelle cohabitation.

« Décidément, il ne changera pas », déplore à part soi l'ancien ministre d'État, tandis que Charles Pasqua grommelle : « Comme cela, Jacques Chirac est bien sûr de ne pas être Premier ministre : après une telle déclaration il est clair que Mitterrand ne songera pas à lui. Il fait tout pour scier la branche sur laquelle il est assis. »

Le premier tour arrive enfin. Alléluia ! Il est à la hauteur des espérances : l'UPF recueille 44,12 % des voix, et en son sein le RPR (20,35 %) devance l'UDF (19,22 %). Un raz de marée s'annonce pour le deuxième tour.

Le lendemain, tandis que résonnent encore dans les états-majors les chants d'allégresse, voilà qu'en déplacement dans le Pas-de-Calais, Jacques Chirac remonte au créneau. « Il serait de l'intérêt de la France, dit-il tout net, que Mitterrand démissionne et que nous ayons de nouvelles élections présidentielles. » (Sous-entendu : « Je serais alors candidat avec de bonnes chances de l'emporter. »)

Cette fois, il se fait tancer publiquement sur Europe 1 par Valéry Giscard d'Estaing qui dit à Jean-Pierre Elkabbach : « Si la droite avait voulu rejeter la cohabitation, elle aurait dû le faire avant les élections. Nous ne sommes pas un pays sans Constitution et sans droits. » (Sous-entendu : « Pas question de précipiter une élection présidentielle, où je n'aurais aucune chance. » Quelques jours plus tôt, VGE avait fait des offres de services sur France-Inter : « Le choix du Premier ministre n'a jamais été arithmétique », avait-il dit. Une façon de faire entendre à François Mitterrand qu'il pourrait, le cas échéant, songer à un UDF, c'est-à-dire à lui !)

Des propos qu'Édouard (qui, lui aussi, a envie d'aller à Matignon) aurait pu tenir ou signer. Décidément, Jacques ne changera jamais mais, comme il le dit si souvent : « Vous le connaissez… »

Mais chacun, Chirac, Giscard, Balladur, était dans sa logique ! Aussi bien, le samedi, veille du second tour, si la courtoisie est toujours de rigueur, un soupçon de vinaigre mal venu apparaît dans la sauce de l'amitié.

---

1. L'union du RPR et de l'UDF.

Cette fois, c'est Édouard qui rapporte l'anecdote. « Nous nous étions retrouvés dans son bureau à la mairie de Paris, et Jacques m'a demandé : “Puis-je compter sur votre soutien à la présidentielle ?” Je lui ai répondu : “Il sera proportionnel à celui que vous m'apporterez si je suis Premier ministre.” » Édouard ajoute : « Soudain, j'ai douté de son soutien, je l'avais trouvé trop changeant ces derniers temps. »

Jacques poursuit pourtant : « Quand François Mitterrand m'appellera, je lui dirai que je ne veux pas aller à Matignon, et que vous devez être le Premier ministre. »

Alors Édouard (qui songe aux dernières déclarations fracassantes de son partenaire) : « Êtes-vous sûr qu'il vous appellera[1] ? »

Bonne question. De fait, l'Élysée ne cherchera pas à joindre la mairie de Paris au lendemain de la victoire du RPR.

Cela signifie-t-il qu'en cette veille de deuxième tour, l'affaire soit dans le sac pour Édouard ? Rien n'est encore certain même si les signes encourageants se sont multipliés. Depuis quelques mois François Mitterrand a distillé devant des proches (qui se sont, comme toujours, empressés de les répéter) quelques propos flatteurs sur l'ancien ministre d'État. Quinze jours avant l'élection, Patrick Devedjian, député des Hauts-de-Seine et balladurien estampillé, a organisé chez sa belle-mère un petit déjeuner réunissant son ami Hubert Védrine, secrétaire général de l'Élysée, et le futur directeur de cabinet d'Édouard, Nicolas Bazire. « J'avais suivi certaines conférences de Védrine à l'ENA », explique celui-ci, comme pour justifier la rencontre. Lesdites conférences en tout cas créent d'emblée un lien et un sujet de conversation, car ce matin-là, bien évidemment, on parle de tout, sauf de la politique française, des élections et de Matignon. Il s'agit d'un premier contact.

Le second ne tarde pas : entre les deux dimanches électoraux, Védrine et Bazire se retrouvent en tête à tête à l'hôtel Lutetia pour un nouveau petit déjeuner : « Nous avons alors évoqué des hypothèses… », note sobrement Nicolas Bazire.

Arrive le deuxième tour. Les hymnes de gloire se font plus tonitruants encore et sont entonnés de télévisions en stations de radio. La droite domine l'Assemblée : 480 députés sur 577, plus de 80 % de

1. « Édouard Balladur a toujours été convaincu que le Président ne nommerait jamais Jacques Chirac », rapporte l'un de ses proches. Ce que confirme Hervé de Charette. François Mitterrand, auquel il rendait visite à l'Élysée entre les deux tours, lui avait dit : « Mais pourquoi Jacques Chirac tient-il des propos si excessifs ? Est-ce parce qu'il craint que je ne l'appelle ? Mais il n'a aucune crainte à avoir. Je ne l'appellerai sûrement pas. »

l'effectif. 242 députés pour le RPR, 207 pour l'UDF. Les socialistes et leurs alliés qui détenaient 282 sièges n'en gardent que 67. Pour une alternance, c'est une alternance. Mais si les chefs de la nouvelle majorité défilent, réjouis, sur les chaînes, Édouard, lui, ne se montre pas. Nulle part. Ni à la télévision, ni au RPR, ni à la mairie de Paris. Il préfère regarder les résultats en famille avec ses quatre fils et… Nicolas Bazire. Non, il ne fera aucune déclaration. Une meute de journalistes campe déjà à sa porte. Ils y passeront la nuit. En vain.

Ce soir-là, le vainqueur s'appelle Jacques Chirac, tous les projecteurs sont tournés vers lui et lui seul. Édouard n'entend pas lui ravir la vedette. À ses yeux, c'est justice : Jacques s'était beaucoup dépensé durant la campagne et la plupart des nouveaux élus RPR lui doivent leur succès. « Chirac à l'Élysée », scandent déjà les militants au siège du mouvement, dans la bousculade et le bonheur de la fête.

Mais à l'heure d'aller se coucher, alors qu'on éteint les lampions, le très réaliste et sage Maurice Ulrich a prévenu son patron : « Ce soir, vous étiez très entouré, à partir de demain, je crois que nous serons plus seuls. »

Demain… c'est lundi. Dès 9 heures, le matin, à la mairie de Paris, se réunissent autour de Jacques Chirac les habitués : Juppé, Pasqua, Pons, Séguin, Messmer et… Balladur. Un moment heureux. « On pourrait peut-être parler du gouvernement », suggère Jacques Chirac. Mais pourquoi en parler alors que le Premier ministre n'est pas encore désigné ? On passe. Tous remarquent qu'Édouard a déjà l'air ailleurs. Il s'esquive très vite. « Vous m'excusez, Jacques. »

Ce même lundi 30 mars, vers 11 heures, Hubert Védrine téléphone à Nicolas Bazire : « Le Président n'a pas arrêté son choix, mais je voudrais de sa part pouvoir poser quelques questions à Monsieur Balladur. » Évidemment, le rendez-vous doit être discret. Or, journalistes et motards cernent la voiture du futur Premier ministre, qui deux jours plus tard sera couverte d'éraflures et de bosses.

Comment faire ? On va jouer *Rendez-vous au Plaza*.

C'est Nicolas Bazire qui monte le scénario. Védrine et lui se retrouveront au Relais Plaza, le restaurant qui jouxte le grand hôtel de l'avenue Montaigne, et ils gagneront une chambre louée pour l'occasion. Édouard Balladur, lui, arrivera un peu plus tard, entrera par la porte principale de l'hôtel qui aussitôt sera bloquée par les portiers. C'est ainsi que, pendant une heure, le secrétaire général de l'Élysée et le Premier ministre virtuel pourront dialoguer. Védrine repart par les cuisines. Ni vu ni connu. Pendant qu'ils discutaient,

Jacques Friedman a rejoint le restaurant où il déjeunera avec Édouard Balladur et Nicolas Bazire.

Rien n'est encore décidé. Il faut attendre. Dans l'après-midi, soucieux de montrer qu'il ne bout pas d'impatience et sait, lui aussi, donner du temps au temps, Édouard Balladur se rend ostensiblement au Grand Palais afin d'y visiter une exposition consacrée à Aménophis III. Les mystères de l'Égypte…

À 19 heures, nouveau coup de fil de Védrine à Bazire : « Monsieur Balladur sera désigné à 20 heures par le Président à la télévision et il justifiera cette désignation par son aptitude à rassembler les différentes composantes de la nouvelle majorité et aussi par ses compétences. Le Président recevra Monsieur Balladur à l'Élysée à 21 heures. »

« Quand je suis arrivé au palais présidentiel, raconte Édouard Balladur, Monsieur Mitterrand m'a accueilli par ces mots : "Bonsoir, Monsieur le Premier ministre", il voulait ainsi me démontrer qu'il me désignait parce qu'il l'avait voulu et qu'il n'y avait eu aucune négociation ni avec moi, ni avec les partis. Il m'avait choisi. »

Édouard Balladur : « À la fin de l'entretien, le Président m'a dit : "Je pense que vous m'apporterez la liste de votre gouvernement dans quelques jours. Vous avez jusqu'à vendredi." Je lui ai répondu : "Monsieur le Président, vous l'aurez demain à 18 heures." Ce qui l'a beaucoup fait rire : "Vous n'y arriverez pas, j'en ai l'habitude, il faut plusieurs jours." »

Le lendemain à 18 heures, Édouard Balladur entre dans la cour de l'Élysée. Il apporte au président de la République la liste de son gouvernement.

Mais entre-temps, Jacques Chirac a soudain découvert que 1993 ne serait pas 1986.

Parce qu'il avait tout partagé avec Édouard depuis 1983, parce qu'ils s'étaient préparés de longue date pour le pouvoir, parce qu'ils avaient, main dans la main, composé en 1986 la liste de son gouvernement, Jacques Chirac avait toujours cru qu'Édouard se comporterait avec lui – au moins pour la formation de l'équipe – comme il s'était comporté avec Édouard. La situation, il est vrai, n'avait rien de comparable. Ce n'était plus la première fois qu'un Premier ministre et un président de la République venus de bords différents allaient cohabiter. Surtout, Jacques et Édouard n'entreraient pas ensemble au gouvernement. En 1986, c'est Jacques Chirac qui avait voulu et imposé le partage, sollicité Édouard auquel il avait offert la moitié de son pouvoir et plus encore. C'était sa conception des choses.

L'ennui, c'est que cela n'a jamais été celle d'Édouard. Certes, celui-ci avait accepté de bon cœur le pouvoir que lui offrait le Premier ministre. Mais il ne se croit pas tenu d'en faire autant. Que Jacques Chirac ait jusque-là toujours soumis les textes de ses discours ne le contraint pas non plus, pense-t-il, à agir de même, puisqu'il ne l'avait jamais fait. Une fois désigné à Matignon par le président de la République, il n'entend pas se dépouiller de ses prérogatives. Répétons-le : de toute éternité il l'avait su, et Georges Pompidou en avait été l'illustration édifiante : le pouvoir ne se partage pas.

Il veut le marquer dès le premier jour. Donc, ce gouvernement doit être clairement le sien. Bien sûr, dans la journée du mardi, Jacques Chirac lui a fait quelques suggestions : qu'il embarque par exemple Jacques Toubon et Lucette Michaux-Chevry. Ce qui est accepté. Il aurait voulu aussi imposer Guy Drut à la Jeunesse et aux Sports. Ce qui ne se fera pas. Et même, il juge au passage que Juppé est peut-être un peu trop jeune pour tenir le poste des Affaires étrangères. Mais à chaque appel, il trouve Édouard bien lointain. Peut-être, pense-t-il, parce que celui-ci hésite encore. Il a tant à faire…

« Dans la matinée du mardi, précise Charles Pasqua, Jacques a dû m'appeler pour m'interroger sur la composition du gouvernement. Je lui ai répondu que je ne savais rien, sinon que je serais ministre de l'Intérieur. »

« Quelques semaines avant, raconte Alain Juppé, Charles me disait qu'il n'appartiendrait jamais à un gouvernement Balladur. » Mais Jacques Chirac avait eu les mots qu'il fallait pour le faire changer d'avis. Et puis, personne ne l'imaginait restant au bord du chemin : ce n'était vraiment pas son genre. Fort opportunément Charles s'était rappelé qu'Édouard pouvait avoir du cœur : pendant la première cohabitation, alors qu'il était empêtré dans les affaires du vrai-faux passeport et atteint par la mort de Malik Oussekine, Édouard Balladur l'avait invité à dîner rue de Rivoli : « Je croyais que ce serait un dîner à quatre avec les épouses, raconte Charles Pasqua, au lieu de cela c'était un dîner avec des patrons, il y avait une vingtaine de personnes. Dans les épreuves, Édouard Balladur voulait signifier que j'étais un homme fréquentable. Cela ne s'oublie pas… » La mémoire lui revient fort opportunément, donc !

Ce même mardi à 13 heures, Édouard déjeune chez lui en compagnie de Madame Balladur. Il a invité Jacques Friedman et les deux Nicolas, Bazire et Sarkozy. Il s'agit d'un déjeuner quasi familial. Politique quand même. Du hors-d'œuvre jusqu'au café, le Premier ministre souligne son souci de ne pas apparaître comme la marionnette de Jacques Chirac. Au lendemain d'une telle victoire, explique-t-il, celui-ci sera forcément tenté d'intervenir beaucoup. D'ailleurs, il a demandé le matin même à être branché sur le téléphone interministériel. Ce qui lui a été accordé. Ainsi, le chef du RPR pourra joindre à tout moment les membres du gouvernement et Matignon. Puisque Jacques le lui a demandé, Édouard ne lui a pas refusé. Mais il n'ira pas au-delà. Cette demande lui donne même une raison supplémentaire de concocter son gouvernement tout seul. D'ailleurs, les contacts étaient pris depuis quelques semaines. Et les accords presque tous enregistrés. Édouard souhaite réussir là où ses prédécesseurs ont échoué. Il veut une équipe restreinte. Le gouvernement ne devra pas compter plus de trente membres, Premier ministre compris.

Le cas de Charles Millon seul à poser problème est significatif. On lui proposait l'Agriculture, il refuse en disant – prétexte ? – qu'il ne souhaite pas avoir Jacques Chirac sur le dos toute la journée. Celui-ci a fait toute sa campagne législative contre le volet agricole du GATT, alors que lui, Millon, est favorable au GATT. « Mais vous travaillerez sous ma responsabilité », promet Édouard. Charles Millon n'en croit rien. Il ne sera pas ministre. Tant pis pour lui.

À 17 heures, la liste est bouclée. Majoritaire à l'Assemblée, le RPR se retrouve minoritaire au gouvernement : 16 UDF pour 13 RPR. Si les gaullistes ont l'Intérieur (Pasqua), le Budget (Sarkozy), les Affaires étrangères (Juppé), les UDF héritent des Finances (Alphandéry), de la Défense (Léotard), de la Justice (Méhaignerie). Simone Veil vient d'accepter la Santé et la Ville. Voilà bien un symbole d'une volonté d'ouverture.

« C'est seulement après coup que je l'ai compris : avec un tel gouvernement Édouard préparait son avenir de présidentiable », explique aujourd'hui Charles Pasqua.

On ne parlera plus d'État RPR.

Édouard a fait entrer dans son gouvernement des chefs de partis : Juppé (RPR), Méhaignerie (CDS), Longuet (PR). Mais à une condition expresse : ils ne parleront pas de l'élection présidentielle avant janvier 1995. Il n'est pas question de réitérer les erreurs de 1986.

Qu'on se le redise : « Édouard ne repasse jamais là où ça a fait mal. »

Au moment où le Premier ministre part pour l'Élysée[1], sa liste sous le bras, Jacques Friedman quitte l'Hôtel Matignon pour la mairie de

1. Précision pour la petite histoire : comme on le sait une voiture de police précède toujours celle du Premier ministre ; ce jour-là, à leur habitude, les policiers quittent

Paris où il doit informer Jacques Chirac. Pour celui-ci le coup est rude. Ce gouvernement porte si peu sa marque, il a si peu participé à sa formation. Bien sûr, Édouard ne lui avait jamais laissé entendre qu'ils concocteraient la liste ensemble. Mais Jacques Chirac pensait que ce travail en commun irait de soi.

« Jacques a été très blessé », se souvient Jacques Friedman. D'autant qu'Édouard le dépouille un peu. Ses plus proches amis ou collaborateurs en effet entrent au gouvernement : Alain Juppé, Michel Roussin (ex-directeur de cabinet), Roger Romani, Jacques Toubon, Dominique Perben et bien sûr Nicolas Sarkozy. « Édouard lui a piqué tous ses copains », note Jérôme Monod. « J'ai agi seul car on ne gouverne pas en duo », répète encore aujourd'hui Édouard Balladur.

Le deuxième choc, peut-être plus rude, est provoqué par la lettre du Premier ministre qui accompagne la liste. Après quelques lignes expliquant pourquoi il a tenu à être seul maître à bord pour former son gouvernement, Édouard conclut : « Merci de tout cœur de votre soutien ; sans lui, rien n'aurait été possible, ni hier, ni aujourd'hui, rien ne le serait demain, je le sais mieux que quiconque. Veuillez croire, Cher Jacques, à ma très fidèle amitié. » Édouard Balladur, 30 mars 1993.

Décryptons : « Je ne pourrais rien faire sans votre soutien, mais en retour, concernant votre avenir, je ne vous dis rien sur le mien. » Ce qui dans un autre style peut aussi se résumer de cette façon : « Donne-moi ta montre, que je te donne l'heure… »

Sacré Édouard !

Jacques Chirac relit la lettre plusieurs fois. Il est atterré. À tel point que, dans un mouvement d'humeur compréhensible, il décommande le dîner prévu le soir même à l'Hôtel de Ville avec les Balladur.

Première brouille ? Non… Pas encore.

« J'ai appelé Claude (Chirac), raconte Nicolas Sarkozy, je lui ai dit qu'il n'était pas possible que le dîner n'ait pas lieu, qu'il fallait qu'elle arrange les choses. »

---

en trombe la cour de Matignon, gyrophares tournants, s'engouffrent dans la rue de Varenne et, arrivés au bout, brûlent le feu rouge avant de débouler à grande vitesse dans le boulevard des Invalides. Mais voilà qu'ils s'inquiètent et s'interrogent : la voiture du nouveau Premier ministre n'est pas dans leur rétroviseur, elle ne suit pas. C'est qu'elle s'est arrêtée au feu rouge. Avec Édouard, ce n'est pas comme avec ses prédécesseurs, on respecte la signalisation. Un Premier ministre n'est pas au-dessus de la loi. Les policiers ne recommenceront pas.

Le soir même, les Balladur et les Chirac dîneront ensemble. Au menu : nous nous congratulons sur les résultats, le présent et les lendemains qui s'annoncent radieux.

Tout va bien.

Deux jours plus tard, Jacques Chirac réunit à l'hôtel Lutetia les nouveaux députés. Ils l'accueillent en triomphateur et l'applaudissent : sans lui, rien n'aurait été possible pour eux. Édouard Balladur l'accompagne, mais les députés ne le connaissent pas encore, ils n'ont aucune raison de lui faire la fête. Alors, Jacques Chirac se tournant vers lui le leur présente en ces termes : « Le Premier ministre est votre chef, il est le chef de la majorité. » Tout pour Édouard.

Tout va bien.

Le samedi 3 avril, Édouard Balladur réunit à Matignon pour un petit déjeuner Jacques Chirac, Charles Pasqua, Alain Juppé, Roger Romani, Jean-Louis Debré et Nicolas Bazire. Une réunion pour le plaisir. Autour des tasses de thé ou de café on évoque les souvenirs de Georges Pompidou et le bonheur de se retrouver tous ensemble dans cette maison. Au moment de se quitter, le Premier ministre propose qu'un petit déjeuner avec les mêmes participants devienne rituel : « Voulez-vous noter, Nicolas », demande-t-il en se tournant vers son jeune directeur de cabinet.

Il n'y aura pas d'autres petits déjeuners, mais tout va bien.

Les élus de Paris se souviendront longtemps du 5 avril. Ce jour-là, le Premier ministre vient assister à la séance de leur conseil. Jacques Chirac descend dans la cour intérieure de l'Hôtel de Ville pour l'accueillir et quand le Premier ministre entre enfin dans la salle, tous se lèvent pour l'applaudir. On assiste alors à un spectacle peu ordinaire : Jacques Chirac, qui préside du haut de sa tribune, voit les conseillers de la majorité venir, l'un suivant l'autre, faire leur révérence à Édouard Balladur. Et lui glisser une requête, griffonnée sur un bout de papier, à moins que ce ne soit leurs compliments. En cet instant, Jacques Chirac n'est même plus la vedette en sa citadelle.

Tout va bien.

Le 8 avril, à la tribune de l'Assemblée nationale, Édouard Balladur prononce son discours d'investiture. Il structure son propos autour d'une ambition forte : bâtir le « Nouvel Exemple Français ». Au terme d'une heure quarante-cinq de discours solennel, interrompu à plusieurs reprises par les applaudissements des députés de la majorité qui lorsqu'ils se lèvent font songer à la houle, le Premier ministre évoque la mémoire de Georges Pompidou et son amitié indéfectible pour Jacques Chirac.

Tout va bien.

Le 28 avril, se tient à l'hôtel Nikko, sur les rives de la Seine, le premier conseil national du RPR après la victoire. Dans la salle, tous les élus députés et sénateurs. À la tribune, Jacques Chirac entouré de tous les ministres : Juppé, Pasqua, Toubon, Roussin, etc. Encore roses du plaisir d'être arrivés au pouvoir. Et puis, bien sûr, Philippe Séguin qui exulte de présider l'Assemblée nationale. Et Édouard Balladur, déjà empreint de l'importance de sa fonction. Jacques Chirac, qui sûrement se sent un peu désœuvré, écrit déjà le scénario du futur et demande aux militants de ne pas s'endormir : « À peine avez-vous posé le baluchon de la dernière campagne, je vous convie à le reprendre pour approfondir nos racines et nous préparer à remporter ensemble, dans deux ans, la victoire majeure. » Un thème que reprendront aussitôt Alain Juppé, Philippe Séguin et Jean-Louis Debré. Après avoir rendu hommage à l'artisan numéro un de la victoire, ils répètent d'une seule voix : « Désormais, toute l'action du RPR est tendue vers une date : 1995. »

Édouard Balladur, lui, inscrit son action sur la durée de la législature, jusqu'en 1998. Ce qui surprend certains poids lourds du mouvement, puisque l'objectif politique des deux prochaines années est l'élection présidentielle et que le candidat du RPR n'est pas le Premier ministre. Il est vrai que l'on n'en est pas là. Et Charles Pasqua prévient : « Il ne doit pas y avoir rupture entre le mouvement et le gouvernement, nous sommes tous engagés dans la même action de redressement au service du pays. »

« Je crois que la force d'Édouard Balladur est de ne pas être candidat à la présidence et de conduire une action de redressement en dehors d'une élection présidentielle », dit de son côté Jean-Louis Debré au *Figaro*.

Tout va bien.

Enfin, si l'on veut. Et du moins au RPR. Parce qu'à l'UDF ils sont quelques-uns, Charles Millon en tête, à se demander s'il n'y a pas deux poids et deux mesures. Le Premier ministre leur demande en effet de ne pas parler des élections présidentielles et, à la réunion du RPR, on n'a parlé que de ce seul sujet.

Le lendemain de cette réunion, Jean-Louis Debré invité sur Radio O'FM évoque le « ticket Balladur-Chirac » pour la présidentielle. Deux jours plus tard, le 2 mai, *Le Monde* reprend ses propos. Jean-Louis Debré raconte : « Le lendemain, je croise Édouard Balladur à l'Assemblée nationale et il me prend à part : "Si vous parlez de la présidentielle, me dit-il, j'aimerais mieux que vous ne me mettiez pas en cause, que vous ne m'y associiez pas." »

Quelques jours plus tard, le 13 mai, oubliant la consigne, cette fois sur Radio J, le même Jean-Louis Debré évoque la « complémentarité de Jacques Chirac et d'Édouard Balladur pour le futur ». Nouvelle admonestation d'Édouard. Lequel, cette fois, se montre fâché : « Ne parlez pas de moi », demande-t-il impératif. Son interlocuteur commence à se demander s'il ne roule pas déjà pour lui seul.

« Mais non, rétorque-t-on à Matignon. Le Premier ministre voulait seulement respecter la consigne qu'il avait donnée à ses ministres : ne pas parler de la présidentielle. Il ne souhaitait donc pas que Jean-Louis Debré le nomme quand il évoquait cette échéance. Mais il ne lui interdisait pas d'en parler, puisqu'il n'appartient pas au gouvernement. » Logique.

Commentaire de Jean-Louis Debré : « Tout de même, de ce jour, je n'ai plus existé pour lui, il ne me regardait plus ; je n'étais pas de son monde. »

Acte II : l'éloignement (mai, juin, juillet, août 1993)

Ah, le joli mois de mai ! Du moins pour Édouard. Les Français lui offrent un vrai moment d'extase. Un bouquet aux senteurs enivrantes : 75 % d'opinions favorables. Qui a dit qu'il ne serait jamais populaire ? Le Premier ministre séduit les Français, il répond à leurs aspirations profondes. Il incarne des valeurs qui rassurent : la famille, l'honnêteté, la modération des sentiments, l'effort – il passe ses vacances à la montagne –, le dialogue social, le respect des institutions.

S'il est un Premier ministre qui tranche avec le passé, c'est bien lui. Sur la fin, il y avait eu vraiment trop d'histoires chez les socialistes. Ils faisaient songer à ces familles comme on en a connu, dans sa rue, en province, où tout d'un coup rien n'allait plus : le père n'avait plus d'autorité, la mère sortait le soir, les enfants traînaient dans la rue – un côté Groseille, quoi, comme dans le film de Chatilliez *La vie est un long fleuve tranquille* –, une de ces familles dont le voisinage se dit : « Un malheur va arriver. » De fait une succession de malheurs, conséquences des « affaires », s'abat bientôt sur le Parti socialiste. Avec la sanction du corps électoral désorienté. Et enfin et surtout, le suicide de Pierre Bérégovoy qui scande la défaite et ajoute au drame. Édouard, lui, symbolise le retour de l'ordre à la maison. Soudain il flotte sur la France comme une vague odeur d'encens et de pâtisserie du dimanche après la messe. Tout est changé. Les enfants se lavent les mains avant de passer à table, font leurs devoirs, disent bonjour et merci, ne prennent jamais la parole sans la demander – bref on est chez les Lequesnoy. On n'a jamais enregistré aussi peu de couacs dans l'équipe ministérielle. Dès ce mois de mai, quand la Sofrès interroge les Français : « Quel serait le meilleur président ? », Édouard Balladur recueille 54 % d'opinions favorables contre 38 % à Jacques Chirac. De quoi donner des idées à n'importe qui.

Avec le président de la République aussi, tout paraît « baigner », c'est l'ère de la cohabitation apaisée.

« Je parie que vous n'irez pas à Tokyo », avais-je lancé au Premier ministre au début d'avril. Pari gagné. Début juillet, il s'abstiendra de participer au sommet des sept pays industrialisés, laissant François Mitterrand s'y rendre seul. Un signe hautement symbolique. On vous l'a dit : on ne répète pas les erreurs passées. « Il y a beaucoup à faire en France », dit le Premier ministre à la télévision pour expliquer son absence à Tokyo. Il ajoute, lors de l'émission La Marche du Siècle de Jean-Marie Cavada : « Je suis obsédé par une idée, que la France ne souffre pas de la cohabitation, je ne veux pas surajouter à une crise morale et économique une crise politique. »

« Balladur ? On peut discuter avec lui », concède le 14 juillet le président de la République, lequel prend tout de même le soin d'annoncer : « Si les griffes sont rentrées, elles sont toujours là. »

Les choses vont entre Édouard et François.

Entre Édouard et Jacques elles se gâtent.

Petite agacerie : Jacques Chirac téléphone à tout bout de champ sur l'interministériel. « Il m'appelait plusieurs fois par jour », dit Nicolas Bazire. Il conseille les ministres. Ceux-ci rapportent à Matignon qu'il leur téléphone beaucoup. « Alors que moi, je ne les appelle jamais, je les laisse travailler », soupire Édouard Balladur.

Broutille encore.

La suite est plus grave. Philippe Séguin, que l'on n'avait plus entendu depuis sa campagne contre Maastricht, tire un coup de bazooka sur Matignon à l'occasion d'un colloque organisé par Jacques Baumel dans les Hauts-de-Seine, le 16 du mois de juin. Le président de l'Assemblée nationale prend de façon spectaculaire ses distances avec la politique économique d'Édouard Balladur. Lequel avait espéré que, une fois hissé sur son perchoir, environné des ors de l'hôtel de Lassay, il se serait assagi. Qu'il observerait une certaine réserve, s'occuperait à tenir la majorité dans l'hémicycle et à organiser des déjeuners pour les parlementaires : l'hôtel de Lassay est l'un des meilleurs restaurants de Paris. Las ! Contrairement à Laurent Fabius dont on raillait le militantisme hôtelier, Séguin régale très peu les élus. Et ce jour-là, il a trempé sa plume dans le vitriol. Il qualifie de « Munich social » – pas moins – la politique des gouvernements passés et présents en matière d'emploi. Le mot fait mouche. Pour faire bon poids, Philippe Séguin stigmatise en outre le libre-échange qui détruit l'agneau européen, la politique du franc fort, le conformisme épais et mou, le prêt-à-penser triste et morne et proprement dictatorial qui veulent faire du respect des grands équilibres la norme indispensable de toute politique économique.

À quelques jours du sommet européen de Copenhague, il remet ainsi en cause les dogmes qui fondent la politique Balladur. Le moment est bien choisi pour assurer un plus grand écho à son propos. Si l'on ajoute que le président de l'Assemblée nationale n'a pas prévenu le Premier ministre de son initiative, que c'est Charles Pasqua qui en a informé celui-ci, on imagine sa stupeur et son irritation. « Que tous ceux qui ont un rôle dans la société réfléchissent bien avant d'affaiblir par leurs propos la confiance des Français », s'emporte-t-il lors d'un voyage à Lyon. Non, il ne suivra pas Philippe Séguin sur le terrain où celui-ci veut l'entraîner : la définition d'une politique alternative.

La presse décèle dans l'incident une autre manœuvre. Philippe Séguin est en train de concocter un projet pour le futur candidat à la présidentielle en cas d'échec de la politique Balladur. « Une stratégie de rechange pour Chirac », titre le *Quotidien de Paris*.

Autrement dit, dès que Balladur quittera Matignon, la France adoptera une autre politique. Or, tout le monde sait que Jacques Chirac a poussé Philippe Séguin au perchoir de l'Assemblée après que celui-ci eut refusé le ministère que lui proposait Balladur. Et ce même Séguin répète que le gouvernement travaille seulement pour une « période de transition », et que la France ne sera gouvernée sur des bases claires qu'après l'élection présidentielle. Son meilleur candidat est évidemment Jacques Chirac.

Édouard Balladur alors s'en persuade : comme il le craignait, le maire de Paris ne le soutient pas vraiment. Une preuve ? Il a toujours ménagé ce Séguin dont les propos entament la crédibilité de son action.

« Dès que Séguin ouvre la bouche, déclare aussitôt Bernard Bosson (ministre CDS de l'Équipement qui appartient à la garde rapprochée du Premier ministre), il détruit la confiance dans le courage de la France. Comment faire baisser les taux d'intérêt dans ces conditions ? Caresser la population dans le sens du poil, ça peut rapporter des voix, faire la carrière de quelqu'un, ça ne sauvera pas des emplois en France. »

Voilà le moment délicat, presque décisif. Un engrenage se met en route que des amis bien intentionnés, que les entourages ou les protagonistes eux-mêmes contribuent à faire tourner.

Matignon espère que Jacques Chirac désavouera ce discours, sanctionnera même le président de l'Assemblée nationale. Mais la condamnation ne viendra pas. « C'est vrai, j'ai refusé d'exclure ou de condamner Séguin, reconnaît Jacques Chirac, mais depuis des mois, j'essayais de faire du RPR un parti ouvert où chacun pouvait s'exprimer, c'est pourquoi je n'ai pas cru devoir intervenir. Par ailleurs, je ne cessais de dire que j'approuvais l'action du Premier ministre. »

« Chirac fragilise mon action », déplore alors le Premier ministre, peut-être secrètement ravi de ce grave manquement qui le délivre du pacte non écrit.

« Bazire m'a téléphoné pour me dire : “Le contrat est rompu”, révèle Jacques Chirac.

« Ah ! Le Munich social, il m'en a parlé pendant des semaines », raconte Philippe Goujon, le suppléant d'Édouard. « Il me disait : “Chirac veut avoir deux fers au feu, deux politiques alternatives, mais je ne suis pas l'un de ces fers.” »

Et Pierre Méhaignerie : « Le Munich social, ça l'a vraiment beaucoup choqué, ça a été la rupture entre lui et Chirac. C'est alors que j'ai vu émerger le présidentiable. »

À ce moment pourtant, Jean-Louis Debré, imperturbable, continue de parler partout du pacte qui unit Édouard et Jacques ; il raconte : « Je sais que Juppé se faisait engueuler par le Premier ministre, mais il me disait aussi de continuer. » Ambiance.

Aussi bien, quand le Premier ministre participe une fois par mois à la réunion du bureau politique du RPR, il ne dit pratiquement rien. « Je le regardais, dit Debré, il passait son temps à dessiner sur des feuilles de papier, il caricaturait tous les participants à la réunion. J'ai d'ailleurs remarqué qu'il n'était pas dépourvu de talent. Malheureusement, il déchirait aussitôt ses papiers en mille morceaux. »

En juin, les sondages sont pour Édouard aussi flatteurs que ceux de mai.

Le 19 juillet, lors de la réunion du Parlement en congrès à Versailles[1], les chefs de la majorité se retrouvent à la préfecture des

1. Députés et sénateurs ont adopté la réforme de la Constitution portant sur la réforme de la Haute Cour et du Conseil supérieur de la magistrature.

Yvelines réquisitionnée pour le déjeuner hebdomadaire qui les réunit d'ordinaire à Matignon. Autour de la table, Charles Pasqua, Pierre Méhaignerie, Roger Romani, Bernard Pons, Édouard Balladur et Jacques Chirac[1]. Au cours de la conversation, celui-ci prône une politique de rupture avec le passé et une accélération des réformes. Puis il va plus loin : il dit en substance, semble-t-il, qu'il serait mauvais pour la majorité que l'on puisse comparer Balladur à Bérégovoy. « Je vous en prie, Jacques, chacun son style », rétorque Édouard Balladur, en grand courroux.

Connaissant son Édouard comme il le connaît, Jacques a été pour le moins imprudent de parler ainsi devant témoins. Celui-ci ne pouvait qu'être choqué.

Bernard Pons raconte : « Après le déjeuner, Édouard m'a pris à part pour me dire : "Mais c'est épouvantable tout ce que me fait Jacques", alors je me suis demandé s'il était sincère ou jouait la comédie. »

Qu'importe ! Édouard se console dans les bras de l'opinion. « Ma seule force, confie-t-il souvent, ce sont ces sondages et donc le soutien du pays. »

Au plus fort de l'été, rien ne va plus entre Édouard et Jacques.

Le franc, victime d'une fièvre spéculative, subit en effet des attaques sur le marché des changes depuis le mois de juillet. Les caisses de la Banque de France se vident. Des rumeurs circulent même sur une éventuelle sortie du franc du système monétaire européen. Le franc atteint son cours plancher par rapport au deutsche mark. D'autres monnaies sont attaquées, le risque d'explosion du système monétaire européen n'est pas négligeable. Le 1er août, une solution inédite est imaginée par les ministres des Finances des Douze et les gouverneurs des banques centrales, afin de sauvegarder le SME. Les autorités monétaires décident d'élargir beaucoup, pour un temps, les marges de fluctuation des devises qui participent au serpent monétaire. Dès le lendemain, les marges passent à plus ou moins 15 % par rapport au cours pivot. La spéculation est pénalisée, le franc n'est pas dévalué, le SME est sauvé.

Oui, mais. Ce compromis constitue pour certains un échec de la politique Balladur. Il s'était engagé à ne pas dévaluer, c'était pour lui une priorité absolue. Dans l'opposition, Jean-Pierre Chevènement ne se prive pas de dénoncer dans le compromis du 1er août une dévaluation camouflée. Si Édouard Balladur peut compter sur la solidarité

1. Manque Valéry Giscard d'Estaing retenu ailleurs.

affichée de François Mitterrand, il va vérifier une fois encore que les pires ennemis sont dans le clan.

Il juge que Jacques Chirac se montre bien peu solidaire. Alors que la spéculation commençait à se déchaîner, le maire de Paris avait produit un communiqué alambiqué. À en croire Matignon, une fois la crise ouverte, on avait dû le solliciter. Il avait finalement déclaré qu'il faisait « personnellement toute confiance au Premier ministre pour conduire l'œuvre de redressement déjà bien engagée ». Un « personnellement » qui n'avait rien arrangé. Primo, parce qu'il n'engageait pas le RPR, et secundo parce qu'il en rappelait un autre : celui de 1981 quand Jacques Chirac avait déclaré soutenir Giscard à « titre personnel ». Une ambiguïté dont Édouard se serait bien passé. D'autant qu'au même moment Valéry Giscard d'Estaing et Raymond Barre lançaient eux aussi leurs fléchettes : « Cette décision est en contradiction avec la poursuite dc l'union monétaire de l'Europe », déclarait le premier. C'est « un coup d'arrêt brutal au projet d'union européenne », ajoutait le second, plus pessimiste encore.

Pourtant, Jacques Chirac se débat comme un beau diable. « Dans cette affaire, plaide-t-il, j'étais en contact permanent avec Bazire parce que je voulais que nos propos soient parfaitement coordonnés. Nous avons rédigé ce communiqué en commun. Je m'en souviens, j'étais dans ma voiture entre Ussel et Brive. Je crois que l'on me cherche et que l'on veut me pousser à la faute que je n'ai pas commise. »

Il n'empêche. Aux yeux de ses partenaires adversaires de l'UDF, cette déclaration tardive de Jacques Chirac succédant à son refus de désavouer Philippe Séguin a contribué à l'affaiblissement du franc. Et Édouard Balladur n'est pas loin de partager cette opinion.

« On ne joue pas contre son pays », grogne-t-il.

À la mi-août, les Français en vacances qui le regardent interviewé par France 2 en son chalet de Chamonix[1] comprennent que le Premier ministre et le maire de Paris ne vivent déjà plus la même histoire.

« Comment sont vos relations avec Chirac ? », interroge Paul Amar. Le Premier ministre réfléchit un instant puis répond : « Elles sont bonnes… » C'est tout.

À cette époque, on l'entendra dire : « Chirac et moi, nous sommes quittes. »

1. Au fait, sa présence au milieu des guides de montagne, voilà une belle image de nature à faire oublier la chaise à porteurs.

Acte III : le cœur n'y est plus (septembre, novembre 1993)

Le mois commence bien pour Édouard. *Globe-Hebdo* publie un sondage réalisé auprès de 949 personnes, les 27 et 28 août. « Qui verriez-vous comme Président ? » 67 % répondent Édouard Balladur, 20 % Jacques Chirac. L'augmentation des prélèvements obligatoires (la CSG), la crise du franc, la persistance du chômage n'entament pas le crédit du Premier ministre.

Lequel, après quelques tergiversations, décide de ne pas se rendre aux universités d'été des jeunes du RPR qui se tiennent à Strasbourg.

Il n'est pas là, mais son ombre rôde dans toutes les têtes. Jacques Chirac se retrouve entouré des siens et de tous ces jeunes qui scandent : « Chirac à l'Élysée. » Ce jour-là, le maire de Paris lance à la tribune : « Georges Pompidou, d'où il est, s'il nous voit, ce que je pense, doit être heureux. » On assiste à un curieux jeu. Assuré du soutien explosif de Philippe Séguin (« Engagez-vous dans la bataille la plus décisive et la plus positive », vient-il de lui conseiller), mais privé de l'appui patelin de Charles Pasqua qui balance entre les ambitions personnelles que lui permet sa popularité et sa participation au gouvernement au service d'Édouard Balladur, le maire de Paris met un atout sur la table : Alain Juppé. L'hommage qu'il rend au secrétaire général du RPR, qui est aussi ministre des Affaires étrangères, est beaucoup trop dithyrambique pour être innocent. Dans cette ambiance de kermesse – « Chirac président, Chirac président », continuent de clamer les jeunes –, Jacques Chirac affirme pourtant sa solidarité sans faille et sans réserve avec Balladur. « Un ami de trente ans, que je connais mieux que personne ici », dit-il.

Ses protestations d'amitié ne calment pas le courroux d'Édouard. À la mi-septembre, il reçoit à déjeuner à Matignon les secrétaires nationaux du RPR. Incroyable ! Jean-Louis Debré découvre que Jacques Chirac n'est pas invité. « S'il ne vient pas, je ne viendrai pas moi-même », fait-il prévenir. « L'invitation vient de partir », lui est-il répondu. Un déjeuner dont Jean-Louis Debré gardera une impression pénible. On évite tout sujet de fond. Pas un seul mot sur la politique. « Je vous ai fait apporter un grand poivrier comme vous les aimez bien », dit le Premier ministre au maire de Paris qui le remercie. On évoque au cours du repas les qualités gustatives du bœuf de Kobé, un bœuf japonais nourri à la bière et massé à la main. Ambiance, ambiance.

Le même Jean-Louis Debré raconte encore : « Depuis le mois de juillet j'étais mal à l'aise. Un jour j'étais allé voir Jacques Chirac pour lui faire part de mes inquiétudes. Je me demandais s'il ne se faisait pas des illusions sur le soutien d'Édouard. Mais il m'avait répondu : "Mais non, mais non." »

Alors tout va bien ? Jacques Chirac s'étonne tout de même qu'Édouard, lorsqu'il veut le joindre – de moins en moins souvent, il est vrai –, le fasse appeler par sa secrétaire. Ça n'est plus lui qui compose le numéro directement. « Alors que moi, quand j'étais Premier ministre, je faisais moi-même le numéro. » Certes !

Et Jean-Louis Debré, imperturbable, qui continue dans tous ses déplacements de vanter le ticket Chirac-Balladur pour la présidentielle. « Je ne peux pas penser une seule seconde que lorsque Debré parle il le fait sans l'accord de Jacques Chirac », s'emporte parfois Édouard Balladur.

Le 20 septembre, le Premier ministre assiste à la réunion des parlementaires de l'UDF où il lâche cette petite phrase : « En politique, l'amitié, ça n'existe pas. »

En septembre bien sûr, viendront des déclarations apaisantes : « Je tiens à ce que l'on sache dans la classe politique et l'opinion publique, dit Jacques Chirac à Europe 1 (au Club de la Presse), que je ne serai jamais en concurrence avec le Premier ministre. Cela tient à des raisons simples : l'amitié, la droiture, un socle commun de convictions forgé depuis longtemps, et à notre sens commun de l'intérêt de la nation. » De son côté, le Premier ministre assure qu'il n'est pas fâché avec le président du RPR. Mais – simple exemple – quand Balladur déclare : « Tout n'est pas réglé avec le compromis de Bruxelles sur le préaccord de Blair House », le RPR diffuse aussitôt un communiqué qui commence par un définitif : « Rien n'est réglé. »

Le 27 du mois, aux journées parlementaires de La Rochelle, les députés gaullistes, qui se retrouvent pour la première fois, ont déjà tiré – tristement ou avec philosophie – la leçon et entériné la donne : il y a désormais deux présidentiables au RPR[1]. Et un baron, qui en a vu d'autres, observe : « Les députés ne vont pas vers ceux qui les ont fait élire, mais vers ceux qui vont les faire réélire. » Ce jour-là, dans le hall de l'hôtel qui accueille le congrès, les journalistes sont happés par le service de presse de Jacques Chirac, qui brandit joyeusement

1. Invité le 4 octobre par la presse anglo-américaine, Charles Pasqua déclarera : « Il est probable que le prochain président de la République sera RPR, et voilà que nous avons plusieurs candidats. Il n'y aura qu'à choisir le meilleur, le moment venu. » Toujours soucieux d'entretenir le flou sur ses intentions, il poursuit : « Plusieurs, cela commence à deux, mais ce n'est pas limitatif. »

le *Journal du Dimanche* : « Vous avez vu, il (Balladur) a perdu quatre points dans les sondages. »

Dans leurs discours, bien entendu, Édouard et Jacques se montrent fort civils. « Je sais que je peux compter sur vous tous et sur Jacques Chirac », explique Édouard Balladur, tandis que celui-là tente de mettre un baume sur les plaies : « Ceux qui s'inquiètent à l'idée que la discorde pourrait s'introduire entre Édouard Balladur et moi peuvent être rassurés. Ceux qui s'en réjouissent seront déçus. Sachez-le, nos rapports ne s'inscriront jamais dans un contexte de concurrence. »

Pour clôturer cette journée, les services de presse conjoints de Matignon et de la mairie de Paris ont imaginé une petite mise en scène : Édouard et Jacques iront marcher sur le quai du port, ils se promèneront comme deux amis soudain désireux de prendre l'air et de discuter ensemble. Sous l'œil de cinquante caméras… Le Premier ministre se prête à ce stratagème. Mais dans l'avion du retour, des témoins le constatent, le courroux l'empourpre. Décidément, pour Édouard et Jacques, l'été fut meurtrier

Acte IV : la rupture (octobre, décembre 1993)

« Je me souviens l'avoir dit à Jacques, ce devait être au début du mois d'octobre : "Si vous prenez des positions trop critiques à l'égard d'Édouard, il saisira l'occasion de dénoncer votre pacte" », raconte Pierre Messmer.

En cet automne, les feuilles mortes se ramassent à la pelle et une amitié de trente ans prend des airs de bois mort. Des manquements de Jacques Chirac ? Édouard Balladur ne cesse de les enregistrer. Il suffit d'écouter Jean-Louis Debré, par exemple quand il condamne dans *Le Figaro* la non-reprise des essais nucléaires français. Quinze jours plus tôt, un communiqué publié par l'Élysée avait prolongé de facto le moratoire sur les essais. Balladur était pour la reprise, François Mitterrand ne le voulait pas, c'est donc que Balladur a pris acte du refus présidentiel. Jacques Chirac explique en privé que des juristes et des militaires l'ont convaincu que le Premier ministre, se fondant sur l'article 20 de la Constitution, aurait pu imposer la reprise des essais nucléaires. Il dit au *Figaro* : « Il faut, à tout le moins, que le gouvernement indique clairement que la France ne signera pas le traité portant interdiction des essais nucléaires tant qu'elle n'aura pas accédé à la technique des essais simulés en laboratoires. » L'interview paraît le mercredi matin. Une cellule de crise est réunie le jour même à Matignon. Le communiqué de l'Élysée, approuvé par Matignon, a indisposé les députés gaullistes. Édouard Balladur ne comprend pas le mauvais procès que lui fait Jacques Chirac, qui sait bien qu'en matière nucléaire le Président, seul, peut signer l'ordre d'effectuer les essais. Lors des questions d'actualité à l'Assemblée, le mercredi après-midi, le Premier ministre promet que la France « ne s'engagera à aucune interdiction définitive des essais nucléaires aussi longtemps qu'ils resteront indispensables à la crédibilité technique de son effort nucléaire ». C'est clair, Jacques Chirac ne le soutient pas !

Le 17 octobre, le Premier ministre est l'invité d'Anne Sinclair à 7 sur 7.

Question : « Comment ça va entre Jacques Chirac et vous ? »

Réponse : « Les problèmes que j'ai à résoudre aujourd'hui ne sont pas mes relations personnelles avec tel ou tel, elles sont très bonnes avec Jacques Chirac, elles sont très bonnes avec Valéry Giscard d'Estaing, elles sont très bonnes avec les dirigeants de la majorité. Cela n'est pas le problème… J'ai à faire face de façon quotidienne à des problèmes très lourds et très difficiles : l'emploi, la sécurité, le GATT, la Sécurité sociale. »

Jacques Chirac est devant sa télévision. À en croire ses proches, à ces mots, il aurait tourné le bouton.

Le mettre au même rang que Giscard…

Bernard Pons : « Quelque temps après, j'ai dit à Édouard : "Vous l'aviez préparée, cette réponse ?" Et il s'est contenté de sourire. »

Deuxième terrain d'affrontement : le GATT. Bien avant qu'Édouard aille à Matignon, Jacques l'avait prévenu : sur le GATT et son volet agricole, il serait intransigeant. Un dossier qui a beaucoup monopolisé le temps du Premier ministre : il a repris tous les fils du dossier à la base, renoué avec tous les partenaires européens, il veut à la fois l'accord et que la France s'en tire le mieux possible sur le volet agricole. Chirac, lui, va répétant que si aucun accord n'était conclu, il ne serait pas malade.

« Sur cette question, le groupe RPR serait prêt à censurer le gouvernement », va-t-il jusqu'à annoncer lors d'un déjeuner en tête à tête avec Édouard – ce sera leur dernier[1]. « Eh bien, qu'il me censure », lui répond le Premier ministre. Qui enrage que la meute des photographes campe derrière la porte du restaurant où Jacques Chirac l'avait invité.

Comme on le sait, l'affaire finit par s'arranger. Aux dires de tous les européens, la France et Édouard Balladur ont remporté de beaux succès dans la négociation. Jacques Chirac félicite chaudement…

1. Il a lieu le 3 décembre 1993.

Alain Juppé. Celui-ci raconte : « Comme j'avais le soutien de Jacques Chirac, le Premier ministre a oublié de me congratuler. » Mais ce 15 décembre, alors qu'Édouard Balladur engage sa responsabilité sur ce dossier à l'Assemblée nationale, on assiste à un spectacle peu ordinaire. Jacques Chirac, qui s'était montré si hostile au GATT, dit à la tribune que le gouvernement avait obtenu autant qu'il le pouvait : « Nous sommes sortis du brouillard et des faux-semblants. Les résultats de cette politique de ferme reprise en main de la négociation sont satisfaisants. Nous sommes parvenus sur un certain nombre de points essentiels à des améliorations significatives par rapport à l'état des discussions qui prévalait il y a quelques semaines encore. On mesure le travail accompli au chemin parcouru. » Tandis que Giscard, orateur de l'UDF toujours si favorable au GATT, estime que le gouvernement aurait pu obtenir beaucoup plus. « En matière d'agriculture, dit-il, rien n'a été obtenu sur l'importation en franchise de droits, rien non plus sur la clause de garantie monétaire que nous réclamions… C'est la raison pour laquelle l'UDF ne peut pas dire que l'accord soit bon, mais nous pouvons dire que le gouvernement l'a sensiblement amélioré. »

Il n'empêche : approuvé – serait-ce pour la galerie – par Chirac (un ex-Premier ministre) et Giscard (un ex-président de la République), Édouard Balladur est ce jour-là sacré de facto superstar.

« J'ai soutenu Balladur au-delà de ce que je pensais sur le GATT », précise aujourd'hui Jacques Chirac.

Peut-être. Mais l'amitié s'en est allée. Vraiment. Un signe : pour la première fois, depuis treize ans, Édouard n'a pas souhaité son anniversaire à Jacques Chirac.

Bien pis : c'est presque la guerre ouverte. Chaque jour éclate un nouvel incident. Les députés sont invités par fournées à déjeuner à Matignon. Aux plus chiraquiens que l'on veut séduire, on offre une mission. Et Jacques Chirac constate amer : « Je n'ai que quatre ministres fidèles : Juppé, Toubon, Alliot-Marie et Romani. »

Cet automne est pénible pour lui. Certes, il avait intégré l'idée qu'avec Pasqua leurs chemins pouvaient se séparer. Mais en raison de leur passé commun chez Pompidou, il ne pouvait pas imaginer la même chose de Balladur.

Aux déjeuners du mardi, tous les participants le voient bien, Jacques et Édouard ne se regardent plus en face.

Jean-Louis Debré a même prévenu Jacques Chirac : « Faites attention, Monsieur, sur les photos, c'est toujours vous qui regardez Balladur, alors que lui ne vous regarde jamais. »

C'est seulement quelques jours avant Noël que Jacques Chirac accepte enfin l'idée qu'Édouard et lui sont désormais en concurrence. Le dimanche 20 décembre, François Léotard et Simone Veil se disent favorables à la candidature d'Édouard Balladur. « Il serait un formidable président de la République », juge sans ambages le ministre de la Santé. « J'attends avec impatience qu'il se déclare », dit en substance le ministre de la Défense.

Deux jours plus tard, Édouard Balladur rappellera ses ministres au devoir de réserve, ce qui ne suffit plus. Jacques Chirac en est désormais persuadé : Édouard Balladur vient de faire lancer sa campagne présidentielle. Les sondages le favorisent toujours. Il est l'homme de l'année.

À Noël, les dernières illusions s'envolent. Jacques Chirac téléphone à Chamonix pour souhaiter une bonne année au Premier ministre. Il est 10 heures du matin, au bout du fil, il a Madame Balladur : « Édouard est à la messe, dit-elle, il vous rappellera. »

Édouard n'a jamais rappelé.

ÉPILOGUE

J'ai choisi d'arrêter ce récit au moment où nul ne peut plus nourrir aucun doute : le Dauphin et le Régent sont devenus des ennemis[1].

Leur histoire est triste comme toutes celles où un lien se défait ; mais son issue était inéluctable.

« La politique est une machine à détruire l'amitié, déjà dans les années 68 j'avais été frappé par la détérioration des rapports entre le général de Gaulle et Georges Pompidou », observe Édouard Balladur sur ce ton fataliste qui consacre cette fracture nouvelle au sein de la famille gaulliste.

« J'aurais bien aimé travailler encore avec lui », dit parfois Jacques Chirac, laissant percer le regret de ce qui ne sera plus.

Tous deux le tenaient pourtant de leur maître : « Les pires adversaires sont toujours dans le clan. » La politique est une lice où s'affrontent les ambitions et l'emportent les plus forts. Les sentiments y tiennent peu de place et l'amitié n'y est, pour finir, qu'une onction provisoire.

Le crédit de l'opinion est la seule légitimité qui vaille.

Jacques pensait qu'Édouard serait le moins dangereux de ses rivaux. Il ne le jugeait pas apte à séduire, or le pays semble sous le charme ; il lui prêtait peu de santé et encore moins de tempérament, or le pouvoir est la meilleure des jouvences : depuis qu'il est à Matignon, Édouard n'a plus de migraines, il s'est forgé une résistance de coureur de fond à force de se coucher de bonne heure.

1. L'année 1994 – en attendant que l'un des deux ou les deux annoncent leur candidature à la présidentielle – n'aura fait que conforter cette évidence.

Jacques aurait-il commis l'erreur si classique de confier sa promise à son meilleur ami rassuré à l'idée que la belle ne succomberait pas ?

Parfois Jacques s'emporte : « Je lui ai tout donné, il me prend mon bien. »

À croire qu'il aurait négligé de lire cette sentence du général de Gaulle : « Les hommes d'État n'ont pas d'amis… »

UN POUVOIR NOMMÉ DÉSIR

Pour A…

« La gloire se donne seulement à ceux qui l'ont toujours rêvée. »

Charles de Gaulle, *Vers l'armée de métier*.

« Le sage se guérit de l'ambition par l'ambition même. »

La Bruyère, *Les Caractères*.

PRÉFACE À L'ÉDITION DE POCHE

François Mitterrand s'économisait, Jacques Chirac se calfeutrait, Nicolas Sarkozy s'expose à toutes les lumières.

Changement de génération ? Pas seulement. Explication trop courte. C'est l'homme qu'il faut regarder, son histoire qu'il faut scruter, ses actes qu'il faut analyser, sa stratégie et sa tactique qu'il s'agit de décrypter.

Regardez d'abord. Le spectacle en vaut la peine. L'homme, d'ailleurs, en a le goût. Nouveau style, nouveau ton, rythme accéléré, omniprésence.

Le sixième président de la Ve République s'est montré partout dès le premier jour et de préférence là où on ne l'attendait pas. Un tourbillon à l'Élysée. Mais aussi à l'Est, à l'Ouest, au Maghreb, en Libye, en compagnie des coureurs du Tour de France, des salariés d'Airbus, des enfants handicapés et des vedettes de la chanson. Avec le sens du geste qu'il faut faire, de la parole qu'il faut dire, même si elle déroute, de l'action qu'il faut mener dans l'urgence. L'action ? Mille actions. L'urgence ? Partout l'urgence.

Nicolas Sarkozy préside, mais présider ne lui suffit pas. Il gouverne, inspire, motive, bouscule, explique, assume. Il casse les codes, dégèle le protocole, déverrouille les frontières au risque de troubler nombre de ses amis. Il a formé un gouvernement à son image. Coloré et déroutant. Avec des femmes à la tête de ministères régaliens comme la Justice, l'Intérieur et la forteresse de Bercy. Avec des hommes de gauche et des représentants des minorités à des postes clés.

Cette équipe inattendue, il l'a envoyée aussitôt au feu, mettant en chantier dix réformes à la fois, en préparant vingt autres, sans souffler un seul jour. Se portant lui-même en première ligne, éclaireur, tirailleur, voltigeur. Et prônant le volontarisme comme solution à tous les problèmes. Attaquant à gauche quand on l'attend à droite. Surprenant comme à plaisir. Et fonçant toujours.

« Pourquoi attendre ? » lance-t-il à Angela Merkel, la Chancelière allemande chez qui il court à Berlin le soir même de son intronisation. « Pour relancer l'Europe, on ne peut plus attendre », répète-t-il aux autres qui observent, fascinés, sans doute quelque peu inquiets, ce politique venu d'un ailleurs pas tout à fait identifié. Et il parvient à leur faire endosser son idée de traité simplifié. S'il n'en est pas le seul artisan, il est le premier à en avoir eu l'idée. Ils le savent bien, ses homologues d'aujourd'hui : il la leur avait vendue alors qu'il n'était encore que candidat. Puis il en a fait un formidable instrument de marketing.

Bonaparte au Pont d'Arcole ? L'image s'impose, certes. Mais le premier consul, déjà, fut-il à guerroyer par les monts et les plaines, réformait aussi à Paris, prenait tout en mains, du Code civil aux statuts de l'Église.

Nicolas Sarkozy, activiste comme lui, semble, en tous domaines, vouloir démontrer sa capacité à résoudre chaque problème qui surgit ou qu'il décide de déterrer.

« De quoi votre président ne s'occupe-t-il pas ? » interroge, faussement naïve, Angela Merkel. Bonne question, en effet. À tel point qu'il faut tendre l'oreille pour entendre la voix du chef du gouvernement ou de ses ministres. Il mène la chasse, ils s'étouffent à le suivre.

Les Français, qui par leur vote l'ont installé à l'Élysée, sont (encore) sous le charme, grisés de respirer avec lui un nouvel air, ils se montrent désormais optimistes. Ils croient en sa capacité de relancer la France en passant à la vitesse supérieure.

Les autres, ceux qui n'ont pas voté pour lui, s'interrogent. Quelques-uns, secrètement séduits, beaucoup déroutés par une suractivité qui confine à la boulimie. Car en se saisissant de tous les dossiers, il semble considérer que tout est essentiel.

À ce rythme, croient-ils – ce que pensent aussi certains de ses fidèles –, il va s'épuiser.

De fait, s'il met en place depuis des mois ce qui avait été pensé depuis des années – nul autre que lui ne s'est autant préparé au pouvoir présidentiel –, chacun est fondé à s'interroger : comment pourra-t-il tenir cinq ans à ce rythme ? Et quand va-t-il prendre quelque recul, se donner le temps de réfléchir aux priorités qu'impose l'évolution du monde ?

Nicolas Sarkozy électrise, éblouit, fascine, mais il irrite et inquiète parce qu'il donne le sentiment de trop en faire.

La vérité, c'est qu'il en a toujours trop fait. C'est une constante chez cet homme politique hors normes.

Hors normes par son parcours… Il est le seul président à avoir entamé sa carrière au plus humble niveau du militantisme, celui des colleurs d'affiches et des distributeurs de tracts pour gravir une à une les marches du pouvoir.

Hors normes par son obstination : « J'ai toujours fait du travail la valeur cardinale de ma vie », dit-il. Depuis trente ans en effet, il n'a jamais dételé, il a regardé, écouté, appris, lu, réfléchi, analysé, retenu des uns et des autres ce qui lui semblait le meilleur avant de réaliser sa propre synthèse.

Hors normes par sa méthode : il s'est fait le disciple d'aînés de tempéraments et de formations divers : Achille Peretti, Charles Pasqua, Édouard Balladur, Jacques Chirac – se nourrissant de leur expérience et les abreuvant de sa jeunesse et de son inventivité pour créer ensuite l'occasion, ou la saisir, de les dépasser.

Hors normes, enfin, par son énergie. L'homme que les caméras ont montré trottinant aux côtés de son Premier ministre est un athlète de la politique. Il a toujours vécu sa carrière comme un interminable marathon.

C'est pourquoi il a sa place dans la galerie des grands fauves politiques.

Or, voilà le plus singulier, cet ambitieux qui s'est taillé, s'est programmé pour les cimes, avoue une dépendance. Qui plus est une dépendance sentimentale : la famille et surtout l'amour : Cécilia. Là réside l'aspect le plus mystérieux et le plus romanesque d'un personnage que les Français croient connaître.

C'est son itinéraire que j'ai voulu vous raconter pour vous faire comprendre l'homme qui est aujourd'hui président.

Catherine NAY
Fin juillet 2007

AVANT-PROPOS
DE L'ÉDITION PARUE CHEZ GRASSET

Nicolas Sarkozy est à tous égards un homme politique hors normes.

Par son parcours : il est le seul aspirant à la magistrature suprême à avoir entamé sa carrière au plus bas de l'échelle militante, et gravi, une à une, les marches du pouvoir.

Par son obstination : « J'ai toujours fait du travail la valeur cardinale de ma vie », dit-il. Depuis trente ans il n'a jamais dételé, il a regardé, écouté, appris, lu, réfléchi, analysé, écrit avant de réaliser sa propre synthèse.

Par sa méthode : il s'est fait le disciple de plusieurs aînés : Achille Peretti, Charles Pasqua, Édouard Balladur, Jacques Chirac, se nourrissant de leur expérience et les abreuvant de sa jeunesse et de son inventivité, créant lui-même ou saisissant l'occasion propice de dépasser ses maîtres.

Par son énergie : ce sportif est un athlète de la politique. Il vit sa carrière comme un interminable marathon.

Pour toutes ces raisons, il s'inscrit dans la galerie des grands fauves de la politique.

Et voilà qui est plus singulier : cet ambitieux, qui s'est taillé et programmé pour les cimes, avoue sa dépendance vis-à-vis du sentiment et d'abord de l'amour. Là réside l'aspect le plus mystérieux et le plus romanesque de ce personnage que les Français croient connaître.

Tout cela, me semble-t-il, méritait que j'aille y voir de plus près.

C.N.

CHAPITRE I
Rue Fortuny

Des portes qui claquent, leurs voix qui s'élèvent et lui qui hurle, et elle qui pleure. De méchants bruits que les enfants ont enfouis au plus profond de leur mémoire. Sans jamais s'en débarrasser vraiment. Et puis, un jour, le tonnerre a cessé de gronder et la foudre de s'abattre. Il n'était plus là.

Mais ce n'est pas lui, le père, qui est parti, c'est elle, la mère, qui a fait ses valises. À bout de patience, incapable de supporter plus longtemps les emportements, les absences et les affronts de son mari, un incorrigible cavaleur. Peut-être l'aimait-elle encore ? Mais trop, c'était trop ! Alors elle s'en est allée, emmenant avec elle les garçons. Les trois : Guillaume, huit ans, Nicolas, quatre ans, et François, un bébé.

Le père ? c'est Pal Sarkozy de Nagy Bocsa. Un aristocrate. Belle gueule, fière allure, sourire enjôleur, timbre de miel. En apparence, tout pour plaire, et toute une histoire aussi.

Venu de Hongrie, cet imprécis milieu d'Europe, théâtre de tant de conflits, de drames et de romans, un pays à la géographie amputée, peuplé d'êtres parlant une langue aux origines obscures, de princes et de héros de légende : Arpad et ses guerriers, les Magyars, les Habsbourg…

Pal Sarkozy peut figurer en bonne place dans ce tableau de fureur et de chambardements. Au XVIe siècle, ses ancêtres s'illustrèrent dans la lutte contre les envahisseurs turcs. L'un d'eux, Michel, fut capturé et massacré. Ils défendaient leur religion, leurs terres, leur roi.

Pour récompense de leur bravoure, ils furent, en 1628, renouvelés dans leur noblesse par Ferdinand II, empereur d'Autriche et roi apostolique de Hongrie. Et dotés par lui d'armoiries : un loup armé d'un cimeterre (qui ferait une très éclatante affiche pour une campagne présidentielle !).

Étrange, mais peu surprenant clin d'œil de l'Histoire, quatre siècles plus tard, un de leurs descendants prénommé Nicolas mènera lui aussi le combat contre les Turcs en s'opposant à leur entrée dans la Communauté européenne…

Pal Sarkozy a grandi dans une gentilhommière sise à Alattyan, à deux étapes de Budapest, au nord de Szolnok, une ville de soixante mille habitants, sur la rivière Theiss – un affluent du Danube – dont son grand-père et son père furent les vice-maires. Son père, un propriétaire terrien, était protestant, comme nombre de patriciens hongrois, sa mère, catholique. Le dialogue interreligieux, auquel le ministre allait accorder tant d'attentions, était déjà familial.

À la fin des années trente, le jeune Pal est envoyé dans un collège privé du Valais suisse, chez les pères Prémontrés[1] où il apprend le français. Hélas, la guerre va chambouler cette douce quiétude. La Hongrie, dirigée par le régent Horthy, un amiral dictateur, joue le jeu allemand mais pas assez au gré des nazis. Au printemps 1944, la Wehrmacht, mais aussi les SS et le commando spécial d'Eichmann, envahissent le pays. Villes et villages sont saccagés, des trains emmènent les juifs vers Auschwitz par dizaines de milliers et avec eux des aristocrates, des intellectuels antinazis, des communistes résistants, avec la complicité de la police et de la gendarmerie hongroises. Et la libération n'en est pas une : l'Armée rouge, bien dotée en armes par les Anglo-Saxons, ne se contente pas de bouter les Allemands dehors, elle pille à tout-va. Et s'installe.

Au début des hostilités, la famille Sarkozy avait fui en Carinthie, au sud de l'Autriche. Crédule, elle est revenue au pays en 1946. Elle avait hâte de retrouver un monde, hélas, à jamais perdu. La République a été proclamée, mais elle deviendra vite populaire. Une occupation va succéder à l'autre. « La propagande communiste officielle estimait que, le peuple hongrois ayant été libéré, il se trouvait donc libre de supporter désormais la terreur communiste », raille l'écrivain antifasciste Sandor Maraï[2].

Terreur est bien le mot : comme dans toutes les démocraties dites populaires, on ouvre des camps de travail, on exproprie, on déporte des intellectuels, des bourgeois, on truque les procès et on tue.

1. Ordre de saint Norbert.

2. Sandor Maraï, *Mémoires de Hongrie*, Paris, Albin Michel, 2004, puis Paris, Le Livre de Poche, 2006.

Pal, lui, a vite compris. À la fin de 1947 – il a dix-neuf ans –, craignant d'être envoyé dans l'armée en Sibérie, il choisit l'exil. Destination la France, le pays des libertés. Son père, tout juste cinquantenaire, spolié de tous ses biens, désespéré, vient de mourir. Ses deux frères, Gédéon et Gyorgy, demeurent en Hongrie. (L'un d'eux y subira durant de longues années l'épreuve des geôles communistes.) Leur mère Kotinka (née Tott de Csafford) – « la seule femme qu'il ait jamais respectée », selon son fils Guillaume –, approuve Pal et promet de le rejoindre à Paris avec l'ambition d'y fonder une maison de couture.

Pour éviter qu'on le recherche, elle ira déclarer aux autorités que son fils s'est noyé dans le lac Balaton. En guise de viatique, elle glisse dans sa poche un petit diamant. Et à Dieu vat !

Il réussit à gagner l'Autriche voisine, Vienne où il ne s'attarde pas – les Russes sont encore présents dans la ville – Baden-Baden en Allemagne, où les occupants, français ceux-là, ont installé leur quartier général et où il tente, en vain, d'obtenir un visa. Mais ils vont lui ouvrir une autre porte. Inattendue et romanesque. À Salzbourg, où son errance l'a conduit, Pal Sarkozy rencontre dans un bar un recruteur de la Légion étrangère, laquelle a besoin d'hommes pour l'Indochine. Topons là ! La Légion, c'est déjà la France. Afin de célébrer l'événement, le diamant est vendu pour organiser une fête avec des amis de rencontre. Ainsi va Pal Sarkozy…

Le voilà en Algérie, à Sidi Bel Abbès, maison mère de la Légion. Maniement d'armes, tirs, sauts en parachute, le soleil, la chaleur, le sable, la routine, quoi ! Cinq mois plus tard, le camp de Fréjus dans le Var, par où passent tous les partants pour l'Indochine. Mais il est écrit que le destin de Pal Sarkozy ne sera qu'une suite d'étonnants tournants : c'est un médecin hongrois qui l'ausculte et le convainc qu'un beau garçon de son espèce a mieux à faire qu'à risquer sa vie dans les rizières ou sur les rives du Mékong. Les actes suivant les paroles, voilà Pal réformé. Mais sans le moindre sou en poche. Il racontera un jour à ses enfants qu'il a vendu les semelles de cuir de ses chaussures de parachutiste pour se faire un peu d'argent. Incroyable ? Comment démêler le vrai du faux… Ainsi se bâtit une légende paternelle.

Celle-ci veut aussi qu'arrivé en guenilles fin décembre 1948 à Paris après trois jours de train, il ait passé une glaciale première nuit sur la grille d'une bouche de métro place de l'Etoile. Avant de retrouver, par la grâce d'un organisme d'aide aux réfugiés, la trace d'un grand-oncle. Lequel ne roule pas sur l'or mais lui offre gîte et couvert et l'introduit dans la diaspora hongroise. L'un ou l'autre l'aide à dénicher des petits boulots : livreur chez un vernisseur de films, maquettiste chez un architecte et ainsi de suite. Doué pour le dessin, il s'exerce au portrait mondain, se fait ainsi des relations. Et excelle dans l'art qu'il connaît le mieux : la séduction.

Tel est, tel fut Pal Sarkozy, l'homme qui sonne à la fin de juin 1949 à la porte d'un petit hôtel particulier du XVIIe arrondissement, 46, rue Fortuny.

Une rue huppée. Sarah Bernhardt, Edmond Rostand, la Belle Otero, d'autres encore y résidèrent et promenèrent là leurs projets et leurs rêves. Au 46, maison archétype de l'architecture baroque XIXe de la Plaine Monceau – façade de briques et de pierres, fenêtres étroites ornées de vitraux – vit la famille d'un urologue réputé, spécialiste des maladies vénériennes et chirurgien (il opère à la clinique Saint-Jean-de-Dieu) : le docteur Bénédict Mallah.

Ce n'est pas lui que le jeune Hongrois vient consulter. Le dessin l'a amené là, non les ennuis de santé. La fille aînée de l'honorable spécialiste, Suzanne – que famille et amis appellent Loulou – docteur en droit, est juriste chez Râteau, une entreprise de matériel aéronautique. Elle pourrait, a-t-on chuchoté à Pal, lui trouver un emploi de dessinateur.

Seulement voilà, elle est absente, partie en vacances et c'est sa jeune sœur Andrée, dite Dadu, qui reçoit le réfugié demandeur d'emploi.

Dadu : une petite brune à la silhouette gracile, une jolie frimousse, un regard qui pétille sous des sourcils en ailes d'hirondelle, une bouche gourmande, elle a, comme on dit, du « peps », et voilà le séducteur séduit d'emblée !

Elle ? En ouvrant la porte elle a marqué un temps d'arrêt. Éblouie par la longue silhouette, l'élégance élimée, l'accent magyar, la jeunesse ardente du personnage. Comme si le soleil entrait dans la maison. Et voilà qu'il commence à raconter sa vie. Elle l'écoute bouche bée. Un récit d'un romantisme fou. Une tranche d'histoire. Comme un rêve !

Il l'a devinée. Quand elle lui suggère de revenir plus tard, au retour de sa sœur, il n'hésite pas un instant : plus tard c'est demain, et ce n'est plus l'aînée qui l'intéresse, c'est elle, la jolie brune. Il l'invite : rendez-vous à la piscine, car il fait très chaud.

« Il voulait me jauger de plus près, je suppose », plaisante-t-elle aujourd'hui. Ce jour-là, elle a accepté sans hésiter. D'accord pour aller se baigner. « J'avais un très beau maillot jaune et, dès qu'il m'a vue, il m'a annoncé que nous serions mariés six mois plus tard. J'ai éclaté de rire. Ensuite je suis partie en vacances sans y penser davantage. »

En y songeant quand même un peu puisque, dès le début de septembre, elle le convie rue Fortuny où elle reçoit quelques amis. « Quand il a vu que j'avais un amoureux, il est parti », raconte-t-elle.

Fuis-la, elle te suit, c'est le b-a-ba de l'art de la séduction. Pal bien sûr trouve un prétexte pour revenir. Voilà Dadu prise à l'hameçon !

Dans les bonnes familles de l'époque, on ne laisse pas batifoler longtemps des jeunes gens qui se plaisent. Pal d'ailleurs est pressé, c'est son style. Le voilà qui vient demander la main de la jeune fille en bonne et due forme. Le père de la jeune Dadu, le docteur Mallah, n'est pas enchanté. Ce garçon ne lui paraît guère mature, il n'a ni situation, ni espérances et, en plus, il n'est pas français. Bien des raisons d'hésiter. Mais la jeune fille insiste. Et le docteur veut bien se montrer compréhensif. Il sait mieux que quiconque ce que signifie la vie d'un jeune étranger à Paris loin de ses parents, sans relations. Il est lui-même, en effet, venu de loin. En 1904, à l'âge de quatorze ans, il débarquait de Salonique – ce haut lieu de l'élite sépharade, chassée de Grenade en 1492 par les rois catholiques – où son père exerçait la profession de bijoutier. Pensionnaire au lycée Lakanal de Sceaux, et bientôt rejoint par ses quatre frères, il avait auparavant appris le français (la langue du commerce, de la diplomatie et de la culture) en Grèce dans une de ces maisons de l'Alliance israélite universelle dont le corps enseignant, formé à Paris, militait pour la propagation de notre langue. On y exaltait le modèle français et l'occidentalisation des populations juives : « Pour un jeune Salonicien, passer par ces bancs, c'était s'imprégner à jamais de la culture française[1]. »

Doué pour les études, très bosseur, Bénédict Mallah – Bénico pour ses frères et sœurs – passe le bac, puis « fait sa médecine ». Quand débute la guerre de 1914, il n'est pas mobilisé puisque encore étranger. Son patron parisien l'envoie assister un confrère lyonnais. Il y rencontre une infirmière, Adèle Bouvier. Elle compte parmi les innombrables jeunes veuves de guerre, elle pleure en outre la perte d'un enfant. Il la console. Ils se plaisent, se marient en 1917, après que Bénédict, soucieux de lui faire plaisir, s'est converti au catholicisme. « Il n'avait pas assez de religion pour le lui refuser », note une de ses nièces. Chez les Mallah, comme chez les Sarkozy, on pratique la tolérance religieuse.

1. Esther Benbassa et Aron Rodrigue, *Histoire des juifs sépharades*, Seuil, 2002.

Ses petits-fils Nicolas, Guillaume, François ignoreront l'ascendance juive de leur grand-père jusqu'à sa mort. Voilà un sujet dont on ne parlait jamais en famille. Devenu français, à la fin de la guerre, le docteur Mallah a fait un choix de cœur, d'esprit, d'assimilation et, du coup, de religion.

Son épouse, aidée d'une femme de chambre et d'une cuisinière, sait tout faire… et bien. Dresser une table avec art, cuisiner, coudre, broder. Elle entend que ses deux filles, élevées chez les sœurs, au cours Dupanloup à Boulogne, soient comme elle expertes dans l'art du foyer. Elles auront également un métier. Leur père l'exige.

Quand Pal a demandé la main de Dadu, Adèle s'est beaucoup interrogée elle aussi. Mais ses réticences ont vite été balayées. Tout de même : Pal Sarkozy de Nagy Bocsa est un aristocrate. Il a si grand genre, de si bonnes manières et il est si joli garçon ! « Ma mère était sous le charme », s'amuse Dadu.

Surtout, la mère veut le bonheur de sa cadette. Elle semble si éprise ! Dans la famille on a le goût des amours romanesques. On sort d'années très rudes, celles de la guerre, la deuxième. Il a fallu chercher refuge en Corrèze, à Marcillac-la-Croisille, à 30 kilomètres de Tulle, et – coïncidence – pas très loin de Gros Chastan et de Saint-Martin-la-Méanne, le berceau de la famille Chirac. Dans une vieille ferme du XVIIe siècle, au toit de lauzes, sans eau ni électricité : la Besserie, c'est son nom, un héritage du docteur Brieude, un grand-oncle par alliance d'Adèle Bouvier, devenue Mallah. (On peut donc imaginer – pourquoi pas ? – que les ancêtres de ce médecin aient croisé ceux de Jacques Chirac.)

À la fin de l'Occupation, la région s'est révélée chaque jour plus dangereuse. Maquisards et Allemands s'y affrontent durement. Souvent, le docteur Mallah est appelé pour soigner les blessés. La Gestapo recherchant tous les hommes, il doit passer de nombreuses nuits dans les bois. Un jour, la famille voit arriver dix-sept SS… C'est Dadu qui les reçoit, guère rassurée : « Je leur ai fait visiter les granges, la maison. Lorsqu'ils ont constaté que l'on n'y trouvait que des femmes – ma grand-mère, ma mère et ma sœur – ils sont repartis. »

Quand, le 10 juin 1944, accompagnée de son père, elle prend la route de Tulle pour y passer la deuxième partie du baccalauréat[1], ils croisent des Résistants qui leur feront rebrousser chemin : les maquisards ayant pris la ville au lendemain du débarquement en

1. Elle a suivi des cours par correspondance.

Normandie, les SS ont contre-attaqué et pendu 99 hommes aux balcons de la ville : une tragédie.

Il a fallu apprendre à côtoyer le danger, vivre avec la peur, le courage aussi, attendre le bonheur de la paix retrouvée.

La félicité prend donc six ans plus tard le visage de Pal Sarkozy. Le 9 février 1950, en l'église Saint-François-de-Sales, Andrée Mallah est devenue sa femme. Ils se connaissent depuis sept mois à peine. À la piscine, au lendemain de leur première rencontre, il lui avait dit, on le sait, « dans six mois ». Pari presque tenu. La mariée vit un rêve. Ce garçon enchanteur de deux ans son cadet – il n'a pas encore vingt-deux ans – lui a promis le meilleur. Elle ignore que bientôt viendra le pire.

Pour l'heure, la IVe République se porte mal, la guerre d'Indochine s'éternise dans la boue et le sang. Pal n'a pas de situation ? Et alors ? Le pays est à l'orée des Trente Glorieuses. Le chômage n'est pas un souci et l'argent n'est pas le moteur de toutes les ambitions. Pal apprend le dessin publicitaire chez un compatriote. Il a reçu de sa mère, toujours retenue en Hongrie, un autre diamant. Qu'il a vendu, comme le premier, mais cette fois pour le placer, dans une fabrique de chaussettes. Il entend démontrer à son beau-père qu'il peut se lancer dans les affaires. Celle-là périclite. Bah ! Rien de grave. Les Mallah sont là chez qui le jeune couple est toujours hébergé, nourri, gâté. Il y restera huit ans. Guillaume naît l'année suivante, le 18 juin 1951, Nicolas, quatre ans plus tard, le 28 janvier 1955.

À ce moment, leur père est décidément engagé dans la publicité. Il travaille pour Boussac, pour Elvinger qui sera bientôt racheté par Publicis. Il fait vite preuve de talent : dans le journal interne de la maison figurent plusieurs illustrations signées Sarkozy, voisinant avec celles d'affichistes de renom comme Ungerer ou encore Savignac, l'homme du moment dans la profession, auteur d'un dessin connu de la France entière : une vache sympathique et obèse qui abreuve du lait de ses pis un gros bloc de savon. Du savon Monsavon, bien sûr.

Pour vanter les mérites de la machine à coudre Singer, alors présente dans la plupart des foyers, Pal Sarkozy pose lui-même en habit derrière une belle personne, parée comme pour une soirée à l'Opéra. Ce qu'apprécie peu le docteur Mallah quand il découvre l'image dans un magazine. « Mon gendre mannequin ? Ça n'est pas un métier », s'écrie-t-il. Peut-être, mais les premiers chèques arrivent. En s'endettant, Pal peut enfin acheter un appartement au premier étage de l'avenue Rachel, du côté de la place Blanche. Il le décore avec peu de moyens et beaucoup de goût. Il y installe ses bureaux et sa famille, y invite volontiers à dîner les amis. Dadu déploie ses talents de maîtresse de maison. Et lui de charmeur. Toutes les amies de son épouse ont droit à ses œillades prometteuses et quelques gestes appuyés. Et toutes, il les appelle « cherrie »… Elles le grondent, rieuses, « Pal, tu n'as pas de moralité ». Dadu n'est ni aveugle ni insensible. Un troisième garçon, François, est né le 6 juin 1959. Mais le beau rêve est dissipé.

Un soir, elle téléphone à son père. Un message bref : « J'arrive avec les enfants. » Il n'en est guère surpris. Dadu vient de quitter le domicile conjugal. Pour toujours. Et elle a demandé le divorce.

L'enfance d'un chef

Retour à la case départ : 46, rue Fortuny. Commence pour les trois frères la véritable enfance. « Je me souviens que ce jour-là maman m'avait donné un album à colorier », dit Nicolas.

De ce qui s'est passé auparavant, ils ont fait table rase, « une période grise et vague », selon l'aîné. « Mon père était violent, j'en avais peur », lâche le cadet.

La maison du grand-père, devenu veuf, n'est pas très gaie. Enténébrée au contraire. Une entêtante odeur d'éther flotte au rez-de-chaussée où se situe le cabinet médical. L'ensemble a mal vieilli. C'est rouille et grisaille. Mais le propriétaire n'entend se lancer dans aucune rénovation et le docteur Mallah, le locataire, refuse toute vaine dépense. Il peut cependant se targuer d'une belle clientèle. Ainsi le peintre Jacques Villon, qui deviendra son ami et fera son portrait. Ou encore Paul Delval, le propriétaire des Folies-Bergère. Si bien que toute la troupe, Joséphine Baker en tête, consulte chez lui. Comme bien sûr des personnes plus modestes : ainsi cette patiente qui finit par lui laisser en guise d'honoraires trois dessins offerts par un artiste qu'elle avait hébergé et qui se nomme… Modigliani. Accrochés dans le couloir, ils font bel effet.

Dadu et ses fils ont pris position au second étage. Quatre petites pièces qui communiquent et où les garçons courent, chahutent, font un boucan de tous les diables, qui contraste avec le silence quasi sépulcral du premier, celui où vivent le grand-père et sa fille aînée Loulou, restée célibataire. En semaine, on ne se mêle pas pour les repas. Chacun vit à son rythme. Mais l'on se sait proches les uns des autres. « Papy », décrit par les amis comme un homme « très réservé et à l'autorité impérieuse », surveille la nichée dont il sait se faire craindre. « Mon père a eu grâce à ses petits-fils une vieillesse enchantée », croit pouvoir dire Dadu. Tante Loulou – que les enfants appellent « Tatie » – d'une timidité maladive, la « bonté même », selon les proches, chérit et materne ses neveux. Le dimanche, c'est elle qui les emmène à la messe, et le mercredi après-midi goûter chez Smith, rue de Rivoli, elle aussi qui les fait travailler au retour de l'école[1]. Car Dadu rentre tard. « Tous les soirs je l'attendais assis en haut de l'escalier (clos par une verrière plate en vitraux sombres), raconte Nicolas. En arrivant elle me lançait, moqueuse : "c'est pour le chocolat, bien sûr", car elle nous en rapportait un chaque jour. Mais moi, c'était elle que j'espérais, toujours tremblant qu'elle ne revienne pas. »

Dadu est devenue avocate. Son jeune mari lui avait demandé d'abandonner ses études de droit, elle les a reprises après la rupture. Elle apprend le métier au cabinet de maître Farré, le mari d'une amie du cours Dupanloup. C'est qu'il lui faut absolument arrondir ses fins de mois. Si son père la défraie beaucoup, Pal se montre plus que chiche, elle n'a donc pas le choix. « Je me réveillais à cinq heures et demie, raconte-t-elle, je travaillais mes cours dans mon lit jusqu'à sept heures et demie. Ensuite, je m'occupais des garçons, les emmenais à l'école, je faisais les courses, un peu de ménage, et enfin à 14 heures, je partais au bureau, une jeune fille arrivait pour me relayer. C'est elle qui allait rechercher les enfants, faisait dîner les deux petits, et les baignait. Moi, quand je rentrais, je dînais avec Guillaume. »

Elle plaide au pénal, amène parfois son aîné jusqu'à la porte des prisons où elle attend la sortie d'un client pour lui offrir un café. Fervente abolitionniste, elle organise des dîners de confrères qui débattent de la peine de mort. Les enfants écoutent, observent, s'imprègnent de la philosophie maternelle.

Ils étudient au cours Saint-Louis-de-Monceau, tout proche. Un établissement catholique avec son aumônier que les élèves surnomment « Biquette ». Les professeurs sont des laïcs, on ne compte pas plus de vingt élèves par classe, ceux-ci sont tenus, l'ambiance est familiale et conventionnelle. Les Sarkozy sont les seuls enfants de divorcés. Une situation encore rarissime dans ce quartier bourgeois. À la sortie des cours, quelques mères leur décochent cet indicible regard fait de supériorité bienveillante et de mépris contenu que le cadet n'a pas oublié. Le directeur René Després, un grand homme à la voix haut perchée, littéraire affable et cultivé, guide et observe chaque élève,

1. Elle a terminé sa carrière comme secrétaire générale d'une filiale d'Alstom.

reçoit longuement les parents. Chez les Sarkozy, seul Nicolas lui donne du fil à retordre : il n'imagine guère que des années plus tard celui-ci l'invitera à déjeuner à la mairie de Neuilly. Pour l'heure, il s'est bâti une réputation solide de chahuteur, il sèche le catéchisme. Il est dispersé, il quittera l'établissement pour aller faire sa sixième au lycée Chaptal, dont il est renvoyé pour absentéisme et désordre. Contraint de revenir au cours Monceau, il doit redoubler. « Cette scolarité n'avait pas de sens à mes yeux, expliquera-t-il, il n'y avait pas de direction, pas de gouvernail, je n'ai vraiment commencé à travailler qu'après le bac. » Dans le même temps, le frère aîné Guillaume, très doué pour les maths, « si responsable », a obtenu ses deux bacs à seize ans. Il s'est fait remarquer dans l'école comme un servant de messe zélé, chef des enfants de chœur qu'il dirigeait avec autorité (à en croire sa mère, c'est là que serait née sa vocation de patron). François, le petit dernier, « si mignon », réussit dans tous les domaines. Un seul souci, donc : Nicolas. Mais la jeune avocate se rassure. Cet enfant est « vif, dégourdi, téméraire », il réussira lui aussi.

De leurs week-ends, les trois garçons conservent un souvenir émerveillé. Le docteur Mallah avait acheté à Orgerus dans les Yvelines, en bordure de la forêt de Rambouillet, une petite maison couverte de vigne vierge, pleine de charme. On y partait le samedi après-midi à la sortie des cours. Les gamins ont exigé que le grand-père ne se montre pas devant l'école au volant de sa vieille traction, une 11 CV Citroën, qu'il gare donc dans une rue voisine. Ils ne veulent pas que leurs copains les aperçoivent dans pareil équipage. « Tu pourrais changer ta voiture », pestent-ils souvent. À quoi papy rétorque invariablement : « Mais pourquoi donc ? Elle roule. »

Elle est vieille, certes, mais assez vaste pour tenir près du conducteur la tante Loulou et les deux chats, à l'arrière Dadu, ses trois garçons et leur invité. Plus le bocal du poisson rouge. Et enfin, nichée sur la galerie dans une caisse en bois, une poule que François et Nicolas ont gagnée à une tombola, lors d'une fête de village, et qu'ils ont apprivoisée. La semaine, elle caquette dans la petite cour de la rue Fortuny. Mais elle part en week-end comme tout le monde. Et parfois, effrayée par les embouteillages aux feux rouges, elle se met à chanter à tue-tête. Au grand étonnement des passants. Mais pour le plus grand plaisir des copains. C'est la famille Fenouillard en balade.

Une vraie partie de plaisir, sauf pour Nicolas qui ne supporte pas la voiture et vomit à chaque voyage.

Histoire de se dégourdir les jambes, on fait donc halte à Pontchartrain où, comme par hasard, une pâtisserie offre de bons gâteaux. Voilà enfin la maison. Du charme, on l'a dit, mais aucun confort. Pas de chauffage, l'hiver il faut ouvrir le four de la cuisinière pour faire monter la température. Pas de télé non plus. Le samedi soir, les trois frères et leurs copains courent en pyjama chez une voisine, Madame Gautry, pour se régaler des aventures du chien Rintintin, déjà célèbre aux États-Unis depuis les années trente. « Je crois que l'admiration de Nico pour l'Amérique a commencé là », plaisante Serge Danlos, un ami de Guillaume, qui était très souvent invité.

Le grand bonheur c'est le jardin potager que le grand-père, ceint d'un grand tablier et coiffé d'un béret, surveille avec une méticulosité de pépiniériste chinois. Il aime faire admirer aux amis ses salades « époustouflantes de beauté ». Il se fait aider d'un jardinier nommé Morvan, un poilu de 14 qui conte aux enfants les mille et une histoires de la vie dans les tranchées. Sur le sujet il est intarissable, les garçons ne s'en lassent pas, en redemandent à chaque week-end. Surtout Nicolas, qui annonce bravement à sa mère : « plus tard, je serai soldat ».

« Sur l'autre guerre, la deuxième, la France libre et la Résistance, sa curiosité était insatiable, se souvient son cadet François. Il dévorait tous les livres. » Surtout la série de Christian Bernadac sur l'Occupation et la déportation dans laquelle il découvre l'ignominie de l'Holocauste ou encore l'ouvrage de Guy Sajer *Le Soldat oublié*[1].

En matière de pittoresque, le retour vers Paris pouvait en remontrer à l'aller. Il fallait d'abord, dans les cris et le vacarme, rassembler la ménagerie. Retrouver les deux chats égaillés dans la nature, quérir la poule réfugiée dans le cèdre, une obstinée qui refusait d'en redescendre. Enfin arrimer les caisses de légumes sur la galerie avant d'entasser les passagers.

Sur les routes de campagne, papy, réfractaire au maniement des clignotants, tendait le bras par la portière pour amorcer un virage, klaxonnait tous les trente mètres. Les enfants pouffaient de rire. Des joies simples. Celles de l'époque. Les exigences étaient modérées. Attentif à satisfaire ses petits-enfants, le docteur Mallah excluait toute dépense inutile.

Les sorties ? Une fois par an, pas plus. Quand tante Loulou emmenait ses neveux voir un spectacle : *Ben Hur* ou les chevaux du Cadre noir de Saumur. Elle avait loué les places des mois à l'avance. Pour l'occasion, on habillait les garçons chez Mamby, une des premières boutiques pour jeunes (sise avenue Victor-Hugo dans le XVIe). Pour

1. Guy Sajer, *Le Soldat oublié*, Paris, Robert Laffont, 1967.

le reste, les loisirs se limitaient à la télévision, les matches de foot ou de rugby le samedi, aux grandes émissions de variétés que l'on regardait en famille et dont Nicolas était si friand, « La Piste aux étoiles », « Thierry la Fronde », « Les Rois maudits » avec Jean Piat. (« Ah ! qu'il est beau ! », s'écriait Dadu, extatique.) Pour le meilleur et pour le pire il reste « un enfant de la télé ».

Il raconte : « Mon grand-père ne nous a jamais emmenés au cinéma ou au théâtre. Ça ne lui serait pas venu à l'idée. Il en avait certes les moyens, mais ça n'était pas le genre. Chez lui, on mangeait toujours du pain rassis. On achetait bien une baguette tous les jours, mais il fallait d'abord terminer celle de la veille. Et quand on quittait une pièce, il fallait toujours éteindre la lumière. Le jeudi, on prenait tous les deux le métro jusqu'au bout de la ligne, on sortait, il me prenait la main, on marchait jusqu'au premier café où il commandait pour lui un café crème, et pour moi, un jus de fruit et une tartine beurrée. Pas deux. Papy ne parlait pas, mais c'était pour moi une fête extraordinaire. »

« Papy était très près de ses sous », renchérit François. Qui a souvent entendu sa mère pleurer quand il refusait de lui prêter de l'argent pour emmener les enfants en vacances à Pâques. C'est qu'elle devait compter au plus juste : « Longtemps maman s'est habillée avec les vêtements que lui donnait une amie, et moi j'en avais honte », ajoute-t-il.

Ce grand-père, qui a tout de même assuré l'intendance, était tout simplement un homme de sa génération. Comme beaucoup, l'âge venant, il craignait de manquer. En mai 68, alors que des étudiants qui deviendraient ministres ou PDG dressaient des barricades dans les rues de Paris pour mimer la révolution, lui, gardant en mémoire les pénuries de la guerre, avait amoncelé un stock de sucre, de farine et de savon.

Il n'avouait qu'une seule folie : la philatélie. Une passion qu'il a inculquée à Nicolas. Souvent le dimanche, il l'emmenait au marché aux timbres, proche du rond-point des Champs-Élysées « mais il n'achetait plus rien », déplore son petit-fils qui dit avoir découvert *Les Joueurs de cartes* de Cézanne, non pas dans un musée mais sur une vignette postale. En les contemplant, ils enjambaient les frontières, traversaient les mers, voyageaient vers ces colonies devenues depuis 1946 l'Union française. Toujours le culte de la France : « Il en avait une notion sublimée », disent ses petits-fils unanimes. Bien entendu, il les emmenait sur les Champs-Élysées pour assister au défilé du 11 Novembre. Nicolas juché sur ses épaules, tentant d'apercevoir le général de Gaulle, l'idole du grand-père. « Il était gaulliste de chez gaulliste », comme ils disent aujourd'hui.

Gaulliste, ce grand-père le fut au point d'aller manifester pour la première fois de sa vie le 30 mai 1968. À ceux qui depuis des semaines criaient : « Dix ans ça suffit ! », pour provoquer le départ du Général, il voulait répliquer avec la foule : « De Gaulle n'est pas seul. »

Nicolas, âgé de treize ans, était trop jeune pour se joindre aux manifestants. Sa mère avait dû s'assurer auprès du cours Monceau que l'on bouclerait bien cet inconscient. Son frère Guillaume, qui en comptait 18, ne s'est pas laissé séduire par le mouvement contestataire. « Moi, dit-il, je suis allé manifester devant l'ambassade d'URSS, trois mois plus tard, en août, quand les chars soviétiques ont envahi Prague, je suis allé crier : "Prague, Budapest, Varsovie, ça suffit !" »

Le premier engagement partisan des frères Sarkozy est celui de leurs racines hongroises. Tous les trois proclament une aversion viscérale, totale, définitive pour le communisme.

La paix civile rétablie, de Gaulle conforté – provisoirement – par un triomphe aux législatives, revient le temps des vacances. Un rituel immuable comme pour les week-ends. Depuis son divorce, Dadu louait en juillet à Pontaillac, près de Royan, le deuxième étage d'une grande villa en bord de mer de style anglo-normand, au nom bizarre de « Janchougui ». Elle appartenait à la belle-mère d'une de ses amies d'enfance, Fabienne Godlewski, dont les deux filles Brigitte et Muriel avaient le même âge que Guillaume et Nicolas. On y rencontrait aussi les trois cousins Saint-Mathieu. Une dizaine d'enfants au total qui, une quinzaine d'années durant, se sont ainsi retrouvés chaque été.

Les Sarkozy menaient la danse. La maison tremblait de leurs bagarres. On ne s'y entendait plus. Nicolas arrivait avec sa valise de vinyles, faisait marcher le Teppaz à tue-tête pour écouter et réécouter son idole Johnny bien sûr, mais aussi France Gall et Hervé Vilard.

« Heureusement ma grand-mère était sourde », ponctue Brigitte.

Ainsi allaient les grandes vacances. Mais pour Dadu, pas question de rêvasser, ni de s'attarder dans de longs câlins. Levée dès l'aube pour faire le ménage et les courses, elle réveillait son petit monde pour l'envoyer vite fait et par tous les temps, sur la plage, au cours de gym du club ABC. Allez ouste ! Dehors les garçons ! L'après-midi, alors que la plupart se baignaient, Nicolas préférait passer des heures au café Plaisance où un poste de télévision diffusait – grande innovation – les étapes du Tour de France. En noir et blanc bien sûr.

Sinon, il faisait du cheval dans un manège dont il soignait les bêtes. Quand Dadu ne régalait pas les copains de grandes parties de crêpes, il terminait l'après-midi en compagnie de Muriel, aussi gourmande que lui, par une tournée en bicyclette dans les pâtisseries alentour dont ils connaissaient chaque spécialité.

Souvent, le soir, les aînés partaient en boum dans les villas des environs. On leur louait des mobylettes. Et toujours Dadu guettait leur retour en chemise de nuit en haut de l'escalier, veillant à ce que filles et garçons rejoignent chacun leurs chambres. Nicolas, trop jeune et contraint de rester à la maison, tempêtait et rageait.

Au mois d'août, changement de programme. Dadu doit reprendre son travail. Le grand-père et la tante prennent le relais, ils emmènent les garçons en voyage, l'Écosse, l'Italie ou encore Biarritz. La deuxième quinzaine d'août, Dadu emmène par le train[1] ses fils à Beauvallon, dans une des plus belles villas « pieds dans l'eau » du golfe de Saint-Tropez. Une propriété du couple Hauvette. Elle, une amie depuis le cours Dupanloup, lui, un agent de change dont le père, le colonel Hauvette, époux d'une Michelin, avait été l'un des plus gros actionnaires de l'entreprise. Des gens très fortunés donc, qui mènent grand train. Ils ont trois garçons du même âge que les Sarkozy, lesquels sont accueillis à bras ouverts. Il y a une piscine, une plage privée, un hors-bord, du service, tout le confort. Et un va-et-vient de la jeunesse dorée des villas proches. De quoi rendre le séjour plus qu'agréable. Nicolas, contrairement à ses frères, ne l'appréciait guère. Il raconte : « Quand ma mère repartait, je me sentais abandonné, détruit, j'avais un cafard monstre. » C'est qu'être un invité, comme cela, en bout de table, dans une famille « normale », avec un père et une mère qui vivent ensemble, jouissent d'une grande aisance, d'une position reconnue, aiguisait chez lui la sensation d'appartenir à un rang social inférieur. Ce n'étaient pas tant les différences matérielles, l'envie qui le faisaient souffrir, que cette perception pénible de se sentir un rien ou un pas grand-chose aux côtés de gens qui étaient quelqu'un. Un sentiment, on le sait, qui entraîne à douter de soi. Et cela, il ne le supportait pas. « J'ai été façonné par les humiliations de l'enfance », dira-t-il.

« Dès quatorze ans, je l'ai vu se fabriquer sa motivation. Il me parlait toujours de revanche, et moi je ne comprenais pas pourquoi », confirme Stéphane, le cadet de la famille Hauvette.

1. Elle passera son permis de conduire à Royan, en même temps que Guillaume, son fils aîné et Brigitte Godlewski.

Lors de ces séjours estivaux, il fait la connaissance d'un autre invité de son âge, Hugues Dewavrin, un Neuilléen qui deviendra plus tard l'un des leaders des jeunes giscardiens. « On se moquait de Nico parce qu'il adorait Serge Lama et nous, on trouvait ça ringard. »

Humilié, le jeune Nicolas ? Par comparaison, la famille vit plutôt chichement. Le père « oublie » très souvent d'envoyer le mandat de la pension alimentaire. Devant ses amis, Dadu affecte de prendre à la légère les inconséquences de son ex-mari. Devant ses fils, elle garde le silence. Ils n'entendront jamais une critique de leur père.

S'il est une leçon que les trois frères auront retenue de Dadu, elle tient en un mot : l'optimisme. Prendre toujours le bon côté des choses, ne pas dramatiser. Question de caractère ? Sûrement, mais aussi une hygiène de vie mûrement réfléchie. Quand on doit assumer seule tous les rôles, il faut aller à l'essentiel. Donc, inutile de céder aux nostalgies et aux regrets. Les états d'âme ? Une perte de temps stérile. Un problème surgit-il ? Chouette, on va le dépasser. Et si l'on n'évoque que ce qui va bien, tout finit par aller. Telle a toujours été sa philosophie.

« Chez nous, on ne parlait jamais de ses sentiments, jamais de soi », dit François. (Un déficit que Nicolas comblera – oh combien ! – plus tard.)

Cette fille de médecin déteste aussi que l'on soit malade. « C'est seulement si l'on s'écoute que l'on ne va pas », disait-elle. Quand elle emmène son cadet chez le dentiste, elle le prévient : « Tu vas avoir mal, mais c'est ainsi que l'on devient un homme. »

« Elle a été une mère très structurante, elle posait des règles, mettait certaines barrières, mais elle nous a laissé un certain libre arbitre et pas mal de liberté », souligne Guillaume.

Traduction concrète : il faut, en classe, rester dans la bonne moyenne, supérieure si possible (pour autant, elle ne s'enquiert pas chaque soir des notes), il faut en famille et ailleurs ne jamais mentir (elle ne le supporte absolument pas) ; pratiquer des sports et enfin se laver, être propre. Presque une obsession, partagée par la tante Loulou, laquelle avait, paraît-il, la phobie des microbes au point d'emporter dans ses voyages de l'alcool à brûler dont elle nettoyait les baignoires des hôtels par une grande flambée.

En revanche, assez libérale, Dadu n'exige pas un respect trop strict des usages de l'époque : si un enfant se lève de table sans demander la permission, elle n'en fait pas une affaire. À ses amis qui s'étonnent parfois de telles dérogations, elle rétorque qu'elle ne peut pas se battre sur tous les fronts. « Et puis chacun a le droit d'être ce qu'il est. »

Si Nicolas, ce qui arrive souvent, refuse de manger ce qu'elle a préparé – il détestait les légumes et le foie de veau – pas de problème, elle cède à ses revendications tout en lui « mettant la pression », comme on dit aujourd'hui. L'ambiance des repas est toujours chaude, et le ton monte aussi vite qu'il redescend. Les garçons ne se privent pas de râler et lui répondent, parfois, avec quelque insolence.

« Occupe-toi de tes casseroles », lui lance même un jour Nicolas.

« S'ils adoraient leur mère, qui était le centre de leur vie, ils se montraient très machos avec elle », notent les amis. Les casseroles ? Justement. Chez elle c'est toujours table ouverte. Les copains sont invités sans problèmes.

« En rentrant du Palais, cela me changeait les idées », dit-elle. Aujourd'hui encore, il lui arrive de mitonner un cassoulet pour trente personnes. L'admire-t-on ? Elle rétorque que ce n'est rien : « Il suffit de laisser cuire pendant trois jours. » Ainsi la maison est-elle toujours animée, festive, gaie. « Après mon divorce, je me suis dit que, si je ne les recevais pas, mes amis ne me verraient plus. »

« C'était une famille atypique, complètement hors conventions », note encore, éblouie, leur amie d'enfance Diane de Saint-Mathieu, qui ajoute : « Si les trois Sarkozy sont devenus ce qu'ils sont, c'est grâce à elle. »

Si elle les houspille pour qu'ils avancent, quoi qu'il arrive, jamais elle n'a douté de leurs destins. Jamais elle ne les a mis en rivalité. S'interdisant de les critiquer devant des tiers, même lorsqu'ils faisaient des bêtises. Elle a réussi ce prodige : demeurer très présente, sans être trop envahissante ou pesante. Et si, les années passant, elle a admis que ses garçons prennent davantage de liberté, elle se plaît à souligner que les trois sont restés chez elle jusqu'à vingt-sept ans. « Preuve qu'ils ne s'y sentaient pas trop mal. »

Chacun d'eux a décidé seul de son avenir, de son orientation professionnelle. Si Guillaume a passé et réussi le concours de l'École navale pour lui faire plaisir, il a opté ensuite – après avoir rêvé d'être pompier – pour les travaux publics, avant de devenir patron dans le textile. Aujourd'hui, il poursuit une autre carrière dans les assurances.

Ce qu'elle ne souhaitait pas – elle l'avait confié à ses amies – c'est qu'ils fassent médecine : « J'ai trop vu mon père à la peine. » Pire encore : qu'ils se lancent dans la politique, « parce que ça n'est pas un métier ». « Elle y voyait même comme une régression sociale », précise Nicolas.

Or, François, avant de devenir consultant, fut interne des hôpitaux, major de sa promotion, médaille d'or de l'internat, pédiatre en souvenir de son grand-père.

Quant à Nicolas…

Et le père dans tout cela ? S'il est absent de ces pages, c'est qu'il fut presque absent de leur vie. « Je n'ai jamais passé un Noël chez mon père, je n'ai jamais dormi chez lui », avoue François.

Pal Sarkozy, vrai personnage de roman, a mené son existence selon son bon plaisir, sans se soucier de sa progéniture. Il n'avait pas la fibre paternelle. Séducteur, complimenteur, flatteur. « Il ouvrait le robinet de la séduction comme celui d'une baignoire », se moque une cousine de Dadu. Il multipliait les conquêtes, épousait aussi. Après Dadu, ce fut Mélinda d'Eliassy, grande, belle, blonde, fille d'un aristocrate hongrois et d'une Française (une Mallet, fille d'un régent de la Banque de France). Trois ans de liaison pour commencer et un mariage qui craque presque aussitôt. Un phénomène assez habituel aujourd'hui. Un peu plus tard, Pal rencontre Christine de Ganay. Encore une aristocrate. Bien plus jeune que lui, vingt-et-un ans. Nouveau mariage, au grand dam des Ganay, qui considèrent ce gendre comme un aventurier. De cette union naîtront deux enfants : Caroline en 1967 et Olivier en 1969. Il ne s'en souciera guère plus que des trois fils de Dadu. En 1970, nouveau divorce[1] : « Les trois premières femmes de mon père l'ont quitté parce que papa est invivable », explique en souriant sa fille Caroline.

Et le travail ? Pal a créé sa propre agence de publicité avec succès. Il a de bons clients : Procter et Gamble, entre autres. La génération du *baby-boom* a connu le célébrissime cadeau Bonux : petit objet de plastique que l'on trouvait à l'intérieur du paquet de lessive portant ce nom. Pendant un temps, les acheteurs pouvaient aussi découper sur l'emballage des bons dont l'accumulation permettait de gagner un train électrique. Une photo montrait un petit blondinet avec ce jouet. Les ménagères de l'époque étaient loin de penser qu'elles regardaient un futur ministre de l'Intérieur et des Finances et, qui sait, président de la République. Pour la première fois de sa vie, Nicolas Sarkozy s'affichait en produit d'appel.

Car Pal voyait quand même ses enfants. Un jeudi sur deux, il les invitait à déjeuner à la Pizza Wagram près de son bureau. Toujours très chaleureux il leur roucoulait des mots tendres en hongrois. Mais,

1. Christine de Ganay s'est remariée avec Franck Wisner, un diplomate américain ex-sous-secrétaire d'Etat, plusieurs fois ambassadeur, c'est lui qui a élevé ses enfants.

s'ils arrivaient en retard, il les réprimandait. Il surveillait aussi leur tenue à table. Et il s'intéressait à leurs résultats scolaires. « Il nous accordait une attention qui variait en fonction des réussites de l'un ou de l'autre, se souvient François. C'était une façon indirecte d'entretenir une forme d'émulation entre nous. » Pal n'aimant que ce qui brille, ses compliments étaient le plus souvent réservés à Guillaume et à François, les bons élèves, auxquels, à en croire les amis, il marquait une nette préférence.

Nicolas, pas très travailleur, aux résultats médiocres, se faisait régulièrement admonester. Alors il se refermait et boudait. Il détestait ces déjeuners. Il se sentait si peu valorisé, si peu aimé de son père. À ses collaborateurs, il racontera plus tard que celui-ci lui avait lancé un jour : « Avec le nom que tu portes et les résultats que tu obtiens, jamais tu ne réussiras en France. » On ne fait pas plus encourageant ! Tout le contraire du papy maternel qui lui serinait à l'oreille : « L'avenir est une promesse. »

Les enfants rencontraient un père toujours élégamment vêtu. Il avait de jolies montres, de superbes chaussures, des collections de beaux stylos. Il ne se refusait rien. Il lui arriva même de venir les attendre à la sortie du cours Monceau au volant d'une Jaguar E décapotable bleu métallisé. « Quel frimeur ! » avaient-ils pensé. Ils en étaient gênés.

L'autre jeudi, tous les quinze jours, Pal venait déjeuner rue Fortuny. Son ex-épouse tenait à ce lien, aussi ténu fût-il, avec « ce monument d'égoïsme », le père de ses garçons. Elle invitait – pour qu'il les voie aussi – ses deux autres enfants, nés de son mariage avec Christine de Ganay, « le frère et la sœur », comme elle les appelait, Olivier et Caroline. Cette dernière raconte : « Nicolas nous ramenait en métro chez notre grand-mère. Il était très gentil, très affectueux. Il nous faisait rire en imitant Johnny. »

Il les faisait rire ? Pourtant, tous les témoignages concordent : c'était un petit garçon au regard ourlé de mélancolie, peu loquace, tourmenté, teigneux, solitaire. Un écorché vif. Très amical pourtant. Un caractère singulier, ambigu. « Au fond un tendre qui avait un grand besoin d'être aimé », selon son amie Muriel.

Quand il évoque cette prime jeunesse, Nicolas Sarkozy distille, lui, des anecdotes endolories et confie : « Je n'ai pas aimé mon enfance. »

« Aucun de mes frères ne l'a vécue de la même manière », juge Caroline. Le cadet est sans doute celui des trois qui a le plus souffert affectivement et socialement de la séparation de ses parents, celui qui a le plus intériorisé les difficultés de sa mère, d'autant plus qu'elle ne se plaignait jamais. Ce qu'il confirme : « Ma mère a été déclassée par son divorce, je détestais les regards de condescendance que l'on posait sur elle. »

Nicolas est aussi celui des trois qui lui ressemble le plus : même regard, même démarche, mêmes mimiques. Il a hérité sa vitalité hors normes. À ses amis, il annonçait : « ma mère est une maîtresse femme » sur un ton plein de fierté. Guillaume raconte : « Mon frère et ma mère ont toujours entretenu des rapports passionnels. Avec eux, c'est soit on s'appelle tous les jours soit on ne se parle plus pendant trois semaines. »

« Il était, des trois, le plus prévenant, reconnaît Dadu, quand il sortait avec des amis il me demandait toujours si je ne voulais pas me joindre à eux. »

Dans cette famille sans père, Guillaume se sentait investi d'une mission : être un chef de famille de substitution. Nicolas ne l'a jamais toléré. Ce qui provoquait dc multiples conflits. C'étaient entre eux des bagarres continuelles.

« Comme il était petit, racontent les amis, il était un peu le souffre-douleur de Guillaume. » Lequel rectifie : « Pas du tout, c'est Nicolas qui venait toujours me chercher en me lançant droit dans les yeux "même pas peur". » Et Dadu de ponctuer : « Nicolas n'a jamais eu peur, ça lui a sûrement facilité la vie. »

Et toujours les repas entre frères se terminent par de vives discussions. « Pour un rien, ils se traitent de cons, mais c'est sans conséquences, c'est leur façon de fonctionner », expliquent leurs amis.

Sans conséquences ? Voire… Les psys de l'école freudienne, qui se sont beaucoup intéressés au fonctionnement des fratries, assurent que, souvent, le second, lorsqu'il subit les pressions de l'aîné, ambitionne de le dépasser, voire de le vaincre. Résultat : en tous domaines, il supporte mal la domination des autres. « Aussi loin que je me souvienne, je n'ai jamais accepté que l'on me marche sur les pieds », confirme Nicolas.

Alfred Adler, disciple de Freud, notait que « ceux qui grandissent avec l'impression d'être écrasés par leur aîné développent un sentiment d'infériorité, tandis que ceux qui entrent en compétition augmentent leurs chances de réussir ».

Que depuis la petite enfance Nicolas ait vécu un tel rapport de forces avec Guillaume, explique que le conflit soit devenu chez lui une deuxième nature ; mieux, un moteur. Il aime la bataille. Il se réalise dans l'affrontement.

Les relations entre l'aîné et le cadet, jamais simples, s'espaceront avec les années.

Il n'a en outre pas été facile non plus pour Nicolas d'être entouré de trois frères (Guillaume, François, Olivier) beaucoup plus grands que lui. Tous. A-t-il été taraudé par le complexe de sa taille ? Sûrement. Selon ses proches : « Ce qui le fait souffrir, c'est que sa taille soit l'objet de quolibets dans les médias. Les Guignols de l'Info le rendaient malade. »

Dans son constant désir de s'élever, sa taille est à coup sûr un mobile prégnant.

Il était différent, chacun pouvait le mesurer. Guillaume et ses amis aimaient le rugby, le tennis, les rallyes, les Beatles, les Rolling Stones et Kennedy. Ils regardaient le cadet gouailleur qui cultivait un côté provocateur rebelle comme un personnage d'un autre monde, presque un martien. Nicolas ne partageait aucun des goûts de son environnement, il préférait le vélo, le foot, de Gaulle, Johnny Hallyday, la chanson française… Serge Danlos, un habitué des week-ends à Orgerus, aujourd'hui notaire, raconte : « Je l'ai emmené un peu partout : sur le Tour de France, écouter les concerts de Johnny, assister aux matches de foot. Moi, j'étais pour Valenciennes, Nico pour le PSG. Nous avons passé des heures dans le train, sandwich et cornet de frites à la main en hurlant avec les supporters jusqu'à nous érailler la voix. Nous pouvions aussi jouer à la pétanque des heures durant sans s'arrêter. Nicolas a toujours eu des goûts populaires. » Plus tard, le président de l'UMP expliquera que « si l'on n'aime pas ce qu'aiment les gens, on ne les comprend pas ».

Reste que les frères Sarkozy, aussi divers que fussent leurs goûts, leurs caractères et leurs penchants, ont été formés à la même école.

Pour baliser leur route, quatre adultes leur ont servi de modèles : leur grand-père, leur mère, leur tante et de bien plus loin, leur père. Quatre adultes fort différents, mais qui leur auront transmis les mêmes valeurs : travail d'abord, le labeur pour seul horizon. Quatre adultes qui ont bâti leur vie à partir de rien, mais qui éprouvaient le même ardent désir de réussir et savaient qu'ils n'y parviendraient qu'à force d'énergie, de courage et de volonté. « Rien ne leur a été donné, personne n'est venu les chercher », aime à dire Nicolas Sarkozy. Il en a tiré une leçon : qui veut arriver ne peut compter que sur soi. Et, de cette leçon, il va faire grand usage.

CHAPITRE II

Le mal de père

« Neuilly, immeuble ancien, pierre de taille, appartement 5 pièces plus chambre de bonne, étage élevé. Ensoleillé. Affaire à saisir. »

Au printemps 1973, Dadu épluche les petites annonces du *Figaro*. Quelques semaines plus tôt, son père, le docteur Mallah, est mort. La famille est plongée dans l'affliction. « Ce fut un énorme chagrin », dit Nicolas. À quoi s'ajoute une angoisse : il faut déménager. Le propriétaire, qui veut reprendre la maison et propose une indemnité de départ, se fait de plus en plus pressant.

Pourquoi choisir Neuilly ? Pour se sentir moins seuls, pour se rapprocher des amis. Ceux des vacances à Pontaillac et sur la Côte. « Mais c'est le mot ensoleillé que j'ai retenu », insiste Dadu. L'atmosphère déjà sombre de la rue Fortuny était devenue plus lugubre encore. « Je suis allée visiter les lieux avec François. Le fils du propriétaire travaillait torse nu devant la fenêtre, c'est ce qui m'a décidée. J'ai fait une proposition. Elle a été acceptée. »

L'appartement est sis à la limite de la Défense. L'avenue Charles-de-Gaulle (une adresse qui aurait plu au grand-père) est très bruyante, les travaux d'enfouissement n'ayant pas commencé. Les acquéreurs ne se précipitaient donc pas. « Mon père m'avait laissé un peu d'argent. En ajoutant l'indemnité versée par le propriétaire, j'ai pu réaliser l'affaire et j'ai fait acheter aux garçons la chambre de l'étage supérieur. » Car « Papy » a laissé en héritage à chacun de ses petits-fils un rouleau de pièces d'or de vingt dollars cousues très serré dans une chaussette. « Trop serré car certaines étaient rayées, en mauvais état, elles n'avaient plus de valeur marchande », précise Nicolas.

Un signe, ce bas de laine préféré à un compte en banque. La pratique d'une génération, certes. Mais plus significatif est le réflexe de celui qui sait, d'éternité, que l'on peut, du jour au lendemain, être obligé de fuir en emportant son bien avec soi.

C'est à ce moment que les enfants découvrent leurs origines.

« J'avais du sang juif et on ne me l'avait pas dit », s'exclame François.

Si papy n'en parlait jamais, nous l'avons vu, ce n'était ni par oubli, ni par reniement. À son puissant désir d'assimilation s'ajoutait un souci de protection. Il restait habité de trop de souvenirs dramatiques.

Des juifs de son enfance à Salonique, il ne subsistait qu'une petite poignée : 96 % de la communauté avait été déportée, les morts se comptaient par dizaines de milliers, lui-même avait perdu sa plus jeune sœur Henriette ainsi que son beau-frère et leur petite-fille. Jugeant les ravages de l'antisémitisme susceptibles de resurgir à tout moment, il estimait superflu d'en rajouter sur les épaules déjà chargées de ses petits-fils, inutile de leur faire humer ce parfum de malheur. Ils étaient fils d'immigré, enfants de divorcés. Un statut déjà pas facile. Qu'ils soient catholiques et français était bien l'essentiel.

Les garçons ne se posaient pas de questions. « On déjeunait seulement une fois par an avec des cousins d'Argentine, précise Nicolas, ils s'appelaient Haïm, mais maman les appelait phonétiquement les “Zem”. » Et puis, d'évidence, le passé tourmentait beaucoup moins les trois frères que leur avenir. « J'étais pressé de m'en inventer un », dira plus tard Nicolas.

Au moment du déménagement qui marque dans leur vie un grand changement, presque une rupture, Nicolas est loin de deviner que Neuilly va sceller son destin politique[1]. Pour l'heure, il vient de réussir son bac B, sans tambours ni trompettes et surtout sans mention. Mais voilà au moins une bonne chose de faite, un cap franchi. Et il ne se sent pas de vocation particulière. Journaliste ? Peut-être. Avocat comme maman ? Pourquoi pas ? Il va donc s'inscrire en droit à la fac de Nanterre. Un monument de saleté et de désordre après 1968.

Pour fêter ce passage à l'âge adulte – même si la majorité à dix-huit ans n'était pas encore votée –, il avait décidé avec son ami Jean-Marie Chaussonnière d'entreprendre un grand voyage, une aventure : Paris-Istanbul aller et retour dans une vieille Coccinelle. Les deux amis ont soigneusement étudié leur itinéraire. Jean-Marie, prudent, a souscrit une assurance à Europe Assistance. Afin d'immortaliser leur exploit, à la veille de prendre la route, les deux amis se font photographier, devant la Coccinelle, hilares, place de la Concorde, tenant à la main le drapeau français qu'ils fixeront à l'arrière de la voiture, autant pour revendiquer leur nationalité – car il leur faut franchir de nombreuses frontières – que par fierté patriotique. Comme ils ne roulent pas sur l'or, c'est le moins qu'on puisse dire, ils ont décidé que l'expédition irait droit au but. Pas question de s'arrêter en route pour visiter. De l'Allemagne ils ne garderont qu'un souvenir, mémorable il est vrai. Leur arrivée le soir sous la pluie dans un Eros Center qu'ils ont pris pour un hôtel et dont, harcelés par les filles,

1. Dix ans plus tard, il devenait maire de la ville.

ils s'enfuiront à toutes jambes au milieu de la nuit. Puis c'est l'Autriche, la Yougoslavie, la Croatie dont ils retiendront la stupéfiante pauvreté. Remarquant dans chaque village du papier journal collé aux fenêtres en guise de rideaux. À Sofia en Bulgarie, ils échouent dans le plus grand hôtel de la ville où l'on fête un mariage. Celui, semble-t-il, d'un dignitaire du régime. Les caméras de la télé ronronnent. Les deux garçons vont bravement embrasser la mariée. Ils seront invités à dîner.

Voilà enfin Istanbul. « Nicolas a visité ses premières mosquées », note Jean-Marie, lequel a la chance – imprévue – de tomber malade : grâce à Europe Assistance, les deux amis pourront se reposer quatre jours dans un hôtel de luxe. Un séjour de rêve.

Au retour, Nicolas a tenu à passer par Salonique. Il veut se rendre chez le notaire pour réclamer la part d'héritage de son arrière-grand-père bijoutier. Des maisons, des terrains sont encore indivis, propriétés communes de ses grands-oncles et tantes survivants.

« Nicolas a tellement baratiné qu'il a fini par vaincre les réticences du notaire et du banquier, il s'est battu comme un lion, rien ni personne n'aurait pu lui résister », admire son compagnon qui l'a attendu pendant plusieurs heures. Le butin est modeste, l'équivalent de trois ou quatre mille francs de l'époque. Un argent que les lois grecques obligeaient à dépenser dans le pays. Nicolas dissimule l'argent dans la doublure de sa veste. Il a réclamé son dû, il l'a obtenu. Bonne chance et bon vent ! Il passe la frontière sans encombre. Le solde de l'héritage sera versé à la famille en 1995.

Ce passage par Salonique avait-il valeur de retour aux sources ? Peut-on parler de voyage initiatique ? L'intéressé se contente de répondre : « Je voulais seulement ramener de l'argent à ma mère car nous en avions besoin. » Est-ce la seule raison ? Difficile de se prononcer.

L'écrivain Pierre Assouline se souvient d'une « boum » à Neuilly chez Muriel Godlewski. « C'était en 1974 ou 1975, raconte-t-il, Nicolas était déjà très politique et urbain. Il allait de groupe en groupe, conversant avec chacun. Nous avons bavardé et il m'a demandé quel effet cela faisait d'être juif. Je lui ai rétorqué : “Mais toi aussi tu es juif.” Alors, il a interpellé ses amis pour leur lancer en riant : “Vous entendez, Pierre dit que je suis juif.” »

Selon la loi juive, la religion se transmet par la mère. Nicolas Sarkozy n'est pas juif en effet. Il n'empêche : cette ascendance tardivement découverte et sa qualité de fils d'étranger n'ont pas été sans conséquences. Elles ont ancré en lui ce qu'il appelle un sentiment de minoritaire. Il s'en explique volontiers. « Je suis de religion catholique, mais je me sens proche de la communauté juive. J'aime l'attachement des minorités à leurs racines, à leur culture, à leur famille. Être majoritaire s'accompagne souvent d'un sentiment de dilution et de fadeur. J'aime au contraire les sentiments exacerbés des minorités. »

Se sentir minoritaire affûte les sensations, fortifie les convictions, pousse à la défense de son pré carré, avive enfin la susceptibilité : une simple observation est souvent prise pour une agression, un avis contraire, comme une déclaration de guerre. Nicolas Sarkozy est habité de tous ces sentiments.

« Nous sommes arrivés à Neuilly comme des va-nu-pieds », insiste-t-il (trop ?) aujourd'hui. Toujours ce sentiment de n'être pas grand-chose dans un environnement opulent. Les trois garçons et leur mère avaient certes des amis qui avaient une position, mais aucun de ces personnages importants et lointains qu'on appelle des « relations ». Ils ne faisaient pas partie de l'establishment, dont ils ignoraient les codes. Ils avaient peu de moyens, certes, mais ils vivaient dans un appartement plus que convenable. Leur richesse était entre leurs mains. Ils étaient intelligents, en bonne santé et pouvaient nourrir toutes les espérances pour l'avenir. La France venait de connaître la première crise pétrolière, l'économie était morose, le chômage croissait, mais cette conjoncture, plutôt sombre, n'affectait pas encore la jeunesse.

Nicolas se plaît à raconter que ses premiers amis neuilléens ne furent pas les bourgeois de la ville, mais au contraire, ceux dont il se sentait le plus proche : Pascal le pizzaïolo, le serveur du restaurant italien « La Casa Nostra » où tante Loulou l'emmenait déjeuner le samedi avec ses frères ; Ali, le patron de la supérette, et aussi Arthur Kasparian, un pied-noir du Maroc, propriétaire d'un glacier, « La sorbetière », magasin où Nicolas alla travailler comme vendeur pendant deux ans pour payer ses études. « Quand j'ai été élu maire, raconte-t-il aujourd'hui, Arthur avait tapissé son magasin de mes photos. Chaque fois que quelqu'un entrait, il disait : "C'est mon collaborateur." » Un job qui a permis au jeune étudiant de se délecter de glaces : « J'avais toujours une cuillère dans ma poche et chaque fois qu'un bac de cinquante litres arrivait, je goûtais. » Il en faisait profiter aussi ses petites amies. L'une d'elles n'a pas oublié la glace au camembert.

Il a ainsi multiplié les petits boulots. Chez Hermès, par exemple. Pas le grand, celui du Faubourg Saint-Honoré, non : le fleuriste installé en bas de l'appartement familial pour lequel, vêtu d'une blouse blanche, il a vendu et livré des bouquets.

C'est qu'il voulait absolument aider sa mère. L'installation à Neuilly coïncidait en effet avec une double rupture. Sentimentale et financière. Papy mort, la stabilité de la famille pour laquelle il était le recours, le protecteur a été bousculée et meurtrie. La deuxième rupture, dès lors plus ressentie, et qui va se prolonger concerne le père. Dadu doit maintenant assumer seule la vie financière de la famille. Or l'éducation de garçons âgés de vingt-deux, dix-huit et quatorze ans, étudiants ou lycéen, coûte cher. Et Pal, on l'a vu, avait toujours limité son aide au strict minimum. Dadu lui demande donc d'augmenter la pension alimentaire. Ce qui ne devrait pas lui poser grand problème : au début des années soixante-dix, sa situation est plus que florissante, il mène grand train, s'est acheté une propriété à Ibiza, possède deux bateaux, un voilier armé de bois précieux en Thaïlande et un Riva et enfin, sur l'île de la Jatte, un superbe appartement où il collectionne les tableaux : Matisse, des dessins de Picasso, un Max Ernst et ainsi de suite… C'est que son agence a prospéré. Il a gagné la confiance de très gros clients, comme L'Oréal ou C & A. « Il existait un énorme décalage entre son train de vie et le nôtre », constate François.

Georges-Henri Muller, ex-PDG de Biotherm témoigne : « Je l'ai rencontré en 1967, j'étais alors directeur du marketing de la SCAD (Ambre Solaire, Twenty's et Garnier) ; le directeur du développement de L'Oréal m'avait demandé de recevoir un certain Sarkozy. J'ai vu arriver un grand type bronzé dans le style hollywoodien, vêtu sans une faute de goût. Il me proposait, pour la marque Twenty's, qui s'adressait aux jeunes filles, de créer un tatouage réversible. La grande mode aujourd'hui. À l'époque, c'était une nouveauté absolue. On a lancé le produit, "les beauty fleurs", au cours d'une soirée chez Castel en mai 1968, une date d'autant plus mémorable que l'on entendait des bruits de grenades dans tout le quartier. En fin de compte, le tatouage n'a pas très bien marché, mais cela montre que l'homme avait du flair. Quand je suis devenu directeur de Biotherm, en 1970, je l'ai engagé pour qu'il s'occupe de la publicité graphique. Il me coûtait très cher en maquettes, mais c'est un dessinateur extraordinaire. Très créatif. Un esthète. Avec lui, nous avons lancé les premières pubs surréalistes. Pour vanter les mérites d'une crème pour le ventre, il avait imaginé une Vénus de Milo découpée en rondelles. Et cette affiche fut exposée dans toutes les pharmacies de France, de Navarre et d'ailleurs. Un vrai succès. C'est lui aussi qui nous a vendu le concept "d'antirides solaires", et l'expression a fait le tour du monde. Nous avons, avec lui, inventé une nouvelle approche du soin solaire. Un grand succès commercial. Pour illustrer les nouveaux produits, il avait dessiné, sortant d'une terre brûlée par le soleil, des têtes au long cou figurant des fleurs. L'affiche fut imprimée sur le spi du catamaran Biotherm de Florence Arthaud. Un autre grand succès visuel mondial. Il aurait aussi voulu que L'Oréal fabrique des gélules de beauté. “Il faut lancer l'idée de la beauté par l'intérieur, ce sera révolutionnaire”, me disait-il. Ces gélules, on en trouve aujourd'hui dans toutes les pharmacies. Mais à l'époque, L'Oréal ne disposait pas – manque de chance – des laboratoires nécessaires à leur réalisation. Pal Sarkozy était un visionnaire et il a gagné beaucoup d'argent. »

« C'est parce qu'il aimait les femmes qu'il savait leur proposer des produits raffinés », explique une de ses anciennes collaboratrices qui le décrit comme un patron perfectionniste, très exigeant au travail, acharné à créer de la beauté et de la nouveauté, très charmeur bien sûr, donnant du « ma cherrie », à tout le monde, aux femmes, aux hommes, et même à ses clients, ce qui les amusait. Elle ajoute : « Il demeurait très hongrois dans sa tête, même s'il ne nous parlait jamais de son passé. » (Il n'a pris la nationalité française que tard, dans les années soixante-dix, son statut d'apatride compliquant trop, lors de ses voyages, les passages aux frontières.) « Il ne nous parlait pas non plus de ses enfants ». Des années plus tard, seulement, il aimera se vanter de leur réussite.

Dadu lui demande donc de l'aide. Il commence par faire le sourd, ne réagit même pas. Elle insiste. Il finit par se fâcher. Et répond par un non sans nuance ni appel. « Mon père ne supportait pas qu'on lui demande quoi que ce soit et que l'on devienne dépendant de lui », dit Guillaume. Une situation qui confine au drame familial. À l'époque, tous ses amis s'en souviennent, Nicolas ne cachait pas une hostilité violente, voire obsessionnelle à l'égard de son père. Il le traitait de salaud, annonçait à qui voulait l'entendre qu'il allait lui intenter un procès.

En effet Dadu, qui s'était spécialisée dans le droit de la famille, demandera à la justice une réunion de conciliation.

Aujourd'hui la famille n'entend pas s'appesantir sur l'épisode. On peut le comprendre. Le rôle du père y est rien moins que glorieux. Arrivé au tribunal en limousine, très élégamment vêtu, il réussit à faire croire au juge qu'il ne possédait plus rien. Il s'était rendu insolvable dans le seul but d'échapper à une augmentation de la pension alimentaire. Comment ? Mystère… À la sortie, Nicolas, fou de rage, lui avait tordu le bras. Pal lancera à ses fils un « je ne vous dois rien[1] », qui les blessera au plus profond. Ce qui les conforte tous les trois dans la même philosophie : ne compter que sur soi, ne jamais rien devoir à personne.

C'est surtout à partir de ce moment que l'absence du père est davantage ressentie par la fratrie. Ainsi, François, qui commence sa médecine, lui a fait grief par lettre de sa conduite. Il se voit répondre qu'« un père n'a pas à se justifier devant ses enfants ». À Guillaume qui lui reproche son quatrième mariage, Pal rétorque qu'« on ne juge pas son père ». Nicolas, lui, est contraint d'emprunter – les petits boulots ne suffisent pas – pour terminer ses études.

La rupture se prolonge, la famille fait mine de l'oublier. Mais tristes souvenirs, rancœurs et regrets rôdent toujours dans l'inconscient. « Les larmes inapprivoisées de l'enfance murmurent toute la vie », a écrit André Dhotel…

Des années plus tard, le 7 février 2005, le président de l'UMP est invité par Marc-Olivier Fogiel dans l'émission de France 3 « On ne peut pas plaire à tout le monde ». Comme à l'ordinaire, on saute d'un sujet à l'autre, on parle politique et aussi variétés, chansons. Soudain Nicolas Sarkozy évoque un succès de Calogero « Si seulement je pouvais lui manquer », une chanson dont il semble connaître toutes les paroles : « J'arrête pas d'y penser, si seulement je pouvais lui manquer. Est-ce qu'il va me faire un signe, manquer d'amour n'est-ce pas un crime… À part d'un père je ne manque de rien. »

L'arrivée à Neuilly est donc tout le contraire d'une fête. « Cette situation, ces événements avaient engendré chez moi, explique Nicolas, un sentiment de peur diffuse. Mais la nécessité de se battre à laquelle nous avons été tous les trois confrontés s'est finalement révélée être un carburant formidable. La peur du lendemain, sauf quand elle paralyse, pousse à travailler plus que les autres, c'est un sentiment structurant. Pour s'en tirer, il faut balayer les obstacles, s'acharner. » Ce qu'il est bien décidé à faire, dès l'arrivée à Neuilly.

Il va se lancer en politique.

1. « Peut-être a-t-il connu trop de privations durant l'enfance pour accepter de se priver fortune faite », explique sa fille Caroline.

CHAPITRE III

Une vocation

Mars 1974, morne printemps. Les experts en économie annoncent de sombres nuages. Les Français s'interrogent sur la santé de leur Président, Georges Pompidou, dont la télévision laisse apparaître le visage enflé, blafard, souriant pourtant. Un mois plus tôt, il a demandé à Pierre Messmer de former un deuxième gouvernement auquel participent presque tous les barons gaullistes.

Valéry Giscard d'Estaing, qui n'appartient pas à ce bord, bien au contraire, tient les Finances. Jacques Chirac, après avoir été son secrétaire d'État au Budget, est ministre de l'Agriculture depuis 1972. Ces deux-là s'observent, se préparent à jouer les premiers rôles. L'heure est plus proche qu'ils ne le pensent.

Un samedi après-midi de ce mois-là, Nicolas Sarkozy frappe à la porte de la permanence de l'UDR, le parti gaulliste. Il faut la trouver, au fin fond de Neuilly, près de la Seine, dans une toute petite rue qui porte un nom inconnu de tous les dictionnaires biographiques : Paul Chatrousse. Elle est nichée au numéro 19, dans un ancien café gris et sombre. Deux petites pièces encore encombrées d'un gros comptoir, presque toujours vides et frisquettes. Les militants locaux ne s'y pressent guère. Militant est un grand mot : des inscrits plutôt, qui ne sont que 120 et loin d'être tous à jour de leur cotisation. Ce samedi-là d'ailleurs, le secrétaire de section, Renaud Chauvot de Beauchêne, s'y trouve seul avec un compagnon. « Soudain, raconte-t-il, j'ai vu arriver un jeune garçon très souriant qui nous a déclaré tout de go avoir tout juste dix-neuf ans et brûler d'envie de militer avec nous. Un peu ébahi, je lui ai demandé de recruter des jeunes, le plus grand nombre possible, bien entendu. »

Seulement voilà : pour le gaullisme, 1974 sera un millésime sinistre, celui de la division et de la perte du pouvoir.

Georges Pompidou meurt le 2 avril. Une rude bataille commence avec une rare profusion de revirements et de coups tordus. Le candidat naturel de l'UDR s'appelle Jacques Chaban-Delmas, un homme d'ouverture, aimable, solaire, fait pour le bonheur. Compagnon de la Libération, général de la France libre, il a participé à plusieurs gouvernements sous la IVe République et en a dirigé un, sous la présidence de Georges Pompidou, qui a laissé, avec son slogan de « nouvelle société », un souvenir très vif. Il doit affronter un concurrent redoutable, Valéry Giscard d'Estaing. Un ennemi pour les gaullistes. N'a-t-il pas contribué à la chute du Général au référendum d'avril 1969 en conseillant aux Français de… « ne pas voter oui » ?

Voilà que cet adversaire reçoit l'appui de Jacques Chirac, poulain de Georges Pompidou, devenu ministre de l'Intérieur le 1er mars dans un troisième gouvernement Messmer : une place de choix en période électorale. Chirac se démène avec la fougue qu'on lui connaît déjà pour faire triompher le candidat du camp opposé avec le concours de quarante-trois députés gaullistes démarchés par lui sur les encouragements insistants de ses mentors, Pierre Juillet et Marie-France Garaud, deux conseillers du Président défunt. Personnages hors du commun qui, pendant dix ans, auront fait trembler la majorité. « Des Médicis », selon Edgar Faure. Lui, front têtu, silhouette râblée, avocat de formation, fils et frère de préfet, Résistant, se présente à l'occasion comme éleveur de moutons en Creuse dont il est originaire. Elle ? Grande, belle, brune, native du Poitou, fille d'avoué cossu, magistrate, adopte volontiers des allures de Diane chasseresse. Jeune, elle a dressé des chevaux, il lui en est resté quelque chose pour manœuvrer les parlementaires. Intelligents et retors, ils aiment les coulisses de la politique, sont impitoyables pour les médiocres, abhorrent les idées molles, font et défont les carrières et adorent tacler les barons du gaullisme, tel Chaban.

Ce dernier, débordé, ne résistera pas longtemps. Le 16 mai, Valéry Giscard d'Estaing entre à l'Élysée. Il annonce hardiment le commencement d'« une ère nouvelle » et, reconnaissant, il ouvre à Jacques Chirac les portes de l'Hôtel Matignon. Le Premier ministre a quarante et un ans, le Président 48. Le couple a fière allure. Longiligne, éclatant de santé, il paraît annoncer l'entrée en politique d'une autre génération unie par une joyeuse complicité.

L'UDR rumine son vague à l'âme. Chirac s'est fait huer dans tous les meetings. Il est le « traître ». À l'UJP (Union des Jeunes pour le Progrès), le mouvement des jeunes gaullistes, la consigne se résume en un sigle : TSG « Tout sauf Giscard ».

Nicolas Sarkozy, n'ayant pas atteint la majorité légale (de vingt-et-un ans), n'a pu prendre part au vote. Mais il a suivi la campagne avec passion, et pris, du coup, quelques bonnes leçons de politique. Sans changer un seul instant de convictions, malgré la défaite du camp où il venait de s'engager. Quelques mois plus tard, il refusera avec superbe l'invitation des jeunes giscardiens neuilléens. « Je l'ai appelé pour lui dire : "Tu perds ton temps, les gaullistes c'est dépassé" », raconte leur leader Hugues Dewavrin. Il m'a répondu sur un ton de père noble « qu'il n'avait pas vocation à rejoindre les puissants du moment, et qu'il resterait fidèle à son mouvement ». « Il faudrait que vous le rencontriez, il a une moelle d'enfer », conseille Dewavrin à Jean-Pierre Raffarin et à Dominique Bussereau. Lors d'un déjeuner dans une pizzeria de Neuilly, le jeune Sarkozy campera sur ses positions. UDR il est, UDR il reste !

Il s'en est expliqué : « Culturellement, je n'étais pas de gauche, socialement je n'aimais pas cette forme d'arrogance que je percevais, peut-être à tort, dans le giscardisme des années soixante-dix. Giscard ? Ça n'était pas ma tasse de thé. J'aimais le côté populaire, tellement français des gaullistes. » Sans compter le souvenir de papy et de ses convictions.

Cette fidélité vaut d'être soulignée. Pour un jeune ambitieux, se lancer dans la politique six ans après 1968, et plus encore dans un mouvement désemparé et divisé, peu attirant pour les jeunes de cette génération, était un pari très risqué. Réponse de l'intéressé : « Je sentais en moi une force intérieure qu'il fallait utiliser. J'avais besoin de faire quelque chose de ma vie et pour moi, la politique était l'un des derniers terrains d'aventure collective. Du moins le seul qui m'était ouvert. Et je voulais passionnément être acteur, pas spectateur. »

Pendant la campagne, le meeting de Chaban à la patinoire de Boulogne lui a offert sa première grande émotion, une vraie montée d'adrénaline. « J'y suis allé dans la 404 blanche d'un militant. Nous étions quatre, mon cœur battait à tout rompre. »

Dans la salle archi-comble, il peut apercevoir au premier rang les hiérarques gaullistes : Malraux, Debré, Guichard, une brochette de célébrités et aussi des gens de tous métiers, tous milieux, toutes origines vibrant du même enthousiasme. Un moment d'ivresse collective qui le transporte.

« C'est incroyable le nombre de gens que j'ai vus là. Il y avait même Guy Lux ! » racontera-t-il à son ami Jean-Marie Chaussonnière, lequel précise : « Nicolas était fasciné. Au retour de ce meeting, on le sentait bardé de résolutions. Il allait être le militant qui colle le plus d'affiches, celui qui distribue le plus de tracts, qui vend le plus de muguet le 1er Mai. Il allait être le meilleur. Il voulait montrer à sa famille, sa mère, son père, et à ses aînés toutes ses capacités. »

Déjà il annonçait à tous ses amis : « Si je fais de la politique, c'est pour monter très haut. » Pour saisir les clés de la réussite, il dévore les biographies de ceux qui ont marqué l'histoire : Louis XIV, Napoléon, de Gaulle. Et il fait des fiches, chaque fois qu'un de ses contemporains gagne dans n'importe quel secteur d'activité, il étudie son dossier. Il veut comprendre pourquoi.

« La vie politique lui a apporté un épanouissement complet, à la fois intellectuel et physique », précisent ses compagnons. Il faut ajouter qu'elle n'est pas seule à l'origine de cet embrasement.

Nicolas Sarkozy, on l'a vu, n'avait pas aimé son enfance. Entre douze et quinze ans, trop jeune pour se mêler aux sorties de Guillaume, trop âgé pour partager les jeux de François, il passait seul de longs dimanches à rêver devant la télé. À s'imaginer en haut de l'affiche. Et dans la lumière. Vers 17 ans, le ciel s'est éclairci. Le petit garçon tourmenté et rondouillard s'est métamorphosé en un ado efflanqué, convivial, joyeux, entouré d'amis. Et poursuivant toujours le même rêve. Nicolas a adoré son adolescence.

Il a découvert les boums, le rock, les filles, le flirt et… sa capacité de séduction. Bon sang ne saurait mentir.

« Les filles s'attrapent avec les oreilles », dit un proverbe magyar. Or, parler, voilà ce que Nicolas sait très bien faire. Il a « la tchatche ».

« Quand je voyais mes copains hésiter, regarder leur nombril, moi, j'agissais, j'allais parler aux filles, j'invitais. J'ai allumé le moteur avant les autres. »

La vie est là, bouillonnante et tempétueuse. Le calice intérieur qui en lui déborde le porte à l'audace. En tous domaines.

Au temps de la pilule et bien avant le drame du SIDA, la vie amoureuse rime avec insouciance et exubérance. La presse féminine exalte le droit au plaisir. Les slogans de mai 68 sont presque devenus des dogmes. Un vent de liberté souffle dans la jeunesse.

L'activisme de Nicolas est payant en ce domaine aussi, même s'il veut bien reconnaître que son offre était supérieure à la demande. « Je n'étais pas avare de sentiments, j'étais jeune, fougueux, capable de sauter sur tout ce qui bouge. »

– C'était dur, hein Didier ?… lance-t-il plus tard à son ami le compositeur et chanteur Didier Barbelivien, alors qu'ils évoquaient leur jeunesse.

– Qu'est-ce qui était dur, Nicolas ?

– Toi et moi on n'était pas des beaux footballeurs, qu'est-ce qu'il a fallu ramer et se battre pour avoir les filles.

L'amour est aussi un combat.

Dans son ouvrage *Du statut social*[1], l'essayiste Alain de Botton note que chaque vie d'adulte est définie par deux grandes histoires

1. Alain de Botton, *Du statut social*, Paris, Mercure de France, 2005.

d'amour. La première est la quête d'amour sexuel, socialement acceptée et souvent célébrée dans la littérature. Un domaine où Nicolas ne sera jamais un frustré. La seconde histoire est une quête de reconnaissance sociale : celle de l'amour du monde. « Elle n'est pas moins intense, aiguë que la première, elle n'est pas moins complexe, importante et universelle et ses échecs ne sont pas moins douloureux. »

Pour la reconnaissance sociale, la politique va vite renvoyer au jeune militant un effet de miroir très valorisant. Ses aînés vont rapidement le distinguer, et ce ne sera pas par hasard.

« Il était très mature pour son âge, il possédait déjà un véritable don de la parole, de la synthèse, de la réplique », se souvient le secrétaire de la section UDR de Neuilly, Renaud Chauvot de Beauchêne : « Le samedi, nous avons pris l'habitude de tenir à la permanence des réunions d'information, et c'était surtout Nicolas qui parlait. Très vite aussi, il a organisé des rassemblements plus importants, invité des leaders. » Ainsi, Alexandre Sanguinetti, le secrétaire général du mouvement, personnage haut en couleur, orateur décapant qui avait tout pour plaire à la centaine de jeunes venus l'écouter. Un vrai succès pour lui et pour l'organisateur aussi qui « invitait des personnalités pour en devenir une lui-même », comme le note avec finesse son ami Jean-Marie Chaussonnière.

Dès lors, il ne s'appartient plus. Son agenda est surbooké. Tous ses samedis sont pris, ses dimanches aussi. Ce jour-là, « on partait chez les cosaques à quatre ou cinq voitures », se rappellent les militants. Il fallait couvrir d'affiches UDR les murs des communes de la banlieue complètement acquise alors au parti communiste, la ceinture rouge. « On s'amusait comme des fous. »

Les études elles-mêmes, auxquelles il s'est enfin accroché (il obtiendra sa licence sans problème) sont scandées par l'activité politique. D'autant que 1968 a laissé des traces : grèves, manifs, et crises se succèdent à la fac de Nanterre. Pour avoir proclamé lors d'une assemblée générale dans le grand amphi qu'il était hostile à la grève, gaulliste et fier de l'être, Nicolas se fait tabasser par des gauchistes, et se retrouve marbré d'ecchymoses, la chemise en lambeaux. « Six mois plus tard, dit-il, je ne pouvais toujours pas aller aux cours dans la journée, j'assistais à ceux du soir. »

Il se fait alors des amis parmi les gaullistes neuilléens. Ainsi Philippe Grange : « C'est lui qui m'a le plus aidé », assure-t-il. Il est le trésorier de la section, expert immobilier, conseiller municipal, membre du comité central de l'UDR et supporter affirmé de Chaban-Delmas. « À l'époque, raconte-t-il, j'étais encore célibataire, Nicolas venait très souvent chez moi le soir et nous discutions politique. Justement, un soir de décembre 1974, je venais de recevoir un télégramme de Matignon me convoquant à une réunion extraordinaire du Comité central pour le lendemain même, un samedi à huit heures trente. Une procédure tout à fait exceptionnelle. Comme je lui faisais part de mon étonnement, il m'a demandé de l'emmener. Il a tellement insisté que j'ai fini par céder. »

Or l'événement sera aussi exceptionnel que la convocation.

En décembre de cette année 1974, l'UDR déprime. Elle n'est plus au pouvoir. Et Valéry Giscard d'Estaing, le nouveau Président, fait peu d'efforts – c'est le moins que l'on puisse dire – pour séduire les gaullistes, lesquels constituent pourtant la majorité de la majorité parlementaire. Jacques Chirac est toujours considéré comme « le traître » par beaucoup d'entre eux. Mais le jeune Premier ministre déploie beaucoup d'efforts pour rentrer dans leurs grâces. Il multiplie les mots gentils, les coups de fil amicaux, les offres de services, il invite beaucoup à Matignon pour redonner espoir, ouvrir des perspectives avec des mots de reconquête. « Aux prochaines législatives, nous reviendrons à 150, et nous resterons la majorité de la majorité », promet-il lors des Journées parlementaires de septembre, faisant mine d'ignorer que lesdites législatives ne doivent intervenir que quatre années plus tard. Mais ça marche. De tels propos mettent un peu de baume au cœur. Et Charles Pasqua, secrétaire national de l'UDR, chargé de l'animation, compagnon à la faconde bonhomme et à l'accent ensoleillé, garanti gaulliste pur jus, s'emploie à « chiraquiser » le mouvement. Il va de fédération en fédération, porter partout le même message : « Pour revenir au pouvoir, nous ne pouvons compter que sur Jacques Chirac. »

Le mandat du secrétaire général, Alexandre Sanguinetti est alors proche de son terme. Il doit être renouvelé lors d'un comité central prévu au plus tôt pour mars 1975. Mais déjà les barons s'agitent, le paisible Olivier Guichard laisse entendre tout haut qu'il se verrait bien à la tête du mouvement. Michel Debré, qui s'y verrait également mais ne le dit pas, suggère seulement qu'une direction collégiale ferait mieux l'affaire. Ce remue-ménage, encore discret pourtant, inquiète l'Élysée. Jacques Chirac n'avait-il pas promis qu'il se faisait fort de « giscardiser » l'UDR ? C'était même la seule mission que lui avait assignée le Président. Au début de décembre, Valéry Giscard d'Estaing va rencontrer aux Antilles Gerald Ford, le Président des États-Unis. Comme le veut la coutume, le Premier ministre l'accompagne à l'aéroport. En chemin, ils évoquent la situation de l'UDR.

Au moment d'embarquer, Giscard lance : « Il faudra prendre une initiative. »

Jacques Chirac, qui n'attendait que ce feu vert, l'avait même devancé. Avec un plan de bataille et de conquête… mais à son profit, et non à celui du Président ! On est jeudi. Giscard parti, il faut brusquer les choses. Le soir même, Chirac est l'hôte des barons réunis pour dîner au Conseil constitutionnel présidé par l'un d'eux, Roger Frey. Au menu, on parle de l'avenir, du mouvement gaulliste, des projets des uns et des autres. Le Premier ministre reste évasif, les mets sont délicats et l'ambiance chaleureuse. Mais le dessert à peine avalé, Chirac prend congé, et, riant, lance à ses commensaux « Finalement, c'est moi qui devrais prendre la tête de l'UDR ! » Quelle bonne blague ! Les barons s'esclaffent : a-t-on jamais vu dans la Vᵉ République un Premier ministre à la tête d'un parti ? De quoi se faire retourner le Général dans sa tombe.

Ils n'ont pas encore flairé la manœuvre.

Tandis que Jacques Chirac conversait avec eux, Charles Pasqua a convié Alexandre Sanguinetti à dîner dans un bon restaurant. Sur l'air de « un ami corse parle à un ami corse », il lui fait comprendre qu'il va devoir démissionner. Quand ? Samedi. C'est-à-dire après-demain. Le secrétaire général, assommé, comprend vite qu'il ne peut qu'obtempérer.

Tard dans la soirée, Jacques Chirac, Pierre Juillet, Marie-France Garaud, Charles Pasqua et quelques autres, se retrouvent à Matignon. Ils passeront la nuit à préparer les télégrammes de convocation qui seront envoyés le lendemain aux membres du Comité central.

Et voilà pourquoi, ce samedi-là, le jeune Nicolas assiste derrière la porte à ce qui ressemble à un hold-up politique. Mais il n'en perd pas une miette. Il voit monter à la tribune Alexandre Sanguinetti, qu'il avait invité quelques semaines plus tôt à Neuilly, annoncer avec une mine de condamné à mort qu'il a décidé de démissionner pour « raisons personnelles ». Murmures dans la salle. Jacques Chirac s'empare alors du micro pour annoncer qu'il est candidat.

« C'est une pantalonnade », clame un Chaban bouleversé. « C'est contraire aux statuts », tonne Pierre Messmer ; « Faisons plutôt une direction collégiale », répète Michel Debré. Mais personne n'écoute plus personne. C'est le tohu-bohu. Et curieusement, personne ne quitte la réunion. On passe donc au vote. Pour le principe, un militant courroucé fait lui aussi acte de candidature. C'est Jacques Chirac qui est élu.

« Jusque-là, j'étais chabaniste. Mais, en cet instant, je me suis dit : seul Chirac peut nous sauver », confesse le jeune étudiant qui en tire d'emblée la leçon : pour obtenir ce que l'on veut il faut une stratégie, s'armer de culot, et foncer.

Il ne va pas tarder à passer aux premiers travaux pratiques. Dans la foulée de l'élection de Jacques Chirac, le secrétaire de la section de Neuilly réunit les militants. On se répartit les postes et les tâches : « Qui veut être trésorier ? » « Moi », répond Nicolas en levant le doigt.

Adjugé. Vendu.

Son ami Philippe Grange, qui occupait jusque-là cette fonction, en a le souffle coupé. Mais n'ose protester publiquement. À la sortie il grogne pourtant : « Dis donc, tu ne manques pas d'air, tu aurais pu me prévenir. » Et Nicolas de rétorquer sans se démonter : « J'ai levé le doigt, parce que je savais que tu n'en avais plus envie. »

Son nouveau professeur, en politique et en audace, s'appelle Jacques Chirac. Or, celui-ci, pendant sept ans, ne cessera de surprendre les gaullistes qu'il a très vite gagnés à sa cause, « retournés comme des crêpes », selon l'un d'eux. L'UDR ne sera jamais giscardisée, elle s'est chiraquisée. Dès lors, le septennat de Valéry Giscard d'Estaing va prendre des allures de western. Tensions, règlements de comptes, séparations, gloire, échecs, se succèdent à un rythme haletant. En plusieurs actes.

Août 1976, Jacques Chirac démissionne avec fracas de Matignon. À la télévision, il expliquera solennellement aux Français : « Je n'avais pas les moyens de gouverner. » Du jamais-vu sous la Ve République. Rien ne va plus. Raymond Barre forme le nouveau gouvernement. Un autre style.

Jacques Chirac n'a évidemment pas quitté Matignon pour prendre sa retraite. Deux mois plus tard, le 3 octobre, il lance l'appel d'Égletons (une ville de Corrèze dont il ambitionnait alors de devenir le premier magistrat). Il préconise un vaste rassemblement populaire « que la France a toujours su tirer de ses profondeurs, lorsque le destin paraît hésiter ». Au programme de ce rassemblement, un « travaillisme à la française ». Pour se démarquer du « libéralisme avancé » de Giscard.

Ce discours annonce le grand rassemblement du 5 décembre 1976. Le RPR, alors, remplace l'UDR. Ce n'est pas un simple changement de nom, il s'agit de créer « le » parti de Jacques Chirac. En chauffeur de salle, Nicolas Sarkozy prononce le discours « les jeunes pour Chirac ». Dans la foule, le public scande « Chirac, président ! », or la présidentielle est bien loin : dans cinq ans. Du côté de l'Élysée, on n'apprécie évidemment pas.

Janvier 1977. Pour la première fois les Parisiens vont pouvoir élire leur maire au suffrage universel. La réforme est signée Giscard. Et il a désigné son favori : Michel d'Ornano, non pas un Parisien, mais son ami proche, député du Calvados, qui doit quitter sa mairie de Deauville pour conquérir la capitale. De quoi donner des idées à un autre élu de province. Poussé par Marie-France Garaud et Pierre Juillet, Jacques Chirac, député de Corrèze, président du Conseil général, se porte candidat à son tour. La Giscardie en a les sangs retournés. Car, elle le sait, Chirac n'est jamais aussi efficace, aussi heureux, autant lui-même que lors des campagnes électorales. Chaque arrondissement, chaque rue, chaque immeuble, chaque commerçant reçoit sa visite. Il veut démontrer au grand jour que lui seul incarne le dynamisme et la combativité. Il se montre infatigable. Et il l'emporte. Une victoire qui va peser lourd dans sa destinée : s'il n'y avait pas eu Paris, sans doute n'y aurait-il pas eu l'Élysée. Le mandat municipal de Jacques Chirac dans la capitale lui a procuré non seulement une base logistique incomparable, mais ce bien encore plus précieux : une visibilité, un rôle et une longévité politique exceptionnels.

Au cours de cette campagne, un petit soldat RPR anonyme a collé beaucoup d'affiches dans les rues de Paris : Nicolas Sarkozy, bien sûr.

11 février 1978 : lancement de la campagne des législatives. La gauche rassemble ses bataillons. Pour la première fois on évoque l'hypothèse d'une cohabitation (président de droite, gouvernement de gauche) que les gaullistes, à commencer par Jacques Chirac, rejettent de toutes leurs forces. Le RPR rassemble plus de cent mille personnes à la Halle aux Bœufs, porte de Pantin. Il fait ce jour-là un froid de gueux. Charles Pasqua est l'organisateur de cette réussite. Nicolas Sarkozy appartient désormais à son staff.

Dans son discours, le maire de Paris critique ouvertement le Président de la République. Et il mène ses partenaires centristes et giscardiens à la cravache sans cacher le moins du monde son absence de considération pour eux. Ces derniers, afin de résister au rouleau compresseur RPR, ont créé l'UDF. Un mariage entre le parti républicain de Giscard, les centristes de Jean Lecanuet, les radicaux de Jean-Jacques Servan-Schreiber et les démocrates sociaux de Max Lejeune. Aux élections de mars, la majorité finit par l'emporter comme Jacques Chirac l'avait promis en 1974. Le RPR demeure, avec 153 élus, le groupe le plus puissant de l'Assemblée, mais il perd tout de même vingt sièges et – mauvaise surprise – l'UDF qui en a conquis 124, le talonne. C'est Valéry Giscard d'Estaing qui empoche le bénéfice. « On nous a volé notre victoire, c'est nous et nous seuls qui avons fait campagne », pleurent les gaullistes. La guerre va continuer, plus rude encore.

1979. Premières élections européennes au suffrage universel. Victime d'un accident de voiture sur une route verglacée de Corrèze, Jacques Chirac est encore immobilisé sur son lit de l'hôpital Cochin, d'où il lance un appel qui passera à la postérité sous le nom de cet établissement. Ledit texte est l'œuvre, entre autres, de Pierre Juillet, mentor constamment à l'affût. « Comme toujours, y lit-on, quand il s'agit de l'abaissement de la France, le parti de l'étranger est à l'œuvre avec sa voix paisible et rassurante. Français, ne l'écoutez pas, c'est l'engourdissement qui précède la mort. » C'est surtout un gros missile du RPR en direction de l'UDF. À la lecture de ce pamphlet, toute, la France politique suffoque de surprise et souvent d'indignation.

Tête de liste à ces élections de juin, Jacques Chirac, qui a confié la deuxième place à Michel Debré, obtient un score calamiteux : 16,3 % des voix seulement contre 27,60 % à Simone Veil, tête de liste de l'UDF. Une vraie claque. Un échec qui aura de lourdes conséquences. D'abord pour l'équipe du président du RPR : Marie-France Garaud et Pierre Juillet font dare-dare leurs valises. Bernadette l'a exigé. « C'étaient eux ou moi », dira-t-elle à Christine Clerc dans une interview à *Elle*. Côté Élysée, c'est pire encore, Jacques Chirac et Valéry Giscard d'Estaing sont devenus des adversaires irréconciliables.

Deux ans plus tard, en 1981, le président du RPR se porte candidat à l'élection présidentielle (contre l'avis de son épouse). Michel Debré est également candidat. C'est la débandade dans la famille de droite et ce sera la déroute. Valéry Giscard d'Estaing est défait.

Après vingt-trois ans d'une longue opposition, François Mitterrand accède enfin à l'Élysée.

« Vous verrez, il n'y restera pas plus de deux ans », prophétise alors Jacques Chirac. On connaît la suite. Le président du RPR n'en est pas pénalisé : six mois plus tard, les sondages le sacrent à 53 % l'opposant préféré des Français. Il n'a pas à regretter d'avoir fait tomber Giscard au profit de Mitterrand comme il avait trahi Chaban au profit de Giscard sept ans plus tôt.

Au long de ces années, le jeune militant Sarkozy a pu constater que celui qui se dit l'héritier du Général n'a guère respecté la fonction présidentielle, « la clé de voûte de nos institutions », comme le répète, telle une litanie, le premier verset du credo gaulliste.

Au contraire, Jacques Chirac a contribué à faire battre celui qu'il avait tant aidé à être élu. Il a transgressé toutes les règles. Il a obtenu de grands succès, connu des échecs aussi. Mais quel chemin parcouru depuis 1974. Et il n'a que quarante-huit ans !

Le novice admire l'animal politique. De tout ce qu'il a vu et entendu au long de ce septennat, il a été solidaire. Un postulat s'en dégage : les usages et les principes ne méritent le respect que lorsqu'ils servent. On doit s'empresser de les oublier dès qu'ils deviennent des obstacles.

Retour en 1975. Militer à Neuilly, c'est bien. Mais insuffisant pour qui veut précipiter les choses. Pour cela, il est impératif de se faire connaître au siège du mouvement, Rue de Lille, où Jacques Chirac encore Premier ministre vient de charger Robert Grossmann, ex-patron des jeunes gaullistes, de reconstruire un mouvement de jeunes. Grossmann a accepté et fait revenir auprès de lui ses amis. Michel Barnier, Patrick Ollier, d'autres encore. Mais il a besoin de renforts.

Il raconte : « Un jour, dans les couloirs, j'ai vu arriver un jeune garçon tenant un bouquet de fleurs. Je lui ai demandé ce qu'il faisait là. Il m'a raconté qu'il était étudiant et gaulliste, qu'il militait à Neuilly mais travaillait chez un fleuriste pour payer ses études. Il était naturel, sympathique, je lui ai dit : "Je t'embarque." "Robert, je lui dois beaucoup", ponctue Nicolas. Et très vite, poursuit Grossmann, il a fait partie de ma petite équipe rapprochée, dont il est devenu un élément actif. Le soir, il me ramenait souvent chez moi dans le XIIIe, à bord de sa vieille Coccinelle. On dînait ensemble, on discutait à perte d'heures, car ses convictions étaient fortes. Mais on allait aussi en boîte, et on s'intéressait beaucoup aux nanas. À l'époque, il était très amoureux d'une fille très douce, Sabine, qu'il avait connue en terminale sur les bancs du cours Monceau. L'été, il allait lui rendre visite en Dordogne. »

Nicolas ne va pas tarder à en amener une autre Rue de Lille. Elle se nomme Clara Lebée et elle est différente de toutes les précédentes. Il a rencontré dans une boum cette étudiante à Nanterre, comme lui. C'est une partenaire avec laquelle il parle d'égal à égale. « C'était une militante très douée, une fille radieuse, rayonnante, avec des yeux bleus superbes. Ils étaient comme des jumeaux, inséparables », sourit Robert Grossmann. Un sourire teint de mélancolie. Peu de temps plus tard, Clara Lebée, partant au ski avec un ami, est percutée par un camion et meurt dans l'accident. Un décès qui affectera énormément Nicolas. Lors de ses obsèques, c'est la voix étranglée par des sanglots qu'il lui adressera ses adieux. Aujourd'hui encore, quand il évoque son souvenir, son regard se voile de tristesse.

Le jeune militant est bientôt invité à toutes les réunions du comité départemental RPR des Hauts-de-Seine présidé par Michel Bokanowski, le sénateur-maire d'Asnières. Une belle figure du gaullisme, un compagnon de la Libération au physique d'acteur américain, toujours bronzé. Mais qui souffre d'un grave défaut : il n'arrive pas à mémoriser le nom de Sarkozy. « Je passe, dit-il alors sans malignité, la parole à Nicolas Skorzény. » Ceux qui connaissent l'histoire de la Deuxième Guerre mondiale encore proche s'esclaffent : le colonel Otto Skorzény n'était pas n'importe qui. Il était l'homme à tout faire d'Hitler. D'origine autrichienne comme lui, c'est lui qui, en septembre 1943, après le renversement de Mussolini, détenu par le nouveau pouvoir italien, avait monté une opération pour le libérer de sa prison des Abruzzes et l'embarquer sur un petit avion. Un événement qui avait fait sensation. C'est lui aussi qui avait conduit le régent de Hongrie, Horthy, à renoncer à signer un armistice avec les Russes en enlevant son fils et en le gardant en otage. À la fin de la guerre, il fut aussi soupçonné d'avoir fait évader plusieurs officiers SS, *via* une filière du Vatican. Cité à comparaître au procès de Nuremberg pour crimes de guerre, il fut acquitté. Ensuite, il mit sur pied une fantastique organisation baptisée Odessa destinée à récupérer les restes épars du trésor nazi et à protéger les anciens SS. Une carrière digne des meilleurs suspenses hollywoodiens.

Le jeune Sarkozy ne connaît peut-être pas l'histoire de Skorzény, mais n'aime guère que l'on écorche son nom et il veut que cela se sache. Alors, un jour, le ton plein de rage il lance à Michel Bokanowski : « Une fois pour toutes, je m'appelle Sar-ko-zy ! Ça n'est tout de même pas plus difficile à retenir que Bokanowski. » La centaine de militants présents comprend à qui elle a affaire. Quel aplomb ! Ce jour-là, Philippe Grange prédit à son ami : « Un jour, tu seras maire de Neuilly. »

CHAPITRE IV
L'envol

1975 est un millésime faste pour Nicolas Sarkozy. L'UDR cherche des jeunes pour participer à une émission télévisée sur FR3. « J'ai dit à Nicolas qu'il devait y aller et que je l'entraînerais à parler », raconte encore Grossmann. « Je l'ai beaucoup fait travailler, il devait apprendre à s'exprimer moins vite, à articuler. Quand je lui disais : "Je te donne 12/20 pas plus", il enrageait et l'on recommençait. Encore et encore… Pour l'encourager, j'ajoutais : "Tu es un diamant brut, je vais te tailler." »

Cette première expérience télévisée est jugée très réussie par l'état-major de l'UDR et par l'entourage de Charles Pasqua, sinon par le maître lui-même. Ce qui va lui valoir de parler à nouveau. Cette fois à la tribune des assises départementales des Hauts-de-Seine. Elles se tiennent une quinzaine de jours avant les assises nationales, au théâtre André-Malraux de Rueil, qui vient tout juste d'être inauguré. Un événement dont se souvient son ami Chaussonnière : « La veille, nous sommes allés reconnaître les lieux. Nicolas est monté sur la tribune et il m'a dit : "Tu sais comment je vais les avoir ? Je commencerai par regarder les types du fond, les sans-grade, les jeunes comme nous. C'est à eux que je m'adresserai en premier et puis mon regard progressera rang par rang et à la fin je veux avoir convaincu les types du premier rang, c'est-à-dire tout le monde." » Un souci de méthode que confirmeront par la suite tous ses proches : « Avec lui, rien n'est jamais laissé au hasard, chacune de ses interventions, qu'il écrit lui-même, est répétée, corrigée, recorrigée. Son propos est toujours millimétré, il n'aime pas les improvisations. »

De fait, comme prévu, ce jour-là, quand ce gamin encore inconnu est appelé à la tribune, il obtient un vrai triomphe. À la fin de son discours, les militants l'accostent pour lui prédire un bel avenir. Lui-même n'en revient pas. Et il téléphone aussitôt à Dadu : « Allô, maman, tu sais quoi ? Ils m'ont applaudi et félicité. »

Ce nouveau succès lui vaut d'être distingué cette fois par Charles Pasqua, lequel, aux commandes de la fédération départementale des Hauts-de-Seine, est surtout l'un des conseillers intimes de Jacques Chirac. Puisqu'il faut amener des jeunes aux assises nationales de Nice, celui-là est tout désigné. C'était aussi l'avis de Grossmann.

Quelle promotion ! Un grand souvenir qui commence par le voyage en train, affrété spécialement pour les militants de la région parisienne par le même Charles Pasqua. Le périple est long et joyeux. Déjà grisé, Nicolas amuse, fait du charme, séduit. Arrivé à Nice, il passera le reste de la nuit à répéter son texte (écrit sur une feuille recto-verso). « Quand je l'ai lu à Robert Grossmann, il m'a dit : "Ne change rien." » Le dimanche matin, plus de vingt-cinq mille militants sont réunis dans un hall immense. Le novice de Neuilly a droit à une place à la tribune, aux côtés d'un autre jeune, aussi ému que lui, Philippe Goujon, aujourd'hui sénateur UMP de Paris.

Nicolas doit intervenir après Michel Debré. Or, le discours de celui-ci est un rite bien rodé. Il commence toujours par un tonitruant « Amis, compagnons, militants ». Le propos est toujours long – trop long – et enflammé. Lorsqu'il a terminé, les militants, la tête bourdonnante de mots, ne rêvent que d'aller souffler un peu, boire une bière et se dégourdir les jambes. Moment creux que les hommes de la tribune s'efforcent de combler. Jacques Chirac se tourne donc vers Nicolas Sarkozy qu'il n'a pas encore rencontré. « C'est toi, Sarkozy ? Tu as deux minutes ! »

Aussi survolté que terrorisé, le jeune garçon monte à la tribune comme on se dirige vers la proue d'un navire, sa voix est si amplifiée par la sono qu'il en sursaute. Il s'adresse d'abord au premier rang, là où est encore alignée la nomenklatura gaulliste. Et il n'y va pas de main morte pour manier la brosse à reluire : « J'ai la tête dans les étoiles, vous qui êtes devant moi, vous êtes mes idoles. Je suis jeune mais comme vous je suis gaulliste, car je sais qu'être gaulliste c'est être révolutionnaire. » Et ainsi de suite. Il passe tant d'énergie dans ce micro que les militants se sont rassis et écoutent, éberlués, ce gamin aux cheveux longs. Un moment aussi inoubliable que décisif pour lui. « J'ai entendu les applaudissements qui interrompaient mon discours. J'étais ébloui par les lumières, je ressentais comme une forme d'ivresse. Pour un peu, je ne serais plus descendu de la tribune. »

Dans toute vie, il existe un moment où une porte s'ouvre pour laisser entrer l'avenir. Il faut savoir en profiter. Salué par une longue ovation, le novice respire un parfum de destin. Il est comme étourdi. Le voilà semblable au papillon qui sort de sa chrysalide. En cet instant précis où il se sent admiré, valorisé, il le sait, il le sent, il en est sûr : il fera de la politique. Sa vocation est née. Et il n'a plus qu'une envie : recommencer. Comme toujours Dadu est la première avertie. « Allô maman… »

Achille Peretti, le maire de Neuilly, qui se trouve dans la salle interroge Philippe Grange, assis à ses côtés.

– Qui c'est, celui-là ?

– Il est de chez nous, il milite à Neuilly.

– Allez donc me le chercher.

Aussitôt dit, aussitôt fait. Après l'avoir félicité, Achille Peretti lui demande de venir le voir à la mairie. Où il lui demandera quelques jours plus tard s'il serait intéressé par un siège au conseil municipal. La réponse est bien sûr positive.

– Parfait, conclut Peretti, je penserai à vous en 1977.

Un bonheur n'arrivant jamais seul, au lendemain des assises, Denise Esnous, la secrétaire particulière de Jacques Chirac, le convoque avec Robert Grossmann pour un rendez-vous avec le Premier ministre. De ce moment, il ne retient pourtant qu'un trait, très habituel en vérité de Jacques Chirac. Celui-ci s'exprime en remuant la jambe sous son bureau, avec frénésie ! Comme s'il cherchait à évacuer un trop-plein d'énergie.

Cela dit, Nicolas exulte. Ah non ! Ça n'est pas lui qui écrirait que vingt ans n'est pas le plus bel âge de la vie.

Retour à Neuilly, les promesses n'engageant que ceux qui les entendent, comme chacun le sait, Nicolas devra donc se rappeler au bon souvenir de son maire deux ans plus tard, quand approcheront les élections municipales. Avec une astuce efficace. Il commence par rameuter les jeunes à la permanence : « Je vais vous faire rencontrer un grand leader, je ne vous dis pas qui, mais venez nombreux. » Certains croient que la surprise s'appelle Jacques Chirac. Ils se retrouvent donc à près de 400 qui attendent en trépignant. Et qui arrive ? Un Achille Peretti, époustouflé de recevoir un tel accueil. Bien joué. Nicolas figurera bien sur sa liste… Mais à la 37e et dernière place. Qu'importe… Il est le plus jeune, il a vingt-deux ans. Il a gravi un échelon. Le roi n'est pas son cousin.

« Allô, maman, c'est fait. J'entre au conseil municipal. » Il n'en est pas autrement surpris. C'est qu'il avait reçu entre-temps, en 1975 encore, une autre promesse, et de taille, l'annonce d'un plus grand avenir. Il s'agissait cette année-là d'organiser les assises des jeunes de ce qui s'appelait encore l'UDR. Rassembler 25 000 jeunes, pas moins.

« Si je vois une seule chaise vide, vous recevrez des coups de pied au derrière », a lancé, joyeux, Jacques Chirac à l'équipe de Robert Grossmann qui s'est mise au travail. Nicolas est chargé de préparer le spectacle : pour attirer les jeunes, a-t-il compris, il faut mêler politique et show-biz. Ça tombe bien : les vedettes et les paillettes sont, avant le chocolat, sa première gourmandise. Il est devenu le pote de Robert Madjar qui dirige *OK Magazine*, alors leader de la presse jeune et qui publie les posters des vedettes. Il se fait donc un plaisir d'inviter Thierry Le Luron, le chanteur Nicolas Peyrac, dont il apprécie – comme par hasard – la chanson « Et mon père[1] » – et le groupe Il

1. Pour la petite histoire : très applaudi par les jeunes gaullistes, le soir même, le chanteur se produisait devant une salle communiste où il fut hué, pour avoir chanté cette chanson en raison de la strophe : « Aragon n'était pas un minet ».

était une fois, dont la vedette Joëlle lui plaisait beaucoup. « J'en ai rêvé si fort que les draps s'en souviennent… » Succès total, la salle debout entonne avec elle le refrain : « Si je savais où la trouver… »

Plus de vingt-cinq mille jeunes s'égosillent : « Chirac président, Chirac président ». Mais l'on est toujours à six ans de la présidentielle ! En guise de remerciement, les organisateurs sont invités à dîner à l'Hôtel Matignon. Toute l'équipe est présente, bien sûr. Robert Grossmann, Alain Aubert, Clara Lebée, Nicolas Sarkozy. Un grand souvenir. À la fin de la soirée, Jacques Chirac lance à ce dernier : « Toi, un jour, je te ferai ministre. » La promesse ne tombe pas dans l'oreille d'un sourd. « Allô, maman, tu sais ce qu'il m'a dit, Chirac : je serai ministre. »

Nicolas Sarkozy, d'ordinaire, n'aime guère qu'on le tutoie. « Non mais, qu'est-ce qu'ils ont tous, ces politiques, à me tutoyer ? Et que j'te tutoye et que j'te tutoye, est-cc que je les tutoie, moi ? C'est insupportable. » Mais ce « tu » de Chirac, il le supporte évidemment. Mieux, il l'apprécie. Car, désormais, il s'est inscrit dans le paysage du chef du gouvernement. « Allez donc dans les Hauts-de-Seine, vous y rencontrerez un jeune type très dynamique, conseille celui-ci à Alain Juppé qui vient d'arriver à Matignon comme chargé des études avec pour mission d'écrire les discours et donc préparer celui que le Premier ministre va prononcer aux assises consacrées à la jeunesse. On est en juin 1976, à un mois et demi de sa démission de Matignon. Ce jour-là, Jacques Chirac a décidé de parler en premier pour laisser aux jeunes le soin de clôturer la journée.

Lors de cette réunion porte Maillot, Nicolas Sarkozy est, bien sûr, l'un de ces orateurs. Et il a séduit un jeune homme de trois ans son cadet, un grand garçon blond, d'apparence timide et qui l'apostrophe par ces mots : « Monsieur, j'aimerais travailler avec vous. » Il s'appelle Brice Hortefeux. Il est encore collégien, habite Neuilly. Son père, cadre supérieur dans une banque, est élu municipal de la commune de Saint-Saturnin dans le Puy-de-Dôme, dont il est originaire, le berceau des Bardoux, la famille maternelle de Valéry Giscard d'Estaing. Quand on lui demande aujourd'hui pourquoi il a fait un tel choix, Hortefeux explique : « Parce que Nicolas était vraiment le seul jeune qui m'ait passionné. Il était bien meilleur que Chirac qui, ce jour-là, avait parlé de patente… Il y a mieux pour faire vibrer un jeune. » En effet.

« Il faut qu'on se revoie », lui répond, laconique, Nicolas Sarkozy ignorant qu'il vient de trouver un disciple. Ce qui se fait en septembre. Une militante s'en souvient : « J'ai vu arriver Brice, il ne parlait pas, écoutait pieusement Nicolas, un vrai séminariste. » Et d'ajouter : « Brice aujourd'hui le tempère. » Depuis trente ans, aucun nuage n'a troublé leur relation. Brice Hortefeux est devenu l'ami, le confident, le proche, presque un frère. Indispensable à Nicolas Sarkozy. « À chaque étape de ma vie, Brice était là », dit-il.

« Il est le Ponia de Sarko », disent les spécialistes, par allusion au rôle joué par Poniatowski auprès de Valéry Giscard d'Estaing candidat à la présidence. Une comparaison qui ne déplaît pas à l'intéressé.

Désormais, Nicolas Sarkozy fait la pluie et le beau temps à la permanence de Neuilly. Si l'on y grelotte toujours autant l'hiver, il l'a rendue plus accueillante, d'abord plus propre, n'hésitant pas, au besoin, à passer la serpillière lui-même. Il l'a aussi repeinte en bleu. Garçons et filles s'y retrouvent nombreux le soir ou le week-end. Pour parler politique, bien sûr. Ils se le rappellent : « On tapait sur Giscard toute la journée. » Et Nicolas leur trouve toujours du travail : distribuer des tracts, coller des affiches. Il veut des résultats. « Il fallait être à ses ordres, et il n'aimait pas la contestation, tout tournait autour de lui », se souviennent-ils. Pour lui, l'insulte suprême était : « Tu ne fous rien. » À quoi certains répondaient : « Dis donc, tu nous parles comme si tu nous payais », ce qui ne le démontait pas. Il lançait même parfois : « Plus tard, je ferai travailler des énarques et des polytechniciens. » Ce qui faisait sourire quand on le voyait partir pour aller poser des affiches en blouse blanche maculée de taches de colle.

C'est qu'il se moquait complètement de son apparence. Il n'incarnait pas comme eux le chic neuilléen : blazer et pantalon de flanelle, Mini-Cooper ou R5. Lui, arborait éternellement la même veste de velours marron avec des ronds de cuir aux coudes. Un jean ou un pantalon bordeaux. Il était chaussé de boots beiges à talon. Il portait le cheveu long et ondulé et se couvrait parfois le chef d'un chapeau de cow-boy, son cartable en carton à la main, il cultivait un style soixante-huitard mal recyclé. Ce qui désolait sa mère : « Pour qu'il aille s'habiller, je lui donnais des chèques libellés Mamby que je retrouvais des mois plus tard au fond d'un tiroir. » Sa seule coquetterie : l'Eau sauvage de Dior, dont il s'aspergeait d'abondance. Et il signait ses lettres : Nicolas Sarkozy de Nagy Bocsa. Une particule qu'il gommera vite, ensuite, de ses cartes de visite.

Quelques garçons ironisaient sur son look. « On lui aurait donné cent sous pour qu'il en change. » Les filles, elles, c'était une autre affaire. Quand il refusait de participer à une soirée, sous prétexte d'un travail à la permanence, c'était souvent, racontent ses amis, pour y retrouver une jolie militante. « Les mères avaient peur pour leurs filles », s'amuse un ancien. « C'était un dragueur invétéré. Un expéditif. Tu veux ou tu veux pas. » Il promenait ses conquêtes dans la vieille 104 rouge de sa mère en leur repassant en boucle les mêmes cassettes : le « Si maman si » de France Gall, et le « Que je t'aime » de Johnny. Et il chantait à tue-tête (faux). Toujours sans le sou, il ne leur offrait guère de cadeaux, il ne les emmenait pas dans les restaurants huppés. Pour les petits dîners à la pizzeria, on partageait l'addition. Pourtant, elles sont unanimes : il avait un charme fou. L'une d'elles, bonne observatrice, note : « Il était le patron, il s'est toujours comporté partout en mâle dominant. » Elle ajoute : « Quand il nous annonçait : "Plus tard, je serai Président de la République", on ne le croyait pas, mais on était certaines qu'il ferait quelque chose de grand de sa vie. »

Il ne faisait pas toujours bande à part pour autant. Il se joignait aux soirées chez les uns ou les autres, aimait danser, chanter, plaisanter. Lui ne buvait que des jus de fruits et ne fumait pas. Ce qu'il préférait : aller parler politique avec les parents. Sa drogue. Sa passion. « Au fond, il n'avait pas de légèreté », note l'une de ses amies.

Sa tendance à tout régenter agaçait bien un peu ses aînés à la permanence. En plus il ne se gênait pas pour leur dire qu'il fallait tout changer – déjà la rupture ! Et il menaçait comme dans les bandes dessinées : « Celui-là je vais le tuer. » (Il continuera longtemps à s'exprimer de la sorte.) Mais il obtenait toujours gain de cause. Les dirigeants du RPR, à commencer par ceux de Neuilly, allaient bientôt en faire l'expérience, comme Achille Peretti quand il l'eut fait entrer au conseil municipal.

L'application des leçons du maître Jacques Chirac est en effet poursuivie à Neuilly, après l'élection, par une offensive éclair. « Une nuit, vers une heure du matin, raconte Philippe Grange (devenu adjoint au maire chargé du logement), le téléphone sonne. C'est Nicolas. Il veut me voir d'urgence. Je lui demande s'il a vu l'heure et si nous ne pourrions pas nous rencontrer le lendemain. Il me répond : "Non, tout de suite." Et le voilà qui débarque. "Il y a, dit-il, un coup formidable à faire." Je l'interroge : quoi donc ? Le soir suivant, en effet, était prévue une réunion qui devait notamment élire le secrétaire de circonscription. Et il avait décidé de se porter candidat. "Je n'y arriverai, me lance-t-il, que si tu me soutiens."

« Je lui réponds que c'est impossible, qu'Achille Peretti a déjà choisi son candidat, l'un de ses amis, un ancien commissaire de police, un certain Pignard. "Tu ne peux pas faire ça à Peretti, et puis c'est risqué pour toi." Mais lui insistait encore plus. Il m'a pris par les sentiments, alors j'ai craqué, et fini par acquiescer, mort de fatigue… Il était trois heures du matin. »

Le soir même, Nicolas Sarkozy posait bravement sa candidature avec un aplomb tel que le concurrent désigné n'osait même pas lever le doigt. Une nouvelle fois, il appliquait le principe : on ne peut compter que sur soi.

Le lendemain, le maire de Neuilly, évidemment furieux, tempêtait : « Il est gonflé. » Mais comment en vouloir longtemps à un jeune homme qui se révèle si précieux ? Depuis l'entrée de ce benjamin au conseil municipal, Achille Peretti n'a eu qu'à se féliciter de ses services : il est disponible 24 heures sur 24. « Si le jour avait 25 heures, je serais là 25 heures », assure-t-il. Il se montre égal d'humeur, prévenant, bien élevé. Cérémonieux et flatteur avec les plus anciens auxquels il fait sa cour. À commencer par Édith Gorce-Franklin, la doyenne du conseil, première adjointe aux affaires scolaires qui s'est entichée de lui – elle lui laissera en 1985 son siège de conseiller général. Elle devient un peu sa marraine. Elle lui a demandé de prendre en main les conseils d'école. Ce qu'il accepte avec enthousiasme. Il n'existe pas de meilleur endroit, en effet, pour rencontrer les électeurs. 17 écoles sont réparties dans la ville : à raison de trois conseils par an, dans chacune d'elles, cela fait 51 réunions.

Jusqu'à son arrivée Place Beauvau, Nicolas Sarkozy n'en a jamais manqué une seule. « Il adorait ça », témoignent ses proches.

Il est le plus jeune certes (il n'a même pas fini son droit), mais comme il travaille beaucoup, Achille Peretti le charge de « rapporter » un dossier hautement délicat, la mise sous terre partielle de l'avenue de Neuilly devenue si bruyante, ce dont les riverains ne cessent de se plaindre. Là encore, la qualité de son travail est appréciée.

Juste retour des choses, Nicolas apprend beaucoup aux côtés du maire. Celui-ci ne manque ni d'influence ni de relations. Ancien avocat, ex-commissaire de police, compagnon de la Libération, il a été élu député et maire de Neuilly en 1947. Il a même présidé un temps l'Assemblée nationale. Il n'est certes pas un grand orateur, mais il connaît toutes les ficelles du métier. Nicolas traîne beaucoup dans les couloirs de la mairie et interpelle ceux qui sortent du bureau du maire. Pour leur dire son bonjour. En réalité, il se renseigne. Il veut savoir tout ce qui se passe dans la maison.

Autre professeur en politique : Charles Pasqua. Il a réorganisé le parti dans les Hauts-de-Seine. Il est le patron de la fédération. Il convient donc d'être au mieux avec lui. Il a remarqué Nicolas, forcément, et le nomme en 1977 secrétaire départemental adjoint avec

Patrick Devedjian, en leur fixant pour mission de renforcer l'implantation du mouvement.

« Ce qui m'a frappé chez Nicolas, souligne Devedjian, qui l'a connu cette année-là, c'était son culot et son imagination. Il avait cette formule : “Quand je ne suis pas invité à dîner, je sonne, j'arrive avec le repas, et c'est bien rare si l'on ne me garde pas à dîner”. »

Traduction : « Quand il y a un problème ou que l'on ne pense pas à moi, j'apporte la solution et je m'impose. »

Illustration de la parabole : le jeune apparatchik est devenu aussi indispensable à Charles Pasqua qu'il l'est à Achille Peretti. Bon tacticien, il a compris d'instinct que, pour réussir, il faut se choisir un parrain aussi haut placé que possible, d'un âge élevé aussi et gagner ses bonnes grâces afin de récolter le moment venu tout ou partie de l'héritage. Se nourrir de leur expérience, mais les abreuver de sa jeunesse, de sa disponibilité, de son inventivité. Un donnant-donnant qui est selon lui gagnant-gagnant.

Une méthode décrite avec minutie dans la biographie de Georges Mandel qu'il écrira plus tard, figure dans laquelle il se reconnaît. Ancien ministre de l'Intérieur de la IIIe République, Mandel (qui fut assassiné par la milice en 1944) avait fait ses débuts près de Georges Clemenceau et réussi à s'imposer au Tigre en montrant une habileté et une ardeur au travail hors pair.

Achille Peretti, que Nicolas, toujours très respectueux, appelle « Monsieur », peut compter sur sa fidélité.

Les législatives de 1978 en sont un bon test. Le maire, tout juste nommé au Conseil constitutionnel et qui ne peut donc se représenter, lui confie une mission délicate : animer la campagne de Robert Hersant, patron du *Figaro* soutenu par Jacques Chirac, mais qui doit affronter Florence d'Harcourt, ex-suppléante de Peretti, laquelle n'entend pas céder la place. D'où bisbille. L'affaire est mal engagée. Florence d'Harcourt a l'image d'une femme seule, abandonnée par son camp et qui doit se battre contre un puissant, de surcroît accusé de collaboration pendant la guerre. Or, celui-ci se révèle très mauvais candidat. Nicolas Sarkozy avertit Pasqua et Peretti que l'on court à la catastrophe. Pourtant, il mène sa tâche jusqu'au bout.

Il avait vu juste. Florence d'Harcourt est facilement élue contre Hersant, mais lui, il n'a fait que son devoir. C'est ainsi que l'on devient un homme de confiance, c'est ainsi que l'on transforme une relation de travail en un lien affectif. « Je n'ai jamais vu quelqu'un qui sache comme lui être présent et agréable avec qui il faut, quand il le faut, avec des mots gentils, voire des petits cadeaux », dit encore Patrick Devedjian.

La fidélité est parfois payante. Aux élections municipales de 1983, il passe de la 37e place à la 7e. Une belle progression. Le voilà adjoint au maire, il a vingt-huit ans. L'année précédente, il a épousé Marie-Dominique Culioli, une jeune militante. Et c'est Achille qui les a mariés. Le fait que Marie soit corse, fille d'un pharmacien de Vico, a encore renforcé les liens avec lui. « Avec Nicolas, la spontanéité se mêle toujours au calcul », note un bon observateur.

À la demande du maire, il a largement participé à la composition de la liste (se faisant donc des obligés). Le voilà devenu un homme d'influence ancré dans le paysage local.

Charles Pasqua, qui a du nez, lui renvoie l'ascenseur. Nicolas Sarkozy fait désormais partie des *Pasqua's boys*. Avec deux autres Patrick : Devedjian bien sûr et Balkany, de père hongrois comme lui. Plus Roger Karoutchi. Tous fils d'immigrés qui « en veulent », comme on dit. Tous devront beaucoup au patron des Hauts-de-Seine. Nouvelle progression : en 1977, Roger Karoutchi et Nicolas Sarkozy seront nommés délégués nationaux du RPR à la jeunesse, le premier chargé des universités, le second de l'animation.

Exemple mince, mais significatif : en 1978, Nicolas obtient une bonne planque pour un « service » qui sera très peu militaire : à l'état-major de l'armée de l'air, caserne Balard. On l'a intégré au GRI. Une appellation pompeuse qui n'a rien à voir avec une quelconque force d'action rapide. Le GRI s'occupe tout bonnement de la propreté des lieux. Nicolas Sarkozy a pour mission de passer la cireuse dans les halls de la caserne. Chaque matin de 6 heures à 10 heures. « Je vais à la polish machine », disait-il. Il y a plus dur. Merci, Charles ; merci, Achille. Mais le jeune homme a dû considérer qu'il s'agissait d'un juste retour sur investissement.

CHAPITRE V

« Je les ai tous niqués ! »

Il arrive que les petits services soient oubliés. Charles Pasqua va s'en apercevoir quelques années plus tard. À Neuilly justement.

Au printemps 1983, Achille Peretti, soixante-douze ans, vient d'être réélu pour la sixième fois maire de la ville avec 60 % des voix, face à la députée Florence d'Harcourt, son ennemie depuis le parachutage manqué de Robert Hersant. Un beau succès. Mais il est fatigué. La campagne a été rude, venimeuse et il en a beaucoup souffert aux dires de ses amis. Pourtant, ce n'est pas lui qu'ont attaqué en priorité les adversaires de sa liste, mais un nouveau venu à Neuilly, un poids lourd, il est vrai : Charles Pasqua lui-même, président du groupe RPR au Sénat. Quittant le XVIIe arrondissement, il est venu habiter à Neuilly quelques mois plus tôt et a demandé à Peretti (qui ne pouvait le lui refuser) de figurer sur sa liste. Il souhaitait, disait-il, avoir un « mandat local ».

Son arrivée produit l'effet le plus déplorable auprès des adjoints du maire qui ont bien sûr imaginé illico qu'Achille préparait sa succession.

« Mais je ne suis pas le prince de Monaco », s'emportait celui-ci. Main sur le cœur, Charles Pasqua jurait, lui – croix de bois, croix de fer, si je mens je vais en enfer – n'avoir aucune vocation à s'occuper du « ramassage des crottes de chien sur le trottoir ». Les déjections canines étant alors un grand sujet de politique municipale. Mais il ne parvenait pas à convaincre vraiment. Il semblait évident à tous qu'il voudrait succéder un jour à son ami corse.

Pas plus que les autres adjoints, Nicolas Sarkozy n'a vu cette arrivée d'un bon œil. Car il rêve lui aussi de devenir un jour premier magistrat de la ville. Certains le lui ont prédit. Philippe Grange, on l'a vu, mais aussi un autre adjoint au maire, Roger Teullé qui l'avait présenté ainsi lors d'une réunion : « Regardez bien ce jeune garçon, il sera conseiller général, puis maire de Neuilly, puis député, puis ministre et Premier ministre et qui sait, un jour, candidat à la présidentielle, car il en a l'étoffe » (après le décès de Roger Teullé, Nicolas Sarkozy fera venir auprès de lui son fils Arnaud, qui fait aujourd'hui partie de son staff).

À ses côtés, Nicolas Sarkozy avait rougi de plaisir sans démentir le propos, bien sûr. Or, voilà l'imprévu qui va tout bouleverser. Le 14 avril 1983, Achille Peretti s'effondre devant le buffet, lors d'une réception donnée par l'ambassadeur de Corée au pavillon Gabriel. Crise cardiaque. On veut le transporter chez lui. Il meurt pendant le trajet dans les bras du docteur Legman, un ami qui vient d'être élu sur sa liste municipale.

Le premier prévenu de ce décès est Patrick Balkany, le tout jeune maire de Levallois-Perret. Il a été averti par un collègue du Val-de-Marne, le maire d'Alfortville Joseph Franceschi, alors secrétaire d'État aux Personnes âgées dans le gouvernement socialiste de Pierre Mauroy. Aussitôt, Balkany appelle Nicolas qui dit aujourd'hui avoir éprouvé un grand chagrin. « Achille Peretti est celui qui a eu pour moi le premier geste de reconnaissance sociale. » Cette reconnaissance qu'il désirait tant depuis l'enfance.

Balkany tente aussi de joindre Charles Pasqua, mais l'épouse de celui-ci lui apprend qu'il vient d'entrer en clinique pour subir une petite intervention chirurgicale.

Condoléances dûment présentées à la famille, les deux amis filent à la clinique. Ils veulent convaincre Pasqua de repousser cette opération, car il doit désormais préparer son entrée à la mairie de Neuilly. À cet instant, les deux messagers sont tout à fait sincères. Si bien qu'ils convainquent aisément le futur opéré de se mettre dans la peau du futur maire. Il rentre chez lui où, ensemble, ils font le point. Charles Pasqua demande tout naturellement l'aide de Nicolas, qui connaît si bien tous les conseillers municipaux. Il peut compter sur lui, n'est-il pas un ami ? Un an plus tôt, Charles Pasqua n'avait-il pas été le témoin de son mariage ? Il a besoin de lui, de ses contacts, de son enthousiasme. Car l'affaire n'est pas tout à fait simple : le RPR ne dispose pas de la majorité absolue au conseil.

Seulement voilà, en quelques heures, Nicolas Sarkozy va comprendre que le coup n'est pas jouable pour Pasqua alors qu'il pourrait le tenter pour lui-même. Les réactions toutes négatives suscitées par la candidature Pasqua et les mines effarées des conseillers municipaux le montrent assez. Avant même les obsèques et la cérémonie du 18 avril (aux Invalides, Achille Peretti étant compagnon de la Libération), le jeune homme juge la victoire à sa portée. « J'avais calculé qu'aucun conseiller municipal n'était capable de gagner. Quand je l'ai dit à ma famille, ils m'ont cru devenu fou. » Sa mère, ses frères, le mettent en garde : « Tu vas ruiner ta carrière. » Il leur répond : « Une telle occasion ne se représentera peut-être pas, je préfère la concrétisation immédiate au rêve d'avenir. »

Après les obsèques, Charles Pasqua, qui y croit toujours, reçoit à son domicile quelques conseillers municipaux. Afin qu'ils ne se croisent pas dans l'ascenseur, ils arrivent par l'escalier principal et doivent repartir par l'escalier de service. Certains, disciplinés, n'osent lui refuser leur soutien. D'autres expriment des réticences, mais avec tant de circonlocutions que Charles Pasqua ne doute pas de leur appui. Quelques-uns plus courageux, Philippe Grange et Roger Teullé, lui font quand même comprendre sans ménagement qu'il n'est pas souhaité. Il souffre d'une réputation trop sulfureuse. *Le Canard enchaîné* l'a révélé : il est un peu en quarantaine au RPR, suite à une affaire d'élection truquée au bureau du groupe. Ceux qui ont été éliminés, André Fanton, Christian de La Malène y ont vu sa main et, preuves à l'appui (trouvées dans une corbeille à papiers), ils sont allés se plaindre à Jacques Chirac, lequel lui a demandé de se faire discret pour un temps au siège du mouvement, Rue de Lille. Il a donc pris des bureaux place du Palais-Bourbon. Mais il n'entend pas les réserves et les mises en garde. Première anicroche, le jeudi 21 avril ; ce jour-là, les conseillers RPR se réunissent à huis clos pour préparer l'élection. Pasqua veut croire qu'il ne s'agit que d'une formalité : il est toujours persuadé que Nicolas a préparé le terrain pour lui. Hélas, il lui faut vite comprendre que la partie sera difficile. C'est la doyenne, Édith Gorce-Franklin, qui mène la charge : « Il faut, dit-elle, un homme qui habite Neuilly depuis longtemps. » Et elle abat sa carte maîtresse : « Nous connaissons bien Nicolas Sarkozy, il ferait un très bon maire. » Un autre conseiller suggère, lui, que l'on pourrait investir la fille d'Achille Peretti. Charles Pasqua enrage, il se sent trahi, mais il n'est pas homme à reculer. Il pense que la partie n'est pas encore perdue. Il reste quinze jours avant le scrutin. Il suffit d'appeler Jacques Chirac à la rescousse. Il va remettre un peu d'ordre.

Seulement, Nicolas ne faiblit pas, bien au contraire. Lui aussi rencontre les conseillers un à un (à commencer par ceux qui lui doivent leur élection) ; « je passais le nombre d'heures qu'il fallait avec chacun, en tout cas suffisamment pour les convaincre. Je ne sais pas si aujourd'hui j'aurais la force de le refaire », dit-il. La campagne est tellement tendue qu'il en perd le sommeil.

Le conseil comprenait à l'époque quarante-neuf membres, il fallait donc réunir vingt-cinq voix. Or, le RPR ne comptait que vingt-deux élus plus deux apparentés. Il s'agissait donc de conquérir les trois membres d'un petit parti de droite, le Centre national des indépendants.

« Je me souviens de l'un d'eux, raconte Nicolas Sarkozy avec qui j'ai passé quatre heures, je crois l'avoir emporté parce que sa femme avait préparé le dîner et qu'elle voulait absolument que je m'en aille. Et je ne l'ai lâché que lorsqu'il m'a donné son accord. »

Charles Pasqua, de son côté, doit bientôt constater que les alliés se font rares. Jacques Chirac ne souhaite pas intervenir directement. Peut-être parce qu'il sent la partie mal engagée. Il charge quand même Bernard Pons, le secrétaire général du mouvement, et Alain Marleix, délégué aux fédérations, de convoquer l'effronté Rue de Lille pour lui faire la leçon. Une stéréo qui ne va guère impressionner le jeune homme.

– Je te parle au nom de Chirac, si tu y vas, il t'en voudra toute la vie, tonne Pons.

– Si Jacques Chirac a quelque chose à me dire, qu'il m'appelle directement et je lui dirai qu'avec Pasqua, on perdra Neuilly, rétorque Sarkozy.

Bref, il ne veut rien entendre.

Roger Karoutchi, aujourd'hui sénateur des Hauts-de-Seine, et qui occupait alors un bureau voisin n'a rien oublié du tapage et de leur colère. « En sortant, Nicolas m'a dit : "Je serai maire de Neuilly." »

Bernard Pons raconte : « J'ai appelé Chirac pour lui dire : "Laisse tomber, c'est archi-cuit pour Charles." »

Une deuxième réunion se tient à la permanence. Charles Pasqua comprend qu'il a perdu la partie, tous sont ligués contre lui. Certains raillent même en privé son apparence. « Un homme qui porte des chaussures bicolores et des cravates jaunes ne peut être maire de Neuilly. » Jean-Marc Vernes, personnage d'influence, banquier protestant, très proche d'Achille Peretti et de Jacques Chirac et qui avait songé lui-même à se présenter, achève de le convaincre : le rapport de forces ne joue pas en sa faveur.

Puisque ces mystères nous dépassent, feignons d'en être les organisateurs… Charles Pasqua, qui connaît bien la maxime, décrète que « la mairie doit rester au RPR ». Ce qui implique son soutien à Nicolas Sarkozy.

Quand vient l'élection du maire par le conseil, un vendredi, trois mille personnes envahissent la mairie. Beaucoup vocifèrent contre ce trop jeune adjoint si ambitieux. Mais Nicolas y croit, il a soigneusement préparé son discours comme toujours. « Je me souviens encore de cet après-midi, j'ai écrit, puis je me suis commandé une pizza et j'ai dormi. Avant de partir pour la mairie j'ai appelé le conseiller dont j'étais le moins sûr, pour lui dire que « dans les moments difficiles j'aimais sentir les vrais amis à mes côtés, viens me chercher, nous irons ensemble à la mairie ».

« Il n'empêche, en montant l'escalier, j'étais tétanisé, des gens m'insultaient. J'ai pensé que le matador en entrant dans l'arène devait un peu ressentir ce type d'émotion. »

L'ambiance est en effet électrique. L'ancien préfet Jean-Émile Vie, qui a fait campagne aux côtés de Florence d'Harcourt, donne le ton : « Un maire doit avoir trois qualités : l'expérience, l'impartialité et la compétence. Avant de voter pour lui j'attendrai que Monsieur Sarkozy ait fait ses classes. » Brouhaha dans la salle, Nicolas ne bronche pas, visage impassible. On passe au vote.

La famille Sarkozy est là. Au grand complet. Il y a le père – oui, le père – la mère, les deux frères et tous ont le visage tendu. Voilà que se produit un premier incident. On trouve cinquante bulletins pour quarante-neuf votants. Il faut recommencer : cette fois, les spectateurs comptent les bulletins à voix haute en même temps que les scrutateurs. Les premiers de ces votes semblent donner l'avantage à l'UDF, le deuxième adjoint Louis-Charles Bary, vice-président du CNPF. Nicolas peut se croire perdu. « J'étais au bord de l'évanouissement », avouera-t-il. Mais peu à peu il comble son handicap : 22, 23, 24, 25, 26. Ouf ! Le voilà élu avec 26 voix tout juste, pas une de plus. Applaudissements. Il se lève, un peu pâlichon, paraît plus jeune que jamais avec ses cheveux longs. Il va embrasser Charles Pasqua, Roger Teullé, Jean-Marc Vernes, avant de prononcer son discours qui est un vibrant hommage au maire défunt.

« Je lui dois tout. Je m'attacherai à poursuivre son œuvre gigantesque. Grâce à lui Neuilly est une ville propre, écologique avant la lettre. Une ville où la pression fiscale est la plus basse. Je continuerai son œuvre, je souhaite être un maire d'union. »

Et de proposer sur-le-champ à son adversaire Louis-Charles Bary de devenir son premier adjoint chargé des finances et du social. Après une nuit de réflexion, celui-ci accepte. Bien joué.

Nicolas Sarkozy est devenu le plus jeune maire d'une ville de plus de 50 000 habitants. On lui prête alors ce mot : « Je les ai tous niqués ! »

Vrai ou faux ? C'est en tout cas la réalité. Et, comme on ne prête qu'aux riches, on assure qu'il aurait aussi lâché, parlant de Charles Pasqua : « J'ai pris la mairie dans sa poche. »

Il faut, quoi qu'il en soit, admirer la performance. Six ans plus tôt, il était le petit dernier sur la liste municipale. Le voilà désormais numéro un. Il l'a emporté en bravant toutes les autorités du mouvement. Pis : en se moquant des injonctions chiraquiennes.

Curieusement, la presse ne fait pas grand cas de cette victoire. Elle mettra beaucoup de temps à s'intéresser à lui. Il n'a pas, comme son ami Balkany, ravi une mairie à un communiste. Surtout, il n'a pas été élu maire au suffrage universel.

Les politiques de sa génération, eux, admirent la manœuvre. Ainsi Jean-Pierre Raffarin : « Il a révélé sa capacité de passage à l'acte. Je me suis dit : celui-là, on le retrouvera, parce que, pour battre un type comme Pasqua, il faut déjà être un grand torero. »

La famille Sarkozy, elle, vit une apothéose.

Afin de fêter l'événement, qui est pour elle le plus beau des cadeaux, Dadu reçoit tous les amis dans son appartement – l'ascenseur de l'immeuble n'y résistera pas. Elle ne cache ni son bonheur, ni sa fierté. Nicolas est avocat, il est maire de Neuilly. Elle n'en demande pas plus à la vie.

Côté Pasqua, ce n'est évidemment pas la fête. En privé, le vaincu ne décolère pas contre le « petit saligaud ». « Ce qu'il a fait est inacceptable », maugrée-t-il.

« Il était sonné, affectivement très touché », il en a presque fait une déprime, disent ses proches. L'un d'eux, Jean-Jacques Guillet, député des Hauts-de-Seine, précise pourtant : « Pasqua encaisse, il n'oublie jamais, mais il pardonne plus facilement qu'on ne le croit. » Hum… « Entre deux grands fauves, deux prédateurs, il n'y a ni amour ni haine, ils se reniflent, c'est tout », résume Devedjian.

Quand les deux hommes se retrouveront face à face, ils ne souffleront mot de l'événement. Des sourires et pas de grimaces, comme si rien ne s'était passé. « Nous n'en avons jamais reparlé », assure Nicolas qui croit pouvoir ajouter – il ne manque pas d'air – que de cet épisode-là, « est venu un certain respect mutuel. »

Il est vrai que Charles Pasqua a peut-être apprécié malgré tout l'audace et l'esprit d'à-propos de son rival. Des qualités qui ont beaucoup compté, certes. Mais la chance aide souvent le vainqueur. Si Achille Peretti était mort trois ans plus tard, quand Charles Pasqua était ministre de l'Intérieur au zénith de sa popularité, le résultat eût sans doute été différent.

Nicolas, quoi qu'il en soit, savoure. Alors que certains – dont Philippe Grange – le supplient d'attendre quelques jours avant de s'asseoir dans le fauteuil d'Achille Peretti, il ne peut résister à ce plaisir. Dès le lendemain de son élection, il étrenne le bureau en compagnie de Brice Hortefeux et de Thierry Gaubert, son conseiller en communication. « Ce qui m'a frappé, c'est qu'il était déjà le maire », se souvient ce dernier. Il leur parle même en parabole. « J'étais un pêcheur au bord de la rivière avec ma petite ligne, un gros poisson est passé, devais-je renoncer à tenter de l'attraper ? Je risquais de casser ma ligne, voire de me noyer. Mais j'ai tenté et j'ai réussi. »

À quel prix ? La rancune silencieuse de Charles Pasqua et la méfiance de la direction du RPR, qui le tiendra de longs mois en quarantaine. Plus de rencontres, plus d'invitations. On ne lui déroule plus le tapis rouge. Il est même puni, rétrogradé au comité central. Brice Hortefeux, lui, en est évincé.

Mais voilà que se profilent d'autres élections. Quelques jours après son succès de Neuilly, il se fait élire conseiller régional par les maires du département qu'il avait visités avec Brice Hortefeux. Achille Peretti lui avait donné son feu vert avant son décès. Et puis, deux ans plus tard : les cantonales. Nicolas Sarkozy se porte candidat, forcément. « On m'a expliqué qu'il ne fallait pas en vouloir trop, trop vite, bref, la rengaine habituelle. J'ai répondu que je n'avais pas été élu maire par le suffrage universel, et qu'il était donc normal, voire nécessaire, que je me présente devant les électeurs. » Cette fois, il affronte Marie-Caroline Le Pen, fille aînée du leader du Front national. Elle se fait littéralement écrabouiller. Nicolas Sarkozy l'emporte avec 72 % des suffrages. Un triomphe qui fait oublier bien des réserves et des rancunes. « À partir de ce moment, tout a été plus facile, ce vote a été une consécration », dit-il. Il peut exiger d'avoir, à l'instar de son premier adjoint, une place de vice-président au Conseil général des Hauts-de-Seine. Et il l'obtient. Il est en charge de la culture.

Encore une affaire rondement menée. Il l'avait bien dit : on ne peut compter que sur soi.

CHAPITRE VI
Vie publique, vie privée

À vingt ans, Nicolas Sarkozy avait fait son choix. La politique serait sa voie et son destin. À dix-huit ans, il l'ignorait encore. C'est donc par facilité, on l'a vu, qu'il s'était inscrit à la faculté de droit de Nanterre, la plus proche de son domicile.

Deux ans plus tard, il sait qu'un sérieux bagage universitaire l'aidera à « monter plus vite et plus haut ». Il se met donc à travailler, se taille bientôt une réputation de bosseur, termine sa licence de droit en deux temps, trois mouvements. Il y ajoute une maîtrise de sciences politiques, préparée sous l'autorité de l'historien René Rémond, aujourd'hui académicien et alors doyen de Nanterre. Lequel se souvient d'un élève « très actif, très assidu, très militant aussi ». Et qui n'avait pas choisi vraiment au hasard le sujet de son mémoire : le référendum de 1969 et le départ du général de Gaulle. Un sujet riche en enseignements.

Retour en arrière. Juin 1968. Pour répondre aux étudiants qui lançaient des pavés les semaines précédentes, les Français en ont fait tomber un très gros dans les urnes : un paquet de voix massif pour les gaullistes et la droite. De ce triomphe, de Gaulle pourrait paraître le grand bénéficiaire. Au vrai, c'est son Premier ministre qui, après avoir exigé la dissolution, a remporté les élections. Mais il est fatigué : on ne traverse pas impunément une crise comme celle de Mai, après six années passées à Matignon. En outre, sur l'interprétation de celle-ci, sur les moyens d'y parer, les deux hommes ont souvent divergé. Entre eux, une fracture est apparue.

Au Président qui l'interroge sur ses projets immédiats – veut-il rester Premier ministre ? – Pompidou répond en demandant quinze jours de réflexion. Il voudrait se reposer, il en a besoin. Mais de Gaulle n'est pas homme à attendre longtemps. Une semaine plus tard, il lui choisit un successeur, Maurice Couve de Murville. Georges Pompidou, ayant justement décidé de rempiler, est alors partagé entre surprise, dépit et colère.

Pour les Pompidou, l'été a donc été meurtrier. L'automne le sera plus encore en raison d'un improbable fait divers : la découverte dans une décharge à Élancourt (Yvelines), le 1er octobre, d'un cadavre enveloppé dans une housse de plastique. Il se trouve qu'Élancourt est proche d'Orvilliers où les Pompidou ont leur résidence secondaire et que l'homme assassiné n'est pas un inconnu pour tout le monde. Ce Yougoslave, Stephan Markovic, fut garde du corps et confident d'Alain Delon. Pour tout compliquer, il a laissé une lettre accusant celui-ci à l'avance, ainsi qu'un truand nommé François Marcantoni.

Les médias étant ce qu'ils sont, et Alain Delon la star qu'il était devenu, l'affaire fait grand bruit. Mais l'on s'agite encore davantage dans la coulisse. Paroles, paroles, rumeurs, rumeurs. Chantage, drogue, parties dites fines, tout est murmuré. Et bientôt l'on passe de la coulisse à la scène. Des journaux évoquent la participation de l'épouse d'un « ancien ministre » auxdites parties. Laquelle ? Qui ? Le Tout-Paris finit par se forger une réponse : c'est, glisse-t-on dans les dîners en ville où l'on évoque même l'existence de photos scabreuses, Madame Pompidou !

Comme toujours, les premiers concernés sont les derniers avertis. Les Pompidou ne se doutent de rien, et pour cause… Le général de Gaulle, ayant eu connaissance de la rumeur, n'y prête d'abord guère attention. À ses yeux, des imprudences ont peut-être été commises : les Pompidou aiment trop les dîners en ville, un monde qui n'est pas le sien. La calomnie persistant, il a demandé à Couve de Murville d'alerter son prédécesseur. Ce que celui-ci, protestant rigide, ne peut se résoudre à faire. Pour lui, c'est une mission impossible.

Or voilà que l'affaire rebondit. Un autre Yougoslave incarcéré à Fresnes fait savoir qu'il a bien vu, de ses yeux vu, Madame Pompidou dans une soirée qui… que… Etc. Chez un industriel à Montfort-l'Amaury. Pure invention bien sûr. Mais allez donc arrêter la rumeur ! Elle se nourrit de cette nouvelle histoire, l'amplifie, s'en réjouit.

De Gaulle, à nouveau prévenu, aurait répondu, assure-t-on : « Il faut voir. » D'où quelques-uns concluent qu'il s'interroge et ne juge pas le fait invraisemblable.

C'est l'interprétation qu'en fera aussi Georges Pompidou lorsqu'il sera enfin officiellement informé, le 7 novembre par Pierre Sommeveille, directeur de cabinet du ministre de l'Intérieur. Quoi ? Alors qu'il s'agissait de son honneur et de celui de son épouse, le Général n'a répondu que par cet « Il faut voir » ? Il demande à être reçu à l'Élysée. Rencontre discrète : dans ces cas-là, le visiteur passe par la grille du coq, au fond du jardin.

L'explication est rude, à ce qu'il a laissé entendre à de rares intimes. L'homme est blessé, profondément. À partir de ce moment, il tient le compte dans un petit carnet noir de tous ceux qui l'ont lâché, trahi, qui lui ont manqué.

Plus tard, lorsque l'affaire Cécilia éclatera et qu'enflera la rumeur de son départ, Nicolas Sarkozy dira à ses proches tenir lui aussi, dans sa poche, un petit carnet noir.

Le général de Gaulle, bien sûr, n'apparaît pas dans celui de Georges Pompidou, mais la rupture est consommée.

L'acte suivant se joue en janvier 1969. À Rome, où les Pompidou souhaitent échapper au climat délétère de Paris. Au programme : tourisme et encore tourisme, mais aussi une rencontre avec des dirigeants italiens et une réception très souhaitée par le couple au Vatican avec le pape Paul VI.

À quoi s'ajoute un soir, à l'hôtel, une réunion avec quelques journalistes. L'un d'eux, comme on pouvait le prévoir, interroge l'ex-Premier ministre sur son avenir (la prochaine élection présidentielle est prévue pour 1972 – trois ans plus tard – le général de Gaulle aura quatre-vingt-deux ans). Réponse : « S'il y avait une élection, il est probable que je serais candidat, encore faudrait-il que le Général ne soit plus à l'Élysée. Et puis il faut être élu… »

Rien de très nouveau dans cette réponse, somme toute fort prudente. L'homme de l'agence France-Presse à Rome, Robert Mengin, qui était à Londres en 1940 mais ne s'est jamais rallié à de Gaulle qu'il n'aime pas, présente dans une dépêche cette déclaration comme un acte de candidature. Titre des journaux français le lendemain : « Pompidou candidat ». Surprise de l'intéressé qui l'apprend au moment de se rendre au Vatican. Fureur du Général qui, presque brutal, déclare au Conseil des ministres avoir « le devoir et l'intention de remplir son mandat jusqu'à terme », et annonce quinze jours plus tard – façon de montrer qu'il ne considère pas sa tâche comme terminée – un programme de réformes (visant les régions et le Sénat) qui sera soumis au référendum le 27 avril.

Suite de l'histoire. Janvier 1969 : Pompidou récidive. Au Cercle français de Genève, il déclare, imperturbable : « J'aurai peut-être, si Dieu le veut, un destin national. » Traduction : je pourrais rassembler des espoirs que le Général ne comble plus. En privé cette fois, il dit au gaulliste Pierre Lefranc : « Je le sais, le Général jalouse ma notoriété. Maintenant il me faut agir seul. Les sentiments ne sont plus de mise. La succession est ouverte. Il s'agit de savoir qui gagnera : les gaullistes – c'est-à-dire moi, ou les autres. Tout le reste est du romantisme. »

Traduction : le mouvement ne pourra se maintenir au pouvoir qu'à travers moi. Par extension : l'UDR, j'en suis désormais le chef.

La campagne pour le référendum commence difficilement. Les tout premiers sondages montrent que l'affaire est mal partie. Georges Pompidou, qui n'a pas le choix, se bat lui aussi pour le oui. Il tient notamment un grand meeting à Lyon et chacun le sent, sans véritable enthousiasme. Les sondages demeurant désespérants, quelques gaullistes « historiques », André Malraux en tête, lui demandent d'annoncer qu'en cas de départ du Général il ne sera pas candidat. Il refuse, surpris et courroucé.

Le référendum échoue. Le général de Gaulle démissionne le soir même et s'en retourne à Colombey. Pour toujours. L'élection présidentielle a lieu dans la foulée, Georges Pompidou s'installe à l'Élysée.

De son étude, l'étudiant Sarkozy retient qu'il est possible de pousser le père vers la sortie, aussi prestigieux soit-il. À condition de s'imposer et de se faire reconnaître suffisamment tôt par l'opinion comme le successeur légitime.

En novembre 2003, quatre ans avant une autre échéance présidentielle, l'auteur du mémoire sur le référendum de 1969 et le départ du général de Gaulle, devenu ministre de l'Intérieur, est l'invité d'une émission politique sur France 2, « 100 minutes pour convaincre ». Alain Duhamel lui demande s'il pense à la présidentielle le matin devant son miroir en se rasant. Il répond du tac au tac : « pas seulement en me rasant ». C'est sa « déclaration de Rome ». Nous y reviendrons, bien sûr. Et comme Georges Pompidou, il récidivera. Le 31 mars 2005, toujours lors de l'émission « 100 minutes pour convaincre », il déclarera qu'il se présentera quoi qu'il arrive « même si le chef de l'État postule à un troisième mandat ». C'est sa déclaration de Genève. Émoi des chiraquiens qui aboient aux basques de l'effronté. Lequel confiera le lendemain à quelques journalistes : « nous sommes en 1969, j'ai fait acter par l'opinion que Jacques Chirac a un successeur ».

Armé de sa licence et de sa maîtrise, toujours pour se préparer à la vie politique, Nicolas Sarkozy entre à Sciences Po, directement en deuxième année. Sur les bancs, il rencontre entre autres Laurence Parisot, la future présidente du MEDEF. Elle se souvient d'un jeune Nicolas qui restait à la fin du cours pour continuer la discussion avec leur maître de conférence Jérôme Jaffré, l'un des dirigeants de la SOFRES et déjà un politologue écouté. Comme il est de tradition, celui-ci fait lire aux étudiants un livre par semaine et en désigne deux pour présenter un compte rendu de l'ouvrage. « Dans cet exercice, dit-il, Nicolas Sarkozy était époustouflant. Très militant aussi. Je me souviens qu'il nous avait expliqué que son parti avait obtenu un grand succès aux élections européennes, alors que la liste de Jacques Chirac, en recueillant 16 % des voix, avait été très largement distancée par celle de Simone Veil qui avait obtenu 27 % des suffrages. J'ai dû reprendre la parole pour rectifier son propos. »

Ce qui n'empêche pas l'étudiant Sarkozy d'accumuler les meilleures notes. Mais il n'obtiendra pas le diplôme final. Pour une simple raison : il n'a pas la moyenne en anglais, ce qui est éliminatoire. L'anglais a toujours été son point faible.

Très dépité, il décide de passer trois mois plus tard, en septembre, le certificat d'aptitude à la profession d'avocat (le CAPA). L'épreuve écrite de culture générale porte sur un sujet alors peu étudié : « La religion peut-elle être un danger pour la démocratie ? »

À la différence de bien d'autres candidats, Nicolas Sarkozy est très intéressé. À son ami Jean-Marie Chaussonnière, quelque peu désemparé, il lance : « Tu fais comme à Sciences Po, thèse, antithèse, synthèse : Oui, la religion peut être très dangereuse. Exemple : l'Irlande qui n'en finit pas avec les conflits qui mettent aux prises protestants et catholiques. Non, parce qu'elle peut être source d'espoir, constituer un sentiment national contre l'adversité, exemple la Pologne (il admire beaucoup Walesa). »

Le candidat au CAPA ne prévoyait certes pas que, devenu ministre de l'Intérieur, il écrirait un livre avec le père Philippe Verdin *La République, les Religions, l'Espérance*[1], dans lequel il affrontera l'un des tabous d'aujourd'hui, la place de l'islam, deuxième religion de France dans la République. La réflexion sur la laïcité l'a toujours intéressé, car la reconnaissance du fait religieux dans la République et de la neutralité de l'État ne s'est pas faite sans combat ni passion, elle a mobilisé plusieurs générations.

Le candidat au CAPA n'oubliera pas non plus le sujet de procédure civile. Cette fois, c'est son ami Jean-Marie Chaussonnière qui va l'aider. Il s'agit de rédiger une assignation au divorce par faute de l'un des époux. Encore un sujet prémonitoire…

Admissible à l'écrit, Nicolas se prépare aux épreuves orales. Il y en a cinq. Il a bossé comme un fou aux dires de son ami. Devant un jury composé d'un magistrat, un avocat et un professeur de droit, il obtient 16 de moyenne et la mention très bien.

Aussitôt il téléphone à sa mère qui ignorait tout de sa nouvelle orientation professionnelle. Il tenait à lui faire cette surprise. « Allô, maman, tiens-toi bien, je suis avocat, comme toi. » Pour elle, un grand bonheur, pour lui, c'est la fin des études.

En septembre 1981 il prête serment et entre dans le cabinet de maître Danet, un ami de sa mère. Celui-ci est un ancien avoué devenu avocat en 1972 (suite à la réforme des professions juridiques votée en 1971) ; il est habité d'une grande ambition : il entend faire évoluer la profession et pour cela devenir bâtonnier. Sachant Nicolas déjà vétéran des campagnes politiques, il le charge d'emblée de mener la sienne. Ce sera une petite révolution. La tradition de ce milieu voulait que l'on organise quelques petits cocktails avec champagne et petits fours. Avoir une bonne cuisinière pouvait être un argument électoral déterminant. Le stagiaire Sarkozy, entouré d'une douzaine de confrères, sait comment mener une campagne à l'américaine. Distinguer les âges, les hobbies, les tendances, n'oublier personne, identifier chacun avant de le rencontrer personnellement. Guy Danet réussit à battre Mario Stasi, un autre avocat de renom. Dont le frère Bernard est un ancien ministre. C'est lui qui a présidé en 2003 la Commission sur la laïcité devant laquelle le ministre de l'Intérieur est venu plancher.

En 1982, Nicolas Sarkozy est promu associé. Il a vingt-sept ans. Une ascension aussi rapide que rare, qui s'explique par la qualité de

1. Nicolas Sarkozy, *La République, les Religions, l'Espérance*, Paris, Cerf, 2004.

son travail, sa clarté d'esprit, son sens de la synthèse, certes, mais surtout par sa connaissance du milieu politique, susceptible d'apporter des clients au cabinet.

Désormais le jeune homme gagne sa vie. Il est un homme libre. Il peut se consacrer davantage à la politique, fonder un foyer. Il restera avocat associé chez maître Danet jusqu'au début de l'année 1987, date à laquelle le cabinet doit déménager. C'est alors qu'il s'associera avec deux avocats de son âge, Arnaud Claude et Michel Lebovici. À chacun sa spécialité. Lui, c'est le droit des sociétés. Il travaillera avec eux, jusqu'en 1993, date de son entrée dans le gouvernement Balladur, comme ministre du Budget. Il y reviendra en 1995, après l'élection de Jacques Chirac, pour y rester jusqu'en 2002, date de son grand retour au gouvernement. Aujourd'hui, il participe toujours au capital du nouveau cabinet créé par Arnaud Claude – après le décès de Michel Lebovici – auquel il téléphone chaque jour – « 30 secondes ou 5 minutes » – pour s'informer, conseiller, en stratège reconnu, ou prendre des nouvelles. « En vingt-cinq ans de carrière, nous n'avons connu aucun nuage, il faut le souligner car il est rarissime qu'une association d'avocats dure aussi longtemps », note Arnaud Claude qui ajoute : « Nicolas est une locomotive, il pousse les autres à aller toujours plus vite et loin. Avec lui, le mieux n'est jamais assez bien et c'est parfois lourd. Mais il sait toujours comment parvenir à ses fins et par quels moyens. »

Vie privée encore, voici que se produit un événement familial imprévu, improbable : la réapparition du père. Pal s'est éclipsé depuis quatre ans, sans donner de nouvelles, excepté quelques réponses peu amènes aux lettres de ses fils. Un sujet, on l'a vu, dont ils ont décidé de ne pas parler en famille. Dadu, elle, n'a soufflé mot du silence de longue durée de son ex-mari à aucune de ses amies. « Dadu, c'est un coffre-fort », disent-elles. Elle est restée fidèle à sa règle. Oublier difficultés et chagrin et ne parler que des bonnes nouvelles. Or, celles-ci sont nombreuses, les trois garçons font de brillantes études, sans compter les succès politiques de Nicolas. Voilà de quoi animer une conversation autour d'une table de bridge. Il y a aussi ses chiens. Dadu a la passion des toutous.

Un matin, quelle ne fut pas sa surprise ! Le facteur lui apporte une grande enveloppe. Elle contient des photos de Nicolas, prises lors d'un passage à la télévision avant les législatives de 1978. Le photographe s'appelle Pal. Elle comprend aussitôt qu'il souhaite reprendre contact. Nicolas est prié sur-le-champ de remercier son père.

Digne et fière, elle n'aurait jamais fait le premier pas. Mais puisqu'il lui tend cette perche, elle la saisit. Les ex-époux vont donc se revoir. Et elle va pardonner, parce qu'elle est ainsi faite. Surtout, parce que, pour elle, rien n'est plus important que la famille et le clan.

« Le retour du père a été proportionnel à la montée de Nicolas en politique », raillent les vieux amis, pas dupes. Les trois frères ne le sont pas davantage. « Je ne l'ai revu qu'au moment de mon mariage (en 1979) », dit Guillaume. Des trois, Nicolas demeure le plus réticent. Tous ses amis l'ont entendu rager pendant ces années d'absence, contre « ces pères divorcés qui laissent tomber leurs enfants et ne paient pas de pension alimentaire ». Mais, pour faire plaisir à leur mère, la fratrie consentira aux retrouvailles. Pal s'est remarié une quatrième fois, avec une jeune femme prénommée Inès. Laquelle, comme les précédentes, souffre de ses incartades. Et qui la console ? Dadu. Elle connaît l'homme, elle peut lui expliquer le personnage mieux que quiconque. D'ailleurs, lui-même, depuis qu'il est réapparu, lui fait volontiers ses confidences. Dadu en est secrètement ravie. Voilà le clan recréé.

Les garçons ont grandi. Ils ont fondé des familles. Elle les rassemble à la moindre occasion. Elle n'aime rien tant que s'entourer de tout son monde qui comprend la famille élargie : les autres enfants de Pal qu'elle appelle toujours le frère et la sœur de ses fils, auxquels s'ajoutent pour les grandes occasions les ex-femmes de Pal. Tous ceux qui s'appellent Sarkozy et dont elle porte l'étendard avec fierté.

Les divorces de ses trois fils la désolent. Quand elle s'accuse devant ses amies de les avoir mal élevés, celles-ci lui rétorquent : « Mais non, c'est parce que tu as trop dédramatisé le tien. » Et elle continue à recevoir ses ex-belles-filles et à entretenir avec elles les meilleures relations.

Le clan a ses rituels : les anniversaires bien sûr et toutes les fêtes carillonnées. On se réunit chez elle, chez Guillaume, ou chez François autour d'un buffet roboratif. Rien que des spécialités hongroises : langoshes (boule de pain frite) avec du lipaïtoure (un fromage frais au paprika) accompagnés de salami hongrois et un dessert de crêpes au chocolat. Les madeleines de Proust des frères Sarkozy. Nostalgies, bonheurs, Pal est désormais toujours présent. Il offre même des cadeaux. (Et à Nicolas sa première montre Cartier en acier.) L'été, il invite à tour de rôle ses fils avec leurs femmes dans sa propriété d'Ibiza. Ceux-ci, cependant, ne ratent pas une occasion de lui envoyer des piques. « Quand il a voulu me donner des conseils pour élever mes enfants, je l'ai envoyé balader, en lui disant qu'il était vraiment mal placé pour le faire. Eh bien, figurez-vous, il l'a mal pris », s'amuse

Guillaume. Le plus souvent Pal fait comme s'il n'avait rien entendu. Parfois il se vexe. Qu'importe ! La famille fonctionne ainsi. Pour fêter son soixante-dixième anniversaire il emmènera les cinq enfants et leurs conjoints, plus Dadu et Inès, en Hongrie. Nostalgie encore. Sans doute veut-il retrouver les lieux de son enfance, la gentilhommière où il a grandi, les fermes du domaine. Hélas, de ce passé, il ne reste rien. Tout a été détruit par le régime communiste. Après ce voyage, devant ses frères qui, eux, ne doutent pas de leurs origines, Nicolas s'est interrogé tout haut. Son père n'a-t-il pas affabulé ? Est-il vraiment un aristocrate[1] ? C'est que la confiance chez lui n'est pas tout à fait revenue. La blessure demeure, qu'un rien pourrait rouvrir.

Et l'on continue à se voir, à rire ensemble, et Dadu exulte. Et voilà même que son ex-mari s'est montré sinon généreux, du moins arrangeant. Désormais seule dans son appartement devenu trop grand, elle voudrait le laisser à l'un des garçons et en acheter un autre pour elle, plus petit mais plaisant à quelques mètres de là. Toujours sans le sou, elle a songé à vendre les dessins de Modigliani et le tableau de Villon hérités de son père, et les propose à Pal devenu grand collectionneur. Mais le prix ? On consulte des experts. Bonne surprise, ce sont ceux de Pal qui font la meilleure offre. C'est ainsi qu'elle a pu faire l'acquisition de l'appartement où elle réside aujourd'hui. C'est de là qu'elle règne sur le clan, heureuse de l'avoir rassemblé, en dépit des avanies, des absences et des désaccords. Fière d'avoir tenu son rang sans jamais se plaindre ni rien laisser paraître de ses malheurs. « Pour elle, à partir du moment où l'on fait partie du clan, on est forcément formidable », notent ses amies.

« Dadu, c'est une sorte de Rose Kennedy », s'extasie Diane de Saint-Mathieu, une amie de Guillaume.

CHAPITRE VII
Au royaume de Neuilly

Une forêt de micros et de caméras le cerne et l'enferme. Il ne les a pas cherchés, encore moins convoqués. Pour une fois même, il s'en passerait bien. Car il vit un drame qui peut devenir tragédie pour

1. Guillaume porte une chevalière aux armes des Sarkozy.

deux dizaines de familles et endeuiller pour longtemps la ville dont il est le maire depuis dix ans. Sa première grande et lourde épreuve.

Le 13 mai 1993, un jeudi, Nicolas Sarkozy est ministre depuis six semaines. En charge du budget dans le gouvernement que vient de former Édouard Balladur. Porte-parole du gouvernement également. Le plus jeune des ministres, bien sûr. Et satisfait du chemin parcouru. Ce matin-là, il participe à une réunion interministérielle à l'Hôtel Matignon. Rien que de très banal. Mais voilà qu'un huissier se glisse vers lui, pour lui souffler d'appeler Charles Pasqua, le ministre de l'Intérieur. D'urgence. Pas une minute à perdre.

Il se précipite. Et apprend qu'une prise d'otages vient de se produire dans sa commune, Neuilly. Et quels otages ! Vingt et un enfants de trois ans[1], presque des bébés et leur institutrice, Laurence Dreyfus, dans une classe du groupe scolaire Charcot, rue de la Ferme.

L'affaire HB (Human Bomb) vient de commencer. L'homme qui se fait appeler ainsi, cagoulé, gants noirs, pantalon sombre et blouson et muni d'une arme à poing, porte un sac bourré d'explosifs, exhibe une ceinture de fils électriques qu'il dit être de mise à feu. Aussitôt entré dans cette classe maternelle, il a fait connaître sa revendication. Son prix : cent millions de francs. La plus grosse somme jamais exigée à ce jour par un preneur d'otages.

L'émotion est considérable. Chacun se souvient alors du drame de Waco, aux États-Unis, quand les forces de l'ordre avaient fini par donner l'assaut au ranch de l'Apocalypse, où le chef d'une secte s'était barricadé avec des adultes et des enfants. Soixante-quatorze d'entre eux avaient payé de leur vie cette attaque, devant les caméras de la télévision américaine, dont les correspondants parisiens ne vont pas tarder à se précipiter vers Neuilly.

À 15 heures, ce jeudi, le patron du RAID[2], Louis Bayon, demande à Nicolas Sarkozy d'aller négocier avec le ravisseur.

HB, puisque c'est ainsi qu'on commence à l'appeler, a déjà laissé sortir huit enfants. Un signe de bonne volonté ? Depuis, en vérité, la situation paraît bloquée. Devant l'école, des brigades de policiers, les parents affolés, mais aussi le monde des médias, la foule. Entassés.

De tous ces spectateurs, Sarkozy n'a que faire. Quand il s'avance, seul, sans arme, vers la classe, aucun calcul médiatique ne l'habite. « Il devait y aller, il ne s'est posé aucune question », disent ses proches. « J'avais le dos trempé, j'entendais la sueur couler dans mon dos,

1. Coïncidence, l'une d'elles est la fille d'un collaborateur de Charles Pasqua.
2. Unité de recherche assistance intervention dissuasion de la Préfecture de police.

c'était la peur. La peur de mal faire », avouera-t-il quatre ans plus tard, lors de l'émission télévisée « La marche du siècle ». L'obsession de sauver les enfants. À quoi s'ajoute le danger, très réel, provoqué par tous ces fils reliés aux explosifs, qu'il faut enjamber dans une salle plongée dans la pénombre. Ensuite, face à lui, un homme implacable. Il veut ses cent millions. En petites coupures. Plus une voiture pour le transporter. Et aussi des parents d'enfants autour de lui pour assurer sa protection. Sarkozy a beau rétorquer que cent millions – dix milliards de centimes –, il faudrait un camion pour les transporter en billets et que l'on ne réunit pas aisément une telle somme dans ces conditions, l'homme n'en démord pas. Mais autorise quand même le ministre à sortir encore quelques enfants[1].

À sept reprises, tout au long des très longues quarante-six heures de ce drame, Nicolas Sarkozy entrera dans la classe pour négocier. Il est le seul maire en France, à ce jour, à avoir connu une telle situation. Et il ne bougera pas de là. Sauf à deux reprises : pour se rendre à une réunion au ministère de l'Intérieur et pour chercher à réunir le montant de la rançon. Sinon, il se tient auprès des parents, les informe, tente de les rassurer, auprès des policiers aussi qu'il invite à ne rien faire, surtout, qui puisse mettre la vie des enfants en danger.

Le preneur d'otages, lui, est ravi de la présence des médias. Il veut savoir ce qu'ils disent. Il réclame un poste de radio, puis une télévision. Il demande ensuite, à rencontrer un journaliste de TF1 : Jean-Pierre About, qui est sur place et qui accepte de jouer ce rôle[2].

La première nuit, interminable pour tous ceux qui attendent, HB reste éveillé, discute avec l'institutrice qui a calmé les enfants en leur faisant croire à un nouveau jeu. Mais le lendemain, à midi, changement de cap. Il trouve maintenant que les médias en font trop. Il ne veut plus parler à personne, chasse l'institutrice et Evelyne Lambert, le médecin que l'on avait réussi à introduire pour veiller à la santé des petits. Désormais, il reste seul avec six petites filles. Il n'a pas dormi depuis vingt-sept heures au moins, a bu en revanche beaucoup de café. Il se montre de plus en plus nerveux. À plusieurs reprises, Nicolas Sarkozy est venu lui apporter des sacs contenant des billets. Il les a comptés, mais on est encore loin du total. Dans l'après-midi encore, arrivent des cantines contenant quarante millions de plus.

---

1. Le hasard, à nouveau, veut que l'un d'eux soit le fils de Stéphane Hauvette, ami d'enfance du maire de Neuilly, qui l'ignorait à cet instant-là !

2. Jean-Pierre About, *HB : 46 heures qui ont bouleversé la France*, Paris, Calmann-Lévy, 2005.

Le vendredi à 20 heures, le blocage continue. Les négociations traînent. C'est la sortie du ravisseur qui fait question maintenant. Il demande qu'une enfant l'accompagne. Nicolas Sarkozy lui offre de sortir avec lui. HB refuse. Édouard Balladur, qui n'accepte pas qu'un ministre de la République soit pris en otage, lui demande de ne plus rencontrer le forcené. Les six petites filles vont devoir passer une deuxième nuit dans la salle de classe, elles risquent de mourir si rien n'est fait. Charles Pasqua ne veut plus attendre. Il est décidé à agir, le lendemain, samedi. Peu avant minuit, le procureur de la République Lyon-Caen risque une dernière tentative : qu'HB sorte sans ses explosifs et en laissant les enfants. On lui donnera même une arme. Nouveau refus. La suite est connue : l'assaut au petit matin, à 7 h 30, par les hommes du RAID. L'homme est abattu. Aucun enfant n'est blessé. La France respire. Mais bien sûr une polémique s'ouvre : ne pouvait-on pas éviter de tuer le ravisseur ?

Pour Nicolas Sarkozy – il le dira à Myriam Ezratty, la présidente de la Cour d'appel de Paris, venue l'interroger en qualité de témoin – la question ne tient pas. « Le Syndicat de la magistrature, dit-il, a accusé Charles Pasqua d'avoir donné l'ordre d'abattre HB, c'est faux. Il pouvait tout à fait sortir vivant. Je lui ai proposé moi-même de l'accompagner. J'ai beaucoup parlé d'argent avec lui. Je lui ai donné à de nombreuses reprises l'occasion de s'en sortir sain et sauf. Pourtant, je n'éprouve aucune sympathie pour les preneurs d'otages et pour celui-ci encore moins. Le fait est qu'il n'a pas accepté. C'était son choix. Il y a bien longtemps que je n'attache aucun prix aux propos du Syndicat de la magistrature. Dans des affaires de cette nature, on entend toujours des gens qui n'ont jamais connu de tels drames, qui n'ont pris aucun risque et qui donnent des leçons. Les hommes du RAID, eux, se sont comportés comme des héros et de grands professionnels. J'ai été très touché d'en voir pleurer plusieurs après la libération des enfants. Pour moi, cette prise d'otages a été un moment capital, décisif : j'ai appris ce qu'est la peur et comment il faut essayer de la dominer. Surtout, j'ai ressenti le poids des responsabilités. En fin de compte, nous avons eu de la chance, je ne pensais pas qu'on s'en sortirait si bien. J'avais même préparé ma lettre de démission, presque persuadé qu'il y aurait de la casse. »

Pas de casse, justement. Durant ces deux jours, les Français ont découvert un homme courageux qui sortait d'une classe bourré d'explosifs avec des enfants dans les bras. Le voilà soudain connu de la France entière. Et populaire. Il fait son entrée dans le baromètre SOFRES/ *Figaro Magazine*, mais connaît trop l'opinion et sa volatilité pour abuser de cette nouvelle situation. Il refuse de participer à une émission télévisée prévue pour le dimanche soir. Ce n'est pas lui qui apparaîtra ce jour-là sur le petit écran, mais le ministre de l'Intérieur Charles Pasqua.

Une pudeur remarquée dont la presse lui rend grâces, mais qui a aussi le mérite de le protéger. Il laisse le ministre d'État seul face à la critique.

De cette soudaine explosion de popularité, les habitants de Neuilly, eux, ne sont pas surpris. Depuis dix ans, ils ont appris à connaître leur maire. Au tout début, au moment de son élection, ils s'interrogeaient, le connaissant à peine. On se répétait même dans la ville, entre cours et jardins, que Sarkozy venant après Peretti, il s'agissait d'une succession entre compatriotes. Certains habitants croyaient même, dur comme fer – la rumeur court encore aujourd'hui – que Marie sa charmante et blonde épouse était la nièce du maire précédent.

Depuis ces dix années, le nouvel élu, lui aussi, a beaucoup appris. Au fond, il ne connaissait pas grand-chose à la gestion municipale et voilà qu'il se retrouvait à la tête d'une véritable entreprise : plus de mille salariés, un budget annuel de trois cent cinquante millions de francs. Mais il avait eu deux maîtres. Entendu les conseils de l'un, Achille Peretti, et suivi en partie l'exemple de l'autre, Jacques Chirac.

Le premier, qui craignait un peu les ardeurs de la jeunesse, lui avait expliqué Neuilly, « une ville déjà faite ». « Les Neuilléens ont horreur qu'on les bouscule, disait-il, si on le fait par malheur, ils vous écrivent beaucoup : parce qu'ils ont des secrétaires ! »

Ce discours, bien entendu, parle au jeune maire. Neuilly ne sera pas un laboratoire expérimental. Il se veut l'héritier humble, multiplie les déclarations d'affection et de regrets éternels pour son prédécesseur, « mon deuxième grand-père », comme il disait parfois. Il continue même un temps d'utiliser sa voiture de fonction, une vieille CX fatiguée. Et s'il investit son bureau, il attendra deux ans pour remplacer les tentures cramoisies et la moquette pourpre par un beige plus apaisant.

Rien d'ostentatoire surtout. Pas de dépenses inutiles. Neuilly est une commune bourgeoise, certes, elle paye à elle seule 1 % du total national de l'impôt sur le revenu. Mais, en matière de finances locales, elle a toujours été la moins imposée de France. Et le restera. Il s'y est engagé dès le soir de son élection.

Il doit pourtant faire oublier sa jeunesse. Et celle de son directeur de cabinet, Brice Hortefeux bien sûr, qui est tout juste âgé de vingt-quatre ans. Le petit maire, comme on l'appelle alors dans la ville, s'est fait couper les cheveux, s'habille désormais en costume cravate et exige d'emblée le vouvoiement de tous ses collaborateurs.

Pour le reste, il suit l'exemple de Jacques Chirac, parti à la fin des années soixante à la conquête de sa circonscription corrézienne. Avec une seule différence de taille : Nicolas Sarkozy n'utilise ni les finances de l'État, ni les moyens de la ville de Paris pour déverser sur sa circonscription subventions multiples et investissements divers.

« Il ne s'est pas précipité sur la mairie, il s'est précipité sur le travail », note Louis-Charles Bary, son ancien rival devenu premier adjoint. Le maire est partout, il veut connaître tout le monde. Et il tient son équipe d'une main de fer ; « il était surtout aimable avec les gens de l'opposition, les nôtres n'avaient pas le droit de l'ouvrir », confie un conseiller municipal de sa majorité. « Avec nous il était exigeant, cassant, voire cruel. » Car Nicolas, c'est là son grand défaut, peut humilier, se montrer méchant inutilement. Le même ajoute : « En revanche, si l'un d'entre nous rencontrait un problème personnel, une histoire de santé y compris dans sa famille, il téléphonait pour prendre des nouvelles, proposait son aide. Et il appelait aussi pour se réjouir de nos joies : le mariage d'un enfant ou une réussite à un examen. C'est pour cela qu'il est attachant. »

Le maire veut plaire, s'intégrer. Ses fils Pierre et Jean portent les prénoms de deux paroisses de la ville. Marie, son épouse, fait le catéchisme. Un couple parfait. Neuillyssimo !

Dès sa prise de fonction, il l'a exigé, il entend être mis au courant de tous les événements, grands ou petits, de sa cité. Un four brûle-t-il dans une boulangerie à 2 heures du matin ? À 2 heures dix, il est sur les lieux. Un accident survient-il à un carrefour à 3 heures du matin ? Un quart d'heure plus tard il se trouve aux côtés des policiers et des pompiers.

L'âge venant, Achille Peretti s'était enfermé dans son bureau. On ne le voyait quasiment plus. Lui, au contraire, se montre et quadrille la ville. Chaque samedi il visite un quartier à pied, entouré de ses chefs de service (voiries, espaces verts) et du directeur de la police locale. Toujours accompagné de son premier adjoint Louis-Charles Bary, maire de la ville depuis 2002, lequel juge aujourd'hui qu'il a hérité d'une succession difficile.

Dix jours avant ces visites, les habitants ont reçu une lettre personnalisée, les avisant de l'heure de son passage. Tout doit être inspecté : les trottoirs, les immeubles, la signalisation. Et, bien sûr, il entre dans chaque boutique.

Une matinée par semaine, le vendredi, il reçoit les Neuilléens sans qu'il leur soit nécessaire de prendre rendez-vous. Vient qui veut. Il suffit de se présenter au premier étage de la mairie. Parfois, il enchaîne cinquante, voire soixante de ces rencontres à la suite. À chacun, il offre le même laps de temps : entre cinq et dix minutes. « Le jour où l'on n'a plus envie de voir les gens, il faut changer de métier », explique-t-il alors. Et les Neuilléens d'en haut, comme ceux d'en bas ont toujours quelque chose à dire ou à réclamer à leur maire pour eux-mêmes, pour leurs enfants ou leur employé de maison. Une intervention fiscale, un logement, une place à la crèche, à l'école. À chacun il accorde considération et importance.

Le système Sarkozy, comme celui de Jacques Chirac dans ses débuts corréziens, est l'omniprésence : sur les marchés, aux fêtes des écoles, aux banquets des pompiers, aux cocktails d'ambassades. « Il n'a jamais raté l'assemblée générale d'aucune association. Comme il en existe trois cent soixante à Neuilly, faites le compte », admire son successeur. Et toujours, comme Jacques Chirac, Nicolas Sarkozy arrive joyeux, embrasse tout le monde, reconnaît chacun ou fait comme si, plaisante. Et repart en affichant le même sourire. Il ne rate pas davantage les offices religieux importants. « Catholique avec les catholiques, juif avec les juifs et protestant avec les protestants. » C'est ainsi que l'on se constitue des réseaux solides.

Ses concitoyens, ses adjoints ne se posent qu'une question : comment fait-il donc ? « Il avait parfois une bien petite mine », note l'un d'eux. Le mot « loisir » semble pour lui appartenir à un vocabulaire obscène. S'il se permet des vacances c'est huit jours, l'été en Corse, le pays de sa femme et huit jours, l'hiver, pour aller skier. Jamais plus. « En vacances, j'ai toujours mal à la tête », explique-t-il. À l'entendre, c'est le repos qui fait le migraineux.

Lors des trois premières années de son mandat, bien rares sont les Neuilléens qui n'ont pas eu le privilège de le rencontrer, de lui serrer la main, de lui parler. Bien rares aussi sont ceux qui n'ont pas reçu de lui une lettre manuscrite. Tout comme les Corréziens encore, à qui Jacques Chirac écrivait des cartes postales pendant les Conseils des ministres. Et chaque occasion est bonne pour envoyer un petit mot : mariage, baptême, communion, maladie, deuil. « Je suis incapable, explique-t-il alors, de rentrer chez moi avant d'avoir signé tout mon courrier. » Lequel, pour les Neuilléens, ne passe pas par la poste mais par une équipe de coursiers. Ils sont huit, employés à plein temps pour sillonner la ville. Ces missi dominici qui circulent à vélo forment à eux seuls un vrai service de renseignements. Ils connaissent tous les concierges, chaque commerçant. Ils savent tout.

Mais Neuilly c'est aussi un rare concentré d'artistes, de banquiers, de chefs d'entreprise, d'intellectuels. Pêle-mêle : François Valéry, Christian Clavier, Jean Reno, Martin Bouygues, dont les enfants fréquentent le même établissement scolaire que les siens, « mon meilleur ami », dit-il. Son confident auquel il téléphone chaque jour.

Tous ces *beautiful people* sont devenus des proches. Comme Jacques Attali qui habite en face de la mairie.

Celui qui était alors à l'Élysée le conseiller de François Mitterrand raconte : « Au début de 1982, ma secrétaire reçoit pour moi un coup de téléphone qu'elle me transcrit ainsi : "Jeune avocat, gaulliste, souhaite devenir Président de la République, a beaucoup d'admiration pour vous, veut vous rencontrer." C'était Nicolas Sarkozy. Je ne le connaissais pas. Je lui ai donné rendez-vous à l'Élysée. C'était un des premiers hommes de droite qui venait vers nous, mais pas pour changer de camp. Seulement pour échanger des idées. Le pouvoir le fascinait, il voulait voir comment cela fonctionnait, je lui ai fait visiter les lieux. Il ne m'a jamais rien demandé. Nous avons déjeuné, puis nous nous sommes revus pour le plaisir, sans raison immédiate. J'appréciais son intelligence, sa drôlerie parfois. Il était sans partis pris doctrinaux. Nos femmes et nos enfants sont devenus amis, ils ont grandi ensemble. Et, amis, nous le sommes restés. Il est toujours là dans les bons moments comme dans les plus difficiles. »

Jacques Attali et sa famille ont même partagé avec les Sarkozy des vacances en Corse chez Marie avec leurs enfants, Pierre et Jean. Et quand ce dernier préparait Normale Sup, c'est encore Jacques Attali qui l'aidait à faire ses fiches de lecture.

Toutes les célébrités et demi-vedettes de Neuilly ne sont pas aussi proches, mais toutes requièrent la même attention. La moindre erreur, la plus innocente, peut avoir de graves conséquences. Nicolas Sarkozy se plaît à raconter qu'il avait voulu créer un sens giratoire dans certaines petites rues de la cité. Dans la première habitaient Patrick Poivre d'Arvor et Patrick Sabatier. Dans la seconde Jean-Marie Cavada et Daniel Bilalian. Il fallait tout savoir, tout prévoir et marcher sur des œufs.

Des quelque mille mariages qui se concluent chaque année dans sa mairie, il en célèbre personnellement une centaine, évidemment triés sur le volet. Il a ainsi marié Eddie Barclay, François Valéry, Henri Verneuil, Jacques Martin – nous y reviendrons – mais aussi Michel

Sardou et plus tard Johnny Hallyday, dont il connaît par cœur des chansons depuis longtemps oubliées par la vedette !

Ce n'est pas bien sûr l'essentiel. Sans bousculer personne, le jeune maire transforme la ville, aménage la place du Marché, la place de la Mairie, construit des parkings, bâtit un hôpital, un théâtre, un cinéma, une piscine, réalise l'enfouissement partiel de l'avenue de Neuilly qui coupait la ville en deux. Il entend par ailleurs forger une politique culturelle propre à la ville. L'acteur Daniel Ceccaldi, aujourd'hui décédé, devient son chargé de mission. Avec un objectif : trouver des compagnies théâtrales prêtes à venir roder leur spectacle à Neuilly avant de se produire dans la capitale. Il coproduit quatre concerts classiques par an avec la SACEM. Les Neuilléens peuvent se rendre au spectacle à proximité de chez eux. Un beau travail de relations publiques.

Déjà très attaché aux problèmes de sécurité, le jeune maire consacre chaque mois une nuit entière à patrouiller dans la ville aux côtés des policiers. Pourtant, alors que des services de police municipale sont créés un peu partout en France – notamment à Levallois-Perret, chez son ami Balkany –, il a refusé dans un premier temps d'en créer un à Neuilly. Or, voilà qu'un sondage lui montre que ses administrés le souhaitent. Il change donc d'avis mais en refusant d'armer ses policiers. Ils seront dotés de matraques. Sens de la communication oblige, la mairie fait distribuer dans les boîtes à lettres un fascicule illustré de photos : celles des policiers en précisant leur nom et leurs attributions. Car leur tâche ne se borne pas à des patrouilles. Ils doivent aider les personnes âgées à traverser la rue, ils peuvent les accompagner à la banque ou à la poste ou encore surveiller la sortie des écoles.

Un problème pourtant : bien plus tard, en 2005, l'opposition lui reprochera de ne pas avoir construit assez de logements sociaux. Car il a repris à son compte les vœux de son prédécesseur : jamais de tours à Neuilly, pas de constructions de plus de cinq étages et toujours de la verdure sur les trottoirs. D'ailleurs où les mettrait-il, ces nouveaux bâtiments ? Depuis belle lurette, il ne reste plus de terrains à construire. En outre, il s'est toujours méfié des promoteurs, en craignant les accusations de corruption. Ses adversaires, guère tendres d'ordinaire, ne l'attaqueront jamais sur ce terrain.

Résultat de cette omniprésence, de cette volonté de tout savoir et de tout contrôler : aux municipales de 1989, la liste qu'il conduit pour la première fois est élue avec 75 % des voix. En 1995, il fera moins bien : 60 % seulement. C'est que ce scrutin suit la défaite d'Édouard Balladur à la présidentielle et Jacques Chirac, le nouveau Président de la République a fait présenter un candidat du RPR contre Sarkozy. En 2001, ce dernier rétablira la situation : 76 % des voix, davantage que l'électorat traditionnel de la droite. « On ne meurt jamais d'une indigestion de voix », aimait à dire Achille Peretti. Son successeur a retenu l'adage. Il a compris très tôt la nécessité de disposer d'un bastion politique imprenable. Il a tout fait pour cela et il y est parvenu. Neuilly est son royaume.

CHAPITRE VIII
Cécilia

À l'origine, rien que de très classique. Puisque Nicolas Sarkozy se réserve de célébrer les mariages de ceux que l'on appellera plus tard les « people », pour rien au monde il n'aurait voulu manquer celui de Jacques Martin. Un comédien, ancien élève de Charles Dullin, qui a galopé de succès en succès. Pour le théâtre où il se produit souvent, il a écrit une pièce *Une case vide*. Il a aussi réalisé un film, *Na*. À l'Opéra de Lyon, puis à Paris sur les Boulevards, ce baryton a tenu avec bonheur le rôle du roi Ménélas dans *La Belle Hélène* d'Offenbach avec Jane Rhodes pour partenaire, et connu un grand succès. La télévision a fait connaître ce polémiste chansonnier à la France entière quand il animait « Le Petit Rapporteur ». Surtout, en ces années quatre-vingt, « Dimanche Martin » en fait une vedette comme il en existe peu : une star !

Le maire de Neuilly rentre donc de Corse au beau milieu de l'été pour recevoir, le 10 août 1984, les consentements de Jacques Martin, cinquante-deux ans – qui n'en est pas à son premier mariage – et de Mademoiselle Cécilia Ciganer Albéniz, de vingt-cinq ans sa cadette.

Qui est cette beauté née sous le signe du Scorpion ? Ses parents, qui avaient d'abord eu trois garçons, ne sont pas des inconnus. Le père, André Ciganer, né Aron Chouganov à Belz, en Roumanie, en 1898, est arrivé en France au début des années quarante. Aux dires de ses fils il a obtenu la nationalité française en 1955[1], pour faits de Résistance. Surtout, il est le fourreur du grand monde. Il tient un

1. À sa mort, ses fils découvriront qu'il s'est rajeuni de sept ans (il est né en 1905 sur sa carte d'identité française), pour épouser leur mère, alors âgée de dix-huit ans.

magasin dans les beaux quartiers : d'abord rue François-Ier, tout près des Champs-Élysées, puis – coïncidence – place Beauvau, à deux pas du ministère de l'Intérieur. Son épouse, Térésita, de trente-cinq ans sa cadette, est espagnole et se fait appeler Diane. Cette très belle personne, typée, racée, élancée aux lourds cheveux bruns, a un grand-père connu du monde entier, le compositeur Isaac Albéniz – pianiste virtuose, auteur du très célèbre *Iberia*, admiré de Debussy –, d'un père ambassadeur qui fréquenta la Société des Nations à Genève dans l'entre-deux-guerres, d'une mère belge, née Rosaline de Swert à Anvers.

Un grand appartement rue Marbeuf, un presbytère aménagé dans le charmant village de Monchauvet dans les Yvelines, non loin de Houdan. Bref, ce que l'on appelle une certaine aisance. Diane conduit une Jaguar bleu nuit qui fait bel effet. Mais la famille connaîtra ensuite des revers de fortune dus à la santé du père et au déclin des droits d'auteur de l'aïeul musicien.

Entre deux passages au magasin où elle reçoit les clientes, Diane s'occupe beaucoup de sa petite dernière, Cécilia, qui a dû subir à douze ans une opération à cœur ouvert… Et qui ensuite lui a créé des soucis d'une tout autre nature. Elle a, certes, bien terminé ses études secondaires chez les sœurs de Sainte-Marie-de-Lübeck ; mais n'a fait qu'entrer et sortir de la fac de droit avant de s'orienter – très brièvement – vers le mannequinat chez le couturier Serge Lepage (Schiaparelli). Madame Ciganer rêve « d'une vie pas comme les autres », d'un mariage prestigieux pour sa fille si belle et qui se cherche – ce serait aussi pour la mère une belle revanche sociale. Cécilia va trouver par hasard : elle dîne un soir de 1983 à la Maison du Caviar, un restaurant près des Champs-Élysées et du domicile de ses parents avec une amie en instance de divorce. Celle-ci, justement, connaît très bien leur voisin de table, Jacques Martin, qui vient lui prodiguer quelques paroles de consolation. Il a remarqué Cécilia. Et plus il la regarde, plus il est conquis. C'est-à-dire décidé à la conquérir. Le lendemain, il appelle l'amie pour la convier à dîner chez lui à Neuilly en lui demandant d'amener la jeune femme.

Il est libre. Sa compagne, la comédienne Danièle Évenou, l'a quitté, emmenant leurs deux fils. Elle ne supportait plus les humeurs peccantes de ce perpétuel insatisfait. Selon elle, un égocentrique. Ce départ l'avait désemparé. Ne pouvant vivre seul, il se perdait, au grand désespoir de ses amis.

À ce moment, Cécilia vit seule, elle aussi. Plusieurs histoires de cœur ont tourné court. Certaines l'ont beaucoup affectée. La dernière avec un photographe de renom de *Vogue*, de vingt ans son aîné. Il l'avait photographiée pour son magazine : elle présentait la collection de fourrures de son père. C'est ainsi qu'ils avaient fait connaissance. Bientôt ils ne s'étaient plus quittés, voyageant autour du monde – Panama, La Barbade... – où il faisait des photos de mode. Elle organisait son planning et, à Paris, sa maison (il vivait dans un hôtel particulier). « Cécilia fait partie de ces femmes qui propulsent un homme », dit-il d'elle aujourd'hui. Chaque année, Régine, la célèbre reine de la nuit, faisait éditer un album consacré aux « Régine's », les boîtes de nuit qu'elle dirigeait à travers le monde. Lui photographiait les clients renommés. Cécilia s'occupait de la publicité et cherchait des sponsors. Ces deux-là devaient convoler en justes noces. Les invitations étaient lancées. La réception devant se dérouler à l'abbaye de Royaumont, encore propriété de la famille du futur marié. Quand celui-ci, pris de panique, demande un délai de réflexion. La réflexion s'éternisa. Fin de l'épisode. Pas de mariage.

Cécilia accueille donc avec bonheur les compliments de Jacques Martin, qui déploie pour elle ses multiples talents. Il la fait rire, la régale de nourritures exquises (il excelle en cuisine), il lui parle littérature (domaine favori de cet amuseur, en réalité grand lettré), il lui récite des vers à l'oreille et entonne ses plus beaux airs. Bientôt ils voyagent, se montrent assidus aux plus grands concerts, visitent des musées et ainsi de suite. Bref, il l'étourdit de charme et de culture et lui fait découvrir un monde qu'elle ignorait. Le Grand Jeu.

Est-elle amoureuse ? Sans doute. Elle l'admire encore plus, flattée aussi d'être l'objet de tant d'attentions. Ils font vite vie commune. À son ex-ami le photographe, Cécilia annoncera au téléphone et pas fâchée de la leçon : « Je vis avec l'homme le plus connu de France. »

Tous les amis de Jacques Martin en témoignent : « Elle fut pour lui une compagne pleine d'humour et d'autorité, d'humeur volontiers badine et qui a tout assumé : l'organisation de la maison, la vie quotidienne et aussi, hélas, les dérives de son nouveau compagnon, lequel, grâce à ses patientes attentions, s'en est sorti peu à peu. Elle a été très solidaire, elle l'a beaucoup aidé. »

Deux ans plus tard, le couple décide de se marier. Lors d'une cérémonie dans la plus stricte intimité : avec la seule compagnie de la famille, d'une poignée d'amis et des témoins. Car Cécilia attend un heureux événement, très proche. Jacques Martin, habitant Neuilly, a demandé au maire – que le couple avait rencontré une fois lors d'un dîner – de recevoir leur consentement.

Achille Peretti, qui n'aimait pas célébrer les mariages, racontait à ses adjoints : « Quand j'y suis obligé, une seule chose m'amuse, je regarde la mariée et je me demande si, le soir, j'aimerais être à la place de son conjoint. » Or, ce 10 août 1984, dans des circonstances analogues, le jeune maire de Neuilly n'a pas le temps de s'interroger : le voilà saisi d'un trouble comme il n'en a guère connu jusque-là. Une sorte de feu intérieur l'envahit, que la chaleur estivale n'explique pas. Un embrasement qui s'appelle le coup de foudre. Il est subjugué par l'allure féline de la jeune femme, ses yeux de chatte égyptienne qui lui font un regard si distant, ses faux airs de Jackie Kennedy. Une vraie *first lady*. « Pourquoi, moi, je marie cette femme à un autre ? Elle est pour moi », voilà ce qu'il se dit en cet instant. Il est tellement fasciné que rien dans la silhouette de la mariée n'attire son attention. Il en bafouille. Il oublierait presque le beau discours qu'il a peaufiné pour la vedette, le mari. Il s'y accroche pourtant. Pour cacher son émoi, il accable celui-ci de compliments, ne regarde que lui. Après avoir retracé sa brillante carrière, il s'exclame en guise de péroraison : « Jacques, j'aimerais vous faire un cadeau qui ne me coûterait pas cher et qui pourtant n'a pas de prix pour moi, que je ne puis vous donner et que sans doute vous n'accepteriez pas, parce que vous n'en auriez pas l'usage : mon écharpe de maire. » Une manifestation d'empathie peu commune, qui stupéfie l'assistance – c'est bien la première fois que le maire parle de la sorte – mais que le bénéficiaire, abasourdi lui aussi, accueille une larme à l'œil. Quel homme de cœur, ce jeune maire ! Que veut-il dire ? Il aimerait que Jacques Martin soit le maire à sa place, et que lui soit à celle du marié…

Arrêt sur image : il s'agit bien sûr d'un message subliminal adressé à Cécilia : j'aimerais vous offrir ce que je ne puis pas et que vous-même ne pourriez accepter aujourd'hui : le mariage ?

Il ne le peut évidemment pas, puisqu'il a épousé trois ans plus tôt « une perle », comme il disait alors, nommée Marie, la douce Marie que « tout le monde aimait », répètent aujourd'hui encore les fidèles.

Il l'avait rencontrée quatre ans plus tôt dans le bureau de Roger Karoutchi. Délégué RPR aux universités, celui-ci voulait créer une section à la Sorbonne IV où Marie étudiait l'italien. Il voulait l'en charger. Séduit sur-le-champ, Nicolas avait demandé son numéro de téléphone et Marie fut rapidement conquise. Quelques mois plus tard, ils se mariaient en l'église Saint-Pierre-de-Neuilly. Nicolas pour l'occasion avait accepté de revêtir l'habit. Un mariage chic. Après une réception au « Tir aux pigeons », donnée par les familles pour le gratin de la ville, les mariés avaient fait la fête le soir avec les amis de leur âge, dans l'appartement de la sœur de la mariée alors vidé en vue de prochains travaux. Un mariage de militants. On avait ri, chanté, dansé jusqu'à l'aube, puis Nicolas et Marie étaient partis en voyage de noces aux Seychelles.

À ce moment, il voulait fonder une famille stable, mener avec femme et enfants la vie dont son père l'avait privé. Avec Marie il a d'abord vécu dans le studio situé au-dessus de l'appartement de sa mère, après l'avoir lui-même repeint. Ils y sont restés jusqu'à la naissance de leur deuxième garçon. Un couple uni, heureux, sans histoires. « Nicolas aimait beaucoup Marie », disent les amis et d'ajouter : « Ce qui ne l'empêchait pas de faire du charme – et parfois même pire ! – aux jolies filles. » Jusqu'à ce coup de foudre du 10 août 1984.

Ce jour-là donc, Nicolas en a fait tant et tant qu'il est devenu sur-le-champ l'ami de la famille Martin, laquelle s'agrandit très vite : treize jours plus tard, Cécilia accouche d'une petite fille prénommée Judith. Le parrain est tout trouvé : le maire de Neuilly.

Les Sarkozy et les Martin ne se quittent plus. Les deux couples dînent ensemble au bistrot, ou bien chez l'un ou chez l'autre. « Au début Nicolas ne parlait jamais de Cécilia, il me racontait seulement que l'on mangeait très bien chez les Martin », se souvient son copain Jean-Marie Chaussonnière.

Ils se retrouvent au spectacle. Souvent, Jacques invite Nicolas au Théâtre de l'Empire avenue de Wagram où il enregistre l'émission « Dimanche Martin ». Quand il l'aperçoit au premier rang, il le salue et le fait applaudir par le public. En retour, les Martin sont conviés à toutes les cérémonies festives de la mairie de Neuilly. Cécilia et Marie, elles aussi, semblent inséparables. « Ma meilleure amie », c'est ainsi que Marie présente Cécilia aux Neuilléens, lesquels peuvent rencontrer les deux jeunes femmes rieuses, promenant leurs landaus avenue de Madrid, emmenant leurs bébés prendre l'air au bois de Boulogne. Cécilia a deux filles, et Marie deux garçons pratiquement du même âge. Quand, en 1987, Cécilia a accouché de sa deuxième fille, les magazines la montrent encore alitée à la clinique, son bébé dans les bras. À ses côtés Marie, la femme du maire de Neuilly qui sera, annoncent-ils, la marraine de la petite Jeanne-Marie.

Des proches, très proches donc. Qui se retrouvent même durant l'été 1987 en vacances dans une belle villa, « La Baraka », louée par les Martin près de Mougins.

À cette époque, Nicolas confie à ses collaborateurs qu'il envisage de faire entrer son ami Jacques au conseil municipal de Neuilly lors des élections de 1989.

Seulement voilà, cette belle amitié est déjà condamnée. Car Nicolas est amoureux. Un amour irrépressible pour la femme de son ami. Il a longtemps résisté, mais la digue a lâché. Il en rêve le jour, en perd le sommeil, les sens retournés, il est envahi par l'émotion, vaincu par le désir. Envoi quotidien de fleurs, appels téléphoniques, il fait sa cour avec une assiduité sans faille et son habituelle vigueur. Or, la dame de ses pensées est souvent seule. Jacques Martin, toujours sur la brèche, se partage entre télévision et théâtre où, chaque soir, sa femme doit aller le chercher. Il lui interdit de travailler. Elle s'ennuie, commence à se lasser de la démesure de ce perpétuel insatisfait. Heureusement, Nicolas est là, qui fait son siège, l'amuse, lui parle politique, et avenir (le sien). Son intérêt pour elle la trouble. Comme elle le dit elle-même : « Qui peut résister à Nicolas ? » Elle aussi devient très amoureuse. Et puis le maire de Neuilly, vice-président du Conseil général, de deux ans son aîné, est promis à un brillant avenir politique. Voilà, en outre, qu'il lui propose un travail : la direction du journal municipal. Leurs rencontres, de plus en plus fréquentes à la mairie ou ailleurs, commencent à faire jaser dans la ville. Aucun de leurs amis n'imagine pourtant que Nicolas pourrait quitter Marie. Et pas davantage Dadu, qui adore sa belle-fille. L'annonce de la liaison de Nicolas et Cécilia sera reçue dans la famille avec stupeur et tremblements.

Marie a compris son infortune lors d'un week-end à Megève au printemps 1988. Invité par Roger Teullé, l'adjoint de Nicolas, le couple avait emmené Cécilia puisque Jacques Martin était toujours occupé. Ils logeaient à l'hôtel. Et voilà une scène de roman : un après-midi, le temps n'étant pas de la partie, il n'y a pas de ski au programme. Marie fait des courses, revient à l'hôtel. Nicolas n'est pas là. Elle le cherche. Personne dans les couloirs. Et finit par aller frapper à la porte de Cécilia. Bruits divers derrière la porte. Quand enfin son amie lui ouvre, elle comprend qu'elle n'était pas seule. La fenêtre est encore béante. Des traces de pas dans la neige lui indiquent que quelqu'un vient de s'esquiver. Son mari ? Un cauchemar ! Nicolas, pris en flagrant délit d'adultère, doit sur-le-champ gérer l'ingérable. Marie pleure. Le week-end est abrégé. On rentre à Paris. Nicolas est débordé. La politique vit au rythme de la campagne présidentielle qui a commencé. Et cette année-là, 1988, François Mitterrand a de bonnes chances d'être réélu. Sollicité par le RPR, Jacques Martin, qui ignore encore son infortune, a accepté de participer au grand meeting organisé par les chiraquiens avant le second tour, place de la Concorde où vedettes, patrons et hommes politiques se succèdent à la tribune : Line Renaud, Jean d'Ormesson, le professeur Cabrol, l'amiral de Gaulle, Yves Saint-Martin, Chantal Goya, Paul-Loup Sulitzer et même Antoine Pinay.

Craignant une incartade de la vedette qui a beaucoup insisté pour prendre la parole, l'entourage de Nicolas a prévu de couper son micro au cas où… Mais Jacques Martin s'en tient à la politique. Emporté par sa fougue militante, il menacera même les socialistes des pires maux, jusqu'à la trente-sixième génération. Il clame, dans la même envolée, que leur victoire l'inquiéterait… pour l'avenir de ses enfants. Du coup, le lendemain, les comités d'entreprise qui avaient loué les places pour assister à son spectacle « La lune entre les dents », annuleront leurs réservations.

La rumeur, portée par de bons amis, finit pourtant par arriver jusqu'à lui. Aux accusations de tromperie, Cécilia nie et nie encore pendant des semaines. Jusqu'au moment où Marie téléphone à Jacques pour lui confirmer – preuves à l'appui – leur commune infortune. Le doute n'étant plus permis, fou de colère, Jacques Martin menacera d'aller « casser la gueule » à ce faux frère de Nicolas. Mais, contrairement à une rumeur qui court encore aujourd'hui à Neuilly, il n'a jamais mis son projet à exécution. Chambré sur le sujet, lors de l'émission « Les Grosses Têtes » de RTL, il rétorquera avec humour : « Je ne vais tout de même pas aller battre le maire de mes enfants. »

À l'automne 1988, la vie conjugale devenant insupportable, Cécilia décide de partir « avec ses deux poussins sous le bras », comme elle dit. En donnant à Martin cette simple et seule explication : « Je ne suis plus heureuse, je m'en vais. » Un verdict sans appel ! Elle s'installe dans un petit appartement. Pas très loin de son mari et tout près de la mairie. Et elle demande le divorce.

« Pour Martin, ce fut un drame », disent ses amis. Certains qui avaient tenté de fléchir Cécilia notent : « Elle peut être une amie formidable mais, dès que vous la gênez, elle devient une femme impitoyable. »

Les grandes douleurs de Jacques Martin ne sont pas toujours muettes. Chaque dimanche après-midi, en présentant « L'Ecole des Fans » où des petits enfants chantent sur scène des succès d'une vedette invitée par lui, il leur pose les mêmes questions : « Où elle est, ta maman ? Où il est, ton papa ? » L'enfant désigne alors du doigt ses parents assis dans la salle. Si la mère est jolie, l'animateur met parfois le mari en garde : « Surtout, n'amenez pas votre épouse à Neuilly, le maire s'en occuperait personnellement. »

À Thierry Ardisson qui lui demande sur Antenne 2 dans l'émission « Double Jeu », s'il lui était arrivé de vouloir tuer quelqu'un, Jacques Martin répondra : « Oui. Le maire de Neuilly. » Lequel appellera un de leurs amis proches pour l'avertir que, cette fois, « la ligne jaune a été franchie ». Cécilia a quitté son mari, une décision brutale, définitive ; quatre mois plus tard, elle avait obtenu le divorce.

Nicolas Sarkozy, lui, n'a pas rompu aussi aisément avec Marie. Au grand dam de Cécilia. C'est que sa famille, Dadu surtout, a pris le parti de son épouse. Laquelle très déprimée tombe malade, et gravement. Madame Chirac – qui a toujours été du côté des femmes trompées – téléphone pour prendre de ses nouvelles, elle lui rend même visite à la clinique et lui conseille : « Ne lâchez pas ! » Une situation difficile à vivre et à gérer pour un mari fautif et quand même scrupuleux. Habité par la crainte et le remords, il tergiverse, quitte le domicile conjugal, puis revient, et repart, va-et-vient qui autorise Marie à croire que la liaison craquera. Pourtant, au lendemain de sa réélection à la mairie, en 1989, Nicolas tranche. En faveur de Cécilia. Chaque matin pourtant, des années durant, il viendra chercher ses fils à la porte de leur mère pour les amener à l'école. Et souvent Pierre et Jean viennent travailler dans son bureau de la mairie. « C'est un très bon père, il adore ses enfants », assurent tous ses amis. Parmi eux, l'une d'elles raconte l'avoir vu pleurer alors qu'il regardait à la télévision le film *Kramer contre Kramer*, l'histoire d'un divorce. Mais il a fait fi de tous les conseils de prudence, de tous les « tu vas briser ta carrière politique ». De tous « les Neuilléens ne te pardonneront pas ». C'est que, dans la ville, peu nombreux sont ceux qui prenaient le parti de Cécilia. Trop belle, trop froide, trop intéressée, disaient-ils. Une situation difficile à vivre pour elle, que certains à Neuilly appellent de manière injurieuse « la pute du maire », comme pour lui qui n'a pas pu résister à la passion.

CHAPITRE IX

Consoler Pasqua et faire chanter Madonna

À peine a-t-il franchi une marche qu'il veut se hisser sur la suivante. Sans perdre une minute. Et en tirant des leçons de l'expérience précédente. Il est ainsi fait. Jamais rassasié.

« Avec lui, c'est simple, toute seconde qui passe est dédiée à se rapprocher du but », dit son ami Devedjian.

En 1986 à trente-et-un ans, il peut déjà afficher un bilan flatteur. Maire de Neuilly, conseiller régional, vice-président du Conseil général des Hauts-de-Seine. Il y est en charge de la politique culturelle et s'est fait habilement remarquer. Il est en effet intervenu pour que les crédits affectés au Théâtre des Amandiers dirigé par Patrice Chéreau et Catherine Tasca (future ministre socialiste) ne soient pas supprimés, comme l'envisageait la majorité (RPR) du Conseil général… Ce n'est pas qu'il raffole de ses spectacles – il n'est jamais allé les voir – mais en pragmatique il sait que rien ne serait plus dangereux. Il ne faut jamais priver d'herbe une vache sacrée et Chéreau en est une, en son domaine. Sans compter que la mairie de Nanterre, ville où il officie, est dirigée par les communistes : il sera donc dit que Monsieur Sarkozy n'est pas sectaire.

Il est aussi entré, de haute lutte, au Comité central de son mouvement, dont il avait gravi à l'échelon local tous les grades : trésorier, secrétaire de section, secrétaire de circonscription, délégué départemental et ainsi de suite… Beaucoup jugeraient le moment venu de souffler un peu. Lui, non. Toujours plus haut ! Il rêve d'ajouter une écharpe tricolore de député à son blason. Justement, la France va renouveler l'Assemblée nationale. Les circonstances sont favorables à l'opposition. Le gouvernement Fabius ayant déçu, les augures, formels, annoncent la défaite de la gauche.

Seulement voilà : ce Fabius et ce Mitterrand ne reculant devant aucune manœuvre, à condition qu'elle soit efficace, sous prétexte de rétablir la justice dans la représentation du peuple, ont ressuscité le scrutin de liste à la proportionnelle à un tour, scrutin qui contribua à la dégringolade de la IVe République… Peu leur en chaut, puisqu'il s'agit de limiter chez eux la casse, fût-ce au prix d'une entrée de l'extrême droite au Parlement. Il y a bien chez les socialistes des hommes comme Michel Rocard qui trouvent la ficelle un peu grosse. Il a quitté le gouvernement pour marquer sa réprobation. Mais il est bien le seul à avoir osé ce geste. Et son départ est le moindre souci du Président et de son jeune Premier ministre.

Puisque les listes des candidats sont établies par les états-majors des partis, il ne faut pas être grand clerc pour comprendre que ce type de scrutin favorise les vieux loups de la politique, bien installés dans les appareils. Ils figureront au premier rang – en position éligible, comme on dit – au détriment des nouveaux venus, c'est-à-dire du renouvellement. Ce qui ne signifie pas que tous les vieux loups soient à la fête. Ainsi Charles Pasqua, qui mène le jeu dans les Hauts-de-Seine et doit trancher entre les ambitions. Le RPR peut en effet y réaliser un score. Et les candidats se pressent. Bien entendu les sortants n'entendent pas sortir. Ainsi, les anciens et importants ministres du général de Gaulle, bardés de décorations, auréolés d'un passé glorieux comme Jacques Baumel et Georges Gorce. Celui-là, maire de Rueil, celui-ci de Boulogne. Et encore Claude Labbé, président du groupe parlementaire RPR ; et aussi Georges Tranchant, un industriel proche des Dassault dont le poids n'est pas négligeable. Difficile dans ces conditions de faire une place aux « Pasqualitos », ces jeunes qui sont l'avenir du mouvement et l'ont prouvé. Comme Devedjian à Antony et Balkany à Levallois-Perret, qui ont ravi leur mairie à la gauche.

Le RPR peut espérer obtenir cinq sièges dans le département. Pas davantage. Comme il n'est pas question de toucher aux quatre premiers, reste la cinquième place. À qui l'offrir ? Balkany fait le forcing. Mais c'est l'autre Patrick, Devedjian, qui l'obtient. Sarkozy doit se contenter de jouer les figurants, rôle qu'il déteste évidemment, au septième rang ! On lui offre bien une place d'éligible sur la liste pour les élections régionales qui se dérouleront le même jour ; comme il est déjà sortant, pour lui le gain est nul. Et il enrage.

Au soir du scrutin du 16 mars, pas de surprise dans les Hauts-de-Seine. Les cinq premiers sont élus. Dans le pays quinze millions d'électeurs ont voté pour la droite, douze millions pour la gauche. Jamais le rapport de forces n'avait été aussi défavorable à celle-ci, depuis 1968.

Pourtant, ce soir-là, les socialistes battus trinquent, amusés par le spectacle qu'offrent à la télévision les vainqueurs dépités. Le système proportionnel a tenu ses promesses. Il a failli faire manquer à la droite la majorité absolue. Il s'en est fallu de quatre sièges. Avec le scrutin majoritaire, les socialistes ne seraient revenus qu'à cent trente tout au plus à l'Assemblée. Or, ils sont deux cent douze. Et voilà le Front national qui occupe trente-cinq sièges. Une flèche qui pourrait être mortelle dans le flanc de la droite. Vraiment bien joué ! La cohabitation – Président de gauche-gouvernement de droite – la première du genre, ne s'annonce pas aisée.

Dès le lendemain, François Mitterrand a nommé Jacques Chirac à Matignon. Les deux hommes se sont entendus. Édouard Balladur devient ministre d'État, en charge de l'Economie, des Finances et des Privatisations. Charles Pasqua obtient l'Intérieur. Il a fait nommer Patrick Devedjian responsable des fédérations au RPR. Nicolas Sarkozy regarde passer les plats : rien pour lui. « À cause de Neuilly », croit-il, Pasqua se venge. Main sur le cœur, les proches de ce dernier jurent qu'il n'en est rien. Qui pourrait les croire ? En tout cas pas l'intéressé.

Mais il sait d'instinct faire une croix sur ses ressentiments quand son intérêt le commande. À quoi servirait-il de bouder ? Il importe au contraire de se réconcilier au plus vite avec l'hôte de la Place Beauvau. Il charge de cette mission Jean-Jacques Guillet, un proche du ministre, élu comme lui dans les Hauts-de-Seine : qu'il joue les médiateurs et rétablisse les liens.

La chance, on l'a déjà vu, aime souvent les tenaces : voilà que la France s'offre une de ces crises étudiantes dont elle a le secret. L'occasion est une loi concoctée par le ministre en charge des Universités, Alain Devaquet. Grand professeur, spécialiste de la mécanique quantique, il enseigne à Polytechnique et à la Sorbonne. Ce grand jeune homme blond aux airs si timides, une allure dégingandée de potache vit donc au milieu des étudiants. Et il s'est mis en tête d'accorder plus d'autonomie aux universités – une mesure que tous les experts appelaient de leurs vœux. Mais c'est une affaire « collatérale », les droits d'inscription dans les facultés, qui va être présentée aux lycéens comme un scandale. Une hypothèque pour leur avenir. Des tracts distribués à la sortie des lycées leur font croire que cette majorité qui vient de supprimer l'impôt sur la fortune – sous-entendu qui n'aime que les riches – est prête à faire monter ces droits jusqu'à 10 000 francs. La sélection par l'argent donc. Rien de tel n'est écrit dans la loi. Mais qui lit les textes ? Il est facile de manœuvrer de jeunes cervelles. L'UNEF, l'extrême gauche, des mouvements comme SOS Racisme dont le père fondateur se nomme Julien Dray prennent une part active à ce bourrage de crâne.

Pierre Mauroy rapporte une anecdote significative. En août 1986, alors qu'il rendait visite à François Mitterrand à l'Élysée, il avait à plusieurs reprises croisé Julien Dray dans les couloirs du palais présidentiel. Et ce dernier l'avait apostrophé, joyeux : « La vraie force révolutionnaire de ce pays, ce sont les lycéens. » « Je ne comprenais pas pourquoi il me disait cela, quelques mois plus tard j'ai compris », avouera l'ancien Premier ministre à l'auteur.

Les manifestations de l'automne avaient été organisées dès l'été à l'Élysée.

La loi dite « Devaquet » est votée fin octobre au Sénat dans une totale indifférence. Un mois plus tard, quand le texte est présenté à l'Assemblée nationale, les manifestations éclatent et se succèdent comme les grains d'un chapelet. Mêmes slogans, mêmes banderoles, d'un bout à l'autre de la France. Des milliers de jeunes lycéens encadrés par leurs professeurs sont dans la rue. La gauche, la Fédération de l'Éducation nationale leur emboîtent le pas.

Pour mimer 1968, quelques-uns ont, bien sûr, occupé la Sorbonne. La police fait évacuer les locaux. Les lycéens exigent le retrait de la loi. Grenades lacrymogènes, casseurs armés de barres de fer aux alentours du boulevard Saint-Michel. Dans un premier temps, le gouvernement choisit la fermeté. Non, il ne cédera pas, qu'on se le dise. La coordination étudiante créée selon le scénario habituel décrète la grève générale dans les universités et, bien sûr, n'entend pas en démordre. Survient le dénouement imprévu, atroce. Un samedi soir, un jeune Français d'origine maghrébine, Malik Oussekine, est roué de coups par deux voltigeurs motocyclistes de la police. Quelques heures plus tard, il décède. L'horreur. L'absurde horreur.

Le lundi, le Président de la République François Mitterrand déjeune avec Elie Wiesel, débarqué le matin même de New York, en route pour Stockholm où il doit recevoir le prix Nobel de la paix. Après le café, le Président demande à son invité de l'accompagner. Il va présenter ses condoléances à la famille du jeune défunt. Bien sûr, les caméras sont priées d'immortaliser la scène et la présence aux côtés du chef de l'État d'un écrivain considéré comme le défenseur attitré des droits de l'homme, impressionne plus que tous les discours. C'est clair : le Président a le monopole du cœur. La droite au pouvoir celui de la répression brutale et mortelle. Personne ou presque ne rappelle que le même Président, quelques semaines plus tôt, avait omis d'aller saluer les familles de jeunes policiers guère plus âgés que Malik Oussekine, tués au Pub Renault par l'explosion d'une bombe terroriste qu'ils avaient emportée pour préserver la vie de centaines de jeunes.

Ce même jour, Charles Pasqua se rend au chevet des policiers gravement blessés lors de la manifestation. La gauche réclame à cor et à cri la démission du patron d'une police inhumaine. Les Français ont été choqués. François Mitterrand fait de l'escalade dans les sondages, tandis que Jacques Chirac dégringole du cœur des Français. Bien qu'il ait retiré sans plus attendre la loi Devaquet.

Pasqua se trouvant en difficulté, Nicolas Sarkozy saute sur l'occasion, il faut l'aider. Réunir des militants dans les Hauts-de-Seine, chauffer une salle, il sait faire. Donc il fait. Il joint le ministre : « Ce sera une réunion entre nous, nous voulons vous dire combien nous sommes auprès de vous. » Ils sont un bon millier, l'ambiance est chaleureuse. Tout couturé de cicatrices et repu de sentiments qu'il soit, Pasqua est retourné. Il en aurait presque la larme à l'œil. Allons, il n'est pas si mauvais, ce petit Sarkozy. Et puis, on fait partie de la même famille, non ?

La récompense ne se fera pas attendre. Il y a toujours de la place dans un cabinet ministériel. Il y en aura une pour Nicolas, même si on ne lui affecte pas de bureau car il n'y a plus d'espace libre à Beauvau. Mais enfin, le voici pourvu d'un titre « chargé de mission ». Toujours utile.

« Je pense à vous pour quelque chose », lui dit alors Charles Pasqua. Ce quelque chose est : la prévention des risques majeurs et technologiques. Un dossier brûlant depuis avril 1986. Le monde entier est traumatisé par la catastrophe de Tchernobyl. Ce qui paraissait improbable aux dires de nombre d'experts est arrivé. Bien plus, le drame a mis en lumière des carences en matière de protection. Il s'agit donc d'évaluer les risques et de proposer des systèmes d'alerte en cas de catastrophe nucléaire. Ce qui suppose, entre autres, une meilleure communication entre EDF et les préfets. Qui connaît l'administration sait bien que rien ou presque n'est plus complexe. Une bonne occasion donc pour Nicolas de se familiariser avec les rouages des services publics, d'en mesurer rivalité et efficacité. Une mission importante donc.

Pasqua tardant un peu à lui confier la mission, Sarkozy active ses réseaux. Alain Carignon raconte : « J'étais ministre de l'Environnement, Nicolas m'a dit : il faut que tu m'appuies auprès de Pasqua. Tu lui diras que tu as un besoin urgent d'un correspondant à Beauvau sur ces questions de risques majeurs et que tu aimerais que ce soit moi. Ce que j'ai fait. Pasqua a aussitôt réagi. Après quoi, on s'est beaucoup vus avec Nicolas pour parler de ce sujet. »

Pour guider son poulain dans les arcanes administratifs, le ministre de l'Intérieur s'en remet à Jean-Paul Proust, futur préfet de police de Paris et alors directeur de la défense et de la sécurité civile.

« Un jour, Pasqua me convoque dans son bureau, raconte-t-il, j'arrive. Il était en compagnie d'un jeune homme que je ne connaissais pas : "Je vous présente Nicolas Sarkozy, me dit-il de sa voix chantante. Il a été élu maire de Neuilly contre mon avis, mais il est plein de qualités et d'avenir. Il n'a qu'un défaut : il ne sait encore rien faire. Voilà pourquoi, je lui ai donné ce dossier. Vous allez le parrainer." »

Nicolas s'est mis aussitôt à la tâche. « Il pouvait utiliser mes services, il a fait le tour de tous les responsables du CEA, il a visité les centrales et bientôt je l'ai vu discuter comme un pro avec les spécialistes. J'étais épaté mais je n'imaginais pas qu'il ferait la carrière qu'il fait », assure son parrain.

L'apprentissage ne se limite pas à l'étude des dossiers. Pour la première fois, le jeune maire de Neuilly pénètre aussi dans l'Hémicycle… Quand son ministre l'y amène, il le fait asseoir sur les bancs derrière lui. Et celui-ci ne manque pas de téléphoner aux amis : « Allô ? Tu as vu où était ton copain ? » Trop content ! Il écoute, observe, fréquente les couloirs, apprend les visages, les rites et les mœurs parlementaires. Il est à son affaire.

C'est l'époque où se prépare la présidentielle de 1988. Jacques Chirac est candidat, bien sûr. Son directeur de campagne est Charles Pasqua, toujours peu pressé néanmoins de laisser une grande place dans le staff au maire de Neuilly.

Alain Carignon raconte : « Nicolas et moi avons créé le comité de soutien des jeunes à Jacques Chirac. C'était bien sûr son idée. Étant ministre je le présidais. Lui assumait le secrétariat général. Et il se tapait tout le boulot. C'est lui qui a organisé le grand meeting de Bagatelle entre les deux tours, un dîner assis de quatre mille personnes, un travail de titan… Moi, j'avais mon nom sur le carton, c'est tout. Lui avait encore besoin de notoriété et voulait se faire valoir auprès de Jacques Chirac. D'autant plus qu'à ce moment, à en croire Patrick Devedjian, Charles Pasqua faisait tout, et le reste, pour écarter la jeune équipe du candidat à la présidentielle.

Au début de 1987, Nicolas Sarkozy a trouvé pourtant une bonne occasion de se faire remarquer du Premier ministre. Jean-Claude Camus, impresario de Johnny Hallyday et de bien d'autres vedettes, doit organiser la venue de Madonna. Elle donnera un concert au mois d'août. Pourquoi pas en plein air ? Le parc de Sceaux, près de Paris lui semble être un lieu des plus propices. Mais le maire de la ville ne veut pas en entendre parler. Il tient à protéger ses administrés des tonnerres de décibels. D'autant que ses électeurs ne sont pas tous – il s'en faut – des fans de la vedette. Sans compter que l'organisation d'un tel concert présente bien des dangers en termes d'ordre public et de sécurité. Donc, c'est non !

Jean-Claude Camus décide d'en appeler à Jacques Chirac, qu'il connaît bien. Il lui rend visite à Matignon. Il insiste, bien entendu, sur l'intérêt politique qu'il aurait à accueillir cette immense vedette, les jeunes l'adorent. En outre, celle-ci est prête à offrir un chèque de cinquante mille francs à Line Renaud pour l'association de lutte contre le SIDA qu'elle a créée. Autant d'arguments qui touchent le Premier ministre mais séduisent davantage Claude, sa fille cadette, encore étudiante. Elle voit bien, depuis les événements de décembre, que son père doit combler ce que les pros de la communication appellent « un déficit d'image auprès de la jeunesse ».

« J'ai pris papa entre quatre murs et je lui ai fait écouter les disques de Madonna », racontera Claude. Entre ces quatre murs, se trouve comme par hasard un photographe. Et quelques jours plus tard, un magazine pour jeunes, *Podium*, publie la photo d'un Jacques Chirac assis par terre, jambes croisées en tailleur, Walkman à l'oreille, séduit peut-être. Tentant de séduire sûrement. « Ça n'est pas en se déguisant en crooner des années cinquante que Chirac fera oublier les matraques de décembre », grogne alors Jack Lang. Il n'empêche : Jacques Chirac va aider Jean-Claude Camus.

« Allez donc voir Nicolas Sarkozy de ma part. Il est chargé de la culture dans les Hauts-de-Seine. Il va vous arranger cela. »

Jean-Claude Camus n'a pas oublié : « J'ai pris rendez-vous avec le vice-président du Conseil général. Quand je suis arrivé, j'ai été frappé par sa jeunesse. Je croyais donc facile de lui faire miroiter tous les avantages de ce concert pour l'image de Jacques Chirac. J'ai débité mon bla-bla, il m'a laissé parler dix minutes sans m'interrompre, puis il m'a dit : “Écoutez, moi je trouve que c'est une très mauvaise idée. Mais, puisque Jacques Chirac me le demande, je vais organiser cette fête. Pas de problème.” Et c'est là que je l'ai vu à l'œuvre, poursuit Camus. Le maire de Sceaux, en effet, continuait de protester. Mais le parc étant la propriété du Conseil général, celui-ci avait le dernier mot. Sarkozy a mené l'opération sabre au clair. Nous avons tenu au moins dix réunions avec tous les services, à commencer par le préfet totalement aux ordres. Car il fallait tout prévoir, recréer une ville : l'éclairage, la sono, les toilettes, la signalisation, les postes de ravitaillement, le gardiennage, le parking, l'évacuation, la sécurité. Moi, le professionnel, j'étais en admiration. Il faisait tout cela alors qu'il se foutait complètement de Madonna – il n'aime que la chanson française –, il m'a bluffé. Depuis, je ne l'ai plus lâché, il est mon ami. »

Grâce à Jean-Claude Camus, Nicolas Sarkozy pourra inviter Johnny Hallyday à participer au festival qu'il a créé dans les Hauts-de-Seine baptisé « Chorus ».

Nicolas n'est pas invité à la réception offerte dans l'intimité à la mairie de Paris à Madonna, la veille du concert. Mais le lendemain au parc de Sceaux, il est aux côtés de Claude Chirac qu'il rencontre pour la première fois.

L'opération Madonna est un succès. Elle fait grand bruit dans la presse. D'autant que la tigresse aux bras chargés de bracelets a jeté sa petite culotte aux fans en délire !

En deux ans, Nicolas Sarkozy n'a donc pas perdu son temps. D'abord il s'est rabiboché avec Pasqua. Le voilà aussi – cela peut toujours servir – devenu incollable sur la sécurité des centrales nucléaires. Jacques Chirac, enfin, a compris qu'il pouvait compter sur cet homme à tout faire. Petit bémol : les médias, juge-t-il, ne s'intéressent pas encore beaucoup à lui, pas assez à son gré en tout cas. Mais tout va bien. Il peut passer à l'étape suivante.

CHAPITRE X
Le disciple et les deux maîtres

Il l'avait promis à Cécilia : « Nous monterons ensemble les marches de l'Assemblée nationale », promesse tenue. 1988 est une année à marquer d'une pierre blanche pour Nicolas Sarkozy, mais d'une pierre noire pour Jacques Chirac.

Le 24 avril, au premier tour de l'élection présidentielle, les Français ne lui ont même pas accordé 20 % des suffrages, contre 34 % à François Mitterrand. Bien pis, Raymond Barre le talonne. Et Jean-Marie Le Pen n'est qu'à cinq points de lui. Au second tour, bien sûr, François Mitterrand est réélu aisément : 54 %.

Une défaite ressemble toujours à une petite mort. C'est l'ego que l'on assassine. Le pire vient peut-être du regard des proches. La lueur d'espérance qui y brillait encore la veille se métamorphose en commisération, dépit, doute sur les qualités et l'avenir.

« Les Français n'aiment pas mon mari », constate, désolée, Bernadette Chirac.

Qui est le responsable de la défaite ? Ce soir-là, dans le bureau du candidat battu, la question lancinante occupe tous les esprits. Édouard Balladur qui fut son ministre des Finances, Charles Pasqua son ministre de l'Intérieur, ses deux seconds dans le gouvernement qu'il vient de diriger, qui ont été en désaccord sur la stratégie et l'orientation, ont chacun leur idée : c'est forcément le candidat lui-même, les conditions politiques, et surtout la division de la droite, se dit Balladur… C'est forcément le candidat lui-même mais aussi la stratégie adoptée, donc Balladur qui en fut l'initiateur, se dit Pasqua. Divisés sur l'analyse, ils parviennent tous deux à la même conclusion : Jacques, deux fois vaincu, n'y arrivera pas… Il ne sera jamais Président de la République !

L'élection législative anticipée qui suit la présidentielle confirme la déroute de son camp. Pour la première fois, l'UDF de Valéry Giscard d'Estaing devance le RPR, dont le secrétaire général, Jacques Toubon, sera bientôt remplacé par Alain Juppé.

Quand un camp se débande, il existe toujours des audacieux qui parviennent à tirer leur épingle du jeu. C'est le cas de Nicolas Sarkozy, élu député de Neuilly dès le premier tour ! Or, il ne devait même pas être candidat. Jacques Chirac avait en effet promis son soutien par écrit à tous les sortants. Donc à Florence d'Harcourt, ex-suppléante d'Achille Peretti.

Mais notre jeune homme n'entendait pas laisser passer une si belle occasion. Il avait demandé un rendez-vous à Jacques Chirac, s'était précipité à la mairie de Paris pour lui annoncer tout de go : « Je viens vous dire que je me mets en congé du RPR. »

Jacques Chirac interloqué : « Qu'est-ce qui te prend ? »

Nicolas, décidé : « Je vais me présenter parce que je suis sûr de l'emporter, mais je ne veux pas vous gêner. Voilà pourquoi je me mets en congé du mouvement. »

Une fois encore, Jacques Chirac juge ce garçon décidément bien culotté. Mais une telle effronterie lui rappelle quelqu'un : un certain Jacques Chirac. Et puis le maire de Neuilly a reçu l'appui de Charles Pasqua. Pour une raison simple : la nouvelle règle édictée par la gauche de non-cumul des mandats, qui impose à chaque élu de n'en garder que deux au maximum. Nicolas a vite fait le calcul : s'il devenait député, il garderait sa mairie bien sûr, mais il abandonnerait ses sièges de conseiller régional et de conseiller général.

Quand s'ouvrent les négociations pour les investitures, il vient donc offrir un gros gâteau à Charles Pasqua : « Si j'étais élu député, je vous céderais mon siège de conseiller général, et à vous seul. »

Message reçu cinq sur cinq. Voilà donc une illustration de sa maxime favorite :

« Quand je ne suis pas invité à dîner, j'arrive avec le repas et il est bien rare que l'on ne me garde pas à dîner. »

Charles Pasqua fait comprendre à Florence d'Harcourt qu'il est prudent de renoncer à la candidature. On lui promet en échange un siège de député européen (qu'elle attend encore). Et Nicolas Sarkozy est dûment investi par le RPR.

Il peut reprendre un autre de ses refrains : « On ne m'a rien donné, on ne peut compter que sur soi. »

Aussitôt élu, il tient sa promesse. Charles Pasqua devient haut la main conseiller général. Pas de problème. Et puisque Nicolas Sarkozy était vice-président de ce conseil, il veut l'être lui aussi. Or, le président sortant RPR, Paul Grazziani, ne l'entend pas ainsi. Il ne veut pas d'un si gros poisson dans les parages et le lui dit tout de go. « Je n'ai pas de place pour toi, Charles. »

Vexé, l'ancien ministre de l'Intérieur se décide à mettre la barre plus haut. C'est désormais la présidence qu'il détenait quatorze ans plus tôt (avant de se faire battre par le communiste Parfait Jans) qu'il ambitionne. Il se porte donc candidat sans prévenir qui que ce soit. Et surtout pas Nicolas Sarkozy, qui n'en est pas vraiment enchanté… Il aurait même conseillé par télégramme à Grazziani : « Paul, tiens bon. »

Pasqua pourtant l'emporte. De très peu : une voix. Mais il l'emporte. Et le voilà à la tête d'un département qui compte trente-six villes dont vingt-six de plus de trente mille habitants et qui en termes de produit intérieur brut sc classe au trente-huitième rang dans le monde. Bref, c'est le plus riche de France. Enfin, Pasqua est maître chez lui. Il le restera jusqu'en 2004, quand il cédera ce prestigieux fauteuil à… Nicolas Sarkozy. Ce qui lui fait dire aujourd'hui, l'amertume aux lèvres : « Qu'est-ce qu'il a, ce garçon, il a toujours voulu prendre mes places, à Neuilly, dans les Hauts-de-Seine… Et enfin à l'Intérieur avec le titre de ministre d'État comme moi. Maintenant, il veut la place de Chirac, il a toujours besoin de tuer le père. »

Point n'est besoin d'avoir fait beaucoup de psychanalyse pour le comprendre.

Mais si en 1988 tout va bien entre Sarko et Pasqua, rien ne va plus entre celui-ci et Chirac. Dès le lendemain de sa défaite, ce dernier, encore sonné, a craqué lui-même l'allumette qui allait embraser sa maison. Il invite l'autre à déjeuner. L'ambiance n'est pas à la fête, bien sûr… Or, c'est le moment que Chirac choisit pour annoncer à Pasqua qu'il abandonne la présidence du RPR :

– Je crois que tu as raison, rétorque Pasqua.

– Pour me remplacer, on va y mettre Balladur, toi et Messmer vous serez vice-présidents.

Là Pasqua manque de s'étouffer. Quoi ! Balladur ? Mais il n'a pas la tripe gaulliste, c'est un centriste, « un sang triste », aime-t-il plaisanter, il est incapable de chauffer une salle militante. En plus, sa responsabilité dans la défaite n'est pas mince. Avec ses privatisations, il a mené une politique trop libérale, alors que les Français apprécient le parapluie étatique. Non, il ne mérite pas ce poste. Il n'est pas taillé pour. Il ne connaît pas le mouvement. Tandis que lui, Pasqua, il connaît son RPR jusqu'au bout des doigts. Et il n'est pas pour rien dans sa création. En plus, qui a mouillé sa chemise pour le député de la Corrèze devenu maire de Paris ? Qui lui a rallié en 1974 les gaullistes qui le honnissaient pour avoir faire élire Giscard, hein ? C'était Balladur peut-être ? Bien sûr que non, c'était lui, Pasqua. C'est trop d'ingratitude.

Plein de rancœur, et dans le seul but d'embêter Chirac et le remettre dans le droit chemin gaulliste, il va finir par tenter une OPA – ratée – sur le RPR en compagnie de Philippe Séguin. Si Séguin se lance dans cette opération, c'est dans le seul but « d'emmerder » Juppé qu'il déteste et dont il envie la place de secrétaire général et le lien privilégié établi avec le maire de Paris. Une banale histoire de dépit amoureux en somme. Pasqua, Séguin font penser à ces enfants qui multiplient les bêtises et tourmentent leurs parents dans le seul but d'être, enfin, chouchoutés par eux.

Édouard Balladur n'est pas beaucoup plus heureux. Il a certes été réélu, dès le premier tour, dans le XVe arrondissement de Paris, une circonscription en or, offerte par Chirac en 1986. Mais voilà que la gauche, revenue au pouvoir remet en cause ce qu'il a fait. Ses privatisations, ses « noyaux durs ». Elle le critique sans cesse. Il a le sentiment que Chirac, lequel a bien sûr la tête ailleurs, ne le soutient pas. Et le RPR pas davantage. Il se sent seul. Et en position d'accusé. Donc, il va organiser lui-même sa défense. Il lui faut d'abord rectifier son image de grand bourgeois sucré que Plantu caricaturait à la Une du *Monde* promené dans une chaise à porteurs. Un dessin dévastateur.

Il prépare donc la contre-attaque et s'installe – c'est un signe – loin de la mairie de Paris, au troisième étage d'un immeuble bourgeois du boulevard Saint-Germain, certes, mais le décor des bureaux est spartiate, presque froid. Finis les ors et les enluminures de Rivoli. Une plaque à l'entrée annonce : « Association pour le libéralisme populaire ». C'est la dénomination où l'adjectif – populaire – a pour mission de faire accepter le mot « libéralisme » si peu aimé des Français, qu'il donne à sa doctrine politique.

Il expose celle-ci l'été suivant dans un livre d'entretiens avec Jean-Pierre Elkabbach dont le titre est conforme à l'image qu'il veut donner de lui-même : *Passion et longueur de temps*. Bien entendu, il ne se prive pas de régler aussi quelques comptes. Comme dans un acte de donation-partage : voici, après deux ans de gouvernement Chirac, quels furent nos erreurs et nos succès, celles qui sont à lui, ceux qui sont à moi. Le tout est dissimulé comme il convient, sous quelques brassées de fleurs et enrubanné de quelques déclarations d'intention.

Celle-ci surtout : « Si j'écris ce livre ce n'est pas pour ressusciter le passé, mais pour préparer l'avenir. »

Quel avenir ? Le sien, pardi ! Car il a pris goût à la politique. Or, voilà qu'un jeune député fraîchement élu se présente à lui pour lui apporter son concours. Nicolas Sarkozy, qu'il croise dans les couloirs, lui lance : « Monsieur, j'aimerais travailler avec vous[1]. »

« Quelle drôle d'idée ! » rétorque l'ancien ministre d'État qui l'invite illico à lui rendre visite. Ils ne s'étaient rencontrés jusque-là qu'une seule fois, en 1987 ; le maire de Neuilly, toujours prévoyant, avait organisé en l'honneur du ministre d'État un grand dîner réunissant les principaux chefs d'entreprise, tout le gratin économique de sa ville. Un grand succès. Un participant se souvient d'une seule fausse note : sur les plateaux-repas, les couverts étaient en plastique, de quoi faire tiquer le ministre d'État habitué à l'argenterie.

En 1988, plus question de protocole. Le député du XVe est sûr de sa doctrine, le libéralisme populaire, et de sa stratégie : pour vaincre, la droite doit être unie. Ce sont ses divisions qui ont entraîné la défaite. Il propose bientôt qu'elle présente une liste unique aux élections européennes de 1989.

Jacques Chirac, encore tourneboulé par sa défaite, ne s'y oppose pas.

« Mais nous allons gommer nos sensibilités », enrage Pasqua. En outre, ce scrutin-là est fixé au 18 juin, une date évidemment sacrée dans la liturgie gaulliste. Et voilà que Balladur, décidément offensif, suggère que la liste unique soit conduite par Giscard. Ce que Chirac accepte encore. Après tout, l'ancien Président sera moins gênant à Strasbourg qu'à Paris.

Cette fois, Pasqua éructe de colère.

En 1989, comme l'année précédente, les Français sont beaucoup appelés aux urnes. En juin, il faut aussi renouveler les conseils municipaux. À Paris, Jacques Chirac, enfin remonté sur son cheval, réussit le grand chelem, gagne dans tous les arrondissements, balayant, comme un insecte importun, le candidat socialiste, Pierre Joxe. Il offre à Balladur un grand bureau sous les lambris dorés et contournés de l'Hôtel de Ville. Et essuie un refus dont il ne se vexe même pas.

C'est le moment où il explique à Alain Juppé : « Édouard se verrait bien Premier ministre en 1993, si nous remportons les législatives. D'ailleurs, il ferait un très bon Premier ministre. »

---

1. C'est en ces termes, on s'en souvient, que Brice Hortefeux avait interpellé Nicolas Sarkozy en 1976.

« Avez-vous songé, rétorque Juppé, que, s'il devient Premier ministre, il rêvera de l'Élysée ? »

Réponse de Jacques Chirac : « Quand on partage le même idéal, mieux vaut avoir deux fers au feu. »

« Méfiez-vous quand même », conclut Juppé.

Se méfier ? Mais de qui ? De quoi ? À l'époque le maire de Paris n'est certain que d'une seule chose : il ne sera plus jamais Premier ministre. Il l'a déjà été deux fois. Basta. Ces épisodes lui ont laissé un goût plus qu'amer. Pas question pour lui de recommencer. Or, s'il ne va pas à Matignon, un seul autre gaulliste peut y aller : Balladur. Autant l'aider à se préparer.

« Dès lors, rien n'était trop beau pour Édouard », déplore Juppé.

Nicolas Sarkozy, lui, a une tout autre vision des choses. Son calcul est simplissime. Si Balladur devenait Premier ministre, il pourrait entrer au gouvernement. Quand il lui avait offert ses services dès le lendemain de la défaite des législatives, cette perspective-là n'était pas ouverte. Il n'y songeait même pas : « Je trouvais cruel l'isolement de cet homme de valeur et puis, auprès de lui, je voulais apprendre, j'ai toujours voulu accompagner les meilleurs. Près d'eux, je m'imprègne de tout ce qu'ils peuvent m'enseigner. Je suis comme une éponge », explique-t-il.

Donc, il est toujours là. Prêt à servir. Comme auparavant avec Achille Peretti : « Je ne pose pas de problème, je n'apporte que des solutions. »

La collaboration avec Édouard ravit Nicolas. Une sorte de coup de foudre : « C'est un homme d'État qui a une vision. Avec lui je me suis ouvert au débat d'idées, j'ai appris à être moins abrupt dans mes jugements, à pousser ma réflexion, à prendre de la distance, à penser plus haut, voir plus loin. En un mot, il m'a fait évoluer », déclare-t-il à qui veut l'entendre.

Sans compter qu'Édouard n'a pas son pareil pour mettre du moelleux dans la relation. « Nicolas, votre thé est prêt », c'est ainsi que l'ancien ministre d'État accueille le nouveau député. Il l'invite lorsqu'il reçoit d'anciens collègues étrangers qui viennent participer aux colloques chics qu'il organise pour sa gloire. Ou lorsqu'il accueille de grands chefs d'entreprise. Il lui ouvre des portes, lui livre les codes de la bonne société, il lui fait découvrir de petits raffinements : fumer un bon cigare après un repas, apprécier le gigot de huit heures (son plat favori), mettre un glaçon dans son champagne (Nicolas ne boit pas d'alcool). Il lui offre des gants. Le dimanche, il le convie à Deauville où ils refont le monde en marchant dans le vent sur les planches.

Ces rituels cérémonieux, ces mille grâces, fascinent le jeune maire de Neuilly que Balladur voussoie, tout le contraire de Chirac qui l'a toujours tutoyé mais qu'il ne renie pas pour autant : en janvier 1990, il critique vivement dans les médias l'opération Pasqua-Séguin. « Une OPA, croit-il, qui n'a aucune chance de réussir. Ce sont des archéos, ils ne casseront pas le mouvement gaulliste. »

Depuis l'enfance, Nicolas Sarkozy a toujours désiré être le préféré. Il aurait tellement aimé être celui de son père. Or, voilà que Balladur, ce personnage considérable, père de quatre fils, dont l'un a été le compagnon d'études de son frère François, a le bon goût de lui manifester ce qu'aucun de ses maîtres ne lui avait jusqu'ici offert : un sentiment d'exclusivité. Cette quasi-adoption le comble. En 2006, le ministre d'État, ministre de l'Intérieur, lui dira dans un élan : « Vous êtes mon vrai père. »

Si Édouard séduit Nicolas, Nicolas enchante Édouard. Il est si dynamique, inventif, efficace, toujours joyeux. Du vif-argent. Pour lui, il organise des petits déjeuners avec de jeunes députés qui sont séduits à leur tour par l'ambiance positive, studieuse et souriante de ces rencontres. Édouard n'est plus seul.

Édouard et Nicolas se sont trouvés. Le premier aime qu'on l'aime et encore plus qu'on l'admire et qu'on le lui dise. Le second n'est pas avare de compliments : flatter l'encolure des plus anciens, leur passer de la pommade est un exercice qui n'a plus de secret pour lui.

L'ancien numéro deux de Jacques Chirac entame bientôt une tournée des provinces : une visite par mois. Avec toujours le même programme : rencontres avec les dirigeants locaux du RPR, dîners-débats… Et qui est à la manœuvre ? Nicolas. Celui sans qui rien de tout cela n'aurait pu se faire.

Mais il existe désormais un autre Nicolas dans l'entourage de Balladur : Nicolas Bazire. Un grand jeune homme distingué de trente-et-un ans, un énarque au maintien de cavalier, passé par l'École navale qu'il a désertée… Pour cause de mal de mer ! Jean-Marie Messier, qui fut le collaborateur aux Finances du ministre d'État, lui a recommandé ce jeune homme auquel il est confié un job somme toute aléatoire : organiser les colloques. Et ces deux Nicolas seront bientôt les meilleurs alliés. Ils vont œuvrer main dans la main à la conquête matignonnesque d'Édouard. Pendant cinq ans, l'entreprise est menée avec science et méticulosité. Édouard Balladur occupe le terrain, c'est-à-dire les médias. Il publie pas moins de quatre livres en quatre ans, qui donnent lieu à des débats, des centaines d'interviews, des articles élogieux, des portraits flatteurs dans la presse. Balladur a changé d'image.

« Mais cessez donc d'écrire ! » lui conseille Jacques Chirac.

« Je crois qu'il était jaloux de moi », analyse Édouard.

Jaloux peut-être, mais coopératif sûrement. Puisque Balladur, candidat à Matignon, doit aussi se faire connaître à l'extérieur, Jacques Chirac lui prodigue ses conseils et l'aide à organiser ses voyages. Pour préparer un déplacement aux États-Unis, il lui prête Pierre Lellouche, son conseiller aux Affaires étrangères. Pour son périple en Afrique du Sud, ce sera Michel Roussin, son directeur de cabinet, un bon connaisseur de l'Afrique. Enfin, Pierre Charon, en charge de la Communication, harmonise les relations entre la mairie de Paris et le bureau du boulevard Saint-Germain.

Chirac, ou l'art de se fabriquer un rival.

Pour l'heure, le maire de Paris peut se montrer généreux. Il est désormais perçu dans les sondages comme le meilleur présidentiable de la droite. Mieux, il apparaît pour la première fois comme un candidat du second tour. Quand, en novembre 1990, il est l'invité de l'émission « L'Heure de vérité », la presse se montre unanime. « C'est, écrit-elle, l'une de ses meilleures prestations. » Il n'a jamais été, semble-t-il, aussi proche de l'Élysée… À cette réserve près : la présidentielle est dans cinq ans.

Cette faveur retrouvée de l'opinion l'encourage à persister dans son idée. Il faut tout faire pour qu'Édouard aille à Matignon. Et lui va tout faire pour que ces législatives soient gagnées par la droite, il va mener une campagne d'enfer.

Une stratégie qui convient parfaitement à Nicolas Sarkozy, lequel, comme d'habitude, annonce vite la couleur. En juillet 1991, il déclare au *Figaro* qu'Édouard Balladur serait le meilleur Premier ministre possible pour 1993 : « Il en a les capacités, il l'a démontré comme ministre d'État entre 1986 et 1988. En outre, c'est un homme d'union. Nous sommes nombreux à penser ainsi. »

Ses propos sont aussitôt repris par toute la presse, d'autant plus que, l'été, les journalistes manquent souvent de grain à moudre. Mais ils provoquent le courroux d'Alain Juppé : « Il est bien trop tôt pour le dire », reproche-t-il au maire de Neuilly. C'est aussi l'avis de Jacques Chirac. Rien ne presse.

L'idée pourtant fait son chemin. À partir de fin 1991, et plus encore en 1992, tous les sondages le confirment : l'opinion, dans sa majorité, verrait bien Édouard Balladur à Matignon. Celui-ci pourra donc avancer plus tard, quand ses relations avec Jacques Chirac seront au plus bas, « qu'il a été choisi par les Français ».

Menant l'offensive aux côtés d'Édouard, Nicolas Sarkozy n'éprouve ni complexe ni crainte. Pourquoi Jacques Chirac prendrait-il ombrage de cette collaboration ? N'approuve-t-il pas Balladur ? Le maire de Paris le répète à tous ceux (Juppé, Pasqua, Séguin, Giscard) qui viennent lui conseiller de se méfier : « Mais pourquoi ? Il y a un accord entre nous. »

Jacques Chirac se montre d'autant plus confiant qu'il n'imagine pas une seconde Balladur affrontant le suffrage universel. Sauf dans la circonscription facile qu'il lui a offerte dans le XVe arrondissement.

« Vous l'avez vu, Édouard ? aime-t-il plaisanter… À dix heures il tombe de sommeil, il a des migraines, il est incapable de mener une campagne dans le pays. Il n'a pas la santé. Les électeurs, il faut aller les chercher avec les dents, j'en sais quelque chose. »

Il ne se méfie pas davantage de Nicolas Sarkozy. N'est-il pas fidèle entre les fidèles ? Quand, vers la fin de 1988, douze quadras qui se font appeler « Les Rénovateurs », les « Douze Salopards », préférait dire Alain Juppé, parmi lesquels Séguin, Noir, Bayrou, Villiers, Carignon, Baudis, ont voulu secouer le cocotier, présenter une liste séparée aux européennes, casser le RPR, Sarko ne les a pas rejoints. Pas question pour lui, le trentenaire, de se mêler à des seconds couteaux, eussent-ils été déjà ministres. D'ailleurs, explique-t-il avec clairvoyance : « Douze types du même âge qui veulent tous la même chose et qui n'ont pas de chef, cela ne mène à rien, cela n'a pas de sens. » Et de railler ces pseudo-romantiques.

« Tu es vraiment con, dit-il à son ami Carignon qui appartient aussi à cet aréopage, en politique, il faut toujours se ranger derrière un vieux, afin de lui succéder le moment venu. »

Réponse de l'intéressé : « Peut-être allons-nous échouer, mais au moins, nous aurons passé de bons moments. » Une réponse peu convaincante et qui ne convainc pas un Sarkozy d'abord soucieux d'efficacité. « À ses yeux, c'était une perte de temps incompréhensible, un vrai gâchis », commente aujourd'hui Alain Carignon. Pendant que ces douze-là s'enferment dans leurs rêves, il prend l'initiative d'un autre regroupement de circonstance : un appel de trente-deux autres jeunes en faveur de la liste unique de la droite, menée par Giscard aux européennes. En vue desquelles les Rénovateurs, eux, n'allaient pas réussir à constituer leurs listes. Ils se disperseraient bientôt.

Pendant ce temps, le réaliste Sarkozy chevauche deux grands équidés politiques attelés ensemble : Chirac et Balladur. « Dans ma tête, c'était simple : Chirac avait besoin de Balladur pour gagner la présidentielle, et Balladur avait besoin de Chirac pour aller à Matignon. Je travaillais pour les deux, il n'y avait aucun conflit d'intérêts. »

Chirac et Balladur. Il est fidèle au premier parce qu'il pense à 1995, au second parce qu'il espère être ministre dès 1993. Il partage donc son temps entre le boulevard Saint-Germain et la mairie de Paris.

Un délicat exercice d'équilibre.

« Nicolas, voudriez-vous venir déjeuner demain à Deauville ? » demande Balladur.

« Nicolas, tu viens demain à 18 heures », exige le maire de Paris.

Et Nicolas dit oui. Toujours oui. Et aux deux. Comment fait-il ? Beaucoup s'interrogent encore, qui admirent un tel savoir-faire.

Depuis le grand gala de Madonna au parc de Sceaux, il est devenu l'ami, le complice de Claude Chirac.

« Elle a toujours voulu que je travaille avec son père. Elle était mignonne, intelligente, nous avons beaucoup ri ensemble », dit-il aujourd'hui. Ajoutant pourtant : « Mais elle n'est pour rien dans ma carrière. »

« C'est Nicolas qui m'a appris à travailler », répond sobrement en écho l'intéressée.

Amis, complices, et même plus ? Selon une rumeur persistante, une chose est sûre, ils semblaient inséparables. Ils travaillaient ensemble, ils partageaient tout : le travail et même les loisirs. Nicolas amènera Claude voir jouer Henri Leconte à Wimbledon. Son cabinet d'avocats gérant des contrats de grands sportifs.

« Claude, je l'ai dans la manche », disait-il alors.

Claude Goasguen, aujourd'hui député de Paris, évoque, lui, un voyage à l'étranger en compagnie de Jacques Chirac et de sa fille au long duquel Claude était toujours au téléphone. Avec qui ? Un jour, elle tend le téléphone à son père en lui disant : « Je te passe Nicolas. »

« Je me souviens d'un week-end avec Nicolas et Cécilia, pendant lequel Claude ne cessait d'appeler, ce qui semblait beaucoup agacer Cécilia », témoigne un proche.

Agacée, Claude l'était tout autant par Cécilia, dont elle déplorait l'emprise croissante sur Nicolas.

Reste qu'entre 1989 et 1993 Nicolas fut un intime de la trinité Chirac. Le père, la mère et la fille. Les deux premiers vantant son efficacité. « Voici le meilleur de nos militants. » C'est ainsi que le maire de Paris l'avait présenté à son épouse. Et Bernadette appréciait sa disponibilité et sa gentillesse, son efficacité, son dynamisme. Il lui rappelait son mari !

« Tiens, voilà Nicolas. » C'est ainsi que Jacques Chirac l'accueillait toujours avec un large sourire. Charles Pasqua énonce que le jeune Nicolas était le gendre dont ils auraient rêvé.

« Ça, je n'y ai jamais pensé », tranche Madame Chirac. Elle connaissait bien la situation personnelle du jeune homme.

Jacques Chirac l'a-t-il regardé comme un fils dans lequel il se retrouvait ? Le dynamisme et le culot de Nicolas devaient sûrement lui rappeler ses débuts.

Bernadette, ayant lu dans la presse que Juppé était le fils préféré de son mari, s'agaçait : « Mais comment cela se pourrait-il pour l'état civil, nous avons douze et treize ans de plus que lui, Nicolas Sarkozy, oui, à la rigueur. » Rien de plus. « Nous parlions de lui tout le temps », reconnaît Bernadette. Car Nicolas est toujours là. Il est devenu indispensable. Quand Claude rêvait de partir en Amérique loin de ses parents, il a beaucoup fait pour la convaincre de rester à Paris et de travailler avec son père. Une vive satisfaction pour celui-ci qui souffre déjà de la quasi-absence de sa fille aînée, Laurence, malade depuis des années.

Preuve de sa proximité : Nicolas assiste aux réunions de l'équipe chiraquienne le lundi matin à la mairie de Paris. Et il est bientôt convié aux séances de relecture des discours de Jacques Chirac, en fin de journée ou le dimanche après-midi. Un rituel réservé aux hommes de confiance et qui se prolonge des heures durant. D'interminables réunions pendant lesquelles, armé de ciseaux, d'une agrafeuse, d'un rouleau de Scotch et de crayons de couleurs, le maire de Paris relit et corrige les textes de discours qu'on lui a préparés. Claude est là, bien sûr, et donne son avis : « Ce mot-là, j'achète… Celui-là je n'en veux pas », coupe-t-elle. Et quand on bute sur une phrase, une idée, un paragraphe, Jacques Chirac se lève : « Je vais téléphoner à Édouard. » Mais, de plus en plus souvent, pourtant, au grand déplaisir d'Alain Juppé, il demande l'avis de Nicolas en soulignant : « Il est de bon conseil. »

Plus tard, dans son livre *Libre*, l'intéressé commentera : « Je suis incapable de bien dire ce que je n'ai pas écrit moi-même… Écrire, non pour lire, mais pour organiser ma pensée, hiérarchiser mes arguments, préciser les convictions que j'ai l'ambition de faire partager… Jacques Chirac appartient à une autre école, il n'écrit que rarement ses interventions, mais il passe tant de temps à les relire, à les corriger, qu'il finit par s'approprier les phrases d'autres auteurs. Je me suis souvent demandé comment il arrivait à ne pas se lasser de ces interminables séances, alors qu'il pourrait aisément consacrer moins de temps à une écriture plus autonome et donc plus authentique. »

S'il fallait encore une preuve du crédit de Nicolas Sarkozy chez Jacques Chirac à l'époque, en voici une : en 1989, lorsque l'accord avec Giscard est scellé pour une liste unique aux européennes, Jacques Chirac se rend au domicile de l'ancien Président pour lui dire : « Je vous donne ce que j'ai de mieux : Alain Juppé comme numéro deux sur la liste et Nicolas Sarkozy comme directeur de campagne. »

Une campagne dans laquelle celui-ci fait équipe, côté UDF avec Alain Madelin… Avec Valéry Giscard d'Estaing, le courant passe, très vite. Voici encore un maître dont Sarkozy retient la finesse dans l'analyse, la connaissance des dossiers, l'aisance de la parole, la vitesse dans l'écriture et le sens du détail. Il donne pour exemple le désir de Giscard d'aller tenir une réunion à Ouessant.

Pourquoi ? Il n'y a pas d'électeurs dans cette pointe de Bretagne. Étrange, non ? Réponse de l'ancien Président : « Parce que c'est le point le plus occidental de l'Europe. » La valeur des symboles en politique !

Aujourd'hui encore, Nicolas Sarkozy dit aller rendre visite à Giscard, tous les mois : « Avec lui on apprend toujours. Il a contribué à m'ouvrir l'esprit aux idées libérales, à l'Europe. Après quoi, ayant entendu les uns et les autres, je me fais mon mélange à moi. »

La campagne des européennes s'est terminée par un vrai succès. La liste de Giscard a obtenu 28,8 % des voix. Alors que celle de la centriste Simone Veil, pourtant ex-présidente du Parlement de Strasbourg, totalise péniblement 8 %.

De ce succès, Nicolas Sarkozy attendait un bénéfice personnel : durant la campagne, Alain Juppé, impressionné par son zèle, lui avait en effet promis le poste de secrétaire adjoint du mouvement si la liste dépassait 26 %. (Jusque-là, il n'était que secrétaire national à la Jeunesse et à l'Éducation, et à la dixième place dans l'équipe, la dernière, comme lors de ses débuts à Neuilly.)

Mais Juppé n'a pas tenu sa promesse. Quand Nicolas la lui rappellera, il s'entendra répondre : « Tu soulèves trop d'animosité. »

Car on le jalouse, bien sûr, pour son art de se placer et son influence.

On le jalouse, mais qu'est-ce qu'il rame. Il peut reprendre son antienne : « On ne m'a jamais rien donné. »

De ce succès aux européennes, la droite tire aussi une autre morale : l'union fait la force. L'idée de lancer un parti unique de l'opposition fait son chemin. Valéry Giscard lui a même déjà trouvé un nom : le RUR (Rassemblement pour l'Union dans la République).

Édouard Balladur, lui, évoque plutôt une confédération de la droite. Ni l'une ni l'autre n'allait voir le jour, mais l'idée de l'union a subsisté pour aboutir à la naissance de l'UPF (Union pour la France). Un rassemblement du RPR et de l'UDF pour les législatives de 1993 qui préfigure l'UMP.

Encore faut-il élaborer une plate-forme commune. Et qui encore est à la manœuvre côté RPR ? Nicolas Sarkozy.

« Au début, personne n'y croyait, tout le monde était contre, raconte Madelin. Il n'y avait que Sarko et moi. Nous n'avions pas d'hommes, pas de moyens et pourtant, nous avons imposé une méthode. L'organisation de débats sur tous les grands sujets du moment. Il existait des commissions de préparation auxquelles participaient des représentants de la société civile. Ensuite, des réunions plénières, Valéry Giscard d'Estaing et Jacques Chirac venaient s'y exprimer. L'un le matin, l'autre l'après-midi. Nous avons beaucoup bossé. Un travail sérieux dont on s'inspire encore à l'UMP. *Le Quotidien de Paris* relayait nos travaux en éditant des numéros spéciaux. Tout cela, dit-il, a joué, j'en suis sûr, un grand rôle dans la victoire de la droite en 1993. » Et d'ajouter : « À l'époque, avec Nicolas nous avions de grandes discussions qui duraient des heures. Il me disait : "Je suis de droite, avant d'être libéral." Et je lui rétorquais : "Moi, je suis libéral avant d'être de droite." »

En 1992, Nicolas, décidément présent sur tous les fronts, avait créé, avec la bénédiction de Jacques Chirac et la participation de Claude, une structure légère destinée déjà à préparer la présidentielle de 1995. Cette cellule fut installée au-dessus du Café de Flore, au 172, boulevard Saint-Germain. Nicolas disposait là d'un bureau où il recevait, recrutait des collaborateurs pour Jacques Chirac. Ainsi Jean-Pierre Denis, futur secrétaire général adjoint de l'Élysée. Il organisait le travail, donnait son avis sur tout. Un lieu choisi à dessein à moins de dix minutes à pied du bureau d'Édouard Balladur sur le même boulevard Saint-Germain.

Ainsi Nicolas s'est-il partagé entre les deux maisons. À cette nuance près : avec Jacques Chirac, homme très secret, nul ne sait jamais quelle est son exacte influence. Lorsqu'il lançait des idées, Nicolas n'obtenait pas toujours de réponse. Il se sentait parfois frustré. C'est que, dans le staff chiraquien (le cabinet du maire de Paris était truffé d'énarques), il n'était en définitive qu'un parmi d'autres, peut-être le plus politique, le plus joyeux, sûrement, le plus jeune aussi, c'est tout. « C'est une faiblesse de Jacques Chirac de vouloir ranger ceux qui l'entourent dans une case où, s'ils n'y prennent garde, ils finiront par rester la vie durant », note, lucide, Sarkozy.

Avec Édouard Balladur, c'était différent. D'abord parce que celui-ci ne disposait pas déjà d'une équipe autour de lui. Donc, ce que Nicolas lui suggérait recevait une réponse ou une application immédiate, c'était très gratifiant : « J'avais le sentiment de pouvoir enfin utiliser une nouvelle palette de la force que je sentais en moi », note l'intéressé.

« Il a eu l'impression d'entrer dans le logiciel d'un personnage très brillant et de bénéficier de son exclusivité », témoigne une de ses proches.

Entre ses deux patrons, le rôle de Nicolas va pourtant peu à peu évoluer. Comme les relations de ceux-ci : chacun sa route, chacun son chemin. L'un vise l'Élysée, l'autre l'Hôtel Matignon. Entre les deux voies, Nicolas Sarkozy joue la transversale. Il est le messager, l'informateur. Son rôle d'organisateur du parti le passionne moins, à ce qu'il dit. Pourtant il y creuse toujours son sillon. Au lendemain des européennes triomphales de 1989, Alain Juppé ne l'avait pas nommé au sommet de l'équipe dirigeante, contrairement à ses promesses ; l'année suivante, c'est fait. Voilà Sarko secrétaire général adjoint, chargé… des relations avec l'opposition. En 1992, nouvelle promotion ; il obtient la responsabilité des fédérations avec une mission : que le RPR devance l'UDF aux législatives de l'année suivante. Un poste difficile mais stratégiquement capital. Il permet de nommer les cadres du mouvement, de les mettre à l'écart aussi. Bref, de faire et défaire les carrières. De se tisser un réseau. Nicolas a fait installer un petit réfrigérateur dans son bureau pour offrir des rafraîchissements : « Quand on a de mauvaises nouvelles à annoncer, il faut y mettre les formes », explique-t-il. Il recrute ainsi Jean-François Copé, énarque de dix ans son cadet, auquel il donne ce premier conseil : « En politique, il ne faut pas demander, il faut prendre. » Dans le même temps, il devient l'un des porte-parole du mouvement. Il le sait : ce qui insupporte par-dessus tout les électeurs et la plupart des journalistes, c'est la langue de bois. Donc, il parle clair. Politicien parfois, filandreux jamais. Il mêle avec astuce bonhomie et fraîcheur, simplicité et rouerie. Il est pédagogue et ne cache guère ses ambitions. Il a « les crocs », donc il le clame. « Moi, j'aime la politique », répète-t-il en hochant la tête. Résultat : les médias le sollicitent de plus en plus. D'autant qu'il est toujours disponible. « Je réponds toujours aux questions que l'on me pose », assure-t-il.

L'exercice est plus original qu'il n'y paraît. Valéry Giscard d'Estaing, par exemple, met un point d'honneur à répondre d'abord aux questions qu'il se pose lui-même.

La presse se tourne aussi vers lui pour une autre raison. Évidente. Il est considéré comme un confident d'Édouard Balladur, un relais du candidat à Matignon. Or, les législatives de 1993 approchent.

Une telle situation titille quelque peu Jacques Chirac. Mais il ne le montre pas trop. « Comment va tonton Édouard ? » demande-t-il à Nicolas, le sourire ironique. Mais il n'exprime jamais ni méfiance ni reproches.

D'ailleurs, les Balladur et les Chirac semblent toujours au mieux. Le couple Balladur invite les Chirac dans sa maison de Deauville. Le couple Chirac invite les Balladur à l'Hôtel de Ville. Les anniversaires sont toujours souhaités. On se fait des cadeaux. Des pulls en cachemire, des pantoufles de velours brodées très Rothschild pour Jacques, des cigares de Cuba, les meilleurs, pour Édouard.

Bien sûr, l'échéance approchant, les piques s'aiguisent de chaque côté. Mais le climat reste fraternel et chaleureux, bien que, de plus en plus, dans cette fratrie Édouard ait tendance à se prendre pour un aîné dominateur, qu'il est d'ailleurs.

« Jacques, demande-t-il, vous ne voudriez pas aller fermer la fenêtre ? » Ou plus sérieux : « Mais Jacques, vous n'allez pas continuer à me mentir tout le temps ! »

Et Jacques soupire parfois : « Ah ! Ce qu'il est difficile, Édouard ! »

Leur confiance réciproque est fondée en partie sur la conscience qu'a chacun des faiblesses de l'autre. « Jacques ne sera jamais un homme d'État », se dit Édouard. « Édouard ne sera jamais un homme politique, il ne sera jamais populaire », se dit Jacques.

Il n'empêche : de semaine en semaine, les rapports deviennent plus complexes. Et la situation de Nicolas aussi.

Un jour où Jacques assure devant Édouard que Nicolas est son homme à lui, « à cent pour cent », l'autre rétorque illico : « L'essentiel c'est que vous le croyiez. » C'est de l'humour, peut-être, mais le style est quelque peu grinçant.

Pour Nicolas, quoi qu'il en soit, ces cinq années ont filé comme dans un rêve. Il s'est démultiplié. Il a franchi bien des échelons, il n'a pas eu le temps de souffler. Et il va monter encore. Il sera bientôt ministre, il en est sûr.

Il est proche des deux hommes qui comptent le plus dans son camp. Le futur Premier ministre et le futur Président de la République.

Il a enrichi sa réflexion, sur l'Europe, sur l'économie. Il a beaucoup travaillé.

Dans le privé, il s'est associé avec deux avocats de sa génération et leur cabinet marche bien. Enfin et surtout, il est amoureux de Cécilia. La vie est belle. Vraiment belle.

CHAPITRE XI
Enfin ministre

La loi des séries existe en politique. La gauche le constate à ses dépens en 1992. En janvier, le juge Van Ruymbeke a perquisitionné le siège du PS, dans le cadre d'une affaire de fausses factures[1]. Le 1er avril, pour une autre affaire[2]. Le chef de cabinet du ministre de la Coopération est condamné à cinq ans de prison ; le lendemain Édith Cresson, Premier ministre, dont la popularité descend sans un accroc vers le zéro absolu, démissionne. Elle est remplacée par Pierre Bérégovoy. Le mois suivant, Bernard Tapie, nouveau ministre de la Ville, et ami du nouveau Premier ministre, est contraint d'en faire autant car il est mis en examen pour abus de biens sociaux. Ainsi passent les jours et les mois jusqu'au renvoi devant la Haute Cour de justice en décembre, pour l'affaire du sang contaminé, des ministres Laurent Fabius, Georgina Dufoix et Edmond Hervé. Même si le PS et le RPR cohabitent dans d'autres affaires[3], la droite sent bien que pour les prochaines législatives, en mars de l'année suivante, la victoire est à sa portée. Elle trouve le temps long, trépigne. D'autant qu'au tout début de ce mois éclate un autre scandale : le cabinet noir de l'Élysée pratique sur une large échelle les écoutes téléphoniques de personnalités et de journalistes.

Et ce qui devait arriver arrive. Au premier tour, le 21 mars, le PS totalise moins de 18 % des voix (et Lionel Jospin annonce pour la première fois qu'il prend ses distances avec l'action politique…). La droite, avec 44,12 % des voix, peut célébrer le printemps. En son

1. Urba, dont le président Gérard Monate est condamné le même mois.
2. Affaire dite « Carrefour du Développement ».
3. Pierre Botton, gendre de Michel Noir, le maire de Lyon est compromis dans une affaire de détournement de fonds, tout comme Jean-Michel Boucheron, maire socialiste d'Angoulême.

sein, le RPR devance d'un cheveu l'UDF (20,35 % contre 19,22 %). Alléluia ! C'est encore le carême, mais déjà résonnent les chants d'allégresse. Et voilà que Jacques Chirac s'empresse d'envoyer un Exocet dans les jardins de l'Élysée : « Il serait de l'intérêt de la France que Mitterrand démissionne et que nous ayons de nouvelles élections présidentielles. »

Chacun comprend évidemment que cet éternel impatient juge le moment opportun pour se présenter et l'emporter. Le problème est qu'il n'a mis aucun de ses alliés dans la confidence. Valéry Giscard d'Estaing, qui rêve d'être appelé par François Mitterrand (l'UDF devançant le RPR en nombre de sièges à l'Assemblée nationale) pour former le gouvernement, s'offusque. « Si la droite avait voulu rejeter la cohabitation, elle aurait dû le faire avant les élections. » Édouard Balladur, qui se prépare depuis quatre ans pour Matignon avec la bénédiction du même Jacques Chirac, n'est pas plus heureux. « Décidément, dit-il à ses intimes, Jacques ne changera jamais. » Ajoutant, accablé : « Mais vous le connaissez ! »

Bien entendu, le second tour des législatives confirme le premier, au-delà de toutes les espérances de la droite. Elle domine l'Assemblée : 480 députés sur 577. 242 RPR et 207 UDF. Près de 80 % de l'Hémicycle. Les socialistes et leurs alliés passent de 282 sièges à 67. La Bérézina. Dans le genre alternance, on n'a jamais fait mieux.

Le vainqueur, ce soir-là, s'appelle Jacques Chirac. Contrat rempli : il a mené une campagne à la hussarde en sillonnant l'Hexagone, infatigable. Édouard Balladur n'entend pas lui ravir la vedette. On ne le voit sur aucun écran de télévision. Il attend benoîtement son heure. C'est qu'entre les deux tours il a reçu des assurances. Hubert Védrine, le secrétaire général de l'Élysée, a rencontré son fidèle Nicolas Bazire chez la belle-mère de Patrick Devedjian. Et pas seulement pour y boire le thé. Le premier était porteur d'un message de François Mitterrand : celui-ci n'entendait ni finasser ni tarder, il nommerait au plus vite Édouard Balladur à Matignon. Jacques Chirac n'en est pas informé. Petit secret entre amis. Dans l'entourage de Balladur, quelqu'un piaffe d'impatience : Nicolas Sarkozy, bien sûr. Quelques jours plus tôt, le futur Premier ministre l'a convié à déjeuner en tête à tête chez Laurent – un grand restaurant parisien, pas loin de l'Élysée. Une manière de récompense. Car le maire de Neuilly s'est démené pour lui depuis des mois. Il a organisé, comme on le sait, des réunions de travail, rameuté des députés, joué les sergents recruteurs en repérant les possibles futurs ministres (qui pourront ensuite lui en rendre grâces : ainsi le jeune maire centriste de Lourdes, Philippe Douste-Blazy, ou encore son ami Alain Carignon qu'il avait à plusieurs reprises emmené à Deauville chez le futur chef du gouvernement).

Au menu du tête-à-tête très intime entre Édouard et Nicolas, rien que des mets exquis. Avec surtout une gourmandise exceptionnelle : la composition du futur gouvernement. Les deux hommes égrènent des noms. À commencer par les titulaires des grands ministères régaliens : Juppé au Quai d'Orsay, Pasqua à l'Intérieur, Léotard aux Armées, Méhaignerie à la Justice, Simone Veil à la Santé.

Et moi ? Parlez-moi de moi, quel émoi ! Édouard Balladur, qui connaît son Nicolas, prend un malin plaisir à musarder. Il commente de sa voix flûtée les mérites de tel ou tel. Le maire de Neuilly, qui se croit soudain oublié, ne peut plus rien avaler. Vers le dessert, enfin, Balladur se décide.

– Nicolas, je vous propose l'Équipement.

Quelle drôle d'idée, l'intéressé n'y avait jamais songé.

– Je n'en veux pas, répond-il.

– Alors les Relations avec le Parlement ?

– Ça ne m'intéresse pas.

– Le ministère de la Culture ?

– C'est encore non.

– Mais que voulez-vous donc ? s'emporte presque Balladur.

– Réponse : le Budget, comme ministre de plein exercice et non délégué. Je veux aussi être le porte-parole du gouvernement.

Édouard en a le souffle coupé. Il vient de recevoir avant Pâques une lettre au Père Noël. Nicolas ne fait que mettre en œuvre sa stratégie habituelle : ne compter que sur soi, saisir la chance quand elle passe, demander toujours plus pour recevoir beaucoup.

Sur la manière dont il envisage sa carrière pour la suite, il est encore plus direct : « Je les boufferai tous », annonçait-il à ses proches.

Le déjeuner se termine. Les cigares sont délicieux. Le Premier ministre est d'une humeur de rose. Il n'a pas encore acquiescé à la demande du jeune ambitieux, mais il n'a pas dit non.

L'attente sera de courte durée. Le lendemain, le maire de Neuilly est prié de venir boulevard Saint-Germain où Édouard Balladur lui annonce : « Je vous nomme ministre du Budget. » Le voilà comblé. Il se confond en remerciements, rêve déjà tout haut à ce qu'il va entreprendre et il prend vite congé, pressé d'avertir Cécilia et la famille. « Allô, maman, je suis ministre. »

Au moment de sortir, l'autre Nicolas (Bazire) qui sera directeur de cabinet du Premier ministre (le plus jeune de toute l'histoire des Républiques, bientôt qualifié par *Le Nouvel Observateur* de « gamin le plus puissant de France ») le rattrape par la manche. « Ah ! au fait, Monsieur Balladur a oublié de te dire que tu étais aussi le porte-parole du gouvernement. »

Une fois de plus, le nouveau ministre peut vérifier que l'audace est toujours payante. Il a trente-huit ans, il sera le benjamin de l'équipe ministérielle. « Mais j'étais en politique depuis dix-neuf ans », explique-t-il alors. Comprenez : « Ça n'était pas trop tôt. »

Voilà dans sa carrière un saut qualitatif et générationnel appréciable. Car, il le sait, Jacques Chirac à Matignon lui aurait seulement proposé la Jeunesse et les Sports en expliquant : souriant : « Tu as le temps, Nicolas. » Il connaît bien la chanson chiraquienne.

Comme par hasard, et comme c'est bizarre, justement, le maire de Paris l'appelle à ce moment. Il veut le voir d'urgence. Pour lui annoncer qu'il envisage de le nommer secrétaire général du RPR.

Veut-il s'assurer que Nicolas est bien un homme à lui ? C'est la première fois en effet qu'il lui propose un poste, et aussi élevé. Quelques mois plus tôt, cette promotion dans le mouvement aurait comblé le jeune député. Mais c'est trop tard. Il veut être ministre. Il repousse la proposition : « J'ai expliqué à Jacques Chirac que je voulais avoir une nouvelle expérience, ne plus m'occuper uniquement du parti, des campagnes, des dîners-débats, des voyages. » À l'en croire, son interlocuteur l'aurait compris.

Celui-ci pressentait-il, enfin, que la situation allait lui échapper ? Ses proches, au premier rang desquels Charles Pasqua et Alain Juppé, n'avaient cessé de le mettre en garde, de répéter : « Si vous laissez Balladur à Matignon, il voudra être Président de la République. » Quelques jours avant le premier tour, il l'avait subodoré. « Il est possible, avait-il lancé à Édouard, que vous deveniez très populaire. Vous allez apparaître comme un homme neuf, et peut-être changer d'image. On songera à vous pour la présidentielle. »

À quoi l'autre avait aussitôt répliqué : « Je vous en prie, Jacques, ne soyez pas blessant, retirez cette phrase. » Telle est, du moins, la version de Jacques Chirac.

Édouard Balladur, lui, rapporte ce dialogue autrement. « Chirac m'a demandé s'il pouvait compter sur mon soutien pour la présidentielle. Je lui ai répondu : il sera proportionnel à celui que vous m'apporterez si je deviens Premier ministre. »

Mais, on le voit, avant même l'élection les rapports étaient pour le moins déjà distendus et la confiance pour le moins proportionnelle aussi.

Il ne va pas falloir très longtemps à Jacques Chirac pour s'apercevoir que 1993 n'est pas 1986. À l'époque, il avait tout partagé avec Édouard. Ensemble, avant les législatives, ils s'étaient préparés à la première cohabitation dont Balladur s'était fait le théoricien. Ensemble aussi, ils avaient composé le futur gouvernement. C'est lui, Jacques Chirac, devenu Premier ministre, qui avait tenu à offrir à Édouard le grand ministère de l'Economie, des Finances et de la Privatisation, auquel, à la demande de celui-ci, il avait rajouté le titre de ministre d'État. Il en avait fait une sorte de vice-Premier ministre, le chargeant d'arbitrer les différends au sein de l'équipe gouvernementale. Un rôle dont, c'est vrai, il a toujours eu horreur.

« Un ministre heureux n'a pas d'histoire », c'est ainsi qu'il renvoyait sur les roses les importuns qui venaient lui faire part de leurs problèmes en leur conseillant de s'adresser au ministre d'État.

« Jacques Chirac n'est pas un chef d'équipe, il n'aime que les relations bilatérales », constate aujourd'hui Jean-Pierre Raffarin.

En 1986, il avait voulu tout partager parce que c'était sa conception des choses. L'ennui, c'est qu'elle n'a jamais été celle d'Édouard. Il avait évidemment accepté de bon cœur le pouvoir et les honneurs que Jacques Chirac lui apportait sur un plateau d'argent. Mais en 1993, il ne se croit pas tenu de lui rendre la pareille. Pour une bonne et simple raison : cette fois, ils ne gouverneront pas ensemble. D'ailleurs, il n'avait jamais procédé ainsi. Alors que Jacques Chirac par exemple lui soumettait toujours ses textes de discours, il ne se sentait jamais contraint à une quelconque réciprocité.

L'homme qui entre à Matignon n'entend pas se dépouiller de la moindre de ses prérogatives. Pompidou, son maître, le répétait : « Le pouvoir ne se partage pas. » On oublie d'autant moins une telle leçon qu'elle vous est favorable.

Ce gouvernement sera donc le sien. Il accepte bien quelques suggestions du maire de Paris, prend ainsi avec lui Jacques Toubon et Lucette Michaux-Chevry. Mais il ne veut pas de Guy Drut à la Jeunesse et aux Sports. Point final.

François Léotard se souvient de la scène : « Le téléphone sonne dans le bureau du Premier ministre tout juste nommé, il décroche, écoute et répond d'un ton sec : "Jacques, je n'en veux pas." Et de raccrocher. Nouveau coup de fil : "Jacques, je vous l'ai dit, je n'en veux pas." Et de raccrocher à nouveau en levant les yeux au ciel. Ensuite, il ne décroche même plus. »

Il ne faut pas plusieurs heures pour comprendre qu'Édouard s'éloigne. Jacques Chirac demande à être branché sur le téléphone interministériel de façon à pouvoir joindre à tout moment Matignon et les membres du gouvernement. Ce qui lui est accordé. Édouard n'ira pas plus loin. Son équipe est constituée en deux temps, trois mouvements. En le recevant, François Mitterrand lui avait dit : « Vous avez trois jours pour faire votre gouvernement. » Réponse : « Vous l'aurez dès ce soir. » Le président avait bien ri.

Le soir même, la liste est bouclée (car préparée d'avance) et portée à l'Élysée.

Cette fois, en outre, pas question de laisser dire que ce gouvernement, comme celui de 1986, représente l'État-RPR. Majoritaire à l'Assemblée nationale, celui-ci est même minoritaire au gouvernement, lequel compte 16 UDF et 13 RPR. Si les gaullistes ont reçu l'Intérieur (Pasqua), les Affaires étrangères (Juppé) et le Budget (Sarkozy), les UDF héritent des Finances (Alphandéry), de la Défense (Léotard), de la Justice (Méhaignerie), de la Santé (Simone Veil). Voilà un symbole d'ouverture on ne peut plus clair. Autre signe : trois des quatre ministres d'État appartiennent à l'UDF (Valéry Giscard d'Estaing comprend sur-le-champ qu'Édouard veut s'emparer de cette fédération créée par lui pour lui-même !). Autre signe d'indépendance. Si Édouard a fait entrer les chefs de parti – Juppé (RPR), Méhaignerie (CDS), Longuet (PR) – c'est à une condition expresse : qu'ils ne parlent pas de l'élection présidentielle prévue, pour le printemps 1995, avant le début de cette année-là. Pas question de réitérer les erreurs de la première cohabitation.

Soucieux de se montrer correct, mais sans plus, le nouveau Premier ministre, quittant Matignon pour porter sa liste à l'Élysée, a confié à Jacques Friedman, l'ami de toujours de Jacques Chirac, la mission d'en adresser une copie à celui-ci. Façon de le mettre devant le fait accompli. Jacques Chirac s'en montre – c'est peu dire – très vexé et va jusqu'à parler de « muflerie ». D'autant qu'Édouard le dépouille de ses plus proches amis ou collaborateurs. Alain Juppé, Jacques Toubon, celui-ci il est vrai à sa demande, Michel Roussin, son directeur de cabinet, et Nicolas Sarkozy, tous devenus ministres. « Il lui piquait tous ses copains », constatera Jacques Friedman. La lettre qui accompagne la liste n'arrange rien. Bien au contraire. Après quelques lignes expliquant pourquoi il a tenu à être seul maître à bord pour former son gouvernement, Édouard conclut : « Merci de tout cœur de votre soutien. Sans lui, rien n'aurait été possible. Ni hier, ni aujourd'hui. Rien ne le serait demain, je le sais mieux que quiconque. Veuillez croire, cher Jacques, à ma très fidèle amitié. » Signé Édouard Balladur. 30 mars 1993.

Il aurait pu ajouter en guise de post-scriptum : « Au revoir et merci, t'as l'bonjour d'Édouard ! » « Que nous avons été naïfs, nous n'avons pas vu venir le loup », soupire Bernadette.

Jacques Chirac relit la lettre. Il est atterré, vexé. À tel point que, pris d'un mouvement d'humeur compréhensible, il décommande le dîner prévu le soir même à l'Hôtel de Ville avec les Balladur. Première brouille ? Oui. Non. Enfin, pas tout à fait.

« J'ai appelé Claude (Chirac), raconte Nicolas Sarkozy et je lui ai dit qu'il fallait absolument qu'elle arrange les choses, qu'il n'était pas possible que ce dîner n'ait pas lieu. » L'affaire sera donc arrangée. Les Balladur viendront dîner avec les Chirac. Mais ils arrivent avec leur chien. Et sans l'avoir annoncé. Jamais, jusque-là, ils ne se seraient permis une telle familiarité. Pour éviter les bagarres canines, il faut enfermer d'urgence Mascous, le labrador de Claude. Née Chodron de Courcel, Madame Chirac n'y voit que très mauvaises manières venant de la part d'un homme « qui avait son rond de serviette à la Mairie de Paris ». Pendant des années, elle en gardera de l'amertume, appellera Balladur « le coucou », comme l'oiseau qui s'installe dans le nid des autres. Ce soir-là, pourtant, autour de la nappe immaculée, on fait comme si. Le miel recouvre le fiel. On se congratule à propos des résultats, du présent et on rêve à des lendemains radieux, à la présidentielle bien sûr, qui n'est plus que dans deux ans.

Jacques Chirac ne pense qu'à cela : « À peine avez-vous posé le baluchon de la dernière campagne, je vous convie à le reprendre pour approfondir nos racines et nous préparer à remporter ensemble la victoire majeure », s'écrie-t-il trois semaines plus tard à l'hôtel Nikko où se tient le premier Conseil national du RPR depuis la victoire. Un appel qui rencontre très peu d'écho chez ceux qui l'entourent à la tribune. Les nouveaux ministres, à commencer par le premier d'entre eux, ont, c'est visible, la tête ailleurs.

Seuls les chiraquiens pur jus ont entendu leur maître. Ainsi Philippe Séguin, nouveau président de l'Assemblée nationale, revenu dans les rangs après l'échec de l'OPA menée avec Pasqua, qui déclare : « Ce gouvernement est un gouvernement de transition. »

Ainsi Jean-Louis Debré, invité sur radio O'FM, deux jours plus tard, qui évoque pour cette élection-là un ticket Chirac-Balladur. Un propos aussitôt repris et souligné par *Le Monde*.

« Le lendemain, raconte Debré, je croise Balladur à l'Assemblée, il me prend à part pour me dire : “Si vous parlez de la présidentielle, je préférerais que vous ne me mettiez pas en cause. Ne m'y associez pas.” »

Oubliant la consigne, quelques jours plus tard sur Radio J, le même Jean-Louis Debré persiste et signe. Il évoque « la complémentarité de Jacques Chirac et d'Édouard Balladur ».

Nouvelle admonestation du Premier ministre qui, cette fois, le tance, le regard noir. « Je vous ai demandé de ne pas parler de moi. »

Jean-Louis Debré commence alors à se demander si Édouard ne roule pas déjà pour lui seul. D'autant, ajoute-t-il, que « de ce jour, il ne m'a plus regardé, plus parlé. Je n'existais plus ».

Le ver s'est vite logé dans le fruit.

Nicolas Sarkozy lui, l'avait pressenti. Dès le lendemain de la formation du gouvernement, il avait confié à Brice Hortefeux qu'il voyait s'annoncer quelque tangage, très sérieux peut-être, entre les deux hommes. Mais que, pour son compte, il choisirait le plus tard possible. Seulement voilà, il ne sera pas maître du calendrier.

Dans les premiers temps, ce n'est pas le sujet qui le préoccupe. Le nouveau ministre en effet a fort à faire. Il avait voulu le Budget, il l'a. Une tâche immense pour qui n'a jamais siégé à la Commission des finances. Sans compter qu'Édouard Balladur ne cesse de l'appeler. Il est débordé. Il a laissé à Brice Hortefeux, nommé chef du cabinet, le soin d'en choisir le directeur. Ce sera Pierre Mariani. Un inspecteur des Finances, directeur à la direction du Budget. Sarkozy ne le connaît pas. Mariani a trente-sept ans (un an de moins que lui). Il a plu à Brice. Alors banco ! Il le joint par téléphone : « On m'a dit que vous étiez ambitieux, cela m'a plu. »

Lorsqu'enfin il le reçoit à la mairie de Neuilly, Nicolas Sarkozy lui déclare : « Pendant ces deux ans, j'aurai besoin de vous jour et nuit. Je dis bien : jour et nuit. » Le contrat est accepté. « J'arrive demain avec huit personnes », lui répond Mariani.

Pour le fonctionnement de cette entreprise, les consignes sont claires et précises : tout doit passer désormais par le directeur de cabinet et Brice Hortefeux, devenu en dix-sept ans le double politique du jeune ministre.

De Neuilly, Nicolas Sarkozy a aussi amené Thierry Gaubert entré dans sa galaxie en 1978. Celui-ci, époux de la princesse Hélène de Yougoslavie, est riche en relations diverses. Il a organisé des dîners-débats pour le maire. Il est le Monsieur société civile du cabinet.

Cécilia, qui a accompagné son Nicolas dans les meetings de la campagne, fait aussi son entrée à Bercy. Pour elle, c'est un vrai changement de statut. D'irrégulière elle devient officielle. L'installation du couple est très commentée, d'autant qu'elle dispose d'un bureau aux côtés de celui qui n'est pas encore son mari. Elle assiste à tous les comptes rendus des Conseils des ministres. Les journalistes remarquent qu'il semble toujours quêter son assentiment. On peut la joindre à Bercy. Il suffit de demander Cécilia Sarkozy, car c'est ainsi qu'elle se fait appeler désormais.

– Comment faut-il appeler Madame Martin ? avaient interrogé les secrétaires.

– Non, elle est Madame ou bien Cécilia Sarkozy.

À l'école Sainte-Marie-de-Neuilly où sont inscrites ses filles, elle libelle pour les professeurs, sa nouvelle adresse : Cécilia Sarkozy, avec son numéro de téléphone à Bercy. Nicolas n'est pourtant pas encore divorcé. Informée de ces faits, Marie, son épouse, aurait voulu intenter un procès à Cécilia pour substitution d'identité. Ses amis l'en ont dissuadée.

Nicolas, lui, a prévenu les journalistes amis et Matignon : « Avec l'emploi du temps que j'ai, si je veux voir Cécilia et ma famille, il faut qu'elles soient auprès de moi. J'en ai besoin pour mon équilibre. »

Il entend aussi démontrer, explique-t-il, que la vie politique n'est pas à l'écart de la vie réelle et ne doit pas l'absorber tout entier. Cécilia organise des dîners où elle mêle chefs d'entreprise, élus, artistes, écrivains, journalistes. Des « must » où il faut être invité. Elle est son coach, veille à son alimentation – il a tendance à grignoter, donc à grossir –, organise son emploi du temps à la minute près, veille à ce qu'il ait son contingent d'heures de sommeil – il doit se coucher tôt –, choisit ses costumes et ses cravates. Cécilia a adoré ce premier passage à Bercy. Pour elle, un souvenir heureux.

À Valérie Domain, sa biographe autorisée avant d'être récusée, elle a confié que c'est l'exemple de Claude Chirac – qui continue de téléphoner au nouveau ministre – qui l'a inspirée, amenée à vouloir travailler avec Nicolas. « Après tout, Claude n'a pas plus de légitimité à travailler avec son père que moi avec toi », lui disait-elle.

Être légitime… Cécilia, qui souffre de la lenteur du divorce, veut être connue et surtout reconnue. Quand *Le Point* publie un article sur le ministre et son cabinet, illustré d'une photo où elle ne figure pas, elle le prend très mal, et Nicolas l'appuie. Mais il entend aussi la mettre à l'abri de toute critique. « Cécilia et Brice, lance-t-il à qui veut l'entendre, ça n'est pas négociable. » Autrement dit : on n'y touche pas. Un avertissement qui vaut autant pour le cabinet que pour les deux intéressés (lesquels ne se prisaient guère). Mais le nouveau ministre ne veut pas d'histoires. Il souhaite – c'est toujours la même formule – qu'on lui amène des solutions, pas des problèmes. Il a d'autres chats à fouetter. Il lui faut d'abord s'initier à la langue parlée de Bercy, laquelle est pour lui, comme pour le commun des mortels, une langue étrangère. « Je veux apprendre tout ce dont j'aurai besoin, m'approprier la matière financière. » Il raconte : « Je commandais entre 20 et 30 notes par jour, parce que tout me posait question. J'avais soif de savoir, de m'imprégner et surtout la volonté de ne rien décider sans comprendre. Que l'on me croie incompétent me stimulait. Je peux dire que dans les deux premières semaines nous avons travaillé jour et nuit. Un boulot monstrueux. »

C'est que la France traverse une crise budgétaire majeure. L'économie est en récession. La première depuis la guerre. Pierre Bérégovoy avait bâti un budget sur une croissance de 2,8, elle est en réalité négative : moins 1,3, le chômage augmente. Il faut d'urgence refaire un budget, arbitrer des coupes sombres entre les ministères[1].

Un boulot monstrueux peut-être. Mais abattu avec bonheur. « Au début, reconnaît Sarkozy, il m'arrivait de m'emmêler un peu les pédales, et puis peu à peu je me suis moins noyé. »

« Tout le monde à Bercy l'attendait au tournant, raconte Pierre Mariani, ils étaient goguenards. *Idem* dans les deux Commissions des finances de l'Assemblée et du Sénat où l'on savait qu'il était un bleu. Nous qui étions les technos, il nous obligeait à rendre les choses intelligibles. Et il n'était jamais content. "Je ne comprends pas votre jargon, disait-il, expliquez-moi autrement." C'était très dur, mais aussi très joyeux comme ambiance. » Et d'ajouter : « Il se comporte comme un sportif de haut niveau, qu'il faut sans cesse encourager, il a toujours besoin de la réaction de l'autre. Il est très prenant affectivement. »

Et comme un sportif aussi, son cabinet en garde le souvenir, Nicolas Sarkozy se lançait des défis. Par exemple, pour son premier discours sur le budget à l'Assemblée, il se paie le luxe de parler presque sans notes. Comme jadis Giscard. Pari réussi. Avec en prime le respect immédiat du Parlement. Bref, c'est un bon début. D'autant qu'à ce moment l'épisode du preneur d'otages de Neuilly (voir chapitre VII) a renforcé son autorité sur le ministère. D'ailleurs, il prend ses marques : il n'accepte pas d'être considéré comme le subordonné d'Edmond Alphandéry, le ministre des Finances pourtant agrégé d'économie, lui.

Son autre fonction, porte-parole du gouvernement, n'est pas moins périlleuse, il s'agit de commenter publiquement de grands sujets dont il ne connaît pas toujours le détail. Mais il le souligne : « En deux

1. Édouard Balladur renoncera à son projet d'audit sur les finances de la France, par respect pour Pierre Bérégovoy qui venait de se donner la mort le 1er mai 1993.

ans pas une fois mes propos n'ont été rectifiés, ni même précisés par Matignon. » Il n'en est pas peu fier.

Enfin ministre. Son rêve réalisé, il atteint un état proche de l'extase : « C'était une période magique, Édouard Balladur m'avait donné sa confiance, et je faisais ce que je voulais. »

Il est autonome et reconnu. En juillet 1994, il hérite en outre d'un troisième portefeuille – au départ, il veut croire qu'il s'agit d'un simple intérim et c'est pour cela qu'il accepte –, celui de la communication, laissé vacant suite à la démission de son ami Alain Carignon, mis en examen pour recel et complicité d'abus de biens sociaux, dans les affaires du *Dauphiné News*[1]. Les premiers temps, Nicolas espérait que son ami reprendrait très vite son poste ministériel. La magistrature en ayant décidé autrement, il a toujours été très solidaire de lui. Et il s'est élevé contre ses conditions de détention. « Son sort m'empêchait de dormir », dit-il. Et il invitera son épouse à passer avec Cécilia et les enfants les fêtes de Noël et du Premier de l'an comme il le faisait auparavant. Bien plus tard, devenu président de l'UMP, il encouragera le retour sur la scène politique d'un homme qui, dit-il, « ne s'est pas enrichi personnellement ». « En amitié il donne des preuves, mais ce n'est pas un expansif », dit de lui Carignon.

Mais il court, il court le ministre… À pied, tous les jours sur les quais de Bercy. En compagnie d'un garde du corps et de son labrador Indy. Pour le reste, il dispose d'un bureau aux Finances, d'un autre à Matignon et encore d'un autre rue de Varenne. Tel Cadet Roussel. Il participe à tous les comités interministériels. Édouard Balladur l'interroge, le consulte à tout propos. En raison de cette proximité, ses collègues, pour lesquels il manifeste bien peu de considération – faute de temps, assure-t-il – s'exaspèrent de l'entendre ainsi trancher de tout ; « il était vraiment insupportable », commente l'un d'eux.

En revanche, la presse écrite, la radio, la télévision le courtisent, les journalistes le sollicitent de plus en plus. Il sait les soigner, il n'en évite aucun, en tutoie la plupart, et s'ingénie à trousser un compliment à chacun, qui peut dès lors se croire son ami. Toujours il rappelle. Et vite. Son premier mot est invariablement le même : « Je ne te dérange pas ? »

1. Un ensemble de petits journaux proches du maire de Grenoble, dont le déficit avait été épongé par une filiale de la Lyonnaise des Eaux qui s'en était portée acquéreur. Après quoi, la Lyonnaise était devenue concessionnaire de la distribution d'eau à Grenoble…

Est-il invité à une émission, il s'empresse dès le lendemain de dire sa gratitude à l'interviewer et de le remercier. Une attitude d'autant plus flatteuse qu'elle est rare. Bref, il sait « soigner sa com », constatent les professionnels. Pas dupes, mais admiratifs. Tout de même, quel tourbillon !

CHAPITRE XII

Première rupture avec Jacques Chirac

En ce printemps 1993, le nouveau gouvernement jouit d'un état de grâce exceptionnel, d'un vent de faveur contagieux. Qui l'eût cru ? *Le Monde*, quotidien de gauche de référence, s'est balladurisé. Par antichiraquisme ? Sûrement. Mais il donne le ton. La presse régionale apprécie, elle aussi. Alain Minc, homme d'influence qui écrit beaucoup et se répand dans les milieux parisiens, se montre presque ébloui et enveloppe ses critiques d'un halo de considération flatteuse. Le directeur de la SOFRES, Jérôme Jaffré, qui sait lire dans les entrailles de l'opinion ne craint pas d'annoncer qu'il croit à l'avenir présidentiel radieux du Premier ministre. Et toute la France répète qu'elle y croit. Édouard Balladur, qui recueille 75 % d'opinions favorables, ne touche plus terre. C'est l'époque où il aime plaisanter devant ses visiteurs : « Les deux Nicolas sont tellement ambitieux que je vais être obligé de me présenter. »

Côté RPR, bien entendu, un son de cloche tout différent se fait vite entendre. C'est encore Philippe Séguin qui sonne la charge et ouvre une brèche. Début juin, le président de l'Assemblée nationale est invité par Jacques Baumel, un fidèle d'Édouard Balladur, à participer à un colloque dans les Hauts-de-Seine. Il en profite pour prendre de façon spectaculaire ses distances avec la politique économique du gouvernement – c'est en tout cas l'interprétation que le Premier ministre, et pas seulement lui, fera de ses propos. Il qualifie, en effet, de « Munich social » les mesures prises par les gouvernements passés… et… présent. Or, depuis 1938, Munich, on le sait, rime avec lâche soulagement, refus de se battre. Bien plus, Séguin n'hésite pas à mettre en cause le dogme balladurien : le libre-échange, les privatisations, la politique du franc fort, le respect des grands équilibres financiers. Il qualifie le tout de « prêt-à-penser triste et morne », et répète ce qu'il avait dit dès les premiers jours, que ce gouvernement n'est à la manœuvre que pour une période de transition.

Un discours évidemment très commenté dans la presse, laquelle traduit : « Séguin concocte pour le candidat Chirac un projet qui n'a rien à voir avec l'orientation actuelle du gouvernement. » Et reprendra volontiers ce refrain.

À Matignon, le courroux est grand. Édouard Balladur attend que Jacques Chirac désavoue ce discours, voire sanctionne Séguin. Les jours passent. L'attente est vaine.

« Jacques Chirac fragilise mon action », déplore le Premier ministre. Mais il en est peut-être secrètement ravi : ce manquement le libère de ses devoirs à l'égard du maire de Paris.

Il n'empêche, imperturbable, Jean-Louis Debré continue d'évoquer partout où il passe le pacte qui unit les deux hommes.

Au plus fort de l'été, cependant, rien ne va plus entre Édouard et Jacques. Le franc, victime d'une fièvre spéculative, subit de vives attaques sur le marché des changes. Les caisses de la Banque de France se vident. Des rumeurs évoquent une éventuelle sortie du franc du Système monétaire européen (SME). Le franc atteint son cours plancher par rapport au deutsche mark. D'autres monnaies européennes sont attaquées. Une solution inédite est imaginée le 1er août par les ministres des Finances des Douze. Afin de sauvegarder le SME, il décide d'élargir les marges de fluctuation des devises qui participent au « serpent monétaire ». Voilà le SME sauvé. Le franc échappe à la dévaluation qu'Édouard Balladur s'était engagé à éviter lors de son arrivée au pouvoir. Si François Mitterrand lui apporte son soutien, le Premier ministre juge que Jacques Chirac s'est en revanche montré bien peu solidaire dans l'épreuve. Le chef du RPR n'a produit que des déclarations alambiquées et tardives. Un soutien si mince « qu'il a contribué à l'affaiblissement du franc », croit pouvoir plaider le Premier ministre. Et on l'entend dire : « Chirac et moi, nous sommes quittes. »

« J'étais en contact avec Bazire, nous avons rédigé le communiqué en commun. On a voulu me pousser à une faute que je n'ai pas commise », se plaint le maire de Paris. À l'en croire, la rupture lui a été notifiée par le directeur de cabinet du Premier ministre, Nicolas Bazire, lequel lui a téléphoné sur un ton sec pour constater : « Le contrat est rompu. »

À la mi-août, les Français en vacances voient un Édouard Balladur interviewé par France 2 devant son chalet de Chamonix.

On l'interroge : « Comment sont vos relations avec Jacques Chirac ? » Il répond, paisible : « Elles sont bonnes. » Ce qui est court, bien sûr. Trop court.

Jacques et Bernadette Chirac ont regardé ensemble l'interview. « Alors, Jacques, vous ne téléphonez pas à Édouard ? » (Comme il le faisait toujours après un passage à la télévision.) Elle s'entend répondre un « non » sec. Sans plus de commentaire. D'évidence, le Premier ministre et le maire de Paris ne vivent plus la même histoire. Mais c'est toujours Édouard qui a la faveur de l'opinion. Un sondage publié en septembre par l'hebdomadaire *Globe Hebdo* montre que 67 % des Français verraient bien Édouard Balladur comme Président. Jacques Chirac ? 20 % seulement. L'augmentation de la CSG, la crise du franc, la persistance du chômage, la réforme courageuse des retraites du privé, rien n'entame le crédit du Premier ministre. Il décide alors de ne pas se rendre aux Universités d'été du RPR qui se tiennent à Strasbourg. Il ne veut bien entendu pas être mêlé à ce rassemblement militant où l'on va scander à satiété « Chirac Président ! », alors que lui s'avance, plébiscité par le peuple, vers l'autel élyséen.

Incroyable mais vrai, celui que Jacques Chirac jugeait trop distant, arrogant, précieux, méprisant pour être populaire, est fêté par l'opinion. Comment ne se sentirait-il pas porté vers d'autres sommets ?

Un homme voit son existence compliquée par la rivalité si vive, si rapide entre ces deux-là. Nicolas Sarkozy évidemment.

Comment pourrait-il continuer de travailler pour le candidat Chirac alors qu'il est débordé par ses fonctions ministérielles et qu'il doit respecter la règle fixée par le Premier ministre : ne pas s'occuper de la présidentielle avant le début de l'année 1995 ? Car Jacques Chirac continue à faire appel à lui, lui téléphone régulièrement, demande des services, des conseils, des renseignements et le traite toujours comme un intime et un collaborateur. Et Claude fait de même.

Après la formation du gouvernement, il a participé deux fois aux réunions de l'Hôtel de Ville. Puis, bridé par un emploi du temps de plus en plus serré, il ne s'y est plus montré : Claude Chirac et Jean-Pierre Denis se déplacent à Bercy.

Dès la fin de juin 1993, trois mois seulement après la formation du gouvernement, Nicolas Sarkozy cesse, en fait, de fréquenter la cellule présidentielle de Jacques Chirac en invoquant des difficultés d'emploi du temps. L'entourage du maire de Paris, d'abord incrédule, avant d'être dépité, le regarde prendre de la distance.

Lorsque cet été-là *Le Figaro* et *L'Express* consacrent un article à la « cellule présidentielle » du maire de Paris, les articles sont évidemment illustrés. En légende d'une photo, Nicolas Sarkozy est désigné comme le directeur de cette structure. Ce qu'Édouard n'apprécie pas du tout. Pas question que le porte-parole du gouvernement soit mêlé à la campagne du candidat Chirac ! Le Premier ministre lui rappelle la consigne. Et sans fioritures ! Le ministre se voit confirmer que garder deux fers au feu peut être habile mais parfois impossible. Il comprend surtout qu'Édouard Balladur est beaucoup plus déterminé qu'il ne le pensait dans sa marche vers l'Élysée.

Aux Universités d'été de Strasbourg, en septembre, auxquelles Édouard Balladur a décidé de ne pas se rendre, Nicolas Sarkozy ne passe qu'une seule journée. Et il refuse de monter sur la tribune où trônent Alain Juppé et Jacques Toubon. Bien des yeux se tournent vers lui. Tous ceux qui l'observent partagent le même sentiment : il paraît, chose rare chez lui, gêné aux entournures. Il semble nerveux, agressif même. Et pour la première fois, il se montre inamical avec Claude.

Au lendemain de ces journées, Jacques Chirac, lui, continue au contraire de faire comme si. Au « Club de la presse » d'Europe 1, il affirme très fort qu'Édouard Balladur et lui ne sauraient être concurrents. Ils sont « des amis de trente ans ».

D'ailleurs, trois semaines plus tard, les deux hommes se retrouvent aux Journées parlementaires de La Rochelle. Devant les députés ils miment une amitié éternelle en marchant sur le Vieux Port. Mais c'est Chirac qui a imposé ce scénario à Édouard, qui fait ce jour-là sa mauvaise tête. Personne n'est dupe et surtout pas les nouveaux élus, déjà anxieux, qui voient se profiler une guerre des chefs. Dans cette guerre, Nicolas Sarkozy a choisi son camp. Il va quitter le giron chiraquien.

Pouvait-il faire autrement ? Le jeune ministre aime son travail, se trouve en adéquation avec Édouard Balladur qui l'a promu, qui lui a tant offert et qui lui manifeste toujours sa confiance et son affection. En outre, raison supérieure à toutes : les sondages lui promettent l'Élysée.

Sarkozy n'a donc aucune raison de se faire hara-kiri en rejoignant l'homme qui n'a plus la faveur des Français, et auquel, en plus, il estime ne rien devoir !

Le 24 octobre, alors qu'il est l'invité du « Grand Jury RTL/*Le Monde* », les journalistes enfoncent le fer dans la plaie : « Pourquoi n'allez-vous plus aux réunions des conseillers de Jacques Chirac qui se tiennent le mardi à l'Hôtel de Ville ? » Il répond simplement :

« Parce que le Premier ministre a demandé aux ministres de s'occuper de leur département ministériel et non de l'élection présidentielle. C'est ce que je fais. » Imparable.

Reste le plus pénible. Officialiser la rupture. Jacques Chirac va lui en donner l'occasion. En novembre, lors d'une réunion du bureau politique du RPR au siège de la Rue de Lille, il fait signe à Sarkozy de le suivre. Ils s'enferment dans la salle de presse, le climat est tendu. « Chaleureux aussi et physique, dit le jeune ministre, comme toujours quand Jacques Chirac souhaite obtenir quelque chose. »

Chaleureux peut-être, mais rugueux. Jacques Chirac n'y va pas par quatre chemins : « Tu es très intelligent, tu es aussi très cynique, fais attention. En soutenant Balladur comme tu le fais, tu prends le risque de mettre tous tes œufs dans le même panier. Réfléchis. On en reparlera. »

C'est le mot « cynique » qui fait bondir Nicolas et le braque : « Si être cynique c'est de n'avoir jamais un mot contre vous, alors oui, je suis cynique. Mais je suis le porte-parole d'Édouard Balladur. Il me demande de ne pas avoir d'autre engagement politique. Je veux rester son porte-parole. »

Cynique, lui ? Il n'en revient pas. Il se voit au contraire brutal, sans doute, mais franc, pas hypocrite. Le dialogue n'ira pas plus loin (Jacques Chirac n'a jamais raconté sa version de ce tête-à-tête). Les deux hommes ne se reparleront plus avant quatre ans.

CHAPITRE XIII
« Deux amis de trente ans »

« Quand Sarkozy lui a annoncé, droit dans les yeux qu'il se consacrerait désormais à sa seule tâche de ministre, cela ne lui a fait ni chaud ni froid, tant sa confiance en son avenir présidentiel était inébranlable. » Voilà ce qu'affirme l'entourage de Jacques Chirac. Les sondages avaient beau dire le contraire et hisser Balladur sur le pavois, le maire de Paris persiste à croire – du moins à dire – que celui-ci ne sera « jamais candidat ». Les handicaps médiatiques accumulés par Édouard lors de son passage au gouvernement durant la première cohabitation sont trop lourds, « catastrophiques », juge-t-il pour être si vite effacés. Il pense toujours, en outre, que l'homme est trop distant, trop méprisant, trop arrogant, trop sucré, trop fragile pour gagner la faveur des électeurs. « Tout mon problème c'est qu'Édouard tienne le coup, jusqu'à la présidentielle », avouait-il à Bernadette.

« Il ne supportait pas qu'on lui dise : "Balladur vous trahit", parce qu'il ne voulait pas le croire », note Christine Albanel, jeune et subtile agrégée de lettres qui rédigeait ses discours à la Mairie de Paris. Des mois durant, il a donc fait taire ceux qui, autour de lui, critiquaient l'hôte de Matignon et son ministre du Budget. Il continuait à les appeler par leur prénom. C'était toujours Édouard et Nicolas. « Il était persuadé, note François Baroin, que Sarko lui reviendrait au moment décisif, celui de la campagne. »

Claude, elle aussi, a longtemps espéré que Nicolas reviendrait. Une ou deux fois, elle s'était déplacée pour le rencontrer. Pourtant un épisode l'avait beaucoup troublée : un journaliste lui avait raconté que, lors d'un déjeuner de presse au début du mois de décembre à Bercy, le ministre du Budget avait tenu des propos très virulents contre son père, déclarant qu'une élection de Jacques Chirac représenterait « un danger terrible pour la France ». Elle ne voulait pas le croire. Elle avait interrogé le correspondant de l'AFP à l'Élysée, Philippe Goulliaud, l'un des convives de ce déjeuner. Il lui avait confirmé le propos. Elle en avait été très meurtrie.

« Et puis, un jour, j'ai appelé Nicolas, il ne m'a plus rappelée », dit-elle sur le ton de la sobriété. Exit Nicolas. On sent que chez elle la blessure n'est, aujourd'hui encore, pas refermée. Nicolas n'était pas n'importe qui. Il avait été auprès d'elle comme un frère, un ami comme elle n'en avait jamais eu jusque-là, quelqu'un qui avait saisi son mal-être, compris qu'à l'instar de son père cette jolie fille ne s'aimait pas, n'avait pas confiance en elle, ne faisait rien pour se mettre en valeur. « Je ne suis pas douée pour la séduction », lâche-t-elle tout à trac. Elle ne manque pas une occasion d'affirmer que « l'intelligente de la famille, c'est ma sœur Laurence et pas moi ». Avec Nicolas, ils avaient ri, partagé des secrets, ils raffolaient tous les deux des paillettes, des vedettes. Mais surtout, il avait été son Pygmalion. Il lui avait appris le travail, la rigueur, à aimer le métier au service de son père. Quand elle l'attendait à la Mairie de Paris, elle prévenait sa mère : « Surtout sois aimable avec Nicolas. » Elle était en confiance. Son choix s'était porté sur lui comme une évidence pour qu'il soit son témoin lorsqu'elle a épousé en septembre 1992 le politologue Philippe Habert. Lequel devait décéder quelques mois plus tard, en avril 1993. Dans ces moments douloureux, Nicolas était sans doute la seule personne auprès de laquelle elle aurait eu envie de s'épancher. Mais il était déjà aux abonnés absents. Bientôt, il ne serait plus là.

Et la grisaille s'est installée sur la Chiraquie. « Sarko pour moi était comme un grand frère, raconte Frédéric de Saint-Sernin (jeune député de Dordogne qui faisait partie de l'équipe dite des "bébés Chirac") ; lui parti, c'est tout le dispositif chiraquien qui perdait sa tour de contrôle, c'est lui qui nous distribuait le travail, nous poussait à nous engager, il était disponible, agréable, ne mettait aucune barrière entre lui et nous. On avait besoin de lui, il nous a manqué affectivement et intellectuellement. »

Jacques Chirac, lui, reste impavide. Il veut demeurer confiant. Il est bien le seul à refuser d'admettre le changement. Certains signes, pourtant, éclaireraient les plus myopes. Pour la première fois depuis treize ans, le 29 novembre 1993, Édouard ne lui a même pas souhaité son anniversaire. Et, chaque jour, éclate un nouvel incident. Au déjeuner qui réunit chaque mardi les dirigeants de la majorité, plusieurs remarquent qu'Édouard et Jacques ne se regardent plus en face. Jean-Louis Debré, secrétaire général du RPR, qui tient fidèlement la boutique, a prévenu ce dernier : « Faites attention, Monsieur, sur les photos, c'est toujours vous qui regardez Balladur, alors que lui ne vous regarde jamais. » À la fin de cette année-là, le maire de Paris constate, l'air sombre : « Il ne me reste que quatre ministres fidèles, Juppé, Toubon, Alliot-Marie et Romani. »

Le 20 décembre, deux ministres d'État, Simone Veil et François Léotard, rompant avec la consigne de silence sur la présidentielle édictée par Balladur en arrivant à Matignon, se déclarent favorables à sa candidature. « Il serait un formidable Président de la République », dit la ministre d'État de la Santé. « J'attends avec impatience qu'il se déclare », lance en écho le ministre d'État de la Défense. Deux jours plus tard, le Premier ministre les appellera – mais très mollement – à plus de réserve.

Cette fois Jacques Chirac consent enfin à ouvrir les yeux. « Édouard vient de faire lancer sa campagne présidentielle. » À Noël les dernières illusions – s'il en restait encore – s'envolent : Jacques Chirac, comme il le faisait toujours, téléphone à Chamonix pour souhaiter une bonne année à « son ami de trente ans ». Il est 10 heures du matin. Madame Balladur lui répond qu'« Édouard est à la messe, il vous rappellera ».

Il n'a jamais rappelé.

« De ce jour, note François Baroin, pour Jacques Chirac Édouard n'était plus Édouard, mais "Balladur" et Nicolas n'était plus que "Sarkozy". »

Le jeune ministre du Budget, toujours le nez dans le guidon, a trop à faire pour se soucier des états d'âme de la Mairie de Paris. Édouard Balladur le consulte sur tout, et il est perçu par ses collègues comme un vice-Premier ministre. Un mouvement étudiant, un de plus, l'affaire du CIP, va lui permettre de se hisser au rang d'homme indispensable. Le paradoxe est qu'il va jouer le rôle de pompier pyromane.

En août 1993, le ministre du Travail Michel Giraud a fait adopter, en conseil interministériel à Matignon, une ambitieuse loi quinquennale sur l'emploi qui comprend, entre autres, une disposition pour permettre aux jeunes de faire une première entrée dans l'entreprise : le contrat d'insertion professionnelle. C'est toujours le même problème : 750 000 jeunes sont sans emploi, un chiffre quatre fois supérieur à celui de l'Allemagne. Le CIP est destiné à faciliter l'entrée des jeunes sur le marché du travail, ce serait la première marche d'entrée dans l'entreprise. « J'aurais voulu deux CIP, l'un pour les jeunes qui n'ont pas de formation et qui seraient payés à 80 % du SMIC, mais qui seraient formés, un autre pour des diplômés et qui recevraient un premier salaire, d'un niveau supérieur, raconte Michel Giraud. J'avais gagné sur toute la loi, sauf sur le CIP, les finances, donc le budget, s'y opposaient fermement parce que trop compliqué, et surtout trop onéreux. Balladur a suivi Nicolas Sarkozy, j'ai été battu dans l'arbitrage, j'ai été discipliné. » Or, c'est cette idée d'un sous-SMIC – contre laquelle les chiraquiens s'élevaient – qui va jeter à la fin du mois de février des milliers d'étudiants dans la rue. La loi a été adoptée en décembre pourtant. Sans problème. Mais, le 13 février, les décrets d'application sont publiés. La réaction est brutale. Initiée par l'UNEF-ID qui n'accepte pas que les diplômés soient traités comme des jeunes sans qualification. Le scénario est connu depuis l'affaire Devaquet (et il se répétera, exactement de la même manière, en 2006 avec le CPE de Dominique de Villepin), d'autant que les gouvernements, dans chaque cas, ne se montrent pas très doués pour la communication, n'expliquent pas, ou mal. Il n'empêche : les étudiants sont dans la rue, rejoints par les syndicats de salariés, tous réclament l'abrogation des décrets. Le Premier ministre commence par refuser de céder. D'ailleurs sa majorité le pousse à ne rien lâcher aux gauchistes et aux casseurs. Nouvelle manifestation. Cette fois plusieurs centaines de milliers de jeunes défilent à Paris et dans les grandes villes de province. Le 17 mars, grande manifestation syndicale unitaire, la première depuis trente ans. Un événement. À l'issue des manifestations, les casseurs s'activent à Paris, à Lyon, à Nantes. Le souvenir de 1986 hante tous les esprits. Une image revient sans cesse, celle de Malik Oussekine. Sa mort avait annoncé le deuil des espérances présidentielles de Jacques Chirac. Un piège dans lequel le chef du gouvernement ne veut pas tomber.

Les deux Nicolas sont à la manœuvre. Ils dialoguent en catimini avec les jeunes. Sarko reçoit à Bercy leurs représentants. « Il a utilisé les réseaux de Julien Dray, l'inspirateur du mouvement anti-Devaquet », se souvient son directeur de cabinet Pierre Mariani. Nicolas Bazire, qui habite Cité Vaneau à deux pas de l'Hôtel Matignon, reçoit chez lui, en compagnie de Nicolas Sarkozy, le président de l'UNEF-ID, Philippe Campinchi. Ce dernier leur répète : jamais les jeunes n'accepteront un salaire au rabais. Le CIP, c'est la désespérance sociale. Non et non !

Le scénario trop habituel est respecté : au terme de cinq semaines de contestation, Édouard Balladur retire le CIP. Il a fait appel à Michel Bon, énarque distingué, ancien président de Carrefour et alors directeur de l'ANPE pour trouver une solution de rechange. La voici : le CIP sera remplacé par une aide mensuelle de mille francs versée pendant neuf mois aux entreprises qui embaucheront un jeune de moins de vingt-six ans, pour une durée minimum de dix-huit mois, un dispositif qui pourrait bénéficier à cinq cent mille jeunes.

Le prix à payer est élevé. La dépense est estimée à six milliards de francs. C'est un tournant dans la politique sociale, puisqu'elle risque d'entraver la politique économique initialement prévue en alourdissant le déficit budgétaire. Ce qu'au départ Nicolas Sarkozy cherchait à éviter. Le CIP était une disposition originale. Il ne s'agissait plus, pour faciliter l'embauche, d'alléger les charges sociales, mais de demander aux jeunes de renoncer à une partie du salaire auquel ils pouvaient prétendre.

Est-ce la fin de l'état de grâce ? Les sondages piquent du nez. L'image du Premier ministre se trouve altérée. Jusque-là, il était perçu comme un personnage consensuel, un homme du centre. Voilà qu'il apparaît comme l'un des chefs de la droite classique.

Le porte-parole du gouvernement, un certain Sarkozy, s'était montré inflexible lorsque la grogne commençait à se manifester : « Il faut mettre en œuvre le CIP », disait-il alors. Le 13 mars, il poursuivait sur RTL : « Nous le maintenons. » Le 16 mars il renchérissait dans *Le Monde* : « Je crois en l'utilité du CIP. » Mais, le 22 mars, en visite à Lyon, il commence à faire baisser la pression. « Si la formule ne marche pas, on trouvera autre chose. »

Le 31 mars, c'est donc le retrait. Interrogé par Jean-Pierre Elkabbach sur Europe 1, le porte-parole du gouvernement « regrette le malentendu suscité par une idée destinée à favoriser l'emploi et qui a été perçue comme une exclusion. Pourquoi se battre sur cette formule ? interroge-t-il. Puisque les patrons n'en voulaient pas, puisque les syndicats n'en voulaient pas, puisque les jeunes n'en voulaient pas et que, dans une certaine mesure, la majorité n'en voulait pas ».

Ce n'est pas la première reculade du gouvernement. Suit, en janvier 1994, la réforme de la loi Falloux. Laquelle datait du XIXe siècle et limitait les possibilités de subvention des collectivités locales à l'enseignement privé. La majorité de droite a voulu augmenter celles-ci, provoquant une très vive réaction du camp laïc. Il a fallu renoncer. Suit aussi, à l'automne, celui d'Air France : un projet de plan social, l'entreprise accumulant les déficits, qui devrait se traduire par la suppression de 4 000 emplois. Grèves, occupation très symbolique des pistes de Roissy et d'Orly, menaces d'extension à d'autres secteurs. Nouveau recul, accompagné du renvoi du président de la compagnie, Bernard Attali.

Interrogé – toujours sur Europe 1 – sur cette série de marches arrière, le ministre se fait le héraut du dialogue : « Entre l'entêtement et le recul, qu'est-ce qui compte ? N'est-ce pas de se comporter en personnes de bonne volonté et de bonne foi qui veulent résoudre les problèmes ? » Un langage qui plaît. Nicolas Sarkozy excelle à utiliser toutes les ficelles de l'art oratoire. Et prudent, il use et abuse de la forme interrogative.

Il reste alors persuadé qu'en dépit des heurts et des aléas Édouard l'emportera. Ce que semblent confirmer, quelques semaines plus tard, des sondages à nouveau favorables à Balladur, et toujours désespérants pour Jacques Chirac. Lequel fait néanmoins preuve d'une détermination farouche. À ceux qui prennent une mine apitoyée, il coupe la parole : « Ne me parlez pas du premier tour. Dans ma tête je suis déjà à la veille du deuxième tour et je forme mon gouvernement. »

Pour son candidat, Nicolas Sarkozy se bat sur tous les fronts. Avec la force de son âge, les excès de sa nature, la brutalité et l'avidité de sa conviction victorieuse. Il recrute dans les rangs du RPR et de l'UDF. Il courtise, distribue les subventions, invite, menace, s'appuyant toujours sur les excellents sondages obtenus par son héros. Les députés, qui craignent toujours de ne pas recevoir l'investiture, les conseillers généraux qui redoutent de passer à la trappe des cantonales de 1994, les ministres soucieux surtout de conserver leur portefeuille : tout ce petit et grand monde est l'objet de pressions.

Certains se plaignent, le jugent trop violent, trop cynique. Surtout, la plupart des membres du gouvernement éprouvent un sentiment d'exclusion. Ils n'appartiennent pas au trio d'esprit et de cœur que forment Édouard et ses deux Nicolas. Édmond Alphandéry, le ministre de l'Economie, voit bien qu'on le laisse de côté.

Le ministre du Budget, qui n'est pas son subordonné, étend son autorité sur Bercy tout entier. « Nicolas a toujours besoin de prouver qu'il domine l'autre. Il faut qu'il écrase », constate-t-il, chagrin.

Du côté d'Alain Juppé, c'est pis encore, leur relation prend toujours des allures de préparation d'un duel. Alain Carignon, proche de Nicolas et qui fut, on le sait, quelque temps ministre à cette époque, veut relativiser. À l'en croire, son ami se comportait de la même manière avec tous. « Nicolas ne s'est jamais couché devant personne, pas même devant Balladur. Lors de séances de travail, tôt dans la matinée, quand le Premier ministre lui semblait un peu absent, il lui lançait, moqueur : « Alors, Monsieur le Premier ministre, vous avez encore dîné avec vos duchesses ? »

Jusqu'à fin décembre 1994, et même un peu au-delà, personne n'aurait parié un centime sur Chirac. Et lorsque Jacques Delors, pourtant célébré comme le meilleur candidat pour la gauche, annonce à Anne Sinclair sur TF1 qu'il ne sera pas candidat, on pourrait presque entendre de partout le grand « ouf » poussé du côté de Matignon : un dernier obstacle paraît levé. Pour Nicolas, ce refus d'y aller est incompréhensible. « Voilà un homme qui affirme avoir des convictions, qui revendique l'urgence de les mettre en œuvre et qui en tire la conclusion étonnante qu'il n'y a rien de plus urgent pour lui que de rentrer à la maison. » Georges Tron qui appartient au cabinet d'Édouard Balladur, raconte : « Nicolas Bazire m'a dit : la campagne est terminée. Maintenant il va falloir gérer les agendas. » Ils avaient la certitude de gagner.

Le 12 décembre, Charles Pasqua, qui a sous le coude tous les rapports des RG, téléphone à Jacques Chirac. Les sondages sont catastrophiques. « Un conseil d'ami, ne te présente pas. »

Nicolas Sarkozy, qui réunit à la fin de l'année les députés ralliés, leur explique qu'Édouard Balladur « pourrait même passer au premier tour[1] ». Et il en rajoute : « Jacques Chirac devrait se retirer et laisser Édouard Balladur se présenter tout seul, Juppé nous rejoindra. » Jacques Chirac, qui s'est déclaré officiellement candidat le 4 novembre, est alors au plus bas : 12 %. Alain Juppé lui-même a confié à quelques intimes que, si les sondages demeuraient aussi mauvais, il serait le seul fin février à pouvoir lui dire de se retirer.

1. Rapporté à Madame Chirac, ce propos la choquera profondément.

Il est tourmenté, Juppé. Il vit dans le doute. Quand Nicolas Bazire lui dit : « Mais enfin, je ne vous comprends pas, idéologiquement vous êtes beaucoup plus proche de nous que de Chirac, vous devriez vous joindre à nous », il entend cette seule réponse : « Je ne peux pas laisser tomber Chirac. »

Et Nicolas, comme d'habitude, en rajoute, piétine toutes les plates-bandes, en fait trop. « Chirac ne peut pas gagner, songez qu'avec tout le RPR derrière lui, il a fait seulement 17 % en 1981 et guère plus, 19 % en 1988. Il n'est pas un rassembleur comme Balladur. »

Il ne le pressent pas, et d'ailleurs peu le pressentent : bientôt tout va basculer.

« Les balladuriens avaient oublié la capacité de mobilisation du RPR », explique, plutôt fier de lui, son secrétaire général d'alors, Jean-Louis Debré. « J'étais sur le terrain tous les jours. Moi aussi j'ai commencé à organiser des déjeuners de députés et Sarko a commencé à rager, comme un fou. À deux reprises, il m'a invité à prendre un petit déjeuner à Bercy pour me dire : “Pense à ton avenir, soutenir Chirac ne te mène à rien.” Comme je refusais de changer d'avis, il menaçait. » Et d'ajouter : « Je les énervais tellement que, lorsqu'il a fallu remplacer Michel Roussin au ministère de la Coopération (suite à sa mise en examen par les juges), ils y ont nommé mon frère Bernard, dans le seul but de démontrer qu'il existait un Debré balladurien, donc un bon Debré. »

À ce moment, un nouveau venu fait son apparition dans l'entourage du maire de Paris. C'est un grand et beau jeune homme, svelte, alluré et allumé, écrivain et poète à ses heures, dont Claude Chirac s'est entichée. Il est le directeur de cabinet d'Alain Juppé aux Affaires étrangères : Dominique de Villepin. Tous les jours, il participe aux réunions du QG du candidat Chirac, place d'Iéna à 8 heures du matin. On voit bientôt son importance grandir. Au début, il se bornait à préparer des notes, voilà bientôt qu'il donne son avis sur tous les sujets, privant les autres d'oxygène. Il choisit même ceux qui doivent intervenir à la télévision. Il multiplie les rencontres avec les journalistes. Il les bichonne, les conditionne, les appâte avec ses formules à l'emporte-pièce. Plus les sondages sont favorables à Balladur, plus il leur explique qu'ils annoncent en fait la victoire de Jacques Chirac ! Il se démène avec l'énergie du désespoir. Il ose même cette expression : « Les balladuriens, on va les baiser avec du gravier », ce qui fait rire tout le monde. Or, c'est connu, on met toujours les rieurs de son côté.

Jacques Chirac, lui, sillonne la France, pour dénoncer le mal français : la fracture sociale. Évoque-t-on devant lui Balladur ? Il continue de proclamer sa certitude que celui-ci ne se présentera pas… Jusqu'au 18 janvier 1995. Ce jour-là, depuis son bureau de l'Hôtel Matignon, le Premier ministre fait à son tour acte de candidature. Philippe Séguin, président de l'Assemblée nationale, raconte : « J'avais invité Jacques Chirac, je voulais que nous le regardions ensemble dans mon bureau. »

Et c'est justement le style de cette déclaration sous les ors de Matignon qui a armé Chirac de courage. Balladur, assis sur une chaise trop basse, apparaît tristounet, coincé, engoncé. Et Chirac, tout joyeux, de le comparer illico aux généraux de l'armée chinoise : « Ils supportent des tonnes de décorations sur leur veste, mais ils s'écroulent au premier feu. »

L'épreuve du feu, le Premier ministre l'a pourtant subie avec succès un mois plus tôt. Le jour de Noël, un avion d'Air France a été pris en otage par des islamistes algériens qui menacent de faire sauter l'appareil rempli de passagers. Balladur décide de faire rentrer l'avion d'Alger à Marseille sur l'aéroport de Marignane. Pas question de négocier. C'est lui qui donne l'ordre de donner l'assaut aux gendarmes du GIGN qui sont sous les ordres de Charles Pasqua. Les téléspectateurs peuvent même assister à l'épisode en direct grâce aux caméras infrarouges. Les terroristes sont abattus, aucun passager n'est tué. Balladur a montré son sang-froid. Et les sondages ont bondi. À tel point que, six jours avant sa déclaration de candidature, *Le Monde* a publié à la Une un article de Jérôme Jaffré, le directeur des études politiques de la SOFRES. Intitulé « Pour l'opinion, l'élection présidentielle est déjà jouée ». Si le titre n'est pas du politologue, mais de la rédaction, il traduit tout de même fidèlement son propos. Jaffré écrit : « Un mois après le retrait de Jacques Delors, l'ensemble des sondages publiés par les différents instituts font d'Édouard Balladur le grand favori de l'élection présidentielle. Sa domination s'exerce tout d'abord sur le terrain de l'image, en terme de présidentiabilité, c'est-à-dire de capacité à exercer la fonction. Le Premier ministre obtient 66 % de réponses positives, contre 29 de négatives. C'est un score supérieur à celui de François Mitterrand. Monsieur Chirac, avec 44 % d'opinions positives, accuse un retard de 22 points sur Monsieur Balladur. La position de force de Monsieur Balladur tient à un double alliage entre l'électorat UDF et l'électorat RPR. Il a réussi la préemption sur l'électorat UDF… Conclusion : « Si Monsieur Balladur est élu, on pourra dire que l'élection présidentielle était jouée avant même que d'être écrite. »

Cet article fait évidemment grand bruit et provoque l'ire des chiraquiens. Philippe Séguin le commentera ainsi, lors d'un meeting à Bondy : « Cessez donc de croire qu'il va y avoir une élection présidentielle, arrêtez de croire qu'il va y avoir une campagne, un débat, des explications, toutes choses si vulgaires. Le vainqueur a déjà été désigné, proclamé, fêté, encensé, adulé, il est élu ! Il n'y a pas à le choisir, il y a à le célébrer, ça n'est plus la peine de vous déranger, circulez, y a plus rien à voir. » Et les militants, qui n'ont pas besoin d'un dessin pour comprendre, de huer le vainqueur désigné par les sondages. Dominique de Villepin, lui, peste devant les journalistes contre le même Balladur, assurant qu'il ne sera jamais élu. « Il gère la France comme s'il tenait un morceau de cake entre deux doigts. Or la France, il faut la prendre à bras-le-corps. » Il adore les images, Dominique de Villepin. Comme celle-ci : « Chirac doit rester accroché à sa branche, tôt ou tard, Balladur passera dessous. » Ou encore : « La mécanique Chirac est beaucoup plus huilée, riche en hommes ; en dehors des deux Nicolas, qu'y a-t-il chez Balladur c'est le désert. »

Fin janvier 1994, Nicolas Sarkozy, lui, croit toujours en son candidat. Il est l'invité de la nouvelle émission de France 2 « La France en direct ». Et comme s'il tirait déjà des plans sur la comète, il confirme sa volonté de voir la direction du RPR changer de mains dans l'hypothèse d'une victoire du candidat Balladur. « Ce serait quand même logique. »

La gauche va venir à la rescousse des chiraquiens. Les mitterrandistes, plus exactement. La cohabitation Mitterrand/Balladur avait commencé en douceur, comme une rencontre de salon. Mais rien ne va plus depuis l'été 1994. En juillet, François Mitterrand s'est fait opérer à l'hôpital Cochin. Il a été victime d'un malaise lors d'un Conseil des ministres. Et tous les membres du gouvernement ont été frappés par sa faiblesse, sa pâleur. Ils le racontent, et la rumeur se répand en ville, ils en sont convaincus : le Président ne terminera pas son mandat. Il est encore convalescent quand Édouard Balladur publie un article dans le *Figaro* intitulé « Notre politique étrangère ». Mesure-t-il, l'imprudent, qu'il vient de se faire un ennemi en voulant empiéter sur le domaine réservé du Président ? On s'en apercevra le 25 du même mois, lors des traditionnelles cérémonies d'anniversaire de la Libération de Paris sur le parvis de la Mairie. Tout le gratin politique se trouve rassemblé. Autour du Président de la République Édouard Balladur, bien sûr, mais aussi Jacques Chirac auquel l'Élysée a fait savoir quelques jours plus tôt, que le Président aimerait lui parler en tête à tête au cours de la cérémonie. Le scénario a été soigneusement mis au point par l'Élysée. Les télévisions filment donc l'entracte pendant lequel les deux hommes s'éclipsent vers le bureau du maire. L'entretien s'éternisant, les caméras s'attardent sur le visage d'Édouard Balladur, qui cache mal son courroux. L'œil est noir, le regard mauvais. Il ferait presque peur.

Qu'a dit François Mitterrand à Jacques Chirac ? Eux seuls le savent. Selon des proches, le Président aurait déclaré à son ancien rival qu'il avait de bonnes chances d'être en tête au premier tour. Façon oblique de lui apporter son soutien, de lui marquer sa préférence ? Jacques Chirac, en tout cas, était revenu vers la tribune l'air très guilleret.

Mitterrand n'est pas le seul à jouer contre Balladur. En septembre, *Le Nouvel Observateur* publie une enquête intitulée « Ceux qui trichent ». Pour l'illustrer : une photo de couverture montre un Jacques Chirac sautant par-dessus la barrière à l'entrée d'un quai de métro. Bien entendu, il ne s'agissait nullement de resquille. La photo avait été prise lors d'une inauguration où les guichets étaient malencontreusement restés coincés. Le maire de Paris charge Patrick Devedjian, qui est toujours son avocat malgré un balladurisme affiché, de poursuivre l'hebdomadaire. Après tractations, celui-ci accepte de présenter ses excuses à Jacques Chirac par un encadré entouré de rouge qui, afin d'être mieux remarqué, figurera sur la page du sommaire. L'affaire est close. Mais voici l'important : à l'issue de l'entrevue, l'avocat de l'hebdomadaire, maître Couturon, confie à son confrère qu'il est chargé d'un message de Claude Perdriel (propriétaire et patron du journal) : « Quand il faudra choisir entre Chirac et Balladur, dites au maire de Paris que *Le Nouvel Obs* ne se trompera pas. » Patrick Devedjian confesse : « Ça, je ne l'ai pas dit à Balladur. »

Jusqu'en février 1995, celui-ci fait la course en tête. Et soudain, à la mi-mars, voilà qu'il perd dix points en quinze jours. Du côté de Matignon, on explique ces fluctuations par la violence de la campagne, la sévérité des coups, le recul sur le CIP, la ténébreuse affaire Schuller-Maréchal, les embrouillaminis de Pasqua et… l'affaire dite de la GSI (Générale de Services Informatiques).

La campagne, comme il arrive souvent, vient de prendre un vilain tour. Que depuis des semaines balladuriens et chiraquiens s'affrontent à coups de petites phrases perfides et de menaces voilées était en somme sinon de bonne guerre, du moins tolérable. Mais voilà que l'on parle de gros sous, multipliant les révélations ou les pseudo-révélations, afin de salir autant qu'il se peut le camp d'en face. Vient en effet le temps où les candidats doivent s'expliquer sur leur situation financière. Le 8 mars, *Le Canard enchaîné* révèle que le revenu net imposable d'Édouard Balladur s'est élevé à 7 millions de francs de 1991 à 1993. Ce revenu est composé notamment de deux millions et demi de plus-values sur des ventes d'actions. Passe encore. Balladur, comme l'avait fait avant lui Georges Pompidou, a liquidé ses valeurs mobilières en entrant à Matignon dans un louable souci d'honnêteté et de transparence, afin de ne pouvoir être accusé par exemple de favoriser des entreprises dont il serait actionnaire. Il n'empêche : des plus-values d'une telle importance ne peuvent être réalisées que par le détenteur d'un gros portefeuille. Les Français découvrent que le favori des sondages a beaucoup de biens. Davantage que Jacques Chirac, selon leur déclaration de patrimoine imposable à l'impôt sur la fortune : plus de 21 millions de francs pour Balladur ; un peu plus de 7 millions pour Jacques Chirac.

Les Français sont ainsi faits – héritage de la méfiance catholique à l'égard de l'argent, conjugué à la dénonciation socialiste et marxiste de la richesse –, ils se méfient des hommes politiques trop fortunés, les soupçonnent volontiers de sombres trafics. Le vieux et très discutable slogan « tous pourris » trouve toujours des oreilles attentives de génération en génération.

S'il n'y avait que cela ! *Le Canard enchaîné*, ce même 8 mars, révèle aussi que le Premier ministre a perçu, alors qu'il était député et conseiller de Paris, un salaire de 100 000 francs par mois comme conseiller du président pour les affaires internationales de la Générale des Services Informatiques (GSI), une entreprise qu'il avait dirigée une quinzaine d'années plus tôt. À quelles prestations, à quel travail réel correspondait un tel salaire ? La presse s'interroge, les rumeurs enflent. Le Premier ministre a beau expliquer qu'il a respecté la loi « avec un scrupule dont personne n'a jamais fait preuve en politique », les historiens contemporains peuvent citer nombre de carrières politiques qui ont été brisées pour moins que cela.

Interrogé sur la chaîne LCI par Guillaume Durand, Édouard Balladur a une mine et un comportement de grand blessé. Être contraint de parler d'argent, du sien, lui paraît être un exercice d'une impudeur effrayante. Il évoque son appartement parisien, la maison de Deauville, le chalet de Chamonix, le portefeuille d'obligations, « une fortune tient-il à préciser, qui vient de ma femme ». Il souligne qu'il a vendu ses titres en entrant à Matignon. Il veut afficher une totale franchise, mais l'on voit bien qu'il ne montrerait pas avec plus de réticence son lit défait aux draps froissés.

« Il ne faut pas confondre transparence et exhibitionnisme », déclare alors Nicolas Sarkozy, le porte-parole de la campagne qui commence à comprendre que les choses tournent mal. Il juge inadmissible l'acharnement contre Édouard Balladur.

Ce n'est pas fini pourtant : *Le Canard enchaîné* révèle huit jours plus tard que l'administration fiscale dépendant de Nicolas Sarkozy se passionne pour les finances chiraquiennes, l'affaire des HLM de Paris et ses ramifications en Corrèze. Le 22 mars, *Le Monde* titre à la Une : « Monsieur et Madame Chirac ont tiré profit d'une vente de terrains au port de Paris. » Le quotidien du soir révèle que le couple Chirac a payé en 1993 des impôts records à la suite de la vente d'un terrain, propriété de la famille de Bernadette : les Chodron de Courcel.

Aussitôt Alain Juppé crie à la manipulation. Il n'existe guère de preuves que les balladuriens, au premier chef, le ministre du Budget, soient les responsables de cette indiscrétion. Mais les chiraquiens en sont convaincus, ou font comme si, tout comme les balladuriens pensent que les chiraquiens sont à l'origine des fuites sur l'affaire de la GSI.

Nicolas Sarkozy a beau démentir, en public, en privé, personne en campagne électorale n'a droit à la présomption d'innocence. Jean-Louis Debré clame à tous vents que la vengeance de Chirac sera « terrible ». Madame Chirac, profondément meurtrie, considère cette calomnie comme une insulte personnelle. Plus tard elle apportera la preuve que les terrains vendus l'ont été au prix du marché et qu'il n'a jamais été question de surévaluation par les services municipaux, comme on le laissait entendre çà et là. « Surtout ne me parlez pas de celui-là », lancera-t-elle d'un ton sec pendant longtemps, quand on prononcera devant elle le nom du maire de Neuilly.

Ces déchirements nuisent-ils davantage à Édouard qu'à Jacques, les politologues en débattent encore ! Mais certains relèvent aussi que les sondages peuvent avoir un effet d'entraînement. Quand un favori se met à décrocher, il arrive que la chute s'accélère, surtout s'il ne mène pas campagne minute après minute, jour après jour et avec détermination. Cela, Jacques Chirac sait le faire. Édouard Balladur, pourtant bien conseillé par Nicolas Sarkozy, manque d'expérience et d'entraînement. L'espoir change donc de camp et le combat d'âme. Rares pourtant sont ceux qui le perçoivent aussitôt. D'autant que dans les derniers jours, quand la publication des sondages est interdite, Édouard Balladur, qui met enfin le paquet comme un sportif dopé, verra sa cote de candidat remonter à nouveau. Mais trop tard. Et l'imprévisible arrive, comme souvent en politique. Au premier tour, Jacques Chirac, avec 20,84 % des voix, devance de peu mais devance Édouard Balladur (18,58 %). Le numéro un est Lionel Jospin, qui totalise 23 % des suffrages. Le second tour sera donc un duel

Jospin-Chirac. Adieu, rêves élyséens. Édouard ne peut que s'incliner et appeler ses électeurs à voter pour Jacques.

Nicolas Sarkozy est très déçu. Il juge que le Premier ministre aurait dû le choisir, lui, et non Nicolas Bazire pour diriger sa campagne. Il estime surtout que Balladur a perdu « parce qu'il a arrêté de prendre des risques ». Plus tard, dans son ouvrage *Libre*, il écrira : « Dès que par prudence ou par calcul, ou par crainte, nous avons cessé d'agir ou même de proposer, nous avons emprunté le toboggan. Ce fut d'ailleurs l'un des rares désaccords qui m'opposa à Édouard Balladur pendant la campagne. Je sentais bien que celle-ci tournait à vide, puisque nous ne disions plus rien de peur de heurter tel ou tel. Pour tenter de redresser la situation, j'indiquais au journal *Le Monde* que je pensais à une réforme fiscale portant notamment sur les droits de succession. J'expliquais qu'il était prioritaire de penser aux classes moyennes en leur donnant la possibilité d'acquérir et de transmettre un patrimoine et la proposition fit grand bruit. Édouard Balladur me téléphona pour me reprocher cette déclaration, m'indiquant que je devais m'en tenir à mon rôle, qu'il s'agissait de sa campagne et d'en aucun cas de la mienne. »

De cet épisode malheureux, Nicolas Sarkozy a tiré une conclusion : on ne peut pas vouloir être Président et jouer « petit bras ». Si l'on veut être élu, il faut se battre jusqu'au dernier jour.

CHAPITRE XIV
N. le Maudit

1995. Nicolas Sarkozy a quarante ans. C'est, en politique, un âge d'adolescent. Mais voilà vingt et un ans qu'il milite, qu'il s'est frayé un chemin à coups d'audace, tel un vieux routier, et qu'il a toujours forcé le destin. Et soudain, l'échec. Catastrophique ! La défaite d'Édouard Balladur est, bien sûr, sa défaite à lui aussi. De première grandeur. Comment avoir perdu alors que l'on avait de telles cartes en main ? Il lui arrivera, rarement, de se dire humilié « par sa propre connerie ».

Va-t-il quitter la politique ? Il s'interroge. Ses frères se souviennent d'un dîner en famille où il s'est franchement posé la question. Il interroge Cécilia qui, le connaissant, lui répond : « Je ne veux pas te conseiller de quitter la politique parce que, ensuite, tu me reprocherais de t'avoir donné ce conseil ! » Il s'interroge : son fidèle ami Martin Bouygues lui offrait une situation enviable. « Dès qu'il le voudrait. » Une offre tentante, certes, et qui lui donne le sentiment gratifiant de sa valeur marchande mais contribue à le faire rebondir. S'il a toujours pensé que rien n'était jamais acquis, il sait également que rien n'est jamais perdu. Il va le démontrer.

Optimiste, il déclare : « Je me donne deux ans pour revenir dans le premier cercle. » Pourtant, il doit entamer une rude traversée du désert qui promet d'être longue, très longue : la durée du mandat présidentiel est encore de sept ans à l'époque et, dans le clan Chirac, on n'est vraiment pas près de lui pardonner.

C'est Claude qui tient, de ce côté, la liste des interdits de séjour et il y figure en tête. Non seulement il l'a jetée, elle, comme un Kleenex, mais il a trahi son père, ce qui est à ses yeux le péché absolu. Mortel. Il le savait : « Elle n'aime que son père, avait-il dit, et lui n'aime qu'elle. » Or, Claude est très rancunière.

Elle n'est pas seule à le rejeter. C'est la trinité chiraquienne qui a décidé pour lui la reconduite à la frontière, hors de sa vue. Il est excommunié. Les articles du *Canard enchaîné* sur la vente des terrains des Courcel, article que Bernadette lui impute, ont d'autant plus blessé celle-ci que l'honnêteté de toute sa famille a été mise en doute. « Cela, je ne le lui pardonnerai jamais », confie Jacques Chirac à Bernard Pons. Devant Jean-Pierre Denis, secrétaire général adjoint, il s'écrie même : « Vous vous rendez compte, suspecter ma belle-famille qui n'a jamais été capable de réaliser une seule bonne affaire ! »

Si le clan chiraquien accuse Sarkozy d'avoir activé des recherches sur le patrimoine de la famille afin de les fournir aux médias, c'est que le ministre du Budget ne se gênait pas pour menacer de contrôles fiscaux les imprudents qui s'opposaient à ses vues, qu'ils soient députés ou ministres. Avec ses collègues du gouvernement, il jouait aussi de la carotte – des subventions pour leurs circonscriptions – et du bâton – intimidations et menaces.

Il en a fait tellement, trop, bien sûr, qu'il est devenu une sorte de Satan pour ses adversaires. Sur Canal+, les Guignols le caricaturent en petit Belzébuth orné de deux cornes sur le front, que bien des caricaturistes reprendront. Son zèle l'a piégé. Il a ainsi donné aux balladuriens l'image de traîtres, aux chiraquiens celle de victimes. Or, les Français aiment les victimes, ils croient spontanément que la morale est de leur côté.

Sarkozy explose aujourd'hui encore quand on évoque devant lui ces histoires de contrôles fiscaux : « Je mets au défi les colporteurs de calomnies de trouver une quelconque trace, écrite ou orale, de telles interventions. » Son directeur de cabinet, Pierre Mariani, tient le même langage. « Jamais le ministre n'a donné de tels ordres. » Il n'empêche. Un homme qui a la tutelle des douanes et des impôts dispose d'armes redoutables et dissuasives.

La femme de César ne doit pas être soupçonnée, dit l'antique adage. Lui non plus. Or, il l'est.

Bernadette Chirac évoque, méprisante, « ce petit Monsieur qui mériterait un coup de pied au derrière ». Claude et son père ne prononcent même plus son nom. Dominique de Villepin clame : « Nous n'avons pas besoin de ce nabot. »

« Je n'imaginais pas un tel degré de haine. J'ai été sidéré par l'ambiance, par les propos des uns ou des autres, surtout ceux de Dominique de Villepin qui menait la traque aux balladuriens avec des formules ordurières ou méprisantes », confie Bertrand Landrieu, directeur de cabinet du nouveau Président de la République, lequel a dû tant ferrailler pour gagner, est passé si près de l'échec qu'il ne peut s'offrir le luxe d'un quelconque sentiment de pitié pour les vaincus. Celui-là surtout. « Il faut lui marcher dessus, ça porte bonheur », aurait-il même lâché. Vrai ou faux, une chose est sûre : Nicolas est devenu le Maudit.

Pour les militants aussi. Avant même l'élection, entre les deux tours, le 29 avril, un grand meeting de fausse réconciliation avait été organisé à Bagatelle. Édouard Balladur, déjà reparti dans ses montagnes, avait accepté de rentrer de Chamonix pour y participer. Mais ce n'est pas lui qui fut conspué par les militants – il n'avait jamais fait partie de la famille – c'est Nicolas. C'est sur lui qu'ont plu les insultes. On l'a sifflé, on l'a hué : « traître », « salaud ». On lui a même craché dessus. Dur… Dur…

Il faut savoir souffrir pour grandir. Nicolas le sait. « Je demeurais longuement interloqué par la violence des réactions », dira-t-il. Mais il se souvient aussi des traitements réservés par la famille gaulliste à Jacques Chirac lorsque celui-ci avait fait élire Giscard en 1974. Le député de la Corrèze était « le traître ». Quelques mois plus tard, il devenait le sauveur. Et il avait pu se permettre de contribuer en 1981 à la victoire de François Mitterrand, en évitant les crachats.

Il faut donc se reprendre, se réarmer, se battre. D'abord pour les municipales qui suivent d'un mois à peine la présidentielle. Ce qui signifie retrouver d'urgence la confiance des électeurs de Neuilly.

Or, la situation n'est pas très simple. Édouard Balladur, pour lequel il s'est tant battu, n'a obtenu que 33,19 % des voix dans la ville et Jacques Chirac l'a devancé de huit points. Si bien que, les premiers jours, le maire n'a plus remis les pieds à la mairie. Pour ajouter à la difficulté, une liste chiraquienne va, logiquement, affronter la sienne. Et logiquement aussi, son leader est l'homme qui conduisait le comité de soutien au candidat Chirac pour la présidentielle. Mais ce Gérard Avril est un inconnu pour les Neuilléens, et l'ancien ministre du Budget est trop bien implanté pour être déboulonné. Il perd, certes, 20 % de ses suffrages précédents. Mais il est largement reconduit. Ce qui le conforte dans son idée qu'il faut toujours élargir sa base électorale. Une telle perte l'afflige bien sûr. « Nicolas est passé en deux mois du statut de Premier ministre potentiel à celui de maire moins bien élu », constate Brice Hortefeux.

Premier ministre potentiel ? Édouard Balladur avait-il l'intention de nommer Nicolas Sarkozy à Matignon ? Les amis de Charles Pasqua avancent que celui-ci avait reçu bien plus que des assurances pour prix de son soutien au candidat malheureux.

Interrogé en 2006, Édouard Balladur répond, lui : « J'aurais nommé Alain Juppé. » Quand on lui fait remarquer que le passage de celui-ci à Matignon s'était soldé par d'impressionnants scores d'impopularité, il rétorque : « Bien dirigé, je suis sûr qu'il aurait beaucoup mieux réussi. » Et pan pour Chirac ! Et Balladur justifie ainsi son choix : « J'aurais fait la paix avec un homme qui avait soutenu Jacques Chirac afin de sceller la réconciliation. »

Alors Pasqua ? Juppé ? Pas Sarkozy, en tout cas, pas lui tout de suite.

Après la mairie de Neuilly, il doit retrouver son siège de député abandonné lors de son entrée au gouvernement Balladur. Ce n'est pas que le travail parlementaire le passionne, mais il s'agit de redorer son image. Et puis, l'Assemblée est un lieu d'expression, de rencontres, de visibilité. Un seul ennui : son suppléant, Charles Ceccaldi-Reynaud, le maire de Puteaux, refuse de démissionner pour lui rendre sa place. Par chance, cette année-là, les élections se multiplient très opportunément. Des sénatoriales ont lieu en septembre. Elles permettent d'offrir au suppléant gourmand un fauteuil garanti pour neuf ans. Grâce à Charles Pasqua, toujours patron du RPR dans les Hauts-de-Seine. Un cadeau de rêve. Nicolas Sarkozy en ajoute un autre : la fille dudit suppléant deviendra sa propre suppléante.

Cinq mois après la présidentielle, il peut déjà mesurer que son infidélité à Jacques Chirac lui a été pardonnée par les électeurs.

Le voilà réélu avec un score triomphal de plus de 75 % des voix, face à Marie-Caroline Le Pen et à Gérard Avril, son challenger du mois de juin contraint de se contenter d'un humiliant score de 9 %, qui sonne bien sûr le glas de sa carrière à Neuilly.

« On n'est pas morts », peut-il lancer à François Léotard, qu'il rejoint en août à Biarritz où ils vont passer huit jours en compagnie de leurs épouses.

« Plus c'est difficile, plus c'est stimulant », lui avait répété sa mère. Il a bien retenu d'elle cette leçon-là aussi.

Entre-temps, il s'était offert un petit plaisir dont il faut relater le contenu tout au long, tant il est significatif. Au lendemain de la défaite, Nicolas Beytout, le directeur des *Échos*, lui a en effet offert une tribune : un feuilleton politique signé d'un pseudonyme, convenablement épicé d'allusions, de révélations et de perfidie. Les lecteurs raffolent de cet estival exercice de style. Il s'agit cette année-là, de rédiger une série de lettres adressées par un pseudo-Jacques Chirac à divers personnages politiques ainsi que leur réponse.

Après avoir hésité, Nicolas accepte ce défi, sous le pseudonyme de Mazarin – c'est lui qui a choisi cette référence à un spécialiste des recettes pour avides du pouvoir. « Afin de ne pas être reconnu, Nicolas devait dire du mal de tous les politiques, mais aussi de lui-même raconte Beytout. Et pour protéger le secret, Cécilia enregistrait le texte sur une cassette que ma secrétaire transcrivait. »

Le journal publie donc quelque vingt-cinq lettres pas trop mal tournées, pimentées de vacheries bien senties. Il n'épargne ni les ennemis ni les amis. François Bayrou est « un traître professionnel », Juppé un « triple crétin », Balladur « un de ces médiocres qui puent l'ennui et la suffisance », Jean-Louis Débré « un benêt ». Ces lettres sont adressées au général de Gaulle, à Jean-Louis Debré, à Philippe Séguin, etc., etc. et à… Nicolas Sarkozy.

Cette dernière, publiée le 14 août 1995, a été écrite deux mois plus tôt, à une époque où le maire de Neuilly, encore quelque peu groggy, pouvait penser qu'il devrait patienter longtemps au Purgatoire. Il n'empêche – signe d'un optimisme viscéral – la missive qu'il s'est ainsi adressée à lui-même en la signant « Chirac » est presque affectueuse. Certes, elle commence par « je t'en voulais tellement que j'aurais même pu t'étrangler de mes propres mains ». Mais elle continue sur un tout autre ton : « C'est vrai que d'autres m'ont lâché, mais ça m'était bien égal : Pasqua, je suis habitué à ses trahisons… Que Juppé ait eu des états d'âme, peu m'importe aussi, je n'ai jamais eu pour lui de sentiment d'affection, que Philippe Séguin me fasse crise sur crise, passe encore. Mais que toi, tu me laisses, là c'est trop. Toi que j'avais promis au plus bel avenir, toi à qui j'avais donné mon affection, toi sur qui je comptais, plus que sur aucun autre… Sais-tu au moins ce que tu aurais obtenu avec moi ? Imagine ce que tu as perdu, tu aurais pu être Premier ministre. Eh oui, voilà mon cher Nicolas, ce que tu as gagné… Avant d'envisager ton retour, il faudra que tu souffres encore, je veux que tu voies ce que cela fait d'être seul, abandonné de tous, comme je l'ai été moi-même… Ah, pourquoi m'as-tu trahi ? J'aimerais que tu redeviennes le Nicolas que j'ai connu et aimé, à qui je pouvais tout dire, car, vois-tu, j'aimais chez toi ce goût du combat et de l'impertinence. » Et ainsi de suite…

Que Chirac eût voulu faire de l'auteur de ce texte son Premier ministre tient évidemment de la pure fiction. Nicolas Sarkozy prend ses désirs pour des réalités. Mais ce texte dévoile le rêve qui n'a cessé de le hanter jusqu'à ces derniers temps : que Jacques Chirac le nomme à Matignon pour marquer sa préférence et l'aveu que le « meilleur d'entre nous » s'appelle Sarkozy.

(En octobre 2006 encore, Claude Guéant, directeur du cabinet du ministre d'État, notait : « Jacques Chirac lui demanderait aujourd'hui d'être Premier ministre, je crois qu'il serait capable de dire oui ! »)

La réponse de l'intéressé – le véritable auteur, cette fois, Nicolas – est tout aussi révélatrice.

« Monsieur le Président de la République,

J'ai été heureux que vous rompiez enfin ce silence. Si vous saviez à votre tour combien j'ai souffert d'être devenu le paria de notre famille et combien votre indifférence marquée à mon endroit m'a blessé. Vous savez, je suis beaucoup plus sensible qu'on ne le dit… Si étonnant que cela puisse paraître, je n'ai jamais cessé d'être chiraquien. Je l'ai été en suivant scrupuleusement votre exemple, car enfin, il y a quelque injustice à me reprocher de vous avoir trahi. Vous étiez bien membre de la famille gaulliste quand vous avez trahi Jacques Chaban-Delmas pour Valéry Giscard d'Estaing. Et quand il a fallu trahir Giscard, avez-vous hésité à le faire, alors même qu'il avait fait de vous un Premier ministre ?… Quant à Balladur, ça n'est tout de même pas moi qui l'ai trouvé. Ensuite, il a fallu choisir quand vous vous êtes séparés. J'ai mal choisi, c'est vrai. Mais j'étais son ministre et je pensais qu'il pouvait gagner. Vais-je payer toute ma vie pour une simple erreur de pronostic ?… Quant à mon retour, je ne suis pas dupe, l'affection n'y tient qu'une petite place. Vous savez mieux que moi juger les hommes et vous ne pensez pas une seconde continuer avec un tel gouvernement… Peut-être pourrais-je recommencer à vos côtés comme simple conseiller. Au bout de quelques heures, une fois à nouveau mes preuves faites, sans doute seriez-vous heureux d'avoir avec moi un homme de confiance et de fidélité qui puisse fournir une heureuse alternative aux différends médiocres et sempiternels qui opposent Juppé à Séguin.

Votre collaborateur qui n'a jamais cessé d'être dévoué. Nicolas Sarkozy. »

Ainsi, le député-maire de Neuilly ne renvoie-t-il pas seulement la balle à Jacques Chirac sur le thème : « Si j'ai trahi, c'est que j'ai eu de bons professeurs. » Il lui offre aussi ses services. Trop tôt. À ce moment, les chiraquiens ne veulent absolument pas entendre parler de réconciliation avec les balladuriens, lesquels n'attendent pourtant que ce geste. Charles Pasqua qui, lui, a gardé le contact avec Jacques Chirac – il a été reçu à la Mairie de Paris avant que celui-ci ne s'installe officiellement à l'Élysée – raconte qu'il lui avait suggéré de choisir Balladur pour lui succéder dans la capitale : « Le roi de France doit oublier les querelles du duc d'Orléans, une telle mansuétude sera portée à ton crédit. »

Jacques Chirac rejette sa suggestion. L'heure du pardon n'a pas sonné. Pour Pasqua non plus, d'ailleurs, qui gardait pourtant de grands espoirs. « Quand Jean-Louis Debré a été nommé ministre de l'Intérieur, Pasqua a fait une déprime bien plus grande que lorsque Nicolas lui avait piqué la mairie de Neuilly », relève son ami le député Jean-Jacques Guillet. Seul lot de consolation : Jacques Chirac lui remet l'insigne de Grand Officier de la Légion d'honneur lors d'une cérémonie toute familiale à l'Élysée.

Le nouveau Président ne déçoit pas seulement les balladuriens. Philippe Séguin, lui aussi, est très meurtri. Il a mené pour Jacques Chirac une campagne d'enfer, développant ce terme porteur de la « fracture sociale », terme inventé par l'historien et démographe Emmanuel Todd dans une note de la Fondation Saint-Simon. En toute logique, juge-t-il, Matignon aurait dû lui revenir « au moins jusqu'aux législatives » (prévues pour 1998). Au lieu de quoi, une fois de plus, Jacques Chirac lui a préféré son ennemi de toujours, Alain Juppé – ce qui constitue aux yeux de Séguin « le péché originel du septennat ». En guise de compensation, il lui a offert la Mairie de Paris. Joli cadeau. Mais Séguin, vexé, a rejeté la proposition avec rage et dépit. Et c'est ainsi que l'Hôtel de Ville échut à Jean Tiberi.

L'Hôtel Matignon n'est pas tout à fait un cadeau pour Alain Juppé. Ministre des Affaires étrangères d'Édouard Balladur, il a beaucoup voyagé pendant deux ans, il n'a guère eu le loisir de réfléchir à la politique à mettre en œuvre. En outre, Jacques Chirac n'a pas voulu dissoudre l'Assemblée au lendemain de son élection. Il l'avait promis pendant la campagne. Pour une fois il a tenu sa promesse. Mais c'était une faute. La majorité qu'il offre à son Premier ministre est certes pléthorique, mais elle est composée en majorité de balladuriens à l'égard desquels le Président n'a fait aucun geste. Ils ne seront donc pas disposés à multiplier les cadeaux en retour.

Or, la conjoncture, maussade, se prête aux conflits fratricides. D'emblée, tout en se refusant à faire un audit de la gestion Balladur, Alain Juppé, désireux de donner des gages aux chiraquiens, dénonce « la situation calamiteuse des finances publiques ». Au cours de leur premier déjeuner à Matignon, le 3 juillet, Alain Juppé et Nicolas Sarkozy auront sur ce sujet une franche explication. C'est un Exocet dans le jardin d'Édouard Balladur : celui-ci avait, certes, entrepris de redresser les déficits la première année de sa présence à Matignon, mais les avait laissés filer – campagne oblige – avant les élections. Et l'Exocet atteint aussi bien sûr le ministre du Budget. Il faut donc revoir ledit budget. On augmentera les impôts de plus de 30 milliards en six mois. On va couper les crédits des ministères dépensiers. Un remède de cheval. Le contraire de ce qui était annoncé pour réduire la « fracture sociale ».

À cette promesse non tenue va s'ajouter une véritable apostasie. Voilà que le 26 octobre le Président de la République affirme solennellement son ralliement à l'impératif de la monnaie unique et son choix de tout subordonner aux critères fixés par le traité européen dit « de Maastricht ». L'impératif d'hier, la réduction de la fracture sociale, est devenu secondaire et, pour tout dire, oublié. Impopularité assurée.

À la Commission des finances où il siège, Nicolas Sarkozy ferraille régulièrement contre cette politique assumée par Alain Juppé qui a pourtant courageusement entrepris la réforme des retraites et de la Sécurité sociale. Ce n'est pas, il est vrai, la réforme que le maire de Neuilly dénonce, c'est la méthode. Il juge hasardeux de recourir aux ordonnances pour hâter la réforme de la Sécurité sociale. Lors d'un discours, prononcé en séance de nuit, il met ainsi en garde le gouvernement : « La question centrale est de savoir quel est le niveau de prélèvements obligatoires que l'économie française peut supporter sans risquer de casser la croissance. »

Pourquoi se gênerait-il pour critiquer, s'il pense que Juppé s'y prend mal ? Dès le 7 novembre, en pleine discussion budgétaire, il a fallu, ce qui n'arrive jamais à quelques mois d'une réélection réussie, redresser un gouvernement déjà affaibli. Pour succéder à Alain Juppé, Jacques Chirac n'a trouvé… qu'Alain Juppé. Le seul véritable changement aux yeux de l'opinion a été l'éviction des neuf « juppettes », presque toute la partie féminine de l'équipe ministérielle (neuf sur douze) « remerciées comme des femmes de ménage », dira l'une d'elles, Françoise de Panafieu. Quelques balladuriens ont certes été repêchés : Jean-Claude Gaudin, le maire de Marseille, Dominique Perben. Mais il n'y a toujours pas de place pour Nicolas Sarkozy.

Les ponts ne sont pourtant pas coupés entre lui et Alain Juppé. Il a été (on l'a vu) l'un des premiers à être reçu à déjeuner en tête à tête par le nouveau Premier ministre, lequel l'a souvent appelé ensuite pour échanger des idées, confronter des analyses. « Jacques Chirac s'est toujours opposé à son retour, raconte Juppé. Je le lui ai demandé une première fois pour le premier remaniement, justement celui de novembre 1995 et je me suis heurté à un veto. Je le lui ai redemandé l'année suivante et la réponse a encore été négative. »

« Lorsque Alain Juppé a viré Madelin des Finances, fin août 1995, Chirac l'a laissé faire parce que Madelin était trop copain avec Sarko », croit savoir Jean-Pierre Raffarin, alors ministre des PME.

« Chirac me disait : mais qu'est-ce qu'il a, Juppé, il me parle toujours de Sarkozy, il ne comprend pas que je ne veux plus en entendre parler », se souvient Jean-Louis Debré, ministre de l'Intérieur. Celui-ci avait décidé, histoire de faire quelques économies, de supprimer les gardes du corps de quelques ex-excellences. Ceux des socialistes, Paul Quilès, ex-ministre de la Défense, Michel Charasse, ex-ministre du Budget et aussi… ceux de Nicolas Sarkozy, lequel raffole de cette protection autour de lui. « Nicolas m'a fait un souk terrible, poursuit Debré, il est allé se plaindre à Juppé, il a tellement insisté que Juppé m'a supplié de lui rendre ses gardes du corps. »

C'est que ledit Nicolas, en dépit de ses succès locaux électoraux, ne se sent pas bien. Il n'aime pas les coups. Il déteste qu'on le déteste et surtout être éloigné du pouvoir. Alors, « il se victimise », disent ses proches. Mais c'est peut-être aussi une arme de contre-attaque : « il affiche ses blessures comme une enseigne commerciale », raille un balladurien.

C'est que la vie n'est pas si cruelle, même loin du pouvoir. Nicolas Sarkozy voyage, rencontre ses amis, se distrait. Le producteur Jacques Kirsner veut porter à l'écran la vie de Georges Mandel, dont il avait écrit la biographie et lui propose d'en réaliser le scénario. Ce qu'il fait avec bonheur, aidé de Jean-Michel Gaillard, un historien et ex-conseiller à l'Élysée de François Mitterrand.

Et puis, sa vie privée a enfin pris un cours plus stable. À peine le divorce d'avec Marie a-t-il été prononcé par le juge qu'il a épousé Cécilia le 23 octobre 1996. C'est Louis-Charles Bary, le premier adjoint, qui officie à la mairie de Neuilly. Les deux témoins du marié sont Bernard Arnault et Martin Bouygues. Monsieur et Madame Sarkozy recevront à leur domicile. Tous les amis sont là : Édouard Balladur, Brice Hortefeux, Pierre Charon, Arnaud Claude, l'ami associé à son cabinet d'avocats, Pierre Mariani, ex-directeur de cabinet de Bercy. Dadu bien sûr et Diane, la mère de Cécilia. Jacques et Martine Chancel. Et, bientôt, le couple pourra annoncer la venue prochaine du fruit de leur amour. « Quand Nicolas et Cécilia m'ont annoncé qu'ils attendaient un petit garçon, raconte Philippe Grange, après les avoir félicités j'ai lancé sans réfléchir "alors celui-là vous l'appellerez Jacques". Je disais cela parce que les deux aînés portent le nom de deux paroisses de Neuilly et que la troisième est l'église Saint-Jacques. À leurs têtes j'ai vu que je venais de faire une belle gaffe. Elle devait songer à Jacques Martin et lui, à Jacques Chirac. »

Le bébé s'appellera Louis. Un beau prénom de dauphin, de roi de France. Le jour de sa naissance, le père annoncera aux chiraquiens : « Mauvaise nouvelle pour vous, il y a un nouveau Sarkozy depuis ce matin[1]. »

Tout ne va pas si mal pour Nicolas, qui a repris ses activités d'avocat. Rien ne va plus en revanche pour Alain Juppé. Les conflits sociaux de novembre et décembre 1995 – la France a été paralysée pendant un mois et demi –, l'affaiblissement de la croissance économique et bientôt son effondrement, freinent la rentrée des recettes et aggravent les déficits publics. Le Premier ministre devient le mal-aimé des sondages. Seulement 27 % d'opinions positives. Les 30 points perdus dans les cinq premiers mois de son gouvernement ne se retrouvent pas.

En septembre 1996, Sarkozy passe à l'offensive. Dans les colonnes de *La Tribune Desfossés*, il propose une autre politique économique pour restaurer la confiance : un approfondissement de la réforme fiscale, une approche différente de la protection sociale, un assouplissement de la politique du franc fort pour favoriser le retour de la croissance.

1. Jean-François Copé enverra un cadeau au bébé accompagné de ce mot : « Bienvenue dans ce monde de brutes ! »

C'est l'époque où il appelle ses troupes à la résistance. « Il y a deux sortes de députés, explique-t-il à une soixantaine de parlementaires balladuriens : ceux qui s'opposent et qui existent, et ceux qui votent tout ; ceux-là, on s'essuie les pieds sur leur tête. »

L'été de cette année-là, quelques fidèles d'Édouard Balladur se sont retrouvés à Chamonix d'où ils peuvent contempler le Mont-Blanc depuis la terrasse de son chalet. Un lieu magnifique. Et Nicolas leur confie en aparté qu'il s'agit de rompre l'isolement de celui-ci. Selon certains, il aurait ajouté : « L'avenir du balladurisme, c'est d'exister après Balladur, c'est l'après-Balladur. » D'où il est aisé de déduire que l'après-Balladur s'appelle Sarkozy.

Les circonstances, la conjoncture politique vont favoriser ses efforts obsessionnels pour se rapprocher du pouvoir. Alain Juppé en effet, ne veut pas s'engager dans une voie qui mettrait en cause la valeur du franc. Il rejette aussi « l'autre politique », préconisée par Philippe Séguin (freinage de la rigueur budgétaire, création d'emplois dans le secteur non marchand, politique fiscale plus favorable aux ménages). Il se borne à jeter un peu de lest en annonçant la fin prochaine du gel des salaires de la Fonction publique.

Confronté à la grogne du RPR et à la multiplication des critiques issues de sa propre majorité, il engage la responsabilité de son gouvernement dès l'ouverture de la session parlementaire. Jacques Chirac lui apporte bruyamment son soutien. Un constat s'impose aussitôt : on peut bien obtenir la confiance à l'Assemblée nationale, mais cela n'empêche pas la défiance de s'étendre. Partout. Et les balladuriens la récupèrent, l'entretiennent, se plaignent de l'arrogance des chiraquiens.

Alain Juppé sait qu'il doit prendre une initiative politique, mais laquelle ?

Entre Matignon et l'Élysée on gamberge beaucoup. « On », c'est le quatuor Jacques Chirac, Dominique de Villepin, secrétaire général de la Présidence qui prend de plus en plus d'ascendant sur son patron (« Son entourage, c'est moi », dit-il aux journalistes), et aussi Alain Juppé et son directeur de cabinet Maurice Gourdault-Montagne. Ce sont ces quatre-là qui décident de tout. Juppé voudrait s'offrir un nouveau remaniement – un grand cette fois – marqué par le retour au gouvernement des balladuriens, parmi lesquels Nicolas Sarkozy. Des personnages influents, hors du petit milieu politique, militent aussi pour un grand pardon, dans le style « embrassons-nous, Nicolas ». Ainsi François Pinault, le grand chef d'entreprise, ami de Jacques Chirac qui vient plaider la cause de Sarkozy à l'Élysée. Ainsi le publicitaire

Jean-Michel Goudard, qui a fait la campagne du Président. Ainsi le nouveau conseiller dont Claude s'est entichée, Jacques Pilhan (que Bernadette déteste), un ancien de chez François Mitterrand. « Il venait me voir pour me dire : "Soyez patient" », raconte Nicolas Sarkozy. Mais Jacques Chirac ne veut rien entendre. Ou plutôt si. Il répond à ceux-là que Sarko a été pardonné. La preuve ? Il a été invité comme tous les parlementaires de la majorité à une réception à l'Élysée. Mais chacun a pu remarquer qu'il avait refusé d'attendre pour serrer la main du Président. Il n'a pas daigné patienter. La presse a beaucoup commenté l'événement et, comme toujours, l'intéressé aussi sur le thème : « Si Chirac veut me voir, il n'a qu'à me téléphoner » ou encore : « Quand Chirac aura besoin de moi, il me le fera savoir. » Quel culot ! L'ennui, c'est que le Président refuse avec raison ce genre d'ultimatum. Surtout, au plus profond de lui, il ne veut plus entendre parler de Balladur ni de Sarko. Claude et Bernadette y veillent d'ailleurs.

À tous ceux qui lui suggèrent un changement d'hommes ou de politique, il répond en soulignant le nécessaire respect des impératifs européens qui permet à la France d'être engagée au premier rang dans les affaires du monde. Il qualifie les opposants « d'incorrigibles conservateurs ». Mais ceux-ci entretiennent rumeurs et rancœurs contre les hommes qu'ils appellent « les techno-juppéistes » ou les « gonocoques » traduisez : Gourdault-Montagne et Villepin.

D'ailleurs, par qui remplacer Juppé ? Bernadette serait pour le choix de Séguin qu'elle aime bien. « Il est si bon orateur, il a de si beaux yeux, il est si intelligent. » « Mais il est trop imprévisible », lui répond son époux. Non, il ne voit pas. « Il faudra bien qu'on nous supporte tous les deux, dit-il, seul Juppé a ma confiance. » Or l'unité de la majorité ne se réalise que contre celui-ci.

Alors surgit l'idée : la dissolution à laquelle on s'était refusé après l'élection en 1995, on va la faire maintenant. Qui l'a suggéré le premier ? L'hypothèse rôde d'abord à l'Élysée, devient rumeur à l'extérieur. Le 14 Juillet 1996 pourtant, lors de sa traditionnelle intervention télévisée, le Président l'avait exclue totalement. Mais ce type de parole n'engage guère. Les conseillers de Jacques Chirac, Dominique de Villepin au premier rang, poussent à la dissolution et croient dur comme fer en ses vertus. Il s'agit de se débarrasser des balladuriens. Arrivant à un déjeuner avec quelques journalistes (dont l'auteur), Dominique de Villepin annonce, joyeux : « On les encule tous, les socialistes et les balladuriens. »

Ceux qui pensent le contraire dans le clan chiraquien ne sont pas écoutés. Le constitutionnaliste Pierre Mazeaud estime que cette dissolution est contraire aux institutions de la Ve République. Le président a une majorité, il n'est pas en conflit ouvert avec elle, le gouvernement n'a pas été renversé. La grogne de la majorité est une gêne, c'est vrai, elle n'est pas un obstacle.

Philippe Séguin, président de l'Assemblée nationale, se montre hostile lui aussi. Avec des arguments semblables. Il rappelle qu'en janvier 1966 Alain Peyrefitte ayant suggéré au général de Gaulle une dissolution s'était vu répondre : « Comment la justifier devant l'opinion ? Cette Assemblée a soutenu mon gouvernement sans faiblesse et je la renverrais dans ses foyers ? Ce serait absurde. Ce serait immoral. »

Mais le Président tient d'autant plus à resserrer les rangs de la majorité, à s'assurer de sa fidélité sans faille qu'il craint une nouvelle dépression de l'économie. Une note alarmiste élaborée par la direction du Budget a apporté de l'eau à son moulin. Elle craint une explosion des déficits qui pourraient atteindre 4,5 % du PIB en 1998. Un chiffre très éloigné des critères de convergence prévus par le traité de Maastricht qui imposent aux États membres un objectif de 3 %.

Yves Thibault de Silguy, commissaire européen après avoir été son conseiller à Matignon, a beau lui dire que Bruxelles prévoit une période d'accélération de la croissance dans toute l'Union européenne dès la mi-1997, le Président n'en démord pas et sort de sa poche la note de Bercy.

D'ailleurs, les Renseignements généraux lui ont annoncé quelques semaines plus tôt que la majorité sortante ne perdrait, au plus, que 40 sièges, qu'elle serait donc largement reconduite.

Les sondages, pourtant, sont toujours au plus bas, désespérément, pour Alain Juppé. Mais les sondages en 1995 n'annonçaient-ils pas, deux ou trois mois avant l'échéance, une victoire d'Édouard Balladur ? Alors…

Alors on se berce d'illusions. Le Président tranche. Las d'une majorité grognonne et poussé par Villepin, il annonce le 21 avril 1997 – cinq ans avant un autre 21 avril, celui-ci maudit pour la gauche – son intention de dissoudre.

Autour de lui, bien des hiérarques se voient gagner des élections qui vont susciter « un nouvel élan », comme l'a promis le Président. Comment peuvent-ils nourrir une telle espérance ? Comment peuvent-ils penser que les élections vont séparer le bon grain chiraquien de l'ivraie balladurienne, tous réunis sous la même étiquette ? Un balladurien s'en étonne encore : « En somme, Jacques Chirac a expliqué aux Français : vous ne voulez plus d'Alain Juppé, je vous demande donc de nous renouveler votre confiance et ensuite, je le renommerai à Matignon. Vous parlez d'un "Je vous ai compris" ! »

Alain Juppé, d'abord plutôt hostile à la dissolution, a beau mener campagne avec l'énergie du désespoir, le premier tour donne à la droite un très chiche 36 % des voix. Son pire résultat depuis la naissance de la Ve République. Le voilà contraint d'annoncer qu'il se retirera « quelle que soit l'issue du deuxième tour ». Et il est remplacé officiellement pour mener la campagne de ce tour-là par le tandem Madelin-Séguin, celui-là libéral, celui-ci gaulliste de gauche, un attelage mariant les contraires qui sent trop la politique politicienne.

Résultat : la droite, toutes tendances confondues, perd 222 députés. C'est l'inverse de 1993. Lionel Jospin s'installe à Matignon pour cinq ans et, peu reconnaissant envers celui qui lui a ouvert tout grand les portes, qualifiera la dissolution – avec justesse, il est vrai – « d'expérience hasardeuse ». « Tout a changé, enfin nous avons un Premier ministre aimable », grince Madame Chirac (c'est Alain Juppé qui rapporte l'anecdote).

Nicolas Sarkozy, lui, commente l'événement avec quelque fatuité. « Chirac a pris le risque de tout perdre, plutôt que de lever l'excommunication et me voir siéger à la table du gouvernement. Au fond, c'est très flatteur pour moi. »

On l'a déjà vu, en cas de malheur général il existe des heureux : Sarkozy est avec Bernard Pons, élu de Paris, et Alain Marleix du Cantal, l'un des sept députés RPR réélus au premier tour. Mais Jacques Chirac ne leur a pas téléphoné pour les féliciter.

Rien ne va plus du côté de l'Élysée. Nicolas accélère. Au soir du second tour, il est passé dire son bonjour au QG de campagne des chiraquiens tout étonnés de le voir. Histoire de se rappeler à leur bon souvenir. Il est là. Il existe. Il leur tend la main. Son retour aux affaires, parce qu'il le veut, il y croit pour demain.

CHAPITRE XV
À l'assaut du parti

Quand une armée est défaite, ses chefs s'entre-tuent, se mettent en pièces, c'est la première règle. Et toujours quelques malins ou ambitieux se faufilent, en tirent profit pour tenter d'en gagner le commandement. C'est la seconde règle.

Après la magistrale gifle des législatives, les dirigeants du RPR et ceux qui aspirent à le devenir seront fidèles à ces deux traditions. Objectif commun : la direction du mouvement, instrument irremplaçable des futures revanches espérées.

La bataille va se livrer en trois lieux : l'Élysée, Matignon ainsi que l'Hôtel de Lassay, résidence du président de la défunte Assemblée. Et entre les trois maisons, dans le rôle de l'électron libre, Nicolas Sarkozy.

À l'Hôtel de Lassay, au soir du second tour, quelques conjurés se retrouvent dans le bureau de Philippe Séguin, réapparu au premier plan quatre jours plus tôt, on l'a vu, en compagnie d'Alain Madelin, avec pour mission de sauver, si possible, les restes. Séguin ne se faisait pas d'illusions, les chances étaient bien maigres. Le temps est donc venu, pense-t-il, de forcer le destin. Dès qu'il est assuré de sa réélection à Epinal, il saute dans un avion en compagnie de son chef de cabinet à la présidence, Roger Karoutchi (par ailleurs grand ami de Nicolas) pour retrouver ses fidèles.

Nul besoin d'être un maître en tactique politique pour comprendre que tout ce qui compte dans le mouvement – y compris les plus fervents des chiraquiens – en veut au Président, au Premier ministre et surtout au secrétaire général Villepin, « le mauvais génie, le fou », de les avoir conduits à la défaite dans une bataille inutile et mal préparée. Au milieu de la nuit, ils sont donc une trentaine à évoquer l'avenir autour de Philippe Séguin. Quelques-uns proposent la création d'une nouvelle formation politique. Suggestion vite abandonnée. Pour une très simple et pratique raison : l'aide de l'État aux partis va uniquement à ceux qui ont présenté des candidats aux législatives. Une seule solution : prendre le RPR.

Sombre dimanche soir à l'Élysée. Dans les couloirs, Bernadette maugrée devant qui veut l'entendre : « Je leur avais bien dit de ne pas dissoudre », et elle multiplie les critiques contre Dominique de Villepin, surnommé par elle « Néron », qui avait pesé de tout son poids dans cette bataille. Jacques Pilhan, qu'elle déteste tout autant, et dont Claude suit trop volontiers les conseils, est cependant du même avis qu'elle : il faut se débarrasser de celui-là. Ce que le Président refusera quand son Secrétaire général lui présentera sa démission.

Reste Alain Juppé : pour Matignon, son sort est bien sûr réglé par les urnes. Mais il est aussi président du RPR. Pourra-t-il s'y maintenir ? Jacques Chirac l'y encourage.

Assommé par les résultats, presque titubant, Alain Juppé fait ses bagages. Le lundi matin, à Matignon, en compagnie des fidèles qui lui restent, il compte ses forces. Une évidence : il ne pourrait garder le RPR qu'en faisant ami-ami avec les balladuriens. Il raconte : « Sarko est venu me voir et m'a dit : "Faisons équipe, tu restes président, et moi tu me nommes secrétaire général, comme ça, la famille sera au moins réconciliée." Je lui ai répondu que Chirac en effet voulait me voir garder la présidence et que j'allais lui proposer cette solution. »

Voilà donc Nicolas Sarkozy à l'offensive. Laquelle commence pourtant par un premier échec. Jacques Chirac ne veut pas entendre parler de lui. « Pas de Sarkozy Rue de Lille », dit-il à Alain Juppé. C'est un non catégorique. Juppé reçoit donc une deuxième fois Sarkozy. Informé du veto présidentiel, celui-ci lui lance : « Eh bien, comme ça, tu ne seras plus président du RPR. » Et s'en va. L'entretien a duré trois minutes.

Du côté de l'Hôtel de Lassay, ce lundi on a engrangé les défections dans le camp chiraquien et organisé les ralliements. Philippe Séguin, après un bref passage à Matignon et à l'Élysée en fin d'après-midi, s'entend proposer… la présidence du désormais réduit groupe parlementaire. Il sursaute d'indignation. Pas question ! C'est l'autre présidence, celle du RPR qu'il veut. Le lendemain matin il le laisse publiquement entendre : « Nous saurons nous rassembler pour préparer d'autres lendemains… Nous rénoverons notre mouvement. »

Comme par hasard, cette déclaration est faite à Suresnes, en présence de Charles Pasqua, l'allié de l'OPA ratée de 1990 et du « non » à Maastricht.

Et Sarkozy ? Il n'a pas perdu son temps. Grâce, notamment, à son ami Karoutchi : « Quand j'ai su que Juppé ne pouvait faire tandem avec Nicolas, raconte celui-ci, j'ai dit à Séguin : il faut que tu le voies. » *A priori*, Séguin est plutôt rétif. Ses proches – dont François Fillon – également. Les idées de l'ex-président de l'Assemblée ne concordent pas vraiment, c'est le moins que l'on puisse dire, avec celles de Sarkozy. Lequel a, de surcroît, une fâcheuse tendance à tirer toute la couverture à lui. Seulement, Philippe Séguin ne pourrait pas prendre le RPR sans l'appui des balladuriens. Alors…

Au cours d'un petit déjeuner à l'Hôtel de Lassay, pour lui le dernier, Séguin évoque avec Nicolas l'avenir du RPR. De longues minutes durant, il n'est question ni de poste ni de titre. Mais au moment de se quitter, poussé par Karoutchi, Séguin lance à Sarkozy : « Je souhaiterais que tu sois secrétaire général. » Voilà l'affaire faite. Pour défier le Président, lui enlever sa machine de guerre, Séguin s'acoquine avec le « petit Satan ». Et le soir même, il scelle cette alliance avec Édouard Balladur. Sarkozy, qui était prêt le lundi à s'allier avec Juppé, rend publique le jeudi son alliance avec Séguin.

Ledit Juppé n'a pas encore désarmé. Il tente de gagner du temps, en fixant pour septembre la réunion des assises du mouvement. Dans l'espoir, juge-t-on dans l'autre camp, d'en profiter pour reprendre le contrôle des fédérations. Et donc se maintenir. Mais l'Élysée, qui entend les clameurs de la base, recule. Jean-Louis Debré, que Juppé avait nommé secrétaire général, accepte que la réunion se tienne en juillet.

Philippe Séguin poursuit sa campagne. Pour commencer, il se présente à la présidence du groupe parlementaire. Candidat unique, il est élu et peut dès lors se poser en rassembleur du mouvement qui, répète-t-il, doit être « rénové, réconcilié, ouvert » autour du chef de l'État.

Le chef de l'État a perdu. Il ne voulait ni de Séguin, ni de Sarkozy. Il va avoir les deux. « Un double bras d'honneur », constate le dernier nommé. Rome n'est plus dans Rome. « L'atmosphère à l'Élysée est devenue sinistre », se souvient François Baroin…

Alain Juppé finit par renoncer officiellement à demander le renouvellement de son mandat. Édouard Balladur, lui, revendique publiquement le secrétariat général pour Nicolas Sarkozy. Ce qui, apparemment, ne sera pas si simple. Charles Pasqua, rancunier, s'y oppose. Tout comme Pierre Mazeaud, fidèle du Président, qui estime que le poste ne peut aller qu'à une personnalité « dont la fidélité à Jacques Chirac est incontestée ». Tout comme, surtout, les militants.

Il faut les entendre, les militants, lors des assises du 6 juillet au Parc floral de Vincennes, qui crient : « Sarko, petit salaud ! Sarko traître ! » Les plaies de 1995 ne sont pas cicatrisées.

Philippe Séguin, élu président avec 79 % des voix, tente de calmer le jeu en leur expliquant que « ces assises ne doivent être la revanche de personne, comme elles ne doivent être la défaite de personne ». Et quand il donne la composition de son équipe (provisoire, en attendant la réforme du parti, qui, dit-il, doit intervenir dans les six mois), il utilise un subterfuge. Il présente cette liste dans l'ordre alphabétique, ce qui place Sarkozy au dernier rang.

Mais le « petit Satan » obtient deux titres : « coordonnateur » et « porte-parole du mouvement », ce qui signifie en clair qu'il est bien le numéro deux. « Il s'est bagarré comme un fou pour obtenir ces deux casquettes », se souvient François Fillon, alors chargé par Philippe Séguin de régler les modalités de l'alliance avec les balladuriens. Et il ne s'agit pas seulement de casquettes. Car, aussitôt nommé, le coordonnateur s'emploie à reconquérir les militants, à investir les fédérations.

Sarko est de retour. C'est dans un premier temps le vrai cauchemar de l'Élysée. Jacques Chirac ne dit rien parce qu'il n'a plus les moyens politiques de commander aux hommes et aux événements.

« Il n'a rien dit et a laissé faire, estime Alain Juppé, parce qu'il avait peur de Séguin. » (Et puis parce que, Juppé parti, il n'avait pas d'homme de rechange.)

Peur de Séguin ? Mais oui. Peur de ses colères, de son pessimisme, de son imprévisibilité et de sa susceptibilité. Terreur surtout qu'il prenne au nouveau président du RPR l'idée d'être candidat à la présidentielle de 2002.

« Je lui ai toujours dit que je ne serais pas candidat en 2002, assure Philippe Séguin, mais j'avais beau le lui répéter, il ne me croyait pas, il avait été trahi par Balladur, il ne voulait plus croire personne. » De plus, les deux hommes n'ont pas de vision commune : Chirac souhaite un parti unique de la droite ; Séguin, qui se veut gaulliste pur jus, un RPR rénové sur ses valeurs.

Le niveau de méfiance est à son zénith. Durant leur tête-à-tête, les deux présidents ne se confient presque rien. « Quand Séguin va déjeuner à l'Élysée, raille Pasqua, il arrive avec une liste de choses à dire à Chirac et Chirac s'arrange pour qu'il ne les lui dise pas, alors ils parlent de football, de choses et d'autres. » Et au retour Rue de Lille, Philippe Séguin cogne les portes de colère.

Cette situation va paradoxalement faire l'affaire de Nicolas Sarkozy. Parce que son caractère est plus aimable, parce qu'il ne songe pas (encore) à la présidentielle, et parce qu'avec lui Chirac pourra discuter, demander des services, voire plaisanter. Parler, quoi ! En outre, comme la cohabitation va donner des loisirs au Président, il s'intéressera beaucoup au RPR, voudra s'occuper de tout et de rien. S'il entend obtenir une faveur pour un protégé, un renseignement, à qui pourra-t-il s'adresser ? Certainement pas à Séguin, qui ne le prend pas toujours au téléphone, et même le rabroue parfois. Donc à Sarkozy.

Oui, mais… Il faut d'abord renouer les liens. Comment ?

Bertrand Landrieu, qui n'a été mêlé à aucune polémique, un homme neutre donc, directeur de cabinet du Président, est appelé à la rescousse. « Vous connaissez Sarkozy ? » interroge le Président. « Non, pas vraiment. » « Eh bien, je vous charge d'une mission : vous allez l'inviter à déjeuner pour lui dire que, s'il m'appelle, je le prendrai au téléphone. » L'invitation a lieu chez Lucas Carton (au Club du premier étage). Bertrand Landrieu fait passer le message et il tombe sur un Nicolas ouvert, certes, mais qui veut des formes : « Si le Président veut me voir, il n'a qu'à m'appeler lui-même. » Après lui, Jean-Louis Debré joue aussi les messagers, qui conseille à Sarkozy d'appeler le Président. « Si tu le fais, il te prendra au téléphone. » Réponse : « Je n'ai pas envie de baisser la tête et de demander pardon. » Pas question pour lui de confondre l'Élysée avec Canossa. Il y a aussi Claude, oui Claude, qui lui téléphone pour lui adresser un message identique. Le message est bref, certes, mais elle a appelé. Il n'en revient pas. Et s'en réjouit forcément.

C'est en définitive Dominique de Villepin, toujours à l'Élysée malgré Bernadette et Claude – elles souhaitaient son départ – qui va être l'artisan des retrouvailles. A-t-il été mandaté ou s'est-il mandaté lui-même ? Le connaissant, il s'est sans doute donné lui-même ce rôle. Le résultat est là. Fin juillet, quatre semaines après les assises du RPR, il invite Sarkozy à un petit déjeuner. C'est Dominique le maudit (par les élus RPR battus) qui reçoit Nicolas le banni (par les chiraquiens). Ambiance.

Le dialogue est courtois mais glacial.

Villepin : « J'ai beaucoup de respect pour vous. »

Sarkozy : « Si j'en crois ce qu'on me raconte, ce n'est pas le cas. »

Villepin : « Contrairement à tant d'autres, vous au moins, vous vous êtes battu à découvert. »

Sarkozy : « Je ne vous en veux pas d'avoir dit tant de mal de moi, car j'ai dit bien pire de vous. »

Et Villepin de plaider pour une rencontre avec le Président. Mais Sarko demeure sur la même ligne. « Je le verrai quand il le voudra, mais je n'accepterai pas d'entrer par la porte au fond du jardin, et c'est à lui de me demander de venir. »

Et Jacques Chirac va plier, parce qu'il a besoin d'avoir un interlocuteur à la direction du RPR. Nécessité fait loi ! Le proscrit, qu'il n'avait plus rencontré depuis novembre 1993, passe par la grande porte. Il raconte : « Quand je suis arrivé, le Président n'est pas venu vers moi. Il est resté assis derrière son bureau et m'a lancé : "On me dit que tu veux me voir ?" Je lui ai répondu : "Non. C'est vous qui m'avez fait appeler." Ensuite, il m'a engueulé pendant dix minutes. »

Que lui a dit le Président ? Des choses peu aimables sûrement, sur lesquelles l'intéressé se fait discret. Il raconte seulement :

– Au bout de ces dix minutes, je l'ai interrompu pour lui dire : Donc tout ce que l'on m'a expliqué était vrai.

– Quoi donc ? a demandé le Président.

— Qu'on ne pouvait plus se parler.

À ce moment, Jacques Chirac a appelé l'huissier : « Raccompagnez le ministre. »

« Le ton était si sec que j'ai cru qu'on ne se verrait plus », raconte Nicolas Sarkozy. Et puis non. « Un mois plus tard, Villepin m'a appelé pour me dire : “Il veut vous voir ce soir.” » Moi, ce jour-là, je souffrais d'un lumbago, je m'étais fait piquer le matin et je ne savais pas encore si je pourrais me déplacer. Mais j'y suis allé et là, changement d'attitude. Il était aux petits soins. “Nicolas, tu veux t'allonger sur le canapé ?” Sur la table basse étaient disposés des rafraîchissements et même du saucisson, alors que Chirac a horreur que l'on mange dans son bureau. Bref, il avait sorti le grand jeu. »

La glace est rompue : « Nous n'avons plus jamais parlé du passé », affirme Nicolas.

Mais est-ce vraiment un retour en grâce ?

Jacques Chirac a trouvé à qui parler. Sans plus.

C'est à peu près à ce moment que Villepin invite à dîner chez lui les Sarkozy, Nicolas et Cécilia. Ce qui provoque l'ahurissement de son fils Arthur : « Pourquoi l'invites-tu alors que tu n'arrêtes pas d'en dire du mal ? »

Pourquoi ? C'est la politique, mon garçon…

Heureusement, l'improbable attelage Séguin-Sarkozy, les deux mal-aimés de Chirac, fonctionne bien. Tandis que le premier peaufine la doctrine et ses discours, s'enferme dans son bureau pour lire *L'Équipe*, les pieds sur la table en engloutissant des pizzas, l'autre sillonne le pays, souvent en compagnie de Cécilia. Il va rencontrer les élus, les militants, les notables, la presse locale. Et lors des assises du RPR, en janvier 1998, il devient officiellement secrétaire général.

Tous deux ont pu mesurer ce jour-là combien les militants restaient attachés à Jacques Chirac. Philippe Séguin aurait voulu changer le nom du RPR, l'appeler le RPF en souvenir du général de Gaulle. Les militants ont refusé. S'adressant aux jeunes gaullistes, il les a entendus scander et applaudir debout le nom du Président – Chi-rac, Chi-rac ! Treize minutes durant. Une éternité quand on occupe la tribune. Et quand il a voulu donner lecture d'un message de Jacques Chirac, les 3 500 délégués se sont levés pour applaudir encore et encore.

Il n'empêche, le duo tient le mouvement. Et le plus heureux des deux est Sarko. Il est redevenu indispensable.

« Si je dois résumer aujourd'hui d'un mot ce que je pense de lui, dit Séguin, ce mot est “loyal”. Sarko est un adversaire loyal. »

Il va pouvoir le mesurer alors que s'approchent les élections régionales. La gauche en effet suspecte la droite de vouloir s'allier avec le Front national pour se maintenir à la tête des régions. Du moins, elle le dit, le prédit et le répète. Ce qui met Séguin en grand courroux. « Non, martèle-t-il, le mouvement refusera systématiquement les voix du FN. »

Il raconte aujourd'hui : « J'ai vécu cette période très douloureusement. Je voyais que des hommes du RPR avaient envie de se faire la malle avec le Front national. Dans six ou sept régions, par exemple : la Franche-Comté, la Picardie, l'Aquitaine, la Bretagne. Et je m'en rendais compte parce que je ne pouvais plus joindre les candidats au téléphone. »

Au cœur de ses préoccupations, l'Île-de-France. Pour marquer la réconciliation avec les fidèles d'Édouard Balladur, Séguin avait demandé à celui-ci d'y conduire la liste RPR. Un combat difficile, il est vrai, la gauche étant majoritaire dans une bonne partie de la région, Paris excepté. La tentation d'accueillir les voix du FN est donc forte. « J'ai dû retenir Balladur par les cheveux pour qu'il ne cède pas, poursuit l'ancien président du RPR, il me disait : "Cher ami, je ne peux quand même pas les empêcher de voter pour moi." Finalement, il s'est retiré. Eh bien, pendant toute cette période capitale, Sarkozy s'est montré d'une fidélité exemplaire. »

Et comme d'habitude, il s'est démené comme un fou. Il arrivait le matin à 7 h 30, avec son labrador, Indy. « Je lui préparais son café, ses tartines, son omelette », raconte Marie-Chantal Schwartz, sa secrétaire, et il a sillonné la France et, tous les jours, il appelait les candidats pour les encourager, leur donner du cœur au ventre.

Ces élections, trop proches des précédentes peut-être, n'ont pas passionné les Français : 41 % d'abstentions.

La droite, comme on pouvait le prévoir après la déroute de 1997, y a perdu des plumes. Le RPR, qui comptait 318 conseillers régionaux, n'en garde que 285. L'UDF est passée de 305 à 262. L'échec le plus symbolique a été bien sûr l'Île-de-France. Dominique Strauss-Kahn, qui menait la liste de gauche, peut parler de victoire historique.

Une défaite de plus pour la droite. Et ce n'était pas la dernière. Nicolas Sarkozy va en faire lui-même la rude expérience.

CHAPITRE XVI

« Je suis désormais un homme libre »

Jacques Chirac, qui ne se décourage jamais, gardait l'espoir que les européennes de juin 1999 donneraient à l'opposition l'occasion de se refaire une santé. À une condition évidente : qu'elle retrouve son unité.

Il devra très vite déchanter. En décembre 1998, Charles Pasqua, sans démissionner du RPR, abandonne ses fonctions et décide de faire campagne à part. C'est la poursuite d'un vieux rêve, encouragé par ses proches : fédérer les opposants de droite et de gauche à Maastricht.

Que va faire François Bayrou dans ces élections ? Le Conseil national de l'UDF s'est prononcé pour une liste unique menée par Philippe Séguin. Mais lui ? Pour en avoir le cœur net, Jacques Chirac organise un déjeuner à l'Élysée. Autour de la table, Philippe Séguin, Alain Madelin, Nicolas Sarkozy et… François Bayrou. Une réunion mémorable dont les convives n'ont oublié ni l'excellence des mets, ni la lourdeur du climat. Philippe Séguin, qui a sa tête des mauvais jours, gloutonne le nez dans son assiette. Pas un mot, seulement quelques borborygmes.

On parle liste unique bien sûr. François Bayrou, c'est clair, n'en veut guère. Et alors qu'il lance à Philippe Séguin : « J'ai beaucoup d'amitié pour toi », celui-ci, qui n'avait rien pipé jusque-là, lève la tête, lui coupe la parole et lance : « Ton amitié : tu peux te la carrer où je pense », avant de revenir vers son assiette emplie de mousse au chocolat. Un ange passe. Non, c'est une compagnie d'anges qui défile, les ailes surgelées !

Quinze jours plus tard, François Bayrou annonce donc officiellement qu'il mènera la liste UDF. Et Jacques Chirac lâche ce commentaire : « Il n'y a rien à faire avec ce type. »

L'unité s'étant vite révélée introuvable, on convient à droite que Philippe Séguin conduira la liste RPR avec, en numéro deux, Alain Madelin, le leader de Démocratie libérale. Ainsi se reforme deux ans plus tard le tandem reconstitué à la hâte entre les deux tours des législatives.

C'est peu de dire que le président du RPR manque d'enthousiasme. Il n'est pas aisé de mener une campagne pro-européenne quand on a bâti sa renommée en luttant contre l'Europe de Maastricht. D'autant que les deux compères, deux fortes têtes aussi imprévisibles l'une que l'autre, ne sont pas sur la même longueur d'ondes. Lors de leur premier déplacement à Marseille, le 5 mars, les journalistes constatent que déjà ils ne se parlent plus.

Ce n'est qu'un début. Quelques jours plus tard, au retour d'une tournée électorale à la Réunion, Philippe Séguin pique une de ses célèbres colères. Les murs tremblent Rue de Lille, au siège du RPR. Il vient en effet de découvrir, dans l'hebdomadaire *Valeurs actuelles*, une interview de Bernard Pons, président de l'Association des amis de Jacques Chirac, selon lequel, au soir du scrutin, le 13 juin, il conviendra « d'additionner les voix obtenues par toutes les listes appartenant à la majorité présidentielle ». Ce qui veut dire qu'il met dans le même sac sa liste, celles de Pasqua et Bayrou. Cette déclaration, émanant d'un proche de Jacques Chirac, convainc Philippe Séguin que celui-ci joue contre lui. Le Président n'a-t-il pas reçu d'ailleurs François Bayrou, qui fait cavalier seul ? C'en est trop. Le lendemain, 15 avril à 10 h 20, Philippe Séguin téléphone lui-même à l'Agence France-Presse le texte d'une dépêche qui va faire l'effet d'une bombe dans le Landerneau politique : il annonce à la fois qu'il ne conduira pas la liste RPR et qu'il quitte la présidence du mouvement. Il n'a prévenu personne, pas même son secrétaire général, pas même Madame Chirac qu'il devait rejoindre le lendemain soir à Brive, en Corrèze, pour tenir un meeting avec elle. Jean-Louis Debré sera dépêché d'urgence pour le remplacer. Quel malotru ! Mais il préconise dans son texte que Sarkozy le remplace à la présidence.

Grosse déprime ? Grosse fatigue ? Ses proches racontent sous le manteau qu'un événement de sa vie privée a contribué à sa décision, l'aurait même déclenchée. La dame qui était à l'époque celle de ses pensées venait de lui annoncer qu'elle partait rejoindre son époux, travaillant à l'étranger. Bref, qu'elle le quittait. Il aurait répliqué : « Je vais vous montrer que je pourrais tout plaquer pour vous. »

Se non è vero...

Sarkozy, bien sûr, est abasourdi. « Il n'y avait pas eu un seul désaccord entre nous depuis deux ans, souligne-t-il. Beaucoup autour de nous me plaignaient d'avoir à travailler avec un homme montrant un tel caractère. En vérité, je n'ai nullement eu à en souffrir. Il est vrai qu'une certaine absence de rationalité, quelques idées fixes et un moral alternatif m'ont parfois étonné, voire désarçonné. Mais ça n'était finalement que peu de chose par rapport à la véritable sensibilité, l'humour, l'humanité que Philippe Séguin peut montrer quand il n'est pas dans une situation de conflit[1]. »

Les deux hommes, dont l'alliance avait surpris, se complétaient en effet. Le premier couvrait le flanc du gaullisme traditionnel et du scepticisme sur l'Europe, le second celui d'un certain libéralisme économique et de la foi en l'Europe. Il incarnait une droite décomplexée.

Sur le moment, Sarkozy veut croire qu'il s'agit seulement d'une saute d'humeur, une de plus. Mais non. Il comprendra plus tard à ses dépens que la désertion de Philippe Séguin ne s'expliquait pas seulement par des raisons de susceptibilité froissée ou de trou d'air personnel : il a abandonné le combat, parce qu'il savait la mission périlleuse, voire impossible. Laurence Parisot, la patronne de l'IFOP qui venait souvent le voir au RPR, l'avait en effet abreuvé de sondages qu'il n'avait pas transmis à son secrétaire général. Ils étaient tous plus mauvais les uns que les autres. Charles Pasqua marchant au canon, les électeurs du RPR allaient se diviser. Et c'est ainsi que Philippe Séguin a tiré sa révérence.

Dès qu'il a connaissance de la dépêche, Jacques Chirac téléphone à Nicolas Sarkozy pour l'encourager – enfin – à prendre la présidence du RPR – mais par intérim seulement – et aussi la tête de liste, d'autant que personne ne veut s'y risquer. Lors d'un tour de table organisé Rue de Lille, Michel Barnier et Alain Juppé se sont récusés. Il n'y a pas de volontaire. Certains espèrent que la levée de l'hypothèque Séguin pourrait favoriser la constitution d'une liste unique de l'opposition. À l'issue d'une réunion du bureau politique, Sarkozy lance même un appel en ce sens. Mais François Bayrou refuse « une union bidon ». Et Charles Pasqua, malicieux et revanchard, s'offre le luxe de constater : « Avec le départ de Séguin, la garantie gaulliste n'existe plus. »

« Mais la garantie gaulliste, c'est Chirac », réplique, au « Club de la presse » d'Europe 1, un Sarkozy se proclamant désormais chiraquien. Il n'a pas le choix, l'Élysée non plus, qui désormais le soutient. On se trouve à six semaines des élections. Les autres, Pasqua et Bayrou, sont en campagne depuis longtemps. Pas de temps à perdre. Les circonstances et les structures étant ce qu'elles sont, Sarkozy est le seul à pouvoir sur-le-champ prendre la place de Séguin en tête de la

1. Nicolas Sarkozy, *Libre*, Paris, Robert Laffont, 2001. En août 2004, Philippe Séguin sera nommé premier président de la Cour des comptes, grâce à l'appui de Nicolas Sarkozy. Il fera signer le décret de sa nomination par Jacques Chirac. Jean-Pierre Raffarin s'y opposait.

liste. Et à penser et à dire aussi – toujours sûr de lui, fier et naïf à la fois – qu'il est le seul capable de sauver les meubles.

Il y croit ! Toujours bavard, il échafaude devant les journalistes des plans d'avenir. S'il fait un vrai score, il s'emparera définitivement du RPR pour en faire le grand parti d'une droite décomplexée dont il rêve.

D'ailleurs, les occasions de jubiler ne manquent pas. Non seulement il occupe la première place et Madelin n'est que son numéro deux. Quelle revanche ! Mais dans les meetings qu'il multiplie, sillonnant la France, se donnant comme toujours un mal de chien, les militants, les mêmes qui le huaient deux ans plus tôt, scandent son prénom : « Nicolas, Nicolas ». Quelle formidable fanfare ! Quel retournement ! De quoi se répéter « J'aime la politique ». Des moments de bonheur.

Ne pas tirer de conclusions trop hâtives des meetings très bien organisés, qui rassemblent des foules conquises par avance. C'est une règle que doivent toujours garder à l'esprit ceux qui mènent campagne. Les sympathisants ne représentent pas tous les électeurs, les militants encore moins. Leurs vivats sont trompeurs.

Sarkozy se montre toujours optimiste, mais les sondages ne devraient pas l'y inciter : ils prédisent des lendemains qui déchantent. Jacques Chirac, lui, ne s'y trompe pas. Sans doute pour ne pas endosser le piètre score prévisible, il fait le service minimum. Certes, il a apporté son soutien – c'était bien le moins – à la liste de Nicolas, mais il ne l'a fait publiquement qu'une fois, pas deux. Et, dans un communiqué, l'Élysée a même osé faire savoir – tu parles ! – « que le Président n'a pas vocation à intervenir dans des campagnes électorales ». Alors Édouard Balladur s'en plaint : « Nicolas est bien peu entouré, bien peu soutenu. Il faut l'aider. » L'Élysée va donc faire un geste. Le Président soutiendra Sarkozy. Mais sans le dire. Pour monter des mises en scène on est, dans son entourage, jamais à court d'idées. Donc le Président invite Nicolas Sarkozy à l'accompagner le 29 mai à la finale du championnat de France de rugby qui oppose le Stade toulousain à Montferrand. Les téléspectateurs, qui les voient côte à côte, sont invités à comprendre. Peine perdue. Les sondages restent à la baisse. Et cette fois, ils ne se trompent pas.

Le verdict attendu tombe le 13 juin. Une date que Nicolas Sarkozy « n'est pas près d'oublier », selon ses propres mots. Adieu, veau, vache, cochon, couvée, le score est sans appel. Avec 12,82 % des suffrages, il arrive en troisième position derrière François Hollande, numéro un (21,95 %) mais aussi, mais surtout derrière le tandem Pasqua-Villiers (13,05 %).

Sur les plateaux de télévision, Charles Pasqua pavoise. Il tient sa revanche sur « le petit saligaud » qui l'avait empêché de prendre la mairie de Neuilly. Il décide sur-le-champ de rompre avec le RPR pour créer un nouveau parti au sigle ancien et hyper-gaulliste : le RPF (que les militants chiraquiens avaient refusé pour leur mouvement) avec son nouvel ami Philippe de Villiers. François Bayrou, lui, exulte comme un enfant qui a réussi à enlever le pompon du manège. Avec 9,28 % de suffrages, sa stratégie, croit-il, est validée. C'est, assure-t-il, un socle pour la campagne présidentielle de 2002. Un matelas qu'il croit *king size*.

Sarko, bien sûr, a reçu un énorme coup sur la tête. Il est KO debout. Estourbi. En fin d'après-midi, ce dimanche-là, il est arrivé au siège du RPR, main dans la main avec Cécilia. « Sa présence m'était plus que jamais indispensable », dira-t-il. Son fils aîné Pierre est aussi à ses côtés. Il n'y a pas grand monde dans les couloirs. Sur un coin de bureau, il rédige une déclaration pour la presse dans laquelle il assume la responsabilité de l'échec. Que peut-il dire d'autre ? Il n'a pas le cœur à la fête, mais une seule envie : rentrer chez lui au plus vite. Or, voilà que dans l'escalier son portable sonne. C'est Jacques Chirac : « Tu dois aller sur les plateaux de télévision, ordonne-t-il, tu ne dois pas donner le sentiment que tu te dérobes, tu dois assumer jusqu'au bout. » Nicolas Sarkozy se rend donc à TF1. « À l'accueil, tout le monde s'écartait de lui, comme s'il était un pestiféré », se souvient Franck Louvrier, directeur de la communication du RPR qui l'accompagnait. Triste soirée. Nicolas et Cécilia dîneront ensuite avec Jean-François Copé et son épouse venus les réconforter.

Le lendemain matin, il est reçu à l'Élysée. Cette fois, son arrivée se fait par la porte dérobée du fond du parc. Il est encore groggy. C'est un Jacques Chirac affectueux et réconfortant qui le reçoit. « Cette élection aura montré ton courage et ta capacité à animer une campagne. »

« Sur le terrain de l'humanité appliquée, Jacques Chirac est inégalable », reconnaît Sarkozy.

Le Président lui conseille ensuite de garder le secrétariat général du mouvement, de partir en vacances et de démissionner de la présidence par intérim. « Nous convînmes que j'annoncerais qu'une nouvelle élection à la présidence du RPR aurait lieu à la fin de l'année. Jacques Chirac me recommandant, sans que, sur le moment, j'y attache une particulière importance, de préciser que je ne m'y présenterais pas. “Ainsi, disait-il, tu échapperas aux critiques et aux attaques de ceux qui voudront profiter des européennes pour t'en faire payer la facture.” »

Usant ainsi de câlinothérapie, Jacques Chirac pense évidemment lui faire quitter la tête du RPR. Philippe Séguin parti, il veut reprendre en main son mouvement. Ouf ! Bon débarras ! Quelle sera l'étape suivante ? Une rumeur court déjà sur laquelle *Le Monde* titre : « Jacques Chirac tente de profiter du trouble général pour faire revenir Alain Juppé. »

Faire revenir son cher Alain. Bien sûr que le Président ne songe qu'à cela ! Seulement, cette annonce provoque une telle levée de boucliers chez les députés RPR que ce projet ne verra pas le jour. Non, ils ne veulent plus entendre parler de Juppé. D'ailleurs rien ne va plus pour lui. À ce moment même, la chambre criminelle de la Cour de cassation rejette le pourvoi qu'il avait formé dans le cadre de l'instruction sur les emplois fictifs du RPR (il avait été mis en examen en août 1998).

Fatigué, Nicolas Sarkozy veut reprendre son souffle. Voyager avec Cécilia, faire du vélo, transpirer pour se régénérer. Se ressourcer. Lire des livres, oublier un peu. Mais avant qu'il ne s'envole pour l'Italie, Édouard Balladur le prévient : « Vous n'avez aucune chance de vous maintenir à la tête du RPR, les cicatrices de la présidentielle ne sont pas refermées. »

Une autre partie commence. En plusieurs actes.

De retour, Nicolas Sarkozy réunit les cadres du mouvement, quelques jours plus tard, il leur annonce le plan de bataille : des assises se tiendront à l'automne pour définir un nouveau projet politique, les élections à la présidence auront lieu par la suite. Georges Tron, député de l'Essonne : « Nicolas était reparti pour être président du RPR. Brice m'a demandé de me prononcer pour lui, j'ai dit non. Après quoi Brice me poursuivait de sa vindicte : “Voilà le traître !” Quand j'ai déclaré en octobre 1999 au *Nouvel Observateur* : “On est son esclave ou son ennemi”, il ne m'a plus adressé la parole pendant quatre ans. »

Fin juillet, Nicolas Sarkozy est avec Cécilia et leur jeune fils Louis à Disneyland. Une visite de deux jours, prévue de longue date, qu'il doit interrompre pour un rendez-vous avec Jacques Chirac. Celui-ci, déjà vêtu d'une saharienne, est d'humeur estivale ; il se prépare à partir pour l'île Maurice : « Je lui ai présenté le calendrier : université d'été à Lyon en septembre, assises pour le projet à l'automne, élection du président en hiver, etc., etc. » Mais le Président lui coupe la parole : « Nicolas, rien ne presse, il faut donner du temps au temps. » Il ne veut pas répondre à ses propositions. C'est que le RPR, depuis l'arrivée de Séguin et le retour de Sarkozy, est une source d'ennuis pour l'homme qui l'avait bâti pour son usage personnel. Il lâche : « Séguin a commis une grave erreur en voulant déchiraquiser le RPR. » Mais comme il ne sait pas encore comment le rechiraquiser, c'est lui qui a besoin de temps.

Les vacances à La Baule sont presque gâchées pour Nicolas Sarkozy. Il n'est pas seulement blessé par son échec. Il souffre d'une sciatique qui l'empêche de faire du vélo ; « la rupture d'activité était trop forte pour moi », dira-t-il. « Il était vidé, il ne se rasait même plus, il s'interrogeait beaucoup », se souvient Franck Louvrier, venu passer quelques jours avec lui. En tout cas, il se consacre à Cécilia, aux enfants. Cet été-là, justement et pour la première fois, Cécilia lui dit qu'elle en a assez de la politique. Elle considère que tant d'efforts déployés pour un résultat si décevant, sont un sacrifice trop lourd. Pourquoi ne pas décrocher, aller dans le privé où on lui propose des ponts d'or ? Pourquoi ne pas mener une vie plus légère ? Pour avoir enfin des week-ends libres, on les passerait dans une maison de campagne avec les enfants, les amis, on ferait de grandes balades dans les bois avec des chiens, le soir on allumerait des feux dans la cheminée. Elle rêve, Cécilia. Seulement voilà, Nicolas n'est pas un rat des champs. Ses rêveries le portent ailleurs, d'autant que, tout au long de l'été, les candidatures à la présidence du RPR fleurissent. Hervé Gaymard, Dominique Perben, Renaud Muselier. Début septembre, c'est François Fillon. Quel traître, celui-là ! Nicolas éructe de colère. Il venait de lui proposer de faire tandem avec lui. Quelques jours plus tard, voilà que Jean-Paul Delevoye s'avance. Jean-Paul qui ? Bonjour, Jean-Paul. Il est sénateur-maire de Bapaume dans le Pas-de-Calais, président de l'Association des maires de France. C'est un géant débonnaire qui prêche le retour aux valeurs gaullistes. Au physique comme au caractère, il est l'exact contraire de Sarko, auquel il reproche de tenir un discours trop libéral. Il est bientôt présenté comme le candidat de l'Élysée, où il a été reçu le 1er juillet. La presse en emplit ses colonnes.

Or, cette compétition ouverte a réarmé chez Sarkozy le désir d'en découdre. « J'ai la concurrence dans les veines », aime-t-il à dire. Officiellement, il a renoncé à concourir, mais il ne veut pas rester sur un échec. Et puis, pendant l'été, il a réfléchi. Et s'est convaincu qu'il n'avait pas démérité. Mieux, que c'était presque une prouesse de réaliser un tel score. La cause de ce mauvais résultat – qui pourrait dire le contraire ? – ce n'est pas lui, mais la division de la droite. Tous comptes faits, il juge que le serviteur zélé qu'il fut mériterait au contraire une récompense.

Jacques Chirac l'avait pourtant prévenu : « N'y va pas, sinon, tu subiras des attaques et ça ne sera pas joli, joli. » Ou encore : « Tu n'as aucun intérêt à être candidat. » Le Président avait aussi utilisé un autre registre, glissant mezza voce que, s'il était réélu en 2002, jamais il ne prendrait comme chef de gouvernement un chef de parti. Afin de se faire mieux comprendre encore, il se lamentait sur la pauvreté affligeante de la droite en ressources humaines. (Un raisonnement qui ne tombait pas dans l'oreille d'un sourd.) Ensuite, après la carotte, le bâton, la menace : « Finalement, tu feras bien ce que tu voudras, mais ce serait une immense erreur. C'est ton choix et le cas échéant je travaillerai avec toi. » En cet instant, « son visage était dur, ses paroles cinglantes traduisaient un agacement profond », écrira plus tard, dans son livre *Libre*, Nicolas Sarkozy qui répondit ce jour-là : « Je vais réfléchir, car ma nature me fait avoir en horreur l'idée de refuser le combat. »

Au long de l'été, il a donc, on l'a vu, réfléchi. Et écouté. D'une part ceux qui le poussent à la bataille. Ainsi Édouard Balladur : « Il souhaitait me voir en découdre afin qu'il soit bien clair une fois pour toutes que Chirac n'avait rien oublié, rien compris, rien pardonné. » Et à l'opposé ceux ou celle – Cécilia en l'occurrence – qui l'incitent à lever le pied.

Tandis qu'il hésite encore, il note qu'aucun des candidats ne peut se targuer d'un fort soutien parmi les cadres ou les militants. Aucun d'eux ne suscite non plus l'engouement médiatique. Il se convainc donc qu'il pourrait l'emporter. Mais quelque chose lui déplaît. Au nom de l'égalité, les candidats lui demandent d'abandonner son poste de secrétaire général s'il veut concourir, afin qu'il ne puisse pas être le seul à bénéficier du fichier et des moyens du RPR pour faire campagne. Donc, il va changer de pied. Et admirez son raisonnement : « C'est parce que j'avais des chances d'être élu que je retrouvais la liberté de ne pas être candidat. Dans le cas inverse, c'eût été une capitulation. » Résultat : il n'ira pas au combat. Il a pris cette décision non pour plaire à Jacques Chirac, mais parce qu'il a saisi que c'est son intérêt. « À quoi donc m'aurait servi de m'opposer au souhait de Jacques Chirac alors qu'il était déjà décidé à être candidat à la présidentielle, et que, de tous les postulants de droite, il était à l'évidence celui qui disposait des meilleures chances d'être élu ? »

Ses fidèles insistent encore pour qu'il se présente. Ses amis Patrick Devedjian, Pierre Bédier, Christian Estrosi en tête. Il n'écoute pas davantage Cécilia, qui a fini par changer d'avis parce qu'elle craint qu'il ne vive mal ce renoncement. Elle le sait en effet mieux qu'une autre : les décisions de rupture ont toujours été difficiles à prendre pour son mari.

Mais cette décision-là est prise. Ce sera donc non.

Nicolas Sarkozy donne d'abord le 13 septembre une interview au *Monde* (qui ne doit être publiée que le lendemain). Il y justifie ce choix en expliquant que le chef de l'État ne souhaite pas sa candidature. Il accompagne l'exposé de ses raisons d'une phrase qui résonne comme un défi : « J'ai choisi de lui faire confiance. » Message adressé évidemment à Jacques Chirac. Et qui signifie : « J'obtempère, mais vous me devez réparation. » Le lendemain matin (avant la sortie du *Monde*) un communiqué est envoyé à l'AFP, tandis que Nicolas Sarkozy appelle le Président pour l'informer de son retrait de la compétition. Au bout du fil, d'abord, le silence. « Allô ? » L'effet de surprise est si énorme que la réponse tarde à venir. Elle vient enfin : « Tu as bien fait. Tu n'en scras que plus fort pour l'avenir. »

La presse n'étant pas dupe, et l'interview au *Monde* étant assez claire, les éditorialistes s'apprêtant à gloser sur la rancune chiraquienne à l'égard des balladuriens, qui a amené à se débarrasser de Sarkozy. L'Élysée comprend donc qu'il faut réagir. Dominique de Villepin est chargé de l'appeler. « Jacques Chirac veut vous voir ce soir. » Nouvelle mise en scène élyséenne : ce sera un rendez-vous public. « Toutes les télés, toutes les radios seront là. » Et Sarko de railler : « Vous inviteriez Nelson Mandela que vous n'en feriez pas plus. »

Et il faut, bien sûr, un témoin : il est tout trouvé. Dominique de Villepin participe à la réception quatre étoiles digne du meilleur protocole chiraquien. Sur le bureau ont été disposés des rafraîchissements et des coupelles remplies de saucisson et de pistaches. Le Président est d'une humeur de rose. Il est effusif et complimenteur : « Tu m'as épaté, Nicolas. Jamais je n'aurais cru que tu aies la force de résister à la tentation. C'est même la première fois, du moins à ma connaissance, que ton raisonnement l'emporte à ce point sur ton tempérament. Mais je te le dis, à partir d'aujourd'hui, tu es un homme libre qui n'aura plus à être le collaborateur de personne. Je dis bien de personne. En m'incluant naturellement dans le lot. Tu viens de construire pour l'avenir quelque chose d'important. »

Cette liberté, officiellement accordée par le chef de l'État à un homme qui en jouissait déjà, vaut reconnaissance de puissance. Et Sarkozy, qui le comprend bien, de rétorquer illico : « C'est maintenant à vous, Monsieur le Président, de faire des gestes ou de prendre des initiatives qui montreront que j'ai eu raison ou non. »

Toujours le même raisonnement : vous êtes maintenant mon débiteur. Jacques Chirac est si heureux d'avoir eu gain de cause qu'il promettrait la lune : « J'en ai parfaitement conscience et tu verras rapidement la nature de mes intentions. »

À sa sortie de l'Élysée, Sarkozy doit faire une déclaration. Elle sera brève. Il va l'écrire dans le bureau de Dominique de Villepin et reprendre les termes présidentiels. « Je suis désormais un homme libre qui va profiter de cette liberté pour tenter de donner un contenu moderne et précis aux valeurs qui doivent être celles de la droite. » Ce « libre » sonne tout de même comme un défi.

Preuve que l'on est très satisfait du côté de l'Élysée : deux jours plus tard, le Président le fait appeler à nouveau. Il veut le voir sans délai. Pourquoi si vite ? On est en septembre 1999. Le Président souhaite parler d'avenir. Veut-il lui démontrer qu'il peut lui faire confiance ? Il lui prodigue ses conseils : « Il faut te tenir éloigné des querelles politiciennes. Mais tu dois aussi te servir de l'Assemblée comme d'une tribune. Je demanderai à Jean-Louis Debré (président du groupe parlementaire) de te réserver toutes les grandes occasions. Tu devras te préoccuper aussi du programme de l'opposition. Mais, prends garde à ne pas te laisser enfermer dans un ultra-libéralisme dont les Français ne voudront jamais. » Et d'ajouter : « Je serai candidat en 2002, j'ai besoin de ton aide. Si tu veux exercer des responsabilités gouvernementales de premier plan, tu sais parfaitement que ça n'est pas Jospin qui te les donnera. »

Un discours qui, cette fois encore, ne tombe pas dans l'oreille d'un sourd. Nicolas a reçu ces propos comme une promesse. Il va donc bâtir un programme pour la droite comme le lui demande le Président, et se préparer à aller à Matignon. Car il a réfléchi : puisque Alain Juppé a des ennuis judiciaires qui le privent d'avenir politique pour quelque temps, qui d'autre que lui aurait la capacité de la fonction ? Non, il ne le voit pas. Donc c'est à lui de jouer.

Tandis qu'il échafaude de nouveaux projets, les militants RPR, tout à la joie d'élire leur président (c'est la première fois), ont éliminé le candidat officiel. Exit Jean-Paul Delevoye. Leur choix s'est porté sur Michèle Alliot-Marie qui, depuis des années, a sillonné les fédérations. Et ne leur a jamais mégoté sa présence. Elle est élue avec 62,71 % des voix. Un beau score. Sur les pauvres 29 % du battu, la presse ironise : « Une fois de plus, Jacques Chirac a misé sur le mauvais cheval. »

CHAPITRE XVII

Opération Matignon

« Les promesses s'en vont où va le vent des plaines »… Nicolas Sarkozy n'a peut-être jamais lu ce vers de Victor Hugo, mais il en connaît d'expérience la vérité profonde. Surtout quand ces promesses émanent de Jacques Chirac. Lequel, tout en profitant de l'échec du maire de Neuilly aux européennes, sa première campagne nationale, pour le pousser hors du RPR, lui a fait miroiter d'alléchantes perspectives. Sarkozy feint d'y croire : « J'ai choisi de lui faire confiance. » Une formule à double sens. Elle signifie que « faire confiance » au Président ne va pas de soi. Ce n'est ni naturel, ni spontané, mais c'est aussi une sorte de pacte : si je t'accorde ma foi, tu devras me payer en retour.

En privé, il affiche une lucidité distante à l'égard du Président : « On le croit bête, il est très intelligent ; on le dit simple, il est très compliqué ; on s'imagine qu'il est gentil, il est méchant. » Très souvent, Nicolas m'a dit : « Chirac est très méchant », raconte Jacques Attali.

Pour l'heure, il entend souffler un peu, à sa manière qui n'est jamais paresseuse. Sa mairie l'occupe beaucoup. « Il avait un rendez-vous toutes les demi-heures », témoigne Franck Louvrier. Il a repris ses activités d'avocat-conseil. Il rencontre des professionnels de tous horizons. Se rend en province chez des députés amis, visite des usines, arpente les régions, voyage à l'étranger avec Cécilia – ils sont invités en Syrie. Il s'amuse en écrivant avec un scénario pour la télé sur le maréchal Leclerc. Mais voilà l'essentiel : il se prépare pour Matignon en 2002, avec la méthode qui avait si bien réussi à Édouard Balladur. « Tout ce qui est pensé avant peut être fait après », dit-il à son entourage.

Impossible d'évoquer, cette fois, une quelconque traversée du désert. Rien à voir avec la situation de 1995, quand, après l'échec de Balladur, Sarkozy subissait la « fatwa chiraquienne » et avait dû se battre bec et ongles pour survivre politiquement : « J'étais devenu malgré moi, dira-t-il, le symbole de la profonde division qui existait alors. » Ce n'est plus le cas. S'il prend du recul, c'est son choix. Il entend aussi mesurer sa capacité à patienter, à ne pas se lancer à la première occasion dans tous les combats, à ne pas se sentir tenu de relever tous les défis, à ne pas, à ne pas…

D'abord, il s'oblige à une cure de silence, à s'éloigner des médias, à ne pas se précipiter, dès la première sollicitation, au journal télévisé de 20 heures. Il se désintoxique en somme. Ce qui commence toujours par un sentiment de vide, d'isolement assez anxiogène, mais se métamorphose peu à peu en sensation de paix bienfaisante. Il lui semble que les rapports avec les autres sont plus faciles, plus aimables, que leurs regards sont moins aigus : « la distance est la meilleure des protections », constate-t-il. Et d'ajouter : « La démocratie exige, plus qu'on ne le croit, une certaine fraîcheur. »

Voilà une bonne occasion de se livrer à une sorte d'introspection lucide : « Au début de ma vie politique, j'étais prêt assez stupidement à sacrifier beaucoup pour le seul plaisir que mon nom soit cité. Je conservais les articles qui disaient ma propre gloire, plus d'une fois il m'est arrivé non seulement de les lire, mais de les relire, afin de m'en imprégner. Quand ils étaient bons, je souhaitais que chacun les ait lus et je m'imaginais beaucoup plus fort que je ne l'étais vraiment. Quand ils étaient mauvais, j'espérais contre toute évidence que personne ne les regarderait et j'étais miné parce que je me jugeais victime d'une injustice. Je ressentais ces articles comme autant d'humiliations personnelles, sans me livrer – sauf exception – à une quelconque autocritique. J'entourais alors les journalistes qui m'approuvaient et je boudais les autres[1]. »

Un bel effort de clairvoyance qui ne modifiera pourtant pas son comportement ultérieur.

S'il a décidé de s'écarter du monde médiatique en cette dernière année du XXe siècle, c'est bien sûr pour mieux resurgir à l'aube du suivant. Voilà longtemps qu'il a fait sienne la devise : « Quand on n'a pas d'objectif, on est sûr de ne pas l'atteindre. » Le sien est désormais d'une aveuglante simplicité : devenir Premier ministre.

Pour se convaincre ou s'encourager, il confie à qui veut l'entendre : « Chirac aura besoin de moi, je suis incontournable. » Donc, dans un demi-silence (demi seulement, il ne faut pas trop lui en demander), il se prépare. Première urgence : redonner une identité idéologique au RPR. Il s'agit de faire revivre les grandes valeurs de la droite : l'autorité, la sécurité, le travail, la liberté d'entreprendre. Nicolas Sarkozy ne supporte plus le discours de ses amis répété à satiété dans tous les congrès sur la nécessité de revenir aux « sources du gaullisme ». Des invocations jamais accompagnées de précisions sur la nature desdites

1. *Libre*, *op. cit.*

sources. Et encore moins sur les moyens d'y revenir. Il faut, croit-il, avancer, moderniser, rénover.

Deuxième urgence : aller à la rencontre du pays réel, provoquer des occasions, en saisir d'autres.

Première occasion : alors qu'il débat avec François Hollande en 1998 sur France 2, un chauffeur de bus de la RATP les avait interpellés. Connaissent-ils la vie quotidienne dans les transports en commun ? Évidemment pas. Il les avait invités à l'accompagner un moment, sur son lieu de travail. Hollande ira, de jour. Nicolas Sarkozy choisit la nuit. Une expérience qu'il n'oubliera pas. D'abord, arrivant devant la gare de Saint-Ouen, lieu du rendez-vous, il aperçoit quatre agents de sécurité, au gabarit impressionnant, que lui a affectés la direction de la RATP. « On ne pouvait mieux illustrer combien cette direction ne croyait guère en la sécurité de la ligne. » L'autobus est presque comble. Un « détail » le frappe : pas un seul voyageur ne tend son billet au conducteur en entrant. Il l'interroge donc. La réponse est claire : la dernière fois où celui-ci a demandé à un client de composter son billet, l'homme, accompagné d'un pitbull, l'a dangereusement menacé. Soucieux d'échapper aux coups, le conducteur ne demande plus rien. Vers 23 heures, les accompagnateurs de Nicolas Sarkozy lui demandent de quitter l'avant du véhicule : ils allaient passer sous un pont près de Garges-lès-Gonesse, un lieu d'où les bus se faisaient régulièrement caillasser. Un peu plus tard, à l'arrêt de la Cité des 4 000 à La Courneuve, il demande à descendre pour aller s'y promener, regarder, comprendre. « On » l'en dissuade : « Impossible, la nuit c'est trop dangereux. »

Cette soirée-là le marquera. Il mesure alors le fossé qui sépare ceux qui parlent de la violence et ceux qui la vivent. Il va réfléchir à des mesures plus efficaces, à une meilleure répartition des responsabilités, donner aux maires plus de pouvoir. Il pense à une série de mesures sans savoir encore qu'il les mettra en œuvre deux ans plus tard en arrivant au ministère de l'Intérieur.

Dans l'immédiat, ses expériences et ses réflexions donnent matière à un livre. Bernard Fixot, patron des Éditions XO, le lui avait demandé au lendemain des européennes. Dans un premier temps, il avait refusé. Mais il a changé d'avis, c'est oui. Un livre permet de s'exprimer en liberté et en longueur, d'expliquer son parcours, son idée de la France et ses projets.

Un livre qu'il écrit à la main, de son écriture ronde, feuillet par feuillet, sur lesquels il ne laisse aucune marge, aucun blanc. Il remplit l'espace, sans ratures et même sans chapitres, d'un jet ! L'éditeur n'avait jamais vu cela, qui publiera le texte tel quel.

Chaque sujet abordé est tiré de son expérience, d'une situation vécue. Ainsi l'immigration : il a rendu visite à Gerhard Schröder au moment où le chancelier allemand venait d'autoriser l'entrée de 20 000 informaticiens indiens pour faire face à la pénurie dans son pays. Ce qui conforte son analyse. L'immigration zéro est une chimère. L'immigration choisie doit être la règle.

Ainsi également, la délinquance des mineurs. Yves Jégo, le maire de Montereau, l'a invité à passer une journée dans la cité des 10 000 habitants, où seul reste ouvert le supermarché. (Les autres locaux commerciaux, trop souvent la cible des voleurs, ont fermé.) Alors qu'il discute avec le directeur de l'établissement, un mineur d'à peine quatorze ans se fait attraper par les vigiles pour un vol à l'étalage qui est loin d'être le premier. Il apprend que ce jeune garçon ne fréquente plus le collège depuis dix mois et que l'assistante sociale s'efforce en vain de lui en faire reprendre le chemin. D'où son idée de créer des centres fermés et encore de suspendre le versement des allocations familiales (qui représentent 20 % de la collecte de l'impôt sur le revenu) aux familles qui n'assument pas leurs devoirs.

« Nous nous sommes promenés dans la cité, raconte Yves Jégo, nous avons dialogué avec des jeunes, c'était sympathique, quand l'un d'eux l'a apostrophé : “Eh Sarkozy !” Il lui a répondu : “Il faut dire Monsieur Sarkozy” et il leur a expliqué pendant dix minutes ce qu'était le respect. »

« J'ai rarement connu une période aussi riche en échanges désintéressés et instructifs pour moi », commente l'auteur, qui raconte aussi sa visite à l'École nationale de la magistrature de Bordeaux. Les élèves l'ont invité à débattre. Une occasion de rencontrer le juge Van Ruymbeke, qu'il ne connaissait pas. Ils ont déjeuné ensemble, se racontent leur vie, tout se passe au mieux. Mais, devant les étudiants, une réplique du juge le surprend : « L'abus de biens sociaux est à l'homme politique ce que la petite culotte est au violeur. » « Outre le goût douteux de la remarque, je lui fis remarquer, raconte Sarkozy, qu'il était insultant et la comparaison profondément blessante. J'en tirai la conclusion que le fossé entre certains magistrats et les politiques n'était pas près de se résorber. » En effet !

Si ce livre multiplie anecdotes et récits, c'est aussi en fait un programme de gouvernement. Tout y passe : la fiscalité, la décentralisation, l'école, la culture, la Corse, la sécurité bien sûr, et même un plan cancer que Jacques Chirac reprendra à son compte après 2002.

Il entend démontrer qu'il est prêt. Prêt à servir. « Moi, je ne m'use que si l'on ne se sert pas de moi », plaisante-t-il souvent.

Ce livre, faut-il le souligner, n'est pas seulement un programme. Le sujet principal, c'est lui. « Je suis moi-même la matière de mon livre », disait jadis Montaigne. Nicolas Sarkozy évoque son propre parcours, ses déconvenues, ses relations avec Jacques Chirac qu'il n'a, dit-il « jamais considéré comme un ami au sens familier du terme ». Et réciproquement !

Il prend quelques risques en pimentant son texte de portraits un peu vifs. Ainsi note-t-il à propos de Philippe Douste-Blazy : « Aussi sympathique que l'image qu'il donne de lui, c'est à la fois sa force et sa faiblesse, car une personnalité consensuelle pose toujours la question de son épaisseur et de son aptitude à l'épreuve. »

Ainsi évoque-t-il « l'ego surdimensionné » de François Bayrou. Bien entendu, la sortie du livre, le 13 janvier 2001, est savamment orchestrée. Bernard Fixot sait y faire. Nicolas Sarkozy aussi, qui pose avec Cécilia pour les magazines. Il est également invité à l'émission « Vivement dimanche » de Michel Drucker sur France 2. L'ensemble donne à son retour un grand retentissement.

En vérité, il n'est que temps pour lui de réapparaître sous les projecteurs, de faire écrire par la presse : « Nicolas est de retour », parce que le monde politico-médiatique vous oublie vite. Tous les papiers sont bons, les critiques élogieuses. « Si la presse a réagi ainsi, c'est qu'elle reconnaît que j'ai une vision », lâche-t-il, fiérot, devant ses collaborateurs.

C'est aussi parce qu'il se passe des choses à droite. Sarkozy avait souligné sa volonté de participer à un « ambitieux chantier » : la construction d'une formation unique de la droite. Une idée qui rôdait depuis des lustres dans bien des esprits, de Balladur à Giscard, notamment, mais sans jamais se concrétiser. Peut-être parce qu'elle gênait des ambitions. Or voilà que cette construction est enfin ébauchée. Mais sans lui. L'affaire a commencé au lendemain de la dissolution et de l'échec des législatives. Quelques jeunes députés, meurtris mais rescapés et avides de revanche, ont appelé à la constitution d'un grand parti de droite. « Très vite, raconte Renaud Dutreil, l'un de ces "refondateurs", les chiraquiens de l'Élysée se sont emparés de l'idée, car ils voulaient qu'en 2002 Jacques Chirac puisse enfin dépasser au premier tour ses sempiternels 20 % de suffrages. » En compagnie de deux autres jeunes loups de l'opposition, Dominique Bussereau et Hervé Gaymard, et avec la bénédiction attentive de Jérôme Monod, ami et conseiller spécial de Jacques Chirac, Dutreil a donc déposé les statuts d'un nouveau mouvement : l'UEM, l'Union en mouvement. Et ces trois-là ont bientôt été rejoints par Alain Juppé, qui a créé de son côté une association baptisée « France moderne », puis par le quatuor Jean-Pierre Raffarin, Jacques Barrot, Dominique Perben et Michel Barnier qui rencontrent chaque mois le Président. Vive l'Union !

Les résultats mitigés des municipales de mars 2001 poussent à la renforcer. Certes, la droite avec 49,7 % des voix devance la gauche qui n'en rassemble que 45,9 %. Elle remporte quelques beaux succès en province. Elle enlève de haute lutte Strasbourg, Rouen, Blois, Nîmes, Aix-en-Provence et une dizaine d'autres villes d'importance, notamment – un symbole – Évreux où Jean-Louis Debré, battant un communiste, obtient plus de 53 % des suffrages. Mais, symbole encore plus fort, elle a perdu Paris et Lyon, où ses élus et ses candidats se sont chamaillés. Il importe de s'unir au plus vite. C'est ce que l'on pense, c'est ce que l'on répète, c'est ce à quoi on pousse à l'Élysée. Dans les états-majors on est moins pressés. Surtout, la présidente du RPR, Michèle Alliot-Marie, refuse la perspective « d'un montage artificiel et éphémère » : elle craint aussi de ne pas présider la nouvelle formation. Après tout, c'est elle qui reçoit le financement du RPR, elle qui détient la clé des investitures, des prérogatives qu'elle ne veut pas abandonner. Patrick Devedjian, porte-parole du RPR, et toujours proche de Nicolas Sarkozy, n'est pas plus enthousiaste.

Le 23 avril 2001, les chiraquiens des trois partis – RPR, UDF et Démocratie libérale d'Alain Madelin – posent pourtant les fondements d'une sorte de préfiguration de la droite unie en présence de 1 500 élus locaux réunis à la Mutualité. Une initiative perçue seulement alors comme la formation d'un comité de soutien à Jacques Chirac. L'UDF s'en gausse par la voix de Jean-Louis Borloo, Alain Madelin en fait autant.

Et Nicolas Sarkozy ? On ne le voit pas plus qu'on ne l'entend. Au trio Dutreil-Gaymard-Bussereau, il a même annoncé : « Ça ne marchera pas. » Ils ont conclu qu'il regrettait de n'avoir pas été à l'origine de la manœuvre. En vérité, il redoute surtout que l'UEM devienne un instrument au service d'Alain Juppé. Il a vite fait le calcul : si Chirac était battu, celui-ci deviendrait le chef de l'opposition, s'il est élu il sera le dauphin.

Il n'est pas le seul à se montrer sceptique : Jean-Louis Debré, fidèle entre les fidèles de Jacques Chirac, ne manifeste guère plus d'enthousiasme, car ce projet sonne la fin du parti gaulliste. Il s'y refuse.

L'UEM finira pourtant par fonctionner et Nicolas Sarkozy par s'y rallier, bon gré, mal gré, n'imaginant guère que, trois ans plus tard, il en deviendrait le patron. Mais sa préoccupation première est pour l'instant ailleurs.

À la rentrée de septembre 2001, il s'est auto-désigné Premier ministre. Il en a fait la confidence à tous les journalistes, car il entend qu'elle soit reprise par eux pour se faire admettre en haut lieu. Cette analyse est d'une rude simplicité. Il ne voit pas qui, en dehors de lui, pourrait tenir ce rôle. Alain Juppé risquant d'être encore entravé par la justice en 2002. Les noms de Philippe Douste-Blazy et de Jean-Pierre Raffarin sont chuchotés çà et là mais ne provoquent chez lui que quolibets. Jean-Pierre qui ? ironise-t-il. Non, il n'y a décidément que lui. Or, au début du mois, Philippe Douste-Blazy est envoyé en Israël par Jacques Chirac, porteur d'un message pour le Premier ministre Ariel Sharon. Alerte ! Inquiétude ! Méfiance ! Par chance, Nicolas Sarkozy est invité à Alger fin septembre par le président de l'Assemblée populaire nationale. Une attention des Algériens qui est plutôt rare. Il va donc en profiter. Il insiste lourdement à l'Élysée pour être lui aussi chargé d'une adresse de Jacques Chirac au Président algérien Bouteflika. Il finit par l'obtenir, mais il s'agit d'un simple message de sympathie. Pourtant le résultat dépasse toutes ses espérances. Il sera, bien sûr, reçu par le numéro un algérien et même invité à déjeuner. Surtout, il passera avec lui plus de six heures, rencontrera les représentants de tous les courants politiques et religieux. On lui a réservé une réception de chef d'État : déplacement dans un cortège de voitures avec motards et sirènes hurlantes. Preuve pour lui que les Algériens croient en la réélection de Jacques Chirac, preuve aussi qu'ils le traitent comme un futur Premier ministre. Il le fait remarquer, joyeux, aux journalistes qui l'accompagnent. Il soulignera bientôt qu'on n'en a pas fait autant pour Hubert Védrine, ministre des Affaires étrangères, de passage à Alger quelques jours plus tard.

En vérité – c'est un petit secret entre diplomates – le Président Bouteflika a l'habitude de garder si longuement ses interlocuteurs que nombre de ses visiteurs étrangers cherchent la recette pour raccourcir l'entrevue. Hubert Védrine, soucieux au lendemain du 11 septembre de traiter sur le même pied les trois pays du Maghreb, avait décidé de rencontrer leurs chefs d'État au cours d'un bref périple : deux jours en tout. Un bon moyen d'échapper à l'interminable déjeuner de Bouteflika.

De retour à Paris, Nicolas Sarkozy est pourtant contraint de constater que les jours passent et qu'il n'a toujours reçu aucun signe du côté de l'Élysée. Il importe d'autant plus, juge-t-il, que les militants croient en son avenir à Matignon. Ainsi saute-t-il sur l'occasion d'une réunion de pré-campagne organisée le 22 septembre par Xavier Darcos à Périgueux. Au menu : les vertus de l'union, celle de l'UEM. Une réunion « interactive », comme la mode s'en répand : pas de discours mais un échange de questions-réponses. Alain Juppé, qui anime la réunion, debout sur la tribune, ne souhaitait pas la présence de Sarkozy. Or, celui-ci est présent, arrivé de Paris en voiture. Et il est là et bien là ! Et l'on va s'en apercevoir. « Pendant la réunion, raconte un participant, soudain un pupitre a été dressé sur la tribune, amené on ne sait par qui, ni sur quelle initiative (c'est Nicolas qui l'avait amené dans le coffre de la voiture, et c'est Franck Louvrier qui l'a installé). Sarko s'est levé, s'est installé derrière le pupitre et il a parlé pendant plus de trente minutes, contrairement à la règle qui accordait seulement quelques minutes aux orateurs. Il s'est exprimé comme un futur Premier ministre. » « Il a été très bon, souligne Xavier Darcos, et très applaudi, mais à peine avait-il terminé son discours qu'il a quitté la salle. »

Il est reparti pour Paris, il ne souhaitait pas être sur la photo de groupe, perdu au milieu des autres.

Après quoi, Jean-Pierre Raffarin s'est exprimé, lui aussi et longuement… Alain Juppé, qui l'a félicité, n'a pas cru bon d'en rajouter. Nouvelle illustration du « On n'est jamais mieux servi que par soi-même ».

Il s'impatiente. Les mois passent et toujours le même silence du côté de l'Élysée. Or, le 9 novembre 2001, Bernard Pons, président des Amis de Jacques Chirac, hostile à la toute neuve UEM, réunit 4 000 personnes à Nice et le choisit comme invité d'honneur. Il semble ainsi l'introniser chef de file de la campagne. Est-ce le signe attendu ? Non. Bernard Pons raconte en effet : « Après la réunion, j'ai reçu une engueulade terrible de Jacques Chirac parce que j'avais invité Sarko et parce que j'étais contre l'UEM. » Si bien que lorsque les Amis de Jacques Chirac tiendront une nouvelle réunion à Troyes, la ville de François Baroin, la situation se présente tout à fait autrement. Nicolas Sarkozy est certes invité, mais il n'est pas le seul, loin de là. Et les premiers orateurs, dont Alain Juppé, s'arrangent pour qu'il ne passe qu'en septième position, quand l'assistance fatiguée rêve d'en terminer. Bref, il piétine, cherche de nouvelles ouvertures.

Pour les vingt-cinq ans du RPR que l'on célèbre le 16 décembre, porte de Versailles, Alain Juppé prône la stratégie d'union de l'opposition « choisie par Jacques Chirac ». Nicolas Sarkozy souligne, lui, que le RPR n'a pas fini d'être utile à la France. Les militants l'ont vite compris : l'enjeu de cette nouvelle UEM, c'est une bagarre entre Juppé et Sarkozy pour le contrôle du parti. Sarkozy fait aussi le calcul : si Chirac perd, que restera-t-il d'autre que le RPR ?

Dans cette bagarre, justement, il lui faut davantage d'alliés. Pas seulement pour la prise du parti, qui n'est pas alors son objectif, mais pour le poste de Premier ministre, surtout. Et d'évidence, c'est à l'Élysée qu'il faut bon gré, mal gré, les chercher.

Or, de ce côté, il y en a une, de premier rang, Bernadette Chirac elle-même.

« À partir de 1998, j'ai tout fait pour les rapprocher, raconte Christine Albanel, la "plume" de Jacques Chirac. Dominique de Villepin tenait Madame Chirac pour quantité négligeable, elle en souffrait, et le détestait. Moi, je lui disais : "Nicolas Sarkozy est le seul qui ait conscience de ce que vous représentez politiquement." Un discours que l'épouse du chef de l'État reçoit avec plaisir. "Il est efficace, il a des idées, dit de lui Bernadette à ses proches. Si on veut gagner, il faut aller le chercher." » Réaliste, elle ajoute : « Et puis il faut tourner la page ! »

En avril 2002, dans le cadre de sa fondation justement, elle visite des hôpitaux à Toulouse, rencontre des victimes de l'explosion de l'usine AZF en compagnie de Philippe Douste-Blazy considéré, par certains journalistes, comme un possible Premier ministre. Or, le même jour, il est prévu dans la ville un grand meeting animé par Nicolas Sarkozy. Quelques jours plus tôt, celui-ci a téléphoné à Bernard Niquet, grand ordonnateur des déplacements de Madame Chirac pour qu'il demande à cette dernière si elle accepterait de participer à cette réunion. Elle acquiesce, d'accord pour se montrer avec l'ex-lieutenant de Balladur ! Ils se rencontrent donc avant le meeting. Des retrouvailles émouvantes. Les premières depuis des années. Et à huis clos. En public ensuite, où Nicolas Sarkozy est ovationné, Madame Chirac également. Ils rentreront à Paris, dans le petit avion affrété par le RPR avec la seule compagnie de Bernard Niquet. Et pendant le voyage Nicolas Sarkozy, intarissable, entretient l'épouse du Président des actions à mener dès le lendemain de la victoire électorale espérée. Il a établi un calendrier très précis. Un vrai programme de Premier ministre. Deux jours plus tôt, dans *Centre-Presse*, Jacques

Chirac avait déclaré : « Jean-Pierre Raffarin fait partie de ceux qui sont appelés à jouer un rôle important. » Méfiance, méfiance !

Puisque ces temps sont proches, il pousse son offensive. À l'abordage ! Aux journalistes, il répète – on retrouve la phrase dans tous les quotidiens – « ce sera Matignon ou Neuilly ». Tout ou rien ! Un culot de joueur de poker. Comme d'habitude, il en fait trop. C'est que le jeu devient difficile.

Il n'est pas associé, en effet, aux préparatifs de la déclaration de candidature de Jacques Chirac. Il est encore moins mis dans le secret. Car le Président se méfie de lui, juge qu'il parle trop aux journalistes et qu'il ne saura pas tenir sa langue. Et puis, Claude veille, qui n'a toujours pas pardonné.

Faute d'être mis dans la confidence, Nicolas piaffe. D'autant que Jacques Chirac, juge-t-il, tarde trop à se décider à entrer en campagne. Et puisque c'est l'hiver, il utilise un langage de skieur : « Ce sera rude, pour gagner, nous devrons emprunter la piste noire. »

Le 4 février 2002, il avait été le premier à préconiser, dans un entretien au *Figaro*, une campagne offensive. Que « Jacques Chirac prenne le plus tôt possible l'initiative d'aller à la rencontre des Français ». Il est le premier à plaider pour une déclaration précoce, alors que beaucoup, dans son entourage, lui conseillaient de se déclarer le plus tard possible, à l'instar de François Mitterrand en 1988.

La semaine qui suit, Nicolas Sarkozy est à demi exaucé. Lors d'un déplacement, savamment orchestré à Avignon, Chirac répond positivement à une question sur sa candidature posée par Marie-Josée Roig, maire de la ville (elle a battu Élisabeth Guigou l'année précédente). C'est oui. Il est candidat.

Lionel Jospin se déclare neuf jours plus tard.

La bataille est enfin clairement engagée. Sarkozy s'y lance avec l'ardeur qu'on lui connaît. Marathonien de la Chiraquie, il tient quarante-six meetings, fait au moins trois fois le tour de la France, s'adresse aux journalistes comme le futur hôte de Matignon, et rédige pour le candidat des notes, à l'en croire, « les meilleures ».

Antoine Rufenacht, maire du Havre et ami de longue date de Jacques Chirac, nommé directeur de la campagne, tente de le calmer. Par deux fois, il l'invite à prendre un petit déjeuner dans de grands hôtels parisiens. Toujours pour le mettre en garde. « Tu as tort de t'autoproclamer Premier ministre, tu mets Chirac en position de ne pas te nommer : on ne force pas la main du Président. » À quoi Sarkozy répond, mêlant comme à l'habitude candeur et brutalité

– en reprenant son antienne favorite – : « Avec lui, il n'y a que le rapport de forces qui marche. » Et se référant à son expérience neuilléenne : « Si je ne m'étais pas autoproclamé, je n'aurais pas été élu maire. »

Nicolas Sarkozy pense toujours qu'il peut plier les événements à son profit et qu'il sera plus fort ! Il croit donc toujours en sa chance. Et du côté de l'Élysée, quelques-uns le laissent s'empêtrer dans ses illusions. Quelques jours avant le premier tour, Dominique de Villepin lui demande, sous le sceau du secret, une lettre-programme de gouvernement. Il se met au travail, avec Brice Hortefeux et Pierre Mariani, son ancien directeur de cabinet à Bercy, entré depuis à BNP-Paribas. À ce moment, Sarkozy est tellement confiant qu'il demande à Michel Pébereau, le patron de la banque, s'il accepterait de mettre en disponibilité son collaborateur. La réponse est positive, bien sûr.

Aller à Matignon ? Il a raconté aux journalistes avoir conclu en mars 2002 un pacte avec Alain Juppé, lors d'un déjeuner : à moi Matignon pour réformer le pays, à toi la présidence du grand parti de droite dont la France a besoin. Or voilà qu'Alain Juppé conteste dans la presse avoir conclu un tel accord, provoquant la réaction courroucée de celui qu'il vient de démentir : « C'est lui qui a suggéré que nous déjeunions ensemble, lui qui a réservé, qui a réglé l'addition, il me reproche d'avoir déjà ma liste de ministres, mais il est venu avec la sienne pour exiger la présence de quatre de ses amis au gouvernement. Avec moi, il n'y a pas d'accord privé, tout doit être public. »

Aller à Matignon ? Il confie à son ami Patrick Balkany : « J'y resterai trois ans, et ensuite j'en partirai pour me préparer à la présidentielle. » C'est toujours lui qui décide. « La question n'est pas de savoir si l'on nomme à Matignon quelqu'un que l'on aime ou bien celui qui fera des choses », plaide-t-il encore.

Aller à Matignon ? Il y croit encore lors du dernier meeting organisé à Évreux par Jean-Louis Debré. Ce familier de Jacques Chirac s'exclame en effet, à la tribune : « Nicolas, tu seras bientôt au premier rang de la France, tu peux compter sur notre soutien. » Or ce qui apparaît à l'intéressé comme une promesse n'était « qu'une amabilité », corrigera l'orateur le lendemain.

Jean-Pierre Raffarin, pourtant, interprétera ces propos de la même manière que Sarkozy.

Ils se trompent tous les deux. C'est, au contraire, on le sait, Raffarin qui entrera à Matignon.

Bernadette s'est, en définitive, entichée de ce Poitevin aux rondeurs rassurantes. Au retour d'une visite politico-hospitalière dans le Poitou, elle avait dit au Président : « J'ai trouvé votre homme. » La proximité de Raffarin avec le terrain l'a séduite. Il plaît aussi beaucoup à Claude, qui apprécie ses talents de communicant.

Sa nomination, Jean-Pierre Raffarin l'apprendra de la bouche du Président au lendemain du second tour, remporté, comme on le sait, contre Jean-Marie Le Pen, dans d'incroyables conditions. Le Poitevin, qui ne s'était pas du tout préparé, est appelé à l'Élysée à 11 heures du matin. Jacques Chirac l'a choisi parce qu'il est sûr de sa loyauté, de son allégeance sans faille. Nicolas a attendu en vain près de son téléphone.

Jacques Chirac a-t-il jamais songé à en faire son Premier ministre ? Interrogé la veille du second tour par Antoine Ruffenacht, il avait répliqué par un non sans appel : « En aucun cas. » Accepter ce scénario pré-écrit aurait été un aveu de faiblesse. Peu suspect de complaisance, Alain Juppé reconnaît que « Sarkozy était le plus préparé, le plus structuré aussi ».

Certains, à l'Élysée, tenteront de donner d'autres justifications, comme celle-ci : réélu contre Le Pen, avec 82,21 % des voix, dont celles de la gauche, il aurait été difficile au nouveau Président, de nommer un RPR (l'UMP allait naître seulement quelques mois plus tard), alors que ce parti détenait déjà les présidences de l'Assemblée nationale, du Sénat et du Conseil constitutionnel. Il importait, ajouteront ces bons apôtres, de donner un signe d'ouverture.

Très dépité, Nicolas Sarkozy expliquera quelques jours plus tard : « Avoir voulu être le numéro un n'était pas une faute tactique, bien au contraire. Si je n'avais pas agi ainsi, je ne serais pas aujourd'hui le numéro deux du gouvernement. » Nicolas ne retient toujours que l'interprétation qui lui est la plus favorable. Nicolas Sarkozy n'avait pas rétabli une relation de confiance avec le nouvel élu, là est la raison principale. Il y en a une seconde. Jean-Louis Debré rapporte à propos du Président : « Si je nomme Sarko à Matignon, trois mois plus tard on se demandera qui est le grand type sur la photo derrière lui. »

CHAPITRE XVIII
Le premier des ministres

Partir en queue de peloton et se retrouver en pole position, Nicolas Sarkozy avait déjà réussi l'exploit à Neuilly.

Ministre du Budget, de la Communication et porte-parole du gouvernement Balladur, il n'occupait dans l'ordre protocolaire qu'un médiocre treizième rang, mais très vite il s'était imposé dans le rôle d'incontournable second.

Neuf ans plus tard, le voilà d'emblée numéro deux dans le gouvernement Raffarin. Doté d'un grand ministère : l'Intérieur, la Sécurité, les Libertés locales qu'il a lui-même inventé et dont il a soufflé l'idée à Jacques Chirac lors de la campagne présidentielle. Il n'en est bien sûr qu'à demi satisfait.

Quand Jacques Chirac, oubliant des promesses, très vagues, il est vrai, lui propose de choisir entre l'Intérieur et Bercy, il lui rétorque : « Si vous n'avez pas confiance en moi pour la première place, pourquoi auriez-vous confiance pour la deuxième ? » À quoi le Président, pas démonté, répond qu'il « est le seul à qui un tel choix a été offert ». Ce qui est exact. Le nouveau Premier ministre se fera consolant : « Tu sais, Matignon n'est pas un poste de conquête. » Autrement dit : si tu veux monter plus haut, ne passe pas par cette case-là. Jacques Chaban-Delmas, Édouard Balladur, Lionel Jospin entre autres, peuvent en témoigner.

Édouard Balladur, justement, lui conseille de prendre l'Intérieur et la Sécurité sur laquelle les socialistes, de l'aveu même de Lionel Jospin, se sont cassé les dents. Lui, Sarkozy, en avait fait, on l'a vu, son thème préféré dans les meetings électoraux. Et contrairement à son prédécesseur, Daniel Vaillant, contrairement aussi à Charles Pasqua, qui en 1993 régnant Place Beauvau pour la deuxième fois, avait préféré se dire « en charge de l'Aménagement du territoire », lui reprend une formule à la Clemenceau : il veut être « le premier flic de France ».

Pas facile. Bien sûr, il bénéficie chez les policiers d'un certain capital de sympathie. Ils n'ont pas oublié son comportement lors de la prise d'otages par *Human Bomb*, dans l'école maternelle de Neuilly et, dans la campagne, où il s'est donné une image de courage et de fermeté.

Il va, d'emblée, la renforcer, en ajouter une autre. Lors de la passation des pouvoirs avec son prédécesseur. Tôt dans la matinée, les caméras filment l'arrivée du nouveau ministre. Mais il n'est pas le premier à apparaître. Cécilia, son épouse, le précède. Et elle ne passe pas inaperçue, ayant revêtu ce jour-là un tailleur-pantalon rouge vif. C'est l'image d'un toréador, lui, entrant dans l'arène précédé d'une porteuse de muleta, elle. Le message est clair : la femme du ministre ne sera pas une ombre. Et Sarkozy, aussitôt, se lance dans une guerre éclair. En trois temps.

Premier temps : reconnaissance du terrain. Le soir même – Jacques Chirac le lui avait pourtant déconseillé –, en compagnie de Jean-Paul Proust, préfet de police de Paris, il part à la rencontre des brigades anticriminalité (BAC) et pas n'importe où : la cité de l'Abreuvoir à Bobigny. Un test plein d'enseignements. Une voiture banalisée qui l'accompagnait reçoit une pierre lancée par un adolescent. Il veut s'arrêter près d'un véhicule incendié, mais son escorte lui fait comprendre qu'il ne faut pas s'éterniser. Le commissariat de Saint-Ouen, où il s'arrête, a presque des allures de taudis : ses voitures sont hors d'âge, et les équipements des policiers ne rehaussent pas ce triste tableau : « Des chandails pour sports d'hiver », se lamente-t-il au retour.

Le préfet qui l'accompagne est surtout frappé par la qualité de ses contacts. Aux respects qu'on lui présente, il répond : « Non, c'est moi qui vous présente mes respects pour le métier que vous faites. » Et il remercie ses interlocuteurs pour le travail accompli dans de telles conditions. Il s'intéresse aussi à la vie quotidienne des jeunes agents, leur pose des questions. Le premier contact est bon.

Deuxième temps : après la reconnaissance du terrain, le regroupement des forces. Il a choisi pour directeur de cabinet un homme qu'il a connu lorsqu'il était secrétaire général à la préfecture des Hauts-de-Seine, Claude Guéant, ex-directeur de la Police nationale, ex-préfet de la région Bretagne. Un homme dont le calme apparent tranche avec la rapidité de son ministre, qui paraît vivre toujours dans l'urgence. Ce duo va sprinter dès le départ. Deux jours seulement après son arrivée à Beauvau, un décret regroupe sous un même commandement la police et la gendarmerie. Les patrons de la police applaudissent à grands cris. Les gendarmes un peu moins, même s'ils gardent leurs statuts et appartiennent toujours à l'armée. La semaine suivante, c'est la création des Groupements d'intervention régionaux (les GIR) : il s'agit cette fois de conjuguer les compétences de la police, de la justice, des douanes, de la gendarmerie et du fisc. Afin de lutter, notamment, contre les caïds, maîtres de l'économie souterraine dans les cités.

Troisième temps : renforcer les frontières. En moins d'un mois, Sarkozy rencontre ses homologues belge et britannique. Le premier afin de créer un commissariat commun à Tournai : le « Grand Lille », comme on aime à le dire dans la métropole du Nord, s'étend en effet jusque-là. Les trafiquants de drogue et les voyous traversent dans les deux sens une frontière qui n'existe pratiquement plus. Avec le ministère de l'Intérieur anglais, le problème est plus délicat : il s'agit du trop malheureusement célèbre centre des réfugiés de Sangatte qui sera fermé à la fin de l'année. Une décision applaudie dans un premier temps par Jack Lang, député du Pas-de-Calais. Mais les difficultés, les mois passant, ne seront pas toutes aplanies pour autant.

Ainsi se forge une image : « Si l'on m'a mis ici derrière le bureau (vrai ou faux, il existe un doute) de Cambacérès, c'est parce que c'est difficile », dit-il, sous-entendant que Chirac rêve de le voir échouer et feignant d'oublier qu'il a choisi lui-même ce terrain miné parce que l'insécurité est l'un des soucis majeurs des Français. Car c'est à ceux-ci, bien sûr, que l'image est destinée. Quand on s'appelle Nicolas Sarkozy, on sait qu'il ne s'agit pas seulement de faire, mais de faire savoir. Chaque jour, à 18 h 30, il réunit lui-même, à la différence de ses prédécesseurs qui laissaient cette charge à leur directeur de cabinet, les patrons de la police nationale, de la gendarmerie avec le préfet de police de Paris. Et il réclame « une opération par jour pour sécuriser les gens ». Résultats : alors qu'il est arrivé au ministère le 8 mai, il gagne dès la fin du mois vingt points dans le baromètre IPSOS/*Le Point* et quatorze dans celui de BVA/*Paris Match*. « Moi, dit-il, on m'aime pour ce que je fais, pas pour ce que je suis, alors que Kouchner par exemple, on l'aime pour lui-même. » Ainsi annonce-t-il donc une mesure par jour, envoie « une carte postale quotidienne », moque un ministre.

Il n'abandonne pour autant aucun de ses autres chantiers. En application de la règle anti-cumuls, par exemple, il a dû laisser sa mairie de Neuilly à son premier adjoint Louis-Charles Bary. Mais il n'a pas renoncé à prendre en 2004, la succession de Charles Pasqua à la tête du Conseil général des Hauts-de-Seine. Il invite à déjeuner Place Beauvau 21 des 36 maires du département : rien n'est subalterne, rien ne doit être laissé au hasard. Quand on ironise sur ses visites très médiatisées sur le terrain, il réplique : « Je vais encore les doubler. Et je préviens ceux qui guettent avec gourmandise ma première erreur, la première bavure, que j'apporte un soutien sans condition aux forces de l'ordre, mais que j'exige d'elles un respect scrupuleux des règles républicaines et ne tolérerai aucune incartade. » En attendant, il les cajole. La loi sur la sécurité, qu'il présente à l'Assemblée en juillet, prévoit un budget de six milliards d'euros en cinq ans pour l'Intérieur et la Justice. Il sait qu'un ministre est toujours apprécié de son administration à proportion des moyens qu'il obtient pour elle. Et ça marche, du moins dans les premiers temps.

Lorsqu'il réunit le 28 juin, dans la grande salle du Carrousel du Louvre, 2 000 hiérarques de la police, ceux-ci lui font une ovation debout. Il vient de leur dire : « Il n'y a pas un métier de policier exposé et un métier de ministre protégé. Nous serons côte à côte. » Il leur a annoncé aussi qu'avant la fin de l'année tous les personnels seraient équipés d'un gilet pare-balles, que le parc automobile serait rénové, les locaux réhabilités et que la création de 13 500 nouveaux emplois avant la fin 2007 serait programmée. Il a proposé aux personnels le rachat des 35 heures. Ce qui a permis d'obtenir des heures travaillées en plus. Ses policiers y trouvent financièrement leur compte.

Il veut des résultats. Et il met la pression. Les policiers seront notés, récompensés (de façon sonnante et trébuchante) au mérite. Émulation : chaque mois, le ministre reçoit les préfets des dix départements ayant enregistré les moins bons résultats sur les chiffres de la délinquance et des dix plus performants.

Son activisme lui vaut le surnom de « Speedy Sarko », mais il aime ça. « Je n'ai jamais été aussi heureux, proclame-t-il, je fais le job. » Et encore : « La différence entre les ministres ne tient pas au talent – à ce niveau nous en avons tous – mais à la charge de travail que l'on assume. » Parfois, en connaisseur, Jacques Chirac, lors de leur tête-à-tête du lundi, lui demande : « Comment tu fais ? » Il est épaté par sa « pêche » incroyable.

Toujours aussi, il assure le spectacle. Lors des séances de l'Assemblée consacrées aux questions d'actualité, il suffit qu'on l'interpelle pour qu'aussitôt le silence s'établisse. Habitué de longue date aux débats en tous genres, il se dresse droit comme un « I », pointe le doigt sur l'opposition, donne des chiffres, explique, tance et renvoie l'adversaire dans les cordes. Une virtuosité qui contraste avec les performances laborieuses de beaucoup de ses collègues. Il en jouit ! C'est visible.

En quelques semaines, il devient la coqueluche des députés de l'UMP. Il répète la performance chaque semaine, à la télévision, donnant le sentiment d'occuper l'écran tous les soirs. François Hollande le surnomme « l'abonné du 20 heures ».

À l'automne, il présente à l'Assemblée une deuxième version modifiée après avis du Conseil d'État de sa loi sur la sécurité qui crée de nouveaux délits, étend les compétences de la police judiciaire et ses moyens. Lorsqu'il vient devant le Sénat, et plaide que ce projet est d'abord « celui de la France des oubliés, des pauvres, des plus modestes, de tous ceux dont la vie quotidienne est devenue un enfer », il est applaudi longuement, plus d'une minute, par les sénateurs de la majorité qui, pour l'occasion, daignent se lever de leur confortable fauteuil.

Jacques Chirac, avec qui la rupture affective semble à jamais consommée, se montre comme toujours à la fois très admiratif (« C'est vrai, tu réveilles les préfets à 6 heures du matin ? ») et agacé : « Tu sais qu'aucun ministre de l'Intérieur n'a jamais eu autant de liberté que toi ? » Il n'avait pas voulu de lui comme Premier ministre. Et le voilà devenu sans conteste le premier des ministres, le plus entreprenant, le plus populaire, et de loin, le plus présent sur la scène médiatique. Quand on interroge les Français : quoi de neuf depuis six mois ? Ils ne répondent ni Chirac, ni Raffarin, mais Sarkozy. C'est lui qui incarne le changement et personnifie l'alternance. Tandis que ses collègues abordent les réformes « avec la prudence de qui traverse un champ truffé de mines », il inaugure cette technique ébouriffante : lancer de front avec la même témérité et le même enthousiasme toutes les réformes possibles relevant de son imposant ministère, même si elles débordent ses compétences. C'est une bénédiction pour Jean-Pierre Raffarin, une calamité pour ses collègues. Il attire sur lui tous les projecteurs ou presque. De quoi les mortifier, les frustrer. Il pompe leur oxygène.

Le 9 décembre 2002, il participe à l'émission « 100 minutes pour convaincre » sur France 2. En préambule, un sondage IPSOS indique que 65 % des Français lui font confiance pour lutter contre l'insécurité. Olivier Mazerolle, le directeur de l'information de la chaîne, le présente comme un Premier ministre *bis*. Jouant les modestes, ce qui ne trompe personne, il veut apparaître seulement comme un homme d'État, qui fait la part des choses. Qui manie avec habileté la carotte et le bâton. Il balaie tous les sujets : l'insécurité, l'immigration : « Il y a deux catégories d'immigrés, ceux qui ont vocation à rester en France, auxquels il faut donner le droit de travailler et ceux qui n'ont pas vocation à rester et qui seront reconduits chez eux. » La veille, il avait annoncé la signature d'un accord entre les trois grandes tendances de l'islam pour aboutir à la création d'un organisme du culte musulman.

Enfin, comble des combles, il ose assurer aussi ce jour-là, sans être cru, bien sûr, qu'il ne nourrit qu'une ambition : mener à bien le travail qu'il fait.

Quoi qu'il en soit, le succès est total. Dès le générique de fin, Jean-Pierre Raffarin lui téléphone pour le féliciter. Le lendemain, il croule sous les applaudissements. Il a réalisé un record d'audience : 5,8 millions de téléspectateurs. Plus que Jean-Pierre Raffarin en juillet. Il va gagner sept points d'opinions positives dans le baromètre BVA/ *Paris Match* et atteindre 50 %. De son perchoir, Jean-Louis Debré lui fait parvenir un mot : « Chapeau l'artiste ! »

Petit désappointement : Jacques Chirac, lui, ne l'appelle pas. « Vous voyez bien qu'il n'est pas gentil », souligne-t-il.

Qu'importe, réussir là où ses prédécesseurs ont échoué est son ambition. Deux dossiers sont sur la table : l'islam de France et la Corse. Deux sujets sur lesquels il reconnaît avoir « plus de chances d'échouer que de réussir, le chemin est étroit, mais, dit-il, il faut l'emprunter ».

L'islam de France

Dans les couloirs du ministère de l'Intérieur, qui est aussi celui des Cultes, on appelle, en effet, « le Vietnam des ministres » le dossier de la représentation officielle de l'islam dans la République. Joxe, Pasqua, Chevènement, Vaillant y ont échoué. Jean-Louis Debré a évacué ce casse-tête en estimant que l'islam n'ayant pas de clergé, ce n'était pas au ministre des Cultes de l'organiser.

En arrivant à Beauvau, Sarkozy est préoccupé de l'existence dans le pays de deux islam : l'officiel sous l'égide de la Grande Mosquée de Paris, qui rassure mais peine à être représentative de la réalité musulmane des banlieues ; l'officieux qui inquiète, mais avec lequel on ne discute pas réellement, représenté par l'UOIF[1]. De plus en plus souvent, des mosquées se créent dans des caves ou des garages, terreau porteur pour un extrémisme musulman. Sarkozy veut donner

1. L'Union des organisations islamiques de France créée en 1983 est la plus puissante fédération de la communauté musulmane de France. Son président est Monsieur Lhaj-Thami Breze et son secrétaire général Monsieur Fouad Alaoui. Tous deux d'origine marocaine. Ce n'est pas l'organisation qui fédère le plus de mosquées, mais elle développe un important réseau d'associations. Et elle organise chaque année au Bourget un rassemblement qui est la plus importante manifestation musulmane annuelle en France.

à chacun les moyens de vivre sa religion dignement et souhaite que tout le monde, sous l'égide de l'État, discute à la même table. Donc, il veut créer un organisme représentant l'islam de France dans toutes ses composantes. Il y faudra de longs mois, il y passera des centaines d'heures. Plus, à la fin de décembre 2002, un séminaire à huis clos, deux jours durant au château de Nainville-les-Roches (Essonne), qui appartient au ministère de l'Intérieur. Tous les frères ennemis de l'islam de France sont là. Une salle de prière est installée. « C'est bien la première fois et la seule fois depuis 1905 que l'on a pu prier "officiellement" au sein du ministère de l'Intérieur », écrira-t-il dans son livre *La République, les Religions, l'Espérance*[1].

Au terme de ces deux jours, le ministre leur arrache l'engagement de travailler ensemble à la mise en place d'un Conseil français du culte musulman (CFCM). Le mufti de Marseille évoquera la « main napoléonienne » du ministre de l'Intérieur par référence à l'organisation du culte israélite en 1806. Une chose est certaine : jamais depuis la séparation des Églises et de l'État, un ministre ne s'était engagé à ce point dans la gestion interne des cultes.

Des élections ont suivi et l'UOIF, accusée d'intégrisme, a participé à la consultation. Le CFCM a connu bien des tensions dans les mois qui ont suivi, mais aujourd'hui, il existe, marche cahin-caha – mieux en province qu'à Paris – mais il est là. C'est une réalité. Et si l'on reproche à Nicolas Sarkozy d'avoir fait entrer le loup UOIF dans la bergerie, il répond qu'il serait encore plus dangereux de rejeter, voire d'ignorer un mouvement aussi important et dynamique.

La Corse

La Corse, c'est une autre histoire. Mais pas plus simple.

Dans son livre *Libre*, Nicolas Sarkozy avait consacré un chapitre à la question corse « complexe, sensible et décisive ». En arrivant Place Beauvau, ce combattant jamais satisfait, veut une fois encore réussir là où tous ses prédécesseurs ont échoué. Quand le gouvernement Jospin avait jeté les bases d'un accord politique connu sous le nom d'« accords Matignon », il n'avait personnellement pas condamné la méthode, contrairement à ses amis du RPR. Pour la simple raison que c'est avec les ennemis, en fin de compte, qu'il faut faire la paix.

1. Nicolas Sarkozy, *La République, les Religions, l'Espérance*, Paris, Cerf, 2004 – Entretiens avec Thibaud Collin et le Père Philippe Verdin.

« Je veux dire ma conviction qu'un dialogue public et transparent avec les autonomistes me paraît être un choix raisonnable... Nous avons en notre temps payé cher les initiatives de tel ou tel ministre de l'Intérieur qui, fort de prétendus réseaux, croyait pouvoir dîner avec le diable, sous la protection de la clandestinité et d'engagements plus ou moins avouables », avait-il même raillé à l'époque, faisant allusion aux tentatives de Charles Pasqua et Jean-Louis Debré.

Lionel Jospin battu à la présidentielle, la page du processus Matignon avait été tournée. Dès le mois de juillet, cependant, Sarkozy reprend le dossier. Il se rend en Corse pour une visite de trois jours. Il s'agit officiellement de présenter les objectifs du gouvernement en matière de décentralisation. Le deuxième jour le ministre est donc rejoint par Jean-Pierre Raffarin. Tous deux veulent expliquer que la loi s'appliquera dans l'île comme ailleurs. « Ni plus ni moins », avait dit Jacques Chirac. Ce qui avait déçu les nationalistes. La gauche, en effet, avait prévu une évolution institutionnelle spécifique et c'est justement ce que tente de reprendre à son compte le ministre de l'Intérieur.

Sarko aime la Corse et les Corses ! Certains RPR lui reprochent même de manifester à leur égard une étrange tolérance. Sa première femme, Marie, est une insulaire. Il a passé de nombreuses vacances dans l'île. Ses fils y retournent chaque été. Pierre, l'aîné, vient même d'effectuer un stage dans une bergerie chez un cousin de Marie. À Vico-Sagone, berceau de leur famille maternelle, les deux garçons sont comme les enfants du village. Ils vendent des glaces, tiennent la caisse, font de la musique chez un glacier renommé... qui n'est autre que le beau-frère d'Ivan Colonna, le meurtrier présumé du préfet Claude Érignac, que leur père s'est justement juré de retrouver. Il l'a promis à sa veuve. Il la reçoit tous les 15 jours pour l'informer des progrès de l'enquête. Un rendez-vous « qui l'oblige ». Retrouver Colonna est pour lui une « priorité nationale ». Il estime que ses prédécesseurs n'ont pas mis en œuvre tous les moyens nécessaires pour aboutir. Réussir à le mettre sous les verrous serait pour lui une consécration.

En matière institutionnelle, il rêve que la Corse soit une élève modèle de la décentralisation. Il veut mettre à contribution l'ensemble des administrations dans un grand plan de développement : la Corse deviendrait une collectivité territoriale unique récupérant les compétences des deux conseils généraux transformés eux-mêmes en conseils territoriaux, ce qui suppose une révision de la Constitution. « Cela se fera », promet le ministre qui distribue mille petites flatteries et caresse les insulaires dans tous ses discours, le tout assorti comme il se doit de bains de foule chaleureux. Il se rend même à Bruxelles pour appuyer les revendications corses et promet de venir sur l'île « chaque fois qu'il sera nécessaire ». Entre mai 2002 et juillet 2003, Nicolas Sarkozy s'y rendra huit fois. Jean-Pierre Raffarin y reviendra avec lui en juin 2003 à Bastia, mais une manifestation syndicale hostile à la réforme des retraites les empêchera d'y tenir la réunion prévue. Il restera de l'épisode une photo peu gratifiante, les montrant debout sur des chaises de plastique pour s'adresser aux manifestants. De quoi susciter, bien sûr, les quolibets de l'opposition. Elle ne s'en privera pas.

Les Corses doivent se prononcer sur la réforme par référendum le 6 juillet. L'affaire se présente bien au départ. Le camp du « oui », très majoritaire, dispose du soutien de l'UMP locale, des nationalistes, et aussi des socialistes contraints de soutenir un projet dont ils avaient eu l'initiative. Mais seul Jack Lang se rend en Corse pour le défendre. Malgré l'abstention du chevènementiste Émile Zuccarelli, maire de Bastia, et de quelques dissidents de la majorité, le « oui » devrait obtenir près des deux tiers des voix.

Or, Jacques Chirac complique les choses. Le 26 juin, dans une interview au quotidien *Corse Matin*, il déclare « que ce référendum est une occasion pour les Corses de marquer leur attachement à la République ». Une interview qui met les nationalistes vent debout : Nicolas Sarkozy en effet avait seulement présenté son projet comme une réforme permettant une meilleure efficacité du service public. La question de l'indépendance ne semblait pas devoir être posée à ce stade. « J'aimerais convaincre les Corses qu'ils ont un avenir brillant », s'était-il exclamé. Les jours passant, les Corses s'interrogent davantage : pourquoi la suppression des départements améliorerait-elle leur situation ? Ils ont fait leurs comptes. Une collectivité unique ce sera forcément moins de fonctionnaires, or le secteur public est le premier employeur en Corse. Nombre de représentants de l'UMP, en outre, rechignent à défendre une réforme très proche du projet Jospin, qu'ils avaient combattu deux ans plus tôt. Enfin, le procès des assassins présumés de Claude Érignac débute le 2 juin devant une cour spéciale et risque de durer un mois : le verdict pourrait être rendu le 3 ou 4 juillet, soit deux jours avant le scrutin. Une bonne raison de s'interroger : la date du 6 juillet est-elle judicieuse ? Nicolas Sarkozy s'accroche à son calendrier. Il voudrait que la question soit réglée avant l'été. Alors au faîte de sa popularité, il est convaincu qu'une réforme portant son label fera passer le « oui ».

Un autre événement va embrouiller les esprits : l'avant-veille du scrutin, le vendredi 4 juillet, les policiers du RAID arrêtent, près de Propriano, Ivan Colonna en fuite depuis trois ans. À ce moment, Sarkozy tient meeting à Carpentras. Aussitôt averti, il téléphone à Madame Érignac, à Jean-Pierre Raffarin, à Jacques Chirac qui se serait exclamé : « C'est génial ! » Et aussi à son fils Pierre pour le prier de rentrer dare-dare de Corse où il se trouve. Il apprendra qu'il arborait ce jour-là – à l'instar de tous les jeunes dans l'île – un tee-shirt à la gloire du meurtrier présumé qui vient d'être arrêté.

Mais, sur l'estrade, il peut annoncer aux militants « une grande nouvelle pour la France ». Il reçoit une longue ovation. Ça c'est la culture du résultat ! Seulement les circonstances de cette arrestation, la date surtout, laissent penser aux Corses qu'il s'agit d'une manipulation politique. On ne se prive pas de rappeler qu'entre les deux tours de l'élection présidentielle de 1988, Jacques Chirac avait de la même manière annoncé la libération et le retour des otages français du Liban.

Le dimanche 6, les électeurs se rendent en grand nombre aux urnes : 60,5 % de participation. C'est énorme. Le ministre toujours optimiste y voit un heureux présage et se prépare à partir le soir même pour Ajaccio. Mais il passe bientôt de la gloire espérée à l'échec confirmé : le « non » l'emporte. Avec 50,98 % des voix, soit 2 190 bulletins de plus que le « oui ». C'est trop rageant. Les Corses ont choisi le statu quo. Voilà Nicolas Sarkozy très dépité. D'autant, il le sait, que beaucoup dans la majorité se réjouissent sous cape du coup qui le frappe. Le dimanche soir, arborant une mine sombre, il annonce que « le volet institutionnel n'est plus à l'ordre du jour et que la priorité est au rétablissement de l'ordre ». Il en rajoute même, promettant des actions fortes pour marquer le rétablissement de l'État de droit. Il s'agit de s'attaquer aux dérives mafieuses. Les enquêteurs financiers sont bientôt dépêchés de Paris. Ils voyagent par avion militaire pour ne pas attirer l'attention, dorment à la gendarmerie de Solenzara, avant d'effectuer leurs perquisitions. Les gendarmes et les policiers locaux qui les assistent dans leurs démarches, seront tous plastiqués : ces attentats sont revendiqués par le FLNC. Au terme de soixante voyages, Charles Piéri et ses sbires seront traqués, confondus et arrêtés. Cette fois, le ministre a le soutien total de la droite et de la gauche, excepté celui des nationalistes. Une question sans réponse : le ministre de l'Intérieur aurait-il mis autant d'acharnement à traquer les mafieux si sa réforme avait abouti ?

Il est déçu, mais il caracole toujours en tête des sondages. Les Français du continent ne lui tiennent pas rigueur de cet échec. Ils ont déjà conclu qu'« il n'y a rien à faire avec les Corses ».

Cet été-là, ses deux fils Pierre et Jean ne retourneront pas à Sagone.

Il a échoué en Corse, et à l'UMP beaucoup doutent de la pérennité du CFCM. Mais il demeure si populaire que Jean-Pierre Raffarin l'appelle au secours. Comme toujours, la réforme des retraites enflamme le service public. Et, comme souvent, les enseignants sont au centre de la contestation. D'autant qu'ils protestent, comme toujours aussi, contre les réductions d'effectifs et surtout le transfert de la gestion du personnel non enseignant (médecins, conseillers psychologues, assistantes sociales, ouvriers et techniciens) aux collectivités territoriales. Les examens de fin d'année sont proches. Le gouvernement craint de ne pas pouvoir organiser le baccalauréat, cet inébranlable monument, si les enseignants ne désarment pas. Leur contestation vise surtout Luc Ferry, leur ministre, victime d'une campagne de presse très rude du journal *Libération* qui lui reproche ses opinions anti soixante-huitardes et même sa vie privée : la présence au ministère, jugée excessive, de son épouse Marie-Caroline. Le livre qu'il envoie aux enseignants pour leur expliquer la réforme n'a rien arrangé. Des professeurs l'ont même brûlé. Comme au temps de l'Inquisition et du fascisme. Or, la décentralisation figure parmi les compétences du ministre de l'Intérieur. Jean-Pierre Raffarin, misant sur son audience et sur sa méthode, l'appelle donc à la rescousse. À lui d'expliquer le projet aux enseignants. Ce qui ne convainc pas tout le monde : « Faire du premier flic de France l'interlocuteur des professeurs est pour le moins un symbole surprenant », s'insurge la CGT.

Il en faudrait davantage pour démonter Sarkozy. « Je veux bien y aller : mais à une double condition, répond-il à Raffarin : que je conduise la négociation et que tu me donnes des biscuits pour négocier. » Courageux, mais pas téméraire, il ne va pas se lancer dans l'aventure sans « biscuits ». D'abord il veut mieux connaître les syndicalistes du milieu enseignant. Et il se renseigne… Auprès de Jack Lang, par exemple. Il demande aussi aux responsables de l'UNSA-Police des informations sur son collègue de l'UNSA-Éducation et ainsi de suite. Avant de rencontrer ses interlocuteurs autour d'une table ronde, il appelle chacun, en reçoit aussi quelques-uns. Et il met soigneusement en scène son arrivée au ministère de l'Éducation, allant jusqu'à s'informer auprès des huissiers des conditions d'installation des journalistes.

Surtout il ne manque pas de munitions. Alors que Raffarin voulait afficher la fermeté, il a finalement admis que certains personnels pourraient ne plus être concernés par la décentralisation. Des concessions qui avaient été refusées à Luc Ferry. Résultat : Nicolas Sarkozy n'a pas seulement élargi son champ d'action avec la bénédiction du Premier ministre. Il n'incarne plus seulement la sécurité mais, dans une certaine mesure, le dialogue social aussi. Ce qui fait maugréer quelques chiraquiens. « Raffarin, disent-ils, a manqué de courage, pourquoi ouvrir un tel boulevard à Sarkozy ? » Le voilà vraiment promu Premier ministre *bis*.

« Je ne mets pas de bornes à mes désirs », pourrait-il dire à l'instar de Madame de Maintenon. Il est partout, se montre partout, agit partout. Au risque de marcher sur les pieds de ses collègues. Ainsi en octobre 2002, Jean-Jacques Aillagon, ministre de la Culture, devra reconnaître s'être fait avoir comme un bleu. Hostile par principe à toute censure d'une œuvre littéraire, il l'avait averti du danger qu'il courrait pour son image s'il interdisait la publication d'un livre intitulé *Rose Bonbon*, un ouvrage médiocre dont le héros est un pédophile assassin. « Cela ternirait ton image, tu deviendrais "Sarko le censeur". » Or c'était bien le premier réflexe de Nicolas Sarkozy. Son entourage à l'Intérieur l'y encourageait aussi. Et puis, un soir, changement d'attitude, le ministre de l'Intérieur lui annonce qu'il vient de renoncer à interdire ce roman après avoir demandé à Antoine Gallimard, l'éditeur, de vendre l'ouvrage fermé par un cache-sexe de Cellophane, mais il lui demande de ne pas rendre publique sa décision : « Nous le ferons demain ensemble. » Aillagon, auquel les journalistes ne cessaient de téléphoner, ne dit donc rien. Et le lendemain, il constate que la presse ne parle que d'une chose : l'appel à la responsabilité des libraires… lancé par Nicolas Sarkozy ! Lequel explique : « Si j'interdis *Rose Bonbon*, je serai saisi tous les mois d'une demande, j'y perdrai mon énergie et j'y gagnerai une mauvaise image. Je lâche du lest sur l'accessoire pour me concentrer sur l'essentiel. » Le ministre a échappé à la potence médiatique.

De même, en février 2003, il s'invite à une conférence de presse sur la violence routière tenue par ses collègues Dominique Perben, ministre de la Justice et Gilles de Robien alors en charge des Transports, lesquels, offusqués, se plaignent à Matignon de la boulimie de la Place Beauvau. Histoire de calmer les esprits, Jean-Pierre Raffarin décide d'y participer lui aussi. C'est que Nicolas Sarkozy veut améliorer son image auprès des automobilistes qui le tiennent pour responsable de chaque PV reçu.

La sécurité routière est l'aspect positif de la lutte contre les excès de vitesse. Il importe aussi pour Sarkozy de ne pas apparaître seulement en uniforme de gendarme. En protecteur au contraire, soucieux de préserver votre vie et de faciliter vos déplacements.

Rien chez lui n'est jamais improvisé. Toute initiative répond à un objectif. D'ailleurs, s'il bouscule les frontières des ministères, c'est aussi par goût de la vie et de l'action. Il l'avait dit en riant au soir de la table ronde avec les syndicats d'enseignants : « Le monde de l'Éducation m'intéresse, d'ailleurs, je me demande ce qui ne m'intéresse pas. »

Résumons : sécurité, immigration (il fera voter deux lois), discrimination positive, laïcité, révision de la loi de 1905, autant de sujets de controverses passionnées. Nicolas Sarkozy est le principal producteur d'idées dans le débat politique. Qui pourrait le nier ?

CHAPITRE XIX
« Homme de l'année »

Tous les hommes le savent, ceux du moins qui chaque matin prennent le soin de se raser. C'est un petit moment où s'observant dans le miroir ils se questionnent sur la fuite des ans et songent du même coup à leur devenir. Il n'est donc pas surprenant que, ce 20 novembre 2003, interrogeant Nicolas Sarkozy lors de l'émission « 100 minutes pour convaincre », Alain Duhamel lui demande : « Pensez-vous à la présidentielle, le matin en vous rasant ? » Un mois plus tôt, lors de la même émission, Laurent Fabius avait répondu justement qu'il lui arrivait de songer à cette élection « le matin, parfois », à ce moment précis.

Ce qui n'avait pas ému grand monde.

La réponse de Nicolas Sarkozy, elle, va faire du bruit et aura de longs échos. Que dit-il ? Qu'il y songe « et pas seulement en me rasant ». Une déclaration d'entrée en campagne qui fait oublier qu'au cours de la même émission il avait affronté avec succès Jean-Marie Le Pen et Tariq Ramadan, théologien musulman à la réputation sulfureuse.

Les chiraquiens s'étranglent de rage une fois encore. Voici un nouveau crime de lèse-Président ! D'autant plus intempestif que l'échéance est bien lointaine. La presse, elle, est sûre que cette quasi-déclaration de guerre empêchera le ministre de l'Intérieur de succéder à Jean-Pierre Raffarin dont les jours à Matignon sont déjà comptés, à en croire la rumeur.

Bizarrement, le principal intéressé, Jacques Chirac, ne prend pas ombrage de cet acte de candidature ou a décidé de ne pas le manifester. Il s'est même offert le petit plaisir, dès le soir de l'émission, de téléphoner au prétendant pour le féliciter chaudement, précisant qu'il avait regardé l'émission « jusqu'au bout ».

Le prétendant, lui, est aux anges. Mais pour une tout autre raison : l'émission a rassemblé six millions six cent mille téléspectateurs, huit cent mille de plus que la précédente onze mois plus tôt. Et quand *Le Journal du Dimanche* lui demandera à la fin de décembre quelle a été sa plus grande joie de l'année, il répondra : « Six millions six cent mille téléspectateurs » à ce débat télévisé.

Entre-temps, il a remis ça. Quatre jours après l'émission, participant pour *Le Monde* à un débat avec François Hollande, il s'est déclaré favorable à la limitation des mandats : pas plus de deux pour une ville (chiffre qu'il a déjà dépassé à Neuilly…), une région ou… un pays. Et il a expliqué : « Quand on a le sentiment que le temps est compté, on agit plus et plus vite. Quand le mandat est illimité, on n'a comme volonté – c'est humain – que celle de durer. » « Ce n'est pas convenable », lâchera Chirac sur un ton pincé. Les exégètes de la pensée chiraquienne savent que le « pas convenable » signifie que son irritation est à son comble.

C'est ce qui s'appelle enfoncer le clou. Et d'ajouter : « Je dis seulement ce que je pense, le quinquennat a accéléré le temps présidentiel. »

Les chiraquiens réagissent tous. Chef de ce chœur, Jean-Louis Debré souhaite déjà dans *Le Figaro* que « Jacques Chirac se représente en 2007 ». François Fillon, alors ministre des Affaires sociales : « Extrêmement choqué de voir le débat sur la succession lancé si tôt. »

Sarkozy a décidé de ne rien laisser passer et il poursuit de sa vindicte ses collègues qui ont eu l'audace de le critiquer.

C'est Brice Hortefeux qui est chargé de river son clou à ce Fillon-là. Déplorant sur RTL des propos « inutiles et agressifs », il lui conseille aussi de s'occuper de son ministère et de « rendre lisible son action ». Et vlan ! Fillon raillera : « Mais qui est donc ce Monsieur Hortefeux ? » Atmosphère…

C'est Renaud Dutreil, jeune ministre en charge des PME, coupable d'avoir déclaré : « On ne peut pas courir deux lièvres à la fois, un ministre, c'est fait pour atteindre des objectifs et notamment ceux qui ont été fixés par le Président de la République » qui se fait rembarrer : « C'est une question de capacités. » Le ministre de l'Intérieur, qui ne veut pas en rester là, demande à Jean-Pierre Raffarin auquel il se plaint de ces agressions de tancer ses ministres insolents. Ce que sera chargé de faire Michel Boyon, son directeur de cabinet. Dutreil raconte : « Sarko était furieux contre moi. Mais il m'a appelé pour m'expliquer : "Voilà pourquoi tu te trompes." » Et d'ajouter : « Au moins, lui, il essaie de convaincre celui qui l'a affronté. » Le Premier ministre qui adore jouer les pacificateurs, s'empressera de déclarer : « Sarkozy et Fillon sont deux très bons ministres. » Et de corriger : « Les ministres n'ont pas à se critiquer entre eux. »

Le pacificateur ne va pas manquer de travail. Les bisbilles, en effet, se multiplient. D'autant que le prétendant se sent porté par les sondages, toujours plus favorables. À tel point que *Le Monde*, au début de 2004, évoquera « L'autre cohabitation », celle du Président avec son ministre de l'Intérieur ! Ils viennent de s'accrocher à propos de la nomination d'un préfet musulman souhaité par celui-ci au nom du principe de « discrimination positive », ce que Jacques Chirac traduit par « discrimination ethnique ». L'affaire a été chaude. Lors de sa visite à Tunis le 8 décembre 2003, à un jeune étudiant qui le questionne, Jacques Chirac répond : « On ne nomme plus les gens en fonction de leur origine. Ce n'est pas convenable. » « Je préfère parler d'égalité de traitement plutôt que de discrimination positive », tranche Alain Juppé. À sa suite, Dominique Perben, François Fillon seront invités par l'Élysée à monter au créneau pour dire tout le mal qu'ils pensent de la discrimination positive de Sarko !

Peu importe à Nicolas Sarkozy. *Le Point* vient de le sacrer « Homme de l'année ». *L'Express*, lui, inaugure sa nouvelle formule avec une interview-fleuve du ministre de l'Intérieur intitulée « Ce que je veux pour la France ». Puisque l'opinion veut du Sarkozy, elle en a à pleines pages, à pleines images, sur tous les murs des grandes villes et sur toutes les ondes.

L'Élysée aimerait trouver un autre homme à lui opposer dans les médias, mais qui ? Alain Juppé, toujours président de l'UMP, porte encore le poids de la défaite de 1997 et a encore des ennuis avec la justice dans l'affaire dite « des emplois fictifs du RPR ». Il a même fait savoir qu'il quitterait la vie politique s'il était déclaré inéligible… Alors, le Premier ministre ? Jean-Pierre Raffarin fait ce qu'il peut, mais, bon, les sondages ne lui sont pas plus favorables que le temps. (La canicule de l'été 2003 a fait 15 000 victimes, imputées par l'opinion à une certaine inertie ministérielle.)

Nicolas Sarkozy occupe donc le terrain. Bien sûr, Jacques Chirac est toujours là, il se montre, et parle beaucoup pendant la période des vœux. Mais le ministre de l'Intérieur entend se hisser à un autre sommet. Et, à la manière gaullienne, il tient une conférence de presse. Un exercice qui répugne au Président. Il réunit près de quatre cents journalistes, plus que Jean-Pierre Raffarin pour la cérémonie des vœux de Matignon, il dresse un bilan – positif bien sûr – de son action (les actes de délinquance ont baissé d'un peu plus de 3 % en 2003) et se félicite du nombre de ses auditeurs, signe, à ses yeux, que sa politique répond aux « préoccupations des Français ».

Bien entendu, on parle succession. C'est une journaliste irlandaise qui s'y met. « Monsieur Sarkozy, en quoi feriez-vous un meilleur Président de la République que l'actuel chef de l'État ? » Le sourire carnassier, le ministre rétorque qu'il apprécie « la fraîcheur de la question » et ajoute : « À bientôt quarante-neuf ans (une façon de souligner que le Président en compte 71), il faut que je fasse attention à mes réponses. Personne ne sait qui sera candidat, moi le premier. J'essaierai cette année de rester le même, de conserver ma liberté de parole et d'action, d'agir et de penser. »

Nouveau coup de sang dans le camp d'en face. François Fillon, encore lui, dénonce la gesticulation médiatique (« L'Élysée me poussait sans cesse à taper sur Nicolas, ce que j'ai fait jusqu'au début de l'année 2004 et là j'en ai eu marre de ce TSS (Tout sauf Sarko), je l'ai invité à déjeuner et nous avons fait la paix », révèle-t-il aujourd'hui). Michèle Alliot-Marie souligne que « c'est la gendarmerie qui obtient les meilleurs résultats en matière de sécurité ». Sous-entendu : elle travaille mieux que les policiers de Sarkozy. Mais justement, les gendarmes ont été placés, la ministre paraît l'oublier, sous l'autorité de celui-ci.

De multiples escarmouches, parfois presque puériles, qui n'améliorent pas l'image du monde politique. Elles seront bientôt éclipsées par l'affaire dite « des sumos ». C'est que le ministre de l'Intérieur, désireux de se forger comme tout prétendant une image internationale, s'est rendu en voyage officiel en Chine. Le prétexte de ce déplacement est plutôt mince : il s'agit pour Nicolas Sarkozy de signer avec son homologue chinois un accord de coopération policière pour lutter contre l'immigration clandestine. Mais il s'est arrangé pour obtenir, grosse cerise sur le gâteau, un entretien avec le Président Hu Jintao.

Quelques jours, comme par hasard, avant la venue de celui-ci à Paris où Jacques Chirac l'a invité.

Un voyage où le ministre a été reçu « comme un chef d'État », c'est ce qu'il dit à tous vents – pourtant les chaînes de télévision chinoises n'ont pas passé une seule image et pas dit un mot de sa visite. Soucieuses de ne pas froisser l'Élysée, les autorités du pays avaient demandé à Sarkozy d'éviter la présence des médias français. Il n'est pire sourd que celui qui ne veut pas entendre. Il est arrivé avec « une armée de journalistes », comme l'aurait constaté, perplexe, son homologue de Pékin.

Il narre à ses compagnons de voyage, la « mine gourmande », ce que souligne une dépêche de l'AFP, son entretien avec le Président chinois. Lequel a longtemps été numéro deux du parti. Or, que lui a-t-il demandé ? Ceci : « Quel effet cela faisait-il de devenir numéro un après avoir été numéro deux ? » On suffoque à Paris. « Ça c'est le bouquet », s'exclame Jacques Chirac. Ça n'est pourtant rien encore. Au retour, la scène se déroule à Hong Kong, dans le restaurant « Le China Club ». Nicolas Sarkozy, décidément en forme et en verve, se laisse un peu plus aller devant les journalistes, il compare la Chine et le Japon pour dire qu'il préférerait vivre en Chine. Et voilà qu'il évoque le sumo, sport japonais préféré de Jacques Chirac ; celui-ci ne manque en effet aucune des rencontres diffusées par la chaîne thématique Eurosports, connaît les noms des champions, leurs performances, leurs tactiques. Un spécialiste ! Et Sarkozy de s'interroger : « Comment peut-on être fasciné par ces combats entre des types obèses, au chignon gominé ? Je ne comprends pas ce qu'il y a de beau. Ce n'est pas un sport d'intellectuel, le sumo. » Et de conclure : « Mitterrand, lui, au moins, il avait du goût. »

Marquer sa différence avec Jacques Chirac devient l'un des piliers de sa communication.

Voilà que *Paris Match* raconte toute l'histoire le 15 janvier 2004. Bien entendu, Sarkozy dément contre toute évidence avoir tenu de tels propos. Peut-être même que ses remarques très désobligeantes à l'égard du Président de la République n'étaient pas destinées à être publiées. Que c'était du « off ». Mais voilà ce qui arrive aux bavards. Dans l'autre camp, on est passé de la suffocation à la colère : « Dire que les sumos ne sont pas un sport intellectuel équivaut à déclarer que Jacques Chirac est un con », constate le chef de chœur, Jean-Louis Debré, jouant les interprètes pour l'occasion. Et Jean-Pierre Raffarin, dans une déclaration à *Sud-Ouest*, laisse tomber : « Il n'y a pas de place contre le Président dans le camp du Président. »

Ce n'est encore, pourtant, qu'un début. Poursuivant sa tournée internationale et obsédé par la volonté de ne pas apparaître comme l'héritier de Jacques Chirac, Sarkozy s'envole pour l'Espagne le 21 janvier afin de rencontrer un adversaire déclaré de celui-ci, le Premier ministre José Maria Aznar qui s'est plusieurs fois opposé au Président français, notamment sur les relations Europe-États-Unis. L'espagnol le décore de la Grand-Croix de l'ordre de Carlos III et évoque leur accord profond. Nouvelle occasion de colère en deçà des Pyrénées.

Sarkozy insiste, il ne parle pas encore de rupture, mais c'est tout comme. Il explique aux journalistes : « Entre Chirac et moi, il existe un vrai désaccord de fond. Lui pense que la France est éternelle, qu'elle en a vu d'autres, qu'elle a horreur du changement et qu'il ne faut surtout pas la bousculer. Et moi, je pense au contraire que les civilisations sont mortelles, que le pays décline, que la France doit être reprise en main. Je suis sûr que les Français sont d'accord pour que l'on fasse les réformes nécessaires. »

Survient une nouvelle pomme de discorde entre l'Élysée et Beauvau. Sur un sujet que les initiés savent capital : la nomination d'un nouveau patron des Renseignements généraux, police politique dont la maîtrise est un atout majeur. Le Président a son candidat, le ministre le sien. Il faudra en fin de compte s'accorder sur un troisième : le préfet Pascal Mailhos qui a servi chez Pasqua et en Bretagne – il sera remplacé après le retour de Nicolas Sarkozy à l'Intérieur en 2005. Mais l'affaire laisse des traces, exaspère les rancœurs.

C'est à ce moment que Dominique de Villepin, en charge des Affaires étrangères et toujours familier de l'Élysée, reçoit le 9 janvier le général Rondot, grand spécialiste du renseignement, conseiller au ministère de la Défense qu'il connaît depuis de longues années. Ensemble, ils évoquent une liste de comptes en banque à l'étranger, comptes alimentés, paraît-il, par des rétrocommissions[1] issues de l'affaire dite des « Frégates de Taiwan ».

Depuis la fin de l'été, un familier de Dominique de Villepin, Jean-Louis Gergorin, brillant esprit mais très « professeur Nimbus », habitué des allées de tous les pouvoirs, et convaincu que la direction des affaires publiques s'accompagne fatalement d'infractions à la morale, se promène dans Paris avec une liste plutôt baroque où

1. Pour vendre six frégates à Taiwan, la France a versé des commissions importantes à un intermédiaire chinois qui a rétrocédé une partie d'entre elles à des personnalités françaises.

figurent plusieurs hommes politiques de droite ou de gauche. Et quand il l'a confiée à Villepin, celui-ci y aurait découvert le patronyme de Nagy Bocsa.

Apparemment, c'est celui-là seul, ou presque, qui l'intéresse. Le 9 janvier en effet, recevant le général Rondot, un homme qui note tout sur un petit carnet, Dominique de Villepin lui indique qu'il a reçu le « feu vert du chef de l'État » pour enquêter sur cette liste. Et le général écrit dans son compte rendu : « Enjeu politique : Nicolas Sarkozy. Fixation : Nicolas Sarkozy. Référence – conflit Chirac-Sarkozy. » Le ministre des Affaires étrangères, en outre, furieux du voyage en Chine de son collègue et néanmoins ennemi, en rajoute. Il ouvre une autre piste qui n'a pas de rapport évident avec l'affaire des frégates. Le général Rondot note dans son compte rendu que ce voyage à Pékin aurait peut-être – point d'interrogation à l'appui – un « intérêt financier ».

La ténébreuse affaire Clearstream (du nom de la banque luxembourgeoise supposée détenir ces comptes) allait commencer.

Décidément ce mois de janvier 2004 ouvre une année terrible pour les amis de Jacques Chirac. Le 30 de ce mois-là, le tribunal correctionnel de Nanterre condamne Alain Juppé pour « prise illégale d'intérêts » : quand il était adjoint aux Finances à Paris, et responsable du RPR, une demi-douzaine de collaborateurs de ce mouvement étaient salariés par l'Hôtel de Ville. Il a trop tardé à se mettre en conformité avec la loi.

Les juges n'y sont pas allés de main morte. Ils ont appliqué à la lettre une disposition votée sous le gouvernement Balladur auquel Juppé appartenait : dix-huit mois de prison avec sursis (alors que le Parquet en avait requis huit) et surtout inscription de cette condamnation au casier judiciaire (contrairement là encore à une demande explicite du Parquet), ce qui a pour fâcheuse conséquence de rendre le condamné inéligible pour dix ans.

Par sa violence, le jugement excède même la stricte application de la loi : des appréciations morales figurent parmi les attendus. Notamment : « Monsieur Juppé a trompé la confiance du peuple souverain. » Une phrase qui décide celui-ci à faire appel. Le jugement fait aussi allusion au rôle de Jacques Chirac, président du mouvement au moment des faits incriminés. Mais il bénéficie de l'immunité du chef de l'État devant toutes les juridictions pénales.

« Je suis le patron, je paye », commente Juppé, toujours sobre mais amer. L'opinion, elle, pense plutôt que, bon soldat, il se sacrifie pour son chef. Pour l'heure, cette condamnation fait l'effet d'un tsunami à l'UMP. Juppé se mure dans le silence et disparaît. (On retrouvera sa trace à Honfleur où il est parti passer le week-end avec son épouse.) Mais ses amis se mobilisent.

Tout le monde sur le pont. À commencer par le capitaine. Le 1er février à Marseille, Jacques Chirac s'écrie que Juppé est « un homme d'une qualité exceptionnelle de compétence, d'humanisme, d'honnêteté et que la France a besoin de dirigeants comme lui ». Un propos tenu devant le maire de la ville Jean-Claude Gaudin, numéro deux de l'UMP, qui venait de se dire prêt à assumer l'intérim… Mais le Président n'en a cure, il va jusqu'à souhaiter la création dans tout le pays de comités de soutien. Jean-Pierre Raffarin entonne le même couplet : « Au-delà de ceux qui ont pour lui respect et affection, une large majorité de Français savent qu'Alain Juppé est un homme d'État, un homme d'honneur. Ce jugement n'est que provisoire. La France a besoin d'Alain Juppé. »

Tout le monde sur le pont, donc. Sauf… Nicolas Sarkozy. Pour une fois, on ne le lit, ni ne l'entend dans les médias. Il ne téléphone même pas à l'intéressé : « Tout ce que je pourrais dire, se justifie-t-il, serait forcément retenu contre moi, on me traiterait de faux cul. » Ce qui paraît probable. Surtout quand Sarkozy y voit l'occasion de ramasser un parti créé par et pour Chirac et Juppé. La bataille pour la présidence de l'UMP est engagée.

Le camp chiraquien l'a compris aussitôt et commence par s'offrir un petit suspense et un certain délai. Suspense : Juppé conservera-t-il ses mandats pendant la durée de l'appel ? Trois jours après l'énoncé du jugement, il dîne avec le Président. Et annonce le lendemain sur TF1 sa décision, « prise en conscience et seul ». Oui il reste ! (Ce qui provoque un dégât collatéral à France 2 qui, soucieuse de griller sa concurrente, a annoncé qu'il partait ; du coup, le directeur de la rédaction, Olivier Mazerolle, est remercié.)

Quand même, c'est la panique du côté de l'Élysée. Où une seule question hante toujours les esprits : comment empêcher Sarkozy de se propulser à la tête du parti ? Certes, Jean-Pierre Raffarin aurait la légitimité de cumuler les fonctions de Premier ministre avec cette présidence, comme Chirac en 1985 et Juppé en 1995. Mais c'est peu de dire que sa popularité n'est pas au zénith, y compris chez les militants. Et il doit franchir un cap difficile : les élections régionales du printemps, pour lesquelles il prendra la tête de la campagne.

Bref : on ne sait plus à quel saint se vouer. Michèle Alliot-Marie, du coup, propose, faute de mieux, une mesure conservatoire : que le futur président de l'UMP s'engage à ne pas être candidat en 2007. Sarkozy, qui connaît son histoire, soupire : « C'est le même coup qu'en 1969 au moment du vote du référendum, quand Malraux avait voulu faire signer à Pompidou l'engagement de ne pas se présenter pour succéder à de Gaulle si celui-ci était battu. »

En attendant, l'urgence, ce sont les régionales. Au départ, Jean-Pierre Raffarin leur avait dénié tout enjeu politique. Dix-neuf membres du gouvernement étaient pourtant candidats. Et vous avez dit : « Pas politique ? » Dès l'automne 2003, Jacques Chirac s'était employé à convaincre Nicolas Sarkozy qu'il ne serait pas dans son intérêt de briguer la présidence de la région Île-de-France (parce qu'en cas de succès la logique voulait qu'il brigue ensuite la présidence de l'UMP).

Le Premier ministre, qui s'est intronisé chef d'orchestre de la campagne, est confiant. D'abord, quant au résultat en Poitou-Charentes qu'il présidait avant d'entrer à Matignon et où la gauche a pourtant remporté quelques succès depuis qu'une certaine Ségolène Royal, aux allures très parisiennes, s'est mise en tête de conquérir patiemment les électeurs ruraux de sa circonscription. Reste que la campagne n'est pas facile. Il s'agit pour Raffarin de manifester son entier soutien à Jacques Chirac tout en profitant de la popularité de son ministre de l'Intérieur. Surtout les Français sont plutôt moroses.

Dans les régions, les candidats ont vite compris : s'ils veulent amener du monde dans les meetings, ils doivent se faire flanquer de Sarkozy. Même les chiraquiens les plus hostiles sont contraints de faire appel au soliste. Et quand il accompagne Bernadette Chirac à Tulle – ville dont François Hollande est le maire – le 22 mars, elle lui glisse à l'oreille : « Heureusement, on vous a, et je vous le dis sincèrement. »

La popularité de Sarkozy, celle de Dominique de Villepin aussi, encore auréolé de ses prises de position contre la guerre d'Irak, ne suffiront pas à contrebalancer l'impopularité de Jean-Pierre Raffarin. La gauche devance la droite au premier tour et la met en déroute au second. La carte de France vire du bleu au rose. La droite ne conserve qu'une seule région : l'Alsace et récupérera la Corse en raison de la division des élus de gauche. « C'est un 21 avril à l'envers », constate François Fillon, battu à sa grande surprise dans les Pays de Loire, et à qui l'Élysée reprochera vertement cette amère formule. L'UMP ne peut même pas se consoler avec les résultats des cantonales : le PS et ses alliés lui arrachent une dizaine de départements.

« Ah, il est beau l'effet Sarko ! » maugréent quelques chiraquiens pour se consoler. Ledit Sarko, personnellement, ne s'en est pas mal tiré. Il avait songé à se présenter – malgré les mises en garde présidentielles –, et même envisagé de quitter le gouvernement ; il a eu du nez et renoncé à conquérir l'Île-de-France, laissant à Jean-François Copé, son collègue ministre, le soin risqué de conduire la liste. Mais il a remporté haut la main, dès le premier tour, la cantonale à Neuilly. Et Charles Pasqua, comme il s'y était engagé, lui a laissé son siège de président au Conseil général. Le voici à la tête du département le plus riche de France, en moyens humains et matériels.

Les chiraquiens n'apprécient guère. Mais tel Diogène, ils cherchent un homme… Et ne le trouvent pas. Villepin est encore trop frais et doit faire ses preuves dans un autre ministère. « Il n'a pas assez d'humus sous ses semelles », dit de lui Jacques Chirac qui confirme donc Raffarin dans ses fonctions, l'annonce à la télévision dans une intervention vite interprétée pourtant comme un désaveu de la politique qu'avait menée celui-ci. Allez y comprendre quelque chose. Quelques ministres gagnent du galon comme Jean-Louis Borloo ou sont congédiés comme Luc Ferry, remplacé à l'Éducation par François Fillon.

Les changements les plus importants concernent Nicolas Sarkozy et Dominique de Villepin qui franchit la Seine pour lui succéder Place Beauvau. Dès le lundi matin, le Président a téléphoné au premier : « Tu vas aller aux Finances et tu deviens ministre d'État. » Point. Pas de discussion. Cette fois, il ne lui laisse pas le choix : « Je voulais rester à l'Intérieur, il a souhaité que j'aille à Bercy, il ne veut que de bonnes choses pour moi », raille l'intéressé devant les journalistes. Il sait que le Président ne peut se séparer de lui. Trop populaire. Mais on explique en douce à l'Élysée que la charge des Finances donnera à Sarkozy beaucoup moins d'occasions de se montrer au 20 heures de TF1 et de séduire l'opinion et les militants pour conquérir l'UMP. « Tous ceux qui ont du talent et de l'ambition sont en piste », commente Jean-Pierre Raffarin.

Nicolas Sarkozy quitte donc la Place Beauvau, très ému quand même : il sait que Dominique de Villepin a été promu pour être une possible alternative. Encore un bleu en politique, c'est un tempérament. Et Cécilia plus encore, qui refuse d'assister au rite de la passation des pouvoirs à Dominique de Villepin. Mais le lendemain, les larmes sont déjà sèches. Il avait gardé un bon souvenir de Bercy. Seul et mince embarras : cet encombrant compliment du baron Seillière, président du MEDEF : « Voilà notre Zidane aux Finances. »

Comme il l'avait fait en arrivant à l'Intérieur, Sarkozy entend mener une guerre éclair pour soutenir et parfaire son image. Donc réussir là où ses prédécesseurs ont échoué. Premier objectif : réduire les dépenses. Comme par hasard, un gros effort est demandé à la Défense, en complète opposition avec la volonté affichée par Jacques Chirac de sanctuariser ce budget-là. « On finance tous les équipements, sans faire de choix, alors qu'on n'en a pas les moyens », tonne Sarkozy.

Deuxième objectif : poursuivre sa tournée internationale. Ce sera, pour commencer, Washington. En compagnie de Cécilia, bien sûr, qu'il fait accréditer partout où il passe. Il est chaleureusement reçu par les grosses têtes de l'administration Bush : Colin Powell et Condoleezza Rice. Devant le Congrès juif il déclare, dans son anglais toujours approximatif, être appelé en France « Sarko l'Américain » en raison de sa promptitude dans l'action. Et, un peu partout, il plaide pour une réconciliation franco-américaine. Comme si Jacques Chirac avait semé la discorde.

À New York il avouera devant des étudiants un peu interloqués : « Je me suis toujours senti étranger dans mon pays. » Explication : étranger parce qu'en France on ne reconnaît pas le mérite et le travail.

Quand l'opposition l'interpelle à l'Assemblée nationale sur les raisons de son voyage aux États-Unis, il invoque benoîtement la nécessité de « restaurer l'image de la France ». Tête de Villepin. Nouveau grognement à l'Élysée.

Ce jour-là cependant, emporté par son élan, il déclenche un tollé : « J'ai expliqué aux dirigeants américains que la France n'était pas un pays antisémite. Du temps de Lionel Jospin, la France passait pour un pays antisémite. » Cette réponse provoque un grave incident de séance. Les socialistes quittent l'Hémicycle, exigent des excuses et dénoncent le caractère imprévisible du ministre qui serait dangereux, ajoutent-ils, s'il accédait à l'Élysée. Où l'on pense, une fois de plus, la même chose. Presque aussitôt, le 29 avril, Jacques Chirac déclare que l'antisémitisme est un sujet trop grave pour entretenir la polémique politicienne.

Troisième objectif de Sarkozy : relancer la croissance. Un mois après son arrivée à Bercy, il tient sa première grande conférence de presse. Il se fait toujours le chantre de la rigueur budgétaire dont se plaignent ses collègues (Villepin ira jusqu'à lui reprocher d'empêcher, en rognant les crédits, la réalisation de sa propre promesse d'une nouvelle prime pour les pompiers). Sarkozy ce jour-là annonce surtout plusieurs mesures destinées à relancer la consommation : plusieurs dispositions fiscales destinées à réduire l'épargne, dont les donations-partages entre grands-parents et petits-enfants, parents et enfants qui seront un vrai coup de fouet pour la consommation. Il en fait tant et il en annonce tant qu'il est interrogé ainsi par Christine Clerc : « N'est-ce pas l'exemple de Jacques Chirac jeune qui vous inspire ? » Réponse du ministre : « Votre comparaison me flatte, ma journée en est illuminée. »

Il est permis de sourire.

Justement, comme Jacques Chirac jeune était parti à la conquête du mouvement gaulliste, Sarkozy veut, on le sait, s'emparer de l'UMP, et la condamnation d'Alain Juppé lui laisse désormais le champ libre. C'est le deuxième front de son combat.

Seulement voilà : l'Élysée ne veut toujours pas de lui. Et il ne doit pas être le seul candidat.

Avant le désastre des régionales, Jean-Pierre Raffarin a cru que son heure était arrivée. Le 3 février, il s'est déclaré prêt à assumer à la fois les fonctions de Premier ministre et la présidence de l'UMP. Un cumul qui lui semble naturel : ne répète-t-il pas volontiers avoir été nommé à Matignon parce qu'il était « juppéo-compatible » ? Il pense aussi pouvoir s'entendre avec Nicolas Sarkozy. N'a-t-il pas déclaré lors d'une réunion de l'UMP en février qu'il préférait le slogan « TSD (Tout sauf la division) » à leur « TSS (Tout sauf Sarkozy) » ? Et il est passé à l'action.

Le 8 février, en compagnie de Dominique Ambiel, son conseiller en communication, le Premier ministre a invité Nicolas Sarkozy et Brice Hortefeux à Matignon, un déjeuner au cours duquel ils ont conclu un accord. Il serait président de l'UMP et Sarkozy vice-président, en attendant de franchir la marche suivante. Là-dessus, les voilà partis, presque bras dessus, bras dessous, mais évidemment en voiture pour la séance des questions au gouvernement à l'Assemblée. Où leur arrivée est très remarquée.

Dès le milieu de l'après-midi, cependant, Brice Hortefeux téléphone à Ambiel qu'un journaliste a été informé (par qui ?) de cet accord. Une dépêche de l'AFP suit. Alain Juppé ne cache pas sa rage. Et bientôt Raffarin se fait taper sur les doigts au micro d'Europe 1 par le jeune François Baroin, que Chirac considère presque comme un membre de sa famille. « Si un ticket devait diriger l'UMP, dit Baroin en substance, il devrait être à trois coupons : un président, un vice-président, un secrétaire général, et à trois familles : gaulliste, centriste et libérale. » Comprenne qui pourra. Jean-Pierre Raffarin, lui, a compris. D'où un rétro-pédalage le 5 mars : il déclare à *La Nouvelle République* que « la présidence de l'UMP n'est pas un objectif pour lui ».

Pas un objectif ? En tout cas un sujet de conversation chez les parlementaires de l'UMP, dont la plupart souhaitent l'accession de Sarkozy à la présidence, et de préoccupations incessantes à l'Élysée et au gouvernement. Les uns et les autres multiplient les déclarations contradictoires. À commencer par Raffarin, qui se dit à nouveau prêt le 26 mai à poser sa candidature, afin de « préserver l'unité ».

Pas de chance : comme prévu, les élections des députés européens le 13 juin sont un nouveau désastre pour l'UMP, elle obtient en moyenne 16,4 % des suffrages, deux fois moins que le PS. Le meilleur résultat est obtenu en Auvergne : 20,4 % pour Brice Hortefeux, que son ami Sarkozy est venu soutenir.

Jean-Pierre Raffarin va-t-il quitter Matignon ? Mais non. Il en a été vaguement question, l'espace de quelques jours. Il annonce alors : « Je ne reviendrai pas au Sénat, j'ai d'autres projets. » Le samedi matin en effet l'affaire semblait faite, il partait à Bruxelles présider la Commission européenne pour succéder à Romano Prodi. Mais l'après-midi, c'est le Portugais José Manuel Barroso qui était choisi, pour être officiellement désigné à la fin du mois de juin.

En ce joli mois, Dominique de Villepin est à la pointe du combat contre Sarkozy. Lors d'un conseil national élargi de l'UMP, à huis clos dans l'Essonne, il s'avance sur le terrain miné de la bataille interne au parti : « Est-ce que la division et le nombrilisme sont de mise aujourd'hui ? Ce n'est pas l'heure des petits combats, des petites chapelles et des petits clans. » Et, voyant arriver Nicolas Sarkozy en compagnie de Jean-Pierre Raffarin, Dominique de Villepin prend ses cliques et ses claques et quitte la réunion, rageur.

Un mois plus tôt, le juge Van Ruymbeke a donc reçu, on l'a vu, un listing sur lequel figure le patronyme de Nagy Bocsa. La rumeur, peu à peu, se répand : Sarkozy aurait un compte en Italie. C'est l'époque où Dominique de Villepin laisse entendre çà et là : « Sarkozy ne sera jamais président de l'UMP. »

Fin juin, Jean-Pierre Raffarin reçoit Nicolas Sarkozy à Matignon : « Villepin sort de mon bureau, lui lance-t-il, il m'a dit : "Ne fais surtout aucun accord avec Sarkozy, il ne pourra jamais être candidat à la présidence de l'UMP, son nom figure sur une liste. Il a un compte à l'étranger dans la banque Clearstream." » Sarko, interloqué : « Je n'ai jamais entendu parler de cette banque, je n'ai pas de compte en Italie. » Et d'ajouter : « Nagy Bocsa, il s'agit peut-être de mon père… Décidément, celui-là, il m'aura tout fait ! »

Trois jours plus tard, *Le Point* publiait à la Une : « Un scandale d'État ». Première révélation sur l'affaire Clearstream. L'hebdomadaire ayant reçu cette information venant de plusieurs sources. Aucun nom n'est révélé. Le lecteur n'y comprend pas grand-chose.

Alain Juppé ayant annoncé qu'il se retirerait de l'UMP à la mi-juillet, l'irritante et obsédante question – comment éviter Sarkozy à la tête du parti ? – demande une réponse urgente.

Jacques Chirac, tel Archimède, croit soudain avoir trouvé : un ministre, décrète-t-il, ne peut cumuler sa fonction gouvernementale avec la présidence d'un parti. A-t-il la mémoire courte, oubliant qu'il a cumulé Matignon, la Mairie de Paris, le Conseil général de Corrèze et la présidence du RPR ? Réponse officielle : ce n'est pas la même situation ; un ministre président d'un parti serait en concurrence avec le premier des ministres, chef de la majorité. Et le chœur chiraquien d'entonner aussitôt le refrain : « Nous irions droit à la crise de régime. » Ou encore, comme le proclame Renaud Dutreil : « On ne peut imaginer un ministère avec un chef de gouvernement d'un côté et un chef politique de l'autre. » « Il est impossible d'être ministre et président d'un parti », répète Josselin de Rohan qui préside le groupe UMP du Sénat.

Et Nicolas Sarkozy ? Il a d'abord laissé entendre qu'il ne renoncerait pas à son ministère : « Ce serait un abandon de poste, et si on le veut absolument il faudra me licencier publiquement. » Mais il n'a pas dit non plus qu'il renonçait à l'UMP. Un jour, au début de l'année, lors d'un Conseil des ministres, le Président a rapporté un propos du Premier ministre de Haïti, Gérard Latortue, qu'il venait de recevoir : « Il a interdit à ses ministres de prétendre à une autre fonction, je trouve que c'est une bonne idée. » La ficelle est d'un diamètre impressionnant, bien sûr. Commentaire de Nicolas Sarkozy quelques heures plus tard : « Pour moi Latortue n'a jamais été un modèle. »

Il a fini par admettre qu'il ne pourrait échapper à l'oukase élyséen, choisir entre l'UMP ou le gouvernement. Le 23 juin, le recevant à l'Élysée, Chirac ne lui a pas mâché ses mots : « Je ne veux pas que tu sois à la fois président de l'UMP et ministre. » « Je serai candidat à la direction de l'UMP », lui répond Sarkozy. Rien d'improvisé dans cette annonce. Il a beaucoup réfléchi. Il n'a en réalité aucune envie de quitter Bercy. Son rêve est même encore et toujours d'aller à Matignon, mais il sait aussi que la présidence de l'UMP donne le contrôle d'un trésor de guerre essentiel pour un candidat à l'Élysée.

Son entourage est partagé. Cécilia et son directeur de cabinet Claude Guéant l'encouragent plutôt à rester au gouvernement. Il est fait pour l'action, ils craignent qu'à l'UMP son image n'apparaisse trop partisane, il va s'ennuyer. Mais Brice Hortefeux, Patrick Devedjian, Frédéric Lefèbvre, son attaché parlementaire, le poussent à conquérir l'appareil. Édouard Balladur, qui sait d'expérience ce qu'il en a coûté de ne pas avoir le soutien d'un parti, lui conseille de ne pas laisser passer l'aubaine.

Quand même ce 23 juin, seul avec Jacques Chirac, il tente un baroud d'honneur : « Je demande à être traité comme les autres, dit-il au Président. Si Alain Juppé n'avait pas été condamné, il serait revenu au gouvernement, tout en restant président de l'UMP, et il l'aurait fait avec votre bénédiction. Alors pourquoi moi je ne pourrais pas en faire autant, cumuler ? »

Réponse de Jacques Chirac : « Parce que tu n'es pas comme les autres. Toi à Bercy et à l'UMP, cela poserait un problème pour le gouvernement. Mais si tu choisis l'UMP, alors ce sera l'UMP. OK pour l'UMP. »

Sarkozy : « Mais vous me donnez une autorisation que je n'ai pas demandée. Vous-même, dans le passé pour prendre ceci ou cela, vous n'avez jamais demandé aucune autorisation à personne. »

Chirac : « Oh, tu sais, j'ai fait beaucoup de conneries aussi. »

À la sortie, Nicolas Sarkozy, très souriant, explique que l'entretien s'est déroulé dans les meilleures conditions et qu'il « a tout obtenu du Président ». Vraiment tout ?

À 11 heures du matin, le service de presse de l'Élysée fait publier une dépêche titrée : « Présidence de l'UMP, Jacques Chirac donne son feu vert à Nicolas Sarkozy. »

Les journalistes peuvent donc croire que le Président a cédé à toutes les demandes du ministre. Ils interrogent donc l'Élysée, qui se voit obligée d'envoyer un autre communiqué à l'AFP à 14 heures. Et celui-ci met les points sur les « i ». « L'élection à l'UMP est subordonnée au respect de la règle du non-cumul des mandats de président de parti avec la participation au gouvernement. »

Nicolas Sarkozy n'a digéré ni la forme ni le fond. Jacques Chirac pourra le constater presque aussitôt, au début du mois de juillet lors d'un conseil de défense. La question du budget figure à l'ordre du jour. Sarkozy n'a pas désarmé. Il veut toujours réduire les crédits. Il reprend même la parole après le Président, ce qui ne se fait pas. Autour de la table, les participants piquent du nez. Atmosphère encore.

À cette époque de l'année, tout le monde attend l'interview du Président, de tradition après le défilé du 14 Juillet. Et voilà que Nicolas Sarkozy commet un nouveau crime de lèse-majesté. Brisant la règle non écrite du silence des ministres avant le discours présidentiel, il donne deux jours plus tôt une interview au *Monde* pour parler de la réforme des 35 heures et s'interroger sur sa présence au gouvernement ou à l'UMP : « Où serai-je le plus utile aux idées que je veux défendre ? » Une provocation ? Il s'en défend. « Montrez-moi où il est écrit dans la Constitution que l'on ne doit pas parler avant le Président », s'emporte-t-il devant les journalistes. Il a pourtant prévenu ses collègues : « Vous n'allez pas être déçus. » « J'ai eu l'impression qu'il recherchait le clash, qu'il voulait partir », note alors son collègue Dominique Bussereau.

Début juillet, le couple Sarkozy fait la Une de *L'Express* puis de *Paris Match*. Les Sarkozy sont partout.

Les chiraquiens exhortent leur champion à réagir. Dominique de Villepin conseille de mettre au pas cet impertinent. Jean-Louis Debré raconte : « Quelques jours avant le 14 Juillet, le Président m'a fait venir. Je lui ai dit : "Si vous n'arrêtez pas Sarko, vous entrez dans une nouvelle cohabitation." Le 13 il m'a rappelé pour me dire : "J'ai entendu ton propos." »

En effet, le 14 Juillet, le Président très remonté n'y va pas de main morte. Interrogé sur son différend avec le ministre de l'Economie à propos du budget de la Défense, il répond, cinglant : « Il n'y a pas de différend entre le ministre d'État et moi pour une simple raison : c'est que, notamment, sur les questions de la défense, je décide, il exécute. » Et d'ajouter (avis à l'ensemble du gouvernement) « Personne n'est obligé d'être ministre, j'attends que chaque ministre applique sa feuille de route. » À nouveau à destination directe du ministre de l'Intérieur : « Je ne vois pas pourquoi on laisserait s'installer une polémique qui me paraît plus guidée par les principes de la politique avec un petit "p", plutôt que par l'intérêt général. » Et encore : « Si tel ou tel ministre veut se lancer dans la campagne et s'il est élu président de l'UMP il démissionnera immédiatement ou je mettrai fin à ses fonctions. »

« Ce jour-là, Sarko a pris une grande claque devant les téléspectateurs », note Jean-Pierre Raffarin. Jacques Chirac, lui, est très content. Dans les salons de l'Élysée, où son interview était retransmise, l'auditoire applaudit. La droite aime l'autorité. « Je crois que ça a bien marché », lâchera le Président devant ses proches.

« Alors que j'allais partir, raconte Jean-Louis Debré, je le vois sur le perron, il m'embrasse, je lui dis : "Monsieur vous avez eu raison, moi si j'étais Sarkozy, je démissionnerais." »

Chirac : « Qu'il démissionne, je m'en fous. »

Il vient de démontrer au ministre de l'Intérieur qui est le chef.

Nicolas Sarkozy, lui, n'a pas regardé la télévision. À cette heure-là, il déjeunait à Bercy avec l'éminent professeur Beaulieu de l'Académie des sciences et leurs épouses. Interrogé dans l'après-midi, il répond qu'il a regardé le Tour de France, c'est tout. Ses collaborateurs, bien entendu, lui en ont fait un compte rendu. Ils ont traduit le « Je décide, il exécute » présidentiel comme un « Je décide et je t'exécute ». Doit-il partir ? Il y songe. Un moment. Un très bref moment. Il voit déjà le bénéfice politique qu'il peut tirer de la situation, d'agresseur ambitieux il peut adopter la position de l'agressé. Trois jours plus tard, à la sortie du Conseil des ministres, on l'apostrophe sur la mise en garde présidentielle, il répond sur le ton de l'offensé : « Les Français savent bien ce que je fais pour eux depuis deux ans et demi, pour leur sécurité, pour leur pouvoir d'achat, pour l'emploi, la polémique ne m'intéresse pas. » Le soir, il est à La Baule devant les militants de l'UMP. Même registre, il est toujours le bon élève, injustement puni. Lui, il déclare « refuser l'affrontement ». Et dans *Paris Match* il confie avoir ressenti un sentiment d'injustice. Pour ajouter : « Cela ne ressemble pas au Jacques Chirac que je connais. »

Il raconte à qui veut l'entendre que le lendemain du 14 Juillet, Madame Chirac l'a appelé. Elle voulait le voir. Il a hésité. Mais elle insistait, il y est allé. « Et elle m'a réconforté et m'a assuré : « Nicolas, les Français veulent que vous travailliez avec mon mari. »

Ça bouge beaucoup dans le Landerneau politique. Il y a ceux qui apportent leur soutien à Sarkozy, tel Valéry Giscard d'Estaing qui lui téléphone pour lui annoncer qu'il l'aidera. Et il y a ceux qui félicitent le Président et des députés de la majorité aussi qui disent à Jean-Louis Debré leur satisfaction et soulignent qu'il fallait en finir avec cette chicaya, il fallait mettre Sarko au pas, enfin.

Tout l'été, Nicolas Sarkozy affiche son incompréhension devant cette règle édictée pour lui, sa tristesse d'être contraint de démissionner du gouvernement. Omniprésent, il occupe la scène médiatique. Il ne parle pas de sa candidature, mais il s'en occupe tout de même.

Il ne désarme pas. Il va tenter de donner vie sous une forme à peine différente au compromis déjà envisagé avec Jean-Pierre Raffarin et auquel s'était opposée l'Élysée. Accompagné de Cécilia, il se rend en août à Combloux où le Premier ministre prend ses vacances. Les deux couples déjeunent en tête à tête. « Tu prends la présidence de l'UMP, propose-t-il à Raffarin, moi je serai président délégué, et Brice Hortefeux secrétaire général. » Encore une ficelle de belle dimension. Si Raffarin cumulait les deux fonctions, le président délégué pourrait rester au gouvernement, tandis que son ami Brice occuperait un poste stratégique essentiel. Selon Jean-Pierre Raffarin, c'est Jean-Louis Debré qui a convaincu le Président de ne pas accepter.

Bien entendu, l'Élysée, où l'on n'est pas si sot, rejette la proposition avec hauteur. « Raffarin, tu en ferais une bouchée en trois mois », lance le Président à son ministre qui rétorque en riant : « Pourquoi trois mois ? »

De tous ses combats d'arrière-garde, Nicolas Sarkozy ne tire qu'un bénéfice : il obtient de rester à son poste jusqu'au vote du budget.

Bercy

Et si Jacques Chirac avait nommé Sarkozy à Bercy dans le but de compromettre le « libéral », un qualificatif, on le sait, repoussoir dans le paysage électoral français ? Adepte de la guerre de mouvement, Nicolas Sarkozy n'a pas changé de méthode en arrivant aux Finances. Le volontarisme et la culture du résultat demeurent ses deux mamelles. Dès le premier jour, il entend prendre le pouvoir sur son administration. Il réunit les directeurs de Bercy qui tiennent d'autant plus aisément leurs ministres qu'ils en ont vu défiler neuf en dix ans ! Ce jour-là, ils vont comprendre qui est le patron : « Je veux que ça bouge, ceux qui ne seront pas d'accord avec ma politique ne seront pas obligés de rester. » Le directeur général des impôts arrive à la réunion avec quelques minutes de retard. Le ministre d'État se tourne vers Claude Guéant, son directeur de cabinet qui l'a suivi depuis l'Intérieur (c'est la première fois qu'un préfet tient ce rôle), et l'interroge, goguenard : « Claude, tu as commencé la réunion en avance ? » Il n'y aura plus de retard aux réunions. Le ministère est remobilisé.

Son prédécesseur Francis Mer, par horreur du décorum, avait demandé aux huissiers d'enlever leurs chaînes. Nicolas Sarkozy leur a donné l'ordre de les remettre. Et il n'a pas apprécié en arrivant à Bercy que ceux-ci continuent à téléphoner sur leur portable tandis qu'il passait devant eux. Un peu de tenue, Messieurs ! À Beauvau le ministre est le patron ; à Bercy le ministre est un touriste pour les fonctionnaires !

En arrivant, il a trouvé trois dossiers en souffrance : l'OPA sur Aventis, lancée par Sanofi en janvier, le sauvetage d'Alstom (l'entreprise est virtuellement en faillite depuis le printemps 2003) et le changement de statut d'EDF-GDF. Sur ces trois dossiers, il veut aboutir avant l'été.

Le changement de statut d'EDF, sur lequel Jacques Chirac et Lionel Jospin s'étaient engagés, prévu par les accords européens sur l'ouverture des marchés électriques et gaziers, faisait peur à tous les dirigeants et prenait des allures de réforme impossible. « Je ne veux pas que la France soit bloquée par les petites voitures bleues », disait Jacques Chirac qui freinait des quatre fers. Jean-Pierre Raffarin lui aussi traînait les pieds. Et la gauche montait sur ses grands chevaux. Pourtant, il paraissait indispensable de faire d'EDF une entreprise de droit commun, afin qu'elle puisse emprunter et ainsi financer son expansion internationale. Francis Mer n'était pas un politique. Il n'avait pas le poids suffisant ni le savoir-faire auprès de Matignon pour pousser un dossier. Avec Nicolas Sarkozy, le rapport de forces s'est inversé, il ne venait plus chercher des instructions même à l'Élysée. Il y venait pour informer de ses décisions. « Laissez-moi faire, je ne veux pas que vous vous mêliez du dossier », disait-il au Président.

Enquête faite et précautions prises, Nicolas Sarkozy prend directement contact avec l'homme qui fait peur : Frédéric Imbrecht, le leader de la CGT-Énergie. Ils finiront par se tutoyer et échanger leurs numéros de portable. Ce qui n'évite pas au ministre de subir dix minutes durant les huées de mille ouvriers, lorsqu'il se rend à la centrale de Chinon. Mais il réussira à leur parler pendant une heure. Et donc à se faire entendre. « Parler devant 1 000 personnes hostiles, c'est une épreuve physique », note François Pérol qui suivait les dossiers industriels au cabinet du ministre. Ce qui n'empêche pas non plus diverses grèves ou coupures sauvages (le compteur du domicile poitevin de Jean-Pierre Raffarin, celui d'Ernest-Antoine Seillière à Arcachon sont même arrachés par des commandos cagoulés). Mais l'affaire avance. Au prix de lourdes concessions, sur le statut des agents, les retraites et la forteresse que constitue le comité d'entreprise maison. Ce qui fait dire à Alain Juppé : « Sarko est un démagogue qui lâche. » Il lui reproche d'avoir arbitré en faveur d'intérêts corporatistes au détriment de l'intérêt général. « On ne privatise pas cinquante-huit centrales nucléaires », rétorque Sarkozy. Il n'empêche, le changement de statut est adopté avant l'été. Qui d'autre que lui aurait pu le faire ? Il fallait le faire, c'était inéluctable ; au passage la soulte payée par EDF contribuera à ramener le déficit budgétaire à 2,9 % en 2005 contre 4 % en 2004.

D'une nature différente, la guerre Sanofi-Aventis n'est pas moins complexe. Au départ une OPA, pas vraiment amicale, lancée par Jean-François Dehecq, président du laboratoire pharmaceutique français Sanofi-Synthélabo sur le groupe franco-allemand Aventis, bien plus gros. Pour l'anecdote on citera cette phrase de Sarkozy à Igor Landau, alors président du directoire d'Aventis qui envisage, lui, une alliance avec le suisse Novartis : « Le gouvernement ne peut pas vous aider, mais il peut vous emmerder. » Le ministre oblige les patrons des deux groupes à se rencontrer. Vous avez dit Sarko-libéral ?

En fin de compte, le 26 avril 2004, Sanofi l'emporte. On n'a pas laissé à Aventis d'autre choix. Lorsqu'il apprend la nouvelle à New York, le ministre explique : « Les États-Unis, champions du libéralisme, n'hésitent pas à prendre des mesures protectionnistes pour protéger leurs entreprises nationales. Et nous, que l'on soupçonne de protectionnisme, nous ne serions pas capables de retenir nos industriels sur le sol de France ? »

Ainsi se crée en France le troisième laboratoire pharmaceutique mondial. Voilà qui sent son patriotisme économique à la Colbert, et dans le plus pur style gaullien !

Même attitude dans l'affaire Alstom. Un groupe alors malade qui compte cent dix mille salariés, dont vingt-sept mille dans l'Hexagone. Il construit, entre autres, locomotives, TGV, chaudières et navires immenses. Il y a un savoir-faire Alstom. L'allemand Siemens est en embuscade. Il s'emparerait volontiers de quelques beaux morceaux de cet empire. Romano Prodi, le président de la Commission européenne s'est déclaré très favorable au rapprochement de ces deux entreprises. « D'accord pour un partenariat de Siemens avec Alstom requinqué, mais pas question de dépecer un groupe malade », s'emporte Sarkozy. Il veut obtenir le feu vert de Bruxelles pour sauver Alstom en le recapitalisant, quitte à en céder quelques parts, trois ans plus tard, à des entreprises privées. C'est la solution qu'il vient proposer à Mario Monti et les débats seront longs et vifs. Par trois fois il se rend à Bruxelles. Il doit vaincre les réticences. « Vous voulez du sang sur les murs, c'est ça ? » lui lance le ministre. « J'ai un avion, je dois partir », répond Monti, façon de couper court à la discussion. « Moi je reste, je continue à travailler avec vos équipes ! » lui répond le Français. Et Monti de retarder son départ. Sarkozy s'est rendu sur les sites Alstom à La Rochelle et à Belfort où il a promis aux ouvriers qu'il sauverait leur outil de travail. Et il veut tenir sa promesse.

« Son coup de génie, raconte François Pérol, qui s'occupait des affaires industrielles à son cabinet à Bercy, c'est d'avoir proposé à Monti quand l'accord n'était pas encore finalisé : "Mario, ce serait bien que nous allions voir la presse tous les deux." Monti l'a suivi, les journalistes étaient nombreux. Nicolas Sarkozy leur a expliqué où en était la discussion et c'est ainsi qu'il a emporté l'accord. Après quoi il n'y avait plus que des détails à régler. »

« Ce n'est pas un droit pour l'État d'aider ces grandes industries, c'est un devoir », s'est écrié le ministre en bravant la colère du gouvernement allemand et de Bruxelles. Son homologue allemand Wolfgang Clement le taxera de « nationaliste ». Très souvent, Gerhard Schröder se plaindra de lui auprès de son ami Jacques Chirac. « Il nous faudrait un Sarkozy en Allemagne », titre le quotidien *Frankfurter Allgemeine Zeitung*.

Nicolas Sarkozy a voulu démontrer que l'État peut faire quelque chose, qu'il est utile, que le volontarisme et la démocratie marchent en couple. En voulant faire baisser les prix sur les gondoles dans les grandes surfaces, il voulait prouver une fois encore qu'en tous lieux, en toutes circonstances, on peut agir.

La gauche colle souvent à Sarkozy l'étiquette d'ultra-libéral. Son comportement à Bercy ne va pas dans ce sens.

CHAPITRE XX
Trente ans pour un sacre

Ciel d'automne gris et froid. Mais il ne pleut pas dans le cœur de Nicolas Sarkozy comme il pleut d'abondance sur la ville et sur le Parc des Expositions du Bourget où quarante mille militants sont venus célébrer son sacre. Ce 28 novembre 2004, il devient président de l'UMP. Et il a du soleil plein la tête.

Trente ans. Il a fallu trente ans au gamin venu offrir ses services à la permanence RPR de Neuilly, un samedi de mars 1974, pour se hisser au sommet du grand parti de la droite et du centre qui revendique l'héritage du gaullisme. Trente ans, et dire qu'on le jugeait trop pressé, trop ambitieux, trop vorace. Bien sûr qu'il l'a été. Mais il est plus un coureur de fond, doté d'une belle pointe de vitesse, qu'un sprinter. Quelle patience dans l'impatience et quelle opiniâtreté, quelle aptitude à déceler les bons couloirs, les champions qu'il fallait suivre, et pressentir le moment où il pourrait les dépasser ! Mais il a connu des échecs aussi. Trente ans qu'il dure et endure !

Dans le monde politique, il représente un cas unique. Nicolas Sarkozy est hors normes.

Parti du plus bas, il a gravi tous les échelons du parcours du militant pour arriver au sommet : secrétaire de section, trésorier, secrétaire de circonscription, délégué pour les jeunes. Il a accepté les tâches les moins valorisantes – colleur d'affiches, distributeur de tracts ou chauffeur de salles – et les a accomplies avec, comme il disait, « la boule au ventre ». Il désignait par là sa volonté tenace de monter toujours plus haut. « Je rappelle, dit-il, à ceux qui parlent sans savoir de ma carrière exceptionnelle, fulgurante, facile, où tout m'a souri, je le rappelle à ceux qui ont parlé du Mozart de la politique, que je suis en fait l'ébéniste qui a dû raboter de longues années avant de gagner sa place parmi les meilleurs ouvriers de France.[1] »

Il est vrai qu'à la différence des concurrents qui aspirent comme lui au plus haut niveau, il n'a pas fait l'ENA, ni commencé comme eux dans un cabinet ministériel, introduit grâce à de bienveillantes relations pour être ensuite couvé par le regard affectueux d'un patron qui a fait leur carrière.

Quand il le souligne, il cite Alain Juppé et… Jacques Chirac, entré au cabinet de Georges Pompidou presque aussitôt après l'ENA, à trente ans (après avoir fait la guerre d'Algérie). Cinq ans plus tard, au terme de rudes combats, mais avec de solides appuis, il devenait député de Corrèze. Mais à peine était-il assis dans l'Hémicycle qu'il était nommé secrétaire d'État. Et, depuis bientôt quarante ans, il n'a jamais quitté les palais nationaux.

Nicolas Sarkozy a toujours admiré ce parcours, aussi Chirac le fait-il bien rire quand il lui dit : « Tu as le temps, Nicolas, tu es jeune », car il était, lui, Premier ministre à quarante-deux ans, après avoir, il est vrai, fait battre le candidat de son parti à la présidentielle. Six mois plus tard, il devenait le patron de l'UDR dont il n'avait pas la carte, et la veille encore, les militants l'appelaient « le traître ». Tout cela grâce au patient travail de Charles Pasqua. Tandis que lui, Sarko, tout seul, est devenu maire de Neuilly après neuf années de militantisme acharné. Il lui a fallu quatorze ans avant d'entrer au Palais-Bourbon, dix-neuf pour être ministre, trente ans, enfin, pour

1. Nicolas Sarkozy, *Au bout de la passion, l'équilibre*, entretiens avec Michel Denisot, Paris, Albin Michel, 1995.

devenir le patron d'un parti, dont il aura participé à toutes les campagnes, à tous les niveaux.

De quoi se dire, ce 28 novembre, qu'il a payé cher et pendant longtemps. Mais le gâteau est de taille. Et déjà orné d'une jolie cerise : en trois mois, depuis l'annonce officielle de sa candidature, le parti a gagné trente mille adhérents. En outre, l'UMP, c'est beaucoup plus que le RPR, puisque s'y ajoutent les libéraux et une grosse frange de l'UDF. C'est le grand parti de la droite.

Pour ce sacre, l'immense salle du Bourget est pleine à craquer. Dans le carré des VIP, tout le gouvernement Raffarin est rassemblé. Dominique de Villepin, étranger à ce genre de manifestation, promène sa nonchalance distinguée dans les couloirs. Cette fête n'est pas la sienne, et ce n'est pas lui que les militants veulent approcher en priorité et toucher dans la cohue indescriptible. C'est Nicolas.

On aperçoit au premier rang Jérôme Monod, conseiller de Jacques Chirac, qui n'est pas pour rien dans la construction de l'UMP mais qui n'affiche aucun penchant pour Sarkozy. Micheline Chaban-Delmas, la veuve de l'ancien Premier ministre, Jean-Pierre Raffarin, accompagné de son épouse, Alain Juppé aussi, et surtout Bernadette, à laquelle Nicolas Sarkozy lancera depuis la tribune un « Madame, j'ai besoin de vous ! » Dans cet aréopage, un seul fait ouvertement la tête : Jean-Louis Debré, qui n'a pas souhaité prendre la parole et qui glisse à l'oreille de Bernadette : « La seule chose qui m'intéresse, c'est de faire réélire Jacques Chirac en 2007. » Ce qui lui vaut cette réponse : « Eh bien, vous n'avez qu'à le dire ! » Il n'est pas le seul. Huit jours plus tard, Jean-Claude Gaudin émettra publiquement le même souhait. Comme par hasard, il avait la veille reçu Madame Chirac à Marseille…

Ce beau rassemblement où l'on discourt et où l'on chuchote est orchestré par Publicis Events, c'est-à-dire par son président Richard Attias, que l'on reverra bien sûr. On peut apercevoir, glissant dans les allées ou près de la tribune, une Cécilia épanouie, virevoltante, superbe, supervisant l'événement dans les moindres détails.

Nicolas et Cécilia : la ballade des gens heureux. Tout semble aller pour le mieux dans le meilleur des couples. Autre bonheur : le matin, il a reçu un coup de fil de l'Élysée. Il faut que les journalistes le sachent : « J'ai eu Jacques Chirac au téléphone, raconte-t-il tout sourire, il m'a dit : "Tout ça me rappelle 1976." Je lui ai répondu : "Monsieur le Président, j'ai tout fait pour." » Et pour cause. Le 5 décembre 1976, Jacques Chirac créait le RPR. C'était le début de sa marche vers l'Élysée.

Que la fête commence !

À 13 heures, il revient à François Baroin, secrétaire général délégué du RPR depuis le départ d'Alain Juppé, d'ouvrir la séance : « Nous allons connaître les résultats des votes des militants, nous sommes au comble du suspense… » lance-t-il avec humour. Les deux challengers de Sarkozy, Christine Boutin et Nicolas Dupont-Aignan, sont appelés sur scène pour faire de la figuration : la première a recueilli 5,8 % des suffrages ; Nicolas Dupont-Aignan, 9,1 %. Nicolas Sarkozy, 85,1 %. L'apothéose.

Les milliers de militants se lèvent d'un seul mouvement pour applaudir et se lancer dans une ola enthousiaste. Un tableau impressionnant. Suit, sur grand écran, un défilé de célébrités qui ont accepté de dire quelques mots au nouveau président. « Good luck Nico », lance Alain Delon. Apparaissent aussi Michel Leeb, Michel Sardou, Pierre Palmade, Christian Clavier, Jean Reno, les copains du show-biz. Des sportifs aussi, comme Fabrice Santoro, Bernard Laporte, Richard Virenque. Et même une caution de gauche, le cinéaste Bertrand Tavernier, qui remercie Sarkozy d'avoir supprimé la double peine. Une réforme que celui-ci n'oublie jamais de souligner, comme si elle était à elle seule un sésame pour accéder au peuple de gauche. Et encore, le romancier Marek Halter, qui lance cette drôle de phrase : « Il est préférable de perdre avec un homme intelligent plutôt que de gagner avec un idiot. » Les militants apprécient modérément. Mais ils s'attendrissent devant le jeune Louis, sept ans, voix cristalline et jolie frimousse, qui lance : « Bonne chance, mon papa. » Trop mignon.

D'aucuns jugent cette dernière participation un peu déplacée. Comme l'est l'utilisation de Jade dans les spectacles de Johnny Hallyday. Et ce Sarko Show un peu trop… show. « Too much » en somme…

Voilà enfin Nicolas qui apparaît au fond de la salle, entouré de sa protection rapprochée. Il se dirige vers la tribune. Arrivé au premier rang, il dépose un baiser sur les lèvres de Cécilia. « Napoléon et Joséphine », moque un participant, ignorant que l'image, bientôt, sera reprise. Dans un même mouvement, Nicolas Sarkozy embrasse Bernadette Chirac, lui prend la main et la soulève en signe de victoire. Puis il prend par les épaules Jean-Pierre Raffarin, le Premier ministre. Qu'il soit bien clair que ce sacre se fait sous le signe de l'affection et de l'unité de la famille.

Vous avez dit affection et unité ? Il est vrai que le nouveau promu appelle les militants à travailler « ensemble pour faire du quinquennat de Jacques Chirac un succès ». Mais il affirme aussi : « J'avais hâte que l'histoire commence. » Tiens ! Il ajoute : « Je veux rester un homme libre, libre de penser, de proposer, de débattre. » Et il va lire, sur un ton des plus platouillards, le message de Jacques Chirac au congrès : « Le référendum sur l'Europe sera notre grand combat. Avec sa Constitution, l'Europe entrera dans un nouveau temps de son histoire et vous allez être en première ligne. » Il souligne : « Ça, c'est Jacques Chirac qui parle. »

Ceux qui veulent ou peuvent comprendre se disent que Jacques Chirac a voulu faire entendre qu'il était l'homme du grand dessein européen, celui qui donnera un sens historique à son quinquennat (à l'époque, les sondages annoncent encore un grand succès du « oui » au référendum), tandis que Nicolas sera réduit aux basses besognes et s'enfermera dans les joutes partisanes.

Une belle journée. Le soir à l'heure de l'apéritif, le couple Sarkozy est reçu à l'Élysée par Bernadette et le Président. Une rencontre fort cordiale, nous dira-t-on.

La soirée est en tout cas plus chaleureuse quand l'équipe rapprochée du nouveau président se retrouve pour dîner au « Café de la Jatte » à Neuilly. Ils sont une vingtaine à se congratuler, parmi lesquels deux dirigeants de Publicis : Christophe Lambert et Richard Attias.

Le lundi matin, le ministre des Finances démissionne comme prévu, obéissant à la règle chiraquienne de l'incompatibilité des fonctions. Il est remplacé par Hervé Gaymard, qui connaîtra bientôt des difficultés moins prévues.

Nicolas Sarkozy prend aussitôt les choses en main à l'UMP. Il va dans les semaines suivantes licencier trente-cinq permanents du siège (sur cent vingt), qu'il juge peu efficaces. La plupart seront recasés ici ou là par Dominique de Villepin ou par Matignon.

Bien décidé à donner un élan nouveau à cette formation, il lance une très offensive campagne d'adhésion afin d'en faire un grand mouvement, à l'exemple du Parti populaire de son ami José Maria Aznar (lequel compte six cent mille adhérents dans une Espagne de quarante millions d'habitants). Et, en deux ans, l'UMP passera de cent vingt mille inscrits à trois cent trente mille militants. Grande innovation, il décide de faire élire le candidat à la présidentielle par tous les adhérents – dès l'origine, les statuts de l'UMP l'envisagent. Bien entendu, les gaullistes traditionnels, ou prétendus tels, montent aussitôt sur leurs grands chevaux. Jacques Chirac juge cette initiative « pas convenable », Michèle Alliot-Marie, Jean-Louis Debré et Dominique de Villepin entonnent le refrain gaulliste : le parti n'est qu'un instrument au service de la rencontre entre un homme et un peuple. Mais le parti, c'est lui qui le tient désormais. Donc, il passe outre.

Et ce parti, il va le gouverner sans faiblesse. Il s'agit d'abord de le doter d'un programme pour les législatives de 2007. Ce sera chose faite en novembre 2006, grâce à l'organisation de conventions thématiques qui auront réuni élus et experts pour des travaux sur toutes les questions : politique sociale, immigration, famille, environnement, éducation, rythme des réformes, services publics, culture. Travaux où il s'est lui-même beaucoup impliqué. Une commission, présidée par François Fillon, fera la synthèse. Reste la question des investitures. Rien de plus délicat. Les ambitions se déclarent, les déchirures et les rivalités se font jour, et les querelles de personnes sont toujours nuisibles à la veille d'une élection. Il importe donc de tout régler longtemps à l'avance. Ce qui sera fait avant novembre 2006. Jean-Claude Gaudin et Alain Marleix auront reçu les candidats. Tout sera bouclé sans avoir suscité de heurts avec l'Élysée et Matignon. Les situations complexes ne sont pourtant pas rares. À commencer par celle de Paris. Depuis que Jacques Chirac a quitté la mairie, aucun leader, de Jean Tiberi à Philippe Séguin, n'a pu imposer son autorité dans la capitale. Et, pour l'avenir, les rivalités sont plus que vives, cruelles, entre Jean Tiberi encore, Pierre Lellouche, Claude Goasguen, Françoise de Panafieu. Au nom de la transparence, et parce qu'il faut rétablir la paix, des primaires sont organisées. Les militants choisissent. Auparavant, pendant plusieurs mois, deux mercredis après-midi par mois, Sarkozy aura rencontré tous les élus de la capitale et tous les chefs de file du parti. Il a chargé Philippe Goujon, sénateur balladurien de Paris, d'harmoniser ces rencontres. Résultat : un programme pour la capitale est mis au point deux ans avant la date prévue pour les municipales, et Françoise de Panafieu est désignée comme chef de file.

« Je n'ai jamais vu un parti travailler comme ça. Nicolas Sarkozy a mis du carburant partout. En un an, il m'a donné plus de satisfactions professionnelles qu'aucun de ses prédécesseurs. Lui, il discute, il est courageux, il tranche. Mais, sur les notes qu'on lui adresse, il faut toujours lui proposer des solutions », dit Jérôme Peyrat, directeur général de l'UMP qui avait auparavant travaillé avec Alain Juppé et Jacques Chirac. Le revers de la médaille, c'est qu'il est fatigant, Sarko, exténuant. La pression qu'il se met à lui-même, il la met aussi aux autres. Sans plus d'égards pour eux que pour lui. Il peut être méchant, intraitable. Ses collaborateurs vous glissent parfois à l'oreille des confidences accablées. Mais pour rien au monde ils ne donneraient leur place. « Quand on a travaillé pour lui, disent-ils, on ne peut pas travailler avec un autre. »

Les tensions avec l'Élysée cependant ne s'apaisent guère. Au contraire. Lors de sa première conférence de presse, Sarkozy annonce haut et fort que les cadres du mouvement devront se prononcer sur la question controversée de l'entrée de la Turquie dans l'Union européenne. Or, Jacques Chirac s'y est déclaré favorable. Mais le président de l'UMP pense que cette affaire risque de compliquer, voire empoisonner la campagne du référendum. Il n'a pas tort. Mais alors pourquoi remettre sur la table cette pomme de discorde ? D'autant que les militants ont déjà voté au temps d'Alain Juppé (contre, à 71 %). Face aux récriminations de l'Élysée, le président de l'UMP sera contraint de battre en retraite. Fin de l'épisode.

Il en restera toutefois quelques cicatrices de plus.

Ce qui n'empêchera pas une petite cérémonie familiale au début de février. Nicolas Sarkozy, entouré de tous les siens, reçoit la Légion d'honneur des mains du Président. Il est sur un petit nuage. D'autant que, lors d'une tournée en province à la manière chiraquienne, il triomphe partout. En outre, il a retrouvé son siège de député de Neuilly, le 13 mars 2005, en recueillant plus de 70 % des suffrages. Les succès s'enchaînent : le 31 mars, il est l'invité – pour la troisième fois en deux ans – du magazine de France 2 « 100 minutes pour convaincre ». Un abonné. Son score est inférieur à ses précédentes prestations (trois millions huit cent mille téléspectateurs), mais – consolation qui n'est pas mince – supérieur d'un million et demi à celui de Dominique de Villepin en janvier précédent.

Cette émission est pour lui l'occasion de rappeler qu'il est candidat à la présidentielle. Un rappel lourd de sens. Car la question est ainsi posée :

– Est-il concevable qu'en 2007 un candidat se présente contre le Président sortant, si celui-ci décidait de se représenter ?

– Vous voulez une réponse franche ? Oui ! »

Bien entendu, celui qui vient de parler ainsi noie aussitôt le chef de l'État sous un flot de compliments du type : « J'ai de l'attachement pour la personne de Jacques Chirac et de l'admiration, sa vie politique est extraordinaire. » Mais il ajoute : « À la fin de son mandat, le Président redevient un citoyen ordinaire, comme les autres. » Et il termine ainsi : « Je veux le meilleur pour la France. » Faut-il comprendre « le meilleur, c'est moi » ?

Le lendemain, invité à la remise de la Légion d'honneur d'Alain Duhamel, le président de l'UMP lancera, en aparté, à quelques journalistes : « Nous sommes en 1969 ! »

Comme d'habitude, c'est Jean-Louis Debré qui grimpe le premier aux rideaux. « Je suis énervé d'entendre le président de l'UMP répéter qu'il est libre… Comme s'il était enchaîné ! Nous sommes tous libres… L'attitude de Nicolas Sarkozy pose un vrai problème politique. »

Brice Hortefeux, porte-parole des sarkozystes, se réjouit au contraire de la franchise de leur champion, et rétorque qu'il ne réagit plus depuis longtemps aux propos de Jean-Louis Debré : « Sinon, on ne ferait plus que ça. » Ambiance…

Au cours de la même émission, Nicolas Sarkozy avait proposé de limiter à deux les mandats présidentiels et à quinze les membres du gouvernement ; mais aussi de faire ratifier par des commissions la nomination des responsables des entreprises publiques, pour éviter « le copinage ».

Deux ans avant la présidentielle, Nicolas Sarkozy se disait donc presque officiellement candidat. Ce qui suscitait cette réaction de Dominique de Villepin, interrogé sur Europe 1 par Jean-Pierre Elkabbach : « C'est un peu comme pour les 24 Heures du Mans : il ne s'agit pas de se mettre trop tôt en position de départ, car le moteur risque de griller. »

Mais, en confidence, un ministre peu suspect d'amitié pour Sarkozy reconnaissait au contraire que l'animal jouait bien : « Il a compris que, pour gagner, il faut plutôt être le petit qui devient grand. Car les Français n'aiment pas les héritiers. Sarko est peut-être un fils, mais il n'est pas l'héritier. »

Une stratégie que l'intéressé, pour sa part, avait ainsi résumée : « Si je veux m'en sortir, il ne faut surtout pas que je sois lié à ceux-là. »

« Ceux-là » ? Les chiraquiens, bien sûr.

CHAPITRE XXI
L'épreuve

Ça n'est d'abord qu'un murmure, juste une confidence partagée entre initiés. Sous le sceau du secret, bien sûr : « Promis, ça reste entre nous. » Que tous, bien sûr, s'empresseront de briser.

Le dimanche 22 mai 2005, à huit jours du référendum si mal engagé sur la Constitution européenne, le microcosme médiatico-politique est moins passionné par la probable victoire du « non » que par cette rumeur, proprement stupéfiante, incroyable, qui ne va cesser d'enfler : Cécilia a fait sa valise. On l'aurait aperçue à Pétra, ville jordanienne célèbre pour ses tombeaux et ses temples sculptés dans la falaise, en compagnie de Richard Attias.

– Mais non ?

– Mais si !

Un signe ne trompe pas : invité de Claire Chazal le dimanche soir, le président de l'UMP s'est décommandé la veille. Ce qui ne lui ressemble guère. Manquer le journal télévisé de TF1, qui draine entre huit et neuf millions de téléspectateurs, une semaine avant une telle échéance électorale, voilà qui paraît pour le moins bizarre…

Durant toute la journée de ce dimanche, les journalistes harcèlent donc Franck Louvrier, le directeur de la communication de Nicolas Sarkozy, lequel explique, avec le ton dégagé qui convient, sans convaincre : « Rien de grave, un simple coup de fatigue. Je ne peux vous en dire plus. »

Tous ses interlocuteurs le comprennent : la vérité est ailleurs. Cette vérité, c'est que Nicolas Sarkozy vit une épreuve dramatique. Sa fatigue, très réelle, n'est évidemment pas due à la campagne qu'il mène avec l'acharnement et la passion qu'on lui connaît. C'est, bien sûr, le départ de Cécilia qui l'a assommé, abattu. Sans elle, il est comme amputé de la moitié de lui-même. Ses visiteurs – les plus proches seulement sont admis, et c'est à son domicile – ne le reconnaissent pas. En peignoir, livide, amaigri (il perdra plusieurs kilos en quelques jours), il tente, en vain, de sauver la face. Il est en réalité bouleversé par un séisme de force 9 sur l'échelle de l'ego. Et de l'émotion.

Il est trop sensible pour ne pas avoir perçu depuis le début de l'année des changements de tous ordres dans le comportement de Cécilia. Elle avait renoncé à le suivre dans ses multiples déplacements en province. Elle ne s'intéressait plus vraiment à son travail de chef de cabinet à l'UMP, qui ne lui plaisait guère, et où, pour la première fois, elle était rémunérée. Son autorité, en effet, s'y était mal établie. Elle se heurtait au machisme ambiant. Les apparatchiks, à l'en croire, tentaient de la court-circuiter, ne suivaient pas ses directives, moquaient la façon dont elle rédigeait les notes internes. Il est vrai qu'elle les irritait aussi, modifiant et défaisant les emplois du temps du patron qu'ils avaient élaborés au prix de mille contorsions et conciliabules. Elle bousculait trop leur travail et leurs habitudes. De plus, elle n'aimait pas cet immeuble sinistre, où elle s'enfermait dans son bureau. Seule l'intéressait l'organisation des meetings, leur côté spectaculaire, ludique, chaleureux, brillant. Un vrai métier. Ainsi le sacre de Nicolas au Bourget le 28 novembre 2004, qui avait été un triomphe. Pour le préparer, elle avait tout supervisé aux côtés d'un spécialiste de l'organisation d'événements, comme on dit désormais, Richard Attias, justement, le président de Publicis Events, filiale de Publicis Conseil. Chaque année, il organise le sommet de Davos (Suisse) où se réunissent les chantres et les grands prêtres de l'économie mondiale, et en 2005, le Forum de la Paix à Pétra, où se côtoient Bill Clinton, Elie Wiesel, Richard Gere, le roi Abdallah… Cet homme vit entre Paris, New York, la Jordanie, l'Europe entière, loin de notre microcosme étriqué.

Impressionnée par son savoir-faire, Cécilia souhaite bientôt que Publicis Events devienne le prestataire de toutes les manifestations, grandes et petites, de l'UMP, et réussit à l'imposer. Elle-même s'est découvert un vrai goût pour « l'événementiel ». Des étoiles s'allument dans ses yeux lorsqu'elle en parle, disent des témoins. Mais, en réalité, c'est le maître d'œuvre, l'homme, qui l'a séduite et la passionne. Elle est emportée par cette force obscure, violente, irraisonnée que l'on appelle le coup de foudre. Que les femmes qui ne l'ont jamais connu lui jettent la première pierre. Reste qu'une telle attirance est rarement à sens unique. La passion s'exalte d'autant mieux qu'elle est partagée. Or, Richard Attias – dont la réputation de séducteur patenté est établie – ne domine pas davantage ses élans.

Comme toutes les femmes qui vivent de telles situations, Cécilia est contrainte de se cacher. Mais, comme la plupart aussi, elle souhaite que son nouveau bonheur étincelle, soit connu. Elle sème donc derrière elle de petits cailloux blancs qui attirent le regard et conduisent à la révélation. Les proches de Nicolas finiront par les remarquer. Ils commencent par constater la nervosité grandissante du président de l'UMP et les absences fréquentes de l'épouse qui fait son miel de tous les prétextes. Ainsi part-elle trois jours à Londres, pour installer sa fille aînée, alors même que l'UMP tient au Parc floral de Vincennes les états généraux de la fédération de Paris, destinés à préparer les « primaires ». Elle s'était pourtant beaucoup impliquée dans l'organisation de ce meeting, exigeant bien sûr, contre la volonté des dirigeants de cette fédération, la participation de Publicis. Dans le même temps, elle les avait prévenus, les laissant pour le moins songeurs, qu'elle n'y assisterait pas : « La politique n'est plus ma priorité. »

À Pâques, le couple Sarkozy s'est envolé pour Marrakech en compagnie de la fille cadette de Cécilia, et de leur fils Louis. Le président de l'UMP est reçu par le roi. Mais tandis que son mari rentre à Paris dès la fin du week-end, elle s'attarde plusieurs jours.

Au début de mai, nouveau voyage, cette fois pour New York. Toujours avec les enfants. Un séjour d'une semaine. Jean-Michel Goudard, grand publicitaire lui aussi, qui s'occupe de la communication de son époux, lui a prêté son appartement. Pendant ce temps, ledit mari est en tournée pour trois jours en Provence-Côte d'Azur. Et, comme toujours, il se donne à fond, meetings, bains de foule, rencontres sur le terrain. La routine, quoi. Mais aussi la qualité de l'effort, le succès du public. À tel point que Jacques Chirac l'appelle pour le féliciter. Un plaisir rare, qu'il veut faire partager autour de lui. Les sondages ne sont pas fameux. Le « non » s'annonce. « Tout le monde sait que Jacques Chirac ne démissionnera pas », dit-il aussi. Sous-entendu, il n'est pas de Gaulle !

Mais ce sont les appels de Cécilia qui le rendent vraiment heureux. Il en fait confidence aux journalistes qui l'accompagnent : « C'est Cécilia, elle est à New York avec les enfants. » Il comprend, explique-t-il, qu'elle rêve d'horizons nouveaux. Ils ont quitté les palais nationaux et leur service cinq étoiles, regagné leurs pénates dans l'île de la Jatte à Neuilly. Leur train de vie est plus modeste, forcément, mais leur liberté plus grande. De retour à Paris, alors qu'elle est toujours à New York, il dîne avec ses proches. Une nouvelle occasion pour lui de chanter le même air : l'hymne de son amour pour Cécilia, laquelle déclare alors à l'hebdomadaire *Télé Star* qu'elle « ne se voit pas en *first lady* traditionnelle ». Veut-elle dire qu'elle innoverait à l'Élysée ou bien que cette position ne l'intéresse pas ? Mystère.

Le 12 du même mois, elle est là pour le grand meeting que l'UMP organise au Palais des sports de la porte de Versailles, sur le thème « Oui à l'Europe ». Une soirée très branchée, transmise en direct sur le site internet de l'UMP. Pour « chauffer » la salle, la sono diffuse *On Broadway* de George Benson. Cécilia veille au moindre détail : casque avec micro incorporé sur les oreilles, elle glisse dans les allées, donne des ordres, se démène, salue les journalistes, elle est partout. Toujours à quelques mètres d'elle, Richard Attias porte le même casque. On dirait des jumeaux.

Lorsque tout est en place, lorsque les VIP sont installés – et ils sont nombreux : tous les ministres sont là sauf Dominique de Villepin –,

Cécilia refuse de se joindre à eux. Un siège lui est réservé aux côtés d'Anne-Marie Raffarin. Elle préfère, explique-t-elle, surveiller en coulisses le bon déroulement de la réunion. Tout va bien. Nicolas fait un tabac. La soirée, très réussie, s'achève avec la chorale des Hauts-de-Seine – le succès du film *Les Choristes* en a lancé la mode – qui entonne une belle et fraîche *Marseillaise*.

Or, ce même soir, la chaîne câblée « Paris Première » diffuse, à une heure plus tardive, l'émission d'Ariane Massenet « Petites confidences entre amis », dont l'invitée est précisément Cécilia Sarkozy. Les initiés, ou les curieux, trouveront là un nouveau petit caillou blanc. Suivant le principe de l'émission, l'invitée reçoit, dans une suite de l'hôtel Crillon, des amis ou des personnalités qui conversent avec elle, l'interrogent. Bien entendu, c'est elle qui a établi une première liste, ensuite les producteurs ont fait leur choix. Sur sa liste figurait le nom de Richard Attias. Mais ils ne l'ont pas retenu. On verra, entre autres, Jacques Chancel, connu de la France entière pour son émission « Le Grand Échiquier » et mari de Martine, la meilleure amie de Cécilia. Ce soir-là, elle apparaît tendue, nerveuse ; elle fait écouter ses airs préférés – comme par hasard le célèbre *New York, New York*, que chante Sinatra. Encore un petit caillou blanc. On la voit ébaucher un pas de danse sur une chanson de Robbie Williams. Au détour d'une phrase, Cécilia confie qu'elle se verrait bien dix ans plus tard faisant du jogging à Central Park… Ou encore : « Moi, quand ça ne va pas, je prends mes gamins sous le bras et je m'en vais. » Soudain son mari apparaît sur l'écran de télévision de la chambre d'hôtel. « Pourquoi es-tu si inquiète, Cécilia ? Tu n'es pas seule, tu n'es pas seule. »

Toujours ce même soir, aux alentours de minuit, l'équipe de l'UMP se retrouve pour dîner à l'Etoile, un club des Champs-Élysées. Nicolas Sarkozy semble heureux, encore grisé par les applaudissements. Il prend la parole – pas pour parler de lui, mais pour rendre un hommage appuyé à Cécilia. Le succès de la réunion est le sien, assure-t-il, et il demande qu'on lui fasse une ovation. Prétextant la fatigue, elle avait – sans succès – tenté d'échapper à ces agapes. Elle est là, mais son esprit est ailleurs. Tout au long de la soirée, on la verra, portable à la main, échanger des SMS. Nouveau caillou ?

Les proches de Sarkozy s'inquiètent. À l'évidence, quelque chose cloche dans le couple. Il traverse une zone de turbulence. Les plus pessimistes le jugent proche du trou d'air.

Et il frôle la catastrophe, une semaine plus tard, le jeudi 19 mai. Un jour qui restera l'un des pires souvenirs personnels de Nicolas Sarkozy. Dans la matinée, Cécilia part pour Roissy au volant de sa voiture. Elle a annoncé la nouvelle de but en blanc à son mari et s'est enfuie aussitôt. Rien n'a pu la retenir. Le président de l'UMP court à ses trousses, toutes sirènes hurlantes jusqu'à l'aéroport, pour tenter de la dissuader, elle ne veut rien entendre, elle part pour Pétra, elle y est attendue.

Lui aussi est attendu quelques heures plus tard, mais par huit cents jeunes réunis dans un amphi de Sciences-Po. Pour parler de l'Europe, bien sûr. Il ne veut pas se dérober. Comme toujours, il veut donner le meilleur de lui-même, mais l'assistance le juge nerveux, mécanique. À la sortie, il raille : « Il paraît que je suis déprimé. »

Il a remarqué, perchée en haut de l'amphithéâtre, une journaliste du *Figaro* qu'il connaît bien : « Anne, bonjour, comment ça va ? Venez prendre le thé à l'UMP. »

Retour chez lui. C'est là qu'il réalise. Le choc. Terrible. Le trou noir. Cécilia n'est pas là. Lui, le battant qui avait jusque-là tout maîtrisé, doit reconnaître qu'il ne contrôle plus l'essentiel. Dans toutes ses interviews, dans ses livres, il n'avait cessé de clamer son attachement à sa famille, à Cécilia. Là résidait son îlot affectif. Dans son livre d'entretiens avec Michel Denisot[1], il déclarait à propos de Cécilia : « C'est un rôle d'équilibre absolument indispensable à mes côtés, elle m'apaise. Mieux que moi, elle sait relativiser. Son regard est plus lucide. J'ai un défaut : une tendance marquée à l'excès. J'aime ou j'aime pas. Elle, elle arrondit les angles, me soutient. Et puis, au moment des rendez-vous importants, elle m'aide à me dépasser. »

Il ajoutait, ce qui ferait sourire par la suite : « Je n'aime pas étaler ce qui appartient à ma vie privée. Je sais par ailleurs que, quand on en joue, on risque d'y trouver sa punition. Tout ce qui est artifice pour façonner son image : pousser la chansonnette à la télévision, les photos avec femme et enfants, poser en semi-décontracté, vouloir se faire aimer, non, je ne veux pas y tomber[2]. »

Dans son livre *Libre*, il reprochera ainsi à Bertrand Delanoë d'avoir déclaré son homosexualité, tout comme il jugera déplacé que Michel Rocard annonce son divorce dans l'hebdomadaire *Le Point*.

Il arrive aux plus lucides de tomber dans les travers qu'ils dénoncent. Nicolas Sarkozy a beaucoup utilisé l'image du couple qu'il formait avec Cécilia. Ils ont fait les « Une » des magazines, épaule contre épaule, souriants, bronzés, à la plage ou au ministère avec le petit

1. *Au bout de la passion, l'équilibre*, *op. cit.*

2. À l'époque, lui n'étant pas encore divorcé, avec Cécilia ils se faisaient plus discrets.

Louis sous le bureau de son père (un remake de la photo de John-John entre les pieds de J.F. Kennedy, prise à la Maison-Blanche).

Mais une raison non calculée explique qu'il se soit ainsi beaucoup affiché avec elle : elle est la femme de sa vie, elle est sa fierté, c'est avec elle qu'il veut aller à l'Élysée. Il ne peut se passer d'elle. Si elle hésite à l'accompagner à un meeting, il insiste pour qu'elle cède : « C'est trop sinistre, explique-t-il, de se retrouver seul après les vivats et la cohue. » Elle l'accompagnait donc, sans trop d'enthousiasme parfois : « Quand je ne suis pas à ses côtés, Nicolas me demande pourquoi. Donc, pour éviter ses questions, je viens. »

Cette omniprésence agaçait souvent l'entourage. Qu'importe, ils formaient un couple fusionnel. Quand il se trouvait près d'elle, il lui prenait la main. Sinon, il téléphonait dix fois par jour. Lors d'une course à vélo, à chaque pause il l'appelait pour lui dire et redire des « Je t'aime » en veux-tu en voilà. Dans bien des couples, ce sont les femmes qui quêtent avec avidité ce genre de déclarations. Souvent en vain. Cécilia, elle, n'a jamais dû les attendre. Son mari a toujours été un amoureux prodigue et prolixe, ce qui ne l'empêchait pas d'oublier de souhaiter les fêtes et les anniversaires. Trop occupé. Mais tout de même toujours soucieux, anxieux même, comme dans la vie publique – et plus encore là – de tenir son rôle. Ce qui fait de lui un mari possessif. À ceux qui lui en feront le reproche quand Cécilia se sera éloignée, il rétorquera qu'elle était « jalouse de tout », qu'elle se méfiait dès qu'une femme l'approchait, qu'elle voulait savoir à chaque minute ce qu'il faisait.

Ainsi vivait, ainsi apparaissait ce couple jusque dans les premiers jours de ce triste mois de mai. Pour les proches, pour la famille, la séparation, le départ de Cécilia étaient donc plus qu'imprévisibles : impossibles ! Et tragiques pour lui.

Écoutons-les pêle-mêle : « Elle est sa quille affective », disait Brice Hortefeux. « Cécilia l'a décomplexé, lui a donné confiance », dit Arnaud Claude, son associé. « Cécilia, c'est la passion », renchérit Roger Karoutchi. Jacques Attali va plus loin : « Cécilia est la faille dans sa cuirasse ; il en a toujours eu conscience. »

Nicolas Sarkozy est en effet un homme très dépendant de ses sentiments.

Bien sûr, chacun cherche des explications à ce départ, explore le passé du couple, les confidences de cette femme bousculée par une autre passion, et trouve des raisons. Celle-ci par exemple : après tant d'années vécues dans l'ombre de Nicolas, elle aurait voulu jouer un rôle plus personnel, montrer de quoi elle était capable, devenir par exemple une élue locale, comme Bernadette Chirac. Pourquoi pas… Il en avait été beaucoup question en 2004. Elle devait figurer sur la liste de Jean-François Copé, lors des élections régionales en Île-de-France. Mais, craignant qu'elle ne devienne une cible, Nicolas l'en avait dissuadée. Et c'est lui qui l'avait annoncé au *Figaro* : « Elle ne sera pas candidate, parce qu'elle veut protéger sa vie de famille. » Une autre fois, interrogé sur la possibilité pour Cécilia de mener sa propre carrière politique, il avait répondu : « Quand notre fils aura grandi, pourquoi pas. » Ce qui l'avait beaucoup déçue. Elle avait aussi songé à la mairie de Neuilly, et même à figurer en bonne place sur la liste UMP aux élections européennes. Nicolas l'écoutait mais ne l'entendait pas. Lors d'une réunion de famille, elle avait lâché : « Moi, on ne m'a pas aidée. » Un soupir qu'il n'avait pas relevé.

En 2002, on l'avait connue épanouie à Beauvau. Elle s'y était taillé de vrais rôles, à commencer par celui de maîtresse de maison. « Lui, il est ministre de l'Intérieur ; elle, elle s'occupe de l'intérieur du ministère », disait joliment leur ami Didier Barbelivien. Elle organisait les déjeuners, les dîners, faisait patienter les invités quand le ministre tardait, elle régnait sur son agenda, écartait les importuns, assistait à toutes les réunions du cabinet. Elle était la seule à pouvoir entrer dans son bureau sans frapper. Elle n'hésitait pas à lui signifier ses désaccords (le jugeant trop répressif, par exemple, dans la lutte contre la prostitution, qui n'aurait pas dû être traitée dans le projet de loi sur la sécurité intérieure. « Elle avait tort, expliquera le ministre. On n'a jamais arrêté autant de proxénètes. C'est grâce à la loi. »). Elle prenait en charge des œuvres de bienfaisance, était la marraine d'Orphéopolis, l'orphelinat mutualiste de la police. Intimidante comme toutes les timides, on la respectait. Mais on la craignait plus qu'on ne l'aimait car on la suspectait de faire ou de défaire les carrières. Parfois, le ministre l'appelait « la patronne ». Elle ne figurait pas dans l'organigramme du ministère, n'occupait pas de fonction officielle et salariée. À cette époque, on l'entendait répéter, grisée : « J'adore ce que je fais. »

Une affirmation qu'elle n'a pas reprise, bien au contraire, quand le couple revint à Bercy à la fin d'avril 2004, neuf ans plus tard. L'ambiance était tout autre. Elle ne s'y était pas retrouvée. Et elle a souffert de l'arrogance de certains énarques distingués, qui feignaient de ne pas la voir quand ils la croisaient dans les couloirs. À cette époque aussi, quelques articles dans la presse, notamment *Le Canard enchaîné*, la présentaient comme une femme capricieuse et dispendieuse parce qu'elle aurait fait acheter des téléviseurs géants à écran plat pour les appartements privés. Une campagne qui l'avait beaucoup affectée.

Le couple, il est vrai, ne fit là qu'un bref passage. Nicolas Sarkozy ayant été ministre des Finances seulement huit mois. En en concevant, c'est vrai, quelque ressentiment, une aigreur même, de ne pouvoir exercer plus longtemps cette fonction.

Malgré l'élection triomphale à l'UMP, le retour à la maison fut monotone. Souvent, le soir, Nicolas s'enfermait dans son bureau pour travailler. Il était maussade. Elle eut alors l'impression d'être moins associée, moins admirée. De moins compter pour lui. Et l'automne pour elle fut gris, comme le début de l'hiver. Un climat dépressif. Auquel s'ajoutait un sentiment d'usure : après dix-huit ans de vie commune, un couple n'est plus dans une dynamique de départ. « Cécilia était à bout », constate l'une de ses amies. Leur vie avait toujours été une course. Elle était fatiguée.

Alors, à la toute fin de l'année, voilà que survient l'imprévu, l'accident, appelé coup de foudre. *Le Petit Littré* en donne une définition pessimiste : « Évènement désastreux qui atterre, qui déconcerte et qui cause une peine extrême. » Mais les débuts sont tellement délicieux, enivrants, exaltants.

Et, cinq mois plus tard, elle allait tout envoyer balader. Non pour se venger des incartades de son mari, comme le laissaient entendre des rumeurs chimériques ou malveillantes : elle aurait reçu des Renseignements généraux une liste des maîtresses de Nicolas, accompagnée de photos. Ou cette autre, répandue en très haut lieu : elle l'aurait surpris dans son bureau à l'UMP en flagrant délit d'adultère. Et d'autres, encore plus fantaisistes. Mais « plus la calomnie est difficile à croire, plus pour la retenir les sots ont de la mémoire », écrivait voilà deux siècles Casimir Delavigne, poète et auteur dramatique.

« Toutes ces rumeurs sont fausses ; je n'ai jamais reçu de notes des RG, s'indigne aujourd'hui Cécilia. En revanche, j'ai reçu bien des appels de personnes qui me félicitaient, m'expliquant que je n'avais pas à me gêner et que c'était rendre à Nicolas la monnaie de sa pièce. »

Reste que ce départ provoque un véritable casse-tête dans les médias. Comment traiter un tel sujet ? Doit-on masquer la vérité quand il s'agit d'un couple qui a tant mêlé vie privée et vie publique ? D'autant que, dans les allées du pouvoir, on évoque leur possible séparation. Nicolas Sarkozy ne peut plus se taire. Il doit s'expliquer. Invité le 26 mai – à trois jours du référendum – au journal de France 3, le « 19/20 », il répond aux questions de Jean-Michel Blier. Il paraît tendu, les épaules rentrées, la mâchoire crispée, amaigri. Visiblement très ému, il lui faut – ce n'est guère facile, bien sûr – trouver les mots justes : « Vous voulez parler de la rumeur, dit-il… Est-ce que vous ne trouvez pas que parfois ça va un peu loin, et que ma famille mérite d'être respectée ? Que ma femme, qui est quelqu'un d'éminemment respectable, mérite aussi d'être respectée, qu'elle n'a pas à être suivie en permanence avec des photographes pour savoir avec qui elle déjeune, que mes enfants doivent être respectés ? La vérité est très simple : comme des milliers de familles, la mienne a connu des difficultés. Ces difficultés, nous sommes en train de les surmonter. Est-ce que je dois en dire plus, je ne le pense pas. Je demande simplement à être respecté et je vous ai dit ce qu'il y avait à dire. Je reste serein, je reste calme ; quand on touche à ceux que j'aime le plus, je dois les protéger et c'est la seule chose qui compte. »

Fin de l'épreuve.

Interrogé le lendemain, Brice Hortefeux réplique, lui, en citant une maxime de Chamfort, auteur auvergnat : « La calomnie est une guêpe contre laquelle il ne faut faire aucun mouvement, à moins qu'on ne soit sûr de la tuer, sans quoi elle revient à la charge plus furieuse que jamais. »

(Jacques Chirac, lui, préfère la métaphore de la tache sur la cravate : « N'y touchez jamais, plus vous frottez pour l'effacer, plus elle s'étend. »)

Mais voilà la rumeur apparemment démentie : le 28 mai, veille du référendum, une dépêche de l'Agence France-Presse annonce que Nicolas et Cécilia (décidément elle circule beaucoup) ont dîné le vendredi dans un restaurant de Madrid, avec le roi Juan Carlos. Le samedi, ils ont assisté à une corrida, comme le montrent des photos publiées dans les journaux. Tout semble rentré dans l'ordre.

Le lendemain dimanche, le couple réuni vote à Neuilly, les photographes se pressent à la porte et dans la salle du bureau de vote, clic-clac, ils ne voudraient pas manquer le cliché.

– Respectez ma famille, leur lance le président de l'UMP, au fond ravi de leur présence.

Cécilia est-elle vraiment revenue ?

En réalité, le feuilleton ne fait que commencer.

CHAPITRE XXII
« *Annus horribilis* »

« Le mois de mai est fou », écrivit un jour François Mitterrand, dans l'une de ses chroniques.

Dans la vie de Nicolas Sarkozy, ce mois de mai 2005 l'est en effet. La France entière se passionne pour le cas Cécilia. Aucun couple n'est à l'abri d'un accident de parcours, mais c'est bien la première fois, dans l'histoire contemporaine, que la femme du candidat le mieux placé pour faire gagner son camp à la présidentielle s'échappe, à deux ans de l'échéance.

Cécilia devient le sujet incontournable au menu des conversations de tous les dîners en ville. On se chamaille. Tout le monde a un avis. Les femmes, le plus souvent, prennent son parti, vantent son geste : on la disait avide de pouvoir et voilà qu'elle montre au contraire qu'elle n'y tient pas, qu'elle préfère sa liberté, une autre vie. Chapeau ! Les hommes sont plus sévères : en épousant Nicolas Sarkozy, elle n'ignorait rien de son ambition. En se comportant ainsi, elle risque de le déstabiliser, de compromettre son destin.

Illustration inattendue du clivage droite-gauche, ce sont en général les gens de gauche qui la jugent formidable et courageuse. Il est vrai qu'en politique tout ce qui affaiblit un candidat est pain bénit pour ses adversaires. Mais le joli mois de mai est également fou pour d'autres raisons. Les Français n'ont pas encore voté pour le référendum sur l'Europe que déjà la question est partout posée : qui donc Jacques Chirac va-t-il installer à Matignon ? Ce sont, assure-t-on, les dernières heures de Jean-Pierre Raffarin. Toutes les options sont ouvertes.

« Nicolas Sarkozy ne se dérobera pas », déclare son ami Patrick Devedjian. À condition bien sûr que Jacques Chirac le laisse gouverner, le président de l'UMP croit pouvoir réussir en vingt-deux mois là où son prédécesseur a échoué. Comme d'ordinaire et en dépit des accidents de la vie, il est animé d'un farouche goût de la compétition. Il rêve même de faire mentir la tradition de la Ve République, appelée « malédiction de Matignon » : jamais un Premier ministre sortant n'a réussi à entrer à l'Élysée.

Arrive le jour du référendum. Comme prévu, il est clair, dès 22 heures, que le « non » l'emporte. Avec près de 55 % des suffrages, ce qui était moins prévu… Une claque. Un drapeau de crêpe noir flotte sur l'Élysée. Le Président est le grand vaincu du jour. Il risque de figurer dans l'histoire comme fossoyeur de la Constitution européenne. Et son autorité dans le pays, sa crédibilité face à son camp se trouvent une fois de plus remises en cause.

Entré en lice le 14 avril précédent, il avait inauguré une nouvelle formule d'émission politique, en rencontrant devant les caméras de TF1 un échantillon de quatre-vingt-trois « jeunes adultes ». Or ceux-ci lui avaient posé des questions qui avaient souvent bien peu de rapport avec la Constitution. Ainsi s'était manifesté le fossé d'incompréhension qui séparait ces garçons et ces filles du monde politique. Alors qu'ils affichaient craintes et inquiétudes, le Président avait lâché, tel un aveu d'impuissance, un « Je ne vous comprends pas » significatif et qui pèserait lourd. L'autre grand vaincu se nomme, bien sûr, Jean-Pierre Raffarin. L'importance du « non » produit sur lui un effet guillotine. Il doit s'en aller. Il faut un bouc émissaire : il est tout désigné. Un sondage publié par *Libération* indique que 45 % des Français souhaitent son retrait.

En revanche, et bien qu'il ait fait campagne pour le « oui », le « non » à l'Europe équivaut à un « oui » à Sarko. C'est, nous l'avons vu, une constante de sa vie politique : les échecs de Jacques Chirac (1988, 1997), l'ont toujours fait avancer. Une évidence s'impose à l'Élysée : la majorité est trop mal en point pour se passer de sa popularité, il doit revenir au gouvernement.

Ce soir-là, au siège de l'UMP, il adopte un ton grave, presque solennel : « C'est un événement majeur, constate-t-il, il faut entendre ce que les Français ont exprimé en disant "non". Ils nous appellent à des mises en cause profondes, rapides, vigoureuses. Il nous faut rompre avec la pensée unique et les recettes du passé qui n'offrent plus ni solutions ni perspectives. »

Une volonté et un diagnostic qui dépassent de loin le texte de la Constitution européenne. D'ailleurs, il l'avait répété dans tous ses meetings : « Le modèle social français est à bout de souffle, il produit trois millions de chômeurs, il est impossible de continuer ainsi. »

Dominique de Villepin avait brodé pendant la campagne sur le même thème. Déclarant par exemple, au surlendemain de la prestation ratée de Jacques Chirac sur TF1, qu'il souhaitait, lui, une inflexion forte de la politique nationale, plus volontaire, plus audacieuse, plus solidaire, et demandant une meilleure prise en compte des « frustrations qui s'exprimaient ». Il avait été longuement reçu le jour même par le chef de l'État. Un signe.

Si Sarkozy et Villepin chantaient à peu près la même chanson, leurs couplets étaient bien dissonants. Une cacophonie en stéréo dans les oreilles du Président, qui n'allait pas tarder à choisir sa mélodie préférée. Nicolas en eut la confirmation dès le soir du référendum : ce serait Villepin.

« J'ai dit au Président que j'étais disponible, en 2002, en 2004 et encore la semaine dernière, que voulez-vous que je fasse de plus », s'exclame-t-il, dépité. Mais pas désespéré non plus. Car il revient au gouvernement (le nouveau Premier ministre préférant l'avoir à l'intérieur qu'à l'extérieur). Et c'est un retour glorieux.

L'Élysée annonce que le Président s'adressera aux Français le mardi soir à la télévision. Ce matin-là, lors de la réunion du groupe UMP à l'Assemblée, Sarkozy le confie aux trois cent soixante députés : on lui a demandé de revenir au gouvernement. Bruits divers dans la salle. Beaucoup, dont Édouard Balladur, François Fillon, Pierre Méhaignerie et bien d'autres, le lui déconseillent vivement. Il doit se préparer pour la présidentielle, il risque de s'abîmer, de nuire à son parcours. Il leur dit qu'il a réservé sa réponse jusqu'au soir : « J'attends de voir ce que dira le Président. »

Édouard Balladur tentera de le joindre toute la journée. En vain. Il y verra la preuve que Nicolas Sarkozy a déjà pris sa décision.

Le soir, comme prévu, Jacques Chirac commente les résultats. Dans la foulée, il annonce : « Dans un esprit de rassemblement, j'ai demandé à Nicolas Sarkozy, qui l'a accepté, de rejoindre le gouvernement comme ministre d'État. » Ce qui sous-entend que celui-ci aurait bien pu ne pas l'accepter. Donc le Président l'a prié de revenir. Bien plus : ce que l'on ne sait pas, c'est qu'il a pratiquement dicté au téléphone à Jacques Chirac la teneur de son propos. Il voulait que son entrée au gouvernement soit annoncée avec éclat, que l'on déroule pour lui le tapis rouge. Le Président a obtempéré, faisant de lui un Premier ministre *bis*.

Le lendemain, lors d'un petit déjeuner réunissant les balladuriens, Nicolas Sarkozy souligne avec fierté que l'exception dont il bénéficie est tout à fait unique dans les annales de la Ve République. Plus encore : le ministre d'État, ministre de l'Intérieur, conserve aussi la présidence du Conseil général des Hauts-de-Seine.

Il a gagné sur toute la ligne, puisqu'il reste, en outre, à la présidence de l'UMP. Quelques mois plus tôt, on le sait, Jacques Chirac déclarait : « Si un ministre devait être élu à la présidence de l'UMP, il démissionnera ou je mettrai fin à ses fonctions. » Le Président de la République a donc été contraint de revenir sur sa parole.

Plusieurs fois, Jacques Chirac lui demandera de démissionner des Hauts-de-Seine. Il se verra opposer un refus qui ne manque pas de saveur : « Je suis chiraquien, je fais comme vous, je cumule. » À quoi le Président répliquera, navré et nostalgique : « Mais moi, c'était une autre époque. »

Reste que Nicolas Sarkozy est contraint de faire attelage avec le flamboyant Villepin. Deux âmes qui ne vibrent pas à l'unisson et ne s'en cachent pas. L'objectif de Jacques Chirac est évidemment de les mettre en concurrence, ce qui lui permettra de jouer les arbitres, d'être un recours au-dessus de la mêlée.

Mais il a dû, comme on dit familièrement, « manger son chapeau ». Un an ne s'est même pas écoulé depuis qu'il lançait, le 14 Juillet 2004, content de lui et de sa formule, le fameux « Je décide et il exécute ». Cette fois, Sarkozy peut lui retourner le propos : « Je décide d'entrer au gouvernement et il s'exécute. »

S'il retourne Place Beauvau contre l'avis de son équipe, c'est aussi pour retrouver un lieu où il avait été si heureux avec Cécilia. Il n'a pas perdu l'espoir de l'y voir reprendre son rôle auprès de lui, de la dissuader de commettre l'irrémédiable.

Ce ministère lui permet en outre, bien sûr, de contrôler la police, les Renseignements généraux, la DST qui pourraient, craint-il, lancer des rumeurs gênantes pour lui ou les siens. Il le dit sans ambages : « Je vais redevenir le patron de ceux qui font des enquêtes sur moi. Il y en a qui doivent mal dormir, depuis qu'ils savent que je reviens. »

Sarko Parano ? Il connaît depuis l'automne précédent les arcanes de l'affaire Clearstream et le rôle attribué à Dominique de Villepin. Il soupçonne aussi l'entourage de celui-ci d'avoir participé aux rumeurs sur ses rapports avec Cécilia, rumeurs qui sont allées jusqu'à l'annonce de leur divorce par le quotidien suisse *Le Matin*.

À tous ceux qui ont participé à cette campagne, il va faire la chasse. Ainsi, quatre jours après sa nomination, il fait limoger le préfet Gérard Dubois, inamovible conseiller chargé de la communication auprès des préfets de police de Paris. Il l'accuse d'avoir colporté des ragots sur son couple jusqu'à l'Élysée. Ce dont l'intéressé se défend, mais il est proche de Philippe Massoni, ex-préfet de police devenu conseiller du Président. Méfiance, méfiance.

Dans l'adversité conjugale, le ministre de l'Intérieur se conduit comme sur un ring. Il rend coup pour coup et ne laisse rien passer. Si bien que, lors de la séance traditionnelle des questions d'actualité à l'Assemblée, le socialiste Arnaud Montebourg lui demandera s'il est revenu « pour travailler aux problèmes de la France ou plutôt régler ses problèmes personnels ».

Les responsabilités ministérielles, il les assume sans délai. Il a repris les chantiers ouverts entre 2002 et 2004 : lutte contre les violences urbaines, immigration clandestine.

Mais Cécilia n'est pas là. À la fin du mois de juin, elle est encore aux États-Unis… On la voit à Disneyland en Floride, en compagnie du jeune Louis et de sa fille cadette, qui vient de passer le bac. Ce qui ne surprend pas ses proches, qui la savent fascinée depuis toujours par le monde de Disney.

La coupure, passagère ou non, est alors évidente pour tous. Cécilia a abandonné sa responsabilité de chef de cabinet à l'UMP et, si un bureau contigu à celui du ministre lui est toujours attribué, elle ne veut plus occuper de poste au ministère. Elle entend « faire une pause ». Elle ne vit pas Place Beauvau, mais ses vêtements sont dans les placards. On apprend qu'elle aurait consulté un avocat. Et pas n'importe lequel, maître Kiejman. Dans l'entourage du ministre, cependant, on refuse toujours d'accréditer la thèse de la séparation du couple. C'est une crise qui se dénouera vite, dit-on.

La presse, bien sûr, s'emballe. « Cécilia face à un choix douloureux », titre *Le Parisien*.

Paris Match, qui a mis une photo des Sarkozy en couverture, écrit le 30 juin : « Il se donne cent jours pour reconquérir Cécilia et sauver leur couple. » Tout comme Villepin, à ce moment, se donne cent jours pour redresser la France. Le couple occupe également les « Une » du *Figaro* et du *Point*, et de bien d'autres journaux encore. C'est un sujet très vendeur.

Sarkozy fait front. Soucieux de démontrer la vanité des ragots, et qu'il n'est pas abattu, il en rajoute, s'empresse de raconter aux journalistes qu'il a dîné avec Monica Bellucci – il en fera part au Premier ministre José Luis Zapatero qu'il rencontre le lendemain en Espagne –, s'amuse des liaisons qu'on lui prête avec Laetitia Casta, avec une avocate corse, voire l'épouse de son ami Estrosi : « C'est n'importe quoi… Je passe mon temps à m'excuser auprès de maris dont je ne connais pas les femmes… En plus, où trouverais-je le temps ? » plaisante-t-il. Il laisse même entendre que la rumeur pourrait lui valoir quelques profits politiques : « Avec tout ce qu'on écrit, les gens pensent que je finirai par craquer, mais ça crée de l'affect entre eux et moi. Avant on soulignait mon ambition personnelle, maintenant c'est de mon humanité que l'on parle. » Et s'il désapprouve les articles consacrés à la vie de son couple, il récuse la distinction entre sphère publique et sphère privée.

« Il n'y a pas deux vies, comme si la part de soi la plus intime et la plus intéressante, il fallait l'abandonner, l'oublier jusqu'au week-end. La vie privée n'a pas de sens, il n'y a qu'une vie. »

Et puis, il n'en démord pas. À ses proches il confie : « Je sais que Cécilia m'aime. »

Quoi qu'il en soit, malheureux ou pas, Nicolas songe toujours à 2007. D'autant que les sondages l'encouragent, qui le donnent alors largement vainqueur, dans tous les cas de figure.

Ce n'est pas une raison pour lâcher la pression. En visite dans le Cantal, le 30 juin, pour lancer la carte « Idéal » des services publics en milieu rural – il a hérité de l'Aménagement du territoire –, il lâche aux journalistes qui l'accompagnent que « Chirac n'est plus un adversaire ». Et d'ajouter, un peu trop tôt : « Qui parle encore de sa candidature ? »

Pour calmer son anxiété, peut-être, pour ouvrir d'autres champs à sa nervosité, sûrement, il se démultiplie. Il est partout. Il parle trop, trop vite.

Le jour de la Fête des pères, un petit garçon de onze ans, élève de CM2, Sidi Ahmed Hammache, se trouve au pied de son immeuble dans la Cité des 4 000 à La Courneuve. Il fait beau. L'enfant lave la voiture de son papa. Soudain, on l'entend crier, il s'écroule, atteint de deux balles de 9 mm. Il mourra quelques heures après son arrivée à l'hôpital de Bobigny. Il s'est trouvé malheureusement sous les feux croisés de deux bandes rivales. Cette Cité des 4 000 est depuis longtemps une zone de non-droit. La police n'y va plus et la situation n'a fait qu'empirer malgré les déclarations de tous les ministres de l'Intérieur, sans exception.

Le lendemain, encadré par des policiers, et accompagné du préfet, Nicolas Sarkozy se rend sur les lieux du drame, vient présenter ses condoléances aux parents de la victime. Ils habitent au sixième étage de l'immeuble.

Voici la version de cette scène relatée par les proches du ministre : l'ascenseur est cassé. Il doit emprunter l'escalier et constate la décrépitude des murs et des lieux. Toute la famille est réunie, père, mère, cousins, frères et sœurs. L'un d'eux lui lance : « Monsieur le ministre, il faut nettoyer la cité au Kärcher. » Ému par la souffrance palpable de ceux qui l'entourent, il leur répond : « Vous avez raison, il faut nettoyer la cité au Kärcher. »

En principe, la presse devait rester à l'extérieur. Mais une journaliste du *Monde*, Marion Van Renterghem a réussi à suivre le ministre jusqu'à l'appartement et a entendu la formule.

À la sortie de l'immeuble, le ministre est interpellé par un groupe d'habitants, dont une mère de famille d'origine maghrébine qui lui dit : « On veut sortir d'ici, on est français. On veut que nos enfants vivent comme des Français. » Il lui répond : « Les voyous vont disparaître, je mettrai les effectifs qu'il faut, mais on nettoiera la Cité des 4 000. » Employé au sens propre, le mot ne devrait pas choquer : les immeubles vétustes et crasseux ont besoin d'un nettoyage ; mais fait par des policiers, le « nettoyage » prend une tout autre signification. L'expression est lourde de souvenirs historiques terribles. « Nettoyer, c'est fasciste, c'est le langage de l'insulte », clament les socialistes. Deux jours plus tard, *Le Monde* rend publique la formule utilisée en privé, en réponse à la question d'un membre de la famille. Et voilà le mot « Kärcher » désormais associé au nettoyage. Aussitôt, la Ligue des droits de l'homme et le MRAP (Mouvement contre le racisme et l'antisémitisme et pour la paix) entrent en campagne contre ce ministre qui vient humilier les banlieues. François Hollande prend la suite : « On attend d'un ministre de l'Intérieur d'éviter des formules choc et plutôt de traiter les problèmes. » Puis, c'est l'Union syndicale des magistrats qui s'indigne, relevant surtout le mot « nettoyage ».

Reprendre à la volée une expression qu'il vient d'entendre est une habitude de Nicolas Sarkozy. Ainsi parle-t-il souvent de la « France qui se lève tôt » depuis sa rencontre à Boulogne, dans le Pas-de-Calais, avec de jeunes ouvriers d'une usine de traitement de poissons, qui lui avaient lancé : « Nous, on a des salaires de misère et pourtant on se lève tôt. » Mais utiliser les mots de l'autre, même pour manifester un accord, n'est pas toujours opportun. Il est des spontanéités dangereuses pour un homme politique, car trop facilement exploitables par les adversaires. Les mots « nettoyer » et « Kärcher » collent désormais à Nicolas Sarkozy, repris non seulement par les opposants, mais aussi par les jeunes, les humoristes et les imitateurs.

La version de Marion Van Renterghem, la jeune journaliste du *Monde*, est toute différente. Elle n'a pas « réussi à suivre » le ministre dans l'appartement de la famille en deuil, pour la bonne et simple raison qu'elle s'y trouvait *avant* lui, l'ayant précédé d'une heure au moins. L'expression « nettoyer la cité au Kärcher » n'a pas été suggérée par un membre de la famille, le ministre n'a pas attendu d'être questionné pour s'exprimer et il est donc le seul auteur de cette formule devenue fameuse. La journaliste insiste sur le fait que dans cette famille terrassée par la douleur et où les parents s'exprimaient plus facilement en berbère qu'en français, il est impensable que quiconque ait pu employer – ni même, probablement, connaître – le mot « Kärcher ».

En tout état de cause, le ministre récidive dans la maladresse (ou l'habileté ?) provocatrice quelques mois plus tard. Le 25 octobre 2005, deux heures avant le début des émeutes en banlieue (provoquées par la mort de deux jeunes électrocutés dans un transformateur EDF où ils s'étaient réfugiés, à Clichy-sous-Bois), il se rend à Argenteuil, dans le Val-d'Oise[1], pour assister à une présentation des nouveaux services de police qu'il a mis en place contre la violence urbaine. Il est 22 heures. Il doit traverser à pied une esplanade baptisée « La dalle d'Argenteuil ». Son comité d'accueil : 150 jeunes en survêtement et capuche le guettent sur la passerelle surplombant la dalle, des cris, des jets de pierres et de bouteilles, quand soudain une femme, d'origine maghrébine, l'interpelle depuis sa fenêtre : « Il faut débarrasser le quartier de cette racaille. » Il lui répond : « Nous allons vous débarrasser de cette racaille. » Scandale. Aussitôt, tous les jeunes de banlieue prennent pour eux le mot « racaille », se sentant visés. Ce qui lui vaut une admonestation de son collègue, le sociologue Azouz Bégag, entré dans le gouvernement Villepin pour prendre en charge les problèmes d'intégration. Dans *Libération*, il dénonce « la sémantique guerrière et imprécise du ministre qui ne peut aider au retour du calme dans des territoires en surchauffe ». Il en rajoute sur France 2 : « Il ne faut pas dire aux jeunes qu'ils sont des racailles. » Azouz Bégag, quel Tartuffe, oublie qu'il avait lui-même, dans une tribune du *Monde* datée du 8 mai 2002, exigé des sanctions contre ceux justement qu'il qualifiait de « racailles » ou « cailleras » en verlan. « Ces groupes de jeunes, écrivait-il, dont tout le monde a peur, qui conduisent des scooters sans casque, roulent sur les trottoirs au mépris des piétons, ignorent royalement les feux de signalisation comme ils récusent tout autre code de conduite sociale. » Or, c'est bien ceux-là que, de bonne foi, Nicolas Sarkozy visait en parlant de racaille, et non les jeunes en général.

A-t-on oublié aussi ce que disait le président de SOS Racisme, Malek Boutih, dont les propos avaient été repris dans une tribune du *Monde*, le 13 juin 2002 ? Il demandait que « l'on remette la police au boulot. Pour qu'elle donne un grand coup de balai parmi les gangs de la cité. Le plus grand nombre de bavures n'est plus de son fait, c'est la racaille qui tue le plus dans les cités ». L'ennemi, à ses yeux, n'était

1. Argenteuil où 130 voitures ont brûlé depuis le début de l'année.

pas « le flic à sept mille cinq cents balles par mois, mais les petits Le Pen de banlieue, les petits dictateurs de quartier, qui vendraient leurs frères pour quelques billets ».

Comme quoi tout dépend non pas des mots mais de celui qui les prononce. La gauche y trouve de quoi accabler le ministre de l'Intérieur, dénonce sa brutalité, son inhumanité. Des artistes, des sportifs de renom, comme Lilian Thuram, clament leur indignation. Le mal est fait.

À droite, où Sarkozy, bien sûr, n'a pas que des amis, les réactions ne sont guère plus favorables. Celle de Dominique de Villepin est ambiguë. « Chacun aborde ces questions avec sa sensibilité », dit-il. Comprenez : la mienne est moins brutale, plus délicate.

Certains élus proches du ministre reconnaissent l'imprudence. Mais ils expliquent que, fragilisé lui-même, pour d'autres raisons bien sûr, il n'en est que plus attentif à la réelle douleur des autres. Au moins, lui peut se dire que, s'il est critiqué par l'élite, il est compris par le peuple puisqu'il parle comme lui. Nicolas Sarkozy, aujourd'hui encore, continue d'aider la famille de la victime de La Courneuve.

Les assassins présumés seront arrêtés quatre jours plus tard, grâce à des investigations de proximité minutieuses, loin des démonstrations de force. On reprochera aussi à Sarkozy d'avoir déployé, deux jours plus tôt, deux cents policiers du RAID encagoulés et accompagnés de chiens qui ont investi la barre Balzac de la Cité des 4 000. La manière musclée, sous l'œil des caméras et le regard irrité des habitants, s'est révélée inefficace : les hommes en noir n'ont rien trouvé. Ils ont arrêté deux hommes seulement. Tout ça pour ça !

Bientôt, c'est le monde judiciaire qui s'émeut. Recevant le 22 juin des officiers de gendarmerie, le ministre met en cause un magistrat qui a permis la libération conditionnelle d'un certain Patrick Gateau. Celui-ci, condamné à perpétuité pour meurtre en 1990, vient de récidiver avec son complice Serge Mathey : ils ont avoué le meurtre de Nelly Crémel, une mère de famille de trente-neuf ans, tuée le 2 juin, près de chez elle, alors qu'elle faisait son jogging. Pour Nicolas Sarkozy, le juge est responsable. « La justice est humaine, donc faillible, je le sais, dit-il. Mais ça n'est pas parce que c'est humain qu'on ne doit pas payer quand on a fait une faute. »

Le Syndicat de la magistrature dénonce aussitôt des propos qui, « par leur excès, sont de nature à porter atteinte à la justice et à son indépendance ». En revanche, l'opinion publique, dans une large majorité, partage l'avis de Nicolas Sarkozy. Du côté de l'opposition, on proteste vigoureusement et le socialiste Julien Dray semble lier l'attitude du ministre à ses problèmes personnels : « Nicolas Sarkozy est à cran, et c'est inquiétant. »

Le 24 juin, Jacques Chirac tente de calmer le jeu : « Rien ne saurait remettre en cause le principe constitutionnel de la séparation des pouvoirs et le respect de l'indépendance de la justice », écrit-il au Syndicat de la magistrature. Mais dans le même temps, preuve que le problème posé est réel et aigu, Dominique de Villepin demande au Garde des sceaux, Pascal Clément, de présenter en urgence un projet de loi sur la libération conditionnelle, l'application des peines en cas de récidive et un meilleur suivi des sorties de prison.

Malgré tout, Nicolas Sarkozy peut être satisfait : l'affaire a tourné à son avantage. Mais, à compter de ce jour, la gauche parle de lui comme d'un homme dangereux.

Côté vie privée, les choses ne s'améliorent pas. Cécilia n'est pas rentrée. Nicolas a retiré son alliance. Les journalistes l'ont remarqué le 11 juin, lors de la réunion du conseil national de l'UMP, où Dominique de Villepin et lui ont fait assaut – très provisoire – d'amabilités.

Le ministre au cœur blessé s'est replié sur son équipe de fidèles. Au premier rang, Place Beauvau, Claude Guéant, directeur de cabinet devenu son confident, et bien sûr Brice Hortefeux, sa garde de fer, entré au gouvernement comme ministre délégué aux Collectivités locales auprès du ministre de l'Intérieur (mais ce n'est pas à lui qu'il doit sa promotion). Pierre Mongin, ex-chef de cabinet du Premier ministre Édouard Balladur, ex-préfet de la région Auvergne (dont Brice Hortefeux est un élu), devenu directeur de cabinet de Dominique de Villepin a suggéré à celui-ci qu'il serait le meilleur des « go between » entre l'Hôtel Matignon et la Place Beauvau. Ce que confirme Nicolas Sarkozy : « Brice ne m'a jamais rien demandé depuis qu'il est avec moi, ça a toujours été "si tu veux, je veux", rien de plus. C'est quelqu'un de formidable. » Commentaire de l'intéressé : « Si je n'avais pas toujours été à ses côtés, jamais je ne serais devenu ministre, c'est à Nicolas que je le dois. » À ses proches parmi les proches, il faut ajouter Frédéric Lefèbvre, son attaché parlementaire, ennemi juré de Jean-Louis Debré, qui n'a pas son pareil pour déjouer les pièges, déceler les états d'âme des députés, les signaler au chef et les ramener pour lui ; Franck Louvrier, repéré au service de presse du RPR en 1997 et qui ne l'a plus quitté. Le seul qui réponde ou rappelle dans l'heure les journalistes. Laurent Solly, jeune et beau préfet, chef de cabinet, chargé des déplacements. Rachida Dati, une magistrate dont le parcours est le symbole d'une intégration réussie, toujours active sur le terrain aux côtés du ministre. Pierre Charon, un ami de vingt ans, présent dans les bons et les mauvais jours, toujours en quête de distractions pour Nicolas, et qui fait le lien avec des artistes. Voilà pour les collaborateurs, pour ne citer qu'eux.

Ses fils Pierre et Jean l'entourent de leur présence quasi quotidienne. Il y a aussi les amis fidèles, Jacques et Martine Chancel, Martin Bouygues, Didier Barbelivien, les nombreux copains du show-biz. Avec tous ceux-là et bien d'autres, il déjeune ou dîne presque tous les jours et la soirée se prolonge souvent tard. Entouré de cette « famille » hétéroclite qui ne lui ménage ni son temps ni son affection, il mène une vie de célibataire. Cécilia n'est plus là pour le surveiller.

Juillet est arrivé, il fait beau et chaud. Le samedi après son jogging, Sarkozy travaille torse nu dans le jardin du ministère. L'humeur s'en ressent, il retrouve des couleurs et s'épanche volontiers auprès de quelques femmes journalistes. Il redécouvre le marivaudage, sa capacité de séduction. Cette liberté recouvrée paraît presque le guérir.

La qualité du service, la fraternité des policiers qui le servent et l'entourent lui mettent aussi du baume au cœur. « Quoi qu'on décide avec Cécilia, dit-il alors, je dois me conduire en gentleman. » Rageur, il lui arrive aussi de dénoncer « des manières de coiffeur et de coiffeuse ». Mais il prend sa part de responsabilité dans ses malheurs, avouant : « Je suis égotiste, arrogant, prétentieux, c'est vrai, mais j'aime les gens et puis j'ai beaucoup changé, je crois que je deviens plus fréquentable.

– Depuis quand ?

– Depuis un mois[1]. »

Il ajoute : « Si avec Cécilia on surmonte cette crise, si l'amour est plus fort, ce sera magnifique et l'on repartira peut-être tous les deux mieux qu'avant. »

Il se donne jusqu'à la fin des vacances pour y voir plus clair.

Une rumeur a pourtant pris corps parmi les journalistes : une consœur du *Figaro* serait désormais très proche de lui.

Mais il va bientôt donner à la presse d'autres grains à moudre. On approche du 14 Juillet – un jeudi, cette année 2005 –, jour du défilé des troupes et de la rituelle interview présidentielle. Un anniversaire, donc : celui du « Je décide, il exécute ». Nicolas Sarkozy, qui ne l'a toujours pas digéré, va le célébrer à sa manière et le faire payer à Jacques Chirac. Le mardi matin précédent, lors du petit déjeuner des chefs de la majorité, il cueille tout le monde à froid en jugeant dépassé le rite de l'interview élyséenne : « Pourquoi perpétuer une tradition,

1. Conversation avec l'auteur le 8 juillet 2005.

alors qu'il n'y a pas d'actualité ? C'est sans intérêt ! » Jean-Louis Debré, président de l'Assemblée nationale, et Michèle Alliot-Marie, ministre de la Défense, hoquettent d'indignation. Ils expriment au contraire leur attachement à cette coutume et ne voient dans les propos de Nicolas Sarkozy que les mauvaises manières d'un homme qui veut s'opposer systématiquement au Président.

Le meilleur – ou le pire, c'est selon – est à venir.

Tous les 14 Juillet, une discrète réception est organisée Place Beauvau : le ministre de l'Intérieur remercie policiers et gendarmes. Il s'agit aussi d'honorer les familles des victimes. Après une visite éclair à la garden-party élyséenne, où il a signé beaucoup d'autographes et s'est fait photographier sous tous les angles par des fans, le ministre ouvre donc grand ses portes à la presse. Et tandis que Jacques Chirac se prépare à répondre aux questions des journalistes, lui, debout derrière un pupitre, l'esprit exalté et le corps en nage, il s'écrie : « Je suis un responsable public qui a pour charge de traiter les problèmes de son pays. Si vous me permettez en ce 14 Juillet un parallèle historique, je dirais que je n'ai pas vocation à démonter tranquillement des serrures à Versailles pendant que la France gronde. Car depuis vingt ans, à force d'immobilisme, à force d'user de la langue de bois, à force d'éluder la réalité des faits et d'esquiver les défis, on ne voit pas que la France gronde. » Fin de citation. C'est un Scud envoyé sur l'Élysée.

En termes freudiens, comparer Jacques Chirac à Louis XVI a une connotation œdipienne évidente. C'est souhaiter la mort du roi, donc du père, condition essentielle pour devenir roi soi-même.

Au Conseil des ministres du lendemain, l'ambiance est glaciale. Jacques Chirac ne lui adresse pas un regard. Dominique de Villepin le convoque à Matignon et lui demande s'il appartient toujours au gouvernement. Et le lendemain sur Europe 1, Jean-Louis Debré s'interroge, faussement ingénu : « Je n'arrive pas très bien à comprendre ce que veut le ministre de l'Intérieur : veut-il sortir du gouvernement et apparaître comme une victime ? Peut-être. Veut-il montrer son indignation de ne pas avoir été désigné comme Premier ministre ? Peut-être. Veut-il empêcher la réussite du gouvernement pour mieux préparer sa carrière ? Peut-être. Mais à force de dénigrer le Président de la République, ce sont les institutions que l'on met en cause. » Sa conclusion : ce ministre n'est « pas assez mûr, il est trop nerveux, il manque de recul ».

C'est ce qui s'appelle une volée de bois vert. Elle est méritée. Nicolas en a trop fait, cette provocation était inutile. Son entourage en est embarrassé. Il avait sans doute besoin d'exprimer une rage dont l'Élysée n'était pas la cause. Le 9 septembre, Michel Field interroge Jean-Louis Debré sur LCI : « Trouvez-vous une qualité à Nicolas Sarkozy ? » Réponse : « Je n'ai pas encore trouvé. » La Chiraquie n'a pas décoléré de tout l'été. À Bernadette Chirac, le Président lâchera : « Vous voyez bien, il ne pense qu'à me tuer. »

Prenant enfin conscience d'avoir ouvert une polémique pour lui dommageable, le ministre de l'Intérieur assure dans une interview à *Libération* « avoir toujours respecté la personne comme la fonction du chef de l'État ». Il revendique néanmoins sa liberté de parole et affirme que sa volonté de « rupture » pour 2007 ne saurait être bridée par le Premier ministre.

En attendant, 2005, l'année de ses cinquante ans, continue d'être éprouvante. Voici venir août et la réapparition de Cécilia dans la maison du Pyla où le couple avait passé l'année précédente des vacances heureuses. Mais ce ne sera qu'un aller et retour de quatre jours. Elle repart au volant de sa voiture en laissant la garde de Louis à son père. La vie s'organise sans elle. Pierre Charon joue les nounous, organise les festivités. Les Chancel viennent passer quelques jours. Les paparazzi, qui ne le lâchent plus, suivent ses traces à Venise, puis sur le yacht loué par ses amis Bouygues au large de la Sardaigne. Nicolas Sarkozy n'est pas venu seul. Petit moment de paix ? Il ne va pas durer longtemps.

Le 24 août, en effet, un nouveau coup dur. Il s'est rendu aux obsèques de deux pilotes d'avion Canadair tombés en Ardèche. Le troisième crash meurtrier de l'été provoqué par des incendiaires. Mais c'est d'une autre brûlure qu'il souffre, lui. Dans l'avion du retour, ses collaborateurs le préviennent : *Paris Match* va sortir à la « Une » la photo de Cécilia à New York avec Richard Attias (dont Nicolas n'a jamais voulu prononcer le nom).

Durant tout le trajet, il ne dit mot. Le visage décomposé, livide. Dès l'arrivée à Villacoublay, une enveloppe fermée lui est remise. Elle contient un exemplaire du journal, il n'y touche pas. Le choc est trop rude. La douleur immense. La photo de « Une », qu'il finira bien par regarder, montre Cécilia et son ami à Manhattan, occupés à consulter ensemble un plan qu'elle tient à la main : celui d'un appartement. Titre : « Cécilia Sarkozy à l'heure des choix ». Sous-titre : « Avec Richard Attias, elle a passé l'été entre New York et Paris. » Poids des mots, choc des photos… Les pages intérieures montrent le couple en vacances à Cannes, ou encore attablé dans un restaurant branché de la capitale. Les photos sont accompagnées d'un long article non signé, destiné à faire connaître Attias au grand public. Le portrait, très flatteur, laisserait presque entendre qu'enfin Cécilia a eu la chance de rencontrer un homme extraordinaire. En creux, ce texte est très humiliant pour Nicolas Sarkozy, qui peut dire que « rien ne lui aura été épargné ». En effet.

Ce n'est pas la première fois que la presse évoque les difficultés du couple, mais jamais elles n'avaient été étalées avec un tel luxe de détails, surtout photos à l'appui et dans un magazine de qualité reconnue. Que s'est-il passé ? Alain Genestar, le directeur du journal – qui y perdra son poste quelques mois plus tard –, a eu peur d'être grillé par un autre magazine, *VSD*, ainsi que par le *Times* en Grande-Bretagne, et a décidé dans l'urgence de publier ces photos. Pas plus qu'à l'ordinaire, il n'a prévenu Arnaud Lagardère, le patron du groupe auquel appartient l'hebdomadaire. Il ne l'appellera que le lendemain pour le prévenir de sa Une. Celui-ci se trouvait alors aux États-Unis. Or Arnaud Lagardère est un ami intime de Sarkozy, presque un « frère ». C'est en ces termes qu'il l'avait présenté en mai à l'état-major du groupe Lagardère réuni en séminaire à Deauville. Il n'a été informé qu'une fois le journal imprimé, alors qu'il avait promis au ministre que ces photos ne seraient jamais publiées. Le coup est rude. Très rude. Pour l'un, bien sûr, et ô combien plus pour l'autre. Un cauchemar.

Au même moment, on apprend que Cécilia a autorisé une journaliste de l'hebdomadaire *Gala* à écrire sa biographie. Valérie Domain, qui l'a rencontrée à plusieurs reprises, y a travaillé tout l'été. Le livre doit sortir à l'automne. Le titre est trouvé : *Cécilia Sarkozy, entre le cœur et la raison*. Aux yeux de Nicolas, la coupe est pleine. Quelques jours avant la sortie prévue du livre, il convoque Vincent Barbare, PDG des éditions First, qui va le publier, le menace de poursuites judiciaires. Il explique qu'il agit ainsi à la demande de Cécilia, laquelle a brusquement changé d'avis. Elle ne souhaite pas – ou ne souhaite plus, peut-être, à la demande pressante de son mari – que sa vie privée soit médiatisée. Elle déclare au *Parisien* : « J'ai appelé Nicolas au secours. » Le livre ne sortira donc pas dans ces conditions chez First. Les éditions Fayard le publieront quelques mois plus tard, mais sous une forme romancée, où certains faits et les noms sont modifiés, si bien que le livre n'a pas l'impact attendu à l'origine par son auteur.

On s'interroge : Cécilia veut-elle revenir ? Jusqu'en décembre, elle fait des aller et retour entre Paris et New York. Le couple s'est partagé la garde de Louis. Quand elle est à Paris, elle réside dans le septième arrondissement. Mais l'on croit savoir – en réalité, Nicolas Sarkozy fait tout pour que cela se sache – que Cécilia et lui se parlent tous les jours, ou s'envoient des textos. Louis est leur lien. Il arrive même à Cécilia d'oublier le décalage horaire et de réveiller le ministre au milieu de la nuit. Souvent, lors des Conseils des ministres, ses collègues le verront consulter d'un œil furtif son portable pour y lire des messages qu'il semble guetter.

Mais entre-temps, un nouveau rebondissement a brouillé davantage les cartes : le 11 octobre, *France-Soir* titre « Le secret de Polichinelle : Sarkozy a retrouvé l'amour ». Pas celui de Cécilia. L'article donne le nom de la nouvelle compagne, journaliste au *Figaro*. Depuis septembre en effet, la rumeur courait. On les avait vus, le 20, acheter ensemble un téléviseur dans un magasin Darty à Paris. Bientôt leur liaison est quasi officielle. Nicolas Sarkozy en avertit lui-même Nicolas Beytout, le patron du *Figaro*. Ses amis n'en doutent pas : c'est une vraie histoire qui commence. Devant certains collaborateurs, il évoque même son possible mariage. La presse *people*, les photographes sont aux aguets.

Pour tenter d'endiguer ces flots qui le submergent, il a pris un avocat : tous ceux qui porteront atteinte à sa vie privée et à celle de son amie seront poursuivis. Il leur réclamera cent mille euros de dommages et intérêts.

Le 21 octobre, il déclare à Alain Duhamel, sur France 2, qu'il ne veut plus parler de sa vie privée. Et il n'en parlera plus, en effet. À personne. Sans doute est-il dans l'indicible. Dès lors, ses amis ne sauront plus très bien ce qu'il trame au fond de son cœur. Il lui arrive quand même de plaisanter à demi-mot devant des journalistes : « On m'a toujours prêté beaucoup plus d'aventures que je n'en ai eu. Je suis, hélas, bien inférieur à ma réputation. »

Reste qu'à la veille de Noël il passe les fêtes à l'île Maurice avec sa compagne. Il a donc franchi un nouveau pas. Au grand dam de Cécilia. Connaissant sa jalousie, il l'a bien sûr prévenue de son voyage.

Le retour à Paris est rude pour la journaliste : Cécilia annonce son arrivée et Nicolas va l'attendre à Roissy, au pied de l'avion, l'embarque avec Louis dans sa voiture. Richard Attias la voit partir sous son nez.

Cécilia est de retour, le ministre a remis son alliance. Tous deux préparent les vacances de février. Mais l'orage est toujours dans l'air. Au dernier moment, nouveau changement, elle décide de prendre ses vacances avec Louis aux États-Unis. Invité sur LCI, le lendemain soir, Nicolas Sarkozy a cette fois encore enlevé son alliance. On se téléphone dans les rédactions. La suite ressemble à un vaudeville ou à une tragédie, c'est selon.

Le député Jean-Christophe Cambadélis, dans *Tribune socialiste*, opte pour le vaudeville, comparant Cécilia à Joséphine de Beauharnais et le ministère de l'Intérieur à la Malmaison (et donc Nicolas à Napoléon).

Cécilia repartie, la compagne revient. Mais les liens de Nicolas Sarkozy avec son épouse ne sont pas plus rompus cette fois qu'ils ne l'étaient les mois précédents. « Elle m'aime », confie-t-il à ses proches et à des journalistes.

Les va-et-vient de Cécilia continuent. En mars, Nicolas l'autorise à inscrire leur fils Louis au lycée français de New York jusqu'à la fin de l'année scolaire. À cet instant, une fois encore, son entourage pense que le divorce est inéluctable. Que Cécilia se joue de lui. Cette fois, il se retrouve bien seul ; ce qui faisait son socle familial depuis tant d'années, sa femme, les filles, Louis, tout a explosé. Et cela, il ne l'admet pas. Il a tenté de se projeter dans une autre vie et sans doute était-il très sincère, mais voilà, on tombe toujours du côté où l'on penche. Et sa préférence à lui s'appelle Cécilia. Il écrivait dans *Libre* : « Les décisions de rupture ont toujours été pour moi les plus difficiles à prendre. Choisir n'est rien d'autre qu'une forme de renoncement. » Nicolas Sarkozy ne veut pas renoncer à son épouse.

On le comprendra mieux, d'ailleurs, à la lecture du livre qu'il a commencé d'écrire au début du printemps 2006, pour le publier avant l'été[1]. Un livre écrit pour Cécilia, avoue-t-il. Un livre politique, bien sûr. Un « ce que je crois, ce que je veux », mais qui va bien plus loin. Son auteur prévient dès l'abord : « Construire est avec aimer l'un des plus beaux mots de la langue française. On construit sa maison, sa vie, sa famille. Le bonheur de celle-ci et parfois de son pays. On aime son pays avec passion. C'est une attention et une énergie de tous les instants. Il ne faut jamais arrêter, encore moins renoncer ou baisser les bras. Aujourd'hui plus encore qu'hier, comment pourrais-je l'oublier ? La destruction est si vite arrivée, aussi bien sur le plan privé que public… Construire et aimer ? Ça pourrait être une promesse. Pour moi, c'est une vie. Ma vie. »

Plus loin, un chapitre porte en titre une seule lettre : « C ».

« Cette évolution vers la transparence de la vie privée, inimaginable il y a seulement dix ans, est devenue inéluctable aujourd'hui.

1. Nicolas Sarkozy, *Témoignage*, Paris, XO, 2006.

Alors, autant affronter le problème de face et ne pas chercher à biaiser. »

« C, j'écris C, poursuit-il, car encore aujourd'hui, près de vingt années après notre première rencontre, prononcer son prénom m'émeut. C, c'est Cécilia. Cécilia est ma femme. Elle est une partie de moi. Quelles que soient les épreuves que notre couple a traversées, pas une journée ne s'est déroulée sans que nous nous soyons parlé. C'est ainsi... On m'a beaucoup reproché d'avoir voulu mettre en scène mon couple. Je comprends ce reproche, je ne veux en rien minimiser mes responsabilités, mais je souhaite faire comprendre que ce ne fut pas une mise en scène, tout était sincère et vrai. Notre vie est faite l'un avec l'autre, l'un pour l'autre. Quand j'ai pris conscience d'avoir trop exposé Cécilia, le mal était fait : trop de pression, trop d'attaques. Pas assez d'attentions de ma part. Sur le moment, notre couple n'y a pas résisté... Même aujourd'hui, j'ai du mal à en parler. Jamais je n'avais connu une telle épreuve. Jamais je n'aurais imaginé en être aussi profondément bouleversé. Peut-être même cela m'a-t-il obligé à sortir de moi cette part d'humanité qui sans doute me faisait défaut. Une telle épreuve n'est en rien une affaire d'orgueil ou de jalousie. L'épreuve c'est l'absence, pas la blessure de vanité. [...] Aujourd'hui, Cécilia et moi nous nous sommes retrouvés pour de bon, pour de vrai, sans doute pour toujours. Si j'en parle c'est parce que Cécilia m'a demandé d'en parler pour nous deux. Elle a voulu que je sois son porte-parole. Elle aurait pourtant pu le dire mieux que moi mais, dans sa demande, j'ai reconnu sa pudeur et sa fragilité, peut-être aussi sa confiance dans son mari. »

Pour la première fois, un homme politique fait passer son amour avant son amour-propre, son ambition même, l'avoue sans fard. Et veut que cela se sache. Lorsque le livre est publié, Cécilia en effet est revenue. Pour toujours ? L'histoire le dira. Mais il s'est battu jusqu'au bout, comme un lion. Il n'a jamais admis qu'elle et lui ne chemineraient plus ensemble.

En avril 2006, de retour d'un voyage au Mali, il s'était envolé pour New York, un bref aller et retour pour rencontrer Cécilia dans un hôtel, parlementer avec elle et sceller leurs retrouvailles. Et, à la fin de mai, il était reparti de même, cette fois pour aller la chercher avec leur fils et les ramener à Paris.

Quelques jours plus tôt, son amie journaliste avait tiré sa révérence.

C'est Cécilia qui a trouvé le titre de l'ouvrage, *Témoignage*. Le ministre a tenu à le faire savoir.

Quand on l'interroge sur l'épreuve qu'il a traversée, il répond, la voix emplie d'une émotion contenue[1] :

— Tout le monde souffre dans la vie. La souffrance, c'est aussi ce qui fait que l'homme n'est pas grotesque, c'est digne au contraire. Et ce qu'il y a de plus noble dans une vie, c'est le sentiment, c'est l'amour. Ce n'est pas la vanité blessée qui fait la douleur, c'est l'absence. Tout le reste est anecdotique. Si l'on accepte de souffrir, on devient plus tolérant. Cécilia et moi avons souffert tous les deux, je ne l'ai pas assez préservée, mais je n'ai aucun doute, ce qui est vital pour moi, c'est elle et les enfants, et cela passe avant tout. Ma famille est ma priorité. Ma carrière s'est trop faite au détriment des miens.

— Alors ? L'ambition, le pouvoir ?

— Quand on approche du pouvoir suprême, qu'il n'y a plus qu'une rue à traverser, on fait ce que l'on doit faire. Je n'ai pas *envie* d'être Président. Je *dois* être Président. Ce n'est pas la même chose. J'ai perdu en envie ce que j'ai gagné en lucidité. J'aborde ces prochains mois avec plus de gravité, très conscient de la charge qui m'incombera le cas échéant. Pour bien exercer le pouvoir, sans doute est-ce mieux de ne pas vouloir y aller par plaisir, mais parce que c'est un devoir. Je veux que ma famille sache qu'elle est ma priorité.

Cécilia dit de lui : « Nicolas est l'homme le plus méconnu de France. Il a une sensibilité, une humanité magnifiques que personne ne perçoit[2]. »

Fin août, il reçoit ses fidèles à l'Intérieur. Tous sont frappés par sa gravité et le changement de ton, qui n'est plus à l'exaltation : « J'irai jusqu'au bout, dit-il, je veux réformer la France, je dois le faire, mais il faut que vous sachiez que cela me coûte. » Quelques jours plus tard, il est à Marseille, où il prononce son grand discours sur la jeunesse, sans doute l'un des plus émouvants et riches. Cécilia est assise au deuxième rang. Tous les ministres ont fait le voyage, y compris le Premier ministre, avec lequel on le verra sur scène, mains jointes et levées, mimer l'entente la plus cordiale. Personne n'est dupe.

Nicolas le sait : il aborde l'ultime phase de sa carrière, celle où l'on va se trouver seul face aux Français. À Marseille, en ouvrant son discours, il a fait sienne cette prière de Michel-Ange : « Seigneur, donnez-moi la grâce de désirer plus que ce que je peux accomplir. »

1. Conversation avec l'auteur.
2. Conversation avec l'auteur.

CHAPITRE XXIII

L'année des Scorpions

Le 28 janvier 2005, le jour de ses cinquante ans, Nicolas Sarkozy est en déplacement dans le Nord. Il fait froid et gris. Lui voit la vie en rose. Qui pourrait l'empêcher de concourir pour le sommet ? Ses amis les plus proches ont fait le déplacement à Lille pour l'entourer, lui et Cécilia. On a chanté. Jacques Chirac lui a téléphoné pour lui souhaiter un joyeux anniversaire, cadeau apprécié qu'il s'empresse de rendre public. Le passage à une nouvelle décennie fait cependant planer sur son bonheur un léger voile de mélancolie. Cinquante ans ! C'est le siècle qui déboule sur soi. On pèse déjà un demi-siècle ! Les dizaines, jusque-là, s'égrenaient plus légères. Il ne les a pas vues passer, ces années où il était le jeunot de la bande. Il ne l'est plus. Mais il se sent tout à fait d'attaque. En présentant, deux semaines plus tôt, et pour la première fois, comme président de l'UMP, ses vœux à la presse, il avait lancé : « 2005 doit être un temps de construction pour la France, pour l'UMP et peut-être pour moi-même. » Tout va donc pour le mieux.

Tout le monde peut se tromper. Y compris lui-même.

C'est un rude chemin de croix bordé de ronces et d'épines qui l'attend. Il croit sa feuille de route toute tracée : il a trente mois devant lui pour livrer bataille, tenir le public en haleine, proposer toutes ses réformes qu'il appelle ruptures, parler, bouger, promettre, lancer piques et mots d'esprit, maintenir ses partisans en état de chauffe, entretenir ses réseaux, les développer. Un combat qui ne l'effraie pas. Il se sent bien sur ses jambes. Bien dans sa tête, telle une force qui va. « Une force qui va lasser », disent ses détracteurs. Qu'il n'écoute pas.

Il devrait pourtant savoir que le plus prévisible dans une vie est toujours l'imprévu. Les astrologues auraient pu lui dire qu'à ses côtés deux personnes, nées sous le signe du Scorpion, vont lui créer bien du souci. Cécilia, née un 12 novembre et dont la reconquête, on l'a vu, va mobiliser cette année-là ses forces, son énergie, ses jours et ses nuits. Et un outsider inattendu, Dominique de Villepin, né le 14 novembre 1953.

Ministre des Affaires étrangères, il a fait une entrée époustouflante dans le paysage politique. Quand, le 14 février 2003, il a porté avec panache la parole française à l'ONU, lors du débat sur la crise irakienne : « Et c'est un vieux pays, la France, d'un vieux continent comme le mien, l'Europe, qui vous le dit aujourd'hui, qui a connu les guerres, l'occupation, la barbarie. Un pays qui n'oublie pas et qui sait tout ce qu'il doit aux combattants de la liberté venus d'Amérique et d'ailleurs. Et qui pourtant n'a cessé de se tenir debout face à l'Histoire et devant les hommes. Fidèle à ses valeurs, il veut agir résolument avec tous les membres de la communauté internationale. Il croit en notre capacité à construire ensemble un monde meilleur. »

Le jour où il a prononcé ces mots, abondamment relayés par les médias, sous les applaudissements de l'Assemblée de l'ONU et avec une fougue ardente et lyrique, dont tous les téléspectateurs de par le monde ont pu être les témoins, il a donné un sang vif et neuf à l'orgueil français, il a mis du baume au cœur du peuple de droite comme à celui de gauche, enfin rassemblés comme aux grandes – et rares – dates de l'histoire du gaullisme. Il est le héros du jour.

Nicolas Sarkozy, ce jour-là, s'est découvert non un adversaire, mais un rival potentiel dans l'accès au pouvoir suprême. Et un rival de taille.

Dominique de Villepin, c'est d'abord un physique. Une élégance, une stature, un pelage soyeux et argenté, un certain charme romantique qu'il cultive avec art, très rare dans le personnel politique. Dominique le magnifique, « so gorgeous », s'exclamaient les journalistes américaines sur son passage. C'est un caractère. Il a des nerfs, du courage, une détermination qui peut le porter loin mais qui confine parfois à l'obstination. Poète et surtout fou de poésie, écrivain et surtout fou de littérature, il paraît être né pour porter, illustrer, incarner une chanson de geste gaullienne. À la manière du Général, il parle de la France comme d'une personne, d'une amante, d'une maîtresse. Décevante souvent, mais qu'il ne cessera pas d'adorer et de servir. « Moi, j'ai rêvé la France avant de la connaître », dit cet énarque descendant de militaires, souvent morts au champ d'honneur, passionné par l'épopée napoléonienne. Il est né au Maroc et a vécu le plus souvent dans sa jeunesse entre le Venezuela et les États-Unis. Dans le recueil de poèmes qu'il a fait éditer à compte d'auteur, il n'est question que de combats, de sols arides, jonchés de morts pour la patrie qu'ils défendaient, au milieu de mares de sang. Tout n'est que tragédie et furie. Il n'y a pas un seul poème d'amour. Les femmes en sont absentes. La tendresse charnelle est réservée à la patrie, « Notre Dame la France », comme disait Péguy.

« Cet homme, qui peut être très cordial, est sans affect », dit de lui Sarkozy. Il y a eu pourtant entre eux une idylle. Entre 1997 et jusqu'à 2002, le futur patron de l'UMP était reconnaissant au Secrétaire général de l'Élysée de soutenir sa candidature à la présidence du RPR, quand Jacques Chirac s'y opposait. En 2001, Villepin avait aussi été l'un des plus chauds partisans de sa nomination à Matignon. Dans son livre *Libre*, Nicolas Sarkozy en avait dressé un portrait plus que flatteur : « Le quotidien l'assomme, la médiocrité le déprime, l'adversité le requinque. Attaché à toute force à ce que Chirac soit à la hauteur de son destin, il enrage dès qu'une décision n'est pas prise dans la minute, il n'y a pas de petitesse chez ce guerrier. »

Mais les guerriers entrés en politique s'imaginent toujours qu'il est fatalement des accommodements avec la rigueur, les principes et les bons sentiments. Et ils gardent des habitudes du commandement militaire, le goût – parfois nécessaire et utile – du secret, voire un fort penchant pour le complot, ainsi qu'une éternelle défiance. Dominique de Villepin a toujours scruté la face noire des êtres. Il attend toujours le pire parce que le pire lui paraît naturel. Secrétaire général de l'Élysée, il exigeait des gardes de l'entrée qu'ils lui apportent chaque jour la liste des personnes qui étaient venues dans le Palais pour un rendez-vous (ce que n'avait jamais demandé aucun de ses prédécesseurs). Il voulait tout savoir et il s'emportait lorsqu'un membre de l'Élysée avait reçu un journaliste sans l'avoir averti. Un jour, il avait même laissé planer devant eux la menace d'une surveillance téléphonique. Il faisait régner la terreur. Mais assurait n'avoir jamais lu les notes des Renseignements généraux et autres rapports de police. Au motif « qu'ils sont trop mal écrits ».

Tel est l'homme, séduisant et inquiétant qui devient en 2005 Premier ministre : « Vous n'aurez que des ennuis avec lui », avait prédit Bernadette à son mari. Il est vrai que Jacques Chirac, qui le trouvait trop vert, avait hésité. Michèle Alliot-Marie ? Sarkozy ? Encore abattu par l'échec au référendum, il s'était laissé faire. Villepin avait emporté le morceau parce qu'il avait fait son siège pendant plusieurs jours : « C'était physique, j'ai violé Chirac », lancera-t-il, jubilatoire, devant l'un de ses collaborateurs. Il rêve de l'Élysée et ne le cache plus. Mais il n'a pas suivi le cursus politique ordinaire, il n'en a pas le goût. Georges Pompidou, devenu Premier ministre du Général, après un parcours hors normes, avait fini par se faire élire député du Cantal. Lui n'a jamais laissé transparaître une quelconque volonté de se soumettre, ici ou là, un jour ou l'autre, au verdict du suffrage universel. « Ne comptez pas me rencontrer dans quelques mois déambulant, hagard, dans les couloirs de l'Assemblée nationale », disait-il en octobre à des journalistes. Et il n'a pas demandé d'investiture pour 2007 car, à ses yeux, cette quête aux suffrages « racornit, rapetisse ». Si bien que ses relations avec les élus ont toujours été plutôt fraîches. Ministre de l'Intérieur, il ne répondait pas à leur courrier – tout le contraire de Sarkozy. Quand il a commencé à rêver de Matignon, il a multiplié les déjeuners et les dîners avec les parlementaires, sans vraiment les séduire – la plupart n'avaient pas oublié son rôle dans la décision chiraquienne de dissoudre l'Assemblée en 1997. On leur répétait, en outre, quelques mots fort peu gratifiants pour eux. « Comment voulez-vous que les députés soient intelligents, ils ont presque tous été conseillers généraux avant. » Ou encore : « Les députés ont un organe plus développé que les autres : c'est le trouillomètre. » Et toujours « des cons ou des connards ». Fermez le ban.

« En politique, Villepin c'est un amateur, c'est du vent », commentait Nicolas Sarkozy, évidemment député et jaloux, lorsque ce flamboyant est entré à Matignon.

Dans le genre bévue, il est difficile de faire mieux ou pis. Le président de l'UMP, dont le sens politique est pourtant aiguisé, n'avait pas vu que la France aurait bientôt pour Villepin le regard de Chimène, que beaucoup allaient admirer cet homme alluré qui affrontait les événements avec un tel allant, et surtout tellement heureux d'être Premier ministre que, sous prétexte de rendre des comptes, il célébrerait son propre culte par une spectaculaire conférence de presse mensuelle, entouré de ses ministres, assis en rang d'oignons comme une théorie d'écoliers. Et que, dès juillet 2005, il entrerait dans les classements des personnalités à qui les Français souhaiteraient « voir jouer un rôle important ».

Le match commençait vraiment. Il allait être rude. De perpétuels petits conflits entre amis ? Bien pire. Villepin a un projet : en finir avec Sarkozy. À la veille de cet été-là, des proches du Premier ministre expliquent : « S'il réussit à Matignon, il devancera Sarkozy au premier tour, comme Chirac a dominé Balladur. »

Réponse de Sarkozy, paisible : « Je ne suis pas d'une nature jalouse. J'ai la concurrence dans les veines, j'entends assumer la part qui est la mienne, le rendez-vous est fixé : ce sera 2007 devant les Français. » Tandis qu'Édouard Balladur ponctuait : « Villepin manque de sens politique et même de sens commun. »

C'est en septembre que le Premier ministre va carrément voler la vedette à son numéro deux : le 5 exactement, à La Baule, lors des Universités d'été de l'UMP. Tout est prévu, organisé pour qu'elles soient la fête de Nicolas Sarkozy. Mais le premier jour, le samedi, doit commencer par un petit déjeuner entre les deux hommes sur la terrasse de l'hôtel Hermitage. La presse est prévenue. Or Sarkozy doit attendre, le regard sans doute aussi sombre que les lunettes noires qui le cachent. Plus personne n'ignore que Cécilia depuis l'été a pris le large. Il attend donc. Car le Premier ministre, ayant terminé un footing spectaculaire sur la plage Benoît, poursuit son exhibition par un plongeon non moins spectaculaire dans l'eau de mer, sous l'œil des caméras. Les psys de tous poils y verraient un acte symbolique : le don de son corps à la France. Reste qu'il faut être bien sûr de soi et de sa plastique pour s'offrir ainsi. Un geste d'un narcissisme fou. Regardez comme je suis plus beau que l'autre. Pour lequel, en privé, il a ciselé cette formule : « Un type qui ne peut pas garder sa femme ne peut pas garder la France. » Avantage Villepin.

C'est la guerre. Le petit déjeuner à peine terminé, il est appelé par l'Élysée. Jacques Chirac est hospitalisé au Val-de-Grâce depuis la veille au soir. Victime d'un petit accident vasculaire. Rien de grave, sans doute, mais le Premier ministre, averti en premier, comme la logique politique l'impose, il est vrai, savoure le privilège d'en informer son compère et rival. Avantage Villepin.

Ainsi flatté et revigoré, il surprend tout son monde en prononçant un hommage plus que vibrant du Président, parlant de lui au passé, presque un *De profundis*, alors que les nouvelles sont plutôt rassurantes. Il va vite en besogne. Évoquant son action de Premier ministre, il dénonce la rupture dont se réclame Sarkozy et la qualifie d'utopie : « La plus grande rupture, dit-il, elle est en train d'avoir lieu, c'est la rupture contre le chômage. » Nicolas Sarkozy, sur la défensive, répondra : « L'UMP n'est pas derrière le gouvernement, mais devant. »

Ce jour-là, pourtant, chacun le sent, le paysage s'est modifié : si l'UMP appartient bien à Sarkozy, l'entrée en scène du Premier ministre redistribue les cartes. Rien n'est joué. Les sarkozystes font mine de s'en réjouir en racontant que les Français n'aiment pas les histoires écrites d'avance. Tandis que les partisans de Villepin repartent joyeux, convaincus que leur champion sortira forcément vainqueur de la guerre des nerfs qui vient de commencer. Avantage Villepin.

La partie suivante se tient à Évian, quinze jours plus tard, lors des Journées parlementaires aussi rituelles que les Universités d'été. Le Premier ministre se lance dans une opération de charme devant les députés. Il les flatte, même : « Vous m'avez manqué cet été. » Mais le reste du discours, très technocratique, est lu trop vite. Il cite Chirac, mais ne respecte pas – comme l'exige le b-a-ba de l'orateur – un temps de respiration nécessaire pour permettre aux députés de l'applaudir. Il fonce. Bientôt les élus ne l'écoutent plus, parlent entre eux et c'est le brouhaha.

Depuis le temps qu'il bat les estrades, Sarkozy, lui, sait tenir une salle en haleine. La prendre dans ses bras comme une femme. Et il ne la lâche pas. Et il ne lésine pas sur les moyens. Et les députés scotchés sur leurs fauteuils boivent ses paroles. On entend les mouches voler. Un silence rompu seulement par des salves d'applaudissements. Avantage Sarkozy.

Il ne s'agit pas seulement de style. Sur le modèle social, la fiscalité, la réforme de l'État, de la Fonction publique, tout oppose les deux hommes ce jour-là. Comme tout les opposera durant cet automne lourd de nuages. Tandis que le ministre d'État ferraille avec les banlieues et les médias, doit s'expliquer devant l'opinion sur « le Kärcher » et « la racaille » qui lui collent au dos, Villepin met à profit « cette dérive droitière » pour se tailler un profil plus décontracté, une image plus sociale, qui rassure les électeurs de gauche, du moins dans les enquêtes d'opinion. En réalité, les sentiments et les actes de chacun sont complexes. Villepin et Chirac sont bien d'accord pour inciter Sarkozy à abdiquer sa mâle rhétorique. Son discours n'a pas la cote chez les jeunes des banlieues. Et après les émeutes qui suivent le drame de Clichy-sous-Bois, les jeunes brûlent des voitures, des maternelles, des bibliothèques. On craint pour la sécurité de la capitale : et si ces « barbares » envahissaient Paris ? Dominique de Villepin impose l'état d'urgence. Sarkozy est contre, le Président réservé. Or, un sondage CSA révélera bientôt que les trois quarts des Français approuvent le couvre-feu. Avantage Villepin.

Une autre pomme de discorde surgit à propos du passé de la France. Une loi marquant la reconnaissance de la Nation aux Français rapatriés et aux harkis est votée en février 2005, lorsque surgit, nuitamment, un amendement venu des rangs de l'UMP qui souligne le rôle positif de la colonisation, auquel les livres d'histoire devraient faire référence. Le bilan de celle-ci mériterait de longues études et de multiples colloques dans d'autres enceintes. Comme il était prévisible, cette proposition fait grand bruit. Nicolas Sarkozy refuse de s'en désolidariser. Résultat : son voyage officiel aux Antilles, prévu en décembre, doit être annulé. Le grand poète Aimé Césaire, au long passé politique, refuse en effet de le recevoir. Sarkozy, cependant, n'en démord pas : « Il faut en finir avec la repentance permanente[1], explique-t-il sur France 3, le colonialisme ça n'est pas bien, mais ce texte n'a rien à

1. Un des thèmes les plus applaudis dans ses discours.

voir avec les départements et les territoires d'outre-mer. Il s'agissait de l'Afrique du Nord. Un certain nombre de parlementaires ont voulu dire qu'il y a eu des instituteurs qui ont alphabétisé, qu'il y a eu des médecins qui ont soigné » et ainsi de suite… Aussitôt, Dominique de Villepin déclare sur France Inter que « ce n'est pas aux politiques, ce n'est pas au Parlement d'écrire l'Histoire ou de dire la Mémoire. C'est à l'inspection générale de l'Éducation nationale d'établir les programmes ».

On se lasserait vite d'énumérer tous leurs sujets de querelles. Le combat est quotidien. À cette époque, ils rivalisent dans les sondages. Le 9 novembre, un sondage IFOP, publié par *Paris Match*, place Dominique de Villepin devant Nicolas Sarkozy. Mais, le 14 novembre, une enquête IPSOS, publiée par *Le Point* indiquait que 68 % des Français approuvent l'action du ministère de l'Intérieur qui prend la tête du classement des personnalités politiques.

Début décembre, le Premier ministre saisit le dossier de l'immigration à bras-le-corps, alors que le ministre de l'Intérieur devait en être le seul pilote. « Il parle d'immigration choisie, il lui pique toutes ses idées », se lamentent les sarkozystes.

Le véritable sujet de désaccord, le plus souvent répété, le plus permanent, c'est le thème de la rupture. « Dans l'histoire, les ruptures, les révolutions, se terminent toujours dans le sang », s'écrie Dominique de Villepin. Lui, il veut conduire le « changement dans la continuité ». Un slogan pompidolien, auquel il associe bizarrement le nom du général de Gaulle, baptisé par lui « l'Homme de la continuité ».

Une analyse qui suscite évidemment des remous chez les gaullistes historiques, pour qui de Gaulle fut au contraire l'incarnation permanente de la rupture.

À la fin de 2005, Dominique de Villepin peut avancer un bilan plutôt favorable. On ne le brocarde pas, bien au contraire. Dans les dîners en ville, on parle de lui avec faveur, des femmes se pâment. Il est à la mode. Et il fait bonne figure dans les sondages. Et le Président, pas mécontent d'avoir inventé un rival sérieux à Sarkozy, répète à l'envi qu'il a « un bon Premier ministre ».

2006 sera moins favorable à celui-ci.

Le chômage, obsession française depuis le premier choc pétrolier, enregistre une légère décrue. Villepin veut en profiter. Désormais, il ne roule plus que pour son propre destin. Pour marquer sa détermination dans le combat contre ce fléau, il a concocté avec un collaborateur une mesure phare. Ce sera le « Contrat Première Embauche », le tristement célèbre CPE qu'il annonce le 16 janvier lors de sa conférence de presse de rentrée, sans concertation préalable. Le ministre de la Cohésion sociale, Jean-Louis Borloo, qui l'avait pourtant prévenu des risques auxquels il s'exposerait, si on la mettait en œuvre, en a été informé un quart d'heure plus tôt. L'intention du Premier ministre est louable – et au départ, l'UMP, donc Nicolas Sarkozy, veut bien endosser la copaternité du projet. Il s'agit de rendre plus flexibles les contrats de travail pour ouvrir plus facilement aux jeunes peu qualifiés les portes de l'entreprise. Ce CPE a la valeur juridique d'un CDI. Mais d'un CDI qui ne peut être consolidé qu'après deux ans. Entre-temps, un patron peut se séparer du jeune sans avoir à en fournir les raisons. « Très vite, Nicolas a vu que c'était là que le bât allait blesser », assure Pierre Méhaignerie. Mais le licencié a droit à une petite indemnité, à un préavis, à l'assurance chômage, à une formation, à un accès privilégié au 1 % logement, et ainsi de suite. Il s'agit donc simplement d'un outil de plus, et facultatif, pour faciliter l'embauche. Mais un outil complexe, et mal expliqué. L'imposer ainsi, sans concertation et avec une totale absence de pédagogie, revient à prendre un risque certain pour qui connaît la France. La mobilisation s'organise en février dans les partis de gauche. Les syndicats, François Chérèque en tête, ne décolèrent pas – il y avait longtemps que l'on n'avait pas vu ce paisible leader de la CFDT dans cet état-là. Il n'admet pas de ne pas avoir été consulté. Et les mouvements étudiants s'engouffrent dans la brèche.

On n'entrera pas dans les détails du projet, ou bien l'on mentira sur certains aspects de celui-ci. On criera simplement au viol du droit du travail. Commence alors le scénario habituel où l'on envoie en première ligne étudiants et lycéens. Ils miment Mai 68 en prenant une nuit la Sorbonne, et ainsi de suite… En mars, un million cinq cent mille personnes défilent sur tout le territoire : les syndicats, pour une fois unis, des lycéens, des étudiants, leurs familles, des salariés du privé qui n'ont qu'un slogan sur les banderoles et dans leurs cris : « Retirez le CPE ».

Ce qui est, pour reprendre une expression usée, facile à dire, mais plus difficile à faire. Car la loi a été votée au Parlement et doit être respectée. Seule une nouvelle loi peut défaire ce qu'une première loi a fait. Or, bien que votée, celle-ci ne peut être abrogée car elle n'a pas encore été promulguée par le Président de la République, lequel attend pour le faire l'avis du Conseil constitutionnel saisi par les socialistes et dont la réponse n'est pas immédiate. Dans le genre embrouillamini juridique, on a rarement fait mieux. Surtout, le Premier ministre n'entend pas céder. Mieux : il désirait un conflit dans le pays pour montrer qu'il n'est pas comme les autres et que lui ne céderait pas.

La majorité, reflet de l'opinion dominante – le MEDEF lui-même est opposé au CPE –, lui demande de tenir bon mais, dans le même temps, d'ouvrir le dialogue avec les syndicats ! Nicolas Sarkozy blâme bientôt la rigidité du Premier ministre. Il juge son entêtement dangereux pour la sécurité. Les étudiants, les lycéens battent le pavé des grandes villes, bloquent l'accès aux gares, l'entrée des lycées et des universités. Ils ont coupé le périphérique parisien, l'ordre n'est plus assuré, de violents incidents ont éclaté sur l'esplanade des Invalides le 23 mars, l'École des hautes études en sciences sociales a été occupée et saccagée par les casseurs, en plein cœur de Paris. Et après trois semaines de manifs à Paris et en province, la population est excédée. François Hollande s'interroge : « Y a-t-il encore un ministre de l'Intérieur ? » Lequel se demande s'il doit démissionner. Il ne voudrait pas voir sa réputation détruite par l'imprudence de Matignon. Il propose une solution : suspendre le CPE pour un mois, le temps de négocier des aménagements. Jacques Chirac, un temps étrangement absent, doit se résoudre à intervenir, à arbitrer. Il ne peut plus accompagner l'intransigeance de son Premier ministre. Mais il veut lui sauver la face aussi. On invente une solution baroque – un peu comme François Mitterrand l'avait fait en 1984, lors de la crise de l'enseignement libre. La loi est promulguée – le Conseil constitutionnel ayant donné une réponse favorable –, mais il annonce qu'elle ne sera pas appliquée. Reste à trouver une échappatoire. Les manifestants réclament toujours son retrait. Le gouvernement refile la patate chaude au Parlement, en l'occurrence aux deux présidents du groupe UMP de l'Assemblée et du Sénat : Bernard Accoyer et Josselin de Rohan, priés de reprendre le dialogue avec les syndicats. Et pendant qu'ils discutent, Nicolas Sarkozy, qui est lui aussi appelé à déminer le terrain, prend tout le monde de vitesse, téléphone directement aux syndicats. Il a ses réseaux, ses contacts, a les numéros de portable de tous les leaders. « Savoir imaginer un compromis, c'est être courageux et utile à son pays », voilà ce qu'il proclame devant les nouveaux adhérents. En privé, il répète : « Il faut avoir avec les syndicats des désaccords raisonnables. » En fin de compte, une solution est trouvée : la loi promulguée est assortie d'un deuxième texte d'origine parlementaire qui, en la modifiant, la prive de son contenu. À cette occasion, Dominique de Villepin enrichit la langue de bois d'une formule nouvelle : « Ce sera, dit-il, une promulgation enrichie. »

Mais le CPE est mort. Et il est hors-jeu. Nicolas Sarkozy, qui se proclamait le sauveur du CPE, l'a enterré. Avantage Sarkozy. Qui ne se privera pas de faire savoir que Jacques Chirac l'a remercié de l'avoir aidé à sortir de ce mauvais pas. On verra même le Président raccompagner Nicolas Sarkozy sur le perron de l'Élysée. Et dans une interview au *Figaro* le 12 avril, il déclare : « Jamais, depuis longtemps, je ne me suis retrouvé autant en phase avec le Président. »

En attendant, à l'UMP, cette crise fait vaciller les certitudes. Qu'a-t-on vu ? Un Premier ministre imprudent qui veut incarner la réforme jusqu'à la rupture et l'apologiste de la rupture se métamorphoser en louangeur du compromis. C'est à n'y plus rien comprendre.

Les vents contraires soufflent sur Matignon. On évoque la démission de Dominique de Villepin. Jacques Barrot, commissaire européen, aurait été consulté par l'Élysée. Comme toujours, Nicolas Sarkozy fait dire qu'il serait prêt à aller à Matignon.

Entre Sarko et Villepin, l'irréparable a été commis.

Fin avril, voilà que rebondit l'affaire Clearstream. Nicolas Sarkozy, qui s'était étonné en 2004 de ne pas avoir été informé des soupçons qui avaient pesé sur lui dans cette sombre histoire peuplée d'hurluberlus, a décidé de se porter partie civile, quand il a appris par *Le Figaro*, en janvier 2006, que les commissions rogatoires lancées par le juge Van Ruymbeke étaient revenues bredouilles d'Italie. Non, il ne possédait pas de compte à la banque Clearstream.

« En lisant les commissions rogatoires, j'ai eu froid dans le dos, expliquera-t-il, j'étais ni plus ni moins suspecté par le juge d'avoir touché des rétro-commissions sur la vente, en 1991, des frégates de Taiwan. » Et le juge Van Ruymbeke n'avait pas estimé nécessaire de l'informer des résultats négatifs de l'enquête. Le ministre a voulu savoir qui avait tenté de lui nuire. D'où l'enclenchement de l'enquête des juges Dhuy et Pons, devant lesquels Nicolas Sarkozy viendra témoigner. Sa conviction est faite, le Premier ministre a, pour le moins, cherché à exploiter l'affaire pour le discréditer. Ce dont celui-ci s'est toujours défendu – qui se dit victime d'une campagne de calomnies, de mensonges ignobles. Il est « blessé » et « choqué ». Durant l'année 2005, Nicolas Sarkozy ne manquait pas une occasion d'évoquer l'affaire devant des journalistes, il était fou de rage contre Villepin. Jacques Chirac avait tenté de le calmer : « Arrête de me parler de cette histoire, c'est rien, pense à l'intérêt général. » « Quel intérêt général ? » rétorquait Sarkozy. Lequel ne laisse jamais tomber quand il sait l'intérêt politique qu'il peut tirer d'une affaire : « J'ai porté plainte parce que je veux la vérité, explique-t-il le samedi

13 mai 2006, aux cadres de l'UMP. Les accusations de corruption n'ont aucun sens mais, à travers moi, c'est la dignité de la République qui est en cause. Je veux la vérité. J'irai jusqu'au bout. Cela montrera que l'UMP fait de la morale une valeur. » Et bientôt, c'est donc vers Dominique de Villepin que la rumeur se propage : de lourds faisceaux de présomption, dit-on, pèsent sur lui. Il est soupçonné de vilaines manigances. Il fait figure d'arroseur arrosé.

Au lieu de protéger Jacques Chirac, Villepin l'expose. Venant après la crise du CPE, cette nouvelle affaire l'affaiblit. Une nouvelle fois, Jacques Chirac songe à le remplacer. La justice suit son cours. À l'heure où ces pages sont imprimées, le Premier ministre a été entendu par ses juges, et l'affaire Clearstream n'a pas livré tous ses secrets. Mais tout cela n'a fait qu'aviver le duel qui l'oppose à Nicolas Sarkozy. Duel est bien le mot qui convient. Quand ils se rencontrent, ce n'est jamais en tête à tête. Chacun se fait accompagner de son directeur de cabinet. Chacun vient avec son témoin. Mais Dominique de Villepin, dont il faut admirer la ténacité, ne dételle pas un seul jour et fait « comme si », bien qu'il se trouve désormais bien seul. « Homme de mission », comme il se qualifiait lui-même, il continue contre vents et marées. Il a toujours une annonce ou une mesure nouvelle en poche.

Jacques Chirac pensait, en juin 2005, s'être ménagé une fin de mandat tranquille en mettant dans un même gouvernement Dominique de Villepin et Nicolas Sarkozy. C'est raté.

Le Premier ministre a la conviction que Nicolas Sarkozy ne sera pas élu Président de la République : « Il a un disque dur qui ne correspond pas à la France », dit-il dans son langage imagé. Et quand il voit l'un après l'autre ses ministres faire allégeance au candidat déclaré, il lance cette condamnation sans appel : « Ceux qui sont allés vendre leur âme à Sarko ne seront rien. »

« Je n'ai pas, répète-t-il, d'ambition présidentielle. » Mais l'on notera qu'il n'emploie jamais cette formule au futur.

Dominique de Villepin est un homme en embuscade. Il attend son heure, tapi à Matignon. Il sait d'expérience que la présidentielle se jouera fin février. Jusque-là, au moins, il gardera espoir.

CHAPITRE XXIV

Le vieux cerf et son page

Jacques Chirac et Nicolas Sarkozy ont fait la paix. Une drôle de paix. Provisoire, peut-être, insincère sans doute, mais ils l'ont faite. Tous les ministres en sont désormais persuadés, qui les voient chaque semaine à la table du Conseil, deviser côte à côte – Nicolas est assis à la droite du Président – affichant ostensiblement leur bonne humeur, continuant même de bavarder et de rire tandis qu'un ministre prend la parole. Et même pire : un mercredi, ils avaient continué de parler, alors que le Premier ministre exposait un projet. Celui-ci, voyant qu'il n'était pas écouté, il s'était arrêté tout net. Ambiance. Quelques témoins évoquent le réchauffement de la planète, l'effondrement de la banquise ; la période glaciaire de leurs relations, quand le Président n'avait pas un regard vers le ministre d'État, est terminée.

Un signe ne trompe pas : Nicolas Sarkozy paraît plus apaisé, il maîtrise mieux sa nervosité. Presque relax. Comme s'il redoutait moins les coups tordus.

« Je n'arrive pas à croire que Chirac lui facilitera les choses », s'inquiète François Fillon. S'il est une constante, c'est bien que Jacques Chirac n'a jamais voulu booster la carrière de Sarko. Il n'aurait pas voulu de lui à la mairie de Neuilly en 1983, pas de lui comme député en 1988, ni comme ministre en 1993 et 1996, ni au secrétariat général du RPR en 1997, où il s'est hissé grâce à Philippe Séguin. Il n'a jamais voulu de lui comme Premier ministre, a tout fait pour l'empêcher de prendre l'UMP, et en préférerait un autre comme candidat à la présidentielle. Faites les comptes…

Il n'empêche : Dominique de Villepin en est convaincu : Chirac et Sarkozy ont conclu un accord. Il se dit donc délié, lui, de « toute reconnaissance à l'égard du Président de la République[1] ». Il est désabusé, le Premier ministre. Au fil de l'année 2006, ses relations avec Jacques Chirac se sont effilochées.

« Le Président est las de ses colères stratosphériques quotidiennes », dit un proche.

Lors de la crise du CPE, le Président a tardé à intervenir ; dans l'affaire Clearstream, l'Élysée, officiellement resté lointain, n'a pas

1. Propos tenus en décembre 2006 devant quelques journalistes.

voulu s'intéresser au dossier. Les animaux politiques attentifs au moindre signe, sensibles au plus léger frémissement des vents, ont compris que Dominique de Villepin n'est plus pour le Président un atout dans un avenir proche.

Il l'a perçu le premier et, désappointé, il a même laissé tomber publiquement sur Canal + ce constat à double entrée : « Nicolas Sarkozy a des qualités de chef d'État, Ségolène Royal aussi », ce qui signifie bien qu'il n'a pas désarmé.

Jacques Chirac non plus. Son candidat de cœur serait plutôt Alain Juppé. Mais ils savent l'un et l'autre que les temps ne sont pas venus. Le Président laissera donc rôder, jusqu'à la fin mars, rumeurs et hypothèses sur sa candidature. Mais quand il participera, à la fin de décembre, aux fêtes et rites élyséens qu'impose la tradition, il saura bien que c'est pour la dernière fois.

Le raisonnement est simple : Nicolas Sarkozy, en campagne depuis si longtemps, a pris trop d'avance pour être rattrapé. Il maîtrise totalement l'appareil du parti, l'a développé à son usage et le Président, qui a fini par entrer à l'Élysée parce qu'il s'en était de la même manière emparé sous le nez des barons gaullistes, est bien placé pour savoir qu'il s'agit là d'un atout maître. Et puis, les Français le disent, sondage après sondage, les électeurs de l'UMP en premier, pour eux, douze ans, ça suffit. Ils ne veulent plus le voir à la tête de l'État. À droite, les jeux sont faits. Sauf accident, toujours possible.

Ces deux dernières années pourtant, Jacques Chirac laissait entendre à ses visiteurs du soir que Nicolas Sarkozy ne parviendrait pas à ses fins : « Trop libéral, trop atlantiste, trop communautariste. » Il ne le dit plus, ce qui ne signifie pas que son opinion sur le candidat de l'UMP ait totalement changé. Il n'est pas homme à oublier les dérapages et les défis, à commencer par celui-ci, souligné par Jean-Louis Debré : « Sarko lui a pourri son quinquennat en lançant trop tôt sa course à l'Élysée. » Réponse de l'intéressé, pas plus modeste que d'ordinaire : « Si ces gouvernements n'avaient pas bénéficié de ma popularité, quelle figure auraient-ils faite ? »

Le Président ne regrette pas davantage les taloches qu'il a flanquées à Sarkozy, en soulignant à l'occasion l'insuffisance de ses résultats en matière de sécurité. Il se souvient avoir espéré que les trois semaines d'émeutes dans les banlieues, à la fin de 2005, porteraient un coup fatal à son ministre de l'Intérieur. Il lui en veut aussi beaucoup – en cela, très gaullien – d'avoir empiété sur son domaine réservé. Il a considéré comme autant de fautes, disent ses proches, ses voyages aux États-Unis : « On ne doit pas y aller parler d'arrogance de la France, alors qu'elle a eu raison sur l'Irak. On ne doit jamais critiquer son pays à l'étranger. »

Les amis de Sarkozy rétorquent que celui-ci ne visait pas Jacques Chirac – auquel il n'a cessé, au contraire, de rendre hommage pendant son séjour américain. Mais Villepin, et sa menace d'utiliser le veto contre les États-Unis, bien qu'il ne l'ait jamais nommément cité[1]. C'est à lui, disent-ils, que le message était destiné, lorsque, devant un très chic parterre franco-américain de diplomates et de chercheurs réunis à New York, Sarkozy s'est écrié : « Plus jamais nous ne devons faire de nos désaccords une crise. De nos désaccords faisons, au contraire, l'occasion d'un dialogue constructif sans arrogance et sans mise en scène. »

Au cours de ce voyage, en septembre 2006, il avait réussi à décrocher un entretien d'une demi-heure avec George Bush – qui ne reçoit d'ordinaire que les chefs d'État. Ce qui lui a valu d'être qualifié, par Laurent Fabius, de « caniche de Bush ». Plus sérieusement, connaissant l'impopularité du Président américain dans l'opinion française, on pourrait s'interroger sur l'opportunité d'une telle rencontre pour un candidat à l'Élysée. Lequel répond : « Bush est le Président de la première puissance du monde. On s'est longtemps interrogé sur ce qu'on appelle ma dimension internationale, je ne vais pas maintenant m'excuser d'en avoir une. » Reste qu'il ne semble pas avoir pressenti l'échec électoral qu'allait subir deux mois plus tard celui dont il se flattait d'avoir été par lui reçu.

Il ajoute, agacé par ceux qui lui reprochent une inclination trop prononcée pour les États-Unis : « Les Américains sont l'un des rares peuples au monde avec qui nous n'avons jamais été en guerre. Ils nous ont aidés deux fois à nous libérer, nous avons eu, c'est vrai, deux fois, un désaccord sur l'Irak, cela ne doit pas remettre en cause l'unité réelle entre nos deux peuples. Je suis lucide sur ses faiblesses et ses forces, le modèle américain ne me paraît pas transposable en France. Ma réponse devrait lever toute ambiguïté. »

Atlantiste, Nicolas Sarkozy ? Il ne l'est pas, tranche Catherine Colonna, qui fut longtemps le sherpa de Jacques Chirac avant de devenir ministre des Affaires européennes. Elle explique : « Si atlantiste veut dire suivre les États-Unis inconditionnellement comme Tony

---

1. Alain Juppé, président de l'UMP, avait alors organisé un vote à la commission exécutive du mouvement : la France doit-elle user de son droit de veto ? Les deux tiers des participants y étaient opposés au motif qu'on allait se fâcher avec les Européens et que trop, c'était trop…

Blair, il ne l'est pas. Si atlantiste signifie être proche des valeurs américaines comme la liberté, le patriotisme, la réussite au mérite, si c'est cela dont on parle, Chirac est aussi atlantiste que lui. »

« Sarkozy n'est pas atlantiste, renchérit Jacques Attali. Il n'est pas un libéral, il n'est pas un idéologue, mais un pragmatique. Il fait partie de la génération, droite et gauche confondues, qui a une vision un peu courte sur le monde. »

Il aime les valeurs américaines : le drapeau, la morale, le rêve d'un avenir meilleur et s'il a déclaré devant des étudiants américains qu'il « s'était toujours senti étranger en France », c'est qu'il apprécie un pays où il n'est pas nécessaire pour réussir de sortir des plus grandes écoles et d'être fils de… Mais il connaît peu l'Amérique. Son premier voyage date de 1986. Jeune maire de Neuilly, il était l'invité du gouvernement américain. Brice Hortefeux l'avait accompagné (payant, lui, son billet). Ils avaient été reçus à New York par le maire de l'époque, Ed Koch. Une période sombre : la ville était en faillite et la criminalité en augmentation. La Big Apple, où vit aujourd'hui son frère Olivier, l'avait séduit, le séduit toujours par son éclat, sa vitalité et son exubérance. Mais New York n'est pas l'Amérique.

S'il est donc, chez Sarkozy, une faiblesse que le Président pointe avec une satisfaction à peine dissimulée, c'est bien l'absence d'expérience internationale. Il se compare volontiers à lui. Pour l'heure, le candidat de la droite est à peine un apprenti sur cette scène-là, alors que lui, Chirac, connaît tous les dossiers les plus épineux et presque tout le personnel de la planète. Un jardin de porcelaine dans lequel il convient de ne pas arriver chaussé avec de gros sabots. Le Président s'est fâché tout rouge quand Nicolas Sarkozy, sans même le prévenir, s'est rendu en Chine en 2004, trois semaines seulement avant la visite officielle du Président chinois à Paris. Il a très mal pris, également, en décembre 2002 qu'il veuille le devancer de quelques jours à Alger.

Acquérir cette expérience internationale, il ne lui en a d'ailleurs pas donné les moyens. Bien au contraire. Recevant le samedi 18 octobre 2004 Tony Blair, futur président de l'Union européenne, à dix jours du Conseil européen informel d'Hampton Court, il lui avait glissé : « J'apprends que vous recevez Nicolas Sarkozy lundi, je vous demande solennellement de ne pas le faire. » Et son interlocuteur avait, paraît-il, été frappé par le ton sans appel et le regard noir du Président français.

Finalement, Nicolas Sarkozy, qui devait être en effet reçu au 10, Downing Street le lundi, avait retrouvé Blair ce soir-là au bar de l'hôtel Marriott.

Nicolas Sarkozy entretient des rapports fréquents avec Tony Blair. De tous les dirigeants européens, c'est celui sans doute dont il se sent le plus proche, celui qu'il admire le plus. Un homme qui incarne à ses yeux la réussite du modèle social libéral européen. Souvent, pendant l'été, il leur est arrivé de se retrouver, en Italie ou ailleurs, le temps d'un déjeuner en compagnie de Bernard Arnault, le patron de LVMH. Quand Cherie Blair vient à Paris, elle est invitée à dîner Place Beauvau. Des proches, donc.

Et puis, il y a l'Afrique noire. C'est peut-être le voyage de Nicolas Sarkozy au Bénin et au Mali – deux pays en deux jours, comme si le continent ne méritait pas mieux – qui a le plus choqué Jacques Chirac. Le continent africain est sa chasse gardée, comme il l'a toujours été des gaullistes qui ont entretenu là réseaux et amitiés. Au Conseil des ministres qui a suivi ce déplacement de Nicolas Sarkozy, Jacques Chirac avait lancé : « Messieurs les ministres, je voulais vous dire que vous ne connaissez rien à l'Afrique. En privé, il aime préciser : « Il n'y a que deux personnes au monde qui savent ce qu'est l'Afrique. C'est le Président Lula[1] et moi. » À quoi Nicolas Sarkozy rétorque, sur l'air de je n'ai de leçon à recevoir de personne : « Quand je pense qu'il me traitait de populiste parce que je m'opposais à l'entrée de la Turquie dans l'Union européenne et que maintenant il est exactement sur ma position ! » Si le Président continue de marquer quelque scepticisme, c'est qu'il s'interroge sur la vérité profonde de l'homme Sarkozy, son caractère, il le juge susceptible de déraper à tout moment, incapable de se fixer des limites, de maîtriser une énergie surabondante. Ce que disent aussi les villepinistes : « Il va exploser comme un moteur en surrégime. » À quoi les sarkozystes répliquent : « Cela fait trente ans qu'il tourne à huit mille tours. » Arrêt sur image : coureur émérite, cycliste performant, bon cavalier, ceinture marron de judo, Nicolas Sarkozy a un organisme d'athlète de haut niveau. S'il parle à la tribune plus d'une demi-heure, il doit changer de chemise. Plus d'une heure ? C'est le costume qui est trempé. Il se régénère en transpirant. Il avale des litres de jus de pomme et de jus d'orange. C'est ainsi qu'il se dope.

La cohabitation entre Jacques Chirac et Nicolas Sarkozy au RPR, puis au pouvoir, a été, on l'a vu, toujours un peu orageuse, empreinte de réciproque méfiance, celle de deux fauves qui n'attendent l'un de l'autre aucune faiblesse, aucun geste bénin ou gracieux et qui demeurent toujours sur leurs gardes. Juppé et Villepin ont été des

1. Président du Brésil.

collaborateurs de Jacques Chirac. Faits par lui. Promus par lui. Pas Sarkozy. « Je suis un professionnel, dit-il, donc quand ça va bien il se méfie de moi mais, quand ça va mal, il me fait confiance, justement parce que je suis un professionnel. » Il ajouterait presque : « Bien obligé. »

Et il raconte : « Quand je vais le voir, la tension peut être extrême, mais je sais que, si je n'étais pas comme cela avec lui, il me mépriserait. Il est arrivé que nos rapports soient tellement tendus que je lui disais : "Monsieur le Président, je vais partir, sinon je pourrais tenir des propos que je regretterais." Alors le Président changeait de ton : "Bon, allez, Nicolas, parle-moi de tes enfants." Ou alors : "Si tu veux, on déjeunera ensemble toutes les semaines." À quoi, je répondais que "l'on n'aurait rien à se dire". »

Et quand le Président, excédé, lui lançait : « Mais qu'est-ce que tu veux ? » Sarkozy répondait : « Rien de ce que vous pouvez me donner. »

Dans son livre *Témoignage*, il a livré ainsi son sentiment quelque peu convenu, bien entendu, sur l'hôte de l'Élysée : « J'ai de l'admiration pour son énergie, sa ténacité, sa force de caractère dans l'adversité, sa capacité à paraître et donc à être sympathique. Ce sont des traits de caractère que l'on ne rencontre pas si souvent… » En privé, il est plus sévère : « Chirac est le plus beau des voiliers : le mât le plus haut, les voiles les plus amples, mais hélas, il lui manque une quille… »

Et puis, il marque aussi par de vraies raisons ses différences avec lui : « Chirac rechigne depuis longtemps à se réclamer de la droite républicaine, alors que moi cela ne me gêne pas ; il considère que le Président de la République est un arbitre qui rassemble et apaise, moi je le vois en leader qui entraîne et assume son projet. Il pense la France fragile et rétive, je l'imagine désireuse de changement, exaspérée par les atermoiements et les promesses non tenues. »

La vérité n'est jamais simple. Parlant de Jacques Chirac, Nicolas Sarkozy dit souvent : « Je ne suis pas inscrit sur la liste de ses amis. Je l'ai admis une fois pour toutes. »

Admis ? Faux ! Absolument faux ! Sarkozy aime trop qu'on l'aime. Il ne cesse de demander ce que le Président pense de lui. Il a toujours souffert d'être tenu à l'écart, de n'avoir jamais, jamais été convié par Jacques Chirac à l'accompagner dans l'un de ses multiples déplacements à l'étranger, à la différence de tous les principaux ministres. Les choses étant ce qu'elles sont, comme disait Charles de Gaulle, se poser qu'en s'opposant. Ce qu'il a fait toute sa vie. Mais il est, selon ses proches, « chiraquo-dépendant ».

« Si Chirac avait été un peu plus chaleureux, si Nicolas s'était senti un peu plus considéré, Jacques Chirac aurait tout obtenu de Nicolas », croit pouvoir dire Cécilia.

Mais un bon observateur, qui connaît le Président de près, note : « L'erreur à ne pas commettre avec Chirac, c'est de croire qu'on a un lien affectif avec lui. Chirac copain, cela n'existe pas. Comme c'est une erreur de croire que l'on a de l'ascendant sur lui. C'est un grand solitaire chez qui le sentiment a finalement peu de place, parce qu'il en a trop vu. Et il est souvent plus affectueux avec des gens qu'il connaît à peine qu'avec ceux qui le côtoient chaque jour. Sarko aime sans doute plus Chirac que celui-ci ne l'aime. Il s'en fiche, en réalité, de Sarko. Quand il pense à lui, il le voit en professionnel, c'est tout. »

Et en professionnel, chargé d'expérience et pragmatique, Chirac sait que l'heure des nouvelles générations a sonné. Il est un peu comme ces grands cerfs fourbus et meurtris par les ans, qui doivent bon gré, mal gré céder à un plus jeune – un page – la harde que jusque-là ils dominaient en exclusivité. À cette différence près, capitale même, que ce page-là il ne l'a pas éduqué et encore moins choisi.

Mais il voudra faire mine de transmettre lui-même le relais. Et il a levé le voile dès le 14 Juillet dernier. Les interviews rituelles du 14, les années précédentes, avaient été l'écho des querelles et des ressentiments entre les deux hommes. Mais le 14 Juillet 2006, quand les journalistes ont demandé à Jacques Chirac si Nicolas était un homme d'État, il a répondu : « Je ne vois pas ce qui me permettrait d'en douter. » Dont acte.

Depuis, en outre, ce grand expert en campagnes électorales s'est convaincu que Sarkozy, seul, serait en mesure de battre Ségolène Royal, « une candidate redoutable ». Alors, dit l'un de ses anciens collaborateurs : « Il ne pourra pas faire autrement que d'adouber Sarko en 2007. »

Celui-ci se méfie toujours : « Je ne suis pas dupe, les chiraquiens ne sont pas résignés à ma candidature et j'en suis sûr, jusqu'au bout, ils prépareront quelque chose contre moi. »

Mais, dans la trinité chiraquienne, tout le monde sait que le terme politique arrive. Et si publiquement Bernadette feint de croire que son mari n'a pas dit son dernier mot, elle est dans son rôle d'épouse, cela ne l'empêche pas en privé d'être lucide. Et, s'il faut aider Nicolas, elle l'aidera. Et l'annonce même aux ministres lorsqu'elle les rencontre.

Claude, c'est autre chose. La rupture avec Nicolas est consommée. Elle n'y reviendra pas : « Si vous ne travaillez plus avec son père, la relation est détruite », dit un collaborateur du Président.

En quarante années de vie politique, Jacques Chirac – comme François Mitterrand avant lui – a éliminé beaucoup d'hommes autour de lui : Chaban, Giscard, Pasqua, Séguin et même Juppé, parmi les plus notoires. Mais au terme de ces quarante années, soucieux de sa trace, il ne peut laisser écrire aux historiens qu'il aura, par trois fois, fait battre son camp. Si Sarkozy devait être défait, il ne doit pas être dit que c'est par sa faute.

Et puis, s'il avait voulu le tuer, il aurait satisfait à la longue ambition du prétendant. Il l'aurait nommé Premier ministre. Et si Nicolas Sarkozy avait été à Matignon, on raconterait peut-être aujourd'hui une tout autre histoire.

ÉPILOGUE

Au terme de ce long voyage en terre sarkozyste, bien des questions ont été tranchées ; quelques-unes demeurent en suspens.

Les certitudes ?

Politiques d'abord. Le logiciel du candidat de l'UMP porte une étiquette : le bonapartisme.

Son hymne pour les valeurs fortes : travail, mérite, discipline, équité, famille ; son goût de l'autorité, son culte pour le volontarisme, la personnalisation assumée de la bataille l'inscrivent dans cette branche de la droite classique – dont le gaullisme était une illustration – enracinée dans l'inconscient national depuis deux cents ans.

Il s'agit d'un « bonapartisme » revisité, rajeuni, mis au goût de l'époque et que d'aucuns qualifient de « libéral ». Ferme sur les principes mais pragmatique, il organise un compromis entre un État très présent avec une forte option dirigiste et l'acceptation des lois du marché et de la mondialisation dans les limites de ce qui lui paraît supportable pour la société française.

Culturelles ensuite. Né en 1955, Nicolas Sarkozy est bien de sa génération, celle de l'après-toutes les guerres et de la fin des Trente Glorieuses. Elle a grandi sans crainte de l'avenir, sans complexe vis-à-vis des aînés pétris de culture classique. Nés avant la révolution informatique, ces hommes et ces femmes-là sont des enfants de la télé – « Thierry la Fronde » leur tenait lieu de Stendhal et « Au théâtre ce soir » de Comédie-Française. Nicolas Sarkozy, qui a aussi beaucoup lu, s'est fabriqué lui-même son Panthéon où se côtoient la chanson française, Françoise Sagan, Louis-Ferdinand Céline, Albert Cohen et tous les biographes des héros politiques de l'Histoire de France (Napoléon, Mazarin, Talleyrand, Clemenceau, de Gaulle). Il a fait des grands orateurs de la IIIe et de la IVe République ses maîtres de tribune. Il a écrit (lui-même !) des livres, des scenarii…

Ce jeune quinquagénaire n'a pas fait siennes « les utopies relâchées et dangereuses » de Mai 68. Il en a mesuré certains méfaits sur la société française.

Quand on l'interroge sur son ambition, Nicolas Sarkozy répond en citant Corneille (le chanteur) : « Parce que je viens de loin. » Fils et petit-fils d'immigrés, ses origines sont multicultuelles et multiculturelles. Plus qu'aucun autre candidat à la présidentielle, il incarne la France du melting-pot. Celle d'aujourd'hui. Il est le symbole d'une assimilation réussie. Mais pour y parvenir, les siens et lui-même auront beaucoup trimé. Il a été élevé – nous l'avons vu – dans le culte du drapeau. Alain Marleix, chargé des fédérations au RPR, rapporte cette anecdote : « C'était en 1997, nous avons fait un voyage en Nouvelle-Calédonie. Nous étions tous les deux, il n'y avait ni journaliste, ni photographe. Nicolas a écrit durant tout le vol. À peine arrivés, nous nous sommes retrouvés devant un parterre de deux mille personnes. Nicolas a pris la parole et pendant une heure il a parlé – sans notes – de la France, de l'amour qu'on lui devait, avec un talent et une émotion incroyables pour un type de son âge. Les gens en avaient les larmes aux yeux. C'est là que j'ai eu le déclic. C'est comme cela qu'il m'a embarqué. »

Les questions ?

C'est dans son caractère que réside son plus grand mystère. Toute sa vie, Nicolas Sarkozy l'a consacrée à la politique avec l'ambition de réformer le pays. Il est fait pour commander, impulser, décider. Mais son hyper-réactivité, son impulsivité, ses émotions qu'il n'a jamais verrouillées, l'entraînent à être parfois trop hâtif dans ses jugements, à tenir des propos qui surprennent, à faire des promesses dont il n'a pas toujours mesuré la portée. Il lui arrive d'avouer en souriant : « Je suis mon meilleur ennemi. » Ceux qui ne l'aiment pas ou le craignent s'interrogent sur sa capacité à gérer les fatalités de sa nature : ne serait-il pas un nouveau Chirac ? Sur le théâtre florentin de la politique, où les dagues et les poisons sont enrobés de rubans et d'hypocrisie, il détonne. Lui, il avance sans masque. Il n'est pas byzantin, il montre son jeu, annonce toujours la couleur. Il ne fait pas seulement ce qu'il dit, il ne dit pas seulement ce qu'il fait, il dit le pourquoi et le comment de ce qu'il fait et dit. Avec lui, il n'y a jamais tromperie sur la marchandise. Il ne séduit pas par ses insinuations et ses arrière-mondes. Il plaît ou déplaît, toujours à vif, à nu, sans chichi. Cela suffira-t-il pour l'emporter le jour venu ? Ceux qui le côtoient croient dur comme fer qu'il est le seul, dans son camp, capable de rénover la France.

INDEX DES NOMS DE PERSONNES

A

B

C

D

H

I

J

K

L

M

N

O

P

T

TABLE DES MATIÈRES

LA DOUBLE MÉPRISE

LE NOIR ET LE ROUGE

LE DAUPHIN ET LE RÉGENT

UN POUVOIR NOMMÉ DÉSIR

DU MÊME AUTEUR

La Double Méprise, Grasset, 1980
Le Noir et le Rouge, ou l'Histoire d'une ambition, Grasset, 1984
Les Sept Mitterrand, ou les Métamorphoses d'un septennat, Grasset, 1987
Le Dauphin et le Régent, Grasset, 1994
Un pouvoir nommé désir, Grasset, 2007 et Le Livre de Poche, 2007
L'Impétueux. Tourments, tourmentes, crises et tempêtes, Grasset, 2012 et Le Livre de Poche, 2013
Souvenirs, souvenirs… : Tome 1, Robert Laffont, 2019 et Pocket, 2021
Tu le sais bien, le temps passe : Souvenirs, souvenirs. Tome 2, Bouquins, 2021

Composition et mise en pages
Nord Compo à Villeneuve-d'Ascq

MIXTE
Papier issu de
sources responsables
FSC® C003309

L'éditeur de cet ouvrage s'engage dans une démarche de certification FSC® qui contribue à la préservation des forêts pour les générations futures.

Pour en savoir plus :
www.editis.com/engagement-rse/

Cet ouvrage a été achevé d'imprimer en octobre 2022
dans les ateliers de Normandie Roto Impression s.a.s.
61250 Lonrai (Orne)
N° d'édition : 64504/01 – N° d'impression : 2204901

Imprimé en France